Christian Lankes · München als Garnison im 19. Jahrhundert

Meinen Eltern

Herausgegeben im Auftrage
der Wehrtechnischen Sammlung des Bundesamtes
für Wehrtechnik und Beschaffung
von
Wolfram Funk
Hans-Peter Harstick
Heinrich Müller
Joachim Niemeyer
Werner Rabbertz
Volker Schmidtchen
Ingo Weise
Arnold Wirtgen

MILITÄRGESCHICHTE
UND WEHRWISSENSCHAFTEN

Band 2

Christian Lankes

München
als Garnison
im 19. Jahrhundert

Die Haupt- und Residenzstadt
als Standort der Bayerischen Armee
von Kurfürst Max IV. Joseph
bis zur Jahrhundertwende

Seit 1789

Verlag E. S. Mittler & Sohn GmbH
Berlin · Bonn · Herford

Der Verfasser ist 2. Preisträger des Werner-Hahlweg-Preises 1992 für Militärgeschichte und Wehrwissenschaften.
Die Herausgabe dieses Bandes erfolgte mit Unterstützung aus Mitteln des Werner-Hahlweg-Fonds des Bundesamtes für Wehrtechnik und Beschaffung, Koblenz.

Bildnachweis:
Bayerisches Hauptstaatsarchiv Abt. IV (Kriegsarchiv); Sammlung Graphik im Münchner Stadtmuseum; Stadtarchiv München. Einzelnachweise bei den Abbildungen.

Einbandbilder:
Abbildung vorne: Neue Isarkaserne bei der Ludwigsbrücke (1829) von Heinrich Adam (1798 – 1862); Original im Münchner Stadtmuseum (Slg. Proebst Nr. 520).
Abbildungen hinten: Füsiliere der Münchner Landwehr um 1840 von Dietrich Monten (1799 – 1843); Originalabzug aus der Sammlung von Werner Hahlweg (1912 – 1989).

Die Deutsche Bibliothek – CIP-Einheitsaufnahme

Lankes, Christian:
München als Garnison im 19. Jahrhundert:
Die Haupt- und Residenzstadt als Standort der Bayerischen
Armee von Kurfürst Max IV. Joseph bis zur Jahrhundertwende
Berlin ; Bonn ; Herford : Mittler, 1993
  (Militärgeschichte und Wehrwissenschaften; Band 2)
  ISBN 3-8132-0401-4

ISBN 3 8132 0401 4; Warengruppe 21
© 1993 by Verlag E. S. Mittler & Sohn GmbH, Herford
Alle Rechte, insbesondere das der Übersetzung, vorbehalten
Einbandgestaltung: Thomas Bonnie, Hamburg, unter Verwendung
der im Bildnachweis verwendeten Abbildungen
Produktion: Robert Johannes
Gesamtherstellung: Ilmgaudruckerei, Pfaffenhofen/Ilm
Printed in Germany

1. Kapitel: Die Münchner Garnison im 19. Jahrhundert

2. Kapitel: Die Truppenunterkünfte

3. Kapitel: Gebäude für Kommandobehörden und Lehranstalten

4. Kapitel: Wachen und Militärgefängnisse

5. Kapitel: Versorgungseinrichtungen und Zeugwesen

6. Kapitel: Anlagen für die Truppenausbildung

7. Kapitel: Die Garnison als Faktor der Inneren Sicherheit

8. Kapitel: Die Repräsentation des Militärischen

9. Kapitel: Gesellschaftliche Kontakte in der Garnison

Geleitwort

Mit dem hier vorgelegten Band 2 der Reihe »Militärgeschichte und Wehrwissenschaften« wird erstmals ein tiefer und zugleich hervorragender Einblick in die
Garnisonsgeschichte der Haupt- und Residenzstadt München im 19. Jahrhundert
ermöglicht. Der Verfasser hat vorwiegend unter Benutzung bisher nicht ausge-
werteter Archivalien aus dem Bayerischen Kriegsarchiv und dem Stadtarchiv
München die militärische Präsenz mit allen daraus entstandenen Problemen für
eine im Umgestaltungsprozeß zur Großstadt befindliche Gemeinde dargestellt.
Dabei wird deutlich, wie sehr die an sich wünschenswerte homogene Einglie-
derung der Garnisonstruppen in die Gesellschaft von der Haltung des jeweiligen
Monarchen gegenüber dem Militär beeinflußt wurde. Damit hing zwangsläufig
auch die infrastrukturmäßige Unterbringung der Truppen zusammen.
Dem Verfasser ist es gelungen, die Veränderung dieses Bildes durch das gesamte
Jahrhundert mit zahlreichen Beispielen zu belegen und die zum überwiegenden
Teil menschenunwürdige Unterbringung der Soldaten in völlig veralteten Kaser-
nenanlagen aufzuzeigen, aber auch die positiven Veränderungen zu schildern,
die gegen Ende des Jahrhunderts zwangsläufig durch die Technisierung der
Armee eingetreten sind. Den Truppenunterkünften ist daher auch ein besonderes
Kapitel gewidmet, an das sich Ausführungen über die Gebäude für Kommandobehörden, Lehranstalten, Wachen und Militärgefängnisse, Versorgungseinrichtungen mit Zeugwesen und Anlagen für die Truppenausbildung anschließen.
Ihrer Bedeutung entsprechend ist den Themen »Die Garnison als Faktor der
inneren Sicherheit«, »Gesellschaftliche Kontakte in der Garnison«, »Lazarette«,
»Militärseelsorge« bis hin zu den »Schattenseiten der Garnison« besonders
breiter Raum eingeräumt worden. Natürlich ist auch die Darstellung der Repräsentation des Militärischen (Paraden, patriotische Feiern, Militärmusik) in der
Haupt- und Residenzstadt nicht zu kurz gekommen. Dagegen ist die Organisationsgeschichte der Bayerischen Armee nur dort, wo dies notwendig war,
angesprochen worden.
Die Arbeit geht in ihrer Gründlichkeit weit über Darstellungen zur Garnisonsgeschichte anderer Standorte hinaus. Sie setzt einen Glanzpunkt in der Kombi-
nation von Militärgeschichte, Stadtgeschichte und Gesellschaft und ist aufgrund
der Verringerung der Garnisonsstandorte im Rahmen der Neuordnung der Bundeswehr infolge der internationalen Abrüstungsabkommen und der Ausdehnung
der Bundeswehr auf Mitteldeutschland von aktueller Bedeutung. Sie wird nicht
nur das Interesse von Historikern wecken, sondern auch bei einem breiten
Publikum Aufmerksamkeit finden.

Die Herausgeber

Vorwort

Die vorliegende Arbeit wurde im Sommer 1991 von der Philosophischen Fakultät für Geschichts- und Kunstwissenschaften der Ludwig-Maximilians-Universität in München als Dissertation angenommen.

Während des 19. Jahrhunderts vollzog sich der Wandel Bayerns vom Kurfürstentum des Alten Reiches zum souveränen Königreich. Die wallbewehrte Haupt- und Residenzstadt München entwickelte sich zu einer modernen, weiträumigen Großstadt. Die bayerische Armee erlebte Höhen und Tiefen, wie zuvor nur unter dem Kurfürsten Max Emanuel und dann im Ersten Weltkrieg. So ist zugleich der Zweck der Untersuchung bestimmt. Sie möchte als ein Beitrag zur Landes-, Stadt- und Militärgeschichte verstanden werden. Dabei kann ihr Ziel nicht darin liegen, eine allumfassende Beschreibung der politisch-militärischen Ereignisse zu sein. Auch die Organisationsgeschichte der bayerischen Armee ist längst von berufeneren Federn geschildert worden. So sucht sie vielmehr nach heute oft vergessenen Manifestationspunkten des Militärischen in München.

An dieser Stelle gilt es all denen zu danken, die über mehrere Jahre hinweg durch ihre freundliche Unterstützung zum Entstehen dieser Arbeit beigetragen haben, an erster Stelle meinem Doktorvater Herrn Prof. Dr. phil. Hans Schmidt und den Korreferenten Herrn Prof. Dr. phil. Wilhelm Störmer und Herrn Prof. Dr. phil. Ludwig Hammermayer. Auch allen Mitarbeitern der besuchten Institute, Bibliotheken und Archive ist zu danken, vor allem den Damen und Herren des Bayerischen Kriegsarchives in München (Bayerisches Hauptstaatsarchiv Abteilung IV) und seinen vormaligen und nunmehrigen Leitern, den Herren Archivdirektoren Dr. phil. Gerhard Heyl bzw. Dr. phil. Achim Fuchs. Ganz besonders hervorzuheben ist dabei aber die stete Betreuung durch Herrn Archivoberrat Dr. phil. Rainer Braun, dem derzeit wohl besten Kenner bayerischer Garnisonsgeschichte.

Dem Wissenschaftlichen Beirat der Werner-Hahlweg-Stiftung gilt mein Dank für die Auszeichnung dieser Arbeit und die Förderung der Publikation durch einen namhaften Druckkostenzuschuß. Von den Damen und Herren des Verlages E. S. Mittler & Sohn ist an hervorragender Stelle in memoriam Herr Gerhard Bollmann († 1992) zu nennen. Herr Dr. phil. Frank Bauer hat dem Manuskript mit dem Interesse des Historikers und dem Engagement des Lektors den Weg zum fertigen Buch gebahnt.

Schließlich möchte der Verfasser hier auch seinen Eltern von Herzen danken, ohne deren liebevolle Förderung und unendliche Geduld die mehrjährige Arbeit nicht möglich gewesen wäre.

Christian Lankes

Einleitung

In einem Zeitalter, dem zwei Weltkriege nachhaltig ihren Stempel aufgedrückt haben, steht der Historiker dem Phänomen »Militär« ungleich kritischer gegenüber als frühere Forschergenerationen. Signifikant für diese Sichtweise ist vor allem die wichtige Untersuchung von Wolf Dieter Gruner »Das Bayerische Heer 1825 bis 1864«. Sie beginnt mit einer scharfen Kritik an der traditionellen Kriegs- und Militärgeschichtsschreibung in Bayern, d. h. den im amtlichen Auftrag verfaßten Truppengeschichten der alten Armee und der mehrbändigen »Geschichte des Bayerischen Heeres«, herausgegeben vom Bayerischen Kriegsarchiv. Gruner nennt sie eine »Apologie für die bewaffnete Macht« und versucht einen eigenen Begriff von Militärgeschichte entgegenzusetzen: »… Sie beschäftigt sich mit der bewaffneten Macht als Institution in allen ihren Verflechtungen mit Staat, Wirtschaft und Gesellschaft.«[1] Einige ähnlich orientierte Arbeiten zur bayerischen Armee folgten bis in die frühen 1980er Jahre nach, u. a. Detlef Vogel, der den »Stellenwert des Militärischen in Bayern« am Beispiel des Militäretats, der Heeresstärke und der Militärjustiz untersucht hat,[2] und die Darstellung der Revolutionszeit 1848/49 von Jörg Calliess.[3] Zu nennen ist unbedingt auch Hermann Rumschöttels Untersuchung des bayerischen Offizierkorps im späten 19. Jahrhundert.[4] Ungeachtet solcher neueren Arbeiten sind aber die kritisierten Werke aus dem 19. und frühen 20. Jahrhundert für die Kriegsgeschichte, die Organisationsgeschichte und die Heereskunde keineswegs überflüssig geworden.

Zwischen beiden genannten Ansatzpunkten der Militärgeschichtsschreibung bleibt aber noch ein breites, nahezu unbearbeitetes Feld übrig, nämlich die Erforschung der Lebensumstände des Militärs in seinen Standorten und seiner Beziehungen zum spezifisch lokalen Umfeld. Wolfgang Schmidt stellt in der Einleitung seiner Dissertation über Regensburg als Garnison der bayerischen Armee zutreffend fest: »… Die allgemeine Stadtgeschichtsliteratur enthält zumeist keine Hinweise auf die Garnisonsgeschichte; wenn ja, dann erschöpft sich dies auf ein paar Bemerkungen über stationierte Truppenteile oder über Art und Anzahl der Militärbauten. Auch die amtliche Militärgeschichtsforschung des Militärgeschichtlichen Forschungsamtes der Bundeswehr in Freiburg hat sich mit Garnisonsgeschichten bisher nicht beschäftigt, wie sich auch die zumeist anläßlich von Jubiläen erschienenen Publikationen der Bundeswehreinheiten oftmals mit der chronologischen Wiedergabe von Truppenteilen, Kommandeuren oder Begebenheiten aus den alten Regimentsgeschichten erschöpfen.«[5]

Eine nähere Betrachtung der Thematik erweist, daß die ältere Militärhistoriographie den Garnisonen in der Tat kaum Beachtung schenkte. Sie war primär Kriegsgeschichte, und der Krieg fand eben höchst selten im heimatlichen Standort der Truppen statt. Außerdem galt es in Ermangelung zuverlässiger Literatur auch das weite Gebiet der Heereskunde zu bearbeiten.[6]

In Bayern begann die amtliche Militärgeschichtsforschung im Jahre 1826 mit einem Erlaß König Ludwigs I., in dem die Truppenteile zur Abfassung sogenannter »*Regimentsgeschichten*« aufgefordert wurden. Dieser Aufgabe unterzogen sich die dafür befohlenen Offiziere mit recht unterschiedlichem Eifer, wenn überhaupt ein solches Werk in Angriff genommen wurde. Neuen Auftrieb erhielt die Militärhistoriographie dann Ende der 1850er Jahre unter König Max II. Nun schrieb man an einer großen »Kriegsgeschichte von Bayern, Franken, Pfalz und Schwaben«.[7] Im Jahre 1870 entschied freilich Kriegsminister v. Pranckh, es sei nicht Aufgabe der Armee, quellenkritische Forschung zu betreiben. Statt dessen wurde nach dem siegreichen Krieg von 1870/71 das Hauptaugenmerk auf die

Publikation der Truppengeschichten gelegt. Es galt darin die jüngste Vergangenheit des bayerischen Heeres zu bewältigen. Solche Regimentsgeschichten erschienen oft als Festschriften anläßlich eines Jubiläums. Teilweise erreichten die Autoren ein außerordentlich hohes Niveau, etwa Karl Staudinger, dessen leider unvollendet gebliebene große Geschichte des 2. Infanterie-Regiments »Kronprinz« von ihm zu einem gewichtigen Teilabschnitt der späteren »Geschichte des Bayerischen Heeres« fortgeschrieben werden konnte.[8] Die Arbeit an dem letztgenannten Werk begann auf Befehl des Kriegsministeriums im Frühjahr 1892. Zwischen 1904 und 1935 gab das Kriegsarchiv insgesamt acht Bände heraus, die zusammen die Zeit zwischen dem 17. Jahrhundert und dem frühen 20. Jahrhundert abdecken. Darin nehmen übrigens Informationen über den inneren Dienstbetrieb und soziale Probleme der Armee mehr Raum ein, als man für die damalige Zeit vermuten möchte.[9]

Während der Boden für eine intensivere Detailerforschung der Militärgeschichte in Bayern erst bereitet werden mußte, lenkte der Erste Weltkrieg das Interesse der Historiker auf die Zeitgeschichte. Garnisonsforschung wurde wohl auch deshalb nicht betrieben. Interessanterweise war es dann im Zweiten Weltkrieg das Oberkommando des Heeres, das noch während des Frankreichfeldzuges die Abfassung von »Standortchroniken« befahl. Gemäß Weisung des Chefs der Heeresrüstung und Befehlshabers des Ersatzheeres vom 15. Juni 1940 wurden mit dieser Aufgabe die Heeresstandortverwaltungen betraut. Ihnen wurde ein verbindliches Konzept vorgegeben, das methodisch recht gut durchdacht war. Demnach sollte eine solche Standortchronik zunächst die kommunalen Verhältnisse der Garnison schildern, also Bezüge zwischen Militärgeschichte und Stadtgeschichte herstellen. Sodann war die Unterbringungssituation der Truppe im Wandel der Zeiten aufzuzeigen. Dazu kamen die Veränderungen in der Garnison und besondere Ereignisse jeder Art, die mit dem Militär zu tun hatten. Im zweiten Abschnitt sollte die Tätigkeit der Garnison von der Mobilmachung 1914 bis zum Ausbruch der Revolution 1918 gewürdigt werden. Der dritte Hauptteil galt dem Zeitraum von 1918 bis zum Jahre 1933. Im vierten und abschließenden Teil war der »Aufbau« seit der nationalsozialistischen Machtergreifung bis zum Kriegsausbruch 1939 möglichst ausführlich zu würdigen. Die Standortchronik sollte mit Plänen, Fotografien, Abbildungen und statistischen Tabellen versehen werden. Ein Teil der bayerischen Standortverwaltungen nahm diesen Auftrag sehr wichtig und wollte sich dazu archivalischer Quellen bedienen. Sie befragten deshalb die Fachleute des bayerischen Kriegsarchives, damals als »Heeresarchiv München« eine Filiale des Heeresarchives Potsdam. Direktor Dr. Maximilian Leyh riet jedoch von einer Bearbeitung der einschlägigen Aktenbestände ab! Einerseits verwies er auf die umfangreichen Bestände mit Hunderten von Aktenbündeln zu jedem einzelnen Standort der alten bayerischen Armee, andererseits erschien dem wissenschaftlich ausgebildeten Militärhistoriker die Thematik zu unbedeutend für einen solchen Aufwand. Statt dessen schlug Leyh den Heeresverwaltungsbeamten vor, für diese Aufgabe ausschließlich allgemein zugängliche Literatur, insbesonders die publizierten Truppengeschichten, zu verwerten.[10] Diese Episode zeigt recht deutlich, welch geringen Wert die zünftige Militärgeschichtsforschung den Garnisonen beimaß.

Nach dem Zweiten Weltkrieg war verständlicherweise zunächst das Interesse an deutscher Militärgeschichte recht gering. Einen gewissen Aufschwung gab es dann in den späten 1950er Jahren, als wieder eigene Streitkräfte in die traditionsreichen Garnisonstädte ihren Einzug hielten. So veröffentlichte etwa in Freising der Heimatforscher Joseph Gschwind im Jahre 1957, als die Stadt eine Bundeswehrgarnison erhielt, einen Aufsatz zur militärischen Vergangenheit der Stadt, den wortwörtlich er auch schon im Jahre 1935 publiziert hatte, als das Domstädtchen Wehrmachtsgarnison geworden war.[11] In der Folgezeit blieb die Garnisongeschichte zumeist ein Steckenpferd passionierter Lokalhistoriker, deren Detailerkenntnisse zumeist durch die Art der Publikation nicht den Weg in die akademische Forschung fanden.[12]

In den 1970er Jahren setzte die eingangs schon erwähnte kritische Erforschung des Phänomens Militär in verschiedenen Ausprägungen ein. Für Bayern im 19. Jahrhundert wurde die Arbeit Gruners ein Standardwerk.[13] In den letzten Jahren scheint freilich sogar eine gewisse Umorientierung auf eher klassische Themen stattzufinden. So hat Günther Hebert mit seiner Untersuchung des Alpenkorps wohl die erste moderne deutsche Truppengeschichte seit langer Zeit geliefert.[14] Othmar Hackl hat ganz in der Tradition älterer Monographien die Ausbildung an der Münchner Kriegsakademie beschrieben und zugleich wertvolles biographisches Material über die Elite des bayerischen Offizierkorps vor dem Ersten Weltkrieg beigesteuert.[15] Dieter Storz untersucht »Kriegsbild und Rüstung vor 1914« nicht zuletzt auch am Beispiel der bayerischen Armee.[16]

Im Jahre 1975 beschäftigte sich der damalige Arbeitskreis »Geschichtliche Entwicklung des Stadtraumes« unter Hanns Hubert Hoffmann mit dem Problem der Garnisonsforschung. Vor allem Bernhard Sicken wies damals auf die Vernachlässigung dieses durchaus wichtigen Aspektes im Werden zahlreicher Städte durch die gängige Historiographie hin.[17] Seit dieser Zeit zeigen sich einige zaghafte Ansätze in dieser Richtung. So fertigte Martin Zippel 1981 bei Werner Hahlweg in Münster eine Dissertation zur Militärgeschichte Berlins für den Zeitraum 1871 bis 1945, die freilich aufgrund der enormen Größe der Berliner Garnison jener Epoche und beschränkter archivalischer Quellenbasis bestimmte Untersuchungsfelder, etwa den Kasernenbau und die Sicherheitsaufgaben der preußischen Armee knapper behandelte.[18] Im Jahre 1982 erschien ein handliches, aber fundiert geschriebenes Buch über die Stadt Göttingen und ihre 350jährige Tradition als Militärstandort.[19] Eine bemerkenswerte Ausnahme unter den bisherigen Jubiläumsschriften der Bundeswehr leistete sich 1985 das Stabs- und Versorgungsbataillon beim Verteidigungsministerium mit einer kleinen Geschichte der Bonner Garnison.[20] Methodisch besonders gelungen ist jedoch ein Sammelband »Graz als Garnison. Beiträge zur Militärgeschichte der steierischen Landeshauptstadt«.[21] Auch ein 1990 publizierter Aufsatz »Die Ulmer Garnison und ihre Bedeutung für das städtische Leben« von Bernd Lemke verdient Beachtung.[22] Selbst in der vormaligen NVA-Zeitschrift »Militärgeschichte« erkannte man im Jahr 1990 den Wert der Garnisonsforschung, und Hermann Rahne schrieb »Zur Geschichte von Garnison und Garnisonstadt Dresden 1871 bis 1918«.[23]

Für den bayerischen Raum sind mittlerweile einige Arbeiten entstanden. Eine Sonderform der Garnisongeschichte hat Jürgen Kraus mit seiner Untersuchung über das Augsburger Militärwesen von der frühen Neuzeit bis zur Mediatisierung der Reichsstadt geliefert.[24] Besonders verdient um die Erforschung der Garnisonen der bayerischen Armee hat sich Rainer Braun gemacht. Zu nennen ist hier vor allem sein methodisch wichtiger Aufsatz über die Garnison Amberg.[25] Außerdem hat Braun am Beispiel Frankens die wirtschaftsgeschichtliche Bedeutung von Militärstandorten in Bayern dargestellt.[26] Im Katalogband »Bayern und seine Armee« sind von ihm weitere Detailaspekte der Garnisongeschichtsschreibung aufgezeigt worden.[27] Die Dissertation von Thomas Bruder zeigt »Nürnberg als bayerische Garnison von 1806 bis 1914«.[28] Über die Garnison Regensburg hat Wolfgang Schmidt eine Dissertation geschrieben, die bisher nicht gedruckt worden ist.[29]

Der Untersuchungsgegenstand »Garnison«

Der Begriff »Garnison« ist unserer Sprache so vertraut, daß sein Ursprung und seine genaue Bedeutung oft nicht mehr klar erkannt werden. Garnison, seit dem Ende des 19. Jahrhunderts im amtlichen Sprachgebrauch zugunsten der heute üblichen Bezeichnung »Standort« verdrängt, ist die Kurzform von »ville de Garnison«. Das französische Verbum »garnir« hat die Bedeutung von »ausstatten/besetzen«. Bereits Ende des 15. Jahrhunderts taucht »garnison« als Bezeichnung für die militärische Besatzung eines Ortes auf und wird im 17. Jahrhundert allgemein gebräuchlich. Zunächst wurde damit die lokale Truppenabteilung bezeichnet, deren Standort die »ville de Garnison«, also die Garnisonstadt war. Später ging der abgekürzte Begriff »Garnison« auch auf den Standort über, ohne die ursprüngliche Bedeutung zu verlieren.[30]

Es gilt festzuhalten, daß unter dem Ortsbegriff der Garnison nicht jede Art von Truppenquartier verstanden werden kann und darf. So scheiden jene Orte, in denen Truppen auf dem Marsch, im Manöver oder im Kriege nur vorübergehend Unterkunft finden, als Garnisonen aus. Eine brauchbare Definition gibt Rainer Braun, wenn er »*Garnison*« verstanden wissen will, als: »*... die dauernde Unterbringung von Einheiten eines stehenden Heeres in festen Truppenunterkünften mit militäreigenen Versorgungseinrichtungen.*«[31]

Literatur und Quellen

Zur Stadt München und ihrer Geschichte gibt es einen wahren Berg an Literatur, genannt »Monacensia«. Allein diesen Berg in Form einer Bibliographie zu bewältigen, wäre wohl ein beachtliches wissenschaftliches Unternehmen. Sehr treffend hat Hans Nöhbauer bemerkt, daß eine umfassende Münchner Stadtgeschichte eine Sisyphosarbeit wäre. Freilich hat diese Erkenntnis Nöhbauer nicht darin gehindert, der Monacensiaflut ein weiteres Werk hinzuzufügen.[32] Ungeachtet der überreichen Literaturfülle zu Münchner Themen im allgemeinen, gibt es keine größere wissenschaftliche Arbeit über München als Garnison.[33] Aspekte der militärischen Präsenz wurden natürlich behandelt, vor allem aus dem Blickwinkel der Baugeschichte.[34] Ein älterer Aufsatz von Erwin Heckner kann schon aufgrund seines begrenzten Umfanges nur ansatzweise seinem vielversprechenden Titel »München als feste Stadt und Garnison« gerecht werden.[35] Im Rahmen einer Ausstellung zur »Prinzregentenzeit« in München wurde von Markus Ingenlath bzw. Richard Bauer auch die Garnison angesprochen.[36] Außerdem sind kleinere Hinweise auf das Militär in München im lokalgeschichtlichen Schrifttum ziemlich verstreut.[37]

Einige der von modernen Historikern gerne geschmähten alten Truppengeschichten liefern gute Informationen über verschiedene Kasernen und den Garnisondienst in München. Dabei handelt es sich um die umfangreichen Arbeiten von Franz Illing,[38] Theodor v. Pfetten-Arnbach (mit Hans Farmbacher)[39] und Rudolf v. Xylander (mit Carl August v. Sutner).[40] Ihre Regimentsgeschichten gehören mit Abstand zu den besten Werken dieser Gattung im Bereich der bayerischen Armee, wobei es wohl kein Zufall ist, daß ihre Truppenteile, nämlich das Infanterie-Leib-Regiment, das 1. Schwere Reiter-Regiment und das 1. Feldartillerie-Regiment, auch Eliteverbände waren. Dennoch reicht letztlich die Literatur nicht aus, um auf dieser Basis eine kritische Bewertung der Münchner Garnison vornehmen zu können. So beruht die vorliegende Arbeit zu einem ganz erheblichen Teil auf Ergebnissen, die dem Studium ungedruckter Quellen entsprungen sind.

Die recht ergiebigen Quellen der Abteilung IV (Kriegsarchiv) des Bayerischen Hauptstaatsarchives in München erlauben es, sich primär auf dieses Archiv zu stützen. Hier mußten die Akten des vormaligen bayerischen Kriegsministeriums und verschiedene Serien des sogenannten »Alten Bestandes« ausgewertet werden. Innerhalb des Alten

Bestandes sind besonders die Rechnungen der verschiedenen Truppenteile zu nennen. Leider sind diese Rechnungsbände nur bis zum Etatjahr 1839/40 archiviert worden, so daß wir heute mehr über das Wirtschaftssystem und den inneren Dienstbetrieb der bayerischen Armee im frühen 19. Jahrhundert erforschen können, als etwa in der Zeit König Max II. oder des Prinzregenten Luitpold. Auf eine Erforschung der Bestände der Abteilung II des Hauptstaatsarchives und des Staatsarchives München wurde schließlich verzichtet, da der Schriftverkehr etwa des Innenministeriums, des Finanzministeriums oder der Regierung von Oberbayern mit der Armee über Angelegenheiten der Garnison München auch über die Kriegsministerialakten nachvollziehbar ist.

Das Münchner Stadtarchiv ist, ungeachtet seines großen Bestandes »Stadtverteidigung« (seit dem Mittelalter!), als Quelle für die eigentliche Garnison zweitrangig. Die Korrespondenz zwischen Stadtverwaltung und militärischen Dienststellen hat ihren Niederschlag ohnedies in den Akten des Kriegsarchives gefunden. So wurde das Stadtarchiv vor allem für den Bereich der Landwehr älterer Ordnung (bis 1868) herangezogen, der freilich seinerseits nur am Rande einbezogen wurde, gemäß der oben genannten Begriffsbestimmung der »Garnison«. Schließlich ist noch das Archiv der Erzdiözese München-Freising zu nennen, dessen auf Mikrofiches verfilmte Matrikelbände verschiedener Münchner Pfarreien eingesehen wurden.

Raum, Zeit, Weg und Ziel

Als Raum der vorliegenden historischen Untersuchung wurde grundsätzlich jener lokale Bereich gewählt, der gemäß zeitgenössischer Auffassung zur Münchner Garnison gerechnet wurde. Dies bedeutet, daß der Burgfrieden der Stadt München keine undurchdringliche Grenze darstellen darf. Ein Beispiel mag dies verdeutlichen: Neuhausen wurde erst im Jahr 1890 in die Stadt München eingemeindet, stellte aber mit seinen Militärbauten bereits viele Jahre zuvor einen integralen Bestandteil der Garnison München dar.

Das 19. Jahrhundert beginnt für Bayern zweifellos schon mit dem Regierungsantritt des Kurfürsten Max IV. Joseph im Jahre 1799. Dies ist eine Zäsur der Landesgeschichte und für die vorliegende Arbeit. Andererseits stellt sich die Frage, inwieweit die Wende zum 20. Jahrhundert nicht nur chronologisch, sondern auch thematisch einen Einschnitt bedeutet. Grundsätzlich läßt sich die Münchner Garnisongeschichte bis in die zweite Hälfte des 19. Jahrhunderts sehr gut an den jeweiligen Regenten Bayerns festmachen. Jedoch stellt schon der Beginn der Prinzregentenzeit (1886) für München als Militärstandort keinen Umbruch dar, ganz anders als etwa die Jahre 1825 bzw. 1848. Die nächste wirkliche Zäsur nach den Kriterien der politischen Geschichte wäre zweifellos das Jahr 1914. Indessen zeigt eine nähere Beschäftigung mit der Münchner Garnison, daß ziemlich genau zur Zeit der Jahrhundertwende ein grundlegender Umgestaltungsprozeß des Standortes sein Ende fand und sich die militärische Infrastruktur zwischen 1901 und 1914 nicht mehr drastisch veränderte. Bis zur Jahrhundertwende aber hatte eine völlige Verschiebung des militärischen Nutzungsraumes stattgefunden und ein großes Kasernenbauprogramm war abgeschlossen. Außerdem erscheint die Zeit der großen Heeresverstärkung nach der Chinaexpedition bereits als Vorabend des Ersten Weltkrieges und daher sinnvoller im Zusammenhang mit einer Beschreibung der Mobilmachung von 1914, des Kriegsverlaufes, der Revolution und der Übergangsphase des Jahres 1919. Eine solch umfassende Darstellung hätte aber den Zeitrahmen ab 1799 wohl überdehnt. Somit bot es sich tatsächlich an, das 19. Jahrhundert von der Zeit des Kurfürsten Max IV. Joseph bis zur Jahrhundertwende als Untersuchungszeitraum zu wählen.

Der Weg der Untersuchung wird markiert durch ganz banal anmutende Fragen: Welche

Truppen und militärische Einrichtungen gab es in München? Wo waren die Truppen untergebracht? Wo wurden die Soldaten ausgebildet? Wie lebten sie in den Kasernen? Wie wurden sie versorgt? Welche Aufgaben hatte die Garnison in Krieg und Frieden zu erfüllen? Welche Berührungspunkte gab es zwischen der Garnison und ihrem zivilen Umfeld? Meistens sind einfache Fragen schwer zu beantworten. Es mußte versucht werden, Wege zu finden, die wenigstens in die Nähe des Forschungszieles führen. Dabei gilt auch hier das Wort, daß wer alles sagen will, letztlich nichts sagt. Wenn auf die oben genannten Fragen wenigstens einige Antworten gefunden wurden, so hat diese Arbeit wohl ihren Zweck erfüllt.

Anmerkungen

1 W. D. Gruner, Das Bayerische Heer 1825 bis 1864. Eine kritische Analyse der bewaffneten Macht Bayerns vom Regierungsantritt Ludwigs I. bis zum Vorabend des deutschen Krieges (Militärgeschichtliche Studien Bd. 14), Boppard 1972, S. 5 ff., zit. S. 7

2 D. Vogel, Der Stellenwert des Militärischen in Bayern (1849 – 1875). Eine Analyse des militär-zivilen Verhältnisses am Beispiel des Militäretats, der Heeresstärke und des Militärjustizwesens (Militärgeschichtliche Studien Bd. 28), Boppard 1981

3 J. Calliess, Militär in der Krise. Die bayerische Armee in der Revolution 1848/49 (Militärgeschichtliche Studien Bd. 22), Boppard 1976

4 H. Rumschöttel, Das bayerische Offizierkorps 1866 – 1914. Beiträge zu einer historischen Strukturanalyse Bayerns vor dem Ersten Weltkrieg (Beiträge zu einer historischen Strukturanalyse Bayerns im Industriezeitalter Bd. 9), Berlin 1973

5 W. Schmidt, Die Garnisonsstadt Regensburg im 19. und frühen 20. Jahrhundert., Diss. Univ. Regensburg 1988, S. 33

6 Vgl. etwa F. Münich, Geschichte der Entwicklung der bayerischen Armee seit zwei Jahrhunderten, München 1864; L. Lutz, Die Bayerische Artillerie von ihren ersten Anfängen bis zur Gegenwart, München 1894; K. Müller, Die Organisation, Bekleidung, Ausrüstung und Bewaffnung der Königlich Bayerischen Armee 1806 bis 1906 (mit Illustrationen von L. Braun), München 1906; O. v. Rizzi, Geschichte der Bayerischen Reiterei 1871 – 1914, München 1932

7 J. Würdinger, Kriegsgeschichte von Bayern, Franken, Pfalz und Schwaben von 1347 bis 1506, München 1868; A. Erhard, Kriegsgeschichte von Bayern, Franken, Pfalz und Schwaben von der ältesten Zeit bis 1273, München 1870

8 Vgl. K. Staudinger, Das Königlich Bayerische 2. Infanterie-Regiment »Kronprinz« 1682 bis 1882. Auf Befehl des Regiments-Kommandos verfaßt. Erster Teil: Vorgeschichte und Geschichte des Regiments unter Kurfürst Max Emanuel 1682 – 1726 auf heeresgeschichtlicher Grundlage. 1. Halbband: Das Regiment 1682 – 1688, München 1885, 2. Halbband: Das Regiment 1689 – 1704, München 1887; ders., Geschichte des kurbayerischen Heeres insbesondere unter Kurfürst Ferdinand Maria 1651 – 1679 (Geschichte des Bayerischen Heeres Bd. 1), München 1901; ders., Geschichte des kurbayerischen Heeres unter Kurfürst Max II. Emanuel 1680 – 1726 (Geschichte des Bayerischen Heeres Bd. 2/1 bzw.Bd. 2/2), München 1904/05

9 Zur Entwicklung der Militärhistoriographie in Bayern: M. Leyh, Entwicklung und Stand der heeresgeschichtlichen Forschung in Bayern., in: ZBLG 3 (1930), S. 69 – 84; G. Heyl, Militärgeschichte in Bayern bis 1918, in: Militärgeschichte in Deutschland und Österreich vom 18. Jahrhundert bis in die Gegenwart (Vorträge zur Militärgeschichte Bd. 6) hg. vom MGFA, Herford 1985, S. 14 – 46; ders., Das Kriegsarchiv, in: Bayern und seine Armee, München 1987, S. 330 – 338

10 Hierzu im Bestand »Archivakten« des KA der Bd. 173 pass. Auf diesen interessanten Fund wurde der Vf. freundlicherweise von Herrn Archivdirektor Dr. A. Fuchs aufmerksam gemacht, der ihn selbst erst Anfang 1991 beim Sichten des Bestandes entdeckte. Übrigens fand der Vf. selbst im Herbst 1986 im Archiv des Historischen Vereins von Freising ein anonymes, maschinenschriftliches Manuskript »Freising als Standort« aus der Zeit um 1941 (Sign. Zg 4), bei dem es sich mit Sicherheit um eine solche Standortchronik gemäß Weisung des OKH handelt.

11 Vgl. J. Gschwind, Aus der Geschichte des Freisinger Bürgermilitärs, in: Alt-Freising Jg. 1935 Nr. 4 und 5 bzw. Freisinger Zeitung Jg. 1957 Nr. 70 und 101

12 Vgl. etwa J. Niklas, Die Stadt Neuburg/Donau und ihre Garnison. Ein Beitrag zur Geschichte der Stadt Neuburg/ Donau, Neuburg/D. 1954; E.Vogt, Zur Geschichte der Prinz-Karl-Kaserne in Augsburg (1882 – 1965) (masch. Ms. 1965)

13 Vgl. A. Kraus, Probleme der Abrüstung in Bayern von 1816 bis 1866, in: Einzelprobleme politischer und militärischer Führung (Vorträge zur Militärgeschichte Bd. 1), hg. vom MGFA, Herford 1981, S. 32 – 52, insb. S. 32

14 G. Hebert, Das Alpenkorps. Aufbau, Organisation und Einsatz einer Gebirgstruppe im Ersten Weltkrieg (Militärgeschichtliche Studien Bd. 33), Boppard 1988
15 O. Hackl, Die Bayerische Kriegsakademie (SchrrBayerLG Bd. 89), München 1989
16 D. Storz, Kriegsbild und Rüstung vor 1914. Europäische Landstreitkräfte vor dem Ersten Weltkrieg (Militärgeschichte und Wehrwissenschaften Bd. 1), Herford u. a. 1992
17 B. Sicken, Stadt und militärische Anlage. Historische Entwicklung im Stadtraum – dargestellt am Beispiel der Landstreitkräfte., in: Stadt und militärische Anlagen. Historische und raumplanerische Aspekte., hg. vom Arbeitskreis Geschichtliche Entwicklung des Stadtraumes (Forschungs- und Sitzungsberichte der Akademie für Raumforschung und Landesplanung Bd. 114), Hannover 1977, S. 15 – 148, insb. S. 16 f.
18 M. Zippel, Untersuchungen zur Militärgeschichte der Reichshauptstadt Berlin von 1871 bis 1945., Diss. Univ. Münster 1981
19 G. Meinhardt, Garnisonstadt Göttingen. Bilder aus 350 Jahren Stadtgeschichte, Göttingen 1982
20 Bonn und seine Soldaten. Geschichte der Garnison Bonn und der Heeresversorgung seit Aufstellung der stehenden Heere., hg. vom Stabs- und Versorgungsbataillon des Bundesministeriums der Verteidigung, Bonn 1985
21 W. Steinböck (Hg.), Graz als Garnison. Beiträge zur Militärgeschichte der steierischen Landeshauptstadt (Publikationsreihe des Grazer Stadtmuseums Bd. 3), Graz 1982
22 B. Lemke, Die Ulmer Garnison und ihre Bedeutung für das städtische Leben, in: Ulm im 19. Jahrhundert. Aspekte aus dem Leben der Stadt (Forschungen zur Geschichte der Stadt Ulm – Reihe Dokumentation Bd. 7), hg. von H. E. Specker, Ulm 1990, S. 586 – 641
23 H. Rahne, Zur Geschichte von Garnison und Garnisonstadt Dresden 1871 bis 1918, in: Militärgeschichte Heft 6/ 1990, S. 516 – 529
24 J. Kraus, Das Militärwesen der Reichsstadt Augsburg 1548 – 1806. Vergleichende Untersuchungen über städtische Militäreinrichtungen in Deutschland vom 16. – 18. Jahrhundert (Schriftenreihe des Stadtarchivs Augsburg Bd. 26), Augsburg 1980
25 R. Braun, Amberg als Garnisonsstadt., in: Amberg 1034 – 1984. Aus tausend Jahren Stadtgeschichte (Ausstellungskataloge der Staatlichen Archive Bayerns Bd. 18), Amberg 1984, S. 205 – 220
26 R. Braun, Garnisonsbewerbungen aus Franken 1803 – 1919. Motive und Hintergründe, in: Jahrbuch für fränkische Landesforschung 47 (1987), S. 105 – 150
27 R. Braun (zus. mit G. Heyl und A. Groß), Bayern und seine Armee (Ausstellungskataloge der Staatlichen Archive Bayerns Bd. 21), München 1987
28 Th. Bruder, Nürnberg als bayerische Garnison von 1806 bis 1914. Städtebauliche, wirtschaftliche und soziale Einflüsse (Nürnberger Werkstücke zur Stadt- und Landesgeschichte. Schriftenreihe des Stadtarchivs Nürnberg Bd. 48), Nürnberg 1992
29 Schmidt (wie Anm. 5)
30 Vgl. W. Transfeldt/K. v. Brandt, Wort und Brauchtum des Soldaten, Hamburg 1959, S. 58; L. Mackensen, Ursprung der Wörter. Etymologisches Wörterbuch der deutschen Sprache, München 1985, S. 147; F. Kluge/W. Mitzka, Etymologisches Wörterbuch der deutschen Sprache, o. O. 1967, S. 233
31 Braun, Amberg (wie Anm. 22), S. 205
32 H. Nöhbauer, München. Eine Geschichte der Stadt und ihrer Bürger, München 1982, S. 11
33 Entsprechend wenig findet man selbst in neuen Arbeiten wie R. Bauer (Hg.), Geschichte der Stadt München, München 1992
34 Vgl. W. Betz, Die Wallbefestigung von München (Neue Schriftenreihe des Stadtarchivs München Bd. 9), München 1959; P. Grobe, Die Entfestigung Münchens (MBM Bd. 27), München 1970; W. Nerdinger (Hg.), Klassizismus Bayern, Schwaben und Franken. Architekturzeichnungen 1775 –1825, München 1980; H. Lehmbruch, Ein neues München. Stadtplanung und Stadtentwicklung um 1800. Forschungen und Dokumente, Buchendorf 1987
35 E. Heckner, München als feste Stadt und Garnison. Geschichte einer Garnisonstadt (Sonderdruck der Zeitschrift »Europäische Wehrkunde«, München 1963). Dieser Aufsatz wurde in modifizierter Form auch immer wieder nachgedruckt in den Standortbroschüren der Bundeswehr, z. B. München. Informationsschrift für Gäste und Soldaten in München, Koblenz 1980, S. 8 – 20
36 M. Ingenlath, »… meinem König Otto I. treu zu dienen...«.Militärdienst in München., in: München – Musenstadt mit Hinterhöfen. Die Prinzregentenzeit 1886 bis 1912. hg. von F. Prinz und M. Krauss, München 1988, S. 146 – 151; R. Bauer, Prinzregentenzeit. München und die Münchner in Fotografien, München 1988, S. 295 f. (Text), S. 297 – 312 (Abb.)
37 Vgl. M. Schattenhofer, Von Kirchen, Kurfürsten und Kaffeesiedern etc. Aus Münchens Vergangenheit, München 1974, S. 153 f. und S. 320 f.
38 F. Illing, Geschichte des Königlich Bayerischen Infanterie-Leib-Regiments von der Errichtung bis zum 1. Oktober 1891, Berlin 1892
39 Th. v. Pfetten-Arnbach/H. Farmbacher, Das Königlich Bayerische 1. Schwere Reiter-Regiment »Prinz Karl von Bayen« (3 Bde), München 1890, 1898 und 1914
40 R. v. Xylander, Geschichte des 1. Feldartillerie-Regiments »Prinzregent Luitpold« (4 Bde, Bd. 3 zus. mit C. A. v. Sutner), Bd. 1 – 3: Berlin 1905, 1909 und 1911, Bd. 4: München 1931

1. Kapitel:

Die Münchner Garnison im 19. Jahrhundert

Einführung

Gemäß einer weitverbreiteten Meinung waren das Königreich Bayern und die Dynastie Wittelsbach im 19. Jahrhundert militärisch rückständig. So behauptet etwa der bayerische Autor Norbert Hierl-Deronco: »… der väterliche, von Napoleon als ›schlicht und gut‹ bezeichnete, Bayerns Armee neu schaffende Maximilian I. Joseph ist im Grunde keine Soldatennatur. Unter Ludwig I. und Max II., beide als Kronprinzen militärisch verwendet, deren Interessen aber auf ganz anderen Gebieten liegen, verkümmert das Heer immer mehr und verdorrt an Leib und Seele. Unter dem ganz unmilitärisch gesinnten Ludwig II. endlich wird im Grunde ohne seine Anteilnahme die Heeresreform in Bayern durchgeführt, die die Gleichwertigkeit mit der preußischen Armee anstrebt.«[1]

Eine solche Sichtweise verkennt indessen die tatsächliche Situation, wie am Beispiel der Münchner Garnison klar bewiesen werden kann. Übrigens erschien den Zeitgenossen die bayerische Haupt- und Residenzstadt wenigstens zu bestimmten Epochen keineswegs so friedlich-gemütlich, wie man es heute gerne wahrhaben will. Der englische Privatgelehrte Edward Wilberforce vermerkt um 1860 ein Vorherrschen des Militärs im öffentlichen Leben Münchens und schreibt: »… München ist in dieser Hinsicht der kriegerischste Ort der Welt, oder einer kriegerischsten. Kein Offizier in London dächte daran, sich auf der Straße in Uniform zu zeigen, und in Paris, so sagt man mir, ist das Tragen der Uniform formell auf die Diensthabenden beschränkt. In München dagegen darf kein Militär in einer anderen Bekleidung auftreten. Und da die Armee die einzige Karriere ist, die jungen Männern von Familie angemessen ist, werden die Bälle der Gesellschaft von Offizieren monopolisiert. (…) *Dieses allgegenwärtige Militär in München hängt einem wirklich zum Halse heraus*, so daß man die Gefühle einfach wiedergeben muß, welche diesen stehenden Heeren gegenüber rasch hochsteigen. Man bedauert die Rekruten, die zum Kriegsdienst eingezogen wurden, anstatt gleich Berufssoldat geworden zu sein, wenn man sieht, wie sie den ganzen Tag gedrillt, geschlagen und verprügelt werden.«[2]

Der französische Journalist Victor Tissot besuchte Mitte der 1870er Jahre das Deutsche Reich. Er kam mit der Eisenbahn in München an und sah sogleich das Areal der Max-II-Kaserne: »… *Das erste, was einem auffällt, wenn man sich München nähert, sind die riesigen Gebäude aus rotem Sandstein [Backstein!]. Auf die Frage, was das für Gebäude seien, erhält man zur Antwort: »Kasernen«. Ihr Anblick läßt einen frösteln; man hat nicht erwartet, das »Heiligtum der deutschen Kunst« hinter einem Vorhang von Bajonetten verborgen zu sehen, sondern war der Ansicht, die Münchner seien vollauf mit dem Studium der Kunst beschäftigt – und nun trifft man sie beim Exerzieren an.«[3]*

Die bayerische Haupt- und Residenzstadt München beherbergte in der Ära des Deutschen Kaiserreiches die zweitstärkste Garnison nach Berlin. Die nächstgrößte Garnison war jene der sächsischen Haupt- und Residenzstadt Dresden.[4] So zeigt sich hier wohl auch der Anspruch der größeren deutschen Mittelstaaten, ihre alte Militärtradition im jeweils gültigen Rahmen der Reichsverfassung zu wahren.

Im folgenden Kapitel soll nun versucht werden, die Gesamtentwicklung der Münchner Garnison zu verdeutlichen, wobei die bayerischen Regenten gleichsam als historische Leitfiguren dienen.

Anmerkungen

1 N. Hierl-Deronco, Mit ganz sonderbarem Ruhm und Eyfer. Lebensläufe bayerischer Soldaten 1700–1918, Krailling 1984, S. 13
2 E. Wilberforce, Ein Snob in München: Die erstaunlichen Beobachtungen des Mr. Edward Wilberforce in München anno 1860 (erstm. Social Life in Munich, London 1863), hg. von G. Wiesend, München 1990, S. 22 f.
3 V. Tissot, Reportagen aus Bismarcks Reich. Bericht eines reisenden Franzosen 1874–1876. (erstm. Voyage aux Pays des Milliards, Paris 1875 ff.), hg. von E. Pohl, Stuttgart und Wien 1989, S. 106 – Für den Hinweis auf das interessante Zitat dankt der Vf. Herrn Jürgen Woltz M. A., München.
4 Vgl. H. Rahne, Zur Geschichte von Garnison und Garnisonstadt Dresden 1871 bis 1918, in: Militärgeschichte Jg. 1990, S. 516–529, S. 516

München als Garnison unter dem Kurfürsten und König Maximilian Joseph

In der Münchner Residenz starb am 16. Februar 1799, nur von wenigen Höflingen betrauert, Kurfürst Karl Theodor. Er hinterließ keine ehelichen Nachkommen. Sein Erbe trat ein Mann an, den der alte Landesherr nicht sehr geschätzt hatte, Maximilian Joseph Herzog von Pfalz-Zweibrücken, nunmehr Kurfürst Max IV. Joseph, dereinst König Max I. von Bayern.[1] In seiner Regierungszeit sollte München als Garnison einen grundlegenden und umfassenden Ausbau erleben.

Dem neuen Kurfürsten, geboren am 27. Mai 1756 zu Mannheim, war, wie sein Nachfahre und Biograph Prinz Adalbert von Bayern so treffend schreibt, an seiner Wiege nicht gesungen worden, daß er einmal über Bayern herrschen würde. Als zweiter Sohn des Pfalzgrafen Friedrich Michael von Zweibrücken-Birkenfeld wurde er gemäß der Familientradition für den Soldatenstand bestimmt. Das Regiment »Royal Alsace«, ein aus deutschen Söldnern bestehender Infanterieverband der französischen Armee, war seit dem 17. Jahrhundert die Versorgungsstelle der nachgeborenen Söhne des Hauses Birkenfeld. Obwohl sich Max Joseph während seiner Dienstzeit nicht gerade als militärisches Genie erwies, wuchs er doch im Laufe der Jahre in die friedensmäßigen Aufgaben eines Regimentskommandeurs des Ancien Régime hinein. Man kann den späteren Oberbefehlshaber der bayerischen Armee als ein typisches Beispiel des hochadeligen Offiziers jener Epoche sehen.[2] Abgesehen von einer abschließenden Tätigkeit als Brigadekommandeur verfügte Max Joseph über keine Praxis als Truppenführer. Dennoch sollte er sich schon wenige Jahre nach seinem Regierungsantritt in München als Reformer seiner Armee erweisen, dem nicht zuletzt auch am Wohl des einfachen Soldaten gelegen war, maßgeblich unterstützt durch fähige und loyale Mitarbeiter, wie etwa den Generalen v. Triva, v. Deroy oder v. Wrede. Neben dem in der Literatur gerne betonten Zug des Bürgerlichen wird die aristokratisch-militärische Prägung Max Josephs teilweise zu wenig beachtet.[3]

Bayern an der Wende vom 18. zum 19. Jahrhundert

Um die Situation, in die Max Joseph im Frühjahr 1799 gestellt war und die sich natürlich auch auf die Garnison auswirkte, besser einschätzen zu können, ist es notwendig, kurz auf die vorangegangenen Ereignisse der 1790er Jahre zurückzublicken.[4] Die kurpfalzbayerische Armee hatte an der »Campagne in Frankreich« (Goethe) von 1792 nicht teilgenommen. Kurfürst Karl Theodor hatte sich zu einer Politik der Neutralität gegenüber Frankreich entschlossen. Ihm war bewußt, daß die pfälzischen Territorien an der Westgrenze des Reiches vor einer etwaigen Okkupation durch französische Truppen durch die eigene Armee kaum bewahrt werden konnten. Weder zu Preußen, das seit geraumer Zeit begehrlich auf das Herzogtum Jülich-Berg blickte, noch zu Österreich hatte Karl Theodor aber großes Vertrauen. Er setzte daher auf die Respektierung seines Wohlverhaltens durch Frankreich. Allerdings konnte es sich das Kurfürstentum Pfalz-Bayern dann innenpolitisch nicht leisten, die Teilnahme am Reichskrieg gegen Frankreich ab dem Frühjahr 1793 zu verweigern. Nach längeren Kämpfen an der Rheinlinie stießen im September 1795 die Divisionen der französischen Republik kraftvoll nach Osten vor. Die kurpfalzbayerischen Regierungssitze und Festungsstädte Düsseldorf und Mannheim wurden ohne ernsthaften Widerstand dem Feinde preisgegeben. Blamabel für das kurfürstliche Heer war die voreilige Kapitulation Mannheims vor einer relativ schwachen französischen Streitmacht. Nach der Aufkündigung eines Waffenstillstandes durch Österreich griffen im Frühsommer

1796 zwei französische Armeen an. Der Stoß der Armee Jourdan zielte auf die Oberpfalz bzw. Böhmen, während die Armee Moreau durch Schwaben auf altbayerisches Gebiet vordrang. Die kurpfalzbayerische Regierung schloß Anfang September 1796 einen Waffenstillstandsvertrag, dessen harte Bedingungen durch österreichische Erfolge und den Rückzug der Franzosen hinfällig wurden. Während der folgenden Friedensverhandlungen in Rastatt wurde Bayern von rund 60 000 österreichischen Soldaten mehr oder weniger okkupiert. Diese Situation zwang Kurbayern beim neuerlichen Kriegsausbruch im Frühjahr 1799 zum Kampf gegen Frankreich auf der Seite der Koalition.

Die Münchner Garnison bis zum Ende des 18. Jahrhunderts

Neben Hofadel und Klerus prägte seit dem Dreißigjährigen Krieg auch das Militär das Gesicht der kurfürstlichen Haupt- und Residenzstadt München. In den Jahren 1615 bis 1624 erbaute Herzog Maximilian zum Ersatz für das 1599 abgebrannte Zeughaus am Salvatorplatz direkt bei seiner Residenz ein großes Arsenal. Im Jahre 1648 mußte die Stadt auf Befehl des Kurfürsten vor dem Schwabinger Tor drei hölzerne Baracken für die Kavallerie errichten.[5]

Die eigentliche Garnison, d. h. die kurfürstliche Soldateska mit Ausnahme der Leibgarden, war in den Jahrzehnten nach dem Ende des Dreißigjährigen Krieges von höchst bescheidenem Umfang. Die älteste aufgefundene Rechnung der »... in Chur Fürstlicher Haubtstatt München ligenten ordinary Guarnison« für das Kalenderjahr 1657 nennt an der Spitze einen »Haubtmann«, freilich keinen gewöhnlichen Hauptmann, sondern den Stadtkommandanten – »Ihre Genaden Herrn Obrist Zeug: und General Wachtmeister etc. Herrn Franz Freyherr von Royer etc.«. Ihm zur Seiten standen ein »Leitenandt«, nämlich Oberst Rieger, zugleich kurfürstlicher Pfleger zu Rauhenlechberg, und vor allem ein »Fenderich« (Fähnrich) im Offizierrang. Die Truppe bestand aus einem »Feldwaibl«, vier Korporalen, zwei Spielmännern, zwölf Gefreiten, 78 »Gemain Knechten« und einem im Mannschaftsrang befindlichen »Pixenmaister«, d. h. einem Zeughausarbeiter. Für diese Garnison wurden insgesamt 12 185 Gulden 22 Kreuzer ausgegeben. Hierbei ist zu bemerken, daß die einfachen Soldaten mit einem Sold von je neun Gulden im Monat bzw. achtzehn Kreuzern pro Tag erheblich besser bezahlt wurden, als ihre Nachfolger.[6] So erhielt ein Infanterist unter König Ludwig I. nur siebeneinhalb Kreuzer und eine Brotportion täglich. Deutlich zeigte sich hier noch das Erscheinungsbild einer relativ kleinen, aber gutbezahlten Söldnertruppe. Nahezu identisch in Personalumfang und Etat präsentierte sich die »Ordinari Guarnison« im Jahr 1662. Lediglich die Bezeichnung »Gemain Knecht« war mittlerweile dem modernen »Gemeinem Soldaten« gewichen.[7]

Unter Kurfürst Ferdinand Maria entstand 1670/71 die spätere Kreuzkaserne als Aneinanderreihung von zwanzig »Soldatenhäuschen« entlang der Stadtmauer zwischen dem Neuhauser Tor und dem Sendlinger Tor. Im Jahre 1689 wurde zum Unterhalt der Garnisonunterkünfte das sogenannte Servisgeld eingeführt, das den Bürger von der Bereitstellung von Quartier und Naturalien für Soldaten befreite. Adel und Klerus waren von der Quartierpflicht ohnehin weitgehend dispensiert. Unter Kurfürst Max Emanuel wurde die Kaserne auf der Isarinsel gebaut, ein ständiges Militärkrankenhaus und ein Militärwaisenhaus eingerichtet. Außerdem gab es die Kaserne am Kosttor und zeitweilig wurde die Seidenmanufaktur am Anger als Kaserne belegt. Symbolhaft für die zunehmende Präsenz der Garnison im Stadtbild wurde das Gebäude der Hauptwache 1771 fertiggestellt und vom Bildhauer Ignaz Günther mit den Figuren von Mars und Bellona (heute im Bayerischen Nationalmuseum) geschmückt.[8]

Die Münchner Garnison des frühen 19. Jahrhunderts war noch geprägt vom 18. Jahrhundert und besonders vom Wirken Sir Benjamin Thompsons, Reichsgrafen von Rumford. Erst 1784 war Thompson nach München an den Hof des Kurfürsten Karl Theodor gekommen, doch in nur wenigen Jahren schuf er zahlreiche neue Militäreinrichtungen in der Residenzstadt. Auf Rumfords Initiative wurde auf dem Schönfeld eine Artilleriewerkstätte (Bohrhaus) errichtet. Rumford führte den Militärgarten als Vorläufer des Englischen Gartens ein. Der traditionelle Soldatengalgen an der Isarbrücke verschwand. Eine Militärakademie wurde im Herbst 1789 gegründet. Am Neujahrsmorgen des Jahres 1790 setzte man die Garnison zu einer Großrazzia gegen das Bettelvolk in der Stadt ein. Die Soldaten trieben fast 2000 Personen in das Rathaus, wo man die Arbeitsfähigen aussonderte und sie sogleich in ein neues Militärarbeitshaus verbrachte, wo sie Uniformstücke für den Armeebedarf produzierten. Eine Veterinärschule wurde im März 1790 eröffnet. Ab dem Frühjahr 1791 begann die Entfestigung der Stadt.[9]

Das Verhältnis der Münchner Zivilbevölkerung zur Garnison war zur Zeit Kurfürst Karl Theodors nicht allzu gut. Im Herbst 1788 gab es Demonstrationen wegen des knappen und teuren Getreides. Der Magistrat überreichte dem Kurfürsten eine Petition. Darin beklagten sich die zünftischen Gewerbetreibenden über die Konkurrenz der Pfuscher im Umland, den Zuzug von Fremden in die Stadt und das Bettlerunwesen. Wolle der Kurfürst den Mißständen nicht Einhalt gebieten, werde die Residenzstadt eine Räuberhütte. Empört verließ Karl Theodor mit dem Hoflager München und zog in sein geliebtes Mannheim. Erst am 2. Juli 1789 kehrte der Kurfürst wieder nach München zurück und ließ sich aufwendig feiern. Anläßlich dieses Festes verärgerte der Stadtkommandant Graf Zedtwitz die Bürgerschaft. Aus Anlaß der Rückkehr des Kurfürsten nach München wurde im alten Turnierhaus am Hofgarten ein Empfang für Adel und gehobenes Bürgertum veranstaltet. Zedtwitz bot dazu vier Kompanien des Leibregiments und eine Abteilung Chevaulegers zur Sicherheit des Kurfürsten auf. Die Soldaten ließen Adel und Bürger aber nicht zum Fest gehen, während das einfache Volk schlicht die Absperrung durchbrach und gewissermaßen die Festhalle erstürmte.[10]

Nicht zuletzt wegen der Aktivitäten Rumfords für die Garnison kam es zu einem spektakulären Ereignis der Münchner Stadtgeschichte, dem Kniefall des Münchner Magistrats vor einem Bildnis des Kurfürsten in der Maxburg am 21. Mai 1791. Im Juli 1790 hatte Rumford eine angebliche Danksagung Münchner Bürger an den Kurfürsten für die Einrichtung des Armenhauses und der Militärakademie publiziert. Es ist nicht auszuschließen, daß der Text von Rumford selbst in Auftrag gegeben worden war. Der Stadtmagistrat jedenfalls nahm von dieser Lobeshymne formell Abstand. Verschärft wurde der Konflikt zwischen Rumford und dem Magistrat dann im Frühjahr 1791 in Zusammenhang mit den ersten Schritten zur Entfestigung der Stadt. Die Bürgerschaft fürchtete die vollständige Schleifung der Wälle, vor allem aber gab es Gerüchte um eine geplante Verlegung der Schranne aus der Stadt. Verstärkt wurde der Unmut der Zunftbürger durch die gewerbliche Konkurrenz der Hofschutzverwandten, der Pfuscher in den Vorstädten und nicht zuletzt die privaten Nebenbeschäftigungen der Soldaten. Schließlich mußte der Magistrat wegen vorgeblicher Beleidigung des Landesherrn in der schon erwähnten demütigenden Weise Buße leisten.[11] Einen Lebensmittelkrawall gab es im Oktober 1795. Der Landesherr versprach den Bürgern zu helfen, gleichzeitig ließ er aber das Leibregiment der Kurfürstin von Mannheim nach München verlegen und verstärkte damit die Garnison.[12]

Im August 1796 beherrschten österreichisches Militär und das Freiwilligenkorps des Prinzen Condé München, nachdem der Kurfürst die Stadt verlassen hatte. Das bayerische Militär wurde von den Österreichern gewissermaßen nur toleriert, hatte aber nichts zu sagen. Fast die ganze Stadt, vor allem aber die Vororte und alle Klöster waren mit Soldaten belegt. Zum Jahresende 1796 ließ der mißtrauische Stadtkommandant Zedtwitz, nach Lorenz v. Westenrieder ein »Erzdummkopf«, einen Teil der aus Altbayern rekrutierten Truppen durch Einheiten aus dem Rheinland und der Pfalz ersetzen.[13]

Der Zustand der Garnison München um das Jahr 1800

Die kurpfalzbayerische Armee verfügte im Frühjahr 1800 in München über eine ganze Reihe von Kasernen und sonstigen Gebäuden.[14] Zu nennen ist vor allem die *Kreuz-Kaserne* an der Stadtmauer beim Karlstor, die als größte Truppenunterkunft rund 1500 Personen Platz bot. Gegenüber der Kreuz-Kaserne befanden sich das *Provianthaus* mit der Militärbäckerei und das sogenannte *Kernsche Haus*, als Kaserne und Magazin genutzt. Der zweite große militärische Komplex innerhalb der Stadt lag hinter der kurfürstlichen Residenz im Bereich des Kosttores. Dort standen das *Zeughaus* mit seinen Nebengebäuden und die *Kosttorkaserne* mit Raum für rund 650 Personen. Der dritte Kasernenbereich der Garnison lag vor der Stadt und umfaßte die *Isarkaserne* für rund 950 Personen und 200 Pferde auf der Kohleninsel unterhalb des Gasteiges und das *Fouragemagazin*. Hinzu kam das vor dem Sendlinger Tor gelegene *Militärkrankenhaus* mit Platz für rund 240 Patienten. Drei *Pulvermühlen* und eine sogenannte *Walkmühle* (zum Reinigen der Wolldecken) lagen an der Isar und waren verpachtet. Ebenfalls vor der Stadt, aber im Norden auf dem Schönfeld, stand das *Bohrhaus* zum Fertigen von Geschützrohren. Zur Aufrechterhaltung der allgemeinen Ruhe und Ordnung in der Stadt hatte das Militär neben den Leibgarden in der Residenz eine ständige *Hauptwache* am Schrannenplatz sowie ständige Wachen am Karlstor, am Sendlinger Tor, am Isartor, am Einlaß, am Kosttor und am Schwabinger Tor stationiert. Als *Militärgefängnis* diente der Taschenturm. Zum Aufmarsch der täglichen Garnisonwachparade diente der *Paradeplatz* im Kreuzviertel. Die eigentliche Ausbildung der Truppen fand auf drei *Exerzierplätzen* statt: dem Exerzierplatz am Gasteig für die Besatzung der Isarkaserne, dem Exerzierplatz auf der Neuhauser Heide, d. h. das spätere Marsfeld, und schließlich dem »Artillerie-Experimentierplatz« auf dem Oberwiesenfeld.

Als Garnison befanden sich im Frühjahr 1800 neben den militärischen Zentralbehörden, dem Zeughaus und der Stadtkommandantschaft in München das Leib-Regiment (späteres K.B. 1. Infanterie-Regiment »König«; errichtet 1682), das Regiment »Kurprinz« (späteres K.B. 2. Infanterie-Regiment »Kronprinz«; errichtet 1682); das 6. Infanterie-Regiment »Herzog Wilhelm«; zwei selbständige Infanterie-Bataillone (Feldjäger); das 1. Chevau-legers-Regiment (späteres K.B. 4. Chevaulegers-Regiment »König«); Teile des 4. Chevaulegers-Regiments (späteres K.B. 5. Chevaulegers-Regiment) und ein Teil des Artillerie-Regiments (späteres K.B. 1. Feldartillerie-Regiment »Prinzregent Luitpold«).[15]

Am 28. Juni 1800 besetzte die französische Armee München. Die Offiziere nahmen Quartier in den vornehmsten Privathäusern, die Mannschaften brachte man außer in den Kasernen vor allem auch in Wirtshäusern unter. Der kommandierende General Moreau residierte im Schloß Nymphenburg. Psychologisch geschickt veranstalteten die Franzosen bereits am darauffolgenden Tag eine große Parade, die wegen der Militärmusik zahlreiche Münchner anlockte. Ähnliche Paraden fanden dann auch am 2. Juli und 11. September 1800 statt. Am 29. November 1800 verließen die französischen Kampftruppen München und zogen in die Schlacht bei Hohenlinden (1. Dezember). Kanonendonner und Feuerschein waren noch in München wahrnehmbar. In den ersten Dezembertagen wurde die Stadt überschwemmt mit Tausenden von Verwundeten und Gefangenen der siegreichen Franzosen. Nach der Unterzeichnung des Friedensvertrages am 1. Januar 1801 rückten die Franzosen im März 1801 aus München ab. Am 12. April 1801 zog als erste bayerische Truppe das Leib-Regiment wieder in der Garnison ein. Zwei Tage später kehrte der Kurfürst mit seiner Familie in die Haupt- und Residenzstadt zurück.[16]

Maßnahmen zur Verbesserung der Situation ab dem Jahre 1801

Bereits im Januar 1800 scheint Kurfürst Max IV. Joseph persönlich eine umfassende Bestandsaufnahme und Beschreibung aller Münchner Militärgebäude angeordnet zu haben. Sie wurde im Februar durchgeführt und zeigte den teilweise sehr baufälligen Zustand der Kasernen auf. Nach den Schätzungen bürgerlicher Handwerksmeister hatten alle Kasernen, Magazine, Wachen und sonstigen Garnisonbauten zusammen nur einen Wert von rund 270 000 Gulden.[17] Die ständige Vermehrung der Armee, namentlich der Garnison München, erforderte zwingend zusätzliche Truppenunterkünfte bzw. Ersatz für nicht mehr zumutbare Quartiere. Bezeichnenderweise spielten Kriegsökonomierat und Stadtkommandantschaft schon im Sommer 1801 (!) mit dem Gedanken, einige Münchner Klöster zu säkularisieren und in Kasernen umzubauen. Man dachte dabei vorzugsweise an den großen Komplex der Clarissinnen am Anger, das Karmeliterkloster am Paradeplatz (Promenadeplatz) oder den sogenannten Augustinerstock bei der »Weiten Gasse« vor der St. Michaelskirche. Aus zwei Gründen schreckte man jedoch vor solchen Maßnahmen zurück: »... wenn man betrachtet, wie alte Kloster Gebäude beschaffen, so möchte einem schon die Lust vergehen, bauliche Veränderungen vorzunehmen, denn es sind und bleiben alte Baraquen – dann erst wenn man da die Geistlichkeit und Kirchen betastet, wo das Volk mit ganzer Seele hängt – welche Hindernisse werden da sich ergeben, es ist ein mühsamer gefährlicher Berg zu übersteigen, um am Ende den Werth nicht zu finden, den man hoffte, und doch müssen schwere Summen darauf verwendet werden.«[18] Nach der Säkularisation im Frühjahr 1802 wurden die Klöster der Karmeliten, der Augustiner, der Hieronymitaner im Lehel und der Paulaner in der Au auch als Kasernen genutzt.[19] Der einzige größere Tumult in München während der Regierungzeit Max Josephs wurde zu dieser Zeit mit Hilfe der Garnison rasch und effektiv beendet.[20]

Unterdessen hatte der Kurfürst schon im Sommer 1801 den Bau einer monumentalen »Neuen Infanteriekaserne am Hofgarten« befohlen, deren erste Teile dann 1804 bezogen werden konnten. Endgültig fertig wurde diese Hofgartenkaserne erst im Jahre 1807. Geradezu symbolhaft für die Bedeutung der Armee im damaligen Bayern war sie der erste Großbau, den Max Joseph in seiner Hauptstadt errichten ließ, und zwar in unmittelbarer Nachbarschaft zu seiner Residenz. Daneben befand sich ein vormaliges Manufakturgebäude. Es wurde 1803 als »Seidenhaus-Kaserne« angemietet, schließlich im Jahr 1809 von der Armee gekauft. Das Hieronymitanerkloster im Lehel erfuhr schon 1806 definitiv die Umwandlung zur »Lehel-Kaserne« für Kavallerie und Fuhrwesen. Zu betonen ist in diesem Zusammenhang der persönliche Einfluß des Herrschers auf alle Bereiche der Heeresorganisation, den auch die moderne Forschung würdigt.[21]

Die Reorganisation der Armee und damit auch der militärischen Infrastruktur Münchens im frühen 19. Jahrhundert wurde immer überschattet von schwerwiegenden politischen Entscheidungen.[22] Bayern hatte zu wählen, ob es beim bevorstehenden Schlagabtausch zwischen Frankreich und der Dritten Koalition (Großbritannien, Rußland und Österreich) Hammer, Amboß oder gar das weiche Eisen sein wollte. Der berühmte »Bogenhauser Vertrag« wurde am 25. August 1805 unterzeichnet. Nachdem Österreich im Innviertel, seiner klassischen Einfallspforte nach Kurbayern, Truppen konzentriert hatte, machte die bayerische Armee im September 1805 mobil. Wie gefährdet die Position der Haupt- und Residenzstadt wegen ihrer Nähe zu Österreich war und wie schwach die Garnison, belegt die Episode mit dem österreichischen Feldmarschall Fürst Schwarzenberg und seinem Kavalleriedetachement in Nymphenburg am 5. September 1805. Der Kurfürst mußte mit seiner Familie heimlich nach Würzburg fliehen. Auch die Münchner Garnison setzte sich nach Nordbayern ab. Österreichische Truppen besetzten München. Am 12. Oktober 1805 waren wieder bayerische Soldaten in der Stadt. Im Gegensatz zum Jahre 1800 empfand die Münchner Bevölkerung diesmal die gleichzeitig einrückenden Franzosen unter Bernadotte als ziemlich lästig, da sie beispielsweise die Theatinerkirche als Fouragemagazin einrichteten. Napoleon wurde jedoch am 24. Oktober 1805 stürmisch von den Bewohnern der kurbayerischen Haupt- und Residenzstadt begrüßt. Die bayerischen Truppen kämpften zu dieser Zeit teilweise in Oberösterreich, teils in Tirol. Ende November 1805 befand sich der kurfürstliche Hofstaat wieder komplett in der Münchner Residenz, die bereits für die Feier der Erhebung Bayerns zum Königreich zum 1. Januar 1806 gerüstet wurde. Die dominierende Figur jener Wochen und Tage war Napoleon, der »Königsmacher«. Im Januar 1806 konnten erstmals seit langer Zeit wieder bayerische Truppen siegreich in ihre Garnisonen zurückkehren.[23]

Die Epoche der Napoleonischen Feldzüge

Der Preis für Bayerns Königswürde und territorialen Zugewinn war die Verfügbarkeit seiner Armee für die politischen Ziele Frankreichs.[24] Bereits vor der Rheinbundakte (12. Juli 1806) hatte das Königreich während der Hochzeitsfeier für Napoleons Stiefsohn Eugene Beauharnais und Prinzessin Auguste von Bayern im Januar einen entsprechenden Geheimvertrag unterzeichnet. Im Herbst 1806 erließ Marschall Berthier im Auftrage Napoleons die Mobilmachungsordres für die Rheinbundstaaten. Die Mobilmachung fiel ausgerechnet in die Umstrukturierungsphase der bayerischen Armee. Erst zum Jahresende 1807 kehrten die Münchner Truppen wieder in die heimatliche Garnison zurück.[25]

Im Januar 1809 zogen sich wieder Kriegswolken über Bayern zusammen. Österreich hatte sich von der Niederlage des Jahres 1805 erholt, hingegen war das Gros der besten Truppen Napoleons in Spanien gebunden. Demnach lag ein großer Teil der Abwehrlast auf den Schultern der Rheinbundstaaten.[26] Vor dem Interesse der meisten Militärhistoriker für die kämpfende Truppe tritt die Logistik zumeist völlig in den Hintergrund. So spielte beispielsweise das Münchner Fuhrwesen-Bataillon eine wichtige Rolle für die operative und strategische Beweglichkeit der Großverbände. Das Münchner Armeefuhrwesen erhielt zur Mobilmachung anno 1809 nicht weniger als 1056 Pferde zugewiesen. Allein die Artillerie (drei Batterien) und der Train einer bayerischen Division jener Zeit umfaßten immerhin 18 Geschütze, 36 Artilleriemunitionswagen, 44 Patronenwagen und 112 sonstige Fahrzeuge, d. h. rund 800 Zugpferde.[27]

Der Militärstandort München lag in jenen Jahren praktisch in der operativen Kampfzone. Auch 1809 wurden die Vorräte des Münchner Zeughauses sowie die übrigen Dienststellen der Armee sofort nach Ulm evakuiert. Der königliche Hofstaat flüchtete am 11. April nach Dillingen. Das Gros der bayerischen 1. Division befand sich am 12. April noch in München. Acht Tage später schickte sie Napoleon persönlich bei Abensberg erfolgreich in die Schlacht. Das zeigt, wie nahe der Krieg damals noch war, standen doch die Tiroler schon an der Scharnitz bei Mittenwald.

Im gleichen Jahr 1809 wurde die Errichtung eines regelrechten Militärviertels rund um den Königsplatz in der neuen Maximilians-Vorstadt ins Auge gefaßt. Es sollte aus einer großen Infanterie-Kaserne zum Ersatz der alten, baufälligen Kreuz-Kaserne, einem Invalidenhaus, einem Neubau für das Kadettenkorps und einer eigenen Garnisonkirche bestehen.[28]

Es soll hier darauf verzichtet werden, die verschiedenen Ein- und Ausmärsche der Regimenter und ihre Aktionen aufzuzählen. Lediglich des Abmarsches der Münchner Garnison am 15. Februar 1812 zur Grande Armée sei gedacht. Der spätere Kommandeur des bayerischen Gendarmeriekorps Joseph Maillinger, damals 27jähriger Hauptmann im 1. Linien-Infanterie-Regiment »König«, berichtet über den Ausmarsch seines Verbandes aus der Hofgartenkaserne: »… Am 15. mittags marschierte das Regiment König, zwei Bataillone und zwölf Kompanien (wovon ich die 1. Füselier-, frühere Leibkompanie befehligte), jede 134 Mann stark, an dem Hofgarten und der Residenz vorbei, wo Ihre Königlichen Majestäten geruhten, die defilierenden Truppen in Augenschein zu nehmen. Der Marsch ging dann durch den Reitschulbogen, die Schönfeldstraße und den Englischen Garten über die eben fertig gewordene Bogenbrücke durch Bogenhausen nach Ismaning; wegen heftigen Schneegestöbers war er, obgleich nicht stark, sehr ermüdend.«[29]

Über den Rußlandfeldzug der Bayern ist schon so viel geschrieben worden, daß auf die bekannte Katastrophe nicht näher eingegangen werden soll. Insgesamt wurden mehr als 35 000 Armeeangehörige nach Osten geschickt, davon kamen knapp 30 000 Mann nie mehr in die Heimat zurück. Von den übrigen überstand nur etwa die Hälfte diesen Feldzug ohne bleibende gesundheitliche Schäden. Diese Zahlen sagen alles.[30] Die Truppen der Münchner Garnison kehrten in einzelnen Kolonnen zurück. So trafen etwa am 28. April 1813 die Überreste des vormals stolzen Regiments »König«, insgesamt 180 Offiziere, Unteroffiziere und Mannschaften, wieder in München ein. Sie rückten »… in aller Stille durch die Veterinärstraße und den Englischen Garten in die Hofkaserne ein, darunter befanden sich noch 23 Mann, die voriges Jahr mit ausmarschiert waren.«[31]

Für den militärischen Alltagsbetrieb in den Münchner Kasernen waren die Wirren der napoleonischen Feldzüge kaum förderlich. Als nach dem Untergang der alten bayerischen Kerntruppen im russischen Feldzug neue Formationen förmlich aus dem Boden gestampft werden mußten, klagte die Münchner Kasernenverwaltung: »… Wenn in friedlichen Zeiten kaum die Ordnung erzwungen werden kann, was wird es jezo helfen, wo mit jedem Tage neue Recruten kommen, junge Officiers gemacht werden, die selbst einer Aufsicht bedarften. – Die Commandanten und Adjutanten haben soviel mit Dressur der Leute zu Thun, und mußen sichs angelegen seyn lassen, diese noch wilden Menschen nur recht bald zum Dienst abzurichten, und sind wohl zufrieden, wenn sie diesen Zweck erreichen, wäränd sie sich um das Innere der Haushaltung wenig bekümmern (…) Wie gesagt, so lange nicht Friede wird, ist an Erhaltung der Ordnung nicht zu denken, und man darf froh seyn, wenn man das Geleiß nur wenig erhaltet.«[32]

Wie die Verhältnisse in der Garnison nach dem Abmarsch der Feldtruppen in jenen Jahren bestellt waren, zeigt das Beispiel der Artillerie. Eine Handvoll Offiziere und Unteroffiziere mußte im Winter 1813/14 430 Rekruten ausbilden. Dazu standen ihnen, einschließlich der beiden Alarmkanonen vor der Hauptwache, nur fünf Geschütze zur Verfügung. Die Rekruten waren nur mangelhaft mit Monturen ausgestattet, weswegen mit ihnen im königlichen Marstall exerziert wurde, um die größte Kälte zu vermeiden.[33]

Im Sommer 1814 wurden in München nach französischem Vorbild zwei Garderegimenter formiert. Bereits im Januar 1811 hatte der Ministerstaatssekretär im Kriegswesen v. Triva ein bayerisches Gardekorps gefordert, das aus Grenadieren, Jägern, schwerer und leichter Kavallerie sowie Artillerie bestehen sollte. Triva schrieb damals: »… Wenn schon Ew. Königliche Majestät in der Mitte ihrer von unbegränzter Liebe und Ehrfurcht durchdrungenen getreuen Baiern so sicher als im Zirkel Ihrer erhabenen Familie sind, so scheint doch der mit einer Königskrone so notwendig verbundene Glanz und das Beispiel der meisten Souveraine die Bildung einer königlichen Garde dringend in Anspruch zu nehmen.« Dieses Projekt scheiterte damals am Widerstand des Kronprinzen Ludwig. Erst nach den Erfolgen des bayerischen Heeres in den Feldzügen von 1813 und 1814 war das Klima für Trivas Idee wieder günstig. Am 16. Juli 1814 erging folgendes königliche Reskript: »... Wir haben Allergnädigst beschlossen, ein aus drei Bataillonen, das Bataillon zu sechs Kompagnien zu bestehen habendes Grenadier-Garde-Regiment, welches in Friedenszeiten nebst dem zu errichtenden Garde du Corps-Regiment zu Pferde die Wache und den Dienst bei Unserer Allerhöchsten Person und Unserem Königlichen Hause, dann die übrigen von der Kommandantschaft ihr zugewiesen werdenden Dienste zu versehen hat, in Kriegszeiten aber gleich Unsern übrigen Linien-Regimentern mit ins Feld zu rücken hat bestimmt ist, errichten zu lassen.« Die Gardegrenadiere und Gardes du Corps (Gardekürassiere) wurden aus der gesamten Infanterie und Kavallerie des Heeres ausgewählt. Sie erhielten besonders prächtige Uniformen, die Grenadiere vor allem eine hohe Mütze aus Bärenfell.[34] Dadurch wurde die Haupt- und Residenzstadt zugleich als *Gardegarnison* gegenüber den anderen Standorten besonders hervorgehoben.

München als Garnison unter König Max Joseph nach 1816

Bayern ging aus den Kriegsjahren politisch erfolgreich, aber finanziell angeschlagen hervor. Angesichts des Staatsdefizits in Millionenhöhe befahl der König im Juni 1817 Einsparungen im Armeebudget. Bis auf die beiden Münchner Garderegimenter wurden die übrigen Truppenteile in ihrem Umfang reduziert.[35]
Im Januar 1823 schrieb Feldmarschall Fürst v. Wrede an den König von dem »*kläglichen Zustand der Kasernen in der Haupt- und Residenzstadt*«.[36] Der letzte neue Kasernenbau nach der Hofgartenkaserne war die große Kavalleriekaserne an der Isar (fertiggestellt 1813) gewesen. Im Jahre 1807 hatte der König für Verwaltungszwecke dem Kriegsministerium ein Haus nahe der Residenz gekauft. Auf dem Oberwiesenfeld waren Artillerieremisen und ein Schießplatz errichtet worden. Die mangelhafte Unterbringung der Garnison nach den Kriegswirren endlich nachhaltig zu verbessern, war das Ziel Max I. Josephs. Die neue Isarkaserne wurde erweitert. Es entstanden die Bauten des neuen Kriegsministeriums am Schönfeld (Baubeginn 1823) und vor allem endlich in der Max-Vorstadt die große »Neue Infanterie-Kaserne am Türkengraben« (Baubeginn 1823). Zusammenfassend kann festgestellt werden, daß während der Regierungszeit Max I. Josephs die Münchner Garnison jene Fundamente erhielt, die sie befähigten, fortan auch bei drastisch eingeschränktem Aufwand für Militärbauten, einigermaßen funktionstüchtig zu bleiben.

Anmerkungen

1 Zu Max Joseph und seiner Regierungszeit: A.v. Bayern, Max I. Joseph. Pfalzgraf, Kurfürst und König, München 1957; E. Weis, Die Begründung des modernen bayerischen Staates unter König Max I. (1799–1825), in: SPINDLER Bd. 4/1, München 1979, S. 1–86; H. Glaser (Hg.), Krone und Verfassung. König Max I. Joseph und der neue Staat (Wittelsbach und Bayern Bd. 3/1 bzw. Bd. 3/2), München 1980; M. Junkelmann, Napoleon und Bayern. Von den Anfängen des Königreiches, Regensburg 1985
2 A. v. Bayern, Max Joseph (wie Anm 1.), S. 44 ff., 71–85

3 Ein Charakterbild, das beide Seiten der Persönlichkeit Max I. Josephs würdigt, zeichnet A. Winter, Karl Philipp Fürst von Wrede als Berater des Königs Max Joseph und des Kronprinzen Ludwig von Bayern (1813 – 1825). (MBM Bd. 7), München 1968, S. 17 ff. und S. 147

4 Vgl. L. Hammermayer in: SPINDLER Bd. 2, München 1977, S. 1057 – 1060; A. v. Bayern, Max Joseph (wie Anm. 1), S. 241 – 342 pass.; O. Bezzel, Geschichte des Kurpfalzbayerischen Heeres von 1778 bis 1803 (Geschichte des Bayerischen Heeres Bd. 5), München 1930

5 M. Schattenhofer, Von Kirchen, Kurfürsten und Kaffeesiedern etcetera. Aus Münchens Vergangenheit., München 1974, S. 153

6 A I 2 Bd. 58, Zahlungsliste der Garnison München für das Jahr 1657, dat. 20. Jan. 1658

7 Ebd., Zahlungsliste der Garnison München für das Jahr 1662, dat. 9. Jan. 1663

8 Schattenhofer (wie Anm. 3), S. 153 f.

9 Ebd., S. 171 bzw. S. 215

10 Ebd., S. 175, S. 206 und S. 239; G. J. Wolf, Das Kurfürstliche München 1620 – 1800, München 1930, S. 324 f.

11 Schattenhofer (wie Anm. 3), S. 217 – 231

12 Ebd., S. 206

13 Wolf (wie Anm. 10), S. 345 ff.

14 A XX Bd. 21, Baubeschreibungen des Ingenieur-Capitaine Steimmig, München 20. Febr. 1800

15 Vom Vf. zusammengestellt nach den Angaben bei L. Lutz, Die Bayerische Armee von ihrem Entstehen bis zum Weltkrieg 1682 – 1914 (KA: masch. Ms. um 1923) und Bezzel, Heeresgeschichte 1778/1803 (wie Anm. 4)

16 A. v. Bayern, Als die Residenz noch die Residenz war, München 1967, S. 197 ff.

17 A XX Bd. 21, Schätzung aller Militärgebäude vom 5. März 1800; Protokoll der Besichtigungskommission vom 17. März 1800; Hofkriegsrat am 18. März 1800

18 A XX Bd. 78, »Ausführliche Darstellung über eine neu zu erbauende Caserne«, dat. 2. Juli 1801 (verfaßt vermutlich vom Kriegsökonomierat und Militärarchitekten Joseph Frey (1759 – 1819).

19 A VI Bd. 128, InfRgt. Kurprinz, München 6. Aug. 1802; vgl. auch S. Arndt-Baerend, Die Klostersäkularisation in München 1802/03 (MBM Bd. 95), München 1986

20 Vgl. den Abschnitt »Wallfahrertumult 1802«

21 Vgl. E. Weis, Montgelas 1759 – 1799. Zwischen Revolution und Reform, München 1971, S. 283

22 Zur Reorganisation der Armee: O. Bezzel, Geschichte des Königlich Bayerischen Heeres unter König Max I. Joseph von 1806 (1804) bis 1825 (Geschichte des Bayerischen Heeres Bd. 6/1), München 1933; E. v. Frauenholz, Die Eingliederung von Heer und Volk in den Staat Bayern 1597 – 1815, München 1940 (etwas unkritisch, in der Absicht den modernen Wehrpflichtgedanken zu betonen); E. Aichner, Das bayerische Heer in den Napoleonischen Kriegen, in: Wittelsbach und Bayern Bd. 3/1 (wie Anm. 1), S. 239 – 253. Zu den Kriegsereignissen: M. Leyh, Die Feldzüge des Königlich Bayerischen Heeres unter Max I. Joseph von 1805 bis 1815 (Geschichte des Bayerischen Heeres Bd. 6/2), München 1935 und Schrettinger, Der Königlich Bayerische Militär-Max-Joseph-Orden und seine Mitglieder., München 1882

23 A. v. Bayern, Max Josef (wie Anm. 1), S. 467 – 513; ders., Residenz (wie Anm. 18), S. 208 ff.; Junkelmann (wie Anm. 1), S. 85 – 113

24 Vgl. R. Dufraisse, Napoleon und Bayern, in: Wittelsbach und Bayern Bd. 3/1 (wie Anm.1), S. 221 – 229

25 Zu den damals in München stationierten Truppen: M. v. Prielmayer/E. Prestle, Geschichte des K.B. 1. Infanterie-Regiments König von seiner Errichtung im Jahre 1778 nebst einer Vorgeschichte seiner Stammregimenter, München 1882; M. v. Reichert, Das Königlich Bayerische 2. Infanterie-Regiment Kronprinz 1682 – 1912, München 1912; H. Hutter, Das K.B. 1. Chevaulegers-Regiment »Kaiser Alexander von Rußland« 1682 bis 1882, München 1885; R. v. Xylander, Geschichte des 1. Feldartillerie-Regiments »Prinzregent Luitpold« Bd. 1: Das Artillerie-Regiment und das Fuhrwesen 1791 – 1806, Berlin 1905; Bd. 2: Das Artillerie-Regiment und das Fuhrwesen 1806 – 1824., Berlin 1909. Außerdem ist heranzuziehen: K. Müller/L. Braun, Die Organisation, Bekleidung, Ausrüstung und Bewaffnung der Königlich Bayerischen Armee von 1806 bis 1906, München 1906.

26 Vgl. D. MacCarthy, Strategie und Logistik Napoleons im bayerischen Feldzug von 1809, in: Wittelsbach und Bayern Bd. 3/1 (wie Anm. 1), S. 230 – 238

27 Xylander Bd. 2 (wie Anm. 25), S. 121 ff.

28 Vgl. den Abschnitt »Türkenkaserne«

29 Tagebuch des Hauptmanns Joseph Maillinger im Feldzuge nach Rußland 1812, bearbeitet von P. Holzhausen, in: Darstellungen aus der Bayerischen Kriegs- und Heeresgeschichte Heft 21, München 1912, S. 57 – 156, zit. S. 65

30 Vgl. R. Braun, Die Bayern in Rußland 1812, in: Wittelsbach und Bayern Bd. 3/1 (wie Anm. 1), S. 260 – 271

31 Maillinger (wie Anm. 29), S. 154

32 A XX Bd. 82, Kasernenverwaltung München im Nov. 1813

33 Xylander Bd. 2 (wie Anm. 25), S. 492

34 K. Müller, Das Königlich Bayerische Grenadier-Garde-Regiment von 1814 bis 1826, München 1900, S. 1 ff.

35 W. D. Gruner, Das Bayerische Heer 1825 bis 1864, Boppard 1972, S. 49

36 MKr. 8968 Prod. 85, ArmeeKdo an König Max I. Joseph am 3. Jan. 1823

Die Garnison München im Jahre 1811

Leibgarde der Hartschiere

Geheimes Ministerium des Kriegswesens

Generalauditoriat

Kriegsökonomierat mit:
1) Kriegsökonomiekollegium
2) Kriegs-Haupt-Buchhalterei
3) Militär-Haupt-Kasse
4) Armee-Montur-Magazin
5) Garnisonverwaltung München
   a) Kasernenverwaltung
   b) Proviant- und Fourageverwaltung
   c) Lazarettverwaltung
   d) Militärapotheke

General-Lazarett-Inspektion

Generalstab, einschließlich Ingenieurkorpskommando

Kadettenkorpskommando

Artilleriekorpskommando mit:
1) Artillerie-Brigade-Kommando
   a) Artillerie-Regiment
      (Stab und zwei Bataillone)
   b) Artillerie- und Armee-Fuhrwesens-Bataillon
      (Stab und zwei Divisionen)
2) Zeughaus-Haupt-Direktion
   a) Zeughausverwaltung München
   b) Ouvrierskompanie

Stadtkommandantschaft München

Generalkommando München mit:
1) Brigadier der Infanterie
   1. Linien-Infanterie-Regiment
   1. Leichtes Infanterie-Bataillon
2) Brigadier der Kavallerie
   1. Chevaulegers-Regiment
      (Stab und zwei Divisionen)
3) Garnisonskompanie Nymphenburg

Die Garnison unter König Ludwig I. (1825 – 1848)

König Ludwig I. wird heute vor allem als Förderer der Künste gesehen und als Vollender des neuen Bayern. Die Stadt München ohne die Ludwigstraße mit ihren Bauten, den Königsplatz, die Pinakotheken oder die Bavaria wäre für uns wohl kaum mehr vorstellbar. Der König holte die Universität in seine Haupt- und Residenzstadt und gab den Schätzen des Reichsarchives und der Hofbibliothek einen wahren Palast. Mit den drei neuen Pfarrkirchen St. Ludwig, St. Bonifaz und Mariahilf in der Au förderte Ludwig nachhaltig die Seelsorge. Den staatsbayerischen Stämmen der Altbayern, der Schwaben, der Franken und nicht zuletzt der Pfalz gab der König eine regionale und historische Identität. So lobte ihn Max Spindler: »… Was bleibt von König Ludwig und seinem Wirken? Es bleibt die große Persönlichkeit und ihre Leistung für die Kunst (…) Es bleibt, staatlich und staatspolitisch gesehen, als bedeutsamste und ins allgemeine gewendete Leistung, daß durch ihn (…) in den in revolutionärem Geist errichteten Neubau des bayerischen Staates unter Montgelas, unter Anerkennung und Fortbildung der zu bejahenden Einrichtungen, die Werte des Glaubens, der Tradition und der Geschichte wieder eingesenkt wurden.«[1] Claus Grimm meint, wohl etwas übertrieben, im Katalog zur großen Ausstellung des Jahres 1986 über die Ära König Ludwigs I. sogar: »… München als Hauptstadt, geprägt von Straßen- und Platzanlagen, Denkmälern und Museen, ist erst entstanden seit der Thronbesteigung Ludwig I., 1825.«[2] In einer kleinen Broschüre, anläßlich des Jubiläumsjahres 1986 vom Haus der Bayerischen Geschichte in hoher Auflage publiziert, wird der Monarch so gelobt: »… Obwohl Ludwig einen mit Schulden beladenen Staat übernommen hat, kann er durch starke Kürzungen unter anderem der Militärausgaben die finanzielle Grundlage für seine Kulturpolitik sichern.«[3] Der Ludwig-Biograph Heinz Gollwitzer erklärt, »… daß wir Ludwig I. nicht als politischen Kopf, sondern seines mäzenatischen Königtums wegen in die vorderste Reihe der europäischen Monarchen seiner Zeit stellen.«[4]

Herrscht also eine allgemeine Lobesstimmung bezüglich König Ludwigs I.? Vordergründig ja, doch bei näherer Betrachtung verdunkeln doch etliche große schwarze Wolken die strahlende Erscheinung des Monarchen. Nur wenige Jahre gab Ludwig den Anhängern eines freiheitlichen und rechtstaatlichen Bayern einen Spielraum. Vom Herbst 1830 bis ins Jahr 1847 führte der König ein reaktionäres Regime und Gollwitzer spricht von »ludovicianischem Justizterror«.[5] Auch in der Staatsökonomie agierte Ludwig nicht besonders segensreich, wenngleich ihn Max Spindler als »Finanzgenie« gepriesen hat.[6] Die vielgerühmte königliche Sparpolitik dämpfte das Wirtschaftswachstum und mißachtete die Bedürfnisse der Lohn- und Gehaltsempfänger, egal ob es sich um Beamte, Soldaten oder Bauarbeiter handelte.[7] Dabei war Ludwig nicht kleinlich, wenn es um seine eigenen Belange ging. Seit 1834 betrug die königliche Zivilliste jährlich rund 2,35 Millionen Gulden (ohne die Apanagen der Prinzen) bei Gesamtstaatsausgaben von durchschnittlich 30 Millionen Gulden.[8] Wie sah es aber mit seinem vielgerühmten Mäzenatentum aus? Die schärfste Kritik an der vorherrschenden Darstellung des Königs hat wohl Winfried Nerdinger formuliert. Er bezeichnet das Mäzenatentum König Ludwigs I. schlichtweg als »Märchen« und weist auf die beträchtlichen Eigenleistungen der Stadtgemeinde München und staatlicher Institutionen hin, die aus ihren Budgets viele Bauten des König bezahlen mußten. Die gesamte Kunstpolitik Ludwigs sei, so Nerdinger, lediglich auf dessen Selbstverherrlichung und Nachruhm ausgerichtet gewesen.[9]

Prinz, Kurprinz und Kronprinz

Die ersten Lebensjahrzehnte des Prinzen Karl Ludwig August, weiland König Ludwig I. von Bayern, waren von Militär und Krieg stark geprägt. Als Sohn eines deutschen Berufssoldaten in fremdem Sold wurde er fern eines Stammschlosses am 25. August 1786 in der französischen Garnisonstadt Straßburg geboren. Sein Taufkissen war gefüllt mit den Barthaaren der Grenadiere des väterlichen Regiments »Royal Alsace«.[10] Wäre der kleine Louis eine Generation früher zur Welt gekommen, so hätte er wohl selbst eine ähnliche Laufbahn eingeschlagen wie sein Vater. Durch die Umwälzungen im Europa der Revolution und eines Napoleon kam es anders, aber nicht minder kriegerisch. Im Gegenteil, der Kur- und Kronprinz bekam mehr Pulverdampf zu schmecken als sein Vater. Am 16. Mai 1807 erhielt Ludwig als nomineller »Oberkommandant der Baierischen Truppen in Polen« im Gefecht der Division Wrede bei Pultusk am Narew die Feuertaufe. Im Feldzug von 1809 führte der Kronprinz pro forma eine bayerische Division, de facto gab sein Stabschef Raglovich die Befehle. Im gleichen Jahr mußte Ludwig, innerlich längst ein Feind Napoleons, contre cœur in Tirol kämpfen. Hierbei kam es zu einer ernsten Auseinandersetzung mit dem französischen Oberbefehlshaber an der Alpenfront, dem Marschall Lefèbvre. 1810 wurde der bayerische Kronprinz Generalgouverneur für den Inn- und Salzachkreis. An den folgenden Feldzügen nahm er nicht mehr teil. Der König verweigerte seinem Sohn ein aktives Frontkommando gegen Napoleon und machte ihn statt dessen zum Befehlshaber der Territorialstreitkräfte, wobei wiederum der bewährte Raglovich für die praktische Arbeit zuständig war.[11]

Ludwig I. wurde ein König, der sehr gut wußte, wie es in einer Schlacht zuging und was Krieg bedeutete. Er wußte jedoch nicht, wie die Soldaten in den Kasernen lebten und wie die Armee eigentlich funktionierte. Den routinemäßigen Garnisondienst in einem Regiment mit all seinen Alltagsproblemen kannte der Kronprinz, im Gegensatz zu seinem Vater, überhaupt nicht. Nicht ein »Roi-Connetable« wie Friedrich II. von Preußen wollte er werden, sondern der »König«, dessen Willen sich alles zu fügen hatte, auch die Armee.

Der König

Am 12. Oktober 1825 starb König Max I. Joseph. Sein ältester Sohn und Nachfolger Ludwig war schon als Kronprinz in vielen Dingen anderer Meinung gewesen als der Vater, auch in Angelegenheiten, die die Armee betrafen. Bereits am 25. Oktober 1825 hielt Ludwig in der Münchner Residenz die erste Sitzung einer militärischen Sparkommission ab. Bezeichnenderweise waren die eigentlichen Spitzen der Armeeführung nicht anwesend: Feldmarschall Fürst Wrede war nicht eingeladen worden, und Kriegsminister Maillot war krank. Der König forderte eine umfangreiche Reduzierung des sogenannten »gewöhnlichen« Militäretats. Als Ziel gab Ludwig die Summe von einer Million Gulden jährlicher Ersparnis vor. Indessen sollte dieses Geld weiterhin im Bereich der Landesverteidigung, nämlich zum Bau einer großen Festung, Verwendung finden. Als Platz dieser Landesfestung wurde Ingolstadt bestimmt. Die Einsparungen wurden vor allem erreicht durch die Umwandlung der Münchner Gardetruppen in einfache Linienverbände, die Auflösung der III. Bataillone bei den Infanterieregimentern, die Verminderung der Friedenspräsenzstärken der Infanterie und den *vollständigen Verzicht auf den Bau neuer Kasernen.* Nach Ludwigs Kriegsbild konnte die Masse des Heeres, also die Infanterie, rasch aus Reservisten und Kriegsfreiwilligen aufwachsen. Voraussetzung hierfür waren aber präsente Führungskader aus Offizieren und Unteroffizieren. Deshalb wurde die bisherige umfangreiche Heeresorganisation als Mobilmachungsrahmen beibehalten, anstatt die Zahl der Regimenter drastisch zu verringern und dafür höhere Personalstärken in den Truppenteilen zu belassen.[12]

Die ältere Geschichtsschreibung der bayerischen Armee sah in Ludwigs Sparkurs seit dem Herbst 1825 gewissermaßen den Weg zur Niederlage des Jahres 1866 vorgezeichnet.[13] Selbst W. Gruner, der diese These kritisiert und grundsätzlich Einsparungen im bayerischen Militärwesen für gerechtfertigt hält, muß letztlich selbst die Heeresfinanzplanung Ludwigs als langfristig »falsch und engstirnig« bezeichnen.[14] Besonders interessant dabei ist der Umstand, daß in der Zeit zwischen 1825 und 1848 trotz mannigfacher Beschränkungen der Truppe, im Endeffekt nicht weniger Geld im Militäretat ausgegeben wurde als in den letzten Regierungsjahren Max Josephs. So betrug der Anteil des Militärs an den staatlichen Gesamtausgaben im Etatjahr 1818/19 rund 8,8 Millionen Gulden bzw. 26,6 Prozent und im Etatjahr 1824/25 rund 8,2 Millionen Gulden bzw. 25 Prozent. Im Etatjahr 1832/33 betrug der Militäranteil bei 6,9 Millionen Gulden umgerechnet 27,6 Prozent und im Etatjahr 1845/46 bei 9,2 Millionen Gulden 27,5 Prozent der Gesamtstaatsausgaben.[15] Davon verschlang jedoch allein die Festung Ingolstadt »Aber-Millionen verbauter Gulden« (R. Braun), zu der aber auch noch der Ausbau der Festungen Landau und Germersheim berücksichtigt werden müßte. Wenngleich diese Festungsbauten, ähnlich übrigens der Reichsfestung Ulm samt dem bayerischen Neu-Ulm, auf Jahrzehnte Tausenden von Bauleuten einen Arbeitsplatz boten, so fehlte es doch in der Masse der Garnisonen an Kasernen, Lazaretten, Exerzierplätzen usw.[16]

Gruner hat festgestellt, daß bereits Ende der 1820er Jahre in den Berichten der unteren bis gehobenen Kommandostäbe immer wieder auf Mißstände in der Truppe hingewiesen wurde, von Bauschäden an den Kasernen über den Mangel an Unteroffizieren bis hin zur Ausbildung der Rekruten. Diese Klagen wären aber vom Armeekommando bzw. ab 1829 dem Kriegsministerium aus den für den König selbst bestimmten Vorlagen herausgenommen worden, so daß Ludwig I. über die tatsächliche Lage der Armee unzureichend informiert gewesen sei.[17]

»Hatte Ludwig ein Herz für die Truppe?« - So fragt Gollwitzer in seiner Biographie des Königs und bemüht sich nach Kräften um ein positives Bild. Wenn er beispielsweise einen Plan des Kronprinzen aus dem Jahr 1814 für ein Armeeinvalidenhaus erwähnt, so weiß er nichts davon zu berichten, daß König Max I. Joseph bereits 1809 eine solche Institution schaffen wollte. Unrichtig ist die Behauptung, daß Ludwig I. ab 1829 die zweimännige Bettenbelegung in den Kasernen abschaffte. Vielmehr blieben solche Betten noch bis Anfang der 1860er Jahre Standardausrüstung. Ungeachtet solcher kleiner unverdienter Lorbeeren für Ludwig I. kommt aber auch Gollwitzer nicht umhin, die bayerischen Soldaten als des Königs »Stiefkinder« zu bezeichnen.[18]

König Max I. Joseph hatte der Münchner Garnison moderne Kasernen erbaut und dadurch die Lebensbedingungen seiner Soldaten, gemessen am damaligen Standard, deutlich verbessert. Mit einer beachtlichen Rigorosität sorgte hingegen König Ludwig I. für eine künstliche Verknappung des Wohnraumes in den Truppenunterkünften der Haupt- und Residenzstadt. Er stoppte den Ausbau der neuen Infanteriekaserne in der Max-Vorstadt wegen ihrer Nachbarschaft zur künftigen Pinakothek (1825). Die Hälfte der bisherigen Fuhrwesenkaserne im Lehel wurde zum Franziskanerkloster bestimmt (1827). Die Alte Isarkaserne mußte als Armeemonturdepot zweckentfremdet werden, da der König das zuvor als Depot benutzte ehemalige Stift St. Stephan in Augsburg wieder zu einem Kloster machte (1828). In der Hofgarten-Kaserne, die er ohnehin am liebsten abgerissen hätte, quartierte der König einen Hofgärtner samt Treibhaus ein, so daß die Mannschaft enger zusammenrücken mußte (1826). Das alte Kriegsministerialgebäude nächst der Residenz, einst von Max Joseph für die Armee gekauft, brachte Ludwig in einer höchst dubiosen Immobilientransaktion an sich (1835). An seiner Stelle errichtete der König zwar die Feldherrnhalle, doch dafür mußte die Münchner Stadtkommandantschaft bis 1848 alle paar Jahre in eine andere Mietwohnung umziehen. Die einzigen wirklich positiven Baumaßnahmen für die Garnison in der Zeit Ludwigs I., abgesehen von Denkmälern (Obelisk, Feldherrnhalle und Siegestor), waren die Fertigstellung des Kriegsministeriums und die Erweiterung der Neuen Isarkaserne, die jedoch beide noch zu Lebzeiten König Max I. Josephs geplant und beschlossen worden waren.[19]

Eine spürbare Entlastung der Garnison, etwa durch den Abzug von Truppen, die solche Einschränkungen der militärischen Infrastrukturkapazität gerechtfertigt hätte, trat nicht ein. Zwar wurden im Jahr 1827 die drei »Technischen Compagnien« der Mineure bzw. Sappeure von München nach Ingolstadt verlegt, doch dafür hatte König Ludwig I. noch im Jahr 1825 das 2. Linien-Infanterie-Regiment »Kronprinz« aus seiner alten Residenzstadt Würzburg nach München mitgenommen.[20] Langfristig plante der König allerdings eine Truppenreduzierung in der Haupt- und Residenzstadt. Er wollte nämlich das gesamte Zeughaus und das 1. Artillerie-Regiment (mit Ausnahme einer Batterie) in der Festung Ingolstadt etablieren. Nach dem Abzug dieser Armeeformationen wäre dann seiner Auffassung nach genügend Raum für die übrigen Truppen in München vorhanden gewesen. An diesem Plan hielt er noch in den 1840er Jahren fest.[21] Bis zum Ende von Ludwigs Regentschaft befand sich die Münchner Garnison wegen des schleppenden Ausbaues von Ingolstadt praktisch in einem provisorischen Zustand.

Der Garnisondienst, die bloße Ausrichtung der Präsenzstärke und der Ausbildung nach dem Umfang der zu leistenden Wach- und Arbeitsaufträge, wurde in der bayerischen Armee unter Ludwig I. das Maß der militärischen Dinge. Prinz Karl stellte um 1830 bereits fest: »... Überhaupt ist es eine sehr traurige Erscheinung, daß unsere Heeresbildung so wenig auf den Krieg berechnet ist und man daher in einem solchen Fall in die Nothwendigkeit versetzt wird, die in Friedenszeit stattgefundene Formation wesentlich zu verändern, was gewiß sehr nachtheilige Folgen nach sich zieht.«[22]

Nur kurzfristig wurde diese Friedensroutine unterbrochen, als in den Jahren 1830/31 ein Krieg des Deutschen Bundes mit Frankreich drohte. Im November 1830 wurde erstmals die ungediente Personalreserve der »Assentiert-Unmontierten« zu den Regimentern einberufen und einer mehrwöchigen Schnellausbildung unterzogen. Im Frühjahr 1831 erfolgte dann eine Teilmobilmachung für jene Truppen, die dem VII. Bundeskorps zugeteilt waren.[23] Welche organisatorischen Probleme eine solche Aktion in der Garnison hervorrief, wird teilweise aus den Militärbauakten ersichtlich. So meldete der Münchner Stadtkommandant am 12. April 1831 dem Kriegsministerium, durch den Ankauf von 43 Reitpferden und 400 Zugpferden für das 1. Artillerie-Regiment seien alle Militärstallungen restlos überfüllt. In einem umständlichen Transport mußte daraufhin das Armeemonturdepot seine Vorräte aus der Alten Isarkaserne auf die Dachspeicher der Neuen Isarkaserne verlagern. Die wertvollen Holzvorräte des Zeughauses für den Bau von Geschützlafetten stapelte man der Witterung preisgegeben im Hof der Lehelkaserne und einen Teil der Pferde mußte man dennoch in angemieteten Privatstallungen unterbringen.[24] Lauter Banalitäten gewiß, doch in der Summe entscheidend für die Reaktionsfähigkeit einer Armee in Krisensituationen. Man kann sich ausmalen, welches Chaos erst eine Generalmobilmachung ausgelöst hätte.

Bereits im Jahr 1826 regte sich in Bayern das Interesse für den Kampf der Griechen gegen die türkische Herrschaft. König Ludwig I. war schon als Kronprinz ein Förderer des Philhellenismus gewesen. Im Herbst 1826 reiste eine Gruppe zeitweilig beurlaubter bayerischer Soldaten unter Führung des Oberstleutnants v. Heideck in die Ägäis. Dazu gehörten auch fünf Offiziere und fünf Unteroffiziere des Leibregiments. Sie kehrten im August 1827 wieder nach München zurück, bis auf den Oberleutnant Schilcher, der als Begleiter Heidecks noch in Griechenland blieb und dort 1828 den Folgen eines Jagdunfalles erlag.[25] Oberleutnant Schnizlein und Oberfeuerwerker Rupprecht vom 1. Artillerie-Regiment landeten am 5. Dezember 1826 in Nauplia. Sie nahmen im Februar 1827 am britischen Landeunternehmen vor Piräus teil, und im Herbst 1827 bewährte sich Schnizlein als Kommandant einer großen Fregatte mit 64 Kanonen vor dem Feind! Im Herbst 1829 kehrte Schnizlein im Gefolge Heidecks nach Bayern zurück. Im Münchner Kadettenkorps erzogene Söhne griechischer Adelsfamilien taten teilweise auch Dienst in der bayerischen Armee. So dienten im Jahr 1828 bei der Münchner Artillerie zwei griechische »Volontäre mit Kadettenachtung« und 1832 drei andere Griechen als Junker, darunter der spätere griechische Kriegsminister Botzaris.[26]

Im Londoner Vertrag vom 7. Mai 1832 einigten sich Großbritannien, Frankreich und Rußland auf den Prinzen Otto von Bayern als künftigen König der Hellenen. Mitte Oktober 1832 traf dann eine griechische Delegation unter Admiral Miaulis in München ein, überbrachte die Zustimmung des »Volkes« (wohl eher der griechischen Clanhäuptlinge jener Zeit) und huldigte ihrem neuen König. Da sich die Formation eines eigenen »Königlich Griechischen Truppenkorps« aus Freiwilligen der bayerischen Armee beträchtlich verzögerte, Otto jedoch gemäß den Bestimmungen des Londoner Vertrages über eine Schutztruppe verfügen mußte, stellte König Ludwig aus regulären Verbänden eine Expeditionsbrigade von knapp 3600 Armeeangehörigen unter Kommando des späteren Kriegsministers Generalmajor v. Hertling auf. Sie bestand aus je einem Bataillon des 6., 10., 11. und 12. Infanterie-Regiments, einer kombinierten Eskadron des 3. und 4. Chevaulegers-Regiments und einer Batterie des 1. Artillerie-Regiments.[27]

Nur die Artillerie kam also aus München, die 9. Linienkompanie unter Hauptmann Schnizlein. Nun sollte man meinen, diese Einheit wäre wegen der Hellas-Erfahrung ihres Chefs ausgewählt worden, doch die Kompanie war im Regiment einfach an der Reihe, was sog. »scharfe Kommandos« betraf. Am 20. November 1832 marschierte die mobile Batterie von München ab, nachdem die Soldaten vom Stadtmagistrat noch ein Frühstück und etwas Geld erhalten hatten. Die Stärke der Batterie betrug vier Offiziere, zwei Junker, sechzehn Unteroffiziere, zwei Trompeter, 147 Artilleristen, drei Kompaniehandwerker, eine Ouvriersabteilung (zwei Unteroffiziere und zwölf Mann), ferner zwei Ärzte, ein Veterinär, ein Rechnungsaktuar; zusammen also 192 Personen. Übrigens führte die Batterie kein einziges Gewehr mit, nur Säbel und Pistolen. Auch in der sonstigen Bekleidung und Ausrüstung hielt man keine Veränderungen gegenüber den heimatlichen Gepflogenheiten für notwendig. Der Artilleriepark umfaßte acht Geschütze und sechsundzwanzig Wagen. Die Batterie erhielt kein einziges Militärpferd, nur zivile Vorspannpferde. Alle Batterieangehörigen, auch die Offiziere rückten zu Fuß aus. Letztere besorgten sich aber bald darauf befehlswidrig private Reitpferde. Die Batterie wurde bis Untersendling ebenfalls zu Fuß begleitet vom gesamten Offizierkorps des Regiments unter Führung des Generalleutnants v. Cologne und anderen Offizieren der Münchner Garnison. Der Abmarsch der Batterie Schnizlein stand unter keinem besonders guten Stern. Bereits in Kochel mußte man einen an Blattern erkrankten Kanonier zurücklassen, weitere Blattern- und Fieberkranke folgten auf dem Weg an die Adria und an Bord der Schiffe. In Griechenland hatten die bayerischen Artilleristen primär mit Krätze, Ruhr, Typhus, Fieber, dem Klima und Heimweh zu kämpfen, statt mit einem militärischen Gegner. Am 28. Juni 1834 rückte die Batterie wieder in München ein. Sie hatte siebzehn Tote zu beklagen.[28]

So hatte auch die Garnison München einen Tribut für den Philhellenismus ihres Kriegsherrn gezahlt, der insgesamt die Brigade Hertling 424 Tote kostete, d.h. jeder zehnte Soldat war fern der Heimat gestorben.[29] Vermutlich sangen auch die Kanoniere der Batterie Schnizlein das »Loblied auf Griechenland«, dessen letzte Strophe lautet:

> *»Das sind Hellenen, das ist Griechenland!*
> *Dahin hat die Begeisterung uns verbannt.*
> *Das ist das Land, wo Goldorangen glühn,*
> *wo Läuse wachsen und wo Flöhe blühn.*
> *Kennst du es wohl?*
> *Von dort, von dort*
> *woll'n wir so bald als möglich wieder fort!«*[30]

Die Angehörigen des Königlich-Griechischen Truppenkorps ließen sich mit ihrem Abmarsch aus Bayern hingegen Zeit. In München sammelte sich ein Infanterie-Regiment dieses Korps unter Oberst v. LeSuire. Anfang August 1833 lagen 478 »griechische« Unteroffiziere und Mannschaften in der Türkenkaserne und 300 Soldaten in der großen Kasernenbaracke in der Max-Vorstadt. Wenige Wochen später hatte das Münchner Kontingent eine Stärke von 1094 Unteroffizieren und Mannschaften erreicht. Für die Dauer der obligatorischen Herbstwaffenübungen mußten sie die Kasernen räumen und in angemieteten Privatquartieren wohnen.[31] Übrigens lag noch im Winter 1833/34 ein Bataillon des griechischen Korps in München und marschierte erst Ende Februar 1834 Richtung Triest ab.[32]

Die Garnison München zwischen Biedermeier und Vormärz

Wie schon erwähnt, hatte König Ludwig I., ungeachtet seiner sonstigen Bauleidenschaft, für Baumaßnahmen der Armee, abgesehen vom Millionengrab der Festung Ingolstadt, nichts übrig. Bezeichnenderweise treten in einer umfassenden Darstellung zur bayerischen Architektur in der Zeit Ludwigs I. nur die Festungen in Erscheinung, eben weil zwischen 1825 und 1848 keine anderen nennenswerten Militärbauten entstanden.[33] General Fürst v. Thurn und Taxis vermerkte etwa in seinem privaten Tagebuch für das Jahr 1835, der König habe genügend Geld für die Glyptothek, die Pinakothek, die Walhalla usw., doch dürfe man in diesem Jahr keine Reparaturen an den Militärgebäuden vornehmen oder sie gar neu anstreichen. Ginge es so weiter, dann kämen die irgendwann doch notwendigen Ausgaben für Militärbauten um so teurer.[34] Auch lehnte der König die Anträge des Kriegsministers v. Hertling vom Frühjahr 1838, endlich dringend notwendige Instandsetzungsarbeiten an verschiedenen Kasernen zu genehmigen, brüsk ab. Übrigens demissionierte Hertling dann im Herbst des gleichen Jahres, wohl da der König nie auf die Vorstellungen des Ministeriums zur Aufrechterhaltung des alltäglichen Dienstbetriebes in den Garnisonen eingegangen war.[35]

Welche Folgen die Vernachlässigung der Garnisonen hatte, bewiesen auch die Jahre 1840/ 41. Im Herbst 1840 traf der Deutsche Bund Vorbereitungen zur Verteidigung gegen einen französischen Angriff. Ludwig I. machte die bayerische Armee teilweise mobil, indem er die Kategorie der »Ständig Beurlaubten«, die in gewöhnlichen Friedenszeiten keinerlei Dienst leisten mußten, zu einer mehrwöchigen Waffenübung in die Garnisonen einberufen ließ.[36] Ähnlich der Teilmobilmachung von 1830/31 brach daraufhin der Betrieb im Truppenstandort München fast zusammen, denn man wußte einfach nicht, wo noch Platz für die Soldaten zu finden war. Man behalf sich damit, die Gänge und Treppenhäuser der Kasernen mit Brettern halbwegs in Zimmer abzuteilen und stellte darin, trotz der hohen Brandgefahr in den völlig überfüllten Gebäuden, provisorisch Öfen gegen die einbrechende Winterkälte auf.[37] Den vielen Remonten der Artillerie konnte man aber weniger zumuten als den Menschen. So mußten zwei Eskadronen des 1. Kürassier-Regiments von München nach Freising verlegt werden, um einen Teil der Neuen Isarkaserne frei zu bekommen. Dutzende von Armeepferden standen gegen Miete in Privatställen.[38] Ende Januar 1841 wurde je eine Fuhrwesensabteilung des Artillerie-Regiments »Prinz Luitpold« provisorisch in Fürstenfeld bzw. Fürstenried stationiert.[39] Trotzdem waren von den teuer angekauften Remonten infolge schlechter Stallungen und mangelhafter Pflege nicht weniger als 250 Tiere ernsthaft erkrankt und 16 Pferde verendet.[40] Auch bei den Soldaten hatte die Zahl der Lazarettkranken infolge der miserablen Quartiere »… auf eine höchst bedenkliche Weise überhandgenommen.«[41] Daraufhin verlagerte man eine Fuhrwesensabteilung (108 Soldaten mit 182 Pferden) vorübergehend von München nach Augsburg.[42] Eine echte Verbesserung der Situation trat aber erst ein, nachdem die Kriegsgefahr vorübergezogen war und der Präsenzstand an Pferden bei der bayerischen Artillerie wieder auf die gewohnt niedrigen Werte gesenkt werden konnte.[43]

Den König interessierten solche Mißstände anscheinend nicht besonders, obwohl er sicher davon erfuhr, zumal sein Sohn Prinz Luitpold zu dieser Zeit das Münchner Artillerie-Regiment kommandierte. Für ihn war die Armee primär ein Instrument, dessen Eigenbedürfnisse er weitgehend ignorierte. Mit Denkmälern wie dem Obelisken, der Feldherrnhalle und dem Siegestor, mit der Benennung von Straßen in der Max-Vorstadt nach siegreichen Schlachten, mit der Präsentation des Münchner Militärs bei Staatsakten und höfischen Festen glaubte Ludwig I. wohl der Armee ohnehin genügend zu geben. Im Laufe seiner Regierungszeit begann es aber in den Münchner Kasernen zu gären. Bei den Dezemberunruhen von 1830 hatte die Truppe ihren Auftrag voll erfüllt. Im Mai 1844 waren es aber Soldaten, die den berüchtigten großen Münchner Bierkrawall auslösten!

Das schlecht bezahlte und in heruntergekommenen Kasernen lebende Militär drohte von einem zuverlässigen Element staatlicher Ordnung zu einem Unsicherheitsfaktor in der Haupt- und Residenzstadt zu werden. So führte ironischerweise die Einberufung von Reservisten der Münchner Infanterie-Regimenter als Vorsichtsmaßnahme gegen etwaige neue »Bierkrawalle« im Mai 1846 zu einem Tumult, mit dem die Mannschaft gegen die überfüllten Kasernen protestierte. Der österreichische Gesandte Graf Senfft berichtete davon unverzüglich Metternich in Wien: »…Unter den hier in der Kaserne von 5 Uhr abends an konsignierten Infanterie-Regimentern hat sich seit vorgestern (3. Mai 1846) ein lebhaftes Mißvergnügen durch Lärmen und ungebührliches Toben kundgegeben, wobei die Autorität des Obersten verkannt worden ist. Bei den Kürassieren blieb alles ruhig, weil die Offiziere in den Kasernen blieben, was die von der Infanterie nicht getan hatten. Der Divisionskommandant [Generalleutnant Graf v. Ysenburg] und Prinz Luitpold sind in den Kasernen erschienen und haben durch ernstes Zureden auf die Truppen eingewirkt.«[44]

Im gleichen Jahr 1846 drohte übrigens in der Garnison Regensburg ein anonymer »Soldatenverein«, seine Mitglieder würden in der Stadt Feuer legen, falls die erhöhten

Preise für Brot und Bier (die Grundnahrungsmittel der damaligen Zeit in Altbayern) nicht wieder auf ein erträgliches Niveau fielen.[45]

Die Zeichen der Zeit wurden jedoch von König Ludwig I. nicht erkannt. Vielmehr verspielte der Monarch durch sein Verhalten in der Affäre Lola Montez ab 1847 sogar das Vertrauen des Offizierkorps der Münchner Garnison. In den entscheidenden Tagen im Frühjahr 1848 mußte Ludwig auch für die jahrzehntelange Vernachlässigung seiner Armee einen hohen Preis entrichten.[46]

König Max I. Joseph hatte seinem Sohn im Jahr 1825 die Grundlagen für eine wohlgeordnete, moderne Garnison hinterlassen. Ludwig I. nutzte die Chance nicht. Während seiner Regierungszeit fiel der Standort relativ gesehen auf jenes Niveau zurück, wie es um 1799 vorhanden gewesen war. Die schwere Last der Sanierung Münchens als Garnison wurde dann König Max II. und dessen Nachfolgern aufgebürdet. Die Versäumnisse der ludovicianischen Ära auf militärischem Gebiet wirkten aber nach bis in die zweite Hälfte des 19. Jahrhunderts.

Anmerkungen

1 M. Spindler, Die Regierungszeit Ludwigs I. (1825–1848), in: SPINDLER Bd. 4/1, München 1979, S. 89–223, hier S. 223

2 C. Grimm, in: »Vorwärts, vorwärts sollst du schauen...«. Geschichte, Politik und Kunst unter Ludwig I., München 1986, S. 9

3 König Ludwig I., Bauherr des Neuen München., hg. vom Haus der Bayerischen Geschichte und dem Münchner Bildungswerk e. V., München 1986, S. 1

4 H. Gollwitzer, Ludwig I. von Bayern. Königtum im Vormärz. Eine politische Biographie, München 1986, S. 777

5 Ebd., S. 471

6 M. Spindler, König Ludwig I. als Bauherr, München 1958, S. 45

7 Vgl. Gollwitzer (wie Anm. 4), S. 404 – 420 und den Abschnitt »Bierkrawall 1844«

8 Vgl. A. Kraus, Die Residenz und ihre geistigen, künstlerischen, sozialen und wirtschaftlichen Auswirkungen im 19. Jahrhundert, dargestellt am Beispiel Münchens, in: Blätter für deutsche Landesgeschichte 123 (1987), S. 83 – 125, hier S. 85

9 W. Nerdinger, Weder Hadrian noch Augustus - Zur Kunstpolitik Ludwigs I., in: ders., Romantik und Restauration. Architektur in Bayern zur Zeit Ludwigs I. 1825 – 1848, München 1987, S. 9 – 16, zit. S. 13

10 A. v .Bayern, Max I. Joseph von Bayern, München 1957, S. 173 ff.

11 Vgl. Gollwitzer (wie Anm. 4), S. 133 – 167 pass.

12 W. D. Gruner, Das Bayerische Heer 1825 bis 1864. Eine kritische Analyse der bewaffneten Macht Bayerns vom Regierungsantritt Ludwigs I. bis zum Vorabend des deutschen Krieges (Militärgeschichtliche Studien Bd. 14), Boppard 1971, S. 106 – 117

13 Vgl. O. Bezzel, Geschichte des Königlich Bayerischen Heeres von 1825 mit 1866 (Geschichte des Bayerischen Heeres Bd. 7), München 1931, S. 3

14 Gruner (wie Anm. 12), S. 211

15 Vgl. das Zahlenmaterial bei Gruner (wie Anm. 12), S. 349 – 365 pass.

16 R. Braun in: Bayern und seine Armee, München 1987, S. 225 – 230, insb. S. 225

17 Gruner (wie Anm. 12), S. 132 – 136, insb. S. 136

18 Vgl. Gollwitzer (wie Anm. 4), S. 429 f.

19 Vgl. die entsprechenden Abschnitte über die Münchner Militärgebäude

20 Rangliste der königlich baierischen Armee (1823); Militär-Handbuch des Königreiches Bayern für das Jahr 1831; L. Lutz, Die Bayerische Armee von ihrem Entstehen bis zum Weltkrieg 1682 – 1914, Manuskript im KA (um 1923) S. 242 und S. 532

21 MKr. 8885 Prod. 106, Kgl. Signat an KM vom 26. Dez. 1844

22 zit. nach: Gruner (wie Anm. 12), S. 143

23 Bezzel (wie Anm. 13), S. 144 f.

24 MKr. 8825 Prod. 69, Kdt München an KM am 12. April 1831; Prod. 70, KM an Kdt München am 14. April 1831; Prod. 75, KM an Kdt München am 28. Juni 1831

25 F. Illing, Geschichte des Königlich Bayerischen Infanterie-Leib-Regiments von der Errichtung bis zum 1. Oktober 1891, Berlin 1892, S. 63

26 R. v. Xylander, Geschichte des 1. Feldartillerie-Regiments »Prinzregent Luitpold« Bd. 3: Das Artillerie-Regiment und das Fuhrwesen 1824 – 1911, Berlin 1911, S. 24 f.
27 Bezzel (wie Anm. 13), S. 131 ff.
28 Xylander (wie Anm. 26), S. 26 – 34
29 Bezzel (wie Anm. 13), S. 134
30 zit. nach P. E. Rattelmüller, »Dirndl, wo hast denn dein Schatz, juhe...«, Bayerische Soldatenlieder und vater-ländische Gesänge aus dem 19. Jahrhundert, Rosenheim o. J., S. 144
31 MKr. 8825 Prod. 96, KdtMünchen an KM am 5. Aug. 1833; Prod. 99, Kgl. Griechisches Truppenkorps an KdtMünchen am 17. Aug. 1833
32 MKr. 8958 Prod. 84, Kgl. Griechisches Truppenkorps am 12. Febr. 1834
33 W. Nerdinger in: Romantik und Restauration (wie Anm. 9), S. 449 – 458. Nerdinger irrt jedoch, wenn er aus dem Aufwand für Ingolstadt und Germersheim schließt, das Militär sei generell nur »in vielen Kleinigkeiten« beschränkt worden – gerade die vielen »Kleinigkeiten« summierten sich ganz erheblich und ließen die Infrastruktur der bayerischen Armee bis 1848 veralten!
34 Gruner (wie Anm. 12), S. 183
35 Ebd., S. 171
36 Illing (wie Anm. 25), S. 74 f.
37 MKr. 8826 Prod. 1, KdtMünchen an KM am 7. Nov. 1840; Prod. 2, KM an KdtMünchen am 9. Nov. 1840
38 Ebd. Prod. 24, KdtMünchen an KM am 15. Jan. 1841
39 Ebd. Prod. 29, Invalidenhaus Fürstenfeldbruck an KM am 31. Jan. 1841; Prod. 30, (1.) ArtRgt an ArtKorpsKdo am 30. Jan. 1841
40 Ebd. Prod. 33, (1.) ArtRgt an ArtKorpsKdo am 9. Febr. 1841
41 Ebd. Prod. 25, KM an ArtKorpsKdo am 24. Jan. 1841
42 Ebd. Prod. 36, KM an ArtKorpsKdo am 17. Febr. 1841
43 Ebd. Prod.6 5, KM an ArtKorpsKdo am 24. Mai 1841
44 zit. nach L. Schrott, Der Prinzregent. Ein Lebensbild aus Stimmen seiner Zeit, München 1962, S. 29. Der tiefere Hintergrund war Schrott aber nicht bekannt, vgl. den Abschnitt »Vorsichtsmaßnahmen gegen innere Unruhen 1844/47«
45 W. Schmidt, Die Garnisonstadt Regensburg im 19. und frühen 20. Jahrhundert, Diss. Univ. Regensburg 1988, S. 446. Leider fehlen noch Untersuchungen über große bayerische Garnisonen, die möglicherweise ähnliche Vorkommnis-se im Vormärz zutage bringen könnten.
46 Vgl. den Abschnitt »Die Revolution von 1848«

König Maximilian II.

In der traditionellen historischen Beurteilung König Maximilians II. nimmt sein Sinn für Wissenschaft und Kunst einen breiten Raum ein, seine Bedeutung als Oberbefehlshaber der Armee wird kaum beachtet.[1] Michael Dirrigl ist es sogar gelungen, über Maximilian ein voluminöses Werk von rund 1600 Seiten zu verfassen, in dem das Verhältnis des Kronprinzen bzw. Königs zum Militär praktisch nicht gewürdigt wird.[2] Es ist ein Verdienst Wolf D. Gruners, diesen Herrscher auch zum Gegenstand militärgeschichtlicher Forschung gemacht zu haben.[3] In einem kurzen, aber wichtigen Aufsatz (1988) hat Rainer Braun nicht nur auf die Schwächen, sondern auch auf die Leistungen der Heerespolitik Max II. hingewiesen. Braun betont, daß Max II. bei seinem frühen Tod 1864 als ein König auch der Armee gewürdigt wurde und an diesem Urteil der Zeitgenossen, ungeachtet der Niederlage von 1866, festzuhalten sei.[4]

Der Kronprinz und seine Position in der Armee

Der spätere König Max II. wurde am 28. November 1811 in München als erster Sohn des Kronprinzen Ludwig geboren. Maximilian wurde, gleich den ihm folgenden Regenten Bayerns, militärisch erzogen. Schon mit vier Jahren machte ihn sein Großvater König Max I. Joseph zum Inhaber des 5. Chevaulegers-Regiments. In diesem Alter erhielt er die ersten richtigen Armeeuniformen. Ab 1822 war dem Prinzen ein ständiger militärischer Begleiter zugeteilt, zunächst der Hauptmann Leonhard Freiherr v. Hohenhausen, später an der Spitze des Kriegsministeriums stehend; dann ab 1824 der nachmalige Generalmajor v. Besserer.[5] Als ältester Sohn des Königs Ludwig I. wurde Maximilian im Jahre 1825 Inhaber des 2. Infanterie-Regiments »Kronprinz«. Anders als etwa bei seinem Onkel Prinz Karl oder seinem Bruder Luitpold blieb das eigentliche militärische Element in Maximilians Kronprinzenzeit zunächst jedoch auf ein Minimum beschränkt. Eine solide Truppen- und Stabsdienstausbildung wurde Maximilian nicht zuteil. Ungeachtet dessen vollzog sich der formale Aufstieg in den Reihen der Armee. 1838 wurde der Kronprinz Generalleutnant, 1847 Generalinspekteur der Armee. Mit der Übernahme dieser Funktion trat Maximilian erstmals aus einer rein repräsentativen Rolle innerhalb des Heeres in eine Führungsaufgabe. Gruner vermerkt hierzu: »… König Maximilian II. hatte kurz vor seinem Regierungsantritt (20. 3. 1848) als Kronprinz eine wichtige Funktion in der Armee inne. Gegen den Widerstand des Kriegsministerverwesers Leonhard Freiherrn von Hohenhausen ernannte König Ludwig I. ihn am 11. Juni 1847 zum Generalinspekteur der Armee. Als solcher ist er aber kaum in Erscheinung getreten. Immerhin gewann er in dieser Stellung Einblick in das innere Gefüge der Armee. Adjutant des Kronprinzen war zu dieser Zeit der Hauptmann im Generalstab Ludwig Freiherr von der Tann, der während der Regierungszeit Maximilians II. als Flügeladjutant und Generaladjutant der entscheidende militärische Ratgeber des Königs wurde.«[6]

Ein König in schwieriger Zeit

Am 20. März 1848 marschierte um 7 Uhr früh die gesamte Garnison Münchens auf dem Dultplatz auf und schwor den Treueid auf König Maximilian II. Noch unter König Ludwig I. war die Garnison gemäß den revolutionären Forderungen schon auf die bayerische Verfassung vereidigt worden. Die Frankfurter Nationalversammlung übertrug am 28. Juni 1848 dem Reichsverweser Erzherzog Johann auch den Anspruch auf den Oberbefehl eines künftigen Reichsheeres. Reichskriegsminister v. Peucker forderte die Einzelstaaten auf, ihren Truppen im Rahmen einer Parade feierlich die Übernahme der »Oberleitung über die gesamte bewaffnete Macht« durch den Reichsverweser zu proklamieren. Österreich und Preußen ignorierten diese Weisung. Bayern ärgerte sich zwar über das Ansinnen aus Frankfurt, führte jedoch mit Rücksicht auf die vorherrschend reichsbegeisterte Stimmung im Lande die Aktion durch. Freilich wurde in Bayerns Garnisonen den Truppen auch ein Tagesbefehl des Königs verlesen und somit der Anspruch des Monarchen als Ober-befehlshaber der Armee demonstriert. Am 6. August 1848 rückte hierzu in München die ganze Garnison aus.[7] Am 9. Juni 1852 entband Max II. die Armee von ihrem Eid auf die Verfassung. Die Truppen wurden neu vereidigt, und zwar wieder ausschließlich auf den König. Auch die Beurlaubten wurden neu vereidigt, und zwar bei den Landgerichten. Die Aktion wurde ziemlich unauffällig durchgeführt, beim Infanterie-Leib-Regiment fand sie am 14. Juni auf dem Exerzierplatz des Kasernenhofs am Hofgarten statt.[8]

Nur wenige Wochen nach seinem Regierungsantritt befahl König Max II. eine umfangrei-che Heeresvermehrung. Die Infanterie-Regimenter erhielten jeweils ein III. Bataillon. Am 26. Mai 1848 wurde in München das 3. reitende Artillerie-Regiment durch Abgaben aus den bestehenden Truppenteilen der Artillerie und der Kavallerie gebildet. Die Friedens-stärke wurde auf jeweils mehr als 500 Mann und Pferde festgesetzt. Die Unterbringung dieses zusätzlichen Regiments in der Garnison München bereitete erhebliche Schwierig-keiten und konnte nur durch Dislozierung außerhalb der Stadt gelöst werden. Erst im Frühjahr 1856 konnte das 3. Artillerie-Regiment vollständig in München kaserniert werden. Zum Jahresbeginn 1851 wurde in München aus Teilen des 2. und 4. Jäger-Bataillons ein neues 6. Jäger-Bataillon formiert, das bis 1862 in der Hauptstadt lag und dann nach Zweibrücken kam.

Ein Kennzeichen der Garnison in den 1850er Jahren war der häufige Wechsel von Infanterie-Bataillonen zwischen München und auswärtigen Garnisonen. Er wurde, teils aus Platzmangel, vor allem aber aus sicherheitspolitischen Erwägungen praktiziert. Schon König Ludwig I. hatte im Frühjahr 1848 das Prinzip des ständigen Garnisonwechsels angestrebt, sein Sohn realisierte es ab dem Jahre 1851. So lagen zeitweilig (in der Regel zwei bis drei Jahre) im Wechsel Bataillone aus Germersheim, Kaiserslautern, Zwei-brücken, Landau/Pf., Nürnberg und Ingolstadt in der Haupt- und Residenzstadt. Im Ausgleich bezogen Bataillone der alten Münchner Hausregimenter abwechselnd die Standorte Germersheim und Landau/Pf. Diese Praxis wurde übrigens in modifizierter Form auch in späterer Zeit fortgesetzt, allerdings holte man ab 1867 keine fremden Truppen mehr nach München, sondern lagerte nur noch Münchner Verbände in das Umland aus. Der Grund war die Erhöhung der Friedensstärke in den Einheiten. So sollte sich das Infanterie-Leib-Regiment erst ab dem Jahre 1875 geschlossen in München befinden. Das 1. Infanterie-Regiment »König« hatte bis ins Jahr 1895 regelmäßig ein Bataillon außerhalb Münchens stationiert (1871/73 in Neu-Ulm, 1875/78 in Fürstenfeldbruck, 1882/86 bzw. 1890/93 wiederum in Fürstenfeldbruck, 1893/95 in Landsberg am Lech). Ähnlich war die Situation beim 2. Infanterie-Regiment »Kronprinz«, das erst im Jahre 1897 komplett in München kaserniert werden konnte und zuvor jeweils ein Bataillon in anderen Garnisonen hatte (1871/73: Ingolstadt, 1873/75, 1878/82 und 1886/90: Fürstenfeldbruck, 1895/97: Landsberg am Lech).

Die Münchner Kavallerie wurde ab dem Jahr 1863 regelmäßig durch einige Eskadronen aus Freising oder Landshut verstärkt. So befanden sich in den Jahren 1863/67 stets zwei Eskadronen des 3. Kürassier-Regiments (Freising) im Schloß Nymphenburg, zwischen 1867 und 1887 lagen zwei Eskadronen des 3. Chevaulegers-Regiments (Freising) in

München und eine Eskadron des 2. Kürassier- bzw. Schweren Reiter-Regiments (Landshut) in Schloß Nymphenburg. In den Jahren 1887/90 kamen noch die beiden erwähnten Chevaulegers-Eskadronen, dann wurde diese Praxis eingestellt. Die Münchner Artillerie hatte seit dem frühen 19. Jahrhundert stets kleinere Detachements für andere Standorte gestellt. Dabei blieb es auch unter König Max II. Das neue 3. (reitende) Artillerie-Regiment blieb jedoch als Elitetruppe zwischen 1848 und 1868 geschlossen in München. Abschließend sei hier an die Errichtung der Artillerie- und Genie-Schule (ab 1872: Artillerie- und Ingenieurschule) und der Kriegsschule für die allgemeine Offizierausbildung im Jahre 1858 erinnert.[9]

Ab Mitte März 1848 gab es in verschiedenen Teilen Bayerns schwere Unruhen gegen die Obrigkeit. In Oberfranken wurden zahlreiche Schlösser überfallen, Adelige, reiche Bürger und Juden bedroht. Auch in der Rhön, im Spessart und im Odenwald gab es Aufstände. Zudem erhoben sich in Schwaben die Bauern gegen die Grundherren, von der Lage in der Pfalz ganz zu schweigen. Die präsenten Truppen, mit der Sicherung der Garnisonstädte, wie Augsburg, Nürnberg, Würzburg, Bayreuth beschäftigt, konnten diesen Aufständen nicht Herr werden.[10] Am 15. März 1848 konstatierte die Frankfurter Bundesversammlung gefährliche Unruhen in verschiedenen Teilen des Bundesgebietes. Daraufhin wurde am 20. März eine »bundeskriegsverfassungsmäßige Bereitschaft« beschlossen. Bayern erhöhte hierzu merklich den Präsenzzustand der Linieninfanterie- und Jägerkompanien.[11]

Prinz Karl, Generalinspekteur der bayerischen Armee und Kommandierender General des VIII. Korps des Deutschen Bundes, warnte angesichts der Mobilmachung des Frühjahrs 1848 den König am 25. März 1848: »… Die Aufstellung des bayerischen Bundes-Kontingents bei dem verwahrlosten Zustande des Heeres für alles, was Übung und Ausrüstung betrifft, ist eine höchst schwierige und selbst mit Überfluß an Geld nicht mehr ganz erreichbare Sache.« Weiter nannte Prinz Karl »… den Mangel an Übungen der Truppen, die Gleichgültigkeit für den Kriegsdienst, den infolge des verkümmerten Avancements völlig niedergedrückten Geist der Offiziere«.[12] Demgegenüber konstatiert Calliess: »… Das Militär hat sich bei seinen Einsätzen gegen Aufstände und offene Unruhen im März und April 1848 generell als zuverlässig erwiesen.«[13]

Zur Bekämpfung innerer Unruhen in den Jahren 1848/49 wurden von der bayerischen Armee einige »Truppenkorps« aus Infanterie, Kavallerie und Artillerie in Brigadestärke gebildet und in verschiedenen Territorien Südwest- und Mitteldeutschlands eingesetzt. Daran waren auch Teile der Münchner Garnison beteiligt. So verließen etwa von Ende März bis Anfang Juni 1848 drei mobile Batterien des 1. Artillerie-Regiments München. Sie verfügten zusammen über rund 14 Offiziere, 547 Unteroffiziere und Mannschaften, 24 Geschütze und 460 Pferde. Davon ging je eine Batterie in die Pfalz, nach Schwaben und in den Raum Donauwörth-Ingolstadt.[14] Im Oktober 1848 marschierten zwei Bataillone des Infanterie-Leib-Regiments in Sigmaringen ein, um die Hohenzollernresidenz in dem nur 1600 Einwohner zählenden Städtchen zu schützen. Sie nahmen die Revolutionsregierung in Haft und bezogen Quartier bei den aufmüpfigen Bürgern. Die offizielle Regimentsgeschichte berichtet lakonisch von »Ausbrüchen urwüchsiger Derbheit« bei den überwiegend aus Reservisten bestehenden Bataillonen. Erst am 4. Dezember 1848 rückten das I. und II. Bataillon des Leib-Regiments wieder in ihrer Garnison München ein.[15] Auch das 1. Infanterie-Regiment »König« hatte im Herbst 1848 zwei Bataillone in Schwaben stationiert.[16] Das II. Bataillon des 2. Infanterie-Regiments »Kronprinz« rückte im April 1848 erst nach Schwaben, dann nach Baden aus und kehrte im Juni nach München zurück. Von Mai bis November 1849 stand sogar das gesamte Regiment »Kronprinz« im scharfen Sicherheitseinsatz, wiederum zunächst an der Donau, dann in Franken.[17]

Wegen der Auseinandersetzung mit Dänemark in der Schleswig-Holstein-Frage hatte die Frankfurter Reichsregierung am 30. Juli 1848 von Bayern ein Korps von 10 000 Mann verlangt. Der Ausmarsch unterblieb jedoch wegen des Waffenstillstands zu Malmö vom 26. August 1848. Nachdem aber dieser Vertrag von Dänemark zum 26. März 1849 aufgekündigt wurde, erhielt Bayern schon am 3. März von der Reichsregierung den Auftrag, eine Bayerische Brigade der 1. Reichsdivision zu bilden. Sie sollte aus fünf Bataillonen Infanterie, sechs Eskadronen und zwei Batterien bestehen. Von den Münchner Truppen nahm eine Batterie des 1. Artillerie-Regiments an diesem Feldzug teil, die sich schon seit dem Frühjahr 1848 als Sicherheitstruppe in Nürnberg aufhielt, verstärkt durch 95 Mann und 35 Pferde aus München. Am 23. August 1849 rückte diese 10. Batterie, siebzehn Monate nach ihrem Ausmarsch aus der Garnison, wieder in München ein. Sie wurde vom gesamten Offizierkorps des 1. Artillerie-Regiments am Bahnhof feierlich begrüßt und in ihre Unterkunft geleitet.[18]

Im Herbst 1850 bezog Bayern im Konflikt um Kurhessen Stellung gegen Preußen. Anfang Dezember 1850 gingen deshalb zwei Bataillone des Infanterie-Leib-Regiments mit der Eisenbahn nach Bamberg ab. Die Truppen verblieben bis Mitte Dezember an der Grenze zu Hessen gefechtsbereit und kehrten dann zum Jahresende in die Garnison München zurück.[19] Auch das 2. Infanterie-Regiment wurde zur Grenzsicherung in Nordbayern herangezogen und das 3. Artillerie-Regiment.[20]

Schließlich sei in diesem Zusammenhang die bayerische Mobilmachung des Jahres 1859 erwähnt. Die Armee trat am 16. Mai in den Kriegsetat, um eventuell Österreich im Kampfe gegen Frankreich beizustehen. Ende August 1859 erfolgte die Demobilisierung. Eine solche umfassende Aktion hatte tiefgreifende Konsequenzen für den militärischen Betrieb in den Standorten. So wurde bereits im März der Ankauf von 303 Pferden für die beiden Münchner Artillerie-Regimenter befohlen. Daraufhin mußte freilich je eine Batterie nach Schleißheim bzw. Fürstenried verlegt werden.[21] Bei den drei Münchner Infanterie-Regimentern rückten jeweils 200 Mann vom unausgebildeten Personalersatz (»Assentiert-Unmontierte«) zum Dienst ein. Sofort mußte deshalb das II. Bataillon des Infanterie-Leib-Regiments nach Landsberg abmarschieren, um Platz für die Rekruten zu schaffen.[22] Des weiteren mußte man aus Platzmangel in München eine Eskadron des 1. Kürassier-Regiments nach Benediktbeuern schicken, eine Batterie des 1. Artillerie-Regiments nach Grasslfing und eine Fuhrwesensabteilung nach Rottenbuch.[23]

Der König und die Münchner Garnison

München als Militärstandort nahm für Max II. einen besonderen Stellenwert ein. Nach der Rückkehr der am Truppenkorps in Schwaben beteiligten Verbände nach München schrieb der junge König am 16. August 1848 aus Reichenhall an Kriegsminister Weishaupt: »... Berichten Sie mir baldigst, wie stark gegenwärtig der Stand der Garnison zu München, was mit den Zurückgekehrten geschieht, was von denselben zurückzubleiben hat. *Wünsche übrigens, daß Sie künftig in Allem, was die Münchner Garnison betrifft, vorerst bey Mir anfragen und Meine Entscheidung abwarten.*«[24]

Einige Tage später wandte sich der Kriegsminister mit einem ausführlichen Bericht über die Situation der Münchner Garnison an König Max II. Darin betonte Weishaupt, daß bei der noch labilen politischen Stimmung der Bevölkerung Münchens eine starke Garnison weiterhin nötig sei. Für so große Truppenmassen fehlte es aber an Kasernen. Gerade beim potentiellen Einsatz gegen den inneren Gegner müsse indessen die althergebrachte Einquartierung der Soldaten bei der Zivilbevölkerung höchst bedenklich erscheinen. – »...

Diese Verlegenheiten, und die sich an solche möglicherweise anknüpfenden schweren Folgen, können für die Zukunft nur durch eine angemessene *Vermehrung der Unterkunfts-räume für eine verstärkte Besatzung Euer Kgl. Majestät Haupt- und Residenzstadt* beseitiget werden.« – Weishaupt hatte bereits aus eigener Ministerverantwortung erste einschlägige Maßnahmen getroffen, dazu gehörten der Bau neuer Stallbaracken (25.000 Gulden) und Pläne zum Ausbau der Neuen Isarkaserne (75.000 Gulden) und vor allem eine »Vervollständigung der neuen Infanterie-Kaserne an der Türkenstraße auf deren ursprünglichen Bauplan« für eine geschätzte Bausumme von 200.000 Gulden. Durch diese Erweiterungsbauten gedachte der Kriegsminister die Kapazität der Münchner Kasernen um 1.000 Schlafplätze und 420 Pferdestände erhöhen zu können.[25]

Die Pläne des Kriegsministers stießen freilich sogleich auf erbitterte Gegenwehr des Finanzministers v. Lerchenfeld. Er verwies den König auf die Millionensummen, die seit dem Frühjahr1848 außerplanmäßig für die Armee ausgegeben wurden und warnte: »… Solche große Ausgaben müssen aber auch den nachfolgenden Staatshaushalt erschüttern, und es ist dringend notwendig, daß die Ausgaben für das Militär möglichst verringert werden. Aus diesen finanziellen Rücksichten heraus muß daher der treugehorsamst Unterzeichnete wünschen, daß die von dem königlichen Kriegs-Ministerium in Aussicht gestellten *Ausgaben für den Bau neuer Kasernen und Stallungen, wo möglich vermieden werden.«*[26]

Das Kriegsministerium gab die Schlacht aber noch nicht verloren. Im Oktober 1848 wandte sich Weishaupt erneut an den König. Er verwies auf die Vermehrung der Infanterie um ein Drittel und die Verdoppelung der Artillerie in der Garnison, führte auch die Fürsorge für den Soldaten ins Feld. Dem Finanzministerium kam Weishaupt durch einen Teilrückzug entgegen, indem er das Projekt zum Ausbau der Türkenkaserne nun selbst aufgab. Ungeachtet dessen beharrte der Kriegsminister auf zusätzlichen Kasernen, gegebenenfalls »… geeigneter disponibler oder disponibel zu stellender Hof-, Staats- und sonstiger öffentlicher Gebäude«. Das Hauptargument war politischer Natur, nämlich der Schutz des bayerischen Regierungszentrums: »… *Dieser Zweck, welcher angesichts der jüngsten und sich noch immer wiederholenden Ereignisse in Paris, Berlin, Frankfurt und Wien von höchster politischer Bedeutung und ganz zur Erkenntnis geeignet ist, daß die Aufrechter-haltung der Gesetzlichkeit und Ordnung ihre hauptsächliche Stütze in der Stärke und guten Gesinnung der militairischen Macht zu suchen und zu finden habe…«.*[27]

Weishaupt konnte sich aber mit seinen Vorstellungen nicht durchsetzen. Schon im ersten Regierungsjahr Max II. zeigte sich das Grunddilemma seiner Militärpolitik. Der König war an einer Verbesserung der inneren und äußeren Zustände seiner Armee durchaus interessiert, schreckte aber vor den damit verbundenen hohen Staatsausgaben immer wieder zurück. Im Dezember 1848 beschwerte sich deshalb der Münchner Stadtkommandant und nachmalige Kriegsminister v. Lüder vergeblich über die mangelhafte Unterbringung der Truppen, »… weil eine nicht vorschriftsmäßige Kasernierung in gedrängten und ungesunden Räumen auf die Gemüther der Soldaten störend einwirkt, und dann noch besonders in einer Hauptstadt, wie hier, in welcher eine Menge großer geräumiger Gebäude von den Zivilbehörden eingenommen, deren Beamte darin mit großer Bequemlichkeit untergebracht sind, während die Soldaten, sobald eine größere Präsenz eintritt, nicht einmal nothdürftig und hinreichend gesund kaserniert werden können.«[28]

Im Mai 1849, der Präsenzstand war wegen der eingerückten Rekruten erhöht, wußte sich Kriegsminister Le Suire »… wegen absoluter Unzulänglichkeit der Räume in den hiesigen Kasernen Lokalitäten p. p. und zur Abwendung nachtheiliger Einflüsse auf die Gesundheit der Mannschaft« nicht mehr anders zu helfen, als durch den Bau eines Zeltlagers auf dem Oberwiesenfeld. Mehrere Wochen lang mußten hier die Infanterie-Bataillone der Garnison abwechselnd je zehn Tage lang kampieren, übrigens auch die Offiziere. Der König fand dies »sehr zweckmäßig«.[29]

Mit einem System von Aushilfen schleppte sich der Garnisonbetrieb auch in den folgenden Jahren durch. Der Alltagsbetrieb in den Einheiten nahm bisweilen schon groteske Formen an, wie der Artilleriereferent des Kriegsministeriums am Beispiel des 1. Artillerie-Regiments »Prinz Luitpold« im Juni 1851 darlegte: »*... Schon seit einer Reihe von Monaten werden dem Regimente die zur Unterbringung von Mannschaft und Pferden nothwendigen Kasernierungslokalitäten und Stallungen von der k. Kommandantschaft nur nach der Kopfzahl, ohne alle Rücksicht auf die taktische Eintheilung des Regiments, in 6 Kasernen zugewiesen. Hierbei kommt vor, daß eine Kompagnie in 2, 3 auch 4 Kasernen vertheilt werden muß. (...) In Folge dergleichen Dislocirungen mußten Abtheilungen des Regiments im Monate Dezember (1850) 15mal umziehen; ja es kam sogar vor, daß Lokalitäten vormittags bezogen, Nachmittags wieder geräumt werden mußten.*«[30] Die Auswirkungen dieser miserablen Unterbringung bayerischer Truppen auf den Ausbildungsdienst vor 1866 – vermutlich kamen die Soldaten vor lauter Umziehen nicht mehr zum Exerzieren – sind bisher kaum berücksichtigt worden!

Ebensowenig bekannt wie die Details des militärischen Betriebs zur Zeit Max II. sind im allgemeinen die Maßnahmen des Königs zur Sicherung Münchens gegen innere Unruhen. Dabei hat schon Gerhard Hojer vor längerer Zeit im Zusammenhang mit der Konzeption der Maximilianstraße auf mögliche Zusammenhänge mit der Revolution von 1848 und die Anlage der Pariser Boulevards durch Haussman hingewiesen: »... Vergleicht man die ähnliche Pariser Situation, so erhält die Anlage der Maximilianstraße einen Aspekt jenseits der puren Urbanistik: Sie war ein politisches Manifest. Ausgehend von der Residenz des Königs, schlug die breite Straße eine Bresche in das Maquis der Vorstadt, die sich hinter den feudalen Fassaden verbirgt. Ebenso wie die Geschäfte, Cafés und Theater der Straße die rebellischen Bürger domestizieren sollten, so sollte ihnen das Forum die Qualität des politischen Systems demonstrieren (...)«.[31] Obwohl Hojer ohnehin sehr vorsichtig argumentiert und keine Schlüsse aus der Tatsache gezogen hat, daß in einem Konzept Friedrich von Bürkleins für die Maximilianstraße vom Jahre 1851 eine neue Kaserne (!) vorgesehen war,[32] kritisiert etwa Stefan Fisch in seiner wichtigen Arbeit zur Münchner Stadtplanung jeden Gedanken an eine sicherheitspolitische Funktion der neuen Straße durch die St. Anna-Vorstadt als abwegig. Als Argument führt Fisch in diesem Zusammenhang das Fehlen von „weiten Kasernenarealen als Blick- und Endpunkt wie in Wien« an.[33] Gerade solche „Defensivkasernen« nach österreichischem und preußischem Vorbild wurden aber für München geplant und dann in Gestalt der Max-II-Kaserne auch ansatzweise realisiert.[34]

Ist der Arbeit von Fisch noch zu konzedieren, daß sie zu einem Zeitpunkt abgeschlossen wurde, da dieser Aspekt kaum bekannt war, so können doch seit dem schon erwähnten Aufsatz von Rainer Braun nicht mehr die Augen vor dem Faktum verschlossen werden, daß König Maximilian II. Angst vor einer neuen Revolution hatte und vor allem für seine Haupt- und Residenzstadt München durch die Armee Vorbereitungen für einen Bürgerkrieg treffen ließ.[35] Umso unverständlicher ist es aber, wenn man in einer jüngst erschienenen populären Münchner Stadtgeschichte von Hans Nöhbauer lesen muß: »... Obwohl man doch eben erst eine kleine Revolution erlebt hatte, dachte in München König Max weder an die Polizei noch an das Militär.«[36] – Genau das Gegenteil ist richtig!

Es ist ein besonderes humanitäres Verdienst Max II., erstmals nach den Jahrzehnten der Stagnation unter Ludwig I., für eine deutliche Verbesserung der Lebensverhältnisse der bayerischen Soldaten gesorgt zu haben, vor allem in der Garnison München. Hierzu war es auch allerhöchste Zeit. So schrieb Kriegsminister v. Lüder, mit besonderer Berücksichtigung der Münchner Verhältnisse, die er ja als ehemaliger Stadtkomandant kannte, am 7. September 1854 an den König:»… Die Eurer Königlichen Majestät Heer zugewiesenen Kasernen sind fast in allen Besatzungsorten für den Bedarf an und für sich und für eine gesunde und angemessene *Unterkunft der Truppen unzureichend und mangelhaft:* der allergehorsamst Unterzeichnete glaubt seine allerunterthänigste Meinung dahin unterbreiten zu dürfen, daß die *Sträflinge in den Zucht- und Arbeitshäusern des Reiches zweckmäßiger und gesünder untergebracht* seyen als Allerhöchstderselben Truppen, namentlich während der Rekruten- und Herbstwaffenübungen. (…) Auch die meisten Militär-Krankenhäuser sind zu klein, unzweckmäßig eingerichtet und sonst in ihrem baulichen Zustande mangelhaft. (…) Die Ursachen dieses bedenklichen Standes der allerehrfurchtsvollst bezeichneten Militärgebäude liegen darin, daß die meisten derselben anfänglich gar nicht als Kasernen und Krankenhäuser gebaut, sondern hierzu aus bürgerlichen Häusern, ehemaligen Klöstern, Magazinen pp. umgeändert worden und in ihrem baulichen Zustande schon lange so heruntergekommen sind, daß sie jährlich sehr beträchtliche Kosten für ihren Unterhalt aussprechen, ohne die für eine bessere Unterkunft unentbehrlichen Einrichtungen zu erlangen.«[37]

Unter der Regierung König Max II. kam es erstmals seit den Zeiten seines Großvaters Max I. Joseph zu einem regelrechten Bauprogramm für das Militär in München. Es umfaßte die Erweiterung der Neuen Isarkaserne (1848), den Bau der Max-II-Reitschule (1854), den Baubeginn der großen Max-II-Kaserne (1860) und den Bau des neuen Zeughauses (1860/64). Auch die berühmte Maximilianstraße diente wenigstens indirekt militärischen Zwecken. Außerdem wurden die Lebensverhältnisse in den Kasernen bedeutend verbessert. Durch relativ häufige Paraden und Manöver suchte der König Korpsgeist und fachliches Können seiner Soldaten zu steigern. Freilich hinderte ihn sein ausgeprägtes Sicherheitsbedürfnis daran, den umfangreichen Wach- und Ordnungsdienst des Militärs in der Haupt- und Residenzstadt drastisch zu reduzieren und dadurch Spielraum für eine effektivere Truppenausbildung zu schaffen. Insgesamt muß König Max II. als einer der größten Förderer der Münchner Garnison anerkannt werden.

Anmerkungen

1 Vgl. die Charakteristik König Max II. bei H. Rall in: SPINDLER Bd. 4/1, München 1979, S. 252
2 M. Dirrigl, Maximilian II. König von Bayern 1848 – 1864 (2 Teilbände, zugl. Das Kulturkönigtum der Wittelsbacher Bd. 2), München 1984
3 W. D. Gruner, Das Bayerische Heer 1825 bis 1864, Boppard 1972, S. 208 – 329
4 R. Braun, Der König und die Armee, in: König Maximilian II. von Bayern 1848 – 1864, hg. vom Haus der Bayer. Geschichte, Rosenheim 1988, S. 163 – 173, insb. S. 163 f. und S. 167
5 Dirrigl (wie Anm. 2), S. 442 f.
6 W. D. Gruner, Die Position der Armee in Staat, Wirtschaft und Gesellschaft Bayerns (1848–1866), in: OA 97 (1973), S. 13 – 31, hier S. 19
7 J. Calliess, Militär in der Krise. Die bayerische Armee in der Revolution 1848/49, Boppard 1976, S. 106 ff.; F. Illing, Geschichte des Königlich Bayerischen Infanterie-Leib-Regiments von der Errichtung bis zum 1. Oktober 1891, Berlin 1892, S. 88 f.
8 Illing (wie Anm. 7), S. 108 f.
9 Vgl. L. Lutz, Geschichte des Königlich Bayerischen dritten Feld-Artillerie-Regiments Königin-Mutter von seiner Errichtung bis zur Gegenwart 1848 – 1890, München 1891; ders., Die Bayerische Armee von ihrem Entstehen bis zum Weltkrieg 1682 – 1914 (masch. Ms. im KA um 1923); K. v. Oelhafen, Geschichte der königlich bayerischen Artillerie- und Ingenieurschule, München 1882; E. v. Schelhorn, Die königlich bayerische Kriegsschule in den ersten 25 Jahren ihres Bestehens, München 1883;
10 Calliess (wie Anm. 7), S. 114 – 119
11 Ebd., S. 112
12 zit. nach R. v. Xylander, Geschichte des 1. Feldartillerie-Regiments »Prinzregent Luitpold« Bd. 3: Das Regiment und das Fuhrwesen 1824 – 1911, Berlin 1911, S. 62

13 Calliess (wie Anm. 7), S. 121

14 Xylander (wie Anm. 12), S. 70 – 78

15 Illing (wie Anm. 7), S. 90 – 96

16 M. v. Prielmayer/E. Prestle, Geschichte des K.B. 1. Infanterie-Regiments König von seiner Errichtung im Jahre 1778, München 1882, S. 278

17 M. v. Reichert, Das Königlich Bayerische 2. Infanterie-Regiment Kronprinz 1682 – 1912, München 1912, S. 103 f.

18 Xylander (wie Anm. 12), S. 79 f. und S. 87

19 Illing (wie Anm. 7), S. 102 – 105

20 Reichert (wie Anm. 17), S. 104; Lutz, 3. Feldartillerie-Regiment (wie Anm. 9), S. 14 ff.

21 MKr. 8830 Prod. 131, KM am 23. März 1859; Prod. 139, KM an König Max II. am 5. April 1859 mit Kgl. Signat vom 9. d. Mts

22 Ebd. Prod. 151, KM am 28. April 1859

23 Ebd. Prod. 164, 1. KürRgt an GenKdo München am 5. Mai 1859; Prod. 177, 1. ArtRgt am 11. Mai 1859; Prod. 193, 1. ArtRgt am 5. Juni 1859

24 A IV Bd. 105 Fasz.II Prod. 148, Abschrift eines Kgl.Handbillets an KM, dat. Reichenhall 16. Aug. 1848

25 MKr. 8827 Prod. 63, KM an König Max II. am 25. Aug. 1848

26 MKr. 8829 Prod. 81 (Beil.), FinM an König Max II. am 5. Sept. 1848

27 MKr. 8827 Prod. 90, KM an König Max II. am 11. Okt. 1848

28 Ebd. Prod. 130 1/2, KdtMünchen an KM am 15. Dez. 1848

29 A IV Bd. 102 Prod. 114, KM an König Max II. am 11. Mai 1849 mit Kgl. Signat vom 13. d. Mts

30 MKr. 8829 Prod. 41, Vortrag im KM am 21. Juni 1851

31 G. Hojer, München – Maximilianstraße und Maximilianstil., in: Die deutsche Stadt im 19. Jahrhundert. Stadtplanung und Baugestaltung im industriellen Zeitalter, hg. von L. Grote, München 1974, S. 33 – 65, zit. S. 51

32 Ebd., S. 41

33 S. Fisch, Stadtplanung im 19. Jahrhundert. Das Beispiel München bis zur Ära Theodor Fischer, München 1988, S. 160

34 Vgl. die Abschnitte »Hörmann-Plan«, »Schutz der Residenzstadt ab 1858«, »Max-II-Kaserne« in dieser Arbeit

35 Braun (wie Anm. 4), S. 170 ff.

36 H. Nöhbauer, München. Eine Geschichte der Stadt und ihrer Bürger von 1854 bis zur Gegenwart., München 1992, S. 16 (Dabei gibt Nöhbauer in seinem Literaturverzeichnis (S. 406) ausgerechnet jene Max-II-Biographie an, in der Brauns Aufsatz zu finden ist! Merkwürdig ist auch, wie Nöhbauer in seinem Buch (S. 21) für das Jahr 1852 auf eine Garnisonstärke von nur »1900 Soldaten« gekommen ist.)

37 MKr. 8933 Prod. 11, KM an König Max II. am 7. Sept. 1854 mit Kgl. Signat, dat. Berchtesgaden am 18. d. Mts

Die Garnison München im Jahre 1864

Leibgarde der Hartschiere

Kriegsministerium

Generalauditoriat
Haupt-Kriegs-Kasse
Militär-Rechnungskammer
Militär-Fonds-Kommission
Armee-Montur-Depot
Administrationskommission der Militär-Fohlenhöfe

Generalinspektion der Armee mit:
– Infanterie-Beratungskommission
– Kavallerie-Beratungskommission

Generalquartiermeisterstab mit:
– Topographischem Büro
– Hauptkonservatorium

Kadettenkorpskommando
Artillerie- und Genieschule
Kriegsschule
Operationskurs für Militärärzte

Gendarmeriekorpskommando mit:
– Gendarmerie-Kompanie der Stadt München
– Gendarmerie-Kompanie von Oberbayern (nur Stab)

Geniekorpskommando mit:
– Genie-Beratungskommission
– 1. Genie-Direktion

Artilleriekorpskommando mit:
1) Artillerie-Beratungskommission
2) Zeughaus-Haupt-Direktion
    a) Zeughausverwaltung München
    b) Laboratorium München
    c) Ouvrierskompanie
3) 1. Artillerie-Regiment mit Fuhrweseneskadron
4) 3. (reitendem) Artillerie-Regiment

Generalkommando München mit:
1) Stadtkommandantschaft München
2) Kommando der 1. Infanterie-Brigade
    a) Infanterie-Leib-Regiment (I.Btl in Germersheim)

b) 1. Infanterie-Regiment (I. Btl in Germersheim)
3) Kommando der 2.Infanterie-Brigade
   a) 2. Infanterie-Regiment (eine Kp bei Strafanstalt Laufen)
   b) 4. Jäger-Bataillon
4) Kommando der 1. Kavallerie-Brigade
   a) 1. Kürassier-Regiment
   b) Detachement des 3. Kürassier-Regiments (Freising)
5) 1. Sanitäts-Kompanie
6) Garnisonskompanie Nymphenburg
7) III. Bataillon des 14. Infanterie-Regiments (abkommandiert aus Nürnberg)

Landwehrkreiskommando von Oberbayern

Münchens Garnison in der Zeit König Ludwigs II.

Kein anderer Regent Bayerns und wohl kaum eine Herrschergestalt der Neuzeit ist so popularisiert worden, wie König Ludwig II. Hinter einer Wolke aus Wagnerschen Opernklängen und farbigem Licht der »Tannhäuser«-Grotte von Schloß Linderhof ist der oberste Befehlshaber der Armee aus dem historischen Bewußtsein verbannt worden. War dieser König, der immerhin vierundzwanzig Jahre lang regierte, mithin also jeweils länger als sein Vater und Großvater, wirklich so unmilitärisch, wie er gerne dargestellt wird? Die Wahrheit sieht, ebenso wie bei König Maximilian II., etwas anders aus. In die Ära dieses angeblich so pazifistischen Kunstfreundes fielen die blutigsten Kämpfe der Bayern im gesamten 19. Jahrhundert, wandelte die Armee grundlegend ihr Gesicht und wurde auch die Garnison München nachhaltig verändert.

Vom Kronprinzen zum König

Ludwig kam am 25. August 1845 in Schloß Nymphenburg als erstes Kind des Kronprinzen Maximilian und der Prinzessin Marie von Preußen zur Welt. Mit der Thronbesteigung des Vaters avancierte Ludwig zum Inhaber des 2. Infanterie-Regiments »Kronprinz« und wurde auch in militärischen Dingen praktisch und theoretisch unterwiesen. Schon als Zehnjähriger bekam der Kronprinz eine Grundausbildung im Exerzieren. Freilich war dies nur ein vorläufiges, eher spielerisches Intermezzo. In den folgenden Jahren erfolgte neben dem Privatunterricht in den schulischen Fächern eine Ausbildung in damals klassischen Fertigkeiten des guten Offiziers, nämlich Turnen, Schwimmen, Reiten, Fechten, Zeichnen und Tanzen. So bestand kaum Unterschied zum Ausbildungsplan des Kadettenkorps. Der Heranwachsende entwickelte eine ungewöhnlich kräftige Konstitution, die noch den späteren Monarchen, ungeachtet seines exzessiven Konsums an Speisen und alkoholischen Getränken, auszeichnete. Ab Ende 1859 erhielt der Kronprinz Unterricht in der Waffenlehre. Am 28. November 1861, dem 50. Geburtstag König Max II., wurde Ludwig zum Oberleutnant im Regiment »Kronprinz« befördert. Im Winter 1861/62 stand auch Exerzieren als Fach in seinem Wochenplan. Ab 1862 wurde Ludwig in den Gegenständen der damaligen Kriegswissenschaft unterwiesen. Nachdem Ludwig 1863 volljährig geworden war, wurde er zum Oberst befördert.[1]

Als König Max II. am 10. März 1864 in München im Alter von nur 52 Jahren verstarb, befand sich der erst achtzehnjährige Kronprinz noch mitten in seiner vom Vater langfristig geplanten Ausbildung für das Herrscheramt. Nun mußte Ludwig, nicht völlig unvorbereitet, doch weit unterhalb des wissenschaftlichen und militärfachlichen Niveaus seines Vaters, die Königswürde tragen. Gemessen an diesen nicht gerade optimalen Ausgangsbedingungen muß konstatiert werden, daß sich der junge König Ludwig II. durchaus gewissenhaft um seine Amtsgeschäfte kümmerte.[2] Auch die Armee wurde keineswegs vernachlässigt. Ganz im Stile seines Vaters hielt Ludwig in den Jahren 1864, 1866 und 1868 noch große Garnisonparaden in München ab.[3] In das Repertoire der Münchner Militärmusikkapellen wurden nun Stücke Richard Wagners aufgenommen.[4] Am 25. August 1865, seinem Geburts- und Namenstag, stiftete König Ludwig II. ein Dienstalterszeichen für die Armee. Die Unteroffiziere und Mannschaften der Münchner Garnison erhielten zur Feier dieses Tages je sechs Kreuzer Gratifikation aus der Königlichen Kasse.[5] Besonders intensiv kümmerte sich der König um das künftige Münchner Militärkrankenhaus, wobei seine Signate Humanität, aber auch militärische Kenntnisse erkennen lassen.[6] Im Zuge der Militärreform von 1868 protegierte der König die »Münchner Militärische Gesellschaft«.[7]

In den 1870er Jahren förderte Ludwig den dezidiert bayerisch-monarchistisch orientierten »Veteranen-, Krieger- und Kampfgenossenbund«.[8]

Die Zeit des Umbruches (1866/71)

Die kriegerischen Ereignisse des Jahres 1866, an denen die bayerische Armee aktiv beteiligt war, sind fast vergessen und heutigen Historikern nur noch wenige Zeilen wert.[9] In einer Denkschrift vom 2. April 1866 warnte der greise, aber höchst erfahrene Prinz Karl, entgegen der ziemlich optimistischen Auffassung des Kriegsministers v. Lutz, vor dem Eintritt der höchst mangelhaften bayerischen Armee in einen Krieg gegen Preußen. Ungeachtet dessen machte Bayern am 10. Mai 1866 mobil.[10]

Die Münchner Mobilmachung ging höchst mangelhaft vonstatten, nicht zuletzt bedingt durch das Dislozierungssystem und die ungenügende Infrastruktur in der Garnison. So hatte beispielsweise das Infanterie-Leib-Regiment, seit dem 12. Januar 1865 von Oberst v. Pranckh, dem späteren Kriegsminister, befehligt, vier Bataillone, nämlich zwei Feldbataillone, ein Besatzungsbataillon und ein Depotbataillon aufzustellen. Als Besatzungsbataillon wurde das in der Pfalz stehende I. Bataillon bestimmt, dementsprechend waren das II. und III. Bataillon in München für die Front vorgesehen, während in der Garnison das IV. Bataillon als Regimentsdepot einzurichten war. Personalersatz und kriegsmäßige Ausbildung des Regiments ließen aber sehr zu wünschen übrig.[11] Erst am 17. Juni 1866 rückten das II. und III. Bataillon des Infanterie-Leib-Regiments unter Führung des Regimentsstabes von München per Bahn in die Oberpfalz ab. Trotz strömenden Regens waren zahlreiche Münchner zur Verabschiedung der Truppen am Bahnhof versammelt. Ein schlechtes Vorzeichen war der Umstand, daß sich bereits die Abfahrt des Feldregiments in einer Stärke von 25 Offizieren, 141 Unteroffizieren, 65 Musikern und Spielleuten, 1496 Mann stundenlang verzögerte, weil zu wenig Eisenbahnwagen vorhanden waren.[12]

Ungeachtet der auftretenden Friktionen war die Stimmung in den Truppenteilen sehr gut. Bei den Offizieren überwog das Gefühl, nach jahrzehntelangen Garnisonsdienst im Felde Bewährung zu finden. Bei den Unteroffizieren und Mannschaften aus Altbayern kam das Gefühl des Kampfes gegen die ungeliebten ketzerischen Preußen zum Tragen, ein Element, das in den fränkischen Verbänden nicht vorhanden war.[13] Im umgekehrten Verhältnis zur Kampfeslust stand der Kampfwert der Soldaten. Bei der in München aufgestellten 6. (Depot) Feldbatterie des 1. Artillerie-Regiments fand sich folgende Situation: Die drei Batterieoffiziere waren völlig unerfahren im Umgang mit dem neuen Sechspfünder mit gezogenem Rohr, ebenso die Masse der Unteroffiziere. Nur acht Kanoniere, also einer pro Geschütz, waren wirklich an dieser Waffe voll ausgebildet, jeweils vier von fünf Kanonieren waren Rekruten, von je drei Fahrern waren zwei Assentiert-Unmontierte. Die Batterie hatte München verlassen, ohne auch nur einmal bespannt auf dem Oberwiesenfeld exerziert oder gar geschossen zu haben.[14]

Auf die Kriegsereignisse und den Anteil der Münchner Regimenter soll hier nicht eingegangen werden, da darüber ausführlich in der älteren Literatur geschrieben worden ist. Das Ergebnis des Krieges ist bekannt. Prinz Karl zog persönliche Konsequenzen aus dem gescheiterten Feldzug von 1866. Er gab seinen Feldmarschallstab dem König zurück und alle Vorrechte als Inhaber seiner beiden Regimenter. König Ludwig II. befahl jedoch per Armeebefehl vom 7. November 1866, daß das 1. Kürassier-Regiment (München) und das 3. Infanterie-Regiment (Augsburg) auf alle Zeiten den Beinamen »Prinz Karl« behalten sollten.[15]

Ungeachtet der vielfältigen Ansätze zur Verbesserung der Zustände im Bayerischen Heerwesen unter Max II. war es nicht zur grundlegenden Reform gekommen:»… Bestehen blieb vor allem das Grundübel, daß hinter einer aus den niedersten Schichten der Bevölkerung gebildeten und des wahren soldatischen Geistes ermangelnden Friedensarmee eine militärisch tote Masse unausgebildeter und unorganisierter Reserven stand. Dieses Übel nicht erkannt oder nicht beseitigt zu haben, ist die Schuld der Heeresleitung, an deren Spitze mehr gute Verwaltungsbeamte als ausgeprägte Persönlichkeiten standen.«[16]

Bereits am 22. Juli 1866 erhielt der Kommandeur der bayerischen Reserve-Infanterie-Brigade und vormalige Kommandeur des Infanterie-Leib-Regiments Oberst Sigmund Freiherr von Pranckh Befehl, sich unverzüglich in München zu melden. Fünf Wochen später war Pranckh Generalmajor, Kriegsminister und Staatsrat. Es begann damit jene eigentliche Reformzeit in der bayerischen Armee, die als »Ära Pranckh« gilt.[17]

Am 19. Juli 1870 sprach der Kriegsminister v. Pranckh in der Kammer der Abgeordneten des Bayerischen Landtages:»… Die Kriegserklärung Frankreichs an Preußen ist erfolgt; der Krieg ist da. Die Regierung hat eine klare Lage durch das feste und männliche Eingreifen unseres Allergnädigsten Königs. In der Politik gibt es weder Liebe noch Haß, sondern allein das Interesse; es mag nicht schön klingen, aber es ist so und muß so sein. (…) was verlangt unser bayerisches Interesse? Die Selbständigkeit Bayerns muß gewahrt bleiben, und wissen Sie, meine Herren, worin ich die Berechtigung und den Anspruch auf unsere Selbständigkeit, mag der Krieg enden wie er will, erblicke? Darin, daß das heute noch selbstständige Bayern seine Pflicht in Deutschland erfülle. Das gibt ihm das Recht, das unvergängliche und untilgbare Recht, Deutschland mag gestaltet sein, wie es will, als selbständiges Bayern zu bestehen.«[18]

Als Pranckh vor dem Landtag sprach, lief bereits seit drei Tagen in München die Mobilmachung. Zum erstenmal mußte sich das neue Wehrpflichtsystem bewähren. Zum Sammeln der Reservisten entsandten die Truppen Kommandos in das Umland, das Infanterie-Leib-Regiment beispielsweise nach Reichenhall, Traunstein, Rosenheim, Altötting, Wasserburg, Erding und Ebersberg. Auch mußten Offiziere und Unteroffiziere zu verschiedenen Etappenaufgaben abgestellt werden.[19] Sofort begann der Ankauf von Pferden. Allein das 1. Artillerie-Regiment erwarb ab Beginn der Mobilmachung 144 Reitpferde, 319 Artilleriezugpferde und 881 Trainpferde, d. h. insgesamt 1344 Pferde. Sie wurden verteilt auf die Max-II-Kaserne, die Lehel-Kaserne und die Neue Isarkaserne.[20]

Die Mobilmachung lief wesentlich schneller ab, als jene des Sommers 1866. Bereits am 20. Juli 1870 verlegten die drei Feldbataillone des 1. Infanterie-Regiments »König« per Bahn von München zur kriegsmäßigen Ausbildung auf das Lager Lechfeld.[21] Am 21. Juli folgten die Vorkommandos des I. und II. Bataillons des Infanterie-Leib-Regiments auf das Lechfeld. König Ludwig II. ließ sich beim Vorbeimarsch der Abteilung am Herkulestrakt der Residenz nur am Fenster sehen.[22]

Per Order des Generalkommandos vom 19. Juli 1870 wurde als Besatzungstruppe für die Garnison München aus dem 1. und 2. Landwehr-Bataillon das 1. Kombinierte Landwehr-Bataillon gebildet und ihm als Unterkunft die Max-Burg zugewiesen. Das Bataillon hatte vier Kompanien, deren Chefs aktive Oberleutnante waren. Die 1. und 2. Kompanie verblieben in der Max-Burg bis auf Detachements für das Zuchthaus in Laufen bzw. die Feste Oberhaus. Die 3. Kompanie übernahm nach Eintreffen der ersten französischen Gefangenen deren Bewachung und wurde deshalb in die Neue Isarkaserne verlegt. Die 4. Kompanie wurde im Dezember 1870 zum Etappendienst in dem Raum Straßburg abkommandiert.[23]

Eine wichtige Rolle kam den Münchner Handwerksbetrieben als Lieferanten für Bekleidung und Ausrüstung der Feldtruppen zu. Dies zeigt sich beispielhaft beim 1. Feldartillerie-Regiment: »... Um den Anforderungen der Feldtruppen an Ersatz entsprechen zu
können, wurden neue Werkstätten für Sattler, Schneider und Schuster errichtet, und da
diese nicht ausreichten, die beim Regimente zugeschnittenen Bekleidungs- und Geschirr-
teile zur Fertigstellung an Zivilhandwerker und die rechtsrheinischen Straf- und
Gefangenenanstalten ausgegeben. *Siebzig Schneider in München erhielten von August
1870 bis Februar 1872 ständig Beschäftigung durch das Regiment.* Dieses kaufte auch die
Geschirre des aufgelösten Münchner Landwehrartilleriekorps (der Bürgerwehr).« Vom
immobilen Regiment wurden so beschafft: 3818 Mäntel verschiedener Art, 1951 Waffen-
röcke, 2868 Spenzerjacken, 3530 Tuchhosen, 2070 Reithosen, 1500 Hemden, 5000 Paar
Schnürschuhe, 6700 Paar Wollsocken, 284 Garnituren Sattelzeug, 573 Garnituren für
komplette Gespanne (zu zwei, vier oder sechs Pferden).[24]

Die Kämpfe der bayerischen Truppen im Kriege von 1870/71 sind das Thema der älteren
Kriegsliteratur vor dem Ersten Weltkrieg schlechthin und beanspruchen regelmäßig in den
diversen Regimentsgeschichten den meisten Platz für sich. Auch Angaben über die
Ausbildung des Personalersatzes im heimatlichen Standort und die Nachschubtransporte
lassen sich dort mehr oder weniger ausführlich finden. Insgesamt ist festzuhalten, daß
schon bedingt durch die Kriegsintensität die Rolle der Garnison als logistische Basis für
ihre Stammtruppenteile ungleich bedeutsamer war, als während des kurzen Feldzuges von
1866. Einen Höhepunkt in der Geschichte Münchens als bayerische Garnison bildete dann
sicherlich die große Siegesparade am 16. Juli 1871.[25]

Für die Dauer der Reparationsleistungen blieben deutsche Truppen, darunter Teile der
bayerischen 1. Division, auf französischem Boden als sog.»Okkupationsarmee«. Hierzu
gehörte die II. Abteilung des 1. Artillerie-Regiments aus München. Bereits am 5. Juli 1873
zahlte Frankreich die letzte Rate der Reparationen. Damit endete die deutsche Okkupation.
Ende Juli traf die II. Feldabteilung des 1. Artillerie-Regiments mit ihren beiden Munitionskolonnen im Lager Lechfeld ein. Die Munitionskolonnen verlegten am 1./2. August nach
München, wo sie sogleich aufgelöst wurden. Die knapp 200 Pferde wurden versteigert, die
Soldaten zum 1. Train-Bataillon versetzt. Die Artillerie-Abteilung traf am 13. August
gegen Mittag an der Münchner Stadtgrenze ein. Dort erwartete sie der Kommandierende
General v. d. Tann. Am Stiglmaierplatz nahm er den Vorbeimarsch der Abteilung ab.
Danach rückte sie, mit der Musik des 1. Kürassier-Regiments, in die Max-II-Kaserne ein.
Etwas bitter vermerkt die Darstellung Xylanders: »... Während aber alle Orte der Pfalz,
Badens und Württembergs, durch die der Heimweg führte, in herzlichster Begrüßung
gewetteifert hatten, machte sich die gänzliche Teilnahmslosigkeit in der engeren Heimat
auf das Schmerzlichste fühlbar. Auch die Vaterstadt München würdigte die nach
dreijähriger Abwesenheit wieder zurückkehrende Truppe keinerlei Beachtung.«[26]

Französische Kriegsgefangene in München 1870/71

Im Deutsch-Französischen Krieg 1870/71 machten die deutschen Truppen zahlreiche
Gefangene. So befanden sich im Januar 1871 fast 384 000 Angehörige der französischen
Armee, darunter mehr als 11 000 Offiziere, in 242 Lagern auf deutschem Boden. Die
Kriegsgefangenen wurden vorzugsweise in Garnisonstädten untergebracht, wo sich ohnehin eine geeignete Infrastruktur Ersatztruppen für den Wachtdienst befanden. Die größten
deutschen Lager waren Mainz (27 000 Franzosen), Stettin (25 000 Franzosen), Wesel
(12 000 Franzosen) und Spandau (8000 Franzosen).[27]

Die ersten französischen Kriegsgefangenen, die in der Garnison München eintrafen, waren ausschließlich Offiziere. Bereits im August 1870 nahm der Generalmajor Nicolai, Kommandeur einer Infanteriebrigade, in München seinen Aufenthalt. So muß man wohl sagen, denn Monsieur le General wohnte im Hotel »Bellevue« am Karlsplatz. Nach und nach kamen einige weitere französische Offiziere in die Stadt. Außer dem genannten General waren es im März 1871 ein Oberst, ein Major, fünf Hauptleute, vier Oberleutnante und zwei Leutnante. Sie alle wohnten in Privatquartieren, die natürlich der Stadtkommandantschaft gemeldet wurden. So wohnte der Colonel de Gramont am noblen Promenadeplatz. Der Major Durosoy und der Capitaine de Potesta hatten sich eine Wohnung in der Theatinerstraße gemietet. Der verwundete Lieutenant Pierron vom 3me Regiment Grenadiers ließ sich auf eigene Kosten in einer Privatklinik, dem St. Vinzentinus-Spital behandeln. Das war aber keineswegs eine Münchner Spezialität, sondern in allen Lagerorten gegenüber den Offizieren üblich.[28]

Eine Sonderrolle nahm eine französische Ballonbesatzung ein, deren Geschichte einem Roman von Jules Verne entsprungen sein könnte. Die vier Franzosen waren mit ihrem Gefährt aus dem belagerten Paris gestartet und landete nach widrigen Winden am 20. Dezember 1870 bei dem fränkischen Ort Rödersdorf. Dort wurden die Luftschiffer sogleich von einem Gendarm gefangengenommen und wegen Spionageverdacht in das Münchner Militärgefängnis in der Kreuzkaserne verbracht. Die drei Zivilisten Ingenieur Lépinay, Mechaniker Jauffryon und Juillac wurden schließlich am 8. Februar 1871 entlassen. Der eigentliche Ballonführer Sergant Verreche scheint hingegen in das Kriegsgefangenenlager verlegt worden zu sein, jedenfalls wurde er als Soldat nicht freigelassen. Vermutlich sah er dann die Heimat zusammen mit den anderen Kriegsgefangenen im Sommer 1871 wieder.[29]

Die große Masse der französischen Kriegsgefangenen in München, Unteroffiziere und Mannschaften, war im Winter 1870/71 in einem großen »Kriegsgefangenendepot« bei den Isarkasernen logiert. Das bayerische Kriegsministerium befahl der Stadtkommandantschaft München am 16. November 1870, Vorsorge zur Einrichtung eines Kriegsgefangenenlagers in der Alten Isarkaserne mit einer Kapazität von ungefähr 1000 Mann zu treffen.[30] Zehn Tage später erhielt die Stadtkommandantschaft Nachricht, daß sehr bald rund 1000 Franzosen aus Ulm nach München verlegt werden sollten. Daraufhin befahl der Stadtkommandant dem Depotkommando des 3. reitenden Artillerie-Regiments die Alte Isarkaserne bis zum folgenden Tag, d. h. Sonntag, den 27. November 1870, vollständig zu räumen. Das Kriegskommissariat München sorgte für die Ausstattung des künftigen Gefangenenlagers mit Stroh, Brennholz usw. Es stellte sich dann aber heraus, daß die Franzosen doch noch länger in Ulm blieben.[31]

Am Nachmittag des 12. Dezember 1870 trafen in München per Bahn aus der Festung Ulm die ersten 129 französischen Kriegsgefangenen für das Lager ein. Der Stadtkommandant bestimmte seinen Platz-Stabsoffizier Oberstleutnant Stöber zum Kommandanten des Kriegsgefangenenlagers. Als Adjutant wurde ihm ein Leutnant des 1. Infanterie-Regiments »König« beigestellt, der sein Quartier in der Alten Isarkaserne bezog. Die wichtigste Aufgabe hatte der Hauptmann Jungermann mit der 4. Ersatzkompanie des Regiments »König«, denn er war für die Absicherung des Lagers und mit Unterstützung eines Unterquartiermeisters für die Ökonomie, die Versorgung der Gefangenen, verantwortlich. Den Sanitätsdienst besorgte der Münchner Central-Impfarzt Dr. Reiter zusammen mit einem Militärkrankenwärter, der ständig im ärztlichen Jourzimmer der Alten Isarkaserne anwesend war. Der übliche Wach- und Sicherheitsdienst bestand aus einem Unteroffizier als Profoß, einem Unteroffizier vom Kasernenjourdienst und einer

Wachabteilung von einem Unteroffizier, einem Spielmann, zwei Gefreiten und 24 Gemeinen. Diese Wache hatte ständig fünf Posten besetzt. Der Rest der Kompanie hielt sich in der Kaserne für den Alarmfall bereit. Fortan war dem Münchner Stadtkommandanten täglich ein Rapport über das Gefangenendepot zu erstatten.[32]

In den folgenden Tagen trafen weitere Transporte in München ein, vor allem am 18. Dezember mit 1293 Kriegsgefangenen und am 21. Dezember mit 500 Franzosen. Insgesamt war das Lager auf der Isarinsel bis zum 22. Dezember 1870 bereits auf 2061 Gefangene angewachsen.[33] Als Eskorte für den Weg vom Bahnhof durch die Stadt zum Lager wurden Abteilungen der Landwehr eingesetzt, beispielsweise für den Transport vom 21. Dezember vom 1. Landwehr-Bataillon ein Offizier, zehn Unteroffiziere, ein Spielmann und hundert Mann. Die Soldaten hatten scharf geladen.[34] Ende Januar 1871 kamen erneut Eisenbahnzüge mit Franzosen in München an, und zwar am 25. Januar 473 Mann, am 26. Januar 419 Mann und am 27. Januar 676 Mann. Dieses Kontingent von zusammen 1568 Gefangenen konnte nicht mehr in der Alten Isarkaserne untergebracht werden, sondern wurde in der benachbarten Neuen Isarkaserne einquartiert.[35] Damit hatte das Münchner Depot eine Gesamtstärke von 3629 Franzosen erreicht, d. h. schon fast seinen Höchststand von 3696 Mann, der dann im Laufe des Frühjahrs 1871 eintrat.[36]

Die katholischen Franzosen wurden in München auch religiös betreut. Auf Initiative des Erzbischöflichen Ordinariats wurden ab Januar 1871 regelmäßig Gottesdienste in der Klosterkirche der aus dem Elsaß stammenden Niederbronner Schwestern in der Badstraße abgehalten. Die Messen fanden jeweils am Montag, Mittwoch und Freitag um 9 Uhr morgens statt. Die Gefangenengruppen wurden natürlich von Soldaten eskortiert.[37] Die kranken Franzosen in verschiedenen Münchner Lazaretten erhielten ab Mitte Februar 1871 einen eigenen Seelsorger, nämlich den französischen Priester Landau.[38] Während der Gefangenschaft in München starben 202 Franzosen. Sie wurden auf dem Nordfriedhof beigesetzt, wo ihnen die Republik Frankreich später einen Gedenkstein setzte.[39] Ab April 1871 wurden die Kriegsgefangenen teilweise direkt aus München zurück nach Frankreich geschickt, teilweise auf das Lager Lechfeld verbracht. Am 1. Juni 1871 befanden sich nur noch 13 französische Soldaten in München, davon lag ein Kranker transportunfähig im Marienkrankenhaus. Der Rest saß wegen verschiedener Delikte im Münchner Militärgefängnis.[40] Über ihren Verbleib ist nichts Näheres bekannt, doch dürften auch sie im Laufe des Jahres 1871 München verlassen haben.

Zur Stellung der Bayerischen Armee im Deutschen Kaiserreich

Die bekannte Sonderstellung Bayerns im Militärbereich war eines der wichtigsten Reservatrechte des bayerischen Königs und nach Artikel 63 der Verfassung des Deutschen Reiches vom 16. April 1871 eigentlich obsolet. Im Artikel 63 war nämlich recht brutal die Superiorität Preußens im Reichskriegswesen zementiert: »… Die gesamte Landmacht des Reichs wird *ein einheitliches Heer* bilden, welches in Krieg und Frieden unter dem Befehle des Kaisers steht. Die *Regimenter etc. führen fortlaufende Nummern durch das ganze Deutsche Heer.* Für die Bekleidung sind die Grundfarben und der Schnitt der Königlich Preußischen Armee maßgebend. Dem betreffenden Kontingentsherren bleibt es überlassen, die äußeren Abzeichen (Kokarden etc.) zu bestimmen. (…) *Der Kaiser* bestimmt den Präsenzstand, die Gliederung und Eintheilung der Kontingente des Reichsheeres, sowie die Organisation der Landwehr, und *hat das Recht, innerhalb des Bundesgebiets die Garnisonen zu bestimmen,* sowie die kriegsbereite Aufstellung eines jeden Theils des Reichsheeres anzuordnen. (…)«[41]

Bayern jedoch hatte bekanntlich bereits am 23. November 1870 einen Bündnisvertrag geschlossen, dessen Details die einschneidenden Bestimmungen des Abschnitts XI (Reichskriegswesen) der Reichsverfassung, insbesonders des Art. 63 für sein Staatsgebiet außer Kraft setzten. Der Bündnisvertrag wurde in der Reichsverfassung ausdrücklich erwähnt und hatte damit selbst eine verfassungsrechtliche Qualität. Zwar wurde in den Schlußbestimmungen zum Abschnitt XI auch die Württembergische Militärkonvention vom November 1870 erwähnt, doch waren deren Vereinbarungen nicht so weitgehend wie die Zugeständnisse Preußens an Bayern. Dies galt in noch stärkerem Maße für die Sächsische Militärkonvention, die in der Reichsverfassung gar nicht erscheint. Hingegen bildete die bayerische Armee laut Abschnitt III § 5 des Versailler Bündnisvertrages zwischen Bayern und Preußen: »... einen in sich geschlossenen Bestandteil des deutschen Bundesheeres mit selbständiger Verwaltung unter der Militärhoheit des Königs von Bayern; im Kriege, und zwar mit Beginn der Mobilmachung, unter dem Befehl des Bundesfeldherrn.«[42]

Das Königreich Bayern war lediglich verpflichtet, »... in bezug auf Organisation, Formation, Ausbildung und Gebühren, dann hinsichtlich der Mobilmachung« die einheitlichen Normen des Bundes in seinem Bereich einzuhalten. Hingegen hatte Bayern selbst auf so wesentlichen Gebieten wie Bewaffnung, Ausrüstung, Bekleidung (einschließlich Dienstgradabzeichen) volle Freiheit, die es freilich in der Folgezeit immer weniger ausnutzen sollte. Die Inspektion des Bayerischen Heeres durch den Bundesfeldherrn durfte nach dem Bündnisvertrag nur nach Voranmeldung geschehen, etwaige Mängel konnte der Inspekteur nicht selbständig abstellen, sondern hatte sie dem Regenten Bayerns nur mitzuteilen. Es bleibt insgesamt festzuhalten, daß der Deutsche Kaiser gegenüber der Bayerischen Armee – und nur dieser! – keinerlei Befehlsgewalt hatte, solange nicht durch den Regenten Bayerns die Mobilmachung angeordnet worden war![43]

Die oftmals in der Literatur vertretene These vom einheitlichen »Reichsheer« des Deutschen Kaiserreiches[44] ist so nicht zutreffend. Gewiß wird hierbei auf die faktische Angleichung der bayerischen Verhältnisse an Preußen mit Recht hingewiesen, doch mit gleichem Recht kann auf andere Fakten, außer der geschilderten Rechtslage, verwiesen werden. Hierzu gehört, daß Sachsen in Frieden und Krieg das XII. Armeekorps, Württemberg das XIII. Armeekorps stellten, Bayern hingegen eine unabhängige eigene Armee. Auch sollte nicht vergessen werden, daß Bayern einen kompletten eigenen Generalstab besaß und die Bayern 1914 unter Führung ihres Kronprinzen Rupprecht als geschlossene Armee (VI. Armee) mit vier Armeekorps ohne preußische Korsettstangen operierten.[45]

Ungeachtet der Bemühungen des bayerischen Königs und vor allem des Kriegsministers v. Pranckh in der wichtigen Phase zwischen 1866 und 1871 um weitgehende Autonomie, setzte ein beträchtlicher Teil des bayerischen Offizierkorps zunehmend auf die preußische Karte. Schon im Frühjahr 1869 äußerte Prinz Karl von Bayern gegenüber Pranckh »... Besorgniße wegen den in der Armee zunehmenden preußischen Sympathien«.[46] Zum vollen Durchbruch kam eine konsequent propreußische Haltung der militärischen Führer in Bayern freilich erst in der Ära des Kriegsministers v. Asch in den späten 1890er Jahren.[47]

Die Münchner Garnison spielte für die bayerische Armee eine besonders wichtige Rolle, da hier auch die Gesandten der anderen deutschen Bundesstaaten und der ausländischen Mächte anwesend waren. Auftreten und Können der Münchner Truppen wurden gewiß aufmerksam pars pro toto registriert, nicht die Aktivitäten der Chevaulegers in Freising oder der Infanterie in Passau.

In der Zeit nach 1871 setzte ein umfangreicher Ausbau Münchens als zeitgemäßer Militärstandort ein. So wurde in den Jahren 1873/81 ein großes Fouragemagazin am Rande des Oberwiesenfeldes errichtet. Ab dem Herbst 1885 plante man die Errichtung einer benachbarten Militärbäckerei, die allerdings erst 1890 fertiggestellt war. Zur Schießausbildung erwarb die Armee zwischen 1878 und 1881 bei Freimann nördlich der Stadt ein mehrere Quadratkilometer großes Gelände. Die Unterkunftskapazitäten der Türkenkaserne und vor allem der Max-II-Kaserne wurden vergrößert. Ein modernes Garnisongefängnis ersetzte ab 1882 das alte Gemäuer der Kreuzkaserne. Weitere Bauvorhaben für die Münchner Garnison befanden sich beim Tode König Ludwigs II. (1886) im Vorbereitungsstadium. Somit läßt sich wohl mit Recht feststellen, daß während der Regierungszeit Ludwigs II. der Kurs seines Vaters zur Ausgestaltung Münchens als Garnison durchaus weiterverfolgt wurde.

Anmerkungen

1 H. Rall, Wittelsbacher Lebensbilder von Kaiser Ludwig bis zur Gegenwart, München o. J., S. 44 – 47
2 H. Rall in: SPINDLER Bd. 4/1, München 1979, S. 251 – 282, hier S. 251 ff.
3 Vgl. den Abschnitt »Paraden«
4 Vgl. den Abschnitt »Militärmusik in München«
5 F. Illing, Das Königlich Bayerische Infanterie-Leib-Regiment von seiner Errichtung bis zum 1. Oktober 1891, Berlin 1892, S. 155
6 Vgl. den Abschnitt »Militärkrankenhaus Lazarettstraße«
7 Vgl. den Abschnitt »Vereinigungen aktiver Offiziere«
8 Vgl. den Abschnitt »Veteranen- und Kriegervereine«
9 Vgl. Th. Nipperdey, Deutsche Geschichte 1800 – 1866. Bürgerwelt und starker Staat, München 1983, S. 785 (»... die folgenden [nach Königgrätz] preußischen Siege über die süddeutschen Armeen, zumal in Bayern, spielten keine wesentliche Rolle mehr.«)
10 M. Leyh, Die Bayerische Heeresreform unter König Ludwig II, München 1923, S. 23
11 Illing (wie Anm. 5), S. 155 – 160
12 Ebd., S. 162
13 R. v. Xylander, Geschichte des 1. Feldartillerie-Regiments »Prinzregent Luitpold« Bd. 3: Das Artillerie-Regiment und das Fuhrwesen 1824 – 1911, Berlin 1911, S. 179
14 Ebd., S. 197
15 H. Fahrmbacher, Das Königlich Bayerische 1. Schwere Reiter-Regiment »Prinz Karl von Bayern«, Bd. 2: Das Regiment in dem Zeitraum von 1848 bis 1898, München 1900, S. 51
16 Leyh (wie Anm. 10),S. 21
17 Ebd., S. 28
18 Ebd., S. 92
19 Illing (wie Anm. 5), S. 209 ff.
20 Xylander (wie Anm. 13), S. 484
21 M. v. Prielmayer/E. Prestle, Geschichte des K.B. 1. Infanterie-Regiments König, München 1882 S. 365
22 Illing (wie Anm. 5), S. 209 – 218 pass.
23 Ebd., S. 386 f.
24 Xylander (wie Anm. 13), S. 486
25 Vgl. den Abschnitt »Paraden«
26 Xylander (wie Anm. 13), S. 490 – 497, zit. S. 497
27 F. Roth, La Guerre de 1870, Paris 1990, S. 418 und S. 427
28 Stadtkommandantur München Bd. 10, Akt »Kriegsgefangene Offiziere«, KM am 10. November 1870; KdtMünchen am 5. März 1871. Vgl. Roth (wie Anm. 27), S. 424
29 Stadtkommandantur München Bd. 10, Akt »Gefangene französische Luftschiffer« pass.
30 Stadtkommandantur München Bd. 10, Akt »Gefangenendepot«, KdtMünchen am 10. Juli 1871
31 Ebd., KdtMünchen am 26. bzw. 27. Nov.1870
32 Ebd., KdtMünchen am 12. Dezember 1870
33 Ebd., Kgl. Bayer. Eisenbahn-Centralcommission an KdtMünchen am 21. Dez.1870
34 Ebd., KdtMünchen am 20. Dez. 1870
35 Ebd., KdtMünchen am 27. Jan. 1871
36 Ebd., KdtMünchen am 10. Juli 1871

37 Ebd., KdtMünchen am 3. Jan. 1871
38 Ebd., KdtMünchen am 12. Febr. 1871
39 Roth (wie Anm. 27), S. 428; E. Zuber, Der Alte Nördliche Friedhof. Ein Kapitel Münchner Kulturgeschichte., München 1983, S. 55
40 Stadtkommandantur München Bd. 10, Akt »Gefangenendepot«, KdtMünchen am 12. April bzw. 1. Juni 1871
41 Vgl. den Text der Reichsverfassung, z. B. bei H. Boldt, Reich und Länder., München 1987, S. 456 – 478
42 Vgl. Schlußbestimmung zum XI. Abschnitt der Reichsverfassung; K. Medicus, Die militärrechtliche Sonderstellung Bayerns., Greifswald 1914, S. 17 f., S. 21
43 Medicus (wie Anm. 42), S. 22 f.
44 Vgl. M. Messerschmidt, in: MILITÄRGESCHICHTE Abschnitt IV, Herrsching 1983, S. 214
45 Vgl. auch H. Schmidt, Förderalismus und Zentralismus im deutschen Heerwesen des Kaiserreichs. Die Königlich-Bayerische Fliegertruppe 1912 – 1919. Zu einem wenig beachteten Kapitel der Geschichte des 1. Weltkrieges., in: ZBLG 52 (1989), S. 107 – 130, hier insb. S. 109 f.
46 zit. nach H. Rumschöttel, Das Bayerische Offizierkorps 1866 – 1914, Berlin 1973, S. 37
47 Rumschöttels Urteil (wie Anm. 46), S. 40 kann der Vf. nach seiner Kenntnis der Aktenlage bestätigen.

Der Standort München in der Ära des Prinzregenten Luitpold

Prinz Luitpold wurde am 12. März 1821 in Würzburg, der Residenzstadt seines Vaters, des Kronprinzen Ludwig, geboren. Am 12. März 1835 ernannte König Ludwig I. seinen vierzehnjährigen Sohn zum Hauptmann im 1. Artillerie-Regiment. Übrigens stand der Prinz schon seit seinem 8. Lebensjahr im Rang eines gewählten Hauptmanns der Münchner Landwehrartillerie. Das Offizierkorps des 1. Artillerie-Regiments gab dem Prinzen ein Festbankett im Odeon. Fortan wurde er in der Liste der 1. Leichten Kompanie als »beurlaubt« geführt. Glücklich verbanden sich die seit früher Kindheit bewußt geförderte Neigung des Prinzen zum Waffendienst und die Absichten seines königlichen Vaters. Letztere gehen eindeutig aus einem geradezu prophetischen Brief Ludwigs I. an Luitpolds Erzieher, den Leutnant Adolf v. Hagens vom April 1838 hervor: »... *Zum Soldaten soll sich mein Sohn Luitpold bilden, aber auch daß er Herrscher sein kann, in Fülle des Wortes. Gottes Fügung kennt niemand;* auch mein Vater wurde, ein Nachgeborener, König. Dazu ist jedoch eine Universität beinahe nicht erforderlich; bin auch nicht gesonnen, ihn auswärts zu schicken. Ausgezeichnete Professoren haben wir hier; bei ihnen soll er in seiner Wohnung den zweckmäßigen Unterricht erhalten. Von diesem allem ist meinem Sohn nichts zu sagen, da ich vorhabe, ihn selbst nach und nach davon in Kenntnis zu setzen.«[1]

Bald nach seiner Volljährigkeit trat Luitpold zum 1. April 1839 seinen Dienst im 1. Artillerie-Regiment an, wobei er nach dem Willen des Königs zunächst zehn Tage lang die Aufgaben eines gemeinen Kanoniers erfüllen mußte, freilich in seiner Hauptmanns-uniform. Seine Auftritte als Wachposten in der Dienergasse vor dem Haus, in dem der General Zoller wohnte, am 1. und 8. April war Münchner Tagesgespräch.[2]

Am 5. April 1839 schreibt der Achtzehnjährige an seinen königlichen Vater: »... Vorge-stern, den Ostermontag, mittags zog ich auf die Wache; von der Seitenhauskaserne [Seidenhaus-Kaserne] marschierte ich in die Lechelkaserne [Lehel-Kaserne], von da aus kommandierte uns Speidl, den zufällig an jenem Tag der Dienst traf, bis an das Tor der Kaserne, von wo aus die verschiedenen Wachtmannschaften sich trennten; meine Abtei-lung marschierte in die Kosttorkasern-Stockwacht. Ich stand von mittag 12 Uhr bis 2 Uhr, dann abends 6 – 8 Uhr, ferners von Mitternacht bis 2 Uhr morgens, zum letzten Mal von 6 – 8 Uhr in der Frühe vor dem Hause des Generals Zoller Wache. *Das Soldatenleben gefällt mir sehr gut*; ich schlief auf der Pritsche neben einem gemeinen Soldaten in Mantel, mit Patronentasche und Säbel, streng militärisch nach der Vorschrift. Als ich in der Nacht Wache stand, begegneten mir mehrere bekannte Herren, die von einem Ball kamen; unter anderem mein lieber Vetter von Leuchtenberg (...) Den Anfang dieses Briefes schrieb ich vorgestern, das Ende schreibe ich in der Wachtstube am Kugelfang, eigentlich Ober-wiesenfeld genannt; es ist meine zweite Wacht; ich stand gestern bis 2 Uhr nachmittags, dann von 4 – 5, hierauf von 10 Uhr bis Mitternacht, diesen Morgen von 4 – 6 Uhr Wache und werde diesen Morgen noch einmal stehen. Soeben war eine alte Schnaps- und Brothändlerin hier.«[3]

Vom 11. bis 20. April 1839 diente Luitpold in der Funktion eines Korporals, wobei er dreimal Wachthabender war, am 11. April in der Kosttorkaserne, am 14. April in der Lehel-Kaserne und am 17. April auf dem Oberwiesenfeld. Nach einem Urlaub, auf dem er die Königin nach Sachsen zu begleiten hatte, übte der Prinz die Tätigkeiten des Feuerwerkers (Feldwebel) und des Unterleutnants aus. Anschließend fungierte er zwei Wochen als Adjutant und mußte dazu in der Seidenhaus-Kaserne wohnen. Nach einem längeren Urlaub vom Regiment wurde Luitpold dann am 1. November 1839 zum Oberstinhaber des 1.

Artillerie-Regiments ernannt. Vom 18. November 1839 bis zum 30. April 1840, also in der ruhigen Winterperiode, diente Prinz Luitpold als Chef seiner 1. Kompanie. Mit der Einberufung der Rekruten wurden ihm die Aufgaben eines ausbildungsleitenden Stabsoffiziers übertragen.[4] Die Begeisterung für das Soldatenleben blieb bei Luitpold keine vorübergehende romantische Spielerei, sondern wurde zur Basis ernsthafter Tätigkeit. Das merkte auch Ludwig I., der Luitpolds älterem Bruder, König Otto von Griechenland, geradezu mit einer Art scheuen Respekt im Mai 1840 schrieb: »… Luitpold sahen wir am Morgen vor unserer Abreise, Majordienste tuend, zwei Batterien im Feuer manövrieren und das sehr gut; *er ist ein ganz anderer Mensch bei seinen Kanonen.*«[5] Nur wenige Wochen später berichtete Graf Dönhoff, der Gesandte Preußens in München, an seinen König Friedrich Wilhelm IV. nach Berlin: »… Prinz Luitpold hat sich bisher mit vielem Eifer der Artillerie-Waffe gewidmet (…) Man behauptet, daß er dereinst an die Spitze der bayerischen Armee gestellt werden soll, an der der König – aus verschiedenen Ursachen – weder den Kronprinzen noch Prinz Karl sehen wolle, obgleich die Armee gerne letzteren als ihren Führer haben würde, und der auch dazu am besten geeignet wäre.«[6] Bald wurde Prinz Luitpold als Soldat so bekannt, daß man ihn rühmte:

> »… *Nie stirbt des Königs und des Dichters Wort.*
> *Ihr Geist, ihr Ruhm, ihr Glück sei stets mir dir,*
> *Prinz Luitpold, Bayerns erster Kanonier!*«[7]

Am 17. Mai 1841 übernahm Prinz Luitpold die Dienstgeschäfte des Regimentskommandeurs und führte das 1. Artillerie-Regiment bis zum 23. August 1841. Er kehrte darauf aber nicht mehr zur Dienstleistung ins Regiment zurück.[8] Luitpold sollte nun bei der Infanterie Kenntnisse erwerben. Vom 10. September bis 8. Oktober 1841 diente er in verschiedenen Offizierverwendungen beim Infanterie-Leib-Regiment in der Hofgartenkaserne. Den Abschluß dieses Lehrganges bildete die Teilnahme am Schwabinger Manöver vom 6. Oktober, bei dem der Prinz vor Truppeninspekteuren des Deutschen Bundes ein Bataillon des Leib-Regiments führte. Am 9. Oktober 1841 vertrat Luitpold seinen königlichen Vater bei der großen Fahnenweihe der Münchner Infanterie auf dem Marsfeld.[9] Von 1843 bis Ende März 1848 kommandierte er die 1. Infanterie-Brigade in München. Anschließend übernahm er das Artillerie-Korps-Kommando und wurde so der ranghöchste Artillerieoffizier im Rahmen der Waffengattung. Ab 1856 bis zu ihrer Umgliederung zu einem Generalkommando im April 1859 führte Luitpold die 1. Armee-Division in München. Von 1869 bis 1886 fungierte Luitpold als Generalinspekteur der bayerischen Armee.

Prinz Luitpold führte auch privat das Leben eines Offiziers und dementsprechend gestaltete er die Erziehung seiner Söhne, als sie ins schulfähige Alter gekommen waren. Der Hauptmann Malaisé, ein Artillerist wie Luitpold selbst, übernahm zusammen mit Leutnant v. Vallade die strenge Ausbildung des späteren Königs Ludwig III. und des Prinzen Leopold nach den Richtlinien des Kadettenkorps. So wurde sogar eine eigene Arreststube im Prinzenquartier eingerichtet und gelegentlich auch benutzt. Punkt fünf Uhr morgens war Wecken, und wenn der Zapfenstreich bei den nahen Kasernen der Innenstadt geschlagen wurde, gingen auch die Prinzen ins Bett. Auf besondere Weisung ihres Vaters wurden die Prinzen von Hauptmann Baron Lindenfels intensiv im Turnen, Fechten, Gewehrexerzieren und im Schwimmen ausgebildet, letzteres in der Militärschwimmschule auf dem Oberwiesenfeld. Hinzu kam der Unterricht im Reiten und Schießen. In den Sommerwochen mußten Ludwig und Leopold mit ihren Erziehern mehrtägige Fußtouren durch verschiedene Teile Bayerns absolvieren, die von Malaisé bewußt als paramilitärische Härteübungen konzipiert waren.[10]

In den 1840er Jahren lud Prinz Luitpold nach Zeugnis des Sprachgelehrten Andreas Schmeller, der selbst im März 1845 einmal zur Tafel geladen wurde »... abwechselnd die meisten unserer Kunst- und Wissenschafts-Notabilitäten zu sich.«[11] In späterer Zeit indessen bevorzugte Luitpold, im Gegensatz zu seinem königlichen Bruder, an dessen Tafel zumeist zivile Künstler und Gelehrte saßen, als Tischgenossen Offiziere der Münchner Garnison und eine Art Kasinoatmosphäre. Sein Sohn Prinz Leopold vermerkt dazu: »... Obwohl damals [i. e. in den 1850er Jahren] die Generale in Bayern, außer Dienst, stets in Zivil gingen, trugen Papa und seine Gäste beim Diner stets Uniform. Unter den älteren Offizieren, welche zu Tisch geladen wurden, und neben welche wir regelmäßig zu sitzen kamen, befand sich eine Anzahl, die noch in den napoleonischen Kriegen mitgekämpft hatten. (...) Auch aus der Expedition nach Griechenland, aus den Kämpfen um Schleswig-Holstein, sowie von der sogenannten Schlacht bei Bronzell (1850) wurde erzählt; von den öfteren Mobilmachungen und Aufmärschen, und von allen Vorkommnissen in der Armee bekamen wir zu hören.«[12]

Luitpold blieb stets ein kritischer Beobachter seiner Soldaten, dessen scharfen Jägeraugen kein Fehler entging. Typisch hierfür ist sein Urteil über die große Garnisonparade auf dem Oberwiesenfeld am 7. Juni 1883. Er stellte fest, daß die »Präzision der Bewegungen zur vollsten Zufriedenheit« ausgeführt worden sei, lobte insbesonders die »große Strammheit« der Marschblocks des Kadettenkorps und der Kriegsschule, konzedierte auch dem teilnehmenden Landwehr-Bataillon »rechtschaffenen Fleiß und guten Willen«, tadelte aber das Infanterie-Leib-Regiment, welches wegen der eigenwillig langsamen Musik nur im Tempo 106 statt mit den vorschriftsmäßigen 112 Schritten pro Minute an ihm vorbei defiliert sei![13]

Der Prinzregent Luitpold

Im Jahr 1886 übernahm Luitpold anstelle seines geistesgestörten Neffen, des Königs Otto, als sogenannter »Prinzregent, des Königreiches Bayern Verweser« de facto die Funktionen des Monarchen im Sinne der Verfassungsurkunde von 1818. Zunächst in breiten Kreisen der Bevölkerung als angeblicher »Königsmörder« stark abgelehnt, gelang es Prinz Luitpold jedoch relativ bald, Anerkennung zu erlangen. Bis zu seinem Tode am 12. Dezember 1912 wuchs sein Ansehen fast schon ins Mythische, wohl auch bedingt durch sein hohes Lebensalter.[14]

Für die Garnison München bedeutete die Epoche des Prinzregenten als eines vormaligen Berufssoldaten den Höhepunkt ihres Ausbaues. 1888 konnte der erste Bauabschnitt der Marsfeldkaserne übernommen werden. 1890 wurden die Kaserne des Eisenbahn-Bataillons am Oberwiesenfeld fertig, die neuen Gebäude für Kadettenkorps, Artillerie- und Ingenieurschule bzw. Kriegsakademie am ehemaligen Marsfeld und der Garnisonverwaltungskomplex in Neuhausen. 1893 entstand nach der Auflassung der Hofgartenkaserne ein ausgedehntes »Barackenkasernement Oberwiesenfeld«. 1896 erhielten die Luftschiffer eine eigene neue Kaserne am Oberwiesenfeld. 1898 nahmen die Werkstätten des Korpsbekleidungsamtes ihren Betrieb auf. 1902 konnte das 1. Schwere Reiter-Regiment die neue »Prinz-Leopold-Kaserne« am Oberwiesenfeld beziehen. Dabei darf aber nicht auf das Fundament vergessen werden, das König Ludwig II. maßgeblich erneuert und gestärkt hatte. Somit bestand im militärischen Bereich eine viel stärkere Kontinuität zur Regierung Ludwigs II. als zumeist gesehen wird! Viele Bauvorhaben der Garnison, die unter dem Prinzregenten Luitpold realisiert wurden, reichten in ihrer Planungsphase zurück in die Zeit König Ludwigs II., vor allem der Bau der Militärbildungsanstalten und der großen

Infanteriekaserne auf dem Marsfeld. Zudem wurde die bayerische Armee gerade in der Prinzregentenzeit, ungeachtet des persönlichen Widerstandes Luitpolds, letztlich doch in eine Rolle gedrängt, in der sie mehr reagierte als agierte. Die Militärbaumaßnahmen des späten 19. Jahrhunderts waren kaum mehr auf speziell bayerische Bedürfnisse und Normen ausgerichtet, sondern spiegelten ziemlich genau die Heeresrüstung des Reiches bzw. des bayerischen Anteils wieder.[15] Dies zeigt sich am Münchner Beispiel anhand der zunehmenden Zahl von technischen Sonderformationen: Pioniere, Eisenbahnpioniere, Telegraphentruppe und Luftschiffer wurden hier stationiert. Sie benötigten besondere Kasernen und Ausbildungseinrichtungen. Die Kavallerie, zu Beginn des 19. Jahrhunderts in der Garnison sehr dominant, führte um die Jahrhundertwende fast ein Schattendasein in der ältesten Kaserne des Standortes.

Abschließend sei auf das Echo hingewiesen, das der chinesische »Boxeraufstand« in der Münchner Garnison hervorbrachte. Am 20. Juni 1900 wurde der deutsche Gesandte im Pekinger Diplomatenviertel ermordet. Das Reich reagierte prompt mit der Entsendung der kaiserlichen Marineinfanterie. Bereits am 27. Juni 1900 traten sechs Freiwillige des 1. Feldartillerie-Regiments »Prinzregent Luitpold« die Fahrt zur neu formierten Marine-Feldbatterie an. Für das erst in Aufstellung begriffene »Ostasiatische Expeditionskorps« war der Andrang vor allem im Offizierkorps des Regiments sehr groß. Einer seiner Hauptleute wurde Chef der ausschließlich aus Bayern gebildeten 2. Batterie des ostasiatischen Feldartillerie-Regiments, zu der auch die Masse der freiwilligen »Luitpoldkanoniere« eingeteilt wurde. Insgesamt dienten zwei Offiziere, 65 Unteroffiziere und Mannschaften des Münchner 1. Feldartillerie-Regiments in China, von denen die Masse bereits am 16. Juli 1900 vom Lager Lechfeld, auf dem sich das Regiment zu diesem Zeitpunkt zum Scharfschießen aufhielt, nach Norddeutschland abging.[16] Anfang Juli 1900 wurden vom 1. Schweren Reiter-Regiment ein Offizier, drei Unteroffiziere und 31 Mann zur kaiserlichen Marineinfanterie übernommen. Im ostasiatischen Kavallerie-Regiment dienten ein Leutnant und fünf Mann.[17] Vom Infanterie-Leib-Regiment meldeten sich neun Offiziere, elf Unteroffiziere und 44 Mann, und vom 2. Infanterie-Regiment »Kronprinz« meldeten sich freiwillig drei Offiziere, sechs Unteroffiziere und 27 Mannschaften zum Feldzug gegen die Boxer.[18] Als geschlossener Verband wurde in München im Juli 1900 das II. Bataillon des 4. ostasiatischen Infanterie-Regiments unter dem Kommando des Majors Maximilian Graf Montgelas aufgestellt und ausgebildet. Am 29. Juli verabschiedete Prinzregent Luitpold das im Hofe der Max-II-Kaserne angetretene bayerische China-Bataillon im Beisein aller dienstfreien Offiziere der Garnison. Der tatsächliche Abtransport erfolgte dann am 3. August 1900 am Laimer Bahnhof, wobei das Bataillon von zwei Eskadronen Schwerer Reiter eskortiert wurde.[19] Der erste Transport des bayerischen Bataillons kehrte am 14. Dezember 1901 nach München zurück. Der Krieg in China wurde am 29. Juni 1902 beendet. Der Prinzregent genehmigte den bayerischen Chinakämpfern im September 1902 das Tragen der von Kaiser Wilhelm II. gestifteten China-Denkmünze.[20]

Warum werden diese Ereignisse hier erwähnt? Sie sollen das Resultat jenes Entwicklungsprozesses aufzeigen, der sich binnen eines Jahrhunderts in der bayerischen Armee und auch in der Garnison München vollzogen hatte. Zu Beginn des 19. Jahrhunderts waren Bayerns Soldaten nicht einmal Herren im eigenen Lande, drei Generationen später kämpften ihre Nachfahren im Fernen Osten. Die schnelle Reaktionsfähigkeit auf die Pekinger Ereignisse zeugen vom hohen Standard, den die bayerische Armee, nicht zuletzt aufgrund der wesentlich verbesserten Infrastruktur ihrer Garnisonen, um die Jahrhundertwende erreicht hatte. Die Aufnahmekapazität der Kasernen, die Ausbildungsmöglichkeiten auf den

Übungs- und Schießplätzen, die Materialvorräte für die Mobilmachung in Magazinen und Depots, die Büros der Führungsstäbe und der Heeresverwaltung ermöglichten überhaupt erst solche Unternehmen.

Anmerkungen

1 zit. nach: L. Schrott, Der Prinzregent. Ein Lebensbild aus Stimmen seiner Zeit, München 1962, S. 14
2 R. v. Xylander, Das 1. Feldartillerie-Regiment »Prinzregent Luitpold« Bd. 3: Das Artillerie-Regiment und das Fuhrwesen 1824 – 1911, Berlin 1911, S. 35
3 zit. nach Schrott (wie Anm. 1), S. 15 f.
4 Xylander (wie Anm. 2), S. 36 f.
5 zit. nach Schrott (wie Anm. 1), S. 16
6 Ebd., S. 17
7 zit. nach P. E. Rattelmüller, »Dirndl, wo hast denn dein Schatz, juhe …«. Bayerische Soldatenlieder und vaterländische Gesänge aus dem 19. Jahrhundert, Rosenheim o. J., S. 20 f.
8 Xylander (wie Anm. 2), S. 41 f.
9 F. Illing, Geschichte des Königlich Bayerischen Infanterie-Leib-Regiments von der Errichtung bis zum 1. Oktober 1891, Berlin 1892, S. 75 f.
10 Vgl. L. v. Bayern, Aus den Lebenserinnerungen: 1846 – 1930, hg. von H. Körner, Regensburg 1987, S. 57 – 67
11 J. A. Schmeller, Tagebücher 1801 – 1852, hg. von P. E. Ruf Bd. 2: 1826 – 1852 (SchrrBayerLG Bd. 48), München 1956, S. 407 f.
12 L. v. Bayern (wie Anm. 10), S. 64 f.
13 A-IV-102, Unterakt: Paraden 1848 ff. Prod. 245
14 Vgl. Schrott (wie Anm. 1); K. Möckl, Die Prinzregentenzeit. Gesellschaft und Politik während der Ära des Prinzregenten Luitpold in Bayern, München und Wien 1972; D. Albrecht, Die Prinzregentenzeit (1886 – 1912/13), in: SPINDLER Bd. 4/1, München 1979, S. 347 – 361; F. Prinz/M. Krauss, München – Musenstadt mit Hinterhöfen. Die Prinzregentenzeit 1886 bis 1912, München 1988; R. Bauer, Prinzregentenzeit. München und die Münchner in Fotografien, München 1988; N. Götz (Hg.), Die Prinzregentenzeit. Katalog der Ausstellung im Münchner Stadtmuseum, München 1988.
15 Vgl. E. v. Frauenholz, Geschichte des Königlich Bayerischen Heeres von 1867 bis 1914 (Geschichte des Bayerischen Heeres Bd. 8), München 1931; E. v. Matuschka, Organisationsgeschichte des Heeres 1890 – 1918, in: MILITÄR-GESCHICHTE Abschnitt V, Herrsching 1983, S. 157 – 282
16 Xylander (wie Anm. 2), S. 498
17 Th. v. Pfetten-Arnbach/H. Fahrmbacher, Das 1. Schwere Reiter-Regiment »Prinz Karl von Bayern« Bd. 3: Das Regiment im Zeitraum 1898 bis 1913, München 1914, S. 13
18 O. Illing, Das Königlich Bayerische Infanterie-Leib-Regiment 1814 bis 1914, München 1914; M. v. Reichert, Das Königlich Bayerische 2. Infanterie-Regiment »Kronprinz« 1682 – 1912, München 1912, S. 279
19 v. Pfetten-Arnbach/H. Fahrmbacher (wie Anm. 17)
20 Ebd., S. 18

Die Garnison München im Jahre 1900

Leibgarde der Hartschiere

Kriegsministerium

Generalauditoriat

Generalmilitärkasse

Generalinspektion der Armee mit:
– Infanterie-Beratungskommission
– Kavallerie-Beratungskommission

Generalstab mit:
1) Topographischem Büro
2) Kriegsarchiv
3) Armeebibliothek
4) Armeemuseum

Inspektion der Militärbildungsanstalten mit:
1) Kadettenkorps
2) Kriegsschule
3) Artillerie- und Ingenieurschule
4) Kriegsakademie

Kavallerie- und Remonteinspektion mit:
1) Equitationsanstalt
2) Militärlehrschmiede

Inspektion der Militärstrafanstalten

Intendantur der Militärischen Institute mit:
– Garnisonbaukreis München I

Gendarmeriekorpskommando mit:
1) Gendarmerie-Kompanie von Oberbayern (Stab)
2) Gendarmerieschule

Inspektion des Ingenieurkorps und der Festungen mit:
1) 3. Pionier-Bataillon
2) Eisenbahn-Bataillon
3) Luftschiffer-Abteilung
4) Militär-Telegraphenschule

Inspektion der Fußartillerie mit:
1) Oberfeuerwerkerschule
2) Artilleriewerkstätten
3) Artilleriedepot
4) Detachement des 1. Fußartillerie-Regiments (Ingolstadt)

Generalkommando des I. Armeekorps mit:

1) Militärbezirksgericht München

2) Korpsintendantur
   a) Proviantamt München
   b) Garnisonverwaltung München
   c) Garnisonbaukreis München II
   d) Garnisonbaukreis München III
3) Sanitätsamt des I. Armeekorps
   a) Garnisonlazarett München
   b) Operationskurs für Militärärzte
4) Bekleidungsamt des I. Armeekorps

5) Stadtkommandantur München

6) Landwehr-Bezirkskommando München II (3.InfBrigade Augsburg)

7) Kommando der 1. Feldartillerie-Brigade
   a) 1. Feldartillerie-Regiment
   b) 3. Feldartillerie-Regiment
   c) 1. Train-Bataillon

8) Stab der 1. Division
   a) Divisionsintendantur
   b) Kommando der 1. Infanterie-Brigade
      – Infanterie-Leib-Regiment
      – 1. Infanterie-Regiment
      – Landwehr-Bezirkskommando München I
   c) Kommando der 2. Infanterie-Brigade
      – 2. Infanterie-Regiment
      – Inspektion der Unteroffizierschule Fürstenfeldbruck
   d) Kommando der 1.Kavallerie-Brigade
      – 1. Schweres Reiter-Regiment

2. Kapitel:

Die Truppenunterkünfte

Einführung

Die Unterbringung der Truppen im Frieden muß zweifellos als eine der schwierigsten Aufgaben neuzeitlicher Militärverwaltungen vom Beginn der stehenden Heere im 17. Jahrhundert bis zur Schwelle des 20. Jahrhunderts bezeichnet werden. Die deutsche Militärgeschichte hat sich aber bisher kaum mit dieser Problematik beschäftigt. Man wird wohl nicht fehlgehen, behaupten zu dürfen, daß die Fixiertheit auf die sogenannte »preußisch-deutsche Armee« daran nicht unschuldig ist.

Einen Beweis für diese These hat Hansjörg Schwalm mit einem Aufsatz »Die historische Entwicklung des Kasernenbaus in Deutschland« (1991) geliefert. Denn für diesen Autor gibt es praktisch nur Preußen als Untersuchungsgebiet, und somit muß er für Deutschland schlechthin zu Verallgemeinerungen greifen, die teilweise nicht zutreffen. So etwa behauptet Schwalm: »... Der Grundgedanke, der die Finanzierung der militärischen Unterbringung bis weit ins 19. Jahrhundert beherrschte, bestand darin, daß nicht Herrscher und Staat, sondern Bürger und Stadt dafür aufzukommen hätten.«[1] Ein Blick in den Sammelband »Stadt und militärische Anlagen« (1977) hätte aber Schwalm gezeigt, daß außerhalb Preußens schon sehr früh und mitunter recht effektiv staatlicher Kasernenbau betrieben worden ist.[2]

Ein Beispiel für eine kasernierte, wenngleich oft recht mangelhaft untergebrachte deutsche Armee des 19. Jahrhunderts bietet Bayern.[3] In der Hauptstadt München nahmen unter den verschiedenen Militärbauten die Kasernen die wichtigste Rolle ein. Im folgenden Kapitel sollen, nach einer kurzen Darstellung der Geschichte und Entwicklung der Kasernen bis zur Jahrhundertwende und einen Blick in das Kasernenleben der bayerischen Armee, die Münchner Truppenunterkünfte des 19. Jahrhunderts in der Reihenfolge ihrer frühesten Benutzung vorgestellt werden. Dabei wird sehr schnell ersichtlich, daß man in Bayern lange vor Preußen grundsätzlich bemüht war, die Garnison vollständig in Staatsgebäuden unterzubringen. Gerade in München gab es eine Fülle von Kasernen verschiedener Typen und Dimensionen, die das architektonische Erscheinungsbild bestimmter Stadtteile oft deutlich prägten.

Anmerkungen

1 H. Schwalm, Die historische Entwicklung des Kasernenbaus in Deutschland., in: Militärgeschichte NF 1 (1991), S. 32 – 39, zit. S. 34
2 Vgl. Stadt und militärische Anlagen., hg. von H. H. Hofmann, Hannover 1977, v. a. B.Sicken, Stadt und militärische Anlagen, a.a.O. S. 15 – 148, insb. S. 45 ff. und F. Czeike, Die Wiener Kasernen seit dem 18. Jahrhundert, a.a.O. S. 251 – 278
3 Der Vf. muß aufgrund der Erkenntnisse aus seiner bisher ungedruckten Magisterarbeit über Freising als Garnisonstadt (Univ. München 1987) auch Schwalms These ablehnen, erst im späten 19. Jahrhundert seien Klein- und Mittelstädte zu Garnisonorten gewählt worden (vgl. Schwalm (wie Anm. 1), S. 36).

Zur Geschichte und Entwicklung der Kasernen bis 1900

Die Herkunft des Begriffes »Kaserne« ist nicht eindeutig bestimmt. Möglicherweise entstand er in Frankreich (»caserne«) aus »quaderna«, einem vulgärlateinischen Begriff für ein auf vier Soldaten ausgelegtes Wachlokal. Auch aus dem spanischen »caserna« (»geräumiges Haus«) ist eine Ableitung denkbar. Eine andere Herkunft könnte in der Verballhornung des italienischen »casa d'arma« (»Haus der Waffen«) liegen.[1] Auffallend ist jedenfalls, daß alle etymologischen Deutungen die »Kaserne« aus romanischen Sprachen herleiten und tatsächlich bis heute im anglo-amerikanischen Sprachgebrauch dieser Begriff nie heimisch wurde, sondern Ausdrücke wie »camp«, »fort« oder »barracks« üblich sind.[2] Zu bemerken ist aus der Kenntnis der bayerischen Quellen, daß bis in das 18. Jahrhundert die Schreibweise »Casarmen« o. ä. vorherrschte.

Militäreigene Truppenunterkünfte gab es bereits in der Antike. Die Spuren römischer Militärlager verschiedener Typen und Größe liefern den archäologischen Beweis. Mit dem Untergang des weströmischen Reiches verschwand auch dessen Garnisonsystem. Erst in der Renaissance wurde der Typus der Militärstadt wieder entdeckt und mit ihm die Kaserne. Ein beeindruckendes Beispiel hierfür ist die einstmals venezianische Stadt Palmanova im Friaul. Sie entstand zwischen 1593 und 1623: »... entlang der Befestigungsanlagen lagen die Kasernen der Söldnertruppen, die Exerzierplätze und Waffendepots.«[3]

Als eigentliches Ursprungsland der modernen Kaserne wird aber Frankreich unter König Ludwig XIV. angesehen.[4] Der berühmte Festungsbaumeister Vauban (1633–1707) hatte erkannt, die Soldaten seines Königs seien »... untergebracht wie die Schweine«.[5] Er schuf den Typus der sogenannten »Stockkaserne«, der in der Literatur so beschrieben wird: »... Beim vauban'schen System erstreckte sich von der Eingangstür in der Mitte ein Gang in die Tiefe des Gebäudes, von dem links wie rechts je zwei Zimmer bedient wurden. Außerdem führte vom Gang aus eine Treppe in das nächsthöhere Geschoß, das wiederum gleich dem Erdgeschoß organisiert war. Mehrere dieser einzelnen Gebäude, der »Stöcke«, wurden dann zur Kaserne zusammengefaßt.«[6] Ein weiterer früher Kasernentyp bestand in einem langgestreckten, mehrstöckigen Gebäude mit einem langen Mittelkorridor, zu dessen beiden Seiten sich die Zimmer befanden. Der dritte und zugleich jüngere Kasernentyp, der noch im frühen 19. Jahrhundert als sehr modern galt, räumte dem Korridor eine Seite des Gebäudes ein und legte alle Zimmer auf die andere Seite. Dadurch wurde die Kaserne heller, luftiger und geräumiger, benötigte aber mehr Platz.[7]

Jedenfalls verbreitete sich die Unterbringung von Soldaten in besonders eingerichteten Gebäuden ab dem späten 17. Jahrhundert in Europa, jedoch relativ langsam. Nach dem Ende des Dreißigjährigen Krieges wurden die Truppen im Deutschen Reich drastisch reduziert, vor allem in Bayern. Die Dislokationslisten der Epoche nach 1648 zeigen deutlich, daß man die Truppen auf viele Orte verteilte, vor allem die Reiterei, was wegen der Fourage auch einleuchtend ist.[8] Die kleinen Kader wurden zumeist in Privatquartieren untergebracht, doch soll Kurfürst Maximilian I. in München und einigen anderen Garnisonen schon erste »Casarmen« erbaut haben.[9]

Im Jahr 1657 wurde für »Seiner Churfürstlichen Durchlaucht Kriegsvölcker« eine recht detaillierte Quartierordnung erlassen, deren Tenor erkennen läßt, wie sehr die kurbayerische Soldateska noch im rauhen Stil des Dreißigjährigen Krieges lebte. Obwohl den Truppen von den bürgerlichen Quartiergebern nur »Holtz, Saltz, Liecht und Ligerstatt« zustand, wurden immer verbotenerweise Bargeld, teure Speisegewürze, Bettwäsche und anderes mehr verlangt. Dies geschah zumeist unter dem Vorwand, dafür dem zivilen

»Haußvatter« als eine hauseigene »Salve Guardia« Schutz vor den Übergriffen anderer Soldaten zu gewähren. Der Anhang von Frauen und Kindern scheint beachtlich gewesen zu sein und wurde von den Männern auch zum Betteln geschickt.[10]

In der Festung Ingolstadt, in der zuvor die Wehrtürme zugleich auch als Truppenquartiere gedient hatten, wurden im Jahr 1669 entlang der Stadtmauer Kasernen erbaut. Diese Gebäude mögen wohl jenen »Kasarmen« geähnelt haben, die noch heute in Nördlingen vorhanden sind, wo sie seinerzeit für die Stadtsoldaten errichtet wurden. Zur gleichen Zeit ließ der Magistrat der Haupt- und Residenzstadt München für seine Stadtwache Baracken errichten. Es handelte sich um Fachwerkhäuschen, wobei die Zwischenräume der Balken-konstruktion mit leichten Ziegelwänden ausgefüllt waren. Anno 1672 machte die Stadt das Angebot, darin auch kurfürstliches Militär unterzubringen. 1679 lebten von den 600 Soldaten der Münchner Garnison, die übrigens auch noch 100 Frauen und 200 Kinder umfaßte, 160 Mann in den Casarmen.[11]

Auch unter Kurfürst Max Emanuel war die Armee in der Regel in Privatquartieren untergebracht. Um 1680 war ein Regiment durchschnittlich auf ein Dutzend Garnisonen verteilt, um die Belastung für die Bürger der Städte und Märkte auszugleichen. In den Festen Plätzen, vor allem in Ingolstadt baute man nun vermehrt Baracken auf »Münchner Art«. Die Nutzfläche einer solchen Baracke betrug etwa 24 Quadratmeter, wobei die Belegung entweder mit sechs Gemeinen oder zwei Unteroffizieren oder einem Offizier veranschlagt wurde. Bemerkenswert auf spätere Verhältnisse ist der Umstand, daß jeder Soldat ein Bett für sich allein haben sollte. In dieser Weise ließ der Kurfürst anno 1681 vor den Wällen Ingolstadts ein mit einem Palisadenzaun versehenes Lager mit 28 Wohn-baracken, Nebengebäuden und eigenen Brunnen anlegen.[12]

In der kurzen Zeitspanne zwischen der Rückkehr Max Emanuels aus dem französischen Exil (1714) und den Türkenfeldzügen von 1717/18 trat in den Unterbringungsverhältnissen der Garnisonsorte eine merkliche Verbesserung ein. Ab 1715 ließ der Kurfürst in 27 verschiedenen Garnisonen insgesamt 37 neue Kasernen bauen. Gleichzeitig wurden von der jeweiligen Besatzungstruppe unabhängige Garnisonverwaltungen etabliert, die für den Unterhalt und die Ausstattung der staatseigenen Militärgebäude zuständig waren. Sie unterstanden der Hofkammer, also der zivilen Finanzverwaltung, da ihr Etat aus indirekten Verbrauchssteuern, namentlich dem Bieraufschlag, gedeckt wurde. Bereits im Jahr 1716 war das freilich recht kleine kurbayerische Heer, bestehend aus drei Regimentern zu Fuß, einer beachtlich starken Kavallerie von vier Regimentern und einem Artilleriekorps, vollständig kaserniert.[13] Eine dieser Kasernenanlagen befand sich in Amberg und diente dort bis 1858 als einzige reguläre Truppenunterkunft. Benutzt wurde die sogenannte »Alte Kaserne« von 1715 in Amberg übrigens bis in die 1890er Jahre.[14]

Unter Kurfürst Karl Albrecht mußte die bayerische Armee aufgrund ihrer Vermehrung teilweise wieder in Privatquartieren unterkommen. Insbesonders die Kavallerie wurde schon wegen der Fourage auf das flache Land gelegt. In den 1730er und frühen 1740er Jahren wurden wieder einige neue Kasernen gebaut. Unterhalt und Einrichtung der Kasernen oblag zeitweise den Garnisonorten, dann wieder ausschließlich den Kasern-ämtern bis zu deren vorläufigen Auflösung im Jahr 1765.[15]

Das kurpfälzische Heer erhielt im Jahr 1698 eine erste große Kaserne nebst einem Garnisonlazarett in Düsseldorf. In der quasi auf dem Reißbrett angelegten Residenzstadt Mannheim wurden in den Jahren 1722 bis 1727 vier große Kasernen gebaut. Mit den modernen Kasernen entstanden in der Kurpfalz auch Garnisonverwaltungen mit einem umfangreichen Zivilpersonal, wie Kaserneninspektoren, Portiers, Holzaufsehern, Kamin-kehrern, Lagerverwaltern.[16] Bei der Regierungsübernahme Karl Theodors in Bayern bestanden in seiner bisherigen Residenzstadt Mannheim nicht weniger als sieben Kasernen. Dazu kamen Kasernen in Jülich, Düsseldorf, Heidelberg, Schwetzingen und Neuburg a. d. Donau.[17] Im Herzogtum Pfalz-Zweibrücken wurde in der Residenzstadt Zweibrücken in den Jahren 1727 bis 1732 zwei Kasernen gebaut. Das kleine »Hotel des Gardes« nahm die berittene Leibgarde in Eskadronstärke auf. Die Infanteriekaserne konnte maximal ein kriegsstarkes Bataillon fassen, genügte also für die Friedensstärke des herzoglichen Infanterie-Regiments. Beide Kasernen wurden noch bis in das Jahr 1893 benutzt.[18] Herzog Karl August II. ließ 1777/82 auf dem Karlsberg bei Homburg im Rahmen seiner neuen gewaltigen Schloßanlage auch eine große Truppenunterkunft bauen. Die beiden Kasernen boten Platz für etwa 1200 Soldaten, die Schloßstallungen konnten rund 1000 Pferde aufnehmen, davon gehörten durchschnittlich 100 dem Militär. Bemerkenswert ist auch der Bau eines Militärlazaretts für fast 200 Patienten. Am 28. Juli 1793 von der französischen Armee in Brand gesteckt, wurde der Karlsberg zur Ruine, die dann von der ansässigen Bevölkerung durch den Abtransport des Baumaterials völlig dem Erdboden gleich gemacht wurde.[19]

Der bayerische Soldat der Zeit um 1800 war ein Söldner, den man im Idealfall möglichst vom ehrbaren Bürger und vor allem dessen Frauen isoliert halten wollte. Das geeignete Mittel hierzu schien die Kaserne zu bieten. Der bayerische Militärarchitekt Joseph Frey, Sohn eines kurpfälzischen Militärbeamten aus der Festungsstadt Mannheim und selbst seit 1779 Armeeangehöriger, schreibt anno 1801: »... *Es ist ein von allen Staaten angenommener Grundsatz für die Soldaten Casserne zu bauen, um solche von aller Gemeinschaft mit den Bürgern und dem Volk abzuschneiden, um Zucht und Ordnung erhalten zu können.*«[20] Die Unterkunft des Soldaten wurde konzipiert wie ein Gefängnis. So heißt es bezeichnenderweise im Grundentwurf des gerade zitierten Joseph Frey für die spätere Hofgartenkaserne: »... wenn die zwei Tore am Seidenhaus, und jenes am Eingang in den englischen Garten geschlossen sind, *so sind die Soldaten eingesperrt*, und haben den schönen Waffenplatz zur Promenade.«[21] Die Konzeption der Garnisonen als sozial isoliertes Instrument des Staates konnte weder in Theorie noch Praxis voll realisiert werden. Um 1800 gab es sogar Offiziere, die das Kasernieren strikt ablehnten und die Soldaten lieber einzeln oder in kleinen Gruppen bei bürgerlichen Hausvätern ins Quartier legen wollten: »... Bey dergleichen Einrichtungen hat der Soldat weniger Gelegenheit, das Böse aller Art zu lernen und zu sehen; er gewöhnt sich nicht an *die Faullenzerey der Casernen, wo einer vom andern die Laster lernet, die er nicht kennet, und wo alle zusammen verdorbene Ausdünstungen einhauchen.*«[22]

In der bayerischen Armee wurde jedoch größter Wert darauf gelegt, die Truppen grundsätzlich zu kasernieren. Durch die Säkularisation gewann der bayerische Staat eine sehr große Zahl von früheren Klosteranlagen, von denen eine ansehnliche Reihe längere Zeit als Kasernen genutzt werden sollte. Durch diese »*Klosterkasernen*« war die bayerische Armee außerhalb der Garnison München bis in die Zeit König Max II. des unmittelbaren Zwanges zum Bau regulärer Truppenunterkünfte enthoben. In diesem Zusammenhang ist festzuhalten, daß die Nutzung von Klöstern zu militärischen Zwecken keineswegs als Besonderheit der bayerischen Landesgeschichte zu bewerten ist, sondern seit dem 18. Jahrhundert ein europäisches Phänomen darstellte.[23]

Eine neue theoretische Dimension erlangte der Kasernenbau nach der Revolution von 1848/49 mit der Idee der sogenannten »*Defensivkaserne*«.[24] Die Mängel der bestehenden Kasernen waren in Bayern längst erkannt worden. Die »Allgemeinen Vorschriften für die Anlage und bauliche Einrichtung von Infanterie-Kasernen« der Bayerischen Armee vom Jahre 1863 waren erstaunlich modern. Sie zeichneten freilich nur ein Idealbild. Auch die reichseinheitlichen »Vorschriften über Einrichtung und Ausstattung der Kasernen« (1879), de facto die preußische Vorschrift vom Jahre 1874, wurden zunächst mangels militärischer Neubauten nur teilweise realisiert.

Erst ab den 1880er Jahren wurden neue Kasernen in nennenswerter Zahl gebaut und erregten die Bewunderung des Auslands. So berichtete der Autor Henri Didon 1884 seinen französischen Landsleuten: »… Die Kasernen besonders in den Staaten, die sich behufs Wiedergestaltung des Deutschen Reiches um Preußen gruppiert haben, sind Neubauten. Mit jugendlichen Prangen begrüßen sie den Beschauer in Bayern und Württemberg, in Baden und in Sachsen; nichts ist gespart worden, um diesen Gebäuden den Charakter der Größe, der Eleganz und der Stärke zu verleihen.«[25]

Gleichzeitig mit dem Kasernenbauboom wurden die alten Militärgebäude inmitten der Garnisonstädte weitgehend aufgegeben und anderen Zwecken zugeführt. Die neuen Kasernenanlagen waren nicht mehr nach der Vorstellung eines möglichst umfassenden Zentralgebäudes konzipiert, sondern in einzelne Gebäude aufgeteilt, wodurch der militärische Platzbedarf in den Garnisonen nun auch im Unterkunftsbereich anstieg und nur noch in den Stadtrandbereichen befriedigt werden konnte. Es wäre jedoch falsch, den Bau der neuen Kasernen an der Peripherie als ein völlig neuartiges Phänomen zu bezeichnen.[26] Vielmehr war die Armee zumeist bestrebt gewesen, ihre Truppenunterkünfte am Rande der Städte zu errichten, zunächst entlang der Stadtmauern, dann nach der Entfestigung in den neuen Vorstädten. Das Bevölkerungswachstum im 19. Jahrhundert holte aber diese Militäranlagen immer wieder ein und umgab sie mit zivilen Wohnquartieren. In diesem Aussiedelungs- bzw. Verdrängungsprozeß militärischer Standortflächen hat bisher letztlich immer das zivile Interesse triumphiert.

Anmerkungen

1 Vgl. W. Transfeldt/ K. H. v. Brand, Wort und Brauchtum des Soldaten, Hamburg 1959, S. 92; F. Kluge/ W. Mitzka, Etymologisches Wörterbuch der deutschen Sprache, o. O. 1967, S. 233; L. Mackensen, Ursprung der Wörter. Etymologisches Wörterbuch der deutschen Sprache, München 1985, S. 203

2 U.S. Technical Manual 30 – 245, German Phrase Book, Washington D.C. 1943

3 S. Kostof, Das Gesicht der Stadt., Frankfurt & New York 1992, zit. S. 161, siehe auch S. 165 f., S. 189 f. und die Luftaufnahme von Palmanova (a.a.O., S. 19)

4 H. Delbrück, Geschichte der Kriegskunst. Bd. 4: Neuzeit., Berlin 1920, S. 270; G. Papke in: MILITÄR-GESCHICHTE Abschnitt 1, Herrsching 1983, S. 168

5 Zit. nach: M. Howard, Der Krieg in der europäischen Geschichte, München 1981, S. 91

6 F. Zimmermann, in: Klassizismus in Bayern, Schwaben und Franken. Architekturzeichnungen 1775–1825, hg. von W. Nerdinger, München 1980. – Die nicht durch Literatur oder Quellen belegte Behauptung von H. Schwalm, das ideale »Vaubansche System« sei eine geschlossene Vierseitanlage mit Innenhof gewesen (vgl. ders., Militärbauten. Von den Anfängen bis zur Infrastruktur der Bundeswehr, Heidelberg und Hamburg 1982, S. 88; ders., Die historische Entwicklung des Kasernenbaus in Deutschland., in: Militärgeschichte NF 1 (1990), S. 32–39, hier S. 33 f.) erscheint m. E. nicht plausibel. Der von Schwalm sehr zutreffend erkannte »Gefängnischarakter« der frühen Kasernen ergab sich bis ins 18. Jahrhundert von selbst durch ihre Lage innerhalb von streng bewachten Festungen bzw. Festungsstädten; die Kasernen selbst bedurften erst eines festen Abschlusses, als sie außerhalb alter Festungsringe gebaut wurden!

7 MKr. 9802 Prod. 2, Entwurf zum Bau einer neuen Infanterie-Kaserne in München, dat. 6. Mai 1823

8 K. Staudinger, Geschichte des kurbayerischen Heeres insbesondere unter Kurfürst Ferdinand Maria 1651 – 1679 (Geschichte des Bayerischen Heeres Bd. 1), München 1901, Anhang: S. 13* – 34*

9 Ebd., S. 383, allerdings ohne nähere Details

10 Ebd., S. 385; der Text vollständig abgedruckt als Anlage 21

11 Ebd., S. 383 f.

12 K. Staudinger, Geschichte des kurbayerischen Heeres unter Kurfürst Max II. Emanuel (Geschichte des Bayerischen Heeres Bd. 2/1), München 1904, S. 700

13 Ebd. S. 701 f.

14 R. Braun, Amberg als Garnisonsstadt, in: Amberg 1034 – 1984, Amberg 1984, S. 205 – 220, S. 205 ff.

15 K. Staudinger, Geschichte des kurbayerischen Heeres 1726 – 1777 (Geschichte des Bayerischen Heeres Bd. 3/1), München 1908, S. 349 – 353
16 O. Bezzel, Geschichte des kurpfälzischen Heeres Bd. 1: Das Heerwesen (Geschichte des Bayerischen Heeres Bd. 4/1), München 1925, S. 379 f.
17 Ebd., S. 385
18 Ebd., S. 530
19 Ebd., S. 538 – 543, 548 und 556
20 A XX Bd. 78, Ausführliche Darstellung über eine zu erbauende Kaserne, dat. 2. Juli 1801
21 Ebd.
22 van Bommel, Versuch über die Art eine Truppe zu Pferd abzurichten, nebst einigen Bemerkungen über die Taktik der Cavalerie, München 1800, S. 29
23 R. Braun, Kloster und Kaserne. Militärische Nutzung und Schicksal kirchlicher Bauten in Franken im 19. Jahrhundert, in: Jahrbuch für fränkische Landesforschung 52 (1992), S. 363 – 380, hier insb. S. 372 ff.
24 Vgl. den Abschnitt »König Maximilian II.«
25 Zit. nach: K. H. Höfele, Geist und Gesellschaft der Bismarckzeit (1870 – 1890), Göttingen 1967, S. 75
26 So etwa H. Schwalm, Militärbauten (wie Anm. 6), S. 113

Kasernenleben

Das Grundprinzip des Kasernenlebens beruht auf soldatischer Disziplin und kameradschaftlicher Rücksichtnahme. Rückgrat des Innendienstes waren schon seit der Zeit der Landsknechte die Unteroffiziere. Nach dem »Reglement für die Churpfalzbaiersche Cavalerie« von 1802 hatten die Korporale morgens und abends ihre Mannschaft auf Vollzähligkeit, Sauberkeit des Anzuges und der Unterkunft zu kontrollieren. Der Wachtmeister nahm die Rapporte der Korporale entgegen und überprüfte den Dienstbetrieb mit Hilfe des »Unteroffizier du Jour«. Ähnlich war es auch bei den anderen Waffengattungen. Ungeachtet des auf strikte soziale Kontrolle angelegten Prinzips der Kasernierung kam es aber in den turbulenten Jahren der Napoleonischen Epoche in den Kasernen zu allerlei Disziplinlosigkeiten. Eine besonders bizarre Begabung auf diesem Gebiet entwickelten um 1810 die Freiwilligen Jägertruppen in der Hofgartenkaserne. Zunächst kamen sie auf die Idee, unter dem hölzernen Dachstuhl ein Theaterstück (»… Standespersonen zahlen nach Belieben, sonst ist der 1te Platz zu 6 Xer und der 2te Platz zu 3 Xer«) mit dem schönen Titel »Die Brandschatzung« aufzuführen. Nachdem den Soldaten das Komödiespielen untersagt worden war, vergnügten sie sich damit, die nagelneue Kaserne zu demolieren: »… Die gesittetsten Menschen übertreffen die Wilden an Bosheit und Unart! Bei denen Jägern scheint gar keine Ordnung und Policey zu bestehen. Zerbrochene Fenster möchten wohl zu übersehen seyn, aber ganze Fensterflügel und Wasserausgüsse abzureißen und fortzuschleppen, das ist doch der höchste Grad an Wildheit.«[1]
Nach 1815 veränderte sich trotz der Personalergänzung durch Konskription die Zusammensetzung der bayerischen Armee wieder hin zu einer Art Söldnertruppe mit stark patriarchalischen Zügen. An die Stelle von Kampfgemeinschaften traten Wohn-und Verpflegsgemeinschaften, sogenannte »Menagen«. Bezeichnend hierfür war die Allgemeine Dienstvorschrift vom Jahre 1822, die bis in die Zeit nach 1871 gültig blieb. Die Leitung des Innendienstes verlagerte sich weitgehend auf den »Zimmerkommandanten«. Diese Funktion wurde vom jeweils ranghöchsten Unteroffizier in einem Kasernenzimmer ausgeübt, der sogar Stubenarrest verhängen durfte. Täglich wurden je ein Soldat der Zimmergemeinschaft zum Stuben- und Revierdienst bzw. zum Kochen eingeteilt.[2]
Betrachten wir den alltäglichen Dienst beim Infanterie-Leib-Regiment in den 1850er Jahren, wie er aus den »Vorschriften für den inneren Dienst des Regiments vom Jahre 1853« überliefert ist: Der Tag begann mit dem Wecksignal »Tagreveille« des Spielmannes der Kasernenwache. Im Sommer wurde wie auf dem Lande üblich, bereits um 4 Uhr aufgestanden, in den Wintermonaten zur Lichtersparnis zwei Stunden später. Nach dem Wecken wurden Körperpflege, Bettenmachen, Stuben- und Revierreinigen erledigt. Ein reguläres Frühstück war hingegen nicht üblich. Erstaunlich spät, erst eine halbe Stunde vor dem Antreten der Kompanie um 8 Uhr, machte der »Korporal vom Passen« seinen Stubendurchgang. Bereits um 10 Uhr wurde die warme Menage angerichtet. Punkt 12 Uhr wurden die Wachen und Posten abgelöst. Der eigentliche Ausbildungsbetrieb fand dann zwischen dem »Mittagverlesen« (12.30 Uhr) und dem »Abendverlesen« (17 Uhr) statt. Anschließend hatten die Unteroffiziere und Mannschaften dienstfrei bis zur »Retraite«, dem Zapfenstreich um 21 Uhr. Eine Stunde nach dem Einpassieren der Soldaten in der Kaserne begann um 22 Uhr mit dem Signal »Licht aus!« die allgemeine Nachtruhe.[3]
Bei den berittenen und bespannten Einheiten kreiste der Routinedienstplan natürlich um die Pferde. So standen beim 1.Kürassierregiment um das Jahr 1875 die Soldaten in der Regel kurz vor 5 Uhr auf. Von 11.15 Uhr bis 12.30 Uhr wurde der »Mittagstall« gemacht

und von 17.45 Uhr bis 18.15 Uhr der »Abendstall«. Erst danach war Dienstschluß. Spätestens eine halbe Stunde nach der Retraite (21 Uhr) mußten alle Mannschaften und die jüngeren Unteroffiziere wieder bei der Kasernenwache einpassiert sein.[4]

Die Ausstattung der Kasernen war bis in die zweite Hälfte des 19. Jahrhunderts sehr karg.[5] Je zwei Mann teilten sich gleichzeitig ein Bett. Diese »zweischläfrigen Bettladen« sollten eine Länge von 1,79 Meter und eine Breite von 1,30 Meter nicht überschreiten. Die Schlafunterlage bestand aus einem großen gemeinsamen Strohsack. Als Kopfpolster diente ein kleinerer Strohsack. Beide zusammen wurden vorschriftsmäßig mit 34 Kilogramm Stroh gefüllt. Über den Strohsack war ein Leintuch gespannt. Darüber lag eine große Wolldecke. Für jedes Bett war ein zweites Leintuch zum Wechseln vorgesehen. Eine typische Soldatenplage der damaligen Zeit war die ansteckende Hautkrankheit Krätze (Scabies). In den bayerischen Kasernen des frühen 19. Jahrhunderts gab es besondere Zimmer, in denen diagnostizierte »Krätzige und Venerische« untergebracht wurden. Im Juli 1818 erging dann ein Reskript, daß alle einschlägig erkrankten Soldaten ausschließlich in reguläre Lazarette eingewiesen werden mußten. Zugleich forderte man von allerhöchster Stelle »strenge Reinlichkeit« in den Kasernen. So sollten die Soldaten künftighin in der warmen Jahreszeit an »ausgewählten, schicklichen und gefahrlosen Stellen« in fließenden Gewässern öfters baden. Die Leibwäsche war fortan wöchentlich, die Bettwäsche monatlich zu wechseln. Alle vier Monate mußten die Füllungen der Strohsäcke komplett ausgetauscht und halbjährlich die Bettdecken gereinigt werden. Die zweimännige Bettenbelegung wurde jedoch beibehalten. Lediglich das »rollierende Schlafen«, bei dem sich die vom Wach- oder Arbeitsdienst kommende Mannschaft in die Betten der Ablösung legte, so daß also ein Bett im Endeffekt von vier Soldaten benutzt wurde und tagsüber gar nicht mehr ausgelüftet werden konnte, wurde 1818 streng verboten. Das Reinigen von Monturstücken, Ausrüstung und Waffen in den Stuben wurde ebenfalls untersagt und fortan auf den Gängen oder in besonderen Putzkammern durchgeführt.[6]

Im Etatjahr 1827/28 verfügte beispielsweise die 1te Füsilierkompanie des Linien-Infanterie-Leib-Regiments über 59 Bettladen nebst Zubehör in der oben geschilderten Art, ferner über vier große Tische mit jeweils zwei Bänken, fünf kleine Tische mit je einem Stuhl, vier Leuchter für Unschlittkerzen nebst je einer Putzschere, einer Öllampe für den Gangabschnitt im Kompanierayon mit einem Ölkrug, drei große »Wasserschaffl« und drei hölzerne Wasserkannen (»Pitschen«), drei geflochtene Abfallkörbe und zwei Kehrichtschaufeln. Die Kompanie verbrauchte 381 Bündel Bettstroh, 47 bayerische Pfund Unschlittkerzen, 20 Pfund Lampenöl und 205 Reisigbesen. Das Brennholz für die Zimmeröfen bzw. zum Kochen wurde der Kompanie in großen Scheitern geliefert und mußte erst vorbereitet werden. Hierzu hatte die Einheit einen Holzbock, zwei Sägen und drei Handbeile im Inventar. Sie verbrauchte in jenem Jahr übrigens 26 Klafter (ca. 81 m³) Fichtenholz. An Verpflegung wurde nur Kommißbrot bereitgestellt. Die Kompanie erhielt in jenem Jahr 16 949 Brotportionen. Das Brot wurde in 18 Brotsäcken transportiert und aufbewahrt. Gekocht wurde hingegen in den kompanieinternen Menagen. Das Kücheninventar war relativ dürftig und bestand nur aus zwei großen und sieben kleinen Töpfen aus Gußeisen, zwei kleinen Pfannen, zwei großen Schöpfkellen, zwei Abschäumlöffeln und einer großen Fleischgabel. Ein »Leberbrett« und ein »Leberhackl« (Wiegemesser) bezeugen, daß man in der Kompanie gerne Leberknödelsuppe verzehrte. Für die Köche lagen sechs Schürzen und sechs Handtücher bereit.[7]

Noch zu Beginn der zweiten Hälfte des 19. Jahrhunderts hatten die Mannschaftszimmer in den bayerischen Kasernen eine Inneneinrichtung wie in der Zeit Max I. Josephs. Lediglich für die Unteroffiziere waren ab dem Jahre 1829 allmählich Einzelbetten eingeführt

worden.[8] Über dem immer noch zweischläfrigen Mannschaftsbett befand sich das alt-
bewährte Zapfenbrett. Auf diesem standen der Helm, die Schirmmütze, ein Paar Schuhe
und die Brotration. An den Zapfen hingen der vorschriftsmäßig gepackte Tornister, der
gerollte Mantel, die Patronentasche und das Seitengewehr. Am Kopfende des Bettes wurde
der Putzsack aufgehängt, in dem sich all jene Kleinigkeiten befanden, die der Soldat täglich
zur Pflege und Instandsetzung seiner Bekleidung und Ausrüstung brauchte, so daß er nicht
ständig den Tornister auspacken mußte. Am Fußende des Bettes war ein Schildchen mit
Dienstgrad und Namen des Soldaten angebracht. War der Soldat auf Urlaub oder im
Garnisonlazarett, wurde das Schild entfernt und diente zur Kennzeichnung des auf den
Monturverschlag auf dem Dachboden der Kaserne eingelagerten Gepäcks dieses Soldaten.
Im Zimmer befand sich ferner ein sogenanntes Geschirrgestell. Es diente zur Aufbewahrung des Koch- und Eßgeschirrs sowie der Handtücher und Kochschürzen der Zimmergemeinschaft. Unter diesem Gestell standen zwei große Wassergefäße, nämlich das
Wasserschaffel für das Waschwasser und auf einem kreuzförmigen Gestell die etwas
kleinere Wasserpitsche für das Trinkwasser. Beide Gefäße mußten stets reinlich und gefüllt
sein. In der Ecke hinter dem Zimmerofen standen Besen, Kehrichtschaufel und Abfall-
korb.[9]
Erst in den 1860er Jahren wurden Reformen durchgeführt, die allmählich das Alltagsleben
in den Kasernen erleichterten. So wurden ab 1860 die Kasernenöfen von Holz- auf
Steinkohlenfeuerung umgestellt, wodurch den Stubengemeinschaften das zeitraubende
Kleinholzmachen erspart wurde.[10] Die zweischläfrigen Mannschaftsbetten wurden durch
ein Kriegsministerialreskript vom 19. November 1862 offiziell abgeschafft, doch dauerte
es noch geraume Zeit, bis in allen Kasernen die Einmannbetten tatsächlich vorhanden
waren.[11] In der Münchner Hofgartenkaserne wurde die einmännige Bettenbelegung beispielsweise im Herbst 1863 vollständig eingeführt.[12] Die traditionelle Unschlittkerze als
Stubenbeleuchtung wurde ab 1867 durch die Petroleumlampe ersetzt.[13]
Erst im Jahre 1879 übernahm das Königreich Bayern mit den reichseinheitlichen »Vorschriften über Einrichtung und Ausstattung der Kasernen« das preußische Innendienst-
system. Damit hielten »Speiseanstalten«(Kasinos) für Offiziere bzw. Unteroffiziere und
Truppengroßküchen allgemein verbindlich ihren Einzug in den bayerischen Kasernen. Die
bisher üblichen Kompaniekantinen wurden abgeschafft. In den Mannschaftsstuben wurden erstmals Spinde, damals offiziell »Verschließbare Schränke« genannt, aufgestellt.
Wie bisher lebten die jüngeren Unteroffiziere aber noch mit ihren Mannschaften in
gemeinsamen Zimmern, die nun erst auch in Bayern als »Stuben« bezeichnet wurden. Eine
typische Stube für eine Korporalschaft, bestehend aus einem Unteroffizier und zehn Mann,
wie sie fortan bis zum Ersten Weltkrieg üblich war, beinhaltete etwa 50 Quadratmeter
Gesamtfläche. Jeder Stubenbewohner besaß darin ein Bett mit Strohsack und einen
Schrank. Ein Teil dieser Schränke sollte so aufgestellt sein, daß dadurch ein abgetrennter
Raum für den Unteroffizier entstand. Dieser hatte dort einen kleinen Tisch mit einem Stuhl,
ein Waschbecken mit Wasserkrug und Trinkglas, sowie eine eigene Lampe zur Verfügung.
Die Mannschaft besaß in ihrer Abteilung einen großen gemeinsamen Tisch und pro Mann
einen Schemel. Die Stube wurde mit einem Kohlenofen beheizt und durch eine Petroleum-
lampe erhellt. Ein Kehrichteimer, ein Spucknapf und ein Wassereimer sowie zwei
Wasserkrüge ergänzten das Inventar.
Das Leben in einer bayerischen Kaserne des 19. Jahrhunderts war zugeschnitten auf
Männer, die als Bauernknechte, Handwerksgesellen oder Taglöhner harte körperliche
Arbeit von frühester Jugend auf gewohnt waren. Indessen diente auch mancher Bürgersohn
freiwillig als gemeiner Soldat, wohl in der Hoffnung, schnell zum Unteroffizier und in

geraumer Zeit zum Offizier aufrücken zu können. So war etwa um 1826 der dreißigjährige Feldwebel Anton Haidel von der 6. Füsilierkompanie des Infanterieregiments »König« ehemaliger Student und Sohn eines Kgl. Kreis- und Stadtgerichtsrates.[14]

Manche junge Männer, zumeist noch halbe Kinder und mitunter in der höheren Schule gescheitert, sahen sich in der Kaserne unvermittelt einer rauhen Wirklichkeit ausgesetzt, der sie kaum gewachsen waren. Ein solcher Fall war beispielsweise der 17jährige Münchner Franz Xaver Übelacker, der nach zwei Jahren Polytechnikum und einjährigem Studium an der Akademie der Bildenden Künste im Januar 1833 freiwillig in das erste Linien-Infanterieregiment »König« eingetreten war. Bereits nach neun Wochen Dienst in der Türkenkaserne schrieb Übelacker senior, ein pensionierter Gerichtsaktuar, ein Bittgesuch an König Ludwig I.: »… In den gegenwärtigen Dienstverhältnissen als Gemeiner hat mein Sohn sich allen Fatiquen zu unterziehen, nämlich Holzmachen, Decken ausklopfen, Kaserne reinigen, er hat sich der Zimmer Tour zu widmen, und vermög solcher auszukehren, Tische und Stühle abzufegen, einzuheizen, zu kochen, einzukaufen und abzuspülen, alle diese Arbeiten kann er nicht leisten, da er in der elterlichen Wohnung zu solchen Geschäften nie verwendet wurde. Da es doch geschehen muß, so habe ich die Verbindlichkeit, diese Arbeiten für ihn von anderen gegen Zahlung leisten zu lassen, was umso nachteiliger auf meine häuslichen Verhältnisse zielen muß, da ich noch für fünf Kinder zu sorgen habe und mein jährliches Quieszenzgehalt von 600 fl. nicht zum Unterhalt meiner Familie reicht.« Vergeblich bat der besorgte Vater für den Rekruten um die Aufnahme in die kleine Gruppe der sogenannten »Regimentskadetten«: »… Da ich auf die sittliche Bildung meines Sohnes soviel verwendete, und es mir wesentlich daran gelegen ist, daß dieselbe nicht im mindesten gefährdet wird, welches aber in dem allgemeinen Zimmer, wo gebildete und ungebildete zusammenleben, unvermeidlich ist (…).«[15] Die Offiziere und Unteroffiziere kümmerten sich in der Zeit vor 1868 kaum um die Unterweisung der Rekruten im Innendienst. Fahrmbacher erzählt vom 1. Kürassier-Regiment: »… Im Regiment bestand der Modus, jeden einrückenden Rekruten einem alten Manne zuzuteilen, der für seine Menage sorgte, ihn das Bett aufmachen zu lehrte, ihm die Handgriffe des Pferdeputzens zeigte und ihn in die Regeln des Kasernlebens einweihte. Überlieferungsmäßig hatte sich der Rekrut diesen Lehrmeisterdiensten gegenüber je nach der Fülle seines Geldbeutels mit einer größeren oder geringeren Quantität Freibier erkenntlich zu zeigen.«[16]

War schon das beengte Zusammenleben der Unteroffiziere und Mannschaften in den Einheiten problematisch, so stiegen die Spannungen, wenn verschiedene Truppenteile aus Platzmangel gemeinsam in einer Kaserne untergebracht werden mußten. Im Herbst 1848 konstatierte der Kommandeur der 1. Division Generalmajor v. Parseval: »… Endlich hat die Erfahrung zum öfteren dargetan, daß durch die Vereinigung zweier Regimenter, verschiedener Waffengattungen in einer Kaserne, zumal wenn sie durch die Räumlichkeiten beengt, bei der Verschiedenartigkeit ihrer Dienstverrichtungen und Zeiteinteilung, einander behindern und durchkreuzen, Reibungen unter Unteroffizieren und Soldaten entstehen, welche zu mißlichen, die Subordination und den guten Geist der Mannschaft beeinträchtigende Konflikte führen.«[17]

Das härteste Los hatten die Ehefrauen von Unteroffizieren oder auch einfachen Soldaten, die mit ihren Männern und Kindern bis weit in das 19. Jahrhundert gemeinsam mit anderen Mannschaften in den Kasernenzimmern leben mußten. Ihr ganzes Ehe- und Familienleben spielte sich quasi coram publico ab. So gab es in der Seidenhauskaserne im Herbst 1831 einen Saal, in dem eine Frau bei 60 Männern untergebracht war und einen weiteren Saal, wo zwei Frauen und ein Kind zusammen mit 87 Männern hausen mußten.[18] In manchen

Münchner Kasernen waren zeitweilig nicht einmal »Gebärzimmer« vorhanden, wie das Beispiel der Lehelkaserne anno 1824 zeigt: »… In Krankheit und Geburtsfällen müssen die Weiber in den nämlichen Zimmern, in denen sich auch die Mannschaft befindet, nur durch einen leichten Vorhang gedeckt, ihr Schicksal erleiden (…) Wenn auch in Geburts Fällen im entscheidenden Augenblicke die Mannschaft aus dem betreffenden Zimmer entfernt, und für einige Zeit in andere Zimmer gewiesen wird, so müssen zur Nachtzeit, wenn die leeren Bettstellen der im Dienst befindlichen Leute nicht hinreichen, drei Mann in einer Bettlade der Ruhe genießen.« Bezeichnenderweise galt die Fürsorge der Führung auch in solchen Situationen weniger den »Weibern«, als vielmehr der Truppe: »… Übrigens kann die Ausdünstung einer solchen Person [i. e. schwangeren Frau] nur eine unangenehme Empfindung bei der Mannschaft hervorbringen.«[19]

Einen wesentlichen Fortschritt erbrachten zumindest auf dem Papier die »Allgemeinen Vorschriften für die Anlage und bauliche Einrichtung von Infanterie-Kasernen« der Bayerischen Armee vom Jahr 1863. Die Mindestfläche für den unverheirateten Soldaten wurde darin auf umgerechnet 4,1 Quadratmeter, eingerechnet der neuen »einmännigen Bettladen« und des sonstigen Stubeninventars, festgelegt. Verheirateten Unteroffizieren und Mannschaften stand fortan jeweils ein mit einem Kochherd ausgestattetes Einzelzimmer von umgerechnet 45 Quadratmetern zu und in den Latrinenanlagen wurde erstmals verbindlich die Einrichtung von »Separatabtritten für die Weiber« angeordnet. Bemerkenswert ist der Umstand, daß dann die reichseinheitlichen »Vorschriften über Einrichtung und Ausstattung der Kasernen« von 1879 die Verheirateten von der Gesamtwohnfläche her wieder schlechter stellten als die sechzehn Jahre ältere bayerische Vorschrift. Allerdings trat an die Stelle des Einraumprinzips nun das Konzept einer Kleinstwohnung, bestehend aus »Wohnstube« (22m²), »Kammer« (8m²) und einer kleinen Küche. Bis zur Jahrhundertwende entstanden auf den Arealen der neuen Kasernen bereits von den Mannschaftsblöcken abgesonderte »Familienwohngebäude«. Sie wurden dann durch die »Garnisonsgebäudeordnung« des Jahres 1900 allgemein vorgesehen, so daß jeweils nur noch der »Etatmäßige Feldwebel« im Rayon seiner Einheit wohnen sollte.

Anmerkungen

1 MKr. 8896 Prod. 41, Bericht vom 30. Jan. 1810 bzw. A XX Bd. 83, Bericht vom 1. März 1810

2 Kgl. Bayer. Dienstreglement für die gesamten Waffengattungen des Königreiches. Dritter Teil: Von dem Garnison-Dienste (1822), Kap. 96 1 – 17

3 Ausführlich beschrieben bei F. Illing, Geschichte des Königlich Bayerischen Infanterie-Leib-Regiments von der Errichtung bis zum 1. Oktober 1891, Berlin 1892, S. 112 – 129

4 H. Fahrmbacher, Das Königlich Bayerische 1. Schwere Reiter-Regiment »Prinz Karl von Bayern« Bd. 2: Das Regiment in dem Zeitraum von 1848 bis 1898, München 1900, S. 381

5 Die folgende Beschreibung beruht auf dem Militärregulativ von 1804 und der Auswertung einer ganzen Reihe von Hauptrechnungen verschiedener Truppenteile.

6 A. Eckart, Militär-Sanitätswesen, München 1855, S. 452 – 456

7 A VI 4d Bd. 64 (Hauptrechnung InfLeibRgt 1827/28)

8 Illing (wie Anm. 3), S. 64

9 Ebd., S. 122 f.

10 Fahrmbacher (wie Anm. 4), S. 87

11 Ebd.

12 Illing (wie Anm. 3), S. 149

13 Fahrmbacher (wie Anm. 4), S. 87

14 MKr. 7234 Prod. 31, Grundlistenauszug für Anton Haidel, Feldwebel 6./1. InfRgt; geboren 1795 in Mainberg/Unterfranken; ledig. Freiwillig eingetreten als Gemeiner 1814; weiterverpflichtet als Kapitulant auf sechs Jahre 1820; Korporal 1820; Sergant 1820; zweite Kapitulation (zwei Jahre) und Beförderung zum Feldwebel 1826.

15 A VI 4d 1. InfRgt Bd. 1 (Generalordrebuch für das Jahr 1833), Bittschrift des J. Übelacker aus München an König
    Ludwig I., dat. 8. März 1833 (Kopie)
16 Fahrmbacher (wie Anm. 4), S. 113
17 MKr. 8827 Prod. 69, 1. Division an KM am 17. Sept.1848
18 MKr. 8924 Prod. 52, Bericht des ArtKorpsKdo über die Inspektion der unterstellten Truppenteile an KM, dat.
    14. Okt. 1831
19 MKr. 8926 Prod. 73, ArtKorpsKdo an KM am 31. Dez. 1824

Die Kreuzkaserne

Die Kreuzkaserne war benannt nach der nahe gelegenen Kirche Allerheiligen am Kreuz (erbaut um 1480), der innerstädtischen Friedshofskapelle der St. Peters-Pfarrei. Sie taucht in den Akten des Militärbauwesens im Jahr 1718 als die »*Salzstadel Casarmen*« auf. Kurfürst Max Emanuel hatte den Münchner Stadtmagistrat am 5. Juli 1718 angewiesen, »*... wegen vorhabender erweitterung der Casarmen in Dero Haubtstätten (...) Überschläge verfassen zu lassen und einzusenden*«. Der Rat antwortete am 7. September 1718: »*... Zu einem solchen Bau wäre beförderlich der geweste Salzstadel beim Neuhauser Thor, welcher von der Kaiserlichen Administration in eine Casarma verwandelt worden.*«[1] Die Entstehungszeit der vom Stadtmagistrat genannten »Casarma« ist im Zeitraum zwischen 1704 und 1714 anzusetzen. Sie entstand also eine Generation später, als bisher in der Literatur angegeben.[2] Andererseits berichtet Michael Schattenhofer, der langjährige Leiter des Münchner Stadtarchives, die spätere Kreuzkaserne sei schon um 1670/71 von Kurfürst Ferdinand Maria um 4000 Gulden als eine Aneinanderreihung von zwanzig »Soldatenhäuschen« bzw. »Casarmen« entlang der Stadtmauer zwischen dem Neuhauser Tor und dem Sendlinger Tor errichtet worden.[3] Was ist nun zutreffend? Wohl beides, denn die spätere Kreuzkaserne bestand aus beiden Komponenten, den alten Kasernenhäuschen und dem alten Salzstadel. In der Tat spricht ja das Mandat des Kurfürsten Max Emanuel von einer »*erweitterung der Casarmen*«, worunter wohl eindeutig die reihenhausartige Kasernenanlage seines Vaters zu verstehen sein dürfte. Die Ursprungsgeschichte der Kreuzkaserne ist so kompliziert, daß selbst ein ausgewiesener Spezialist für Münchner Baugeschichte wie Hans Lehmbruch aufgrund der Akten im Kriegsarchiv den alleinigen Ursprung dieser Anlage in einer Umwandlung des Salzstadels zur kaiserlichen Kaserne anno 1706 gesehen hat, wobei er Schattenhofers Hinweis auf die Kasarmen des späten 17. Jahrhunderts nicht diskutiert.[4] Das charakteristische Kennzeichen der Kreuzkaserne, ihre vielfache Unterteilung mit zahlreichen Scheidewänden, Eingangstüren, Treppenhäusern usw., entspricht exakt dem Typus der sogenannten »Stockkaserne« des späten 17. Jahrhunderts.[5] Hingegen wäre es völlig unzweckmäßig gewesen, einen Salzstadel von vornherein auf diese Art und Weise zu konzipieren! Bleibt natürlich die Möglichkeit, daß man den Stadel im frühen 18. Jahrhundert auf diese Art und Weise umbaute. Das wird wohl auch geschehen sein. Die gesamte Kreuzkaserne um 1800 war mehr als 300 Meter lang, der alte Salzstadel war aber bestimmt nicht so groß. Folglich wird man davon ausgehen dürfen, daß während der kaiserlichen Besetzung Münchens zunächst natürlich die kurbayerischen Kasarmen entlang der Stadtmauer belegt wurden und man dann das anstoßende Salzmagazin ebenfalls als Kaserne umbaute. Als dann die Reichstruppen anno 1714 abzogen, holte sich die Stadt ihren Salzstadel zunächst wohl zurück. Sie konnte ihn aber infolge der inzwischen geschehenen Baumaßnahmen nicht mehr recht als Magazin gebrauchen und gab ihn deshalb im Jahr 1718 wieder als Kaserne frei, um dadurch die Last der Einquartierung bei der Bürgerschaft zu verringern.

Die Kreuzkaserne war bereits wenige Jahre nach ihrem erneuten Bezug durch das kurbaierische Militär ziemlich ruiniert. Der Oberst Dufay vom Leibregiment zu Fuß (dem späteren k. b. 1. Inf. Rgt. »König«) meldete am 21. Juni 1727 an Kurfürst Karl Albrecht: »*... erkranken bestendig mehrere Mannschafft, in der Kreuz- als Isar-Casarm, in welch Letzterer doch fasst noch so vill Leuth als in der ersteren dermalen logirt sind*, also man nit unbillig muthmasset, es müsse die Ursach dahero rühren, weillen in der Kreuz Casarm

77

hinaus gegen den Stattgraben keine Fenster gehen, mithin die Lufft nit durchstreichen könne, wie dann die mehriste Kammer, also feicht und dampfig, daß das Wasser an den Mauern herunter und es den Pöden herunter lauffet.«[6]

Auf die Details der Baugeschichte der »Alten Salzstadel-Kaserne« während des 18. Jahrhunderts soll hier nicht eingegangen werden, jedenfalls befand sich das Gebäude noch im Jahr 1745 im Eigentum der Stadt München. Zu diesem Zeitpunkt war bereits eine grundlegende Erweiterung durchgeführt worden. Der vordere Komplex der Salzstadel-Kaserne wurde Richtung Sendlinger Tor verlängert und zum Teil mit einem dritten Stockwerk versehen. Wenn man, wie oben angenommen, von der Existenz älterer Stockkasernen in diesem Stadtmauerbereich ausgeht, dann müßten diese in die grundlegende Renovierungsaktion einbezogen worden sein. Der Südtrakt war schon im frühen 19. Jahrhundert als erster Teil der Kaserne äußerst baufällig. Auch das spricht dafür, daß man hier lediglich die von Schattenhofer angeführten Kasarmen des 17. Jahrhunderts integriert hatte und eben nicht, wie Lehmbruch annimmt, den Salzstadel auf vorher unbebauten Grund verlängerte. Um nun von der weiteren Leistung des Service-Geldes eine Zeit enthoben zu sein, vereinbarte der Magistrat mit dem Hofkriegszahlamt im Februar 1745, solange auf die Pachtzahlungen des Militärs für die Benutzung der Kreuz-Kaserne zu verzichten, bis eine Summe von 15 000 Gulden abgegolten war. Als Ultimo wurde das Jahr 1755 bestimmt. Das Militär verpflichtete sich gleichzeitig, fortan aus eigenen Mitteln für Instandhaltung und Ausstattung der Kreuz-Kaserne zu sorgen.[7]

Der schlechte Zustand der Kreuz-Kaserne führte im März 1781 zu einem Reskript »… Demnach Ihre Churfürstliche Durchlaucht zu besserer und bequemlicher Unterbringung gesamter dahier garnisonierender Mannschaft eine neue Caserne, und zwar, wo dermalen die sogenannte Kreuz Caserne stehet, erbauen zu lassen, entschlossen sind.«[8]

Diesem Vorhaben stellten sich jedoch beträchtliche Probleme entgegen. Die Ingenieuroffiziere Oberst v. Pfister und Oberstleutnant Pusch prüften gemeinsam mit Vertretern des Magistrats und den vom Hof bzw. der Stadt approbierten Maurer- und Zimmerermeistern das Projekt. Die Kosten für eine Großkaserne zur Unterkunft von neun Bataillonen Infanterie, in einer beachtlichen Friedensstärke von rund 4000 Mann, wurden im Bereich von 180 660 bis 234 540 Gulden geschätzt. Übereinstimmend hielten alle Sachverständigen den Ort der Kreuz-Kaserne für einen ungeeigneten Bauplatz. Das langgestreckte, aber sehr schmale Baugelände an der Stadtmauer könne nur bei fünfgeschossiger Aufführung 4000 Personen aufnehmen, die Statik sei schwierig. Die Kasernengasse sei sehr eng, bei Ausbruch eines Großbrandes würde die Kaserne kaum zu evakuieren sein. Auch in den bei 4000 Menschen auf engstem Raum anfallenden Massen an Küchenabfällen, Fäkalien usw. erblickte man Probleme. Während Oberstleutnant Pusch daraufhin die Auswahl eines anderen Baugrundstückes vorschlug, plädierte Oberst v. Pfister für ein anderes Konzept, das statt einer Großkaserne den Bau mehrerer Kasernen für jeweils rund 1000 Soldaten in der Stadt vorsah.[9]

Die Kaserne um das Jahr 1800

Die im späten 18. Jahrhundert projektierten Neubaupläne zum Ersatz der Kreuzkaserne kamen aus Geldmangel und infolge der Koalitionskriege nicht zur Ausführung. Im Frühjahr 1800 wußte der Ingenieurhauptmann Steimmig über die Kreuzkaserne folgendes zu berichten:

»… Diese Caserne liegt in der Stadt, ohnfern dem Carls-Thor, und ziehet sich längst der Stadt-Mauer, bis an das Josephs-Hospital. – Vor derselben befindet sich ein schmales Gäßl

[heutige Herzog-Wilhelm-Straße] und hinten ist solche an die StadtMauer angebauet; diese Caserne hat keinen CasernenHoff. Nach angebogenen Umriß ist die Caserne gegen das Gassl 1.038'5'' lang, gegen den Zwinger 1.057'2'' [301 Meter] lang; die Breite ist verschiedentlich, doch meist um 25' [7 Meter]; vom Gassl bis an das Dach ist sie theils 43'5'', theils nur 30' [8,5 Meter] hoch. Hat Rez de Chaussée, 1te Etage, 2te Etage und theils auch eine 3te Etage. (…) Diese Caserne ist au Rez de Chaussée sehr ungesund, indem der Fußboden derselben, sich unter dem Horzont, der vor der Stadtmauer angelegten Gärten befindet, und wegen denen niedrigen Fenstern, und dem schmalen Gaßl, die unteren Zimmer sehr feucht und finster sind. Die Stiegen sind sehr schlecht. Die Kaserne ist in Mauerwerk aufgeführt und theils mit Platten, theils mit Hohlziegeln gedeckt. Der Kasten, oder Speicher, ist übrigens gut und trocken, und dient theils zu RegimentsRequisitenVerschlägen, theils zu Trocknung der Fournituren. In der Gasse stehen drei Pumpbrunnen und ein Röhrbrunnen. Diese *Gasse kann oben, unten und gegen die Gasse des Josephs-Hospitals und auf dem Kreuz mit holzernen Thoren verschlossen werden.* Die Loca befinden sich in den Gängen respec: Vorplätzen der Kammern und ergeben eine üble und ungesunde Ausdünstung.« Die Kaserne verfügte im Erdgeschoß über 26 Wohnzimmer und 16 Küchen für 408 Personen, im 1. Stockwerk über 24 Wohnzimmer und 16 Küchen für 412 Personen, im 2. Stockwerk über 27 Wohnzimmer und 16 Küchen für 434 Personen und im 3. Stockwerk über 13 Wohnzimmer und 9 Küchen für 254 Personen. Insgesamt boten die 90 Wohnzimmer und 57 Küchen Unterkunft für 1508 Personen. Zusätzlich waren im Erdgeschoß die Stockwacht mit dem Prison, eine Schlosserwerkstatt, ein Fleischlagerraum für den Regimentsmetzger, zwei Waschküchen und eine Holzlege. Im 1. Stock befanden sich die Wohnung des Regimentsadjutanten (drei Zimmer und Küche), die Wohnung des Regimentsarztes (zwei Zimmer und Küche) und ein weiteres Prison. Der Kasernenhausmeister hatte hier ein Wohnzimmer und im 2. Stock zwei weitere Wohnräume.[10]
Eine vernichtende Kritik erfuhr die Kreuzkaserne vom Kriegsökonomierat Joseph Frey im Sommer 1801: »*… Die Kreuz-Casserne, worin dermahlen das Churfürstliche Leib-Regiment liegt, verdient in keiner Hinsicht Casserne genannt zu werden, indem sie alle möglichen Fehler und Mängel besitzet – sie ist:*
1tens An die Stadtmauer angebaut und hat nicht die gehörige Tiefe.
2tens Sie hat zwar 90 Zimmer, worin 1808 [!] Mann untergebracht werden können – die Zimmer sind zwar theils geräumig, aber für die zahlreiche Mannschaft zu nieder, und haben kleine Fenster, und keine durchziehende frische Luft.
3tens Sind die Stiegen elend, schmal und steil.
4tens Sind die loca neben den Küchen angebracht, welche das Gebäude ziemlich mit schädlicher Feuchtigkeit und Gestank erfüllen – eines der größten Übel.
5tens Die schmale Straße, vor der Caserne, welche den Place d'armes vorstellen sollte, ist mit sehr hohen bürgerlichen Häusern verbaut, die den unteren Etagen das Licht, Sonne und Luft konsumieren, weßwegen diese auch sehr von feuchtigkeit ergriffen – ein solches vis-à-vis von Casserne ist allerdings dem Wohlstand [der Bürger?] nicht angemessen.
6tens Aus Mangel eines Place d'armes werden die Executionen [Spießrutenlauf !] in den Strassen gehalten, welche einen widrigen Eindruck auf die Bewohner machen müssen. Eben dieser Mangel des Platzes verhindert das Tressieren der Recruten, die mit vor das Thor gebracht werden müssen [Desertionsgefahr!], sie exerzieren daher in den niedrigen Kammern, und runiren das Gebäude.
Kurz, die Kreuz-Casserne ist mehr eine Spelunke als eine Casserne zu vergleichen, sie ist ein uraltes baufälliges Nest, welches mit denen beträchtlichen, jährlich vorzunehmenden reparations Summen nicht zu verbeßern ist.«[11]

Nicht zuletzt aufgrund dieser Argumente, die über den Stadtkommandanten v. Nogarola zum Kurfürsten gelangten, entschloß sich Max Joseph noch im Sommer 1801 zum Bau der großen Infanteriekaserne am Hofgarten.[12]

Die Kaserne im frühen 19. Jahrhundert

In den ersten Jahren Kurfürst Max IV. Josephs wurde an der Kreuzkaserne kaum etwas repariert, zumal ja die neue Hofgartenkaserne schon im Entstehen war. In zwei Reskripten vom 21. Juli 1804 ordnete der Kurfürst an, daß das Infanterie-Leib-Regiment in die Hofgarten-Kaserne verlegt werde, die Kreuzkaserne für die Dauer des großen Truppenlagers bei München als Proviantmagazin und zugleich als Lazarett einzurichten sei, sowie nur noch ein Teil des Gebäudes für die recht bescheidene Summe von 866 Gulden instandgesetzt werden solle – »... Dagegen haben Wir beschlossen, daß der ganz baufällige rechte Flügel bis an den Pavillon theilweise oder ganz mittels öffentlicher Versteigerung unter Vorbehalt Unserer höchsten Ratification an den Meistbietenden verkauft werden solle.«[13]

Es zeigte sich jedoch bald, daß auf die Kreuzkaserne als Truppenunterkunft noch nicht völlig verzichtet werden konnte. So mußten im Herbst 1804 neben dem Proviantmagazin und dem Filiallazarett vorübergehend auch 388 Mann vom 2. Linien-Infanterie-Regiment »Kurprinz« und 160 Artilleristen Platz finden.[14] Im Frühjahr 1805 lag ausschließlich Artillerie in der Kaserne, nämlich vier Kompanien, die Artillerie-Eleven, die Schuhmacherei, die Schneiderei und das Lazarett.[15] Dann kam wieder Infanterie in die Kaserne. Im August 1806 klagte der Kommandeur des 2. Infanterie-Regiments, ihm stünde für seinen 730 Köpfe starken Verband, nämlich 78 Unteroffiziere, 22 Spielleute, 544 Mannschaften, 36 vom Dienst befreite »Freiwächter«, 23 Soldatenfrauen und 27 Kinder, in der Kreuzkaserne nur Platz für 674 Personen zur Verfügung. Selbst wenn der Aktuar und der Metzger des Leib-Regiments, welche noch hier untergebracht waren, abzögen, so fehle es dennoch an Wohnraum, da in der Kaserne nur noch 40 Zimmer für maximal 692 Personen bewohnbar seien.[16] In der Folgezeit wußte sich das 2. Infanterie-Regiment »Kronprinz« nicht anders zu helfen, als durch die Belegung von Räumen in dem durch höchsten Befehl ausdrücklich für jede Benutzung gesperrten baufälligen Trakt der Kaserne. Dies wurde offiziell erst im Herbst 1808 zur Kenntnis genommen und das Regiment nur sehr milde vom König verwarnt.[17] Zu diesem Zeitpunkt (1808) verfügte das Regiment »Kronprinz« in der Kreuzkaserne über 290 zweischläfrige Bettladen in 32 Zimmern. Erstaunlicherweise verfügte die neue Regimentsbibliothek allein über drei Räume. In der Kaserne wohnten der Regimentsadjutant, der Regimentsprofoß, der Regimentsbüchsenmacher, der Regimentsschullehrer (!) und der Regimentsmetzger, außerdem ein Hautboist des Leibregiments »... mit seinen vielen Kindern«.[18]

Während des Feldzuges von 1809 wurde im April auf Wunsch der französischen Armee im baufälligen Südtrakt der Kreuzkaserne durch das zivile Generalkommissariat des Isarkreises eine »Zwieback-Bäckerey« installiert. Nachdem hierzu dieser Gebäudeteil praktisch entkernt worden war, stürzte er im September 1809 in sich zusammen. Ein halbes Jahr später ordnete ein königliches Reskript an, auch den übrigen einsturzgefährdeten Südtrakt »sucessive« abzutragen und das noch brauchbare Material für Militärbauten zu verwenden.[19] Bis zum Herbst 1812 war die Kreuzkaserne dann bis auf eine Gesamtlänge von umgerechnet 194 Metern abgetragen, davon entfielen knapp 150 Meter auf den bewohnbaren Teil, der Rest stand noch zum Abbruch bereit.[20] In jenen Jahren plante der Kriegsökonomierat Frey den Bau einer völlig neuen großen Infanteriekaserne für 1920

Mann auf dem Gesamtareal der früheren Kreuzkaserne. Seine Vorgesetzten befürworteten das Projekt, doch wurde es vorläufig wegen Geldmangel abgelehnt.[21] Ungeachtet dessen arbeitete Frey weiter daran und präsentierte seinen Entwurf erneut im Sommer 1814. Nun war er sogar auf 2092 Mann berechnet, bei geschätzten Baukosten von rund 310 000 Gulden.[22]

Die Umwandlung zum Militärgefängnis

In Zusammenhang mit der Standortdiskussion um die künftige zweite große Infanterie-kaserne in München, bei der die zivile Baubehörde für die Max-Vorstadt plädierte, schlug das Innenministerium im November 1814 den noch brauchbaren Teil der Kreuzkaserne als Militärgefängnis vor.[23] Tatsächlich wies dann im Mai 1815 das Kriegsministerium das Generalauditoriat an, einige Zimmer des intakten Nordflügels als Gefängnisstuben einzu-richten.[24] Im Militärgefängnis scheint noch eine recht rauhe Behandlung üblich gewesen zu sein. So gab es im Inventar diverse Hand- und Fußschellen, Leibringe, Ketten und Schlösser. Der Stabsprofoß hielt sich einen scharfen »Gefängnishund«. Die Gefangenen schliefen zumeist nur auf Strohsäcken ohne Bettladen.[25]

Der Südteil des Gebäudes wurde immer noch als Kaserne benützt. Infolge der Formation des Grenadier-Garde-Regiments, dem die neue Hofgartenkaserne zugestanden wurde, mußte in der Kreuzkaserne ein Teil des 1. Linien-Infanterie-Regiments einquartiert werden. Die Truppe verfügte im Herbst 1820 über vierzehn Mannschaftszimmer für 192 Soldaten, die Regimentskanzlei, das Verhörzimmer mit Regimentsarrest, Wohnungen für den Adjutanten, den Auditor und den Chirurgen. Ferner waren hier die Büchsen-macherwerkstatt, die Schneiderei, das Monturdepot, das Musikzimmer und eine Regi-mentsmetzgerei untergebracht.[26] Ende August 1825 wurden die Einrichtungen des 1. Infanterie-Regiments, mit Ausnahme der Büchsenmacherwerkstatt, in die neue Tür-kenkaserne verlegt.[27]

Im Herbst 1829 wurde die Kreuzkaserne vielfältig genutzt. Im Erdgeschoß wohnten der Stabsprofoß und die drei Profoßgehilfen des Militärgefängnisses. Hier befanden sich auch das Prison der Münchner Gendarmerie, die Büchsenmacherwerkstätten des 1. und 2. Infanterie-Regiments sowie eine Metzgerei. Im 1. Stock wohnten der Profoß der Gendarmerie und der Büchsenmacher des 1. Infanterie-Regiments (sein Kollege vom 2. Regiment wohnte im Erdgeschoß). Im 2. Stock wohnte ein Angehöriger der Garnison-kompanie und im 3. Stock ein Feldwebel, der als Aufseher der Lokal-Verpflegskommis-sion fungierte. Daneben lagen die 33 Zellen des Garnisongefängnisses.[28]

Die folgenden Jahrzehnte blieb die ehemalige Kreuzkaserne praktisch unverändert. Nach-dem es aber im August 1849 zu Tumulten im völlig überfüllten Gefängnis gekommen war, schlug die Geniedirektion vor, die Anzahl der Zellen zu vermehren.[29] Dieser Plan wurde im Frühjahr 1851 realisiert und dabei die Büchsenmacherwerkstätten in das benachbarte Proviianthaus verlegt.[30] Nach einer Beschreibung vom Januar 1852 befand sich das Militärgefängnis in einem guten Bauzustand. Bei normaler Belegung konnten darin 145 Häftlinge, im Notfall sogar bis zu 200 Mann, eingesperrt werden. Der abgeschlossene Zwingertrakt zwischen Stadtmauer und Gefängnis diente zum »Hofgang« der Häftlinge. Im Gebäude wohnten außer dem Garnisonprofoß auch der Profoß der Gendarmerie, ein Aktuar und der Garnisonbauaufseher.[31] Um die Mitte der 1860er Jahre waren im Militär-gefängnis im Durchschnitt stets um die siebzig Unteroffiziere und Mannschaften inhaf-tiert.[32] Ein Jahrzehnt später waren es, infolge der vermehrten Garnisonstärke, durchschnitt-lich stets 120 Gefangene.[33]

Im Frühjahr 1883 wurde das Militärgefängnis in der Kreuzkaserne aufgelassen und das neue Garnisongefängnis an der Corneliusstraße eröffnet.[34] Am 10. August 1883 wurde das »Anwesen Glocken-Straße Nr. 16 (ehem. Militärgefängnis)« von der Garnisonverwaltung München an das Kgl. Stadtrentamt München I übergeben.[35]

Anmerkungen

1 A XX Bd. 68 Akt 1, Stadt München an Kurfürst Max Emanuel am 7. Sept. 1718
2 Vgl. M. Megele, Baugeschichtlicher Atlas der Landeshauptstadt München, München 1951, S. 143
3 M. Schattenhofer, Von Kirchen, Kurfürsten, Kaffeesiedern etcetera. Aus Münchens Vergangenheit, München 1974, S. 153 f.
4 H. Lehmbruch, Ein neues München. Stadtplanung und Stadtentwicklung um 1800. Forschungen und Dokumente, München 1987, S. 323
5 Vgl. den Abschnitt »Zur Geschichte und Entwicklung der Kasernen bis 1900«
6 A XX Bd. 68 Akt 1, Bericht des LeibRgt zu Fuß vom 21. Juni 1727
7 Ebd. Akt 3, Vertrag der Stadt München mit dem Hofkriegszahlamt vom 26. Febr. 1745. Vgl. Lehmbruch (wie Anm. 4), S. 324
8 Ebd. Akt 4, Kurf. Reskript vom 12. März 1781
9 Ebd., Bericht des Hofkriegsrates an den Kurfürsten Karl Theodor vom 25. Juni 1781
10 A XX Bd. 21, Beschreibung der Kreuzkaserne vom 20. Febr. 1800
11 A XX Bd. 78, Gutachten: »Ausführliche Darstellung über eine neu zu erbauende Caserne«, dat. München, 2. Juli 1801 (unsigniert, aber mit absoluter Wahrscheinlichkeit vom Kriegsökonomierat Joseph Frey verfaßt)
12 Vgl. den Abschnitt »Hofgartenkaserne«
13 MKr. 8894 Prod. 5/6, Kurfürstliche Reskripte vom 21. Juli 1804
14 Ebd. Prod. 7, Kurfürstliches Reskript vom 23. Aug. 1804
15 MKr. 8843 Prod. 3, ArtRgt an KdtMünchen am 29. März 1805
16 MKr. 8894 Prod. 14, 2. InfRgt am 9. Aug. 1806
17 Ebd. Prod. 25, Kgl. Reskript vom 9. Nov. 1808
18 A XX Bd. 68, Dislokationsliste vom 25. Juli 1808
19 A XX Bd. 83, FinM an KÖR am 5. April 1809; Protokoll vom 16. Sept. 1809; Gutachten des Kriegsökonomierats Frey vom 8. Okt. 1809; Kgl. Reskript vom 30. März 1810
20 A XX Bd. 82, Bericht des Kriegsökonomierates Frey vom 26. Sept. 1812
21 MKr. 8894 Prod. 39, KÖR an KM am 31. Mai 1818; Kgl. Reskript vom 26. Juli 1813
22 Ebd. Prod. 43, Entwurf einer neuen Infanteriekaserne am Kreuz von Kriegsökonomierat Joseph Frey vom 7. Aug. 1814
23 MKr. 9062 Prod. 20, InnM an KM am 27. Nov. 1814
24 Ebd. Prod. 22, KM an GenAuditoriat am 14. Mai 1815
25 A I (2) Fasz. 58, Hauptrechnung der KdtMünchen für das Etatjahr 1822/23
26 A XX Bd. 4, KasVw München am 30. Nov. 1820
27 MKr. 8894 Prod. 64, Kgl. Reskript vom 21. Aug. 1825
28 MKr. 8829 Prod. 83, OberstLt Fürstenwärter am 12. Sept. 1829
29 MKr. 8895 Prod. 62, I. GenieDir München am 30. Nov. 1849
30 Ebd. Prod. 63, KM an 1. ArmeeKorpsKdo am 9. März 1851
31 C 7, Garnisonbeschreibung, hier: Verzeichnis der militäreigenen Gebäude (§ 16: Militärgefängnis, Stand: 15. Jan. 1852)
32 MKr. 8895 Prod. 101, KdtMünchen an KM am 3. Juli 1866
33 Ebd. Prod. 120, KdtMünchen am 1. Juni 1879
34 Ebd. Prod. 124, GarnVw München an Indent.I.A.K. am 12. April 1883. Vgl. auch den Abschnitt »Militärgefängnis an der Corneliusstraße«
35 Ebd. Prod. 135, Übergabeprotokoll vom 10. Aug. 1883

Die Alte Isarkaserne

Wohl kaum ein Besucher jener Isarinsel, auf der sich das Deutsche Museum zu München befindet, weiß, daß der Boden unter seinen Füßen in früherer Zeit Kasernengelände war. Die Alte Isarkaserne, wie sie im Laufe der Jahre nach Fertigstellung der Neuen Kavallerie-Kaserne an der Isar (1818) gemeinhin genannt wurde, gehörte zu den ältesten Militärbauten der Münchner Garnison. Ursprünglich noch aus der Zeit Kurfürst Max Emanuels stammend, wurde sie nach einem Brand im Jahr 1762 grundlegend neu aufgebaut.[1] Das Areal selbst trug bereits seit dem ausgehenden Mittelalter den heute noch bei vielen Münchnern gebräuchlichen Namen »Kohleninsel«. Er rührte von jener Holzkohle her, die auf Flößen vom Oberland nach München transportiert und auf der Isarinsel gelagert wurde.[2]

Im Frühjahr 1800 schrieb der Ingenieuroffizier Steimmig: »… Die Caserne liegt außerhalb der Stadt, jenseits des Isaar-Flußes, auf einer sogenannten Insel«. Damals faßte die Isarkaserne 954 Mann, für die 62 Zimmer und 14 Küchen vorhanden waren, und 274 Pferde. Das zweistöckige Hauptgebäude war umgerechnet 140 Meter lang. Das Erdgeschoß diente überwiegend als Pferdestall.[3]

Die Isarkaserne war die Münchner Kavallerieunterkunft schlechthin. Im Frühjahr 1803 stand die Kaserne mehrere Monate leer. Anschließend wurde sie vom Kürassier-Regiment »Minucci« benutzt. Als 1. Dragoner-Regiment verblieb dieser Verband nachweislich bis zum Herbst 1804 in der Kaserne.[4] Während des Feldzuges von 1805 waren in der Kaserne das Depot des 1. Dragoner-Regiments mit einem Pferdelazarett untergebracht. Im Frühjahr 1806 lag wieder das 1. Dragoner-Regiment »Minucci« in der Isarkaserne. Aus Mangel an Stallungen mußte es jedoch 57 Pferde außerhalb der Kaserne in Privatställen unterbringen, zumeist in der Au.[5] In den Jahren 1806/07 lagen die Depots des 1. Dragoner-Regiments und des 4. Chevaulegers-Regiments »Bubenhofen« in der Kaserne.[6] Nach der Übersiedlung einiger Eskadronen in das umgebaute Kloster im Lehel blieb die Isarkaserne weiterhin die Hauptunterkunft des 1. Dragoner-Regiments, beherbergte aber nun auch Einrichtungen des Fuhrwesen-Bataillons. Im Sommer 1808 waren vom 1. Dragoner-Regiment auf der Isarinsel einquartiert: die Kanzlei, das Lazarett, das Monturmagazin, die Schneiderei, die Schuhmacherwerkstatt, die Sattlerwerkstatt, der Profoß. Vom Fuhrwesen befanden sich dort Kanzlei, Sattlerwerkstatt und Bataillonsschule. Rund 600 Unteroffiziere und Mannschaften konnten in den Wohnzimmern untergebracht werden. Außerdem wohnte dort der Garnisonzimmerermeister, und es war die Zimmermannswerkstatt eingerichtet.[7]

Im Juli 1813 wurde auf Wunsch des 1. Chevaulegers-Regiments der Bau einer großen hölzernen Stallbaracke für 120 Pferde im Kasernenhof bewilligt.[8] Sechs Jahr später wurde eine der Stallbaracken in der Max-Vorstadt zerlegt und bei der Alten Isarkaserne wieder aufgestellt. Sie blieb bis 1835 ununterbrochen in Gebrauch.[9] Im Jahr 1820 wurde ein Teil der abgebrochenen Stallbaracken vom Gasteig auf die Isarinsel geschafft und dort mit dem Material eine neue große Baracke errichtet.[10]

Im Herbst 1822 war die Kaserne als Unterkunft nur noch auf 142 Mann berechnet. Die Stallungen konnten 236 Pferde aufnehmen. Ferner befanden sich in der Kaserne Stockwache und Büchsenmacherei der Garde du Corps, die Wohnung für einen Inspektionsoffizier des 1. Infanterie-Regiments und im Verwalterhaus das Büro der Kasernverwaltung München und ein Feuerlöschdepot.[11] Im Oktober 1824 bezog die 1. Eskadron des 4. Chevaulegers-Regiments »König«, die zuvor in den Baracken in der Max-Vorstadt untergebracht gewesen war, die Kaserne.[12] Am 16. Mai 1825 verließ die 6. Kompanie des 1. Linien-Infanterie-Regiments »König« die Alte Isarkaserne und zog in die neue Kaserne an der Türkenstraße um. Ihre Räume wurden teils der I. Geniedirektion, teils der Lokal-verpflegskommission zur Verfügung gestellt.[13]

Während des Sommers 1825 hatten die Chevaulegers Zimmer für 128 Mann in Beschlag, während der Rest der Kaserne 394 Unteroffizieren und Mannschaften des 2. Jäger-Bataillons zugewiesen wurde.[14] Ende Januar 1827 wurden die Technischen Kompanien sowie die bisher in der Lehel-Kaserne einquartierte Gendarmerieabteilung in die Alte Isarkaserne verlegt.[15] Im Herbst 1827 bezogen der Schirrmeister, der Schmied und der Sattler und des 1. Artillerie-Regiments Wohnungen in der Isarkaserne. Auch die Sattler-werkstatt und die Werkstatt des »Modellisten Schiele« wurde aus der Lehel-Kaserne hierher transferiert.[16]

Im Frühjahr 1828 wurde das Monturdepot der bayerischen Armee, das bisher in dem säkularisierten Damenstift St. Stephan in Augsburg untergebracht gewesen war, nach München in die Alte Isarkaserne verlegt. Diese Maßnahme war übrigens eine unmittelbare Folge der Kirchenpolitik König Ludwigs I., der St. Stephan zu einem Benediktinerkloster machte.[17] Das Monturdepot blieb in der Kaserne bis zum Herbst 1848, dann wurde es in einen von der Stadt München angemieteten Gebäudekomplex am Oberanger verlegt, und schließlich kam es im Jahr 1873 nach Ingolstadt.[18]

Die *Stallbaracken* wurden vorwiegend vom 1. Artillerie-Regiment genutzt. Auf der Isarinsel fand auch die Reitausbildung der Fuhrwesenrekruten statt.[19] Diese Stallbaracken befanden sich nach zwanzigjähriger Nutzung in schlechtem Zustand. In seinem Bericht über die Herbstinspektion 1831 beim 1. Regiment vermerkte der Kommandierende General des Artilleriekorps v. Hallberg, daß »... die meisten Pferde, womit die Marode-ställe angefüllt sind, gerade in diesen Baracken erkranken.«[20] Dessenungeachtet und obwohl bereits die tragende Holzkonstruktion teilweise verfault war, wurden die Barak-kenstallungen auch in den folgenden Jahren unverändert benutzt, da sie mit einer Kapazität von 268 Pferdeständen ein unverzichtbares Element der Garnison darstellten.[21] Im Dezem-ber 1833 mußte die Stallbaracke Nr. 4 wegen akuter Einsturzgefahr evakuiert und abgebrochen werden, und im Frühjahr 1834 wurden die beiden Stallbaracken Nr. 2 und 3 durch Neubauten ersetzt; die bisherige Baracke Nr. 5 wurde fortan als Nr. 4 bezeichnet.[22] Ein Jahr später war aber auch die Stallbaracke Nr. 4 in höchst bedenklichem Zustand. Es wurde berichtet, daß die Soldaten bereits 1833 bei starken Winden ein verdächtiges Knacken im Gebälk wahrgenommen hatten. Daraufhin war die Baracke mit Fichten-stämmen notdürftig abgestützt worden. Im Frühjahr 1835 glich nun das Gebäude nach Aussage einer Untersuchungskommission »... *einem Kasten, der eigentlich nur noch durch die Nägel zusammengehalten wird.*«[23] Da zum 20. April 1835 der Friedensetat des 1. Artillerie-Regiments ohnehin um 110 Dienstpferde reduziert wurde, konnte das Kriegs-ministerium den ersatzlosen Abbruch der Baracke Nr. 4 anordnen, so daß sich fortan bis zum Jahr 1849 nur noch drei Stallbaracken auf der Isarinsel befanden.[24]

Im Zeitraum zwischen 1828 und 1834 wurde die Alte Isarkaserne überhaupt nicht als Truppenunterkunft verwendet. Die einzigen Soldaten, die sich auch über Nacht in dem Komplex aufhielten, waren einige Stallwachen. Angesichts des Umstandes, daß sich auf der Isarinsel aber stets mehrere Hundert Pferde befanden, hielt schließlich das Kriegs-ministerium die ständige Kasernierung einer Fuhrwesensabteilung für notwendig, nicht zuletzt, um in einem Brandfall die vielen Pferde aus den Baracken herausführen zu können. Deshalb erhielt die 1. Geniedirektion den Befehl, ihre Geschäftsräume in der Alten Isarkaserne zu räumen und sich in der Stadt eine Privatwohnung als Büro anzumieten. Am 20. September 1834 verließ die Geniedirektion die Kaserne und begann mit dem Umbau ihrer bisherigen Dienstzimmer in einen großen Mannschaftssaal für sechzig Soldaten durch

Herausreißen der Zwischenwände.[25] Die Einquartierung der Fuhrwesensoldaten in der Alten Isarkaserne steht allem Anschein nach in direktem Zusammenhang zu einem spektakulären Großbrand in der Garnison Freising in der Nacht vom 2./3. September 1834 (!), bei dem es nur durch das unverzügliche Eingreifen der nahe den Stallungen wohnenden Mannschaft gelungen war, einige Hundert Pferde zu retten.[26] Kriegsminister v. Weinrich hatte daraus also unverzüglich Konsequenzen für die Garnison München gezogen.

Förmlich aus dem Boden gestampft wurde im Frühjahr 1848 das 3. (reitende) Artillerie-Regiment, mit der Folge, daß es in seiner Anfangszeit völlig zersplittert disloziert werden mußte. Dann erhielt es im Herbst 1848 nach der Ausquartierung des Armee-Montur-Depots die Alte Isarkaserne als Unterkunft, weil hier Stallungen für den hohen Pferdestand dieses Verbandes vorhanden waren. 1849 wurden auf der Isarinsel fünf neue Stallbaracken gebaut. Sie trugen anfangs die Bezeichnung Nr. 4 bis 8; die Stallbaracken Nr. 1 bis 3 standen bei der Neuen Isarkaserne. Die Baracken Nr. 4 und 8 faßten je 56 Pferde, die Nr. 5 konnte 62 Pferde aufnehmen, in Nr. 6 fanden 115 Pferde Platz und in der Stallbaracke Nr. 7 sogar 126 Pferde. Diese Gebäude waren solide Holzkonstruktionen mit Fußböden aus Backstein, Bretterwänden und Ziegeldächern. Damit konnten ab 1849 in modernen Stallungen bei der Alten Isarkaserne 415 Pferde eingestellt werden.[27]

Nach einer Beschreibung vom Januar 1852 war das Hauptgebäude der Kaserne 436' lang und 54' breit. Das Erdgeschoß war in Gewölbetechnik gemauert, darüber befanden sich zwei ausgebaute Etagen und der Dachboden. In der Mitte der einzelnen Stockwerke war ein langer Gang, zu dessen beiden Seiten die Zimmer. Das Dach war überwiegend mit Ziegeln, zu einem kleinen Teil mit Schindeln gedeckt. Isarabwärts gesehen schloß sich unmittelbar an die eigentliche Kaserne ein schmales, ebenerdiges Gebäude von 90' (26 Meter) Länge an. In diesem »Marodestall« konnten 25 Pferde betreut werden. Hierin war auch die Schmiede eingerichtet. Wiederum in direktem Anschluß an diesen Trakt befand sich das sogenannte »Dienstgebäude« mit den Schreibstuben, auch die »Kleine Fuhrwesenskaserne« genannt. Dieser Anbau nahe der Isarbrücke war 190' lang und 48' breit und hatte nur ein Obergeschoß. An seiner Südseite, also zur Straße hin, war eine hölzerne Latrine angelehnt. Insgesamt war der gerade beschriebene Komplex also 716' (204 Meter) lang.[28]

Um 1865 diente Prinz Leopold von Bayern (1846-1930), Sohn des Prinzen Luitpold, beim 3. Artillerie-Regiment in der Kaserne, die trotz mancher Unzulänglichkeiten noch einen Hauch biedermeierlicher Beschaulichkeit bot: »… Der weite Weg von der alten Isarkaserne zum Exerzierplatz [Oberwiesenfeld] nahm viel Zeit in Anspruch. Doch für uns junge Leute gab es viel Unterhaltung, wenn, angelockt durch unser Trompeterkorps, gar mancher hübsche Mädchenkopf noch in der Morgentoilette hinter den Fenstergardinen hervorsah, oder auf dem Rückmarsche uns die holde Weiblichkeit auf der Straße begegnete. Nach dem Einrücken ritt meist eine Anzahl der jungen Kameraden zum »Turmwirt«, der neben dem Brückenturme an dem linken Ufer der dortigen Isarbrücke einen kleinen, von einigen Kastanienbäumen beschatteten Wirtsgarten hatte. Wir banden unsere Pferde an die Bänke und tranken ein Glas Bier zu einem primitiven kleinen Imbiß. Am Tische daneben saßen die Floßknechte. Das fand man damals ganz natürlich und gemütlich.«[29]

Nach dem Umzug des 3. Artillerie-Regiments in die Max-II-Kaserne waren vom Herbst 1872 bis zum Frühjahr 1890 in der Alten Isarkaserne zwei Eskadronen des 3. Chevaulegers-Regiments (Freising) stationiert.[30] Infolge von Sanierungsarbeiten an der benachbarten Neuen Isarkaserne übernahm dann das 1. Schwere Reiter-Regiment die Alte Isarkaserne als Ausweichquartier und nutzte sie folgendermaßen: Im Erdgeschoß standen 40 Pferde der

1. Eskadron, daneben war das Wachtlokal mit Arrestzellen, das übrige Erdgeschoß stand der Münchner Garnisonverwaltung zur Verfügung. Im ersten Stock befanden sich Offizierspeiseanstalt und Bibliothek des 1. Schweren Reiter-Regiments, das Landwehrbezirkskommando München I und weitere Räume für die Garnisonverwaltung. Im zweiten Stock hatte die Garnisonverwaltung drei Familienwohnungen. Hier waren auch Kanzlei, Sattelkammer und Handwerkerstube der 1. Eskadron, deren Küche und neun Mannschaftszimmer für insgesamt 96 Soldaten. Die Mannschaft aß auf den Stuben, auf dem Gang war eine Theke für den Kantinenbetrieb eingerichtet. In der Stallung neben der Beschlagschmiede konnten 25 Pferde eingestellt werden, 75 Pferde faßte eine Stallbaracke.[31]

Bereis ab dem Jahr 1884 wurden Verhandlungen über den Verkauf der Alten Isarkaserne mit der Stadtgemeinde München geführt. Sie konnten 1888 abgeschlossen werden, nachdem die Stadt für das gesamte Militärareal 850 000 Mark geboten hatte. Die Übergabe des Geländes erfolgte aber erst im März 1892 nach dem Umzug der Garnisonverwaltung nach Neuhausen. Die Stadt quartierte nun in der ehemaligen Kaserne zahlreiche Behörden ein: die städtische Desinfektionsanstalt, die Inspektion für Blitzableiteranlagen, das polizeiliche Krankenträgerinstitut, den Sanitätsverband, Lehrwerkstätten des Volksbildungsvereins, die Berufsschule für Friseure, das städtische Arbeitsamt und vor allem seit dem Jahr 1894 das städtische Wehramt.[32]

Vor diesem Zeitpunkt war das städtische Wehramt im Rathaus untergebracht gewesen, die Musterung der Wehrpflichtigen hatte jedoch aus Platzgründen in der Schrannenhalle stattgefunden. Ab 1893 verlegte man die Musterungen in die Alte Isarkaserne, jedoch mußten zu den jedes Kalenderquartal erfolgenden Musterungen alle notwendigen Akten vom Rathaus in das Aushebungslokal geschafft werden und dann wieder zurück ins Rathaus. Das war umständlich und auch nicht ganz ungefährlich: »… Beigetragen zu dem Entschlusse, das ganze Amt auf die Kohleninsel zu verlegen, mag haben, daß einmal bei einem solchen Transport ein Windstoß eine nicht unbeträchtliche Anzahl von Stammrollen entführte und den grünen Fluten der Isar zutrug, die sie nicht mehr herausgab.«[33] So wurde 1894 das Wehramt ständig auf der Isarinsel untergebracht und die »Kohleninsel« allen Wehrpflichtigen, die bis 1914 in München gemustert wurden, ein fester Begriff.

Bald nach der Jahrhundertwende bahnte sich für die Kohleninsel der endgültige Abschied von der Sphäre des Mars an. Der umtriebige Münchner Ingenieur Oskar von Miller hatte im Mai 1903 angeregt, »… ob nicht, wie für die Meisterwerke der Kunst und des Gewerbes, auch für die Meisterwerke der Wissenschaft und Technik eine Sammlung in Deutschland angelegt werden sollte«. Tatsächlich gelang es ihm, mit der Protektion des späteren Königs Ludwig III. und des Innenministers v. Feilitzsch am 5. Mai 1903 einen Förderverein für dieses Museum aus der Taufe zu heben.[34] Nun stellte sich aber die Frage, wo in München man noch ein so großes Gebäude hinstellen konnte. Hier half die Stadt München. Im Frühjahr 1904 beschlossen die Gemeindekollegien, den Südteil der Kohleninsel im Erbbaurecht dem Museumsverein zu überlassen. Ein Jahr später wurde dieser Bauplatz nach Norden so erweitert, daß eine sinnvolle Nutzung des noch im städtischen Besitz verbliebenen Teils der ehemaligen Kaserne auf Dauer nicht mehr möglich erschien. Für das Wehramt mußte ein anderer Ort gefunden werden.[35] Der Deutsche Kaiser Wilhelm II. legte am 13. November 1906 persönlich den Grundstein für das »Deutsche Museum von Meisterwerken der Naturwissenschaft und Technik«, wie auch heute noch der offizielle Name der Münchner Sammlungen lautet. Es sollte aber noch viele Jahre dauern, bis der heutige Kernbau des Museums eröffnet werden konnte; das geschah erst am 7. Mai 1925. Am 1. Januar 1909 wurden einige Schauräume des Museums in den alten Mannschaftsstuben der Isarkaserne eingerichtet.[36]

Das Wehramt blieb aber, wie schon erwähnt, bis zum Sommer 1914 auf der Kohleninsel. Grundsätzlich war man sich einig, den notwendigen Neubau im Westen der Stadt zu errichten, wohin sich seit den 1880er Jahren der Schwerpunkt der Münchner Garnison verlagert hatte. Nach verschiedenen Projekten fiel die Entscheidung zugunsten des Areals zwischen dem Barackenkasernement Oberwiesenfeld und der Prinz-Leopold-Kaserne an der Winzerer Straße. Mit einem Kostenaufwand von knapp 680 000 Mark wurde der umfangreiche Gebäudekomplex nach einem Entwurf von Hans Grässel beim heutigen Nordbad errichtet. Nach dem Zweiten Weltkrieg wurde er Domizil des Münchner Stadtarchives. Die Festschrift erklärte stolz: »... *Die Stadt München ist, wie eine kürzlich durch die Zentralstelle des Deutschen Städtetages veranstaltete Umfrage ergeben hat, die erste und bisher einzige Gemeinde im Deutschen Reiche, welche für die Verwaltung der ihr zukommenden Militärangelegenheiten ein eigenes Gebäude errichtet hat.*«[37] Das Wehramt sollte im September 1914 feierlich eingeweiht werden, doch dann wurde die Mobilmachung zur ersten Amtshandlung.

Anmerkungen

1 Merkt/Grässl, Das Städtische Wehramt in München, München 1914, S. 20 ff.
2 M. Schattenhofer, Aus der Geschichte der Isarflößerei., in: ders., Beiträge zur Geschichte der Stadt München (= OA 109 (1984), S. 99 – 112, hier S. 102
3 A XX Bd. 21, Garnisonsbeschreibung vom 20. Februar 1800
4 MKr. 8907 Prod. 4, Kabinettsordre vom 14. Jan. 1804; Prod. 7, Kurf. Reskript vom 2. Sept. 1804
5 MKr. 8926 Prod. 9, 1. DragonerRgt an GenKdo Bayern am 28. April 1806
6 MKr. 8907 Prod. 11
7 A XX Bd. 68, Dislokationsliste vom 25. Juli 1808
8 A XX Bd. 82, Kgl. Reskript vom 27. Juli 1813
9 MKr. 8907 Prod. 161, Protokoll vom 16. März 1835
10 MKr. 8958 Prod. 47
11 A XX Bd. 4, Garnisonsbeschreibung vom 30. Nov. 1820
12 MKr. 8958 Prod. 54, 4. Chev. Rgt an KavBrigKdo der 2. Armee-Division, Augsburg 12. Okt. 1824
13 MKr. 8907 Prod. 71, KdtMünchen am 17. Mai 1825
14 Ebd. Prod. 73, KM am 21. Aug. 1825
15 Ebd. Prod. 83, KM an ArmeeKdo am 18. Jan. 1827
16 Ebd. Prod. 112, KM an ArmeeKdo am 25. Aug. 1827
17 Ebd. Prod. 87, KM an Armee-Montur-Depot am 25. Jan. 1828
18 Vgl. den Abschnitt »Armee-Monturdepot am Oberanger«
19 MKr. 8907 Prod. 90, 1. ArtRgt an KdtMünchen am 18. Nov. 1828
20 MKr. 8924 Prod. 52, ArtKorpsKdo am 14. Okt. 1831
21 MKr. 8907 Prod. 121, Militärlokalbaukommission am 14. März 1833
22 Ebd. Prod. 135, KM an 1. Armee-Division am 20. Dez. 1833; Prod. 137, KM an 1. Armee-Division am 30. April 1834
23 Ebd. Prod. 161, Protokoll vom 16. März 1835
24 Ebd. Prod. 162, KM an 1. Armee-Division am 29. April 1835
25 MKr. 8907 Prod. 141, KM an KdtMünchen am 5. Sept. 1834; Prod. 142, KM an 1. Armee-Division am 9. Sept. 1834; Prod. 145, 1. GenieDir an 1. Armee-Division am 20. Sept. 1834
26 MKr. 8062 Prod. 42, Untersuchungsbericht über den Brand in der Kürassierkaserne Neustift b. Freising vom 4. Sept. 1834
27 C 7 Garnisonbeschreibung, hier: Verzeichnis der militäreigenen Gebäude vom 15. Jan. 1852 (§ 9: Stallbaracken bei der Alten Isarkaserne)
28 Ebd. (§ 6: Alte Isarkaserne)
29 L. v. Bayern, Aus den Lebenserinnerungen: 1846 – 1930, hg. von H. Körner, Regensburg 1987, S. 87 f.
30 MKr. 8832 Prod. 127, KM am 14. Okt. 1872
31 MKr. 10322 Garnisonbeschreibung (1890), hier: Alte Isarkaserne
32 Merkt/Grässl (wie Anm. 1), S. 21 f.
33 Ebd., S. 14
34 zit. nach R. Pörtner, Oskar von Miller, Düsseldorf 1987, S. 64
35 Merkt/Grässl (wie Anm. 1), S. 19
36 Pörtner (wie Anm. 33), S. 67 ff. und S. 81 ff.
37 Merkt/Grässl (wie Anm. 1), S. 22 – 29 zit. Isar-Kaserne

Die Kosttor-Kaserne

Die Kosttor-Kaserne gehörte zu den ältesten Militärbauten der Garnison. Sie wurde im frühen 18. Jahrhundert errichtet und ging auf die Zeit der österreichischen Besatzung Münchens zurück.[1] Wer heute durch München wandert, wird die Kosttor-Kaserne vergeblich suchen. Sie läge nämlich als Sperre quer auf der Maximilianstraße im Bereich des heutigen Hotels »Vier Jahreszeiten« bei der Wurzerstraße.

Im Frühjahr 1800 wird über die Kosttor-Kaserne bemerkt: »… Diese Caserne liegt in der Stadt, hinter den sogenannten Hartschier-Stallungen, stoßet hinten mit einem Theil an den Wall, hat einen kleinen Casernen-Hoff, und längs der Caserne eine schmale Grundanlage, vor welcher ein Isaar-Arm [Malzmühlbach] vorbey fließet. Vorn befindet sich die Gasse. (…) Hat Rez de Chaussée, 1te Etage und zum theil 2te Etage. (…) Der Kasten dient theils zu Regiments-Requisiten Verschlägen, theils um Fournituren zu trocknen. Diese Caserne ist in Mauerwerk aufgeführt, und mit Hohlziegeln gedeckt. Mehrere Zimmer au Rez de Chaussée in dieser Caserne sind feucht und etwas ungesund, die übrigen aber gesund und licht. Die Stiegen sind ziemlich gut. Im Hof befinden sich: Die Küche (Schlachthauß), ein Waschhauß von Brettern, Zufahrt, 1 laufender Röhrbrunnen. Am Isaar-Arm befindet sich der Abtritt.« Das Gebäude war umgerechnet 74 Meter lang und im Mitteltrakt 12 Meter breit. An beiden Stirnseiten waren stummelartige Flügeltrakte angesetzt. Bis zur Dachtraufe war das Mauerwerk knapp sieben Meter hoch, im linken Flügelbau mit der 2. Etage etwas höher. Die Kosttor-Kaserne hatte zu diesem Zeitpunkt im Erdgeschoß zehn Wohnzimmer und fünf Küchen für 176 Personen, im 1. Stockwerk dreizehn Wohnzimmer und vier Küchen für 220 Personen und im 2. Stockwerk zwei Wohnzimmer und eine Küche für 24 Personen. Somit konnten darin 420 Mann kaserniert werden. Außerdem waren im Erdgeschoß die Stockwacht mit dem Prison sowie die Wohnungen des Kasernenhausmeisters und des Profoß der Artillerie eingerichtet. »… Zu der Caserne gehört ein Militärisches Wohnhauß, am Isaar-Arm gelegen (über dem Stadtbach gebaut), steht frei. Au Rez de Chaussée desselben zwey Verhörzimmer, Küche, Holzlege, können aber 14 Mann fassen. In der 1ten Etage bewohnt der Adjutant pro Parte Salariy [gegen Miete] zwey Zimmer, Küche, Verschlag, können aber 14 Mann fassen.«[2]

Welche Truppenteile die Kosttor-Kaserne in der Zeit zwischen 1800 und 1803 bewohnten, ist nicht genau zu ermitteln. Das Gebäude wurde in dieser Zeit ziemlich ruiniert, vor allem die Fußböden, Türen, Fenster und Kochstellen. In den Jahren 1803 und 1804 war das 2. Infanterie-Regiment »Kurprinz« darin einquartiert.[3] Im Gefolge des Feldzuges von 1806 wurde die Kosttor-Kaserne von französischen Truppen beansprucht. Nachdem die Franzosen das Gebäude Mitte Mai 1806 wieder geräumt hatten, wurde sie dem Artillerie-Regiment zugewiesen.[4] In der Folgezeit war die Kosttor-Kaserne, wie schon im 18. Jahrhundert, die wichtigste Truppenunterkunft der Artillerie in der Garnison. Im Sommer 1808 fanden darin in 26 Wohnzimmern 430 Personen Platz. Die meisten Räume waren mit neun zweischläfrigen Bettladen ausgestattet.[5] Damit war die Kaserne etwas enger belegt als um 1800.

Im Herbst 1820 befanden sich in der Kosttor-Kaserne die Wohnungen für den Profoß und den Musikmeister, die Regimentskanzlei, die Schneiderwerkstatt, das Monturdepot der Artillerie und siebzehn Wohnzimmer für 310 Soldaten; letztere waren bis auf einen Raum für achtzehn Mann auch tatsächlich belegt.[6] Natürlich gab es in der Kaserne auch ein Wachtlokal, einen Arrest und eine Hausmeisterei. Außerdem wurde die schon für das Jahr 1800 erwähnte Fleischbank im Kasernenhof benützt. Obwohl gemäß Reskript vom 29. September 1819 die Kasernmetzgereien aufzulösen waren, blieb der Pachtvertrag des

1. Artillerie-Regiments mit dem bürgerlichen Metzger Anton Wasserburger gültig bis zu dessen Ableben. Erst im Mai 1838 (!) mußte dessen Witwe den Betrieb zum September 1838 schließen.[7]

Im Frühjahr 1826 hatte das 1. Artillerie-Regiment in der Kaserne seinen Profoß, ein Arrestlokal, eine Krankenstube für Soldatenfrauen und Kinder, die Regimentskasse, die niedere Regimentsschule und dreizehn Wohnzimmer für 232 Personen, von denen aber zwei Zimmer im Erdgeschoß wegen ihrer Feuchtigkeit (vgl. die Beschreibung vom Jahr 1800) nicht benützt wurden. Die Ouvriers-Kompanie hatte im 1. Stockwerk sechs Wohnzimmer mit jeweils zehn zweimännigen Bettladen zu ihrer Verfügung.[8]

Im Sommer 1833 lebten vom 1. Artillerie-Regiment 226 Unteroffiziere und Soldaten, eine Frau und ein Kind in fünfzehn Zimmern. Die Masse dieser Stuben war einheitlich mit acht zweischläfrigen Bettladen ausgestattet und nahezu voll belegt mit durchschnittlich vierzehn Personen. Außerdem befanden sich die Werkstätten des Schuhmachers und des Schneiders in der Kosttor-Kaserne. Ähnlich wie 1826 hatten die Ouvriers im 1. Stockwerk fünf Zimmer. Der Profoß des Artillerie-Regiments war nun in das Adjutantenhaus umgezogen.[9]

Zu Jahresbeginn 1852 wurde der Bauzustand des Anwesens Herrnstraße Nr. 12, das war die zivile Hausnummer der Kaserne, als »mittelmäßig« klassifiziert, die Belegungsfähigkeit betrug 265 Personen.[10] Bereits wenige Monate später rechnete die Armee damit, die Kosttor-Kaserne in absehbarer Zeit räumen zu müssen, da die projektierte Trassenführung der »Neuen Königs-Straße«, d. h. der Maximilianstraße geradewegs durch diesen Komplex verlief.[11]

Im August 1853 war von seiten des Kriegsministeriums zumindest ein teilweiser Abbruch der Kaserne vorgesehen, man rechnete aber auch mit einer vollständigen Demolierung.[12] In der Folgezeit begann ein Teilabbruch, jedoch blieben noch Soldaten im intakten Südflügel der Kaserne bis zum Sommer 1855. Anfang September 1855 wurde dann auch dieser Gebäudeteil vom Militär geräumt und dem Kgl. Hofsekretariat zum Abbruch übergeben. Im Laufe des Jahres 1855 fiel auch das Adjutantenhaus der Spitzhacke zum Opfer.[13] König Max II. erwarb das gesamte Grundstück im Frühjahr 1857 über die Kabinettskasse für einen Betrag von 31.456 Gulden.[14]

Anmerkungen

1 Vgl. M. Megele, Baugeschichtlicher Atlas der Landeshauptstadt München, München 1951, S. 143
2 A XX Bd. 21, Beschreibung der Kosttor-Kaserne vom 20. Febr. 1800
3 MKr. 8930 Prod. 1, eine Kabinettsordre vom 23. Okt. 1803 rügt die mangelhafte Dienstaufsicht des 2. InfRgt und den »ruinierten Zustand« der Kaserne und bewilligt 763 fl. Reparaturkosten; Prod. 7, Kurfürstliches Reskript vom 31. Aug. 1804
4 Ebd. Prod. 8, ArtRgt am 14. Mai 1806; Kgl. Reskript vom 17. Mai 1806
5 A XX Bd. 68, Dislokationsliste der Kosttor-Kaserne vom 25. Juli 1808
6 A XX Bd. 4, KasVw München am 30. Nov. 1820
7 MKr. 8930 Prod. 16, KM am 2. Mai 1825; Prod. 36, Abschrift des Kontrakts zwischen dem (1.) ArtRgt und dem Metzger Anton Wasserburger vom 19. Okt. 1817; 1. ArmeeDiv am 4. Mai 1838; Prod. 37, KM am 10. Mai 1838
8 Ebd. Prod. 20, 1. ArtRgt - Belegungsliste vom 22. März 1826; Gutachten des Stabsarztes Dr. Ahles d. d.
9 MKr. 8825 Prod. 99, 1. ArtRgt – Belegungsliste vom 19. Aug. 1833
10 C 7, hier: Verzeichnis der militäreigenen Gebäude der Garnison München vom 15. Jan. 1852
11 C 7, hier: Gutachten des Ing.Oberst v.Hörmann vom 17. April 1852 (Beleg Nr. 14 zum II. Teil des Kommissionsberichts vom 24. Juli 1853); MKr. 8930 Prod. 59, KM am 25. April 1852
12 MKr. 8930 Prod. 60, KM am 2. Aug. 1853
13 Ebd. Prod. 61, KM am 22. Aug. 1855; Prod. 62, KM am 5. März 1856
14 Ebd. Prod. 64, KM am 4. April 1857

Die Hofgartenkaserne

Der heutige Münchner Hofgarten geht zurück auf den Garten der wittelsbachischen Neufeste. Er wurde von Herzog Wilhelm IV. im Stil der Renaissance gestaltet und fand bereits im Jahre 1530 entsprechende Erwähnung. Unter Herzog Albrecht V. wurde der Hofgarten erweitert und mit den heute noch teilweise vorhandenen Arkaden versehen.[1] Im Jahre 1614 ließ Herzog Maximilian den tempelförmigen Zentralpavillon bauen. Am Ostrand der Anlage entstand 1615 auf dem zur Vorstadt Lehel hin abfallenden Gelände ein großer Zierteich. Hinter dem Weiher, am äußersten Rand des Hofgartens, ergänzte man ein älteres Lusthaus symmetrisch durch zwei weitere Gebäude. Der neue Mittelbau dieser Anlage hieß das »Vischhaus«.[2] Der älteste, hinter der ehemaligen Neuveste gelegene Teil des bisherigen Gartens, der heutige Marstallplatz, wurde 1615 zum Areal des neuen kurfürstlichen Zeughauses bestimmt.[3] Dies war der gravierendste Eingriff in den Hofgartenbereich bis zum Bau der Hofgartenkaserne und bezeichnenderweise ebenfalls schon aus militärischem Kalkül. Kurfürst Ferdinand Maria ließ um 1660 an der Westseite des Hofgartens ein großes Turnierhaus mit über 120 Meter Länge errichten. Es diente auch als Hofreitschule und Speicher. 1822 wurde es abgerissen und durch den heutigen »Basar« Klenzes ersetzt.[4]

Kurfürst Max III. Joseph gab die höfische Exklusivität des Hofgartens auf. Zunächst wurde der untere Hofgarten, also das spätere Kasernenareal, zum Obst- und Gemüsegarten für die Residenz bestimmt. Das »Vischhaus« wurde 1769 in eine kurfürstliche Seidenspinnerei (»*Philatorium*«) umgebaut. 1776 wurde der obere Garten mit Linden bepflanzt und wahrscheinlich gleich nach Abschluß dieser Umgestaltung der Öffentlichkeit zugänglich gemacht. Bereits 1782 gab es in den westlichen Hofgartenarkaden beim alten Turnierhaus ein bürgerliches Kaffeehaus, dessen lokale Tradition bis heute gewahrt geblieben ist. Im Jahre 1783 wurde die neue Kurfürstliche Gemäldegalerie über den nördlichen Hofgartenarkaden der Öffentlichkeit zugänglich gemacht. 1796 wurde dem Seidenfabrikanten Altmutter gestattet, an der Südostecke des Hofgartens ein Manufakturgebäude zu errichten, das sogenannte »Seidenhaus«, nicht zu verwechseln mit dem kurfürstlichen Philatorium.[5]

Planung und Bau der Kaserne (1801 – 1807)

Am Beispiel der Kreuzkaserne konnte aufgezeigt werden, daß bereits im späten 18. Jahrhundert Pläne zum Neubau einer oder auch mehrerer Kasernen für die Münchner Garnison erörtert worden waren. Unter dem neuen Kurfürsten Max Joseph wurde diese Planung wieder aufgenommen. Am 2. Juli 1801 schrieb der damalige Stadtkommandant Generalmajor Graf v. Nogarola an Max IV. Joseph: »... *Dem Höchsten Befehle zufolge lege ich Euer Churfürstlichen Durchlaucht nicht allein einen unterthänigsten Vorschlag, Plan und Kosten Überschlag vor, wie eine Casserne allhier gebaut werden könnte, welche vermög ihrer ganz besonders vortrefflichen Lage das Wohl und Nutzen der Soldaten mit einer ansehnlichen Verschönerung der Stadt verbindet*«.[6]

Die Denkschrift vom 2. Juli 1801 ist ein interessantes Dokument über die Vorstellungen der damaligen Zeit von einer idealen Kaserne. Als eigentlicher Verfasser ist wohl der Kriegsökonomierat Joseph Frey, »... *welcher den beyliegenden Plan verfertiget hat, auch bei dem militairischen Bauwesen seit jeher angestellt war*«, anzunehmen.[7] Als Bauplatz für eine neue Münchner Großkaserne wird im Gutachten der ostwärtige Randbereich des Hofgartens empfohlen. Der Plan sah vor, den Stadtbach hinter dem Philatorium zu überbauen, dieses alte Gebäude in den Neubau zu integrieren und den Zierweiher vor dem

Philatorium trocken zu legen, um an dessen Stelle einen großen Kasernenhof (»Place d'Armes«) zu erhalten. Der Kostenvoranschlag für die auf 1800 Personen berechnete Kaserne belief sich auf 155 816 Gulden 42 Kreuzer.

Als vordringlichstes Problem stellte sich der zusätzliche Grunderwerb für die Kaserne dar, denn in unmittelbarer Nachbarschaft des Hofgartens lagen seit dem 14. Jahrhundert zwei ehemalige herzogliche Mühlen. Die Köglmühle (später Hofgartenstraße Nr. 3) sollte bis 1890 in Betrieb bleiben und wurde dann in ein kleines Elektrizitätswerk umgebaut. Die Kainzmühle (später Pilotystraße Nr. 1) wurde 1878 zur »St. Anna-Kunstmühle« modernisiert und arbeitete sogar bis 1965.[8] Bei der Realisierung des vorgesehenen Bauplanes verlor der Köglmüller ein Haus mit mehreren Mietwohnungen, sein Nachbar, der Kainzmüller, eine Stampfmühle, seinen Viehstall und den Wagenschuppen. : »... Daß nun dieser [Kainzmüller] am meisten, und gar beim Antrag schreien wird, läßt sich leicht denken, allein so gehet es überall, so ging es bei dem Applaniment und Anlage der neuen Chaussée um die Stadt, die Beteiligten lärmten, sie wurden aber ordentlich entschädigt, sie waren damit zufrieden und nun sind sie still.«[9]

Am 8. Juli 1801 befahl der Kurfürst die Errichtung der neuen Kaserne im Hofgarten nach dem vorgelegten Plan. Die fachliche Bauleitung wurde dem Kriegsökonomierat Frey übertragen, den der Stadtkommandant in der Eingabe vom 2. Juli als »... überhaupts aber zu diesem Geschäft ganz geeignet« empfohlen hatte. Die gewaltige Dimension des Bauvorhabens für das arme Kurfürstentum Bayern wird daran ersichtlich, daß Max IV. Joseph für dieses Projekt eine besondere, dreifach versperrte Kassentruhe beim Hofkriegszahlamt aufstellen ließ, zu der lediglich eine Spezialkommission, bestehend aus den drei Kriegsökonomieräten Orff, Sartori und Frey, gemeinsam Zugang erhalten sollte: »... Übrigens wird das ganz Bau Geschäft unter der Ober-Aufsicht Unseres heute eigens beauftragt werdenden Generalmajors und Stadtkommandanten Graf von Nogarola geführt, und hat der Bau dirigende Rath Frey in allen Anständen an gedachten Nogarola sich zu wenden.«[10] Die besondere Baukommission für die Hofgartenkaserne bestand bis Ende März 1804. Ab diesem Zeitpunkt unterstand das Bauprojekt dann dem regulären Geschäftsgang des Kriegsökonomierats.[11]

Bereits am 27. Juli 1801 wurde eine wichtige Entscheidung für das künftige Schicksal der Hofgartenkaserne und ihrer Bewohner getroffen. Es gab mit den beiden Müllern wegen der ursprünglich beabsichtigten Eingriffe in ihre Realrechte doch größere Schwierigkeiten als erwartet und zudem erschien die projektierte Überbauung des Stadtbaches (zur Entsorgung der Abtritte!) problematisch. So wurde beschlossen, daß die Kaserne 54 Schuh, umgerechnet etwa fünfzehn Meter, Richtung Westen versetzt werden sollte. Damit rückte sie in den Bereich des bisherigen Weihers, dessen Schlamm als Dünger an den Englischen Garten und Privatinteressenten abgegeben wurde – jeweils eine Wagenladung voll gegen zwei kostenlose Transportfuhren für den Kasernenbau.[12] Durch die Auffüllung und Planierung des unteren Hofgartens gerieten die bisher ebenerdig zugänglich gewesenen Arkaden in die Situation eines Souterrains, blieben aber noch offen zugänglich. Erst mit dem Bau des Kunstvereingebäudes (eröffnet 1866) auf den Arkaden wurden diese zum Exerzierplatz hin zugemauert. Beim Bau des Armeemuseums wurde dann der alte Exerzierplatz in seinem Niveau erhöht und dadurch der Albertinische Arkadenbau eingegraben. So verschwand das Wissen um die Existenz um diesen Bau der Renaissance, der 1985 praktisch neu entdeckt wurde.[13] Weit schwerwiegender war der Umstand, daß die wichtigste Kaserne der Haupt- und Residenzstadt auf einem völlig sumpfigen, nur hastig zugeschütteten Untergrund zu stehen kam, woraus sich später noch große Probleme entwickeln sollten!

Das genaue Datum der Grundsteinlegung ist unbekannt, jedenfalls wurde sie noch im Jahre

1801 durch die drei Baukommissare und den Stadtkommandanten vollzogen.[14] An der Vorderfront der künftigen Kaserne vorbei wurde im Herbst 1801 eine Chaussée in den Englischen Garten, der heutige »Leibregimentsweg« im ostwärtigen Hofgarten, angelegt.[15] Die Kaserne wurde nicht in voller Größe auf einmal gebaut. Zunächst arbeitete man nur am Mittelpavillon und dem Nordflügel. Als Baumaterial wurden auch über 6000 Ziegelsteine vom ehemaligen Paulanerkloster in der Au verwendet. Der Kurfürst drang beim Kasernenbau auf Eile, jedoch sollte das frischgemauerte Gebäude erst belegt werden, wenn dies ohne gesundheitliche Schäden für die Soldaten möglich erschien.[16]

Im März 1804 wurde der nördliche Flügel der neuen Kaserne von Militärärzten untersucht und für bewohnbar erklärt, mit Ausnahme des noch feuchten Erdgeschosses. Daraufhin wurde die Belegung der Hofgartenkaserne mit zum Dienst einrückenden 510 Beurlaubten des 2. Linien-Infanterie-Regiments »Kurprinz« angeordnet.[17] Nach dem großen Münchner Übungslager räumten die Mannschaften dieses Regiments die Kaserne für das 1. Linien-Infanterie-Leib-Regiment. Bereits nach wenigen Tagen mußte dann die neue Kaserne vorübergehend wieder verlassen werden, da die Münchner Truppen in die Oberpfalz verlegt wurden.[18] In der Folgezeit waren im Nordtrakt wohl wieder Teile des damaligen Leib-Regiments bzw. dessen Depot einquartiert. Nach Berichten vom November 1805 war der teilweise fertige Südflügel von kranken österreichischen Kriegsgefangenen und einer Feldmetzgerei der französischen Armee belegt. Dann wurden Angehörige des Freiwilligen Jägerkorps dort kaserniert und zwar ausdrücklich deshalb, um den Jägern ein ordentliches, mäßiges und diszipliniertes Soldatenleben beizubringen.[19] Von den ersten Planungs-arbeiten bis einschließlich der Baumaßnahmen des Jahres 1807 kostete die Hofgarten-kaserne nach einer späteren Berechnung des Kriegsökonomierats 256 628 Gulden 40 Kreuzer 3 Heller.[20]

Die Kaserne in den Jahren 1808 bis 1825

Spätestens ab dem Jahr 1808 war die Hofgartenkaserne vollständig eingerichtet. Nach einer Dislokationsliste vom Sommer 1808 wurde die Kaserne vom Leib-Regiment folgender-maßen genutzt:[21]

Im Erdgeschoß befanden sich je ein Zimmer für 12 Mann, 26 Mann, 28 Mann und 36 Mann. Dazu kamen zwei Zimmer für jeweils 22 Mann und drei Zimmer für je 32 Mann. Insgesamt konnten somit *im Parterre 242 Mann* kaserniert werden. Dazu kamen das Wohnzimmer für den Kasernenhausmeister nebst einer »Zechstube« (Kantine), das Wohnzimmer eines Hautboisten, ein gemeinsames Wohnzimmer für den Regimentstambour und den Regi-mentsprofoß, das Unterrichtszimmer für die Regimentsschule, ein Magazinraum, das Wachlokal und eine Strafstube. Außerdem verfügte das Erdgeschoß über vier Küchen und drei Abtritte.

Im ersten Obergeschoß lagen je ein Zimmer für 12 Mann, 26 Mann und 28 Mann sowie drei Zimmer für je 22 Mann und fünf Zimmer für je 32 Mann. Insgesamt konnten somit *im ersten Stockwerk 228 Mann* kaserniert werden. Dazu kamen in dieser Etage die Wohnung des Regimentsadjutanten nebst Verhörzimmer und Bibliothek, das Wohnzimmer eines Hautboisten und das gemeinsame Wohnzimmer für die Parkwächter im Hofgarten, d. h. Angehörige der Garnisonskompanie, sowie drei Küchen und drei Abtritte.

Das zweite Stockwerk beherbergte je ein Zimmer für 12 Mann, 26 Mann, 28 Mann und 36 Mann. Drei Zimmer boten Platz für je 22 Mann, und drei Zimmer waren für jeweils 32 Mann eingerichtet. Damit konnten insgesamt *im zweiten Stock 286 Mann* kaserniert werden. Hier befanden sich auch die Regimentskanzlei, ein Offiziersarrestzimmer, die

Regimentsschneiderwerkstatt mit Monturmagazin, die Wohnung des Regimentskapellmeisters, vier Küchen und drei Abtritte.

Im dritten Stockwerk lagen je ein Zimmer für 16 Mann, 28 Mann und 36 Mann, zwei Zimmer waren für je 26 Mann eingerichtet, vier Zimmer für je 32 Mann und fünf Zimmer für je 22 Mann. Insgesamt waren also *im dritten Stockwerk 370 Mann* in Gemeinschaftswohnräumen kaserniert. Ferner dienten hier zwei Zimmer als Einzelwohnungen für Hautboisten, in einem Zimmer war ein straffällig gewordener Quartiermeister arretiert. Die Etage verfügte über vier Küchen und drei Abtritte.

Im erhöhten Mittelpavillon gab es noch ein viertes Obergeschoß, dessen vier Zimmer als Regimentslazarett eingerichtet waren. Zu bemerken ist außerdem, daß das Armee-Montur-Magazin in der Kaserne neun Zimmer für ihre Zwecke reserviert hatte und zwar drei im Erdgeschoß bzw. je zwei Zimmer in den oberen Etagen. Nach Meinung der Truppe bot die Kaserne in der oben beschriebenen Raumeinteilung Platz für 1594 Unteroffiziere und Mannschaften, während die Militärverwaltungsbeamten die Auffassung vertraten, die Räume könnten getrost dichter belegt werden und böten dann Platz für 2168 Mann.

Der Architekturhistoriker Zimmermann charakterisiert die Hofgartenkaserne so: »... Der Grundriß des auf 590 Fuß (ca. 189 m) ausgedehnten Gebäudes, das ursprünglich für 1700 – 1800 Mann berechnet war, entspricht dem damals modernen System: mittels langer Gänge an der Frontseite, die durch drei Tore und über Treppen mit Marmorstufen bedient werden, sind die Räume, alle nach Osten gerichtet, zu erreichen. Zwischen die Mannschaftsräume gelegt sind die Küchen, rückwärts in den Seitenrisaliten sowie im Mittelrisalit befinden sich die Abtritte, die auf Grund des nahen Stadtbaches, der ein wichtiges Argument für den gewählten Standort der Kaserne war, nicht die sonst üblichen Probleme bereiteten.«[22] Unerwähnt bleibt bei Zimmermann die etwas merkwürdige Proportionierung der Mannschaftszimmer in verschiedenen Größen.

Das Giebelfeld des Mittelbaues der Kaserne über dem Haupttor war mit einer Portraitbüste des Kurfürsten Max Joseph geschmückt. Sie stammte von dem bekannten Bildhauer Roman Anton Boos (1730 – 1810). Boos hatte bereits Figuren für die Fassade der Theatinerkirche und des Nymphenburger Schloßparks gefertigt. Nach einem Kostenvoranschlag des »Churfürstlichen Hofstatuar und der Akademie der bildenden Künste Director« vom 5. April 1803 war die Büste aus weißem Marmor und knapp 1,3 Meter hoch. Sie stand auf einem etwa 0,4 Meter hohen Postament aus rotem Marmor. Inklusive Materialkosten berechnete Boos (»Booß«) für seine Arbeit 1200 Gulden.[23] Die Urheberschaft von Boos wurde dann lange Zeit vergessen: »... Eine vom Vorgängerbau, der Hofgartenkaserne stammende Büste König Max I. Josephs hingegen wurde im März 1905 an den Bildhauer Hugo Kaufmann um 50 Mark veräußert.«[24] Die im Sommer 1914 veröffentlichte Geschichte des Infanterie-Leib-Regiments berichtet über das weitere Schicksal dieses Kunstwerkes: »... durch Hauptmann Freiherrn von Steinling wieder entdeckt, ziert es heute die Front der neuen Offizierspeiseanstalt [der Türkenkaserne].«[25]

Auf dem Exerzierplatz der neuen Kaserne standen in jenen Kriegsjahren übrigens hölzerne Baracken für Pferde der Artillerie bzw. des Militärfuhrwesens. Am 10. August 1809 erging ein königliches Reskript: »... Die Stallbaracken am Hofgarten dahier, welche nur für den größten Drang erbaut worden sind, beleidigen nicht nur das Auge an einem dem ästhetischen Vergnügen gewidmeten Platze, sondern die aus den dort sich seit längerer Zeit gesammelten Pfützen und Kloacken aufsteigenden üblen Dünste bedrohen die Gesundheit der sämtlichen Anwohnerschaft [Residenz!].«[26]

Im Juni 1810 stand dem 1. Linien-Infanterie-Leib-Regiment in der Hofgartenkaserne Raum für 950 Personen (475 zweischläfrige Bettladen zur Verfügung), die Jäger zu Fuß beanspruchten fünf Zimmer mit 60 Bettladen, das Armeefuhrwesen hatte zwei Zimmer mit 14 Bettladen. Je ein Zimmer hatten das 1. Dragoner-Regiment (13 Betten), die Berittenen Jäger (5 Betten) und die Hofgartenwache der Garnisonkompanie (8 Betten).[27]

Mit der Errichtung des Grenadier-Garde-Regiments ab Juli 1814 wurde natürlich dieses neue Leib-Regiment Hausherr der Hofgartenkaserne in unmittelbarer Nähe zur Residenz. Am 20. August 1814 lagen 850 Gardegrenadiere in der Kaserne, aber auch 558 Mann vom 1. Linien-Infanterie-Regiment »König«, dem vormaligen Leib- und Gardeverband der bayerischen Infanterie.[28] Die gemeinsame Belegung der Kaserne durch die Garde und das Regiment »König« wurde auch in der Friedenszeit nach 1815 beibehalten, bis um 1820. Zum Jahresbeginn 1821 findet man hingegen das Grenadier-Garde-Regiment als alleinigen Nutzer der Hofgartenkaserne. Das 1. Linien-Infanterie-Regiment lag zu dieser Zeit in der Alten Isarkaserne, der Kreuzkaserne und der Wohnbaracke in der Max-Vorstadt.[29] Größere Baumaßnahmen an der noch ziemlich neuwertigen und solide erstellten Hofgartenkaserne gab es nicht. Lediglich eine kleine Stallung für zwei Pferde hinter der Kaserne am Stadtbach wurde errichtet, und die Marmortreppen belegte man mit Holz, da die Soldaten darauf mit ihren Stiefeln oft ausgerutscht waren.[30]

Gegen Ende der Regierungszeit des Königs Max I. Joseph galt die Hofgartenkaserne wohl durchaus als architektonische Sehenswürdigkeit in der Haupt- und Residenzstadt. So bewunderte etwa ein italienischer Reisender anno 1824 »… il gran quartiera della Guardia Reale: superbo edifizio di moderna ben intesa costruzione.«[31]

Die Kaserne unter König Ludwig I.

Ludwig I. war schon als junger Kurprinz ein Gegner dieses riesigen Militärgebäudes an einem derart sensiblen Ensemble, wie es der Hofgarten war, gewesen. Er klagte noch später über die seiner Ansicht nach wenig qualitätvolle Architektur: »… *damaligen Münchner Baustils, der architektonischen Schönheit bar, so recht gewesen, noch das unter Rumford übliche wüste Erzeugnis.* Generalleutnant von Gaza, ein preußischer westfäliger, hatte gar den Vorschlag gethan, die Bäume umhauen zu lassen, damit der Churfürst von seinem Fenster exerzieren sehe; zum Glück wurde nichts draus.«[32] Es kann kein Zweifel daran bestehen, daß es der Kronprinz war, der Leo v. Klenze bereits im Jahre 1816 zu einem Neugestaltungskonzept für den ostwärtigen Rand des Hofgartens veranlaßte. Dieser Plan sah den Abschluß der Hangkante zum Exerzierplatz der Hofgartenkaserne durch Arkaden gleich jenen an der Nordseite des Gartens vor, um dadurch den Kasernenbau der Sicht der im Hofgarten Wandelnden zu entziehen.[33]

Obwohl die Kaserne während der Herbstwaffenübungen immer voll von der Truppe benützt wurde, nahm König Ludwig I. im Frühjahr 1826 dem Militär vier große Mannschaftszimmer, eine Küche mit Holzlege, einen Abtritt und einen Abschnitt des Ganges im zweiten Stockwerk und ließ dort auf Kosten des Militärärars eine Wohnung für den Hofgärtner Joseph Hayler herstellen. Erst nach Haylers Tod (1839) geruhte der König diese Räume wieder ihrem eigentlichen Verwendungszweck zu übergeben.[34] Noch Jahre später gab es Schwierigkeiten mit der ehemaligen Hofgärtnerwohnung, die teilweise auch als Treibhaus benutzt worden war. So mutmaßte die I. Genie-Direktion München, daß durch jahrelanges Vorherrschen feuchter, modriger Luft die nunmehrigen Mannschaftszimmer in ihrer Bausubstanz Schaden gelitten hatten.[35]

Ungeachtet der Abneigung des Königs gegen die unliebsame Kaserne präsentierte er sie dennoch, gewissermaßen als Schaufenster der Armee hohen Gästen. So besichtigte etwa am 25. Juli 1837 Kronprinz Oskar von Schweden, der Sohn des vormaligen französischen

Marschalls Bernadotte, mehrere Stunden eingehend das Gebäude. Im Jahr 1845 plante der König eine vollständige Sanierung des Hofgartens. Die Hofgartenkaserne sollte abgerissen werden und an ihrer Stelle der frühere Weiher nebst einem Blumengarten wieder erstehen. Dahinter sollte der Arkadenbereich der Nordseite fortgesetzt werden, um dem Hofgarten auch nach Osten hin einen entsprechenden architektonischen Rahmen zu geben. Diese Arkaden sollten nach Vorschlag Leo v. Klenzes auch praktisch als Lager-räume genutzt werden. Indessen wurde das Projekt wegen der vielen, ohnehin schon laufenden königlichen Bauvorhaben verschoben und kam dann durch die Revolution von 1848 erst recht nicht zur Realisierung.[36]

Die Kaserne in den Jahren 1848 bis 1893

Wohl kein Herrscher Bayerns kümmerte sich so intensiv um das Wohl seiner Soldaten wie Max II. Vor allem das Quartier seines Leib-Regiments lag ihm besonders am Herzen. Bereits am 4. Mai 1848 inspizierte der König die Hofgartenkaserne und spendete sodann einige hundert Gulden als Menagezuschuß für die Mannschaft.[37] Am 17. Oktober 1853 besichtigte Kaiser Franz Joseph von Österreich die Hofgartenkaserne, in der extra wegen seines Besuches in München »sein« 13. Infanterie-Regiment »Kaiser Franz Joseph« einquartiert worden war. Max II. hatte das Regiment aus Bayreuth nach München beordert, um es dem Inhaber auch einmal vorzuführen.[38] Die Kaserne war um die Mitte des 19. Jahrhunderts »in größtmöglichster Belegung« auf eine Kapazität von 1550 Personen, davon allerdings 550 Mann in Notquartieren auf den Gängen, klassifiziert.[39]

Am 18. Januar 1854 erging an den Kriegsminister v. Lüder folgendes Schreiben des Königs: »… Seit mehreren Jahren, namentlich aber in der letzten Zeit, hat sich die traurige Erfahrung festgestellt, daß der Zustand der Infanterie-Leib-Regiments-Kaserne der Ge-sundheit der darin untergebrachten Mannschaft höchst nachtheilig sei. Mehrfällige Erhebungen und Untersuchungen haben, so viel ich weis, darüber stattgefunden. Ich wünsche die Ergebnisse derselben kennen zu lernen, mit deren Vorlage aber gleichzeitig Ihre gutachtliche Ansicht zu vernehmen über folgende Fragen: 1.) Wie ist es möglich dem Uebel provisorisch Einhalt zu thun, und 2.) wie kann in der Folge mit möglichst wenigen Kosten definitiv dem Uebel abgeholfen werden. Da die Lage der Sache auf baldige Erledigung dringt, so sehe Ich Ihrer weiteren Vorlage hierüber entgegen.«[40]

Die Sanitätsreferenten im Kriegsministerium erklärten in ihrem Gutachten vom 23. Januar 1854, es sei in der Tat auffällig, daß in der Münchner Hofgartenkaserne eine stark überdurchschnittliche Typhus-Häufigkeit (»Schleim- und Nervenfieber«) anzutreffen sei. Da aber die Räume durchaus zweckmäßig, das Mauerwerk und Gebälk trocken seien, auch eine Trinkwasseruntersuchung keine verdächtigen Spuren in demselben erbracht habe, müsse die Ursache wohl in der besonderen Lage des Gebäudes im ehemaligen Hofgarten-weiher (vgl. S. 91) zu suchen sein: »… Von der Seite der Medicinalpolicey muß nun aus diesem Grunde das Bewohnen dieses Gebäudes als schädlich und nachteilig für die Gesundheit, und nur für die beantragte Verwendung zu einem anderen Zwecke noch brauchbar erklärt werden.«[41]

Zum Jahresanfang 1855 schlug Kriegsminister v. Lüder dem König die völlige Aufgabe der Hofgartenkaserne als Truppenunterkunft und den ersatzweisen Neubau einer großen Infanteriekaserne in München vor. Die Kosten hierfür veranschlagte das Ministerium auf rund 600 000 Gulden, wobei nach der Budgetplanung für den Heeresetat 1855/61 für die gesamte bayerische Armee nur ein jährlicher Titel von 120 000 Gulden für Garnison-baumaßnahmen vorgesehen war! Deshalb ordnete König Max II. in seinem Signat vom

14. Januar 1855 die Erhöhung dieses Etatpostens auf 300 000 Gulden pro Haushaltsjahr an.[42]

Im März 1855 teilte König Max II. dem Kriegsministerium mit, er habe seinen Hof- und Leibapotheker Dr. Max Pettenkofer mit einer genauen Untersuchung der Hofgartenkaserne beauftragt, und es sei Pettenkofer dementsprechend militärische Unterstützung zu gewähren. Der nachmalige Begründer der Hygienelehre kam freilich in seiner Analyse letztlich zu keinem anderen Ergebnis als vor ihm schon die Armeeärzte. Auch er sah ausschließlich im ungünstigen Boden die Ursache der überdurchschnittlich hohen Krankenquote bei der Besatzung der Kaserne und schlug vor, sie als Truppenunterkunft ganz zu räumen.[43]

Im Juli 1856 wies König Max II. das Kriegsministerium an, den Bau einer neuen Kaserne im Münchner Stadtkern, möglichst an der Maximilianstraße, zu erwägen: »… namentlich, wenn die Leib-Regiments-Kaserne um einen annehmbaren Preis verkauft werden könnte, die ohnehin wegen ihrer ungesunden Lage sich für eine Kaserne nicht eignet. *In keinem Fall aber dürften deren Localitäten in Fabrik-Etablissements umgewandelt werden, da unter Umständen die Nähe vieler Fabrikarbeiter an der Residenz, die von jenem Platze aus beschossen werden kann, Gefahr bringen.*«[44]

Im Oktober 1856 schrieb König Max II. an den Kriegsminister: »… Es ist eine wahre Gewißenssache und mit der doch auch nach allen Rücksichten gebotenen Obsorge für die Mannschaft nicht länger mehr zu vereinbaren, die nach langen Erfahrungen für die Gesundheit der darin Wohnenden, namentlich während des Schlafs, so sehr nachtheiligen Localitäten der Inf.-Leib-Regiments-Kaserne noch ferner mit Mannschaft zu belegen. Zweckmäßig könnte, wie hier schon erwähnt, dieses Gebäude für die Zeughaus-Haupt-Direktion, und wohl auch noch für die Armee-Montur-Depot-Commission zugleich adaptiert; die bisherigen Localitäten dieser Militair-Anstalten verkauft, und aus dem Erlöse mit Hinzurechnung der hier erwähnten Zahlungen aus Meiner Cabinetts Casse, an denen es nicht fehlen soll, wenn das Recht vorhanden, eine *neue Kaserne* erbaut werden. Freilich muß ich darauf bestehen, daß dieselbe *möglichst in der Nähe der k. Residenz* zu stehen komme, wenn die Hofgarten-Kaserne als solche hinwegfällt. (…) Gewißenssache, Ich wiederhole dieß, ist es das Leben und die Gesundheit dieser jungen Mannschaft ohne die dringendste Noth auf Spiel zu setzen.«[45]

Obwohl die Hofgartenkaserne also von höchster Stelle schon als äußerst mangelhaft empfunden wurde, wurde sie dennoch weiterhin hochrangigen Besuchern präsentiert, z. B. dem Prinzen des Königreiches beider Sizilien am 9. Oktober 1857. Freilich wurde ab dem Herbst 1855 das Erdgeschoß, in dessen Mannschaftszimmern die meisten Krankheitsfälle aufgetreten waren, möglichst nicht mehr für Wohnzwecke benutzt.[46]

Über die Jahre hinweg gab es immer wieder Projekte, die den repäsentativen Standort im Hofgarten für andere, zivile Großbauten einbezogen. So unternahm König Ludwig I. im Jahr 1861 bei seinem Sohn Max II. einen erneuten Anlauf zur Beseitigung der bisherigen Hofgartenkaserne. Klenze nahm sein bereits 1816 in Vorschlag gebrachtes Arkadenmodell für die Ostseite des Gartens wieder auf und verband es nun mit dem Plan eines Kasernenneubaues, der aber wesentlich zierlicher konzipiert war als die bestehende Großkaserne.[47]

Im Jahr 1866 fertigte der Dresdner Theaterarchitekt Gottfried Semper (1803 – 1879) verschiedene Pläne für das von König Ludwig II. in München vorgesehene Festspielhaus Richard Wagners. Neben dem noch heute bekannteren projektierten Standort an der westlichen Isarhangkante sah Semper auch das Areal der Kasernen im Hofgarten als eine Alternative vor. Dieser Standort wurde sogar zeitweilig vom königlichen Kabinett aus

Kostengründen bevorzugt. Indessen erkannte der Architekt selbst, daß die mächtige Festhalle den Hofgarten ungleich stärker dominiert hätte als die Kaserne.[48] Im Frühjahr 1891 trat der Münchner Regierungsbaumeister Hermann Francke anläßlich des 70. Geburtstages des Prinzregenten Luitpold mit dem Entwurf einer vollständigen Umgestaltung des Hofgartenbereiches im Stile des damals an der Wiener Ringstraße üblichen Neobarock hervor. An die Stelle der Hofgartenkaserne trat in Franckes Plan ein monumentaler Neubau für das Bayerische Nationalmuseum, dessen Entwurf übrigens schon eine Zentralkuppel aufweist, wie der später ausgeführte Plan Mellingers für das Armeemuseum. Die Seidenhauskaserne hat dem Ausbau der Hofgartenstraße in Richtung auf die damals schon im Rohbau befindliche neue St. Anna-Kirche im Lehel Platz gemacht.[49]

Die große Typhusepidemie beim Leib-Regiment im Jahre 1893

Im Frühjahr 1893 geschah die Katastrophe, daß »… wie aus heiterem Himmel eine Typhus-Epidemie beim Inf.-Leib-Rgt. in 3 Kasernen zugleich ausbrach, wie sie an Intensität und Extensität bisher in der bayerischen Armee noch in keiner Garnison aufgetreten war.« Im Zeitraum vom 26. April bis zum 10. September 1893 erkrankten 378 Soldaten an Typhus, das war ein Fünftel des Regiments! Bis Ende November 1893 waren davon 34 Mann gestorben, 8 Mann als Invaliden aus dem Heer entlassen. Auffällig war, daß in der Hofgartenkaserne 170 Soldaten (28,3% der Belegungsstärke), in der Seidenhauskaserne 48 Mann (27,5%) erkrankten. In der Türkenkaserne waren es 104 Fälle (20% der Belegung im Rayon Inf.-Leib-Rgt) und in der Lehelkaserne 56 Typhusfälle (21%). Ebenso auffallend war der Umstand, daß es sich ganz überwiegend um normale Wehrpflichtige handelte, lediglich zwei Unteroffiziere und ein Einjährig-Freiwilliger waren unter den Erkrankten.[50]
Seit den 1880er Jahren waren die Räume der Hofgartenkaserne vom Infanterie-Leib-Regiment folgendermaßen genutzt geworden: Im *Erdgeschoß* befanden sich die Wachstube mit dem Kasernenarrest, die Regimentskasse, zwei zentrale Küchenanlagen (»Dampfküche« bzw. »Bratküche«) mit dem Speisesaal für Mannschaften bzw. Unteroffiziere, die Kantine, die Badeanstalt, die Waschküche für die Unteroffiziersfamilien, das Krankenrevier, eine Familienwohnung, ein Schulzimmer, die Regimentsschusterei und verschiedene Vorratsräume. Das *erste Stockwerk* beherbergte die Kanzleien des Regimentsstabes und des I. bzw. II. Bataillons, das Regimentsauditoriat, vier Familienwohnungen, sieben große Mannschaftszimmer (für jeweils 21 Mann), sechs mittlere Mannschaftszimmer (für je 14 Mann) und zwei Unteroffiziersstuben für zwei Kompanien. Im *zweiten Stockwerk* lagen die Regimentsschneiderei mit Monturmagazin und sechs Familienwohnungen. Zwei Kompanien verfügten hier zusammen über sechs große und fünf mittlere Mannschaftszimmer sowie vier kleine Stuben. Im *dritten Stockwerk* befanden sich die Büros der Regimentsökonomiekommission und der Zahlmeister der beiden Bataillone. Neben vier Familienwohnungen lagen die Rayons von drei Kompanien (fünf große und neun mittlere Mannschaftszimmer, zwei kleine Stuben). Damit war die Hofgartenkaserne insgesamt für rund 650 Unteroffiziere und Mannschaften eingerichtet.[51]
Am Nachmittag des 27. Juni 1893 traf sich auf Einladung des Kriegsministers v. Asch unter dessen Vorsitz eine aus Militärs und Zivilisten zusammengesetzte Kommission »… zur Besprechung über die Entstehung und Verbreitung der beim Infanterie-Leib-Regiment herrschenden Typhus-Epidemie«. Zu dem 21köpfigen Gremium gehörten u. a. der Münchner Stadtkommandant Generalleutnant v. Steinling, der Generalstabsarzt der Armee Dr. v. Lotzbeck, der Kommandeur des Leib-Regiments Oberst v. Grauvogl, der Münchner

Polizeidirektor v. Welser, Bürgermeister Borscht, der städtische Oberingenieur Niedermayer, sowie der berühmte Mediziner Prof. Dr. v. Ziemsen und der Präsident der Kgl. Akademie der Wissenschaften Prof. Dr. v. Pettenkofer. Der berühmte Hygieniker Pettenkofer, seit Jahrzehnten mit der Hofgartenkaserne vertraut, dozierte über seine Theorie, der zufolge Typhus und Cholera lokal bedingt seien vor allem über die Grundwasserverhältnisse. Er wies darauf hin, daß in der Garnison München erfahrungsgemäß die tiefgelegenen Kasernen, vor allem die Hofgartenkaserne, stets ungleich stärker von diesen Krankheiten betroffen gewesen seien als etwa die hoch und trocken gelegene Max-II-Kaserne. Gewisse Unterstützung erfuhr Pettenkofer durch den städtischen Oberingenieur Niedermayer, der erklärte, daß die geologische Lage der Hofgartenkaserne äußerst ungünstig sei. Es handele sich um eine Mulde mit stehendem Grundwasser und dem Schlamm des früheren Hofgartenweihers. Tags darauf fand die zweite Expertenrunde statt. Sie wurde geprägt von einer wissenschaftlichen Kontroverse zwischen Pettenkofer und dem Stabsarzt Prof. Dr. Buchner. Letzterer verwies auf den Umstand, daß nur jene Soldaten erkrankt waren, die in irgendeiner Weise mit der Mannschaftsküche der Hofgartenkaserne in Kontakt gekommen waren. Zudem könne als sicher angenommen werden, daß das Auftreten von Typhus in der Türkenkaserne ausschließlich begrenzt auf Angehörige des Leib-Regiments dadurch erklärt werden könne, daß in der Küche der Hofgartenkaserne zentral die Mannschaftskost für das gesamte Regiment zubereitet worden sei. Über das zum Reinigen der Kochgeschirre und Transportbehälter verwendete Grundwasser sei der Typhus in die Reihen der Mannschaft eingebrochen. Demgegenüber erklärte sich Pettenkofer als ein Gegner der »Trinkwassertheorie«, sondern sprach von einer Verseuchung des Bodens unter der Kaserne. Etwas ungeduldig beschloß Kriegsminister v. Asch die Diskussion dann mit dem Fazit: »... So viel ist sicher, daß solange der Verdacht besteht, daß die Kaserne den Krankheitsstoff in sich trägt, an eine Wiederbelegung nicht zu denken ist.« [52]

Am 14. Juli 1893 erstattete v. Asch dem Prinzregenten einen ausführlichen Bericht: »... Im Hinblick auf das einstimmige Votum der vorerwähnten Kommission, nach welchem die ungünstigen Untergrundsverhältnisse der Hofgartenkaserne die Ursache der gegenwärtigen Epidemie bilden, und in Anbetracht des Umstandes, daß nach technischem Urteil eine gründliche Beseitigung dieser Verhältnisse außer dem Bereich des Möglichen liegt, muß sich der allergehorsamst Unterzeichnete für *gänzliche Auflassung der Hofgarten- und Seidenhauskaserne* aussprechen. Im Falle, daß Euer Kgl. Hoheit diesem Antrag allergnädigst zu entsprechen geruhen werden, wäre in Aussicht genommen den Stab und das 4. (Halb-)Bataillon – neu zu bilden gemäß der jüngsten Heeresvorlage – des Inf.-Leib-Rgt. in der Lehel-Kaserne, die bisherigen drei Bataillone des Regiments in der Türkengraben-Kaserne unterzubringen. Für die zu verlegenden Bataillone des 1. und 2. Inf.-Rgt. wären die erforderlichen neuen Unterkunftsräume durch Barackenbauten im Zusammenhang mit den Neubauten für die Heeresverstärkung im Marsfeld-Kasernement und auf Oberwiesenfeld neu zu schaffen. Die Vollendung dieser Bauten darf, wenn nicht besondere Hindernisse entgegenstehen, noch vor Eintritt des Winters erwartet werden.« Das Signat des Prinzregenten Luitpold vom 18. Juli lautete:«... Ich genehmige die gänzliche Auflassung der Hofgarten- und Seidenhaus-Kasernen, sowie die im Antrag in Aussicht genommene Unterbringung der in München garnisonierenden Infanterie-Regimenter.«[53] Mit dieser Entscheidung waren umfangreiche Militärbaumaßnahmen (Marsfeldkaserne und Barackenkaserne Oberwiesenfeld) verbunden, die zum endgültigen Rückzug der Garnisontruppen aus der Stadtmitte entscheidend beitragen sollten. Die leerstehenden alten Militärbauten im Hofgarten wichen dann dem Neubau des Bayerischen Armeemuseums.

Peter M. Bode behauptet in seinen »Anmerkungen zum Armeemuseum im Hofgarten«:
»… Es gab eine Zeit militaristischer Verblendung (…) Jener Geist machte es möglich, daß
der Waffensammlung, die fast zwei Jahrzehnte im Zeughaus an der Lothstraße untergebracht war, auf einmal der prominenteste Platz der Stadt eingeräumt wurde.«[54] Demgegenüber hat der Architekturhistoriker Heinrich Habel festgestellt, daß das Bayerische
Armeemuseum seit seiner Gründung nicht dazu gedient habe, einen Militarismus zu
verherrlichen – »… vielmehr stand von vornherein der landesgeschichtliche Bezug in
Verbindung mit der Geschichte der Dynastie im Mittelpunkt sowie die Darstellung der
kulturgeschichtlichen Entwicklung im Bereich des Heereswesens.«[55]
Welcher »Geist« tatsächlich den bayerischen Kriegsminister v. Asch beherrschte, davon
mag sich der Leser selbst ein Bild machen. Im Frühsommer 1898 war das von der Armee
unterstützte Projekt, in der ehemaligen Hofgartenkaserne das Katasterbüro des Finanzministeriums einzurichten und hierzu das Areal dem Militärärar abzukaufen, am Einspruch
der Kammer der Reichsräte gescheitert. Der Kriegsminister schrieb daraufhin am 22. Juni
1898 an den Prinzregenten: «… Der allergehorsamst Unterzeichnete hat bisher mehrfachen
Kaufsangeboten von Privaten gegenüber sich ablehnend verhalten zu sollen geglaubt, weil
*die Lage des Areals zu der Allerhöchsten Residenz dasselbe für Privatzwecke nicht
geeignet erscheinen läßt* (…) Unter diesen Umständen (s. o.) blieb nur der Gedanke an eine
Verwendung für Zwecke des Heeres zugänglich und als eine wohl allen Rücksichten
gerecht werdende Lösung würde es dem allergehorsamst Unterzeichneten erscheinen,
wenn es gelänge, an der Stelle der Hofgartenkaserne, unter Ausscheidung des an der
Galleriestraße gelegenen Flügels und der für Regulierung der Hofgartenstraße ins Auge
gefaßten Seidenhauskaserne, ein *neues, der Umgebung angepaßtes Gebäude zu errichten,*
welches das Armeemuseum und das Kriegsarchiv aufzunehmen hätte. Das *Armeemuseum*
hat sich aus kleinen Anfängen zu einer wertvollen Sammlung entwickelt, welche aber
vermöge ihrer dem Verkehr entrückten Unterbringung in dem Zeughause auf Oberwiesenfeld weder im großen Publikum noch auch selbst in der Armee die verdiente Beachtung
findet. Die dort verfügbaren Räume sind für die Zwecke des Museums vielfach ungeeignet
und nur zur Not genügend (…) Das *Kriegsarchiv* ist zur Zeit in den Räumen des
Königlichen Staatsarchives beziehungsweise der Königlichen Staatsbibliothek untergebracht; bei dem stetigen Anwachsen der genannten beiden Institute steht jedoch zu
erwarten, daß in Bälde die bisher zugestandenen Räume entzogen werden könnten und
würde in diesem Falle eine anderweitige passende Unterkunft für das Kriegsarchiv nicht
vorhanden sein. Bei der Schaffung neuer Räume dürfte aber die Verbindung mit dem
Armeemuseum nach Thunlichkeit anzustreben sein. (…) Die Errichtung eines den beregten Zwecken entsprechenden Neubaues würde nach voranschläglicher Berechnung einen
Aufwand von 1,8 Millionen erfordern, welchem noch ein Einnahmeausfall von 0,8
Millionen zugerechnet werden müßte, nämlich derjenige Betrag, welcher aus der Hofgartenkaserne zur Deckung der Ersatzbauten (Barackenkasernements) erlöst werden
solltc.« Prinzregent Luitpold signierte mit der Bemerkung: »Ich bin mit dem Grund-
gedanken der Vorlage einverstanden und genehmige, daß in diesem Sinne weitere Schritte
eingeleitet werden.«[56]
Im Mai 1899 wurde die Finanzierung für ein neues Militärgebäude im Hofgarten zur
Aufnahme des Armeemuseums, des Kriegsarchives und der Stadtkommandantur gesichert. Bereits einige Wochen zuvor hatte der Geheime Oberbaurat im Kriegsministerium
Ludwig Mellinger (1849 – 1929) den dienstlichen Auftrag für Planung und Durchführung

des Projekts erhalten. Mellinger kooperierte dabei mit der zivilen Münchener Baukommission, und es waren die berühmten Baumeister Georg Hauberrisser und Friedrich Thiersch, die ihm die heute ästhetisch so umstrittene Konzeption mit einer Zentralkuppel empfahlen. Übrigens hatte ein früherer Garnisonbaumeister, der nun als selbstständiger Architekt arbeitende Georg Habler dem Kriegsministerium im Winter 1898/99 vergeblich den Vorschlag gemacht, auf der Basis der alten klasszistischen Kaserne von 1807 aufzubauen, ein Projekt, das weit weniger wuchtig ausgefallen wäre, als Mellingers Monumentalbau im Stil der Neorenaissance. Am 13. September 1899 begann der Abbruch der alten Kasernengebäude im Hofgarten und im Juni 1900 wurden die Fundamente für das neue Armeemuseum ausgehoben.[57]

Vier Jahre später (1904) konnten die ersten Räume im Neubau bezogen werden. Habel berichtet in seiner Monographie: »… Zunächst (Februar/März) wurde der nördliche Kopfbau an die Garnisonsverwaltung zur Nutzung durch die k. Intendantur der militärischen Institute, die Inspektion der technischen Institute und die k. Artillerie- und Traindepotdirektion übergeben; im April folgten die Dienstwohnungen des Stadtkommandanten (im 1. und 2. Stock des südlichen Kopfbaues) und des Platzmajors (im Galeriestraßen-Flügel). Das Kriegsarchiv konnte gleichfalls im April, die Armeebibliothek bis Mai in den Neubau einziehen. Am langwierigsten war natürlich der Umzug des Armeemuseums vom alten Zeughaus in die neuen Räume im Unter- und Erdgeschoß der Zwischenbauten, der vom 25. April bis Juli 1904 dauerte; für die Neueinrichtung und definitive Aufstellung der Sammlung war noch ein längerer Zeitrum nötig – laut dem für die Gedenktafel im Treppenhaus bestimmten Text befand sich das Museum seit dem 1. November 1904 im neuen Hause. Das kleine freistehende Stallgebäude im Hof hinter dem Nordteil des Hauptbaues konnte im September 1904 übergeben werden.«[58]

Noch fehlte aber das architektonische und politische Herzstück des Hauptgebäudes , die kuppelgekrönte »Ruhmeshalle«. Sie wurde am 12. März 1905, dem 84. Geburtstag des Prinzregenten Luitpold, feierlich durch den Prinzen Ludwig in Vertretung seines Vaters und den Kriegsminister v. Asch eröffnet. Bis zu diesem Zeitpunkt waren die Gesamtkosten der Neubauten im Hofgarten auf 2 128 559 Mark gestiegen.[59] Zum Vergleich: der Neubau der »Prinz-Arnulf-Kaserne« für das 1. Jäger-Bataillon in Freising von 1904/06 kostete, freilich einschließlich des Grunderwerbs, immerhin auch 1 128 815 Mark.[60] Durch den Bau des Armeemuseums im Hofgarten setzte das Militär zweifellos eine neue architektonische Dominante, die im Vergleich mit der alten Hofgartenkaserne zweifelsohne mächtiger und aggressiver wirkte, jedoch ließe sich das gleiche auch vom Neuen Rathaus oder vom Justizpalast behaupten. Das Gebäude des Armeemuseums entsprach also keineswegs einem besonderen Militarismus, sondern lag ganz auf der allgemeinen Linie repräsentativer öffentlicher Großbauten seiner Zeit.

Anmerkungen

1 G. Schweikhart, Die Anfänge des Hofgartens und eine überraschende Wiederentdeckung, in: A. v. Buttlar/ T. Bierler-Rolly (Hg.), Der Münchner Hofgarten. Beiträge zur Spurensicherung, München 1988, S. 8 ff.

2 A. Gräfin Schönborn, Die Glanzzeit der Gärten und ihre Rekonstruktion nach dem Krieg, in: Hofgarten (wie Anm. 1), S. 26 ff.

3 D. Wieland in: Hofgarten (wie Anm. 1), S. 58 f. und S. 66 f.

4 C. Kronenbitter, in: Hofgarten (wie Anm. 1), S. 72

5 G. Streicher, Ein Garten für alle und alles – Wandel im Lichte der Aufklärung, in: Hofgarten (wie Anm. 1), S. 82 – 86

6 A XX Bd.78, hier: KdtMünchen an Kurfürst Max IV. Joseph am 2. Juli 1801, Ausführliche Darstellung über eine

zu erbauende Kaserne, nebst Kostenvoranschlag. Quellenfundierte Literatur: F. Illing, Geschichte des Königlich Bayerischen Infanterie-Leib-Regiments von der Errichtung bis zum 1. Oktober 1891, Berlin 1892, S. 593 – 606; F. Zimmermann, Hofgartenkaserne, in: Klassizismus in Bayern, Schwaben und Franken. Architekturzeichnungen 1775 – 1825, hg. von W. Nerdinger, München 1980, S. 147 f.

7 Hierfür sprechen die baufachlichen und finanziellen Details (wie Anm. 6). Auch H.Lehmbruch, Ein neues München, Buchendorf 1987, S. 325 sieht in Frey den Autor, entgegen F.Illing (wie Anm. 6), S. 593 ff., der im Stadtkommandanten v. Nogarola den Verfasser erblickte.

8 W. Kohl, Recht und Geschichte der alten Münchner Mühlen (MBM Bd. 15), München 1969, S. 17 – 21

9 Denkschrift (wie Anm. 6), p. 14

10 A XX Bd. 78, Kabinettsordre vom 8. Juli 1801

11 MKr. 8896 Prod. 13, Kabinettsordre vom 26. März 1804

12 A XX Bd. 78, Kabinettsordres vom 27. Juli 1801 an KÖR bzw. KdtMünchen; vgl. auch F. Illing (wie Anm. 6), S. 595

13 G. Schweikhart, in: Hofgarten (wie Anm. 1), S. 15

14 Vgl. A XX Bd. 78, Kabinettsordre vom 20. April 1802; Mkr. 8896 Prod. 72, KM am 26. Okt. 1823; F.Illing (wie Anm. 6), S. 596

15 A XX Bd. 78, Kabinettsordre vom 8. Nov. 1801

16 MKr. 8896 Prod. 6, Kabinettsordre vom 29. Okt. 1803; Prod. 9/10, Kabinettsordres vom 14. Jan. 1804

17 Mkr. 8896 Prod. 14, Kabinettsordre vom 31. März 1804

18 M. v. Prielmayer/E. Prestle, Geschichte des K.B. 1. Infanterie-Regiments König von seiner Errichtung im Jahre 1778 nebst einer Vorgeschichte seiner Stammregimenter, München 1882, S. 90 f.

19 MKr. 8907, Bericht des Generallandeskommissariats von Baiern an Kurfürst Max IV. Joseph vom 24. Nov. 1805 mit beigelegten Stellungnahmen des JgKorpsKdo vom 23. d. Mts; Mkr. 8896 Prod. 22, Kurf.Rescript vom 2. Aug. 1807 (Baurechnungen für das Depot des 1. InfRgt in der neuen Kaserne für 1805 und 1806 betr.)

20 MKr. 8896 Prod. 39, KÖR an KM am 5. Juni 1809

21 MKr. 8825 Prod. 20, Dislokationsliste der Hofgartenkaserne vom 25. Juli 1808, verfaßt nach einer Besichtigung durch das 1. InfRgtKdo und eine Untersuchungskommission des KÖR.

22 Zimmermann (wie Anm. 6), S. 147 f.

23 A XX Bd. 68, Beschreibung der Kosten wegen Verfertigung des Porträts Seiner Churfürstlichen Durchlaucht von Pfalz-Baiern, dat. 5. April 1803. Zu Roman Anton Boos z. B. M. J. Hufnagel, Berühmnte Tote im Südlichen Friedhof zu München, München 1983, S. 27 und G. Hojer/E. Schmid, Nymphenburg (Amtlicher Führer), München 1986, S. 42 und 50

24 H. Habel, Das Bayerische Armeemuseum in München. Entstehungsgeschichte und Bedeutung des Gebäudes am Hofgarten. (Arbeitshefte des Bayer.Landesamtes f. Denkmalpflege Nr. 10), München 1982, S. 14

25 O. Illing, Das Königlich Bayerische Infanterie-Leib-Regiment 1814 bis 1914, München 1914, S. 153

26 A XX Bd. 83, Kgl.Rescript vom 10. Aug.1809 (Abschrift)

27 A XX Bd. 83, Besichtigungsprotokoll für die Hofgartenkaserne vom 1. Juni 1810

28 F. Illing (wie Anm. 6), S. 14 f.

29 A XX Bd. 4, Verzeichnis der Militärgebäude vom 25. Jan. 1821

30 MKr. 8896 Prod. 62, KM am 16. Jan. 1823; Prod. 63, KM am 5. Aug. 1823

31 Aus dem Reisebericht des italienischen Botanikers Professor Michele Tenore (1780 – 1861), veröffentlicht durch L. Kretzenbacher, Das Königliche Bayern von 1824. Aus dem Reisebericht eines italienischen Gelehrten, in: ZBLG 49 (1986), S. 327 – 379, hier S. 359 (Kretzenbacher hat freilich falsch mit »Hauptwache der Königlichen Garde« übersetzt. Gemeint ist natürlich »die große Kaserne der Königlichen Garde (i. e. des Grenadier-Garde-Regiments): ein ausgezeichnetes Gebäude von moderner und zweckmäßiger Bauweise«).

32 zit. nach A. v. Bayern, Als die Residenz noch Residenz war, München 1967, S. 202

33 A. v. Buttlar, in: Hofgarten (wie Anm. 1), S. 108

34 MKr. 8896 Prod. 76, Kgl. Rescript vom 12. März 1826; Prod. 84, KM am 13. Juli 1826; Prod. 112, IngKorpsKdo am 6. Nov. 1839

35 MKr. 8933 Prod. 3 (Beil.), 1. GenieDir München an I.A.K. am 17. April 1849

36 F. Illing (wie Anm. 6), S. 72; zum Plan von 1845: A. v. Bayern (wie Anm. 32), S. 277

37 F. Illing (wie Anm. 6), S. 89

38 Ebd., S. 112

39 C 7, Garnisonbeschreibung, hier: Verzeichnis der militäreigenen Gebäude (§ 1: Hofgarten-Kaserne, Stand: 15. Jan. 1852)

40 MKr. 8933 Prod. 7, Kgl. Reskript an KM am 18. Jan. 1854

41 Ebd. Prod. 3, KM (5. Section) am 23. Jan. 1854

42 Ebd. Prod. 20, KM an König Max II. am 3. Jan. 1855 mit Kgl. Signat vom 14. Jan. 1855

43 F. Illing (wie Anm. 6), S. 601

44 MKr. 8830 Prod. 23 1/2, Kgl. Handbillet, dat. Kissingen am 26. Juli 1856 (Abschrift KM, 13. Sept. 1856)

45 Ebd. Prod. 23 1/2, Kgl. Signat, dat. Vorderriß am 26. Okt. 1856 (Abschrift KM, 15. Nov. 1856). Nach F. Illing (wie Anm. 6), S. 604 hatte König Max II. bereits am 21. Okt. ebenfalls aus dem Jagdhaus Vorderriß dem KM vorgeschlagen, evtl. ein Btl der anderen Münchner InfRgt in eine andere Garnison zu legen, um Teile der Hofgartenkaserne evakuieren zu können.

46 F. Illing (wie Anm. 6), S. 136 bzw. S. 602

47 A. v. Buttlar, in: Hofgarten (wie Anm. 1), S. 109
48 Ebd., S. 118
49 Ebd., S. 119, 121
50 MKr. 10126 Prod. 96, Truppenärztlicher Bericht des Inf.-Leib-Rgt. vom 27. Nov. 1893
51 MKr. 10322 Garnisonbeschreibung (1890), hier: Hofgartenkaserne
52 MKr. 10126 Prod. 69 (Beil.), Sitzungsprotokolle der gemischten Untersuchungskommission vom 27./28. Juni 1893
53 Ebd. Prod. 63, KM an PR Luitpold am 14. Juli 1893 mit PR-Signat, dat. Wildenwart am 18. d. Mts
54 P. M. Bode in: Hofgarten (wie Anm. 1), S. 122 f.
55 H. Habel, Das Bayerische Armeemuseum (wie Anm. 24), S. 7
56 MKr. 8833 Prod. 60, KM an den Prinzregenten am 22. Juni 1898 mit Signat Luitpolds, München 29. Juni 1898
57 Habel, Armeemuseum (wie Anm. 24), S. 8 f.
58 Ebd., S. 13
59 Ebd., S. 14
60 MKr. 8059 Prod. 152, Indent. I.A.K. an KM am 9. Juli 1907

Die Seidenhauskaserne

An der Südostecke des Hofgartens befand sich von 1796 bis 1899 das sogenannte »Seidenhaus«, ursprünglich als Manufaktur zur Herstellung von Seidenbändern errichtet. Das Gebäude bildete zusammen mit dem um 1805 entstandenen Südtrakt der Hofgartenkaserne eine regelmäßige Eckbegrenzung des Exerzierplatzes im unteren Hofgarten, ähnlich dem Anschluß der Hofgartenarkaden an die große Kaserne im Nordosten.[1]

Die Seidenfabrik wurde spätestens ab dem Sommer 1803 als Artilleriekaserne benutzt. Dem Eigentümer Sebastian Altmutter zahlte das Militärärar eine monatliche Miete. Die laufenden Instandhaltungskosten trug ebenfalls die Armee.[2] Im Herbst 1805 betrug die Monatsmiete bescheidene 24 Gulden 10 Kreuzer, da nicht das gesamte Gebäude angemietet war. Das Artillerie-Regiment hatte dort in jener Zeit zwei Kompanien kaserniert. Nachdem das Militär einige zusätzliche Räume für die Einquartierungskommission erhalten hatte, stieg die Miete auf 52 Gulden pro Monat.[3] Die Raumaufteilung des Seidenhauses ließ den ursprünglichen Verwendungszweck erkennen. Es handelte sich um ein zweistöckiges Gebäude mit zwei rechtwinkelig angesetzten Seitenflügeln im Westen und Osten des Haupttraktes. Die Dreiflügelanlage umschloß einen kleinen, nach Süden offenen Hofraum. Die beiden Seitentrakte enthielten je ein Treppenhaus und kleinere Zimmer. Im Haupttrakt befanden sich hingegen sehr große Säle, vor allem in den beiden Obergeschossen.[4] Seit dem Herbst 1806 befand sich in der Seidenfabrik auch die sogenannte »Artillerieschule«. Hierzu wurde der große Saal der zweiten Etage »auf eine Breite von sechs Fenstern« durch eine Bretterwand in zwei kleinere Räume aufgeteilt.[5]

Im Sommer 1808 waren im Seidenhaus Bettladen für 242 Artilleristen aufgestellt, außerdem waren darin der Schuhmacher des Artillerie-Regiments und der Feldwebel der Ouvrierskompanie untergebracht sowie das Monturmagazin der Artillerie. Einige Räume im Erdgeschoß waren privat vermietet.[6] Bei den Mietern scheint es sich zumindestens teilweise um Militärangehörige gehandelt zu haben. So bewohnte dort ein Leutnant Maier von der Artillerie um 1808/09 »... ein kleines zu ebener Erde gelegenes Zimmer meublirt, mit einem eisernen sogenannten Kanonen-Ofen versehen«.[7]

Der Erbauer des Seidenhauses Sebastian Altmutter scheint bereits um 1800 in wirtschaftliche Schwierigkeiten geraten zu sein. Deshalb hatte er wohl auch seinen Betrieb geschlossen und das Fabrikgebäude vermietet. Im Sommer 1808 lief jedenfalls gegen Altmutter ein Konkursverfahren vor dem Münchner Hofgericht. Der Fabrikant hatte seinerzeit je eine Hälfte des Seidenhauses als Hypothek an die Landschaftskasse bzw. private Kreditgeber verpfändet. Als Rechtsnachfolger der alten Landschaft gehörte dem Staat damit schon ein Teil der Kaserne. Ein königliches Reskript vom 9. Juli 1808 leitete den Erwerb des restlichen Gebäudes von den privaten Gläubigern Altmutters ein. Ein knappes Jahr später war gegen die Summe von 25 000 Gulden das Seidenhaus vollständig Eigentum des Militärärars geworden. Altmutter und einige private Mieter mußten nun ihre Wohnungen in der Kaserne räumen.[8]

Das Seidenhaus wurde neben der Kosttorkaserne die wichtigste Unterkunft der Artillerie in der Garnison München. Ein Vorschlag des Kriegsökonomierates Joseph Frey vom Jahre 1810, das Gebäude regulär zu einer Kaserne für 500 Mann umzubauen, wurde jedoch, primär aus finanziellen Gründen, nicht realisiert.[9] Um 1820 waren im Parterre der Seidenhauskaserne Werkstatt und Wohnung des Schuhmachers des Artillerie-Regiments, drei kleine Stuben und ein großes Mannschaftszimmer eingerichtet. Im ersten Stock lagen das Verhörzimmer, eine kleine Arrestzelle, das Büro des Regimentsaktuars, das Wohnzimmer der Junker (vier zweimännige [!] Betten), ein großer Schlafsaal für 112

Personen und fünf weitere Zimmer (Zahl der Bettladen: 8, 12, 16, 27 bzw. 29). In der zweiten Etage wohnten in je einem Zimmer ein Bataillonsadjutant und 24 Soldaten. Ein sehr großer Schlafsaal für 126 Personen stand zu diesem Zeitpunkt leer. In dieser Etage befanden sich auch der Zeichensaal, die Unteroffizier- und die Offizierschule zur theoretischen Ausbildung im Artilleriewesen. Im Erdgeschoß und den beiden Obergeschossen waren je eine Küche und ein Abtritt eingerichtet. Bei voller Belegung konnte die Kaserne in den ausgewiesenen zwölf Zimmern für Unteroffiziere und Mannschaften insgesamt 484 Personen fassen.[10] Als Kaserne muß die ehemalige Seidenfabrik insofern als ungünstig bezeichnet werden, da die Größe der Mannschaftszimmer äußerst unterschiedlich war.

Im August 1833 wurde das Seidenhaus folgendermaßen vom 1. Artillerie-Regiment genutzt: Im Erdgeschoß befanden sich die Wohnung des Stabstrompeters, der Probenraum für die Regimentsmusik, das »Gebärzimmer« für schwangere Soldatenfrauen, zwei Mannschaftszimmer (mit 27 bzw. 51 Mann belegt), zwei Küchen; außerdem das Arrestlokal der Stadtkommandantschaft. Im ersten Stock lagen die Regimentskanzlei, das Regimentsauditoriat, Büro und Quartier des Regimentsadjutanten, das ärztliche Journzimmer, zwei große Mannschaftssäle (mit 67 Mann und einer Frau bzw. mit 63 Mann belegt) und ein Mannschaftszimmer (21 Mann). Im zweiten Stockwerk waren die »Offizier Ecole«, die Regimentsbibliothek, ein großer Mannschaftssaal (belegt mit 90 Mann, einer Frau und einem Kind) und ein kleines Mannschaftszimmer (19 Mann). In jedem der Stockwerke und im Erdgeschoß befand sich ein Abtritt.[11]

König Ludwig I. befahl im Dezember 1847 den reinen Gebäudewert des Seidenhauses, das heißt ohne den Grundstückswert, zu taxieren. Das Kriegsministerium errechnete eine Summe von 32 000 Gulden.[12] Es ist zu vermuten, daß der König Pläne zum Abbruch der Kaserne hegte, die dann aber infolge der Revolution und ihrer Folgeereignisse nicht realisiert werden konnten.[13] Um die Mitte des 19. Jahrhunderts konnte die Seidenhauskaserne »im äußersten Fall« 330 Personen beherbergen.[14] Sie wurde als Quartier für das Stabspersonal des 1. Artillerie-Regiments »Prinz Luitpold« und zwei Batterien genutzt. Die Pferde dieser beiden Batterien waren in der Lehelkaserne eingestellt.[15]

Im Frühjahr 1858 schrieb König Max II. dem Kriegsminister in Zusammenhang mit einem Generalplan zur Stärkung der Münchner Garnison: »... Die in der Seidenhauskaserne liegende Artillerie-Mannschaft soll überhaupt, insbesondere die in den Zimmern an der Latrine befindliche viel, von der ungesunden Lage derselben zu leiden haben, weshalb wohl schon aus diesem Grunde die Erbauung auch einer neuen Artilleriekaserne nothwendig werden wird; jedenfalls sehe ich einer sanitätlichen Untersuchung dieser Caserne und berichtlicher Äußerung entgegen.«[16]

Der Kriegsminister legte dem König am 25. März 1858 einen mehrseitigen Bericht vor: »... Der bauliche Zustand der Seidenhaus-Kaserne wurde gut, sämtliches Mauerwerk trocken befunden und die Lage des Gebäudes in Beziehung auf dessen nächste Umgebung als eine freye bezeichnet. (...) Im Allgemeinen und in der Hauptsache sind die Gesundheitsverhältnisse der Seidenhaus-Kaserne wie jene der Hofgarten-Kaserne zu beurteilen, da beide die gleiche tiefe Lage und den als ungesund erkannten Baugrund haben. Aus dieser Ursache gibt es auch keine radicalen Mittel zur Verbesserung dieses Zustandes; es findet sonach neuerdings die Notwendigkeit der Erbauung neuer Kasernen in Euer Kgl. Majestät Haupt- und Residenzstadt München wiederholte Bestätigung (...) Bis jedoch neue Kasernen erbaut und zur Benützung geeignet sein werden (...) erübrigt gleichwohl nichts anderes, als die Seidenhaus-Kaserne wie bisher zu benützen.«[17]

Ein zweiter Anlauf des resignierten Königs Ludwigs I. neben der Hofgartenkaserne auch das Seidenhaus auf Abbruch zu erwerben, um dort die Hofgartenarkaden weiterzubauen, scheiterte endgültig im Januar 1862.[18]

Über die weitere Nutzung der Seidenhauskaserne berichtet die Chronik des Infanterie-Leib-Regiments aus dem Jahre 1892: »... Mit Allerhöchstem Signat vom 12. März 1863 geruhte Se. Majestät der König (Max II.) zu genehmigen, »daß nach Vollendung des einen Flügels der neuen Maximilian II. Kaserne die Seidenhaus-Kaserne als solche aufgegeben und in ihrem Erdgeschoß zu einem ständigen Wacht- und Bereitschaftslokal, in den Etagen aber zu Bureaus umgewandelt werden dürfe.« Es wurden sodann 1869 die Lokalitäten des Militär-Bezirksgerichts in das Seidenhaus verlegt und in dem ersten Stock ein Gerichtssaal eingerichtet. Da jedoch mit der Neuorganisation der Armee 1868 die Räume für Unterbringung der Truppen sehr gesucht waren, war das [Infanterie-Leib-]Regiment 1869 angewiesen, alle im Seidenhause verfügbar gewordenen Räume zu belegen. Seit dieser Zeit zählte das Seidenhaus zu den Kasernen des Regiments. 1871 wurde die Hofgarten-Kaserne mit dem Seidenhaus durch einen kleinen Anbau verbunden. (...) Am 1. August 1872 wurde die Einrichtung der Offizier-Speiseanstalt in der Seidenhaus-Kaserne genehmigt. 1872 wurden zwei Büchsenmacher-Werkstätten im Erdgeschoß eingerichtet. (...) 1882 kam die erste Ingenieurdirektion in die Räume, welche bis dahin das Militär-Bezirksgericht inne hatte. (...) 1885 kamen die Geschäftszimmer der Kavallerie-Remonte-Inspektion in die bisher von der ersten Ingenieur-Direktion und dem Garnison-Ingenieur-Offizier benutzten Räume. 1885 wurde der Anschluß an die Mangfall-Wasserleitung beantragt und 1887 durchgeführt.«[19]

Um 1890 befanden sich im Seidenhaus die oben erwähnten Einrichtungen. Außerdem lagen hier das Büro eines Kaserneninspektors, drei Familienwohnungen, zwei Unteroffizierstuben, vier Mannschaftszimmer und das Aufenthaltszimmer für den Offizier vom Kaserntagesdienst.[20] Im Sommer 1893 wurde die Seidenhauskaserne wegen der großen Typhusepidemie beim Leib-Regiment aufgelassen.[21] Die Kavallerie- und Remonteninspektion verblieb hier noch bis zum Sommer 1899 und bezog dann Büros im neuerbauten Komplex der Militär-Lehrschmiede am Oberwiesenfeld.[22]

Anmerkungen

1 Vgl. den Abschnitt »Hofgartenkaserne«
2 MKr. 8924 Prod. 1, Kabinettsordre vom 31. Aug. 1803 (u. a. Reparaturen im Seidenhaus betr.); Prod. 2, Kabinettsordre vom 28. Jan. 1804
3 MKr. 8843 Prod. 3, ArtRgt an KdtMünchen am 29. März 1805; MKr. 8924 Prod. 11, Geh.Kriegsbüro am 14. Dez. 1805
4 Vgl. A XX Bd. 68, Planaufnahme »Seiden Fabrique am Hofgarten bei der neuen Kassern«, dat. 17. Juni 1809
5 MKr. 8924 Prod. 14, Kurfürstliches Reskript vom 16. Aug. 1806
6 A XX Bd. 68, Dislokationsliste vom 25. Juli 1808
7 A XX Bd. 83, Beschwerde des Sebastian Altmutter an KÖR um Herausgabe eines Ofens aus dem Seidenhaus vom 4. Dez. 1810
8 MKr. 8924 Prod. 17, Kgl.Reskript vom 9. Juli 1808; Prod. 22, KÖR an KM am 13. Juni 1809
9 Ebd. Prod. 25, KÖR an KM am 11. Febr. 1810 und Kgl.Reskript vom 16. d. Mts
10 A XX Bd. 4, Beschreibung der Seidenhauskaserne vom 30. Nov. 1820
11 MKr. 8825 Prod. 99, 1. ArtRgt am 19. Aug. 1833
12 MKr. 8924 Prod. 79, KM am 12. Jan. 1848
13 Vgl. den Abschnitt »Hofgartenkaserne«
14 C 7, Garnisonbeschreibung München, hier: Verzeichnis der militäreigenen Gebäude (§ 2: Seidenhaus-Kaserne, Stand: 15. Jan. 1852)
15 Ebd., Beil. 4 Nr. 10: Stand des 1. ArtRgt im Juli 1851

16 A IV Bd. 106 Prod. 1, Kgl.Handbillet an KM, dat. München 30. Januar 1858
17 MKr. 8924 Prod. 87, KM an König Max II. am 25. März 1858
18 Ebd. Prod. 103, Notiz des KM vom 21. Jan. 1862
19 F. Illing, Geschichte des Königlich Bayerischen Infanterie-Leib-Regiments von der Errichtung bis zum 1. Oktober 1891, Berlin 1892, S. 609 f.
20 MKr. 10322, Garnisonbeschreibung (1890), hier: Seidenhaus-Kaserne
21 Vgl. den Abschnitt »Hofgartenkaserne«
22 Vgl. den Abschnitt »Militärlehrschmiede«

Die Lehel-Kaserne

Wer heute das Ensemble des St. Anna-Platzes im Lehel betrachtend, sich der zurückhaltenden Fassade der St. Anna-Klosterkirche zuwendet und sodann das Kircheninnere betritt, wird überwältigt von der Wirkung des sakralen Raumes. Ungeachtet der schweren Zerstörungen des Zweiten Weltkrieges kann der heutige Bauzustand wieder einen Eindruck von der ersten reinen Rokokokirche Altbayerns, einem Werk Johann Michael Fischers und der Gebrüder Asam aus den Jahren 1727 bis 1739 vermitteln.[1] Nur die wenigsten Besucher dieser Kirche wissen, daß sie fast das ganze 19. Jahrhundert hindurch direkt eine Kaserne zur Nachbarschaft hatte.

Zur Geschichte des Hieronymitanerklosters (1725 – 1807)

Am Walchensee hatte seit 1695 eine Gruppe von Eremiten, nach der Observanz der Hieronymitaner gelebt. Nach Differenzen mit dem Kloster Benediktbeuern, zog die Gemeinschaft im Frühjahr 1725 in das Lehel und übernahm hier die Seelsorge für die relativ arme Bevölkerung.[2] Im Mai 1727 kauften die Hieronymitaner für 7300 Gulden den Garten des kurfürstlichen Leinwandmeisters v. Delling und erbauten auf diesem Grundstück allmählich ihr Kloster. Im Jahr 1754 erweiterte der Orden sein Areal durch den Ankauf eines angrenzenden Gartens des Freiherrn v. Unertl um 4500 Gulden. Im April 1796 erwarb das Kloster noch die Gartenwirtschaft »Zur Glashüttn« vom Bierwirt Gmeiner um 3600 Gulden.[3]

Wie Sabine Arndt-Baerend in ihrer Arbeit über die Säkularisation Münchner Klöster aufzeigt, nahm das Hieronymitanerkloster im Lehel eine Sonderstellung ein. Es überstand den Klostersturm von 1802/03 zunächst unbeschadet. Erst Ende des Jahres 1807 verließen die letzten drei bayerischen Hieronymitaner ihre angestammte Heimat. Arndt-Baerend vermerkt eine schlechte Quellenlage für die Übergangszeit 1802/07. Den Bestand einschlägiger Militärakten hat sie allerdings nicht benützt.[4]

Die Pläne für ein Kadetteninstitut (1805)

Spätestens seit Anfang des Jahres 1805 wurde an konkreten Plänen zum Umbau des Klosters in ein »Kadetten Corps Haus« gearbeitet.[5] Am 22. März 1805 erging ein kurfürstliches Reskript an das Generalkommissariat von Bayern, das »... das Gebäude der Hyronymitaner im Lehel nebst dem Garten, jedoch mit Ausnahme der Kirche, welche Wir zur Pfarrkirche bestimmt haben, zur Unterbringung, des eine neue Einrichtung erhaltenden Instituts des Kadeten-Korps, an die Militär-Behörde« übertrug. Die Zivilbehörde hatte deshalb »... Die Extradition in der vorgeschriebenen Art ungesäumt vornehmen zu lassen.«[6] Der Kriegsökonomierat bestimmte am 5. April den Rat Frey zum Übernahmekommissar für das neue militärische Objekt.[7]

Wohl im Mai 1805, der genaue Termin läßt sich nicht bestimmen, besichtigte eine Kommission, bestehend aus dem Kadettenkorpskommandanten Generalmajor v. Werneck, dem Hofbauintendanten Gärtner und dem Kriegsökonomierat Frey das Kloster, um dessen Verwendbarkeit als zukünftiges Domizil des Kadettenkorps zu prüfen.[8]

Erst am 28. Juni 1805 konnte der Kriegsökonmierat Frey mit einem Vertreter des General-Landeskommissariats die Übergabeverhandlung für das säkularisierte Kloster abschließen und den Komplex an den Ökonomieverwalter des Kadettenkorps weitergeben. Das Gebäude war zu diesem Zeitpunkt noch von drei Hieronymitanern und drei kurfürstlichen

Jägern bewohnt. Frey berichtete seinem Vorgesetzten: »... Hier muß ich gehorsamst noch bemerken, daß *die geistlichen Herren noch nicht delogiert* werden konnten, weil selben die Aufkündigung ganz knapp erst gemacht worden ist. Man hat jedoch denselben eröffnet, sie möchten sich um andere Quartiers um somehr kräftig bewerben, als von Seiten der Commission ihre längere Belassung in dem Kloster nicht zugestanden werden, und der Fall eintreten könnte, daß binnen acht Tage in dem alten Gebäude zu bauen angefangen werde, wo sie sich also die Schuld beizumessen hätten, wenn man gar gezwungen wäre, auf schnelle Verlassung des Klosters zu dringen, und zu bestehen, wie man denselben weiters aufgetragen in dieser Zeit, als selbe noch im Kloster wohnen, darauf zu wachen, daß weder an dem Gebäude noch in dem Garten etwas verderben, oder gar entwendet werde.«[9]

Der Umbau des Hieronymitanerklosters zu Militärzwecken war ein Problem. Zu diesem Zeitpunkt bestand nur der Konventtrakt, direkt an die Südwand der Kirche angebaut. Zur Erweiterung war ein Anbau an die Nordwand vorgesehen. Dazwischen lag aber die Kirche. Aus einem bereits Anfang Juni 1805 zum Kurfürsten eingesandten Gutachten der oben erwähnten Kommission ist zu entnehmen, daß der kurfürstliche Oberbaumeister Franz Thurn bereits im Frühjahr 1805 Pläne zum Umbau des Klosters gefertigt hatte. Sie waren jedoch aus nicht näher bezeichneten Gründen als unausführbar erklärt worden. Sodann hatte sich der Kriegsökonomierat Frey an die Arbeit gemacht. Auch dessen Umbauplan wurde bei der Visitation des Gebäudes kritisiert. Generalmajor v. Werneck forderte 210 statt der vorgesehenen 184 Kadettenplätze, mehr Unterrichtsräume, einen Tanzsaal, ein Zimmer »für die physikalischen Apparaturen« usw.. Vor allem aber mißfiel dem Kadettenerzieher an Freys Plan, daß dieser die Schlafräume der für Wasch- und Näharbeiten vorgesehenen zivilen Dienstmägde mitten in den Unterkunftsbereich der Kadetten gelegt hatte: »... die skandalösesten Auftritte und Ausschweifungen würden entstehen.«[10]

Der Hofbauindentant Andreas Gärtner, er war seit März 1805 vom Kurfürsten in die Planung eingeschaltet worden,[11] modifizierte gemeinsam mit Frey dessen Bauplan. Aufgrund der Ansprüche des Kadettenkorps erreichte der Kostenvoranschlag die Höhe von 71 537 Gulden 57 Kreuzer. Kurfürst Max IV. Joseph bewilligte das Projekt am 3. Juli 1805 und forderte wegen des Platzmangels im Wilhelminum, wo das Kadettenkorps damals einquartiert war, einen baldigen Baubeginn.[12]

Bereits wenige Wochen später begann sich die Planungsgrundlage wesentlich zu verändern, nachdem der Chef des Geheimen Kriegsbüros v. Triva eine Denkschrift über die künftigen Militärbauten in München verfaßt hatte. Bis zu diesem Zeitpunkt bestand die Absicht, nach der Verlagerung der Kadetten ins Lehel, das in der Neuhauserstraße gelegene Wilhelminum in eine kombinierte Kavallerie- und Infanteriekaserne für mehr als 1200 Mann umzubauen. Triva bemerkte nun hierzu: »... *Daß das Kadetten-Korps geeigneter als eine Kavallerie-Kaserne in der Stadt liege, glaube ich nicht mehr bezweifeln zu können (...) Dagegen ist die Lage des Hieronymitaner-Klosters, sowohl wegen dessen Verbindung zu den übrigen Kasernen, und hauptsächlich wegen dem nahe vorbeifließenden Wasser ungemein vorteilhaft zu einer Kaserne.«*[13]

Die definitive Einrichtung als Kaserne (1806)

Im Frühjahr 1806 bestand immer noch Unklarheit über die Verwendung des Klosterareals im Lehel. Als die Zeughaus-Haupt-Direktion im März 1806 den Klostergarten zum Parkplatz für Geschützlafetten und Munitionswagen haben wollte, wurde hierzu eine Äußerung des Kriegsökonomierats befohlen.[14] Dieser lehnte die Umwandlung der wertvollen Grundfläche in ein Artilleriedepot völlig ab und erinnerte daran, daß noch immer keine definitive Zweckbestimmung für das ehemalige Kloster erfolgt sei.[15] Zur gleichen Zeit, es war Ende April 1806, beklagte sich das in München stationierte 1. Dragoner-Regiment über die mangelhafte und sehr zerstreute Unterbringung seiner Pferde.[16] So erging dann am 7. Mai 1806 ein königliches Reskript an den Kriegsökonomierat:

»... Nachdem sich zur Unterbringung der herrschaftlichen Dienstpferde in hiesiger Garnison ein äußerst nachteiliger Mangel an Stallungen bezeigt (...) haben Wir beschlossen, daß, in so ferne kein anderes Mittel ausfindig gemacht werden kann, inwendig an die Garten Mauer des Hieronymitanerklosters eine doppelte Stallung, welche wenigstens für 250 Pferde, oder womöglich mehrere Platz geben kann, erbaut, baldmöglichst hiemit der Anfang gemacht und die Vollendung thätigst betrieben werden soll. – Das Kloster selbst ist alsdann zu der Unterbringung der Mannschaft zu verwenden.«[17]

Im Herbst 1806 näherte sich der Stallbau seinem Ende, doch konnte noch nicht mit dem Einrichten der Mannschaftszimmer im Konventbau begonnen werden. Den Grund nennt der Kriegsökonomierat Frey in einem Bericht vom 22. September 1806:

»... Dieses kann nun nicht geschehen, so lange die Geistlichen noch darin wohnen, und die in diesem Kloster dermalen einquartierten Fuhrknechte einer fahrenden Batterie nicht delogiert werden. Die Geistliche sind sehr übel daran – bey ihrer Aufhebung hat man denselben ihre augenblickliche Bestimmung zugesichert, und nach so langen Umtrieb, und selbstiger Betriebsamkeit für ihre Sache, ist doch diese Bestimmung nach selbstiger Aussage der Geistlichen noch nicht erfolget. – Indessen, diese Herren müssen das Kloster räumen, und die Fuhrknechte wo anderst hin verlegt werden. Wohin nun die letzteren [Fuhrknechte] samt den Pferden gebracht werden können, ist wegen Mangel des Plazes allerdings kein so leichter Vorschlag, und wird schwer werden solche dahier (in München) unterzubringen, weil sich der Stand der Mannschaft und Pferde tagtäglich vermehrt.«[18]

Im Dezember 1807 konnten in der »Lehel-Kaserne« abzüglich der Nebenräume für die Wache, den Hausmeister, den Adjutanten usw. effektiv 250 Soldaten und 220 Pferde untergebracht werden. Damit war die Lehel-Kaserne zwar nach der Bettenzahl die kleinste der fünf regulären Kasernen in der Garnison München, jedoch, außer der alten Isarkaserne, die einzige Truppenunterkunft mit militäreigenen Stallungen.[19]

Am 19. Mai 1808 bestimmte das königliche Reskript über den Bau einer neuen Kavalleriekaserne, der späteren Neuen Isarkaserne, zugleich die Lehel-Kaserne als Unterkunft für das Artillerie- und Armee-Fuhrwesen-Bataillon, gemäß eines Vorschlags des Kriegsökonomierats.[20] Bereits am 4. Juni 1808 befahl ein weiteres Reskript den Bau einer großen hölzernen Remise für sechzig Transportwagen des Fuhrwesen-Bataillons im ehemaligen Klostergarten. Bauleitender war auch diesmal der Kriegsökonomierat Frey.[21]

Nach einer Liste vom Juli 1808 konnte die »Hieronymitaner-Kaserne« in zweiundzwanzig Mannschaftszimmern maximal 242 Soldaten fassen. Zur Kasernenaufsicht dienten eine Offizierwohnung und ein Wachtlokal. Die Truppe selbst war freilich der Ansicht, daß das Gebäude bereits mit 222 Mann völlig belegt sei. Das Gebäude verfügte über vier Küchen und je einen Abtritt im Erdgeschoß und den beiden Etagen.[22] Zur Trinkwasserversorgung der Mannschaft diente eine Wasserleitung, die noch aus der Klosterzeit stammte.[23] Entgegen den Wünschen des Fuhrwesen-Bataillons mußte es sich die Kaserne weiterhin mit einer Abteilung des 1. Dragoner-Regiments (1811 in 1. Chevaux Legers-Regiment umgewandelt) teilen.[24]

Um die Unterbringungskapazität der Kaserne zu vergrößern, baute man im Jahr 1810 an die Nordseite der Kirche einen Kasernenflügel an, der später »Mittelbau« genannt wurde.

Wenngleich der Pfarrherr von St. Anna gegen diesen Anbau protestierte, da dadurch angeblich dem Kirchenraum viel Licht und Luft genommen wurde, befahl ein königliches Reskript den beschleunigten Ausbau dieses neuen Wohntraktes.[25]

Nicht nur das enge Zusammenleben von Fuhrwesen und Kavallerie in der doch recht kleinen Kaserne, sondern auch die unmittelbare Nachbarschaft von Kaserne und Kirche bot manchen Anlaß zu Reibereien und Klagen. Im Herbst 1811 wurde das Generalkommando München ermahnt, dafür zu sorgen, daß den Bewohnern des Lehels der Zutritt zu ihrer Pfarrkirche nicht durch Militärangehörige, insbesonders Chevaulegers, verwehrt werde. Um den Kircheneingang zu sichern, wurde er beiderseits mit einem Stakettenzaun gegen den Kasernenbereich abgegrenzt.[26]

Im Frühjahr 1812 machte Kriegsökonomierat Frey, der einer der besten Kenner der baulichen Situation der Lehel-Kaserne war, den Vorschlag, diesen Komplex, dessen Stallkapazität mittlerweile auf 356 Pferdestände vermehrt worden war, ausschließlich dem Fuhrwesen einzuräumen. Auch sein Vorgesetzter, Kriegsökonomiedirektor Krauß, war dafür, da sich dort bereits Schmiede und Wagnerei des Fuhrwesen-Bataillons befanden.[27] Der König entsprach diesem Antrag mit einem Reskript vom 9. Mai 1812. Die Reserveabteilung des 1. Chevauleger-Regiments mußte nun die Lehel-Kaserne verlassen. Freilich befanden sich noch weiterhin erhebliche Materialvorräte der Artillerie, nämlich besonders hochwertiges Holz für Geschützlafetten, in der großen Remise, sodaß der Wagenpark des Fuhrwesen-Bataillons, für den diese Remise eigentlich errichtet worden war, teilweise ungeschützt im Freien abgestellt werden mußte.[28]

Mitte Dezember 1813 ordnete Kriegsminister v. Triva an, dem Freiwilligen Husarenkorps unverzüglich soviel Raum als nur möglich in der Lehel-Kaserne zur Verfügung zu stellen. Das Fuhrwesen sollte hingegen das neue Barackenkasernement in der Max-Vorstadt beziehen. Obwohl sich das Fuhrwesen-Bataillon natürlich dagegen wehrte, mußte es im April 1814 vorübergehend die gesamte Kaserne mit 356 Pferdeständen den Husaren überlassen.[29] Bereits wenige Monate später scheint aber wiederum die gesamte Kaserne ausschließlich vom Fuhrwesen benützt worden zu sein. Zu dieser Zeit gab es infolge der jahrelangen dichten Bestellung des Areals mit Pferdeställen bereits ernsthafte Probleme mit dem Grundwasser.[30] Diese Probleme, die zu zahlreichen Erkrankungen bei den Pferden durch schlechtes Wasser führten, wurden übrigens erst ein Jahrzehnt später in Form einer zusätzlichen Wasserleitung beseitigt.[31]

Bauliche Erweiterungen um 1817/19

Zu einem nicht mehr feststellbaren Zeitpunkt, jedenfalls spätestens im Jahr 1817, wurde die Kaserne erneut erweitert. Hierzu wurde an der Nordspitze des Kasernements bei der Pferdstraße ein Teil der bisherigen Stallung durch den sogenannten »Neubau« ersetzt. Im Frühjahr 1818 gehörte die »Laechl-Kaserne« ausschließlich dem Artillerie- und Armee-Fuhrwesens-Bataillon. Bei einer Maximalkapazität von 390 Personen waren darin 334 Mann tatsächlich untergebracht. Die 352 Pferdestände waren mit 310 Pferden belegt. Im ehemaligen Konventbau der Hieronymitaner, dem sogenannten »Altbau« befanden sich zu diesem Zeitpunkt vierzehn Mannschaftszimmer, fünf Küchen, sowie die Wohnungen für den Bataillonsschirrmeister, den Stabstrompeter, den Schuhmacher, den Schneider, den Kasernenhausmeister, den Profoß und ärztliche Praktikanten. Der »Mittelbau« nördlich der Kirche beherbergte im Erdgeschoß und dem Obergeschoß zusammen acht Mannschaftszimmer und zwei Küchen. Davon durch die anschließenden Stallungen getrennt war der »Neubau«. Er enthielt im Erdgeschoß die Wache, im 1. Stockwerk die Wohnung des

Adjutanten, das Verhör- und das Rapportzimmer. Darüber befanden sich weitere Büroräume und das Monturmagazin des Bataillons. Schmied und Sattler hatten Wohnung und Werkstatt in einem Anbau der großen Remise im Kasernenhof.[32]
Dem Fuhrwesen-Bataillon war die Kaserne immer noch zu klein. Es wies darauf hin, daß bei den Kapazitätsberechnungen regelmäßig auch jene Räume als Wohnzimmer mitgezählt würden, die ständig mit wichtigen Werkstätten usw. belegt seien. Dieser Argumentation schloß sich nun auch das Oberadministrativkollegium der Armee an und schlug vor, den »Mittelbau« (s. o.) um eine Etage aufzustocken. Dadurch gewönne man sechs zusätzliche Zimmer für 102 Unteroffiziere und Mannschaften.[33] Per Reskript vom 5. Februar 1819 wurde dieser Plan genehmigt. Vermutlich kamen dann die Baumaßnahmen im Sommer 1819 zur Ausführung.
Im Herbst 1824 verfügte die Kaserne über Raum für 388 Personen und 349 Pferde. Davon stand der größte Teil dem Fuhrwesen-Bataillon zur Verfügung. Jedoch beanspruchte die Gendarmerie einen Rayon für 56 Mann und 28 Pferde. Ein Jahr später waren sogar 66 Gendarmen bei gleichem Pferdestand in der Lehel-Kaserne.[34]

Die Einrichtung des Franziskanerklosters (1827)

Die Neubelebung des katholischen Ordenswesens in Bayern durch König Ludwig I. sollte sich äußerst nachhaltig auf die Kaserne im Lehel auswirken. Seit dem Januar 1827 beschäftigte sich Ludwig I. intensiv mit den Details der Verlegung von Franziskanern aus Ingolstadt nach München, wobei er zeitweilig sogar plante den gesamten Komplex der Lehel-Kaserne den Mönchen zur Verfügung zu stellen.[35] In einem Reskript vom 3. August 1827 befahl König Ludwig I. dann dem Kriegsministerium »ungesäumt« einen Teil der Lehel-Kaserne an das Innenministerium abzutreten, um darin das Franziskanerkloster einzurichten.[36] Durch diese Anordnung verlor das 1. Artillerie-Regiment den sogenannten »Mittelbau« mit Stallungen für 63 Pferde und Wohnräumen für rund 130 Mann, ferner die bisherigen Werkstätten für die Schmiede und Sattler sowie einen Teil der Wagenremisen. Dem Willen des Königs war aber gerade in solchen Angelegenheiten nicht zu widersprechen! Um die ausquartierten Soldaten weiterhin in der Kaserne behalten zu können, mußten die Wohnungen des Schirrmeisters, des Fahnenschmieds und des Regimentssattlers, sowie die Werkstatt des letzteren, in die Alte Isarkaserne verlegt werden.[37]
Am 31. August 1827 übergab eine Armeekommission, nach dem gemeinsamen Abstecken der künftigen Grenzlinie zwischen Kloster und Kaserne, den vom König bestimmten Anteil des Areals an einen Vertreter des Innenministeriums. Im Protokoll wurde festgelegt, daß sich der abgetretene Teil in gutem Bauzustand befand und das Kloster vom militärischen Bereich durch eine Mauer abgeschieden werden sollte.[38] Tatsächlich trennte aber in den folgenden Jahren lediglich eine Bretterwand, für deren Erhalt die Mönche sorgen mußten, die beiden so unterschiedlichen Sphären.[39] Die Lehel-Kaserne (Anwesen St. Anna-Vorstadt Nr. 1) bestand fortan nur noch aus einem Torgebäude, wo sich Büroräume und Wohnung des Adjutanten befanden, dem »Neubau« als der eigentlichen Kaserne, sowie vier Stallgebäuden und einer Remise im Kasernenhof.[40] Unmittelbarer Nachbar der Kaserne war das Anwesen des Papierfabrikanten Joachim. Diese Papierfabrik, später im Eigentum eines Herrn v. Fleckinger, bestand noch um 1848.[41]

Anfang 1865 lagen in der Kaserne zwei Feldbatterien und die Fuhrweseneskadron des 1. Artillerie-Regiments. Im Juli 1865 zogen die beiden Batterien in die neue Max-II-Kaserne um. Die Fuhrweseneskadron blieb hingegen noch im Lehel stationiert.[42] Seit 1874 bestand in der Lehel-Kaserne die Militärlehrschmiede zunächst für das I. Armeekorps und ab 1875 für die gesamte Armee. Seit 1878 waren auch Teile des Infanterie-Leib-Regiments in der Kaserne untergebracht.[43]

Seit den späten 1880er Jahren wurde die Aufgabe der Lehel-Kaserne ernsthaft erwogen. So wies der Leitende Arzt des I. Armeekorps in einem Gutachten darauf hin, daß diese Truppenunterkunft im statistischen Durchschnitt stets den höchsten Krankenstand aller Münchner Kasernen in Relation zur Belegungsstärke hatte. Der Korpsarzt führte dieses Phänomen auf die tiefe Lage des Gebäudes in einer wasserreichen Umgebung, mangelnden Luftaustausch und die überfüllten Räumlichkeiten zurück.[44] Im Juli 1890 lebten in der Lehel-Kaserne rund 500 Soldaten. Es waren die 1. und 4. Kompanie des Infanterie-Leib-Regiments (273 Mann); die 3. und 4. Eskadron des 1. Schweren Reiter-Regiments (210 Mann) und das Personal der Militär-Lehrschmiede (21 Mann).[45]

Der Münchner Magistrat bat das Kriegsministerium im August 1892 um eine baldige Auflassung der Kaserne. Er betonte, daß die Stadt schon seit Jahrzehnten dieses Militärgebäude entfernt sehen wollte, da es gleich einem Riegel die straßenmäßige Erschließung der St. Anna-Vorstadt vom Hofgarten her verhinderte.[46] Mit dieser Bitte stießen die Stadtväter bei der Armee offene Türen ein, denn im Kriegsministerium plante man seit 1887 die Räumung der Kaserne.[47] Eine Chance sah das Ministerium dann im Herbst 1893 nach der großen Typhusepidemie beim Infanterie-Leib-Regiment, als die Hofgartenkaserne und das Seidenhaus als Truppenunterkünfte aufgelassen wurden. Kriegsminister v. Asch erreichte nun mit dem Hinweis auf die mangelhaften sanitären Zustände auch der Lehel-Kaserne vom Prinzregenten Luitpold die Genehmigung den Militärkomplex aufgeben zu dürfen.[48] Obwohl nun gewissermaßen der Weg frei, dauerte es aber noch einige Jahre bis die Kaserne ganz geräumt war. Infolge der 1893 erfolgten Aufstellung der IV. (Halb)Bataillone bei den Infanterie-Regimentern benötigte das Leib-Regiment weiterhin die Lehel-Kaserne für zwei Kompanien bis zum Jahr 1897, in dem diese IV. Bataillone zu neuen Regimentern in anderen Garnisonen formiert wurden. Die Militär-Lehrschmiede konnte erst im Herbst 1898 ihren Neubau im Norden der Stadt beziehen. So waren beispielsweise im Frühjahr 1896 immer noch 304 Soldaten im Lehel stationiert.[49]

Nachdem die Lehel-Kaserne noch über den Winter 1898/99 als Vorratslager und Ausweichquartier benützt worden war, befahl das Kriegsministerium im Sommer 1899 ihren Verkauf.[50] Das private Interesse an dem alten Gebäude war aber eher zögernd. Vor allem waren die Kaufgebote der Armee zu niedrig. Erst im Juli 1901 wurde die Lehel-Kaserne für 620 000 Mark an einen Münchner Geschäftsmann veräußert.[51]

Anmerkungen

1 Vgl. J. H. Biller/ H. P. Rasp, München. Kunst- und Kulturlexikon. München 1972 (neubearb. 1988), S. 191 f.; S. Grän, Klosterkirche St. Anna am Lehel (Schnell & Steiner, Kleine Kunstführer Nr. 42), München 1989
2 Grän (wie Anm. 1), S. 2 f.
3 A XX Bd. 82, Aussage des ehemaligen Priors Patritius Stein Ord. Hier. aus dem Jahr 1813. Sie revidiert in einigen Details die gängige Literatur (z. B. Grän [wie Anm. 1], S. 3)

4 S. Arndt-Baerend, Die Klostersäkularisation in München 1802/03 (MBM Bd. 95), München 1986, S. 133 – 138
5 MKr. 8926 Prod. 1, Kurf. Reskript vom 2. März 1805; Prod. 2, Kurf. Reskript an KadettenkorpsKdo vom 16. März 1805. A XX Bd. 80, Kurf. Reskript an KÖR vom 16. März 1805
6 Ebd. Prod. 3, Kurf. Reskript an das Generallandeskommissariat vom 22. März bzw. KÖR vom 2. April 1805 (Abschrift in A XX Bd. 80)
7 A XX Bd. 80, KÖR am 5. April 1805
8 MKr. 8926 Prod. 6, Gemeinschaftliches Gutachten über die verschiedenen Pläne zum Umbau des Hieronymitanerklosters in ein Kadettenkorpsgebäude, eingesandt am 3. Juni 1805
9 A XX Bd. 80, Bericht Frey vom 29. Juni 1805
10 Wie Anm. 8
11 MKr. 8926 Prod. 2, Kurf. Reskript vom 16. März 1805
12 Ebd. Prod. 6, Kurf. Reskript vom 3. Juli 1805
13 MKr. 9003 Prod. 1, Denkschrift Triva vom 18. Juli 1805
14 MKr. 8926 Prod. 7, Kgl. Reskript vom 11. März 1806
15 Ebd. Prod. 8, KÖR – Votrag am 8. April 1806
16 Ebd. Prod. 9, 1. DragRgt an GenKdo Baiern am 28. April 1806
17 A XX Bd. 80, dort Original des Kgl. Reskripts vom 7. Mai 1806; eine Abschrift in MKr. 8926 Prod. 9
18 A XX Bd. 80, Kriegsökonomierat Frey am 22. Sept. 1806
19 MKr. 8825 Prod. 13, Bericht des Kriegsökonomierats Frey vom 19. Dez. 1807
20 Vgl. den Abschnitt »Neue Isarkaserne«
21 MKr. 8926 Prod. 13, Kgl. Reskript vom 4. Juni 1808
22 A XX Bd. 68, Dislokationsliste vom 25. Juli 1808
23 MKr. 8926 Prod. 99, Protokoll vom 1. März 1827
24 Ebd. Prod. 16, Antrag des FuhrwesenBtl vom 29. März 1809
25 Ebd. Prod. 23, Besichtigungsprotokoll der St. Anna-Kirche vom 27. Okt. 1810; Kgl. Reskript vom 6. Nov. 1810
26 Ebd. Prod. 29, Kgl. Reskript vom 19. Okt. 1811
27 Ebd. Prod. 30, KÖR an König Max I. Joseph am 2. April 1812
28 A XX Bd. 80, Kgl. Reskript vom 9. Mai 1812
29 MKr. 8825 Prod. 28, KM an KdtMünchen am 15. Dez. 1813; Prod. 36, KM an KdtMünchen am 9. April 1814
30 MKr. 8926 Prod. 63, FuhrwBtl am 21. Juli 1814
31 Ebd. Prod. 69, Kgl. Hofbauindentantur an KM am 22. Febr. 1824
32 MKr. 8924 Prod. 28, Militär-Administrationskommission München am 28. April 1818
33 MKr. 8926 Prod. 55, OAdKoll an KM am 28. Jan. 1819; Kgl. Reskript vom 5. Febr. 1819
34 A VI 8 Fasz. 81 bzw. 82, Hauptrechnungen des FuhrwBtl für die Etatjahre 1823/24 bzw. 1824/25
35 Signate König Ludwigs I., Bd. 1: 1825 – 1831, hg. von A.Kraus, München 1987, Jg. 1827 Nrn. 17, 41, 44
36 MKr. 8926 Prod. 110, Kgl. Reskript dat. Bad Brückenau am 3. Aug. 1827
37 Ebd. Prod. 112, 1. ArtRgt an KdtMünchen am 13. Aug. 1827; KM an ArmeeKdo am 25. Aug. 1827
38 Ebd. Prod. 114, Übergabeprotokoll vom 31. Aug. 1827
39 Ebd. Prod. 158, InnM am 29. Okt. 1829
40 Ebd. Prod. 120, Militärlokalbaukommission am 18. Jan. 1828
41 MKr. 8926 Prod. 157, KM am 26. Aug. 1831; MKr. 8827 Prod. 51, Schreiben des v. Fleckinger vom 6. Juli 1848
42 MKr. 8832 Prod. 46, KM an ArtKorpsKdo am 3. März 1865
43 MKr. 10322 Garnisonbeschreibung (1890), hier: Lehel-Kaserne
44 MKr. 8929 Prod. 15, Korpsarzt I.A.K. am 16. April 1889
45 MKr. 10322, Garnisonbeschreibung (1890) hier: III. Teil 2. Abschnitt (Militärbevölkerung)
46 MKr. 8929 Prod. 30 Stadtmagistrat München an KM am 6. Aug. 1892
47 Ebd. Prod. 31, Vortrag im KM am 7. Okt. 1892
48 Ebd. Prod. 40, KM an Prinzregent Luitpold am 17. Okt. 1893 mit Signat, dat. Berchtesgaden 22. d. Mts.
49 Vgl. MKr. 10323 Garnisonbeschreibung (1896), hier: III. Teil 2. Abschnitt (Militärbevölkerung). Siehe auch den Abschnitt »Militär-Lehrschmiede am Oberwiesenfeld«
50 Mkr. 8929 Prod. 84, GarnVwMünchen am 25. Nov. 1898; Prod. 95, KM an Indent. I.A.K. am 13. Juli 1899
51 Ebd. Prod. 131, KM an Prinzregent Luitpold am 9. Juli 1901 mit Signat vom 10. d. Mts.

Die Neue Isarkaserne

Während der Napoleonischen Kriege nahm die Bedeutung der Kavallerie und der Artillerie samt des Fuhrwesens in der bayerischen Armee stark zu. Die Zahl der Militärpferde in der Münchner Garnison wuchs dementsprechend an. Die Alte Isarkaserne und die improvisierte Lehel-Kaserne konnten den Bedarf an Stallungen nicht decken. So empfahl der Kriegsökonomierat im Mai 1808 den Bau einer zusätzlichen Kavalleriekaserne an der Isar. Sie sollte 396 Soldaten und ebensoviele Dienstpferde fassen. Als Bauplatz wurde der vormalige Anger der Englischen Fräulein vorgeschlagen, den der Kriegsökonomierat im Herbst 1807 um 12 795 Gulden bereits vorsorglich für Garnisonzwecke erworben hatte. Die Kosten für das Kasernenprojekt veranschlagte man auf 106 084 Gulden. Der Kriegsökonomierat hatte für das gleiche Grundstück als Alternative auch den Bau einer Fuhrwesenskaserne für 148 Soldaten und 232 Pferde um 91 081 Gulden erwogen, hielt nun jedoch für das Fuhrwesen das ehemalige Hieronymitanerkloster im Lehel (»Lehel-Kaserne«) ausreichend. Das königliche Reskript vom 19. Mai 1808 folgte der Empfehlung des Kriegsökonomierates, wobei es die günstige Lage der künftigen Kaserne zum bereits vorhandenen Fouragemagazin an der Isarbrücke berücksichtigte.[1]

Obwohl dieses Reskript mit dem Vermerk »*Presant!*« versehen war, vergingen bis zur Grundsteinlegung der Kaserne weitere drei Jahre. In der Zwischenzeit übernahm das Militär an der Ostseite des künftigen Kasernenbauplatzes einstweilen den Schäfflerstadel des königlichen Hofbräuhauses als Fouragemagazin.[2] Die durch Kriegsereignisse und Finanznöte erzwungene Pause erbrachte allerdings auch ein positives Resultat. Anstelle der ursprünglich beabsichtigten recht einfach gehaltenen Kaserne wurde im Herbst 1810 ein weit aufwendigeres und größer dimensioniertes Projekt des Militärbaumeisters Klumpp genehmigt. Die Grundkonzeption von 1808, nämlich die Verwendung des Erdgeschosses als Pferdestall mit darüberliegendem Mannschaftsquartier, wurde beibehalten und sollte später der Truppe manches hygienische Problem bereiten. »... Auch dieser dreigeschoßige Bau greift auf das barocke Schema zurück. Im Erdgeschoß war er rustiziert und zeigte die für Stallungen charakteristischen Halbkreisfenster (...) Der nüchterne Kasernenbau aus der Frühzeit des Münchner Klassizismus prägte so die Stadtsilhouette für den von Osten herkommenden Reisenden.«[3]

Am 20. April 1811 befahl König Max I. Joseph auf eine entsprechende Anfrage des Kriegsökonomierats, daß »... eine besondere Feyerlichkeit bey Legung des Grundsteines zu der zu erbauenden Cavalerie-Kaserne *nicht* stattfinden solle...«.[4] Am 27. Mai 1811 vollzogen dann der Kriegsökonomiedirektor v. Krauß und die Kriegsökonomieräte v. Streich und Keller die Grundsteinlegung. Hierzu wurden im Fundament des Haupttores an der Zweibrückenstraße eine Pergamenturkunde in luftleer gepumpten Glaszylinder und einige kursgültige bayerische Münzen in einer Kristallschale hinterlegt. Das Pergament trug die Inschrift:

MAXIMILIANO. IOSEPHO. PRIMO. BAVARIAE. REGE. P. F. A. IUBENTE.
FAVENTE. LAPIS. HEIC. AUSPICATUS. EXSTRUENDIS. PRO. SAL. PUBL.
IUNCTIS. MILITIUM. DOMICILIIS.
SUBSTRUCTUS. DIE. NATAL. REGIS. OPT. XXVII. MAII.
AN. MDCCCXI.[5]

Beim Abbruch der Kaserne im Herbst 1953 für den Neubau des Deutschen Patentamtes wurde dieser Grundstein übrigens zufällig von Arbeitern aufgefunden und geöffnet. Der

Inhalt war noch in hervorragendem Zustand. Bezeichnenderweise stellte man sich im Jahr 1953 die Grundsteinlegung von 1811 als ein großartiges militärisches Spektakel in Anwesenheit des Königs und zahlreicher Offiziere vor.[6]

Auf dem Baugelände befanden sich um 1811 noch die Obst- und Gemüsegärten des Stiftes der Englischen Fräulein, nebst stifteigener Häuser für den Gärtner bzw. einen Milchmann. In der Nachbarschaft lagen der Holzlagerplatz der Münchner Kistlerzunft und eine Werkstatt der Stadt, in der die hölzernen Wasserleitungsrohre gebohrt wurden. Dazu kamen noch der Schäfflerstadel des Hofbräuhauses. Der Kistlerplatz in Wassernähe war Ende des 18. Jahrhunderts im Zuge der feuerpolizeilichen Maßnahmen enstanden, die alle feuergefährlichen Gewerbe bzw. deren Materiallager aus den dicht bebauten Städten verbannten.[7] Der Flurname »An den Schweinställen«, in früherer Zeit auch »Plärrer«, rührte vom Verbot der Schweinehaltung in der inneren Stadt seit dem Jahre 1475 her. Damals wurden an der Isar im Bereich der heutigen Erhardtstraße auf städtischem Grund Schweineställe angelegt.[8]

Nach zügigem Baubeginn im Frühjahr 1811 und der obligatorischen Winterpause stieß die Fortsetzung der Bauarbeiten im Frühjahr 1812 auf Schwierigkeiten, da sich auf einem Teil des künftigen Kasernenareals immer noch der Werkplatz der Münchner Kistlerzunft mit allerlei Hütten und Holzlegen befand.[9] Der Streit des Militärs mit der Zunft sah bemerkenswerterweise die bewaffnete Staatsmacht keineswegs im Rechtsvorteil. Die zivile Kgl. Baukommission München stellte in ihrem Gutachten vom 30. Dezember 1812 fest, daß der umstrittene Platz von den Handwerkern seinerzeit rechtsgültig angekauft worden war. Die Zunft müsse daher durch einen angemessenen Geldbetrag oder durch ein Ersatzgrundstück zu Lasten des Militärärars entschädigt werden.[10] Verständlicherweise wollte die Armee, die mit der Projektierung der Kaserne auf teilweise fremdem Grund einen schwerwiegenden Planungsfehler begangen hatte, so billig wie möglich aus der Sache herauskommen. Tatsächlich gelang es Triva den König am 13. Februar 1813 zu einem Reskript zu bewegen, das diese Last auf die Münchner Kommunalverwaltung abwälzte. Die Stadt sollte nämlich nun das Ödland auf der Insel hinter der Alten Isarkaserne der Kistlerzunft zur Verfügung stellen.[11] Mit dieser »Lösung« war nach monatelanger Verzögerung im Innenministerium auch Montgelas einverstanden.[12] Allerdings hatten Militär und Zivilbehörden ihre Rechnung ohne den Wirt gemacht. Obwohl der bewußte Platz hinter der Alten Isarkaserne durch ein königliches Reskript vom 3. Juni 1813 den Kistlern bereits zugewiesen worden war, lehnten ihn die Handwerker als ungeeignet ab und forderten stattdessen den Ankauf eines Angers am Flußufer, der dem Lebzelter Sailinger gehörte.[13] Übrigens waren die Kistler sehr gut beraten, den Platz auf der Kaserneninsel abzulehnen, denn im Herbst 1814 riß ein Hochwasser einen Teil dieser Insel hinweg.[14] Sicherlich wußten die Münchner Kistler recht gut Bescheid über die Tücken der Isar und wollten deshalb einen Platz am sicheren Ufer haben.

Unterdessen waren im März 1813 die Bauarbeiten an der Kaserne vorangeschritten. Das in München stationierte 1. Chevaulegers-Regiment bat deshalb, eine in Freising allein garnisonierende Eskadron zurückholen und die neue Isarkaserne beziehen zu dürfen. Eine solche Dislozierung lag ohnehin im Interesse der Armee, die die Klosterkaserne in Neustift bei Freising für die Aufstellung eines berittenen Regiments der Nationalgarde verwenden wollte. So befahl König Max am 2. April 1813 die Beschleunigung der Bauarbeiten der neuen Münchner Kaserne, um die Garnison Freising für die Nationalgarde frei zu bekommen.[15] Bereits am 3. Mai 1813 konnte dann der Kriegsökonomierat melden, daß in der neuen Kaserne Zimmer für 428 Mann und Stallungen für 104 Pferde bezugsfertig waren.[16]

Nach der Aufstellung der Husarentruppe wurde die neue Kavalleriekaserne den Husaren zugewiesen, die sie bis zum Herbst 1814 nutzten.[17] Noch im gleichen Jahr 1814 zog das Regiment Garde du Corps in die Kaserne ein.[18] Erst im Herbst 1817 war die Kaserne im Rohbau ganz vollendet. Über den Winter und das Frühjahr hin trocknete das frische Mauerwerk soweit aus, daß die neuen Räume Ende April 1818 bezugsfähig waren. Abzüglich der Platzerfordernisse für die verschiedenen Kanzleien usw. konnten nun 1168 Soldaten und 359 Pferde in der neuen Isarkaserne untergebracht werden.[19] Der Komplex bildete eine geschlossene Vierflügelanlage, dessen Ostseite, entsprechend dem Verlauf der Uferstraße leicht geknickt werden mußte, sodaß insgesamt ein Fünfeck entstanden war. Das gesamte Erdgeschoß war in neun Abschnitten als Stallung eingerichtet. Im ersten Stockwerk befanden sich die Wohnungen für den Kasernenhausmeister, den Regimentsprofoß und den Regimentskürschner, dreiundzwanzig Mannschaftszimmer, drei Küchen und zwei Abtritte. Im zweiten Stockwerk lagen die Regimentsschule, die Bibliothek, das Verhörzimmer, das Zuschneidezimmer, die Sattlerei, die Krankenstation, achtzehn Mannschaftszimmer, drei Küchen und zwei Abtritte. Im Obergeschoß des Pavillons waren die Regimentskanzlei, die Schuhmacherei, die Schneiderei und die Monturmagazine untergebracht. Die Kapazität der Mannschaftszimmer schwankte zwischen drei und siebzehn Bettladen für je zwei Personen. Die Standardzimmer hatten aber entweder acht oder vierzehn Bettladen. Die Kaserne war insgesamt für 359 Pferde und 1558 Mann berechnet, wobei jedoch eine ganze Reihe Funktionsräume als Wohnzimmer mitgezählt wurden.[20] Bezeichnenderweise erhob das Eliteregiment Garde du Corps schon im Juni 1818 Einspruch gegen die Absicht der Militärverwaltung, die Mannschaft sehr dicht zu kasernieren und einen Teil der neuen Zimmer leer stehen zu lassen, um dadurch Brenn- und Beleuchtungsmaterial sparen zu können. Dieser Protest hatte Erfolg. Im August 1818 wurde die Neue Isarkaserne komplett dem Regiment Garde du Corps übergeben und auf 876 Mann Friedensbelegung bzw. 1140 Mann in Ausnahmesituationen normiert.[21]

Erweiterungen des ursprünglichen Kasernenareals

Bereits im Frühjahr 1815 hatte der Kriegsökonomierat von der Münchner Stiftungsadministration den sogenannten »Bürgeranger« des vormaligen Heiliggeistspitals südlich der neuen Kaserne mit einer Fläche von knapp drei Tagwerk für 3488 Gulden erworben. Vorausschauend vermerkte man dazu: »… dieser Anger verbindet sich mit jenem des Claude Clair, welchen seinerzeit das Militair auch zu aquirieren hat nicht aus den Augen lassen dürfte, denn dieser schöne Anger wird den Militär Etablissements an der Isar einzig nur die schönste Gelegenheit verschaffen können.« Der erwähnte Clair'sche Anger lag nämlich zwischen dem neuerworbenen Bürgeranger und der Kaserne.[22] Zum Jahresanfang 1816 konnte dann tatsächlich auch der Clair-Anger samt dem dazugehörigen Wohnhaus um 25 000 Gulden angekauft werden.[23] Im August 1824 arrondierte man das Gelände südlich der Kaserne durch den Ankauf einer Wiese vom Bäcker Michael Dosch aus der Au um 6300 Gulden.[24] Durch diese geschickten Grunderwerbungen hatte man die Basis zu künftigen Erweiterungsbauten der Kaserne gelegt, die es ermöglichten, sie bis zur Jahrhundertwende zu nutzen.

In den Jahren 1825/26 wurden südlich des schon bestehenden Kasernements zunächst eine Stallung, eine Reithalle und drei Fouragemagazine gebaut. Als Winterreitschule für das Regiment hatte bisher das alte kurfürstliche Turnierhaus am Hofgarten gedient, das auf Betreiben des Kronprinzen Ludwig dem neuen Hofgartenbasar weichen mußte.[25] Alle diese Baumaßnahmen wurden noch zu Lebzeiten König Max I. Joseph genehmigt. Im Jahre

1829 wurde dann eine grundlegende Erweiterung der Kaserne durchgeführt, indem man den Osttrakt und den Westtrakt nach Süden bis zur Kohlstraße verlängerte und dort zum Abschluß einen neuen Querflügel setzte. Der so entstandene Anschlußteil war zunächst nur für Stallungen und Fourage konzipiert und hieß deshalb bis zur Jahrhundertwende »Haberspeicher«. Außerdem wurde zur Ableitung der Pferdejauche, nicht etwa des als Dünger hochgeschätzten Mistes, ein Kanal vom alten Teil der Kaserne zur Isar angelegt. Er erfüllte seinen Zweck aber nur mangelhaft und diente vielmehr als Refugium für Rattenscharen. In dieser Form hatte die Neue Isarkaserne fast zwei Jahrzehnte lang Bestand. Nachdem im Jahre 1845 der Dachboden des »Haberspeicher«-Traktes provisorisch als Mannschaftsunterkunft eingerichtet worden war, baute man diese Etage im Revolutionsjahr 1848 vollständig für Wohnzwecke um. Gleichzeitig mußte das 1. Kürassier-Regiment einen Teil seiner bisherigen Reitwiese für eine große Barakkenstallung des neu errichteten 3. (reitenden) Artillerie-Regiments abtreten. Eine weitere Reduzierung der Freiflächen südlich der Kaserne erfolgte dann im Jahre 1854. In unmittelbarer Nachbarschaft der alten »Kürassier-Reitschule« von 1825 entstand zusätzlich die mehr als doppelt so große »Max-II-Reitschule« und daneben ein großes Fouragemagazin. Damit war die Bauentwicklung des Gesamtareals praktisch abgeschlossen.[26] Die Kaserne faßte um die Mitte des 19. Jahrhunderts bei herkömmlichen zweimännigen Bettladen im Altbau 745 Mann und im ausgebauten »Haberspeicher« 425 Mann. Notfalls konnten auf den Gängen weitere 150 Mann kaserniert werden. Die Stallungen konnten 575 Pferde aufnehmen.[27]

Die Kaserne in der zweiten Hälfte des 19. Jahrhunderts

Am 22. April 1858 schrieb König Max II. an den Kriegsminister v. Manz: »… Wie ich soeben vernehme, ist der Zustand der Salubritaet in der hiesigen Cuirassier-Kaserne ein so ungünstiger, daß fast täglich Todesfälle nach kurzer Uebersiedlung in das Spital vorfallen. Eine Hauptursache soll an dem engen Beieinanderwohnen der Soldaten zur Zeit der Seuche liegen. Ich verfüge daher, daß angesichts dieses Dislokationen der dort kasernierenden Militärs und überhaupt alle diejenigen Maßregeln in ausreichendsten Grade vorgenommen [werden], welche zur Verminderung jener Uebelstände beizutragen geeignet sind. Eine wahre Herzensangelegenheit ist Mir dieses. Ich vertraue daher zu Ihrem Eifer, daß Sie sofort alles Nöthige anordnen.«[28] Daraufhin wurde die Kaserne evakuiert und grundlegend saniert, vor allem Fußböden und Wandverputz, Abortanlagen, Brunnen und Stalleinrichtungen erneuert. Die Eskadronen wurden zeitweilig in den königlichen Schlössern Nymphenburg, Fürstenried und Schleißheim untergebracht, außerdem in den Garnisonen Freising und Benediktbeuern.[29]
Im Frühjahr 1873 übernahm Prinz Leopold, ein Sohn des Prinzen Luitpold von Bayern, das 1. Kürassier-Regiment als Kommandeur. In seinen Lebenserinnerungen schildert er auch die damaligen Lebensverhältnisse in der Neuen Isarkaserne:
»… Die Kaserne war nicht neu und entbehrte alle die Einrichtungen, die man jetzt [i. e. in den 1920er Jahren] im Interesse des Wohlbefindens der Unteroffiziere und Mannschaften stellt. Immerhin war genügend Platz vorhanden. Nicht erfreulich waren die Gesundheitsverhältnisse. Die Hygiene stak im Verhältnis zu heute noch in den Kinderschuhen, der Typhus war in der Kaserne endemisch und wuchs von Zeit zu Zeit fast zu einer Epidemie heran. Ich erinnere mich an Zeiten, wo, wenn ich die Kasernenstuben revidierte, ich in vielen Stuben den einen oder anderen Kürassier im Bette fand, der dann fast immer den nächsten Tag als typhuskrank ins Lazarett gebracht werden mußte. Kanalisierung und

Wasserleitung, diese großen Errungenschaften Pettenkofers, brachten dann Besserung. Die Stallungen waren schön und geräumig, nur gab es eine Unmasse von Ratten. Wenn man nachts durch die Stallgassen ging, die nur mit spärlichen Öllampen beleuchtet waren, so liefen sie einem wie die Kaninchen vor den Füßen herum. Als, um dieser Plage zu steuern, die Brückhölzer entfernt wurden, unter denen sie ihr Quartier aufgeschlagen hatten, und der Boden aus Beton hergestellt wurde, gab es ganze Kämpfe mit den mit Prügeln bewaffneten Mannschaften, und sollen am hellichten Tage ganze Kolonnen von Ratten durch das Isartor in das Tal hinausgewechselt sein. Der Kasernenhof war ausgedehnt, bot vollauf Platz für die Aufstellung des Regiments und für all die kleinen Detailübungen, vom wenig beliebten Fußexerzieren, das aber für die stramme Haltung unentbehrlich war, bis zum Turnen, Fechten und Voltigieren. Viel zu klein war die alte Reitschule, doch wurde bald durch Überweisung der dahinterliegenden Max-Reitschule diesem Übelstande abgeholfen.« [30]

Im Jahr 1872 erhielt das Offizierkorps des 1. Kürassier-Regiments im vorderen Trakt der Kaserne an der Zweibrückenstraße ein Kasino. Hierfür wurden mehrere Mannschaftszimmer verwendet. Auch Unteroffiziere und Mannschaften bekamen 1879 jeweils eigene Speisesäle. [31] In den 1880er Jahren wurden im Altbau im Durchschnitt um die 400 Unteroffiziere und Mannschaften gemeinschaftlich untergebracht; außerdem gab es hier 32 Dienstwohnungen. Der »Haberspeicher« wurde mit etwa 260 Mann belegt. Hier waren nur 4 Dienstwohnungen vorhanden. In den Stallungen des Altbaues konnten 340 Pferde untergebracht werden, im »Haberspeicher« 249 Pferde. Somit bot die gesamte Kaserne im Frieden Platz für etwa 660 Mann in Gemeinschaftsunterkünften, 36 »Einzelwohner« und 589 Pferde. [32]

Im Herbst 1889 bemerkte man an den Stallgewölben des Altbaues besorgniserregende Sprünge im Mauerwerk. Eine Stichprobe an einem Gewölbepfeiler ergab, daß das tragende Mauerwerk durch die Fäkalien der Pferde stark angegriffen war. Am 7. Dezember 1889 prüfte eine Kommission, der u. a. der Indentant des I. Armeekorps und der Kommandeur des 1. Schweren Reiter-Regiments angehörten, diese Bauschäden. Danach wurde beantragt, umgehend den vorderen Kasernentrakt räumen zu lassen. Bereits am 12. Dezember 1889 wurde eine Eskadron in die Alte Isarkaserne verlegt. Auch das Kasino wurde provisorisch auf der Isarinsel untergebracht. Im Januar 1890 war der gesamte vordere Trakt leergeräumt. Die Militärverwaltung stand nun vor der schwerwiegenden Entscheidung, die Neue Isarkaserne ganz aufzugeben oder aber grundlegend sanieren zu lassen. Man entschied sich für das letztere. Am 23. August 1890 begann die Instandsetzung von insgesamt 157 Stützpfeilern. Während dieser Arbeiten wurden weitere Bauschäden erkannt und beseitigt. Zudem nutzte man die Chance zur Installation moderner Sanitäranlagen. Als Ausweichquartiere nützte man für einige Eskadronen die Alte Isarkaserne und die Lehelkaserne. Mit der Wiedereröffnung des Kasinos in der Neuen Isarkaserne im Frühjahr 1893 waren die Reparaturen abgeschlossen. [33]

Obwohl die Armee in die Sanierung der Neuen Isarkaserne investiert hatte, schrieb Kriegsminister v. Asch im Juni 1898 an den Prinzregenten Luitpold in Zusammenhang mit der Finanzierung neuer Militärbauten: »… Die jüngsten Verhandlungen der Kammer der Abgeordneten haben nun den Hinweis auf eine mögliche Einnahmequelle neuerdings in Erinnerung gebracht, indem der Abgeordnete Schwarz dem Wunsche der Stadt München wiederholten Ausdruck gab, es *möchte im Interesse der Entwicklung der Stadt, insonderheit des Isarquais das Areal der neuen Isarkaserne für private Bebauung geöffnet werden (...)* die Kaserne ist in den ersten Jahren des Jahrzehnts derart in Stand gesetzt worden, daß die vorher bestandenen ernsten Bedenken in baulicher und sanitärer Beziehung als vorerst behoben betrachtet werden können. Gleichwohl bleibt sie *ein altes Gebäude, welches bei der starken Abnützung, der die Kasernen ausgesetzt sind, nur bemessene Zeit bewohnbar bleiben kann (...) Die Kaserne war ursprünglich im Freien gelegen (...) Durch die fortschreitende Bebauung der Isarufer und der Kohleninsel hat sich dieses Verhältnis vollkommen geändert (...) Endlich darf noch hervorgehoben werden, daß die Lage der Kaserne in einem dicht bevölkerten Stadtteile auf die disziplinären, sittlichen und gesundheitlichen Verhältnisse des Regiments nachtheilig einwirkt. Diesselben Verhältnisse, welche die Kaserne für die dienstlichen Interessen entwerten, dürften nach Anschauung des allergehorsamst Unterzeichneten auch die Vorteile aufgehoben haben, welche unter früheren Verhältnissen für Niederhaltung etwaiger gewaltsamer Ruhestörungen aus der Lage der Kaserne abgeleitet werden konnten.«* Der Prinzregent genehmigte dem Kriegsminister v. Asch entsprechende Schritte zum Bau einer neuen Kavalleriekaserne für die Münchner Garnison.[34]

Am Morgen des 21. Juni 1902 nahm das 1. Schwere Reiter-Regiment zu Pferde Aufstellung im Hof der Neuen Isarkaserne. Prinz Leopold von Bayern, Regimentsinhaber und Sohn des Prinzregenten, hielt eine Ansprache, in der er auf die lange Tradition der Kaserne als »Mutterhaus« des Regiments hinwies. Dann fuhr er fort: »... Und doch entspricht es nicht mehr den Anforderungen der Zeit, und darum ließ unser Allergnädigster Regent und Kriegsherr, der stets auf das Wohl seiner Soldaten bedacht ist, seinen Reitern eine neue Kaserne erbauen, schöner und gesünder und besser als die bisherige, in der es dem Regimente in hohem Grade erleichtert wird, immer fortzuschreiten in seiner kriegsmäßigen Ausbildung. (...) Zum letzten Male auf den Pflastersteinen des Tores der neuen Isarkaserne erdröhnen die Eisen unserer Pferde, der letzte Jubelruf auf diesem historischen Boden gelte unserem vielgeliebten Regenten.«[35]

Anschließend zogen die Schweren Reiter, Prinz Leopold an ihrer Spitze, durch die Stadt in die »Prinz-Leopold-Kaserne« am Rande des Oberwiesenfeldes. Am 4. Juli 1902 wurde die Neue Isarkaserne vom Regiment definitiv an die Garnisonverwaltung übergeben.[36]

Anmerkungen

1 MKr. 8912 Prod. 1, KÖR an König Max Joseph am 16. Mai 1808; Kgl. Reskript vom 19. Mai 1808. Quellenfundierte Literatur: H. Fahrmbacher, Das Königlich Bayerische 1. Schwere Reiter-Regiment »Prinz Karl von Bayern« Bd. 2: Das Regiment in dem Zeitraum von 1848 bis 1898, München 1900, S. 637 – 659, hier S. 637 ff. (Fahrmbacher verfügte über eine ausgezeichnete Kenntnis der Bauakten!); F. Zimmermann, Die neue Isarkaserne, in: Klassizismus in Bayern, Schwaben und Franken. Architekturzeichnungen 1775 – 1825. hg. von W. Nerdinger, München 1980, S. 130 ff.

2 MKr. 8966 Prod. 4, Kgl. Reskript vom 12. Jan. 1809

3 Zimmermann (wie Anm. 1), S. 131

4 MKr. 8912 Prod. 3, KÖR am 6. April 1811; Kgl. Reskript vom 20. April 1811

5 Ebd. Prod. 4, Protokoll vom 27. Mai 1811

6 Vgl. Münchner Merkur Nr. 266 (1953), Freitag, 6. Nov. 1953

7 Vgl. A IV Bd. 102 mit den verschiedenen Münchner Feuerpolizeiordnungen, insb. der Allgemeinen Feuerordnung für Baiern und die obere Pfalz vom 30. März 1791, § 19: Entfernung feuergefährlicher Güter aus den Städten

8 M. Schattenhofer, Von Kirchen, Kurfürsten und Kaffeesiedern etc. Aus Münchens Vergangenheit, München 1974, S. 299

9 MKr. 8912 Prod. 9, KÖR am 6. Febr. 1812

10 Ebd. Prod. 12, Kgl. Baukommission München am 30. Dez. 1812 (Abschrift)

11 Ebd. Prod. 12, Kgl. Reskript vom 13. Febr. 1813

12 Ebd. Prod. 17, InnM am 27. Mai 1813

13 Ebd. Prod. 22, KÖR am 30. Juni 1813

14 Vgl. das Kapitel »Alte Isarkaserne«

15 Ebd. Prod. 13, 1. ChevRgt an KavBrig München am 30. März 1813; Kgl. Reskript, dat. München 2. April 1813

16 Ebd. Prod. 14, KÖR am 3. Mai 1813

17 Ebd. Prod. 18, KÖR am 15. Februar 1814; Prod. 19, KM am 10. September 1814
18 Ebd. Prod. 20, KÖR am 19. Nov. 1814
19 Ebd. Prod. 39, OAdKoll am 24. April 1818
20 Ebd. Prod. 39, KasVw München am 23. April 1818
21 Ebd. Prod. 41, OAdKoll an KM am 10. Juni 1818; Prod. 43, OAdKoll an KM am 27. Aug. 1818
22 A XX Bd. 81, Verkaufsprotokoll vom 27. Febr. 1815; Bericht des Kriegsökonomierates Joseph Frey vom 1. März 1815; Kgl. Reskript vom 4. März 1815
23 MKr. 8912 Prod. 24, KÖR an KM am 4. Jan. 1816; Kgl. Reskript vom 7. Jan. 1816
24 MKr. 8919 Prod. 4, KM an König Max I. Joseph am 30. Aug. 1824 mit Kgl. Signat (undat.)
25 Vgl. MKr. 8919 Prod. 4, KM am 30. Aug. 1824 mit undat. Kgl. Signat (Genehmigung zum Bau einer Militär-reitschule); Prod. 5, FinM an KM am 9. Nov. 1824 (Das alte Turnierhaus betr.)
26 Hierzu: Fahrmbacher (wie Anm. 1), S. 644 – 648
27 C 7, Garnisonbeschreibung, hier: Verzeichnis der militäreigenen Gebäude (5: Neue Isarkaserne, Stand: 15. Jan. 1852)
28 MKr. 8830 Prod. 93, Kgl. Handbillet vom 22. April 1858 (Abschrift des KM); bei Fahrmbacher (wie Anm. 1) S. 649 f. ist der Text sinngemäß, aber nicht ganz wortgetreu zitiert
29 Fahrmbacher (wie Anm. 1), S. 650; Mkr. 8830 Prod. 94, KM am 29./30. April 1858 (eine Eskadron in Nymphenburg bzw. eine halbe Eskadron in Fürstenried); Prod. 95, KM am 11./12. Mai 1858 (eine Eskadron in Schleißheim bzw. in Benediktbeuern); Prod. 96, KM am 8. Mai 1858 (eine Eskadron nach Freising und noch eine halbe Eskadron nach Fürstenried).
30 L. v. Bayern, Aus den Lebenserinnerungen: 1846 – 1930. hg. von H. Körner, Regensburg 1987, S. 173 f.
31 Fahrmbacher (wie Anm. 1), S. 650 bzw. S. 652
32 MKr. 10322 Garnisonbeschreibung (1890), hier: Neue Isarkaserne
33 Fahrmbacher (wie Anm. 1), S. 655 ff.; Garnisonbeschreibung (wie Anm. 32)
34 MKr. 8833 Prod. 60, KM an Prinzregent Luitpold am 22. Juni 1898 mit Signat vom 29. d. Mts.
35 Th. v. Pfetten-Arnbach/H. Fahrmbacher, Das 1. Schwere Reiter-Regiment »Prinz Karl von Bayern« Bd. 3: Das Regiment im Zeitraum von 1898 bis 1913, München 1914, S. 21
36 Ebd., S. 22

Das Tattenbach-Schlößchen im Lehel

Im Lehel befand sich seit dem Jahr 1657 ein edelfreier Sitz der Grafen von Tattenbach. Im Frühjahr 1817 bestand dieser Besitz aus dem Hauptgebäude (»Schlößl«), auf dem eine reale Bierschankgerechtigkeit ruhte, einigen Gartenanlagen und einem großen Anger. Insgesamt umfaßte das durchgehend eingeplankte Gut mehr als 8 1/2 Tagwerk Grundfläche. In seiner Nachbarschaft befanden sich 17 Anwesen, die dem Grafen Tattenbach grundbar waren.[1]

Dieses sogenannte Schlößlgut erschien dem Kriegsökonomierat Frey, der seit Anfang August 1816 nach einem Bauplatz für eine neue Infanteriekaserne als Ersatz für die baufällige Kreuzkaserne suchte, sehr geeignet zum Bau einer Großkaserne für 3000 Mann und 800 Pferde. Am 12. Oktober 1816 schlug der Kriegsökonomierat dem Ministerium des Kriegswesens den Ankauf dieses Gutes um 20 000 Gulden vor.[2] Nachdem Minister v. Triva den Kriegsökonomierat am 5. November 1816 zur Aufnahme von Verhandlungen mit dem Grafen Heinrich von Tattenbach und Valley ermächtigt hatte, waren diese am 2. Januar 1817 zu einem Vorvertrag gediehen. Durch ein königliches Reskript vom 3. Februar wurde das Schlößlgut für 20 200 Gulden zum Ankauf für Militärzwecke genehmigt, woraufhin am 28. Februar 1817 der definitive Kaufvertrag abgeschlossen werden konnte.[3]

Der Ankauf des Tattenbachschen Besitzes muß in Zusammenhang mit der damals aktuellen Standortplanung für einen Ersatzbau der baufälligen Kreuz-Kaserne gesehen werden. Während die zivile Kgl. Baukommission München für eine neue Großkaserne die Max-Vorstadt favorisierte, neigte der Kriegsökonomierat zur St. Anna-Vorstadt, also dem Lehel. Dieses war seiner Ansicht nach günstiger zur Innenstadt gelegen und mit besseren Einkaufs- und Versorgungsmöglichkeiten für die Truppe versehen als die Max-Vorstadt.[4] Außerdem dürfte auch die Lage der bestehenden Kasernen eine Rolle gespielt haben, denn die Mehrzahl befand sich ohnehin schon im Osten bzw. Südosten der Stadt: – die Hofgarten-Kaserne mit dem Seidenhaus; – die Kosttor-Kaserne; – die Lehel-Kaserne; – die beiden Isarkasernen. Inzwischen hatte der Kriegsökonomierat Frey seinen Bebauungsplan für das Tattenbachanwesen revidiert und schlug nun im März 1817 eine reine Infanteriekaserne vor.[5]

Erst ein Jahr nach dem Ankauf des Grundstücks ging die Armee an die Vorbereitungen zum Bau einer Kaserne heran. Dazu nahm der Ingenieur-Oberstleutnant Becker im Februar 1818 eine Bodenuntersuchung vor. Deren Ergebnis wurde vom Oberadministrativrat Frey[6] sodann in einem Gutachten vorgelegt. Obwohl Frey sich Mühe gab, das Areal, dessen Ankauf ja vor allem von ihm betrieben worden war, möglichst günstig zu beurteilen, konnte er doch gewisse Nachteile des Geländes nicht verschweigen. Als schwerwiegendsten Nachteil hatte man mittlerweile den hohen Grundwasserpegel und die Gefahr von Überschwemmungen bei Isarhochwasser erkannt. Nur durch kostenintensive Sicherungsmaßnahmen, etwa einer aufwendigen Auskleidung der Baugrube mit einer wasserundurchlässigen Mergelschicht und äußerst massiv gemauerten Fundamenten, konnte für einen dauerhaften Großbau an diesem Platz die Voraussetzung geschaffen werden. Selbst Frey war offenbar nicht mehr ganz wohl bei seinem eigenen Projekt. Er räumte nun ein, daß ein hochgelegener und damit trockener Baugrund vorteilhafter sei als ein Platz im Lehel, *»… allein es ist ja kein Fleckchen in und außer der Stadt, welches man hätte bekommen können (…) Was blieb demnach zur Wahl noch übrig, als I: nach dem Sprichwort: I in einen sauren Apfel zu beisen.«*[7]

Ungeachtet der zu diesem Zeitpunkt schon deutlich absehbaren technischen Schwierigkeiten mit diesem Bauplatz, gab das Staatsministerium der Armee am 14. März 1818 dem

Oberadministrativkollegium der Armee den Auftrag, den Bauplan einer großen Kaserne zu erstellen. Minister v. Triva ordnete hierfür die Konzeption des Erdgeschosses als Stallung an, nach dem Vorbild der gerade vollendeten Neuen Isarkaserne.[8]

Die Planungsarbeiten für die neue Lehelkaserne wurden aber nicht weiter verfolgt. Statt dessen nutzte in der Folgezeit die Armee dieses Anwesen ähnlich schon wie die Grafen Tattenbach. Hatte das Oberadministrativkollegium im März 1817 dem damaligen Pächter des Schlößlgutes mit nur zweiwöchiger Räumungsfrist gekündigt,[9] so verpachtete nun dieselbe Dienststelle die »... reale Wirtschafts-Gerechtigkeit auf dem sog. Schlößlgut in der St. Anna-Vorstadt« im September 1819 auf drei Jahre an den bürgerlichen Bierwirt Michael Halbreiter von München. Auf dieser Wirtschaft lag übrigens das Privileg einer zusätzlichen »Freinacht« pro Monat und jeden Sonn- und Feiertag eine Tanzveranstaltung abzuhalten. Der festgesetzte Pachtzins betrug 541 Gulden pro Jahr.[10] Die drei Gärten wurden für 300 Gulden jährlich an einen Gärtner Taschner verpachtet und der große Anger um 284 Gulden jährlich an einen gewissen Bamberl.[11]

Als nach den ersten drei Pachtjahren diese Verträge ausliefen, überlegte man die weitere Nutzung des Areals. Das Oberadministrativkollegium gab zu bedenken, daß die bestehenden Gebäude des Schlößlgutes in schlechtem Zustand und als Kaserne ungeeignet seien.[12] König Max Joseph selbst wünschte aber, daß das Gelände im Lehel als Vorbehaltsfläche der Garnison gesichert blieb.[13] Daraufhin verpachtete die Armee die Gebäude auf ein weiteres Jahr wieder an den Bierwirt Halbreiter um 400 Gulden, die drei Schloßgärten an den Erwerbsgärtner Joseph Lachner um 250 Gulden. Den großen Anger (6 1/2 Tagwerk) behielt die Garnison mangels Interesses privater Pächter selbst als Heuwiese für die Militärpferde.[14]

Einige Monate vor dem Auslaufen der letztgenannten Nutzungsverträge erklärte ein königliches Reskript im Sommer 1823, nachdem nunmehr für eine große künftige Kaserne in der Max-Vorstadt – die spätere Türkenkaserne – gesorgt sei, solle das Schlößlgut meistbietend versteigert werden. Lediglich eine kleinere Wiese in der Nähe der Lehelkaserne wollte man behalten, um darauf eventuell später Remisen zu errichten.[15] Ende September 1823 fand die öffentliche Auktion statt. Sie erbrachte nur ein Gesamtgebot von 20 000 Gulden, also den gleichen Betrag, den das Militärärar selbst gut sieben Jahre zuvor an den Grafen Tattenbach gezahlt hatte. Nachdem aber kurz vor dieser Auktion auch der Hofbauintendant Leo v. Klenze Interesse für dieses Areal gezeigt hatte, da das Schlößlgut direkt an sein Baumateriallager angrenzte, schlug Armeeminister von Maillot nun vor, lieber das Gelände um die gleiche Summe der Kgl. Hofbauindentantur zu überlassen.[16] Dieses Geschäft kam zustande. Am 11. November 1823 übergab die zuständige Stadtkommandantschaft München das Schlößlgut mit Ausnahme eines kleinen Grundstückes an die Hofbauintendantur. Eine Bretterwand trennte fortan den verbliebenen militärischen Grundbesitz vom Materiallager für die Hofbauten.[17]

Im Januar 1824 bat der Gärtner Joseph Lachner, der bis zum Herbst 1823 die alten Tattenbachschen Gärten bewirtschaftet hatte, man möge ihm das ein Tagwerk umfassende Militärgrundstück verpachten. Unter der Auflage fristloser Kündigung im Bedarfsfall genehmigte das Staatsministerium der Armee diesen Vertrag.[18] Joseph Lachner war kein reicher Mann, besser gesagt, er war bitterarm. So mußte er sich bereits im Herbst 1826 mit einer Petition an König Ludwig I. wenden, da er mit dem jährlich an die Stadtkommandantschaft zu zahlenden Pachtzins von 90 Gulden in Verzug geraten war. Den König rührte der Vater von »... neun lebenden Kindern, davon das älteste 16 Jahre und das jüngste 14 Tage alt ist« und er befal die Stundung der Pacht.[19] Die Armee behielt in den folgenden Jahrzehnten den »Schlößl-Garten« als Reservefläche. Gesuche von Privatleuten auf

Erwerb dieses Grundstückes wurden abgelehnt und es ernährte weiterhin den Gärtner Lachner und seine große Familie.[20] Noch im Frühjahr 1849 bewirtschaftete der mittlerweile 66jährige Joseph Lachner den Schlößlgarten als Pächter.[21] Kurze Zeit später, jedenfalls vor dem Jahr 1852 übernahm dessen Sohn Karl Lachner den Pachtvertrag mit der Armee. Im Frühjahr 1852 wurde dieser Vertrag aufgekündigt, da das Grundstück für die Anlage der »neuen Straße in der St. Anna-Vorstadt«, d. h. der Maximilianstraße benötigt wurde. König Max II. erwarb den Garten hierzu um 3000 Gulden als Privateigentum.[22]

Anmerkungen

1 MKr. 8837 Prod. 24, Kaufvertrag vom 28. Febr. 1817
2 Ebd. Prod. 1, KÖR an KM am 12. Okt. 1816
3 Ebd. Prod. 1, KM an KÖR am 5. Nov. 1816; Prod. 2, KÖR an KM am 8. Jan. 1817 und Kgl. Reskript vom 3. Febr. 1817; Prod. 24 (wie Anm. 1)
4 Ebd. Prod. 3, KÖR an KM am 9. Jan. 1817
5 Ebd. Prod. 5, Antrag des Kriegökonomierats Frey vom 15. März 1817
6 Der bisherige Kriegsökonomierat hieß nun Oberadministrativkollegium der Armee
7 MKr. 8837 Prod. 6, KM an GenStab am 31. Januar 1818; Prod. 8, Gutachten des Oberadministrativrates Frey vom 5. März 1818
8 Ebd. Prod. 8, KM an OAdKoll am 14. März 1818
9 Ebd. Prod. 5, Übergabeprotokoll vom 4. März 1817
10 Ebd. Prod. 9, OAdKoll an KM am 14. Aug. 1821
11 A XX Bd. 4, Verzeichnis der Militär-Realitäten in der Garnison München, dat. 25. Jan. 1821
12 Mkr. 8837 Prod. 12, OAdKoll an KM am 10. Aug. 1822
13 Ebd., KM an OAdKoll am 31. Aug. 1822
14 Ebd. Prod. 14, KM an OAdKoll am 16. Okt. 1822; Prod. 17, KM am 1. Juli 1823
15 Ebd. Prod. 18, Kgl. Reskript an ArmeeKdo vom 30. Juli 1823
16 Ebd. Prod. 20, Hofbauintendanz an KM am 15. Sept. 1823; Prod. 21, KM an Hofbauintendanz am 16. Okt. 1823
17 Ebd. Prod. 25, KM an ArmeeKdo am 4. Dez. 1823
18 Ebd. Prod. 26, KM an ArmeeKdo am 5. Febr. 1824
19 Ebd. Prod. 35, Bittschrift des Joseph Lachner an König Ludwig I. vom 20. Okt. 1826 mit Kgl. Signat vom 27. d. Mts.
20 Ebd. Prod. 48, KM an König Ludwig I. wg. Kaufgesuch des Kgl. Reitschmiedes Anton Mayr am 16. Juni 1831 mit Kgl. Signat vom 17. d. Mts; Prod. 51, KM an 1. Division wg. Pachtvertrag des J. Lachner am 2. Okt. 1832; Prod. 53, KM an 1. Division wg. Pachtvertrag des J. Lachner am 1. Nov. 1838; Prod. 64, KM an 1. Armee-Division wg. Kaufgesuch des Zimmermanns Johann Kampferseck am 13. April 1846; Prod. 67, KM an 1. Division wg. Pachtvertrag des J. Lachner am 6. Juli 1846
21 Ebd. Prod. 75, Bittgesuch des Joseph Lachner an König Max II. wg. Beurlaubung seines Sohnes Karl vom Militärdienst vom 13. Jan. 1849
22 Ebd. Prod. 78, KM am 9. März 1852; Prod. 84, FinM am 18. Juni 1852

Das Kloster der Elisabethinerinnen

Vor dem Sendlinger Tor im heutigen »Klinikviertel« befand sich im frühen 19. Jahrhundert das Kloster der Elisabethinerinnen. Dieser Frauenorden war um die Mitte des 18. Jahrhunderts von der Kurfürstin Maria Amalia nach München geholt worden. Im Jahr 1760 hatten die Nonnen das von Kurfürst Max III. Joseph und seiner Mutter gestiftete Klostergebäude vor der Stadt bezogen. Es war ein armer Konvent, ungeachtet der wittelsbachischen Protektion der Gründungsphase. Lorenz Westenrieder schrieb 1782 über die Elisabethinerinnen: »… Der Nonnen Beschäftigung ist, die kranken Frauensleute in ihrer Wohnung zu bedienen. Sie halten in einem großen Saal, der sehr reinlich gehalten wird, bey drey und zwanzig Krankenbetten. Sie sind nicht in sogenannte Frauen und Schwestern getheilt, sondern sie verrichten alle gleiche Dienste; besitzen aber gegenwärtig bey ihren bürgerlichen Diensten noch so wenig hinlängliche Einkünften, daß sie, und dieß in eignen Personen, durch hiesige Stadt, und durch das Land um Allmosen betteln gehen.«[1]

Erst anno 1790 kam der Bau der Klosterkirche St. Elisabeth, nicht zu verwechseln mit der Kirche St. Elisabeth des Servitinnenklosters in der Herzogspitalstraße, zum Abschluß. Diese Kirche in der heutigen Mathildenstraße, nach der Zerstörung durch die Bomben des Zweiten Weltkrieges in schlichter Form wieder erstanden, ist der letzte Überrest des alten Klosterkomplexes.[2]

Von der Säkularisation blieben die Elisabethinerinnen, wie auch die Barmherzigen Brüder und die Englischen Fräulein, gemäß der kurfürstlichen Aufhebungsinstruktion vom 25. Januar 1802 verschont, da sie im Sinne des aufgeklärten Staates »nützlich« waren. Allerdings wurden diesen Orden bestimmte Auflagen für ihr künftiges Wirken gestellt.[3]

Im Januar 1816 wurde das Klostergebäude der Barmherzigen Schwestern, mittlerweile im Besitz des Innenministeriums, zur Unterbringung von Soldaten eingerichtet, die an der ansteckenden Krätze (Scabies) litten. Diese Hautkrankheit grassierte damals in der Garnison in ungewöhnlich starkem Ausmaß. Als der Kriegsökonomierat Frey zu diesem Zweck St. Elisabeth besichtigte, wo sich Magazine und die Wäscherei für das benachbarte Allgemeine Krankenhaus befanden, stellte er überrascht fest:

»… Dieses Gebäude ist von äußerst solider Bauart, in seiner inneren Eintheilung vortrefflich und so geräumig, daß darin gewiß 600 Mann Unterkunft finden würden. Mittels eines Umbaues ließe sich daraus eine schöne Kaserne für 2000 Mann machen. (…) Dieses Lokal bietet einige Vortheile: es ist relativ nahe bei der Stadt gegenüber dem neuen Tor am Kreuz gelegen; – es hat keine Umgebung, auf die man besonders bedenken muß, denn das neue Allgemeine Krankenhaus ist wenigstens 750' [rd. 200m] weit entfernt; – es hat geräumige Höfe, die beinahe unsichtbar [i. e. nicht von außen einsehbar] sind.«[4]

Zu diesem Zeitpunkt litt die Münchner Garnison erheblich unter Platzmangel in den Kasernen. Ein erheblicher Teil des Militärs war in den Bürgerhäusern einquartiert worden, nicht gerade zur Freude der Hausbesitzer, der Zivilbehörden und der Truppenkommandeure. Aus diesem Grund beantragte das Kriegsministerium schon am 25. Januar 1816 beim zuständigen Innenministerium die Übergabe des vormaligen Klosterkomplexes zum Umbau in eine permanente Truppenunterkunft.[5] Bereits am 6. Februar lehnte das Innenministerium diese Bitte ab und teilte zugleich mit, man wolle in dem Gebäude ein »Allgemeines Versorgungshaus« oder eine Irrenanstalt für den gesamten Isarkreis einrichten. Zudem sei der Platz für eine Kaserne ohnehin ungeeignet, da es dort an fließendem Wasser mangele.[6] Das letztere Argument war ziemlich fadenscheinig, da der angebliche Wassermangel immerhin den Bau des großen Allgemeinen Krankenhauses auf dem ehemaligen Klostergrund der Barmherzigen Brüder in den Jahren 1809/1813 nicht beeinflußt hatte.

Ungeachtet der Einwände aus dem Hause Montgelas schlug der Feldmarschall Fürst Wrede am 10. März 1816 dem König das Kloster als neue Kaserne für Münchens große Garnison vor: »… Keine andere geplante Verwendung mag dem Elisabethinerkloster so viel Nutzen bringen, als sein Umbau zu einer Kaserne, in welcher ein komplettes Infanterie-Regiment untergebracht werden könnte, wie sich der Unterfertigte durch eigenen Augenschein überzeugt hat.«[7]

Seit Januar 1816 diente das Elisabethinerkloster der Garnison als Unterkunft für bis zu 180 mit Krätze behaftete Soldaten. Außerdem wohnten im Gebäude mehrere Chirurgische Praktikanten, eine Lazarettköchin, ein Verwaltungsbeamter und eine kleine Anzahl Wachsoldaten. Auch im städtischen Krankenhaus am Anger waren krätzige Soldaten kaserniert. Bis zum April hatte sich die Zahl der scabiösen Soldaten stark verringert. Einem Vorschlag des Kriegsökonomierats folgend ordnete das Kriegsministerium am 24. April an, alle Krätzigen im Stadtkrankenhaus am Anger zusammenzufassen und das Elisabethinerkloster als Kaserne herzurichten. Hierzu wurden alle Räume gründlich gereinigt, die Wände frisch gekalkt und sogar neue Kochstellen aufgemauert. Die 90 zweischläfrigen Bettladen wurden mit neuen Strohsäcken und Bettzeug versehen.[8]

Ab Mai 1816 stand das Gebäude dem 1. Linien-Infanterie-Regiment »König« neben der Alten Isarkaserne, Teilen der Hofgartenkaserne und der Kreuzkaserne als sogenannte »Elisabethaner-Kaserne« zur Verfügung. Zu diesem Zeitpunkt wohnten übrigens noch immer fünf Elisabethinerinnen, fünf Barmherzige Brüder und der Klostergärtner in dem Gebäude. Der Regimentskommandeur war von dem Kloster sehr angetan und schlug sogar vor, hier und in der nahen Kreuzkaserne das gesamte Regiment auf Dauer zu stationieren.[9]

Im August 1817 waren 130 Unteroffiziere und Soldaten des Regiments »König« im Klosterbau einquartiert. Die Stadtkommandantschaft plädierte ausdrücklich für eine weitere Benutzung als Kaserne.[10] Kriegsminister v. Triva war fest entschlossen, die Elisabethanerkaserne möglichst lange zu behalten. Nach einer Aktennotiz vom 10. Oktober 1817 wies Triva den Münchner Stadtkommandanten Generalmajor v. Ströhl mündlich an, daß diese Kaserne auf keinen Fall ohne seinen ausdrücklichen Befehl an die Zivilbehörde zurückgegeben werden durfte.[11] Gleichzeitig hatte Triva mit Montgelas mündlich vereinbart, daß das Innenministerium solange keine Ansprüche auf das Elisabethinerkloster mehr stellen würde, bis der Platzmangel der Garnison behoben worden sei.[12]

Im Januar 1819 schlug der Münchner Stadtmagistrat der Stadtkommandantschaft vor, der Garnison das alte Stadtkrankenhaus am Anger als Kaserne kostenlos zur Verfügung zu stellen, wenn dafür das Elisabethinerinnenkloster geräumt würde. Der Stadtkommandant besichtigte zusammen mit dem Kommandeur des 1. Linien-Infanterie-Regiments »König« das Gebäude am Anger und fand es zur Unterbringung von rund 150 Unteroffizieren und Mannschaften, nebst einem Offizier für die Kasernenaufsicht, brauchbar, wenngleich nicht im besten Erhaltungszustand.[13] Dieser Tausch wurde vom Kriegsminister v. Triva gebilligt, unter der Auflage, daß der Stadtmagistrat für alle Reparaturen an der Klosterkaserne selbst aufkam.[14] Am 28. Februar 1819 wurde das Stadtkrankenhaus am Anger von einer Abteilung des Regiments »König« als Kaserne bezogen und dann als Gegenleistung am 5. März 1819 die bisherige »Elisabethanerkaserne« an den Münchner Stadtmagistrat übergeben.[15]

In das ehemalige Klostergebäude an der Mathildenstraße wurde im Oktober 1823 das städtische Heiliggeistspital verlegt, das seinen angestammten Platz dem neuen Viktualienmarkt überlassen mußte. Die Stadt zahlte damals 150 000 Gulden für das neue Domizil.

Das Spital blieb dort bis zum Bezug des neuen Altersheimes Heiliggeist am Dom-Pedro-Platz im Jahre 1907. Das Areal des vormaligen Spitals diente als Baugrund für die Klinikgebäude an der Mathildenstraße.[16]

Anmerkungen

1 L. Westenrieder, Beschreibung der Haupt- und Residenzstadt München, München 1782 (unv. Ndr. München 1984), S. 212
2 Vgl. Katholische Kirchen in München, hg. von H. Ramisch und P. Steiner, München 1984, S. 80
3 S. Arndt-Barerend, Die Klostersäkularisation in München 1802/03 (MBM Bd. 95), München 1986, S. 42
4 MKr. 8863 Prod. 1, Bericht des Kriegsökonomierats Frey vom 22. Jan. 1816
5 Ebd., KM an InnM am 25. Jan. 1816
6 Ebd. Prod. 2, InnM an KM am 6. Febr. 1816
7 Ebd. Prod. 5, Feldmarschall Fürst Wrede an König Max I. Joseph am 10. März 1816
8 A XX Bd. 81, KÖR am 6. April 1816; KM am 24. April 1816; Besichtigungsprotokoll des Elisabethinerspitals vom 27. April 1816
9 A IV Bd. 102 Akt: Tours des Fatiques Prod.1, Bericht des 1. InfRgt vom 4. Juli 1816
10 MKr. 8836 Prod. 6, KdtMünchen an KM am 7. Aug. 1817
11 Ebd. Prod. 7, Notiz des Kriegsministers v. Triva auf einem Bericht der KdtMünchen vom 29. Aug. 1817
12 Ebd. Prod. 8, Aktennotiz Trivas vom 10. Okt. 1817
13 Ebd. Prod. 10, KdtMünchen an KM am 16. Jan. 1819
14 Ebd., Kgl. Reskript vom 20. Jan. 1819
15 Ebd. Prod. 12, KdtMünchen an KM am 8. März 1819; A XX Fasz. 81, Übergabeprotokoll vom 8. März 1819
16 M. Schattenhofer, Von Kirchen, Kurfürsten und Kaffeesiedern etc. Aus Münchens Vergangenheit., München 1974, S. 107 f. und S. 331

Die Militärbaracken in der Max-Vorstadt

Während der Napoleonischen Kriege hatte die Stadt München an der Theresienstraße in der Max-Vorstadt eine Wohnbaracke und eine Stallbaracke gebaut. Hier wurden die Vorspanndienste leistenden Bauern und ihre Pferde einquartiert.[1] Diese Behelfsbauten wurden im Frühjahr 1815 vom Kriegsökonomierat zur Unterbringung der Zuchtstuten des Fuhrwesen-Bataillons vorgeschlagen. Zusätzlich wurde dort auf Militärkosten eine Stallbaracke für die Zuchthengste des Fuhrwesen-Bataillons errichtet.[2] Als Weide und als Spielplatz der Stuten und der Fohlen wurde sodann im Frühsommer 1815 in der Nachbarschaft der Baracken eine Wiese von 2 1/4 Tagwerk für 120 Gulden jährlich gepachtet.[3]

Die Mannschaft, die diese Pferde tagsüber betreute, war in der Alten Isarkaserne untergebracht. So mußten die Soldaten mehrmals täglich eine lange Wegstrecke zurücklegen, was im Winter noch beschwerlicher war. Deshalb beauftragte der Kriegsökonomierat im Januar 1816 die Militär-Administrationskommission München in der Max-Vorstadt eine winterfeste, d. h. gemauerte, Wohnbaracke für die Pferdewärter zu errichten, da »... diese *Paraquen höchstwahrscheinlich so geschwinde nicht wieder abgerissen werden können«.*[4] Anfang Februar 1816 wohnten in der alten städtischen Baracke 88 Fuhrwesensoldaten. In der Stallbaracke standen 185 Stuten, teilweise mit Fohlen. Drei neue Stallungen, davon zwei für je 202 Pferde und eine für 196 Pferde, waren im Bau. Ebenfalls in Arbeit stand die große, auf 300 Mann ausgelegte, Kasernenbaracke an der Friedrichstraße, d. h. der späteren Arcisstraße.[5]

Die neue große Wohnbaracke, nur »... ein Ziegelstein dick gemauert und mit Schindeln eingedeckt«, war umgerechnet fast 115 Meter lang und gut 10 Meter breit. Der ebenerdige Bau enthielt sechs große Zimmer und fünf Küchen. An ihrer nördlichen Stirnwand war ein Holzschuppen angebaut.[6] Die Baracke stand längs der heutigen Arcisstraße zwischen der Theresienstraße und der Heßstraße. Am 23. August 1816 wurde sie von der 2. Division des Ulanen-Regiments bezogen.[7] Das Ziegelmauerwerk war noch nicht ausgetrocknet und beim herannahenden Herbst klagten die Ulanen über die feuchten Wände. Als einzige Maßnahme wurden der Truppe daraufhin einige Klafter Brennholz über die normale Gebühr bewilligt, um den Bau notdürftig austrocknen zu können.[8]

Mit den Grundeigentumsverhältnissen dieser Baracke sollten sich Jahrzehnte später Probleme ergeben. So erklärte die 1. Armee-Division im Frühjahr 1844, man wisse nicht unter welchen rechtlichen Auflagen das Gebäude errichtet worden sei.[9] Erst in den späten 1850er Jahren stellte die Armee fest, daß ihr das Grundstück dieser Baracke gar nicht gehörte, sondern von der Stadt München im Jahr 1815 nur »auf Ruf und Widerruf« überlassen worden war.[10]

Das Kasernement in den Jahren 1816 bis 1839

Die zunehmende Belegung der Barackenkaserne, im Herbst 1816 waren es jeweils einige Hundert Soldaten und Pferde, ergab Probleme im Zusammenleben mit der Zivilbevölkerung der Max-Vorstadt. Letztere klagte vor allem über die Rücksichtslosigkeit, mit der das Militär die umliegenden Privatwiesen durch unbefugtes Betreten, Reiten und Fahren beschädigte.[11] Im Frühjahr 1817 forderten die zivilen Anwohner des Barackenlagers dessen Entfernung. Ihr Wortführer war übrigens ein hoher Beamter, der Geheimrat v. Fraunberg.[12] Der Kriegsökonomierat kam nicht umhin, die Beschwerden der Bürger als berechtigt zu bestätigen. So waren von der Truppe in der Max-Vorstadt ganze Zäune abgebrochen und als Brennholz verwendet worden. Die Vorwürfe dürfe man jedoch nicht an das Fuhrwesen-Bataillon richten, »... über welches bisher noch keine Klagen entstanden«, sondern ausschließlich an die Ulanen – »... allein die Soldaten scheinen unbezähmbar zu sein«. Zu diesem Zeitpunkt befanden sich in der Max-Vorstadt drei Wohnbaracken, teils mit Fuhrwesen, teils mit Ulanen besetzt, und fünf Stallbaracken mit Platz für 777 Pferde.[13]

Daraufhin erging am 12. April 1817 ein Königliches Reskript, das einen allmählichen Abbruch der Baracken »wie es der Dienst erfordert« genehmigte.[14] Indessen wurden erst im Frühjahr 1818 drei Stallbaracken zerlegt und in Gräfelfing als Stallungen des Armeegestüts Fürstenfeld wieder aufgestellt. Die übrigen Baracken blieben in der Max-Vorstadt vorläufig in Gebrauch.[15]

Im Juli 1819 waren in den Baracken eine Eskadron Chevaulegers und die Zuchthengste der Armee-Remonte- und Gestütskommission mit ihren Pflegern untergebracht. Ein Teil der Gebäude stand aber leer.[16] Im Jahr 1819 wurde eine weitere Stallbaracke abgebaut und auf dem Gelände der Alten Isarkaserne wieder aufgestellt.[17]

Angesichts des verringerten Bedarfes gestattete dann das Kriegsministerium im Frühjahr 1820 den Abbruch einer der drei Wohnbaracken, die einem benachbarten privaten Neubau hinderlich war. Es handelte sich übrigens um die älteste Baracke, die 1818 vom Eigentum der Stadt München in den Militärärar übergegangen war.[18]

Nach einem Verzeichnis vom Sommer 1823 faßte die große gemauerte Baracke bei »engster Belegung« 286 Personen. Darin waren zu diesem Zeitpunkt Soldaten des 1. Linien-Infanterie-Regiments »König« und des 4. Chevaulegers-Regiments »König« untergebracht. Die Stallbaracke in der Friedrichstraße faßte 103 Pferde und die Stallbaracke in der Theresienstraße faßte 196 Pferde.[19] Nachdem die 1. Eskadron des 4. Chevauleger-Regiments am 9. Oktober 1824 in der Alten Isarkaserne einquartiert werden konnte, verblieben die Einrichtungen der Remontekommission und drei Kompanien des 1. Infanterie-Regiments in der Baracke. Letztere übersiedelten dann im August 1825 in die neue Türkenkaserne.[20]

Im Sommer 1825 wurden die bisher in der Neuen Isarkaserne stationierten Technischen Truppen, d. h. die I. und die II. Sappeurkompanie und die Mineurkompanie in die große Wohnbaracke der Max-Vorstadt verlegt, da ihr Platz in der Kaserne für die zur Herbstwaffenübung eingezogenen Urlauber der Garde du Corps beansprucht wurde. In der Baracke war es den Pionieren recht ungemütlich. So klagte der Chef der II. Sappeurkompanie, daß »... die Feuchtigkeit in der Baraque durch die Wände und den Fußboden, so stark in die Zimmer dringt, daß man kaum das Papier zum Schreiben, viel weniger zum Zeichnen trocken genug erhalten kann.« Ähnlich äußerten sich auch die beiden anderen Kompaniechefs über Nässe, Zugluft und Kälte.[21] Wenige Tage später genehmigte das Kriegsministerium die Verlegung der Technischen Kompanien in die neue Infanteriekaserne am Türkengraben. Die Baracken wurden für jene Kavalleristen bereitgehalten, die aus verschiedenen Garnisonen nach München kamen, um dort Remonten für ihre Regimenter abzuholen.[22]

Nachdem ein heftiger Sturm am 11. August 1827 eine Stallbaracke teilweise zum Einsturz gebracht hatte, wurde sie aus Sicherheitsgründen ganz abgetragen.[23] Im April 1829 schrieb Münchens Bürgermeister v. Mittermayr an den Stadtkommandanten: »... Nachdem sich die neuen Bauanlagen in der Max-Vorstadt, namentlich aber in der Theresienstraße immer weiter ausdehnen und die fortgesetzte Herstellung dieser Straße [in] einen fahr- und gangbaren Stand dringend notwendig machen, so sieht man sich bemüßigt, auf die baldige Entfernung der noch stehenden Pferdbaracken umsomehr anzutragen, als dieselben nicht nur der Straßenherstellung hinderlich, sondern auch für die nahen Bauanlagen feuergefährlich sind.«[24] Daraufhin wurde die ohnehin baufällige hölzerne Stallbaracke im Juli 1829 auf Abbruch für 479 Gulden versteigert.[25] Damit bestand nur noch die große Wohnbaracke.

Im Juni 1832 baten mehrere Hausbesitzer der Arcisstraße, zumeist bürgerliche Gewerbetreibende, aber auch der adelige Gutsbesitzer v. Kerstorf, den König um die Beseitigung der »Ungehörigkeiten« des Militärs aus ihrer Nachbarschaft. Obgleich sich in der Nähe ihrer Häuser der neue königliche Prachtbau der Pinakothek erhebe, so erscheine doch der noch immer von der Garnison okkupierte Abschnitt der Arcisstraße »gleichsam als Einöde«. Die große Baracke, die Zäune und Einplankungen, vor allem aber das mitten auf der Straße befindliche Aborthäuschen der Soldaten verunstalteten die Gegend dergestalt, daß hier für Mietwohnungen weit weniger verlangt werden könne, als in anderen Teilen der Max-Vorstadt. Die Hausbesitzer wiesen darauf hin, daß sie vor Jahren ihre Anwesen in dem festen Glauben gekauft oder erbaut hatten, daß das Militärlager bald aufgelöst werden würde und sahen sich nun getäuscht. Außerdem warnten sie vor den Folgen eines etwaigen Brandes der großen Militärbaracke nur wenige Schritte von den Bürgerhäusern entfernt. König Ludwig I. jedoch lehnte diese Bitte kommentarlos ab.[26]

In der Zeit von 1832 bis 1839 gehörte die große Wohnbaracke dem 1. Artillerie-Regiment und wurde als Ausweichquartier für dessen Fuhrwesensoldaten in der Zeit des Rekrutenexerzierens und der Herbstwaffenübungen benützt, wenn die Kasernen überfüllt waren. Ansonsten stand sie leer.[27] Im Winter 1833/34 wurden darin Angehörige des Königlich Griechischen Truppenkorps einquartiert, bis sie Ende Februar 1834 München verließen.[28] Während der Choleraepidemie im Herbst 1837 diente das »Fuhrwesensgebäude« vorübergehend als städtisches Seuchenspital.[29]

Das Zündhütchenlaboratorium (1839 – 1858)

Eine wichtige Funktion erhielt die Baracke ab dem Jahr 1839. Zu diesem Zeitpunkt begann die Umänderung der militärischen Handfeuerwaffen vom alten Steinschloß auf Perkussionszündung. Die hierfür erforderlichen »Zündhütchen«, kleine Metallhütchen mit einem schlagempfindlichen Zündsatz, wurden in der Baracke an der Arcisstraße von den Ouvriers der Hauptzeughausdirektion für die gesamte Armee gefertigt. Schon im Frühjahr 1839 beschwerte sich die Direktion der Kgl. Zentralgemäldegalerie vergeblich über die potentielle Gefahr, die von der Zündhütchenfabrikation der nahen Pinakothek drohte.[30]

Ungeachtet der gefährlichen Chemikalien, die zur Laborierung der Zündhütchen verwendet wurden, diente die Baracke weiterhin auch als Truppenunterkunft. Nach einem Verzeichnis vom Herbst 1842 wohnten dort dreißig Unteroffiziere und Mannschaften der Ouvrierskompanie in einem großen Raum mit separater Küche. Ihr Vorgesetzter im Dienstgrad eines Feuerwerksmeisters hatte nebenan ein Zimmer und eine Küche für sich und seine Familie. Eine Reihe von ehemaligen Mannschaftszimmern war als »Fabrik« eingerichtet. Außerdem befand sich dort eine Tischlerei, in der die Packkisten für den Transport der Zündhütchen in die Munitionsdepots gefertigt wurden.[31]

Seit dem Jahr 1844 stellten die Ouvriers in der Baracke auch besondere Infanteriegeschosse her. Dabei handelte es sich um Bleikugeln für die sogenannten »Dornbüchsen« bzw. »Dornstutzen« der Jäger-Bataillone. Beim Laden dieser Spezialwaffen wurden die weichen Geschosse im gezogenen Rohr an einem Stahldorn gestaucht und dadurch so stark der Wandung angepaßt, daß sie treffsicherer verschossen werden konnten als andere Vorderladermunition. Die Geschoßrohlinge wurden mit Hilfe von Maschinen aus Bleiplatten geschnitten und dann auf Handstanzen kalt in die richtige Form gepreßt.[32]

Im Winter 1851/52 kasernierten in der Baracke rund 70 Unteroffiziere und Mannschaften der Ouvrierskompanie. Zu dieser Zeit bestand bereits die Absicht, das Zündhütchenlaboratorium entweder auf das Oberwiesenfeld oder gleich nach Ingolstadt zu verlegen.[33]

Die Diskussion um den Abbruch der Militärbaracke

Bereits in früheren Jahrzehnten waren, wie gezeigt, immer wieder Forderungen zum Abbruch des Barackenkasernements laut geworden. Ab Mitte der 1840er Jahre führte dann die Realitätenbesitzerin Anna Kolb einen zähen Kampf mit der Militärbürokratie. Ihr gehörte ein großes Grundstück an der Arcisstraße, auf dem sie drei Häuser mit Mietwohnungen bauen wollte. Allerdings befand sich direkt davor das Zündhütchenlaboratorium. Eine entsprechende Bitte um Abbruch der Militärbaracke verwies König Ludwig I. an das Kriegsministerium.[34] Die zur Stellungnahme aufgeforderte Stadtkommandantschaft lehnte »… das sonderbare und anmaßende Gesuch« der Frau Kolb schlichtweg ab.[35] Entsprechend äußerte sich auch Kriegsminister v. Gumppenberg gegenüber dem König. Auch dieser vermerkte: »… Die Baracken jetzo abbrechen zu lassen, bin Ich nicht gesonnen.«[36] Dennoch konnte Anna Kolb im Frühjahr 1845 bei den Zivilbehörden eine Baugenehmigung erwirken.[37]

Im Jahr 1846 legte König Ludwig I. den Grundstein für die Neue Pinakothek, deren Bauplatz direkt an das Zündhütchenlabor angrenzte. Wohl in Zusammenhang damit bat das Kriegsministerium das Innenministerium im Frühjahr 1846, der Anna Kolb die definitive Bauerlaubnis noch für zwei Jahre zu verweigern, da man ohnedies den Abbruch der Baracke für das Jahr 1848 plane.[38] Tatsächlich wies dann das Kriegsministerium mitten in den Märzunruhen von 1848 die 1. Armee-Division an, zu Beginn der Kolb'schen Baumaßnahmen die Zündhütchenfabrik abzubrechen.[39] Die Order brauchte aber nicht ausgeführt zu werden, da Frau Kolb nun doch nicht baute. Sie hatte nämlich kein Geld mehr.[40]

Einige Jahre später (1853) wurde die Neue Pinakothek eröffnet. Nur wenige Schritte entfernt von diesem Prachtbau stand im Kontrast dazu immer noch die alte Militärbaracke. Im Frühjahr 1856 bat das Innenministerium um den Abbruch der Baracke, damit dort »repräsentative Privathäuser« errichtet werden könnten, um dadurch der Umgebung der Pinakothek ein würdigeres Aussehen zu verleihen. Das Kriegsministerium erklärte sich dazu grundsätzlich bereit, soferne der Garnison als Ersatz ein anderes Lokal zur Verfügung gestellt würde. Da sich weder der Zivilärar noch die Stadt München dazu imstande sahen, blieb aber die Situation unverändert.[41]

Schließlich ergriff der königliche Bauherr Ludwig I. selbst die Initiative und schrieb der Armee im Sommer 1857 einen geharnischten Brief:

»… Herr Kriegsminister von Manz! Spreche Ihnen hiemit aus, daß Ich recht sehr wünsche, daß Sie baldigst das weitere Sachdienliche einleiten und veranlassen möchten, daß doch endlich einmal die hinter der Neuen Pinakothek befindliche, so häßliche und feuergefährliche, die zu den hinter derselben befindlichen Häusern führende Strasse, so sehr beengende, ja auf der Strasse selbst stehende Barake (: Zündhütchen-Fabrik:), welche auf jeden in diese Gegend Kommenden, namentlich vielen Fremden in Anbetracht so vieler in deren Nähe befindlicher Prachtgebäude einen üblen Eindruck hervorbringen muß, zum Danke auch aller in deren Nähe wohnender Hausbesitzer, entfernt werden möchte. (…)«[42]

Nachdem Ludwig I. Ende November 1857 noch ein zweites, ähnlich gehaltenes Schreiben an den Kriegsminister gesandt hatte,[43] wurde das Ministerium doch aktiv. Dabei bestand aber das Problem, daß in der Baracke bei der Neuen Pinakothek der gesamte

Bedarf der Armee an Zündmitteln erzeugt wurde. Er betrug in dieser Zeit pro Jahr durchschnittlich 5,2 Millionen Zündhütchen für Handwaffen und 29 000 Reibzündröhrchen für Geschütze.[44]

Am 6. Dezember 1857 wandte sich Kriegsminister v. Manz an König Max II. Er verwies auf die älteren Gesuche um Entfernung der Militärbaracke und die jüngsten Handschreiben König Ludwigs I. Zudem sei der Platz der Baracke anno 1815 dem Militär vom Stadtmagistrat lediglich auf »Ruf und Widerruf« überlassen worden. Andererseits solle die Zündhütchenfabrik beim Hauptlaboratorium sein. Wenngleich eine komplette Verlagerung der »Zeughausetablissements« von München nach Ingolstadt wohl mehrere Millionen Gulden kosten könnte, so sei sie doch letztlich zweckmäßig und in mehreren Etappen durchführbar, wobei man mit dem Zündhütchenlabor beginnen könne. König Max II. antwortete darauf: »... Aus Schönheitsrücksichten allein wäre die Entfernung des Laboratoriums und die Führung eines Neubaues in dieser (finanziell) knappen Zeit wohl kaum gerechtfertigt. Es frägt sich aber, ob, wie in der bezeichneten Eingabe der Adjacenten behauptet wird, die Gefahr einer möglichen Explosion auch für die nahen Staatsgebäude nicht etwa wirklichen ausreichenden Grund abgibt.«[45]

Zum Jahresende 1857 meldete der Kriegsminister dem König, daß mittlerweile das Innenministerium offiziell die Rechtsansprüche der Stadt München auf das Grundstück der Militärbaracke geltend gemacht hatte. Daraufhin genehmigte König Max II. im Februar 1858 den Abbruch der Münchner Baracke und den Neubau eines Zündhütchenlabors in Ingolstadt.[46] Es ist zu vermuten, daß dabei auch die bevorstehende Umrüstung der Armee auf das neue Gewehrmodell (M 1858) eine Rolle spielte, die ohnehin neue Investitionen für die veränderte Munition bedingte.

Im März 1858 ersteigerte der Glasermeister Hermann die alte Baracke an der Arcisstraße auf Abbruch um 2718 Gulden und Anfang Mai 1858 übergab die Stadtkommandantschaft die leergeräumte Grundfläche an den Münchner Stadtmagistrat.[47]

Anmerkungen

1 MKr. 8958 Prod. 40, OAdKoll am 11. Juli 1819
2 Ebd. Prod. 6, KÖR an KM am 23. Febr. 1815; KM am 28. Febr. 1815
3 Ebd. Prod. 8, KÖR am 5. bzw. 15. Mai 1815; KM am 29. Mai 1815
4 Ebd. Prod. 14, KÖR am 24. Jan. 1816
5 Ebd. Prod. 14, KÖR am 3. Febr. 1816
6 Ebd. Prod. 103, 1. Armee-Division an IngKorpsKdo am 25. Februar 1844
7 Ebd. Prod. 20, KM am 24. Aug. 1816
8 Ebd. Prod. 22, KM an KdtMünchen am 9. Sept. 1816
9 Wie Anm. 6
10 MKr. 8959 Prod. 30, KM an König Max II. am 6. Dez. 1857
11 MKr. 8958 Prod. 24, KÖR an KM am 26. Okt. 1816
12 Ebd. Prod. 26, KM an KÖR am 6. März 1817
13 Ebd. Prod. 29, KÖR am 13. März 1817
14 Ebd. Prod. 29
15 Ebd. Prod. 32, KM am 30. April 1818
16 MKr. 8958 Prod. 40, OAdKoll an KM am 11. Juli 1819
17 MKr. 8907 Prod. 161, Protokoll über den Zustand der Stallbaracke Nr. 4 der Alten Isarkaserne vom 16. März 1835
18 MKr. 8958 Prod. 42, KM am 3. März 1820
19 A XX Bd. 4, Verzeichnis der Militärgebäude in der Garnison München vom Aug. 1823
20 MKr. 8958 Prod. 55, KdtMünchen am 10. Okt 1824; MKr. 8958 Prod. 54, 4. ChevRgt an KavBrig der 2. Armee-Division, Augsburg 12. Okt. 1824. A VI 4d Fasz. 115, Hauptrechnung des 1. InfRgt für das Etatjahr 1824/25

21 MKr. 8902 Prod. 60, Bericht der I. Sappeur-Kp vom 6. Okt. 1825; Bericht der Mineur-Kp vom 7. Okt. und der II. Sappeur-Kp vom 11. Okt. 1825

22 Ebd., KM an KdtMünchen am 19. Okt. 1825

23 MKr. 8958 Prod. 63, Militärlokalbaukommission München am 12. Aug. 1827; KM an ArmeeKdo am 23. Aug. 1827

24 Ebd. Prod. 71, Stadtmagistrat München an KdtMünchen am 21. April 1829

25 Ebd. Prod. 76, KM an 1. Division am 26. Juni 1829; Prod. 77, 1. Division an IngKorpsKdo am 15. Juli 1829 und KM an 1. Division am 27. d. Mts

26 Ebd. Prod. 81, Bittgesuch an König Ludwig I. vom 24. Juni 1832 mit Kgl. Signat vom 29. Juni 1832

27 Ebd. Prod. 103, KdtMünchen am 14. Febr. 1844; 1. Armee-Division am 25. Febr. 1844

28 Ebd. Prod. 83, KdtMünchen an KM am 30. Jan. 1834; Prod. 84, Protokoll über den Bauzustand der Baracke vom 12. Febr. 1834

29 Ebd. Prod. 85, Notiz im KM vom Nov. 1837; Prod. 86, KdtMünchen am 25. Dez. 1837

30 Ebd. Prod. 91, Notiz im KM vom März 1839

31 Ebd. Prod. 103 (Beil.), Militärlokalbaukommission München am 28. Sept. 1842

32 Ebd. Prod. 103, 1. Armee-Division am 25. Febr. 1844

33 C 7, Zustandsbeschreibung der Garnison München. Hier: Verzeichnis der militäreigenen Gebäude vom 15. Jan. 1852 (8: Wohnbaracke an der Arcisstraße); Planfaszikel VII Nr. 20 (Zündhütchenlaboratorium mit Wohnbaracke) mit Plan des IngLt v. Kern von 1852

34 MKr. 8958 Prod. 101, Bittgesuch der Anna Kolb an König Ludwig I. vom 31. Jan. 1844 mit Kgl. Signat vom 4. Febr. 1844

35 Ebd. Prod. 103, KdtMünchen an 1. Armee-Division am 14. Febr. 1844

36 Ebd. Prod. 105, KM an König Ludwig I. am 2. März 1844 mit Kgl. Signat vom 8. d. Mts.

37 Ebd. Prod. 110, InnM an KM am 1. Nov. 1844; Beschwerde der Anna Kolb beim KM vom 10. Okt. 1845; Prod. 114, KM an 1. Armee-Division am 29. Jan. 1846

38 Ebd. Prod. 115, KM an InnM am 17. März 1846

39 MKr. 8959 Prod. 7, KM an 1. Armee-Division am 6. März 1848

40 Ebd. Prod. 13, Bittgesuch der Anna Kolb an König Max II. vom 25. März 1854

41 Ebd. Prod. 17, InnM an Km am 26. März 1856; Prod. 18, KM an InnM am 2. April 1856; Prod. 19, InnM an KM am 7. April 1856

42 Ebd. Prod. 23, Handschreiben König Ludwig I., dat. Schloß Leopoldskron b. Salzburg am 31. Aug. 1857

43 Ebd. Prod. 24, Handschreiben König Ludwig I., dat. München 22. Nov. 1857

44 Ebd. Prod. 28, Vortrag im KM am 3. Dez. 1857

45 Ebd. Prod. 30, KM an König Max II. am 6. Dez. 1857 mit Kgl. Signat vom 10. d. Mts.

46 Ebd. Prod. 35, KM an König Max II. am 30. Dezember 1857 mit Kgl. Signat vom 9. Febr. 1858

47 Ebd. Prod. 39, 1. Armee-Division an GenieKorpsKdo am 25. März 1858; Prod. 42, 1. Armee-Division an GenieKorpsKdo am 8. Mai 1858

Die Türkenkaserne

Noch heute ist alten Münchnern die »Türkenkaserne« ein fester Begriff als Heimat des Königlich Bayerischen Infanterie-Leib-Regiments. Die offiziellen Bezeichnungen »Neue Infanteriekaserne am Türkengraben« bzw. in späterer Zeit »Prinz-Arnulf-Kaserne« haben sich im allgemeinen Sprachgebrauch nie durchsetzen können. Die Türkenkaserne war ein bekanntes Militärgebäude der Haupt- und Residenzstadt und der Landtagsabgeordnete Eisenberger vom nicht gerade militärfrommen Bauernbund spottete vor dem ersten Weltkrieg: »... 600 Fenster hat de Kasern mit lauter Bleamastöck, daß d'Rekrutn liaber einruckn. Das obndrei aber 600 000 Wanzen rum grabeln in der Kasern, da kemman d'Leit erst drauf wenn's amal drin san.«[1] Das Areal der Kaserne ist bis heute im Plan der Max-Vorstadt deutlich zu erkennen, als gleichmäßiges Viereck zwischen Türkenstraße und Barer Straße bzw. Gabelsberger- und Theresienstraße. Die im Zweiten Weltkrieg durch Luftangriffe teilweise zerstörte Kaserne wurde erst Anfang der 1960er Jahre abgerissen, bis auf das Hauptportal an der Türkenstraße.

Die Planungen für den Königsplatz 1809 bis 1812

Das Konzept einer großen Infanteriekaserne in der neuen Max-Vorstadt ging zurück auf Pläne zur Etablierung eines regelrechten Militärviertels » ... zur Beförderung der genehmigten Erbauung einer neuen Vorstadt vor dem Max-Thor« im Sommer 1809.[2] Typisch für das Primat ziviler Interessen vor dem Militär in Bayern war, daß die Anregung hierzu vom Innenminister Graf v. Montgelas ausging.[3]

Am 23. August 1809 wurde unter Vorsitz des Stadtkommandanten Generalmajor v. Ow eine Konferenz abgehalten, an der u. a. Generalmajor v. Werneck vom Kadettenkorps, Generalmajor d'Handel vom Ingenieurkorps, Kgl. Oberbaukommissär v. Schedel und Architekturprofessor Karl v. Fischer teilnahmen. Sie berieten über die Gestaltung des späteren Königsplatzes. Er sollte nach dem Willen König Max I. Josephs von Militärgebäuden eingerahmt werden. Dabei wollte man zwei Fassadenfronten bilden. Die erste sollte bestehen aus einer katholischen *Garnisonkirche*, einem auf 300 Eleven berechneten *Kadettenkorpsgebäude* und einem *Invalidenhaus* für bis zu 1000 Veteranen. Die gegenüberliegende Gebäudefront sollte zu einer großen Infanteriekaserne für ein Regiment von maximal 2222 Mann gehören. Die Absicht war, daß »... *der in der Mitte liegende große Königsplatz durch die Fronte dieser Gebäude auf eine anständige Art durch einen schönen architektonischen Styl zweckmäßig formiert werde.«* Hierbei regte der Zivilist v. Schedel an, auf der Schauseite zum Platz hin Offizierwohnungen einzurichten und die Kaserne als Vierflügelanlage zu konzipieren. Ihr abgeschlossener Innenhof sollte so groß sein, daß er ausreichend Platz zum Exerzieren und für Mobilmachungstätigkeiten bot.[4]

Während der Beratung kamen jedoch Zweifel auf, ob alle vier Militärgebäude an diesem Ort überhaupt Platz hätten. Der Kadettenkorpskommandant v. Werneck schlug daraufhin vor, auf die Invalidenanstalt zu verzichten, da »... der Anblick der im Kriege so verstümmelten Männer, so tröstend dieser vom Staat wohlversorgter Unglücklicher für eine reifere und kältere Beurteilung sei, abstoßend und bedenkliche Beyspiele für junge, dem Militärfache sich erst widmende Eleven ergebe, wohl auch für die Kasernenbewohner.«[5] So einigten sich die Kommissionsmitglieder darauf, für den Königsplatz auf der einen Seite die große Kaserne und auf der anderen Seite die Garnisonkirche mit dem Kadettenhaus vorzusehen, wobei letzteres in zwei Flügeln beiderseits des kirchlichen Zentralbaues konzipiert war. Zur Wasserversorgung dieser Großbauten hielt man den Bau eines Stichkanales zur Würm bei Neuhausen für notwendig.[6] Obwohl die Armee bereits im September 1809 ihre Unterlagen an das Innenministerium weitergeleitet hatte, bequemte sich der allmächtige Minister v. Montgelas erst im Sommer 1812 zu einer Antwort an den Minister-Staatsekretär im Kriegswesen v. Triva. Er teilte darin mit, daß sich der Staat in der Max-Vorstadt keinerlei Baugründe reserviert habe, sodaß nunmehr solche von der Stadt München oder Privatleuten gekauft werden müßten.[7] Daraufhin erklärte Triva, daß die Armee auf den Bau einer Kaserne in der Max-Vorstadt verzichten werde, zumal diese Vorstadt noch immer nicht mit einen Kanal versehen worden sei, dessen Existenz man als unumgänglich für die Anlage einer Großkaserne betrachten müsse.[8] Nach dem Verzicht des Militärs wurde sogleich ein neuer Bebauungsplan für den Königsplatz gefertigt, wobei der Platz auf die heutige Größe reduziert wurde. Der Plan Karl v. Fischers, dort ein Armee-denkmal mit Garnisonkirche zu errichten, scheiterte dann im Frühjahr 1813 vor allem an der Finanzierungsfrage.[9]

Die Standortdiskussion einer neuen Kaserne 1815/16

Das Kasernenprojekt ging ad acta, bis im März 1815 die Kgl. Baukommission München im Zusammenhang mit der Diskussion über einen Ersatz für die baufällige Kreuz-Kaserne wieder die Max-Vorstadt als Militärstandort ins Gespräch brachte.[10] Sie erklärte, daß eine Kaserne »... in reinem Baustyle und in gutem Geschmack aufgeführt (...) der neuen Vorstadt eine wahre Verschönerung gewähren« würde.[11]

Der Kriegsökonomierat Joseph Frey, der selbst bereits einen neuen militärischen Bebauungsplan für das Areal der Kreuz-Kaserne angefertigt hatte, verteidigte sein eigenes Kasernenprojekt in der inneren Stadt. Die Max-Vorstadt habe sich mittlerweile zu einem Wohnviertel für »Herrschaften und vornehme Staatsdiener« entwickelt. Folglich seien die Immobilienpreise dort für einen Kasernenbau sehr hoch zu veranschlagen. Zudem sei die Wasserversorgung noch immer nicht ausreichend gesichert.[12] Freys Vorgesetzter, Direktor v. Krauß unterstützte dessen Auffassung und erklärte, daß der Bau einer neuen Kreuz-Kaserne in dienstlicher und finanzieller Hinsicht den Vorzug vor dem Plan der zivilen Baukommission verdiene.[13] Im Frühjahr 1816 wies der Minister v. Triva die militärischen Planungsstellen an alles zu tun, womit »...die besondere Erbauung einer Infanterie-Kaserne gänzlich unterlassen oder noch verschoben werden könne.«[14] Ungeachtetdessen wurde ein halbes Jahr später doch wieder ein Kasernenbauprojekt in Angriff genommen, in der wasserreichen St. Anna-Vorstadt, wo dafür sogar schon ein Grundstück angekauft wurde. Diese Pläne kamen dann im Laufe des Jahres 1818 zum Erliegen.[15]

Konzeption und Baubeginn im Jahr 1823

Wiederum ging der Plan einer Kaserne in der Max-Vorstadt in die Registratur. Dort ruhte er bis zum Jahre 1823. Am 15. März 1823 stellte der neue Staatsminister der Armee Nikolaus Freiherr v. Maillot de la Treille im Ministerrat den Antrag zum Bau einer neuen Infanteriekaserne in München. Der König genehmigte ihn am 24. März und gab für den Erwerb des Bauplatzes Mittel aus dem Montur-Reserve-Fonds der Armee frei.[16] – »... So wurde einigen jungen Ingenieur-Officiers der hiesigen Garnison der mündliche Auftrag erteilt, die Plane über eine solche Kaserne baldmöglichst zu fertigen und vorzulegen«.[17]

Der »Entwurf zur Erbauung einer neuen Kaserne für ein vollständiges Infanterie-Regiment«, datiert München den 6. Mai 1823, war offensichtlich eine Gemeinschaftsarbeit

Münchner Ingenieuroffiziere. Er ist leider nicht signiert. Die ersten Pläne wurden von den Ingenieuroffizieren Oberstleutnant Becker und Leutnant von La Roche bearbeitet.[18] Als Planungsgröße wird eine ordnungsgemäße Belegung der Kaserne mit 2244 Mann angenommen. Weitere 514 Mann sollen im Bedarfsfall in friedensmäßig anderweitig genutzten Räumen der Kaserne Platz finden. Die Kaserne ist als Dreiflügelanlage mit großem Innenhof konzipiert. Als Baugrundstück wird eine Grundfläche von rund 13 1/2 Tagwerk für notwendig erachtet, als gleichmäßiges Viereck soll es auf allen Seiten von breiten Straßen umgrenzt sein. Das Gebäude selbst soll aus Kostengründen nur teilweise unterkellert werden. Im Erdgeschoß sind die Küchen und verschiedene Nebenräume einzurichten. Die eigentlichen Truppenunterkünfte liegen im 1. und 2. Stockwerk. Die Verfasser plädieren dafür, die Räume, die übrigens für maximal zehn Mann ausgelegt sind, nur auf einer Längsseite des Gebäudes anzuordnen und den übrigen Raum für einen breiten Korridor zu verwenden. Solche lange, breite Gänge erleichterten die »policeyliche Aufsicht« über die Mannschaftsstuben, gäben Raum für einen wettergeschützten Dienstbetrieb und verschafften Luft und Licht.

Diesen Entwurf ließ das Ministerium kopieren und von den Genie-Direktionen Augsburg, Nürnberg, Würzburg und Landau prüfen.[19] Allein dieses Verfahren zeigt schon, welch große Bedeutung man dem Projekt zumaß. Die auswärtigen Ingenieuroffiziere äußerten sich insgesamt recht positiv über die Ideen ihrer Münchner Kameraden. Die Pfälzer spendeten höchstes Lob für den Entwurf. Auch die Direktion Nürnberg bewertete den Plan sehr günstig. Die Direktion Augsburg gab zu bedenken, daß die Einrichtung von Küchen auf den Wohnetagen zweckmäßiger sei, um das Auskühlen der Menage beim Transport auf die Zimmer zu vermeiden. Auch bemängelten die Schwaben das Fehlen besonderer Putzkammern, da das Reinigen der Ausrüstung in den Stuben oder auf dem Gang viel Staub verursache. Die Direktion Würzburg schlug vor, die Abtritte außerhalb des eigentlichen Gebäudes anzulegen.[20]

Nachdem also ein brauchbarer Bauplan vorhanden war, stellte sich die Frage nach dem Bauplatz. Da in München nach der Errichtung der Neuen Isarkaserne kein ähnliches Areal an fließendem Wasser mehr vorhanden war, richtete sich der Blick der Armee doch wieder auf die so lange verpönte Max-Vorstadt. Nachdem bereits die Verfasser des Bauplanes hier den besten Standort sahen, unterbreitete Minister Maillot am 2. Juli 1823 dem König einen Antrag auf Ankauf »… einer zunächst der Hutter-Schwaige gelegenen, 13 Tagwerk 79 Dezimal enthaltenden Wiese, welche zu dem Joseph Graf von La Rosée'schen Güter-Kuratel gehört«. Zwar sei der Kaufpreis von 34 000 Gulden sehr hoch, doch sei dies der »zweckmäßigste, bestgelegenste Platz«, den man habe finden können. Gleichzeitig legte Maillot dem König einen Kostenvoranschlag für den Kasernenbau in Höhe von 315 000 Gulden vor. Max I. Joseph genehmigte das Projekt wahrscheinlich noch am gleichen Tag.[21] Bemerkenswert ist die Tatsache, daß die Armee nun genau jene Wiese kaufte, die ihr von der Kgl. Baukommission bereits im Frühjahr 1815 als Bauplatz für eine Kaserne vorgeschlagen worden war und die man damals jedoch als zu teuer abgelehnt hatte.[22] Man hätte also bereits acht Jahre früher zum gleichen Resultat gelangen können!

Noch im Juli 1823 begannen unter der Leitung der Münchner Genie-Direktion die Bauarbeiten an der Türkenstraße. Die eingesetzte Baukommission, bestand aus den Ingenieuren Hauptmann v. Schleitheim und Leutnant von La Roche, dem Kasernenverwalter Weißmann und dem Aktuar Trautmann.[23] Am 14. Juli 1823 wurde links des künftigen Haupttores an der Türkenstraße der Grundstein gelegt. Da das Tor noch heute steht, müßte er noch an Ort und Stelle sein. Er enthält in einem Kristallgefäß sämtliche

Kursmünzen des Königreiches vom Dukaten bis zum Heller, ferner je eine Goldene und Silberne Militär-Verdienstmedaille.[24]

Der Aushub der eigentlichen Baugrube für den ersten Bauabschnitt, den Haupttrakt an der Türkenstraße, begann am 13. August 1823. Auf der Baustelle wurden zwei Kalkgruben und ein Brunnen angelegt. »... Zur Unterbringung des Kalks, der Baurequisiten, zur Verfertigung des Mörtels, zum Aufenthalte der bauführenden Ingenieur-Officiere und des Bauaufsehers wurde eine Hütte gebaut, wozu eine ruinöse Baraque von der Alten Isarkaserne verwendet wurde (...) Die Baumaterialien wurden größtenteils auf der Isar angekauft, nämlich Kalk, Bretter und Floßbäume. Der Sand wurde auf den Sandgruben an der Landsberger und Nymphenburger Straße gekauft, und von den Sandlieferanten bis Mitte Oktober auf den Bauplatz geliefert. Von diesem Zeitpunkte an, konnte das königliche Armee- und Artillerie-Fuhrwesen benützt werden, welches sodann auch für alle anderen Material-Fuhren genommen wurde. (...) Da die Zieglermeister um München, mit welchen Akkorde abgeschlossen wurden, nicht genug Steine lieferten, und doch eine bedeutende Anzahl von Maurern angestellt werden mußte, um das Gebäude, welches für dieses Jahr begonnen war [Mittelbau und Südpavillon mit zusammen 319'Länge] noch unter Dach zu bringen, so wurden mit auswärtigen Zieglern Akkorde abgeschlossen. Dadurch war es möglich, daß dieser Theil des Gebäudes exclusive des innern Ausbaues bis zum 18ten December [1823] ganz fertig wurde.«[25]

Ende November 1824 bezog als erste Militäreinheit die 2. Schützenkompanie des 1. Linien-Infanterie-Regiments »König«, die zuvor provisorisch im alten Stadtkrankenhaus am Anger untergebracht war, die neue Kaserne in der Max-Vorstadt.[26] Mitte Mai 1825 wurden jene sechs Kompanien des Regiments »König«, die bisher in der Alten Isarkaserne einquartiert waren, in die neue Kaserne verlegt.[27] Am 24./25. August 1825 räumte das 1. Infanterie-Regiment auch seine Unterkünfte in den Baracken in der Max-Vorstadt und in der Kreuz-Kaserne, so daß es nur noch in der Türkenkaserne lag.[28]

Die veränderte Baukonzeption König Ludwigs I.

Noch während der ersten Bauphase waren die Dimensionen der Kaserne durch eine Verlängerung der Seitenflügel erheblich vergrößert worden. Die Kaserne hätte damit bis an die Wilhelminenstraße, der späteren Barer Straße, gereicht. Auf dem gegenüber liegenden Grundstück plante Kronprinz Ludwig aber schon seit 1822 den Bau der Pinakothek. Ihr sollte die Kaserne weder aus Sicherheitsgründen (Brandgefahr) noch aus ästhetischen Gründen zu nahe kommen. Daher war eine seiner ersten Maßnahmen als König ein Baustopp für die Seitenflügel der neuen Kaserne.[29]

Am 14. Dezember 1825 ordnete König Ludwig I. in einem Reskript an das Staatsministerium der Armee an: »... Da das Bedürfnis den völligen Ausbau der neuen Kaserne in der Maxvorstadt für den Augenblick nicht [!] erheischt, und die schon unter Dach gebrachten Teile dieses Gebäudes die nötige Mannschaft zu fassen hinreichend sind; so sollen auch nur diese: nämlich die Vorderfronte nach der Türkenstrasse und die beiden Seitenflügel an der Ludwigs- und Theresienstrasse, soweit sie bis jetzt unter Dach sind, das heißt bis zu den mittleren Pavillons inclusive, am Äusseren und im Innern völlig vollendet werden. Während nun diese Arbeiten im nächsten Sommer vollendet werden, haben die beiden Flügel in jenen beiden Straßen ab den Mittelpavillons bis zur Wilhelminen-Straße, solange Wir nicht anders verfügen, in statu quo zu verbleiben, indem jedoch sowohl die schon vollendeten Fundamente als die Mauern des Erdgeschosses mit guten Notdächern zu bedecken sind, damit sie nicht durch Regen, Schnee und Frost leiden.«[30]

136

Zur ästhetisch befriedigenden Gestaltung des Kasernentorsos zog der König seinen Lieblingsarchitekten Leo v. Klenze heran. Dieser sandte im Frühjahr 1826 ein entsprechendes Baukonzept an den Ingenieuroberst Becker. Klenze hatte zwei Alternativen ausgearbeitet. Der »Plan A« sah vor, die schon begonnenen Seitenflügel ebenerdig fertig zu bauen, allerdings ohne Herde oder Öfen, um die Brandgefahr für die Pinakothek herabzusetzen. Der »Plan B« verzichtete auf diese unschönen flachen Anbauten völlig und ergänzte stattdessen das Geviert des gesamten Kasernenareals zur Pinakothek hin lediglich durch eine mehrreihige Bepflanzung mit Lindenbäumen.[31] Becker arbeitete Klenzes Vorschläge noch einmal durch und informierte dann seinerseits den Kriegsminister v. Maillot. Dieser berichtete wiederum dem König. Nach den Berechnungen der Armee kam Klenzes »Plan A« auf 77 643 Gulden zu stehen, der »Plan B« hingegen nur auf 34 579 Gulden. Maillot unternahm es, den König noch einmal vorsichtig zum Ausbau der Kaserne nach dem ursprünglichen Bauplan zu bewegen. Er verwies auf den schon jetzt abzusehenden Platzmangel in der Türkenkaserne infolge des erhöhten Präsenzstandes der Garnison während der Herbstwaffenübungen. Darüber hinaus schlug Maillot vor, in dieser Kaserne auch Artillerie einzuquartieren, um die alte Kosttorkaserne aufgeben zu können und wegen der Nähe zum Artillerieübungsplatz Oberwiesenfeld. So zeigte sich übrigens schon damals der Drang des Militärs weg vom Süden der Stadt in den Nordwesten. Maillot versprach durch strenge »Kasernen-Polizey« jegliche Brandgefahr für »....die in der Nähe zu erbauende Bilder-Gallerie« auszuschließen. König Ludwig I. ordnete jedoch kompromißlos die Ausführung der Variante B an.[32]

Im September 1826 wurde die neue Kaserne je zur Hälfte an das 1. bzw. 2. Infanterie-Regiment übergeben. Wie notwendig die Truppe das Quartier brauchte, beweist die Tatsache, daß das Gebäude schon bezogen wurde, bevor das frische Mauerwerk richtig ausgetrocknet war.[33] Die Gesamtkosten für die Kaserne betrugen 529 761 Gulden.[34] Der württembergische Offizier v. Gaisberg, der sich im Jahr 1835 privat in München aufhielt, vermerkte nach dem Besuch der Pinakothek: »... Uebrigens kann ich den Architekten nicht beistimmen, auf dessen Veranlassung die in einiger Entfernung stehende grosse Infanteriekaserne nur die Hälfte des ihr ursprünglich bestimmten Raumes einnehmen durfte; ja es mußte sogar ein schon aufgeführter Flügel mit grossen Kosten wieder niedergerissen werden, weil man glaubte, die Pinakothek möchte durch die Nähe des grösseren Bauwesens gedrükt und in ihren Verhältnissen gestört werden.«[35]

Die Kaserne im 19. Jahrhundert

Nach der Fertigstellung der Türkenkaserne gab es über Jahrzehnte keine gravierenden baulichen Veränderungen mehr. Nach einer Belegungsliste vom August 1833 verfügte das Infanterie-Regiment »König« im Erdgeschoß seines Kasernentraktes über achtzehn Mannschaftsstuben für insgesamt 280 Mann. Dazu kamen je eine Wohnung für den Profoß, einen Aktuar und einen Tambour, die Wache mit Strafstube und Einzelarrestzelle, sechs Küchen und drei Abtritte. Im ersten Obergeschoß befanden sich sechzehn Mannschaftszimmer für 274 Mann, eine Adjutantenwohnug, das Auditoriat, das ärztliche »Jourzimmer«, eine Küche und drei Abtritte. In der zweiten Etage lagen achtzehn Mannschaftszimmer für 353 Mann, das Zimmer der Regimentskadetten (zehn einmännige Bettladen), Wohnung und Kanzlei des Regimentsadjutanten, die Regimentsbibliothek, das Musikzimmer, ein Unterrichtsraum, ein Monturenmagazin, eine Küche und vier Abtritte. Das dritte Stockwerk beherbergte sieben Mannschaftszimmer für 148 Mann, die Regimentskasse, die Quartiermeisterkanzlei, die Regimentsschneiderei, Vorratsräume für Bekleidung und Ausrüstung, sowie eine Küche und zwei Abtritte. Die Standardgröße der Mannschaftszimmer verfügte über acht zweimännige Bettladen und ein Unteroffiziersbett, doch gab es auch einige Schlafsäle für knapp fünfzig Personen und auch etliche recht kleine Stuben. Ganz ähnlich war auch der Rayon des Infanterie-Regiments »Kronprinz« beschaffen.[36] Nach einer Beschreibung vom Winter 1851/52 konnten in der Türkenkaserne insgesamt 2615 Menschen untergebracht werden, davon allerdings 523 Mann auf den Gängen. Zur Wasserversorgung dienten drei Entnahmestellen der alten Stadtwasserleitung (»Röhrbrunnen«) und acht Pumpbrunnen.[37] Im Frühjahr 1858 befand sich in der Kaserne stets ein Bataillon des Infanterie-Leib-Regiments. Zu dieser Zeit war auch das komplette 1. Infanterie-Regiment darin untergebracht und zwei Bataillone des 2. Infanterie-Regiments. Insgesamt waren das nicht weniger als 2761 Mann, 46 Frauen und 66 Kinder.[38]

Erst in den Jahren 1872/73 wurde die Kaserne doch nach dem ursprünglichen Bauplan an beiden Seitenflügeln zur Pinakothek hin erweitert. 1885 wurde das Kasernement an die städtische Trinkwasserversorgung angeschlossen. 1886 wurde an der freien Westseite im Kasernenhof ein großes Exerzierhaus gebaut. Im Jahre 1890 befanden sich in der Türkenkaserne Bataillone aller drei Münchner Infanterie-Regimenter. Das Gebäude war deshalb in drei Rayone aufgeteilt:[39]

– *Infanterie-Leib-Regiment:* Das Regiment hatte sein III. Bataillon mit 487 Unteroffizieren und Mannschaften im 1. und 2. Stockwerk des südlichen Teils des Hauptflügels der Kaserne an der Türkenstraße.

– *1. Infanterie-Regiment »König«:* Das Regiment besaß den gesamten Südflügel der Kaserne an der Gabelsberger-Straße und den südlichen Teil des Haupttraktes an der Türkenstraße; letzteren gemeinsam mit dem III. Bataillon des Inf.-Leib-Rgt. Es hatte darin seinen Stab, das I. und III. Bataillon mit zusammen 1013 Unteroffizieren und Mannschaften. Hierfür standen 66 Wohnzimmer zur Verfügung.

– *2. Infanterie-Regiment »Kronprinz«:* Das Regiment besaß den gesamten Nordflügel der Kaserne an der Theresienstraße und den nördlichen Teil des Hauptbaues an der Türkenstraße. Es hatte darin seinen Stab, zwei Bataillone mit zusammen 1160 Unteroffizieren und Mannschaften. 92 Wohnzimmer waren belegt.

Die Truppenteile führten in der gemeinsamen Kaserne nach Möglichkeit ihr Eigenleben. Es gab zwei getrennte Offizierspeiseanstalten für das 1. und 2. Regiment, fünf Kantinen, zwei Küchen, zwei Arrestwachen und zwei Badeanstalten.

Im Oktober 1894 übernahm das Infanterie-Leib-Regiment für sich die Türkenkaserne. In den folgenden Jahren wurde das Gebäude grundlegend renoviert und modernisiert.[40] Der Mittelpavillon mit dem Haupttor an der Türkenstraße wurde gegen die angrenzenden Gebäudeteile völlig abgeteilt und als Offizierkasino eingerichtet. Die Eckpavillons an der Theresien-/Barer Straße bzw. Gabelsberger-/Barer Straße wurde ebenfalls vollständig vom eigentlichen Kasernenbereich abgetrennt und zu Familiengebäuden mit insgesamt 31 Unteroffizierwohnungen umgestaltet.

Die Türkenkaserne wurde 1920 von der Reichswehr an die Bayerische Landespolizei übergeben. Im Dritten Reich nutzte erneut die Wehrmacht das Areal als Truppenunterkunft.[41]

Anmerkungen:

1 F. Meingast, Der Volkstribun mit dem Gamsbart. Gedanken und Erinnerungen des Georg Eisenberger, München 1973, S. 73. Vgl. dazu O. Illing, Das Königlich Bayerische Infanterie-Leib-Regiment 1814 bis 1914, München 1914, S. 153: »… Einer Anregung des Oberleutnants Eberhard Freiherrn von der Tann danken wir es, daß nun seit mehreren Jahren die 600 Fenster unserer Kaserne in blühendem Blumenschmuck prangen. Das Innere ist luftig und hell.«

2 A XX Bd. 81, Kgl. Reskript vom 18. Aug. 1809 (Abschrift in MKr. 8839 Prod. 1)

3 MKr. 8839 Prod. 2, Finanzminister v. Hompesch an KM am 18. Aug. 1809 und die Antwort v. Trivas an FinM am 21. d. Mts.

4 Ebd. Prod. 3, Protokoll der Kommissionssitzung vom 23. Aug. 1809

5 Ebd.

6 A XX Bd. 81, Resultate der Kommission über Militärbaumaßnahmen in der neuen Max-Vorstadt, verfaßt von Oberkriegskommissär Pfeiffer für den Kriegsökonomierat am 24. Aug. 1809. Siehe auch H. Lehmbruch, Der Königsplatz, in: Klassizismus in Bayern, Schwaben und Franken. Architekturzeichnungen 1775 – 1825, hg. von W. Nerdinger, München 1980, S. 225 – 228 – Lehmbruch behauptet zu Unrecht, Fischer und Schedel hätten kein Interesse an militärischen Bauten für den Königsplatz gezeigt (a. a. O. S. 225)

7 MKr. 8839 Prod. 5, InnM an KM am 16. Juli 1812

8 Ebd. KM an InnM am 24. Juli 1812

9 Lehmbruch (wie Anm. 6), S. 225 f.. Siehe auch den Abschnitt »Obelisk«

10 Vgl. den Abschnitt »Kreuz-Kaserne«

11 MKr. 8894 Prod. 43, Kgl. Baukommission an KÖR am 15. März 1815

12 Ebd., Denkschrift Frey vom 26. April 1815

13 Ebd., KÖR an KM am 12. Mai 1815

14 Ebd., KM am 25. März 1816

15 Vgl. den Abschnitt »Tattenbach-Schlößchen«

16 MKr. 8902 Prod. 4, KM an König Max I. Joseph am 2. Juli 1823; ein Reskript liegt nicht (mehr) in den eingesehenen Akten, vermutlich hatte der König seine Zustimmung nur mündlich geäußert.

17 MKr. 8902 Prod. 1, KM an ArmeeKdo am 13. Mai 1823

18 Ebd. Prod. 2, Entwurf zur Erbauung einer neuen Kaserne für ein vollständiges InfRgt, dat. 6. Mai 1823; PlS München Nr. 328 und 330; F. Zimmermann, Türkenkaserne., in: Klassizismus (wie Anm. 6), S. 249 f.

19 MKr. 8902 Prod. 1, KM an ArmeeKdo am 13. Mai 1823

20 Ebd. Prod. 76, Gutachten der IV. Genie-Direktion Würzburg vom 28. Mai 1823; Gutachten der III. Genie-Direktion Nürnberg vom 29. Mai 1823; Gutachten der II. Genie-Direktion Augsburg vom 30. Mai 1823; Gutachten der Genie-Direktion zu Landau vom 3. Juni 1823

21 Ebd. Prod. 4, KM an König Max I. Joseph am 2. Juli 1823 mit undat. Kgl. Signat

22 MKr. 8894 Prod. 43, Protokoll der Kgl. Baukommission München vom 3. März 1815

23 MKr. 8902 Prod. 11, Lieferkontrakt für Ziegelsteine vom 21. Juli 1823

24 A XX Bd. 91, Kostenrechnungsjournal für die Türkenkaserne vom 10. Juli bis 31. Dezember 1823; MKr. 8902 Prod. 7, KM am 30. Sept. 1823

25 A XX Bd. 91, Kostenrechnungsjournal für die Türkenkaserne vom 10. Juli bis 31. Dezember 1823

26 MKr. 8902 Prod. 33, 1. Inf. Rgt an KdtMünchen am 8. Nov. 1824; Prod. 40, 1. Inf.Rgt an KdtMünchen am 3. Dez. 1824

27 Ebd. Prod. 77, 1 .InfRgt an 1. InfBrig am 17. Mai 1825

28 Ebd. Prod. 59, 1. InfRgt an 1. InfBrig am 25. Aug. 1825

29 F. Zimmermann (wie Anm. 18), S. 249

30 MKr. 8902 Prod. 66, Kgl. Reskript dat. München 14. Dez. 1825

31 Ebd. Prod. 72, Leo v. Klenze an IngOberst Becker, München den 28. Febr. 1826

32 Ebd. Prod. 72, KM an König Ludwig I. am 22. März 1826 mit Kgl. Signat vom 23. d. Mts.

33 Ebd. Prod. 94, KdtMünchen an KM am 20. Sept. 1826; Prod. 95, 1. GenieDir München an 1. Armee-Division am 22. Sept. 1826

34 Ebd. Prod. 109, Militärhauptbuchhaltung am 27. Okt. 1827

35 L. v. Gaisberg, Reise zum Münchner Oktoberfest 1835. hg. von P. E. Rattelmüller, München 1979, S. 14

36 Mkr. 8825 Prod. 99, Beschreibung der neuen Infanterie-Kaserne an der Türkenstraße vom August 1833

37 C 7 Garnisonbeschreibung, hier: Verzeichnis der militäreigenen Gebäude (7: Neue Infanteriekaserne, Stand: 15. Jan. 1852)

38 MKr. 8830 Prod. 78, KdtMünchen am 13. Febr. 1858

39 MKr. 10322 Garnisonbeschreibung (1890), hier: Türkenkaserne

40 MKr. 10323 Garnisonbeschreibung, hier: Türkenkaserne (Nachtrag vom 1. Mai 1896); MKr. 10324 Garnison-beschreibung, hier: Türkenkaserne (Nachtrag vom 30. April 1900)

41 Vgl. RW Grkdo 4 Nr. 529 (Liegenschaften in München 1920); Fernsprechverzeichnis des Standortes München (1944)

Der Dechanthof

In unmittelbarer Nachbarschaft des Liebfrauendomes, dort wo heute der Brunnen vor dem Hauptportal ist, befand sich bis in das späte 19. Jahrhundert der sogenannte »Dechanthof«. Er wurde anno 1427 als Pfarrhof der Frauenkirche errichtet und bis zum Jahr 1803 benützt. Dann übernahm ihn der bayerische Staat.[1] Nach einer Beschreibung aus dem Jahr 1852 bestand das Anwesen am Frauenplatz Nr. 2 aus drei verschiedenen Gebäuden, die von einer hohen Mauer umgeben waren. Nur wenige Schritte von der Westfassade der Frauenkirche entfernt stand der eigentliche Pfarrhof. Es war ein breites Haus mit nur einem Obergeschoß. Dahinter befanden sich im relativ großen Innenhof die beiden anderen Gebäude. Eines davon war eine Art großer gemauerter Schuppen. Die aufwendige Gewölbekonstruktion deutet auf einen früheren Viehstall der Pfarrökonomie hin. Das andere Hofgebäude war ein Häuschen, dessen Erdgeschoß einen kleinen Pferdestall beherbergte.[2]

Am 25. September 1848 bat das Innenministerium die Armee zur besseren Kontrolle der Innenstadt ein Detachement Infanterie im Dechanthof zu stationieren. Zwei Tage später lag bereits eine Kompanie mit 100 Unteroffizieren und Mannschaften in dem Gebäude. Da das Haus nun ausschließlich militärischen Zwecken diente, bezahlte der Militärärar fortan alle Ausgaben für die laufenden Bauinstandsetzungen.[3] Am 15. Oktober 1848 überließ das Innenministerium den Dechanthof der Armee und am 6. März 1849 übernahm die Militär-Lokalbaukommission die Zuständigkeit für das Anwesen vom Stadtrentamt München und der Bauinspektion München I.[4] Ungeachtetdessen blieb aber der gesamte Komplex des Dechanthofes ein »magistratisches Gebäude« und wurde nicht Eigentum der Armee. Deshalb wurden auch keine detaillierten Bauakten des Kriegsministeriums dafür angelegt.[5]

Im Februar 1849 wies das Kriegsministerium die Stadtkommandantschaft an, den Dechanthof, der zu diesem Zeitpunkt als Unterkunft einer kleineren Bereitschaft diente und ansonsten leer stand, als Kaserne für eine Genie-Kompanie so einzurichten, daß darin ein Offizier und 128 Unteroffiziere und Mannschaften untergebracht werden konnten. Am 5. März war die provisorische Kaserne bezugsfertig und dürfte auch sofort belegt worden sein.[6] An eine dauernde militärische Nutzung des Gebäudes wurde nicht gedacht, denn schon am 8. März 1849 erhielt die Stadtkommandantschaft den Auftrag zu prüfen, ob für die Genie-Kompanie nicht das militäreigene Provianthaus verwendbar sei, da es »... nicht wohl rätlich erscheint, kasernierende Truppen in der Nähe der Hauptkirche unterzubringen.«[7] Da die Kommandantschaft jedoch mitteilte, daß das Provianthaus als Kaserne für die Genie-Kompanie zu klein sei, blieb die Truppe vorläufig im Dechanthof.[8] Die 4. Genie-Kompanie zählte im Sommer 1849 112 Unteroffiziere und Mannschaften. Sie wurde noch im Herbst des gleichen Jahres aus München wieder abgezogen.[9]

Über die anschließende Belegung der Kaserne sind die Informationen recht lückenhaft. Feststeht, daß sie voll benutzt worden sein muß, da es in jenen Jahren stets an Kasernierungskapazitäten in der Garnison mangelte.[10] Es ist anzunehmen, daß noch im Herbst 1849 dort ein Teil der Garnisonkompanie Nymphenburg einquartiert wurde. Im Sommer 1851 wurde der Dechanthof jedenfalls von 41 Angehörigen der Garnisonkompanie, 16 Frauen und 25 Kindern, insgesamt also 81 Personen bewohnt.[11] Im Dezember 1851 mußte die Garnisonkompanie dieses Quartier vorübergehend räumen und der Gendarmerie übergeben.[12] Für das Frühjahr 1857 sind aber wieder Angehörige der Garnisonkompanie im Dechanthof nachgewiesen, nämlich 16 Männer mit 15 Frauen und 38 Kindern.[13] In der Folgezeit muß wohl von einer gemischten Belegung durch Garnisonkompanie und andere Einheiten ausgegangen werden.

Wichtig ist es, beim Dechanthof zwischen dem »Bereitschaftslokal« und der »Kaserne« zu unterscheiden. Als Bereitschaftslokal diente das oben schon erwähnte ebenerdige Hofgebäude. Es war in ein kleineres Zimmer für zwei bis drei Offiziere und einen großen Saal für 78 Unteroffiziere und Mannschaften unterteilt. Als Kaserne diente hingegen der eigentliche Dechanthof. Er faßte im Erdgeschoß und im Obergeschoß bei »enger Belegung« hundert Unteroffiziere und Mannschaften. Hinzu kam noch das Gartenhaus, in dessen Stall drei Offizierpferde Platz finden konnten. In der oberen Etage dieses Häuschens wohnte der eingeteilte Kasernenhausmeister.[14]

Unabhängig von der wechselnden Belegung der Kaserne blieb das Bereitschaftslokal im Dechanthof vom Herbst 1848 an ständig von einer Infanterieabteilung besetzt. Dieses Kommando bestand in den 1850er Jahren aus zwei Offizieren, 27 Unteroffizieren und Mannschaften, die abwechselnd von den verschiedenen Truppenteilen der Garnison gestellt wurden.[15] Im Januar 1858 zog die Stadtkommandantschaft die ständige Infanteriebereitschaft im Dechanthof ein, da von ihr keine Tumulte oder Aufstände mehr befürchtet wurden. Diese Ansicht wurde auch vom Kriegsministerium geteilt.[16] König Max II. hingegen reagierte sehr unwillig auf diese Maßnahme und hätte sie am liebsten wieder rückgängig gemacht, ließ diesen Schritt dann aber doch bleiben.[17] Somit war das Bereitschaftslokal ab diesem Zeitpunkt nur noch für Krisenfälle vorgesehen.

Am 1. März 1861 bat das Domdekanat München das Kriegsministerium den Dechanthof zu räumen, sofern keine wichtigen militärischen Gründe dagegen sprächen: »... *Die Entfernung dieses alten Gebäudes wäre ein Gewinn für den Eingang und Hauptfacade der Kirche, die frei würde, und gäbe der Stadt einen schönen Platz.*«[18] Die Stadtkommandantschaft meldete in dieser Angelegenheit: »...Gegenwärtig sind 11 Zimmer im Hauptgebäude des Dechant-Hofes der Garnisons-Compagnie Nymphenburg zugewiesen und von dieser mit Verheirateten belegt; auch die übrigen Localitäten waren noch vor wenigen Wochen für Unterbringung von 110 Mann des 1ten Artillerie-Regiments Prinz Luitpold benützt, im Augenblick aber 4 mit 50 Mann belegbare Zimmer zur allenfalls erforderlichen Kasernierung, dann das Hintergebäude im Hofe als Bereitschaftslocal reserviert.« Somit sei der Dechanthof unverzichtbar, einerseits als Familienwohngebäude für Unteroffiziere der Garnisonkompanie, die zur Dienstleistung in Militärbüros der inneren Stadt kommandiert seien, andererseits als Bereitschaftslokal für ein starkes Infanteriekommando im Falle innerer Unruhen, solange der Stadtmagistrat nicht eine andere Unterkunft für diese Alarmkompanie anbiete.[19] König Max II. lehnte daher den Antrag des Metropolitankapitels von München und Freising ab.[20]

Der nächste Vorstoß zur Entfernung des Militärs vom Dombereich erfolgte dann im Frühjahr 1863 durch das Finanzministerium. Obwohl sich der Stadtkommandant für die Beibehaltung des Dechanthofes aussprach, neigte der Kriegsminister dazu das Gebäude zu räumen.[21] Wieder war es der König selbst, der das Militär mitten in der Stadt haben wollte: »...Ich bin durchaus noch nicht davon überzeugt, daß der alte »Dechanthof«, welcher im Jahre 1848/49 als Bereitschaftslokal so gute Dienste geleistet, so leichthin in dieser Eigenschaft entbehrt werden könnte, und wünsche deshalb ein genaues eingehendes und unparteiisches Gutachten einer in Meinem Kriegsministerium zusammenzusetzenden Commission darüber, ob das genannte Lokal wirklich ganz entbehrlich ist, oder in welcher Weise es ersetzt werden könnte.«[22] Das Ergebnis dieser Beratung war, daß man den Dechanthof als Kaserne sofort räumen könne, sobald der zweite Bauabschnitt der Max-II.-Kaserne vollendet sei, das Gebäude aber als Bereitschaftslokal solange beibehalten werden müsse, bis ein anderes Lokal zur Verfügung stehe. Als besonders geeignet hierzu empfahl die Militärkommission das alte Regierungsgebäude am Schrannenplatz.[23]

Mitte Juli 1865 waren im Dechanthof 41 ledige Gendarmen der Stadtkompanie München und zwei verheiratete Unteroffiziere der Garnisonkompanie Nymphenburg einquartiert. Von den beiden letztgenannten fungierte einer als Hausmeister des Dechanthofes. Die Kommandantschaft plädierte dafür, den beiden Unteroffizieren eine Aufwandsentschädigung für den Bezug einer privaten Mietwohnung zu geben und das militärische Bereitschaftslokal vorläufig in das alte Proviantmaus oder in das Gebäude der Kommandantschaft zu verlegen. Für die Gendarmen erklärte man das Innenministerium als zuständig.[24] Nachdem das Innenministerium dafür gesorgt hatte, daß die Gendarmen ab »Georgi« (23. April) 1866 in der Polizeidirektion in der Weinstraße kaserniert werden konnten, stand einem Verkauf des Dechanthofes nichts mehr im Wege.[25]

Am 20. November 1865 kaufte das Metropolitankapitel den Dechanthof vom Zivilärar für 15 000 Gulden und übereignete noch am selben Tag für 6000 Gulden einen Teil des Grundstücks an die Stadt München. Durch den Abbruch des Dechanthofes im Jahr 1866 konnte dann mit der Anlage des heutigen Domplatzes begonnen werden.[26]

Anmerkungen:

1 Münchner Häuserbuch Bd. 2 (Kreuzviertel), München 1960, S. 11

2 C-7, Beschreibung der Garnison München im Jahr 1852. Hier: Verzeichnis der vom Militär benützten Gebäude des Stadtmagistrats (1: Dechanthof, Stand: 15. Jan. 1852); Planfaszikel VI Litt. B Nr. 2 (Bereitschaftslokal im Dechanthof) mit Plänen des Ing. Junkers F. Gaab vom Dez. 1852; Planfaszikel VII Nr. 11 (Gendarmeriekaserne im Dechanthof) mit Plan des Ing. Lt. v. Kern (1853 ?)

3 Mkr. 8830 Prod. 2, Vortrag im KM am 27. Dez. 1854

4 MKr. 8831 Prod. 109, KdtMünchen an KM am 25. März 1861

5 Abgesehen von der Beschreibung durch den Ing. Oberst v. Hörmann (1852/53) taucht der Dechanthof im wesentlichen nur in der Aktenserie »Mangel an Militärgebäuden« auf!

6 MKr. 8828 Prod. 14, KM an KdtMünchen am 25. Febr. 1849; Prod. 18, KdtMünchen an KM am 5. März 1849

7 Ebd. Prod. 19, KM an KdtMünchen am 8. März 1849

8 Ebd. Prod. 20, KdtMünchen an KM am 11. März 1849

9 Ebd. Prod. 61, KdtMünchen an KM am 15. Aug. 1849; E 88 Fasz. II Prod. 12, Militärstand in München im Dez. 1849

10 Vgl. MKr. 8828/8829 pass.

11 C-7 (wie Anm. 2). Hier: Beilage Nr. 4: Verzeichnis der der Kgl. Garnisonkompanie Nymphenburg zugewiesenen Lokalitäten und deren Belegung am 12. Juni 1851

12 MKr. 8829 Prod. 69, KdtMünchen an KM am 29. Dez. 1851

13 MKr. 8830 Prod. 43, KdtMünchen an KM am 14. März 1857

14 Wie Anm. 2

15 C-7, Denkschrift des Ing. Oberst v. Hörmann zur Sicherung der Stadt München bei inneren Unruhen, dat. 24. Juli 1853. Hier: Beilage Nr. 3 (Verzeichnis der Wachtposten und Bereitschaftsabteilungen, Stand: 31. Mai 1852)

16 MKr. 2523 Prod. 21, KdtMünchen an KM am 11. Jan. 1858; Prod. 22, Vermerk des KM vom 20. Jan. 1858

17 Ebd. Prod. 25, KdtMünchen an KM am 18. Jan. 1858; Prod. 28, König Max II. an KM am 31. d. Mts.

18 MKr. 8831 Prod. 99, Domdechant Dr.Keindl an den Kriegsminister am 1. März 1861

19 Ebd. Prod. 109, KdtMünchen an KM am 25. März 1861

20 Ebd. Prod. 131, FinM an KM am 13. Mai 1861

21 Ebd. Prod. 205, FinM an KM am 23. Jan. 1863; Prod. 209, KdtMünchen an KM am 5. Febr. 1863; Prod. 210, KM an FinM am 16. Febr. 1863

22 Ebd. Prod. 247, FinM an KM am 8. Dez. 1863 mit Abschrift des Kgl. Signats, dat. Rom, den 25. Nov. 1863

23 Ebd. Prod. 248, Protokoll der gemäß Kgl. Entschließung vom 25. Nov. 1863 am 18. Dez. 1863 im Kriegsministerium gehaltenen Kommissionssitzung

24 MKr. 8832 Prod. 60, Platzoffizier Hptm Rhomberg an KdtMünchen am 13. Juli 1865; KdtMünchen an KM am 16. Juli 1865

25 Ebd. Prod. 74, Notiz KM vom 12. Sept. 1865

26 Münchner Häuserbuch (wie Anm. 1)

Die Salzstadelkaserne

Nach den Ereignissen des Jahres 1848 wurden die Truppen der Münchner Garnison beträchtlich vermehrt. Diese Maßnahme erforderte zusätzliche Kasernen. Dazu gehörte ab dem Frühjahr 1849 auch die sogenannte »Salzstadelkaserne«. Eigentlich war dieser Name, obwohl in späterer Zeit auch amtlich verwendet, nicht ganz zutreffend. Dies zeigt ein wichtiger Bericht des Stadtkommandanten v. Lüder vom 19. Mai 1849:

»… Der Unterzeichnete meldet Euer Königlichen Majestät alleruntertänigst, daß er mit Genehmigung der Königlichen Regierung von Oberbayern den in dem beiliegenden Übernahmsprotokoll [fehlt] näher beschriebenen *Getreidestadel Nr. 3 in der Salzstraße zunächst den beiden hiesigen Salzstädeln* von dem königl. Landrentamt München behufs der Unterbringung von Mannschaften übernommen hat. Derselbe hat sich zu diesem Zwecke vollkommen geeignet erwiesen und faßt nach Angaben der Militär-Lokalbau-Kommission circa 800 Mann und wenigstens 2 Officiere, entbehrt jedoch aller Mannschaftsküchen und Abtritte. Es wären daher drei Feldabtritte, zwei Feldküchen und zwei Pumpbrunnen auf einem anstoßenden Gemeindegrund zu errichten, wozu von dem hiesigen Stadtmagistrat bereits brevi manu die Erlaubnis erteilt wurde, und auf dem Kehlspeicher die nötigen 6 Montur-Verschläge zu zimmern. Die sämtlichen Kosten würden nach approximativer Schätzung circa 600 fl. betragen.«[1]

Wie aus der zitierten Meldung zu ersehen ist, war wohl zunächst nicht an eine langfristige Nutzung dieses Rentamtspeichers gedacht. Dafür sprechen der sehr geringe Kostenansatz und die Improvisationen (z. B. »Feldküchen«). Meistens erweisen sich aber Provisorien als sehr langlebig. Das sollte auch hier der Fall sein, zumal das Finanzministerium dem Kriegsministerium großzügig schrieb, daß »…die Zusicherung erteilt werden könne, daß, insolange nicht unvorhersehbare, zur Zeit nicht bekannte Verhältnisse es unbedingt nothwendig machen, daß der fragliche Stadel wieder für die Finanzverwaltung benützt werden muß, – ein Verlangen auf Zurückgabe desselben nicht werde gestellt werden.«[2]

Der Rentamtspeicher war um 1780 gebaut worden. Zu dieser Zeit wurden die städtischen Salzstadel auf der breiten Kreuzstraße abgebrochen und diese Straße dadurch zum Paradeplatz, dem späteren Promenadeplatz, umgestaltet. Als Ersatz wurden an der Salzstraße, der späteren Arnulfstraße, neue Speichergebäude für Salz und Getreide errichtet. Sie befanden sich etwa dort, wo heute die Arnulfstraße zwischen dem Starnberger Bahnhof und der Einmündung der Seidlstraße verläuft.[3]

Die neue Behelfskaserne war ein gestreckter, rund 50 Meter langer, relativ niedriger Bau. Sie verfügte über ein ausgebautes Obergeschoß und zwei ehemalige Schüttböden für Getreide. Im äußersten Fall konnten nach einer Beschreibung von 1852 darin 495 Personen leben, jedoch sollte die gewöhnliche Belegung möglichst darunter liegen. Überhaupt erschien schon damals das Gebäude »in gesundheitspolizeilicher Hinsicht« nicht besonders als Truppenunterkunft geeignet. Küchen, Holzlegen und Abtritte befanden sich in hölzernen Behelfsbauten neben der eigentlichen Kaserne. Außerhalb des Gebäudes standen zwei kleine Pumpbrunnen, die die gesamte Wasserversorgung der Kaserne bewerkstelligten. In unmittelbarer Nähe lag auch ein kleiner Turnplatz auf einer Wiese, die der Stadt München gehörte. Einen Kasernenhof im eigentlichen Sinne gab es nicht, war doch das Marsfeld sehr nahe. Die Kaserne war in jenen Jahren vom 6. Jäger-Bataillon (1851 in München aufgestellt) belegt und wurde deshalb auch als *»Jägerkaserne«* bezeichnet.[4]

Nach der Verlegung des 6. Jäger-Bataillons nach Zweibrücken im Jahr 1862, übernahm das zuvor dort stationierte 4. Jäger-Bataillon die Kaserne und bewohnte sie bis zu seinem

Abzug nach Landshut anno 1867. Anschließend wurde darin ein Bataillon des 2. Infanterie-Regiments »Kronprinz« untergebracht. Seit dem Jahr 1873 waren dort Kompanien des 1. Infanterie-Regiments »König« kaserniert. Die Kaserne blieb in all den Jahren praktisch unverändert in Gebrauch. Die einzige größere Neuheit war der Bau einer Trinkwasserleitung im Herbst 1873.[5]

Im Sommer 1880 wandten sich die Anwohner der Salzstadelkaserne, darunter auffallend viele Gastwirte, an den Stadtmagistrat und baten auf eine Auflassung dieser Kaserne hinzuwirken. Dabei sparten sie nicht mit drastischen Details, um ihr Anliegen zu begründen. Vor allem die sanitären Anlagen des Kasernements lagen ihnen buchstäblich auf dem Magen:

»I. (…) Es ist dieser *Abort nichts als eine über ein großes Erdloch gebaute Bretterhütte, welche jedem, der im Sommer auf einen der benachbarten Keller [i. e.Biergärten] geht, den Appetit verdirbt* und bei Begleitung von Familie sicher die Lust benimmt diesen Weg ein zweitesmal zu wählen. Daß ein solcher Abort nicht bloß an heißen Tagen einen wahrhaft pestilenzialischen Geruch verbreitet, davon kann man sich leicht überzeugen.

II. Gehört der Anblick der sich jeden Tag mehrmals vor der Kaserne auf offenen Weg waschenden Mannschaft sicher auch nicht zu den schönsten Ansichten Münchens.«

Weitere Beschwerdepunkte waren die feuergefährlichen Küchen- und Brennholzschuppen und das baufällige Turngerüst, welches schon einmal auf die Straße gefallen sei. Insgesamt lautete das Urteil der Bürger:

»… *Ist sohin die Salzstadelkaserne in ihrer ganzen Anlage bau-, feuer- und gesundheitspolizeiwidrig, so ist sie auch nicht minder unästhestisch und geeignet, den guten Ruf, welchen München sonst in dieser Beziehung dem hohen Magistrat verdankt, zu gefährden.*«

In diesem Zusammenhang verwiesen die Bürger auf die benachbarte Eisenbahnstrecke, wo der Reisende, als einen der ersten Eindrücke von München, diese Kaserne zu Gesicht bekomme – ein interessantes Indiz für den hohen Stellenwert des Fremdenverkehrs.[6]

Zu dieser Zeit bestand aber keine Möglichkeit, die beiden in der Salzstadelkaserne liegenden Infanteriekompanien anderweitig unterzubringen. Auch in Fürstenfeldbruck war für sie kein Platz vorhanden. Die Rechtslage war ganz eindeutig, das Militär mußte sich allen Forderungen des Stadtmagistrats in Betreff auf die anliegenden Grundflächen beugen. Ohne diese Flächen, auf der sich die Küchen und Aborte befanden, war aber die Kaserne fast nutzlos. So schlug die Garnisonverwaltung München im Frühjahr 1881 den Neubau einer Bataillonskaserne als Ersatz für die Salzstadelkaserne vor.[7]

Im Juli 1881 teilte die Armee dem Magistrat mit, daß man den Neubau einer Kaserne in München ins Auge fasse, jedoch bei Auflassung der Salzstadelkaserne vor Bezug dieses Neubaues einige Kompanien in »Bürgerquartiere« gelegt werden müßten.[8]

Die Absicht des Kriegsministers war klar. Er wollte den definitiven Beschluß der Stadt auf Rückgabe der militärisch genutzten Flächen an der Salzstraße möglichst lange hinausschieben, indem er guten Willen zeigte, zugleich aber dem Magistrat mit der Unterbringung der Truppen auf Kosten des Stadtsäckels drohte. Tatsächlich hatte diese Taktik Erfolg. Kaum hatte der Münchner Stadtmagistrat im Sommer 1881 an das Kriegsministerium geschrieben: »… Mit Freude hat man die Nachricht vom geplanten Neubau einer Kaserne als Ersatz für den Salzstadel vernommen«,[9] da teilte das Kriegsministerium bereits wenige Wochen später der Stadt mit, daß sich ein genauer Termin für diesen Neubau noch nicht bestimmen lasse. Dabei war im Ministerium intern schon klar, daß die Anwohner der Salzstraße mindestens noch bis zum Jahr 1887 mit der alten Kaserne würden leben müssen.[10]

Die Hausbesitzer an der Salzstraße, darunter der Bankier v. Hirsch und eine Dame aus der Wirtsdynastie Mathäser, durchschauten bald die Taktik des Militärs. Im Mai 1882 beschwerten sie sich beim Stadtmagistrat erneut über die Kaserne und äußerten offen den Verdacht, daß die Armee aus finanziellen Gründen den »Salzstadel« noch viele Jahre behalten wollte. Sie forderten deshalb die Stadt auf, das Militär vor vollendete Tatsachen zu stellen und seine Nutzungsrechte für die städtischen Gründe zu kündigen. Für die Unterbringung der Soldaten hatten sich die Bürger interessante Alternativen überlegt: »... in der Stadt München selbst stehen zur Zeit eine Menge *sogenannte Miethkasernen* leer, deren Eigenthümer und Hypothekgläubiger sicher mit größtem Vergnügen bereit wären auf ein paar Jahre anstatt der sich nicht einstellenden Civil-Inwohner solche aus dem Militärstande bei sich aufzunehmen. Selbst die eventuell in Aussicht genommene Unterbringung der bisher im Rentamtsspeicher kasernierten Mannschaft in Bürger-Quartieren d. h. Wirtshäusern, wie wir sie jüngst zur Zeit der 12tägigen Anwesenheit der Landwehr beobachtet haben, würde (...) kein zu lästiger und für die Gesamtgemeinde kostspieliger Ausweg sein.«[11]

Der Stadtmagistrat war freilich gegenüber der Garnison nicht so forsch. Er leitete zwar das Schreiben der Hausbesitzer an das Kriegsministerium weiter, beschränkte aber seinen eigenen Kommentar auf den Vorschlag einen Teil der Garnison vorläufig nach Ingolstadt zu verlegen, bis eine neue Kaserne in München gebaut werden könnte.[12] Die Armee indessen hielt es vorläufig nicht für notwendig sich mit zivilen Interessen auseinanderzusetzen. So zeigt das Detailbeispiel deutlich, wie sehr die Position des Militärs in Bayern seit 1871 gestiegen war. Zur Zeit König Ludwigs I. hätten in einem solchen Fall schon längst Stadtmagistrat, Regierung von Oberbayern, Innenministerium und Finanzministerium eine erfolgreiche Attacke gegen die Garnison geritten.

Die folgenden Jahre hielt das Militär an der Salzstraße unverdrossen seine Stellung. Im Herbst 1888, mittlerweile war eine Kaserne auf dem Marsfeld gebaut worden, fragte der Münchner Magistrat wieder wegen der Räumung des Salzstadels nach. Das Kriegsministerium antwortete darauf nicht einmal selbst, sondern wies die Intendantur des I. Armeekorps an, der Stadtverwaltung mitzuteilen, daß die Salzstadelkaserne frühestens im Herbst 1889, nach Fertigstellung einer weiteren Kaserne am Oberwiesenfeld, geräumt würde. Entgegen ihrer Versprechungen aus dem Jahr 1881 hatte nämlich die Armee die neue Marsfeld-Kaserne nicht als Ersatz für den Salzstadel verwandt, sondern stattdessen die Eisenbahntruppe von Ingolstadt nach München verlegt. Die Eisenbahnpioniere saßen also vorläufig auf dem Marsfeld und die eigentlich für das Marsfeld vorgesehene Infanterie mußte noch solange in dem alten Getreidekasten an der Salzstraße ausharren, bis wiederum die Eisenbahner auf das Oberwiesenfeld umgezogen waren.[13] Etwas Bewegung machten dann im Frühjahr 1889 die zivilen Ministerien dem Kriegsministerium, indem sie mitteilten, daß »... das Areal, auf welchen die für den Abbruch bestimmte Salzstadel-Kaserne steht und dermalen zwischen dieser und dem Bahnhofgebiete die Fahrtstraße geführt ist, für die Zwecke der königlichen Verkehrsanstalten reserviert werde. *Dieses Areal wird für den nicht zu umgehenden Bau eines neuen Postgebäudes am Centralbahnhof notwendig.*«[14]

Aufgrund technischer Schwierigkeiten beim Bau der Eisenbahnkaserne am Oberwiesenfeld, konnten die beiden detachierten Kompanien des 1. Infanterie-Regiments »König« erst im Frühjahr 1890 die Salzstadelkaserne mit der Marsfeldkaserne vertauschen. Am 5. Mai 1890 wurde schließlich die bisherige Infanteriekaserne an der Salzstraße von der Garnisonverwaltung München an das Kgl. Stadtrentamt München I übergeben.[15] Auf das rund 110 Jahre alte Gebäude, das immerhin 42 Jahre lang dem Militär gedient hatte, wartete bereits die Spitzhacke. Es wurde auf Abbruch öffentlich versteigert.[16]

Entgegen der 1889 geäußerten Absicht wurde das Kasernengrundstück nicht für ein Postgebäude verwendet, sondern diente zum Ausbau der alten Salzstraße. Diese wurde noch im gleichen Jahr 1890 nach dem Prinzen Arnulf von Bayern in »Arnulfstraße« umbenannt. Hier wurde 1893 auch der »Starnberger Bahnhof« als nördlicher Flügelanbau zum Hauptbahnhof errichtet. Erst im Jahr 1913 wurde dann ein Stück weiter westlich, zwischen Hopfenstraße und Seidlstraße, der, im Zweiten Weltkrieg größtenteils zerstörte, neobarocke Monumentalbau des Verkehrsministeriums eingeweiht.[17]

Anmerkungen:

1 MKr. 8828 Prod. 37, KdtMünchen an KM am 19. Mai 1849
2 Ebd. Prod. 69, FinM an KM am 3. Sept. 1849
3 M. Schattenhofer, Von Kirchen, Kurfürsten, Kaffeesiedern etc., Aus Münchens Vergangenheit., München 1974, S. 157 und S. 279; M.Megele, Baugeschichtlicher Atlas der Landeshauptstadt München, München 1951, S. 144
4 C-7, hier: Verzeichnis der zivilärischen Gebäude in Benutzung der Garnison vom 15. Jan. 1852 (1: Rentamts- speicher); Verzeichnis der magistratischen Gebäude und Gründe in Benutzung der Garnison vom 15. Jan. 1852 (§ 8: Turnplatz zunächst dem Rentamtsspeicher); PlanFasz.VII Nr. 10, Jägerkaserne vom 31. Mai 1853
5 G. Bürklein, Das Kgl. Bayer. 2. Infanterie-Regiment »Kronprinz« im Feldzuge von 1870/71., Berlin 1882, S. 153 f.; MKr. 8832 Prod. 131, KdtMünchen an 1. IngDir am 13. Sept. 1873; Prod. 132, KM am 4. Okt. 1873
6 MKr. 8832 Prod. 150, »Ehrerbietigste Vorstellung der Adjacenten der Salzstraße« an den Stadtmagistrat München vom 16. Juli 1880, weitergeleitet an KdtMünchen am 27. d. Mts.
7 Ebd. Prod. 150, GarnVerw München am 15. Aug. 1880; GarnVerw Fürstenfeldbruck am 23. Aug. 1880; GarnVerw München am 28. April 1881
8 Ebd. Prod. 151, KM an Indent. I.A.K. am 5. Juli 1881
9 Ebd. Prod. 154, Stadtmagistrat München an KM am 26. Juli 1881
10 Ebd. Prod. 155, Vortrag im KM vom 15. Okt. 1881 bzw. KM an Stadtmagistrat München am 26. Okt. 1881
11 MKr. 8833 Prod. 2, Eingabe der Anwohner der Salzstraße an den Stadtmagistrat München vom 25. Mai 1882
12 Ebd., Stadtmagistrat München an KM am 27. Juni 1882
13 Ebd. Prod. 35, KM an Intend. I.A.K. am 26. Sept. 1888
14 Ebd. Prod. 36, AM an KM am 1. Mai 1889
15 Ebd. Prod. 41, KM am 26. Okt. 1889; Prod. 49, GarnVw München an Intendant. I.A.K. am 6. Mai 1890
16 Ebd. Prod. 47, FinM an KM am 27. April 1890
17 J. H. Biller/ H. P. Rasp, München. Kunst- und Kulturlexikon, München 1972 (neubearb. 1988), S. 63 ff.

Die Max-II-Kaserne

Bis zu ihrer Zerstörung durch die Fliegerbomben des Zweiten Weltkrieges und die Neubebauung des Areals in den 1950er Jahren dominierte »... die riesige Max-II-Kaserne, die mit ihren Türmen und Höfen wie die enorme Vergrößerung meiner alten Spielzeug-festung aussah« (Victor Mann),[1] den westlichen Stadtrand Münchens zwischen Marsfeld und Oberwiesenfeld. Von dem Backsteinbau im »Maximilianstil«, mit einer Frontlänge von 600 Metern zu seiner Zeit einem der größten Gebäude der Stadt, ist nichts mehr erhalten. Lediglich im vormaligen Kasernenhof, heute einer Grünanlage der Wohn-siedlung an der Hilblestraße, steht noch das Denkmal zur Erinnerung an die Verbände der Münchner Feldartillerie und der Traintruppe der Königlich Bayerischen Armee, errichtet in den 1920er Jahren. Ihr eigentliches Denkmal hat sich die Kaserne aber im Münchner Stadtplan geschaffen. Das Geviert zwischen Hilblestraße, Schachenmeierstraße und Pfänderstraße umgrenzt exakt das vormalige Kasernengebäude. Das Gesamtareal ist in seinem Umfang dokumentiert durch den Verlauf von Leonrodstraße, Albrechtstraße, Lazarettstraße und Dachauer Straße. So hat sich die Max-II-Kaserne unauslöschlich in die Topographie des Stadtviertels Neuhausen eingegraben.

Der ursprüngliche Plan einer Defensivkaserne (1852)

Das Entstehen der späteren Max-II-Kaserne ist in direktem Zusammenhang mit jenen Plänen zur Verteidigung Münchens im Falle innerer Unruhen zu sehen, die der Ingenieur-oberst Franz v. Hörmann im Auftrag König Max II. in den frühen 1850er Jahren ausarbeitete.[2] Durch ein Reskript des Kriegsministers v. Lüder wurde am 2. Februar 1852 die Bildung einer militärischen Spezialkommission befohlen, die die Garnison München auf einen etwaigen Bürgerkrieg vorbereiten sollte. An erster Stelle der Aufträge dieses Gremiums stand die Arbeit für »... *eine neu zu erbauende Kaserne auf dem Gasteigberg oder Oberwiesenfeld, vorzugsweise dazu bestimmt, von ihr aus größeren Tumulten kräftigst zu begegnen.*« Im gleichen Reskript wurden bereits einige Richtlinien für diese Kaserne vorgezeichnet: sie sollte so angelegt sein, daß sich ihre Besatzung längere Zeit erfolgreich ohne Hilfe von außen verteidigen und auch Ausfälle unternehmen konnte, wozu die »... Umgebung rings um die Kaserne auf Gewehrschußweite« als ein unbebautes militäreigenes Glacis anzulegen war; ferner war darauf zu sehen, »... daß die Kaserne nach und nach in getrennten Flügeln errichtet werden kann«, d. h. eine Belegung mit Truppen schon vor Abschluß der Gesamtbaumaßnahmen möglich war.[3]
Nach den ersten Sitzungen der Kommission am 5. und 6. Februar 1852 erteilte ihr Vor-sitzender, der Generalquartiermeister, also der Chef des Generalstabes, Generalmajor Anton v. d. Mark am 7. Februar dem Kommissionsmitglied Oberst v. Hörmann den Auftrag, Pläne für eine Kaserne »... bei Oberwiesenfeld auf 2000 Mann Artillerie, 1000 Mann Infanterie, 600 Pferdstallungen« auszuarbeiten. Besonders bemerkenswert ist, daß für die Raumberechnung bereits die »einmännige« Bettenbelegung vorgegeben wurde, d. h. die Kaserne hätte nach den noch üblichen Maßstäben vorangegangener Jahrzehnte mehr als 5000 Mann gefaßt.[4]

Der Entwurf des Obersten v. Hörmann (1852)

Bereits am 27. April 1852 unterbreitete Oberst v. Hörmann seinen Entwurf für die Kaserne, »... welche ich zur Vermeidung aller Umschreibungen kürzerhalber vorläufig »*Max-*

Kaserne« zu nennen mir erlaube«, der Kommission. Als Bauareal plädierte Hörmann für die »… ganz ebene und weder mit Häusern noch mit Gärten bebaute Grundfläche zwischen der Dachauer und der Nymphenburger Straße«. Die Lage der *»Zitadelle«* war so gewählt, daß »… *die drey Straßen von Nymphenburg, Dachau und Schleißheim, der Kugelfang, das Marsfeld, die Eisenbahn und der Zugang der größten Vorstadt von München (Max-Vorstadt) beherrscht werden kann.«* Damit war zugleich die Möglichkeit gegeben mit den Garnisonen Augsburg, Freising und Landshut »… ohne Beeinträchtigung und Kenntnisnahme der Stadt München« Kontakt halten zu können.[5]

Der Grundflächenbedarf der geplanten »Max-Kaserne« war sehr hoch angesetzt, vor allem bedingt durch die Forderung nach einem breiten Glacis. Bei einer umbauten Fläche von knapp 45 Tagwerk (etwa 15 ha) berechnete Hörmann das notwendige Glacis auf 158 Tagwerk, sodaß sich eine Gesamtfläche von mehr als 200 Tagwerk ergab. Der Oberst zog selbst das Wiener Arsenal zum Vergleich heran, dessen Gesamtareal bei einer Friedensbelegung von 6000 Mann, also dem doppelten Mannschaftsstand der Münchner Defensivkaserne, lediglich 97 Tagwerk umfasse. Mit einem hohen Kostenaufwand für den Grunderwerb war also zu rechnen. Obwohl Hörmann wegen der kargen, wenig ertragreichen Flächen am Oberwiesenfeld auf einen niedrigen Tagwerkspreis hoffte, zog er doch auch »überspannte Anforderungen bey dem Geländeankauf« bereits ins Kalkül. Deshalb nannte er auch Alternativstandorte für den Kasernenbau, nämlich das freie Gelände »nördlich vom Kugelfang«, die Ebene »zwischen der Ingolstädter Chaussée und dem Fahrwege nach Schleißheim« oder den Platz »zwischen dem Fahrwege nach Schleißheim und der Oberwiesenfelder Anhöhe«, d. h. er blieb auf das nordwestliche Umland Münchens fixiert. Hörmann bezeichnete die freie, luftige Hochebene nordwestlich der dichtbebauten Stadt als besonders gesunden Platz für einen Kasernenbau. An trinkbarem Grundwasser für die Kasernenbesatzung sei kein Mangel zu befürchten, jedoch sei zusätzlich der Bau eines Stichkanals zum Würmkanal wünschenswert, um den Bedarf für die Pferde und das Löschwasser im Brandfall besser decken zu können. Zugleich könne ein solcher Kanal mit fließendem Wasser die Großkaserne von Abwässern und Fäkalien entsorgen.[6]

Die ständige Friedensbesatzung der »Max-Kaserne« sollte nach der Vorgabe aus 2000 Artilleristen und 1000 Infanteristen, nebst den etatmäßigen Offizieren und Militärbeamten bestehen. Dazu kamen 540 Artilleriedienstpferde und 60 Offizierspferde. Hörmann sah zudem ein Geniedetachement in Stärke von 60 Mann mit zwei Offizieren vor. Ferner waren auch Zivilisten, vor allem Handwerker, vorgesehen. Die Grundidee Hörmanns war eine bereits im Frieden völlig autarke Kaserne. Offiziere, Militärbeamte und Zivilisten sollten mit ihren Familien in der Kaserne leben. Deshalb war in der Kaserne auch eine Kapelle geplant, die zugleich als Schule dienen sollte und ein Laden, in dem die Kasernenbewohner das Nötigste kaufen konnten.

Die äußere Form der Kaserne sollte polygonal sein. Nach dem Hörmannschen Plan springen vier Eckpavillons und zwei große Mittelpavillons aus der Umfassungsmauer, so daß ein flankierendes Feuer ermöglicht wird. Vor der Kaserne verläuft ein gut acht Meter breiter und zwei Meter tiefer Graben. Zwischen diesen sechs Hauptbastionen, in denen bezeichnenderweise die Wohnungen der Offiziere und Militärbeamten, also der zuverlässigsten Kasernenbewohner, untergebracht sind, liegen sechs Kasernen. So bilden insgesamt zwölf Einzelgebäude, »… durch Gallerien derart miteinander verbunden, daß sie sich gegenseitig bei der Verteidigung nach der Außen- wie der Innenseite des Kasernements unterstützen können«, die äußere Front des Komplexes. Jedes dieser zwölf Defensivgebäude hat ein großes Tor mit Zugbrücke. Das Innere des Polygons wird durch zwei große Gebäude, nämlich eine weitere Kaserne und das Lazarett in drei

148

Hofräume gegliedert. In der Mitte befindet sich der »Paradeplatz« (etwa 270 x 180 Meter), im Westen der »Reitschulhof« (etwa 270 x 90 Meter) und im Osten der »Feuerhaushof« (etwa 270 x 90 Meter). Um die Höfe sind die Stallungen, die Remisen und Nebengebäude angeordnet.

Hörmann stattet die Defensivkaserne mit 64 Geschützkasematten und 1420 Gewehrschieß-scharten aus. Zur Versorgung im Belagerungsfall sieht er sechzehn Munitionsmagazine, Pumpbrunnen und Zisternen, eine Bäckerei, eine Metzgerei vor. Das Mehlmagazin ist auf einen Backvorrat von täglich maximal 6000 Brotportionen für vier Wochen ausgelegt. Ein Stall kann vierzig Ochsen aufnehmen, so daß in der ersten Zeit einer Belagerung der Besatzung auch Frischfleisch zur Verfügung steht, wobei ein Ochse auf 600 Fleisch-portionen berechnet wird. Für die Dienstpferde wird Fourage auf vier Wochen gelagert.

Kritik am Hörmannschen Entwurf

Am 12. Mai 1852 wurde der Entwurf der Hörmannschen Kaserne von der Militärkommis-sion begutachtet und am 13. Mai darüber diskutiert. Die überwiegende Mehrheit der Mitglieder zeigte sich höchst beeindruckt von den Plänen, noch mehr aber von den hohen Kosten von 1,5 Millionen Gulden. Heftige Kritik übte vor allem der Ingenieurhauptmann Alexander Graf Wolkenstein-Rodenegg am Entwurf Hörmanns. Er erklärte, daß die Ausführung dieses Planes sogar 3 Millionen Gulden verschlingen könnte. Zudem seien einige Gebäude, die Hörmann eingeplant habe, überflüssig. Die Ausführungen des Haupt-manns, der sich wohl auch profilieren wollte, fanden die wohlwollende Aufmerksamkeit des Generalquartiermeisters. Am 15. Mai befahl v. d. Mark dem Grafen Wolkenstein selbst ein Alternativprojekt auszuarbeiten. Den von Hörmann gewählten Standort einer solchen Defensivkaserne fanden fast alle Kommissionsmitglieder zweckmäßig. Lediglich der Major Fuchs von der Zeughaus-Hauptdirektion, ursprünglich ein strikter Befürworter des Gasteigberges, brachte – wohl aus finanziellen Erwägungen heraus – nun das Marsfeld bzw. den Artillerieübungsplatz ins Gespräch. Damit wären aber die Übungsmöglichkeiten der Garnison drastisch beschränkt worden, so daß dieser Vorschlag nicht weiter erörtert wurde.[7]

Der Entwurf des Grafen Wolkenstein

Am 17. Juli 1852 übergab der Hauptmann v. Wolkenstein dem Generalquartiermeister sein eigenes »Projekt einer Artillerie-Kaserne bey Oberwiesenfeld für 2000 Mann und 600 Pferde«.[8] Darin kritisierte er noch einmal den Plan Oberst v. Hörmanns als einer »… kleinen Stadt des Herrn Obersten«, für welche vielleicht sogar 3,9 Millionen Gulden erforderlich wären. Demgegenüber bezifferte v. Wolkenstein die Kosten für seinen Entwurf auf lediglich eine Million Gulden. Hierbei ist allerdings zu bedenken, daß seine Kaserne auf rund 1000 Soldaten weniger berechnet war.

Im Gegensatz zu Hörmann schätzte Wolkenstein die potentielle Kampfkraft revolutionärer Zivilisten eher gering ein. Eine regelrechte Belagerung oder gar Erstürmung einer von loyalen, tüchtigen Truppen besetzten und solide gebauten großen Kaserne wurde von ihm ausgeschlossen. Daher konnte Wolkensteins Projekt auf zahlreiche der oben dargestellten aufwendigen Besonderheiten der Hörmannschen Konzeption verzichten:

»… Von der Hauptsache handelt es sich wohl um Unterkunft von Truppen (…) – Das Ganze möchte daher besonders dem sich hier vorgestelltem Feinde als ein großartiges, festes Bereitschaftslokal, aber gewiß nicht als eine Festung oder Defensiv-Kaserne zu betrachten

seyn (...) Ohne der Stadt, ohne Noth, schon in ruhigen Zeiten gleichsam die Zähne zeigen zu müssen.«

Graf v. Wolkenstein schlug den Bau von vier großen Kasernenblöcken für je rund 500 Soldaten vor. Diese waren zueinander in Form eines Rechtecks gestellt und untereinander durch mehr als vier Meter hohe Mauern miteinander verbunden. Der gesamte Komplex hatte in etwa den Umfang des Areals der Türkenkaserne. Von jedem Kasernenblock, jeweils mit drei großen Außentoren versehen, sprang aus der Fassade ein Risalit hervor, in dem im Bedarfsfall Geschütze aufgestellt werden konnten. Rings um die Anlage sollten nach Wolkensteins Vorstellungen im Falle einer politischen Krise rechtzeitig »Feldverschanzungen« in Form von Gräben, Palisaden, Barrieren und Blockhäusern errichtet werden, um zu verhindern, daß der Gegner in einem ersten Überfall bis unmittelbar an die Kaserne herankam.

Dieses Projekt, das in seiner Grundkonzeption praktisch schon den Plan der späteren Max-II-Kaserne vorwegnahm, wurde aber, ebenso wie der Hörmann'sche Entwurf, vorläufig nicht weiter verfolgt.

Die Planungen der Jahre 1854 bis 1859

Im November 1854 beauftragte Kriegsminister v. Lüder das Ingenieurkorpskommando bzw. dessen Beratungskommission mit dem Entwurf einer sogenannten *»Musterinfanteriekaserne«*, die für ein komplettes kriegsstarkes Regiment ausgelegt sein sollte. Neben einem pauschalen Hinweis auf die *»neuen österreichischen und belgischen Kasernen«* wies das Kriegsministerium auch ausdrücklich auf das Material der Münchner Spezialkommission von 1852 hin. Auch die nun geplante Kaserne war als *Defensivkaserne* vorgesehen: »... Die Eigenschaft der Verteidigungsfähigkeit soll diese Kaserne gegen Kleingewehrfeuer erhalten und überdies zur Aufstellung von groben Geschütz in derselben für die nöthige Bestreichung des Gebäudes.«[9]

Im Frühjahr 1856 hatte die Genie-Beratungs-Kommission bereits einen Entwurf für eine Münchner Defensivkaserne, die ein komplettes Infanterieregiment, samt Wohnungen für dessen Offiziere und Militärbeamte, aufnehmen sollte, ausgearbeitet. Die reinen Baukosten hierfür waren auf mindestens eine Million Gulden veranschlagt. Diesen Plan legte Kriegsminister v. Lüder am 24. August 1859 dem König vor. Klar ist die Ähnlichkeit zum Entwurf des Grafen Wolkenstein aus dem Jahre 1852 zu erkennen:

»... Die *Verteidigungsfähigkeit* der Kaserne ist durch Anordnung von ununterbrochenen Mauermassen gegen die Strassenseiten, und durch die Risalite der vier Hauptgebäude erreicht, in denen die baulichen Vorkehrungen zur Aufstellung von Geschützen für die Bestreichung der Außenseiten der Kaserne und zur Anwendung von Kleingewehrfeuer für die Verteidigung der Eingänge getroffen sind.«

Je nach endgültigem Umfang der Kaserne und bei einem freiem Glacis von mindestens 200' (rd. 55 Meter) Tiefe war eine Grundfläche von 38 bis 49 Tagwerk veranschlagt. Schon jetzt wies das Kriegsministerium auf die finanziellen Probleme bei einer Realisierung hin. Der Staat werde nur noch » ... in einer ziemlichen Entfernung von der Mitte der Stadt« soviel Bauland erwerben können und es werde »... das Auskunftsmittel zu ergreifen sein, daß vorerst nur der Bau von zwei Fronten in Ausführung gebracht wird, und die übrigen zwei Fronten nach Maßregel der verfügbar werdenden Geldmittel für später vorbehalten bleiben«.

In seiner Antwort vom 28. August 1859 befahl König Max II. zunächst eine Untersuchung, *»welches der wichtigste strategische Punkt der Hauptstadt sey«*, um dementsprechend den

150

Bauplatz der Kaserne zu bestimmen. Zugleich wünschte er, daß der Plan dem königlichen Baukunstausschuß zur Begutachtung zugeleitet wurde.[10]

Einige Wochen später ordnete Max II. die Beschaffung genauer Informationen, möglichst auch in Form von Photographien, über die neuesten Kasernenbauten in Wien und Berlin an.[11] Noch im Oktober 1859 erhielt das Kriegsministerium über das Staatsministerium des Königlichen Hauses und des Äußeren einen Bericht der bayerischen Gesandtschaft in Berlin über die neue Kaserne des preussischen 2. Garde-Ulanen-Regiments zu Berlin-Moabit zugestellt. Beigelegt war auch eine farbige Abbildung dieser Berliner Kaserne.[12] Mit ihren Schießscharten, Zinnen, Türmen und Türmchen ähnelt die Ulanenkaserne in Berlin verblüffend späteren Münchner Garnisonbauten, wie dem Zeughaus und der Max-II-Kaserne!

Am 12. November 1859 schlug der Kriegsminister unter ausdrücklicher Bezugnahme auf die dem König wohlbekannten Pläne Hörmanns als Bauplatz für die Defensivkaserne »... ein Gelände zwischen der Nymphenburger- und der Dachauer Straße auswärts der Erzgießerei« vor.[13] Am 5. Januar 1860 genehmigte der König für einen solchen Bauplatz den Kasernenplan vom August 1859. Von der geschlossenen Vierflügelanlage sollten aber vorerst nur zwei Flügel errichtet werden.[14]

Die Kaufverhandlungen im Jahr 1860

Das Vorhaben der Armee, eine neue Großkaserne errichten zu wollen, blieb in der Max-Vorstadt und in Neuhausen nicht unbemerkt. Obwohl das Kriegsministerium den Münchner Maurermeister Bürkel als eine Art Strohmann für einen möglichst unauffälligen Erwerb der notwendigen Grundstücke engagiert hatte, sickerten dennoch genügend Informationen durch. Schlagartig gingen im Nordwesten Münchens die Immobilienpreise in die Höhe und Bürkel gab seinen Geheimauftrag mit dem Bemerken zurück, daß ein Erfolg wohl nur bei staatlichen Zwangsmaßnahmen erreicht werden würde.[15]

Das Kasernenprojekt alarmierte Magistrat und Gemeindekollegium von München. In einer Bittschrift an den König bat die Stadt am 30. März 1860, man möge auf den Bau einer Großkaserne am Rande der Max-Vorstadt oder gar außerhalb des Burgfriedens verzichten und stattdessen mehrere kleinere Kasernen in der St. Anna-Vorstadt (Lehel) errichten. Man befürchtete nämlich die Ansiedlung zahlreicher Gewerbetreibender in der Landgemeinde Neuhausen, falls dort eine Kaserne entstünde, und damit Nachteile durch Verlust von Kundschaft und neue Konkurrenz für die innerstädtischen Betriebe. Auch erklärte der Magistrat, daß durch den Umzug der Offiziere und Militärbeamten in die Nachbarschaft der geplanten Kaserne viele Hausbesitzer in der Altstadt gute Mieteinnahmen verlieren könnten.[16] König Max II. folgte jedoch der Argumentation des Kriegsministeriums, das nicht nur auf das ursprüngliche, rein militärische Anforderungsprofil für die neue Kaserne verwies, sondern auch auf die hohen Grundstückspreise in München, die das Zehnfache der Preise im ländlichen Umland betrugen. Außerdem hielt das Militär, ganz im Gegensatz zum Münchner Magistrat, nach den Erfahrungen mit Hofgarten-Kaserne, Seidenhaus- und Lehel-Kaserne, die St. Anna-Vorstadt für einen ungesunden Standort.[17]

So begannen im Sommer 1860 die Verhandlungen der Armee mit den Grundeigentümern in Neuhausen. Sie stellten sich als recht schwierig heraus. Der für das Militär nun mit der Angelegenheit beauftragte Oberauditor Eberl erklärte am 15. Juli 1860, daß die Bewohner des Dorfes Neuhausen ihre Grundstücke lieber zur Landwirtschaft behalten wollten, als eine Kaserne in der Nachbarschaft zu haben. Lediglich der Neuhauser Wirt war aus leicht verständlichen Gründen ganz für die Ansiedlung vieler Soldaten. Unterdessen hatte sich gezeigt, daß zwar das geplante Kasernenareal fast vollständig auf Neuhauser Gemeindegebiet lag, der Löwenanteil des Geländes sich aber in der Hand Münchner Bürger befand. Die erfahrenen städtischen Geschäftsleute wollten erheblich höhere Preise herausschlagen als die biederen Neuhauser Bauern.[18]

Nachdem der Jurist Eberl ein wenig mit der Anwendung des Expropriationsgesetzes, d. h. der Zwangsenteignung, gedroht und den Wortführer der Münchner Grundbesitzer zu Neuhausen, den angesehenen Bierbrauer Joseph Sedlmeier, heruntergehandelt hatte, folgten die übrigen. Am 21. August 1860 konnte Kriegsminister v. Lüder die Liste der von der Armee angekauften Grundstücke abzeichnen. Einschließlich der Gemeinde Neuhausen als juristischer Person waren nur elf von insgesamt achtundzwanzig betroffenen Grundeigentümern in Neuhausen selbst ansässig und sie stellten nur 41,5 Tagwerk des insgesamt 127 Tagwerk großen Areals. Unter diesen Neuhausern ragte vor allem der Wirt Johann Tafelmaier mit 10,5 Tagwerk hervor. Den überwiegenden Teil des Baugeländes, bis auf eine Sandgrube und einen Garten an der Dachauer Straße, waren es überwiegend Wiesen, Kartoffel- und Getreideäcker, veräußerten Münchner Bürger. Neben dem schon erwähnten Bräu Sedlmeier findet man hier den Branntweiner Kantschuster vom Färbergraben, den Bäcker Schöttl aus der Sendlinger Straße (elf Tagwerk!), den Metzger Förg vom Oberanger usw. In gewisser Weise wird man hier noch von »Ackerbürgern« alten Stils sprechen dürfen. Bezeichnenderweise waren diese bisherigen Grundeigentümer zumeist auch im Nahrungsmittelgewerbe tätig. Es lassen sich unter ihnen vier Metzger, zwei Branntweiner, ein Brauer, ein Bäcker, ein Melber, eine Wirtin und ein Buffetier feststellen. Den Münchnern zahlte der Staat zumeist höhere Preise als den Neuhausern. Die Gesamtkosten für den Grunderwerb, einschließlich Vermessungsarbeiten und Verbriefung, betrugen immerhin 88 344 Gulden. Dennoch war selbst der Höchstpreis von 690 Gulden pro Tagwerk sehr bescheiden, verglichen für den damaligen Münchner Immobilienstandard von 8000 Gulden pro Tagwerk. Kein Wunder, daß der König auf Vorschlag des Kriegsministers dem Oberauditor Eberl für seinen Erfolg eine Prämie von 300 Gulden ausbezahlen ließ.[19]

Der Baubeginn (1860)

Am 23. August 1860 genehmigte König Max II. für die neue Kaserne zu Neuhausen jenen Namen, den der Oberst v. Hörmann bereits 1852 vorgeschlagen hatte und der ohnehin bereits im internen Sprachgebrauch war – »*Kaserne Maximilian II.*«, später kurz »*Max-II-Kaserne*« genannt.[20] Nun begannen auch die eigentlichen Bauvorbereitungen.

Am 23. Oktober 1860 billigte das Kriegsministerium den Vorschlag den Genie-Corps-Kommandos, die Errichtung der Kaserne einem zivilen Generalunternehmer, nämlich dem Architekten und Maurermeister Matthias Berger (1825–1897) zu übertragen. Berger hatte zwar von allen Bewerbern das kostspieligste Angebot für die Bauausführung eingereicht, galt aber als besonders befähigt. Das erste Baulos (Erdaushub, Maurer- und Zimmererarbeiten) war auf einen Wert von 310 076 Gulden festgesetzt worden, davon durfte Berger einen Gewinnanteil von fünf Prozent, umgerechnet 15 500 Gulden berechnen. Die militärische Bauaufsicht wurde dem Ingenieuroffizier Oberleutnant Matthias Glaeser anbefohlen.[21] Letzteres mag für heutige Verhältnisse ungewöhnlich anmuten, doch war es damals beim Genie-Corps durchaus noch üblich, Subalternoffiziere mit so großen Aufgaben zu betrauen.

Berger, ein Selfmademan des Biedermeier, hatte in der Münchner Fachwelt einen guten Ruf. Seit 1852 baute er an der neuen Haidhauser Pfarrkirche St. Johann Baptist und im Jahr

1858 war ihm die Renovierung des Liebfrauendomes übertragen worden. Bei der Max-II-Kaserne sollte Berger zunächst einen Fassadenentwurf des Kgl. Hofbauinspektors Eduard Riedel (1813 – 1885) realisieren. Riedel selbst arbeitete um 1860 am Bau des National-museums, d. h. des heutigen Völkerkundemuseums, an der Maximilianstraße.[22]

Noch im November 1860 wurde mit dem Aushub der Baugrube für den ersten Bauab-schnitt, den sogenannten Flügeltrakt D, begonnen.[23] Nach der Winterpause brachte dann Berger im Frühjahr 1861 zu Beginn der richtigen Bauarbeiten nach diesbezüglicher Aufforderung durch das Kriegsministerium einen eigenen Entwurf für die Fassadenge-staltung »... ganz unverputzt in Ziegelbau in verschiedenen Farben« in Vorschlag. Der König billigte ihn unter der Bedingung, »... daß bei der neuen facade die Caserne selbst noch immer eine befestigte bleibe«.[24]

Anfang Juni 1861 wurde zwischen Berger und dem Kriegsministerium der Vertrag für das zweite Baulos, den sogenannten »Kasernenflügelbau B« abgeschlossen. Einige Monate später, im Januar 1862, hatten sich im Verlaufe der Bauarbeiten Zwistigkeiten zwischen Berger und dem Geniekorps eingestellt. Die Ingenieuroffiziere warfen dem Unternehmer vor, zur Gewinnmaximierung teilweise Ziegelsteine schlechter Qualität verwendet zu haben, zum Schaden der »... Solidität des Baues, dessen Dauer sich auf Jahrhunderte erstrecken soll«. Daraufhin verweigerte Berger die Vertragserfüllung für den zweiten Bauabschnitt. Während das Geniekorps nun den Auftrag anderweitig vergeben wollte, war das Kriegsministerium bemüht den Streit gütlich beizulegen.[25] Berger erfüllte dann doch seinen Vertrag und versprach nur noch hochwertiges Baumaterial zu verwenden.[26]

Die Umwandlung zur Artilleriekaserne

In den frühen 1860er Jahren fehlten der Garnison München auf den etatmäßigen Bedarf mehr als 400 Pferdestände. Um diesem Mangel abzuhelfen, schlug das Genie-Korps-Kommando dem Kriegsministerium im August 1863 vor, den zuerst fertiggewordenen Teil (Flügel D) der Max-II-Kaserne dem 1. Artillerie-Regiment zuzuweisen: »... und auf dem zu dieser Kaserne gehörigen Areale die entsprechenden Stallungen herzustellen«. Voraus-schauend wurde zudem angeregt, bei einer etwaigen Aufgabe der Alten Isarkaserne das 3. Artillerie-Regiment ebenfalls in der Max-II-Kaserne unterzubringen. Die Artilleristen jedoch hatten Bedenken gegen eine Verlegung nach Neuhausen. Sie monierten den Mangel an fließendem Wasser und erwarteten Probleme mit der Entsorgung der Pferdefäkalien bei einer konzentrierten Kasernierung der Artillerie. Dem hielt das Geniekorps entgegen, daß man Pumpbrunnen und abgedichtete Senkgruben in ausreichender Zahl auf dem Kasernen-gelände errichten könne.[27]

Am 1. Februar 1864 unterbreitete Kriegsminister v. Lutz dem jungen König Ludwig II. den Antrag bei der Max-II-Kaserne Pferdeställe, eine Beschlagschmiede und eine Reitschule zu bauen. Sodann könne das 1. Artillerie-Regiment in den Flügel D dieser Kaserne verlegt werden. Stallbauten für die Garnison seien ohnehin zwingend geboten und die Finanzmittel bereits im Etat, so der Minister, würde man sie aber bei den anderen Kasernen errichten, müßten erst kostspielig Grundstücke angekauft werden. Zudem sei die Stationierung von Artillerie in unmittelbarer Nähe des Oberwiesenfeldes mit Schießplatz und Zeughaus zweckmäßig. Die Trinkwasserversorgung könne durch Brunnen gesichert werden. Darauf-hin genehmigte Ludwig II. am 20. März 1864 für das Areal der Max-II-Kaserne den Bau von Ställen für 500 Pferde, einer gedeckten Reitschule, einer Beschlagschmiede und einer Waschküche.[28] Am 3. März 1865 ordnete das Kriegsministerium an, das 1. Artillerie-Regiment, mit Ausnahme von zwei Batterien und der Fuhrweseneskadron in der Lehel-

Kaserne, zum 1. April in den Flügel D der Max-II-Kaserne zu verlegen.[29] Im Sommer 1865 folgten dann auch die genannten beiden Batterien in die Max-II-Kaserne nach.[30]

Am 16. August 1865 konnte das zweite Unterkunftsgebäude (Flügel B) der Max-II-Kaserne von der Bauleitung an die Kommandantschaft München übergeben werden.[31] Im Mai 1866 wurde auf dem Kasernengelände ein feldmäßiges Lager mit drei Wohnbaracken (»aus Stangen und Brettern möglichst einfach construirt«) für jeweils 100 Fuhrwesensoldaten und fünf »Feldbaracken-Stallungen« für je 100 Trainpferde errichtet.[32]

Das Areal der Max-II-Kaserne gehörte nach wie vor zur selbständigen Dorfgemeinde Neuhausen und sollte dort auch bis zu deren Eingemeindung in die Stadt München zum 1. Januar 1890 verbleiben. Bis in die 1890er Jahre stand die Kaserne praktisch auf freiem Feld, für einen Fußgänger, zumal im Winter, weit abgelegen von der Stadt München. Die Besatzung der Max-II-Kaserne empfand zumindest in den ersten Jahren ihre isolierte Lage als Belastung. So klagte das 1. Artillerie-Regiment im Januar 1867 darüber und beantragte vergeblich die Eingemeindung der Kaserne in den Münchner Burgfrieden.[33] Andererseits war die ländliche Bevölkerung Neuhausens nicht sehr erbaut über die massive Militärpräsenz in ihrer Nachbarschaft. Im Herbst 1867 hatte das Kriegsministerium bereits mehrere Beschwerden der Gemeinde Neuhausen registriert, in denen darüber geklagt worden war, daß die Soldaten über die bei der Kaserne angrenzenden Felder und Wiesen liefen. Die Forderung der Bauern, zur Vermeidung der Flurschäden einen Zaun rings um das Kasernengelände zu ziehen, lehnte die Armee jedoch ab.[34] Kleinere Auseinandersetzungen zwischen Soldaten und Bauern dürfen getrost angenommen werden. Jedenfalls beschwerte sich der Münchner Stadtkommandant im Dezember 1867 beim Kriegsministerium über die »ungeeignete und unmotivierte Renitenz« der Zivilbevölkerung von Neuhausen gegenüber dem Militär.[35]

Im Februar 1867 war die Max-II-Kaserne offiziell auf 1729 Mann und 493 Pferde berechnet. Sie faßte damit mehr als ein Drittel der Truppen und ein Viertel der Pferde der Garnison und war folgendermaßen belegt:[36]

vom 1. Inf.Rgt	456 Mann	(Flügel B)	
vom 2. Inf.Rgt	501 Mann	(Flügel B)	
vom 3. Chev.Rgt	135 Mann	(Flügel D)	135 Pferde
vom 1. Art.Rgt	448 Mann	(Flügel D)	300 Pferde
vom 3. Art.Rgt	– Mann	(–)	58 Pferde
von 1. SanKp	100 Mann	(Flügel D)	

In der Folgezeit wurde die Max-II-Kaserne weiter ausgebaut. Zum Jahresende 1868 wurden dem 3. Artillerie-Regiment eine neue Stallung für 136 Pferde, eine eigene Beschlagschmiede und eine Reitschule übergeben. Schon im Herbst des gleichen Jahres hatte die Infanterie den Flügel B ganz für einen Teil der Mannschaft des 3. Artillerie-Regiments freigemacht. Nun beantragte das Artilleriekorps, also jene Kommandobehörde, die im Jahr 1863 noch gegen die Verlegung von Artillerietruppen in die Kaserne gewesen war, selbst den Umzug des gesamten 3. Regiments von der Alten Isarkaserne nach Neuhausen.[37] Am 6. Dezember 1873 wurde ein neuer Stall für 176 Pferde an das 3. Artillerie-Regiment übergeben.[38] Im Herbst 1874 begannen die Bauarbeiten am dritten Unterkunftsgebäude, dem »Flügel A«.[39] Er verband die beiden bisher isoliert stehenden Kasernengebäude »Flügel D« und »Flügel B« zu einem nach Nordwesten, dem Stallbereich, hin offenen hufeisenförmigen großen Gesamtkomplex. Der neue »Flügel A« (fertiggestellt im Jahre 1877), dessen Aussenfront nach Südosten, also gegen die Stadt München ausgerichtet war, bildete später das sogenannte »Hauptgebäude«.

Im Jahre 1890 war die Max-II-Kaserne mit 2751 Unteroffizieren und Mannschaften belegt. Sie wurde von vier verschiedenen Truppenteilen gemeinsam benutzt:[40]

– *1. Feldartillerie-Regiment (998 Mann)*: Das Regiment belegte den ganzen Flügel D der Kaserne mit 41 Mannschaftszimmern. Dazu kamen zwei freistehende Familiengebäude mit je zwölf Unteroffizierswohnungen und ein ganz neues Dienstgebäude, das noch nicht ausgetrocknet war.

– *3. Feldartillerie-Regiment (1167 Mann)*: Das Regiment belegte den ganzen Flügel B mit seinen drei Fahrenden Abteilungen und einen Teil des Hauptgebäudes A mit seiner Reitenden Abteilung.

– *1. Train-Bataillon (353 Mann)*: Das Bataillon lag im Hauptgebäude A.

– *Equitationsanstalt (113 Mann)*: Die Schule war im Hauptgebäude A untergebracht.

In der Folgezeit wurde die Max-II-Kaserne mit weiteren Stallungen, Geschützremisen, Reithallen, Magazinen und Nebengebäuden versehen, die hier nur noch summarisch genannt werden sollen. So waren schon Ende der 1880er Jahre vier Familienwohngebäude für Unteroffiziere auf dem Kasernenareal entstanden. Im Herbst 1892 erhielt die Kaserne den heiß ersehnten Anschluß an die städtische Trinkwasserleitung und das Kanalsystem. Zu erwähnen ist das Monturgebäude für das 1. Train-Bataillon vom Jahre 1897/98 außerhalb des eigentlichen Kasernareals an der Einmündung der Fasaneriestraße in die damalige Kasernstraße (Leonrodstraße). Es wurde 1929 zum Aktenmagazin des bayerischen Kriegsarchives bestimmt und blieb als einziges Gebäude der Max-II-Kaserne erhalten.[41]

Zum Jahresende 1901 stellte sich die Situation in der Max-II-Kaserne so dar:[42]

– *1. Feldartillerie-Regiment (639 Mann)*: Das Regiment lag mit Stab und vier Batterien im Flügel D (Südosttrakt), die 5. Batterie war im Hauptgebäude A einquartiert.

– *3. Feldartillerie-Regiment (614 Mann)*: Der Stab und die fünf Batterien waren im Flügel B (Südseite) untergebracht.

– *7. Feldartillerie-Regiment (480 Mann)*: Komplett im westlichen Teil des Flügels D. Küchen und Speiseanstalten teilte der Verband mit dem 1. Feldartillerie-Regiment.

– *1. Train-Bataillon (248 Mann)*: Hauptgebäude A

– *Equitationsanstalt (92 Mann)*: Die Schule hatte im westlichen Teil des Flügels B Kanzlei, Zahlstelle, Offiziersfechtsaal, Unteroffizierszimmer, vier Mannschaftsstuben, Handwerkerstube, zwei Verheiratetenwohnungen, Küche, Unteroffiziersspeisezimmer, Mannschaftsspeisesaal und eine eigene Kantine mit Wohnung für die Kantinenpächterin.

– *Eskadron Jäger zu Pferde (133 Mann)*: Die Eskadron verfügte im Hauptgebäude A (nordöstlicher Trakt) über Kanzlei, Unterrichtszimmer, Offizierszimmer, zwei Unteroffizierszimmer, sechs Mannschaftsstuben, Handwerkerstube, zwei Verheiratetenwohnungen, Küche, Unteroffiziersspeisezimmer, Mannschaftsspeisesaal, Kantine, Krankenrevier.

– *Telegraphenkompanie (46 Mann)*: Die Kompanie verfügte im Hauptgebäude A (südostwärtiger Trakt) über Kanzlei, vier Unterrichtszimmer, Werkstatt für Schreiner und Mechaniker, zwei Unteroffizierszimmer, neun Mannschaftsstuben, Handwerkerstube, Verheiratetenwohnung, Küche, Unteroffiziersspeisezimmer, Mannschaftsspeisesaal, Kantine, Krankenrevier, Gewehrkammer und Bekleidungskammer.

Die Max-II-Kaserne wurde 1924 von der Reichswehr dem bayerischen Staat übergeben, jedoch während des Dritten Reiches wieder für Militärzwecke benutzt. Durch Luftangriffe (1943 – 1945) beschädigt, wurden die Ruinen im Jahre 1948 abgebrochen.[43]

Anmerkungen

1 V. Mann, Wir waren fünf. Bildnis der Familie Mann, (erstm. 1949), Darmstadt 1964, S. 274

2 Vgl. den Abschnitt »Hörmann-Plan«

3 KA: C 7, hier: Akt »Defensiv-Kaserne zu Oberwiesenfeld - Projekt 1852«, Beilage Litt. A: KM Reskript Nr. 991 vom 2. Febr. 1852

4 C 7, hier: Akt »14 Belege zum II. Theil des Commissions-Berichtes«, Nr. 2: Ordre des GenQuMStabes an den IngOberst v. Hörmann vom 7. Febr. 1852. MKr. 8933 Prod. 12, Protokoll der Kommissionssitzung vom 5. Febr. 1852: Für das Oberwiesenfeld waren Generalquartiermeister v. d. Mark, der Münchner Stadtkommandant v. Harold, die Kgl. Adjutanten Oberst v. d. Tann und Hptm Strunz, IngOberst v. Hörmann, Major v. Steinling vom 1. Kürassier-Rgt. Primär für den Gasteig plädierten Oberstleutnant Zehrer von der Gendarmerie und Major Fuchs von der Zeughaus-Haupt-Direktion

5 C 7, hier: Akt »Defensiv-Kaserne zu Oberwiesenfeld«, § 1 »Oertliche Lage«

6 Wie Anm. 4, § 1 und § 4 »Kostenschätzungen«

7 MKr. 8933 Prod. 12, Sitzungsprotokoll vom 13. Mai 1852; Ordre des GenQuMStabes an den IngHptm Graf Wolkenstein vom 15. Mai 1852; Sitzungsprotokoll vom 17. Mai 1852

8 Ebd. Prod. 12, Projekt einer Artilleriekaserne, verfaßt vom IngHptm. Graf v. Wolkenstein, dat. 17. Juli 1852

9 Ebd. Prod. 13, KM an IngKorpsKdo am 13. Nov. 1854

10 MKr. 8936 Prod. 2, KM an König Max II. am 24. Aug. 1859 mit Kgl. Signat, dat. Berchtesgaden den 28. Aug. 1859

11 Ebd. Prod. 5, Kgl. Handbillet an KM, dat. Berchtesgaden den 12. Sept. 1859

12 Ebd. Prod. 11, AM an KM am 27. Okt. 1859 mit beigelegtem Gesandtschaftsbericht vom 20. Okt. 1859

13 Ebd. Prod. 19, KM an König Max II. am 12. Nov. 1859 mit Kgl. Signat vom 22. Dez. 1859

14 Ebd. Prod. 27, KM an König Max II. am 24. Dez. 1859 mit Kgl. Signat vom 5. Jan. 1860

15 Ebd. Prod. 44, Vertrag zwischen dem Maurermeister Joseph Bürkel aus München und dem KM, vertreten durch den Oberauditor Eberl, vom 23. Febr. 1860; Prod. 45, Schreiben des Bürkel an das KM vom 12. März 1860

16 Ebd. Prod. 51, Bittschrift der Stadt München an König Max II. vom 30. März 1860 mit Kgl. Signat vom 17. April 1860

17 Ebd. Prod. 59, KM an König Max II. am 29. April 1860 mit Kgl. Signat vom 27. Mai 1860

18 Ebd. Prod. 71, Bericht des Militärfiskals Oberauditor Alois Eberl vom 15. Juli 1860

19 Ebd. Prod. 78, Verzeichnis der für den Bau der Kaserne Max II erworbenen Grundstücke in Neuhausen mit Signat des KM v. Lüder vom 21. Aug. 1860; Prod. 144, KM an König Max II. am 21. Mai 1861 mit Kgl. Signat vom 24. Mai 1860

20 Ebd. Prod. 71, KM an König Max II. am 3. Juni 1860 mit Kgl. Signat, dat. Berchtesgaden am 23. Aug. 1860

21 Ebd. Prod. 98 GenieKorpsKdo am 5. Okt. 1860; Prod. 100, KM am 23. Okt. 1860

22 A. Hahn, Der Maximilianstil in München. Programm und Verwirklichung, München 1982, S. 98 f.; die Angaben Hahns zur Max-II-Kaserne (a. a. O. S. 80) sind teilweise unrichtig

23 MKr. 8936 Prod. 107, GenieKorpsKdo an KM am 23. Nov. 1860

24 Ebd. Prod. 124, Bittgesuch des Matthias Berger an König Max II. (undatiert) mit Kgl. Signat vom 16. April 1861

25 MKr. 8937 Prod. 5, GenieKorpsKdo an KM am 18. Jan. 1862

26 Ebd. Prod. 6, KM an GenieKorpsKdo am 25. Jan. 1862

27 MKr. 8831 Prod. 238, GenieKorpsKdo an KM am 6. Aug. 1863

28 MKr. 8937 Prod. 70, KM an König Ludwig II. am 1. Febr. 1864 mit Kgl. Signat, dat. München 20. März 1864

29 Ebd. Prod. 115, KM an ArtKorpsKdo am 3. März 1865 (Abschrift auch MKr. 8832 Prod. 46)

30 Ebd. Prod. 128, KM an KdtMünchen am 13. Juli 1865

31 Ebd. Prod. 138, 1. GenieDir am 27. Sept. 1865

32 MKr. 8832 Prod. 91 (Beil.), KM an KdtMünchen am 19. Mai 1866

33 MKr. 8938 Prod. 6, 1. ArtRgt an ArtKorpsKdo am 18. Jan. 1867

34 Ebd. Prod. 34, KM an InnM am 22. Okt. 1867

35 Ebd. Prod. 44, KdtMünchen an KM am 5. Dez. 1867

36 Ebd. Prod. 10, KM am 24. Febr. 1867

37 Ebd. Prod. 102, ArtKorpsKdo an KM am 17. Nov. 1868

38 MKr. 8939 Prod. 3, 1. IngDir am 10. Dez. 1873

39 Ebd. Prod. 35, 1. IngDir am 15. Okt. 1874

40 MKr. 10322 Garnisonbeschreibung (1890), hier: Max-II-Kaserne

41 MKr. 10323 Garnisonbeschreibung, hier: Max-II-Kaserne

42 MKr. 10324 Garnisonbeschreibung, hier: Max-II-Kaserne

43 RWGrKdo 4 Nr. 1013 (Regelung der Liegenschaftsverhältnisse 1924); Fernsprecherverzeichnis des Standortes München (1944); M. Megele, Baugeschichtlicher Atlas der Landeshauptstadt München. Die Stadt im Jubiläumsjahr 1958, München 1960, S. 56 bzw. S. 75

Die Marsfeldkaserne

Das Marsfeld als traditioneller Exerzierplatz der Münchner Infanterie und Kavallerie wurde von der Militärverwaltung lange Zeit vor jeder Bebauung geschützt.[1] In seiner Nähe befand sich seit 1848 die Salzstadelkaserne, in der damals ein Jäger-Bataillon untergebracht war. Im Frühjahr 1858 wurde wegen der neuen Ostbahntrasse mit der Auflassung der Salzstadelkaserne gerechnet. Der Infanteriereferent im Kriegsministerium vermerkte: *»... Als Baustelle für die neue Jäger-Caserne eignet sich vorzugsweise die südöstliche Ecke des Marsfeldes, indem hierbei die Erwerbungskosten eines Platzes hinwegfallen und das Militär gleichsam einen festen Platz zur Bewachung des Bahnhofes erhält.«*[2] Augenscheinlich zeigt sich hier der Ansatz zu einer Defensivkaserne, wie man sie dann Anfang der 1860er Jahre in Gestalt der ungleich größer konzipierten Max-II-Kaserne verwirklichen wollte.

Es wurden nun tatsächlich Pläne zu einer solchen Kaserne ausgearbeitet und bereits Verhandlungen mit dem Innenministerium zur Verlegung der Richtstätte vom Marsfeld geführt, doch im Januar 1860 stoppte man das Projekt »... wegen der Nähe der einen höchst üblen Geruch weithin verbreitenden Schwefelsäurefabrik an der Landsbergerstraße.«[3] Bei dieser Fabrik handelte es sich um die Firma Buchner, deren Betrieb dann in den 1870er Jahren nach Untersuchungen Max von Pettenkofers geschlossen werden mußte, da ihre Emissionen schwere Umweltschäden im Münchner Westend hervorgerufen hatten.[4] Die Armee handelte hier bereits sehr vorausschauend im Geiste der erst 1863 erlassenen Kasernenbauvorschrift, deren Paragraph 2 die Anlage neuer Kasernen in der Nähe von »... Etablissements, welche gesundheitsschädliche Ausdünstungen erzeugen« ausdrücklich verbot. Daraufhin wurde das Projekt einer Kaserne am Marsfeld für mehr als zwanzig Jahre ad acta gelegt. Der Plan wurde erst wieder aktuell, als die Armee tatsächlich gedrängt wurde in absehbarer Zeit die Salzstadelkaserne aufzugeben.[5]

Pläne für den Kasernenbau (1881 bis 1886)

Das Kriegsministerium beabsichtigte nun ab dem Sommer 1881 wieder den Bau einer Kaserne für ein Infanteriebataillon auf dem für Militärzwecke reservierten Teil des Marsfeldes, dessen Funktion als Standortübungsplatz und Paradefeld ihrem Ende zuging. Jedoch hatte das Finanzministerium den künftigen Gesamtbebauungsplan für dieses große Areal noch nicht fertiggestellt, so daß sich das Projekt verzögerte.[6] Dem Militär war diese Verzögerung aber nicht unwillkommen. Im Oktober 1881 hatte man im Kriegsministerium die Baukosten für eine solche Kaserne berechnet und war dabei auf eine Summe von rund 700 000 Mark gekommen. Andererseits gab es ja nicht nur die Garnison München. Neue Kasernen in den Standorten Bamberg, Nürnberg und Würzburg erschienen vordringlicher. Zudem standen in jener Zeit im ganzen Königreich Bayern für neue Militärbauten aller Art im Jahresdurchschnitt nur 800 000 Mark zur Verfügung. Daher verschob man das Projekt der Marsfeldkaserne aus finanziellen Gründen zunächst auf das Etatjahr 1886/87.[7]

Ungeachtet dieses Aufschubs verlor das Kriegsministerium den künftigen Ersatzbau für die Salzstadelkaserne nicht aus den Augen. Im Herbst 1883 wurden detaillierte Planungsrichtlinien für eine Bataillonskaserne auf dem Marsfeld »... zur Verbesserung der Unterkunftsverhältnisse der Infanterie in München« erlassen. Offensichtlich schwebte hierbei eine Art Musterkaserne vor Augen. So plante man von vornherein den Anschluß des Kasernements an ein kommunales Wasserleitungs- und Kanalisationssystem, das erst in seinen Anfängen stand und noch gar nicht bis auf das Marsfeld reichte. Die Mannschaftsunterkünfte sollten mit einer neuartigen »Zentralluftheizung« ausgestattet werden. Auch eine Badeanstalt war schon vorgesehen, zu einem Zeitpunkt, da beispielsweise die Soldaten in der Türkenkaserne ihre Körperpflege noch an den Pumpbrunnen im Kasernenhof absolvierten. Neuartig war auch die Forderung, statt nur einer Offizierwohnung pro Bataillon (für den Adjutanten), zusätzlich pro Kompanie einen Offizier zu kasernieren, sowie einen Truppenarzt für das Bataillon. Die Bataillonskaserne war nur als erste Stufe eines Bebauungskonzeptes gedacht: »... Als Baustelle ist ein 30 Tagwerk großes Areal an der Nordseite des Marsfeldes (: Verlängerung der Karlstraße :) in Aussicht genommen; bei Situierung der Kaserne, des Exerzierhauses und des Nebengebäudes wäre auf spätere Erweiterung des Kasernements für ein Regiment zu rücksichtigen.«[8]

Die Planung erwies sich als relativ langwierig, bedingt durch die Verhandlungen zwischen Kriegsministerium und Finanzministerium über die anstehende Aufteilung des Marsfeldes und die Integration der künftigen Neubauten für die Militärbildungsanstalten in die Raumplanung. Im August 1885 hatte man die Lage der Bauplätze für die Kaserne und die Militärbildungsanstalten dann definitiv festgelegt.[9] Im Juli 1886 war auch das Baukonzept fixiert. Man hatte sich für die Errichtung freistehender »Halbbataillonskasernen« entschieden, d. h. jeweils zwei Kompanien sollten gemeinsam in einem Gebäudeblock untergebracht werden. Für ein komplettes Infanterie-Regiment benötigte man also sechs solcher Kasernen, zuzüglich der »Ökonomiegebäude« mit Küchen, Speiseräumen und Werkstätten, und weiterer Nebengebäude. Zunächst sollten, wie schon 1883 geplant, nur die Bauten für ein Bataillon fertiggestellt werden, um die Salzstadelkaserne räumen zu können.[10] Übrigens wurde die Münchner Marsfeldkaserne mit ihrer Konzeption tatsächlich eine Art Musterkaserne. Nach ihrem Vorbild entstand dann ab dem Jahr 1890 die Kaserne für das 19. Infanterie-Regiment in Erlangen und ab 1891 die neue Kaserne für das 11. Infanterie-Regiment in Regensburg.[11]

Der erste Bauabschnitt (1887/88)

Am 13. August 1886 trat das Militär definitiv den Großteil des früheren Marsfeldes an das Finanzministerium ab.[12] Damit war rein juristisch der Baubeginn möglich. Nun begann aber erst die Ausschreibung der verschiedenen Baulose an die Privatunternehmer. Anders als bei der Max-II-Kaserne in den 1860er Jahren bestellte man aber keinen privaten Generalunternehmer, sondern beließ die Bauleitung bei der Indentantur des I. Armeekorps. Als Gesamtsumme für den ersten Bauabschnitt standen 700 000 Mark bereit.[13]

Die eigentlichen Bauarbeiten begannen am 16. August 1887. Entlang der späteren Deroystraße (1890), also an der der Stadt zugewandten Ostseite des Areals, entstanden bis zum Winter 1887/88 im Rohbau die beiden »Doppelkompagniekasernen« und dazwischen ein »Offiziergebäude« mit vierzehn Wohnungen (je ein Wohnzimmer und eine Schlafkammer) und ein »Wachgebäude« mit Kasernenwache, Arrestlokal, den Wohnungen für den Kaserneninspektor und den Kasernenwärter, sowie Büroräumen. Den beiden letzteren Bauten westlich vorgelagert auf dem Kasernenhof stand das »Ökonomiegebäude« mit Küche, Mannschaftsspeisesaal, Unteroffizierspeisezimmer, Offizierfrühstückssalon, Mannschaftskantine, Büchsenmacherwerkstatt und Badeanstalt. Im rechten Winkel dazu war an der späteren Mercystraße (1890), die infolge der Neubebauung nach 1945 verschwunden ist, eine große Exerzierhalle errichtet worden. An der Maillingerstraße (1886) hatte man ein Mehrfamilienhaus mit zwölf Wohnungen (Zimmer (22m^2), Schlafkammer (13m^2), Küche (6,5m^2), Vorraum (4,5m^2)) für verheiratete Unteroffiziere und Gemeinschaftsaborten gebaut. Außerdem stand hier eine Remise. Infolge des zügigen Bautempos waren schon mehr als 600 000 Mark ausgegeben worden.[14] Eine besonders feierliche Grundsteinlegung hatte übrigens nicht stattgefunden.

Im Frühjahr 1888 näherten sich die Bauarbeiten des »Bataillonskasernements« allmählich ihrem Abschluß. Nun galt es noch zwei wichtige Fragen zu klären. Die eine war technischer Natur und betraf das Sanitärsystem der beiden Mannschaftsgebäude. Nach dem Bauplan vom Sommer 1886 waren nämlich aus hygienischen Gründen separate »Latrinengebäude« im Kasernenhof vorgesehen. Im Juli 1888 entschied sich jedoch das Kriegsministerium dafür, in den Truppenunterkünften selbst Aborte und Pissoirs einzurichten. Hierzu fügte man an den Stirnseiten dieser Gebäude ebenerdige kleine Flügelbauten hinzu, die zum Kasernenhof gerichtet waren.[15] Die andere Frage betraf die künftige Belegung der Kaserne. Am 3. März 1888 hatte das Kriegsministerium die Verlegung des Eisenbahn-Bataillons, bestehend aus Stab und zwei Kompanien, von Ingolstadt nach München angeordnet. Bereits am 14. April trafen die ersten Teile dieses Bataillons in der neuen Garnison ein. Als Unterkunft war dem Verband eine der beiden Doppelkompaniekasernen auf dem Marsfeld zugewiesen worden. Bis zu deren Fertigstellung mußte das Eisenbahn-Bataillon provisorisch in der Exerzierhalle untergebracht werden.[16] Durch diese Dislozierung war auf dem Marsfeld vorerst nur Platz für zwei statt vier Infanteriekompanien. Obwohl man seitens des Kriegsministeriums am liebsten die Salzstadelkaserne geräumt hätte, da dort stets überdurchschnittlich viele Soldaten erkrankten, bat das Generalkommando des I. Armeekorps darum, diese alte Kaserne für zwei Infanteriekompanien des 1. Infanterie-Regiments »König« noch beizubehalten. Statt dessen sollten der Bataillonsstab und die beiden Schwesterkompanien der Truppen in der Salzstadelkaserne aus der Türkenkaserne auf das Marsfeld verlegt werden. Dadurch war dieses Bataillon relativ geschlossen kaserniert, da die Entfernung zwischen der Salzstadelkaserne und der neuen Marsfeldkaserne gering war.[17] Dem Generalkommando waren also rein dienstlich-taktische Vorteile wichtiger als Fürsorgemaßnahmen. So wurden im Sommer 1888 zwei Kompanien des Regiments »König« aus der Türkenkaserne auf das Marsfeld verlegt.[18] Am 5. Oktober 1888 wurde das Kasernement von der Bauleitung provisorisch an das Eisenbahn-Bataillon und das Regiment »König« übergeben.[19]

Jede der beiden Mannschaftskasernen war, wie schon erwähnt, für zwei Kompanien ausgelegt und zwar so, daß jede Kompanie ihr eigenes Treppenhaus hatte. In der Mitte jeder Etage, einschließlich des Parterre, befand sich zur besseren Abgrenzung jeweils ein großer Raum, der von beiden Kompanierayons aus zugänglich war. Diese Säle waren als Unterrichtsräume vorgesehen. Die Kaserne war voll unterkellert, hatte zwei Stockwerke und einen Dachboden. Pro Kompanie standen zwölf Mannschaftsstuben zu je zehn Betten, drei Gemeinschaftsstuben für jüngere Unteroffiziere und drei Einzelzimmer für ranghöhere Unteroffiziere zur Verfügung. Diese Wohnräume waren völlig gleichmäßig (4+1+1) auf das Erdgeschoß und die zwei Stockwerke verteilt. Damit war die Marsfeldkaserne die erste Truppenunterkunft in München, bei der bewußt auf die Unterbringung der Korporalschaftsführer in den Mannschaftszimmern im sogenannten »Unteroffiziersverschlag« verzichtet worden war, d. h. *alle* Unteroffiziere lebten getrennt von der Mannschaft. Jede Kompanie hatte im Erdgeschoß einen einzigen Zapfhahn für die städtische Trinkwasserleitung, für das Brauchwasser stand ihr ein eigener Pumpbrunnen vor dem Eingang zur Verfügung. Die Sanitäranlagen waren für jede Kompanie geschlossen im Erdgeschoß untergebracht. Das Kasernement war noch nicht kanalisiert, so daß die Aborte auf das Tonnensystem eingerichtet werden mußten.[20]

Die Truppen lagerten ihre Ausrüstung zunächst auf den Dachböden ihrer neuen Kasernengebäude. Dadurch wurde aber die Statik völlig überlastet. Binnen kürzester Zeit traten ernsthafte Bauschäden ein. Als einzige Lösung blieb die Räumung der Dachspeicher übrig. Vom März bis September 1889 mußte man für knapp 180 000 Mark zu beiden Seiten der Exerzierhalle an der Mercystraße je eine »Monturremise« bauen. Dabei handelte es sich um solide ausgeführte, ziemlich große Gebäude von etwa dreißig Meter Länge. Im Parterre standen die »Kriegsfahrzeuge« für Manöver und Mobilmachung und in den zwei Obergeschossen lagerte vor allem die komplette Ausrüstung für Reservisten und Landwehrmänner.[21]

Anfang Mai 1890 übersiedelten die Eisenbahnpioniere in ihr neuerbautes Kasernement auf dem Oberwiesenfeld. Die bisher noch im alten Salzstadel an der Arnulfstraße untergebrachten beiden Kompanien des II. Bataillons des 1. Infanterie-Regiments zogen gleichzeitig auf das Marsfeld um, sodaß nunmehr das komplette II. Bataillon der »Einser« dort stationiert war.[22]

Die Erweiterungsbauten ab 1893

Von einschneidender Bedeutung für die weitere Bauentwicklung war das Jahr 1893. Infolge der Typhusepidemie beim Infanterie-Leib-Regiment wurden die Hofgarten-Kaserne und die benachbarte Seidenhauskaserne als Truppenunterkünfte aufgegeben. Die Quartiere des 1. Infanterie-Regiments »König« in der angestammten Türkenkaserne mußten für das Leib-Regiment geräumt werden. Lediglich der Regimentsstab und das IV. (Halb)Bataillon konnten vorläufig in der Max-Vorstadt bleiben. In der Marsfeldkaserne war zu diesem Zeitpunkt das II. Bataillon des 2. Infanterie-Regiments »Kronprinz« untergebracht. Das II. Bataillon des 1. Infanterie-Regiments war im Herbst 1890 anstelle dieses Bataillons in die Klosterkaserne bei Fürstenfeldbruck verlegt worden. Für das 2. Infanterie-Regiment entstand im Laufe des Sommers 1893 das sogenannte »Barackenkasernement Oberwiesenfeld«. Dorthin wurde im Oktober 1893 das II./2. Infanterie-Regiments verlegt. Somit war auf dem Marsfeld Kasernierungsraum für ein Bataillon vorhanden. Um für das I. und III. Bataillon des Regiments »König« Raum in der Garnison zu schaffen, mußte das Kasernement auf dem Marsfeld schneller erweitert werden als ursprünglich beabsichtigt.[23]

Als erste Notmaßnahme baute man von Ende Juli bis Anfang Oktober 1893 an der Westseite des Kasernenhofes zwei gemauerte Kompaniebaracken nebst separater Latrine nach jener Art, wie sie gleichzeitig für das 2. Infanterie-Regiment am Oberwiesenfeld entstanden.[24] Außerdem wurden im Winter 1893/94 die oberen Etagen der beiden Monturremisen als Unterkünfte für je eine Kompanie umgebaut.[25] Noch im Herbst des gleichen Jahres wurde zudem mit dem Bau eines zweiten Wohngebäudes für verheiratete Unteroffiziere an der Maillingerstraße begonnen, das dann im Sommer 1894 bezogen werden konnte.[26]

Im März 1894 wurde beschlossen, das gesamte 1. Infanterie-Regiment »König«, d. h. Stab, I. bis III. Bataillon, sowie IV. (Halb)Bataillon auf dem Marsfeld zu kasernieren.[27] Hierzu begannen im August 1894 die entsprechenden Bauarbeiten. Der größte Teil war im September 1895 beendet.[28] Im Zuge dieser Erweiterung entstanden insgesamt vier Halbbataillonskasernen, drei Familienwohngebäude für Unteroffiziere und eine Exerzierhalle. Bei der Konzeption der Kaserne im Jahr 1883 war man von drei Bataillonen mit zusammen zwölf Kompanien ausgegangen. Die Aufstellung der IV. (Halb)Bataillone mit zwei zusätzlichen Kompanien im Rahmen der allgemeinen Heeresverstärkung vom Oktober 1893 sprengte den Rahmen des ursprünglich vorgesehenen Kasernenareals. Deshalb wurde nunmehr die militäreigene Reservefläche zwischen der Marsfeldkaserne und dem

Komplex der Militärbildungsanstalten, d. h. zwischen Maillingerstraße, Mercystraße und Haslangstraße (heutige Baudrexelstraße) als sogenannte »*Kaserne II*« verwendet. Von den oben genannten Zusatzbauten zum bisherigen Kasernement entstanden zwei Halb-bataillonskasernen, die neue Exerzierhalle und zwei »Dienstwohngebäude« mit jeweils vier Wohnungen für verheiratete Unteroffiziere und Diensträumen (Badeanstalt und Büchsenmacherwerkstatt) auf diesem Areal.[29]

Zum Jahresende 1894 begann der Umbau des älteren Offizierwohngebäudes und der Wache an der Deroystraße. Sie wurden um ein Stockwerk erhöht und gleichzeitig so miteinander verbunden, daß sie fortan ein einziges großes Gebäude darstellten, wobei die frühere Einfahrt in das Kasernengelände als großer Torbogen erhalten blieb. Beabsichtigt war die Nutzung als »Ökonomiegebäude« für die Handwerker des Regiments, die dann allerdings durch die Errichtung des neuen Bekleidungsamtes am Oberwiesenfeld (1898) hinfällig war. Außerdem befand sich hier zeitweilig die Offizierspeiseanstalt des Regiments. Der recht kostspielige Umbau (rund 124 000 Mark) war letztlich überflüssig gewesen.[30] Ein eigenes Stabsgebäude für die Büroräume des Regimentskommandos entstand vom Juni 1895 bis zum Juli 1896 zwischen den beiden Mannschaftsblöcken an der Arnulfstraße. Darin befanden sich auch acht Offizierswohnungen und ab November 1897 auch das Kasino (Offizierspeiseanstalt). Die Kosten waren mit fast 300 000 Mark ganz beachtlich.[31]

Die Nutzung der Kaserne ab 1898

Im Winter 1897/98 war die Kasernierung des 1. Infanterie-Regiments auf dem Marsfeld nach insgesamt zwölfjähriger Bauzeit abgeschlossen. Nur kurze Zeit konnte es sich jedoch seiner Gebäude allein erfreuen. Nachdem im Jahr 1897 die IV. (Halb)Bataillone der bayerischen Infanterie-Regimenter aufgelöst und daraus vier neue Regimenter formiert worden waren, verfügte die Marsfeldkaserne über ungenutzte Kapazitäten für zwei Kompanien. So beschloß das Kriegsministerium im Frühjahr 1898 in der Garnison München ein Detachement des 1. Fußartillerie-Regiments (Ingolstadt), bestehend aus einem Stab und zwei Kompanien, aufzustellen.[32] Dieses Detachement wurde am 1. Oktober 1898 errichtet und ihm ein Teil der »Kaserne II« am Marsfeld in Gestalt einer Halb-bataillonskaserne und eines Familienwohngebäudes zugewiesen.[33] In den Jahren 1910/11 erhielt die Fußartillerie hier noch zusätzliche Neubauten, sodaß in München der Stab des 1. Fußartillerie-Regiments und ein komplettes Bataillon schwerer Korpsartillerie stationiert werden konnten.[34]

Das Marsfeldkasernement war, entsprechend seiner Nähe zu den repräsentativen Bauten der Militärbildungsanstalten, wesentlich aufwendiger gebaut als das »Barackenkasernemt Oberwiesenfeld«. Die unverputzten Backsteinbauten gewannen durch reichliche Verwendung von Natursteinen an Gebäudesockeln, Fenstern, Simsen und Kanten, sowie den Dachbelag aus Schieferplatten. Breite Trottoirs aus Klinker umgaben das Kasernement an allen Seiten. Der Kasernenhof war mit Baumreihen eingefaßt.[35]

Im Sommer 1919 war die Marsfeldkaserne belegt vom Stab des (2. Bayerischen) Schützen-Regiments 42, dessen III. Bataillon (ehemaliges Freikorps »Oberland«), der Minenwerfer- und der Nachrichtenkompanie des Regiments 42, sowie den Abwicklungsstellen für das ehemalige K. B. 1. Infanterie-Regiments »König« und das Landsturm-Bataillon 16.[36] Im Oktober 1919 wurde die Kaserne von der Reichswehr an die Polizeiwehr München, den Vorläufer der Bayerischen Landespolizei, übergeben. Die Landespolizei nutzte die Gebäude nur vorübergehend. Im Jahr 1923 findet man im ehemaligen Kasernenbereich bereits die

Oberpostdirektion München, das Landesfinanzamt, die Landes-Hauptfürsorgestelle und andere Behörden, aber auch Beamtenwohnungen. Ein Teil der Kaserne stand aber noch unter Reichsverwaltung, bis 1924 das gesamte Areal dem bayerischen Staat zurückgegeben wurde.[37]

In der Endphase des zweiten Weltkrieges wurde die Kaserne noch einmal kräftig mit Militär belegt. So befanden sich darin im Jahr 1944 das Landesschützen-Bataillon 501, die Bahnhofwachabteilung des Wehrkreises VII, Teile des II. Bataillons/Grenadier-Regiment 61, und verschiedene Dienststellen der Wehrwirtschaftsführung.[38] Das Marsfeldkasernement wurde durch Luftangriffe 1945 sehr stark getroffen. In der Nachkriegszeit entstanden auf dem Gelände der sogenannten »Einser«-Kaserne des Regiments »König« mehrere Finanzämter, während das ehemalige Artilleriekasernement dem bayerischen Landeskriminalamt Platz machte. Nur einige Überreste (Maillingerstraße Nr. 11 und 13) und Straßennamen erinnern noch an die militärische Vergangenheit.

Anmerkungen:

1 Vgl. den Abschnitt »Marsfeld«
2 MKr. 8935 Prod. 2, KM am 30. März 1858
3 Ebd. Prod. 18, KM an InnM am 22. Januar 1860
4 Vgl. S. Bleek, Münchens Westend. Fabrikgestank statt Bürgereleganz, in: München. Musenstadt mit Hinterhöfen. Hg. von F. Prinz und M. Krauss, München 1988, S. 69 – 73, hier S. 70
5 Vgl. den Abschnitt »Salzstadelkaserne«
6 MKr. 8832 Prod. 152, KM an FinM am 19. Juli 1881; Prod. 153, FinM an KM am 25. Juli 1881
7 Ebd. Prod. 155, Vortrag im KM am 15. Okt. 1881
8 MKr. 8933 Prod. 5, KM an InspIngKorps am 5. Nov. 1883
9 Ebd. Prod. 50, Situationsplan vom August 1885. In den Aktenstücken vor Prod. 50 findet sich eine ganze Serie vrschiedener Vorschläge für den Standort der Kaserne auf dem Marsfeld, z. B. zwischen Blutenburgstraße und Marsstraße, oder zwischen Marsstraße und Arnulfstraße usw.
10 MKr. 8953 Prod. 116, KM am 28. Juli 1886
11 Vgl. W. Schmidt, Die Garnisonsstadt Regensburg im 19. und frühen 20. Jahrhundert, Diss. Univ. Regensburg 1988, S. 137
12 MKr. 8953 Prod. 115, FinM an KM am 26. Okt. 1886
13 MKr. 8954 Prod. 1, Indent. I.A.K. an KM am 30. November 1886
14 Ebd. Prod. 50, Bauleitung des Infanteriekasernements Marsfeld (Bauassessor Wolf) am 24. Dez. 1887; Prod. 114, Endabrechnung der Indent. I.A.K. für den 1. Bauabschnitt, dat. 18. Sept. 1888
15 Ebd. Prod. 82, KM an Indent. I.A.K. am 28. Juli 1888
16 K. v. Münster, Geschichte der Königlich Bayerischen Eisenbahn-Truppen, München 1898, S. 64
17 MKr. 8954 Prod. 69, Vortrag im KM am 30. April 1888; Prod. 87, Vortrag im KM am 11. Juli 1888
18 Ebd. Prod. 104, GenKdo I.A.K. an KM am 24. Aug. 1888
19 Ebd. Prod. 129, Indent. I.A.K. am 13. Nov. 1888
20 MKr. 10322 Garnisonbeschreibung München, hier: Marsfeldkaserne (undat., vermutlich Aug. 1890)
21 MKr. 8954 Prod. 192, Indent I.A.K. am 20. Juni 1890; Prod. 197, Indent. I.A.K. am 4. Juli 1890
22 MKr. 8833 Prod. 44, KM am 2. April 1890
23 MKr. 10323 Garnisonbeschreibung München (Nachträge 1890/96), hier: Marsfeldkaserne (dat. 1. Mai 1894). Vgl. auch die Abschnitte »Hofgarten-Kaserne« und »Türkenkaserne«
24 MKr. 8956 Prod. 39, Endabrechnung der Indent. I.A.K. vom 18. Aug. 1896
25 MKr. 8955 Prod. 101, Endabrechnung der Indent. I.A.K. vom 21. Juni 1895
26 MKr. 8956 Prod. 23, Endabrechnung der Indent. I.A.K. vom 11. Mai 1896
27 MKr. 2544 Prod. 4, KM an Prinzregent Luitpold am 5. März 1894 mit Signat vom 6. d. Mts.
28 MKr. 8956 Prod. 15, Indent. I.A.K. am 8. Jan. 1896; Prod. 105, Indent. I.A.K. am 11. Dez. 1898
29 Garnisonbeschreibung (wie Anm. 23), hier: Marsfeldkaserne (dat. 30. April 1896)
30 Mkr. 8956 Prod. 32, Indent. I.A.K. am 26. Febr. 1896; Garnisonbeschreibung (wie Anm. 23), hier: Marsfeldkaserne (dat. 30. April 1898)
31 MKr. 8956 Prod. 36, Indent. I.A.K. am 12. Juni 1896; Garnisonbeschreibung (wie Anm. 23), hier: Marsfeldkaserne (dat. 30. April 1898)
32 MKr. 8956 Prod. 84, KM am 26. April 1898
33 MKr. 10324 Garnisonbeschreibung München, hier: Detachementskaserne des 1. Fußartillerie-Regiments auf dem Marsfeld (dat. 30. April 1900)

34 Ebd., Nachträge für den Zeitraum 1910/12
35 Vgl. Garnisonbeschreibung (wie Anm. 20)
36 RWGrKdo 4 Nr. 526, Truppenübersicht München vom August 1919
37 RWGrKdo 4 Nr. 1011, Verwendung der Militärgebäude in München (1923); ebd. Nr. 1013, Liegenschaftsverhältnisse (1924)
38 Vgl. Fernsprechverzeichnis des Standortes München (Ausgabe Mai 1944)

Die Eisenbahn-Kaserne auf dem Oberwiesenfeld

Die bayerische Armee verfügte seit dem Frühjahr 1873 über eine Eisenbahnkompanie. Diese Spezialeinheit der Pioniertruppe lag in der Festung Ingolstadt.[1] In der Heeresvorlage für das Jahr 1887 war für das gesamte Reich eine Vermehrung der Eisenbahntruppen vorgesehen. Die bayerischen Eisenbahnpioniere erhielten demnach eine zweite Kompanie, die zusammen mit der schon bestehenden Einheit zu einem Bataillon zusammengefaßt wurde. Wenige Wochen vor Inkrafttreten der entsprechenden Bestimmungen plädierte die Inspektion des Ingenieurkorps und der Festungen am 2. März 1887 beim Kriegsministerium dafür, das künftige Eisenbahn-Bataillon von Ingolstadt nach München zu verlegen. Dadurch würde in Ingolstadt mehr Platz für das 1. Pionier-Bataillon. Auf dem Münchner Oberwiesenfeld sollten ein besonderer Übungsplatz und eine Kaserne für die Eisenbahntruppe angelegt werden. Bis zur Fertigstellung dieser Anlage hielt die Inspektion die Max-II-Kaserne für ein geeignetes Quartier in deren Nähe.[2] Zunächst aber wurde das Bataillon ab April 1887 in Ingolstadt errichtet. Seine etatmäßige Stärke betrug vierzehn Offiziere (einschl. Stabsarzt), zwei Militärbeamte, 48 Unteroffiziere, 260 Mannschaften.[3]

Im Frühjahr 1887 herrschte im Standort München ohnehin Mangel an Unterkunftsraum für die bereits vorhandenen Truppen. Erst im August 1887 sollte dann mit dem Bau einer neuen Infanteriekaserne am ehemaligen Marsfeld begonnen werden.[4] So war vorläufig an einen Standortwechsel der Eisenbahntruppe nicht zu denken. Dennoch war mittelfristig ihre Stationierung in München bereits vorgesehen. Das Kriegsministerium wies am 26. November 1887 die Intendantur des I. Armeekorps an, auf dem Oberwiesenfeld eine Remise für das schwere Brückenbaumaterial des Eisenbahn-Bataillons bauen zu lassen. Über eigenes rollendes Material (Feldbahnen) verfügte die Truppe damals noch nicht.[5] Am 3. März 1888 ordnete das Kriegsministerium die Verlegung des Eisenbahn-Bataillons von Ingolstadt nach München an. Der Umzug des Verbandes dauerte vom 14. bis 30. April. Die Truppe wurde bis auf weiteres in der neuen Marsfeldkaserne untergebracht.[6]

Am 25. August 1888 erhielt die Intendantur des 1. Armeekorps gewissermaßen grünes Licht für den Bau einer Eisenbahnkaserne am Oberwiesenfeld. Im Dezember 1888 wurden die Aufträge an die Privatunternehmen vergeben, sodaß im Frühjahr 1889 mit den Bauarbeiten begonnen werden konnte.[7] Wider Erwarten ergaben sich beim Bau der Kaserne Probleme. Der Sommer 1889 war sehr regnerisch und daher drang viel Wasser in den Rohbau ein. Er war noch im Spätherbst 1889 so feucht und stockig im Mauerwerk, daß das Gebäude mit Rücksicht auf voraussehbare Gesundheitsschäden der Soldaten nicht bezogen wurde. Statt dessen ließ man die Kaserne über den Winter 1889/90 erst richtig austrocknen,[8] obwohl ursprünglich ihre Belegung für das Spätjahr 1889 geplant gewesen war.[9] Erst am 27. März 1890 konnte die Garnisonverwaltung München das neue Kasernement abnehmen und im April an die Truppe übergeben.[10] Zum 1. Mai 1890 zog das Eisenbahn-Bataillon offiziell vom Marsfeld auf das Oberwiesenfeld um.[11]

Der Kasernenbereich an der Dachauer Straße bestand zunächst aus der eigentlichen Truppenunterkunft, einem Dienstgebäude, einem Mehrfamilienhaus für verheiratete Unteroffiziere, dem sogenannten Nebengebäude, sowie mehreren Lagergebäuden für die Ausrüstung.[12]

Die eigentliche Kaserne war ein vierstöckiger Bau, nebst Keller und drei Dachgeschossen, der auf eine Maximalbelegung mit 460 Personen ausgelegt war. Die Länge des Gebäudes betrug knapp 61 Meter und seine Breite gut 25 Meter. Im Erdgeschoß befanden sich das Wachtlokal (26m^2), die Küche (47m^2) mit Wirtschafts- und Vorratsräumen (99m^2), der Unteroffizierspeiseraum (44m^2), und zwei große Mannschaftsspeisesäle (je 91m^2). Im

Ersten Stockwerk lagen der Aufenthaltsraum für den »Offizier vom Kaserntagesdienst« (22m²), sechs Arrestzellen, je eine Werkstätte für die Schneider und Schuhmacher des Bataillons (61m² bzw. 45m²), die Kantine (56m²), zwei Unteroffizierstuben (24m²) für je vier Mann und sieben Mannschaftszimmer (45m²) für je zehn Mann. Die Raumaufteilung in den beiden folgenden Etagen war jeweils identisch und beinhaltete zwei Stuben für je zwei ältere Unteroffiziere (22m²) und neun Mannschaftszimmer. Von letzteren waren vier Stuben zu je zehn Mann, drei Zimmer (63m²) zu je vierzehn Mann und zwei große Zimmer (95m²) für je 21 Mann eingerichtet. Im Vierten Stock lagen ein großer Schlafsaal (256m²) für 47 Mann und die Monturkammern der Kompanien. Zusätzlich gab es im Gebäude Räume für Schreibstuben und das Krankenrevier. In der Kaserne waren ab dem Sommer 1890 rund 360 Soldaten untergebracht. Entgegen der urspünglichen Planung hatte das Eisenbahn-Bataillon Teile der Kaserne abtreten müssen. Die *Militärtelegraphenschule*, die im Herbst 1888 in der Max-II-Kaserne errichtet worden war, erhielt Unterkunfsträume im Dritten Stock. Die erst im März 1890 aufgestellte *Luftschiffer-Abteilung* bekam einen Teil des Vierten Stockwerks.

Das Dienstgebäude und das Verheiratetengebäude waren äußerlich völlig identische zweistöckige Bauten, mit Keller und Dachgeschoß. Ihre Grundabmessungen betrugen 20 bzw. 14 Meter. Unterschiedlich war nur ihre innere Aufteilung.

Das *Dienstgebäude* beherbergte im Erdgeschoß die Geschäftsräume der Militärtelegraphenschule, im Ersten Stock die Geschäftsräume des Eisenbahn-Bataillons und zwei Offizierwohnungen (je ein Wohn- und Schlafzimmer), sowie im Zweiten Stock die Offizierspeiseanstalt, bestehend aus einem Speisesaal, einem Bibliothekszimmer, der Küche und Nebenräumen.

Das *Verheiratetengebäude* hatte in den beiden oberen Stockwerken jeweils vier Wohnungen für Unteroffiziersfamilien. Im Erdgeschoß befanden sich eine weitere Unteroffizierswohnung, die Wohnung des Kasernenwärters und die Geschäftsräume der Luftschiffer-Abteilung. Jede Wohnung bestand aus einer Stube, einer Schlafkammer und einer Küche. Zur Heizung dienten die üblichen Kasernenöfen für kombinierte Holz- und Kohlenfeuerung und als Lichtquellen gab es Petroleumlampen.

Das *Nebengebäude* von 25 Meter Länge und 9 Meter Breite bestand aus einem einstöckigen Mitteltrakt, mit Badeanstalt und Waschküche im Erdgeschoß und der Wohnung für den Büchsenmacher im Obergeschoß, sowie ebenerdigen Seitenflügeln mit der Waffenwerkstatt bzw. einem kleinen Stall für Offizierspferde. Auf dem Dach des Mitteltraktes erhob sich ein Uhrtürmchen.

Der sanitäre Standard des Kasernements entsprach nicht dem modernsten Niveau, da das Areal noch nicht an die Wasserleitung und Kanalisation der Stadt München angeschlossen werden konnte. So mußte mit Pumpbrunnen gefördertes Grundwasser auch zum Trinken und Kochen benutzt werden. Die Fäkalien wurden per Tonnensystem entsorgt.[13]

Am 1. Oktober 1893 erhielt das bayerische Eisenbahn-Bataillon eine 3. Kompanie. Diese Vergrößerung machte den Bau einer Kasernenbaracke notwendig. Entsprechend den glcichzeitig entstehenden Bauten für das »Barackenkasernement Oberwiesenfeld« wurde der hierfür entworfene Typ der Kompaniebaracke mit einer Kapazität von 164 Wohnplätzen praktisch übernommen.[14] Zwei Jahre später räumte die Militärtelegraphenschule ihr Quartier in der Eisenbahnkaserne und zog in die Max-II-Kaserne um. Im gleichen Jahr 1895 wurden am Rande des Areals der Eisenbahnkaserne vier gemauerte Schuppen für die Lokomotiven und Wagen der im Sommer 1895 beschafften Feldbahnausrüstung des Bataillons errichtet.[15]

Am 1. Dezember 1896 konnte die Luftschiffer-Abteilung ihre neue Kaserne am Südrand des Oberwiesenfeldes beziehen. Dadurch war das Eisenbahn-Bataillon in seiner eigenen Unterkunft erstmals ohne »Untermieter«, was die Truppe sehr begrüßte. Im Herbst 1897 wurde mit dem Bau einer Exerzierhalle (41 Meter lang und 16 Meter breit) begonnen und im Frühjahr 1898 abgeschlossen.[16]

Nach der Jahrhundertwende wurde das Kasernement, entsprechend den ständig fortschreitenden Veränderungen bei den Verkehrstruppen, mit zusätzlichen Bauten versehen.[17] Die Eisenbahnkaserne wurde nach dem Ersten Weltkrieg von der Reichswehr übernommen. Sie diente zeitweise als Unterkunft für die Kraftfahrabteilung 7 und Teile des Pionier-Bataillons der 7. (Bayer.) Division.[18] Im Herbst 1923 wurde das heute noch bestehende Denkmal für die Gefallenen der bayerischen Eisenbahntruppe im Ersten Weltkrieg an der Westseite der Kaserne enthüllt.[19] Die Wehrmacht brachte in der »Flandern-Kaserne« gegen Ende des Zweiten Weltkrieges das Pionier-Ersatz-Bataillon 7 und die Nachrichten-Ausbildungs-Abteilung 7 unter.[20]

Nach der amerikanischen Besatzungszeit übernahm die neue deutsche Bundeswehr das Areal der größtenteils erhaltenen alten bayerischen Eisenbahnkaserne an der Dachauer Straße bei der Einmündung der Heideckstraße für verschiedene Verwendungszwecke. Im Jahr 1976 wurde beschlossen, unter Belassung der ältesten Kasernenbauten, auf dem früheren Eisenbahnübungsplatz bis hin zur Landshuter Allee einen großen Neubaukomplex für die Wehrbereichsverwaltung VI (Bayern), die Standortverwaltung München und das Kreiswehrersatzamt München zu errichten. Die weitflächige Anlage, die zugleich der Öffentlichkeit den Zugang zum Olympiapark, also dem ehemaligen Oberwiesenfeld, ermöglicht, wurde im Herbst 1982 ihrer Bestimmung übergeben.[21]

Anmerkungen:

1 K. v. Münster, Geschichte der Königlich Bayerischen Eisenbahn-Truppen, München 1898, S. 50 ff.
2 MKr. 9019 Prod. 1, InspIngKorps an KM am 2. März 1887
3 Münster (wie Anm. 1), S. 62 f.
4 Vgl. den Abschnitt »Marsfeldkaserne«
5 MKr. 9019 Prod. 15, KM an Indent. I.A.K. am 16. Nov. 1887
6 Vgl. den Abschnitt »Marsfeldkaserne«
7 MKr. 9019 Prod. 102, Int. I.A.K. an KM am 17. Dez. 1888
8 MKr. 8833 Prod. 41, Vortrag im KM am 26. Okt. 1889 und KME vom 26. Okt. 1889
9 Ebd. Prod. 35, KM an Intend. I.A.K. am 26. Sept. 1888
10 MKr. 9020 Prod. 11 1/2, KM – Notiz vom 12. Mai 1890
11 MKr. 8833 Prod. 44, KM am 2. April 1890
12 MKr. 10322 Garnisonbeschreibung München, hier: Kaserne auf dem Oberwiesenfeld (1890)
13 Ebd.
14 MKr. 10323 Garnisonbeschreibung München, hier: Baracke des Kasernements des k. Eisenbahn-Bataillons (3. Kompagnie) auf Oberwiesenfeld, dat. 26. April 1894; vgl. auch den Abschnitt »Barackenkasernement Oberwiesenfeld«
15 Ebd., hier: Nachtrag zur Beschreibung der Kaserne des k. Eisenbahn-Bataillons, dat. 25. April 1896
16 Ebd., hier: Veränderungen im Kasernement des k. Eisenbahn-Bataillons, dat. 30. April 1898
17 Vgl. Mkr. 10324 Garnisonbeschreibung München 1898/1912
18 RWGrKdo 4 Nr. 1011, Verwendung der Militärgebäude (1924)
19 A. Alckens, München in Erz und Stein, Mainburg 1973, S. 34
20 Vgl. Fernsprechverzeichnis des Standortes München (Ausgabe Mai 1944), S. 38
21 V. D. Laturell., Vom Exerzierplatz zum Olympiapark. Die Wandlungen des Oberwiesenfeldes, in: 100 Jahre Eingemeindung Neuhausen, München 1990, S. 45 – 54, hier S. 54

Das Barackenkasernement Oberwiesenfeld

Die Typhusepidemie beim Infanterie-Leib-Regiment in Frühjahr und Sommer 1893 führte zur Auflassung der Hofgartenkaserne und der Seidenhauskaserne. Als Ersatz erhielt das Leib-Regiment die Türkenkaserne. Bis zu diesem Zeitpunkt befanden sich das I. und III. Bataillon des 2. Infanterie-Regiments »Kronprinz« in der Türkenkaserne, das II. Bataillon in der Marsfeldkaserne. Zum Winterquartal 1893 stand zudem die Aufstellung der IV. (Halb)Bataillone bei den Infanterie-Regimentern bevor.[1]

Bereits am 8. Juni 1893, d. h. fünf Wochen vor der Genehmigung des Prinzregenten Luitpold Teile des 2. Infanterie-Regiments aus der Türkenkaserne zu verlegen, hatte das Kriegsministerium der Intendantur des I. Armeekorps den Auftrag erteilt, Pläne für ein sogenanntes »Barackenkasernement« auf den militäreigenen Gründen am Oberwiesenfeld auszuarbeiten.[2] Im August beschloß man, zunächst sechs »Kompanie-Mannschaftsbaracken« in leichtem Massivbau mit den erforderlichen Nebengebäuden zu errichten.[3]

Noch im Herbst 1893 konnte das neue Kasernenareal am Oberwiesenfeld vom II. und III. Bataillon des 2. Infanterie-Regiments »Kronprinz« bezogen werden. Der Regiments-stab, das I. Bataillon und das IV. (Halb)Bataillon blieben vorläufig in der Türkenkaserne. Für jedes der beiden Bataillone am Oberwiesenfeld waren vier Kompaniebaracken, zwei Abortbaracken, eine Wirtschaftsbaracke, ein Monturmagazin und ein Familiengebäude vorhanden. Diese Gebäude waren symmetrisch zu beiden Seiten des Kasernenhofes entlang der Heßstraße bzw. der »verlängerten Görres-Straße«, d. h. der späteren Infan-teriestraße angeordnet. Außerdem gab es zur gemeinsamen Benutzung für beide Bataillone an der nordwestlichen Stirnseite des Kasernenhofes zwischen den Wirtschaftsbaracken ein Exerzierhaus (69 Meter lang, 19 Meter breit und 10,4 Meter hoch). Das von einem hölzernen Stakettenzaun umgebene Areal von rund 4,6 Hektar Fläche war an die städtische Trinkwasserleitung bereits angeschlossen.[4]

Etwas irreführend ist die Bezeichnung »Baracken«, denn es handelte sich keineswegs um hölzerne Hütten, sondern um fest gemauerte Gebäude. Im Gegensatz zu regelrechten Kasernen war aber auf Keller verzichtet worden, auch waren die Dächer nur mit Teerpappe gedeckt. Die Kompaniebaracken waren mehr als fünfzig Meter lang, elf Meter breit und zehn Meter hoch. Jede Baracke hatte im Erdgeschoß zwei große Zimmer für jeweils fünfundzwanzig Mann, ein Zimmer für zwölf Mann, ein Zimmer für die Ökonomiehand-werker, ein Zimmer für zwei Serganten und ein Zimmer für einen Vizefeldwebel. Ferner befanden sich hier die Familienwohnung des Feldwebels und die Kompanieschreibstube. Im Obergeschoß befanden sich ebenfalls zwei große Mannschaftszimmer zu je fünfund-zwanzig Mann, drei Zimmer für je zwölf Mann, ein Unteroffizierszimmer mit sechs Betten und ein Zimmer für einen Vizefeldwebel. Geheizt wurde mit den üblichen gußeisernen Säulenöfen, zur Beleuchtung dienten Petroleumlampen. Jede Baracke hatte drei Treppen-häuser, wo in Parterre und Etage jeweils eine Wasserentnahmestelle installiert war, zusätzlich befand sich vor jeder Wohnbaracke eine Wasserzapfstelle.

Auf den Einbau aufwendiger sanitärer Anlagen in den Unterkünften der Kompanien hatte man verzichtet, auch das war ein Merkmal für den »Baracken«-Charakter. Statt dessen lag jeweils zwischen zwei Kompaniewohnbaracken eine große gemauerte Latrine. Sie hatte auch zwei kleinere Aborte für die Feldwebel und ihre Familienangehörigen. Kanalisation war noch nicht vorhanden, deshalb verfügte jede Latrine über eine große Senkgrube. Um den Barackenbewohnern bei Nacht, insbesonders im Winter, den Gang zu diesen Aborten ersparen zu können, hatte man in den Treppenhäusern der Kompaniebaracken zu ebener

Erde einen Bretterverschlag angebracht, in dem sich ein Abtritt mit einem kleinen Fäkalienkübel befand.

Die Wirtschaftsbaracken entsprachen von ihrem Aufbau den Kompaniebaracken. Im Erdgeschoß beherbergten sie die Küche, eine Wäscherei, die Badeanstalt, eine Schreinerwerkstatt, die Büchsenmacherwerkstatt, die Bataillonskasse mit der »Regieverkaufsstelle«, ein Wachtlokal und einen kleinen Stall mit sechs Pferdeständen. Im Obergeschoß lagen der große Mannschaftsspeisesaal mit der Kantine, der Speisesaal der Unteroffiziere, Diensträume und Unterkunft des Stabes, der Bataillonsarrest (Aufenthaltszimmer für den Arrestunteroffizier, sieben normale Zellen und eine Dunkelzelle) und das Krankenrevier (zehn Betten).[5]

Die beiden Familiengebäude boten wesentlich mehr Komfort als die Kompaniebaracken. Sie waren voll unterkellert und hatten auch einen richtigen Dachboden. Mit ihrem verputzten Mauerwerk und dem Ziegeldach waren sie auch äußerlich von den Baracken hervorgehoben. In Erdgeschoß und Obergeschoß jedes Gebäudes befanden sich insgesamt zwölf Wohnungen für verheiratete Unteroffiziere. Jede Wohnung bestand aus einem Zimmer (22m^2), einer Kammer (15m^2), einer Küche (11m^2), einem Vorplatz und – für die damalige Zeit besonders hervorzuheben – einem eigenen Abort. Vier Wohnungen hatten noch eine zusätzliche Kammer (15m^2). Der Anschluß an die Wasserleitung befand sich allerdings vor dem Haus und die Aborte waren noch für das alte Tonnensystem eingerichtet. Obwohl das Treppenhaus schon mit Gaslicht ausgestattet war, waren die Wohnungen noch mit einfachen Kohlenherden und Petroleumlampen versehen worden.[6]

Im Sommer 1895 wurde das Kasernement so erweitert, daß vom 1. Oktober an das I., II. und IV. (Halb-)Bataillon des 2. Infanterie-Regiments darin untergebracht werden konnten. Hierzu waren auf der militäreigenen Grundfäche zwischen der Nordseite des bisherigen Kasernements und der Winzererstraße in gleicher Bauweise wie bei den älteren Gebäuden neu hinzugekommen: vier Kompaniebaracken, vier Abortbaracken, zwei Wirtschaftsbaracken, eine Monturbaracke und ein Exerzierhaus.[7] Somit verfügte die gesamte Kasernenanlage über zwölf Kompaniebaracken. Diese reichten völlig aus, da das IV. Bataillon nur über zwei Kompanien verfügte und das bisher am Oberwiesenfeld stationierte III. Bataillon des Regiments »Kronprinz« im Anschluß an die Herbstmanöver 1895 nicht mehr nach München zurückkehrte, sondern als Nachfolger des II. Bataillons des 1. Infanterie-Regiments »König« in Landsberg am Lech in Garnison kam.[8]

Nach der Dislokation des 2. Infanterie-Regiments vom Herbst 1895 am Oberwiesenfeld waren noch zwei leerstehende Kompaniebaracken vorhanden. Wie schon im Frühjahr 1895 vom Kriegsministerium geplant, ergab sich dadurch die Möglichkeit in München ein Pionierdetachement aufzustellen. Hierzu verlegte man zum Oktober 1895 die beiden 5. Kompanien der Pionierbataillone von Ingolstadt bzw. Germersheim in das Barackenkasernement, als Kader für das spätere 3. Pionier-Bataillon (ab 1. Mai 1900), das dann im Jahr 1912 in 1. Pionier-Bataillon umbenannt werden sollte.[9]

Im Herbst 1896 löste man die IV. (Halb)Bataillone der Infanterie-Regimenter auf. Daraufhin wurde das III. Bataillon des 2. Infanterie-Regiments nach München zurückbeordert. Infolge der Präsenz der Pioniere konnten aber nur zwei Kompanien dieses Bataillons am Oberwiesenfeld kaserniert werden. Die beiden anderen Kompanien wurden zunächst provisorisch in der Marsfeldkaserne, ab dem Etatjahr 1898/99 in der Türkenkaserne einquartiert.[10]

An der Gabelung von Lothstraße und Winzererstraße, dem heutigen Vimy-Platz mit dem Obelisken zur Erinnerung an das Regiment »Kronprinz« (errichtet 1923), entstand bis zum Frühjahr 1898 das sogenannte »Dienstgebäude« des 2. Infanterie-Regiments, ein ziemlich aufwendiger Bau mit einer Fassadenlänge von gut 90 Metern. Er beherbergte die verschiedenen Kanzleien des Regimentstabes und der Bataillone, eine Wache mit Arrestlokal und vor allem die neue große »Offizierspeiseanstalt«.[11] Im älteren Teil des Kasernements jenseits der Infanteriestraße wurde gleichzeitig zwischen den beiden Familienwohngebäuden von 1893 direkt an der Lothstraße ein »Handwerkergebäude« errichtet, dessen Fassade mehr als 80 Meter lang war. Darin befanden sich Wohnungen für Offiziere des Regiments, den Kaserneninspektor, den Kasernenwärter, ein Orchesterprobenraum für die Regimentsmusik, eine Wache mit Arrestlokal und Werkstätten für Ökonomiehandwerker. Letztere waren schon wieder ein Anachronismus, da im Herbst 1898 das Bekleidungsamt seinen Betrieb aufnehmen sollte.[12] Im Herbst 1898 wurde der Rayon der Pioniere vom Areal der Infanterie durch einen Zaun abgetrennt. In der Pionierkaserne wurden in den folgenden Jahren zusätzliche Remisen für das schwere Gerät (z. B. Brückenteile) errichtet. Das Kasernengelände wurde zu diesem Zweck sogar bis zur Elisabethstraße ausgedehnt. In der Infanteriekaserne konnten die Ökonomieräume in Mannschaftszimmer umgebaut werden, sodaß zwei ältere Baracken für die Arbeitsmannschaft des Bekleidungsamtes frei wurden. An das städtische Kanalsystem wurde der große Gesamtkomplex erst im Sommer 1898 angeschlossen.[13]

Nach der Jahrhundertwende wurde die Kaserne im Randbereich zum Bekleidungsamt noch erweitert. Dazu gehörten Gebäude für die neuformierte Maschinengewehrkompanie des 2. Infanterie-Regiments und ein Dienstgebäude mit Offizierkasino für die Pioniere.[14] Im Sommer 1919 lagen in der »Oberwiesenfeldkaserne« das II. Bataillon und die Rekrutenkompanie des Schützen-Regiments 42, zwei Kompanien des Wehrregiments München, eine Eskadron des »Zeitfreiwilligen-Bataillons Vogl« und eine Batterie des Schweren Artillerie-Regiments 14. Außerdem waren in der Kaserne nicht weniger als zwölf Abwicklungsstellen von Truppenteilen der alten bayerischen Armee einquartiert, darunter das 2. Infanterie-Regiment »Kronprinz«, das 1. Schwere Reiter-Regiment »Prinz Karl« und das 7. Feldartillerie-Regiment »Prinzregent Luitpold«.[15] Die Reichswehr behielt die Kaserne für das I. Bataillon des Infanterie-Regiments 19 und das Pionier-Bataillon 7.[16]

Der zufällige Eintritt eines gewissen A. Hitler als Kriegsfreiwilliger in das Königlich Bayerische Reserve-Infanterie-Regiment 16 im August 1914 verschaffte der biederen Kaserne am Oberwiesenfeld nach 1935 den Namen »*Adolf-Hitler-Kaserne*«, da auf ihrem Exerzierplatz der nachmalige »Führer des Dritten Reiches« seine soldatische Grundausbildung absolviert hatte. In ihr befanden sich gegen Ende des Krieges das Grenadier-Ersatz-Regiment 517 und das Ersatz-Bataillon des Infanterie-Regiments 19.[17] Ungeachtet ihres Namens wurde die Kaserne durch die Fliegerbomben der Alliierten nur teilweise getroffen. Somit besteht heute noch die Möglichkeit, hier verschiedene Kasernenbauten der alten bayerischen Armee aus der Zeit von 1893 bis in das 20. Jahrhundert betrachten zu können. Selbst die alte Funktion blieb wenigstens teilweise erhalten, durch die Präsenz des Bundesgrenzschutzkommandos Süd auf einem Teil des alten Kasernements.

Anmerkungen:

1 MKr. 10126 Prod. 63, KM an Prinzregent Luitpold am 14. Juli 1893 mit Signat vom 18. d. Mts.
2 MKr. 9074 Prod. 1, Intend. I.A.K. an KM am 29. Juli 1893
3 Ebd. Prod. 2, Notiz im KM am 17. Aug. 1893
4 MKr. 10323 Garnisonbeschreibung München, hier: Barackenkasernement Oberwiesenfeld für II. und III. Btl 2. InfRgt (undat., um 1894)
5 Ebd.

6 MKr. 10323 Garnisonbeschreibung München, hier: Verheiratetengebäude beim Barackenkasernement Oberwiesenfeld (Nachtrag vom 1. Mai 1896)

7 Ebd., Garnisonbeschreibung München, hier: Barackenkasernement für I. und IV. Btl 2. InfRgt (dat. 1. Mai 1896)

8 MKr. 2544 Prod. 11, KM an Prinzregent Luitpold am 26. Febr. 1895 mit Signat vom 27. d. Mts; Prod. 21, KM an GenKdo I.A.K. am 6. Sept. 1895

9 Ebd. Prod. 8, Notiz im KM vom 5. Juli 1894; Prod. 13, Notiz im KM vom 17. April 1895. Mkr. 10323 Garnisonbeschreibung München, hier: Kaserne des Pionierdetachements am Oberwiesenfeld (dat. 15. Juni 1898)

10 Mkr. 2544, K.M.E. Nr. 14546 vom 24. Sept. 1896; Mkr. 10323 Garnisonbeschreibung München, hier: Statistische Angaben, dat. 1. Juni 1898; MKr. 10324 Garnisonbeschreibung München, hier: Statistische Angaben, dat. 1. Mai 1900 bzw. 14. Juni 1902

11 MKr. 10323 Garnisonbeschreibung München, hier: Dienstgebäude des 2. InfRgt, dat. 1. Mai 1898

12 Ebd., Handwerkergebäude des Barackenkasernements Oberwiesenfeld, dat.1. Mai 1898

13 MKr. 10324 Garnisonbeschreibung München, hier: Barackenkasernement des 3. PiBtl, dat. 30. April 1900; Ebd., Nachträge zum Kasernement des 2. InfRgt, dat. 1. Mai 1900

14 Ebd., Nachträge für die Jahre 1908 und 1910

15 RWGrKdo 4 Nr. 526, Truppenübersicht München vom Aug. 1919

16 RWGrKdo 4 Nr. 1011, Verwendung der Militärgebäude (1924)

17 Fernsprechverzeichnis des Standortes München (Ausgabe Mai 1944), S. 81

Die Luftschifferkaserne am Oberwiesenfeld

Obwohl Fessel- und Freiballons schon seit längerer Zeit zu militärischen Zwecken eingesetzt wurden, beispielsweise von Frankreich im Krieg 1870/71, entstanden in Deutschland erst relativ spät entsprechende Spezialtruppen. In Preußen gab es seit 1884 ein Ballon-Detachement bzw. ab 1887 eine Luftschiffer-Abteilung. Im Jahre 1890 wurde in München die Luftschiffer-Lehrabteilung der bayerischen Armee gebildet und 1895 zur Luftschiffer-Abteilung vergrößert.[1]

Die Münchner Luftschiffer bezogen zunächst einen kleinen Teil der ganz neuen Kaserne des Eisenbahn-Bataillons am Westrand des Oberwiesenfeldes.[2] Das Kriegsministerium genehmigte dann 1893 den Antrag der Inspektion des Ingenieurkorps und der Festungen, für die kleine Luftschiffertruppe am südlichen Ende des Oberwiesenfeldes neben der Artilleriewerkstätten ein eigenes Kasernement zu errichten. Dieses Bauprojekt muß vor dem Hintergrund der bevorstehenden Vergrößerung des Eisenbahn-Bataillons gesehen werden, dessen neue 3. Kompanie wegen der Luftschiffer nur provisorisch in einer Baracke untergebracht werden konnte.[3]

Im Frühjahr 1896 wurde das neue Kasernengebäude fertiggestellt und im Dezember des gleichen Jahres von der Luftschiffer-Abteilung bezogen. Im Keller befanden sich u. a. die Küche, die Speiseräume für die Unteroffiziere und die Mannschaften, sowie die Kantine. Die Offiziersspeiseanstalt war im Erdgeschoß eingerichtet. Hier lagen auch die Geschäftszimmer und das Fotolabor der Abteilung, ebenso das Wachtlokal. Im Ersten Stock waren die Wohnung für den Abteilungsfeldwebel, drei Einzelzimmer für je einen älteren Unteroffizier, drei kleine Mannschaftszimmer (je acht Mann) und zwei Unterrichtsräume. Im Zweiten Stockwerk lagen fünf Mannschaftszimmer (zwei zu 12 Mann, zwei zu 10 Mann, ein Zimmer für 6 Mann), eine Stube für vier Unteroffiziere und das Krankenrevier mit sechs Betten. Auf dem Dachboden befanden sich die üblichen Lagerräume.

Die Kaserne war an die städtische Wasserleitung angeschlossen, auf jedem Geschoß waren zwei Wasserhähne installiert. Eine eigene Badeanstalt war nicht vorhanden, man benützte die der Pioniere im benachbarten Barackenkasernement. Die Aborte in den Etagen waren anfangs noch nicht an das Kanalsystem der Stadt angeschlossen, das geschah dann im Sommer 1898. Beheizt wurde das Gebäude mit Kohlenöfen. Küche, Speiseräume, Wachlokal, Gänge und Aborte wurden mit Gas beleuchtet, ansonsten waren auch in dieser modernen Kaserne noch Petroleumlampen gebräuchlich. In unmittelbarer Nachbarschaft zur Kaserne lag der eigene Luftschifferübungsplatz mit dem Ballonhaus und einer »Gasfabrik«.[4]

Die Luftschiffer-Abteilung wurde nach der Jahrhundertwende vergrößert. 1911 erhielt sie eine Kraftfahrabteilung und im Jahre 1912 entstand daraus das kombinierte »Luft- und Kraftfahr-Bataillon«, dem vorübergehend (1912/13) auch die ersten Militärflugzeuge unterstellt waren. Entsprechend wurden auch zusätzliche Kasernenbauten errichtet.[5] Nach dem ersten Weltkrieg wurde das vergleichsweise moderne Kasernenareal von der Reichswehr für das Artillerie-Regiment 7 weiter verwendet. In den Jahren 1931/32 entstanden hier weitere Kasernenblöcke für die »Luitpold-Kaserne« der Wehrmacht.[6] Die praktisch unzerstörte Kaserne wird noch heute von der Bundeswehr benützt.

Anmerkungen:

1 Vgl. E. v. Matuschka, in: MILITÄRGESCHICHTE Abschnitt V, S. 284 ff.; G. Heyl, in: Handbuch der bayerischen Ämter, Gemeinden und Gerichte 1799 – 1980, hg. von W. Volkert, München 1983, S. 348

171

2 Vgl. den Abschnitt »Eisenbahn-Kaserne«

3 MKr. 9020 Prod. 34, KM am 30. Mai 1893

4 MKr. 10323, Beschreibung der Kaserne der Kgl. Luftschiffer-Abteilung vom 30. April 1898

5 Vgl. MKr. 9021 Prod. 8, Indent. I.A.K. am 10. Mai 1898; Prod. 172, KM am 9. März 1912

6 RWGrKdo 4 Nr. 1011, Verwendung der Militärgebäude (1923); Fernsprechverzeichnis des Standortes München (Mai 1944); M. Megele, Baugeschichtlicher Atlas der Landeshauptstadt München, München 1951, S. 143

Die Prinz-Leopold-Kaserne am Oberwiesenfeld

Bereits im Jahre 1887 beabsichtigte das Kriegsministerium den Bau einer neuen Kavalleriekaserne für das 1. Schwere Reiter-Regiment »Prinz Karl von Bayern« als Ersatz für die schon recht mangelhafte Neue Isarkaserne und die Lehel-Kaserne. Als Bauplatz war eine Parzelle der militäreigenen Gründe parallel zu den Artillerieremisen an der Heßstraße vorgesehen. Ein Fassadenentwurf für dieses Projekt zeigt deutlich die Absicht, die künftige Kaserne dem eigentümlichen Baustil der Max-II-Kaserne und des Zeughauses anzugleichen.[1]

Die unvorhergesehene Auflassung der Hofgartenkaserne im Sommer 1893 machte dann allerdings zunächst eine neue Infanteriekaserne notwendig. Das ursprünglich für die Kavallerie reservierte Areal an der Heßstraße diente nun als Bauplatz für das Barakkenkasernement Oberwiesenfeld des 2. Infanterie-Regiments. Erst ein ganzes Jahrzehnt später konnte an den Neubau einer Kaserne für das 1. Schwere Reiter-Regiment gegangen werden, das mittlerweile völlig isoliert von den übrigen Truppenteilen der Garnison noch im Südosten der Stadt verblieben war. Das Regiment selbst schlug im Herbst 1898 als Baugrund jene südostwärtige Ecke des Oberwiesenfeldes vor, auf dem die Kaserne dann wenig später auch wirklich erbaut wurde. Zunächst jedoch sträubte sich das Generalkommando des I. Armeekorps dagegen, ein beträchtliches Stück (rund 90 Hektar), des Standortübungsplatzes für Bauten opfern zu sollen.[2] Zeitweilig schien es auch so, als ob die neue Kavalleriekaserne ein Stück weiter südlich beim Barackenkasernement Oberwiesenfeld erbaut werden würde, doch erwies sich das hier noch verfügbare Areal als zu klein. So fiel doch die Entscheidung, den Übungsplatz zugunsten des Kasernenbaues zu beschneiden.[3]

Nach dem Etat von 1902 verfügte ein bayerisches Kavallerie-Regiment in Stab und fünf Eskadronen über 25 Truppenoffiziere, 9 Sanitätsoffiziere, Veterinäre und Militärbeamte, 79 Unteroffiziere, 607 Mannschaften und 736 Pferde.[4] Für diese Größenordnung wurde die neue Kaserne am Oberwiesenfeld ausgelegt. Am 21. Juni 1902 konnte das 1. Schwere Reiter-Regiment seine neue »Prinz-Leopold-Kaserne«, benannt nach seinem Inhaber und vormaligen Kommandeur Prinz Leopold von Bayern (1846 – 1930), beziehen. Auf dem rund 90 Hektar großen Areal befanden sich: zwei »Doppeleskadron-Kasernen« für jeweils maximal 376 Personen; eine »Einzeleskadron-Kaserne« für maximal 236 Personen; das Stabsgebäude mit Wache, Arrestlokal, vier Offizierswohnungen und der Wohnstube der Offiziersburschen; das Wirtschaftsgebäude mit Küche, Mannschaftsspeisesaal, Kantine, Wohnung des Kantinenpächtes, Badeanstalt und Büchsenmacherwerkstatt; ein Familienwohngebäude mit neunzehn Wohnungen (u. a. der Kaserneninspektor); fünf Eskadronsstallungen und ein Krankenstall; drei Reithallen; eine Beschlagschmiede und eine Remise mit den Fahrzeugen und der Mobilmachungsausstattung des Regiments. Blickfang des Kasernements war und ist aber heute noch die repräsentative »Offizierspeiseanstalt« an der Ecke Winzerer-Straße/Schwere-Reiter-Straße (damals: Kasernstraße). »... Sämtliche Gebäude des Kasernements sind außen im bürgerlichen Barockstil gehalten.« vermerkte eine dienstliche Beschreibung.[5]

Die neobarocke »Prinz-Leopold-Kaserne« ist heute noch weitgehend erhalten. Kurz soll hier die innere Raumaufteilung einer »Doppeleskadronskaserne« um 1902 aufgezeigt werden. Grundsätzlich befanden sich in den Eckrisaliten die Einzelwohnungen und kleineren Stuben. Im Erdgeschoß verfügte jede Eskadron für sich getrennt im Eckrisalit über Eingang und Treppenhaus, die Wohnung für den Wachtmeister (Zimmer, Kammer, Küche, Vorraum, Abort), vier Mannschaftszimmer (45m²) zu je zehn Betten, eine Putzkammer, einen Waschraum und eine Abortanlage. Das erste Stockwerk war praktisch identisch, nur war der Grundriß der Wachtmeisterwohnung hier aufgeteilt in die Eskadronsschreibstube, eine Stube für drei Trompeter und eine Stube für einen Fähnrich. Ebenso war die zweite Etage eingeteilt; hier wohnten im Eckbau die Unteroffiziere in einer Stube und für sich allein ein Vizewachtmeister. In dem Mitteltrakt der beiden Obergeschosse lag zudem jeweils ein großes Mannschaftszimmer (90m^2), wobei jeder Eskadron wahlweise ein solcher Saal im ersten oder zweiten Stock gehörte. Auf dem Dachspeicher befanden sich die Montur- und Aussrüstungskammern. Die Prinz-Leopold-Kaserne war vor dem ersten Weltkrieg eine der modernsten Kasernen Bayerns. Bereits zu Baubeginn wurden Installationen für Wasser, Abwasser, Gas und Telephon integriert, jedoch verfügte auch diese Kaserne noch über keinen Stromanschluß. Verheiratetenwohnungen, Treppenhäuser usw. wurden mit Gaslicht erhellt, während es in den Mannschaftsstuben immer noch die alten Petroleumlampen gab. Zur Heizung dienten verschiedene Arten von Kohleöfen.[6]

Mit dem Bau der Prinz-Leopold-Kaserne war die große Verlagerung aller Münchner Garnisontruppen in den Nordwesten der Stadt abgeschlossen. Die Kavalleriekaserne war zugleich das letzte große Bauprojekt des Militärs in der Haupt- und Residenzstadt vor dem ersten Weltkrieg, abgesehen von der Telegraphenkaserne (1910/11) auf dem Areal bei der Max-II-Kaserne. Im Sommer 1919 lagen in der Reiterkaserne Stab und Stabskompanie der Schützen-Brigade 21 (Epp), der Stab und die 2. Eskadron des Kavallerie-Regiments 21, der Artillerieführungsstab 21, sowie eine Freiwilligensammelstelle.[7] Die neue Reichswehr legte größten Wert darauf, die Prinz-Leopold-Kaserne, wie sie immer noch hieß, zu behalten.[8] Im Frühjahr 1923 waren darin die bespannte Fahrabteilung 7 und eine Minenwerferkompanie einquartiert.[9] Das Areal unterstand vollständig der Reichswehr bzw. der späteren Wehrmacht. Gegen Ende des II. Weltkrieges war in der »Leopold-Kaserne« die Artillerie-Beobachtungs-Ersatzabteilung 7 einquartiert.[10]

Ab dem Jahr 1931 wurde ein Großteil der Freiflächen der alten Kasernenanlage bebaut. Direkt neben der alten Kavalleriekaserne entstand die »Kraftfahrkaserne« der Reichswehr (1931/32). Nördlich davon baute man ab 1934 die »Nachrichtenkaserne«.[11] Beide Komplexe stehen heute noch als »Stettenkaserne« bzw. »Waldmannkaserne« in Nutzung der Bundeswehr. Übrigens wurde die Schwere-Reiter-Straße, an der die Masse der Gebäude der alten Kavalleriekaserne und der Stettenkaserne liegt, erst im Jahr 1938 so benannt. Ursprünglich hieß sie, wie auch die Leonrodstraße bis 1906, schlicht Kasernenstraße.[12] Die Prinz-Leopold-Kaserne wird heute nach einem wechselhaften Schicksal in der Zeit nach 1945 von der Bundespost bzw. dem Freistaat Bayern verwendet. Das Offizierkasino an der Winzererstraße wurde in den Jahren 1989/90 vollständig renoviert.

Anmerkungen:

1 MKr. 9072 Prod. 2, KM – Notiz vom 3. Mai 1887; Prod. 3, Plan vom 29. Dez. 1887; Prod. 14, Bericht der Int. I.A.K. über den Bauzustand der Neuen Isarkaserne vom 12. Okt. 1888; Prod. 15, Fassadenplan für eine Kavalleriekaserne vom Nov. 1888
2 Ebd. Prod. 48, Bericht der Int. I.A.K. vom 6. Sept. 1898
3 Ebd. Prod. 49, KM am 24. Sept. 1898; Prod. 62, KM am 26. Sept. 1899; Prod. 68, Plan für die projektierte Kaserne, erstellt von der Sektion Bauwesen (KM), dat. 5. Aug. 1899
4 Vgl. O. v. Rizzi, Geschichte der Bayerischen Reiterei 1871 – 1914, München 1932, S. 54
5 MKr. 10324 Garnisonbeschreibung München, hier: Prinz-Leopold-Kaserne (dat. 30. April 1904)
6 Ebd.
7 RWGrKdo 4 Nr. 526, KdtMünchen am 27. Aug. 1919

8 Ebd., Reichswehrbefehlsstelle Bayern am 31. Aug. 1919
9 RWGrKdo 4 Nr. 1011, Verwendung der Militärgebäude in Bayern, hier: München (Stand: 1. April 1923)
10 Fernsprechverzeichnis des Standortes München (Ausgabe Mai 1944), S. 107
11 M. Megele, Baugeschichtlicher Atlas der Landeshauptstadt München, München 1951, S. 143 f.
12 Vgl. Münchens Straßennamen, hg. von der Landeshauptstadt München im Verlag J. Berg, München 1983, S. 187

3. Kapitel

Gebäude für Kommandobehörden und Lehranstalten

Einführung

Im Gegensatz zu vielen kleinen bayerischen Garnisonen des 19. Jahrhunderts, in denen nur ein Bataillon oder etliche Eskadronen lagen, beherbergte die Haupt- und Residenzstadt München neben dem Kriegsministerium zahlreiche weitere Kommandobehörden und Lehranstalten, deren Organisation in der Literatur zumeist bereits umfassend beschrieben worden ist.[1] Der Personalumfang der Stäbe war für heutige Verhältnisse ungewöhnlich klein. So bestand das Geheime Kriegsbüro, also das spätere Kriegsministerium, im Jahre 1806 nur aus dem Amtsvorstand und elf Mitarbeitern, nämlich fünf Referenten, fünf Schreibern und einem Bürodiener. Die Militäradministration und die Militärjustiz waren zu diesem Zeitpunkt noch selbständige Behörden; der Kriegsökonomierat verfügte über 24 Mitarbeiter und das Generalauditoriat beschäftigte 14 Personen.[2] Während diese Zentralbehörden allmählich anwuchsen, so zählte das Oberadministrativkollegium, d. h. der frühere Kriegsökonomierat, um das Jahr 1817 bereits immerhin 82 Beschäftigte,[3] blieben die Stäbe noch lange Zeit sehr klein. So bestand der etatmäßige Stab der 1. Armee-Division um 1855 nur aus dem »Commandanten« (Generalleutnant), einem Generalstabsoffizier, einem Ingenieurstabsoffizier, einem Stabsarzt, einem Kriegskommissar, zwei Adjutanten, zwei Auditoren, einem Kanzlisten, drei Aktuaren und einer Ordonnanz, also nur vierzehn Personen. Der Stab einer Brigade bestand sogar nur aus dem Brigadier (Generalmajor) und seinem Adjutanten.[4] Da diese kleinen Stäbe auch in angemieteten Privatwohnungen untergebracht werden konnten, wurden besondere Kommandogebäude erst relativ spät erworben. Für eine effektive Stabsarbeit wirkte sich die zerstreute Lage der einzelnen Dienststellen mit Sicherheit negativ aus.

In der zweiten Hälfte des 19. Jahrhunderts wuchs die Zahl der militärischen Lehranstalten in München an. Zum 1805 neu begründeten Kadettenkorps traten 1857 die Artillerie- und Ingenieurschule, 1858 die Kriegsschule, 1860 der Operationskurs (ab 1910 Militärärztliche Akademie) am Militärkrankenhaus, 1867 die Kriegsakademie, 1868 die Equitationsanstalt, 1874 die Militärlehrschmiede und 1876 die Oberfeuerwerkerschule. Sie wurden zumeist erst ab den 1890er Jahren zweckmäßig untergebracht.

Anmerkungen:

1 Vgl. hierzu die Amtsdrucksachen der Bayerischen Armee, die verschiedenen Truppen- und Behördengeschichten bzw. Festschriften, sowie die achtbändige Geschichte des Bayerischen Heeres, hg. vom Kriegsarchiv in München 1901/35; eine wertvolle Zusammenstellung bietet auch das im KA verwahrte Manuskript von L. Lutz, Die Bayerische Armee von ihrem Entstehen bis zum Weltkrieg 1682–1914. Die aktuellste Übersicht bietet G. Heyl mit seinem Beitrag »Militärwesen« in: Handbuch der bayerischen Ämter, Gemeinden und Gerichte 1799–1980, hg. von W. Volkert, München 1983, S. 330–393
2 A XX Bd. 12 Prod. 1, Personalliste vom Juli 1806
3 A XX Bd. 12 Prod. 72, Personalliste für das Jahr 1817
4 KMVBl Nr. 9 vom 2. Aug. 1855

Die Maxburg

Von der einstigen Herzog-Max-Burg steht heute nur noch ein Turm an der Pacellistraße, ansonsten ist der im Luftkrieg stark zerstörte weitläufige Komplex heute ein Beispiel Münchner Architektur der 1950er Jahre mit viel Glas und viel Beton. Bis zu den Luftangriffen des Jahres 1944 war die Maxburg ein Renaissanceschloß von beträchtlichen Dimensionen, das seinen Namen dem Herzog Max Philipp (1638 – 1705) verdankte, der es als Residenz benützt hatte. Ursprünglich jedoch war das Gebäude die *»Wilhelminische Veste«* gewesen, erbaut von Herzog Wilhelm V. gegen Ende des 16. Jahrhunderts. Seit dem späten 18. Jahrhundert diente ein Teil der Maxburg auch als Witwensitz der Kurfürstin Leopoldine (1776 – 1848), später auch als Winterresidenz der verwitweten Königin Karoline (1776 – 1841).[1]

Die Informationen über die militärische Nutzung der Maxburg zu Beginn des 19. Jahrhunderts sind spärlich. Spätestens seit 1804, vermutlich aber seit der Reorganisation der Armeeverwaltung durch Kurfürst Max IV. Joseph im Sommer 1801, befanden sich Dienststellen des Heeres im *»Palais Max«.* So wurde im Herbst 1804 das dort befindliche Lokal der »Militär-Haupt-Kassa« besonders abgesichert.[2] Auch die Generallazarettinspektion und der Kriegsökonomierat hatten ihre Büros in der Maxburg.[3]

Die Arbeitsbedingungen in dem alten Schloßgebäude waren aber alles andere als ideal zu nennen. Im Frühjahr 1809 räsonierte der Kriegsökonomierat Joseph Frey: »… Die Registratur und die Kriegshauptbuchhaltung sind so übel untergebracht, daß wenn auch das Local geräumig genug wäre, welches aber der Fall bei weitem nicht ist, so ist dasselbe doch so feucht und ungesund, daß die jüngsten Leute darin erkranken und die Akten vermodern, dann von dem Mauersalpeter verzehrt werden.«[4] Ein Jahr später erklärte der Direktor des Kriegsökonomiekollegiums Krauß gegenüber dem Finanzministerium, daß wohl keine staatliche Behörde in der ganzen Haupt- und Residenzstadt so schlecht untergebracht sei, als der Kriegsökonomierat.[5] Ungeachtet der auch später wiederholten Klagen, blieb alles beim alten Zustand.[6]

Im Dezember 1815 klagte der Kriegsökonomierat erneut über die Unterbringungsverhältnisse in der Herzog-Max-Burg. Die Rechnungsregistratur sei mittlerweile so überfüllt, daß man notgedrungen selbst die dunkelsten und feuchtesten Mauerwinkel als Aktenlager benutzen müsse. Eine Ordnung der Bestände sei unmöglich, obwohl kein Tag verginge, an dem die Beamten nicht in den vermodernden Papieren irgendeinen Vorgang zu suchen hätten. Man brauche oft Stunden, um die Unterlagen zu finden, falls man sie überhaupt noch fände. Dabei atmeten die »Individuen« eine Mischung aus Salpeter und Schimmel ein, welche »… *die Gesundheit zerstört und aus sonst kraftvollen Männern die Staatskrippel schaffet.«* Ähnlich verhielt es sich nach den Worten des Direktors Krauß mit dem eigentlichen Kriegsökonomierat: »… Die Bureau gleichen Gewölben, welche nie von der Sonne bescheint, selbst im Sommer Beheizung erfordern, ohne daß je die Füsse erwärmt werden können, weil unterhalb Keller sich befinden. An den Wänden hängt der Salpeter, und weil in den Arbeitszimmern die Akten aufgehäuft sind, so kann es nicht fehlen, daß den Bearbeitenden täglich eine starke Portion Staub zum Verschlucken zu Theil wird, wodurch die eifrigsten Diener des Staates, welche keinen Feiertag kennen, vielseitig gequälet, und auf eine wahrhaft entsetzliche Weise für ihren Fleiß und besten Willen um ihre Gesundheit gebracht werden.« Überdies seien die Zimmer derart mit Beamten überfüllt, daß sich diese versehentlich gegenseitig die Akten vertauschten und Papiere in die falschen Akten gerieten, so daß man sie nicht wieder auffinden könne. Krauß schlug daher vor, das

Kadettenkorps von München nach Augsburg zu verlegen, da dessen Einwohnerschaft »human und gebildet« sei und das Quartier der Kadetten in der Akademie für die Militärverwaltung einzurichten.[7]

Übrigens klagte noch fast ein Jahrhundert später auch die Indentantur des I. Armeekorps: »… In den Registraturräumen im Erdgeschoß des Flügels F der Herzog-Max-Burg beginnen die Akten zu vermodern. Am Fußboden zeigen sich Pilzbildungen.«[8] Für den Kriegsökonomierat löste sich das Problem im Frühjahr 1816 durch den Umbau des Militärmonturmagazins am Schönfeld in sein neues Verwaltungsgebäude.

In der Folgezeit wurde die Maxburg nur gelegentlich für Militärzwecke benützt. Seit Anfang der 1850er Jahre kasernierte darin die Reitlehrabteilung für das Kadettenkorps. Sie bestand um 1852 aus achtundzwanzig Pferden und neunzehn Unteroffizieren und Mannschaften der Kavallerie. Gleichzeitig hielt sich zum Schutz der Kasse bei der Staatsschuldentilgungskommission eine Wache von dreizehn Mann in der Maxburg auf.[9] Im Oktober 1855 wurde vorübergehend eine halbe Eskadron des 1. Kürassier-Regiments von Schloß Nymphenburg in die Maxburg verlegt.[10] Im August 1857 wurde die Maxburg vom Militär wegen Reparaturarbeiten geräumt. Diese Gelegenheit nutzte der Oberstallmeister, dem auch die in der Maxburg logierte königliche Pagerie unterstand, darauf hinzuweisen, daß die benachbarte Kavallerieabteilung in mancherlei Hinsicht der Pagerie unliebsam sei. Trotz der Bitten des Kriegsministeriums und des Kadettenkorps beschloß daraufhin König Max II., daß die Reitabteilung in der Neue Isarkaserne stationiert werden sollte.[11]

Die Maxburg als Domizil der Militärbildungsanstalten

Noch im Jahre 1866 nahm der neue Kriegsminister v. Pranckh die Reform des militärischen Ausbildungswesens in Angriff. Hierzu wurde am 18. Dezember 1866 eine Inspektion der Militärbildungsanstalten unter dem Kommando des Generalmajors Ferdinand Ritter v. Malaisé errichtet. Die Inspektion umfaßte das Kadettenkorps, die Artillerie- und Genieschule und die Kriegsschule. Minister v. Pranckh beabsichtigte aber nicht nur eine organisatorische, sondern auch eine räumliche Zusammenfassung der drei Institute. Das Kadettenkorpsgebäude stand nicht zur Diskussion. Die beiden anderen Schulen brauchten aber ein Domizil, da das Kriegsschulgebäude an der Schwabinger Landstraße zu klein war, weit entfernt vom Kadettenkorps lag und zudem als Filiallazarett des Militärkrankenhauses benützt wurde. Geeignet für die Kriegsschule und die technische Schule erschien aber die Maxburg. Am 30. Dezember 1866 bat das Kriegsministerium den königlichen Obersthofmeisterstab, der Armee einen Teil des weitläufigen Komplexes zu überlassen.[12] Der Obersthofmeister stand dem Nutzungsantrag der Armee grundsätzlich positiv gegenüber. Zu dieser Zeit wurden ohnehin zahlreiche Räume der Maxburg als Depot des Bayerischen Nationalmuseums verwendet. Nach der Eröffnung des Museums an der Maximilianstraße im Mai 1867 waren diese Zimmer für andere Zwecke frei.[13] Die Maxburg war jedoch ein Bestandteil der königlichen Zivilliste. König Ludwig II. erklärte Ende Februar 1867, er sei nur dann gewillt, der Armee einen Teil dieses Schlosses zu übergeben, wenn der Militärärar den Gebäudetrakt kaufen würde.[14] Diese Forderung war keineswegs ungewöhnlich zu nennen. König Max II. hatte im Mai 1859 den vorderen Teil der Maxburg am Maximiliansplatz, in dem sich seit 1848 die Schuldentilgungskommission befand, an den Finanzärar verkauft. Die königliche Hofbauintendantur bezifferte den Wert des zur Disposition gestellten Osttraktes der Maxburg auf 177 400 Gulden. Mittlerweile stand zusätzlich zu den bereits genannten Militärbildungsanstalten auch die Eröffnung einer Kriegsakademie für die höhere Offiziersausbildung bevor. Das Kriegsministerium brauchte also unbedingt ein

Gebäude und akzeptierte deshalb die Preisforderung. Der Erwerb der Maxburg sollte durch den Verkauf von früheren Festungswerken zu Augsburg finanziert werden. Allerdings bat die Armee in Anbetracht der doch recht beachtlichen Summe um Ratenzahlung.[15] Im Juli 1867 konnte der Obersthofmeisterstab dem Kriegsministerium die Zustimmung des Königs zu dieser Transaktion übermitteln. Die Armee durfte sofort die notwendigen Umbauarbeiten einleiten, damit noch im Herbst mit dem Lehrbetrieb begonnen werden konnte.[16] Am 4. November 1867 wurde der Komplex der Militärbildungsanstalten in der Maxburg für die Kriegsschule, die Artillerie- und Genieschule und die Kriegsakademie vom Obersthofmeisterstab formell an die Armee übergeben.[17]

Den größten Teil der Räume im militärischen Teil der Maxburg nahm die *Kriegsschule* ein. Hierbei ist zu bedenken, daß die Lehrgangsteilnehmer an der Artillerie- und Genieschule und an der Kriegsakademie bereits im Offizierrang standen. Sie waren deshalb nicht kaserniert, sondern wohnten in Privatquartieren, gleich der ganz überwiegenden Mehrzahl aller übrigen Offiziere in der Garnison. Für die wenigen Dutzend Offiziere an beiden Lehranstalten genügte also eine Handvoll Zimmer für Unterrichts- und Verwaltungszwecke. So wird bezeichnenderweise in einer späteren Beschreibung der Maxburg lediglich die Kriegsschule behandelt.[18]

Die Ausweitung des Lehrbetriebes der Kriegsschule erforderte die Übernahme des Prielmayerhauses beim Kadettenkorps als Unterkunft für etwa zwanzig bis dreißig Kriegsschüler. Anfang der 1880er Jahre wurde im Rahmen der neuen Stadtplanung zwischen Karlsplatz und Hauptbahnhof der Gebäudeabbruch in Aussicht genommen. Entsprechend beantragte die Kriegsschule bereits im Frühjahr 1883 weitere Räume in der Maxburg.[19] Das Kriegsministerium befahl im Januar 1884 einen Neubau an der Ostseite für fünfundvierzig Kriegsschüler.[20] Dieser Neubautrakt wurde im September 1885 bezogen und das »Prielmayerhäusl« entgültig von der Kriegsschule geräumt.[21] Um das Jahr 1885 plante das Kriegsministerium bereits alle Militärbildungsanstalten geschlossen auf das Marsfeld zu verlegen. Die Maxburg wurde für die Zeit nach diesem Umzug als Quartier für verschiedene Kommandobehörden und militärische Verwaltungsstellen vorgesehen.[22]

Die Raumbelegung der Kriegsschule innerhalb ihres Rayons in der Maxburg wechselte häufig. Je nach Bedarf wurden Fähnrichstuben als Hörsäle verwendet und umgekehrt Unterrichtsräume wieder in Wohnzimmer verwandelt. Im Jahre 1890 verfügte die Kriegsschule im sogenannten »Altbau« über dreiundzwanzig Wohnstuben für Lehrgangsteilnehmer, die jeweils mit maximal vier Fähnrichen belegt wurden. Außerdem befanden sich hier die Dienstkanzlei, der Aufenthaltsraum für den »Offizier du Jour«, eine Stube für den »Aufsichtssergeanten«, zwei Zimmer für Ordonnanzen zu vier Soldaten, ein Krankenrevier (zwei Zimmer), zwei Arrestzellen, ein Saal für die Waffenausbildung und eine Turnhalle (ehemaliger Pferdestall). Die Mahlzeiten für die Kriegsschüler wurden von der Frau des Hausmeisters zubereitet und gemeinsam in einem Speisesaal eingenommen. Die Familie des Hausmeisters wohnte im Erdgeschoß neben dem Pförtnerzimmer. Im »Neubau« lagen zwölf Stuben für je drei Fähnriche, zwei Zimmer für Ordonnanzen und zwei Wohnungen für die Pförtner, die schichtweise ihren Dienst ausübten. Auf den Dachböden der Maxburg lagerten Monturen, Waffen und Ausrüstung. Im »Altbau« besaß die Kriegsakademie eine Dienstkanzlei und eine Bibliothek, für die Artillerie- und Ingenieurschule wird lediglich eine Kanzlei erwähnt. Die drei Schulen teilten sich im »Altbau« eine Reihe von Hörsälen nach Bedarf. Fest eingerichtet war lediglich der physikalische Hörsaal. Für die Aufsichtsoffiziere der Kriegsschule und die Lehrgangsteilnehmer der Artillerie- und Ingenieurschule bzw. der Kriegsakademie betrieb der Hausmeister eine besondere »Restauration«, in der es kleine Mahlzeiten und Bier zu kaufen gab. Die innere Einrichtung der Maxburg war noch recht altertümlich, mit Ausnahme der Gasbeleuchtung. Das Trinkwasser kam aus dem Hofbrunnenhaus am Platzl. Eine Kanalisation war nicht vorhanden. Die Öfen verbrauchten viel Brennstoff, lieferten aber wenig Wärme, dafür Abgase und Rauch. Alle Räume waren ziemlich schlecht beleuchtet.[23]

Die Inspektion der Militärbildungsanstalten, die Kriegsakademie und die Artillerie- und Ingenieurschule wechselten noch im Laufe des Jahres 1890 in den neuerbauten Komplex der Militärbildungsanstalten am Marsfeld. Im Frühjahr 1891 setzte man auf den Südflügel des Altbaues an der Maxburgstraße ein zweites Obergeschoß. Diese Baumaßnahme war notwendig, da das neue Kriegsschulgebäude am Marsfeld noch nicht fertig war, jedoch das Landwehrbezirkskommando München I sein Domizil in der Alten Isarkaserne in absehbarer Zeit räumen mußte und deshalb zusätzlich zur Kriegsschule in die Maxburg einquartiert wurde. Die Kriegschule erhielt in dieser neuen Etage in zwanzig Zimmern insgesamt Raum für 67 Mann und ein Zimmer für sechs Revierkranke.[24] Im Oktober 1892 bezog auch die IV. Armee-Inspektion ihre Diensträume in der Max-Burg.[25] Ende Februar 1894 siedelte die Kriegsschule in ihren großen Neubau am Marsfeld um.[26]

Die Maxburg als Stabs- und Verwaltungsgebäude der Armee

Wie schon erwähnt, plante das Kriegsministerium seit dem Jahre 1885 den Umbau des militärischen Teiles der Maxburg als Stabsgebäude. Nach dem Einzug des Landwehrbezirkskommandos München I und der IV. Armeeinspektion noch im Laufe des Jahres 1892 mußte mit den Umbauarbeiten für andere Dienststellen gewartet werden, bis das Kriegsschuljahr 1893/94 im Februar 1894 beendet war. Im Herbst 1895 wurde das bisherige Generalkommandogebäude am Rande des Englischen Gartens beim Prinz-Karl-Palais geräumt. Der Stab des Generalkommandos I. Armeekorps und der Stab der 1. Division samt ihren Intendanturen zogen von der Königinstraße in die Maxburg.[27] Für die Büroarbeit erachtete man mittlerweile eine elektrische Beleuchtung für notwendig. Nachdem aber die Münchner Stadtwerke zu diesem Zeitpunkt nicht in der Lage waren, den benötigten Strom zu liefern, wurde in der Maxburg ein kleines Kraftwerk installiert. Es bestand aus einem Gasmotor mit fünfunddreißig Pferdestärken, einem Dynamo und einem großen Akkumulator.[28]

Nach einem Verzeichnis vom Frühjahr 1897 befanden sich in der Maxburg: die IV. Armee-Inspektion (5 Räume), das Generalkommando I. Armeekorps (18 Räume), die Intendantur I. Armeekorps (37 Räume) mit Zahlstelle (6 Räume), das Sanitätsamt I. Armeekorps, der Stab 1. Division (11 Räume) mit Intendantur, die Inspektion der Fußartillerie (25 Räume), die Inspektion des Ingenieurkorps und der Festungen (15 Räume), die Intendantur der Militärischen Institute (15 Räume) und das Landwehrbezirkskommando München I (29 Räume). Außerdem waren in der Maxburg Dienstwohnungen für Pförtner, Kasernenwärter und Ordonnanzunteroffiziere eingerichtet, sowie einige Kasernenstuben für die kommandierten Mannschaften.[29]

Nach der Jahrhundertwende wurden in der Maxburg zusätzlich die vier Brigadekommandos der 1. Division einquartiert, die seit den 1880er Jahren im Gebäude der Stadtkommandantur an der Theatinerstraße untergebracht gewesen waren.[30] Die bayerische Armee nutzte ihre Räume in der ehemaligen wittelsbachischen Nebenresidenz bis zum Ende des Ersten Weltkrieges. Anschließend ging auch der militärische Teil der Maxburg in das Eigentum des bayerischen Finanzministeriums über. Im Frühjahr 1923 befanden sich darin u. a. die Staatshauptkasse, das Reichsentschädigungsamt, eine Polizeiwache und die alliierte Ententekommission.[31]

Anmerkungen:

1 Vgl. Münchner Häuserbuch Bd. 2: Kreuzviertel, München 1960, S. 139; J. H. Biller/H. P. Rasp, München. Kunst- und Kulturlexikon, München 1972 (neubearb. 1985), S. 117
2 MKr. 8861 Fasz. 1 Prod. 1, Kurf. Reskript vom 17. Okt. 1804
3 Ebd. Prod. 2, Kgl. Reskript vom 6. Jan. 1806
4 MKr. 9003 Prod. 29, Bericht des KÖR Frey vom 6. März 1809
5 MKr. 8861 Fasz. 1 Prod. 3, KÖR an FinM am 4. Aug. 1810 (Abschrift für KM)
6 Ebd. Fasz. 1 Prod. 5, KÖR an KM am 23. Febr. 1812; ebd., KÖR an KM am 11. Mai 1812
7 MKr. 9003 Prod. 53, KÖR an KM am 7. Dez. 1815
8 MKr. 8858 Prod. 115, Indent. I.A.K. am 30. Mai 1906
9 C 7, Beschreibung der Garnison München, hier: Verzeichnis der vom Militär benützen zivilstaatlichen Gebäude (3: Herzog-Max-Burg; Stand: 15. Jan. 1852) und Planfaszike 1 VI Litt. A Nr. 3 (Wachtlokal in der Herzog-Max-Burg)
10 H. Fahrmbacher, Das Königlich Bayerische 1. Schwere Reiter-Regiment »Prinz Karl von Bayern« Bd. 2: Das Regiment in dem Zeitraum von 1848 bis 1898, München 1900, S. 22
11 MKr. 8830 Prod. 60, Oberstallmeisterstab an König Max II. am 21. Okt. 1857; Prod. 62, KadettenkorpsKdo an KM am 17. Nov. 1857; Prod. 71, KM an König Max II. am 18. Dez. 1857 mit Kgl. Signat vom 14. Jan. 1858
12 MKr. 8856 Prod. 1, KM an Obersthofmeisterstab am 30. Dez. 1866
13 Ebd. Prod. 2, Obersthofmeisterstab an KM am 10. Jan. 1867
14 Ebd. Prod. 4, Obersthofmeisterstab an KM am 1. März 1867
15 Ebd. Prod. 14, KM an Obersthofmeisterstab am 28. Mai 1867
16 Ebd. Prod. 16 1/2, Obersthofmeisterstab an KM am 17. Juli 1867
17 Ebd. Prod. 67, Übergabeprotokoll vom 4. November 1867
18 Vgl. MKr. 10322 Beschreibung der Garnison München (1890), hier: Kriegsschulgebäude (undat.)
19 MKr. 8857 Prod. 2, Kriegsschule am 13. Febr. 1883
20 Ebd. Prod. 13, KM an InspMilBil am 18. Jan. 1884
21 J. Dauer, Die Königlich Bayerische Kriegsschule im zweiten Viertel-Jahrhundert ihres Bestehens 1883 – 1908, München 1908, S. 6
22 MKr. 8857 Prod. 39, KM an GenKdo I.A.K. am 15. Aug. 1885
23 Beschreibung (wie Anm. 18)
24 Mkr. 10323 Beschreibung der Garnison München, hier: Umbauten in der Kriegsschule (dat. 27. April 1892). Vgl. auch Dauer (wie Anm. 21), S. 13 – 16
25 Dauer (wie Anm. 21), S. 17
26 Ebd., S. 19
27 Mkr. 8892 Prod. 137, Indent. I.A.K. an KM am 11. Okt. 1895; Prod. 139, GenKdo I.A.K. an KM am 26. Okt. 1895
28 Mkr. 8858 Prod. 2, Indent. I.A.K. am 18. Jan. 1895; MKr. 10323 Beschreibung der Garnison München, hier: Bezirkskommando in der Maxburg (dat. Juni 1898)
29 Mkr. 8858 Prod. 76, GarnVw München am 29. April 1897
30 Ebd. Prod. 113, GarnVw München am 4. April 1906
31 RWGrKdo 4 Nr. 1011, Verwendung der Militärgebäude (1923)

Das alte Kriegsministerialgebäude bei der Residenz

Bis in das frühe 19. Jahrhundert gab es kein besonderes Gebäude für die oberste bayerische Armeebehörde. Den Umstand, daß die Armee dann ein solches Haus erhielt, verdankte sie ihren umfangreichen Registraturen und Sammlungen. Der Chef des geheimen Kriegsbüros, d. h. des späteren Kriegsministeriums, Generalleutnant v. Triva gab den Anstoß, indem er am 23. Juni 1804 in der Militärfinanzsitzung referierte »...*über das Bedürfnis des geheimen Kriegs Bureau, daß mit demselben zur Aufbewahrung verschiedener wichtiger Militair-Verordnungen, Plane, Modelle, Manuskripte, und so anderer auf den Kriegs Stand Bezug habender Militär-Urkunden, ein geheimes Kriegs-Archiv verbunden, und hierzu ein geeigneter Platz angewiesen werden möchte*«.[1]

Am 13. Juli 1804 erging ein kurfürstliches Reskript, das den Obersthofmeisterstab beauftragte, »...ein geeignetes Lokal für das gedachte Archiv und das hiermit zu errichtende Plankonservatorium in einem der, seiner Aufsicht untergebenen Hofgebäude in Anschlag zu bringen«.[2] – Es bleibt festzuhalten, daß nicht etwa der Personalumfang den Wunsch nach einem eigenen Gebäude geweckt hatte, sondern Trivas Verlangen nach einem geordneten Archiv, dem Grundstock der heutigen Abteilung IV (Kriegsarchiv) des Bayerischen Hauptstaatsarchives.

Die Suche nach einer geeigneten Örtlichkeit erwies sich allerdings nicht als einfach. Der Obersthofmeister Graf Törring meldete am 20. Juli 1804, daß in keinem der Münchner Hofgebäude ausreichend Platz für ein »*Militär Archiv*« vorhanden sei, da »mancherley Individuen« Anrecht auf freies Logis in den kurfürstlichen Gebäuden bzw. dem sog. Ministerialgebäude, d. h. dem schon 1801 säkularisierten Theatinerkloster, genossen.[3]

Nachdem im Jahr 1804 kein Platz für Trivas Archiv ausgewiesen wurde, verschwand das Projekt vorübergehend in den Akten. Triva hatte als Vorstand des Geheimen Kriegsbüros seine Wohn- und Diensträume im kurfürstlichen Zeughaus hinter der Residenz. Als dann einige Jahre später das Hauptmünzamt München den bisherigen Marstall als künftiges Dienstgebäude übernahm und dafür die Armee Teile des Zeughausareals räumen mußte, damit dort der neue königliche Marstall erbaut werden konnte, befahl der König am 21. Juli 1807 aus dem Prägenutzen der Münzstätte das Haus des Kgl. Kämmerers Max Joseph Freiherrn v. Gumppenberg (Residenzstraße Nr. 54, spätere Nr. 28) für das Kriegsbüro zu kaufen. Der Kaufschilling betrug 49 500 Gulden, dazu kamen 100 Dukaten »Schlüsselgeld«. In diesem Gebäude gegenüber der Residenz sollte Triva baldigst seine Wohnung und die Diensträume seiner Behörde einrichten und das bisher genutzte Zeughausgebäude an den Oberststallmeisterstab übergeben.[4] Dieser Umzug scheint nach dem 8. August 1807 stattgefunden zu haben.[5] Der Kauf wurde am 2. September 1807 offiziell verbrieft.[6]

Das »Gumppenbergische Haus« in nächster Nähe zur Residenz gelegen, genügte bis zum Ende der Napoleonischen Kriege als »*Kriegsministerialgebäude*«. Am 24. Mai 1815 kaufte der König für die Armee zur Erweiterung das anstoßende Gebäude der Störz'schen Bierwirtschaft (Residenzstraße Nr. 55, spätere Nr. 29), die in Konkurs gegangen war, von den Eheleuten Störz für 25 000 Gulden, wovon freilich sofort 19 800 Gulden an das Stadtgericht München zur Begleichung der Schulden der Verkäufer gingen.[7] Gleich dem ehemaligen Gumppenberg'schen Haus, handelte es sich um ein Gebäude mit drei ausgebauten Obergeschossen, das von der Residenzstraße bis hinüber zur Schwabinger Gasse (Theatinerstraße) reichte, wobei in der Mitte jeweils ein kleiner Innenhof vorhanden war.[8]

Diese Arrondierung stieß auf die Kritik der Kgl. Baukommission München, die bereits vor Abschluß des Kaufvertrages darauf hingewiesen hatte, daß gemäß dem Münchner General-

plan von 1811 der Abbruch der Anwesen Residenzstraße Nr. 55 (Störz'sche Bierwirtschaft) und Nr. 56 (Gastwirtschaft »Zum Bauerngirgl«) vorgesehen war. Dadurch
sollte zwischen der Theatinerkirche St. Kajetan und der Residenz ein großer Platz
geschaffen werden, nicht zuletzt um die Fassade der Kirche besser zur Wirkung zu bringen.
Zugleich hatte der Generalplan von 1811 für die nach Abbruch der angrenzenden Häuser
frei werdende Nordwand des Gumppenbergischen Hauses eine Schaufassade eingeplant.
Dieses Projekt eines neuen Residenzplatzes wurde durch die Erweiterung des Kriegsministeriums vorerst hinfällig.[9] Hierzu erklärte freilich das Kriegsministerium, daß die
Akten usw. im bisherigen Dienstgebäude derart angehäuft und das Personal so zusammen-
gedrängt sei, daß eine Ausweitung des Lokals unabdingbar geworden wäre.[10] Der Streit
fand mit einer Weisung des Königs an die Baukommission am 7. Juli 1815 im Sinne der
Armee ein Ende.[11]

Im Jahr 1823 begann der Ausbau des bisherigen Monturdepots und Militärverwaltungs-
gebäudes am Schönfeld zum Kriegsministerium. Im Mai 1825 war das neue Gebäude vor
der Stadt bezugsfertig. Minister v. Maillot bat jedoch den König, daß »…wegen der
Vermehrung der Registratur und der Plankammer«, auch weiterhin das Konservatorium
der Armee, sowie das Archiv und die Kasse des Militär-Max-Joseph-Ordens im bisherigen
Domizil des Ministeriums zu belassen. Außerdem schlug er vor, dem Münchner Stadtkom-
mandanten, welcher bisher sein Büro in einer Mietwohnung hatte, die freigewordene erste
Etage als Dienstwohnung und Büro zu überlassen. Außerdem könne man die bisherige
Bedientenwohnung im Erdgeschoß, die Stallung und Wagenremise für die Bedürfnisse des
Stadtkommandanten bereitstellen. Diese Vorschläge fanden die volle Zustimmung des
Königs.[12] Am 7. September 1825 bezog Münchens Stadtkommandant Generalleutnant v.
Ströhl sein neues Quartier in der Residenzstraße.[13]

In den folgenden Jahren entstand durch die Baupolitik König Ludwig I. durch häufige
Um-, Ein- und Ausquartierungen, eine gewisse Unruhe im alten Ministerialgebäude. Noch
im September 1825 hatte man wegen Platzmangel im neuen Kriegsministerium auch das
Generalauditoriat der Armee dort im zweiten Stock einquartiert.[14] Im Januar 1826 nahm der
neue König zunächst der Stadtkommandantschaft einige Zimmer weg, um darin Büros
ziviler Verwaltungsstellen unterzubringen.[15] Im März des gleichen Jahres befahl Ludwig
I., nachdem er sich persönlich »den Riß vom Gebäude des ehemaligen Armee-Ministeri-
ums« besehen hatte, von den Räumen des Generalauditoriats ein »hinreichendes Gelaß für
eine stille ruhige Familie von nicht mehr als 3 Personen« abzugeben. In diese Wohnung zog
der bisher an der Würzburger Kronprinzenresidenz tätig gewesene Hofdiener und Kon-
fektmeister Hilari.[16] Im August 1826 zog das Topographische Büro in das Gebäude ein.
Stadtkommandantschaft, Generalauditoriat und Kgl. Hofbauintendantur mußten sich
anderweitige Quartiere, vermutlich Mietwohnungen, suchen. Hingegen blieb der Hof-
zuckerbäcker unbehelligt.[17] Im April 1832 konnte die Stadtkommandantschaft wieder in
das alte Ministerialgebäude einziehen, nachdem das Topographische Büro in den neuen
Flügel des Kriegsministeriums an der Ludwigstraße verlegt worden war. Nun befanden
sich in den beiden Häusern bei der Residenz: – die Diensträume der Stadtkommandantschaft; – die Wohnung des Stadtkommandanten; – die Wohnung des Platzhauptmanns;
– die Diensträume des Artillerie-Korps-Kommandos; – die Wohnung des Adjutanten der
Hartschiere; – die Wohnung des Hofkonditors Hilari und eine Hausmeisterwohnung.[18] Im
April 1834 mußte der Adjutant der Hartschiere seine Mietwohnung dem Kgl. Burgpfleger
abtreten.[19] Die geschilderten Details zeigen, daß König Ludwig I. bei Bedarf ohne
Rücksicht auf die Interessen der Garnison verfuhr. Im Mai 1834 schließlich, erklärte der
König dem Kriegsminister, daß er über das »Kommandantschaftshaus« nach seinem

Gutdünken verfügen werde, ohne der Armee bei einer absehbaren Räumung ein Ersatzgebäude zur Verfügung zu stellen.[20]

Im Jahr 1835 machte der König Ernst mit seiner Absicht. Als Vorboten erschienen zunächst im Februar 1835 Bausachverständige, um das bisherige Armeegebäude zu schätzen.[21] Mitte August erfuhr dann Kriegsminister v. Weinrich von Finanzminister v. Wirschinger, »... daß es Sr. Maj. dem König angenehm seyn würde, das derzeit auf Kosten der Allerhöchsten Cabinetts-Kassa in Bau befindliche Blinden-Instituts-Gebäude in der Ludwigs-Straße, gegen das ehemalige Kriegs-Ministerial-Gebäude in der Residenz-Schwabinger-Gasse umzutauschen«.[22] Sogleich wies das Kriegsministerium die Stadtkommandantschaft und das Artillerie-Korps-Kommando an, sich anderweitig Privaträume anzumieten.[23] Die Stadtkommandantschaft kam übrigens für stattliche 1000 Gulden Jahresmiete in einem Haus in der Prannerstraße unter.[24] Vom Beginn des Etatjahres 1835/ 36 (1. Oktober 1835) an wurden aus dem Fonds des Kgl. Blindeninstituts an die Hauptkriegskasse jährlich 1450 Gulden überwiesen, die dazu verwendet wurden, Mietkosten für privat untergebrachte Militärdienststellen in München zu bestreiten.[25]

Am 28. September 1835 übergab der Stadtkommandant v. Ströhl den Gebäudekomplex an der Residenzstraße offiziell an den Hofbauindentanten Leo v. Klenze.[26] Fortan zählten die beiden Häuser Residenzstraße Nr. 28 und 29 als Privateigentum König Ludwigs I., obwohl sie dessen Vater Max I. Joseph seinerzeit für die Armee gekauft hatte.[27] Damit war der Weg frei für ihren Abbruch zum Bau der Feldherrnhalle im Jahr 1841, nachdem der König auch noch das nördlichste Anwesen der Residenzstraße, die Gastwirtschaft »Bauerngirl« erworben hatte.[28]

Obwohl das Kgl. Blindeninstitut nie in das alte Kriegsministerialgebäude verlegt worden war, mußte es nachweislich bis 1855 jährlich an die Armee die im Jahre 1835 vereinbarten 1450 Gulden bezahlen. Dem Kriegsministerium war diese ungerechte Behandlung des Blindeninstituts aber gleichgültig. Für die Armee zählte nur die Tatsache, daß sie den Gebäudekomplex seinerzeit de jure für das Blindeninstitut hatte räumen müssen und nicht der Umstand, daß König Ludwig I. die beiden Häuser an der Residenzstraße für sich selbst behalten und dafür das aus seiner Privatschatulle erbaute Blindeninstitut an den Zivilärar übertragen hatte.[29]

Anmerkungen:

1 MKr. 8860 Prod. 1, Protokollauszug der Militärfinanzsitzung vom 23. Juni 1804
2 Ebd. Prod. 2, Kurf. Reskript vom 13. Juli 1804
3 Ebd. Prod. 3, Obersthofmeisterstab an FinM am 20. Juli 1804
4 Ebd. Prod. 4 und 5, Kgl. Reskripte vom 21. bzw. 27. Juli 1807
5 Ebd. Prod. 6, FinM an Kriegsbüro am 30. Juli 1807
6 Münchner Häuserbuch Bd. 1 (Graggenauer Viertel), München 1958, S. 323 f.
7 MKr. 8860 Prod. 8, Kgl. Reskript vom 13. Mai 1815; Prod. 9, Kgl. Reskript vom 28. Juni 1815; Prod. 13, Kopie des Kaufvertrages vom 24. Mai 1815. Häuserbuch (wie Anm. 6), S. 324
8 A XX Bd. 4, Verzeichnis der Münchner Militärgebäude, dat. 25. Jan. 1821
9 MKr. 8860 Prod. 11, Kgl. Baukommission München am 20. April 1815
10 Ebd. Prod. 11, KM an FinM am 3. Juli 1815
11 Ebd. Prod. 12, FinM an KM am 7. Juli 1815
12 Ebd. Prod. 29, KM an König Max I. Joseph am 20. April 1825 mit Kgl. Signat (undat.); KM an KdtMünchen am 1. Juni 1825
13 Ebd. Prod. 34, KdtMünchen an KM am 8. Sept. 1825
14 Ebd. Prod. 33, KM an GenAuditoriat am 13. Sept. 1825
15 Ebd. Prod. 36, Kgl. Kabinettsbefehl an KM am 23. Jan. 1826
16 Ebd. Prod. 38, Kgl. Kabinettsbefehl an KM am 10. März 1826; Prod. 42, Kgl. Kabinettsbefehl an KM am 31. März 1826

17 Ebd. Prod. 48 1/2, Notizen im KM vom 8. bzw. 24. Aug. 1826
18 Ebd. Prod. 54, Notiz im KM vom 25. März 1832; Prod. 57, Notiz im KM vom 18. April 1832; Prod. 59, Notiz im KM vom 26. April 1832
19 Ebd. Prod. 78, KM an KdtMünchen am 30. April 1834
20 Ebd. Prod. 80, Notiz im KM vom 30. Mai 1834
21 Ebd. Prod. 81, KM an KdtMünchen am 31. Jan. 1835
22 Ebd. Prod. 82, FinM an KM am 15. Aug. 1835
23 Ebd. Prod. 83, KM an FinM am 17. Aug. 1835
24 Ebd. Prod. 85, KM an InnM am 5. Sept. 1835
25 Ebd. Prod. 84, InnM an KM am 2. Sept. 1835
26 Ebd. Prod. 87, KdtMünchen an KM am 29. Sept. 1835
27 Ebd. Prod. 95, InnM an KM am 12. Nov. 1835
28 Häuserbuch (wie Anm. 6), S. 323 f.
29 MKr. 8860 Prod. 95, InnM an KM am 12. Nov. 1835; Prod. 103, KuM an KM am 21. Nov. 1855; Prod. 104, KM an KuM am 27. Nov. 1855

Das Kriegsministerium an der Ludwigstraße

Das ehemalige bayerische Kriegsministerium an der Ludwig- bzw. Schönfeldstraße, im Zweiten Weltkrieg bis auf den Westflügel an der Ludwigstraße zerstört und in der Nachkriegszeit mit Ausnahme des Osttraktes wieder annähernd rekonstruiert, gilt als ein wichtiges Beispiel für den klassizistischen Baustil Leo v. Klenzes. Es beherbergt heute in einem modernen Neubau die Generaldirektion der staatlichen Archive Bayerns und das Hauptstaatsarchiv. In das ehemalige Wohn- und Dienstgebäude der königlich-bayerischen Kriegsminister an der Schönfeldstraße ist das Staatsarchiv München eingezogen. Im alten Westflügel sind weitere Teile des Hauptstaatsarchives und das Institut für Bayerische Geschichte der Ludwig-Maximilians-Universität untergebracht. Kaum bekannt ist die wechselhafte Baugeschichte dieses Areals und seine militärische Nutzung seit dem späten 18. Jahrhundert.[1]

Das Bohrhaus auf dem Schönfeld

Gegen Ende des 18. Jahrhunderts produzierte der bürgerliche »Hof-Stuck- und Glocken-gießer« Nikolaus Regnault in seinem Anwesen auf dem Schönfeld leichte Geschütze für die kurpfalzbayerische Armee. Im Jahre 1794 wurde neben Regnaults Werkstatt an der Schwabinger Landstraße ein kurfürstliches Bohrhaus errichtet. Offensichtlich waren also Regnaults Geschützrohre zuvor wie Glocken nur über einen Kern gegossen worden. Eine höhere Präzision der Rohrseelenachse erreichte man jedoch bei vollgegossenen Bronze-rohren, die anschließend exakt auf das beabsichtigte Kaliber ausgebohrt wurden. Das war der Grund für den Bau des Münchner Bohrhauses, dessen Apparaturen von den berühmten Mechanikern Christoph und Georg Reichenbach stammten. Auf dem Schönfeld wurden nun Sechspfünder und Zwölfpfünder für die Feldartillerie gefertigt, wobei die Vollrohlinge von der Regnaultschen Gießerei bezogen wurden.[2]

Im Frühjahr 1800 gibt der Ingenieurhauptmann Steimmig eine ausführliche Beschreibung des Komplexes: »… Dieses Gebäude samt dem, dasselbe umfassenden freyen Plaz, befindet sich außerhalb des Schwabinger Thores, rechts abwärts der Chaussée gegen das sogenannte Schönfeld, oder den militairischen Garten hin. Dieses Bohrhaus ist nach beyliegenden Umriß lang 302' [86 Meter], breit 40'2" [11,5 Meter], im Mauerwerk hoch 15'6"[4,5 Meter], im First hoch 36'6"[10,5 Meter]; hat Rez de chaussée und in der Mitte eine 1te Etage (Corps de Logis). Dasselbe ist auf vier Seiten mit einer Palisaden Wand und hölzernen Schuppen eingeplankt. – Man kommt in dasselbe durch ein Portal in Holzwerck hergerichtet, über einen freyen Plaz. (…) Die auf den vier Seiten au Rez de chaussée herumgebauten, eingeplankten holzernen Schuppen sind zu einer Wagenburg, sowie der inwendige leere Raum respec: Hoff zu Stallung und Placirung der Munitions-Wägen, Protzen, und sonstigen Artillerie Fuhrwesens Bedürfnisse bestimmt.«

Im linken Flügel des Erdgeschosses befanden sich eine kleine Schmiede; der »… Bohrmachine-Saal; von da in das sogenannte Treibhauß, allwo das Räderwerk zum Boh-ren befindlich ist«; ein »Schildzapfen Maschinenzimmer«; ein Vorratsraum und die Stallung für die vier Pferde, die die große Bohrmaschine antrieben. Im rechten Flügel des Erdgeschosses lagen die große Schmiede, die Schlosserwerkstatt, eine große gemeinsame Werkstatt für Zimmerleute, Wagner und Kistler, zwei feinmechanische Werkstätten und die aus zwei Zimmern bestehende Mietwohnung des »Untermechanicus«. Das Ober-geschoß des Corps de Logis beherbergte die Mietwohnung des Stückbohrmeisters (»Obermechanicus«) mit drei Zimmern, einer Küche und einer Holzlege. Darüber befand sich der Speicherboden ».... ist theils zu Artilleriegehölz, theils zu Maschinenwerck, die Canons zu bohren, und sonstige Artillerie Fardeaux [Lasten] in die Höhe zu heben bestimmt. Vorne auf dem Dach befindet sich ein Zug [Aufzug].«[3]

Während der französischen Besatzungszeit wurde noch im gleichen Jahr 1800 im Bohrhaus eine französische Feldbäckerei mit zwölf Öfen eingerichtet, wobei die vorherigen Innenwände und Einrichtungen völlig zerstört wurden. In den Jahren 1805/06 sollte auf Befehl des Kurfürsten das noch brauchbare Restinventar des Münchner Bohrhauses nach Würzburg geschafft werden, was aber infolge der Abtretung dieses Territoriums dann unterblieb.[4] Ein wirklich funktionierendes Gieß- und Bohrhaus erhielt die bayerische Armee erst im Jahre 1807 in Augsburg. Die Augsburger Geschützgießerei arbeitete übrigens bis 1885 und wurde dann nach Ingolstadt verlegt.[5] Im Frühjahr 1806 wurde innerhalb des Kriegsökonomierats über die künftige Nutzung des ehemaligen Bohrhauses beraten. Vorgeschlagen wurde ein Magazin für die Münchner Kasernenverwaltung, eine Proviantbäckerei oder eine kleine Kavalleriekaserne. Man entschied sich dann dafür, in dem Gebäude vorläufig Artillerieholz und einen Militärwagenpark unterzubringen.[6]

Armee-Montur-Magazin und Armee-Administrationsgebäude

In den Jahren 1806/07 wurde das Bohrhaus abgetragen und an seiner Stelle ein »Armee-Monturmagazin« errichtet.[7] Im Dezember 1809 wurde das militärische Areal durch den Ankauf (3600 fl.) des benachbarten Regnaultschen Gartens vergrößert.[8] Wenige Wochen später kaufte die Armee auch das angrenzende Haus des Hofkonditors Möhl um 10 800 Gulden.[9] Durch diese Arrondierung wollte man auch die Brandgefahr für das große Magazingebäude mit seinen Vorräten an Stoffen und Leder vermindern. Das Monturmagazin beschäftigte Schneider, Schuhmacher, Sattler, Gürtler und andere Handwerker. Von München aus wurden regelmäßig Transporte mit fertiger Bekleidung und Ausrüstung in das Filialdepot Bayreuth abgeschickt.[10]

Nach dem Ende der Kriegszeit 1815 wurde ein großer Teil der Arbeiter des Münchner Monturmagazins entlassen und darin Räume frei. Daraufhin schlug der Kriegsökonomierat, der sehr beengt in schlechten Räumen der Maxburg untergebracht war, vor, einen Teil seiner Beamten auf das Schönfeld zu verlegen. Im Februar 1816 wurde die »Kriegs-Haupt-Buchhalterey« in das Monturmagazingebäude transferiert.[11] Dem Kriegsökonomierat erschien diese Maßnahme aber unzureichend. Die Behörde wies auf das leerstehende »General-Commando-Gebäude« (d. h. das ehemalige Damenstift St. Stephan) in Augsburg hin, das seiner Ansicht nach sehr gut für die Zwecke des Armee-Montur-Magazins geeignet war. Dabei gab man auch zu bedenken, daß der feste Platz Augsburg bei einem neuerlichen Krieg – gemeint war eine Auseinandersetzung mit Österreich – den Magazinbeständen mehr Sicherheit böte, als das relativ grenznahe München. So genehmigte am 14. Februar 1816 König Max I. Joseph die Verlegung des Armee-Montur-Magazins nach Augsburg und die Übernahme des Gebäudekomplexes am Schönfeld durch den Kriegsökonomierat.[12]

Bereits Ende Juni 1816 waren die Umbauarbeiten im vormaligen Monturgebäude beinahe abgeschlossen. Nun verfügte man über mehr als hinreichend Raum für das eigentliche Kriegsökonomiekollegium, die Militär-Administrationskommission, die Pensionszahlungskommission, die Fondsverwaltungen für Invaliden, Waisen und Stiftungen, die schon erwähnte Kriegshauptbuchhalterei, die Militärhauptkasse, Archiv, Registratur, Bibliothek, Plan-und Modellsammlung usw. Es war soviel Platz vorhanden, daß sogar eine eigene Hauskapelle eingebaut werden konnte.[13] Die Umbaukosten betrugen 20 639 Gulden.[14] Im

Laufe des Jahres 1817 wurden dann auch die Generallazarettinspektion und das Generalauditoriat aus der Maxburg bzw. der Polizeidirektion im alten Stadtgerichtsgebäude in das Armee-Administrationsgebäude am Schönfeld verlegt.[15] Das äußere Erscheinungsbild des vormaligen Armeemonturmagazins blieb erhalten und sollte dann in ihrer Grundkonzeption auch das spätere Kriegsministerium prägen: »… Die langgestreckte *Dreiflügelanlage, um einen zur Schönfeldstraße hin offenen Hof gelegt*, ist in der Fassade sehr einfach gestaltet (…) Der Vorhof war zur Straße durch einen Stangettenzaun abgetrennt. Die innere Einteilung des Monturmagazins – eine Aneinanderreihung von großen Sälen, meist mit einer Reihe von Stützen in der Mitte – war von der Aufgabe des Baues her diktiert. Beim Umbau zum Kriegs-Oekonomierats-Gebäude wurden die Säle mittels Trennwänden zu kleineren Zimmern umgewandelt.«[16]

Kriegsministerium

Am 30. September 1822 berief der König Maillot de la Treille als Nachfolger Trivas zum Staatsminister der Armee. Gleichzeitig wurde das Ressort des Ministers neu geordnet, vor allem durch Integration des Oberadministrativkollegiums der Armee (bis 1817: Kriegsökonomierat) und der General-Lazarett-Inspektion. In diesem Zusammenhang ergab sich die Frage nach einem neuen Gebäude für das vergrößerte Ministerium. Die Entscheidungsfindung geht aus einer späteren Bemerkung Maillots hervor, die zugleich Aufschluß auf den Führungsstil Max I. Josephs gibt:»…*Auf Antrag des Feldmarschalls Fürst v. Wrede haben Euer Majestät am 30ten September 1822 mündlich [!] bestimmt, daß zukünftig das Kollegial-Gebäude im Schönfeld für das Staatsministerium der Armee zu verwenden sei. Sodann haben Euer Majestät für den Plan zu einer zweckmäßigen Veränderung des Gebäudes den Hofbau-Indentanten, Oberbaurat v. Klenze, berufen.*«[17]
Am 16. November 1822 schrieb Leo v. Klenze an den Kriegsminister: »… Dem Schreiben des hohen Armee-Ministerii vom 6ten dieses [Monats] zufolge, macht es sich der Unterzeichnete zur Pflicht, Entwürfe und Überschläge zu den Baulichkeiten vorzulegen, welche erforderlich wären, um das jetzige Monturmagazin zum Behuf des Armee-Ministerii einzurichten. Da das Gebäude in seinem bedeutenden Umfange alles zu enthalten scheint, was das Bedürfnis der Kassa, der Bureaux und Registraturen erheischt, so kam es nur darauf an, *die Wohnung des Herrn Ministers* selbst zu finden, welches aber nur durch einen teilweisen Neubau erzielt werden konnte. Diesem schien es am vorteilhaftesten zu sein, seinen Platz in der Mitte der ganzen Bauanlage anzuweisen (…) Das Erdgeschoß des neu zu erbauenden Corps de Logis ist so geordnet, daß es (…) Vestibül, Dienstzimmer und den nötigen Küchenanlagen nebst ihren Dependenzen, so wie auf der Rückseite ein Entresol [Zwischengeschoß] enthält, worin sowohl die Dienerschaft, als häusliche Bedürfnisse untergebracht werden können. (…) Der erste Stock gehört ganz der Wohnung des Herrn Ministers und dessen Familie, sowie der obere Stock oder Bel Etage für die Repräsentation desselben bestimmt ist. Jedoch sind zwei kleine Wohnungen für einen Adjutanten etc. darin untergebracht. Der Bauansatz ist unter der Voraussetzung freier Fuhren durch die Dienstgespanne des Militairs gemacht und beträgt: 120 614 fl. 58 Xer. Es bleibt noch übrig zu bemerken, daß wegen zeitiger Bestellung und Herbeischaffung der Materialien, und besonders der nötigen Quadersteine, welche den unteren Theil des Baues bilden, keine Zeit zu verlieren wäre, wenn derselbe im nächsten Frühjahr begonnen, und mit gehörigen Nachdruck fortgesetzt werden soll.« Auf diesem Brief vermerkte der König eigenhändig: »Genehmigt. München d 8 hornung 1823. Max-Joseph«[18]

Im Frühjahr 1823 bestellte das Armeeministerium eine militärische Baukommission »… zur Ausführung der Details, zur Anschaffung der Materialien und aller Erfordernisse«. Sie bestand aus dem Ing. Leutnant Louis, dem Ing. Kondukteur Haering und dem Kasernenverwalter Weißmann als Rechnungsbeamten. Klenze hatte die technische Oberaufsicht und leitete die Bauführung. Bis Ende Mai 1823 war der zum Abbruch vorgesehene Teil des Kollegialgebäudes vollständig geräumt. Nun konnte mit der Arbeit begonnen werden.[19] Im Herbst 1823 konnte der Minister Maillot dem König zufrieden melden: »… Klenze hat die ihm übertragene Aufsicht und Leitung des Baues bisher mit so gedeihlichen Erfolg geführt, daß das neue schöne Gebäude noch vor den kommenden Winter unter Dach gebracht sein wird. Für die Fortsetzung des Baues ist durch v. Klenze schon so viel vorgesorgt worden, daß die vorhabende Reise des v. Klenze nach Italien den Bau nicht behindert.« Deshalb schlug Maillot vor, die Bauleitung den Ingenieuroffizieren zu überlassen, Klenze aber eine Prämie von 300 Dukaten (= 1600 Gulden) zu verabreichen, was Max I. Joseph auch genehmigte.[20]

Großen Anteil an der Ausgestaltung des Gebäudes nahm der Feldmarschall Fürst Wrede. Obwohl nach Klenzes Entwurf die Außenfassade »… einfach, aber würdevoll, wie es der Zweck erheischt« gestaltet wurde,[21] wurde nicht an der Innenausstattung gespart. So veranlaßte Wrede Klenze zum Kauf großformatiger Wandspiegel, vergoldeter Bronzearbeiten und eines großen Lüsters von der Pariser Firma Blanchon im Wert von 16 331 Gulden.[22] Die Einrichtung entsprach dem Geschmack Wredes. Im gleichen Stil hatte er um 1820 sein Schloß Ellingen ausgestattet.[23] Der Münchner »Silber- und Bronce-Arbeiter« Jehle fertigte für das Hauptportal »zwei große Torschilder mit Kriegstrophaen« aus mattvergoldeter Bronze.[24] Der Hofraum zur Schönfeldstraße wurde mit Eisenketten dekorativ abgetrennt. Sie lieferte der Münchner Schlossermeister Haller, den Klenze schon beim Bau des Leuchtenberg-Palais beschäftigt hatte.[25] Es scheint, als habe Wrede das Gebäude für sich selbst so prächtig herrichten lassen.

Am 9. Mai 1825 wurde das neue Gebäude vom Staatsminister der Armee bezogen.[26] Das Projekt war teurer geworden, als Klenze veranschlagt hatte. Bis zum 15. April 1825 betrugen die Gesamtkosten 158 699 Gulden. Nach Gutachten des Ingenieuroberst v. Becker hatte Klenze den Innenausbau, wichtige Installationen wie die Wasserleitung, und notwendige Nebengebäude (Stall, Remise) nicht berücksichtigt.[27] Nach dem Tode Max I. Joseph baute der nunmehrige König Ludwig I. sein Projekt der neuen Ludwigstraße weiter aus. Im April 1827 befahl der König dem Kriegsministerium in direkter Zusammenarbeit mit Klenze den Westflügel des Ministerialgebäudes in Angriff zu nehmen. Zimmermann vermerkt: »… Die innere Einteilung des Gebäudes wurde nach der Genehmigung der Fassade durch Ludwig I. vorgenommen und so das Interesse des Königs an einer schönen Fassade dem Interesse des Ministeriums übergeordnet. (…) Nachdem das Wohngebäude des Ministers bis 1826 vollendet war, wurde der Trakt an der Ludwigstraße sowie der westliche Verbindungsbau (Galeriebau) bis 1830 fertiggestellt. Der östliche Galeriebau sowie der östliche Flügel an der Schönfeldstraße, die in den Jahren nach 1830 entstehen sollten, wurden erst viel später (um 1880) und nicht den Plänen Klenzes entsprechend errichtet. (…) Die ursprünglich intendierte Wirkung der Ludwigstraßenfassade ist durch die links und rechts des Kriegsministeriums aufgeführten Bauten, die riesig dimensionierte Staatsbibliothek Gärtners und das gewaltige Wohngebäude Nr. 25/26/27 (1827 für den Bauunternehmer Haslauer erbaut) verfälscht. Setzt man das 1822 geplante Kriegsministerium aber in Vergleich etwa zu den Häusern Ludwigstraße 1 bis 7, die zwischen 1817 und 1824 entstanden sind, bringt sie also in den angemessenen Kontext, so wird der wuchtige und kriegerische Charakter des Baues evident.«[28]

Anmerkungen:

1 F. Zimmermann, Montur-Magazin und Kriegsministerium an der Ludwig-/Schönfeldstraße, in: Klassizismus in Bayern, Schwaben und Franken. Architekturzeichnungen 1775 – 1825, hg. von W. Nerdinger, München 1980, S. 169 – 172

2 L. Lutz, Die Bayerische Artillerie von ihren ersten Anfängen bis zur Gegenwart, München 1894, S. 178 f.

3 A XX Bd. 21, Beschreibung des Bohrhauses, dat. 20. Febr. 1800

4 A XX Bd. 81, KÖR am 20. Febr. 1806

5 Lutz (wie Anm. 2), S. 180 – 184

6 A XX Bd. 81, KÖR am 20. Febr. 1806

7 Zimmermann (wie Anm. 1), S. 169

8 MKr. 8861 Fasz. 4 Prod. 1, KÖR an KM am 15. Dez. 1809

9 Ebd. Prod. 2, KÖR an KM am 27. April 1810 (Der Ankauf erfolgte am 4. Jan. 1810)

10 Ebd. Prod. 4, KÖR an KM am 26. Juli 1812

11 Ebd. Prod. 8, KÖR an KM am 4. Febr. 1816; Kgl. Reskript vom 9. Febr. 1816

12 Ebd. Prod. 9, KÖR an KM am 9. Febr. 1816; Kgl. Reskript vom 14. Febr. 1816. Vgl. auch R.Braun, Augsburg als Garnison und Festung in der 1. Hälfte des 19. Jahrhunderts, in: Aufbruch ins Industriezeitalter Bd. 2, hg. von R. Müller, München 1985, S. 65 – 78

13 MKr. 8861 Fasz. 4 Prod. 10, KÖR an KM am 25. Juni 1816. Vgl. auch den Abschnitt »Maximilianskapelle«.

14 Ebd. Prod. 13, KM am 11. Jan. 1817

15 Ebd. Fasz. 2 Prod. 6, FinM an KM am 24. Jan. 1817; Prod. 8, GenLazInsp am 20. Okt. 1817. MKr. 8862 Prod. 10, KM an GenAuditoriat am 17. Mai 1817; Prod. 13, GenAuditoriat am 23. Aug. 1817

16 Zimmermann (wie Anm. 1), S. 169

17 MKr. 8863, KM an König Max I. Joseph am 17. Okt. 1823

18 Ebd., Klenze an KM am 16. Nov. 1822 mit Kgl. Signat, dat.München 8. Febr. 1823

19 Ebd., KM an Klenze am 21. Mai 1823

20 Ebd., KM an König Max I. Joseph am 17. Okt. 1823 mit undat. Kgl. Signat

21 Ebd. Prod. 60, undat. Kostenvoranschlag Klenzes – vermutlich aus dem Frühjahr 1823

22 Ebd. Prod. 44, Klenze an KM am 23. Okt. 1824; Prod. 68, Bericht der Baukommission vom 5. Juni 1825; Prod. 80, Militär-Haupt-Buchhalterei am 23. Okt. 1825

23 Vgl. die Beschreibung der Wredeschen Marschallzimmer bei E. Bachmann, Schloß Ellingen, München 1986, S. 54 – 66 pass.

24 MKr. 8863 Prod. 66, Bericht der Baukommission vom 19. Febr. 1825

25 Ebd. Prod. 47, Baukommission am 27. Okt. 1824

26 Ebd. KM an KdtMünchen am 9. Mai 1825

27 Ebd. Prod. 60, Gutachten des Ing. Oberst v. Becker für den Staatsrat v. Knopp vom 18. April 1825

28 Zimmermann (wie Anm. 1), S. 170 bzw. S. 172

Die Quartiere der Stadtkommandantschaft

Ungeachtet der Größe und Bedeutung der Münchner Garnison hatte eine ihrer wichtigsten Führungs- und Verwaltungsstellen, die Stadtkommandantschaft, lange Zeit kein eigenes Dienstgebäude. Bis zum Sommer 1825 geben die Akten nicht einmal Aufschluß über ihr Standquartier in der Stadt. Es ist davon auszugehen, daß sich die Amtsräume der Kommandantschaft in der jeweiligen Wohnung des Stadtkommandanten befanden.

Die Stadtkommandantschaft von 1825 bis 1848

Erst im September 1825 zog die Stadtkommandantschaft in ein militäreigenes Gebäude, das alte *Kriegsministerialgebäude* bei der Residenz.[1] Bereits ein Jahr später mußte dieses gutgeeignete Lokal aber schon wieder geräumt werden. Der Stadtkommandant Generalleutnant v. Ströhl bezog im Oktober 1826 eine große Etagenwohnung im Haus des Barons Castell am *Promenadeplatz*. Er konnte dort gegen eine Jahresmiete von 1200 Gulden neun große Zimmer, fünf kleinere Zimmer, Küche mit Nebenräumen und einen Stall für vier Pferde benutzen. Somit war genügend Platz für die Wohnung des Generals samt seiner Dienerschaft und die eigentlichen Büros und Registraturen vorhanden.[2] Im Frühjahr 1832 beantragte die Stadtkommandantschaft nach der Verlegung des Topographischen Büros in das Kriegsministerium an der Ludwigstraße, wieder das alte *Kriegsministerialgebäude* bei der Residenz benützen zu dürfen. König Ludwig I. genehmigte dies und im April 1832 zog man vom Promenadeplatz in die Residenzstraße.[3] Allerdings verblieb die Stadtkommandantschaft dort nur drei Jahre, da der König mit diesem Gebäudekomplex andere Pläne hatte.[4] Die Suche nach einem neuen Privatquartier gestaltete sich keineswegs einfach. Wie Generalleutnat v. Ströhl dem Kriegsminister berichtete, lehnten viele Hausbesitzer die Aufnahme der Kommandantschaft ab, da sie den damit verbundenen Besucherverkehr mit seinen ganzen Unanehmlichkeiten nicht im Hause haben wollten. Mit einem Hausbesitzer am Rindermarkt war der Stadtkommandant bereits über den Bezug einer großen Wohnung im 2. Stock einig geworden, als sich herausstellte, daß der Hauswirt darunter im 1. Stock ein Kaffeelokal einrichten wollte. Dies hielt v. Ströhl aber mit seiner Würde für unvereinbar. Schließlich fand er für seine Dienstwohnung und die Büroräume in der 1. Etage des Hauses *Prannergasse Nr. 8* Aufnahme. Dafür zahlte er dem Eigentümer, es war der Leutnant im Linien-Infanterie-Leib-Regiment Max v. Belli, immerhin 1000 Gulden Jahresmiete, die ihm vom Ärar vergütet wurden. Aus Platzmangel mußten aber die Altbestände der mehrere Tausend Bände und Akten zählenden Kommandantschaftsregistratur im Verhörzimmer und Offizierarrest der Hauptwache deponiert werden, wodurch diese Räume wiederum zweckentfremdet werden.[5]

Generalleutnant v. Ströhl (1760 – 1836) war mit seinem neuen Quartier nicht zufrieden. Noch wenige Wochen vor seinem Tod verhandelte er mit dem Großkaufmann Marx wegen eines Logis in der Kaufingerstraße.[6] Sein Nachfolger Generalleutnant v. Zandt wiederum fand die von Ströhl avisierte Wohnung noch zu klein, weil er seinerseits zahlreiche Kinder unterbringen mußte. Er bat daher die Büros der Stadtkommandantschaft gegen eine Aufwandsentschädigung vorläufig in seiner eigenen geräumigen Mietwohnung einrichten zu dürfen. So zog Ende September 1836 die Kommandantschaft von der Prannerstraße in das Haus *Elisenstraße Nr. 7* beim Botanischen Garten unweit des Kadettenkorps.[7]

Für damalige Verhältnisse lag die Elisenstraße weitab vom Zentrum in der Vorstadt. Deshalb versuchte der Stadtkommandant, übrigens gemäß eines Auftrages des Königs, in der Stadtmitte ein geeignetes Gebäude zu finden, jedoch vergebens. Nun bat das Kriegsministeriums den König, ein Haus im noblen Kreuzviertel, vorzugsweise am Promenadeplatz oder in der Prannergasse, kaufen zu dürfen. Ludwig I. beschied aber im Frühjahr 1837 schroff: »... *Bin keineswegs geneigt ein eigenes Comandantenhaus zu erwerben.*«[8] So mußte die wichtige Dienststelle weiter bleiben wo sie war. Der König aber fragte per Signat vom 19. März 1837: »... Bey Erbauung des jetzigen Kriegsministeriums war die Absicht die Kommandantschaft ebenfalls darin unterzubringen, warum ist aber dieses nicht geschehen?«[9] Kriegsminister v. Hertling wies jedoch den König darauf hin, daß dieser *selbst* im Jahr 1832 angeordnet habe, anstelle der Stadtkommandantschaft den Generalquartiermeisterstab in den neuen Trakt des Kriegsministeriums an der Ludwigstraße unterzubringen.[10] Dieses Detail zeigt, daß der vielgerühmte Aktenleser Ludwig in Wahrheit manchmal die Verwaltungsangelegenheiten nicht mehr richtig überblickte und es wohl besser gewesen wäre, wenn er seine Minister in Ruhe hätte arbeiten lassen.

Nach der Übernahme der Stadtkommandantschaft durch Generalleutnant v. Braun wechselten die Amtsräume im Oktober 1837 von der Elisenstraße in eine Wohnung im Haus Nr. 9 an der *Ludwigstraße*.[11] Entsprechend wanderte die Stadtkommandantschaft nach dem Dienstantritt des nächsten Stadtkommandanten Generalmajor v. Vincenti im August 1839 in dessen Quartier im Haus Nr. 48 an der *Neuen Karlstraße* in der äußeren Max-Vorstadt.[12] In der Amtszeit Vincentis kam es zum berüchtigten Bierkrawall vom Mai 1844. Innenminister v. Abel stellte in Hinblick auf die unzureichende Einsatzbereitschaft der Garnison in jenen Tagen fest, daß hierbei nicht zuletzt die verhältnismäßig große Entfernung der Stadtkommandantschaft vom Zentrum der Haupt- und Residenzstadt eine Rolle gespielt habe. Abel forderte den Kriegsminister v. Gumppenberg auf, hier für eine schnelle Abhilfe zu sorgen.[13] Die zivile Innenbehörde war durchaus gewillt, der Armee bei der Quartierfrage behilflich zu sein. Auf Anweisung Abels sollte der Münchner Stadtmagistrat die Stadtkommandantschaft bei der Ermittlung eines neuen Dienstlokals unterstützen.[14] Ein geeignetes Haus in der Altstadt wurde aber trotzdem nicht gefunden. Noch kurz vor seiner Ablösung als Stadtkommandant hatte Generalmajor v. Vincenti einen Mietvertrag für eine Wohnung im Haus Nr. 28 in der *Ludwigstraße* abgeschlossen, der zu Michaeli (29. September) 1844 in Kraft trat. Sein Nachfolger Generalmajor v. Kunst fand dieses neue Quartier zu klein für seine Familie. Da der Mietkontrakt bereits gültig war, nahm sich v. Kunst eine große Wohnung im Haus Nr. 8 an der Fürstenstraße. Pünktlich zum nächsten Georgitag (23. April) 1845 wurde das Bürolokal Ludwigstraße Nr. 28 gekündigt und sodann in die Wohnung *Fürstenstraße Nr. 8* verlegt. Man sieht hier, daß auch staatliche Dienststellen damals die in München üblichen Termine für Wohnungswechsel, nämlich Michaeli und Georgi, einhalten mußten.[15]

Kriegsminister v. Gumppenberg beantragte im Dezember 1844 den Kauf oder wenigstens die langfristige Anmietung eines größeren Hauses in der Münchner Innenstadt für den Stadtkommandanten. König Ludwig I. reagierte darauf zunächst wieder einmal sehr unwillig. Er schrieb von einem übertriebenen Bedürfnis der Bevölkerung nach Wohnraum »... anders als zur Zeit meiner Kindheit. Mein Vater hat in Mannheim [1791/93] vielleicht weniger Zimmer gehabt als hier Mein Erster Cabinettssekretär.« Demzufolge habe sich der Stadtkommandant solange mit seinem Quartier zu beschränken, bis die Münchner Garnison durch Verlegung der Masse der Artillerie und des Zeugwesens in die Festung Ingolstadt in den vorhandenen Militärgebäuden Platz bieten würde.[16] Wenige Wochen später jedoch sandte der König dann aber unvermittelt ein Handbillet in die Schönfeldstraße: »... Herr Kriegsminister Freyherr von Gumppenberg! Anmit eröffne Ich Ihnen, daß Ich, auf so lange Ich nicht anders verfüge, das vormalige Oberaufschlags-Amtsgebäude (Dienerstraße Nr. 2) dahier für die Wohnung, und Geschäftslokalität Meiner Stadtkommandantschaft einräume. Nach beygehenden Grundplan (: in 3 Blättern :) wird für befraglichen Zweck nothwendig, daß dem beregten Gebäude ein dritter Stock aufgesetzt werde. Dieses soll, mit dem hierfür die Summe von 8000 fl: nicht übersteigen dürfenden Kostenaufwande ausgeführt werden. – Die befraglichen Kosten hat Mein Kriegs Ministerium, aus der betreffenden Position seines Budgets, ohne Etats-Ueberschreitung, bewerkstelligen zu lassen. – Bauentwurf mit dem einschlägigen Kostenvoranschlag soll Mir alsbald zur Beschlußfassung vorgelegt werden. Bevor übrigens Letztere nicht erfolgt, darf mit der gedachten Herstellung nicht begonnen werden.«[17] Von der I. Genie-Direktion München wurde daraufhin ein detaillierter Bauplan mit Kostenvoranschlag ausgearbeitet. Trotz größter Sparsamkeit ergab sich dabei eine Gesamtsumme von 12 400 Gulden. Das waren zwar 4200 Gulden mehr als vom König bewilligt, doch letztlich immer noch eine recht niedrige Summe. Ludwig I. indessen reagierte barsch: »... In dieses Gebäude hat die Stadt-Kommandantschaft *nicht* zu kommen. Es sollen daher die beantragten Herstellungen an selbem unterbleiben: *Ob befragliche Kommandantschaft ein eigenes Gebäude zu erhalten, dieses will Ich erst überlegen: Jetzt spreche Ich Mich hierüber nicht aus.*«[18] Wegen eines lächerlich geringen Betrages verweigerte also derselbe König, der bedenkenlos mehr als zwei Millionen Gulden aus seiner Privatschatulle allein in den Ausbau der Münchner Residenz zu investieren vermochte,[19] einer wichtigen Kommandobehörde das angemessene Domizil. Die Folgen seiner Politik des Sparens am falschen Ort bekam Ludwig I. dann in der Märzrevolution von 1848 zu spüren, als der Stadtkommandant in den entscheidenden Tagen über keinen geeigneten Befehlsstand verfügte!

Das Kommandantschaftsgebäude in der Theatinerstraße

Im Herbst des Revolutionsjahres 1848 bat der Magistrat der Stadt München aus eigener Initiative König Max II. um die Verlegung der Kommandantschaft in das Stadtzentrum. Daraufhin schlug Kriegsminister Weishaupt das sogenannte »Alte Postgebäude« (Haus *Theatinerstraße Nr. 8)* als geeignetes Dienstlokal vor. Die zu diesem Zeitpunkt darin untergebrachten zivilen Behörden und Einrichtungen, u. a. die Kgl. Staatschuldentilgungskommission, könnten – so Weishaupt, in die Maxburg übersiedeln. Der König genehmigte diesen Vorschlag per Signat vom 7. November 1848.[20] Das betreffende Haus hatte der bayerische Staat übrigens im August 1809 vom Geheimen Rat Johann v. Baumgarten für 57 000 Gulden erworben und seit dieser Zeit verschiedentlich genutzt. Es war bereits in früheren Jahren vergeblich von der Armee als Kommandantschaft erbeten worden.[21]

Bereits am 15. November 1848 meldete der neue Stadtkommandant v. Lüder, daß er nach dem Auszug des Protestantischen Oberkonsistoriums seine Dienstwohnung in der 2. Etage des neuen Kommandantschaftsgebäudes etabliert habe. Außerdem seien gleichzeitig auch schon die Kanzlei, die Kasse, das Auditoriat und die Militärlokalbaukommission in die Theatinerstraße verlegt worden.[22] Zu diesem Zeitpunkt dienten die Gewölbe im Erdgeschoß noch als Wagenremise der Königlich Bayerischen Post. Die Kutschen wurden bald darauf in der Maxburg abgestellt und die alte Remise im Frühjahr 1849 in einen Pferdestall umgewandelt.[23] Im Mai 1853 schreibt der Ingenieuroberst v. Hörmann: »... Das aus einem Erdgeschoß und zwei Etagen bestehende Kommandantschafts-Gebäude besitzt zwei Hofräume, wovon der erstere eine offene Stallung für acht Pferde, der zweite oder hintere Hof zwei Wohngebäude und eine Stallung für zehn Pferde enthält.«[24] Im obersten Stockwerk lag die Dienstwohnung des jeweiligen Stadtkommandanten, darunter befanden sich weitere Büros und Dienstwohnungen. Im Hinterhof, der an die Rückfront des

»Museums«, eines bekannten Vereinslokales und Treffpunktes der gehobenen Münchner Gesellschaft, grenzte, waren der Platzstabsoffizier und der Platzingenieur untergebracht. Direkt neben dem Vordereingang, gegenüber der Einmündung der Perusa-Gasse in die Theatiner-Straße, befand sich ein Wachtlokal, das Anfang der 1850er Jahre ständig von vierundzwanzig Infanteristen unter Führung eines Offiziers besetzt war. Ein Stockwerk höher lag ein zweites Wachtlokal, in dem sich ständig achtzehn Kürassiere aufhielten. Zur Wasserversorgung dienten zwei »Röhrbrunnen« der alten städtischen Wasserleitung. Der bauliche Gesamtzustand wurde als gut bezeichnet.[25]

In den folgenden Jahrzehnten blieb die Stadtkommandantschaft praktisch unverändert. Ab dem Herbst 1865 befand sich im Gebäude ein »Bereitschaftslokal« für eine Infanterie-kompanie als Ersatz für den Dechanthof bei der Frauenkirche.[26] Drei Jahre später wurden die Büros der I. Genie-Direktion (aufgelöst 1886) in die Kommandantschaft verlegt.[27] Ab 1883 diente das Gebäude auch als Stabssitz für zahlreiche Brigadekommandos. So befanden sich darin die Kanzleien der beiden Münchner Infanteriebrigaden, der 1. Feld-artillerie-Brigade und der Fußartillerie-Brigade (ab 1889 aufgegangen in der Inspektion der Fußartillerie).[28] Ab dem Frühjahr 1888 war dann auch das Büro der 1. Kavallerie-Brigade an der Theatinerstraße zu finden.[29]

Im Februar 1899 bemerkte der Kriegsminister v. Asch in seinem Antrag zum Bau eines Armeemuseums im Hofgarten: »… Die Kommandantur endlich befindet sich in einem allmählich veraltenden Gebäude, welches in absehbarer Zeit einer Erneuerung bedürftig werden wird. Es erscheint daher wirtschaftlich richtig und dienstlich entsprechend, diese Behörde auf das Areal der Hofgartenkaserne zu verlegen.«[30] Nach der Genehmigung durch den Prinzregenten Luitpold war der Weg frei für eine neue Dislokation der Stäbe in München. Von den noch in der alten Kommandantschaft untergebrachten Dienststellen sollten künftig die Stadtkommandantur, die 1. Feldartillerie-Brigade und die Inspektion der Fußartillerie im Armeemuseum (Südflügel) einquartiert werden, die beiden Infanterie-Brigaden und die Kavallerie-Brigade in der Herzog-Max-Burg. Das Haus an der Theati-nerstraße wollte man verkaufen.[31] Allerdings blieb dieses Gebäude noch etliche Zeit nach der Jahrhundertwende in seiner alten Funktion erhalten. Im April 1904 zog die Stadtkom-mandantur in den Hofgarten um, aber erst im Mai 1910 wurde die Kommandantschaft an der Theatinerstraße verkauft. Der Komplex wurde von der Bayerischen Vereinsbank und der Bayerischen Hypotheken- und Wechselbank erworben. 1912 wurde das alte Haus abgerissen und ein Neubau an seine Stelle gesetzt.[32]

Anmerkungen:

1 MKr. 8885 Prod. 1, KM am 1. Juni 1825
2 Ebd. Prod. 6, KdtMünchen an 1. Division am 24. Okt. 1826; Prod. 12 (Beil.), KdtMünchen an KM am 27. März 1832; Prod. 16, KdtMünchen an KM am 22. April 1832
3 Ebd. Prod. 12, KM an König Ludwig I. am 23. März 1832 mit Kgl. Signat d. d.; Prod. 14, KdtMünchen an KM am 17. April 1832
4 Ebd. Prod. 26, KM am 17. Aug. 1835; Prod. 28, KM am 21. Aug. 1835
5 Ebd. Prod. 31, KdtMünchen an KM am 3. Sept. 1835; Prod. 45, KdtMünchen an KM am 6. Okt. 1835
6 Ebd. Prod. 54, KdtMünchen an KM am 1. Mai 1836
7 Ebd. Prod. 60, KM an König Ludwig I. am 10. Sept. 1836 mit Kgl. Signat vom 12. d. Mts.; Prod. 62, KdtMünchen am 27. Sept. 1836
8 Ebd. Prod. 64, KM an König Ludwig I. am 15. Febr. 1837 mit Kgl. Signat vom 18. d. Mts.
9 Ebd. Prod.71, KM an König Ludwig I. am 17. März 1837 mit Kgl.Signat vom 19.d.Mts.
10 Ebd. Prod. 73, KM an an König Ludwig I. am 19. März 1837
11 Ebd. Prod. 74, KdtMünchen an KM am 11. Okt. 1837
12 Ebd. Prod. 80, KdtMünchen an KM am 20. Aug. 1839

13 Ebd. Prod. 81, InnM an KM am 14. Mai 1844
14 Ebd. Prod. 83, Inn an KM am 1. Juni 1844, beigelegt in Abschrift eine Weisung des InnM an die Regierung v. Oberbayern d. d.
15 Ebd. Prod. 87, KdtMünchen an 1. Armee-Division am 8. Juli 1844; Prod. 98, KdtMünchen an 1. Armee-Division am 20. Sept. 1844; Prod. 114, KdtMünchen an 1. Armee-Division am 28. April 1845
16 Ebd. Prod. 106, KM an König Ludwig I. am 13. Dez. 1844 mit Kgl. Signat vom 26. d. Mts.
17 Ebd. Prod. 109, Kgl. Handbillet an KM am 6. Febr. 1845
18 Ebd. Prod. 117, KM an König Ludwig I. am 1. März 1845 mit Kgl. Signat vom 22. Mai 1845
19 Vgl. A. Kraus, Die Residenz (…), in: Blätter für deutsche Landesgeschichte 123 (1987), S. 83 – 125, hier S. 105
20 MKr. 8886 Prod. 9, KM an König Max II. am 5. Nov. 1848 mit Kgl. Signat vom 7. d. Mts.
21 Münchner Häuserbuch Bd. 2: Kreuzviertel, München 1960, S. 320; vgl. MKr. 8885 pass.
22 MKr. 8886 Prod. 11, KdtMünchen an KM am 15. Nov. 1848
23 Ebd. Prod. 16, FinM an Kgl. PostVw am 28. Nov. 1848; Prod. 63, Kostenabrechnung des I. ArmeeKorpsKdo vom 31. Okt. 1851
24 C 7 Garnisonbeschreibung München, hier: 2.Teil des Berichts Planfaszikel VII Nr. 2 (»Commandantschaft in der Theatiner-Strasse«), dat. 31. Mai 1853
25 Ebd., Verzeichnis der militäreigenen Gebäude (§ 11: Commandantschaft, Stand: 15. Jan. 1852); Beilage Nr. 3 zum 2. Teil des Berichts (Wachtverzeichnis vom 31. Mai 1853)
26 MKr. 8886 Prod. 104, KM an GenKdo München. 12. Sept. 1865
27 Ebd. Prod. 112, KM am 29. Aug. 1868
28 Ebd. Prod. 139, KM am 3. Febr. bzw. 2. März 1883; Prod. 140, KM am 5. März 1883
29 Ebd. Prod. 152, KM am 19. März 1888
30 MKr. 8833 Prod. 64, KM und FinM an Prinzregent Luitpold am 7. Febr. 1899; Prod. 75, Gesetz einen Vorschuß für militärische Bauten in München betreffend mit Signat des Prinzregenten Luitpold vom 10. Mai 1899
31 MKr. 8886 Prod. 188, K. M. E. 7079 vom 31. Mai 1899
32 Münchner Häuserbuch (wie Anm. 21)

Das Generalkommandogebäude an der Königinstraße

Im Zuge der Armeereform nach 1866 wurde im Frühjahr 1869 das Münchner General-kommando von einem Divisionsstab zum Stab für ein Armeekorps umgewandelt und gleichzeitig ein zusätzlicher Divisionsstab (1. Division) in München neu aufgestellt. Das Generalkommando war im März 1869 in einem angemieteten Privathaus untergebracht, der Stab der 1. Armeedivision im Komplex des Kriegsministeriums.[1]

Am 7. April 1869 genehmigte König Ludwig II. den Ankauf eines Privathauses an der Ecke Königinstraße/Frühlingstraße (spätere Von der Tann-Straße) am Rande des Englischen Gartens in unmittelbarer Nähe des Prinz-Carl-Palais. Der Kaufpreis für das 1863 vom Privatier Edmund Herzner erbaute dreistöckige Mietshaus mit 77 Räumen betrug 80 000 Gulden.[2] Im Sommer 1869 waren im neuen Kommandogebäude das Generalkommando mit Korpsintendantur, der Stab der 1. Armeedivision mit Divisionsintendantur sowie das Artilleriekorpskommando bereits eingezogen.[3]

Die militärischen Dienststellen verblieben in dem Gebäude bis zum Oktober 1895 und zogen dann in die Max-Burg um.[4] Der vorübergehend leerstehende Komplex an der Königinstraße wurde dann im Jahr 1897 dem Finanzministerium übergeben und 1898 zu einem Bürogebäude für das Innenministerium umgebaut.[5]

Anmerkungen:

1 MKr. 8891 Prod. 8, KM an FinM am 22. März 1869
2 Ebd. Prod. 11, KM an König Ludwig II. am 7. April 1869 mit Kgl. Signat, dat. München 11. d. Mts.
3 Ebd. Prod. 27, Notiz im KM vom 29. Aug. 1869
4 MKr. 8892 Prod. 139, GenKdo I.A.K. an KM am 26. Okt. 1895
5 Ebd. Prod. 178, FinM an KM am 29. Jan. 1902

196

Das Gebäude des Landwehrbezirkskommandos München II

Die zunehmende Zahl von Reservisten und Landwehrmännern brachte zum 1. April 1879 die Aufteilung des Münchner Landwehrbezirkskommandos in zwei Distrikte. Der Bezirk München I (Stadt München) verblieb bei der 1. Infanteriebrigade. Der Bezirk München II (Umland) unterstand der 2. Infanteriebrigade.[1] Das Kommando des Landwehrbezirks München II war ursprünglich in der Alten Isarkaserne untergebracht. 1884 wurde es in das Zeughaus an der Lothstraße verlegt.[2]

Anfang der 1890er Jahre baute man an der Ecke Heßstraße und Winzererstraße ein eigenes Dienstgebäude für das Landwehrbezirkskommando. Das Haus Winzererstraße Nr. 5 lag am Rande des Exerzierplatzes Oberwiesenfeld, nördlich des Proviantamtes.[3]

Das Gebäude war ziemlich groß, an der Winzererstraße 36 Meter lang und 34 Meter an der Heßstraße. Die Tiefe des Baues betrug 14 Meter. Das Haus war unterkellert, verfügte über zwei Obergeschosse und einen Dachboden. Die Höhe bis zum Dachfirst betrug 15 Meter. Das aufgehende Mauerwerk bestand aus einem Sockel aus Granitsteinen und glattverputzten und angestrichenen Backsteinwänden. Das Dach war mit Schieferplatten eingedeckt. Die Treppen waren aus Eichenholz gezimmert. Im Erdgeschoß befanden sich ein Saal für die Kontrollversammlungen (77 m²), die Diensträume des Vorstandes des Hauptmeldeamtes, ein Beratungszimmer, vier Kanzleizimmer für jeweils einen Bezirksfeldwebel, die Unterkunft für den Kammerunteroffizier. Im ersten Stockwerk lagen das Büro des Bezirkskommandeurs, das Büro des Adjutanten, Kanzlei und Registratur des Bezirkskommandos, zwei Familienwohnungen für Feldwebel (je 44 m² Wohnfläche), eine Gemeinschaftsunterkunft (23 m²) für ledige Unteroffiziere und eine Mannschaftsstube (sieben Soldaten). Im zweiten Stockwerk waren eine Montierungskammer (45 m²) und fünf Familienwohnungen für Feldwebel, gleich jenen in der ersten Etage, eingerichtet. Jede Wohnung verfügte über ein Wohnzimmer (24 m²), ein Schlafzimmer (20 m²), eine Küche (7 m²) und einen »Vorplatz« (3 m²). Die Trinkwasserentnahmestelle mit dem Ausguß und die Toiletten waren Gemeinschaftseinrichtungen in jeder Etage. Im Sommer 1893 war das Gebäude bereits an die städtische Wasserleitung, die Kanalisation und die Gasleitung angeschlossen. Das Gas diente ausschließlich zur Beleuchtung der Amtsräume, Treppenhäuser und der Aborte. Letztere wurden noch nicht in die Kanalisation entsorgt. Zum Komplex gehörte auch ein Hofgrundstück (560 m²) mit einem Pumpbrunnen.

Anmerkungen:

1 Vgl. Militärhandbuch des Königreiches Bayern Jg. 1880
2 Vgl. MKr. 9028 Prod. 7, KM am 29. April 1884; Prod. 17, KM am 23. Aug. 1884
3 MKr. 10325 Garnisonbeschreibung München, hier: Beschreibung des Dienstgebäudes für das k. Bezirkskommando II München in der Winzererstraße vom 26. Aug. 1893 (als Anlage drei Grundrißpläne des Garnisonbauamts München)

Die älteren Gebäude für das Kadettenkorps

Zu den wichtigsten Reformen der Bayerischen Armee im frühen 19. Jahrhundert gehörte die Gründung des Kadettenkorps als Erziehungsstätte für den Kern des Offiziernachwuchses. Genauer gesagt, kann nur von der Neubelebung einer älteren Tradition gesprochen werden.[1] Denn bereits im Jahre 1756 hatte Kurfürst Max III. Joseph in München ein Kadettenkorps errichtet. Nach der Vereinigung von Kurpfalz und Kurbayern (1777) sah der Staat vor allem aus Geldmangel keinen Platz mehr für die Kadettenschule in der neuen Armeestruktur. Nun war es Maria Anna von Bayern (1722–1790), die Witwe des Herzogs Clemens Franz (1722 – 1770), die aus ihrem eigenen Vermögen den Fortbestand der Institution sicherte. Als »*Herzoglich Marianische Landes-Akademie*« arbeitete ab 1778 in bescheidenem Rahmen das Kadettenkorps als Privatschule weiter. Im Todesjahr der Herzogin Maria Anna (1790) übernahm dann wieder, übrigens auf Betreiben des Grafen Rumford, das Kurfürstentum das Institut unter dem Namen »*Militärakademie*«.

Die kurbayerische Militärakademie verstand ihre Aufgabe eher akademisch denn militärisch. Angesichts der kriegerischen Zeitläufte brauchte der Staat aber vor allem Offiziere keine jungen Gelehrten. Deshalb ließ Kurfürst Max IV. Joseph im Dezember 1805 die Akademie als »*Kadettenkorps*« militärisch reorganisieren.

Das neue Kadettenkorps von 1805 blieb von seiner Infrastruktur her im alten Rahmen. Bei seiner Erstgründung (1756) war es in einem vom Militär angekauften Privatgebäude vor dem Sendlinger Tor untergebracht gewesen. Von 1762 bis 1775 wohnten die Kadetten dann in einem Anwesen nahe der Kreuzkaserne. Ab 1775 lag das Domizil des Kadettenkorps im ehemaligen Novizentrakt des »*Wilhelminum*«.[2] So bezeichnete man nach der Aufhebung des Jesuitenordens (1773) den mächtigen Komplex des Jesuitenkollegs St. Michael nach seinem Stifter Herzog Wilhelm V. im Gegensatz zur benachbarten Residenz dieses Fürsten, der »Wilhelminischen Veste«, für die sich aber bereits der Name »Max-Burg« oder »Palais Max« durchgesetzt hatte. Das Wilhelminum beherbergte ab 1774 bereits das kurfürstliche Archiv und die Hofbibliothek, ab 1783 kam dann die Akademie der Wissenschaften hinzu und ab 1784 auch die kurfürstliche Maler- und Bildhauerschule.[3]

Angesichts der doch recht beengten Verhältnisse im ehemaligen Jesuitenkolleg sollte das Kadettenkorps nach der Säkularisation des Hieronymitanerklosters im Lehel dort sein neues Quartier erhalten. Angesichts der noch schlechteren Raumsituation bei der Truppe erschien dieses Areal jedoch als Kaserne für Kavallerie und Fuhrwesen vordringlicher.[4] Daraufhin blieb die militärische Bildungsanstalt im Wilhelminum, obwohl ihr Trakt, das sogenannte »Seminarium«, bereits zur Versteigerung vorgesehen gewesen war.[5]

Im Jahre 1809 sollten im Kadettenkorpsgebäude künftig untergebracht werden: ein verheirateter Stabsoffizier mit einer Mehrzimmerwohnung, zehn Aufsichtsoffiziere in Einzelzimmern, je ein Feldwebel, Portier, Schneider, Schuhmacher – gegebenenfalls mit ihren Familien, zwölf ledige Bediente, eine Anzahl lediger Dienstmägde und 210 Kadetten. Der Chef des Kadettenkorps wohnte außerhalb und brauchte deshalb nur ein Bürozimmer. Nach dem Plan des Kriegsökonomierats Frey war für alle Kadetten ein gemeinsamer großer Schlafsaal vorgesehen, ebenso ein großer Speisesaal und zwei »Recreationszimmer« für 120 bzw. 90 Kadetten. Die übrige Raumausstattung war durchaus großzügig zu nennen. Der eigentliche Lehrbereich umfaßte zehn Hörsäle, zwei besondere Zeichensäle, ein Zimmer mit Lehrmodellen für allgemeine Architektur, Befestigungslehre und Taktik, eine Bibliothek mit Plan- und Kartensammlung, je ein Zimmer mit Apparaten für Naturgeschichte und Naturlehre, zwei getrennte Säle für den Unterricht im Tanzen und im Fechten. Dazu kamen eine Gewehrkammer, eine Monturkammer, eine Wäschekammer, zwei Putzkammern. Natürlich war auch an eine Krankenstation (»Infirmie«) gedacht.[6] Das Projekt stieß aber auf die Kritik des Kadettenkorpskommandanten v. Werneck, der den Entwurf als vollständig mißlungen bezeichnete.[7]

Bereits zu dieser Zeit erschien der sogenannte »Herzoggarten« mit dem »Clemens-Schlößl« am Karlsplatz, vormals Witwensitz der oben erwähnten Herzogin Maria Anna, als mögliche Alternative zum Wilhelminum. Es war wohl König Max I. Joseph selbst, der diesen neuen Standort anregte. Im Auftrage des Königs nämlich wandte sich der Finanzminister v. Hompesch, dessen Ressort das Areal des Herzoggartens verwaltete, im November 1808 an das Kriegsministerium. Der Kriegsökonomierat Frey habe die Lokalitäten des Herzoggartens zu untersuchen, Pläne und Kostenüberschläge zu erstellen, sie mit dem Wilhelminum zu vergleichen und seinen Bericht dem König zur persönlichen Entscheidung vorzulegen.[8] Die Unterbringung des Kadettenkorps war offensichtlich eine Angelegenheit, die den König persönlich stark interessierte. In zwei Reskripten vom 23. Januar bzw. 27. März 1809 forderte Max Joseph nämlich die »Plane und Überschläge« für die Gebäude des Kadettenkorps zur Einsicht.[9]

Das ausführliche Baugutachten des Kriegsökonomierats Frey »Die Etablirung des Kadettenkorps im Herzoggarten betr.« datiert vom 6. März 1809, wurde aber wohl erst im April 1809 weitergeleitet.[10] Darin schilderte Frey zunächst den Herzoggarten. Der Komplex war mit rund 190 Metern ungewöhnlich lang, aber im Verhältnis dazu recht schmal. Im sogenannten vorderen Hauptgebäude befanden sich damals Wohnungen für Beamte und Hofbedienstete, vor allem Königliche Hofjäger. Daran schloß sich eine Galerie mit einem Pavillon an. Sie verband das vordere Hauptgebäude mit dem hinteren Hauptgebäude. Darin war die Königliche Hofgartenintendantur untergebracht, denn seit dem Jahr 1804 arbeitete man in umittelbarer Nachbarschaft zum Herzoggarten an der Anlage des großen Botanischen Gartens. An diesen Teil waren dann noch ein Theater, eine Orangerie, Remisen, Stallungen und weitere Nebengebäude angebaut. Den größten Teil des Areals nahm der herzogliche Garten ein, nach dem die gesamte Anlage ja auch benannt war.

Grundsätzlich lobte der Kriegsökonomierat Frey die schöne Lage des Herzoggartens, vor allem dessen große Gartenfläche, als sehr gut geeignet für die Aufgaben eines militärischen Erziehungsinstituts. Gleichzeitig jedoch goß Frey einige bittere Wermuthstropfen ein. Er bezeichnete den baulichen Zustand als außerordentlich schlecht. Dachstuhl und Fußböden waren seiner Meinung nach völlig runiert und auch das Mauerwerk erschien ihm wenig tragfähig. Die Kosten für eine grundlegende Sanierung des Herzoggartens, dessen Bauwert auf rund 100 000 Gulden geschätzt wurde, bezifferte der Militärarchitekt auf die enorme Summe von 116 280 Gulden. Frey brachte deshalb eine Alternative in die Standortdiskussion ein und schrieb: »... *Wenn nach den Grundsätzen der allerhöchsten Regierung alles, was zum allgemeinen Nützlichen, zum Besten des Vaterlandes und zur Verschönerung der Kgl. Haupt- und Residenzstadt dient, dem Zwecke entsprechend, sohin die möglichst größte Vollkommenheit erreichen soll – wenn ein solches Institut, wie das Kadetten-Korps, ein Hauptzweig der Bildungsanstalt ist, auf welche der Staat so vieles aufwendet, so möchte es nur erlaubt sein (...) es möchte für das Kgl. Kadettenkorps ein ganz neues Gebäude in der neuen Vorstadt [Max-Vorstadt] angelegt werden.*« Einige gewichtige Gründe sprachen nach Ansicht des Kriegsökonomierats für eine solche Lösung: Die Kosten für die Einrichtung des Kadettenkorps im Wilhelminum oder im Herzoggarten seien zwischen 65 000 und rund 116 000 Gulden anzusetzen. Stocke man diese ohnehin schon hohe Summe um weitere 30 000 Gulden auf, so erhalte man für die Pflanzschule des Offiziernachwuchses ein ganz neues und vollständig auf den Zweck ausgerichtetes Gebäude.[11] Der Kommandant des Kadettenkorps v. Werneck war wiederum mit den Plänen des Kriegsökonomierates nicht einverstanden und plädierte für die Beibehaltung des Wilhelminums.[12] Damit sollte es in den folgenden Jahren auch sein Bewenden haben. Nach einer Beschreibung vom Dezember 1823 besaß das Kadettenkorps dort Dienstwohnungen für den Korpskommandanten und sieben Inspektionsoffiziere. Die Kadetten waren gemeinsam in einem großen Schlafsaal mit 160 Betten untergebracht. Hinzu kamen verschiedene Unterrichts- und Nebenräume.[13]

Als *Spiel-und Turnplatz* für die im Wilhelminum recht karg untergebrachten Kadetten kaufte die Armee im Frühjahr 1824 eine Wiese von fast fünf Tagwerk Fläche an der Türkenstraße gegenüber der schon im Bau befindlichen großen Infanteriekaserne. Wie aus dem Antrag des Kriegsministers v. Maillot hervorgeht, betrachtete man das Grundstück zugleich als Vorbehaltsfläche um zu einem späteren Zeitpunkt militärische Einrichtungen in die Max-Vorstadt verlegen zu können. Damit erschien auch der ansehnliche Kaufpreis von 19 965 Gulden gerechtfertigt. Im Sommer 1826 konnte dann das Kadettenkorps für seine Buben den lang ersehnten »Recreationsplatz« übernehmen. Dort hatte man ein hölzernes Gartenhaus errichtet, zwei überdachte Kegelbahnen, etliche Klettergerüste, vier große Schaukeln und zwei »Springböcke«. Mehrere Dutzend Bäume waren gesetzt worden und auch auf die Latrinen hatte man nicht vergessen.[14]

Im gleichen Jahr 1826 mußte das Kadettenkorps sein Domizil im Wilhelminum für die Universität zur Verfügung stellen, die König Ludwig I. von Landshut nach München verlegte. Übrigens hatte es schon zur Zeit König Max I. Josephs im Frühjahr 1823 Pläne gegeben, der Universität das Münchner Wilhelminum zu geben und das Kadettenkorps in den Herzoggarten zu transferieren.[15] Vermutlich holte Ludwig I. dann dieses Projekt einfach wieder aus der Schublade hervor. Am 15. April 1826 erklärte der König dem Innenministerium: »... Wegen des Cadettencorps Verlegung bin ich noch unentschieden (was jedoch keinen Einfluß auf die Universität hat). Von den Gründen die für Verlegung der Universität nach München sprechen, reden auch für Belassung des Cadettencorps daselbst. Nur in einer größern Stadt finden sich die Sprach- Tanz etc. Meister.«[16] Der sparsame Ludwig I. wählte den *Herzoggarten* als billigste Lösung für ein neues Domizil des Kadettenkorps, wobei er selbst von einem provisorischen Zustand ausging.[17]

Typisch für die Vorgehensweise Ludwigs I. war die Tatsache, daß er wieder einmal seinen königlichen Willen auf Kosten anderer Personen bzw. Institutionen durchzusetzen vermocht hatte. Denn der Herzoggarten gehörte weder zum königlichen Privatvermögen noch war er Staatseigentum. Eigentümer des Areals war als Inhaber des sogenannten »Herzog-Clementinischen-Secundogenitur-Fideikommiß« vielmehr der Bruder des Monarchen Prinz Karl von Bayern.[18] Der Prinz konnte aber seine Rechte als Fiduciar gegenüber Ludwig I. erst nach langwierigen Rechtsstreitigkeiten im Jahr 1841 durchsetzen.[19] Es ist also fraglich, ob Karl im Jahre 1826 aus Hochherzigkeit den ansehnlichen Besitz dem Kadettenkorps zur Verfügung stellte oder ob ihn Ludwig I. dazu nötigte bzw. den Fideicommiß schlichtweg ignorierte. Anzunehmen ist letzteres.

Ein Jahr später (1827) erwarb die Armee für einen Kaufpreis von 16 000 Gulden das sogenannte »Prielmayersche Haus« samt Garten. Dieses Areal schloß direkt an das Westende des Herzoggartens.[20] Nach dem Kauf des Prielmayer-Anwesens hielt der König den Spielanger bei der Türkenkaserne für überflüssig. Er befahl das Areal in Bauplätze zu parzellieren, wobei darauf zu achten sei, daß gegenüber der neuen Kaserne eine geschlossene Häuserzeile entstünde. Die dreizehn Bauplätze erbrachten einen Erlös von 41 472 Gulden.[21]

Wie das Hauptgebäude des Kadettenkorps, der »Herzoggarten«, in der Zeit Ludwigs I. eingerichtet wurde, zeigt eine Raumbelegungsliste aus dem Jahr 1831. Im vorderen Bau am

Karlsplatz befanden sich zu ebener Erde das Portierzimmer, die Strafstube (»Prison«), die Wohnungen des Hausmeisters und der Hausnäherin, die Waschküche, die Verwaltung, die Bibliothek nebst einer »Instrumentenkammer« sowie ein Unterrichtszimmer. Das gesamte 1. Stockwerk in diesem Gebäudeteil nahm die Dienstwohnung des Kommandeurs ein. Sie bestand aus dem Büro (»Rapportzimmer«), der Garderobe, einem »Gesellschaftszimmer«, dem Speisezimmer, einem Salon, einem Kabinett, zwei Wohnzimmern, einem Schlafzimmer. Hinzu kamen je ein Raum für die Ordonnanz und eine Dienstmagd, Küche und Speisekammer. Weit weniger komfortabel untergebracht waren acht junge Inspektionsoffiziere. Sie wohnten nämlich im Mansardengeschoß über der Kommandeurswohnung zwischen den Putz- und Rüstkammern. Im darauffolgenden zweigeschossigen Trakt, der eigentlich aus zwei Häusern bestand, lagen im Erdgeschoß das Monturmagazin, die Waffenkammer, der Fechtsaal, die Lehrmodellsammlung mit einem besonderen »Hörsaal zur Kriegswissenschaft«, zwei weitere Hörsäle und drei Räume zur Unterkunft der Bedienten. Außerdem war hier im Gebäude selbst eine Wasserentnahmestelle der alten Hofbrunnenleitung installiert. Im 1. Stockwerk befanden sich eine Offizierwohnung, ein Kadettenschlafsaal, neun Unterrichtszimmer, der Musiksaal und ein Zeichensaal. Das 2. Stockwerk beherbergte sechs Offizierwohnungen, einen weiteren Zeichensaal und ein recht umfangreiches Krankenrevier. Den Abschluß des langgestreckten »Herzoggarten«-Komplexes in westlicher Richtung bildete ein nur eingeschossiger Trakt. Er enthielt im Erdgeschoß die Küche und den großen Kadettenspeisesaal, darüber lag der zweite große Kadettenschlafsaal. Sämtliche Räume werden um 1831 als in gutem Zustande befindlich qualifiziert.[22]

Im Jahr 1834 sanierte man etliche Teile des Kadettenkorpsgebäudes für einen Betrag von mehr als 18 000 Gulden.[23] Das ist deshalb erwähnenswert, weil König Ludwig I. im allgemeinen ja Ausgaben für das Militärbauwesen in München tunlichst vermied. Es ist zugleich ein Anzeichen dafür, daß der Aufenthalt das Kadettenkorps im »Herzoggarten« nun doch für längere Zeit vorgesehen war. Um die Rechtslage abzusichern schloß Ludwig I. dann mit Wirkung vom 9. August 1841 mit seinem Bruder Prinz Karl einen Vertrag, in dem der Prinz auf Lebenszeit unentgeltlich zugunsten des Ärars auf die Nutzung des Herzoggartens verzichtete. Juristisch bedeutsam war dabei, daß der Staat aber nicht Eigentümer dieses Areals wurde und der Nießbrauch mit dem Ableben des Prinzen Karl erlöschen würde. Dieser Vertrag muß wohl in unmittelbarem Zusammenhang mit der oben erwähnten Regelung zwischen dem König und seinem Bruder Karl über den millionenschweren Clementinischen Fideikommiß in eben diesem Jahr 1841 gesehen werden.[24]

Im Juli 1852 kaufte die Armee ein in unmittelbarer Nähe zum Kadettenkorps gelegenes *Haus an der Luitpoldstraße* für eine bescheidene Summe von 4000 Gulden. Das Anwesen verfügte über einen Saal und achtzehn Zimmer. Es wurde vom Kadettenkorps zur Artillerieausbildung benutzt bzw. ab 1857 von der Artillerie- und Genieschule.[25] In diesem Zusammenhang muß kurz auf die Entwicklung der technischen Offizierausbildung in der Bayerischen Armee eingegangen werden. Abgesehen von der entsprechenden praktischen und theoretischen Unterweisung bei der Truppe nahm das Kadettenkorps seit jeher diese Aufgabe wahr. Sie wurde ab dem Jahr 1851 neu organisiert. Während bisher sämtliche Kadetten des Abschlußjahrgangs im Artillerie- und Geniewesen unterrichtet worden waren, wurde nun dieser Ausbildungszweig aus dem Curriculum des Kadettenkorps herausgenommen. Während die Offizieranwärter für die Truppengattungen Infanterie und Kavallerie nach dem allgemeinen Abschluß zu ihren Regimentern kamen, verblieben die frischgebackenen Junker der Artillerie und des Geniewesens noch für zwei weitere Studienjahre am Kadettenkorps zur Fachausbildung. Da sie aber nicht mehr der Kadetten-Hausordnung unterworfen waren, suchte man für diese Junker ein separates Domizil. Aus diesem Grunde kaufte man das Haus an der Luitpoldstraße, das sehr bald im dienstlichen Sprachgebrauch als »Junker-Haus« (sic) bezeichnet wurde. Auch nachdem mit dem Jahr 1857 eine eigenständige »Artillerie- und Genieschule« etabliert worden war, verblieb diese Lehreinrichtung im »Junker-Haus« bis zu ihrem Umzug in die Maxburg im Herbst 1867.[26]

Das sogenannte Junkerhaus wurde im Frühjahr 1868 renoviert und dem Geniekorps-kommando zugewiesen, das zuvor im dritten Stock eines Privathauses in der Karlstraße nur angemietete Büroräume besessen hatte. Nach einer Neuordnung der Quartierverhältnisse der Höheren Kommandobehörden in München im Jahr 1869 wurde das Junkerhaus als Teil des Kaufpreises für das neue Generalkommandogebäude abgegeben.[27]

Nachdem Prinz Karl von Bayern im Jahre 1875 verstorben war, stellte sich für das Kadettenkorps allmählich die Frage, wie künftig seine Rechtssituation als Inhaber des Herzoggartens geregelt würde. Dabei spielte die Familientragödie des Hauses Wittelsbach eine nicht unwichtige Rolle. Gemäß den Bestimmungen des Clementinischen Fidei-kommisses fiel dieses umfangreiche Vermögen, allein das Areal des Herzoggartens, ein kleiner Teil des Gesamtkomplexes, wäre im freien Immobilienverkehr zwei Millionen Goldmark wert gewesen,[28] dem jeweils zweitgeborenen Agnaten zu. Das war Prinz Otto von Bayern (1848 – 1916), der Bruder König Ludwigs II. Bei Otto zeigten sich aber gerade im Todesjahr seines Großonkels Karl akute Anzeichen schwerster psychischer Krankheit. Daher erhob der nach der Erbfolgeordnung nächste Agnat, nämlich Prinz Luitpold (1821 – 1912), Anspruch auf dieses millionenschwere Vermögen. König Ludwig II. entschied jedoch als Haupt des Hauses Wittelsbach im Herbst 1878 zugunsten seines geschäfts-unfähigen Bruders.[29] Welche Motive hinter dem Begehren Luitpolds und dem Entscheid Ludwigs II. verborgen lagen und welche Animositäten seitens Luitpolds und seiner Söhne gegenüber dem König entstanden sein mögen, kann hier nicht erörtert werden.

Die Armee mußte ab dem Frühjahr 1879 an die Vermögensverwaltung des Prinzen Otto für den Herzoggarten eine Jahresmiete von 22 000 Mark bezahlen. Nun wurden im Kriegs-ministerium die ersten Überlegungen angestellt, das Kadettenkorps und zugleich auch die übrigen Militärbildungsanstalten auf das Marsfeld zu verlegen.[30] Zum Jahresende 1879 wies König Ludwig II. die Kuratoren des Prinzen Otto an, der Herzoggarten solle verkauft werden. Dies konnte gemäß einer letztwilligen Verfügung des Prinzen Karl nur ungeteilt und zu Staatszwecken geschehen. Nachdem sich das Justizministerium für das Areal zu ernsthaft zu interessieren begann, rückte das Kriegsministerium wieder von seinen Neubauplänen am Marsfeld ab. Ausschlaggebend dafür waren folgende Überlegungen: Die verschiedenen Militärbildungsanstalten hingen funktional eng zusammen, da die Lehrkräfte zumeist an allen Instituten Stunden hielten. Eine Verlegung allein des Kadettenkorps vor die Stadt scheide daher aus, da die Entfernung zwischen Marsfeld und Max-Burg für die Lehrkräfte zu groß zum ständigen Pendeln sei. Für eine komplette Verlagerung aller Militärbildungsanstalten fehle aber das Geld. Also erwäge man den Ankauf des Herzoggartens und die Sanierung des dortigen Kadettenkorps.[31]

Die Absicht der Armee, am Karlsplatz zu bleiben, wurde von Ludwig II. unterstützt. Er verlangte freilich eine Kaufsumme von mehr als 1,7 Millionen Mark und erhob die Forderung, daß auf dem Areal ein »... der Stadt zur Zierde gereichender Monumentalbau aufgeführt« werde. Diese Äußerung kann wohl als Indiz für ein Interesse Ludwigs II. an München gewertet werden.[32]

Nicht das Kriegsministerium, sondern das Finanzministerium kaufte dann aber im Herbst 1880 den Herzoggarten.[33] Schließlich wich das langgestreckte, niedrige »Clemensschlößl«

samt dem benachbarten »Prielmayerhaus« im Jahr 1890 dem neuen Münchner Justizpalast, da sich die Armee 1885 doch für eine Verlegung der Militärbildungsanstalten auf das Marsfeld entschied.[34]

Anmerkungen:

1 Zur Geschichte des Königlich-Bayerischen Kadettenkorps und seiner Vorläuferinstitutionen gibt es einen umfangreichen Literaturbestand; genannt seien: A. v. Schoenhueb, Geschichte des k. b. Kadetten-Korps. Aus Originalquellen verfaßt zur hundertjährigen Jubelfeier, München 1856; F. Teicher, Das k. b. Kadettenkorps, München 1889; Das ehemalige Bayerische Kadettenkorps (»Das Bayerland« Heft 15 (1936); L. Kuchtner, Das Königlich Bayerische Kadettenkorps. Ein Rückblick auf die einstige Erziehungsstätte 200 Jahre nach ihrer Gründung, München 1959; E. Aichner, Das Bayerische Kadettenkorps 1756 – 1920 (Veröffentlichungen des Bayerischen Armeemuseums Bd. 3), Ingolstadt 1981.

2 J. Kempf, Gebäude zur Unterkunft und Erziehung des Bayerischen Kadettenkorps, in: Das Bayerland 15 (1936), S. 457 – 462

3 Biller/Rasp, München. Kunst- und Kulturlexikon, München 1972 (neubearb. 1985), S. 162

4 Vgl. den Abschnitt »Lehel-Kaserne«

5 MKr. 9003 Prod. 1, Kurf. Reskript an KadettenkorpsKdo am 20. Juli 1805 (Besichtigung des Seminariums betr.); Prod. 2, KM am 21. Juni 1806; Prod. 5, KadettenkorpsKdo am 16. April 1806 (Bitte um zusätzliche Überlassung der Predigerwohnung bei St. Michael)

6 MKr. 9003 Prod. 29, Gutachten des Kriegsökonomierats Frey vom 1. Februar 1809

7 Ebd. Prod. 29, KadettenkorpsKdo an KM am 21. Febr. 1809

8 Ebd. Prod. 21, FinM an KM am 25. Nov. 1808

9 Ebd. Prod. 22, Kgl. Reskript an KÖR vom 23. Jan. 1809; Prod. 27, Kgl. Reskript an KÖR vom 27. März 1809

10 Ebd. Prod. 29, Gutachten des Kriegsökonomierats Frey vom 6. März 1809

11 Ebd.

12 Ebd. Prod. 29, KadettenkorpsKdo an KM am 4. Mai 1809

13 Ebd. Prod. 75, KadettenkorpsKdo am 23. Dez. 1823

14 MKr. 9005 Prod. 1, Kaufbrief vom 28. April 1824 zwischen dem bürgerlichen Branntweinfabrikanten Franz Amberger und dem Militär; Prod. 2, KM an König Max I. Joseph am 5. Mai 1824 mit Kgl. Signat (undat.); Prod. 6, KM an ArmeeKdo am 10. Mai 1825; Prod. 13, KadettenkorpsKdo an KM am 6. Aug. 1826

15 MKr. 9003 Prod. 63 (Beil.), Protokoll über die Sitzung des kgl. Ministerrates vom 24. Jan. 1823 i. O. gez. von König Max I. Joseph

16 Signate König Ludwigs I. Bd. 1: 1825 – 1831 hg. von A. Kraus, München 1987, Kgl. Signat an InnM am 15. April 1826 Nr. 047 (1826)

17 Ebd. Kgl. Signat an InnM am 24. Juli 1826 Nr. 105 (1826)

18 MKr. 9009 Prod. 3, KadettenkorpsKdo an KM am 11. Mai 1853

19 H. Gollwitzer, Ludwig I. von Bayern, München 1986, S. 324

20 MKr. 9009 Prod. 114, Gutachten des KM vom 6. Aug. 1865

21 MKr. 9005 Prod. 18, Kgl. Kabinettsorder, dat. München 19. März 1827; Prod. 28, KM an König Ludwig I. am 30. Juli 1827 mit Kgl. Signat, Bad Brückenau 6. Aug. 1827

22 MKr. 9007 Prod. 2, 1. GenieDir München am 16. Dez. 1831

23 Ebd. Prod. 7, Spezialbaukommission für das Kadettenkorps an KM am 6. 11. 1834

24 MKr. 9009 Prod. 3, KadettenkorpsKdo an KM am 11. Mai 1853

25 MKr. 9009 Prod. 114, Gutachten des KM vom 6. Aug. 1865; Prod. 120, GeniekorpsKdo an KM am 17. Aug. 1867

26 K. v. Oelhafen, Geschichte der königlich bayerischen Artillerie- und Ingenieurschule, München 1882, S. 15 – 22, insb. S. 16; vgl. auch den Abschnitt »Maxburg«

27 MKr. 9009 Prod. 124, KM an GenKdo München am 18. Okt. 1867; Prod. 127, GeniekorpsKdo an KM am 21. April 1868; Prod. 130, Vermerk des KM vom 11. April 1869; vgl. auch den Abschnitt »Generalkommandogebäude an der Königinstraße«. Wenn man den Ankaufswert von 4000 fl. (1852) mit dem Verkaufswert von 19 500 fl. (1869) vergleicht, kann man beispielhaft das Steigen der Immobilienpreise in München ersehen!

28 MKr. 9009 Prod. 159, Abschrift eines Gutachtens des Interims-Kurators v. Hofmann vom 15. Aug. 1878

29 Mkr. 9009 Prod. 163, Ministerium des Kgl. Hauses und des Äußeren an KM am 19. Dez. 1878 mit einer Abschrift der Entscheidung König Ludwigs II. über die Sukzession im Clementinischen Fideikommiß, dat. München 3. Nov. 1878. Zur Krankheit Ottos vgl. B. Hubensteiner, Bayerische Geschichte, München 1977, S. 422; A. Beckenbauer, Ludwig III. von Bayern, Regensburg 1987, S. 46 f.

30 MKr. 9009 Prod. 174, Verhandlungsprotokoll zwischen den Kuratoren des Prinzen Otto von Bayern (Obersthofmarschall Ludwig v. Malsen und General d. Inf. Sigmund v. Pranckh) und Kriegsminister General d. Inf. Josef v. Maillinger vom 1. März 1879; Prod. 172, Notiz im KM vom 14. März 1879

31 MKr. 9009 Prod. 193, Abschrift eines Kgl. Handbillets an das Min des Kgl.Hauses und des Äußeren, dat. Hohenschwangau 30. Nov. 1879; Prod. 196 (Beil.), JustizMin an Min des Kgl. Hauses und des Äußeren am 6. Dez. 1879 (Abschrift); Prod. 194, KM an Min des Kgl. Hauses und des Äußeren am 7. Dez. 1879
32 Ebd. Prod. 200, Abschrift eines Kgl. Billets, dat. Hohenschwangau 30. Dez. 1879
33 Ebd. Prod. 224, Abschrift des Kaufvertrages zwischen FinM und der Vermögensadministration des Prinzen Otto über 1 787 380 Mark vom 7. Okt. 1880
34 Vgl. den Abschnitt »Militärbildungsanstalten auf dem Marsfeld«

Das Kriegsschulgebäude in Schwabing

Die bayerische Armee verfügte bis in die zweite Hälfte des 19. Jahrhunderts über keine Lehrinstitution zur eigentlichen Offizierausbildung. Man verließ sich auf die ziemlich theoretische Wissensvermittlung des Kadettenkorps und bei den direkt aus der Truppe hervorgehenden Junkern umgekehrt auf ihre praktische Erfahrung. So fehlte einem Teil des Offiziernachwuchses die Kenntnis des praktischen Dienstes, während es dem anderen Teil an Allgemeinbildung und militärwissenschaftlichen Kenntnissen mangelte. Letzteres hielt man für das gravierendere Problem. Um diesen Mißstand zu beseitigen, wurde offiziell durch ein Signat König Max II. vom 30. Juli 1858 die sogenannte »Kriegsschule« gegründet. Sie war für die älteren, aus der Truppe hervorgegangenen Offizieranwärter gedacht und sollte ihren Sitz in München erhalten.[1]

Nun war die Kriegsschule zwar gegründet, doch noch kein Dienstlokal für sie vorgesehen. In einer internen Denkschrift des Kriegsministeriums vom 7. August 1858 hielt man folgende Raumausstattung für zweckmäßig: jeweils ein Bürozimmer für den Schulkommandeur, seinen Adjutanten und einen Militärverwaltungsbeamten; ein »Kommissionszimmer«, das zugleich die Lehrmittelsammlung beherbergen sollte; ein großes Zimmer als Dienstwohnung für den Aufsichtsoffizier; eine kleine Wohnstube für zwei Schuldiener (Unteroffiziere); zwei Hörsäle mit jeweils dreißig Sitzplätzen; einen Zeichensaal mit ebenfalls dreißig Arbeitsplätzen; acht Wohnzimmer für die Kriegsschüler mit jeweils maximal acht einmännigen Bettladen. Hinzu kamen natürlich noch die notwendigen Nebenräume wie Küche, Speisekammer, Holzlege, Putzkammer, Abtritten und gegebenenfalls einen kleinen Stall für die Pferde der Lehroffiziere. Eine derartige Raumausstattung konnte in keinem Münchner Militärgebäude freigemacht werden. Daher war die Anmietung oder der Kauf eines Privathauses notwendig.[2] Es ist zu bemerken, daß zu diesem Zeitpunkt die Kapazität der Kriegsschule bewußt auf maximal 64 Kursteilnehmer festgesetzt wurde und nicht etwa eine schon vorhandene Raumsituation die Zahl der Kriegsschüler beschränkt hätte.[3]

Diesen funktionalen Rahmen legte Kriegsminister v. Manz im August 1858 dem König zur Genehmigung vor. Kernpunkt war die Unterbringungsfrage: »... Da aber die Benützung einer Caserne für diesen Zweck dem eigentlichen Wesen der Schule sowohl bezüglich des Unterrichts und der Übungen als insbesondere wegen der hier sorgfältigst zu leitenden Beaufsichtigung auch ausser dieser [Unterrichts-]Zeit entgegenstehen dürfte, und überdieß *die Casernen der Garnison München, welche kaum die Bedürfnisse des gewöhnlichen Präsentstandes decken, auch ihrer Beschaffenheit nach eine solche Benützung weder rätlich noch thunlich erscheinen lassen, so möchte hier nur das Miethen oder der Ankauf eines entsprechenden Gebäudes erübrigen.«* Manz plädierte dabei entschieden für einen Kauf, da man ansonsten von den Launen eines privaten Hausbesitzers abhängig wäre. Für etwa 18 000 bis 24 000 Gulden müsse auch in München ein geeignetes Objekt wohl zu erwerben sein. Der König billigte diesen Plan, unter dem Vorbehalt, den etwaigen Kaufvertrag persönlich ratifizieren zu wollen.[4]

Noch im August 1858 wurde man bei der Suche nach einem geeigneten Haus fündig. Der mit dieser Aufgabe betraute Ingenieurleutnant Gaab vom Genie-Korps-Kommando schlug das Anwesen Nr. 7 an der Schwabinger Landstraße, der späteren Leopoldstraße, vor. Es gehörte der Witwe Maria Petz und war nach einer früheren Verwendung als »Schmutzer'sches Kaffeehaus« bekannt.[5] Der König billigte den Erwerb dieses Hauses und die notwendigen Umbaumaßnahmen am 3. September 1858.[6] Bereits drei Tage später wurde das Gebäude um 20 000 Gulden Eigentum des Militärärars. Um diesen recht günstigen

Preis zu erzielen, hatte sich das Kriegsministeriums eines zivilen Strohmannes bedient. Der Münchner Maurermeister Joseph Bürkel hatte das Haus ohne Wissen der Verkäuferin im Auftrag der Armee erworben und erhielt dafür eine Gratifikation von 100 Gulden. Durch diesen Trick hatte sich der Militärärar etwa 2000 Gulden gespart, da gegenüber dem vermeintlich reichen Staat bei solchen Transaktionen stets mehr gefordert wurde als von privaten Interessenten.[7] Übrigens versuchte das Kriegsministerium dann auch beim Grunderwerb für die Max-II-Kaserne im Jahr 1860 Bürkel als Strohmann einzusetzen, doch ohne Erfolg.[8]

Das Haus an der Schwabinger Landstraße stand etwa dort, wo sich heute ein Komplex der Ludwig-Maximilians-Universität mit Seminargebäude, Studentenwerk und Mensa befindet. Eine hölzerne Brücke bildete den Zugang über den Straßengraben zum Anwesen. Es war teils mit Staketten, teils mit Planken sowie einer Hecke umzäunt. Stadteinwärts grenzte das Grundstück an den Garten der Villa des Prinzen Adalbert von Bayern (1828 – 1875). Ansonsten war es nur von Wiesen, Gärten und Ackerland umgeben. Das eigentliche *Hauptgebäude* war nicht groß, doch villenartig zu nennen. Vom mit Bäumen bestandenen Hof erreichte man das Parterre an der ostwärtigen Stirnseite über eine Freitreppe. Eine ähnliche Freitreppe war an der nördlichen Langseite angebaut. Das Haus war an der Straßenfront knapp siebzehn Meter breit, fast neunzehn Meter lang und mit gut neun Metern vom Sockel bis zum Gesimse verhältnismäßig hoch. Es besaß ein gut ausgebautes Souterrain mit drei Zimmern und drei Kellerräumen. Im erhöhten Erdgeschoß lagen vier Zimmer, Küche, Speisekammer und zwei Abtritte. Das Obergeschoß enthielt sieben Zimmer und zwei Abtritte. Darüber lag der Dachspeicher. Die Militärlokalbaukommission stellte im Oktober 1858 zufrieden fest: »… Das ganze Gebäude ist durchaus solide gebaut, sowohl in seinem Mauerwerk, als in seinem inneren Ausbau.« Parallel zum Hauptgebäude lagen links und rechts je ein *Nebengebäude*, beide jeweils achtzehn Meter lang und knapp sechs Meter breit. Das südliche, ebenerdige Nebengebäude hatte als Stallung für etliche Kühe und Pferde gedient und war nun nach Durchbruch der Zwischenmauern als Zeichensaal vorgesehen. Das nördliche, mit einem Obergeschoß versehene, Nebengebäude verfügte über eine Remise, eine Waschküche, und zwei Zimmer im Erdgeschoß, sowie vier Zimmer und einen Abtritt im Obergeschoß. Ferner gehörten zum Anwesen ein Baumgarten mit zwei Sommerhäuschen (»Salettl'n«), ein Gemüsegarten und eine kleine Wiese. Insgesamt umfaßte das Grundstück immerhin eineinhalb Tagwerk.[9]

Im Zeitraum vom 26. Oktober bis zum 23. Dezember 1858 wurden die Gebäude mit einem Kostenaufwand von 3330 Gulden für die besonderen Bedürfnisse der Kriegsschule umgebaut.[10] Leider enthält die einschlägige Bauakte kein Belegungsverzeichnis, doch ist davon auszugehen, daß sich im Obergeschoß des Hauptgebäudes die Unterkunftsräume der Kriegsschüler befanden, im Erdgeschoß vermutlich die Wohnung des Aufsichtsoffiziers und die Hörsäle. Das südliche Nebengebäude war nachweislich als Zeichensaal eingeplant, so daß für das nördliche Nebengebäude eine Verwendung als Dienstkanzlei und Wohnung für Hausmeister und bzw. Ordonnanzunteroffiziere angenommen werden könnte. Jedenfalls dürften es die ganz realen Umbauarbeiten und nicht etwa Schwierigkeiten mit der Lehrplangestaltung gewesen sein, die dazu führten, daß der Unterrichtsbetrieb der Münchner Kriegsschule erst am 1. Dezember 1858 mit nur siebzehn Schülern begann, anstatt mit sechzig Kursteilnehmern schon Mitte September 1858, wie beim Planungsstand Mai 1858 vorgesehen.[11]

Nur wenige Monate Arbeitszeit waren dem ersten Lehrgang an der Kriegsschule vergönnt. Bei Beginn der Mobilmachung von 1859 wurde der Lehrbetrieb eingestellt und der Baukomplex als provisorische Infanteriekaserne genutzt.[12] Auch bei Beginn des Krieges von 1866 wurde der Unterricht an der Kriegsschule sofort beendet. Diesmal wurde in den Gebäuden ein *Filialspital des Münchner Militärkrankenhauses* für Leichtkranke und Rekonvaleszenten eingerichtet. Dieser Verwendungszweck wurde auch nach Kriegsende auf Weisung des Kriegsministeriums beibehalten.[13] Zum Jahresende 1866 wurde die Wiederaufnahme des Lehrbetriebes der Kriegsschule in der Herzog-Max-Burg angeordnet.[14]

Als Militärlazarett blieb das ehemalige Kriegsschulgebäude auch in den folgenden Jahren in steter Nutzung, wobei neben dem gestiegenen Präsenzstand der Garnison ab 1868 natürlich auch der Ausbruch des Krieges von 1870/71 eine gewichtige Rolle spielte. Nach dem Baubeginn des großen Militärkrankenhauses bei der Max-II-Kaserne war aber ein Ende der medizinischen Belegung des Komplexes an der Schwabinger Chaussée abzusehen.

In dieser Zeit erwarb Prinz Leopold von Bayern (1846 – 1930) als Major im 1. Kürassier-Regiment von seinem Onkel Adalbert die Villa neben dem »Kgl. Filial-Militärspital«. Im Sommer 1872 teilte der persönliche Adjutant des Prinzen Leopold, der Hauptmann v. LaRoche dem Kriegsministerium den Wunsch des Prinzen mit, bei einer etwaigen Veräußerung des Filialspitals dieses Areal zur Arrondierung seines Besitzes kaufen zu wollen.[15] Tatsächlich wurde das Lazarett, im dem sich nur noch zehn transportfähige Leichtkranke befunden hatten, dann am 8. Juli 1872 geräumt, da es durch die Bettenkapazität des neuen Militärkrankenhauses überflüssig geworden war.[16]

Am 7. August 1872 genehmigte König Ludwig II. den Antrag des Kriegsministers v. Pranckh zum Verkauf der ehemaligen Kriegsschule bzw. Spitals an den Meistbietenden.[17] Zu der öffentlichen Versteigerung am 23. August 1872 fand sich aber nur ein Bevollmächtigter des Prinzen Leopold ein. Dieser erhielt für das Mindestgebot von 41 800 Gulden, das dem amtlichen Schätzwert entsprach, den Zuschlag.[18] Der ehemalige Militärkomplex wurde zum Bestandteil des »*Palais Leopold*«, in das der Wittelsbacher Prinz im Jahr 1873 seine Gattin Erzherzogin Gisela von Österreich (1856 – 1932), die Tochter Kaiser Franz Josephs, holte. Noch im gleichen Jahr 1873 wurde der vom Palais Leopold zum Englischen Garten führende Fahrtweg in »Giselastraße« benannt. Nach der Eingemeindung der Stadtgemeinde Schwabing zur Haupt- und Residenzstadt München anno 1890 wurde die bisherige Schwabinger Landstraße in »Leopoldstraße« umbenannt.

Anmerkungen:

1 Zu den Anfängen der Münchner Kriegsschule: R. Förster, Die Leistungsfähigkeit der bayerischen Armee im Feldzug 1866. Dargestellt an der militärischen Ausbildung vor dem Krieg, Magisterarbeit Univ.München 1987, S. 53 – 60. Ältere Literatur: E. v. Schelhorn, Die königlich bayerische Kriegsschule in den ersten 25 Jahren ihres Bestehens, München 1883.

2 MKr. 8855 Prod. 1, Vortrag im KM am 7. Aug. 1858

3 Vgl. hingegen Förster (wie Anm. 1), S. 55 und S. 59

4 MKr. 8855 Prod. 2, KM an König Max II. am 12. Aug. 1858 mit Kgl. Signat, dat. Berchtesgaden 16. Aug. 1858

5 Ebd. Prod. 3, Vortrag im KM am 27. Aug. 1858

6 Ebd. Prod. 4, KM an König Max II. am 28. Aug. 1858 mit Kgl. Signat, dat. Berchtesgaden 3. Sept. 1858

7 Ebd. Prod. 5, KM an FinM am 16. Sept. 1858; Prod. 6, Vortrag im KM am 19. Sept. 1858; Prod. 9, KM an 1. Armee-Division am 1. Okt. 1858

8 Vgl. den Abschnitt »Max-II-Kaserne«

9 MKr. 8855 Prod. 12, Militärlokalbaukommission München am 28. Oktober 1858

10 Ebd. Prod. 18, KdtMünchen an 1. Armee-Division am 29. Dez. 1858

11 Vgl. hingegen Förster (wie Anm. 1), S. 56

12 MKr. 8855 Prod. 31, KdtMünchen am 10. Okt. 1860

13 Ebd. Prod. 47, Vortrag im KM am 5. Sept. 1866; Prod. 49, KM am 5. Dez. 1866

14 Ebd. Prod. 50, KM am 30. Dez. 1866
15 Ebd. Prod. 56, Hptm v. La Roche i. A. des Prinzen Leopold von Bayern an KM am 3. Juni 1872
16 Ebd. Prod. 59, KdtMünchen an KM am 8. Juli 1872
17 Ebd. Prod. 64, KM an König Ludwig II. am 4. Aug. 1872 mit Kgl. Signat, dat. Schloß Berg am 7. d. Mts.
18 Ebd. Prod. 67, General-Militär-Hauptkasse an KM am 24. Aug. 1872

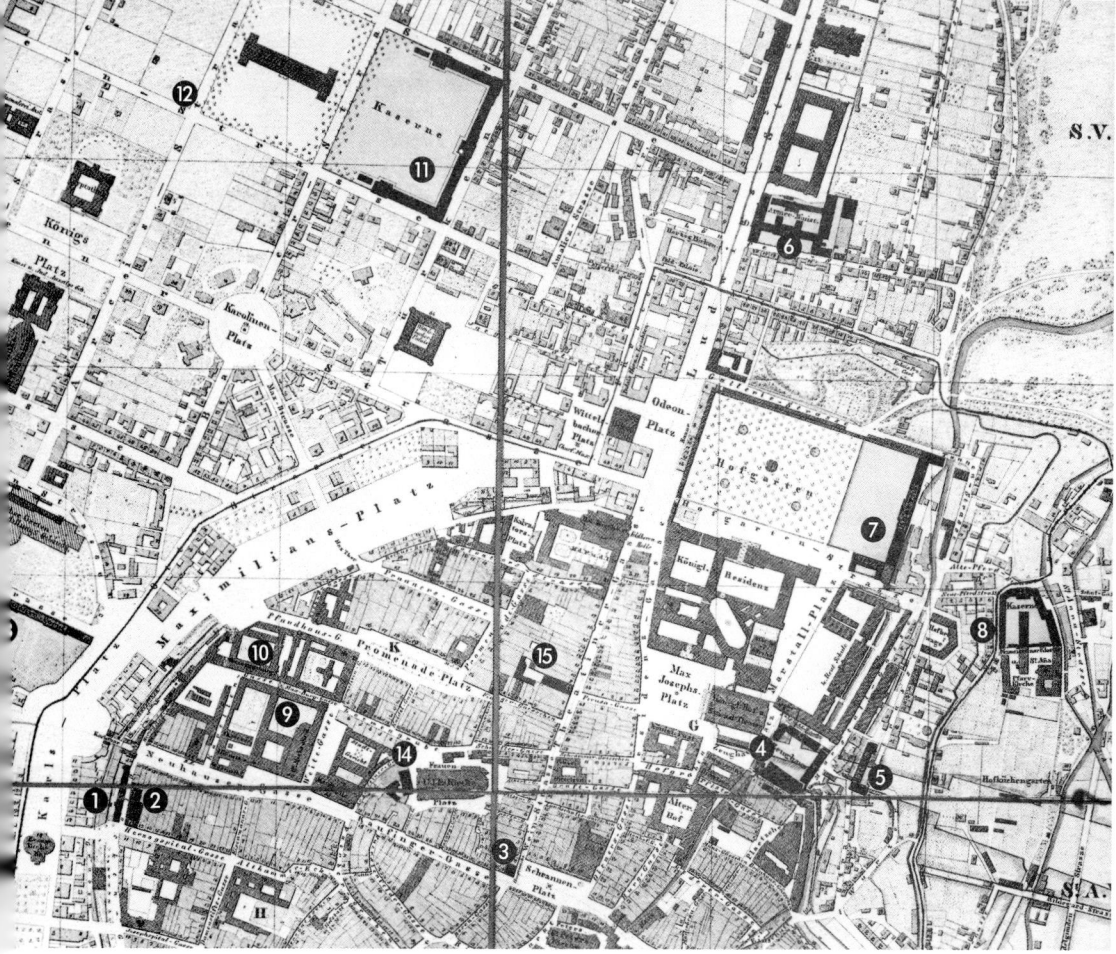

Militärgebäude in München um 1850

1 = Kreuzkaserne (spätes 17. Jahrhundert – 1883) in der Herzog-Wilhelm-Straße
2 = Altes Provianthaus (18. Jahrhundert – 1877) an der Herzogspitalstraße
3 = Alte Hauptwache (1771 – 1868) am Marienplatz
4 = Altes Zeughaus (frühes 17. Jahrhundert – 1863)
5 = Kost-Torkaserne (frühes 18. Jahrhundert – 1855) (Maximilianstraße)
6 = Kriegsministerium (1825 bzw. 1794 (Bohrhaus) – 1919)
7 = Hofgartenkaserne und Seidenhaus (1804 bzw. 1803 – 1893)
    Bayerisches Armeemuseum (1906 – 1945)
8 = Lehel-Kaserne (1805 – 1901) am St.-Anna-Platz
9 = Wilhelminum (Kadettenkorps: 1775 – 1826)
10 = Maxburg (Teile: 1804 – 1857 und 1867 – 1919)
11 = Türkenkaserne (1824 – 1919)
12 = Militärbaracken in der Max-Vorstadt (1815 – 1858) an der Arcisstraße
13 = Kadettenkorps (1826 – 1890)
14 = Kaserne im Dechanthof (1848 – 1866) bei der Frauenkirche
15 = Stadtkommandantschaft (1848 – 1904) in der Theatinerstraße

Quelle: Kriegsarchiv C7, Stadtplan von München (1852) mit Ergänzungen (1853); bearbeitet vom Verfasser.

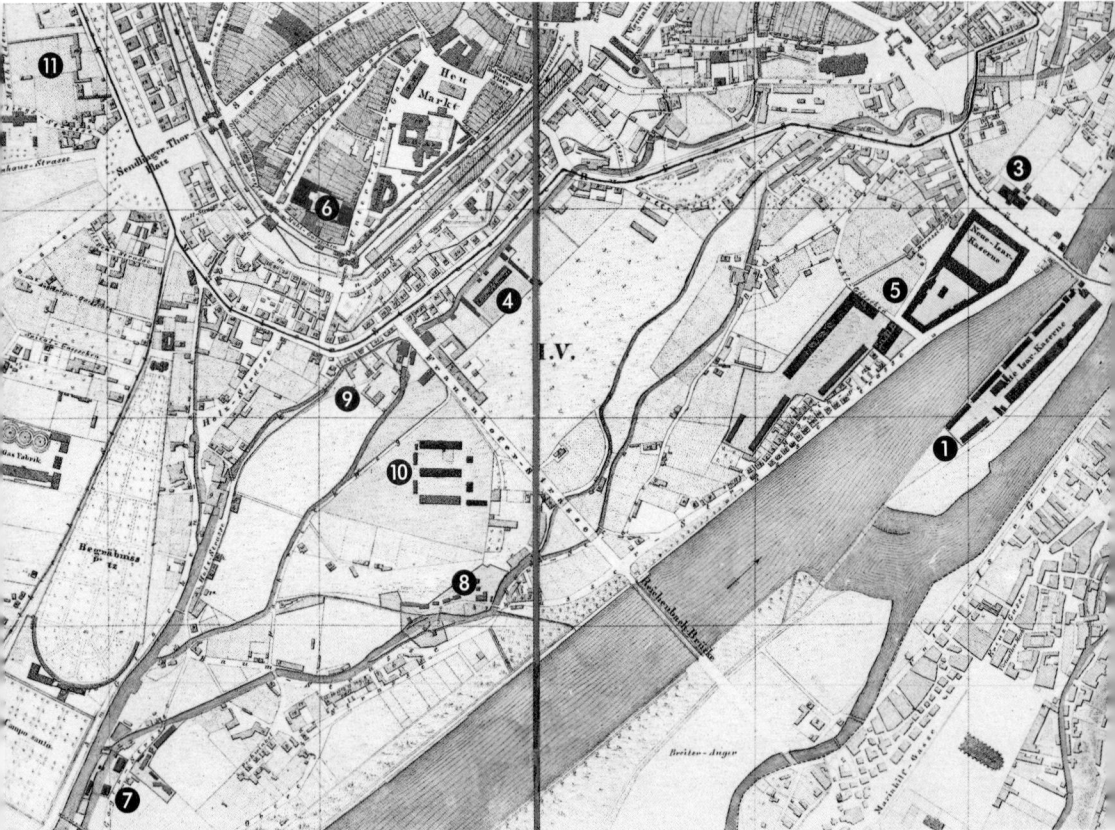

Militärgebäude in München um 1850

1 = Alte Isarkaserne (frühes 18. Jahrhundert – 1892) auf der Kohleninsel
2 = Alter Militärmaterialhof (18. Jahrhundert – 1811)
3 = Altes Fouragemagazin (18. Jahrhundert – 1875) an der Zweibrückenstraße
4 = Altes Militärkrankenhaus (1777 – 1885) an der Müllerstraße
5 = Neue Isarkaserne (1813 – 1902)
6 = Altes Stadtkrankenhaus am Anger (Kaserne 1816 –1824; Armee-Monturdepot 1848 –1873)
7 = Pulvermühle Nr. II (17. Jahrhundert) bzw. Zeughausfilialwerkstätten (1844 – 1866)
8 = Pulvermühle Nr. I (17. Jahrhundert), spätere „Normalpulverfabrik" (1834 – 1883; in Betrieb bis 1865)
9 = Militärmahl- und Schneidmühle (1817 – 1871 (ab 1830 für Privatnutzung verpachtet))
10 = Provisorische Zeughauswerkstätten (1852 – 1866)
11 = Ehem. Elisabethinerinnenkloster (Kaserne 1816 – 1819)

Quelle: Kriegsarchiv C7, Stadtplan von München (1852) mit Ergänzungen (1853); bearbeitet vom Verfasser.

Peter von Hess (1792 – 1871); Aquarellierte Federzeichnung: „Eingang in das Lustlager bey München" (1813) auf dem Oberwiesenfeld.

Quelle: Münchner Stadtmuseum M II/ 1261

Die Luftaufnahme aus dem Ersten Weltkrieg zeigt einen großen Teil des Kasernenviertels zwischen Schwabing bzw. Neuhausen und dem Oberwiesenfeld.
Man erkennt: 1) Standortübungsplatz Oberwiesenfeld, 2) sog. „Barackenkasernement Oberwiesenfeld", 3) sog. „Barbarasiedlung", 4) Bekleidungsamt I.A.K., 5) Luftschifferkaserne, 6) Artilleriewerkstätten, 7) Zeughaus, 8) Proviantamt, 9) Lazarett, 10) Areal der Max-II-Kaserne, 11) Traindepot des I.A.K. und 12) ein Hilfslazarett (X: Leonrodplatz; O: St.-Benno-Kirche).

Quelle: Kriegsarchiv BS II 5, 51 Schwarz

Biwak bayerischer Artillerie vor der Max-II-Kaserne bei der Mobilmachung zum Feldzug nach Frankreich im Sommer 1870.
Quelle: Münchner Stadtmuseum M III/290

Eine Gruppe kleiner Kadetten beim Stadtbummel um 1835. Ihr aufsichtführender „Fahnenkadett" blickt zum Hofgartentor.
Lithographie von Dietrich Monten (1799 – 1843) im gemeinsam mit Heinrich Eckert herausgegebenen Uniformwerk „Das deutsche Bundesheer" (Tafel 385).
Quelle: verschiedene Nachdrucke, u. a. Georg Ortenburg (bearb.), Dortmund 1990 (Harenberg), S. 539

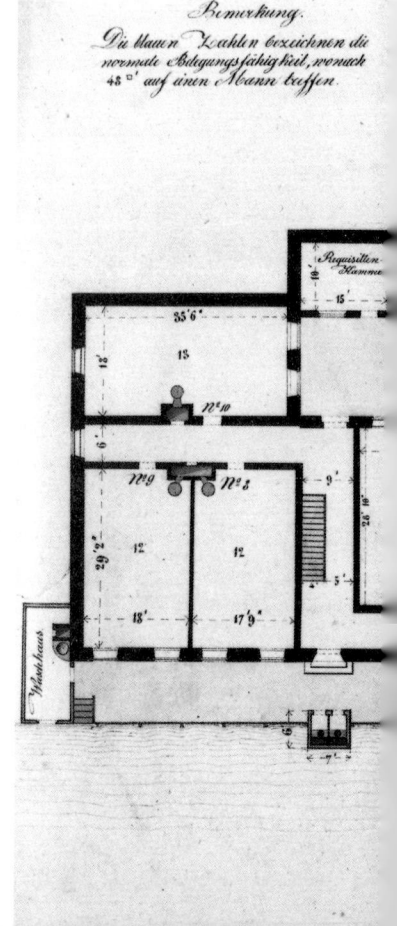

Das Hauptgebäude der Alten Isarkaserne in Längssicht der Westfassade mit einem Querschnitt durch den südlichen Querflügel. Die Kaserne entsprach, anders als die Kost-Torkaserne, dem Mittelgangsystem und ihr Erdgeschoß beinhaltete größtenteils Pferdeställe.

Quelle: Kriegsarchiv PIS München 219 (Ausschnitt)

Nach diesem Plan der Kost-Torkaserne stand für jeden Soldaten eine Nutzfläche von nur drei Quadratmetern zur Verfügung, freilich eingerechnet auch den Platzbedarf für Mobiliar und Zimmerutensilien. Die Latrinen befanden sich in separaten Hütten direkt über dem Stadtbach (unten im Bild).

Quelle: Kriegsarchiv PIS München Nr. 371 (Ausschnitt) Grundriß der Kost-Torkaserne

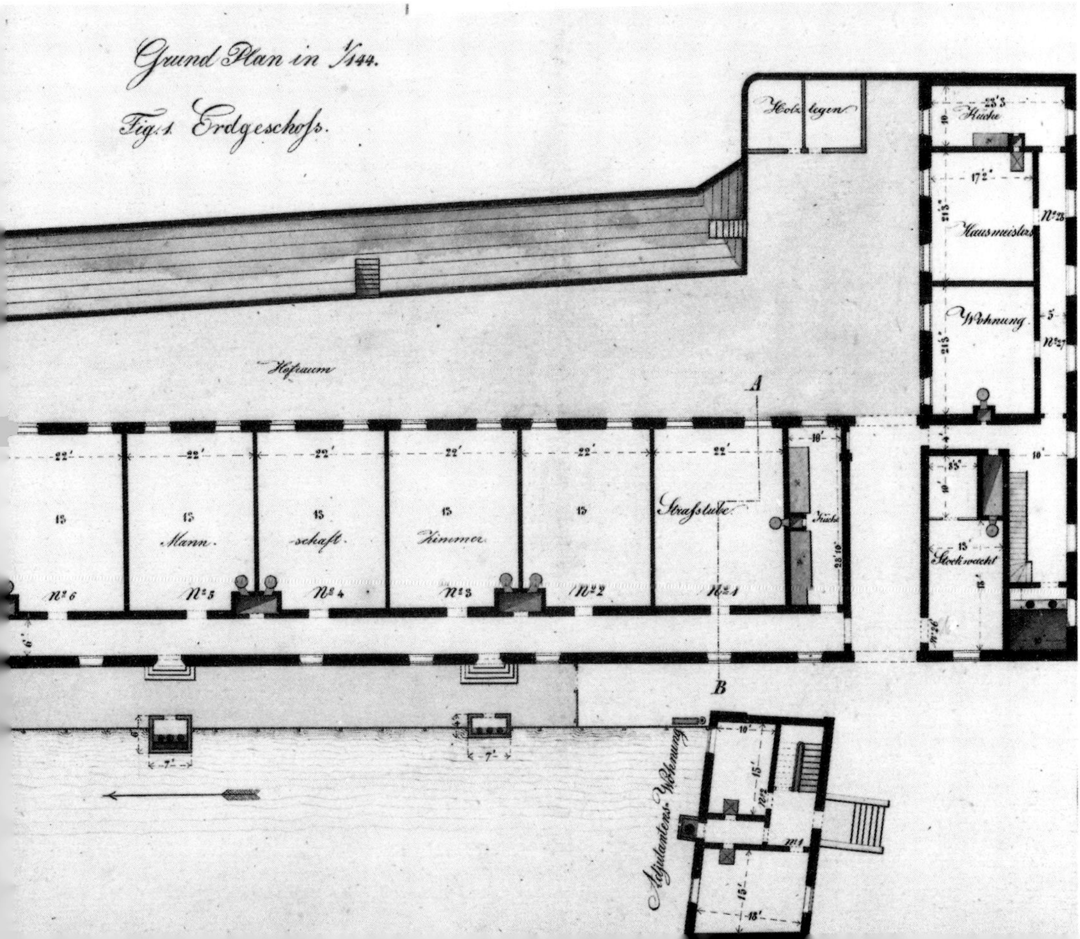

Blick auf den letzten Rest der hier bereits zum Militärgefängnis umgebauten „Kreuzkaserne" (links im Bild) um 1840. Im Hintergrund der 1857 zerstörte Hauptturm des Karlstors (Neuhauser Tor). In der heutigen Herzog-Wilhelm-Straße, einstmals „Kaserngasse" genannt, stehen Schilderhäuschen. Gegenüber der Kreuzkaserne sieht man das Alte Provianthaus an der Ecke zur Herzogspital-straße.
Quelle: Zeitschrift „Das Bayerland" 47. Jahrgang (1936), Heft 15, S. 459

Das Hauptgebäude der Alten Isarkaserne auf der Kohleninsel um 1895. Das Areal gehörte seit 1888 der Stadt München und beherbergte u. a. von 1894 bis 1914 das städtische Wehramt. Die hölzer-nen Stallbaracken entlang dem Flußufer sind zum Zeitpunkt der Aufnahme schon der Neugestal-tung des Uferrandes gewichen.
Quelle: Stadtarchiv München Neg.Nr. R 2035–I–19

Die rückwärtige Front der Hofgartenkaserne grenzte an den Köglmühlbach. Vorne im Bild die aus dem 14. Jahrhundert stammende Köglmühle, die dann 1890 zu einem kleinen Wasserkraftwerk umfunktioniert wurde. Das niedrige Gebäude am rechten Bachufer war der »Löwenstall«, eine Residenzstallung aus dem 18. Jahrhundert, die zwischen 1801 und 1812 vom Militär benützt wurde.

Quelle: Münchner Stadtmuseum Z 3441a

Die Seidenhauskaserne wurde 1796 als Manufaktur erbaut. Im Hintergrund die Hofgartenkaserne.
Quelle: Oskar Illing, Das K. B. Infanterie-Leib-Regiment 1814 bis 1914, München 1914, S. 143 (Verlag Wolf & Sohn, München)

Das Hauptgebäude der Lehel-Kaserne um 1825.
In der Mitte die damalige Pfarrkirche St. Anna der Vorstadt Lehel (offiziell: St. Anna-Vorstadt).
Links davon der ehemalige Konventbau des Hieronymitanerklosters. Rechts der stilgleich errichtete militärische Anbau (sog. „Mittelbau") aus dem Jahr 1810.   Quelle: Kriegsarchiv PIS München Nr. 335

Das Bild zeigt den sog. „Neubau" der Lehel-Kaserne (errichtet um 1817) an der Kreuzung von St.-Anna-Straße, Christophstraße und Liebigstraße im späten 19. Jahrhundert.
Quelle: Stadtarchiv München Neg. Nr. R 2516-III-30a

Die Militärbildungsanstalten auf dem Marsfeld

In seinem Roman »Als Spiel begann's« hat der ehemalige Kadett Franz Sondinger unter dem Pseudonym Felix Dhünen die Atmosphäre des Münchner Kadettenkorps anschaulich geschildert: »... Jenseits der Propyläen, nicht weit von der Nymphenburger Straße, im Glasscherbenviertel, wie es die Münchner vielsagend nennen, liegt vor seinem mit hohen Mauern umgrenzten Hof das Korpsgebäude in breiter Front da, weder drohend noch anheimelnd. Es bildet mit der Kriegsschule und der Kriegsakademie den Komplex der Militärbildungsanstalten. Für gewöhnlich trägt der Wind von der Hackerbrücke einen herbsüßen Malzgeruch aus den Brauereien herüber, manchmal aber weht ein weniger angenehmes Lüfterl pfeilgrad von der Leimfabrik in Laim her.«[1]

Bereits im Frühjahr 1879 plante das Kriegsministerium bei einer bevorstehenden Aufgabe des alten Marsfeldes als Standortexerzierplatz, auf einem Teil desselben Neubauten für das Kadettenkorps und die Kriegsschule zu errichten.[2] Im April 1885 wandten sich das Justizministerium, das Finanzministerium und das Kriegsministerium gemeinsam mit einem Antrag an König Ludwig II. Darin wurde vorgeschlagen, auf dem Areal des bisherigen Kadettenkorps den künftigen Münchner Justizpalast zu errichten. Die Idee hierzu stammte übrigens vom Kriegsministerium. Ein Neubau für das völlig veraltete Domizil des Kadettenkorps erschien nun unvermeidbar, jedoch sah sich die Armee angeblich außerstande am Karlsplatz »in einem reicheren Stile« zu bauen, wofür sie dann aber ihre Bauten am Marsfeld der Lüge strafen sollten. So wollte die Armee ihr Grundstück am Karlsplatz an das Justizministerium abgeben und mit dem dafür überwiesenen Betrag teilweise den Bau neuer Militärbildungsanstalten auf dem Marsfeld finanzieren. Ludwig II. genehmigte diesen Plan am 29. April 1885.[3] Nun begann die eigentliche Planungsphase für den künftigen Komplex am Marsfeld. Dabei entschied sich das Kriegsministerium im März 1886 dafür, die beiden kleineren Institute, d. h. Kriegsakademie bzw. Artillerie- und Ingenieurschule in einem Gebäude zusammenzufassen.[4] Im Sommer 1886 war die endgültige Konzeption festgelegt. Danach erhielten das Kadettenkorps und die Kriegsschule jeweils einen großen eigenen Bau am Marsplatz bzw. an der Blutenburgstraße. Südlich davon schlossen sich das kombinierte Gebäude für die beiden anderen Institute und das Stabsgebäude für die Inspektion der Militärbildungsanstalten an. Nach Westen wurde der Gesamtkomplex durch eine große Turnhalle begrenzt.[5]

Am 9. April 1888 wurde der Bau des neuen Gebäudes für das Kadettenkorps begonnen und am 1. August 1890 wurde er zur Benützung übergeben. Es war ein beeindruckender Palast im Stil der Neorenaissance aus rötlichgelbem unverputztem Backsteinmauerwerk mit einer Fassadenlänge von nicht weniger als 223 Metern. Die eben dem Kinderalter entwachsenden Kadetten erinnerte das Gebäude freilich eher an »... die fünfhundertfache Vergrößerung einer Vorlage aus Ankers Steinbaukasten.«[6]

Der Bau verfügte über nahezu alle technischen Errungenschaften der damaligen Zeit, d. h. Anschluß an das Wasser- und Kanalsystem, Zentralheizung und elektrisches Licht. Eine Besonderheit war die Belüftungsanlage, die eingebaut worden war. Die Außenluft wurde durch Filter geleitet, dann über »Luftvorwärmkammern« auf Zimmertemparatur gebracht und über Luftschächte im Mauerwerk in die Räume geleitet. Die verbrauchte Luft wurde mit Abluftschächten über das Dach ins Freie abgeleitet.[7] Wie das alte Kadettenkorpsgebäude am Stachus vereinigte das neue Gebäude am Marsplatz Elemente der Kaserne mit jener einer Internatsschule. Eine spätere Festschrift stellt fest: »... Der Schulunterricht war die zivile Sphäre. Ihm dienten die Hörsäle im Mittelbau des langgestreckten Korpsgebäudes nächst dem geräumigen, fast pompösen Treppenhaus. So war der Unterrichtsbetrieb auch räumlich in der Hauptsache auf diesen Bereich bemessen, der fast symbolisch noch durch Glastüren gegen die beiden sich beiderseits anschliessenden Kompanierayons abgeschlossen war.«[8]

Im Gegensatz zu gewöhnlichen Mannschaftsstuben waren für jeweils neun Kadetten zwei Räume vorhanden, nämlich ein Schlafraum (63m²) und eine Wohn- und Studierstube (45m²). Der ehemalige Kadett Kuchtner beschreibt die innere Einrichtung so:«... Im Schlafsaale waren die Schränke, die soldatischen Betten (mit rauhem, aber weißem Leinenzeug) samt Putzbrettl und die Waschtische mit den Namen der Kadetten bezeichnet, denen die entsprechenden Gegenstände zugewiesen waren. (...) In der Stube Nummer soundsoviel war das Übrige, vor allem die Studierpulte; ein feines Messingschildchen – wehe, wenn es nicht blinkte – bezeichnete deren Inhaber. (...) Neben der Stubentür hing bereits die fertiggestellte Liste der Stubenbelegschaft, nach dem »Dienstrange« der Bewohner geordnet. Daneben eine Tafel für den täglichen »Stubendienst«.[9]

Der Speisesaal (312m²) war darauf ausgelegt allen 210 Kadetten gleichzeitig Platz zu bieten. Wiederum sei Kuchtner zitiert: »... Der Speisesaal diente auch als Festsaal und war dementsprechend ausgestattet: sehr hoch, im klassizistischen Stil, mit einer kassetierten Prunkdecke, an einer Lang- und an der Rückseite hohe Fenster mit schweren Vorhängen, im übrigen die Wände durch Säulen gegliedert, in den Flächen die Holnsteinschen großen Porträtbilder von Angehörigen des Hauses Wittelsbach.«[10]

Seit den 1870er Jahren war die *Kriegsschule* in der alten Herzog-Max-Burg untergebracht. Außerdem nutzte sie zeitweise das Prielmayer-Haus des Kadettenkorps als Unterkunft für Lehrgangsteilnehmer bis zum Herbst 1885.[11]

Ende Februar 1895 verließen die Kriegsschüler die alte Herzog-Max-Burg und bezogen ihr neues Domizil am Marsfeld. Das im Stil der Neorenaissance gehaltene Gebäude der Kriegsschule an der Blutenburgstraße gehörte mit seiner 142 Meter langen Fassade zu den imponierendsten und modernsten Militärbauten der Garnison. Am 1. März 1894 nahm die Kriegsschule darin den Unterrichtsbetrieb auf.[12]

Der Bau der Kriegsschule gliederte sich in einen Mittelpavillon und zwei Eckpavillons, die durch Zwischenbauten verbunden waren. Er war vollständig unterkellert, hatte Erdgeschoß und zwei Etagen bzw. in den drei Pavillons auch ein drittes Stockwerk. Im Keller war eine Niederdruckdampfanlage als Zentralheizung installiert, jedoch waren die Unterkünfte der Lehroffiziere und Ordonnanzen, die Büros, die Offiziersspeiseanstalt und die große Turnhalle nicht mit Heizkörpern ausgestattet, sondern mit Kohlenöfen. Alle Räume hatten elektrisches Licht, die Stromversorgung erfolgte durch das Kraftwerk des Kadettenkorps. Ähnlich dem Gebäude des Kadettenkorps verfügte auch die Kriegsschule über eine besondere Lüftungsanlage. Wasserleitung und Kanalisation waren angesichts eines solchen technischen Aufwandes fast schon wieder in den Hintergrund getreten. Die Wohnstuben der Kriegsschüler waren über alle Stockwerke einschließlich des Erdgeschosses verteilt. Die Mehrzahl bestand aus Zweimannstuben, doch gab es auch größere Wohneinheiten (bis zu sechs Mann). Das Gebäude war ausgelegt auf 6 Lehroffiziere, 150 Kriegsschüler, 43 Ordonnanzen und 2 Schreiber. Ferner wohnten darin ein Hausmeister und ein Portier mit ihren Familien.[13]

Bereits Mitte September 1890 hatte die *Inspektion der Militärbildungsanstalten* das neue Kommandeurgebäude an der Pappenheim-Straße bezogen. Ende September 1890 wurde die *Artillerie- und Ingenieurschule* in ihr neues Gebäude am Marsfeld verlegt, das auch die *Kriegsakademie* aufnahm. Diese Gebäude entsprachen im Baustil dem Kadettenkorps bzw. der Kriegsschule, waren aber wesentlich kleiner dimensioniert.[14]

Anmerkungen:

1 F. Dhünen, Als Spiel begann's. Die Geschichte eines Münchner Kadetten. München o. J. (1939), S. 8

2 MKr. 9011, Notiz im KM vom 14. März 1879

3 Ebd. Prod. 10, Gemeinsame Eingabe von JuM, FinM und KM an König Ludwig II. am 28. April 1885 mit Kgl. Signat, dat. München 29. d. Mts.

4 Ebd. Prod. 56, KM am 30. März 1886

5 Ebd. Prod. 66, Situationsplan vom Aug. 1886

6 Dhünen (wie Anm. 1), S. 7

7 MKr. 10322 Garnisonbeschreibung (1890), hier: Kadettenkorpsgebäude auf dem Marsfeld

8 L. Kuchtner, Das Königlich Bayerische Kadettenkorps. Ein Rückblick auf die einstige Erziehungstätte 200 Jahre nach ihrer Gründung, München 1959, S. 31 f.

9 Ebd., S. 29 f.

10 Ebd., S. 39

11 J. Dauer, Die Königlich Bayerische Kriegsschule im zweiten Viertel-Jahrhundert ihres Bestehens (1883 – 1908), München 1908, S. 1 und S. 6

12 Ebd., S. 19

13 MKr. 10323 Garnisonbeschreibung (1894), hier: Kriegsschulgebäude auf dem Marsfeld

14 Dauer, Kriegsschule, S. 13. Die eigentlichen Bauakten für die Militärbildungsanstalten fehlen teilweise. In den Garnisonbeschreibungen werden Kriegsakademie bzw. Artillerie- und Ingenieurschule nicht erwähnt, so daß keine näheren Angaben gemacht werden können.

Die Militär-Lehrschmiede am Oberwiesenfeld

Am 1. September 1898 wurde die Militär-Lehrschmiede von ihrem alten Domizil in der Lehel-Kaserne in ein eigenes »Kasernement« an der Ecke Winzerer-/Schellingstraße verlegt. Am 1. Juni 1899 folgte auch die Kavallerie- und Remonteinspektion, in deren unmittelbarer Zuständigkeit die Lehrschmiede fiel, aus der Hofgartenkaserne in diesen neuen Komplex nach, der aus einem Dienstgebäude, der Schmiede und einem Nebengebäude bestand. Zum Kasernengelände gehörte auch eine »Vorführbahn« für die zu beschlagenden Pferde.[1]

Das Hauptgebäude war ein relativ aufwendiger unverputzter Backsteinbau mit einem Betonsockel, bei dem für Eckquader Gesimse und Fensterumrahmungen Kunstsandstein verwendet wurde. Das Satteldach war mit Schieferplatten gedeckt. Das Haus dominierte die Straßenkreuzung mit einer Frontlänge von 33 Metern an der Winzererstraße und 27 Metern entlang der Schellingstraße. Im Erdgeschoß waren u. a. die Büros für den militärischen und den technischen Vorstand der Militär-Lehrschmiede, ein Unterrichtszimmer, ein Raum mit der Lehrsammlung und der Mannschaftsspeisesaal (die Küche lag im Keller). Im Ersten Stock befanden sich u. a. die Büros für die Kavallerie-Inspektion und die Remonteverwaltung und die Wohnung für den Ordonnanzwachtmeister bei der Kavallerie-Inspektion. Im Zweiten Stock wohnten der Oberfahnenschmied mit seiner Familie, die Köchin und in drei Zimmern die zum Schmiedelehrgang kommandierten Mannschaften (etwa dreißig Mann). Das Gebäude hatte Anschluß an das städtische Wasser-, Kanal- und Gasleitungsnetz.

Das Herzstück war die Schmiede. Der ebenerdige Bau war 43 Meter lang und 13,5 Meter breit. Vier große Tore führten vom Hof zu den Beschlagstellen. Außerdem befanden sich hier Schreibstuben, sowie ein Kohlen- und Eisenlager. Da durch die Schmiedefeuer warmes Wasser immer leicht verfügbar war wusch sich die Mannschaft hier täglich vor Dienstbeginn, auch mittags und abends vor den Mahlzeiten.

Im Nebengebäude befanden sich ein Stall für drei Pferde, eine Wagenremise, ein Vorratslager, eine Waschküche und eine Badeanstalt, in der sich die Mannschaft einmal pro Woche duschte.

Bei Kriegsbeginn 1914 löste sich die Schule auf. Sie wurde aber bei der Demobilmachung 1918/19 wieder errichtet und sodann von der Reichswehr und der Wehrmacht als »Heeres-Lehrschmiede München« weitergeführt.[2]

Anmerkungen:

1 MKr. 10324 Garnisonbeschreibung München, hier: Militär-Lehrschmiede, dat. 1. Mai 1902
2 Vgl. G. Heyl in: W. Volkert, Handbuch der bayerischen Ämter, Gemeinden und Gerichte 1799 – 1980, München 1983, S. 363; Fernsprechverzeichnis des Standortes München (Ausgabe Mai 1944), S. 79

4. Kapitel:

Wachen und Militärgefängnisse

Einführung

Der Wachdienst nahm im Garnisonalltag einen ganz wichtigen Platz ein. Der kurpfalz-
bayerische Kavallerieoffizier van Bommel meinte um 1800 über die Infanterie: »... Der
Officier lernt in vielen Diensten nichts, als auf die Wache ziehen und seinen Zug im
Bataillon anführen«[1] Am Wachdienst orientierte sich der militärische Dienstbetrieb. Dabei
sind verschiedene Wachaufträge zu unterscheiden, nämlich der Schutz der militäreigenen
Gebäude, vor allem der Kasernen und Depots, dann der Personenschutz und schließlich die
allgemeinen Sicherheitswachen in der Garnisonstadt.
Kavallerie und Artillerie bewachten grundsätzlich nur ihre eigenen Liegenschaften. Die
Garnisonwache zur Aufrechterhaltung von Ruhe und Ordnung war Aufgabe der Infanterie
und belasteten sie bis in die Zeit nach 1871 außerordentlich. So standen etwa im Mai 1807
in München ständig 235 Infanteristen (Gefreite und Gemeine) im Wachdienst, bei einer
Gesamtstärke der Infanterie von 716 Mannschaften.[2] Im Frühjahr 1840 betrug der durchschnittlich verfügbare Mannschaftsstand aller drei Münchner Infanterieregimenter 958
Soldaten. Das tägliche Wachquantum erforderte 236 Mann.[3] Anno 1866 zogen täglich
sogar 301 Infanteristen in München auf Wache.[4] Hingegen findet man 1894 bei den
eigentlichen Militärwachen aller Truppengattungen täglich nur noch 245 Soldaten, einschließlich der Chargen.[5] Hinzu kommen um diese Zeit an Militärwachen für nicht-
militärische Zwecke noch weitere 32 Soldaten.[6] Mit der steigenden Präsenzstärke sank die
Wachbelastung der Garnison.
In diesem Kapitel sollen die Sicherheitswachen bzw. die hierfür benutzten Wachlokale
vorgestellt werden, die im städtischen Erscheinungsbild bis in die zweite Hälfte des
19. Jahrhunderts zu finden sind. Im Zusammenhang mit den Wachen soll in diesem Kapitel
zugleich auch auf die Militärgefängnisse eingegangen werden, wobei hier nicht die
Kasernenarreste verstanden werden sollen, sondern größere Haftanstalten, deren Betrieb
in einer so umfangreichen Garnison wie München nach dem zeitgenössischen Militärstraf-
recht offensichtlich notwendig war.

Anmerkungen:

1 van Bommel, Versuch über die Art eine Truppe zu Pferd abzurichten, nebst einigen Bemerkungen über die Taktik
   der Cavalerie, München 1800, Teil 1, S. 64
2 A IV Bd. 101 Prod. 14, KdtMünchen an KM am 31. Mai 1807
3 MKr. 2493 Prod. 22, KdtMünchen an KM am 29. April 1840
4 MKr. 2523 Prod. 76, KdtMünchen am 26. Aug. 1866
5 MKr. 2486 Prod. 152, GenKdo I. A. K. an KM am 25. April 1894
6 MKr. 2487 Prod. 48, GenKdo I. A. K. an KM am 12. Febr. 1898

Die Hauptwache am Marienplatz

Der Marienplatz ist noch heute das Herz der Stadt München. In noch viel stärkerem Maße galt dies für die früheren Jahrhunderte. Hier befanden sich kommunale und staatliche Verwaltungsstellen sowie bis zur Mitte des 19. Jahrhunderts die große Getreideschranne.[1] Somit ist es nicht verwunderlich, daß gerade auf diesem Forum auch das Militär bis in das frühe 20. Jahrhundert präsent war.

Die ältesten Hauptwachen

Spätestens seit dem 17. Jahrhundert befand sich auf dem Marienplatz, der ja bis zum Jahr 1854 noch Schrannenplatz heißen sollte, ein militärisches Wachlokal. Auf einer Darstellung des Schrannentreibens von 1643 sieht man am Westrand des Platzes bereits das Wachthaus, kenntlich durch die davor stehenden und sitzenden Söldner und die langen Piken, die gegen die niedrige Dachtraufe gelehnt sind. Es handelt sich um einen Holzständerbau mit Schindeldach, dessen Wände vermutlich aus leichten Ziegeln oder gar nur Lehm bestanden. In unmittelbarer Nachbarschaft stehen der Schandesel, auf dem zwei Männer sitzen, und ein Galgen, auf dem über dem Alltagstreiben der Schranne ein Gehenkter baumelt.[2] Eine ähnliche Situation überliefert uns ein Kupferstich Wenings aus dem Jahre 1701. Es ist zwar nicht mehr die gleiche Hütte wie jene von 1634, aber sie steht an der gleichen Stelle. Der Galgen ist verschwunden, aber der Schandesel steht immer noch.[3] Und praktisch unverändert zu der Darstellung Wenings ist das Wachthaus mit dem Schandesel knapp sechzig Jahre später auf dem Gemälde von J. Stephan zu sehen, nun ergänzt um ein weißblaues Schilderhäuschen, vor dem ein Grenadier steht, während hinter dessen Rücken zwei Buben neugierig durch ein Fenster in die Wachtstube blinzeln.[4]

Die Alte Hauptwache

Im Sommer 1769 kaufte die Stadt München für 70 000 Gulden vom Kornmesser Johann Sedlmayr das Haus an der Ecke Kaufingergasse und Weinstraße am Schrannenplatz. Noch im Herbst des gleichen Jahres begann der Architekt Francois Cuvillies d. J. mit dem Umbau des stattlichen Hauses am sogenannten »Greifeneck«, dem heutigen »Thomaßeck«, in eine repräsentative Hauptwache der Garnison. Im Jahre 1771 konnte das Militär das Gebäude beziehen.[5] Ein Stich von 1771 zeigt über dem Eingang ein großes kurfürstliches Wappen, links und rechts am Haus gemauerte Schilderhäuschen, darüber Laternen.[6] Dieses Erscheinungsbild blieb den Münchnern vertraut bis in das späte 19. Jahrhundert.

Das Gebäude der Hauptwache war Eigentum der Stadt. Dem Militär stand nur das Erdgeschoß und ein Teil des ersten Obergeschosses zu. Im Sommer 1819 beklagte sich die Kommandantschaft München über die unzulänglichen Raumverhältnisse der Hauptwache. Der Aufenthaltsraum für die beiden Offiziere sei viel zu klein, vor allem für die tägliche Ausgabe der Parole, bei welchem Anlaß sich fast zwei Dutzend Offiziere und Unteroffiziere in dem nur etwa sechzehn Quadratmeter großen Raum zusammendrängten. Noch beengter hauste aber die Wachtmannschaft. Zwar war das eigentliche Wachtzimmer knapp siebzig Quadratmeter groß, doch lebten darin dreißig bis vierzig Soldaten, bei Wachtverstärkungen zu unruhigen Zeiten erheblich mehr. Zudem mußten sich alle Personen, die von den Posten und Streifen arretiert wurden, mangels eines Arrestlokals in der Wachstube aufhalten. Dies betraf auch »Weibspersonen«, von denen regelmäßig etliche (vermutlich Prostituierte) im Arrest waren. Nach Angaben der Kommandantschaft wurden gelegentlich bis zu zwei Dutzend Arrestanten in der Wachstube festgehalten, so daß wegen Überfüllung ein Teil der wachfreien Soldaten sich im Freien aufhalten mußte, auch bei Dunkelheit und schlechtem Wetter! Nachdem es wegen des allgemeinen Trubels in der stets überfüllten Wache einigen Spitzbuben gelungen war, sich unbemerkt aus der Hauptwache zu entfernen, hatte man zur Verwahrung fluchtverdächtiger oder agressiver Arrestanten einen hölzernen Verschlag in einer Ecke des Wachlokals eingerichtet. In einem ähnlichen Verschlag bearbeiteten die beiden Fouriere der Wache ihre Rapporte, um ein wenig Ruhe zu haben. Gleich neben der Wachstube befand sich der einzige Abtritt. Insgesamt war das Wachzimmer ein stets überfüllter, übelriechender, schlecht beleuchteter und von Lärm erfüllter Raum. Im Obergeschoß über der Wache besaß die Kommandantschaft zwei »Kommissionszimmer«, die aber seit einigen Jahren mit den Akten der Registratur angefüllt waren. Außerdem mußten hier die Habseligkeiten verstorbener Soldaten aufbewahrt werden. Diese Räume dienten gelegentlich auch zum Aufenthalt von Arrestanten höherer Stände, denen man das Wachtlokal nicht zumuten konnte. Abschließend stellte die Kommandantschaft fest, daß einige in letzter Zeit vorgekommene Dienstfehler der Hauptwache schlichtweg der mangelhaften örtlichen Situation zugeschrieben werden müßten! Sie forderte insgesamt mehr Räume, vor allem ein reguläres Arrestlokal mit verschiedenen Abteilungen und regte an, das Haus Marienplatz Nr. 1 des Kornmessers Göttner neben dem Gebäude der Hauptwache zu erwerben.[7]

Der Münchner Stadtmagistrat überprüfte im Herbst 1819 die von der Stadtkommandantschaft geschilderten Zustände in der Hauptwache und mußte zugeben, daß die Mannschaft sehr beengt untergebracht war. Indessen lehnte man die Beteiligung der Stadt am Erwerb zusätzlicher Räume ab. Zum einen wollte die Stadt, die erst 1818 im Rahmen der neuen Gemeindeverfassung wieder eine gewisse Teilautonomie erlangt hatte, nicht freiwillig über den rechtlichen Rahmen ihrer Pflichten hinausgehen, um künftige Präzedenzfälle zu vermeiden. Anderseits war die Stadtkasse stark belastet, vor allem durch den Bau der Isarbrücke.[8] Die Armee konnte sich jedoch aus eigenen Mitteln keine Erweiterung der Hauptwache leisten, sodaß der bisherige Zustand unverändert beibehalten werden mußte.[9]

Erwähnt werden muß, daß die Stadt aus ihrem Etat Brennholz, Beleuchtungsmaterial und Mobiliar der Hauptwache finanzierte. Außerdem bezahlte die Stadt einem Wundarzt monatlich einen Gulden, wofür dieser Bader verpflichtet war, auf Anforderung zur Hauptwache zu kommen und dort Erste Hilfe zu leisten. Die jährlichen Ausgaben der Stadt für die Hauptwache betrugen im Zeitraum zwischen 1824 und 1839 durchschnittlich 450 Gulden bei steigender Tendenz, sodaß für spätere Zeiten Jahresausgaben von etwa 600 Gulden anzunehmen sind.[10] In der Garnison Regensburg belief sich der jährliche Kostenaufwand der Stadt für die dortige Hauptwache im Etatjahr 1866/67 auf 735 Gulden. Mit Wirkung zum 1. April 1878 wurde dann in ganz Bayern diese Belastung der Kommunen aufgehoben und den Garnisonverwaltungen übertragen.[11]

Die Münchner Hauptwache erlebte ihre größte Beanspruchung wohl während der »Weihnachtstumulte« des Jahres 1830, in der sie geradezu ein Politikum wurde.[12] Auch nach dem gerade überstandenen großen Bierkrawall vom Mai 1844 reagierte das Militär sensibel auf etwaige Bedrohungen der Hauptwache. Als eine solche Gefahr empfand man im Juni 1844 den Umstand, daß der Bürger Sebastian Kaut zwei Gebäude neben dem Göttnerschen Haus erworben hatte und darin eine Tafernwirtschaft (den späteren »Donisl«) einrichtete. Die Nachbarschaft einer Gastwirtschaft empfand man bei der 1. Armeedivision als höchst bedenklich, wobei jedoch recht lebensnah argumentiert wurde. So sah man die beiden Posten unter Gewehr bei den Alarmgeschützen vor der

Wache »… den Beleidigungen muth- oder böswilliger, oder auch betrunkener Menschen ausgesetzt«. Die Sicherheit der Wache werde »… besonders unter bedenklichen Zeit-Verhältnissen und wider Vermuten etwa ausbrechenden Auftritten tumultarischer Art, bedeutender Gefährde unterworfen sein.«[13] Die Etablierung der noch heute bestehenden Gaststätte konnte jedoch nicht verhindert werden.

Im Frühjahr 1850 wollte die Familie Göttner ihr Haus direkt neben der Hauptwache verkaufen. Aufgrund des beengten Zustandes, in dem sich die Wache befand, forderte der Stadtkommandant im April 1850 den Magistrat zum Erwerb dieses Gebäudes auf. In seinem Schreiben schilderte General v. Harold recht anschaulich den damaligen Wach-dienst: »… Der Soldat der Wache hat zwey Stunden lang auf dem ihm anvertrauten Posten – die Obliegenheiten desselben auf das Genaueste beobachtend – stehen zu bleiben; alle vier Stunden trifft ihn dieser Dienst und alle vier bis bis fünf Tage trifft ihn der Wachdienst selbst von Neuen. (…) Von heftigsten Regen triefend und durchnäßt, vom stärksten Froste durchrüttelt und beinahe erstarrt, oder von der brennenden Sonne versengt – tritt der vom Posten abgelöste oder von der Patrouille etc. zurückkehrende Soldat in das Wachzimmer und findet hier nicht einmal den nötigen Platz!«[14] Allerdings kaufte im gleichen Jahr 1850 nicht der Magistrat das Göttnersche Anwesen, sondern – über einen Mittelsmann – ausgerechnet jener Gastwirt Sebastian Kaut, vor dessen Betrieb »Zum Goldenen Lamm« die Armee anno 1844 so große Befürchtungen gehegt hatte. Freilich überließ Kaut dann 1851 dem Magistrat auf zehn Jahre pachtweise das Erdgeschoß des ehemaligen Gött-nerschen Hauses als zusätzliche Wachstube.[15] Die in der populären Münchner Stadthistorie und in der Eigenwerbung der Gaststätte »Donisl« immer wieder betonte Eigenschaft der »Alten Hauptwache« betrifft also nur die 1850er Jahre. Die eigentliche Hauptwache blieb das Eckhaus zur Kaufingergasse. Um 1852 war die Hauptwache normalerweise von zwei Offizieren und 46 Infanteristen besetzt. Im Alarmfall trat eine Artilleriemannschaft von zwanzig Mann unter Führung eines Offiziers hinzu, die zur Bedienung der beiden Geschütze zuständig war, die vor der Wache standen. Außerdem marschierte dann auf dem Schrannenplatz eine Abteilung von 54 Kürassieren und zwei Offizieren aus der Neuen Isarkaserne auf.[16]

Interessanterweise kümmerte sich im August 1862 König Max II. höchstpersönlich um die Sicherheit der Münchner Hauptwache vor einem Überfall. In einem Schreiben an den Kriegsminister v. Spies schlug der König eine Art Gitterzaun um das Gebäude vor und fuhr dann fort: »… Ich kenne die dagegen vorgebrachten Einwendungen, welche dahin gehen, die Hauptwache sei durch ein solches Gitter nicht genügend geschützt, weil sie von den Dächern der anliegenden Häuser aus leicht von oben her angegriffen werden könnte. Da dieß nicht zu läugnen ist, so *wäre es wohl besser, genannte Wache ganz zu verlegen, nämlich in den unteren Stock des Regierungsgebäudes, und zwar an die Ecke gegen die Dienersgasse zu, weil sie dort unter den Arkaden Schutz von oben her hätte und auch nach außen leicht abgegränzt werden kann. Ich mache schon jetzt auf diesen Umstand aufmerksam, zu dem Zwecke, damit bei einem seinerzeitigen Verkaufe des alten Regierungs-gebäudes ein Vorbehalt für den gedachten militärischen Zweck jedenfalls gemacht werde.«*[17]

Das Kriegsministerium forderte nun eine Stellungnahme der Münchner Stadtkom-mandantschaft an. Letztere wies darauf hin, daß die Hauptwache ständig von zwei Offizieren, vier Unteroffizieren, zwei Spielleuten, neununddreißig Gefreiten und Gemei-nen der Infanterie besetzt sei. In Krisenfällen könne die Wachmannschaft durch Belegung der oberen Etage verdoppelt werden. Nur bei »sträflichster Leichtfertigkeit« der beiden Posten vor dem Wachlokal sei es theoretisch möglich, diese Wache zu überrumpeln.[18]

Aufgrund dieses Gutachtens sprach sich das Kriegsministerium gegen eine Veränderung oder Verlegung der Münchner Hauptwache aus. Das Votum der Armee wurde vom König akzeptiert.[19] Nur wenige Jahre nach dem Tod König Max II. sollte dann aber die Hauptwache doch dorthin transferiert werden, wohin sie der Monarch anno 1862 gewünscht hatte.

Die Hauptwache im Neuen Rathaus

Mancher der vielen Touristen und Einheimischen, die täglich mehr oder weniger interessiert am Neuen Rathaus der Stadt München vorbeigehen, mag sich fragen, warum dieses zivile Gebäude über ein durchaus aufwendig gearbeitets Wachpostenhäuschen verfügt und es für eine Spielerei des Historismus oder den Wetterschutz für einen Polizeiposten halten. Tatsächlich befand sich aber hierin in früherer Zeit ein bayerischer Infanterist auf Schildwache. Von 1870 bis 1906 war die Hauptwache der Münchner Garnison im Osttrakt des Neuen Rathauses untergebracht.[20]

Der Bau des Neuen Rathauses war sogar aufs engste mit der Hauptwache verknüpft. Kern des Rathauses war nämlich anfangs der spätere Ostflügel auf dem Areal des oben schon erwähnten Regierungsgebäudes. Über dessen Baugeschichte berichtete um 1890 eine Steintafel am Rathaus: »... Das vordem hier gestandene Gebäude gehörte von 1554 – 1808 der Landschaft des Herzogthums, nachmaligen Kurfürstentums und jetzigen Königreiches Bayern; wurde hierauf Sitz der Kreisregierung des Isarkreises, nachmals von Oberbayern und ging im Jahre 1865 in das Eigentum der Stadtgemeinde München über, welche es im selben Jahre behufs Erbauung ihres seit September 1874 bezogenen neuen Rathauses abbrechen ließ.«[21]

Die treibende Kraft für die Errichtung einer Hauptwache im künftigen Rathaus war nicht etwa die Armee, sondern das bayerische Finanzministerium. Am 6. März 1865 forderte der Finanzärar, wohl in Kenntnis des königlichen Signats vom Jahre 1862, das Innenministerium auf, bei einem etwaigen Verkauf des alten Regierungsgebäudes an die Stadt München, die Auflage zu stellen, daß die Stadtgemeinde darin eine neue Hauptwache zu errichten habe.[22] Bereits am 28. März konnte dann das Innenministerium dem Kriegsministerium mitteilen, daß die Stadt München den Gebäudekomplex für 400 000 Gulden erworben habe. Sie hatte sich gleichzeitig dazu verpflichtet, im künftigen neuen Rathaus den erforderlichen Raum für eine Militärabteilung von hundert Mann unentgeltlich bereitzustellen, solange in der Garnison eine Hauptwache bestehen bleiben sollte.[23]

Die Stadt München verkaufte im April 1865 das Gebäude der bisherigen Hauptwache um 101 100 Gulden an den Juwelier Karl Thomaß. Das Militär wurde jedoch vorläufig darin im alten Wachlokal belassen.[24] Die Mannschaftsstärke der Hauptwache betrug nach dem Feldzug von 1866 immerhin 44 Gefreite und Gemeine. Von der Hauptwache wurden zu diesem Zeitpunkt auch einige Gebäude mit Wachposten versehen, die früher über eigene Wachlokale verfügt hatten, wie die Stadtkommandantschaft und die Maxburg. Von der Hauptwache aus wurden bei Nacht auch die Fronfeste am Anger, die Münzstätte und die Finanzkassen im Alten Hof bewacht.[25]

Zur gleichen Zeit beauftragte die Stadt München den Architekten Georg Hauberrisser mit dem Bau des Neuen Rathauses in neogotischen Stil. Im Juni 1867 wurde an der Vorderseite des ehemaligen Regierungsgebäudes zum Marienplatz stückweise mit dessen Abbruch begonnen.[26] Am Mittag des 30. September 1868 bezog die Mannschaft der Hauptwache zum ersten Mal nicht mehr das altvertraute Eckhaus am Marienplatz, sondern ein provisorisches Wachlokal an der Nordseite des Regierungsgebäudes (Haus Landschaftsgasse

Nr. 8). Darin sollte das Militär verbleiben, bis das reguläre Wachlokal an der Südseite des neuen Rathauses fertig war.[27] Im Gegensatz zur Bausituation der Zeit nach 1945 bestand entlang der Landschaftsgasse keineswegs eine große Freifläche. Vielmehr war die Gegend hinter dem Regierungsgebäude dicht bebaut. Die Hauptwache saß hier, rein militärisch gesehen, fast in einer Falle. Dennoch akzeptierte die Armee diesen Standort der Wache. Am 3. August 1870 bezog dann die Garnison erstmals die richtige Hauptwache im Neuen Rathaus am Marienplatz.[28]

Nach einer Beschreibung aus dem Jahre 1890 hatte die neue Hauptwache im wesentlichen zwei Bereiche. Der Aufenthaltsraum für den Offizier, mit eigenem Abort versehen, war fünfzig Quadratmeter groß. Das eigentliche Wachlokal hatte eine Fläche von 182 Quadratmetern. Es war unterteilt in je einen Aufenthaltsraum für Unteroffiziere und Mannschaften, sowie deren gemeinsamen Ruheraum (140 m²). Dahinter lagen Aborte bzw. Pissoir, die bereits über Wasserspülung verfügten und die Treppe zum Kohlenkeller, in dem das Heizmaterial für die Öfen gelagert war. Die Beleuchtung erfolgte durch Gaskandelaber.

Die übliche Wachstärke um 1890 bestand aus einem Offizier, zwei Unteroffizieren, einem Spielmann, zwei Gefreiten und vierzehn Gemeinen. Die Wache wurde täglich um zwölf Uhr mittags abgelöst und stellte einen Doppelposten vor dem Rathaus, einen Posten bei der Stadtkommandantur in der Theatinerstraße und nach Einbruch der Dunkelheit vier weitere Posten, wozu die Wache bis zum Morgen jeweils um einen Unteroffizier, einen Gefreiten und zwei Mann verstärkt wurde.[29]

Nur wenige Tage nach dem Wechsel der Hauptwache in das Neue Rathaus stellten sich Zweifel am Nutzen einer solchen Institution in einer ständig wachsenden Großstadt. Das Kriegsministerium betonte gegenüber dem Innenministerium am 9. August 1870, die Münchner Hauptwache erfülle keinen militärischen Zweck, sondern sei primär zur Unterstützung der zivilen Sicherheitsorgane gedacht. Einem Abzug der Hauptwache stünde daher grundsätzlich nichts im Wege. Einen Antrag des Innenministeriums, bei Auflösung der Hauptwache zum Ausgleich in den Kasernen zusätzliche Alarmabteilungen bereitzuhalten, lehnte das Kriegsministerium jedoch gleichzeitig ab.[30] Im Frühjahr 1877 prüfte das Kriegsministerium erneut die Frage, ob die Hauptwache weiterhin beibehalten werden sollte. Zum Jahresende 1877 wurde entschieden, die vier noch bestehenden Hauptwachen in Würzburg, Nürnberg, Augsburg und München *nicht* aufzulösen.[31] Bis zur Jahrhundertwende verschwanden aber im Königreich Bayern alle Hauptwachen, mit Ausnahme jener im Münchner Rathaus. Auch sie wurde dann im Frühjahr 1906 eingezogen. Auf besonderen Wunsch des Innenministeriums mußte sich aber die Stadt München verpflichten, auch künftig der Garnison in besonderen Krisensituationen im Rathaus ein Wach- und Bereitschaftslokal einzuräumen.[32]

Anmerkungen:

1 Vgl. B. Störmer/W. Störmer, Der Marienplatz, München 1990

2 Vgl. die Abb. bei G. J. Wolf, Das Kurfürstliche München 1620 – 1800. Zeitgenössische Dokumente und Bilder, München 1930, S. 45

3 Vgl. die Abb. bei L. Schrott, Münchner Alltag in acht Jahrhunderten. Lebensgeschichte einer Stadt, München 1975, S. 103

4 Vgl. die Abb. in: München im Wandel der Jahrhunderte. Bilder aus der Sammlung Proebst. hg. vom Kreis der Freunde Alt-Münchens, München 1957, S. 62 f.

5 Münchner Häuserbuch Bd. 2: Kreuzviertel, München 1960, S. 98

6 Vgl. die Abb. bei Wolf (wie Anm. 2), S. 260

7 MKr. 9058 Prod. 17, KdtMünchen an KM am 22. Juni 1819

8 Ebd. Prod. 18, Stadtmagistrat München an KdtMünchen am 26. Nov. 1819

9 Ebd., KM an KdtMünchen am 25. Dez. 1819

10 Stadtarchiv Bestand Kämmerei Nr. 159 (Städtische Haushaltspläne) Fasz. 2 b und Fasz. 3

11 W. Schmidt, Die Garnisonstadt Regensburg im 19. und frühen 20. Jahrhundert, Diss. Univ. Regensburg 1988, S. 204

12 Vgl. den Abschnitt »Münchner Weihnachtstumulte von 1830«

13 MKr. 9058 Prod. 189, 1. Armee-Division an KM am 8. Juni 1844

14 MKr. 9059 Prod. 45, KdtMünchen an Stadtmagistrat München am 8. April 1850

15 Häuserbuch (wie Anm. 5), S. 135

16 C 7, Beschreibung der Garnison München, hier: Sicherheitsbericht vom 24. Juli 1853 Beilage 3: Verzeichnis der Wachen (Stand: 31. Mai 1852)

17 A IV Bd. 106 Prod. 60, Kgl. Handbillet an KM, dat. Berchtesgaden 10. Aug. 1862

18 Ebd. Prod. 63, KdtMünchen an KM am 28. Aug. 1862

19 Ebd. Prod. 68, KM an König Max II. am 13. Nov. 1862 mit Kgl. Signat, dat. Rom 25. Nov. 1862

20 Vgl. R. Bauer, Prinzregentenzeit. München und die Münchner in Fotografien, München 1988, S. 266

21 zit. nach: MKr. 10322 Garnisonbeschreibung München (1890), hier: Hauptwache

22 MKr. 9059 Prod. 102, FinM an InnM am 6. März 1865 (Abschrift für KM)

23 Ebd. Prod. 103, InnM an KM am 28. März 1865

24 Häuserbuch (wie Anm. 5), S. 98

25 MKr. 2523 Prod. 76, KdtMünchen am 26. Aug. 1866

26 L. Hollweck, Neues Rathaus München (Schnell Kunstführer Nr. 1268), München 1986, S. 9

27 Mkr. 9059 Prod. 122, KdtMünchen am 30. Sept. 1868

28 Ebd. Prod. 129, KdtMünchen am 3. Aug. 1870

29 Wie Anm. 21

30 MKr. 2523 Prod. 103, KM an InnM am 9. Aug. 1870

31 Ebd. Prod. 119, KM an GenKdo I.A.K. am 24. Febr. 1877; Prod. 126, KM am 6. Dez. 1877

32 MKr. 9060 Prod. 5, Notiz im KM am 17. April 1906

Die Residenzwache

»… Die Wache rückt aus und mit klingendem Spiel geht es durch Münchens Straßen zur königlichen Residenz. Das stramme Aufziehen unserer Wache ist weit und breit bekannt. Mit kritischem Blick mustern Einheimische und Fremde die Griffe und Wendungen.«– So beschrieb ein Offizier des Infanterie-Leib-Regiments kurz vor Ausbruch des Ersten Weltkrieges das tägliche Zeremoniell der Wachparade vor der Residenz.[1] Ein Jahrhundert lang gehörten die Gardegrenadiere und ihre Nachfahren vom Infanterie-Leib-Regiment zu München, wie noch heute in London die Footguards vor dem Buckingham Palace.

Zu Beginn des 19. Jahrhunderts gab es in der Münchner Residenz noch gar kein Wachlokal für das damalige Leib-Regiment (späteres 1. Infanterie-Regiment »König«), sondern nur zwei getrennte Wachstuben für die Leibgarden der Trabanten und Hartschiere. Nach der Auflösung der Trabantengarde übernahmen die Hartschiere im Jahre 1807 allein die innere Residenzwache.[2]

Die Außensicherung der Residenz wurde bis 1817 von der Besatzung der Schwabinger Torwache wahrgenommen. Diese Wache wurde deshalb vom Jahre 1814 an auschließlich vom Grenadier-Garde-Regiment besetzt. Erst im Februar 1817 wurde die Funktionseinheit von Stadtwache und äußerer Schloßwache aufgehoben und den Gardegrenadieren ein ständiges Wachlokal in den Räumen der Residenz eingerichtet. Die Lage der Residenzwache in einem ehemaligen Archivgewölbe blieb fortan unverändert. Der Zugang erfolgte von der Residenzstraße aus bei der großen Marienstatue mit dem Ewigen Licht. Für den baulichen Unterhalt, die Ausstattung, die Reinigung, das Brenn- und Beleuchtungsmaterial sorgte der königliche Oberhofmeisterstab.[3] Die Wache bestand aus einem Offizierszimmer und einem großen Raum für Unteroffiziere bzw. Mannschaften. Maximal konnte die Wache mit 92 Mann belegt werden.[4] Im Jahre 1866 wurde das Wachlokal so erweitert, daß darin bequem einhundert Mann, für besondere Krisensituationen sogar zweihundert Mann untergebracht werden konnten.[5] In jenen Jahren war die Residenzwache mit 56 Mannschaften, zuzüglich mindestens zwei Offizieren und einigen Unteroffizieren besetzt. Die Mannschaftsstärke entsprach damit dem Friedensetat von zwei Kompanien! Die Wache stellte am Tage je einen Posten am Kaisertor, am Königstor, am Kapellentor, an der Steinernen Stiege und an der Hofkapelle. Außerdem je zwei Posten für die Gemächer der Königinmutter Marie und des Königs Ludwig II.. Für das Wittelsbacher Palais gingen von der Residenzwache drei Posten ab und je zwei für das Prinz-Karl-Palais und das Palais des Prinzen Luitpold.[6]

Für heutige militärische Begriffe war der interne Wachbetrieb (nicht der Postendienst!) recht gemütlich. So wurde im Wachlokal um Geld Karten gespielt, zivile Bekannte der wachhabenden Offiziere des Infanterie-Leib-Regiments hielten sich in der Wache auf und es wurde gerne getrunken. Mit einer gewissen Treuherzigkeit vermeldet noch die Regimentsgeschichte aus dem Jahre 1892: »… In neuerer Zeit ist es Gebrauch geworden, daß der Lieutenant, welcher zum ersten Male die Wache bezieht, eine sogenannte Wachbowle giebt; dann finden sich die Kameraden bei ihm ein, um den Neuling die erste Wache verkürzen zu helfen. Eine Reihe nützlicher Gegenstände, namentlich Bierkrüge, wurden der Residenzwache von Offizieren des Regiments geschenkt.«[7]

In den 1890er Jahren bestanden die Räumlichkeiten der Wache aus einem Offizierszimmer (32 m²) mit separater Toilette und Schlafkammer für die Offiziersdiener, dem Aufenthaltsraum der Unteroffiziere (60 m²), dem Mannschaftslokal (105 m²) und dem Abort für Unteroffiziere und Mannschaften. Alle Räume waren sehr hoch (4 – 5 m). Sie wurden mit Kanonenöfen beheizt und mit Gasflammen beleuchtet. Das übliche Wachpersonal bestand aus drei Offizieren, drei Unteroffizieren, einem Spielmann, zwei Gefreiten und dreiundzwanzig Mann. Ein Doppelposten stand vor dem Eingang zum Wachlokal in der Residenzstraße, je ein einfacher Posten befand sich am Königstor und der Steinernen Stiege. Ein weiterer Doppelposten stand vor den Gemächern des Prinzregenten Luitpold. Der Wachwechsel erfolgte täglich Punkt zwölf Uhr mittags.[8]

Nach der Auflassung der Münchner Hauptwache im Neuen Rathaus am Marienplatz im Frühjahr 1906 war die Residenzwache des Leib-Regiments die letzte wirklich repräsentative Wache im ganzen Königreich Bayern. Sie blieb als einzige derartige Institution bis zum Ende der Bayerischen Armee bestehen.[9]

Anmerkungen:

1 O. Iling, Das Königlich Bayerische Infanterie-Leib-Regiment 1814 bis 1914, München 1914, S. 154

2 Vgl. Mkr. 9058 Prod. 8, Hartschiergarde an KM am 1. Juli 1807

3 F. Illing, Das Königlich Bayerische Infanterie-Leib-Regiment von der Errichtung bis zum 1. Oktober 1891, Berlin 1892, S. 523 – 530, hier S. 523 ff.

4 C 7 Garnisonbeschreibung, hier: Verzeichnis der vom Militär genützten zivilen Staatsgebäude bzw. Kgl. Gebäude (7: Residenzwache, Stand 15. Jan. 1852)

5 F. Illing (wie Anm. 3), S. 524

6 MKr. 2523 Prod. 76, KdtMünchen an KM am 26. Aug. 1866

7 F. Illing (wie Anm. 3), S. 530

8 MKr. 10322 Garnisonbeschreibung (1890), hier: Residenzwache

9 Vgl. R. Braun, in: Bayern und seine Armee, München 1987, S. 93

Die Wache am Karlstor

Das Karlstor, bis in das späte 18. Jahrhundert »Neuhauser Tor« genannt, entstand im späten 13. Jahrhundert und gehörte wie die drei anderen Haupttore der zweiten großen Münchner Stadtmauer zum Typus des sogenannten »Kammertores«. Er wird vom Bauhistoriker Hans Lehmbruch so beschrieben: »... Ein innerer Torflügel mit der Durchfahrt unter einem hoch ragenden Turm als dem stärksten Wehrbau der Anlage erhob sich in der Linie der inneren Stadtmauer; in einigem Abstand vorgelagert, war ein äußerer Torflügel in die niedere Zwingermauer eingespannt. Hier führte die Durchfahrt durch ein Portal in der Schildmauer zwischen zwei seitlichen Flankentürmen. Der innere Turm erhob sich bei den vier Haupttoren auf quadratischem Grundriß; der Grundriß der Flankentürme dagegen variierte: quadratisch am Schwabinger- und am Neuhausertor, polygonal beim Sendlinger- und beim Isartor. Äußerer und innerer Torflügel waren durch Quermauern untereinander verbunden und bildeten mit dem eingeschlossenen Fanghof kleine selbständige Festungswerke im doppelten Ring der Stadtmauern. Sie waren zusätzlich durch den Stadtgraben geschützt, über den eine Brücke zu den Zufahrtswegen durch das barocke Festungsgelände führte.«[1]

Mitte der 1770er Jahre entwarf der kurfürstliche Hofarchitekt Cuvilliés d. J. einen großartigen Plan zum Umbau des Neuhauser Tores zu einem »Arc de Triomphe«. Das Neuhauser Tor wurde am häufigsten zur höfischen Repräsentation benutzt, nicht zuletzt wegen der Straßenverbindung zu den kurfürstlichen Schlössern im nordwestlichen Umland der Stadt. In Cuvilliés Plan blieb freilich das vorgelagerte mächtige Erdwerk noch intakt. Die militärische Wache des Karlstores befand sich um diese Zeit am eigentlichen äußeren Zugang in die Toranlage, der etwa im Bereich des heutigen Lenbachplatzes zu lokalisieren wäre. Absicht Cuvilliés war es übrigens auch, dieser Militärwache im neuen inneren Stadttor ein neues Quartier einzurichten. Da das Projekt auf dem Papier blieb, stand die alte Wachthütte noch zwanzig Jahre.[2]

Die Entfestigung des Neuhauser Tores

Im Frühjahr 1791 beauftragte Kurfürst Karl Theodor seinen General-Leibadjutanten Thompson mit der Beseitigung der vorgelagerten Festungswerke des Neuhauser Tores. Damit wurde zugleich die Entfestigung Münchens eingeleitet. Die Idee zu diesem Plan stammte von Rumford selbst. Mit dem Schleifen der Bastionen und dem Auffüllen der Festungsgräben verlor eine vorgelagerte Torwache ihren Sinn. Deshalb wurde wieder an eine Verlegung der Militärwache zum künftigen »Karlstor« gedacht. Der Architekt Franz Thurn entwarf nun die Grundform des späteren Rondells. An seinen Flanken sollten Wachlokale eingerichtet werden. Ein aqurellierter Entwurf Thurns aus dieser Zeit zeigt den heutigen Stachus übrigens als einen weitläufigen Exerzierplatz.[3] Im Mai 1792 bezog die Wachmannschaft der Garnison ihr neues Wachlokal beim Karlstor, errichtet vom Oberbaudirektor der Stadt München Nikolaus Schedel von Greifenstein.[4]

Im Frühjahr 1800 heißt es bezüglich der Karlstorwache: »... Dieses Wachthauß befindet sich beym Hinausgehen aus der Stadt linker Hand an dem Ende des sogenannten Neuen Rondells angebaut.« Das Gebäude war nahezu kubisch, etwa neun Meter lang, sieben Meter breit und bis zum Dachfirst elf Meter hoch. Es bestand aus einem Erdgeschoß mit dem Wachtlokal und einem leerstehenden Obergeschoß. Die tägliche Wache hatte damals eine Stärke von einem Offizier, einem Feldwebel, zwei Gefreiten, einem Tambour und einundzwanzig Gemeinen.[5]

Bereits im Sommer 1801 wurde das Wachthaus an den bürgerlichen Kammmacher Duisberg um 1800 Gulden verkauft. Im Vertrag wurde die Bestimmung festgelegt, daß Duisberg und alle späteren Hausbesitzer der Garnison auf ewige Zeiten die Wachtstube, eine Holzlege und einen Abtritt dem Militär um einen jährlichen Zins von nur zwanzig Gulden zur Verfügung stellen mußten.[6] In den folgenden Jahrzehnten blieb die Karlstorwache anscheinend unverändert. In der Hörmannschen Garnisonbeschreibung von 1852 ist die Wache als ein heizbares Zimmer für bis zu achtzehn Soldaten, nebst einer kleinen Arrestzelle, vermerkt.[7]

Der Vorstand der Münchner Genie-Direktion Oberst v. Hörmann entwickelte im Frühjahr 1852 einen Plan, der darauf abzielte, das eigentliche Karlstor als Defensivgebäude zum Einsatz der Garnison bei inneren Unruhen herzurichten. Seiner Ansicht nach konnte das Torwerk 2 Offiziere, 86 Unteroffiziere und Mannschaften aufnehmen. Jeder der beiden kleinen Seitentürme war als Unterkunft für 28 Mann vorgesehen, der Rest der Besatzung für den großen Mittelturm. Küchen, Speisekammern, Vorratsräume ergänzten die Anlage. Im Zwinger sollten zwei Kanonen bereitgehalten werden. Insgesamt rechnete Hörmann mit Kosten von knapp 5000 Gulden. Das Projekt blieb allerdings eine reine Studie.[8]

Das Ende der Militärwache am Karlstor (1858)

Am 15. September 1857 zerstörte eine Pulverexplosion das direkt an den Hauptturm des Karlstores angebaute Haus des Eisenwarenhändlers Rosenlehner. Es handelte sich dabei nicht etwa um ein militärisches Munitionsmagazin der Wache, sondern um die privaten Schwarzpulvervorräte des Kaufmannes.[9] Durch die Erschütterung wurde auch die Statik des Stadttores beschädigt. Der Abbruch des inneren großen Torturmes und des Zwingers erschien geboten. Zugleich ergab sich für den Stadtmagistrat die Chance zu einer architektonischen Umgestaltung dieses wichtigen Zuganges vom Hauptbahnhof zur Innenstadt.[10]

Am 19. Januar 1858 wurde die Wache beim Karlstor vorläufig eingezogen, da der Magistrat nun seitliche Torpassagen für Fußgänger anlegte. Diesen Baumaßnahmen fielen die beiden Eckpavillons von 1792 zum Opfer, also auch das Wachtgebäude. Die Kosten für ein künftig wieder einzurichtendes Wachlokal wollte die Stadt übernehmen.[11] Nachdem aber das Militär den Platz am Karlstor erst einmal geräumt hatte, schlug der Stadtmagistrat die endgültige Auflösung der Wache vor. Die Armee lehnte jedoch dieses Ansinnen ab, ebenso auch den Vorschlag, die Wache im nahen Militärgefängnis oder im Provianthaus zu etablieren. Sie verwies auf ihr ewiges Servitut und auf die Entscheidung des Königs vom 21. Januar 1858, daß die Torwachen in München beizubehalten seien.[12]

In den folgenden Jahren gab es aber trotzdem keine Wache am Karlstor mehr. Im Dezember 1860 machte Kriegsminister v. Lüder den König wieder einmal auf die Diskrepanz zwischen dem rein formalen Fortbestehen der Karlstorwache auf dem Papier und der Realität hin. Daraufhin erklärte Max II., diese Torwache habe sich in der Tat als entbehrlich erwiesen und solle nicht wieder aktiviert werden. Am 25. Januar 1861 befahl das Kriegsministerium dann, daß die Garnison ihren Rechtsanspruch auf das alte Wachlokal ersatzlos aufzugeben hatte.[13]

Anmerkungen:

1 H. Lehmbruch, Ein neues München. Stadtplanung und Stadtentwicklung um 1800, Buchendorf 1987, S. 25
2 Ebd., S. 54 ff.
3 Ebd., S. 58 f.
4 Ebd., S. 65
5 A XX Bd. 21, Beschreibung des Wachthauses am Karlstor vom 20. Febr. 1800 mit Grundriß und Profilplan
6 MKr. 9058 Prod. 130 1/2, Gemäß einer Notiz im KM vom 4. Aug. 1833 genehmigte Kurfürst Max IV. Joseph den Verkauf am 18. Juli 1801. Die Verbriefung erfolgte am 7. Aug. 1801.
7 C 7, Zustandsbeschreibung der Garnison. Hier: Verzeichnis der vom Militär genutzten Privatgebäude (2: Karlstor-Wache, Stand: 15. Jan. 1852) und Planfasz.VI., Litt. A Nr. 5 (Situations-, Grundriß- und Profilplan, aufgenommen von IngJunker F. Gaab im Dez. 1852)
8 C 7, PlanFasz.VI, Litt. C Nr. IV: Karlstor, dat. 1. Mai 1852
9 Vgl. O. Zettler, Altmünchner Bilderbuch, München 1918, Nr. 105; R. Bauer, Das alte München. Photographien 1855 – 1912, München 1982, S. 73
10 Lehmbruch (wie Anm. 1), S. 91 – 95
11 MKr. 8823 Prod. 38, KdtMünchen an 1. Armee-Division am 23. Jan. 1858; siehe auch Lehmbruch (wie Anm. 1), S. 95
12 MKr. 8823 Prod. 44, KM an InnM am 15. Mai 1858
13 Ebd. Prod. 74, KM an König Max II. am 30. Dez. 1860 mit Kgl. Signat vom 22. Januar 1861; Prod. 75, KM an GenKdo München am 25. Januar 1861

232

Die Wache am Sendlinger Tor

Das Sendlinger Tor entstand beim Bau der zweiten großen Stadtmauer wohl gegen Ende des 13. Jahrhunderts. Das heute geläufige Erscheinungsbild des breiten Torbogens mit den beiden efeubewachsenen gedrungenen Türmen aus der Zeit um 1450 zeigt nur noch einen Torso des einst mächtigen Torwerkes. Gleich dem Isartor war das Sendlinger Tor bis zum Jahr 1810 eine Torburg mit einem hohen Hauptturm an der der Stadt zugewandten Seite des Wehrhofes. Dieser eigentliche Torturm, vollendet im Jahr 1310, und die Ostwand des Torzwingers wurden zusammen mit der, vor den Flankentürmen befindlichen, Barbakane abgebrochen bzw. geschleift.[1]

In den 1770er Jahren entwarf Cuvilliés d. J. ein Projekt für ein neues Sendlinger Tor, das auch ein Wachtlokal enthalten sollte. Dieser Plan blieb aber auf dem Papier, zumal sich schon die Entfestigung Münchens allmählich anbahnte, zunächst freilich indirekt, durch die Zweckentfremdung der Wallanlagen mit Gärten.[2]

Das Garnisonwachthaus auf dem Festungsglacis

Nach einer Beschreibung vom Frühjahr 1800 war das ebenerdig gemauerte und mit Ziegeln gedeckte Wachtgebäude fünfzehn Meter lang, sechs Meter breit und bis zur Zimmerdecke knapp drei Meter, bis zum Dachfirst fast sieben Meter hoch. »… Dieses Wachthauß liegt hinter der Courtine des Walls und hat hinter sich den Graben von der Stadt-Mauer, ist in eine Officiers- und eine gemeine Wachtstube abgetheilet und hat einen kleinen angebauten Holzstadel (…) Hat dermalen zur Wacht 1 Sergeant, 2 Gefreyte, 21 Gemeine.«[3]

Im Herbst 1803 entwarf der Architekt Franz Thurn ein Projekt zur Neugestaltung der Gegend am Sendlinger Tor. Es wurde von den zuständigen Behörden teilweise kritisiert und umgearbeitet. Im Dezember 1806 legte er seinen Plan erneut vor. Vom mittelalterlichen Torbau wollte er nur die beiden Flankentürme stehen lassen und dazwischen einen neuen klassizistischen Torbogen setzen. Vor dem Tor sah er ein Rondell nach Art des Karlsplatzes vor. Darauf sollten in der Nähe des Stadttores zwei kleine Wachthäuser stehen.[4] Die Raumplanung vor dem Sendlinger Tor erhielt aber erst durch den Bau des großen Allgemeinen Krankenhauses auf dem Areal des Spitals der Barmherzigen Brüder ab dem Jahr 1809 Auftrieb. Im Frühjahr 1810 wurde nach einem modifizierten Plan Ludwig v. Sckells mit der Entfestigung begonnen. Aus Kostengründen blieb dabei der mittelalterliche Torbau als Torso erhalten und der wassergefüllte innere Stadtgraben samt der Brücke.[5]

Das Wachtlokal im Sendlinger Tor (1810 – 1860)

Ende Mai 1810 wurde das alte Wachthaus vor dem Tor geräumt und die Mannschaft in ein Wachgebäude an den beiden Tortürmen verlegt.[6] Dieses neue Wachtlokal war auf Kosten der Stadt München erbaut worden. Das alte militäreigene Wachthaus an der Sendlinger Landstraße stand fortan leer. Im Mai 1812 erbat das Generalkommissariat des Isarkreises von der Garnison das alte Wachthaus für das Areal des im Bau befindlichen Allgemeinen Krankenhauses. Als Ersatz schlug man die Abgabe der neuen Wache an den Militärärar vor. Dieser Tausch wurde durch ein königliches Reskript vom 18. Mai 1812 gebilligt: »… Wir haben die Abtretung des alten Wachthauses vor dem Sendlingerthor an die General-Kreiskommissariats-Spezial-Kommission gegen die von derselben angetragene Cedierung des auf Kosten der Kommune erbauten neuen Wachthauses am obigen Tor genehmigt und solches Unserer Kommandantschaft am 15ten des Monats eröffnet.«[7]

In diesem Status verblieb die Sendlingertorwache offensichtlich in den folgenden Jahrzehnten. Eine Beschreibung dieses Bauwerks konnte erst aus dem Jahr 1852 aufgefunden werden, sicherlich ist sie aber auch für die frühere Zeit zutreffend. Demnach handelte es sich um ein einfach gemauertes Häuschen im Innenhof des Torbaues (»auf der linken Seite«), dessen Inneres ein einziger heizbarer Raum für maximal sechzehn Mann war. Der bauliche Erhaltungszustand zu dieser Zeit wird als »dürftig« bezeichnet.[8]

Im Frühjahr 1852 fertigte der Ingenieuroberst v. Hörmann für das Sendlinger Tor, das übrigens zu diesem Zeitpunkt noch über verschließbare, eisenbeschlagene Torflügel verfügte, Pläne zur Herstellung eines Defensivpostens. Sie sahen in den Türmen Unterkünfte für 2 Offiziere und 72 Mann, nebst Küchen, Magazinen für Lebensmittel, Munition, Feuerlöschgeräte sowie die Plazierung von zwei Kanonen vor, blieben aber auf dem Papier.[9]

Nach dem Ausmarsch der Truppen anläßlich der Mobilmachung von 1859 wurde die Sendlingertorwache aus Mangel an Soldaten ab 8. Juli 1859 nicht mehr besetzt gehalten. Daraufhin nützte der Stadtmagistrat die günstige Gelegenheit um die Torpassage zu verbreitern. Dieser Baumaßnahme fielen Abtritt und Holzlege der Wache zum Opfer. Überdies schlug nun die Stadt vor, ganz auf die Wache zu verzichten. Dieser Antrag stieß bei der Stadtkommandantschaft auf geneigte Ohren. In einem Bericht an das Kriegsministerium im September 1859 wies der Stadtkommandant v. Manz darauf hin, daß die Sendlingertorwache in den letzten Jahren ohnehin nur von einem Unteroffizier, einem Gefreiten und sechs Gemeinen besetzt gewesen war. Zweckmäßiger sei eine Verstärkung der Hauptwache.[10] Nachdem sich jedoch die Regierung von Oberbayern und die Polizeidirektion München aus Abschreckungsgründen für eine Wiederbesetzung des Sendlinger Tors mit Militär ausgesprochen hatten, ordnete das Kriegsministerium im November 1859 den Aufzug einer solchen Wache an.[11]

Die Stunde schlug dem Wachgebäude im Jahre 1860, als es von der Stadt München abgerissen wurde. Dabei ergaben sich Streitigkeiten zwischen der Armee und der Stadt um die Eigentumsrechte. Die Akten zeigen, daß das Wissen um die Baugeschichte seitens der Armee mangelhaft war. So spricht etwa das Generalkommando München in einem Schreiben vom 27. Mai 1861 von einem »... seit urfürdenklichen Zeiten vom Militär benützt gewesenen Thorwachthaus«, für ein erst fünfzig Jahre altes Gebäude eine doch wohl übertriebene Darstellung, die aber eine Vorstellung vom Aussehen des Wachtlokals vermittelt. Jedoch vermutete das Generalkommando ganz richtig in dem Häuschen, wie dies anscheinend stets vom Stadtmagistrat behauptet worden war, kommunales Eigentum. So war es ja auch noch 1852 von Oberst Hörmann als ein »Magistratisches Gebäude« eingestuft worden. Erst irgendwann zwischen 1852 und 1860 scheint es ohne nachweisbaren Besitztitel in das Immobilienverzeichnis der Garnison eingetragen worden zu sein.[12]

Militärpräsenz am Sendlinger-Tor-Platz (1860/66) – 1882)

Nach dem Abbruch des alten Wachthauses im Jahre 1860 wurde offensichtlich die Militärwache ersatzlos eingezogen.[13] Im Herbst 1866 wurde dann auf Wunsch der Kgl. Polizeidirektion wieder ein Wachtposten beim Sendlinger Tor aufgestellt, der vom nahen Militärgefängnis (bis 1883) in der Glockengasse (heutige Herzog-Wilhelm-Straße) abgelöst wurde.[14] Infolge der Mobilmachung für den Krieg von 1870/71 wurde die Wache zum 1. August 1870 vorläufig eingestellt.[15] Sie wurde dann am 22. Juli 1871 wieder besetzt.[16] Übrigens bestand noch immer der offene Stadtgrabenbach mit Brücke vor dem Tor. Erst ab dem Herbst 1879 wurde in diesem Bereich das Bachbett überwölbt, wobei sich die

Arbeiten bis in den Sommer 1884 hinzogen.[17] Der Wache war somit ein gewisser Sinn nicht abzusprechen, da hier der Zugang zur Sendlinger Straße, die ja direkt in das Herz der Stadt führt, kanalisiert und abgeriegelt werden konnte.

Wegen geringen Präsenzstandes an ausgebildeten Infanteristen mußte im Frühjahr 1882 die Sendlingertorwache vorübergehend von Gendarmen besetzt werden.[18] Wohl nicht zuletzt dieser Umstand machte nun auch das Innenministerium geneigt, endlich einer Auflösung dieser Wache zuzustimmen. Im August 1882 berichtete Kriegsminister v. Maillinger dem König, daß alle maßgeblichen militärischen und zivilen Stellen sich für eine Räumung der Sendlingertorwache ausgesprochen hätten. In früherer Zeit habe die Polizeibehörde vor allem deshalb auf einer Präsenz am Sendlinger Tor bestanden, weil sich in der Sendlinger Straße eine ganze Reihe »schlechter Wirtschaften« mit entsprechend kriminellen Publikum befunden habe. Diese Situation habe sich mittlerweile sehr günstig verändert. Eine ständige Kontrolle des Straßenpublikums sei damit nicht mehr notwendig. Aus militärischer Sicht könne das beim Sendlinger Tor eingesparte Wachpersonal zudem derzeit sehr sinnvoll beim unbewachten Magazin im ehemaligen Militärkrankenhaus in der Müllerstraße eingesetzt werden. So endete erst mit einem Königlichen Signat vom 20. August 1882 die Geschichte der Militärwache am Sendlinger Tor.[19]

Anmerkungen:

1 J. H. Biller/H. P. Rasp, München. Kunst- und Kulturlexikon, München 1972 (neubearb. 1985), S. 22 f.; W. Betz, Die Wallbefestigung von München, München 1959, S. 45 – 52
2 H. Lehmbruch, Ein neues München. Stadtplanung und Stadtentwicklung um 1800, München 1987, S. 172
3 A XX Bd. 21, Beschreibung des Wachthauses am Sendlinger Tor vom 20. Febr. 1800, nebst Grundriß und Profilplan
4 Lehmbruch (wie Anm. 2), S. 173 – 177
5 Ebd., S. 192 f.
6 A IV Bd. 101 Akt: Wachtposten an den Stadttoren, KdtMünchen am 26. Mai 1810
7 MKr. 9058 Prod. 16, General-Kreiskommissariats-Spezial-Kommission an KdtMünchen am 15. Mai 1812; Kgl. Reskript vom 18. Mai 1812 (siehe auch: A XX Bd. 81)
8 C 7, Zustandsbeschreibung der Garnison München, hier: Von der Garnison benutzte magistratische Gebäude (§ 5: Sendlinger Thor-Wache, Stand: 15. Jan. 1852); C 7, hier: Planfasz. VI, Litt. A Nr. 7 (Situations-, Grundriß- und Profilplan, aufgenommen im Okt. 1852)
9 C 7, hier: Planfasz. VI, Litt. C Nr. 3: Sendlingertor, verfaßt am 1. Mai 1852
10 MKr. 2523 Prod. 38, KdtMünchen am 23. Sept. 1859
11 Ebd. Prod. 40, InnM an KM am 20. Nov. 1859; Prod. 41, KM an KdtMünchen am 23. Nov. 1859
12 MKr. 8823 Prod. 85, GenKdo München an GenieKorpsKdo am 27. Mai 1861; GenieKorpsKdo an KM am 29. Mai 1861; Prod. 86, KM am 3. Juli 1861
13 Vgl. Mkr. 2523 Prod. 76, KdtMünchen am 26. Aug. 1866 (Verzeichnis aller Wachen und Posten der Infanterie)
14 Ebd. Prod. 78, KdtMünchen an KM am 21. Sept. 1866
15 Ebd. Prod. 100, KM an KdtMünchen am 1. Aug. 1870
16 Ebd. Prod. 110, KdtMünchen am 13. Sept. 1871
17 P. Grobe, Die Entfestigung Münchens (MBM Bd. 27), München 1970, S. 37
18 MKr. 2523 Prod. 134, KdtMünchen am 25. Jan. 1882
19 Ebd. Prod. 140, KM an König Ludwig II. am 16. Aug. 1882 mit Kgl. Signat, dat. Hohenschwangau am 20. Aug. 1882

Das Angerpikett und das Angertor

Das Angerpikett

Gegenüber dem städtischen Zeughaus, dem heutigen Stadtmuseum, am Anger oder »Heumarkt«, befand sich das städtische Feuerlöschgerätehaus. Im Erdgeschoß dieses Gebäudes (Heumarkt Nr. 13) war eine militärische Wache etabliert. Sie hieß das »Angerpikett«, da hier stets ein kleiner Trupp Kavalleristen stationiert war. Ihre Aufgabe war die schnelle Alarmierung der Feuerlöschmannschaften. Außerdem diente das Angerpikett zur Verstärkung der Hauptwache. Um 1800 scheint das Angerpikett noch nicht bestanden zu haben, nachweisbar ist es aber zumindest seit dem Frühjahr 1808. Zu diesem Zeitpunkt wurde auf Kosten des Militärs der völlig ruinierte Pferdestall wieder instandgesetzt.[1]

Eine detaillierte Beschreibung dieses Wachlokals stammt erst aus der Mitte des 19. Jahrhunderts.[2] Sie dürfte aber auch den früheren Bauzustand recht gut wiedergeben. Demnach handelte es sich im Erdgeschoß des Feuerhauses um einen heizbaren, mit sechs vergitterten Fenstern recht lichten Wohnraum für etwa fünfzehn Soldaten, neben dem sich ein Stallgewölbe für die entsprechende Anzahl Pferde befand. Der Zugang für Mensch und Tier zu Wachtstube bzw. Stallung erfolgte durch eine gewölbte Vorhalle und einen breiten Hausgang, wohl eine Art »Fletz«. Hier war auch ein Verschlag für den Abtritt eingebaut. Zusätzlich verfügte der mit drei vergitterten Fenstern versehene Stallraum über einen direkten Ausgang ins Freie. Für die Verköstigung der Wache und ihren Brennholzbedarf mußte die Stadt München aufkommen. Das ganze Etablissement war um 1852 in gutem baulichen Zustand.

Im Jahr 1879 gründete die Stadt München eine Berufsfeuerwehr. Als »Hauptfeuerhaus« diente weiterhin das alte Gebäude am Anger. An seiner Stelle wurde dann 1902/04 die noch heute bestehende Hauptfeuerwache (Blumenstraße) errichtet.[3] Durch die ständige Präsenz der Feuerwehrmänner wurde die Kavallerieabteilung überflüssig und wohl noch im gleichen Jahr eingezogen.

Das Angertor

Im Frühjahr 1852 erarbeitete der Ingenieuroberst Franz v. Hörmann ein Projekt, nach dem das Angertor für den Fall innerer Unruhen in einen Defensivposten der Garnison umgebaut werden sollte. Ihm verdanken wir daher eine recht genaue Beschreibung des damaligen Bauzustandes.[4] Demnach wurde im April 1852 damit begonnen, den schadhaften Torbogen mit Wehrgang zwischen den beiden Türmen abzutragen, so daß die Tortürme isoliert standen. Beide Türme traten nur halbrund nach außen aus dem Rest der Stadtmauer heraus. Sie waren ziemlich gedrungen und besaßen kegelförmige Schindeldächer. Der größere Ostturm stand zu diesem Zeitpunkt leer. Nach Hörmanns Plan sollte darin ein Quartier für einen Offizier und 48 Mann eingerichtet werden, nebst Küche und Magazinen für Lebensmittel, Munition und Feuerlöschgerät. Zur Verteidigung verfügte der Ostturm über insgesamt neunzehn alte, aber noch brauchbare Schießscharten. Im etwas kleineren Westturm befand sich um diese Zeit im ersten und zweiten Obergeschoß bereits ein mit Betten und Öfen versehenes »Bereitschaftslokal« des Militärs, das Platz für 32 Mann bot. Hörmann erwähnt nicht, wann es eingerichtet worden war; vermutlich war dies nach der Revolution von 1848 geschehen. Der Oberst wollte auch diesen Westturm noch mit einer Offizierstube und den beim Ostturm bereits erwähnten Nebenräumen ausstatten. Zwischen den beiden Türmen sollte zudem wieder ein neuer Torbogen mit einem massiven Tor erbaut werden.

Das Projekt Hörmanns kam nicht zur Ausführung. Im Gegenteil baten Magistrat und Gemeindekollegium der Stadt München im Frühjahr 1855 König Max II. um die Erlaubnis die baufälligen Angertortürme nicht, wie ursprünglich vom Staat angeordnet, restaurieren zu müssen, sondern sie vielmehr abbrechen zu dürfen. Hierzu wurde aber zuvor vom zuständigen Innenministerium auch das Kriegsministerium befragt, ob das Angertor für die Zwecke der Garnison von Bedeutung sei.[5] Zu diesem Zeitpunkt stand am Angertor ein Posten, ein ständiges Wachtlokal war dort aber nicht vorhanden, vermutlich aber noch das oben erwähnte Bereitschaftslokal im Westturm. Das Kriegsministerium erklärte, daß vom militärischen Standpunkt aus gegen eine Demolierung des Stadttores nichts einzuwenden sei, sofern der Garnison »in besonderen Fällen« der südwestliche Pavillon der neuerbauten Schrannenhalle als Quartier für eine Wache oder eine Bereitschaftsabteilung zur Verfügung gestellt würde.[6]

Anmerkungen:

1 MKr. 8825 Prod. 18, KM am 23. Febr. 1808 und KÖR am 27. Febr. 1808
2 C 7, Zustandsbeschreibung der Garnison München, hier: Verzeichnis der vom Militär benützten magistratischen Gebäude (§ 4: Angerpikettwache, Stand: 15. Jan. 1852) und Planfaszikel VI Litt. A Nr. 4 (Wachtlokal im städtischen Feuerhaus am Anger) mit Plänen des IngJunkers F. Gaab vom Dez. 1852
3 G. Schickel, Hauptfeuerhaus an der Blumenstraße in: Die Prinzregentenzeit (Ausstellungskatalog), hg. von N. Götz, München 1988, S. 164
4 C 7 Zustandsbeschreibung der Garnison München, hier: Planfaszikel VI Litt. C Nr. 2 (Die beiden Angertor-Türme mit der projektierten inneren Einrichtung zur Unterkunft von 80 Mann nebst 2 Offizieren) mit Plänen des IngLt v. Kern, dat. 1. Mai 1852
5 MKr. 8823 Prod. 36, InnM an KM am 23. Juli 1855
6 Ebd. Prod. 37, Vortrag im KM am 9. Aug. 1855; KM an InnM d. d.

Die Wache vor dem Isartor

Das alte Isartor kontrollierte seit dem frühen 14. Jahrhundert die Handelsstraßen nach Osten (»Wiener Straße«) und Süden (»Rosenheimer Straße«). Dem Tor weit vorgelagert, stand unmittelbar an der Isarbrücke der mächtige »Rote Turm« mit der Militärwache. Er brannte 1796 beim Artillerieduell zwischen österreichischen und französischen Truppen aus und wurde 1797 abgetragen.[1] Um 1800 befand sich das Wachlokal der Garnison dicht beim eigentlichen Isartor zwischen Stadtmauer und Festungswall. Es war ein ebenge-schossiges Haus aus einfachem Mauerwerk; gut vierzehn Meter lang, fast sieben Meter breit und mit zwei Meter Stubenhöhe und sechs Meter bis zum Dachfirst recht niedrig. Der Innenraum war in ein Offizierszimmer und die Wachtstube aufgeteilt. Die Wache bestand damals aus einem Offizier, einem Korporal und siebenundzwanzig Gemeinen: »... Dieses Wachthauß liegt außerhalb der Stadt vor dem Isaar-Thor, in dem ehemaligen Isaar-Demilune.«[2]

Über das Wachtgebäude gibt es kaum Aufzeichnungen. Eine Zeichnung von Domenico Quaglio aus der Zeit um 1810 zeigt ein bereits ziemlich heruntergekommenes Häuschen, an dessen Aussenmauer die Gewehre der Wachmannschaft mit aufgepflanzten Seitengewehr lehnen. Die Soldaten sitzen, unbekümmert des Straßenstaubes, den die vorbeiziehenden Fußgänger, Reiter und Fuhrwerke aufwirbeln, lieber im Freien, als sich in ihrem engen Wachtlokal aufzuhalten. Ein Torposten kontrollierte den Zugang in das Ravelin. Ein zweiter Posten stand dann unmittelbar am eigentlichen Isartor und zwar beim Hauptturm auf der Stadtseite.[3]

Für das Isartor und damit auch für die Wache gab es seit dem späten 18. Jahrhundert immer wieder Bauprojekte. Schon in den 1770er Jahren plante Francois Cuvillies d. J. ein völlig neues Torgebäude, in dem auch ein Wachlokal vorgesehen war. Um 1792 fertigte dann Franz Thurn einen Entwurf für ein kombiniertes Zoll- und Wachthaus beim Isartor. Weitere Projekte folgten dann Anfang des 19. Jahrhunderts.[4] Tatsächlich aber blieb für die Militärwache alles beim Alten. Es scheint auch so gut wie nichts am Wachlokal repariert worden zu sein. So meldete die Münchner Kommandantschaft im Sommer 1830, das Wachgebäude sei so baufällig, daß bereits ernsthafte Gefahr für die Mannschaft bestünde. Überall im Mauerwerk befänden sich große Sprünge und der Dachstuhl habe sich verschoben. Indessen könne die Wachtmannschaft nicht evakuiert werden, da kein geeignetes Ersatzlokal vorhanden sei. Eine Aufhebung dieser Wache komme keinesfalls in Betracht, da sie an einer der wichtigsten Verkehrsadern der Stadt liege und wegen »... der häufig in dieser Gegend vorfallenden Excessen, eine der unentbehrlichsten« sei.[5]

Wegen dieser polizeilichen Bedeutung der Wache leistete das Innenministerium auf Antrag des Kriegsministeriums rasche Amtshilfe. Am 31. August 1830 zog die Wache erstmals in ihrem neuen Wachtlokal auf, dem städtischen Zollhaus auf der Kohleninsel in unmittelbarer Nachbarschaft zur Alten Isarkaserne.[6]

Im Januar 1831 verfügte König Ludwig I., daß der Militärärar das alte Wachthaus der Stadt München auf Abbruch überlassen solle: »... mit der Bedingung jedoch, daß auf dem Platz nicht nur nichts gegen den sanktionierten Plan der Straßenanlage vom Isarthore bis zur Ludwigsbrücke, sondern auch überhaupt nichts ohne vorherige Anzeige an Mich erbaut werde.«[7] Ludwig war gewissermaßen der Hüter des Isartores. Schon als Kronprinz hatte er sich im Jahre 1823 erfolgreich gegen einen Plan Klenzes zum Abbruch des Stadttores gewehrt.[8] Im königlichen Auftrag renovierte Friedrich von Gärtner in den Jahren 1832/35 das Stadttor und Bernhard Neher fertigte das große Fresko, auf dem der Einzug Kaiser Ludwigs des Bayern nach dem Sieg in der Schlacht bei Ampfing anno 1322 dargestellt ist.

Der Isartorplatz wurde von König Ludwig I. bewußt als historisches Denkmal konzipiert. Ein Wiederaufbau der Militärwache am alten Platz hätte sehr störend gewirkt.[9] Das städtische Zollhaus auf der Ludwigsbrücke diente in den folgenden Jahrzehnten als Militärwache. In seinem Erdgeschoß war die Wachstube, in der Mansarde darüber war eine Offizierstube eingerichtet. Die Wache bot Platz für einen Offizier und bis zu sechsundzwanzig Unteroffiziere und Mannschaften. Es wurde aber nicht vollständig an das Militär übergeben, sondern blieb Eigentum der Stadt München.[10]

Um 1852 schlug der Ingenieur Oberst v. Hörmann vor, die Wache in das eigentliche Isartor zu verlegen und den mittelalterlichen Bau als Defensivkaserne für vier Offiziere, zweihundert Mann und zwei Kanonen einzurichten. Dieses Projekt blieb jedoch in den Akten.[11]

Im August 1866 stellte die Isartorwache bei Tage einen »Posten vor Gewehr« und einen Posten vor dem Heumagazin in der Zweibrückenstraße. In der Nacht kamen zusätzlich zwei Posten am Heumagazin hinzu.[12] Es läßt sich zumindest aus den Militärbauakten nicht genau ermitteln, wann der militärische Wachdienst im alten Zollhaus eingestellt wurde. Jedenfalls diente dieses Gebäude ab 1872 der Münchner Garnisonverwaltung als Büro, Werkstatt und Vorratslager. Im Frühjahr 1877 verlangte die Stadt München ihr Zollgebäude zurück. Sie beabsichtigte dessen Abbruch, um über die Ludwigsbrücke eine Gleisstrecke für die neue Pferdebahn (»Tramway«) bauen zu können. Das Kriegsministerium mußte aufgrund der eindeutigen Rechtslage das Haus Zweibrückenstraße Nr. 17 räumen.[13] Übrigens wurde dann im Jahre 1878 tatsächlich eine Straßenbahn vom Gärtnerplatz über die Ludwigsbrücke auf den Gasteig eröffnet.[14]

Anmerkungen:

1 Zum Isartor und seiner Umgebung: H. Lehmbruch, Ein neues München. Stadtplanung und Stadtentwicklung um 1800, Buchendorf 1987, S. 96 – 163, hier S. 97 – 103

2 A XX Bd. 21, Beschreibung vom 20. Febr. 1800

3 Vgl. die Abb. bei Lehmbruch (wie Anm. 1), S. 99 f.

4 Lehmbruch (wie Anm. 1), S. 104 – 150 pass.

5 MKr. 9058 Prod. 71, KdtMünchen an 1. Division am 8. Juni 1830

6 Ebd. Prod. 72, InnM an KM am 16. Juli 1830; Prod. 90, InnM an KM am 7. Aug. 1830; Prod. 94, KdtMünchen an KM am 31. Aug. 1830

7 Ebd. Prod. 113, Kgl. Reskript vom 29. Jan. 1831

8 Lehmbruch (wie Anm. 1), S. 150

9 Ebd., S. 154

10 C 7 Beschreibung der Garnison München, hier: Vom Militär benützte magistratische Gebäude (§ 6: Isarthor-Wache, Stand: 15. Jan. 1852)

11 Ebd., hier: Planfasz. VI, Litt. C Nr. 1 – Isartor, verfaßt am 1. Mai 1852

12 Mkr. 2523 Prod. 76, KdtMünchen am 26. Aug. 1866

13 MKr. 9059 Prod. 143, Indent. I. A. K. an KM am 15. Mai 1877; Prod. 144, KM am 24. Mai 1877

14 Vgl. M. Schattenhofer, Hundert Jahre Münchner Straßenbahn (1876 – 1976), in: ders., Beiträge zur Geschichte der Stadt München (= OA 109 (1984), S. 195 – 209, insb. S. 201

Die Wache am Schwabinger Tor

Das Tor an der Landstraße nach Schwabing, ursprünglich »Unsers Herrn Tor« genannt, nach einem Fresko am Hauptturm, war ein wesentlicher Bestandteil der Münchner Stadtbefestigung. Walther Betz schreibt: »… Von den vier Haupttoren Münchens lag das Schwabinger Tor strategisch am günstigsten. Sein Übergang und Vorfeld wurden von der Jungfrauen-Bastion und Schwabinger Bastion flankiert. (…) Der aus dem Schwabinger Tor kommende Weg führte, vom Wallgang gedeckt, die Kurtine entlang ein Stück nordwärts und verlief mit einer Schwenkung durch einen Torgang und über eine Zugbrücke hinaus ins Vorfeld. Dort war durch einen Waffenplatz im Gedeckten Weg eine Art Brückenkopf bewacht und durch Palisaden gesichert.«[1] Genauso verzwickt und verwinkelt wie sich diese Beschreibung liest, zeigt die Situation ein Gemälde Joseph Stephans aus der zweiten Hälfte des 18. Jahrhunderts.[2]

Das »*Wachthauß am Schwabinger-Thor-Barriere*« beherbergte im Frühjahr 1800 eine neunzehnköpfige Wachmannschaft. Sie bestand aus einem Feldwebel, zwei Gefreiten und zwölf Gemeinen von der Infanterie, sowie vier Artilleristen. Folglich muß bei diesem Wachposten auch mindestens ein leichtes Geschütz aufgestellt gewesen sein. Das in Mauerwerk aufgeführte Wachgebäude war knapp achteinhalb Meter lang und rund sechs Meter breit, so daß der Innenraum um die fünfzig Quadratmeter hatte. Außen angebaut waren ein kleiner Holzschuppen und ein Abtritt. Das Wachzimmer war mit etwas über zwei Meter Raumhöhe ziemlich niedrig, darüber befand sich ein Speicherboden. Das Dach war mit Ziegeln eingedeckt. Bis zum Dachfirst maß das Häuschen nur knapp fünfeinhalb Meter.[3]

Um den Zugang in die Stadt zu erleichtern, sollte bereits im Sommer 1805 das alte Wachthaus am Vorwerk der Jungfrauen- bzw. Schwabinger Bastion, nebst den dortigen Erdwerken und Palisaden abgebrochen und die Militärwache in die Zollstation verlegt werden.[4] Jedoch wurde dieses Vorhaben erst vier Jahre später realisiert. Im Dezember 1809 wurde die Wachmannschaft in die Residenz verlegt und stellte von dort die Posten für das Schwabinger Tor, einen Wachposten beim Zugang in den Hofgarten und einen Posten am weit entfernten Monturmagazin auf dem Schönfeld.[5]

Als Ersatz für das alte Wachthaus wurde von der Kgl. Hofbauintendantur eine Baracke aufgestellt. Im Sommer 1823 war das hölzerne Wachthaus an der Schwabinger Chaussée völlig ruiniert. Weder die Hofbauintendantur noch der Stadtmagistrat waren für eine Instandsetzung aufgekommen und der Militärärar hatte auch nichts unternommen, um keinen rechtlichen Präzedenzfall zu schaffen. Nun regnete es in das Wachlokal hinein, die Fußbodenbretter waren verfault, der Ofen funktionierte nicht mehr richtig und vor allem strotzten die hölzernen Wandverkleidungen vor Wanzen, die sich bei Tag und Nacht heißhungrig auf die Soldaten stürzten. Anfang August 1823 mußte die Wache vor der Wanzenplage regelrecht flüchten und wurde im Wachlokal der Residenz einquartiert.[6] Eine gemeinsame Besichtigung des Schwabinger Wachthauses im September 1823 durch Vertreter der Stadtkommandantschaft und des Stadtmagistrats erbrachte die einhellige Meinung, daß dieses Gebäude nur noch abgebrochen werden konnte.[7] Indessen blieb die Baracke aber noch bis zum Sommer 1826 stehen, wobei unklar ist, ob die Wachmannschaft darin auch untergebracht war. Die Wache als solche wurde am 29. Juli 1826 vorläufig eingezogen.[8]

Bereits ein halbes Jahr später bat dann der Münchner Stadtmagistrat um die Wiederaufstellung eines Militärpostens an der Straße nach Schwabing. Die Armee erklärte, es sei Sache der Polizeidirektion, sich für den Bau des dazu notwendigen Wachlokals einzusetzen.[9] Tatsächlich errichtete daraufhin die Stadt für 867 Gulden eine Holzbaracke im sogenannten Bauer'schen Garten an der Einmündung der Veterinärstraße in die Ludwigstraße. Am 1. Juni 1827 bezog eine Wache, bestehend aus einem Unteroffizier, einem Gefreiten und drei Gemeinen, dort Posten.[10] Nur eineinhalb Jahre nach der Belegung der neuen Baracke steckte soviel Ungeziefer in den Holzbrettern, daß ein längerer Verbleib den dort diensttuenden Soldaten nicht zugemutet werden konnte. Jedoch gelang es Militärärzten im Herbst 1829 schließlich mit einem nicht näher bezeichneten Mittel das Wachlokal wirksam und dauerhaft zu desinfizieren.[11]

Im Juli 1840 befahl König Ludwig I. den Abbruch des alten hölzernen Wachthauses an der Schwabinger Landstraße und ordnete die Einrichtung eines militärischen Wachlokals in dem gerade fertiggestellten »Gendarmeriestations-Gebäude« an. Dabei handelte es sich um das Eckhaus Ludwig-/Adalbertstraße (Hausnummer Adalbertstr. 19) beim neuen Universitätsgebäude.[12] Die dortige Gendarmeriestation wurde am 24. August 1840 von einem Brigadier und drei Gendarmen zu Fuß bezogen.[13] Zehn Jahre später wechselte das Gebäude aus dem Eigentum des Zivilärars in die Hände der Armee über.[14]

Nach einer Baubeschreibung aus dem Jahr 1852 wohnte im Obergeschoß des Hauses eine Gendarmerieabteilung. Im Erdgeschoß befand sich das militärische Wachtlokal. Es bestand aus einem Aufenthaltsraum für dreizehn Mann, einer Arrestzelle, einem kleinen Holzlagerraum und einem Abort. Der Eingang zur Wache führte durch eine kleine, arkadenartige, zur Straße offenen Vorhalle, in der die Gewehre der Wachsoldaten abgestellt wurden.[15]

Noch in den 1850er Jahren wurde die militärische Wache beim Siegestor aufgelöst.[16] Die Gendarmerie verließ im August 1871 dieses Haus und bezog stattdessen die Wachstation »Englischer Garten« im Rumfordschlößchen beim Chinesischen Turm.[17] Auf Antrag des Kriegsministeriums genehmigte König Ludwig II. im Herbst 1880 den Verkauf des Gebäudes an der Adalbertstraße.[18] Die geplante Veräußerung fand aber nicht statt, vielmehr wurde das Anwesen im Juli 1888 dem Finanzministerium überlassen.[19]

Anmerkungen:

1 W. Betz, Die Wallbefestigung von München (Neue Schriftenreihe des Stadtarchives Bd. 9), München 1959, S. 28 ff.
2 Ebd., Abb. S. 29
3 A XX Bd. 21, Beschreibung des Wachthauses am Schwabinger Torbarriere, dat. 20. Febr. 1800 nebst Grundriß und Profilplan
4 MKr. 9058 Prod. 6, Kurf. Reskript vom 15. Juni 1805
5 A XX Bd. 81, Kgl. Reskript vom 22. Nov. 1809; KÖr an KasVw München am 15. Dez. 1809
6 MKr. 9058 Prod. 19, KM an InnM am 24. Juli 1823; Prod. 20, KM an InnM am 8. Aug. 1823
7 Ebd. Prod. 28, Besichtigungsprotokoll vom 11. Sept. 1824
8 Ebd. Prod. 31, Stadtmagistrat München an KdtMünchen am 16. Mai 1826; Prod. 32, KdtMünchen an KM am 29. Juli 1826
9 Ebd. Prod. 42, KdtMünchen an KM am 27. Jan. 1827; Prod. 43, KM an KdtMünchen am 3. Febr. 1827
10 Ebd. Prod. 48, KdtMünchen an KM am 1. Juni 1827; Prod. 58, Stadtmagistrat München an KdtMünchen am 18. Aug. 1829
11 Ebd. Prod. 56, Stadtmagistrat München an KdtMünchen am 13. Febr. 1829; Prod. 60, KdtMünchen an KM am 8. Nov. 1829
12 Ebd. Prod. 180, InnM an KM am 20. Juli 1840
13 Ebd. Prod. 186, GendarmKorpsKdo an KM am 24. Aug. 1840
14 MKr. 9059 Prod. 66, Gutachten des Stadtgerichts München vom 16. Nov. 1853
15 C7, Beschreibung der Garnison München. Hier: Verzeichnis der militäreigenen Gebäude (§ 29: Schwabinger Thor-Wache, dat. 15. Jan. 1852) und Planfaszikel VI Litt. A Nr. 10 (Wachtlokal beim Siegestor) mit Grundriß- und Profilplan von IngJunker F.Gaab vom Dez. 1852

16 Vgl. MKr. 9059 Prod. 78, Antrag des Melbers Lautenbacher auf mietweise Überlassung des leerstehenden Wachlokals vom 27. Aug. 1859

17 MKr. 2493 Prod. 65, Notiz im KM am 17. Aug. 1871

18 MKr. 9059 Prod. 165, KM an König Ludwig II. am 4. Nov. 1880 mit Kgl. Signat, dat. München 5. d. Mts.

19 Ebd. Prod. 222, Notiz im KM am 4. Juli 1888

Die Wache am Maxtor

Zu Beginn des 19. Jahrhunderts wurde das letzte Stadttor im Bereich des alten Mauerringes gebaut, das noch heute bestehende Maxtor am Ende der Prannerstraße beim Maximiliansplatz. Es wurde im Jahr 1804 als sogenanntes »Neues Tor« errichtet und sollte einen repräsentativen, dabei aber bescheidenen Zugang von der künftigen Max-Vorstadt in das vornehme Kreuzviertel der Altstadt bilden. Aus der Situation des heutigen Maximiliansplatzes wirkt die Anlage einer Torwache ziemlich überflüssig. Bis zur Mitte des 19. Jahrhunderts existierte hier aber noch der offene Stadtgraben. Gleichzeitig mit dem Maxtor baute man eine Brücke. Die Wache an dieser Stelle erfüllte also den gleichen Zweck, wie an den übrigen Stadttoren. Sie kontrollierte den Zugang zur inneren Stadt und demonstrierte staatliche Präsenz.[1]

Über die Einrichtung einer Militärwache am Maxtor gibt ein 1833 im Kriegsministerium aus heute nicht mehr greifbaren Akten zusammengestelltes Schriftstück Auskunft. Demnach sollte ursprünglich in der Prannerstraße in der Nachbarschaft des »Neuen Thors« auf Kosten des Militärärars ein eigenes Wachlokal eingerichtet werden. Tatsächlich aber schloß dann das Militär im Herbst 1804 mit dem Hausbesitzer und Schlossermeister Schörg einen Vertrag, wonach sich dieser verpflichtete, der Garnison auf unbestimmte Zeit Räumlichkeiten in seinem Haus für ein Entgelt von jährlich achtzig Gulden zur Verfügung zu stellen.[2] Nach einer Beschreibung aus dem Jahr 1852 handelte es sich bei diesem Wachlokal aus dem Jahr 1804 um zwei Zimmer im Erdgeschoß des privaten Eckhauses an der Prannergasse (damalige Hausnummer Rochusgasse 5). Darin konnten fast fünfzig Personen untergebracht werden. In normaler Belegung diente das größere Zimmer als Wachstube für achtzehn Soldaten und der kleinere Raum, das ehemalige Offizierszimmer, als Arrestzelle. Ein eigener Abtritt war nicht vorhanden.[3]

Obwohl das Militär also in dem Gebäude nur zwei bescheidene Räume bewohnte, bot das Schörgsche Haus an der Seite zum Maximiliansplatz, wo sich auch das Wachlokal befand, bis in das 20. Jahrhundert einen durchaus martialischen Eindruck. Seinen klassizistischen Giebelaufsatz zierte nämlich ein Relief mit dem kurbayerischen Wappen, drapiert mit allerlei Kriegstrophäen. Der Giebel wurde zudem von der Büste eines antiken Kriegers (Mars?) gekrönt. Verantwortlich für diesen Zierat war nicht etwa die recht sparsame Armee, sondern eine rein zivile Baukommission, die meinte, daß »… ein Wachhaus welches Face gegen die Brücke macht, doch eine anständige Aussenseite haben muß.« Erst nachdem die Beamten des Magistrats, der Polizeidirektion und der Landesdirektion mit dem Hauseigentümer Schörg alles abgesprochen hatten, wurde das Militär informiert, aus dessen Etat die gesamte Fassadengestaltung bezahlt werden sollte. Die Armee indessen reagierte verständlicherweise verärgert und setzte durch, daß die Schaufassade auf Kosten des zivilen Ärars gebaut wurde.[4]

Das Wachlokal für das Maxtor wurde erstmals am 1. Juli 1805 belegt. Die Wache bestand aus einem Unteroffizier, einem Gefreiten und zwölf Gemeinen. Sie stellte damals nicht nur den Posten am Maxtor, sondern auch einen Posten am Ballhaus, am »Versatzhaus« und vor dem Quartier eines französischen Obristen.[5] Im Herbst 1807 wurde dann das unbenutzte »Offizierswachtzimmer« des Wachlokals vorübergehend dem Stadtmagistrat München zur Verfügung gestellt und darin eine Torzollstation eingerichtet.[6]

Nachweislich seit dem Jahr 1825, vermutlich aber auch schon anläßlich der Landtagssessionen von 1819 und 1822, wurden von der Maxtor-Wache aus zwei Posten für das »Ständehaus« in der Prannerstraße gestellt. Ein Wachtposten stand vor dem Haupteingang, der andere Posten patrouillierte hinter dem Gebäude. Hierzu wurde die normale Wachmannschaft für die jeweilige Dauer der Landtagsperioden entsprechend verstärkt, vermutlich um sechs Mann.[7]

Anfang August 1833 wurde das Wachlokal am Maxtor geschlossen und die Wache weiter stadtauswärts an die Kreuzung der Nymphenburger Straße mit der Landstraße nach Dachau verlegt. Sie befand sich also am heutigen Stiglmaierplatz. Die Maxtor-Wache blieb aber mit allen »Wachtrequisiten« ausgestattet und wurde dann während der Landtagssession von 1834 vorübergehend wieder besetzt, um von dort die Posten für das Ständehaus stellen zu können.[8] Diese Wache bestand aus einem Korporal, einem Gefreiten und neun Gemeinen und wurde nach dem Ende der Landtagsperiode am 3. Juli 1834 wieder aufgehoben.[9] Entsprechend scheint auch während der folgenden Landtage verfahren worden zu sein.[10] Anscheinend wurde die Maxtor-Wache dann aber ab 1848 wieder ständig von einer Abteilung Infanterie besetzt. Anfang der 1850er Jahre waren es achtzehn Mann.[11]

Anfang des Jahres 1865 erkundigte sich das Kriegsministerium bei der Stadtkommandantschaft, ob die Maxtor-Wache als notwendig erachtet würde.[12] Daraufhin meldete der Stadtkommandant, daß seit »einiger Zeit« in diesem Wachlokal die Postenmannschaft für das Wittelsbacher Palais, bestehend aus einem Unteroffizier, einem Gefreiten und zwölf Mann, untergebracht sei. Während der Sitzungszeiten des Landtages erhöhe sich die Stärke dieser Wachmannschaft um einen Unteroffizier und sechs Mann. Außerdem würden zweimal jährlich während der großen Dult auf dem Maximiliansplatz vorübergehend auch drei Gendarmen einquartiert.[13]

In einem Verzeichnis vom August 1866 taucht die Maxtor-Wache nicht auf. Die Posten für das Ständehaus wurden zu diesem Zeitpunkt von der Hauptwache gestellt.[14] Im April 1868 schlug die Stadtkommandantschaft die endgültige Aufgabe der Maxtor-Wache vor. Sie sei als ständige Sicherheitswache entbehrlich und während der Sitzungsperioden des Landtages könne die Ablösungsmannschaft für die Posten der Landtagswache im Kommandantschaftsgebäude in der Theatinerstraße ebensogut untergebracht werden.[15] Kriegsminister v. Pranckh befahl jedoch, das Lokal der Maxtor-Wache weiter beizubehalten.[16] Erst im Frühjahr 1883 wurde nach gemeinsamer Beratung von Finanzministerium, Innenministerium und Kriegsministerium das alte Wachlokal am Maxtor aufgegeben. Die Mannschaft der Landtagswache wurde fortan direkt im Ständehaus an der Prannerstraße einquartiert.[17]

Anmerkungen:

1 H. Lehmbruch, Ein neues München. Stadtplanung und Stadtentwicklung um 1800, Buchendorf 1987, S. 276–317, insb. S. 312 ff.
2 MKr. 9058 Prod. 130 1/2, Vortrag im KM am 4. Aug. 1833
3 C 7, Beschreibung der Garnison München, hier: Verzeichnis der militärisch benützten Privatgebäude (§ 3: Maxtor-Wache; Stand: 15. Jan. 1852) und Planfaszikel VI Litt. A Nr. 6 (Wachtlokal des Maxtores) mit Plänen des IngJunkers F. Gaab vom Dez. 1852
4 Lehmbruch (wie Anm. 1), S. 312
5 A IV Bd. 101 Akt: Wachtposten an den Stadttoren, KdtMünchen am 1. Juli 1805
6 MKr. 9058 Prod. 11, Stadtmagistrat München an KdtMünchen am 15. Okt. 1807 und Kgl. Reskript vom 20. d. Mts
7 A IV Bd. 102 Akt: Ehrenposten am Ständehaus Prod. 1, KdtMünchen an KM am 1. Aug. 1819; Prod. 3, KdtMünchen am 17. Jan. 1822; Prod. 5, KM an InnM am 27. Febr. 1825
8 MKr. 9058 Prod. 143, KdtMünchen an KM am 27. Dez. 1833; Prod. 144, KM an KdtMünchen am 2. Jan. 1834
9 A IV Bd. 102 Akt: Ehrenposten am Stände Prod. 16, KdtMünchen an KM am 4. Juli 1834
10 Ebd. Prod. 17, Notiz im KM am 24. Jan. 1837; Prod. 19, Notiz im KM am 11. Dez. 1839
11 C 7, Sicherheitsbericht für die Garnison München vom 24. Juli 1853, Beilage 3: Wachverzeichnis (Stand: 31. Mai 1852)

12 MKr. 9059 Prod. 88, KM an KdtMünchen am 20. Jan. 1865

13 Ebd. Prod. 91. KdtMünchen am 25. Jan. 1865

14 Mkr. 2023 Fasz. 3 Prod. 76, KdtMünchen am 26. Aug. 1866

15 MKr. 9059 Prod. 118, KdtMünchen an KM am 14. April 1868

16 Ebd. Prod. 127, KM an KdtMünchen am 2. Januar 1869

17 Ebd. Prod. 192, FinM an KM am 10. April 1883 mit beigelegter Weisung an die Regierung v. Oberbayern (Abschrift für KM)

Die Wache am Einlaß

Noch heute erinnert die Straße »Am Einlaß«, so benannt seit dem Jahr 1829, an das ehemals dort befindliche Stadttor. Seit dem 16. Jahrhundert bestand dort die Möglichkeit gegen eine Gebühr auch nach dem allgemeinen Schließen der Tore noch in die Stadt zu gelangen. Ursprünglich hieß der Einlaß das »Schiffertor«, entstanden als Teil der zweiten großen Münchner Stadtbefestigung.[1]

Zu Beginn des 19. Jahrhunderts lag die Militärwache für das Einlaßtor nicht im alten Stadttor, sondern »... ausserhalb der Stadt, vor dem Graben der Stadt-Mauer, und stoßet an den Wall der befestigten Courtine an«. Das Wachlokal befand sich in einem kleinen Haus, dessen ganzes Erdgeschoß ein einziger Raum von umgerechnet 47 Quadratmetern und 3,2 Metern Höhe war. Dieses Häuschen hatte auch noch ein Obergeschoß, das nicht in Militärbesitz stand und dessen Verwendung nicht erwähnt wird. Die Wachmannschaft bestand im Februar 1800 aus einem Korporal, einem Gefreiten und siebzehn Gemeinen.[2]

Einige Jahre später, ganz sicher in Zusammenhang mit der Entfestigung Münchens, muß dieses Häuschen abgebrochen worden sein. Die Wache wurde daraufhin in den alten Stadtturm, den eigentlichen »Einlaß« verlegt. Dies geht indirekt aus einem königlichen Reskript vom Sommer 1813 hervor, in dem dem Staatskassier v. Ertl zum Ausgleich für die Abtretung verschiedener Grundflächen zur Durchführung öffentlicher Baumaßnahmen der Einlaßturm nebst einem dazugehörigen Gärtchen übertragen wurde. Der neue Besitzer war aber verpflichtet, die in diesem Turm zu ebener Erde befindliche Wachtstube der Garnison weiterhin unentgeltlich zur Verfügung zu stellen.[3]

Nach dem Abbruch des Einlaßtores (»Schiffertor«) im Jahr 1824,[4] muß die Wache aber in ein freistehendes militäreigenes Wachthaus umgezogen sein. Als der Fabrikant Josef v. Utzschneider nämlich im Herbst 1839 die Bebauung des Einlaßravelins plante, die dann zwischen 1840 und 1850 realisiert wurde,[5] stand das »Einlaß-Thor-Wachthaus« diesem Vorhaben im Wege. Das Kriegsministerium hatte jedoch gegen einen Abbruch des Gebäudes nichts einzuwenden. Am 22. Oktober 1839 wurde die Wache am Einlaß definitiv eingezogen.[6]

Fast zwei Jahrzehnte nach der Aufgabe der Einlaßwache schlug der Ingenieuroberst Franz v. Hörmann im Mai 1852 vor, den noch in der Nähe des Einlaß stehenden »Runden Turm«, der Eigentum der Stadt München war, als militärische Wache einzurichten. Mit seinen rund 1,7 Meter dicken Mauern, dem gewölbt gemauerten Erdgeschoß und den massiven Balkendecken der oberen vier Etagen und des Dachbodens schien der wuchtige Wehrturm mit einem flachen Kegelrunddach gut geeignet. Oberst v. Hörmann wollte darin eine ständige Militärwache von fünfzehn Soldaten stationieren. Darüberhinaus sollten in dem Turm Unterkünfte für drei Offiziere und hundert Unteroffiziere und Mannschaften eingerichtet werden, insgesamt also für 118 Personen. Die Raumaufteilung war folgendermaßen geplant: im Erdgeschoß eine Küche, eine Speisekammer, ein Munitionsmagazin und ein Abstellraum für Feuerlöschgerät; im ersten Stock das Wachlokal für die ständige Wachmannschaft und ein Offizierszimmer; im zweiten Stock ein Schlafsaal für 28 Mann und im dritten bzw. vierten Stockwerk je ein Schlafsaal für 36 Mann. Die Gesamtkosten schätzte der Ingenieuroffizier auf einen sehr bescheidenen Betrag von 2000 Gulden. Auch dieses Defensivprojekt Hörmanns, das als Stützpunkt bei revolutionären Unruhen bzw. Hungertumulten (Schrannenhalle!) gedacht war, blieb auf dem Papier.[7]

Anmerkungen:

1 Vgl. Münchens Straßennamen, hg. von der Landeshauptstadt München im Verlag J.Berg, München 1983, S. 15; J. H. Biller/ H. P. Rasp, München. Kunst- und Kulturlexikon, München 1972 (neubearb. 1985), S. 22; H. Lehmbruch, Ein neues München. Stadtplanung und Stadtentwicklung um 1800, Buchendorf 1987, S. 26 ff.
2 A XX Bd. 21, Beschreibung des Wachtzimmers am Einlaß, dat. 20. Febr. 1800
3 MKr. 8823 Prod. 10, Kgl. Reskript an die Kgl. Steuer- und Domänensektion vom 17. Juni 1813 (Abschrift)
4 Wie Anm. 1
5 Vgl. P. Grobe, Die Entfestigung Münchens (MBM Bd. 27), München 1970, S. 44
6 MKr. 9058 Prod. 178, Notiz im KM vom 3. Okt. 1839; Prod. 179, Notiz im KM vom 22. Okt. 1839
7 C 7, 2. Teil des Kommissionsberichts Hier: Planfasikel VI Litt. C Nr. 10 (Runder Turm am Einlaß), Projektentwurf des IngOberst F. v. Hörmann vom 1. Mai 1852 mit Plänen des IngJunkers F. Gaab, dat. Juli 1852

Die Wache am Isarholzrechen

Die Isar war bis zur Mitte des 19. Jahrhunderts einer der wichtigsten Verkehrswege von den Alpen zur Donauebene. Die nach München einpassierenden Flöße wurden von einer quer über den Fluß gebauten Holzkonstruktion, dem sogenannten »Abrechen« aufgefangen oder bei geöffnetem Rechen durchgelassen. Der Abrechen zog sich vom ostwärtigen Isarufer bei Haidhausen über die Praterinsel zum Westufer beim Lehel, wo die Holzlände war. Fast an der gleichen Stelle verläuft heute die Praterwehrbrücke mit einer Figur des Heiligen Nepomuk.[1]

Nach einem Bericht der Münchner Schuldentilgungskommission vom August 1805 wurden über den brückenartigen Holzrechen Schlachtvieh und Getränke aus dem Umland in das Stadtgebiet geschmuggelt, um den an den offiziellen Passagen erhobenen Gebühren (»Aufschlag« bzw. »Ungeld«) zu entgehen. Die Zivilbehörde beantragte, freilich zunächst ohne Erfolg, daß beim Holzrechen eine Militärwache postiert werden solle, was auch in früherer Zeit schon einmal der Fall gewesen sei.[2] Im Frühjahr 1806 beschwerte sich auch die Kgl. Flußbaukommission München über die fehlende Militäraufsicht beim »Abrechen am Lehel«. Sie klagte über verschiedenen »Unfug« der Benützer dieses Flußüberganges und wies darauf hin, daß über den Rechen auch eine wichtige Wasserleitung in die Stadt führte. Geschickt argumentierte sie mit der Bemerkung, daß der Weg über den Flußrechen auch eine beliebte Fluchtmöglichkeit von Deserteuren aus der Garnison sei.[3] Gerade letzteres wird wohl den Ausschlag dafür gegeben haben, daß im März 1806 bei der Dienstwohnung des Wasserbaupoliers wieder ein Wachtposten aufgestellt wurde.[4]

In den darauffolgenden Jahren bestand anscheinend ein ständiger Posten beim Abrechen. Nach einem Schreiben des Kriegsministeriums gehörte dieser Posten zur Kosttorkaserne und wurde von dort aus alle zwei Stunden abgelöst. Ein Wachlokal beim Abrechen war nicht vorhanden. Der Minister des Kriegswesens v. Triva forderte deshalb im Frühjahr 1815 vom Finanzministerium auf dessen Kosten den Bau eines Wachgebäudes am Isarufer, ansonsten werde er den Posten abziehen lassen. Daraufhin bequemte sich Montgelas zu einer entsprechenden Anweisung an die Kgl. Steuer- und Domänensektion und im November 1815 konnte das Militär das neue Wachthaus beziehen.[5]

Das Wachthaus am Abrechen blieb bis zum Jahr 1830 von der Garnison besetzt. In all den Jahren wurde daran vom Eigentümer, der Finanzbehörde, nichts repariert. Die unmittelbar zuständige Dienststelle, das Kgl. Forst- und Triftamt München, erklärte im Frühjahr 1830 auf eine diesbezügliche Aufforderung der Stadtkommandantschaft, daß man keinerlei Interesse mehr am Fortbestand der Militärwache habe und sich deshalb nicht veranlaßt sehe, dafür Geld auszugeben.[6] Am 28. Juni 1830 besichtigte der Ingenieuroffizier Oberleutnant Haubenschmidt im Auftrag der Stadtkommandantschaft das Häuschen und war von seinem Bauzustand schockiert. Er verlangte die sofortige Evakuierung der darin befindlichen Wachmannschaft, da »... der Einsturz durch einen spürbaren Windstoß leicht herbeigeführt werden kann!« Der Stadtkommandant Generalleutnant v. Ströhl überzeugte sich persönlich von der Situation und zog den Wachtposten am 29. Juni 1830 kurzerhand ein.[7] Nachdem auch das Innenministerium mit dieser Maßnahme einverstanden war, da es die öffentliche Sicherheit in den Isarauen durch berittene Gendarmeriestreifen hinreichend gewährleistet sah, wurde die Wache endgültig aufgelöst.[8]

Anmerkungen:

1 M. Schattenhofer, Aus der Geschichte der Isarflößerei. in: ders., Beiträge zur Geschichte der Stadt München (= OA 109 (1984)), S. 99 – 112; Pläne der Stadt München von 1807 bzw. 1852 (unv. Ndr. 1957)
2 A IV Bd. 101 Akt: Wachtposten an Stadttoren, Schuldentilgungskommission München an Kurfürst Max IV. Joseph am 18. Aug. 1805
3 Ebd., Kgl. Flußbaukommission München an KdtMünchen am 21. Febr. 1806
4 Ebd., Kgl. Reskript an KdtMünchen am 8. März 1806
5 Ebd., KM an FinM am 30. März 1815; FinM an KM am 28. Juli 1815; KÖR an KM am 17. Nov. 1815
6 MKr. 9058 Prod. 83, Kgl. Forst- und Triftamt München an KdtMünchen am 9. April 1830
7 Ebd. Prod. 81, Platzoffizier IngOLt Haubenschmidt an KdtMünchen am 29. Juni 1830; KdtMünchen an KM am 29. Juni 1830
8 Ebd. Prod. 92, InnM an KM am 16. Aug. 1830; KM an FinM am 23. Aug. 1830

Militärwachen bei zivilen Strafanstalten

Die Münchner Garnison wurde im 19. Jahrhundert zunehmend als Wachtruppe bei verschiedenen zivilen Gefängnissen eingesetzt. Sie leistete damit einen wesentlichen Beitrag zur inneren Sicherheit und ersparte den zivilen Ressorts beachtliche Personalkosten.

Das alte Münchner Zuchthaus

Inwieweit das alte Zuchthaus am Anger, nicht zu verwechseln mit der späteren Fronfeste, an der Wende vom 18. zum 19. Jahrhundert auch von der Garnison bewacht wurde, läßt sich schwer feststellen. Es ist aber eher zu vermuten, daß das Militär ursprünglich nichts damit zu tun hatte. Erst eine kurfürstliche Kabinettsordre vom 30. September 1803 befahl der Stadtkommandantschaft aus Gründen der öffentlichen Sicherheit bei diesem Gebäude einen ständigen Wachtposten zu unterhalten, wozu rund um die Uhr gerechnet insgesamt drei Soldaten notwendig waren.[1]

Die militärische Zuchthauswache wurde beim Ausrücken der Münchner Truppen in den Feldzug von 1805 eingestellt. Daraufhin übernahm das Münchner Bürgermilitär diese Aufgabe. Nach einem Bericht der Generallandesdirektion vom Dezember 1805 wurden diese Dienste als »Lohnwachten« vergütet, es meldeten sich aber dafür nur Männer, »... die wegen ihres Alters und körperlicher Schwäche keinen besseren Verdienst erringen konnten«. Verständlicherweise waren diese wohl eher traurigen Gestalten den wenigen Zuchthausaufsehern kaum eine Hilfe.

Die Gefangenen versuchten diese Situation für sich zu nutzen. Mehrere gewaltsame Ausbruchversuche besonders gefährlicher Verbrecher konnten nur um ein Haar verhindert werden. Mitte Dezember 1805 saßen übrigens nicht weniger als 294 »Züchtlinge« in dieser Haftanstalt. Eine Bitte der Zivilbehörde um eine Wiederaufnahme des Wachdienstes durch Linienmilitär war also wohlbegründet und wurde daher vom Kurfürsten gewährt.[2]

Die Strafanstalt in der Au

Das alte Münchner Zuchthaus wurde im Frühjahr 1806 durch ein neues »Strafarbeitshaus« in der Vorstadt Au ersetzt. Bereits im September 1803 war hierzu das ehemalige Paulanerkloster bestimmt worden. Der Komplex wurde teils abgebrochen, teils erweitert. Der Auer Mühlbach diente als Energielieferant für die Manufakturbetriebe.[3] Vor der Belegung bat die Bayerische Landesdirektion den König, künftig eine stets präsente militärische Wachmannschaft zu gewähren. Die zivile Administration begründete ihren Antrag mit dem angeblich halbkriminellen Milieu der Vorstadt Au »... welche unter vielen guten nicht weniger schlechte und gefährliche Einwohner zählen dürfte.«[4]

Noch war die neue Anstalt in der Au gar nicht belegt, da wurde bestimmt, daß sie vorläufig »sämtliche einschlägigen Züchtlinge von ganz Baiern« aufnehmen mußte, da es in den Zivilgefängnissen zu Ingolstadt, Straubing und Burghausen keine Arbeitshäuser gab. Zunächst aber fand Anfang Mai 1806 die Verlegung aller bisher im alten Münchner Zuchthaus Inhaftierten nach Neudeck statt. Dazu wurde die Stadtkommandantschaft München angewiesen, eine ausreichende Eskorte aus Infanterie und Kavallerie bereitzustellen. Zugleich bestimmte der König, daß die ständige Militärwache für das Strafarbeitshaus aus einem zuverlässigen Unteroffizier und vierundzwanzig Gemeinen bestehen sollte. Entgegen der sonst üblichen Praxis mußten die Gewehre dieser Wachmannschaft stets scharf geladen sein.[5]

In den folgenden Jahren scheint es bei dieser Regelung geblieben zu sein, jedenfalls fehlen in den Armeeakten anderweitige Bestimmungen. Der Wachdienst beim Strafarbeitshaus war im Endeffekt sicher einer der wichtigsten Sicherheitsdienste der Garnison. Im Sommer 1810 wurde vermutlich sogar eine gewaltsame Befreiungsaktion vereitelt. Darauf deuten zwei besondere Vorkommnisse hin. In der Nacht vom 22./23. Juli 1810 wurden auf die Schildwache beim Eingangstor aus dem Hinterhalt drei scharfe Schüsse abgefeuert, wobei eine Kugel den Wachsoldaten beinahe streifte.[6] Nur wenige Tage später, in der Nacht vom 2./3. August 18 Minuten nach Mitternacht, wie der betreffende Bericht exakt vermerkt, näherten sich aus der Dunkelheit drei Männer dem Torposten. Der Soldat rief die Unbekannten an, jedoch gaben diese keinerlei Antwort. Dem einsamen Wachsoldaten erschien die Situation so bedrohlich, daß er einen Warnschuß abgab. Daraufhin ergriffen die drei Männer sofort die Flucht. Fortan zog über Nacht am Tor immer ein Doppelposten auf.[7]

Den Dienstbetrieb in Neudeck im 19. Jahrhundert zeigt die »Dienstes- und Hausordnung für die kgl. bayer. Strafanstalt München« von 1845.[8] Die Strafanstalt unterstand in allen Belangen der Kammer des Innern bei der Regierung von Oberbayern. Sie verfügte sowohl bei den weiblichen als auch den männlichen Gefangenen über vier Kategorien: 1) die »Kettensträflinge«, die ständig eine am Knöchel befestigte Eisenkugel trugen; 2) die »Züchtlinge«, die ständig eine Fußschelle ohne Kugel trugen; 3) die »Arbeitshaussträflinge« und 4) die »Zwangsarbeiter«. Ungeachtet dieser Differenzierung wurden alle Häftlinge zur Arbeit eingesetzt. Die angeschlossene »Strafarbeitsanstalt« verfügte über folgende Sparten: – Leinenweberei; – Woll- und Halbzeugweberei; – Strickerei; – Schneiderwerkstatt; – Schuhmacherwerkstatt; – Werkstätten für Schlosser, Dreher, Spengler, Tischler und Schäffler; sogar Maurer- und Malerarbeiten wurden durchgeführt. Die eigentliche Aufsicht in der Anstalt wurde von Wärtern und Wärterinnen wahrgenommen, die übrigens unverheiratet sein mußten. Sie hatten sich »... gegen die Büsser eines menschenfreundlichen und dem Straforte angemessen ernsthaften Benehmens zu befleissen« (§ 39). Die Militärmannschaft war grundsätzlich nur für die Sicherung verantwortlich. Bei größeren Tumulten konnte der Anstaltsleiter den Wachkommandanten aber zum Waffeneinsatz heranziehen. Abgesehen davon hatte jeder Wachsoldat, sofern er Tätlichkeiten eines Gefangenen gegen Wärter und sonstiges Personal wahrnahm, unverzüglich mit der Waffe einzuschreiten.

Wie das Wachtlokal des Militärs in der Strafanstalt beschaffen war, darüber gibt es kaum Informationen in den Garnisonakten. Die Armee war ja für den baulichen Unterhalt nicht verantwortlich. Jedoch existiert ein Plan aus dem Jahr 1852, der zugleich Rückschlüsse auf die vorangegangenen Jahrzehnte erlaubt. Er zeigt einen einzigen großen Raum mit Gewölbedecke rechts neben dem Haupttor. Alle Fensteröffnungen waren vergittert, im Raum befand sich ein großer Ofen. In diesem Wachtlokal konnten maximal 36 Personen untergebracht werden. Für die Verpflegung, das Brennholz und sogar die Munition der Wachtmannschaft mußte die Verwaltung des Strafarbeitshauses sorgen.[9]

Nach der Residenzwache und der Hauptwache war das Kommando in Neudeck in den 1860er Jahren die personalstärkste Wache der Garnison. Sie bestand um 1866 nach dem normalen Etat aus dem wachthabenden Unteroffizier und 33 Mannschaften und tagsüber folgende Posten: zwei Doppelposten an der Straße, einem Torposten, drei Posten beim »Farbhaus«, zwei Posten beim »Spital«, einem Posten beim »Neubau« und einem Posten am Holzhof. Zur Nachtzeit wurde zusätzlich ein Posten im Zellentrakt gestellt.[10] Im Herbst

1892 bestand das Wachtkommando der Garnison beim Münchner Zuchthaus aus einem Unteroffizier, einem Gefreiten und 27 Soldaten. Davon befanden sich stets neun Mann auf den verschiedenen Posten. Für die Nacht wurde ein zusätzliches Kommando von drei Mann gestellt, die dann einen zehnten Posten übernahmen.[11] Ein Jahr später wurde die Wachtstärke deutlich reduziert auf einen Unteroffizier und 17 Mannschaften. In dieser Stärke verblieb das Kommando in den darauffolgenden Jahren.[12] Das Zuchthaus in der Au wurde im Januar 1902 aufgelöst. Die neue Münchner Strafanstalt in Stadelheim hatte keine Militärwache mehr.[13]

Das Wachdetachement in der Strafanstalt Laufen

Im Frühjahr 1863 erhielt das kleine Salzachstädtchen Laufen eine zivile Strafanstalt. Sie wurde wie die übrigen bayerischen Gefängnisse von Infanteristen bewacht. An sich wäre es eine Aufgabe des damals in Burghausen garnisonierenden 2. Jäger-Bataillons gewesen, doch dieser Truppenteil stellte bereits das Grenzwachkommando in Reichenhall und war bei dem damals üblichen niedrigen Präsenzstand außerstande noch ein zweites derartiges Detachement zu formieren. Ähnlich sah es beim 8. Infanterie-Regiment in Passau aus, da dieses ständig die Militärgefangenen in der Feste Oberhaus bewachen mußte. In den Garnisonen Landshut und Freising war aber Kavallerie stationiert, die für solche Aufgaben nie eingesetzt wurde. Folglich fiel die Wahl des Kriegsministeriums auf die große Garnison München. König Max II. bewilligte im Januar 1863 den Antrag, aus der Münchner Infanterie turnusmäßig ein Detachement in einer Mindeststärke von einem Offizier, zwei Unteroffizieren, einem Spielmann und dreißig Mannschaften nach Laufen zu kommandieren. Zunächst traf es das 2. Infanterie-Regiment »Kronprinz«, da es das einzige der drei Münchner Regimenter war, das zu diesem Zeitpunkt mit allen drei Bataillonen in der Hauptstadt lag und daher am besten einen Personalabzug verkraften konnte.[14] In der Folge stellten abwechselnd das 1. und 2. Infanterie-Regiment das »Detachement Laufen«, wie man den Militärhandbüchern des Königreiches Bayern entnehmen kann. Im Sommer 1893 war wieder einmal das Regiment »Kronprinz« an der Reihe. Es hatte bei der Gefangenenanstalt zwei Offiziere, acht Unteroffiziere, zwei Spielleute, 56 Mannschaften stationiert.[15]

Die Wache in der Fronfeste

In den Jahren 1820 bis 1826 baute der Staat auf einem Teil des ehemaligen Klosters der Clarissinnen am Anger die sogenannte »Fronfeste«. Dieses Gefängnis diente bis 1895 zur Untersuchungshaft und zum Vollzug kürzerer Freiheitsstrafen. Auch die zum Tode Verurteilten kamen in die Fronfeste. Bis 1861 fanden die Hinrichtungen am Rande des Marsfeldes statt. Ab dieser Zeit bis 1895 wurden dann die Exekutionen in der Fronfeste vollzogen, anschließend im neuen Gefängnis Stadelheim. Die alte Fronfeste wurde kurz vor dem ersten Weltkrieg abgerissen.[16]
Im Sommer 1865 bat das Justizministerium die Armee um einen Militärposten für die Fronfeste. Es begründete diesen Wunsch mit dem Umstand, daß das Gefängnis ständig überfüllt sei und die durch das enge Zusammenleben in den Zellen strapazierten Gefangenen möglicherweise gegen die Wärter rebellieren könnten.[17] Daraufhin stellte das Kriegsministerium für die Fronfeste ständig einen Unteroffizier und drei Gemeine als »Schutzwache« ab. Diese Soldaten wurden jeweils dem diensttuenden Personal der Hauptwache entnommen.[18] Im Herbst 1865 wurde das Wachkommando in der Fronfeste um drei Gemeine verstärkt, sodaß gleichzeitig zwei Posten besetzt werden konnten.[19] Weniger als

ein Jahr später war die Militärpräsenz wieder verringert worden. Die Hauptwache stellte jetzt nur noch zwei Nachtposten mit zusammen vier Soldaten. Tagsüber war nun kein Militär in der Fronfeste.[20] Dabei scheint es einige Zeit verblieben zu sein. In späteren Jahren wurde das Kommando auf einen Nachtposten, d. h. zwei Soldaten, reduziert. Der diensttuende Soldat patrouillierte dabei im Hof des Gebäudekomplexes. Da hier stets auch einige Schwerverbrecher in Untersuchungshaft saßen, verkannte das Generalkommando des I. Armeekorps nicht die grundsätzliche Notwendigkeit eines Postens, vermerkte aber im Frühjahr 1898, im Grunde erspare man dem Zivilärar nur die Kosten für zusätzliche Justizvollzugsbeamte.[21]

Amtshilfe bei Exekutionen

Die Garnison hatte bei den Hinrichtungen Tumulte zu verhindern. Solange man die Exekutionen noch öffentlich am Marsfeld vollzog, d. h. bis in das Jahr 1861, wurde hierzu stets eine Abteilung des 1. Kürassier-Regiments zusammen mit einem Infanteriebataillon angefordert. Ein Wachtmeister mit vierundzwanzig Kürassieren eskortierte den Armesünderkarren auf der Fahrt von der Fronfeste am Anger durch die Sendlingerstraße, die Weinstraße und die Schäfflergasse zum Stadtgerichtsgebäude. Vor dem Stadtgericht im ehemaligen Augustinerkloster hatte ein Offizier mit weiteren vierundzwanzig Kürassieren den Platz abzusperren, während dem Deliquenten das Urteil öffentlich verlesen wurde. Sodann setzte die Eskorte des Wachtmeisters den Weg fort durch die Neuhauser Straße, die Schützenstraße und die Salzstraße (heute Arnulfstraße) zum Blutgerüst am Marsfeld (heute Augustinerkeller). Dort warteten schon das Infanteriebataillon und eine weitere Kürassierabteilung von achtundvierzig Mann, nebst eines Offiziers.[22]
Noch um 1860 hatte auch das Infanterie-Leib-Regiment für solche Anlässe auf Befehl der Stadtkommandantschaft ein Bataillon zu vier Kompanien mit etwa 200 Mann, nebst entsprechenden Chargen, zu stellen. Dieses Bataillon bildete auf dem Marsfeld ein Karree um die Richtstatt. Nach der Exekution mußte eine Kompanie bis zum Abbau des Blutgerüsts an Ort und Stelle bleiben. Nach der Verlegung der Exekutionen in die Fronfeste sicherte das Infanterie-Leib-Regiment in der Regel mit einer Kompanie die anliegenden Straßen ab.[23] Das 1. Kürassier-Regiment postierte zudem eine Eskadron am Anger.[24]

Anmerkungen:

1 A IV Bd. 102 Unterakt: Wache im Strafarbeitshaus bzw. Zuchthaus Prod. 0, Vermerk des KÖR vom 4. Okt. 1803
2 Ebd. Prod. 1, Generallandeskommissariat für Baiern an das Militärkommando München am 16. Dez. 1805 und Kurf. Reskript an das Militärkommando München vom 19. d. Mts.
3 B. Rehfuß, Umwandlung des Paulanerklosters in ein Strafarbeitshaus mit Manufakturbetrieb, in: Klassizismus in Bayern, Schwaben und Franken. Architekturzeichnungen 1775 – 1825. hg. von W. Nerdinger, München 1980, S. 132 f.
4 A IV Bd. 102 Unterakt: Wache im Strafarbeitshaus bzw. Zuchthaus Prod. 2, Bayer Landesdirektion an König Max I. Joseph am 12. März 1806
5 Ebd. Prod. 4, JuM an KM am 1. Mai 1806 und Kgl. Reskript an KdtMünchen vom 4. d. Mts.
6 Ebd. Prod. 5, Notiz im KM vom 31. Juli 1810
7 Ebd. Prod. 6, KdtMünchen an KM am 3. Aug. 1810
8 Ebd. Prod. 11, »Dienstes- und Hausordnung für die kgl. bayer. Strafanstalt München« (1845; gedrucktes Exemplar)
9 C 7, Beschreibung der Garnison München, hier: Planfaszikel VI Litt. A Nr. 12 (Wachtlokal im Strafarbeitshaus) von IngOberst v. Hörmann im Jahr 1852, nebst Situationsplan, Grundriß und Profilplan, aufgenommen und gezeichnet vom IngJunker F. Gaab im Dez. 1852

10 MKr. 2523 Prod. 76, KdtMünchen am 26. Aug. 1866

11 A IV Bd.120 Unterakt: Wachkommando beim Zuchthaus München 1892 bis 1901/02 Prod. 1, Kgl. Zuchthaus-
    verwaltung München an JuM am 7. Okt. 1892

12 MKr. 2487 Prod. 48, GenKdo I.A.K. an KM am 12. Febr. 1898

13 A IV Bd. 120 Unterakt: Wachkommando beim Zuchthaus München Prod. 9, Notiz im KM vom 7. Jan. 1902

14 A IV Bd. 118 Fasz. 2 Prod. 35, KM an König Max II. am 25. Dez. 1862 mit Kgl. Signat vom 4. Jan. 1863

15 MKr. 2486 Prod. 136, GenKdo I.A.K. an KM am 9. Juli 1893

16 N. Knopp, Die Frohnfeste auf dem Anger, in: Klassizismus (wie Anm. 3), S. 107 f.; M. Schattenhofer, Henker, Hexen
    und Huren im alten München, in: ders., Beiträge zur Geschichte der Stadt München (= OA 109 (1984)), S. 113–142,
    hier S. 122 f.

17 A IV Bd. 118 Fasz. 2 Prod. 84, JuM an KM am 21. Juni 1865

18 Ebd. Prod. 88, KM an KdtMünchen am 22. Juli 1865

19 MKr. 2523 Prod. 61, KM am 27. Nov. 1865

20 Ebd. Prod. 76, KdtMünchen am 26. Aug. 1866

21 MKr. 2487 Prod. 48, GenKdo I.A.K. an KM am 12. Febr. 1898

22 H. Fahrmbacher, Das Königlich Bayerische 1. Schwere Reiter-Regiment »Prinz Karl von Bayern« Bd. 2: Das
    Regiment in dem Zeitraum von 1848 bis 1898, München 1900, S. 112

23 F. Illing, Geschichte des Königlich Bayerischen Infanterie-Leib-Regiments von der Errichtung bis zum 1. Oktober
    1891., Berlin 1892, S. 146 bzw. S. 440

24 Wie Anm. 22

Militärische Wachen an zivilen Staatsgebäuden

Die Münchner Garnison mußte nicht nur Gefängnisse bewachen, sondern auch eine ganze Reihe anderer Objekte des Staates oder der königlichen Zivilliste. Sehr oft wurde das Militär hierzu herangezogen, um Ausgaben für ziviles Wachpersonal zu sparen, ungeachtet der zeitlichen Belastuung, die solche Nebenaufträge für die Soldaten mit sich brachten.

Beispiele für Wachaufgaben im frühen 19. Jahrhundert

Am heutigen Galileiplatz in Bogenhausen befindet sich noch heute ein Observatorium. Es ist der direkte Nachfolger einer Sternwarte, die im frühen 19. Jahrhundert dort errichtet wurde. Zum Schutz der wertvollen Instrumente war eine Wache eingerichtet. Sie wurde zunächst auf Kosten des Hofbauamtes von Zivilisten versehen. Ab dem Mai 1805 wurden einige Soldaten stationiert. Für den Unterhalt des Wachtlokals blieb aber das Hofbauamt zuständig.[1]

Vom Herbst 1808 bis zur Übersiedlung der Kgl. Gemäldesammlung in die Pinakothek im Frühjahr 1836 befand sich in den Nachstunden ständig ein Militärposten beim alten Hofgaleriegebäude im Hofgarten.[2]

Am 8. März 1829 befahl der Kriegsminister der Stadtkommandantschaft, daß die Hofgartenarkaden durch besonders zuverlässige Unteroffiziere und Mannschaften des in der Hofgartenkaserne untergebrachten Detachements der Garnisonkompanie Nymphenburg bewacht werden sollten. Diese Veteranen sollten zudem tagsüber vom diensthabenden Offizier der Residenzwache, in den Nachtstunden von einer Unteroffizierpatrouille der Residenzwache in unregelmäßigen Zeitabständen kontrolliert werden, ob sie auch tatsächlich ihren Wachtpflichten nachkamen.[3] Auf Befehl des Königs wurde dann im Dezember 1829 der Wachauftrag an die Gendarmerie übertragen.[4] Im August 1838 befahl König Ludwig I., daß fortan nicht mehr die Gendarmerie, sondern wieder Angehörige der Garnisonkompanie Nymphenburg die Hofgartenarkaden bewachen sollten.[5] Im Sommer 1843 wurden die Fresken in den Hofgartenarkaden erneut beschädigt, worauf das Innenministerium um mehr Eifer der im Hofgarten patrouillierenden Armeeveteranen ersuchte.[6]

Wache an der Glyptothek

Am 14. Juli 1818 bat Leo v. Klenze die Münchner Stadtkommandantschaft um eine Militärwache: »… Da der Bau der für Rechnung S. Königlichen Hoheit des Kronprinzen zu errichtenden Glyptothek auf dem Königsplatze jetzt weit genug vorgerückt ist, um einerseits einen großen Wert an Marmor, Maschinen p. p. stets im Freien der Gefahr des Stehlens oder Verderbnis blosgestellt zu lassen, andererseits im Inneren mehrere Säle Bildhauerarbeiten von unschätzbarem Preise aufgestellt werden.«[7] Daraufhin wurde auf dem Königsplatz umgehend ein Nachtposten aufgestellt.[8] Dieser Posten stand auch noch 1866 jede Nacht bei der Glyptothek und wurde von der Infanterie in der Türkenkaserne abkommandiert.[9]

Sicherung der Pinakothek

Von Anfang an wurde die Alte Pinakothek als »königliches Gebäude« vom Militär bewacht. Nach Bericht des Stadtkommandanten zog erstmals am 22. April 1836 ein Wachtposten auf. Dieser Posten war fortan von sechs Uhr früh bis achtzehn Uhr besetzt.

Bei Einbruch der Dunkelheit übernahmen zwei private Lohnwächter den Objektschutz. Sie waren mit Gewehren bewaffnet und führten scharfe Hunde mit.[10] Nach Fertigstellung der Pinakothek scheint die Sicherheitsfrage so geregelt worden zu sein, daß tagsüber die Gemäldeaufseher verantwortlich waren und während der Nachtstunden das Militär. Eine Nachtwache der Garnison bestand um 1840 aus drei Posten. An der Ostseite patrouillierte ein Soldat entlang des Stakettenzaunes der Türkenkaserne an der Barer Straße. Im Norden stand ein Posten beim Barackenkasernement an der Theresienstraße und auf der Südseite patrouillierte ein Wachsoldat in der »Kasernenstraße« (Gabelsbergerstraße).[11]

Um 1866 wurden zwei Nachtposten für die Alte Pinakothek und ein Nachtposten für die Neue Pinakothek von der Infanterie in der Türkenkaserne gestellt.[12] Im März 1868 zog die Armee eigenmächtig die Militärposten an den Pinakotheken ein.[13] Damit hatte sie die Rechnung aber ohne den Wirt gemacht, denn im Juli des gleichen Jahres zogen die Posten dort auf Geheiß König Ludwigs II. wieder auf.[14] Anläßlich der Mobilmachung von 1870 wurde die Zahl der Nachtposten bei der Alten Pinakothek von zwei auf einen Posten reduziert. Ab September 1871 waren es dann wieder zwei Posten.[15] Dabei blieb es im wesentlichen bis zur Jahrhundertwende. Im Frühjahr 1898 stand je ein Nachtposten bei der Alten bzw. Neuen Pinakothek. Das Generalkommando hätte die Posten schon längst gerne eingezogen, jedoch hatte die Königliche Gemäldegalerie immer noch keine eigenen Nachtwächter engagiert.[16]

Wache an der Ruhmeshalle

Am 24. April 1846 befahl König Ludwig I., daß an der Ruhmeshalle über Nacht ein Gendarmerieposten aufgestellt würde. Das für den Einsatz der Gendarmerie zuständige Innenministerium wies allerdings auf eine ohnehin starke Beanspruchung der Münchner Gendarmen hin und schlug vor, Veteranen zu verwenden. Daraufhin verfügte der König, daß fortan ein Pikett, bestehend aus drei Angehörigen der Garnisonkompanie Nymphenburg, die Ruhmeshalle bewachen sollte. Jeder Veteran erhielt dafür eine bescheidene Tageszulage von drei Kreuzern, dafür konnte man eine halbe Maß Bier kaufen.[17] Am 6. Juli 1849 hob König Max II. die ständige Wache der Garnisonkompanie auf und beauftragte stattdessen die Gendarmeriestation Sendling mit dem Schutz dieses Denkmals durch Patrouillengänge.[18]

Viele Jahrzehnte später erfuhr das Kriegsministerium, daß ungeachtet des königlichen Reskripts von 1849, doch ab einem ungeklärten Zeitpunkt wieder Armeeveteranen die Ruhmeshalle bewacht hatten, nämlich Angehörige der Invalidenhauses Benediktbeuern, offiziell Halbinvaliden-Abteilung des I. Armeekorps genannt. Die Sache kam der Armeeführung erst im Juni 1888 durch ein Schreiben des Staatsministeriums des Innern für Kirchen- und Schulangelegenheiten zur Kenntnis! Darin teilte Minister v. Lutz dem Kriegsminister v. Heinleth mit, daß sein Ministerium »seit vielen Jahren« ständig zwei Invaliden aus Benediktbeuern für freies Logis und eine tägliche Zulage von 92 Pfennigen beschäftige und in der Sommerperiode, wegen des starken Besucherandranges, jeweils von Juni bis Oktober noch einen dritten Mann. Indessen habe heuer der Vorstand des Benerdiktbeuerer Invalidenhauses diesen dritten Posten verweigert, weshalb man sich erstmals in dieser Angelegenheit an das Kriegsministerium wende.[19] Kriegsminister v. Heinleth machte nicht viel Aufhebens um die eigentlich schon recht verblüffende Tatsache, daß die Armee viele Jahre lang nicht gewußt hatte, was einige ihrer Leute machten. In der Folgezeit verrichteten die Benediktbeurer Veteranen mit Kenntnis des Kriegsministeriums ihren Wachtdienst auf der Theresienhöhe.[20]

Wachen für den Glaspalast

Bereits während seiner Bauzeit wurde der Glaspalast vom Militär bewacht. Im Februar 1854 wurden zum Schutz der Baustelle im Botanischen Garten am Karlsplatz zwei ständige Wachtposten abkommandiert.[21] Nach Eröffnung der Ausstellung wurden ab dem Juni 1854 zwei weitere Posten von der Garnison gestellt und bis zum Winter dort behalten. Diese Militärposten wurden im Gegensatz zu den ebenfalls vorhanden zivilen Wärtern und der Gendarmerie nur im Außengelände eingesetzt, nicht im Glaspalast selbst.[22] Während der Internationalen Kunstausstellung von 1869 stellte die Garnison jede Nacht vier Posten. Die kommandierten Soldaten erhielten pro Wacheinsatz dreißig Kreuzer von der Zivilbehörde. Insgesamt beliefen sich diese Vergütungen auf 964 Gulden 54 Kreuzer.[23] Eine ähnliche Nachtwache wurde vom Kriegsministerium eher widerwillig (»... ausnahmsweise und ohne jede weitere Consequenz«) für die Deutschnationale Kunstgewerbeausstellung von 1888 bewilligt. Jeder beteiligte Soldat erhielt von der Austellungsleitung pro Nacht (20 Uhr bis 6 Uhr) die beachtliche Summe von einer Mark.[24]

Wachen in der Maximilianstraße

Anfang Mai 1864 bat das Innenministerium im Namen der ihr unterstellten Regierung von Oberbayern um einen militärischen Schutz des neuen Regierungsgebäudes während der Nachtstunden wegen der dort befindlichen Amtskassen.[25] Das Kriegsministerium lehnte diesen Wunsch ab und erklärte, daß bereits zwei zusätzliche Nachtposten eine Erhöhung des Präsenzstandes der Garnison um insgesamt sechzehn zusätzliche Infanteristen bzw. eine Mehrbelastung des Etats um 2194 Gulden 32 Kreuzer darstellen würden.[26] Aus diesem Grunde wurde auch ein entsprechender Antrag aus dem Finanzministerium wegen der an der Maximilianstraße eingerichteten Kreiskasse für Oberbayern zunächst abgelehnt.[27] Daraufhin schrieb der Finanzminister v. Pfeufer erbost an seinen Ministerkollegen von der Armee »... *es möchte keine günstige Beurteilung erfahren, wenn bei einem ordentlichen und außerordentlichen Militäretat von jährlich 14 166 640 fl. (ohne Einrechnung der Getreidepreisdifferenz) nicht einmal ein Nachtposten zum Schutze einer Staatskassa ohne besonderes Entgelt aufgestellt werden könnte.*«[28] Die Drohung mit dem Etat wirkte. Gut eine Woche später zog in der Maximilianstraße ein Nachtposten beim Regierungsgebäude auf.[29]

Im Dezember 1866 bat das Staatsministerium des Innern für Kirchen- und Schulangelegenheiten, also das Kultusministerium, im Namen des ihm unterstellten Nationalmuseums um zwei Militärposten zum Schutz des Gebäudes während der Nachtstunden.[30] Das Kriegsministerium befahl daraufhin, daß der bereits seit einigen Jahren bei der Regierung von Oberbayern eingesetzte Nachtposten auch die Vorderfront des Nationalmuseums zu überwachen habe, jedoch zusätzlich ein neuer Garnisonposten bei Nacht auf der Rückseite des Nationalmuseums entlang der Hildegardstraße patrouillieren solle.[31] Im Oktober 1899 wurde der Wachtposten am ehemaligen Nationalmuseum in der Maximilianstraße eingezogen.[32]

Die Position der Armee

Truppe und Stäbe waren von den besonderen Wachaufgaben nicht sehr begeistert. Vor allem nach der Armeereform wollte man möglichst viel Zeit für die eigentliche Ausbildung gewinnen und den Garnisondienst auf ein Mindestmaß reduzieren. Entsprechende Anweisungen erließ Kriegsminister v. Pranckh in den Jahren 1868 und 1870.[33] Allerdings klagte noch der Kommandierende General des I. Armeekorps Prinz Arnulf von Bayern im Frühjahr 1898, von den zivilen Beamten werde die Effektivität eines militärischen Postens weit überschätzt. Die Nachtposten bei der Zentralstaatskasse im Alten Hof, der Staatsschuldenkommission in der Maxburg, der Regierung von Oberbayern bzw. dem Nationalmuseum und den beiden Pinakotheken wären entbehrlich, wenn die entsprechenden Behörden eigene Nachtwächter engagierten oder moderne Alarmanlagen installierten. Es sei zu berücksichtigen, daß seit der Reduzierung der aktiven Dienstzeit von drei auf zwei Jahre (ab April 1897) in München die Rekruten schon nach dem ersten Quartal der Grundausbildung auf Wache geschickt werden müßten. Sehr oft seien diese jungen Burschen vom Lande noch völlig unvertraut mit den Örtlichkeiten und Lebensverhältnissen der Großstadt. Ohnedies hätten die verbesserte Straßenbeleuchtung, das Telefonnetz, die Errichtung der Berufsfeuerwehr usw. den ursprünglichen Wert von Wachposten in Frage gestellt. Übrigens müsse man wohl die Posten bei den Angehörigen des königlichen Hauses und sogar der Residenz reduzieren.[34] Entsprechend lehnte das Kriegsministerium dann beispielsweise im Mai 1900 die Bitte des Kultusministeriums um einen militärischen Nachtposten beim neuen Nationalmuseum in der Prinzregentenstraße ab »… da militärische Posten [in der Regel ohne Munition!] allenfallsigen (kriminellen) Unternehmungen weit weniger wirksam entgegentreten können, als ein ständiges Wächterpersonal, das mit Revolvern bewaffnet werden kann und dessen Dienst in kurzer Zeit von einer Lokalkenntnis unterstützt wird, die bei fortgesetzt wechselnden Posten nie zu erzielen ist. Abgesehen davon hat das Kriegsministerium seit vielen Jahren und namentlich seit Einführung der zweijährigen Dienstzeit keine Gelegenheit unbenützt gelassen, um auf das Unzeitgemäße solcher Mannschaftsabstellungen und auf die unbedingte Notwendigkeit hinzuweisen, im Interesse der *kriegsmäßigen Ausbildung* alle nicht auf diesen Punkt abzielenden Verwendungen von Mannschaften einzuschränken.«[35]

Anmerkungen:

1 MKr. 2494 Prod. 1, FinM an KM am 3. Mai 1805 und Kurf. Reskript an MilitärInsp von Oberbayern vom 7. Mai 1805
2 MKr. 2493 Prod. 1, InnM an KM am 23. Okt. 1808 und Kgl. Reskript vom 26. Okt. 1808; Prod. 11, KM an KdtMünchen am 21. April 1836
3 Ebd. Prod. 3, KM an KdtMünchen am 8. März 1829
4 Ebd. Prod. 4, KdtMünchen an KM am 30. Jan. 1830
5 Ebd. Prod. 15, Notiz im KM vom 15. Aug. 1838
6 Ebd. Prod. 23, InnM an KM am 16. Juli 1843
7 Ebd. Prod. 2, Leo v. Klenze an KdtMünchen am 14. Juli 1818
8 Ebd. KM an KdtMünchen am 21. Juli 1818
9 MKr. 2523 Prod. 76, KdtMünchen am 26. Aug. 1866
10 MKr. 2493 Prod. 12, KdtMünchen an KM am 22. April 1836
11 Ebd. Prod. 22, KdtMünchen an KM am 29. April 1840
12 MKr. 2523 Prod. 76, KdtMünchen am 26. Aug. 1866
13 MKr. 2493 Prod. 48, KM an InnM am 28. März 1868
14 Ebd. Prod. 49, Notiz im KM am 15. Juli 1868
15 Ebd. Prod. 63, Notiz im KM vom 1. Aug. 1870; Prod. 66, KM am 15. Sept. 1871
16 MKr. 2487 Prod. 48, GenKdo I.A.K. an KM am 12. Febr. 1898
17 MKr. 2493 Prod. 31, InnM an KM am 27. Juni 1846; Prod. 36. InnM an KM am 14. Nov. 1846
18 Ebd. Prod. 47, InnM an KM am 6. Juli 1849
19 Ebd. Prod. 69, KuM an KM am 20. Juni 1888
20 Ebd. Prod. 88, Vortrag im KM am 19. Juni 1897
21 MKr. 2523 Prod. 2, KM an KdtMünchen am 15. Febr. 1854
22 Ebd. Prod. 8, KdtMünchen an KM am 18. Jan. 1855

23 MKr. 2493 Prod. 53, KM an KdtMünchen am 16. Juli 1869; Prod. 62, KdtMünchen an KM am 1. März 1870
24 Ebd. Prod. 68b, KM an KdtMünchen am 22. Mai 1888
25 Ebd. Prod. 22, InnM an KM am 1. Mai 1864
26 Ebd. Prod. 25, KM an InnM am 4. Mai 1864
27 Mkr. 2494 Prod. 27, FinM an KM am 1. Juni 1864; Prod. 28, KM an FinM am 7. Juni 1864
28 Ebd. Prod. 29, FinM an KM am 15. Juni 1864
29 Ebd. Prod. 30, KM an KdtMünchen am 22. Juni 1864
30 Ebd. Prod. 32, KuM an KM am 15. Dez. 1866
31 Ebd. Prod. 35, KM an KdtMünchen am 22. Dezember 1866
32 MKr. 2493 Prod. 102, Notiz im KM am 1. Nov. 1899
33 MKr. 2523 Prod. 84, KM am 27. März 1868; Prod. 98, KM am 29. Juli 1870
34 MKr. 2487 Prod. 48, GenKdo I.A.K. an KM am 12. Febr. 1898
35 MKr. 2493 Prod. 106, KM an KuM am 5. Mai 1900

Die älteren Militärgefängnisse

Zu Beginn des 19. Jahrhunderts war der Taschenturm beim Einlaßtor im Bereich der heutigen Blumenstraße das Gefängnis für »Militärverbrecher«. In diesem Turm, der übrigens keine Wohnung für einen Aufseher hatte, waren sieben »Keuchen« für jeweils zwei Arrestanten vorhanden. Ein Teil dieser Zellen war um 1804 ständig belegt, »… *da es täglich Fälle gibt, wo man davon benötigt.*«[1]

Am 9. Februar 1805 erging »… In Erwägung des üblen Zustandes des Taschenturmes und der Notwendigkeit einer Verbesserung dieses allgemeinen Militair-Arrest-Lokals« ein kurfürstliches Reskript, das eine kommissionelle Beratung zwischen der Kommandantschaft, dem Kriegsökonomierat, der Polizeidirektion und dem Stadtmagistrat wegen des Standortes einer neuen »Militär-Fronfeste« anordnete.[2] Jedoch scheint in dieser Angelegenheit nichts passiert zu sein, wie einem königlichen Reskript vom 29. Juni 1806 zu entnehmen ist.[3] Erst am 10. Juli 1806 fand eine Beratung statt. Der Kriegsökonomierat Frey, der Bürgermeister v. Mittermayr und der Stadtbaudirektor v. Schedl besichtigten den Taschenturm und schätzten die Kosten für dessen Instandsetzung oder Erweiterung auf stolze 18 000 Gulden. Am gleichen Tag besichtigten die Herren auch das ehemalige Zuchthaus in der Au, »… welches man hinsichtlich der Luft, der Sicherheit und Bequemlichkeit vollkommen geeignet fand«. Nach Meinung der Kommission ließen sich für nur 4000 Gulden darin achtzehn bis zwanzig ordentliche Zellen, nebst Verhörzimmer und Profoßwohnung einrichten.[4] Jedoch lehnte das für das Zuchthaus in der Au zuständige Justizministerium die Abgabe eines Gebäudetraktes ab, da es hier das »Polizei-Korrektions-Haus« und als Ersatz für das altberüchtigte Staatsgefängnis im Falkenturm eine »Kriminalarrestanstalt des Hofgerichts« einrichten wollte. Im übrigen regte Justizminister v. Morawitzky an, das Militär möge doch sein Gefängnis in die Kreuzkaserne verlegen.[5]

In den folgenden Jahren blieb es beim alten, baufälligen Gefängnis im Taschenturm. Nachdem im Frühjahr 1808 zwei Gefangene ausgebrochen waren, wurde eine Zelle zur Dienstwohnung für einen »starken Steckenjungen«, d. h. einen Profoßgehilfen, umgewandelt. Ansonsten änderte man nichts.[6]

Erst im Herbst 1814 wurde wieder über eine Verbesserung des militärischen Strafvollzuges verhandelt, wobei erneut von ziviler Seite, diesmal vom Innenministerium, die Kreuzkaserne als Militärgefängnis vorgeschlagen wurde.[7] Im Mai 1815 befahl das Kriegsministerium, die Kreuzkaserne auf ihre Tauglichkeit als Militärstrafanstalt zu untersuchen. Der Taschenturm sollte aber trotzdem als Arrestlokal bestehen bleiben. Triva legte großen Wert darauf, beim Strafvollzug künftig zwischen Kriminellen, Korrektionshäftlingen und Disziplinararrestanten zu unterscheiden.[8]

In Zusammenarbeit des Stadtkommandanten v. Ströhl mit dem Oberauditor Gruber, als Vertreter des Generalauditoriats der Armee, und dem Kriegsökonomierat Frey entstand ein Gutachten über den Zustand der Militärgefängnisse der Garnison München.[9] Darin wurde vorgeschlagen, den Taschenturm wegen seines schlechten Bauzustandes, den man als strafverschärfend für die Inhaftierten empfand, nur noch als *»Prison«* für kürzere Arreststrafen zu verwenden. Die bisherige Praxis, im Taschenturm Untersuchungsgefangene einzusperren, wurde wegen der lange andauernden Haftzeiten als gesundheitsschädlich kritisiert. Über sogenannte »Prisons«, zumeist für vier bis sechs Personen, verfügten auch die Kreuzkaserne, die Kosttor-Kaserne, die Hofgarten-Kaserne und die beiden Isarkasernen. Auch diese Gefängnisse waren teilweise gesundheitsschädigend, vor allem die alten Zellen in der Kreuzkaserne und der Kosttor-Kaserne. Die Kommission plädierte dafür, alle

Kasernenprisons grundsätzlich nur noch für Disziplinararreste bis zur Ebene des Regiments zu verwenden. Jede Kaserne hatte zusätzlich auch Arrestzellen in der »Stockwache«. Dort wurden in der Regel milde Arreststrafen wegen geringfügiger Disziplinarverstöße abgesessen. Daran hatte die Kommission nichts auszusetzen, jedoch wegen der Fluchtgefahr an der Praxis, dort auch Untersuchungshäftlinge zu verwahren, gegen die wegen schwerer Verbrechen ermittelt wurde. Was nun das Projekt eines Militärgefängnisses in der Kreuzkaserne betraf, so war die Kommission der Ansicht, daß man für nur 1500 Gulden einen Teil dieser Kaserne umbauen könne. Sie hielt zehn Zellen für maximal fünfundzwanzig Arrestanten, eine Korrektionsanstalt für maximal sechzehn Insassen, ferner ein Verhörzimmer, eine Wohnung für den Stabsprofoß nebst einer Kammer für seinen Gehilfen, ausreichend bis zum vollständigen Neubau einer modernen Militärstrafanstalt. Am 22. Juni genehmigte ein königliches Reskript die Vorschläge der Kommission und wies den Kriegsökonomierat Frey an, sogleich mit allen angetragenen Maßnahmen zu beginnen.[10] Die folgende Einrichtung und die Geschichte des Militärgefängnisses in der Kreuzkaserne sind im entsprechenden Abschnitt über dieses Gebäude behandelt.

Anmerkungen:

1 MKr. 9062 Prod. 2, KdtMünchen am 5. Dez. 1804
2 Ebd. Prod. 3, Kurfürstliches Reskript vom 9. Febr. 1805
3 Ebd. Prod. 6, Kgl. Reskript vom 29. Juni 1806
4 Ebd. Prod. 4, Protokoll vom 10. Juli 1806
5 Ebd. Prod. 7, JuM an KM am 28. Juli 1806
6 Ebd. Prod. 8, Kgl. Reskript vom 24. März 1808; Prod. 9, Kgl. Reskript vom 7. Mai 1808
7 Ebd. Prod. 20, InnM an KM am 27. Nov. 1814
8 Ebd. Prod. 22, KM an GenAuditoriat am 14. Mai 1815
9 Ebd. Prod. 23, Protokoll vom 5. Juni 1815
10 Ebd.

Das Militärgefängnis an der Corneliusstraße

Das alte Militärgefängnis in der ehemaligen Kreuzkaserne genügte nach jahrzehntelanger Nutzung nicht mehr den Ansprüchen der vergrößerten Garnison. Im Frühjahr 1877 schlug deshalb das Generalkommando I. Armeekorps beim Kriegsministerium den Neubau eines großen Arresthauses am Rande des Oberwiesenfeldes vor.[1] Zum Jahresende 1877 beauftragte der Kriegsminister die Inspektion des Ingenieurkorps mit der Planung eines neuen Militärjustizkomplexes für die Garnison, bestehend aus einem Gebäude für das Militärbezirksgericht und einer Haftanstalt mit mindestens siebzig Einzelzellen.[2]

Als Bauplatz wurde aber nicht das Oberwiesenfeld gewählt, sondern das Areal der Neuen Isarkaserne. Die Gründe hierfür waren rein bautechnischer Natur. Man wollte den Gebäudekomplex zur besseren Hygiene an das künftige städtische Trinkwasser- und Kanalisationsnetz anschließen. Das Oberwiesenfeld war aber damals noch nicht zu München eingemeindet. Südlich der Neuen Isarkaserne konnte man auf militäreigenem Grund bauen. Hier befanden sich seit dem Jahr 1848 zwei Stallbaracken, die nun zum Abbruch bestimmt wurden.[3] Als Ersatz hierfür bekam das 1. Schwere Reiter-Regiment im benachbarten »Neuen Heumagazin« neue Stallungen für 153 Pferde, die im Herbst 1882 bezogen werden konnten.[4]

Im März 1883 verlegte man die Arrestanten von der alten Kreuzkaserne in das neue Militärgefängnis.[5] Gerichtsgebäude und Arresthaus bildeten zusammen einen T-förmigen Komplex, dessen Querbalken gewissermaßen das Gerichtsgebäude entlang der Cornelius-Straße zwischen der Ehrhardtstraße und der Baaderstraße darstellte. Das äußere Erscheinungsbild wurde durch unverputztes einfaches Ziegelmauerwerk geprägt. Lediglich die Straßenfassade des Gerichtsgebäudes erfuhr durch die Verwendung von hellem Sandstein an den Sockelecken und den Fensterumrahmungen eine Auflockerung. Rund um das Gelände, zu dem beiderseits des Arresthauses eine Hoffläche gehörte, zog sich eine drei Meter hohe Mauer.[6]

Gerichtsgebäude

Das sogenannte »Hauptgebäude« bestand aus einem nahezu quadratischen Mittelbau (18,1 x 16,3 Meter) und zwei Flügeltrakten (jeweils 16,2 x 13,5 Meter). Der Fußboden des Souterrain lag mehr als einen Meter unter dem Straßentrottoir. Das Erdgeschoß lag zwei Meter über dem Niveau der Corneliusstraße. Man betrat das Gerichtsgebäude zu ebener Erde über ein geräumiges Vestibül und gelangte dann über eine Granittreppe mit vier Stufen und gußeisernem Geländer in das eigentliche Erdgeschoß. Dort befanden sich die Wache, ein Detentionsarrestlokal, vier Bürozimmer für die Untersuchungsrichter und die Wohnungen der Gefängniswärter. Im ersten Stock lagen die Diensträume des Münchner Militärbezirksgerichts und der große Verhandlungssaal. Im zweiten Stock war das Generalauditoriat untergebracht.[7]

Gefängnis

Vom Mitteltrakt des Gerichtsgebäudes gelangte man durch einen geschlossenen Gang in das Gefängnis. Dieser Bau war voll unterkellert, besaß zwei Obergeschosse und einen Dachboden. Er war knapp 55 Meter lang und 12 Meter breit. Zu beiden Seiten eines Mittelganges lagen die Räume. Im Erdgeschoß befanden sich 39 Einzelzellen und ein Wärterzimmer. In den beiden Obergeschossen waren jeweils 37 Einzelzellen, eine Offizierszelle und ein Wärterzimmer untergebracht. Im Keller befand sich die Zentralheizung für den Gefängnistrakt (das Gerichtsgebäude hatte Einzelöfen), zwei Badezimmer und eine besondere Zelle für »exzessive Gefangene«. Insgesamt verfügte das Gefängnis über 114 Zellen für Unteroffiziere und Mannschaften von jeweils drei Meter Länge und zwei Meter Breite. Die beiden Offizierszellen waren doppelt so groß. Im Arresthaus waren nur die Aborte für das Aufsichtspersonal an die städtische Kanalisation angeschlossen.[8] Um 1900 verfügte das Gefängnis über einen Aufseher aus der Halbinvalidenabteilung des I. Armeekorps, vier Wärter (Unteroffiziere) von den Truppen der Münchner Garnison, einem Maschinisten (Soldaten) für die Heizungsanlage, einem Sanitätsunteroffizier und einem Sanitätssoldaten.[9]

Die Situation der Gefangenen

Im Militärgefängnis befanden sich um 1890 stets durchschnittlich 77 Häftlinge. Für Untersuchungshaft, Strafvollzug und »Gelinden Arrest« waren 74 Zellen eingerichtet. Darin standen jeweils eine Pritsche mit Strohsack, Roßhaarpolster und Wolldecke, ein kleiner Tisch mit Hocker, ein Stiefelauszieher, ein Wasserkrug und ein Spucknapf. Ein »Leibstuhl« barg in sich einen Blechkübel, in den der Gefangene seine Notdurft verrichtete. Um den Geruch zu mindern, mußte nach der Benützung eine Handvoll Torfmull eingestreut werden, um die Fäkalien gewissermaßen zu kompostieren. Diese Kübel wurden aber nur in bestimmten Zeiträumen ausgetauscht. Deshalb waren die Zelleninsassen gehalten, nicht in den Leibstuhl zu urinieren, sondern in ein gewöhnliches Nachtgeschirr, das täglich einmal entleert wurde. Um die Geruchsbelästigung in den Zellen zu dämpfen, führte von jeder Zelle ein Abluftkanal über das Dach ins Freie. Die Zellenfenster lagen zwei Meter über den Fußboden und waren knapp einen halben Meter hoch. Wollte der Häftling mit dem Wärter Kontakt aufnehmen, so drückte er auf einen elektrischen Signalknopf. Im Wärterzimmer der betreffenden Etage leuchtete dann auf einer Tafel die Zellennummer auf. Die Wärter konnten ihrerseits im Notfall eine elektrische Alarmanlage auslösen. Die Zellen für Mittelarrest und Strengen Arrest glichen grundsätzlich den übrigen Zellen, jedoch fehlten hier der Strohsack, das Kopfpolster, der Tisch, der Hocker und der Stiefelknecht.
Eine besondere Rolle im grauen Gefängnisalltag spielte natürlich die Verpflegung. Sie wurde in einer besonderen Küche im Gerichtsgebäude zubereitet. Es gab nur eine warme Mahlzeit am Mittag, bei der gleichzeitig die Brotration für den Abend und den nächsten Morgen verteilt wurde. Die normale »Kostportion« bestand aus einem dreiviertel Liter Suppe mit hundert Gramm gekochtem Rindfleisch, einem Pfund Kommißbrot und einer Semmel. In die Suppe wurden abwechselnd Gerste, Reis, altes Brot, Sago, Nudeln oder Kartoffeln eingekocht. Häftlinge, die zu längeren Strafen verurteilt worden waren, erhielten aber nur die halbe Fleischration, keine Semmel und dafür ein halbes Pfund Brot mehr. Gegen Bezahlung durfte der Häftling zusätzlich eine Portion gekochtes Gemüse, zumeist Hülsenfrüchte, Kohl oder Rüben empfangen. Diese Möglichkeiten hatten die Häftlinge im Mittelarrest oder im Strengen Arrest nicht. An bestimmten Tagen erhielten sie nur Wasser und Brot. Ansonsten bestand ihre Tagesration aus der oben beschriebenen normalen Portion, ohne Semmel, dafür wegen der Härte der Haftbedingungen mit einem Kilo Kommißbrot. Aus Sicht des verantwortlichen Truppenarztes erschien die Beköstigung gerade noch ausreichend, teilweise nach Konstitution des Häftlings schon zu gering für den Tagesbedarf. Sogenannte »Selbstverpfleger«, d. h. Offiziere, Einjährig-Freiwillige, Gendarmen und Reservisten durften sich allerdings je nach Geldbeutel von den Wärtern zusätzliche Nahrungs- und Genußmittel (Bier?) besorgen lassen.[10]

Die Verwendung der Gebäude nach der Jahrhundertwende

Im Jahre 1900 wurden in München die bisherigen Justizstellen Generalauditoriat und Militärbezirksgericht durch das Oberkriegsgericht des I. Armeekorps und das Kriegsgericht der 1. Division ersetzt. Seit Mai 1899 belegte man auch das neue Militärgefängnis bei der Max-II-Kaserne, sodaß vorübergehend zwei große Haftanstalten gleichzeitig unterhalten werden mußten. Um 1903/04 zogen die Münchner Kriegsgerichte in das neue Dienstgebäude an der Artilleriestraße beim Militärgefängnis in Neuhausen um. Ab diesem Zeitpunkt wurde der Zellentrakt im alten Gefängnis nicht mehr belegt, zumal mittlerweile auch die Neue Isarkaserne geräumt worden war. Der Gebäudekomplex an der Corneliusstraße wurde fortan verschiedentlich genützt. Zeitweise waren darin die Inspektion des Ingenieurkorps und der Stab der Fußartilleriebrigade untergebracht. Ansonsten wohnten darin Unteroffiziersfamilien, vor allem der Aufseher des Armeemuseums. Ein Teil der Räume wurde für private Zwecke vermietet, ein anderer Teil kurz vor dem ersten Weltkrieg als Magazin für die Sammlungen des Museums für Völkerkunde zur Verfügung gestellt.[11]

Nach dem Ersten Weltkrieg ging das Areal in den Besitz der bayerischen Justizverwaltung über, die darin wieder ein Gefängnis einrichtete. In den 1960er Jahren befand sich darin eine Jugendstrafanstalt. Die alten Militärgebäude wurden für den Bau des Europäischen Patentamtes um 1975 abgebrochen.

Anmerkungen:

1 MKr. 9063 Prod. 1, GenKdo I.A.K. an KM am 18. April 1877
2 Ebd. Prod. 2, KM an InspIngKorps am 31. Dez. 1877
3 Ebd., Notiz im KM am 23. April 1880
4 Vgl. den Abschnitt »Neue Isarkaserne«
5 MKr. 8895 Prod. 124, GarnVw München an Indent. I.A.K. am 12. April 1883
6 MKr. 10322 Beschreibung der Garnison München (1890), hier: Militärarresthaus mit Gerichtsgebäude (undat.)
7 Ebd.
8 Ebd.
9 MKr. 11329 Prod. 4, KdtMünchen an Indent. I.A.K. am 18. April 1900
10 Wie Anm. 6
11 MKr. 9064 Prod. 116, Auskunft des Kriegsarchives vom 25. Okt. 1935 für die Oberstaatsanwaltschaft München I, die Vorgeschichte der Gebäude an der Corneliusstraße betreffend. Vgl. auch den Abschnitt »Militärgefängnis Neuhausen«

Das Militärgefängnis in Neuhausen

Nur ein Jahrzehnt nach dem Bau des Militärgefängnisses an der Corneliusstraße plante das Kriegsministerium ab dem Frühjahr 1893 eine zweite derartige Anlage für die große Max-II-Kaserne.[1] Ein Jahr später bestimmte man, daß dieses Arresthaus nicht nur für die Max-II-Kaserne, sondern auch für die Truppenteile in den Kasernen am ehemaligen Marsfeld und am Oberwiesenfeld konzipiert werden sollte. Deshalb mußte das Gebäude größer sein, als ursprünglich geplant.[2]

Arresthaus

Das Arresthaus, dessen mehrfach umgebauter Komplex erst im Frühjahr 1990 abgerissen wurde, hatte die Form eines Hufeisens und stand mit seinem Südflügel parallel zur damaligen Kasernstraße (Leonrodstraße) bzw. zum Verwaltungsgebäude. Der Mittelbau wandte sich gegen das Oberwiesenfeld. Zur Artilleriestraße hin öffnete sich die Hufeisenform der Architektur, war jedoch mit einer vier Meter hohen Mauer versehen. Die beiden Flügeltrakte waren jeweils 37,5 Meter lang, der sie verbindende Querbau war etwas kürzer (33,6 Meter). Das Gebäude war mit knapp sieben Metern sehr schmal. Es war voll unterkellert und verfügte neben dem Erdgeschoß über zwei Etagen und einen Dachboden. Die Gesamthöhe des mit bemalten Verputz versehenen Ziegelbaues betrug gut fünfzehn Meter. Das Dach war nur mit Wellblech eingedeckt.[3]

Im Kellergeschoß befanden sich eine Zentralheizungsanlage (Niederdruckdampfsystem) mit Kohlenbunker, verschiedene Abstellräume und zwei Aborte. Erdgeschoß, erster und zweiter Stock waren vom Aufbau her völlig identisch. Jedes dieser drei Geschosse verfügte über 32 Einzelzellen, zwei »Utensilienräume«, ein Wärterzimmer und zwei Aborte. Auf dem Dachboden waren Lagerräume eingerichtet.

Insgesamt wies das Arresthaus 96 Einzelzellen auf. Davon waren im Erdgeschoß vierzehn Zellen für den Vollzug der Dunkelhaft eingerichtet. Im ersten und zweiten Stock konnten je sechs Zellen besonders gefährliche Arrestanten aufnehmen. Jede Zelle war 3,4 Meter lang und nur zwei Meter breit. Die Raumhöhe betrug 3,6 Meter. Der untere Rand des Zellenfensters lag zwei Meter über dem Fußboden, so daß der Gefangene möglichst keinen Sichtkontakt zur Außenwelt hatte. Die Zellen wurden über die Zentralanlage im Keller beheizt. Der Häfling hatte die Möglichkeit mit einen Hebel sein Fenster schräg zu kippen und so für frische Luft zu sorgen. Im Gegensatz zum älteren Gefängnisbau an der Corneliusstraße waren hier in den Zellen keine Leibstühle mehr vorhanden. Statt dessen verfügte jede Zelle über einen Druckknopf für eine elektrische Klingel. Damit verständigte der Häftling den auf der Etage diensttuenden Wärter, daß er auf den Abort geführt werden wollte.

Das Verwaltungsgebäude

Als einer der letzten vollständig erhaltenen Münchner Militärbauten aus der Zeit vor der Jahrhundertwende steht noch heute, mittlerweile zurückhaltend renoviert, an der Ecke Artillerie-/Leonrodstraße das ehemalige »Wach- und Verwaltungshaus« des Militärgefängnisses. Das heutige Erscheinungsbild als unverputzter Ziegelbau mit Zierklinkerfassade entspricht dem ursprünglichen Zustand. Das Gebäude ist 37,5 Meter lang, knapp zehn Meter breit und sechzehn Meter hoch. Es steht heute im Eigentum des bayerischen Justizministeriums. Da das eigentliche Gefängnis als reines Verwahrhaus konzipiert war, befand sich in diesem Gebäude die notwendige Infrastruktur.[4]

Im Erdgeschoß lagen die Wache, die Gefängnisküche (vier Kochkessel zu je 150 Liter Fassungsvermögen), ein Gefangenenverhörzimmer mit Warteraum, das Büro der Gefängnisleitung und die Wohnung eines Aufsehers, bestehend aus Zimmer (18 m²), Kammer (10 m²), Küche (8 m²) und Vorraum (4,5 m²).

Im ersten Stockwerk war die Sanitätsstation eingerichtet. Sie bestand aus einem Wartezimmer, einem Ordinationsraum, einem Krankenzimmer (34 m²) und der Stube (11 m²) des ständig abkommandierten Lazarettgehilfen (Unteroffizier). In dieser Etage wohnten zudem der Oberaufseher (Zimmer (17 m²), Kammer (10 m²), Küche (8 m²) und Vorraum (12 m²)) und ein verheirateter Unteroffizier (Zimmer (21 m²), Kammer (17 m²), Küche (7 m²) und Vorraum (4,5 m²)).

Im zweiten Stockwerk befanden sich die Unterkünfte für das übrige Personal, nämlich einen weitere Wohnung für einen verheirateten Unteroffizier, zwei Wohnungen für die Heizer, eine Stube für zwei ältere Wärter und eine Stube für vier jüngere Wärter.

Eine Waschküche mit Mangelkammer und Vorratsräume für die Gefängnisküche waren im Keller untergebracht. Der Dachboden diente als Wäschetrockenboden für das verheiratete Aufsichtspersonal. Jede Etage und der Keller verfügte über Gemeinschaftsaborte.

Indienststellung

Obwohl das Arresthaus und das Verwaltungsgebäude bereits im Sommer 1898 fertig geworden waren, wurden die Gebäude erst am 7. Juni 1899 belegt, da sich der Anschluß an die städtische Kanalisation bis in den Mai 1899 verzögert hatte.[5] Das tatsächlich eingesetzte Personal war weniger umfangreich, als zuvor für die Maximalbelegung berechnet. Es bestand aus einem verheirateten Aufseher, abkommandiert von der Halbinvalidenabteilung des I. Armeekorps, vier zum Wärterdienst abkommandierten aktiven Unteroffizieren, einem Sanitätsunteroffizier und einem Sanitätssoldaten. Als Heizer wurde nur im Winterhalbjahr (1. Oktober bis 30. April) ein aktiver Soldat von der Truppe abkommandiert. Zusätzlich ihrer normalen Löhnung nach dem Dienstgrad erhielt der Aufseher eine monatliche Zulage von 30 Mark, der »1. Wärter« und der Heizer erhielten je 9 Mark Monatszulage, die drei anderen Wärter bekamen je 6 Mark Zulage. Offiziell rechnete das Kriegsministerium auf je 25 Arrestanten einen Wärter, d. h. mit dem genannten Personal konnte das Gefängnis mit seinen 96 Zellen notfalls im ganzen Umfang betreut werden.[6] Die Verpflegung für die Gefangenen und das Personal wurde von der Ehefrau des Aufsehers zubereitet. In der Regel gab es zum Frühstück Kaffee, als Mittagessen Suppe mit Rindfleisch und Gemüse und als Abendkost eine fleischlose Suppe.[7]

Das Militärgerichtsgebäude

Erst nach der Jahrhundertwende wurde der Gefängniskomplex durch ein Gerichtsgebäude ergänzt. Zwischen 1902 und 1904 errichtete der Geheime Oberbaurat im Kriegsministerium Ludwig Mellinger (1849 – 1929; ab 1905 Ritter des Verdienstordens der Bayerischen Krone), zeitlich parallel zu seiner Arbeit am Armeemuseum im Hofgarten, an der Artilleriestraße im Stil der italienischen Frührenaissance ein repräsentatives Gebäude für das Militärgericht München. Es diente auch der Reichswehr und der Wehrmacht als Militärgericht. Nachdem Mellingers Bau die Bomben des Zweiten Weltkrieges überstanden hatte, wurde er in der Nachkriegszeit vom Justizministerium abgerissen.[8] Um 1988 wurde die Grundfläche mit einer Wohnanlage für Beamte bebaut.

Anmerkungen:

1 Mkr. 9065 Prod. 2, Indent. I.A.K. an KM am 17. Okt. 1893

2 Ebd. Prod. 3, Indent. I.A.K. an KM am 9. März 1894; Prod. 4, KM an GenKdo I.A.K. am 2. Mai 1894

3 MKr. 10323 Garnisonbeschreibung München – Nachträge 1898, hier: Beschreibung des Arresthauses im Gebiet der Max-II-Kaserne (3. FArtRgt), dat. 20. Juni 1898; beigelegt: ein Grundrißplan Erdgeschoß Maßstab 1:100 (kolorierte Planpause), Garnisonbauamt München I im Dez. 1896 und ein Plan mit Fassadenansicht und Querprofil des Gebäudes Maßstab 1:100 (kolorierte Planpause), sign. Regierungsbauinspektor Müller, München im Juni 1898

4 MKr. 10323 Garnisonbeschreibung München – Nachträge 1898, hier: Beschreibung des Wach- und Verwaltungs-gebäudes zum Arresthaus im Gebiet der Max-II-Kaserne (1. FArtRgt), dat. 6. Juni 1898; beigelegt: ein Grundrißplan für Keller, Erdgeschoß und 1. Stockwerk Maßstab 1:100 (kolorierte Planpause) und eine Halbansicht der Fassade nebst Profilrissen Maßstab 1:100, beide Garnisonbauamt München II vom März 1897

5 MKr. 10324 Garnisonbeschreibung München – Nachträge 1900, hier: Nachtrag zur Beschreibung des Arresthauses mit Wach- und Verwaltungsgebäude an der Kasernstraße (3. FArtRgt), dat.1. Mai 1900

6 MKr. 11329 Prod. 3, KM am 10. Aug. 1900; Prod. 4, KdtMünchen an Indent. I.A.K. am 18. April 1900

7 Wie Anm. 5

8 M. Megele, Baugeschichtlicher Atlas der Landeshauptstadt München, München 1951, S. 143; H. Habel, Das Bayerische Armeemuseum in München, S. 30

5. Kapitel:

Versorgungseinrichtungen und Zeugwesen

Einführung

Eine Garnison ohne eigene Versorgungseinrichtungen und seien sie noch so bescheiden, war und ist nicht funktionsfähig. Verpflegungsmagazine für Mensch und Tier, Depots für Waffen, Munition, Ausrüstung und Bekleidung gehörten zu einer großen Garnison des 19. Jahrhunderts. Auch in München verfügte das Militär schon sehr früh über eine Reihe derartiger Objekte, wie Provianthaus, Fouragemagazin, Holzlager und verschiedene Mühlen. Sie sollen im folgenden nach ihrer Entstehungszeit behandelt werden.

Heute kaum mehr bekannt ist zudem die Bedeutung Münchens als Arsenal nicht nur für die lokale Garnison, sondern auch für andere Standorte bis ins späte 19. Jahrhundert. Die Armee verfügte hier über ein großes Zeughaus mit entsprechenden Werkstätten, Pulvermühlen und Munitionslager mit beachtlichen Kapazitäten. Diese Logistik muß im wechselseitigen Zusammenhang mit der traditionell starken Präsenz der Artillerietruppe in München gesehen werden.

Das alte Provianthaus

Bereits im 18. Jahrhundert verfügte die Garnison in direkter Nachbarschaft zur Kreuz-kaserne über eine Militärbäckerei mit Kornspeicher und Brotmagazin, das sogenannte »Provianthaus«. Es befand sich an der Ecke Herzogspitalstraße und Kasernen-Gasse (heutige Herzog-Wilhelm-Straße). Die angrenzenden Gebäude waren das Herzogspital, die Kreuzkaserne und das ebenfalls militäreigene sogenannte »Kern'sche Haus«.

Provianthaus

Das Provianthaus war ein unregelmäßiger Baukomplex, der aus drei Einzelgebäuden bestand, die zusammen mit dem Kern'schen Haus einen Innenhof umschlossen. Das Gebäude war an der Seite zum Herzogspital etwa zweiundzwanzig Meter lang. Die Gebäudefront gegenüber der Kreuzkaserne war einschließlich des Backstubentraktes knapp fünfzig Meter lang. Die Höhe des Hauptgebäudes bis zum Dachfirst betrug dreizehn Meter. Im Frühjahr 1800 beherbergte das eigentliche Provianthaus im Erdgeschoß einen Teil der Wohnung des Garnisonbäckers, für welche er fünfzig Gulden jährlichen Mietzins bezahlen mußte und ein Brotmagazin. Darunter war ein kleines Kellergewölbe. Im Obergeschoß besaß der Bäcker noch weitere Wohnräume. Außerdem lagen hier zwei Mehlkammern mit einer Schüttvorrichtung in das Erdgeschoß. Darüber befanden sich zwei Speicherböden für ungemahlenes Getreide. Hufeisenförmig stießen an das Hauptgebäude zwei ebenerdige Flügelbauten an. Die sogenannte »Alte Bäckerey« hatte eine Backstube mit zwei großen Öfen und einer Wasserentnahmestelle (»laufender Röhrbrunnen«). Die »Neue Bäckerey« besaß drei Backöfen und einen Lagerraum für frischgebackenes Brot. Im Gegensatz zu den solide gemauerten Gewölben der alten Backstube war hier trotz der Brandgefahr nur eine Holzdecke eingezogen worden. Über das Brotmagazin der Neuen Bäckerei heißt es: »… ist aber sehr feucht und hatt keine Lufft«. Im Frühjahr 1800 stand nur die Alte Bäckerei in Betrieb. Ferner verfügte der Provianthauskomplex über einen kleinen Pferdestall, eine Holzlege, einen Abtritt und einen Pumpbrunnen im Hof.[1]

Kernsches Haus

Nördlich an das eigentliche Provianthaus stieß das Kernsche Haus. Es war an der Stra-ßenseite gut zwölf Meter breit und hatte eine Tiefe von fast neunzehn Metern. Im Mauerwerk war es 7,5 Meter hoch, bis zum Dachfirst dreizehn Meter. Dieses Gebäude diente um das Jahr 1800 noch als Kaserne. Es verfügte über im 1. und 2. Stockwerk über jeweils ein großes Mannschaftszimmer für 46 bzw. 54 Personen und einen Abtritt. Hinzu kamen im Erdgeschoß zwei sehr kleine Mannschaftsstuben für zusammen zehn Mann, sowie die Werkstatt und Wohnstube eines Regimentsschlossers. Im Erdgeschoß befand sich auch die einzige Küche. Über der zweiten Wohnetage lagen im Dachstuhl noch zwei Speicherböden, in denen »Regiments Requisiten« aufbewahrt wurden. Im Gegensatz zum benachbarten Provianthaus befand sich das dicht belegte Kernsche Haus in äußerst schlechtem Bauzustand. Der Ingenieuroffizier Steimmig notiert: »… Dieses Haus ist zwar in Mauerwerk aufgeführt, aber *merklich baufällig und ruinös, feucht und ungesund, und sehr dunkel und finster; die Stiegen sind äußerst schlecht, steil und schmal und bey einem schnellen Allarme halßbrechend.* Die Abtritte haben keine Dunggrube, sondern die Cloaque muß aus dem untersten Abtritt ausgeschöpft werden.«[2]

Zu einem nicht genau feststellbaren Zeitpunkt, vermutlich im Jahr 1804 in Zusammenhang mit der Fertigstellung des ersten Bauabschnittes der Hofgarten-Kaserne, wurde das Kernsche Haus als Truppenunterkunft geräumt und der Münchner Kasernenverwaltung als Magazin für »Fournituren«, also Möbel und Bettwäsche, übergeben. Der bauliche Zustand hatte sich weiter verschlechtert. Der Kriegsökonomierat Frey, der das Kernsche Haus im August 1805 besichtigen mußte, berichtete von morschen Treppenstufen und wurmstichigen Dachbalken. Das Wasser tropfte durch die Zimmerdecken und überall roch es nach Moder. Frey erklärte, daß in absehbarer Zeit mit dem Einsturz des Hauses gerechnet werden müsse. Ein Antrag des Kriegsökonomierats auf Abbruch des Gebäudes wurde aber anscheinend nicht bearbeitet.[3]

Zwei Jahre später bat der vom Militär angestellte Proviantbäcker Joseph Zenger vergeblich darum, das baufällige Kernsche Haus selbst abtragen zu dürfen.[4] Erst im Mai 1809 konnte sich der Kriegsökonomierat dazu durchringen, den Abbruch des Gebäudes zu beantragen. Er wurde sogar durch ein königliches Reskript vom 25. Juni 1809 genehmigt. Schon einige Wochen später wurde dieser Plan wieder hinfällig und die beabsichtigte Versteigerung auf unbestimmte Zeit verschoben. Das Kernsche Haus scheint weiterhin als Depot der Kasernenverwaltung verwendet worden zu sein, bis im Januar 1813 seine grundlegende Renovierung und der Umbau zu einem Getreidemagazin für die Militärbäckerei veranlaßt wurde.[5] Nach Abschluß dieser Bauarbeiten verfügte das Kernsche Haus über ein zusätzliches Stockwerk und wurde vollständig als Kornspeicher eingerichtet.[6] Nach einem Verzeichnis vom Etatjahr 1822/23 fanden im Kernschen Haus auf drei Schüttböden verteilt 1100 Schäffel Getreide Platz.[7]

Der Bäckereibetrieb bis 1830

Am eigentlichen Provianthaus mit den Backstuben wurde in all der Zeit seit 1800 kaum etwas verändert. Im Jahr 1818 wies die Militärverwaltung wieder einmal auf die Mängel der Proviantbäckerei hin. Die Bäckerei sei auf engsten Raum zusammengepreßt und könne auf den, zudem höchst baufälligen, Speicherböden kaum den Mehlvorrat für eine Woche fassen. Vor allem aber sei die Brotkammer viel zu klein, sodaß das frischgebackene Brot nicht richtig ausdampfen könne und schimmelig würde: »… längst schon wäre es Bedürfnis gewesen, eine andere Bäckerey zu etablieren, wenn man nur ein bequemeres Lokal hierfür gehabt hätte.«[8] Der Militärbaumeister Klumpp fertigte im Sommer 1818 Pläne zum Neubau einer Militärbäckerei samt Getreidemagazin auf dem Areal der Militärmahlmühle, die jedoch nicht realisiert wurden.[9]

Im Etatjahr 1822/23 bestand das Personal der Militärbäckerei aus einem »Oberbäcker« mit 1 Gulden 30 Kreuzer Taglohn, einem »Oberschießer« mit 48 Kreuzern Taglohn und zwei Brotportionen, drei »Schießern« zu je 40 Kreuzern Taglohn und zwei Brotportionen, durchschnittlich zehn »Mischern« zu je 36 Kreuzern Taglohn und zwei Brotportionen. Sie konnten mit fünf Backöfen täglich bis zu 18 000 Brotportionen, d. h. 4500 Laib Brot herstellen. Hinzu kamen nach Bedarf einige Taglöhner, die für ein Entgelt von je 30 Kreuzern pro Mann und Tag vor allem das Brennholz für die Backöfen zurichteten. Zudem war ein eigener Roßknecht für die Militärbäckerei angestellt. Er versorgte vier schwere Zugpferde und fuhr mit diesem Gespann das Brot zu den Kasernen. Ansonsten stand dieses Fuhrwerk auch der Geniedirektion zur Verfügung. Gleich dem Roßknecht der Militärmühle erhielt der Mann täglich 50 Kreuzer und zwei Brotportionen.[10]

Bis zur Einstellung des Backbetriebes bezog man das Mehl von der Militärmühle und das Brennholz vom Militärholzhof. Das Salz wurde vom Kgl. Salzamt München gekauft. Aus

100 Pfund Mehl mischte man mit Sauerteig, Salz und Wasser einen Grundteig von exakt 161 Pfund an. Daraus wurden 46 Laib Brot geformt. Jeder frischgebackene Brotlaib wog sieben Pfund. Er kam drei Tage in das Magazin und verlor in dieser Zeit durch Ausdampfen an Gewicht. Wenn die Brote am vierten Tag nach dem Backen an die Truppe ausgeliefert wurden, wog jeder Laib genau sechs Pfund und entsprach damit vier Brotportionen.[11] Jeder Unteroffizier und Soldat erhielt also alle vier Tage einen ganzen Laib Kommißbrot und mußte ihn selbst für die folgenden vier Tage einteilen. Dadurch kamen die Leute nie in den Genuß ofenwarmen Brotes, jedoch ist älteres Brot bekanntlich viel sättigender. Auch bei den bayerischen Bauern wurde ja noch bis in die jüngste Zeit hinein das Brot auf Vorrat gebacken und teilweise erst Wochen später verzehrt.

Die Militärbäckerei lieferte zeitweilig beachtliche Mengen von Brot an die Garnison. Im Etatjahr 1822/23 waren es mehr als 1,5 Millionen Portionen in einem Gesamtgewicht von umgerechnet 851 Tonnen Brot.[12] Bei einer angenommenen Backzeit von 300 Tagen pro Jahr ergibt sich so eine tägliche Produktion von etwa 845 Laib Brot, d. h. einem Fünftel der Maximalkapazität der Backöfen. Gegen Ende der 1820er Jahre sank bei abnehmender Präsenzstärke natürlich auch der Brotbedarf. So wurden im Etatjahr 1828/29 weniger als 975 000 Portionen abgegeben.[13] Das bedeutete nur noch eine Tagesproduktion von rund 540 Brotlaiben. Damit stellte sich, in Verbindung mit dem schlechten Bauzustand der Bäckerei, allmählich die Frage nach der Rentabilität des Regiebetriebes. Bereits im Winter 1825/26 hatte die Lokal-Verpflegskommission den damaligen Personalbestand, nämlich ein Oberbäcker, drei Schießer, drei Mischer, drei festbeschäftigte Taglöhner und ein Holzhauer reduziert auf einen Oberbäcker, zwei Schießer, einen Mischer und einen Taglöhner. Fortan stand nur noch ein Backofen in Betrieb. Bemerkenswert ist die soziale Fürsorge der Armee für die entlassenen Zivilbeschäftigen, »… damit aber das Arbeitspersonal, welches durch diese Verminderung einigen Schaden leiden dürfte, so viel als möglich unterstützt«. Die freigesetzten Bäcker und Arbeiter wurden nämlich als Taglöhner in den Fouragemagazinen übernommen.[14]

Im Frühjahr 1830 ordnete die 1. Armee-Division die Schließung der Militärbäckerei an. Die Kommandantschaft München und die in Nymphenburg stationierten Teile des 1. Kürassier-Regiments und die Garnisonkompanie wurden angewiesen, sich private Bäckermeister als Vertragslieferanten zu suchen. Die noch vorhandenen Mehlvorräte wurden verbacken und das Kommißbrot bis Ende Juli an die Truppe ausgeliefert. Zum 1. August 1830 wurden die zivilen Beschäftigten der Proviantbäckerei entlassen. Das nun leerstehende Provianthaus wollte das Divisionskommando wegen der großen Speicherräume an einen Kornhändler, Schäfflermeister oder ähnliche Gewerbe verpachten.[15]

Die Nutzung des Gebäudekomplexes ab 1830

Das Kriegsministerium lehnte eine Verpachtung oder gar einen Verkauf des alten Provianthauses strikt ab und ordnete an, es fortan als Gerätemagazin zu nutzen.[16] Dabei scheint es in den folgenden Jahren auch geblieben zu sein.

Erst im Herbst 1845 wurde das Provianthaus wieder Gegenstand höheren Interesses, als die Ludwigs-Walzmühlen A. G. sich für die alte Backstube interessierte. Sie wollte dort versuchsweise ein besseres Kommißbrot aus Mehl ihrer neuen Kunstmühle erzeugen. Das Kriegsministerium lehnte jedoch ab. Es verwies auf die Baufälligkeit des Provianthauses, den Umstand, daß die alten Backöfen seit vielen Jahren nicht mehr beheizt worden waren, sowie die bestehende Praxis der Brotvergütung in Bargeld, welche die Erprobung eines neuen Kommißbrotes überflüssig mache.[17]

Im Sommer 1846 interessierte sich die Regierung von Oberbayern für das ehemalige Provianthaus. Sie wollte das Anwesen Herzogspitalgasse Nro. 12 gerne als Bauplatz erwerben, damit dort die Stadt München in der Nähe der evangelischen Stadtpfarrkirche eine eigene protestantische Schule errichten könnte.[18] Das Kriegsministerium gab jedoch die verrottete Militärbäckerei nicht her, »... weil dieses Gebäude für seinen eigentlichen Zweck reserviert bleiben muß«. Es verwies darauf, daß bei einer Erhöhung des Präsenzstandes oder gar einer Mobilmachung plötzlich wieder eine militäreigene Großbäckerei notwendig werden könnte.[19]

Die tatsächlich ab 1848/49 eintretende Verstärkung der Münchner Garnison führte dann zwar nicht zur einer Reaktivierung der alten Backöfen, aber zu einer neuen intensiven Nutzung des Gebäudes. Im Frühjahr 1850 wurde das Obergeschoß für verheiratete Unteroffiziere der Garnisonkompanie in Einzelwohnungen umgebaut. Außerdem verlegte man die bisher in der Kreuzkaserne eingerichteten Büchsenmacherwerkstätten des 1. und 2. Infanterie-Regiments in das Erdgeschoß des Provianthauses.[20]

Ab dem Jahr 1851 befanden sich im Obergeschoß des Provianthauses die erwähnten elf Familienwohnungen für Angehörige der Garnisonkompanie. Im Erdgeschoß lagen neben der alten Backstube und der Wohnung des Militär-Maurerpoliers die Werkstätten der Büchsenmacher des 1. und 2. Infanterie-Regiments, sowie ein Bereitschaftslokal. Letzteres konnte im Falle innerer Unruhen zum Schutz des benachbarten Militärgefängnisses und der Wache am Karlstor mit 2 Offizieren, 85 Unteroffizieren und Mannschaften nebst sechs Pferden aufnehmen. Außerdem waren hier etliche Feuerlöschgeräte, u. a. eine große Tragspritze, eingelagert. Der alte Kornspeicher war noch brauchbar und konnte bis zu 1800 Scheffel Hafer aufnehmen.[21]

Im Januar 1866 bat das Staatsministerium des Innern für Kirchen- und Schulangelegenheiten um die Überlassung des Provianthauses, um darin eine Turnhalle für die Münchner Schulen einrichten zu können.[22] Ein internes Gutachten im Kriegsministerium sprach sich strikt gegen einen Verkauf des Gebäudes aus. Es wäre kaum möglich, in der Münchner Innenstadt ersatzweise einen anderen Komplex zu erwerben, der zwölf Unteroffizierswohnungen, zwei Werkstätten, ein großes Bereitschaftslokal und ein Fouragemagazin böte.[23] Auch die Stadtkommandantschaft befürwortete die Beibehaltung des Provianthauses, schon als räumliche Abschirmung des gegenüberliegenden Militärgefängnisses.[24] Dennoch war im Herbst 1866 der neue Kriegsminister v. Pranckh nicht abgeneigt, das Provianthaus unter bestimmten Auflagen, beispielsweise einem Anspruch der Garnison auf das Gebäude als Bereitschaftslokal bei inneren Unruhen und vorläufiger Beibehaltung des Hafermagazins, zu verkaufen. Der Handel scheiterte aber am hohen Verkaufspreis von 54 675 Gulden, den die Armee forderte.[25]

Nachdem ein Plan, die alte Proviantbäckerei zu reaktivieren im Jahr 1868 schnell wieder zu den Akten gelegt worden war,[26] entschloß sich die Armee im Dezember 1875 zum Verkauf des Objektes.[27] Mit der Ausführung wurde aber noch gewartet, bis im Frühjahr 1876 im militäreigenen »Lieglein-Haus« beim ehemaligen Militärkrankenhaus in der Isarvorstadt die bisher im Provianthaus wohnenden Unteroffiziere mit ihren Familien untergebracht werden konnten.[28] Die Büchsenmacherwerkstätten hatte man schon im Frühjahr 1867 in die Türkenkaserne verlegt und der Haferspeicher war durch den Bau der neuen Fouragemagazine an der Dachauerstraße entbehrlich geworden.[29]

Am 26. April 1877 wurde das Provianthaus öffentlich versteigert und von dem Glasermeister Mathias Waigerleitner und dem Kaufmann Ludwig Findel gemeinsam für 132 500 Mark gekauft.[30]

Anmerkungen:

1 A XX Bd. 21, Beschreibung des Militär-Provianthauses vom 20. Febr. 1800
2 Ebd., Beschreibung des sogenannten Kernischen Hauses vom 20. Febr. 1800
3 A XX Bd. 81, Bericht des Kriegsökonomierats Frey vom 14. Aug. 1805 und Schreiben des Kriegsökonomie-
ratsdirektors Krauß vom 23. d. Mts.
4 Ebd., Schreiben des Kgl. Militär-Proviantbäckers Joseph Zenger an KÖR am 15. April 1807 und Gutachten des
Kriegsökonomierats Frey vom 19. d. Mts.
5 Ebd., Kgl. Reskript vom 25. Juni 1809; Antrag des Kriegskommissars Zimmermann auf Beibehaltung des Kernschen
Hauses als Magazin vom 7. Juli 1809; KÖR am 9. Juli 1809; Kriegsökonomierat Frey am 14. Jan. 1813
6 A XX Bd. 4, Verzeichnis der Militärgebäude in der Garnison München vom 25. Jan. 1821
7 A VII 9 Fasz. 468, Hauptrechnung der Lokalverpflegskommission München für 1822/23
8 MKr. 8963 Prod. 1, OAdKoll an KM am 21. Sept. 1818
9 Vgl. den Abschnitt »Militärmahl- und Schneidemühle«
10 A VII 9 Fasz. 468, Hauptrechnung der Lokalverpflegskommission München für 1822/23
11 Ebd., Hauptrechnung der Lokalverpflegskommission München für 1826/27
12 Ebd., Hauptrechnung 1822/23
13 Ebd., Hauptrechnung 1828/29
14 MKr. 8964 Prod. 14, Lokal-Verpflegskommission an KdtMünchen am 2. Dez. 1825
15 MKr. 8963 Prod. 7, 1. Armee-Division an KM am 29. Juni 1830
16 Ebd. Prod. 8, KM an 1. Armee-Division am 9. Juli 1830
17 Ebd. Prod. 32, 1. Armee-Division an KM am 19. Sept. 1845; Prod. 33, KM an 1. Armee-Division am 26. Okt. 1845
18 Ebd. Prod. 34, InnM an KM am 28. Sept. 1846
19 Ebd. Prod. 35, KM an InnM am 3. Okt. 1846
20 Ebd. Prod. 48, 1. Armee-KorpsKdo an KM am 19. März 1850; Prod. 49, KM an 1. ArmeeKorpsKdo am 26. März
1850; Prod. 53, KM an 1. Armee-KorpsKdo am 28. Mai 1850
21 C 7, Zustandsbeschreibung der Garnison München, hier: Verzeichnis der militäreigenen Gebäude vom 15. Jan. 1852
(18: Provianthaus)
22 MKr. 8963 Prod. 69, KuM an KM am 24. Jan. 1866
23 Ebd. Prod. 70, Vortrag im KM am 29. Jan. 1866
24 Ebd. Prod. 73, KdtMünchen an KM am 12. März 1866
25 Ebd. Prod. 76, KM an KuM am 28. Nov. 1866; Prod. 78, KuM an KM am 20. Jan. 1867
26 Ebd. Prod. 79, Notiz im KM vom 10. Juni 1868; Prod. 80, Notiz im KM vom 11. Nov. 1868
27 Ebd. Prod. 85, KM an GenKdo I.A.K. am 10. Dez. 1875
28 Ebd. Prod. 86, GenKdo I.A.K. an KM am 9. Jan. 1876; Prod. 89, InspMilBilAnstalten an KM am 24. Mai 1876
29 Ebd. Prod. 77, Notiz im KM vom 4. Dez. 1866
30 Ebd. Prod. 109, Indent.I.A.K. an KM am 26. April 1877; Prod. 112, KM an FinM am 8. Juni 1877

Das alte Fouragemagazin an der Zweibrückenstraße

Die Münchner Garnison besaß seit dem 18. Jahrhundert ein Fouragemagazin. Im Februar 1800 wird vom Magazin (»…bestimmt Haber, Heu und Stroh aufzubewahren«) berichtet, es liege »… außerhalb der Stadt, vor dem Isar-Thor, auf dem sogenanten Lehel, ohnfern der Chaussée, welche über die Isaar-Brücke führet. – Diese Magazin stehet auf vier Seiten ganz frey, ohne Einplankung, hat aber hinten ein auf Posten (Pfosten) stehendes angebautes Dach mit Schindeln gedeckt, um Heu trocken abzuladen.« Das Gebäude war 46 Meter lang, 15 Meter breit und bis zum Dachfirst 16 Meter hoch.[1]

Im Juni 1871 erwog man im Kriegsministerium den Bau eines Fouragemagazins bei der Max-II-Kaserne, da man für den künftigen Friedensetat der Artillerie mit einem höheren Präsenzstand an Pferden rechnete.[2] Bereits wenige Wochen später erwirkte Minister v. Pranckh bei König Ludwig II. die Genehmigung, das »Heuwaaggebäude«, dessen Wert nun von der Armee auf 48 000 Gulden beziffert wurde, zu veräußern. Er hatte darauf hingewiesen, daß dieses Magazin nur die Truppen in der weitentfernten Max-II-Kaserne belieferte, wodurch sich hohe Betriebskosten ergaben und auf das langjährige Interesse der Stadt München an der Räumung dieses Areals zugunsten ziviler Bauvorhaben.[3]

Am 16. Dezember 1874 ordnete das Kriegsministerium die öffentliche Versteigerung des Magazins an.[4] Bei der im Februar 1875 stattfindenden Auktion erhielt ein Braumeister Jakob Höfle für 51 100 Gulden den Zuschlag. Er gab die Immobilie aber sofort an den Kaufmann Philipp Held weiter, sodaß angenommen werden kann, daß Höfle lediglich als Strohmann aufgetreten war.[5] Held, der übrigens bei der Abzahlung des Kaufpreises ein wenig in Schwierigkeiten geriet, brach das Magazin ab und baute noch im Jahr 1875 auf dessen Areal drei Häuser.[6]

Anmerkungen:

1 A XX Bd. 21, Beschreibung vom 20. Febr. 1800; zum Personal siehe den Abschnitt »Die Garnison als Wirtschaftsfaktor«
2 MKr. 8962 Prod. 74, Vortrag im KM am 23. Juni 1871
3 Ebd. Prod. 77, KM an König Ludwig II. am 31. Juli 1871 mit Kgl. Signat. dat. Schloß Berg am 11. Aug. 1871
4 Ebd. Prod. 84, KM an Indent. I.A.K. am 16. Dez. 1874
5 Ebd. Prod. 85, KM an Indent. I.A.K. am 8. April 1875
6 Ebd. Prod. 105, Philipp Held an Indent. I.A.K. am 18. April 1876

Der Militär-Holzhof auf dem Gasteig

Der Plan zum großen Militär-Holzgarten entstand im Frühjahr 1810. Wieder einmal ging es um die Zukunft des Exerzierplatzes auf dem Gasteig.[1] Im Zusammenhang mit dem Verkauf eines weiteren Teils der Exerzierfläche an einen Bierbrauer, stellte der Direktor des Kriegsökonomierats Heinrich v. Krauß fest: »… Wenn nun der Exerzierplatz auf dem Gasteig dem Militär zu klein, sohin entbehrlich ist; so wird hierselbst die Anlage des Militair-Holzgartens schon aus dem wichtigen Grunde der Armee vortheilhaft seyn, weil man, wie bekannt auf dem Berg [Gasteig] das Holz immer um 20 – 24 Xer vortheilhafter erhaltet.«[2] Letztere Bemerkung ist sehr aufschlußreich über die Bezugsquellen des Brennholzes, es wurde also nicht per Floß angelandet, sondern kam per Pferdefuhrwerk aus den Wäldern südostwärts von München.

Im August 1810 trug der Kriegsökonomierat seinen Plan dem Kriegsministerium vor. Er verwies darauf, daß der bisherige, aus den 1770er Jahren stammende, Militärholzhof auf der Isarinsel nächst der Kaserne aufgrund der starken Vermehrung der Garnison lediglich die Brennholzvorräte für ein halbes Jahr aufnehmen könne und deshalb müsse man zum Nachteil des Ärars »… oft zu ungünstigen Zeiten theuer Holz nachkaufen.« An eine Lagerung von Bauholz oder gar Konstruktionsholz für die Lafetten und Fahrzeuge der Artillerie sei gar nicht zu denken. Folglich bedürfe die Münchner Garnison eines neuen großen und günstig gelegenen militäreigenen Stapelplatzes für einen möglichst großen Vorrat an Brennholz, Bauholz und »Artillerieholz«. Zu diesem Zweck sei aber der »militäreigene« (!) Exerzierplatz am Gasteig vorzusehen, wobei man eine Hälfte, entweder links oder rechts der Preysingallee noch zu anderen Zwecken übrig hätte.[3] Daraufhin wurde in einem königlichen Reskript vom Dezember 1810 der Kriegsökonomierat darüber belehrt, daß der sogenannte »kleine Exerzierplatz am Gasteigberg« de iure im Eigentum der Stadt München stünde und jede andere Nutzung dieser Grundfläche seitens der Armee den Konsens der Kommunalverwaltung verlange.[4]

In der obersten bayerischen Militärverwaltung war man sich sofort darüber klar, daß die Rechtslage ihren Plan schwieriger machte, als ursprünglich einkalkuliert. Der Kriegsökonomierat Frey wies darauf hin, daß bei einer etwaigen Überlassung des Geländes am Gasteig durch die Stadt zugleich jeder künftige Anspruch der Garnison auf einen kostenlosen kommunaleigenen Exerzierplatz abgegolten wäre.[5] Der Rat Frey führte auch die Vorverhandlungen mit der Stadt München. Das bezeugt eine sehr wichtige, leider undatierte, Aktennotiz von seiner Hand: »… *Nota. Ich habe heute [?] mit dem Herrn Administrator und Stadtkämmerer v. Mittermayr diesseits gesprochen, und Er glaubt, wenn das Militär nur keinen Exerzierplatz von der Stadt mehr fordert, so könnte allerdings willfahrt werden, wenigstens wurde Er sein Gutachten auf dise Bedingnüß ad favorem abgeben, nur sollte man mit dem General Kommissariat als General Etats Curatelle communiciren, von wo Er zum Gutachten wird aufgefordert werden.«*[6] Ganz offensichtlich vor dem Hintergrund dieses Gespräches schrieb dann Freys Vorgesetzter, der Kriegsökonomiedirektor v. Krauß am 4. Februar an das Generalkommissariat des Isarkreises. Darin argumentierte er listig, daß der Platz auf dem Gasteig »… *seine bisherige Eigenschaft als kleiner Exerzierplatz keineswegs verlieren*« sollte. Damit wollte sich der Militärärar vor einer etwaigen Forderung nach Rückerstattung des Geländes absichern, das ja lediglich für Exerzierzwecke zur Verfügung gestellt worden. Dann erklärte v. Krauß, daß bei einer Bewilligung militärischer Bauten auf dem Areal »… vom Militär in keinem Falle mehr ein anderer [kommunaler] Exerzierplatz in Anspruch genommen würde«.[7] Die Zivilbehörden ließen sich Zeit mit der Bearbeitung dieser Angelegenheit. Erst Ende Oktober 1811 meldete sich das Finanzministerium und forderte das Militär auf, mitzuteilen, wie groß der Garnisonholzplatz sein solle.[8]

Die Anlage des Holzplatzes

Der Kriegsökonomierat Joseph Frey hatte persönlich den südlich der Preysingstraße gelegenen Teil des früheren Exerzierplatzes auf 7 1/4 Tagwerk 4631 Quadratschuh vermessen. Darauf konnten rund 6500 Klafter (ca. 20 500 m³) Holz gestapelt werden. Zu diesem Zeitpunkt hatte das Militär bereits damit begonnen große Holzvorräte auf dem Gelände zu lagern.[9] Angesichts des bevorstehenden Winters, der erfahrungsgemäß zu Holzdiebstählen verleitete, wurde noch im November 1811 ein Wachtposten auf dem Areal des provisorischen Holzhofes aufgestellt.[10] Mit der Kgl. Baukommission München vereinbarte der Kriegsökonomierat im Dezember die Anlage eines öffentlichen Durchgangsweges von gut zehn Meter Breite zwischen dem Grund des Bierbrauers Höger und dem entstehenden Militärholzgarten. Dieser Weg ist heute noch erhalten in Gestalt der »Holzhofstraße« zwischen Kellerstraße und Preysingstraße.[11]

Im Winter 1811/12 wurde der Betrieb auf dem neuen Holzhof offensichtlich in vollem Umfang aufgenommen. Noch im Dezember 1811 hatte der Kriegsökonomierat dem Münchner Militärbaumeister Klumpp den Auftrag erteilt den Bauplan für ein Magazinaufseherhaus am Holzgarten zu fertigen.[12] Über den Winter behalf man sich mit einer einfachen Hütte als Wetterschutz für die Holzarbeiter. Dieser Schuppen brannte am 14. Februar 1812 ab. Daraufhin leitete der Kriegsökonomierat die inzwischen vollendeten Pläne für das »Holzaufseherhaus« zur Genehmigung an das Kriegsministerium weiter. Sie sahen ein schlichtes Gebäude vor, dessen Erdgeschoß zum Aufenthalt »… für Tagwerker, Holzmesser und Bauern« diente. Das Obergeschoß enthielt die Dienstwohnung des Holzaufsehers. Der Bau um 4500 Gulden wurde im März 1812 genehmigt.[13]

Der Heimatforscher Walter Heerde berichtet: »… Im Jahre 1812 ist [in Haidhausen] eine vermehrte Bautätigkeit zu erkennen. Es entstand damals u. a. die Häusergruppe an der Preysingstraße beim heutigen Durchgang von der Preysingstraße zum Johannisplatz. Unter den bis heute erhaltenen Häusern fällt namentlich eine Gruppe von vier zusammenhängenden Häusern auf, die einstmals den Hausnamen »Kasern« führten. Eine ähnliche zur gleichen Zeit entstandene und bis heute erhaltene Häusergruppe, »Lazarett« genannt, befindet sich auf der Ostseite der Steinstraße zwischen der Preysing- und Milchstraße.«[14]

Für diese interessanten Hausnamen, die ja auf militärische Nutzung hindeuten, findet sich allerdings im ausgewiesenen Aktenmaterial der Armee für den Gasteig kein Hinweis. Das einzige gemauerte Gebäude der Armee blieb das Holzaufseherhaus. Vermutlich fanden aber in den von Heerde genannten Privathäusern Einquartierungen statt, die in Zusammenhang mit den ab 1813 errichteten Kavalleriebaracken am Gasteig zu sehen wären.[15]

Der Erwerb des Holzplatzes

Die rechtliche Übertragung des Holzgartens an den Militärärar wurde durch einen Protest der allmendeberechtigten Dorfgenossen von Haidhausen im Frühjahr 1812 verzögert. Die Gemeinde verwies auf ihre Verträge aus den Jahren 1794 und 1801, nach denen sie einen Teil ihrer Weide ausschließlich als Exerzierplatz bereitgestellt hatte. Nun wollte sie diese Fläche wieder zurückhaben.[16]

Die Armee hatte, bedingt durch den Feldzug nach Rußland 1812/13, vorerst andere Sorgen. Im Frühjahr 1813 kam man allerdings auf das Problem Gasteig zurück. Am 27. März 1813 wandte sich der Minister-Staatssekretär im Kriegswesen v. Triva an den Innenminister v. Montgelas. Wider besseres Wissen behauptete v. Triva, auch künftig sei der Charakter des Platzes am Gasteig als Exerzierplatz gewahrt, man wolle aber den Teil südlich der Preysingallee der Stadt München bzw. der Gemeinde zu Haidhausen gegen angemessene Entschädigung für den schon längst bestehenden Holzgarten abkaufen.[17] Montgelas antwortete erst eineinhalb Jahre später. Seine Behörde hatte mittlerweile mit der Stadt München und der Gemeinde Haidhausen verhandelt. Nun präsentierte man dem Militär die zivilen Forderungen: – *finanzielle Ablösung des Holzgartenareals; – Verzicht des Militärs auf den restlichen Teil des Exerzierplatzes; – Verzicht der Garnison auf jede künftige Forderung eines anderen Exerzierplatzes aus kommunalen Besitz.*[18]

Damit war die Absicht des Militärs gescheitert, weiterhin über den gesamten alten Exerzierplatz verfügen zu können. So erging am 19. November 1814 ein königliches Reskript, in dem der Ankauf der Grundfläche des Militärholzgartens unter Anerkenntnis der dazugehörigen Klauseln genehmigt wurde.[19] Der eigentliche Kaufvertrag über den Holzplatz wurde dann erst am 1. Februar 1815 zwischen der bayerischen Armee, der Stadtadministration München und dem Patrimonialgericht Haidhausen abgeschlossen. Das Militär erwarb von der Stadt München 2 1/2 Tagwerk 5076 Quadratschuh und vom Dorf Haidhausen 4 3/4 Tagwerk 9461 Quadratschuh. Ein Tagwerk Grundfläche kostete einheitlich 200 Gulden, das ganze Areal somit 1522 Gulden 41 Kreuzer.[20]

Der Militärholzgarten im 19. Jahrhundert

Nach einem Bericht vom Herbst 1825 befanden sich auf dem Areal des Militärholzhofes das Aufseherhaus, ein hölzerner Stall, in dem sich die Zugpferde der Holztransportwagen ausruhen konnten, zwei hölzerne Remisen für fertig zugeschnittenes Werkholz der Garnisonbauverwaltung und ein kleiner Garten für die Familie des Aufsehers. Der Brennholzvorrat betrug stattliche 6000 Klafter, aufgerichtet in langen geometrisch berechneten Reihen. Er wurde getrennt gelagert nach frischgeliefertem Holz, einjährigem Holz und zweijährigem Holz. Da zu diesem Zeitpunkt der Baumaterialhof bei der Alten Isarkaserne wegen Brückenbauarbeiten nicht benutzt werden konnte, lagerten auch ganze Floßstämme und Balken auf dem Gasteig. Übrigens hatte sich gezeigt, daß infolge der enormen Holzmenge Lagerschäden eintraten. So kam es, daß vor lauter Sparsamkeit den Truppen zum Beheizen der Kasernen immer nur nasses, teilweise fauliges Brennholz ausgegeben wurde, während das gute Holz solange gelagert wurde, bis es seinerseits fast unbrauchbar geworden war.[21]

Der Brennholzbedarf der Garnison war ganz beachtlich. So verbrauchten beispielsweise im Etatjahr 1826/27:

489 Klafter das Linien-Infanterie-Leib-Regiment[22]
338 Klafter das 1. Linien-Infanterie-Regiment »König«[23]
387 Klafter das 2. Linien-Infanterie-Regiment »Kronprinz«[24]
561 Klafter das 1. Kürassier-Regiment[25]
523 Klafter das 1. Artillerie-Regiment[26]

Diese Regimenter bezogen also zusammen 2298 Klafter Brennholz, wofür ganz überwiegend Fichtenholz in Gebrauch war und nur zu einem geringen Teil das hochwertigere Buchenholz. Zu berücksichtigen wären außerdem aber noch das Militärkrankenhaus, die Stadtkommandantschaft und die übrigen Dienststellen und Stäbe der Garnison.

Das Holz kam zumeist aus den Königlichen Wäldern. So werden für das Jahr 1807 die Waldungen zu Forstenried, Baierbrunn und Hofolding genannt.[27] Den Transport besorgten die Fuhrwesensoldaten.[28] Die Brennholzkosten waren recht beachtlich. So beschaffte die Münchner Lokal-Verpflegskommission beispielweise im Etatjahr 1823/24 vom Kgl. Forstamt München 242 Klafter Buchenholz und 3419 Klafter Fichtenholz für 9561 Gulden und vom Kgl. Forstamt Ebersberg weitere 3000 Klafter Fichtenholz für 8100 Gulden.[29]

In den folgenden Jahrzehnten wurde am Militärholzgarten praktisch nichts verändert. Eine Beschreibung von 1852 nennt genau die gleichen Gebäude, die schon 1825 vorhanden waren. Sie befanden sich in recht gutem Zustand, auch der umlaufende, 2,3 Meter hohe Plankenzaun. Außerhalb des Zauns ging bis in die frühen 1860er Jahre zudem ein Graben um das Areal. Die Menge des gelagerten Holzes hatte stark abgenommen. Nun wurden lediglich 2500 Klafter als Maximum gestapelt, vermutlich um die in früherer Zeit eingetretenen Lagerschäden zu vermeiden.[30]

Erste Verkaufspläne (1864)

Ab dem Jahr 1858 wurde die Beheizung der bayerischen Kasernen auf Steinkohle umgestellt. Dadurch sank die Menge des benötigten Brennholzes gegenüber den früheren Jahrzehnten, trotz gestiegenen Präsenzstandes der Garnison, auf die Hälfte. Im Herbst 1864 überlegte man in der Administrationsabteilung im Kriegsministerium erstmals die Zukunft des Militärholzgartens an der Preysingstraße. Dabei wurde die sich abzeichnende Verlagerung eines Großteiles der Truppen in die neue, weitentfernte Max-II-Kaserne berücksichtigt. Noch lag die für Brennholztransporte zuständige Fuhrwesens-Eskadron des 1. Artillerie-Regiments in der Lehelkaserne, also relativ nahe zum Holzgarten, doch auch ihre Verlegung nach Neuhausen war geplant. Dadurch wurde der Holztransport zu den einzelnen Kasernen immer umständlicher. Die Administrationsabteilung schlug daher den Verkauf des Holzgartens vor, jedoch ging ihr Plan zunächst wieder zu den Akten.[31]

Auftrieb erfuhr der Plan zur Auflösung des Holzgartens wieder im Herbst 1868. Nun befahl das Kriegsministerium eine drastische Reduzierung der Brennholzstapel, um auf dem freiwerdenden Gelände eine offene Reitschule für die Besatzungen der beiden Isarkasernen einrichten zu können.[32]

Der Holzplatz als Objekt der Bauspekulation

Ab den 1870er Jahren wurde auch der Holzhof vom Bauboom der »Gründerzeit« erfaßt. So bat der Zimmerermeister David Niederhofer, dem das Haus Preysingstraße Nr. 6 in unmittelbarer Nachbarschaft zum Holzhof gehörte, im Mai 1871 um den Erwerb eines Teiles des Militärgeländes. Der Handwerksmeister, der bereits im Frühjahr 1866 schon einmal vergeblich ein Stück des Holzhofes hatte pachten wollen,[33] verwies darauf, daß sein Geschäft wegen der vielen Neubauten in Haidhausen (»Franzosenviertel«) voll ausgelastet sei und er expandieren wolle.[34]

In Zusammenhang mit Niederhofers Offerte wandte sich die Stadtkommandantschaft im Juni 1871 wegen des künftigen Verwendungszweckes des Holzhofes an das Kriegsministerium. Sie erklärte, daß seit dem Bau der »Bahnstation Haidhausen«, d. h. des Ostbahnhofes, die Lieferung von Brennholz zum Militärholzhof billiger und verkehrsgünstiger erfolgen könne als in früheren Jahrzehnten. Zu diesem Zeitpunkt umfaßte das Areal 7,6 Tagwerk Grundfläche. Nur ein Teil davon wurde für das aufgeschichtete Brennholz benötigt, obwohl 2000 Klafter gelagert waren. Zwei Baracken dienten als Magazine für Kasernenbetten und fertig zugeschnittenes Bauholz. Der größte Teil des Geländes wurde als Reitschule verwendet; insgesamt waren fünf offene Manegen vorhanden. Die Stadt-kommandantschaft gab zu bedenken, daß angesichts der explosionsartig steigenden Im-mobilienpreise im entstehenden Ostbahnhofviertel, der Staat nach einer etwaigen Ver-äußerung des Militärholzhofes hier kaum mehr neues Land erwerben könnte und dadurch die Verwendbarkeit der Isarkasernen langfristig in Frage gestellt sein würde.[35] Aufgrund der Stellungnahme der Stadtkommandantschaft lehnte das Kriegsministerium das Kauf-angebot des Zimmerermeisters ebenso ab, wie ein Jahr später (1872) das Gesuch des Spirituosenfabrikanten Koller, der seinen Betrieb aus dem Tal nach Haidhausen zu verlagern gedachte.[36]

Wohl auch infolge der ersten Rezession der »Gründerjahre« ab dem Jahr 1873 kamen private Kaufangebote für das potentielle Baugebiet an der Preysingstraße zum Erliegen. Im Frühjahr 1877 teilte aber das Kriegsministerium dem Generalkommando des I. Armee-korps mit, man denke nun an einen Verkauf des Holzhofes, um mit dessen Erlös einen neuen Garnisonschießplatz zu finanzieren.[37] Daraufhin berichtete die Intendantur des I. Armeekorps, im Militärholzhof seien derzeit 9000 Ster (ca. 3000 Klafter) Brennholz, d. h. ein Garnisonvorrat für zwei Jahre, gelagert. Stelle man ab sofort den Zufuhr von weiterem Holz ein, so leere sich der Platz bis zum Frühjahr 1879 von selbst. Die in den königlichen Forstämtern Sauerlach und Grünwald für das Militär bereits geschlagenen 1200 Ster (ca. 400 Klafter) Brennholz könnten sofort beim neuen Fouragemagazin am Oberwiesenfeld gelagert werden. Für die derzeit ebenfalls im Militärholzhof aufbewahrten Kasernenrequisiten werde sich Platz in verschiedenen Kasernen finden lassen. Außerdem regte die Indentantur an, künftig nach dem Vorbild der preußischen Heeresverwaltung die Truppenteile ihren Brennholzbedarf selbst regeln zu lassen, sodaß ein großer Garnison-holzhof überflüssig wäre. Kriegsminister v. Maillinger ließ aber die Angelegenheit vorläufig noch bei den Akten.[38]

Der Verkauf des Holzplatzes

Im Frühjahr 1878 wurde der Verkauf des Militärholzhofes definitiv beschlossen und der künftige Verkaufserlös zur Finanzierung des neuen Garnisonschießplatzes bei Freimann in den Etat eingeplant. Das Kriegsministerium beauftragte den Münchner Stadtbaurat Zenetti privat um 100 Mark einen Bebauungsplan für das Holzhofgelände zu erarbeiten. Zenetti schlug vor, das Areal in 27 Bauparzellen aufzuteilen. Durch eine einheitliche Randbe-bauung entlang der bestehenden Straßenzüge wollte Zenetti eine Art Innenhof schaffen und somit gleichsam architektonisch an die alte Funktion des Platzes erinnern.[39]

Wenige Wochen später wurde das Kriegsministerium mit einer privaten Initiative Haid-hauser Bürger unter Führung des immer noch rührigen Zimmerermeisters Niederhofer (s. o.) konfrontiert. Dieses Bürgerkomitee hatte sich am 1. Juli 1878 an die Kammer der Reichsräte gewandt, um den Bau des künftigen Münchner Justizpalastes auf dem Areal des Militärholzhofes vorzuschlagen. Sie erklärten, daß die rund 25 000 Quadratmeter große Fläche in Haidhausen beste Bedingungen für einen derartigen Monumentalbau böte. Natürlich erhofften sich die Haidhauser Grundbesitzer und Gewerbetreibenden durch ein solches Gerichtsviertel auch eine Aufwertung ihres Stadtbezirkes und wohl auch ihrer eigenen Immobilien.[40] Dieses interessante Projekt kam aber etliche Jahre zu früh. Erst einige Jahre später wurde mit der Planung des Jusitzpalastes tatsächlich begonnen. Zu diesem Zeitpunkt war der ehemalige Militärholzhof schon bebaut.

Im Frühjahr 1879 schritt das Kriegsministerium zum tatsächlichen Verkauf des Holzhofs. Entgegen der ursprünglichen Privatplanung Zenettis von 1878 forderte die Lokalbaukommission der Stadt München das Zurückziehen der äußeren Bebauungslinie, um Holzhofstraße, Preysingstraße, Kellerstraße und Steinstraße verbreitern zu können. Außerdem verlangte die Kommunalverwaltung, daß das bisher geschlossene Areal durch eine zusätzliche Verbindungsstraße zwischen Kellerstraße und Preysingstraße durchschnitten würde, die spätere *»Pütrichstraße«*. Aufgrund dieser Forderungen mußte das verbleibende Areal dichter bebaut werden und vor allem verlor der Militärärar teuren Grund ohne finanzielle Entschädigung an die Stadt. Da diese aber hier die zuständige Baubehörde war, akzeptierte Kriegsminister v. Maillinger am 30. April 1879 die Bedingungen, worauf wenige Wochen später von der Lokalbaukommission grünes Licht gegeben wurde.[41]

Im Spätsommer 1879 leitete die Indentantur I. Armeekorps die Versteigerung des auf 273 500 Mark geschätzten Grundstückes ein. Das Kriegsministerium hoffte dabei auf einen kapitalkräftigen Spekulanten, der den ganzen Komplex auf einmal erwürbe.[42] Der Münchner Bauboom der frühen 1870er Jahre war aber gerade um diese Zeit vorübergehend merklich zurückgegangen. So berichtete Kriegsminister v. Maillinger dem König Anfang Dezember 1879 von den »… zwischenzeitlich misslichen Wirtschaftsverhältnissen« auf dem Immobilienmarkt. Daraufhin genehmigte Ludwig II. als Kaufanreiz die Herabsetzung der Kaufanzahlung von der üblichen Hälfte auf ein Drittel der Gesamtsumme.[43] Dennoch blieben die Kauflustigen aus. Auf nicht weniger als fünf Versteigerungsterminen zwischen dem 15. Dezember 1879 und dem 9. Januar 1880 konnten insgesamt lediglich fünf von dreiunddreißig Bauplätzen veräußert werden. Den Zuschlag für diesen Block an der Kellerstraße erhielt für ein ziemlich niedriges Gebot von 31 416 Mark der damals schon sehr bekannte Münchner Bauunternehmer Jakob Heilmann, dessen spätere Firma Heilmann & Littmann die Volkssängerfigur des »Stoatrager Kare« rühmte: »… I bin da scheene Kare, I bin beim Heil und Litte (…)«.[44]

Das magere Verkaufsresultat des Militärärars führte dazu, daß das Finanzministerium der Armee gegen einen Vorschußkredit am 28. Februar 1880 das Restgrundstück abnahm. Mit Wirkung vom 16. Juli wurde der Militärholzhof an das Kgl. Stadtrentamt München I überwiesen. Ungeachtetdessen scheint er weiterhin noch von der Garnison benutzt worden zu sein. Erst zum 15. April 1881 wurde er vollständig von der Münchner Garnisonverwaltung geräumt.[45] Übrigens sollte es auch der Finanzbehörde nicht gelingen, das doch recht umfangreiche Grundstück, ungeachtet seiner optimalen Erschließung durch die umlaufenden Straßen, zügig zu veräußern. Noch im Jahr 1883 waren etliche Parzellen frei.[46]

Anmerkungen:

1 Vgl. den Abschnitt »Exerzierplatz Gasteig«
2 A XX Bd. 10 Akt: Exerzierplatz Gasteig Prod. 49, Stellungnahme des Kriegsökonomiedirektors v. Krauß vom 3. Mai 1810 zu einem Bericht des Kriegsökonomierats Frey vom 27. April 1810
3 MKr. 8966 Prod. 6, KÖR an KM am 14. Aug. 1810
4 Ebd., Kgl. Reskript an KÖR am 14. Dez. 1810
5 A XX Bd. 10 Akt: Exerzierplatz auf dem Gasteig Prod. 55, Gutachten des Kriegsökonomierats Frey vom 16. Jan. 1811
6 Ebd., Undat. Aktennotiz des Kriegsökonomierats Frey
7 Ebd., KÖR an Generalkommissariat des Isarkreises am 4. Febr. 1811
8 Ebd. Prod. 59, FinM an KM am 29. Okt. 1811
9 Ebd. Prod. 61, Bericht des Kriegsökonomierats Frey vom 7. Nov. 1811
10 Ebd. Prod. 62, Kgl. Reskript vom 14. Nov. 1811
11 Ebd. Prod. 64, Kgl. Baukommission München an KÖR am 18. Dez. 1811
12 Ebd. Prod. 64, KÖR am 19. Dez. 1811

13 MKr. 8966 Prod. 9, KÖR an KM am 14. Febr. 1812 mit Plankopie des Originalentwurfes, sign. IngLt v. Hörmann 1812 und Vermerk: »Gegen diesen Plan ist nichts einzuwenden. München den 13ten Februar 1812. Königliche Baukommission v. Stubenrauch«

14 W. Heerde, Haidhausen. Geschichte einer Münchner Vorstadt (= OA 98 (1974)), München 1974, S. 50

15 Vgl. den Abschnitt »Exerzierplatz Gasteig«

16 A XX Bd. 10 Akt: Exerzierplatz Gasteig Prod. 67, Schreiben des Gräflich Törringischen Patrimonialgerichts Haidhausen an KÖR am 16. April 1812; Prod. 68, Gericht Haidhausen an KÖR am 3. Okt. 1812

17 MKr. 8966 Prod. 13, KM an InnM am 27. März 1813

18 Ebd. Prod. 15, InnM an KM am 11. Nov. 1814

19 A XX Bd. 10 Akt: Exerzierplatz Gasteig Prod. 65, Kgl. Reskript vom 19. Nov. 1814

20 Ebd. Prod. 74, Kaufvertrag vom 1. Februar 1815

21 MKr. 8966 Prod. 20, Militär-Lokalverpflegskommission München am 27. Oktober 1825: 1. GenieDir am 4. Nov. 1825

22 A VI 4d Fasz. 63, Hauptrechnung 1826/27

23 A VI 4d Fasz. 117, Hauptrechnung 1826/27

24 A VI 4d Fasz. 128, Hauptrechnung 1826/27

25 A VI 5c Fasz. 61, Hauptrechnung 1826/27

26 A VI 6a Fasz. 149, Hauptrechnung 1826/27

27 A XX Bd. 12 Prod. 4, Kgl. Forstamt München an KasVwMünchen am 4. Juli 1807

28 Ebd. Prod. 9, Kgl. Reskript vom 5. Juli 1808

29 A VII 9 Fasz. 468, Hauptrechnung 1823/24

30 C 7, Zustandsbeschreibung der Garnison München., hier: Verzeichnis der militäreigenen Gebäude und Gründe, vom 15. Jan. 1852 (25: Militär-Holzhof); PlanFasz VII Nr. 30 (Militär-Holzgarten) mit Situationsplan des IngJunker F. Gaab (1852). Mkr. 8966 Prod. 76, Fiskalgutachten vom 21. Aug. 1862

31 MKr. 8966 Prod. 88, Vortrag im KM am 6. Okt. 1864 mit Signaten des Kriegsministers v. Lutz vom 6. Okt. 1864 und 6. Jan. 1865

32 Ebd. Prod. 93, KM am 18. Sept. 1868

33 Ebd. Prod. 89, Notiz im KM vom 26. Febr. 1866

34 Ebd. Prod. 94, Kaufgesuch des Zimmerermeisters Niederhofer zu Haidhausen vom 3. Mai 1871

35 Ebd. Prod. 96, KdtMünchen an KM am 12. Juni 1871

36 Ebd. Prod. 97, KM an KdtMünchen am 19. Juni 1871; Prod. 98, Kaufgesuch des Spirituosenfabrikanten Koller zu München vom 6. Juli 1872; KM an KdtMünchen am 11. Aug. 1872

37 Ebd. Prod. 100, KM an Genkdo I.A.K. am 14. Febr. 1877;

38 Ebd. Prod. 102, Indent. I.A.K. an GenKdo am 9. März 1877 mit Signat des Kriegsministers vom 24. März 1877

39 Ebd. Prod. 103, Vortrag im KM am 15. Mai 1878 mit beigelegten Entwürfen Zenettis vom April 1878; KM an Indent. I.A.K. bzw. an General-Militärkasse am 15. Mai 1878

40 Ebd. Prod. 105, GarnVwMünchen an Indent. I.A.K. am 7. Juli 1878, beigelegt ein gedrucktes Exemplar der Petition des Bürgerkomitees an die Kammer der Reichsräte vom 1. Juli 1878

41 Ebd. Prod. 116, KM an Indent. I.A.K. am 30. April 1879; Prod. 118, Lokalbaukommission der Stadt München an Indent. I. A. K. am 31. Mai 1879

42 Ebd. Prod. 120, KM an Indent. I.A.K. am 31. Aug. 1879

43 Ebd. Prod. 122, KM an König Ludwig II. am 7. Dez. 1879 mit Kgl. Signat, dat. Hohenschwangau 11. d. Mts.

44 Ebd. Prod. 125, KM an FinM am 13. Jan. 1880; Prod. 126, FinM an KM am 16. Jan. 1880; J. M. Lutz, Die Münchner Volkssänger., München 1956, S. 39 f.

45 Ebd. Prod. 130, Notiz im KM vom 12. März 1880; Prod. 154, KM an General-Militärkasse am 22. Aug. 1880; Prod. 158, KM an Indent. I.A.K. am 1. März 1881

46 Ebd. Prod. 162, FinM an KM am 20. Juli 1883

Die Militär-Walkmühle

Die Münchner Garnison besaß seit dem frühen 18. Jahrhundert in der Falkenau bei Giesing eine eigene Walkmühle, in der die Wolldecken und Lodenmäntel der Soldaten gewaschen, gewalkt und getrocknet wurden. Diese Arbeit besorgten die jeweiligen privaten Pächter der Walkmühle. Der erste nachweisbare Pachtvertrag wurde 1721 abgeschlossen.[1] Vom Jahr 1748 an betrieb eine Familie Mayr die Walkmühle. Anno 1782 übernahm nach dem Tod ihres Vaters die erst 22jährige Ursula Mayr das Geschäft. Sie heiratete den bisherigen Walkgesellen, den Tuchmacher Georg Forster aus Amberg, und führte die Walkmühle als Witwe noch im Jahr 1823.[2]

Die Militärwalkmühle war ein bescheidenes Anwesen. Sie bestand aus einem ebenerdigen Wohnhaus, das nur ein Zimmer und eine Küche hatte. An das Haus angebaut war ein Schuppen, in dem sich ein wassergetriebenes Stampfwerk, die eigentliche »Walk«, befand. Ferner gehörten dazu Trockenplätze für die frisch gewalkten Textilien, eine Holzhütte und ein Gemüsegarten. So wurde der Komplex im Jahr 1782 beschrieben und praktisch unverändert präsentierte er sich noch 1824. Zwischen 1792 und 1802 war die »Kasernen-Walk« dem damaligen Militär-Arbeitshaus in der Au zugeordnet. Für die Zeit nach der Auflösung des Arbeitshauses fehlen Informationen. Die Walkmühle scheint in jenen Jahren von der Finanzbehörde beansprucht worden zu sein. Ab März 1806 unterstand die Walkmühle dann wieder der Kasernenverwaltung München.[3]

Die Lodererzunft der Stadt München betrieb seit dem 15. Jahrhundert für ihre Zunftgenossen gemeinschaftlich eine große Walkmühle am sogenannten »Fabrikbach«, einem der äußeren Stadtbäche. Diese Wasserkraftanlage, die noch bis zur Mitte des 19. Jahrhunderts lief, war Eigentum der Stadt München und von der Loderzunft nur gepachtet.[4] Durch ihre eigene Walkmühle außerhalb des Burgfriedens war die Garnison von allen Auflagen des Magistrats und der Zunft befreit.

Am 7. April 1823 stellte die Pächterin an das Armeeministerium ein Gesuch, in dem sie aus Altersgründen um Rücktritt von ihrem Kontrakt bat. Die jährliche Pacht hatte übrigens seit Jahrzehnten unverändert 30 Gulden betragen. Da die Frau kein Vermögen besaß, bat sie gleichzeitig für den Fall ihres Abzuges von der Walkmühle, wo sie von Kindheit an gelebt und gearbeitet hatte, um eine Art Rente.[5] Es spricht für die Bayerische Armee, daß das Ministerium, obwohl nach der Rechtslage keinerlei Verpflichtung vorhanden war, aus moralischen Gründen die 63jährige Frau versorgte. Minister v. Maillot trug den Fall dem König vor und Max I. Joseph ordnete an, daß die Walkmühle künftig auf 200 Gulden jährlich zu verpachten sei, wovon 170 Gulden jährlich der Forsterin auf Lebenszeit gebührten.[6] Diese Summe war recht großzügig, denn eine Köchin erhielt zur gleichen Zeit in München bei freier Kost und Logis um die 40 Gulden Jahrlohn in barem Geld und ein Maurergeselle mußte für 170 Gulden immerhin 226 Tage, also praktisch ein ganzes Jahr, arbeiten.[7]

Am 10. September 1823 gab der Münchner Loderermeister Joseph Brändl bei der öffentlichen Ausschreibung eines neuen Pachtvertrages für die Walkmühle mit 271 Gulden jährlichen Pachtzins das Höchstgebot ab und erhielt den Zuschlag.[8] Allerdings hatte sich Brändl mit dieser hohen Pacht verspekuliert. Bereits ein halbes Jahr nach Übernahme der Mühle war er in den roten Zahlen. Der Erlös, den er aus dem Waschen und Walken der Militärdecken erzielen konnte, war geringer als der anfallende Pachtzins. Im Zeitraum Oktober 1823 bis April 1824 kamen 2837 Kasernenbettdecken zum Reinigen in die Militärwalkmühle und zwar 857 Stück vom Grenadier-Garde-Regiment, 730 Stück vom 1. Linien-Infanterie-Regiment König, 342 Stück vom Regiment Garde du Corps, 244

Stück vom Fuhrwesen-Bataillon, 243 Stück vom Artillerie-Regiment und 421 Stück von der Haupt-Lazarett-Verwaltung. Für jede Decke bekam der Pächter aber nur den alten Preis von 3 1/2 Kreuzer. Zugleich beschuldigte Brändl seine Vorgängerin, die Walkmühle durch jahrelange Nachlässigkeit ruiniert zu haben und erklärte, er werde fortan einen geringeren Pachtschilling zahlen. Daraufhin gab die Armee dem Loderermeister zum 30. Juni 1824 die Abfuhr und ließ die Walkmühle neu ausschreiben.[9] Brändl kam aber später wieder als Lodenfabrikant in bescheidene Geschäftsbeziehungen mit der Garnison.[10]

Der nächste Pächter der Militär-Walkmühle wurde im August 1824 der Münchner Tuchmachermeister Anton Wilm. Er bot nur 180 Gulden Pachtzins jährlich, also 20 Gulden weniger als das 1823 festgelegte Limit, erhielt aber trotzdem als Meistbietender den Zuschlag.[11] Als nun die Kommandantschaft München der ehemaligen Walkmüllerin Ursula Forster die Rente kürzen wollte, schaltete sich Kriegsminister Maillot ein und bestimmte, daß der Frau die vom König gewährten 170 Gulden jährlich unabhängig von jedem künftig zu erzielenden Pachtbetrag auszubezahlen seien.[12] Freilich konnte sich die Armee dieses anständige Verhalten leisten, da sie mit der Münchner Walkmühle und dem Preis von 3 1/2 Kreuzer pro Decke ein gutes Geschäft machte. In anderen Garnisonen, wo es keine militäreigene Walkmühle gab, mußte die Armee privaten Walkmüllern pro Decke zwischen 7 und 10 Kreuzer für deren Reinigung zahlen.[13]

Anton Wilm hatte seinen Pachtvertrag noch 1824 an einen gewissen Joseph Hüttenhofer weitergegeben, was die Kommandantschaft München übrigens erst zwei Jahre später bemerkte.[14] Hüttenhofer betrieb die Walkmühle bis zum Sommer 1829, dann gab auch er auf, da der Gewinn einfach zu gering war. Zusätzliche Einkünfte durch das Walken für Privatkunden konnte sich Hüttenhofer nach eigener Aussage nicht verschaffen, »…weil jetzt jeder Tuchfabrikant seine eigene Walkmühle hat.«[15]

Noch vor dem Ablauf von Hüttenhofers Pachtvertrag unterbreitete Kriegsminister v. Weinrich König Ludwig I. am 4. Mai 1829 den Antrag auf Verkauf der Militär-Walkmühle. Er begründete dies mit der Möglichkeit, die Bettdecken der Garnison künftig beim Münchner Strafarbeitshaus billig reinigen zu lassen. Bei einem Verkauf der bisherigen Walkmühle an einen privaten Interessenten könne der Militärärar einen gewissen Betrag einnehmen. Überdies werde mit der Militär-Walkmühle ein ohnehin baufälliges Objekt abgestoßen und dadurch Kosten vermieden. Das waren Argumente, die ganz auf der Linie des sparsamen Königs lagen.[16]

In einer öffentlichen Versteigerung wurde die bisherige Walkmühle am 20. Juli 1829 gegen 6000 Gulden an Baron Weveld, den Direktor des Arbeitshauses verkauft.[17] Erst einige Wochen später stellte sich heraus, daß Weveld als Strohmann für den vermögenden Münchner Kaufmann Rosipal aufgetreten war.[18] Nachdem der König den Verkauf gebilligt hatte, erlegte Rosipal die volle Kaufsumme in barem Geld bei der Stadtkommandantschaft. Am 13. August 1829 wurde das Anwesen dem Handelsmann übergeben.[19] Die Militärdecken wurden in den folgenden Jahren vom Arbeitshaus gereinigt und gewalkt.[20] Was Rosipal mit der Mühle machte, geht aus den Militärakten nicht hervor. Da er mit Textilien handelte, benützte er die Walkanlage vermutlich weiter. Einige Jahre später scheint Rosipal jedoch die Mühle weiterverkauft zu haben. Ab dem Sommer 1834 gehörte sie dem Krämer und Walkmüller Joseph Datterer von der Au.[21]

Anmerkungen:

1 MKr. 8967 Prod. 4, Beschreibung vom 22. Juni 1782
2 Ebd. Prod. 2 1/2, KdtMünchen am 16. Mai 1823; Prod. 3, KM am 28. Juli 1823
3 Ebd. Prod. 4, Beschreibung vom Juni 1782; Prod.10, Beschreibung vom August 1824. Siehe auch A XX Bd. 4, Verzeichnis der militäreigenen Realitäten in der Garnison München, dat. 25. Jan. 1821. A.Baumann erwähnt in ihrer Dissertation (»Armuth ist hier wahrhaft zu Haus...« – Vorindustrieller Pauperismus und Einrichtungen der Armenpflege in Bayern um 1800. (MBM Bd. 132), München 1984) die Walkmühle überhaupt nicht, obwohl sie sehr ausführlich auf das Militär-Arbeitshaus eingeht (a. a .O., S. 142 – 260 pass.)
4 W. Kohl, Recht und Geschichte der alten Münchner Mühlen (MBM Bd. 15), München 1969, S. 41
5 MKr. 8967 Prod. 2, Ursula Forster an KM am 7. April 1823
6 Ebd. Prod. 3, KM am 11. Aug. 1823
7 Vgl. M. Schattenhofer, Von Kirchen, Kurfürsten und Kaffeesiedern etc. Aus Münchens Vergangenheit., München 1974, S. 315
8 MKr. 8967 Prod. 4, KdtMünchen am 10. Sept. 1823; KM am 5. Okt. 1823
9 Ebd. Prod. 7, undat. Eingabe des Joseph Brändl bei der KdtMünchen; KM am 15. Mai 1824
10 Vgl. A VI 4d Fasz. 67 Hauptrechnung des Inf-Leib-Rgt für das Etatjahr 1835/36 (Brändl vulgo Brändle erhielt 26 Gulden für Lodenstoff)
11 MKr. 8967 Prod. 9, KdtMünchen am 21. Juni 1824; KM am 30. Juli 1824
12 Ebd. Prod. 13, KM v. Maillot an KdtM am 21. Dez.1824
13 Ebd. Prod. 20, Militär-Hauptbuchhaltung am 13. Sept. 1826
14 Ebd. Prod. 20, Protokoll KdtMünchen am 17. Aug. 1826
15 Ebd. Prod. 20, Protokoll KdtMünchen am 20. Jan. 1829
16 Ebd. Prod. 23, KM an König Ludwig I. am 4. Mai 1829 mit Kgl. Signat vom 22. Mai 1829
17 Ebd. Prod. 26, Spezialkommission zum Verkauf der Militär-Walkmühle an 1. Armee-Division am 21. Juli 1829
18 Ebd. Prod. 27, Spezialkommission an 1. Armee-Division am 6. Aug. 1829
19 Ebd. Prod. 29, KM an König Ludwig I. am 29. Juli 1829 mit Kgl. Signat vom 3. Aug. 1829; Prod. 30, Spezialkommission an 1. Armee-Division am 14. Aug. 1829
20 Ebd. Prod. 36, KM an 1. Armee-Division 1831
21 Ebd. Prod. 37, Joseph Datterer an KM am 3. Sept. 1834

Die Militärmahl- und Schneidmühle

Am Ende des 18. Jahrhunderts (1798) bekam Münchens Garnison eine eigene Getreide-
mahlmühle und eine eigene Sägemühle. Beide befanden sich im Englischen Garten. Bereits
ein knappes Jahr später verloren diese beiden Mühlwerke durch die Übertragung des Parks
von der Armee an den Zivilärar schon wieder ihren militärischen Status.[1] So deckte die
Proviantbäckerei wieder ihren Mehlbedarf bei Privatmühlen.

Der Kauf der Sollnauer Mühle (1817)

Nach dem Ende der Napoleonischen Kriege hielt das Oberadministrativkollegium der
Armee eine militäreigene Getreidemühle für unerläßlich. Man hatte schlechte Erfahrungen
mit den privaten Müllern gemacht, welche sich »... *unerlaubter Handgriffe mit dem
Kommißgemalter erlauben, immer nur soviel Getreid abfassen, als sie notgedrungen
abnehmen müssen*«. Das lag freilich auch daran, daß der Staat schlechter zahlte als andere
Kunden, nämlich nur vier Prozent des zu vermahlenden Korns als Naturallohn und die
Grundgebühr. Das miserable Kommißbrot führte in jener Zeit zu erheblichen Unmut in der
Garnison. Da bot sich dem Militär im Frühsommer 1817 die Chance zum Erwerb der
»Sollnauer Mühle« unweit des Militärlazaretts. Sie wurde von den Administrativräten Frey
und Hofstätter besichtigt und ihr Ankauf am 2. Juli 1817 beim Kriegsministerium
beantragt. Hierbei betonte das Oberadministrativkollegium die künftige Unabhängigkeit
der Garnison von betrügerischen Müllern. Auch werde sich der Ankauf schnell
amortisieren, da man die jährlichen Mühlkosten von 4700 Gulden künftig einsparen könne.
Das zur Sollnauermühle gehörige Sägewerk sei höchst nützlich für die Bauvorhaben der
Armee in München. Zudem böte das Anwesen auch Platz für den Bau einer modernen
Proviantbäckerei.[2]
Die Mühle am sogenannten Mahlmühlbach, erstmals im Jahre 1369 urkundlich erwähnt,
wurde bis ins 16. Jahrhundert gemeinhin die Salnauer oder Seldenauer Mühle genannt.
Sie war ursprünglich ein landesherrliches Lehen.[3] Erst im Herbst 1799 hatte der bürgerli-
che Müller Joseph Kellermayer das Anwesen vom kurfürstlichen Oberstlehenhof ge-
kauft. Das Anwesen war mit Getreidegilten, Stiftgeldern und Hypotheken kirchlicher
Gläubiger belastet. Sie zeigen das noch mittelalterliche Finanzierungssystem Münchner
Betriebe.[4]
Am 30. August 1817 wurde beim Stadtgericht München der Kauf der Sollnauer Mühle von
der Müllerswitwe Emmerentia Kellermayer durch das Oberadministrativkollegium der
Armee um 39 500 Gulden verbrieft.[5]
Nach der Übernahme durch den Militärärar verblieben die Haussteuer, die Rustikalsteuer,
die Gewerbesteuer, Kornreichnisse an das Stadtrentamt München und die Administration
der Wohltätigkeitsstiftungen, sowie eine symbolische »Mühlgattergilt« von einem Gulden
zum Martinitag an den Oberstlehenhof auf dem Anwesen.[6] Das Kornreichnis an das
Stadtrentamt wurde dann im Jahr 1827 durch eine einmalige Zahlung von 796 Gulden 23
Kreuzer abgelöst.[7]

Die Gebäude und ihre Funktion

Eine ausführliche Beschreibung der Mühle wurde erst anläßlich ihrer Versteigerung auf
Pacht im Frühjahr 1830 erstellt.[8] Sie dürfte aber mit großer Wahrscheinlichkeit auch den
Zustand um das Jahr 1817 wiederspiegeln. Nach dieser Beschreibung bestand das Anwesen

aus einem Wohnhaus, der Mahlmühle, der Sägemühle, einem Stadel, Gärten und einem großen Anger.

Das gemauerte und mit Schindeln gedeckte *Wohnhaus* hatte einen quadratischen Grundriß; jede Gebäudeseite war knapp zehn Meter lang. Im Erdgeschoß befanden sich eine große Küche nebst Speisekammer, eine große Stube und drei weitere Räume. Das Obergeschoß verfügte über vier Schlafräume.

Auch die *Mahlmühle* war ein sehr ebenmäßiger Bau, dessen Langseite (21 Meter) genau doppelt so lang war wie die Stirnseiten. Sie war solide gemauert und hatte ein Schindeldach. Die Mühle hatte sechs Wasserräder (»Gänge«) von jeweils gut drei Metern Durchmesser. Von den sechs Gängen diente einer als »Kappgang« zum Reinigen des Gemalters von Sand und Staub. In der Radstube befand sich auch ein Ofen, damit bei großer Kälte das Mahlwerk nicht einfror. Neben der Radstube lag eine Kammer für den schichthabenden Mahlknecht. Das Mahlgut wurde über eine Treppe auf den Dachboden getragen und von dort in die Mahlgänge eingeschüttet.

Die *Sägemühle* lag der Mahlmühle gegenüber am anderen Ufer des Mühlkanals. Sie war ebenfalls ein ganz regelmäßiger Bau, dessen Langseite mit 20,5 Metern genau doppelt so lang war wie die Stirnseiten. Das Gebäude hatte nur einen gemauerten Sockel, darüber waren die Wände aus massiven Balken gefügt. Das Dach war mit Schindeln gedeckt. Mit einem Durchmesser von knapp dreieinhalb Metern war das Wasserrad der Schneidsäge etwas größer als die Räder der Mahlmühle. Das Rad trieb über einen Wellbaum das über sechs Meter hohe vertikal arbeitende Sägegatter, mit dem Baumstämme mit einem Durchmesser bis etwa 1,3 Meter bearbeitet werden konnten, und zusätzlich eine manns-lange Schubsäge zum Absägen von Holzscheiben. Die Baumstämme wurden auf einem achteinhalb Meter langen »Sägewagen« bewegt. Auf dem Dachboden war ein Hebzeug mit Flaschenzügen installiert.

Auf der gleichen Kanalseite wie die Schneidmühle lag der große *Stadel*. Er war ein solider Holzbau auf einem gemauerten Fundament. Darin befanden sich ein Pferdestall und ein Kuhstall, die jeweils bis zu acht Pferde bzw. Rinder aufnehmen konnten. Neben den beiden Ställen lag eine Wagenremise. Das gesamte Obergeschoß des Stadels war ein geräumiger Speicherboden.

Das Personal der Mahlmühle

Der »Zumüller« war verantwortlich für das richtige Ausmahlen. Die Aufgabe des »Lee-rers« war es, die Kornsäcke, im Durchschnittsgewicht täglich über hundert Zentner, »… unter einem Regen von Schrot und Staub, welche ihm Augen, Nase und Mund bedecken, auf den Kopf zu heben, die steile Treppe hinauf bis unter den Dachboden der Mühle zu tragen und in die Gasse zu schütten.« Dazu kamen noch drei Handknechte und der Stallknecht.[9] Mit zunehmender Reduzierung der Garnisonstärke und des Brotverbrauches sank auch der Personalumfang. So wurden zum Jahresende 1825 zwei Mühlknechte entlassen und zwei der vier Mühlenpferde dem Fuhrwesen-Bataillon überwiesen.[10]

Der Plan zum Bau einer neuen Proviantbäckerei

Schon beim Erwerb der Sollnauer Mühle war der Plan ins Auge gefaßt worden, dort eine Militärbäckerei als Ersatz für das innerstädtische »Provianthaus« zu errichten.
Im Sommer 1818 legte der Münchner Militärbaumeister Klumpp einen entsprechenden Bauplan vor. Es handelte sich um den Entwurf für ein großes, mehrstöckiges Gebäude. Im

Erdgeschoß waren zwei Backstuben mit jeweils drei großen Backöfen, vier Brotkammern, sowie einem Pferdestall vorgesehen. Im Ersten Stockwerk lagen, direkt über den Backstuben mit Schüttvorrichtung versehen, Mehlkammern und die Unterkünfte für die Bäckergesellen, sowie die Familienwohnungen für den Bäckermeister und den Verwaltungsbeamten. Das gesamte Zweite Stockwerk war als Schüttboden für das Brotgetreide konzipiert. Der Kostenvoranschlag belief sich auf 59 326 Gulden.[11]

Das Oberadministrativkollegium der Armee befürwortete den Plan wärmstens. Die Kapazität der Proviantbäckerei sollte seiner Ansicht nach so hoch sein, daß darin bei ununterbrochenem Schichtbetrieb täglich 18 000 Mann mit Kommißbrot versorgt werden konnten. Kriegsminister v. Triva jedoch ließ das Projekt, wohl wegen der Priorität anderer Garnisonbauten und den recht beachtlichen Kosten, vorläufig auf sich beruhen.[12] Die Militärverwaltung rechnete trotzdem fest mit der Realisierung. So hatte man schon im Sommer 1818 fast eine halbe Million Ziegelsteine gekauft und einstweilen auf dem großen Anger bei der Mühle gelagert. Dennoch gab das Kriegsministerium kein grünes Licht und der Plan verschwand dann im Laufe der Jahre endgültig in den Akten.[13]

Die Sägemühle

Im August 1823 beantragte die Münchner Genie-Direktion eine intensivere Ausnutzung der Schneidsäge. Sie stellte fest, daß angesichts der laufenden Bauvorhaben für die kommenden Jahre ein jährlicher Bedarf zum Verschnitt von 1300 Stämmen Fichtenholz und 150 Stämmen Eichenholz zu erwarten sei. Die militäreigene Schneidsäge laufe abzüglich der Sonn- und Feiertage, dann der Bachvereisung im Winter, an 250 Tagen im Jahr. Derzeit sei nur ein einziger, betagter Sägearbeiter beschäftigt, so daß höchstens 800 Stämme pro Jahre verschnitten werden könnten. Mit einem zweitem Sägknecht könne das Werk aber im Schichtbetrieb praktisch Tag und Nacht in Gang gehalten werden und mit Leichtigkeit den Bauholzbedarf der Garnison decken. Überdies kritisierte die Geniedirektion die Zuständigkeit des Proviantamts für die Sägemühle, das sich viel mehr um die Belange der Mahlmühle kümmere als um das Sägewerk. Daher forderte die Geniedirektion, daß die Sägemühle ihr künftig unterstellt würde. Tatsächlich wurde dann im Frühjahr 1824 zur neuen Bausaison ein zusätzlicher Säger eingestellt und die Unterstellung der Militärschneidmühle zum Militärbauwesen angeordnet.[14]

Vom 1. April 1824 bis Ende September 1824 wurden auf der Schneidsäge 444 Fichtenstämme zu einem Durchschnittspreis von zwei bis drei Gulden zu Fußbodenbrettern, Dachlatten usw. verarbeitet. Abzüglich der Kosten für den Ankauf der Stämme, Lohn und Kost der beiden »Schnittknechte« und kleinere Betriebsaufwendungen warf die Säge immerhin einen bescheidenen Gewinn von 235 Gulden 30 Kreuzer ab. Der Regiebetrieb kam also tatsächlich billiger als der Ankauf fertig zugeschnittener Hölzer von privaten Sägewerken.[15]

Entgegen der Ordre des Kriegsministeriums leistete aber die Militär-Lokalverpflegskommission hartnäckig Widerstand gegen eine Abtretung der Sägemühle an die 1. Genie-Direktion.[16] So blieb die gesamte Mühle weiterhin in der Hand der Verpflegskommission.

Der Pachtbetrieb (1830 – 1871)

Im Etatjahr 1829/30 wurde die Militärbäckerei der Garnison stillgelegt. Daher wurde auch der eigene Mühlenbetrieb entbehrlich. Er sollte jedoch notfalls wieder reaktiviert werden können. Deshalb wurde die Mühle nicht verkauft, sondern nur verpachtet.[17]

Am 19. April 1830 wurde der gesamte Komplex in öffentlicher Versteigerung dem Getreidehändler Johann Wörl für einen jährlichen Pachtzins von 1700 Gulden auf sechs Jahre zugesprochen. Der Pächter übernahm fortan auch alle auf dem Anwesen liegenden Steuern und sonstigen Abgaben.[18] Außerdem mußte der Pächter das Inventar ablösen. Es waren dies: »Mühlenrequisiten«, fünf Wagen, Pferdegeschirr und Stallgerät im Wert von 1169 Gulden sowie 513 Baumstämme beim Sägewerk für 1120 Gulden.[19]

Bereits wenige Monate nach der Verpachtung setzten Schwierigkeiten mit den Zivilbehörden wegen Straßen- und Wasserbauarbeiten in der Isarvorstadt ein. Sie sollten im Endeffekt bis zur Aufgabe der Mühle über Jahrzehnte hinweg andauern. Den Auftakt machte der Bau der Fraunhoferstraße, die als wichtige Verbindungsstraße zur neuen Reichenbachbrücke geplant war und über vier verschiedene Stadtbäche geführt werden mußte. Darunter befand sich auch der Mahlmühlbach. Gegen den Willen des Königs hatten die Bedenken der Stadtkomandantschaft wegen der absehbaren Nachteile für die Mühle keine Chance.[20] Schon ein Jahr später klagte der Mühlenpächter wegen der dammartigen Aufschüttung der Fraunhoferstraße.[21] Nur gegen die kostenlose Abtretung eines Randstreifens vom Grund der Militärmühle an die Stadt München zum weiteren Ausbau der Fraunhoferstraße im Frühjahr 1832 wurde dem Müller vom Stadtbauamt dann ein brauchbarer Zugang zu seinem Betrieb geschaffen.[22]

Der Pächter Wörl starb bereits 1832. Seine Witwe ehelichte bald darauf den Müller Anton Huber, der den Betrieb fortführte. Als der Pachtvertrag im Frühjahr 1836 auslief, baten die Eheleute Anton und Theresia Huber um einen neuen Vertrag zu ermäßigten Pachtbedingungen. Dieser Brief an die Lokalverpflegskommission gibt zugleich ein anschauliches Beispiel für den Betrieb einer großen Münchner Mühle in der letzten Phase vor dem Beginn des Industriezeitalters.[23]

Nach Hubers Angaben hatte sich die Mühle um 1830 in sehr schlechtem Bauzustand befunden und mußte von seinem Vorgänger Wörl erst in Schuß gebracht werden. Als ständige Kunden wurden sechs Bäcker und drei Bierbrauer gewonnen. Letztere ließen hier das gedarrte Malz brechen: »… Allein es gehen die Bräuer wohl demnächst dazu über, ihr Malz auf eigenen Walzen brechen zu lassen.«, vermerkte Anton Huber dazu. An Getreide wurden durchschnittlich nur 80 Schäffel pro Jahr gemahlen. Auch der Sägebetrieb war von bescheidenem Umfang. Gute Schnittbäume seien in den letzten Jahren immer teurerer geworden, meinte der Müller, zudem gebe es im Oberland immer mehr Sägmühlen, die das Holz billiger anböten, als ein Münchner Betrieb es vermöchte. Hinzu kam, daß die Militärmühle seit Anfang der 1830er Jahre unter zunehmendem Wassermangel litt, so daß entweder die Mahlmühle oder das Sägewerk betrieben werden konnten, aber nicht mehr beide Anlagen gleichzeitig. Nach Aussage des Pächters wurde dieser Wassermangel vor allem durch eine zu große Entnahme aus dem Mahlmühlbach zugunsten der städtischen Brunnenstuben und der Brauereien verursacht. Dazu kam eine zunehmende Nutzung des Oberlaufes dieses Stadtbaches durch andere große Wasserräder, vor allem die Strachterische Lederfabrik und die Zieglersche Färberei.

Die Müllersleute machten folgende Jahresbilanz auf:

Durchschnittliche Einnahmen: 2806 Gulden

    1456 fl. aus der Getreidemühle
     550 fl. aus der Malzmühle
     700 fl. aus der Sägemühle
     100 fl. für Speditionsfuhren

1700 fl. für das Pachtgeld
351 fl. für Steuern und Abgaben.
1752 fl. für zwölf Beschäftigte
515 fl. für vier Pferde
578 fl. für den Unterhalt der Mühlen und Gebäude

Somit ergab sich ein *Verlust* von 2090 Gulden jährlich, den der Müller nur durch seinen zusätzlichen Beruf als Getreidehändler ausgleichen konnte. Er forderte vom Militär eine Reduzierung des Pachtzinses, ansonsten wollte er lieber von der Mühle abziehen. Tatsächlich bewilligte das Kriegsministerium eine Verringerung des Pachtgeldes um 300 Gulden auf 1400 Gulden pro Jahr.[24]

In ihrem Eigentümerstatus trat die Bayerische Armee im Herbst 1838 in die neugegründete »Wasserbau-Konkurrenzgesellschaft« der Münchner Müller ein und entrichtete gemäß der Anzahl der betriebenen Wasserräder ihren Beitrag. Übrigens war die Armee in dieser Gesellschaft auch in ihrer Eigenschaft als Betreiber der Pulvermühle und der Zeughauswerkstätten vertreten.[25] Durch diese Mitgliedschaft hatte die Garnison zwar gewisse Unterhaltspflichten für die Münchner Stadtbäche, andererseits genoß sie aber dafür die gleichen Rechte wie die anderen Mühleneigentümer.[26]

In der Folgezeit blieb das Anwesen weiterhin in der Pacht der Eheleute Huber bzw. der Witwe Elisabeth Huber. Sie bewohnte und bewirtschaftete die Mühle mehr als dreißig Jahre lang.[27] Während dieser Zeit gab es zumindestens ein großes Hochwasser, nämlich im August 1851, als das Wasser mannshoch in den Gebäuden stand. Unmittelbare Schäden gab es aber nicht, was für die Solidität des Mauerwerks spricht.[28] Im Mai 1861 trat nach dem Auslaufen des Pachtvertrages 1855/61 als neuer Pächter der Münchner Melber Georg Schmucker in Erscheinung. Er übernahm den Betrieb für sechs Jahre zu jährlich 1350 Gulden Zins an das Militärärar.[29] Zur dieser Zeit litt der Mühlbetrieb stark unter Wassermangel. Der Mühlenforscher W. Kohl sieht die Ursachen dafür im 1837 vollendeten Muffatbrunnhaus und der Zunahme der Gewerbebetriebe mit Wasserrädern in der Isarvorstadt. Außerdem wollten der Stadtbaurat Franz Karl Muffat (1797 – 1868; Stadtbaurat ab 1831) und die zivilen Müller aus München und der Au vor allem durch eine Sperre des Mahlmühlbaches, den Wasserstand zu ihren Gunsten regulieren. Tatsächlich kam es in den folgenden Jahren mehrmals zu Sperrungen des Mahlmühlbaches, wodurch der Militärmühle das Wasser entzogen wurde. Der Militärärar protestierte vergeblich. Verschärft wurde der Wassermangel dann durch den Bau des Pettenkoferbrunnhauses (1866). Erst ab 1883 sollte sich die Wassersituation der Stadtbäche durch die neue Trinkwasserleitung, die die Brunnhäuser allmählich ersetzte, wieder verbessern.[30]

Für den neuen Pächter der Militärmahlmühle stellten die städtischen Wasserbaumaßnahmen, durch die die Mühlräder immer wieder still lagen, eine unzumutbare Belastung dar. Schmucker verlängerte daher seinen Pachtvertrag im Jahr 1866 nicht mehr.[31] Der Komplex war um diese Zeit nach den eigenen Angaben der Stadtkommandantschaft, infolge der vom zuständigen Militärärar immer wieder aufgeschobenen »Hauptreparaturen«, völlig heruntergekommen.[32] Wider Erwarten fand sich dann aber doch im Herbst 1866 ein neuer Pächter in Gestalt des Münchner Melbermeisters Michael Köll. Bei der Versteigerung an den Meistbietenden hatte er die erstaunlich hohe Summe von 2100 Gulden jährlichen Pachtzins geboten.[33] Da das Kriegsministerium bereits seit Beginn der 1860er Jahre mit dem Gedanken spielte, den Komplex zu verkaufen, wurde die Mühle nun nicht mehr auf sechs

Jahre verpachtet, sondern auf jährliche Kündigung. Köll bewirtschaftete die Mühle bis zum Herbst 1869.

Am 13. Januar 1870 schloß die Stadtkommandantschaft einen Vertrag mit dem neuen Pächter Samuel Krämer.[34] Nachdem dieser Vertrag im Frühjahr 1871 ausgelaufen war, wurde er nicht mehr verlängert und die Mühle nach fünfhundert Jahren geschlossen.[35]

Verkauf im Jahr 1872

Im August 1872 beantragte Kriegsminister v. Pranckh bei König Ludwig II. den Verkauf der Militärmühlen (Anwesen Fraunhofer-Straße Nr. 9, später Kolosseumstraße Nr. 1). Pranckh erklärte, sowohl die Mahlmühle als auch die Sägemühle seien völlig veraltet, so daß für einen effektiven Betrieb hohe Investitionen zu Lasten des Militäretats veranschlagt werden müßten. Auch ein Umbau der Gebäude, etwa zu einer Proviantbäckerei, käme praktisch einem völligen Neubau gleich. Zudem könne an eine etwaige Ausdehnung des Areals, um darauf Militärmagazine zu errichten, nicht gedacht werden, da dies mit dem gültigen Münchner Generalbauplan für die Isarvorstadt nicht in Einklang zu bringen sei. Daraufhin bewilligte der König am 16. August 1872 den Verkauf.[36]

Bei der öffentlichen Versteigerung im Oktober 1872 erwarb der Kaufmann Rosipal als Vertreter der »Münchner Baubank« das Anwesen für 90 000 Gulden.[37] Das war eine ganz beachtliche Summe, denn im Herbst 1864 war der gesamte Komplex auf nur 64 500 Gulden geschätzt worden.[38] Anstelle der Mühlen wurde dort eine »Marmorfabrik« gebaut.[39]

Anmerkungen:

1 Vgl. den Abschnitt »Englischer Garten«
2 MKr. 8964 Prod. 1, OAdKoll an KM am 2. Juli 1817
3 F. Hilble, Die alten Münchner Mühlen und ihre Namen., in: OA 90 (1968), S. 75 – 113, hier S. 95 f.; W. Kohl, Recht und Geschichte der alten Münchner Mühlen (MBM Bd. 15), München 1969, S. 11
4 MKr. 8964 Prod. 2, Verzeichnis der Grundlasten auf der Sollnauer Mühle (Isar-Vorstadt Nr. 59/60) beim Stadtgericht München, dat. 18. Aug. 1817 (Abschrift)
5 MKR. 8964 Prod. 2, Kaufprotokoll vom 30. Aug. 1817
6 Ebd.
7 MKr. 8964 Prod. 26, Notiz im KM vom 1. Okt. 1828
8 Ebd. Prod. 48, Beschreibung der an der Fraunhofer-Straße gelegenen Kgl. Militär-Mahlmühle und Schneidsäge, nebst dem dazu gehörigen Anwesen. Verfaßt von der Militär-Lokalbaukommission München am 10. Febr. 1830
9 Ebd. Prod. 13, Militär-LokalverpflegsKomm München an KdtMünchen am 23. März 1825
10 Ebd. Prod. 14, Militär-LokalverpflegsKomm München an KdtMünchen am 2. Dez. 1825 mit Vermerk des Kriegsministers v. Maillot vom 27. d. Mts.
11 MKr. 8963 Prod. 1, Pläne und Rechnungen vom 14. Juni 1818
12 Ebd., OAdKoll an KM am 21. Sept. 1818 mit Vermerk Trivas vom 28. d. Mts.
13 Ebd. Prod. 2, MilitärAdKomm München an OAdKoll am 10. Juni 1819; OAdKoll an KM am 19. Juni 1819; KM an OAdKoll am 24. Aug. 1819
14 MKr. 8964 Prod. 8, 1. GenieDir an 1. DivisionKdo am 18. Aug. 1823; KM an ArmeeKdo am 19. März 1824
15 Ebd. Prod. 15, 1. GenieDir an IngKorpsKdo am 21. Dez. 1824
16 Ebd. Prod. 16, 1.GenieDir an 1. Division am 28. Dez. 1824
17 Ebd. Prod. 38, KM an 1. Division am 30. Nov. 1829
18 Ebd. Prod. 43, Protokoll der Versteigerung der Militärmühle, abgehalten bei der Militär-LokalverpflegsKomm München am 14. und 19. April 1830; KM an 1. Division am 25. April 1830
19 Ebd. Prod. 48, Übergabeprotokoll vom 29. April 1830
20 Ebd. Prod. 50, KdtMünchen an KM am 15. Sept. 1830, KM an KdtMünchen am 19. Sept. 1830; Prod. 51, InnM an KM am 20. Sept. 1830
21 Ebd. Prod. 65, KdtMünchen an KM am 31. Okt. 1831
22 Ebd. Prod. 78, KM an König Ludwig I. am 27. März 1832 mit Kgl. Signat vom 29. d. Mts.

23 Ebd. Prod. 87, Bittgesuch der Müllerseheleute Anton und Theresia Huber an die Kgl. Militär-LokalverpflegsKomm München, dat. 28. April 1836

24 Ebd. Prod. 87, KM an 1. Division am 20. Mai 1836

25 Ebd. Prod. 97, KM an 1. Division am 21. Juli 1838; Prod. 99 KM an 1. Division am 12. Sept. 1838

26 Ebd. Prod. 101, KM an 1. Division am 11. Dezember 1838

27 Vgl. MKr. 8965 Prod. 8, KM an GenKdo I.A.K. am 3. April 1849 wg. neuen Pachtvertrag mit Anton Huber für 1849/ 55 für 1300 fl. jährlichen Pachtzins

28 C 7, Zustandsbeschreibung der Garnison München, verfaßt vom Ing. Oberst v. Hörmann. Hier: Verzeichnis der militäreigenen Gebäude (23: Mahlmühle, Stand: 15. Jan. 1852)

29 MKr. 8965 Prod. 77, KdtMünchen an GenKdo München am 21. April 1862

30 W. Kohl (wie Anm. 3), S. 133 f.; dazu auch zahlreiches Material in MKr. 8965

31 MKr. 8965 Prod. 99, KdtMünchen an GenKdo München am 25. Juli 1866

32 Ebd. Prod. 97, KdtMünchen an GenKdo München am 3. Juli 1866

33 Ebd. Prod. 103, KdtMünchen an GenKdo München am 10. Nov. 1866

34 Ebd. Prod. 154, KdtMünchen an KM am 13. Jan. 1870

35 Vgl. auch W. Kohl (wie Anm. 3), S. 12

36 MKr. 8965 Prod. 184, KM an König Ludwig II. am 11. Aug. 1872 mit Kgl. Signat, dat. Linderhof den 16. d. Mts.

37 Ebd. Prod.189, stv. Militärfiskal Kriegsrat v. Stöber an KM am 7. Okt. 1872

38 Ebd. Prod. 120, Schätzung der Militärmühle durch den Maurermeister G. Fischer und den Zimmerermeister J. Kampferseck am 23. Okt. 1864 (Abschrift)

39 Kohl (wie Anm. 3), S. 12

Das Armee-Monturdepot am Oberanger

Infolge der Aufstellung des 3. (reitenden) Artillerie-Regiments in München im Frühjahr 1848, mußte das bis zu diesem Zeitpunkt in der Alten Isarkaserne befindliche Armee-Monturdepot verlegt werden. Im Herbst 1848 wurde das städtische Gebäude am Oberanger, in dem sich zuvor ein Mädcheninstitut, dann ein Taubstummenheim befunden hatten, an die Stadtkommandantschaft übergeben.[1] Der jährliche Mietzins an die Stadt München betrug zunächst 2240 Gulden und ab dem Jahr 1862 2500 Gulden.[2]

Im Armee-Montur-Magazin befanden sich Verwaltungsbüros und Werkstätten, in denen Helme, Koppel, Tornister, Patronentaschen, Sattelzeug und ähnliche Ausrüstungsgegenstände gefertigt wurden. Der etatmäßige Personalumfang bestand aus einem Stabsoffizier als Vorstand, mehreren Militärverwaltungsbeamten und Werkmeistern. Das eigentliche Arbeitspersonal wurde je Bedarf im Taglohn angestellt. Im Herbst 1860 waren dort mehr als 200 Arbeiter beschäftigt.[3]

Am 21. Juni 1872 kündigte der Stadtmagistrat den Mietvertrag mit der Armee zum Jahr 1873. Das Kriegsministerium wollte das Depot zunächst weiterhin in München belassen und wies daher die Stadtkommandantur, das Montierungsdepot und die I. Ingenieurdirektion an, ein geeignetes Ersatzlokal ausfindig zu machen.[4] Dieser Versuch scheiterte jedoch. Weder das alte Militärkrankenhaus noch die Alte Isarkaserne konnten für diesen Zweck völlig verfügbar gemacht werden.[5] Daher entschloß sich das Kriegsministerium im Frühjahr 1873 dazu, das Montierungsdepot in die Festung Ingolstadt zu verlegen.[6]

Anmerkungen:

1 MKr. 8828 Prod. 81, InnM an KM am 27. Okt. 1849; zur Vorgeschichte des Armeemonturmagazins in München (1808/16) siehe den Abschnitt „Kriegsministerium an der Ludwigstraße"
2 MKr. 8831 Prod. 162, GenieKorpsKdo an KM am 25. Okt. 1861; Prod. 183, GenieKorpsKdo an KM am 11. März 1862; Prod. 184, KM an GenKdo München am 12. April 1862
3 O. Bezzel, Geschichte des Königlich Bayerischen Heeres von 1825 mit 1866 (Geschichte des Bayerischen Heeres Bd. 7), München 1931, S. 86; MKr. 8831, Armee-Monturdepot-Kommission München an KM am 5. Okt. 1860
4 MKr. 8832 Prod. 123, KM an KdtMünchen am 7. Sept. 1872
5 Ebd. Prod. 124, KdtMünchen an KM am 15. Sept. 1872; Prod. 1872, KM an KdtMünchen am 7. Okt. 1872; Prod. 127, KM an InspIngKorps am 14. Okt. 1872
6 Ebd. Prod. 129, KM an Monturdepot München am 3. März 1873

Das Proviantamt an der Dachauer Straße

Bis in die zweite Hälfte des 19. Jahrhunderts behielt die Münchner Garnison größtenteils ihre alte Infrastruktur aus dem 18. Jahrhundert. Die alten Militärmagazine lagen im Südosten der Stadt an der Isar. Die Truppen wurden aber seit dem Bau der Türkenkaserne und vor allem der großen Max-II-Kaserne immer mehr im Nordwesten konzentriert. Nachdem bereits in den 1860er Jahren erste Pläne zum Bau eines kleineren Fouragemagazins bei der Max-II-Kaserne entstanden waren,[1] ging man nach den unruhigen Jahren des Krieges von 1866, der Armeereform und des Krieges von 1870/71 sogleich an diese Aufgabe heran.

Die Fouragemagazine beim Zeughaus

Noch vor Ende des Krieges von 1870/71 wurde der Bau neuer Fouragemagazine ins Auge gefaßt. Das vom Kriegsministerium mit der Planung beauftragte Genie-Korps-Kommando lehnte die naheliegendste Lösung ab, nämlich die Magazine auf dem Areal der Max-II-Kaserne zu errichten, da hierdurch eine mögliche Ausweitung des Kasernements und vor allem der Ausbildungsbetrieb beeinträchtigt worden wäre. Stattdessen schlug es für den Bau der Fouragemagazine im August 1871 einen Teil des militäreigenen Areals nordwestlich der Dachauer Straße bei den Artillerie-Remisen vor.[2]

Die Armee jedoch war nicht gewillt, eigenes Gelände vom Exerzierplatz Oberwiesenfeld zu opfern. Vielmehr erwarb sie im Frühjahr 1873 für den künftigen Magazinkomplex ein Areal südlich des Zeughauses zwangsweise unter Anwendung des Expropriationsgesetzes von der Gemeinde Neuhausen und anderen Grundeigentümern für insgesamt 45 000 Gulden.[3]

Bald darauf wurde mit dem Bau des Hafermagazins Nr. 1 begonnen. Am 3. Oktober 1874 konnte es bereits der Stadtkommandantur übergeben werden. Im Frühjahr 1874 waren auch die Fundamente für ein weiteres Hafermagazin, sowie zwei kombinierte Magazine für Stroh und Heu gelegt worden. Letztere waren mehr als hundert Meter lang, die Hafermagazine rund 75 Meter lang. Die Hafermagazine verfügten über zwei Obergeschosse, die Heu- und Strohmagazine konnten wegen der geringeren Gewichtsbeanspruchung dreigeschossig gebaut werden. Aus Brandschutzgründen waren die Magazine im Innern mehrfach abgeteilt. Der Zugang erfolgte durch große Schiebetore. Die vier Magazine bildeten zusammen ein offenes Viereck.[4] Gleichzeitig entstand im Jahr 1874 das sogenannte Waaggebäude im Magazinhof, mit einer großen Waage im Keller für das Abmessen der Fourage und einer Dienstwohnung nebst Büro für den Magazinaufseher im Erdgeschoß.[5]

Der Komplex wurde 1878/79 durch ein drittes, größeres Heumagazin an der Heßstraße erweitert. Im Jahr 1881 kam ein »Dienstwohngebäude« an der Dachauer Straße hinzu. Im Erdgeschoß befanden sich drei Büroräume, die Kasse des Kgl. Proviantamtes München und gleich daneben die Wohnung für einen Magazinaufseher (zwei Zimmer, Kammer, Küche, Flur, Abort). Im ersten Stockwerk lag eine Beamtenwohnung (drei Zimmer, drei heizbare Kammern, Küche, Flur, Abort) und eine kleine Wohnung für einen Bürodiener (Zimmer, Kammer, Küche, Flur, Abort). Ähnlich eingerichtet war das zweite Obergeschoß. Somit wohnten ab dem Jahr 1881 insgesamt zwei höhere Militärbeamte, drei Magazinaufseher und ein Bürodiener mit ihren Familien auf dem Gelände. Die Außenmauern der Magazine und Eisengitterzäune schützten das Areal vor unerwünschten Besuchern.[6] Die Anlagen wurden noch von der Wehrmacht als »Ersatzverpflegsmagazin

München« benützt und mußten im Jahr 1954 dem Gebäudekomplex des Landesversorgungsamtes Bayern weichen.[7]

Die Fouragemagazine bei der Eisenbahnkaserne

Der Anfang der 1880er Jahre errichtete Magazinkomplex des Proviantamtes genügte infolge der bis zur Jahrhundertwende eingetretenen Heeresvermehrungen nicht mehr für den Bedarf der Garnison. Ein Filialmagazin entstand in den Jahren 1901/02 auf dem militäreigenen Teil des Oberwiesenfeldes zwischen dem Traindepot und dem Kasernement des Eisenbahn-Batailons. Es bestand aus einem Dienstgebäude und zwei »Rauhfuttermagazinen« (Heu und Stroh) von jeweils 150 Meter Länge. Im Erdgeschoß des Dienstgebäudes befanden sich Büros, ein Kassenraum und die Wohnung des Magazinaufsehers. Im Obergeschoß wohnte der zuständige Verwaltungsbeamte.[8] Die Lagerhallen wurden von der Bundeswehr noch bis Ende der 1970er Jahre benutzt, dienten dann als Flohmarkt und für experimentelles Theater und wurden im Frühjahr 1990 für den Neubau des Münchner Goethe-Institutes abgebrochen. Das ehemalige Dienstwohngebäude an der Einmündung der neuen Hedwig-Dransfeld-Allee in die Dachauer Straße ist erhalten geblieben.

Militärbäckerei und Mehlmagazin

Am 24. November 1885 befahl das Kriegsministerium der Intendantur des I. Armeekorps den Bau einer modernen Militärbäckerei mit großem Mehlmagazin in München in Aussicht zu nehmen. Dieser Plan wurde nicht nur mit den Erfordernissen zu einer gesicherten Versorgung des I. Armeekorps mit Brot im Falle der Mobilmachung begründet, sondern auch mit der großen Friedensstärke der Münchner Garnison. Letztere ließ eine militäreigene Bäckerei kostengünstig erscheinen.[9] Diese Ansicht wurde auch von der Intendantur geteilt. Sie erklärte, daß die friedensmäßige Versorgung der Garnison, d. h. die Lieferung von Brot durch verschiedene private Bäckereien an die Truppenteile, an sich gut funktioniere. Jedoch seien bei Errichtung einer eigenen Militärbäckerei, deren Betriebspersonal aus Soldaten bestünde, infolge der geringen Lohnkosten Ersparnisse bis zu einem Drittel der momentanen Ausgaben für Brot möglich.[10]

Die Realisierung der technisch anspruchsvollen Militärbäckerei zog sich einige Jahre hin. Als Bauplatz hatte man bereits im Herbst 1886 das militäreigene Grundstück zwischen den Fouragemagazinen und dem Zeughaus festgelegt.[11] Im Frühjahr 1888 befahl das Kriegsministerium der Indentantur des I. Armeekorps »demnächst« mit den Bauarbeiten zu beginnen.[12] Tatsächlich wurde aber erst im Mai 1889 die Arbeit am Backhaus und am Mehlmagazin aufgenommen und der Komplex dann bis zum November 1890 fertiggestellt. Von seinen Dimensionen und der Einrichtung her war er eine regelrechte Brotfabrik geworden.[13]

Wichtigster Teil des gut hundert Meter langen und fünfzehn Meter breiten Bäckereigebäudes war das in einem besonderen Anbau installierte Kraftwerk. Der Anbau selbst war zwanzig Meter lang. Darin befanden sich drei Dampfmaschinen der Firma M.A.N. mit einer Gesamtleistung von 33 Pferdestärken. Sie trieben verschiedene Transmissionen und eine große Dynamostation. Außerdem gab es eine besondere Kesselanlage zum Beheizen der Backöfen und zur Warmwasseraufbereitung.

Die eigentliche *Bäckerei* verfügte über sieben Öfen, von denen jeder 140 Laib Kommißbrot (je vier Pfund Nettogewicht) faßte. Die Maschinen zum Kneten des Teiges wurden durch

Transmissionsriemen angetrieben, ebenso die Formmaschinen für den gleichfalls hier produzierten Zwieback und die Ventilatoren. Außer der Backstube (300 m²) lagen im Erdgeschoß das Mehlmagazin, das Salz- und Gewürzmagazin, das große Brotmagazin (400 m²) mit einer Kapazität von 40 000 Laib Brot, die Verwaltungsräume, die Küche und der Speisesaal für die Mannschaft, die Badeanstalt und die Dienstwohnung für den Maschinisten.

Im Ersten Stock befanden sich der obere Teil des Mehlmagazins mit einer Schüttvorrichtung für das untere Mehlmagazin, das Zwiebackmagazin, sechs Mannschaftszimmer für jeweils zehn Mann, die Wohnung für den 1. Proviantassistenten (drei Zimmer, zwei Kammern, Küche, Abort) und die Wohnungen für den Backmeister und zwei Magazinaufseher (jeweils zwei Zimmer, eine Kammer, Küche, Abort). Im Zweiten Stock wohnten der 2. und 3. Proviantassistent, deren Unterkünfte jener des 1. Assistenten entsprachen und der Proviantaspirant (ein Zimmer, eine Kammer, Küche). Im Dritten Stockwerk lagen Räume für jenes Personal, das im Mobilmachungsfall die Mannschaft verstärken sollte, Monturkammern und Trockenböden für die Wäsche.

Im Kellergeschoß war übrigens eine *Metzgerei* eingerichtet, die im Frieden nicht benutzt wurde, sondern ausschließlich für die Mobilmachung vorgesehen war. Dazu gehörten vor allem vier große Kühlräume für Fleisch und ein Raum zum Zerlegen und Entbeinen der großen Stücke, damit sie besser gelagert werden konnten. Die Kühlung erfolgte durch ein vom Kraftwerk aus angetriebenes Gebläse, mit dem Frischluft durch einen großen Eiskasten stark abgekühlt in die Fleischlagerräume geleitet wurde, während die verbrauchte Luft gleichzeitig abgesaugt wurde.

Durch alle Etagen des Gebäudes führte ein Lastenaufzug, der ebenfalls vom Kraftwerk angetrieben wurde. Besonders zweckmäßig für den Backbetrieb, der ja in der Nacht begann, war die weitgehende Ausstattung des Hauses mit elektrischem Licht, einschließlich der Mannschaftsstuben. Die Familienwohnungen waren jedoch mit hergebrachten Petroleumlampen versehen. Bei dem großen Wasserbedarf war natürlich auch der Anschluß an die städtische Wasserleitung mit zahlreichen Zapfstellen besonders wichtig. Die Aborte hatten aber noch das unzureichende Tonnensystem.

Im rechten Winkel zur Militärbäckerei war an deren Westflügel das 58 Meter lange *Mehlmagazin* fast angelehnt. Die Verbindung zwischen beiden Gebäuden war ein eiserner Steg im Ersten Stock. Auch das Mehlmagazin verfügte über drei Stockwerke, von denen jedes fast 3300 m² Lagerfläche hatte, und einen kraftbetriebenen Lastenaufzug.

Der Backbetrieb

In der Militärbäckerei arbeiteten normalerweise der »Oberbäcker« (Unteroffizier) und achtzehn Soldaten, die allesamt im Zivilleben das Bäckerhandwerk erlernt hatten. Sie bildeten den Friedensstand der Bäckerei-Abteilung des 1. Train-Bataillons. Die Soldaten hatten allerdings vor ihrer Versetzung zur Militärbäckerei das 1. Dienstjahr bei der Infanterie abzuleisten. Jedes Jahr wurde zudem ein vierwöchiger Lehrgang abgehalten, in dem 29 Mann aus verschiedenen Infanterie-Regimentern als Teigmischer ausgebildet wurden, um im Mobilmachungsfall die Abteilung verstärken zu können.[14]

Jeden Abend um 18 Uhr wurde das sog. »Frisch«, eine sehr dünnflüssige Mischung aus Sauerteig, Mehl und Wasser in einem Holzbottich vorbereitet. Das Frisch mußte »rasten« bis um 21.30 Uhr, dann wurde es durch Zugabe von Wasser und Mehl zum »Grund« verarbeitet. Dieser Grundsauer mußte erneut gären und wurde dann morgens um zwei Uhr in den großen Knetmaschinen zum »Hauptsauer« verarbeitet. Das Durchkneten der

Teigmischung dauerte zwei Stunden. Der fertige Teig für das Kommißbrot wies dann einen Anteil von zwei Dritteln Roggenmehl, einem knappen Drittel Weizenmehl und einen Zusatz von Kleie auf. Nun wurde der Teig portioniert und gewogen. Die Portionen wurden zu Laiben geformt und in die Öfen »geschossen«. Im Gegensatz zu zivilen Handwerksbetrieben wurde tagsüber gebacken und zwar fünfmal. Das frischgebackene Brot kam zum Abkühlen in die Stellagen des Brotmagazins. Erst nach drei bis vier Tagen wurden die Brote an die Truppe abgegeben. Das Brot war dann auch sättigender, als wenn es ganz frisch zum Verzehr gelangt wäre. Um 1892 wurden pro Tag im Durchschnitt 2000 vierpfündige Laibe Kommißbrot an die Garnison geliefert.

Die Proviantbäckerei wurde noch von der Wehrmacht als »Heeresbäckerei München« benutzt, bis sie Luftangriffe zerstörten. Die Ruine wurde ab dem Jahr 1951 abgebrochen und stattdessen das Oskar v. Miller-Polytechnikum, die heutige Fachhochschule erbaut.[15]

Anmerkungen:

1 MKr. 8962 Prod. 65, GenieKorpsKdo an KM am 12. April 1864
2 MKr. 8949 Prod. 1, GenieKorpsKdo an KM am 27. Aug. 1871
3 Ebd. Prod. 17, Militär-Fondsverwaltung an KM am 19. Mai 1873
4 Ebd. Prod. 43, Bericht des Bauleiters IngOLt Steinmetz an 1. GenieDir am 5. Okt. 1874
5 MKr. 10323 Garnisonbeschreibung München, hier: Kgl. Proviantamt, dat. 1. Mai 1892
6 Ebd.
7 M. Megele, Baugeschichtlicher Atlas der Landeshauptstadt München, München 1951, S. 142; ders., Die Stadt im Jubiläumsjahr 1958, München 1960, S. 69 und S. 76
8 MKr. 10324 Garnisonbeschreibung München (1898/1912), hier: Neubau des Kgl. Proviantamtes am Oberwiesenfeld, dat. 9. Juni 1902
9 MKr. 9071 Prod. 1, KM an Indent. I.A.K. am 24. Nov. 1885
10 Ebd. Prod. 2, Indent. I.A.K. an KM am 15. Dez. 1885
11 Ebd. Prod. 9, Plan für die künftige Militärbäckerei vom Sept. 1886
12 Ebd. Prod. 27, KM an Indent. I.A.K. am 30. März 1888
13 Wie Anm. 5
14 Ebd.
15 M. Megele, Die Stadt im Jubiläumsjahr 1958, München 1960, S. 75

Das Bekleidungsamt des I. Armeekorps am Oberwiesenfeld

In der bayerischen Armee wurde bis in die zweite Hälfte des 19. Jahrhunderts die persönliche Bekleidung und teilweise auch das Schuhwerk der Unteroffiziere und Mannschaften von »Regimentsschneidern« bzw. »Regimentsschuhmachern«, manchmal Soldaten mit entsprechender ziviler Berufsausbildung, zumeist aber bürgerlichen Handwerksmeistern, gefertigt. Jeder Rekrut erhielt die Garnituren nach seinen persönlichen Körpermaßen. Da diese Einkleidung recht zeitaufwendig war, kam es oft vor, daß die junge Mannschaften den ersten Teil ihrer Grundausbildung noch in ihrer zumeist bäuerlichen Zivilkleidung absolvierten, sofern sie sich nicht von den älteren Jahrgängen gegen Entgelt deren ausgemusterte Monturen besorgten.[1]

In Bayern führte man zum 1. Januar 1872 das preußische Einkleidungssystem ein und ersetzte die zivilen Regimentshandwerker durch militärische »Ökonomiehandwerker«. Das waren gelernte Schneider, Schuhmacher und bei Kavallerie bzw. Artillerie auch Sattler, die nach sehr kurzer Grundausbildung ihren Wehrdienst in truppeneigenen Werkstätten ableisteten. Dadurch sparte der Staat erhebliche Summen. Die Ökonomiehandwerker waren zwar de iure Soldaten, aber de facto nicht an den Waffen geschult. Die Bekleidungskommission des jeweiligen Wirtschaftstruppenteils (Regiment oder selbständiges Bataillon) plante jährlich im voraus den Bedarf an Monturen bei den Einheiten, ließ die entsprechende Zahl an Stücken konfektionsmäßig fertigen und wies sie dann den Bekleidungskammern der Kompanien, Eskadronen oder Batterien zu.[2]

Zum 1. Oktober 1898 wurde bei jedem Armeekorps ein Bekleidungsamt errichtet. Die »Ökonomie« in der Truppe konnte dadurch drastisch reduziert und die Verbände von Verwaltungsarbeit entlastet werden. Die Schuhmacher- und Schneiderwerkstätten in den Kasernen wurden aufgelöst. Die gesamte Bekleidung und ein Teil der persönlichen Ausrüstung wurden fortan vom Bekleidungsamt bezogen. Den übrigen Teil der Feldausrüstung, beispielsweise Tornister oder Feldflaschen, lieferten die Münchner Artilleriewerkstätten. Lediglich ein Teil der Pferdeausrüstung, der anatomisch genau dem jeweiligen Pferd angepaßt werden mußte, wurde noch von Regimentssattlern gefertigt.[3]

Für den Bereich des bayerischen I. Armeekorps wurde München zum Sitz des Bekleidungsamtes bestimmt. Als Bauplatz wählte das Kriegsministerium ein militäreigenes Grundstück mit knapp zwei Hektar Fläche ostwärts der Artilleriewerkstätten zwischen dem Barackenkasernement des 2. Infanterie-Regiments im Süden und der Luftschifferkaserne im Norden.[4] Noch im Dezember (!) 1896 begannen die Bauarbeiten. Sie wurden im September 1898 abgeschlossen.[5]

Der recht umfangreiche Komplex des Bekleidungsamtes wurde am 1. Oktober 1898 in Dienst gestellt. Auf dem teils mit Stakettenzäunen, teils mit Eisengittern umfriedeten Areal standen nun folgende Einzelgebäude: Dienstwohngebäude, Schneiderwerkstätten, Schuhmacherwerkstätten, Schreinerwerkstatt, Lagerhaus, Verheiratetengebäude und Waschküche.[6]

Dienstwohngebäude

An der damaligen Kreuzung Heßstraße/Barbarastraße stand das »Dienstwohngebäude«, gut dreißig Meter lang, halb so breit und ebenfalls fünfzehn Meter hoch. Das Mauerwerk war mit Klinkersteinen verblendet. Im Erdgeschoß waren die Verwaltungsräume für ein Dutzend Beamte des Bekleidungsamtes untergebracht. Der Erste Stock war als Belle

Etage, ausschließlich für den Amtsvorstand, dessen Familie und Dienstpersonal, reserviert. Die große Wohnung verfügte als besonderen Luxus über ein eigenes Badezimmer. Im Zweiten Stock wohnten der Rendant und der Offiziant mit ihren Familien. Gleich einem zivilen Fabrikdirektionsgebäude jener Zeit war am Giebel eine große Uhr angebracht. Sie wurde übrigens schon elektrisch betrieben und steuerte die Uhren in den einzelnen Produktionsstätten. Letztere waren mit Läutwerken ausgestattet, um den Beginn der Arbeitszeit, die Pausen und das Ende des Arbeitstages zu signalisieren.

Das gesamte Bekleidungsamt bezog elektrischen Strom vom Kraftwerk der benachbarten Artilleriewerkstätten. Alle Diensträume und vor allem die Produktionsstätten wurden mit Glühlampen beleuchtet. Auch diente Strom zum Antrieb der Maschinen und Lastenaufzüge. Die Wohnungen, einschließlich jener des Amtsvorstandes, wurden hingegen mit Petroleumlampen beleuchtet. Anschlüsse an das städtische Trinkwasserleitungsnetz waren vorhanden und sämtliche Aborte mit Wasserspülung versehen.

Schneiderwerkstätten

Die Schneiderei war eigentlich keine Werkstatt, sondern eine mittlere Fabrik. Das mit Putz und Anstrich versehene Gebäude war mehr als sechzig Meter lang und zwölf Meter breit. Im Kellergeschoß lagen der große Packsaal (400 m²), verschiedene Vorratsräume und die Zentralheizungsanlage mit Kohlenfeuerung. Im Erdgeschoß und im Ersten Stock befanden sich jeweils ein Zuschneideraum (91 m²), ein großer Arbeitssaal (400 m²), ein Materiallager (30 m²), eine Bügelkammer (24 m²) und ein Raum, in dem die einzelnen Stücke geprüft und abgestempelt wurden. Die fertigen Monturteile, die aus anderen Produktionsstätten gelieferten Stücke und die Zeltbahnen wurden im Zweiten Stock gelagert. Durch alle Etagen führte ein Lastenaufzug.

Schuhmacherwerkstätten

Auch hier handelte sich um ein regelrechtes Fabrikgebäude, das etwas größer dimensioniert war als die Schneiderwerkstätten. Die Raumeinteilung entsprach jener der Schneiderei, d. h. im Keller wurde das Material für die Produktion gelagert, im Erdgeschoß und im Ersten Stock befand sich die Fertigung. Hier gab es die unterschiedlichsten Maschinen, die zum Schutz der Arbeiter vor dem feinen Lederstaub mit Absaugvorrichtungen ausgerüstet waren. Im Zweiten Stock wurden die fertigen Stiefel und Schnürschuhe aufbewahrt. Auch diese Fabrik besaß eine eigene Zentralheizung und einen Lastenaufzug.

Lagerhaus

In diesem großen Magazin von fast fünfzig Meter Länge und fünfzehn Meter Breite wurden vor allem Uniformstoffe, getrennt nach Wolltuchen, Baumwollstoffen und Leinen geprüft und bis zur Verarbeitung aufbewahrt. Auch die Schnittreste von Stoffen und Leder wurden hier gesammelt, bevor sie an zivile Händler verkauft wurden. Das Gebäude war im Gegensatz zu den Fabriken nicht unterkellert, besaß aber zwei Obergeschosse und einen Dachspeicher.

Schreinerwerkstatt

In dem kleinen ebenerdigen Backsteinschuppen wurden die Transportkisten für den Versand der fertigen Monturteile in die verschiedenen Garnisonen des Armeekorps gefertigt. Das Gebäude war unterteilt in die eigentliche Werkstatt, eine kleine »Leimküche«, das Holzmagazin und einen Lagerraum für fertige Packkisten.

Verheiratetengebäude

Der verputzte Backsteinbau mit dreiundzwanzig Meter Länge verfügte im Erdgeschoß und zwei Obergeschossen über insgesamt elf Wohnungen für die Werkmeister und unteren Beamten. Davon bestanden acht Wohnungen aus jeweils zwei Zimmern, Küche und Abort. Die übrigen drei Wohnungen hatten zusätzlich noch eine Kammer. Neben dem Familiengebäude, in dem um 1900 zweiundzwanzig Erwachsene und ebenso viele Kinder lebten, befand sich ein gemauerter Schuppen mit zwei Waschküchen.

Ökonomiehandwerker

Durch die Eröffnung des Bekleidungsamtes nahm die Zahl der Ökonomiehandwerker in der Garnison erheblich zu. Im Etatjahr 1896/97 gab es in München 163 Ökonomiehandwerker, die auf die verschiedenen Kasernen verteilt waren.[7] Im Etatjahr 1899/1900 wurden in der Garnison nur noch 35 Soldaten als Ökonomiehandwerker bei einzelnen Truppenteilen geführt. Hingegen war die Arbeitsabteilung für das Bekleidungsamt 280 Mann stark.[8] Insgesamt gab es also 315 Ökonomiehandwerker im Standort, das war umgerechnet von der Kopfzahl ein halbes Kavallerie-Regiment.
Die militärische Arbeitsmannschaft des Bekleidungsamtes war in zwei regelrechte Kompanien gegliedert. Eine Kompanie bestand nur aus Schuhmachern, die andere Kompanie bildeten die Schneider. Beide Kompanien waren in Nachbarschaft zu ihrem Arbeitsplatz im Barackenkasernement des 2. Infanterie-Regiments »Kronprinz« untergebracht. Hier standen ihnen zwei Mannschaftsbaracken und das frühere Ökonomiegebäude des Regiments zur Verfügung. Sie hatten dort eine eigene Küche, Kantine, Badeanstalt und eine Krankenstation.[9]

Die »Barbarasiedlung«

Ergänzend sei noch vermerkt, daß für die zunehmende Zahl verheirateter Werkmeister und Beamter des Korpsbekleidungsamtes um 1909/10 auf dem noch freien militäreigenen Gelände zwischen dem Bekleidungsamt und der Prinz-Leopold-Kaserne an der Kasernenstraße (Schwere-Reiter-Straße) eine regelrechte Wohnsiedlung gebaut wurde. Sie bestand ursprünglich aus zwölf Mehrfamilienhäusern in drei verschiedenen Ausführungen und wurde bis zum Ende des ersten Weltkrieges noch erweitert. Heute gilt die sogenannte »Barbarasiedlung« als besonders erhaltenswertes Bauensemble und Beispiel einer »Gartenstadt«.[10] Das Korpsbekleidungsamt wurde von Reichswehr und Wehrmacht weiter in seiner Funktion genutzt.[11] Praktisch unbeschädigt überstand es die Fliegerbomben des zweiten Weltkrieges und beherbergt heute Einrichtungen des Deutschen Roten Kreuzes.

Anmerkungen:

1 Vgl. Th. v. Pfetten-Arnbach/H. Fahrmbacher, Das Königlich Bayerische 1. Schwere Reiter-Regiment »Prinz Karl von Bayern« Bd. 3: Das Regiment im Zeitraum 1898 bis 1913, München 1913, S. 113
2 Ebd., S. 353 f.
3 Ebd., S. 96
4 MKr. 8981 Prod. 1, KM an Indent. I.A.K. am 4. März 1896
5 Ebd. Prod. 122, Indent. I.A.K. am 30. Jan. 1899
6 MKr. 10324 Garnisonbeschreibung München, hier: Bekleidungsamt I. Armeekorps, dat. 1. Mai 1900
7 MKr. 10323 Garnisonbeschreibung München, hier: Statistische Angaben, dat. 1. April 1898
8 MKr. 10324 Garnisonbeschreibung München, hier: Statistische Angaben, dat. 14. Juni 1902
9 Wie Anm. 6
10 R. Braun in: Bayern und seine Armee, München 1987, S. 145 f.; H. Habel/H. Himen, Landeshauptstadt München (Denkmäler in Bayern Bd. I/1), München 1985, S. 30 f.
11 RWGrKdo 4 Nr. 1011, Verwendung der Militärgebäude in Bayern (1923); Fernsprechverzeichnis des Standortes München (Ausgabe Mai 1944), S. 71

300

Die Garnisonverwaltung in Neuhausen

Die Münchner Garnisonverwaltung war lange Zeit auf dem Areal der Alten Isarkaserne untergebracht. Mit dem Verkauf der Kaserne auf der sogenannten »Kohleninsel« an die Stadt München im Jahr 1888 stellte sich die Frage nach dem künftigen Standort dieser Militärbehörde, wenn die Isarinsel definitiv zu räumen war. Letzteres geschah freilich erst im Jahr 1892.[1] Der Südosten der Stadt war für neue Militärbauten nicht mehr geeignet, da mittlerweile das Gros der Garnison im Nordwesten lag. Deshalb entschied sich Kriegsminister v. Asch im Februar 1888 für den Neubau eines Verwaltungskomplexes im »Bereich Nymphenburger-/ Kasernstraße [Leonrodstraße]«, weil von dort aus sowohl die Kasernen am Oberwiesenfeld als auch am Marsfeld günstig zu erreichen waren.[2] Ein Jahr später hatte die Indentantur des I. Armeekorps hierzu mehrere Grundparzellen in der Gemeinde Neuhausen nahe des Militärkrankenhauses an der Lazarettstraße erworben.[3] Die eigentlichen Bauarbeiten begannen dann am 1. August 1889 und dauerten bis zum 15. September 1890. Einschließlich der Grunderwerbskosten zahlte die Armee dafür 277 065 Mark.[4] Die Gebäude lagen beiderseits der Lazarettstraße an der Einmündung in die Nymphenburger Straße.[5] Auf der stadtauswärts gelegenen Seite lag das »Dienstgebäude« (»Gebäude A«), ein unverputzter Backsteinbau auf einem Tuffsteinsockel mit Fassadenelementen aus Sandstein. Das Haus war knapp 26 Meter lang, 11 Meter breit und 14,4 Meter hoch. Es war voll unterkellert, besaß zwei ausgebaute Obergeschosse und einen Dachboden. Im Erdgeschoß lagen die Büroräume der Garnisonverwaltung, das erste und zweite Stockwerk waren ausschließlich für je eine große Dienstwohnung leitender Beamter eingerichtet. Das Gebäude war an die Wasserleitung der Stadt München angeschlossen, die Aborte aber noch auf das Tonnensystem ausgelegt, d. h. im Keller standen große fahrbare Blechtonnen. Zur Beleuchtung dienten Petroleumlampen. In dem von Eisengittern umzäunten Hofraum stand als ebenerdiger Backsteinbau mit Blechdach die Waschküche. Auf der gegenüberliegenden Straßenseite lag der andere Komplex der Garnisonverwaltung. Er ist heute noch teilweise erhalten und umfaßte damals ein Wohnhaus, ein kombiniertes Dienstwohngebäude und drei Magazine. Das Wohnhaus (»Gebäude B«) war identisch mit dem oben beschriebenen »Dienstgebäude«, jedoch in sechs Beamtenwohnungen aufgeteilt, je zwei Wohnungen im Erdgeschoß und jeder Etage. Diese Wohnungen wiesen jeweils vier Zimmer, eine Küche und einen eigenen Abort auf. Sie waren mit einem Kochherd und zwei Kachelöfen ausgestattet. In einiger Entfernung lag ein ähnlicher, jedoch etwas kleiner dimensionierter Backsteinbau (»Gebäude C«). Sein Erdgeschoß wurde teils als Wäschemagazin, teils als Werkstatt für die bei der Garnisonverwaltung beschäftigten Näherinnen benützt. Im ersten und zweiten Stockwerk waren jeweils vier Dienstwohnungen für Kasernenwärter eingerichtet.
Die Vorräte der Garnisonverwaltung lagerten in Magazinen, die heute noch erhalten sind, mittlerweile aber längst anderen, privaten Zwecken dienen. Das sogenannte »Magazin D 1« ist ein Backsteinbau von 41 Meter Länge, knapp 13 Meter breit und 10,5 Meter hoch, mit einem voll ausgebauten Obergeschoß und einem Dachspeicherboden (heute ausgebaut mit Mansarden). Der Zugang erfolgte damals durch große Schubtore aus Eisenblech. Das »Magazin D 2« ist ein langer (68,5 Meter) und relativ schmaler (8,5 Meter) ebenerdiger Backsteinbau mit drei großen Schubtoren. An seinen Schmalseiten ist jeweils ein Anbau vorhanden, der früher als Waschhaus für die mittleren Beamten bzw. die Kasernenwärter eingerichtet war. Zwischen den beiden großen Magazinen hatten die Kasernenwärter Schrebergärten angelegt. Aus Sicherheitsgründen isoliert gab es schließlich noch einen kleinen gemauerten Schuppen, der als »Petroleummagazin« diente.

Anmerkungen:

1 Vgl. den Abschnitt »Alte Isarkaserne«
2 MKr. 9027 Prod. 1, KM an Indent. I.A.K. am 2. Febr. 1888
3 Ebd. Prod. 22, Indent. I.A.K. an KM am 27. März 1889
4 Ebd. Prod. 81, Indent. I.A.K. an KM am 25. Aug. 1892
5 MKr. 10323, Garnisonbeschreibung München – Nachträge 1892, hier: Beschreibung der Kgl. Garnisonverwaltung, verfaßt von Oberstabsarzt Dr. Schiller vom 3. FArtRgt, dat. 1. Mai 1892

Das Zeughaus bei der Residenz

Älter als der Gebäudetypus der Kaserne ist das Arsenal, das Zeughaus.[1] In München gab es wohl seit den Anfängen der Stadt zwei getrennte Institutionen dieser Art. Das Kriegsmaterial der bürgerlichen Stadtgemeinde befand sich zunächst in verschiedenen Wehrtürmen, seit dem frühen 15. Jahrhundert in einem kommunaleigenen Zeughaus am Anger. Davon völlig getrennt war das landesherrliche Arsenal. Das bekannte Stadtmodell des Meisters Sandtner vom Jahre 1572 zeigt dieses herzogliche Zeughaus westlich der Residenz am Salvatorplatz. 1599 wurde des Zeughaus der Wittelsbacher durch einen Brand teilweise zerstört. Im Jahre 1615 ließ der Herzog und spätere Kurfürst Maximilian I. dann ein völlig neues und weitaus größeres Arsenal ostwärts der Residenz errichten.[2]

Das Zeughaus bis 1808

Um eine Vorstellung von der umfangreichen Anlage zu gewinnen, ist es notwendig, sie mit dem heutigen Zustand des Areals hinter der Residenz und dem Nationaltheater zu vergleichen. Im Frühjahr 1800 schreibt der Ingenieuroffizier Steimmig: »… Dieses Zeughauß liegt in der Stadt, hinterwärts der churfürstlichen Residenz (…) Die Hauptfacade hat gegen die churfürstliche Residenz hin, einen großen geräumigen Plaz vor; hinter demselben befindet sich aber ein schmaler Raum, respec: Grundanlage, vor welcher ein Isaar-Canal [Stadtbach] vorbey fließet.«[3] Der Standort des fast 140 Meter langen Hauptgebäudes, von dem hier die Rede ist, kann in etwa dort lokalisiert werden, wo sich seit 1820/25 die Reitschule des neuen Königlichen Marstalls befindet.

Den großen Platz vor dem Zeughaus beschreibt Steimmig so: »… Ein Theil des Plazes vor der Hauptfacade des Zeughaußes ist an drey Seiten eingeblancket, in welchem Raum sich annoch Kugeln und Bomben (…) und verschiedene Prozwägen (…) befinden. Der übrige *Theil des Plazes dienet zum Exerzitio der Canoniers mit Canons*, auch Canons en Parade aufzustellen. Über diesen Plaz, gegen die Churfürstliche Residenz hin, sind noch ein Artillerie-Schoppen, für Artillerie-Gehölz, aus Holzwerck hergestellet; ein einstöckig gemauerter Schoppen für Laffetten, das Dach mit Ziegeln gedeckt.« Dieser Hofraum zur heutigen Straße »*Marstallplatz*«, ursprünglich einem schmalen Weg zwischen Residenzbereich und Zeughausgelände, der erst um 1806 als »Neue Strasse nach dem Hof- und Englischen Garten« bezeichnet wird, ist heute noch vorhanden.[4] Im Süden schloß rechtwinkelig direkt an den Haupttrakt ein fast 70 Meter langer »Seitenbau«. Die Baulinie hat sich bis heute erhalten im Verlauf der Salpeterstraße, einer unscheinbaren Querverbindung zwischen der heutigen Straße »Marstallplatz« und der Marstallstraße. Der Name »*Salpeterstraße*« verweist wiederum auf einen weiteren Bestandteil des Arsenals – die Salpeterraffinerie. Sie lag unmittelbar südlich des Zeughauses auf der anderen Seite des Stadtbaches entlang der erwähnten Straße im kleinen »Hofgarten«, auch »Residenzgärtl« genannt – nicht zu verwechseln mit dem heute noch existierenden großen Hofgarten. Salpeter, in Bayern auch »Saliter« genannt, ist ein wesentlicher Bestandteil des gewöhnlichen Schießpulvers (»Schwarzpulver«). Man benötigte salpetergesättigtes Erdreich, aus dem reiner Salpeter durch Raffinade gewonnen wurde. Neben der Salpeterie stand ferner ein eingeschossiges Haus, das in der Zeit um 1800 dem Artilleriegeneral Graf Salern als Sommersitz diente.

Auf der entgegengesetzten Nordseite des Areals, also in der Nähe des Hofgartens, stand ebenfalls im rechten Winkel zum Hauptgebäude, aber im Gegensatz zum Südflügel nicht unmittelbar mit diesem verbunden, ein weiterer 40 Meter langer »Seitenbau«.

Zwischen dem Nordtrakt des Zeughauses und der Seidenfabrik bzw. späteren Seidenhauskaserne am Hofgarten befand sich schließlich ein Komplex, der 1800 als »*Zeughauß-respective Artillerie-Caserne*« aufgeführt wird.[5] Ein Teil des Gebäudes ist heute noch erhalten im Bereich der Straßenkreuzung Marstallplatz und Hofgartenstraße. Entlang des heutigen Straßenzuges »Marstallplatz« war dieser etwa 70 Meter lange ebenerdige Bau durch einen rechtwinkelig in Nord-Süd-Richtung verlaufenden gleichlangen eingeschossigen Flügel direkt verbunden mit dem rechten Seitenbau des Zeughauses. Insgesamt stellte das Areal des Zeughauses bis zum Bau der benachbarten Hofgartenkaserne die größte militärische Nutzfläche der Münchner Garnison, abgesehen von den drei Standortübungsplätzen vor der Stadt.

Aus den oben schon zitierten Berichten vom Frühjahr 1800 wissen wir sehr gut, wie die einzelnen Gebäude des Arsenals beschaffen waren und genutzt wurden. Das Hauptgebäude und die beiden eigentlichen »Seitenbauten« wiesen einheitlich eine Breite von 16,5 Metern und bis zum Dachfirst eine stattliche Höhe von fast 19 Metern auf. Da ihr Mauerwerk nur gut acht Meter über dem Boden aufging, kann man die Mächtigkeit der Dachstuhlkonstruktionen ermessen.

Zum großen Mitteltrakt heißt es im Bericht Steimmigs: »... Der Hauptgrundriß ist eigentlich in drey Abtheilungen abgetheilet, zwischen welchen sich zwey Stiegenhäuser befinden. (...) Zu jeder Abteilung befindet sich eine große Einfahrt, und an deren Enden zwei dergleichen. An jedem Stiegenhauß ist ein großer Eingang. Man kann in dem Innern durch die Stiegenhäußer bequem von einer Abtheilung in die andere kommen.« Das Gebäude hatte keine Kellerräume, das Erdgeschoß und das gemauerte Obergeschoß waren wegen der besseren Statik eingewölbt. Darüber befanden sich drei hölzerne Speicherböden im Dachstuhl. Zur Feuersicherheit waren die Treppen gemauert und das Dach mit Ziegeln gedeckt. Wir wissen dank Steimmig auch, wie das Zeughaus damals vor der Plünderung durch die französische Armee ausgestattet war: »... Au Rez de Chaussée werden aufbewahrt Canonen, Canonen-Laffetten, Mörser, Haubitzen und ihre Laffetten und Protzen, Bomben, Kugeln, Cartätschen-Büchsen, Seilwerck, ein Salpeter-Gewölb und allerhand Artillerie-Requisiten.

Unter den Stiegenhäusern befinden sich Schweffelgewölber. In der 1ten Etage: Feuergewehre, Pistolen, Seitengewehre, Cavalleriesäbel, Paucken, Trommeln, eroberte Fahnen. Auf dem 1ten Speicher: Allerhand Artilleriegehölz, Gewehrschloßsteine, Feldrequisiten, Trommeln, Infanterie- und Cavallerie-Lederwerk und Equipagen, brauchbare Zelte. Auf dem 2ten Speicher: Allerhand Bettdecken, Cavallerie-Lederwerk, Pferdsättel. Auf dem 3ten Speicher: Laboratoriums-Geräthschaften, Feldrequisiten, unbrauchbare Zelte.« Weiter heißt es: »... Hinter diesem Zeughauß ist der oben angeführte schmale Raum, mit holzernen Schoppen benuzet, um allerhand Artilleriegehölz allda aufzubewahren; dieser Raum ist oben und unten mit einer bretternen Wand, und einer Eingangs- und Ausgangstür verschlossen.«

Im Erdgeschoß des südlichen »Seitenbaus« befanden sich die Kanzlei der Zeughausverwaltung, Werkstätten für Schmiede, Schlosser und Büchsenmacher sowie eine Remise. Das gesamte Obergeschoß bewohnte ausschließlich »Seine Excellenz der Herr Artillerie General Lieutenant und Oberst Landzeugamt-Meister, Seine Durchlaucht tit. Herr Graf von Salern«. Die drei Speicherböden standen im Frühjahr 1800 vermutlich leer, zumindest wird über ihre Verwendung nichts mitgeteilt.

Beim nördlichen Seitenbau waren Erdgeschoß und Obergeschoß in Gewölbetechnik gemauert. Darüber befanden sich drei Speicherböden. Im Frühjahr 1800 war das Erdgeschoß als Remise für Hofkutschen (»Churfürstliche Chaisen«) belegt. Die übrigen Etagen waren vollgestellt mit dem Inventar des 1799 aufgelösten Münchner Militär-Arbeits-hauses.

Die *Zeughauskaserne* gegenüber dem Seidenhaus diente im Frühjahr 1800 Teilen des kurfürstlichen Artillerie-Regiments als Unterkunft. Sie konnte mit rund 200 Personen belegt werden. Dieses Gebäude taucht in den folgenden Jahren aber nicht mehr als Kaserne auf. Es scheint, daß darin im Flügel zum Hofgarten bald nach der französischen Besat-zungszeit (1800/01) jene Werkstätten für das Zeughaus eingerichtet wurden, die in späteren Plänen verzeichnet sind, sowie im Flügel zur Residenz das Geheime Kriegsbüro.[6]

Das Zeughaus ab 1808

Für die künftige Verwendung des alten Zeughausareals wurde die Requirierung des großen Mitteltrakts als provisorische Hofstallung für das Gefolge Kaiser Napoleons während dessen Aufenthalts in München zum Jahreswechsel 1805/06 zu einem schwerwiegenden Ereignis. Denn auch nach der Abreise der Franzosen blieb dieses eigentliche Kernstück des Arsenals nun im Besitz des Königlichen Oberststallmeisters. Außerdem wurde zumindest ab dieser Zeit auch der oben erwähnte Nordflügel für Zwecke des Marstalls benutzt. Der eigentliche Hofmarstall aus dem 16. Jahrhundert (heute Domizil des Bayerischen Landes-amtes für Denkmalpflege, Hofgraben 4) war längst zu klein geworden und lag ja in einiger Entfernung zur Residenz. Im Frühjahr 1807 beantragte dann das Oberststallmeisteramt die formale Überlassung eines Teiles des Zeughausareals für den Neubau eines königlichen Marstalls. Geschickt schaltete sich nun auch das Hauptmünzamt in das Planungsverfahren ein und erbat sich für den Fall, daß das Oberststallmeisteramt den alten Hofmarstall räumte, diesen Komplex für seine Zwecke. Am 1. Mai 1807 entsprach König Max I. Joseph diesen Vorstellungen.[7]

Verlierer der Transaktion war die Armee, die einen beträchtlichen Teil ihres angestammten Zeughausareals räumen mußte. Als Ausgleich erhielt das Militär den oben erwähnten kleinen Residenzgarten mit dem benachbarten großen Malzdörrstadel des Königlichen Hofbräuhauses, den daran stoßenden Falkenturm, den in der Falkenturmgasse befindlichen sogenannten »Engländerstall« (wohl für britische Vollblutpferde eingerichtet), ein Gebäu-de am Kosttor und immerhin – als wertvollstes Objekt – ein Haus in der Residenzgasse. Die tatsächlichen Umzugs- und Übergabeaktionen sowie die Errichtung von einigen Neubauten am Ostrand des ehemaligen kleinen Residenzgartens zogen sich, abgesehen von der Übernahme des Malzstadels (1808), indessen noch über Jahre hin. So wurde etwa der Komplex des Falkenturms erst 1827 (!) an die Armee übergeben. Ohne die längst errich-teten Artillerieremisen am Oberwiesenfeld wäre das Münchner Zeugwesen zum Erliegen gekommen.[8]

Dabei waren die Leistungen der Zeughauswerkstätten recht beachtlich. So wurden etwa im Jahr 1813 von den rund 150 Mann der Ouvrierkompanie hier 71 Geschützlafetten, 66 Geschützprotzen, 35 Spezialfahrzeuge, über 1000 Gewehrschäfte und 300 Ulanenlanzen gefertigt, außerdem diverse Munitionskisten, Wischer- und Ansetzerstöcke für Geschütze usw.[9] Das schwere Material, Geschütze, Fahrzeuge, Artilleriegeschosse wurde am Ober-wiesenfeld gelagert. Das Arsenal im ehemaligen Hofbräustadel an der Residenz bein-haltete nach einem Inventar vom Jahresende 1822 u. a.: 10 Doppelhacken; 193 Wall-flinten; 27 853 Gewehre; 1835 Karabiner; 629 Stutzen; 1246 Pistolen; 126 Jagdflinten; 197 Kavallerielanzen; 234 »Ritterdegen und Schwerter« (!); 266 Faschinenmesser; 21 815 Feldflaschen; 3152 Feldkessel. Natürlich war auch das ganze Zubehör der Artillerie vorhanden.[10]

Am 1. Dezember 1824 legte die Zeughaus-Haupt-Direktion ein ausführliches Gutachten vor. Darin erklärte sie, daß eine vom Armeekommando (Fürst Wrede) beabsichtigte Verlegung des Zeughauses auf das Oberwiesenfeld höchst gefährlich sei, da bei einer Explosion des dort befindlichen Pulverlaboratoriums die kriegswichtigen Armaturvorräte auf einen Schlag zerstört werden könnten. Auch die Ansiedlung des Zeughauses an der Schwabinger Landstraße lehnte sie ab, da ein ideales Zeughaus möglichst abgesondert von sonstigen Gebäuden zu stehen kommen müsse, die Gegend zwischen München und dem Dorf Schwabing aber bereits ziemlich bebaut sei und »... auch zu erwarten steht, daß vornehme Privatgebäude in dieser Gegend angesiedelt werden.« Ein wesentlicher Grund für das Beharren auf dem Standort bei der Residenz war zudem die Nutzung der Wasserkraft der Stadtbäche für verschiedene Apparaturen, wie Bohrmaschinen, Drehbänke und Gebläse für Schmiedessen.[11]

Das Münchner Zeughaus blieb in den folgenden Jahrzehnten an seinem alten Platz. Es wurde aber ab dem Jahr 1844 durch sogenannte »Filialwerkstätten« auf dem Areal einer vormaligen Pulvermühle an der Geyerstraße ergänzt.[12]

Die Verlegung des Zeughauses (1852 – 1863)

Das Ende des Zeughauses bei der Residenz kam durch die Anlage der Maximilianstraße. Im März 1852 wurde das Kriegsministerium davon unterrichtet, daß Zeughaus und Kosttorkaserne in absehbarer Zeit auf Geheiß des Königs der Trassierung einer neuen Straße von der Isar durch die St. Anna-Vorstadt (Lehel) zur Residenz weichen müßten.[13] Vorsorglich wies König Max II. aber noch im gleichen Jahr 1852 sein Oberststallmeisteramt an, der Armee ersatzweise den königlichen Hofanger in der Isarvorstadt zur Verfügung zu stellen. Dort entstanden 1853 die »Provisorischen Zeughauswerkstätten«, während ein Teil der Gebäude des bisherigen Zeughauskomplexes der Spitzhacke zum Opfer fiel.[14] Das eigentliche Zeughaus blieb aber noch mehrere Jahre in Nutzung und wurde im Sommer 1863 auf Abbruch öffentlich versteigert. Der Nachfolgebau bei den alten Artillerieremisen am Oberwiesenfeld nahm 1866 seinen Betrieb auf und ersetzte dann auch die »Zeughausfilialwerkstätten« an der Geyerstraße und die »Provisorischen Zeughauswerkstätten« an der Fraunhoferstraße.[15]

Anmerkungen:

1 H. Neumann, Das Zeughaus. Die Entwicklung eines Bautyps von der spätmittelalterlichen Rüstkammer bis zum Arsenal im deutschsprachigen Bereich vom XV. bis XIX. Jahrhundert. Teil 1 (Textband) und Teil 2 (Bildband), Koblenz 1992 (Erstaunlicherweise behandelt Neumann in seiner Arbeit zwar das städtische Zeughaus in München, nicht aber die staatlichen Arsenale bei der Residenz bzw. am Oberwiesenfeld).

2 Vgl. die Abschnitte »Die Münchner Landwehr« und »Die Hofgartenkaserne«; Münchner Häuserbuch Bd. 2 (Kreuz-Viertel), München 1958, S. 257

3 A XX Bd. 21, Beschreibung des Zeughauses, dat. 20. Febr. 1800

4 Zum Vergleich folgende Pläne: PIS München Nr. 631 (Situationsplan des Zeughauses von 1788); Gedruckter Stadtplan von 1806 (J. Consoni und J. C. Schlaich); PIS München Nr. 395 (handgezeichneter Situationsplan des Kriegsökonomierats Joseph Frey von 1806); Gedruckter Stadtplan von 1807 (Rickauer); Gedruckter Stadtplan von 1826 (Topographisches Büro); Gedruckter »Plan der Königlichen Haupt- und Residenzstadt München im Jahre 1852«

5 A XX Bd. 21, Beschreibung der Zeughaus- respec. Artilleriekaserne, dat. 20. Febr. 1800

6 Ebd.; Frey'scher Plan von 1806 (wie Anm. 4); A. Sendtner, Gedenkschrift zur Feier des 100jährigen Bestehens der Kgl. Bayer. Artillerie-Werkstätten., München 1900, S. 15

7 MKr. 8968 Prod. 27, ZeughausHptDir am 13. Febr. 1806; Prod. 31, Kgl. Reskript vom 11. April 1806; Prod. 39, FinM an KM am 21. April 1807 und KM an FinM am 28. April 1807; Prod. 40, Kgl. Reskript vom 1. Mai 1807 (Abschrift)

8 MKr. 8968 Prod. 50, Kgl.Reskript vom 7. März 1808; Prod. 100, Übernahmeprotokoll des Falkenturms vom 12. Jan. 1827; vgl. auch die Abschnitte »Das alte Kriegsministerialgebäude bei der Residenz« und »Oberwiesenfeld«

9 Sendtner (wie Anm. 6), S. 14 ff.

10 MKr. 8968 Prod. 85, ZeughausHptDir am 30. Dez. 1822

11 Ebd. Prod. 95, ZeughausHptDir an ArtKorpsKdo am 1. Dez. 1824

12 Siehe den Abschnitt »Pulvermühlen«

13 G. Hojer, München – Maximilianstraße und Maximiliansstil., in: L. Grote (Hg.), Die deutsche Stadt im 19. Jahrhundert, München 1974, S. 33 – 65; MKr. 8852 Prod. 73, Notiz im KM vom 15. Okt. 1856

14 MKr. 8852 Prod. 22, Kgl. Oberststallmeisterstab an KM am 30. Dez. 1854 mit Verweis auf Kgl. Reskript vom 22. Nov. 1852; Sendtner (wie Anm. 6), S. 20

15 MKr. 8970, Prod. 22, KM am 23. Jan. 1860; MKr. 8854, Prod. 11, KM am 6. Aug. 1863

Die Pulvermühlen

Die Versorgung des bayerischen Heeres mit Schießpulver gehörte zu den wichtigsten Aufgaben des Münchner Zeugwesens seit dem 17. Jahrhundert. Zur Zeit Herzog Maximilians gab es bereits drei Pulvermühlen bei München.[1] Auch zu Beginn des 19. Jahrhunderts verfügte das Militär in der Garnison München über drei Pulvermühlen, die allesamt mit der Wasserkraft der Stadtbäche arbeiteten. Sie wurden damals nach ihren Betreibern Feindl, Drixler und Tilger benannt. Möglicherweise handelte es sich sogar um die gleichen Anwesen, die man schon in früheren Zeiten benützt hatte.

Die Tilgerische Pulvermühle (Pulvermühle Nro. I) bzw. spätere Normalpulverfabrik

Über sie schreibt der Ingenieurhauptmann Steimmig im Februar 1800: »... Diese Pulvermühle liegt außerhalb der Stadt vor dem Sendlinger Tor an einem Isar-Arm und ist die nächste an der Stadt. Sie bestehet aus einem Wohnhauß, einem Waschhauß, einem Holzplaz, einer Polier-Mühle, einem Salpeter-Gewölb, der 1ten Pulver-Mühle, der 2ten Pulver-Mühle, dem Dörr-Hauß, einer Zimmerhütte. (...) Die, diese Gebäude umgebende bretterne Einblankung wird, wie die übrigen durch das Militair Aerarium unterhalten.«[2]

Auf dem Münchner Stadtplan von 1807 erscheint dieses Werk als »Untere Pulfer-Mühle« bei der »Bomeislerischen Leder-Fabrique«. Die Lokalisierung der Tilgerschen Mühle ist eindeutig, da Grenzstreitigkeiten zwischen ihrem Betreiber und dem Lederfabrikanten Bomeisler anno 1812/13 aktenkundig sind.[3]

Nach den Napoleonischen Kriegen strebte die Armee nach einer deutlichen Verbesserung der Pulverqualität. Um 1834 wurde in München eine sogenannte »Normalpulverfabrik« eingerichtet. Außer der militäreigenen Münchner Mühle arbeiteten nur drei private Pulvermühlen für den Heeresbedarf und zwar in Mühlthal bei Leutstetten, in Raithenhaslach bei Burghausen und in Stephanskirchen bei Rosenheim. Alle vier Werke befanden sich in Oberbayern.[4] Als Münchner Normalpulvermühle wurde die vormalige Tilgerische Mühle bzw. Pulverfabrik Nro. 1 eingerichtet.[5] Sie läßt sich um die Mitte des 19. Jahrhunderts an der Wasserstraße bzw. dem Besenbach lokalisieren und verfügte, ähnlich wie schon um 1800 über eine Reihe zumeist hölzerner Gebäude. Das Gesamtareal war mit fast drei Tagwerk recht umfangreich, bedingt durch die notwendigen Sicherheitsabstände zwischen den Produktionsstätten.[6]

Am Vormittag des 1. Oktober 1862 explodierte das Stampfwerk der Normalpulvermühle. Es gab glücklicherweise weder Tote noch Verletzte, lediglich Schäden an den übrigen Gebäuden der Pulvermühle.[7] Nachdem bereits einige Jahre zuvor ohnehin die Verlegung der Pulverfabrikation nach Ingolstadt erwogen war,[8] wurde im November 1862 der Bau einer »Kgl. Bayerischen Pulverfabrik« in Ebenhausen bei Ingolstadt angeordnet. Diese Fabrik nahm dann im Mai 1865 ihre Tätigkeit auf.[9] Das Anwesen der ehemaligen Münchner Normalpulvermühle wurde nicht mehr militärisch genutzt und schließlich im Frühjahr 1883 um 14 494 Gulden an einen Gärtner verkauft.[10]

Die Trixlerische Pulvermühle (Pulvermühle Nro. II) und die Zeughausfilialwerkstätten

Auch die zweite Pulvermühle der Garnison um 1800 lag vor dem Sendlinger Tor an einem Stadtbach und zwar »... der sogenannten Schmerzhaften Capelle gegenüber«. Ihr Komplex umfaßte ähnlich der Tilgerischen Mühle ein Wohnhaus, einen hölzernen Stadel (»... dient das Pulver zu richten, und bis zum Gebrauch aufzubewahren«), eine Holzhütte (»...dient Brennholz aufzubewahren«), eine Poliermühle, ein Salpetermagazin, zwei Pulvermühlen und das Dörrhaus.[11] Auf dem Stadtplan von 1807 wird sie als »Militaire Pulvermühle« bezeichnet.

Im Frühjahr 1834 vermerkte das Kriegsministerium, der bürgerliche Pulvermüller Lorenz Mayer sei von der militäreigenen Pulvermühle Nr. 2 abgezogen und habe sich bei Leutstetten niedergelassen.[11] Von der neuen Akkordpulvermühle Nr. 2 in Mühlthal bei Leutstetten belieferte die Familie Mayer weiterhin die bayerische Armee.[13]

Zehn Jahre später wurde die leerstehende Münchner Pulvermühle Nr. 2 an der Geyerstraße beim späteren Baldeplatz in sogenannte »Filialwerkstätten« des Zeughauses umgewandelt. »... Dort befanden sich 38 Hobelbänke, 3 Bohrmaschinen, 1 Drehbank, 16 Feueressen und 5 Feldschmieden. Mit Ausnahme des einstöckigen Dienstgebäudes und der Schmiedwerkstätten waren sämtliche Gebäulichkeiten in Holz aufgeführt. Da die Ouvriers den ganzen Tag dort verblieben, war auch ein Speiseraum und Küche vorhanden. Die Gebläse der Feueressen, sowie einige Bohrmaschinen wurden durch zwei unterschlächtige Wasserräder getrieben.« In den Filialwerkstätten wurden vornehmlich Geschützlafetten hergestellt. Neben diesen schon seit 1844 benützten Werkstätten gab ab dem Jahre 1852 einen zweiten provisorischen Zeughauskomplex an der Fraunhoferstraße. Er war nach dem Abbruch eines Teiles des alten Zeughauses zur Anlage der Maximilianstraße notwendig geworden. Hierzu hatte die königliche Hofverwaltung einen Teil ihrer Heustadel am Mahlmühlbach zur Verfügung gestellt. Beide Areale wurde nach Umzug der Ouvrierskompanie auf das Oberwiesenfeld im Herbst 1866 geräumt.[14]

Die Feindlische Pulvermühle (Pulvermühle Nro. III)

Zu Beginn des 19. Jahrhunderts lag diese Mühle »... außerhalb der Stadt, in circa eine halbe Stunde vor dem Sendlinger Tor, zwischen zwey Isaar-Armen, an den sogenannten Abläßen.« Sie bestand aus zwei Pulvermahlwerken, einer Poliermühle, einem Dörrhaus.[15] Spätestens ab dem Winter 1820/21 wurde diese Mühle nicht mehr benützt.[16]

Anmerkungen:

1 L. Lutz, Die Bayerische Artillerie von ihren ersten Anfängen bis zur Gegenwart, München 1894, S. 187
2 A XX Bd. 21, Beschreibung der sogenannten Tilgerischen Pulver Mühle zu München, dat. 20. Febr. 1800
3 Kr. 9001 Prod. 5, Kgl. Reskript vom 19. Mai 1812; Prod. 14, KM am 4. Juli 1813
4 Lutz (wie Anm. 1), S. 188 f.
5 Vgl. Mkr. 9001 Prod. 145, KM am 6. Aug. 1838
6 C 7 Garnisonbeschreibung, hier: Verzeichnis der militäreigenen Gebäude (§ 22: Pulvermühle, Stand: 15. Jan. 1852)
7 MKr. 9002 Prod. 17, ZgHsHptDir an KM am 1. Okt. 1862
8 Ebd. Prod. 15, Notiz im KM am 15. Sept. 1860
9 Lutz (wie Anm. 1), S. 190
10 Mkr. 9002 Prod. 206, Zahlstelle I.A.K. am 18. Mai 1883
11 A XX Bd. 21, Beschreibung vom 21. Febr. 1800
12 MKr. 9001 Prod. 127, KM am 29. April 1834
13 Lutz (wie Anm. 1), S. 189
14 A. Sendtner, Gedenkschrift zur Feier des 100jährigen Bestehens der Kgl. Bayer. Artilleriewerkstätten, München 1900, S. 19 – 22 zit. S. 19 f.; Garnisonbeschreibung von 1852 (wie Anm. 6) (21: Filialwerkstätten an der Geyerstraße) und Planfaszikel VII, Nr. 18: Zeughauswerkstätten an der Fraunhoferstraße.
15 A XX Bd. 21, Beschreibung vom 21. Febr. 1800
16 A XX Bd. 4, Verzeichnis der Militärgebäude in der Garnison München, dat. 25. Jan. 1821

Die St. Salvator-Kirche

Die St. Salvator-Kirche wurde um 1493 als Friedhofskirche der Marienpfarrei erbaut. Der Salvator-Friedhof wurde im Zuge der Neuordnung des Münchner Bestattungswesens durch Kurfürst Karl Theodor im Jahr 1788 aufgelassen und die Toten auf den Friedhof vor dem Sendlinger Tor überführt. Die Kirche selbst wurde dann im Jahr 1803 profaniert. Auf einem Teil des ehemaligen Friedhofes ließ der Herzog Wilhelm von Birkenfeld im Jahr 1804 ein Gebäude mit einem großen Stall und einigen Wohnungen, den »Herzog-Wilhelm-Stall« errichten.[1]

Im Februar 1806 stellte der Vorstand der Zeughaus-Haupt-Direktion, Generalleutnant v. Hallberg fest: »...die seitig alte Frauenkirche ohnweit des alten Opernhauses ist ausgeräumt, und befinden sich darin nur einige Verschläge von Requisiten der aufgelösten Klöster drin.« Er beantragte, das Gebäude als Remise für Geschützlafetten aus dem Wiener Zeughaus, von den Franzosen erbeutet und an die Bayern verschenkt, verwenden zu dürfen. Der König verwies Hallberg an den Kirchen-Administrationsrat, mit der Weisung »über den Erfolg« zu berichten.[2] Da ein solcher Bericht nicht aufzufinden ist, ist zu vermuten, daß die Kirche noch keiner militärischen Nutzung zugeführt wurde. Tatsächlich übergab der König dann im gleichen Jahr 1806 St. Salvator den Protestanten als künftige Gemeindekirche.[3]

Im Frühjahr 1812 unternahm der Kriegsökonomierat den Versuch, das Grundstück der St. Salvator-Kirche zu erwerben, um darauf ein neues Bürogebäude zu errichten:
»... Man glaubt, daß die Überlassung der St. Salvator-Kirche zu dem beabsichtigten Zwecke um so weniger den mindesten Anstand unterliegen könnte, als die Kirche schon seit Jahren zu keinem Gottesdienst mehr verwendet, vielmehr auf alle Weise verunstaltet, verunreinigt und in keinen Baufällen unterhalten worden, und dermal nur Kutschen und Wagen noch zur Remise dient, wie sie denn auch wirklich, nach der diesseitigen früheren Anzeige, vor einiger Zeit bloß für den Abbruch hat freigegeben werden sollen, wenn sich jemand offeriert hätte.«[4]

Finanzminister v. Montgelas beschied jedoch der Armee im Dezember 1812, daß die St. Salvator-Kirche Eigentum der protestantischen Gemeinde zu München sei und »...daß nach der schon früher geäußerten Willensmeinung Seiner Majestät des Königs, diese Kirche, als eine der ältesten der Stadt, in ihrer äußeren Form erhalten und hauptsächlich der Turm nicht eingetragen werden soll.«[5]

Dennoch wurde das Kirchengebäude ein Jahr später vorläufig dem Militär überlassen. Die Ursache war die Übergabe von Teilen des Zeughauses hinter der Residenz an den Oberstallmeisterstab. Als Ersatz überließ der Hofstall, die bisher als Kgl. Wagenremise benutzte St. Salvator-Kirche der Zeughaus-Haupt-Direktion. Am 5. Januar 1814 konnte das Zeughaus die vollständige Übernahme von St. Salvator als Salpeterdepot melden.[6]

Nach knapp einjähriger Nutzung als Salpetermagazin erhob die Administration der Kirchlichen Stiftungen im Dezember 1814 Einwände, da nunmehr die Evangelische Gemeinde gemäß Weisung des Generalkommissariats des Isarkreises endlich ihr Eigentumsrecht an St. Salvator wahrnehmen sollte. Dies stieß jedoch auf den entschiedenen Widerstand der Armee, die zu diesem Zeitpunkt 2147 Zentner Salpeter in Fässern zu ein oder zwei Zentnern darin deponiert hatte.[7]

Der Streit zwischen Zivilbehörde und Armee um die Kirche währte bis zum März 1815. Dann verfügte Kriegsminister Triva, daß in der Sache solange nichts unternommen werden sollte, bis das Innenministerium selbst eine Räumung verlangte.[8] Das geschah erst im August 1821. Die Salpeterfässer wurden in die Zeughausstadel auf dem Oberwiesenfeld transquortiert und die St. Salvator-Kirche am 12. September 1821 an den Vorstand der Protestantischen Kirchengemeinde übergeben.[9]

Anmerkungen:

1 J. H. Biller/ H. P. Rasp, München. Kunst- und Kulturlexikon, München 1972 (neubearb. 1988), S. 190; M. J. Hufnagel, Berühmte Tote im Südlichen Friedhof zu München, München 1983, S. 20; Münchner Häuserbuch Bd. 2 (Kreuzviertel), München 1960, S. 257
2 MKr. 8989 ZeugHsHptDir an König Max I. Joseph am 18. Febr. 1806; Kgl. Reskript vom 27. Febr. 1806
3 Ebd. InnM an KM am 2. Aug. 1821
4 MKr. 8861 Fasz. 1 Prod. 7, KÖR an KM am 21. Juni 1812
5 Ebd. Prod. 8, FinM an KM am 18. Dez. 1812
6 MKr. 8989 KM an ZeugHsHptDir am 15. Nov. 1813; Bericht der ZeugHsHptDir vom 5. Jan. 1814
7 Ebd. Kgl. Bayer. Kirchliche Stifungsadministration München an ZeugHsHptDir am 21. Dez. 1814; Bericht der ZeugHsHptDir vom 23. Dez. 1814
8 Ebd. Bericht der ZeugHsHptDir vom 22. März 1815 mit Signat Trivas vom 29. März 1815
9 Ebd. InnM an KM am 2. Aug. 1821; KM an ZeugHsHptDir am 26. Aug. 1821; Übergabeprotokoll vom 12. Sept. 1821

Burg Grünwald

Die Burg Grünwald geht wahrscheinlich zurück auf einen festen Sitz andechsischer Ministerialen im Dorf Derbolfing, wie der Ort Grünwald einst hieß. Um die Mitte des 13. Jahrhunderts wechselten Dorf und Burg in die Hände der Wittelsbacher über. Sie machten daraus das herzogliche Jagdschloß Grünwald, dessen Name gegen Ende des 13. Jahrhunderts auch auf das Dorf übertragen wurde. Ihre heutige Gestalt verdankt die Burg weitgehend Baumaßnahmen Herzog Albrechts IV. um 1486/87. Ab dem späten 16. Jahrhundert benützten die Wittelsbacher die Burg nicht mehr als Wohnsitz. Sie wurde nur noch als Wirtschaftshof genutzt und kaum mehr instandgehalten. Die Lage auf einem Höhensporn, der dem Ansturm der noch ungebändigten Isar ausgesetzt war, führte zu schweren Bauschäden. Ende der 1670er Jahre mußten die südliche Wehrmauer und die Burgkapelle abgetragen werden, da der Fluß den Hang schon unterspült hatte. Einige Zeit später, jedenfalls vor 1694, verschwand dann auch der ehemalige herzogliche Palast.[1]

Im Winter 1697/98 wurde in der Burg ein Gefängnistrakt mit vier heizbaren großen Einzelzellen erbaut. Er sollte ausschließlich für hohe Standespersonen benutzt werden, denen man einen Aufenthalt im Münchner Kriminalgefängnis (Falkenturm) nicht zumuten wollte. Die Inhaftierten wurden vom Burgpfleger gegen entsprechendes Kostgeld eher wie Untermieter behandelt. Die gegen Ende des 18. Jahrhunderts stark heruntergekommenen Zellen wurden kaum benützt, die Gefangenen konnten sich in der Burg bewegen. Joachim Wild stellt entgegen düsterer Behauptungen in der älteren Literatur klar: »... Für die damaligen Zeitverhältnisse stellte Grünwald ein gar nicht so unbequemes und recht locker geführtes Gefängnis mit individueller Sonderbehandlung dar, das dem Adel und entsprechenden Personen von Rang vorbehalten war. Von Strafverschärfung kann keine Rede sein; die Abgeschiedenheit und Stille der Burg war wahrscheinlich für die Inhaftierten Strafe genug.«[2]

Grünwald als Pulvermagazin der Armee bis 1799

Aufbewahrungsorte von Explosivstoffen sind erfahrungsgemäß erheblicher Gefährdung ausgesetzt. Wenn also bereits im Jahr 1602 in der Burg Grünwald in größerem Umfang Pulver eingelagert wurde, ist dies ein Indiz, daß man sie nicht mehr besonders schätzte. Es scheint, daß fortan ständig oder doch immer wieder zu Grünwald ein Pulvermagazin bestand. Kurfürst Max Emanuel ließ sogar im Vorfeld der Formation seines Heeres 1681 Pläne für einen zusätzlichen Pulverstadel neben der Burg anfertigen. Auch nach der Etablierung des Hofgefängnisses in Grünwald blieb das Pulvermagazin bestehen und wurde sogar ausgebaut, vor allem nach Beginn der Koalitionskriege. Welche Bestände die Burg faßte, zeigt die Plünderung des Magazins im September des Jahres 1796 durch österreichische Truppen. Sie nahmen 1200 Zentner feines Pulver für Handfeuerwaffen, 98 Zentner Pulver für Geschütze, 30 Zentner sonstiges Schwarzpulver nebst verschiedenen Geräten mit. Die Grünwalder Bauern mußten ihnen die Beute sogar noch per Vorspann bis ins Innviertel fahren. Der Schaden für den bayerischen Staat belief sich auf 146 863 Gulden. Zwei Jahre später waren schon wieder 1677 Pulverfässer im Torhaus und den drei Türmen vorhanden.[3]

Der große Umbau des Magazins (1799)

Zu Beginn des Jahres 1799, also noch in den letzten Wochen der Regentschaft Karl Theodors, trat Burg Grünwald in eine neue Ära ein. Man hatte sich entschlossen, das Pulver nicht nur in den Türmen zu lagern, sondern praktisch die gesamte Anlage in ein Pulvermagazin umzuwandeln. Zunächst einmal verschafften sich die Ingenieuroffiziere im Januar 1799 unter Leitung des Generalmajors v. Hohenhausen einen Überblick über die Situation. Das Gefängnis war zu diesem Zeitpunkt seit Jahren leer. In der Burg lebten der Burgpfleger, der Zeughausschäffler, ein alter Feldwebel und zwölf invalide Soldaten. Ungeachtet der Kriegsläufe führte diese Besatzung ein so friedliches Leben, daß das Visitationsprotokoll vermerkt: »...Dieß alte Paraque steht mit denen alte Pursche in ziemlich gutem Verhältnüß!«[4]

Nun jedoch begann im Frühjahr 1799 ein reges Arbeiten. Nachdem die Burg dem Militärärar überwiesen worden war, wurde sie vollständig vom Personal geräumt. Das Haus des Schloßbenefiziaten neben der Torbrücke, heute ein Hotel, wurde dem Geistlichen fortgenommen. Wie der alte Burgpfleger mußte er sich eine Bleibe im Dorf suchen. Während das Benefiziatenhaus zur Kaserne des Wachkommandos umgewandelt wurde, brach man durch alle Gebäude im Innern Türen, um so große Magazinräume zu gewinnen. Die Kellergewölbe wurden mit dem Bauschutt aufgefüllt und die Decken mit Holzbalken verstärkt, um das hohe Gewicht der Pulverfässer zu verkraften. Zur Dorfseite hin wurden alle Fenster bis auf schmale Schlitze zugemauert, um zu verhindern, daß Brandsätze in die Lagerräume geschleudert werden konnten. Zudem wurde auf dem noch heute erhaltenen Erdwall auswärts des Burggrabens ein übermannshoher Palisadenzaun gesetzt. Gegen eine Entzündung der Pulvervorräte durch Blitzschlag wurde durch Blitzableiter auf den Burgtürmen vorgesorgt. Für den Ausbruch eines Brandes wurde Feuerlöschgerät beschafft. Schließlich wurde die Invalidenwache durch kampfkräftige Linientruppen ersetzt. Alle zehn Tage wechselte das Wachkommando, bestehend aus einem Unteroffizier, einem Gefreiten und zehn Mann.[5]

Das Magazin im 19. Jahrhundert

In den folgenden Jahrzehnten passierte in Grünwald nichts wesentliches mehr. Nur gelegentlich machte man sich Sorgen um die Pulvervoräte, wenn es im Dorf brannte. So meldete der Grünwalder Benefiziat und Lehrer Eder im November 1807 dem Kriegsministerium eine »Feuersbrunst« in der Nachbarschaft der Burg und warnte vor den unabsehbaren Folgen einer Pulverexplosion.[6] In Zusammenhang mit diesem Brand wurde dann im Frühjahr 1808 von der Zeughaus-Haupt-Direktion die Hütte eines Tagwerkers in der Nähe der Burg gekauft und abgebrochen, um das Glacis zu vergrößern.[7]

Der nächste aktenkundige Brand, der die Armee beunruhigte, geschah am 19. März 1822 in einer Dorfschmiede.[8] Daraufhin beseitigte die Armee auch diese potentielle Gefahrenstelle. Für 150 Gulden kaufte man dem Bauern Waldleitner ein Grundstück von 61 Dezimal ab und stellte es dem Schmied Johann Dosch zusammen mit 600 Gulden Bargeld zur Verfügung. Dafür riß Dosch seine alte feuergefährliche Schmiede samt Wohnhaus und Nebengebäuden ab und übergab diese Grundfläche von 17 Dezimal in das Eigentum des Militärärars.[9] Zusätzlich scheint wohl erstmals seit 1799 die Feuerlöschausrüstung des Pulvermagazins grundlegend erneuert worden zu sein. Der Münchner Militärbaumeister Klumpp errichtete neben dem Wachtgebäude eine neue gemauerte Feuerlöschremise, die 496 Gulden kostete. Kostspieliger war deren Inhalt. Der Münchner Glockengießer und

Maschinenfabrikant Regnault lieferte eine große fahrbare Feuerspritze, eine große tragbare Spritze und zwei Handspritzen. Dazu kamen von anderen Handwerkern lederne Schläuche, Eimer, Feuerleitern und Feuerhaken im Gesamtwert von 1562 Gulden.[10]

Nun nahm die Aufmerksamkeit für den Brandschutz zu. Es befanden sich ja auch ganz erhebliche Pulvermengen in der Burg. Zu Weihnachten 1824 waren es 2330 Zentner loses Pulver in Fässern, 600 000 fertige Gewehrpatronen, 10 000 fertige Artilleriepatronen und 22 »Feuerwerkskörper« (Sprengminen?).[11] Im Winter 1824/25 beschäftigte man sich mit verschiedenen feuergefährlichen Objekten bei der Burg. So berichtete der Artillerie-korpskommandant v. Hallberg von einem sehr alten Holzhaus, neben dem ebenfalls ganz aus Holz gebauten Grünwalder Kirchturm, in dessen Rauchküche schon alles mit Pech überzogen sei. Es stellte sich heraus, daß die Hausbewohner, ein altes Weberehepaar so arm waren, daß sie keinen Kamin einbauen konnten.[12] Das Kriegsministerium ordnete darauf eine Visitation des Pulvermagazins und des ganzen Dorfes Grünwald an. Die Offiziere stellten fest, daß der Weg, den die Wachpatrouille rund um die Burg begehen mußte, in den Winternächten sehr gefährlich sei – eine glaubhafte Aussage für jeden, der die Steilhänge des Isartales kennt. Auch müsse die Wachmannschaft ihr Trinkwasser höchstbeschwerlich von einer Quelle am Hangfuß bei der Isar holen. Da die für das Magazin angelegte Löschwasserzisterne unzureichend sei, gelten diese Probleme auch für ein Ausbringen der Feuerlöschschläuche. Im Dorf Grünwald gebe es noch eine ganze Reihe alter, brandge-fährlicher Holzhäuser mit Rauchküchen. Die schwerwiegendste Aussage der Besichtigung war jedoch, daß bei einer Explosion des Pulvermagazins die Folgen nicht nur für ganz Grünwald verheerend wären, sondern durch einen Bergsturz das ganze Isartal verschüttet und dadurch die Isar aufgestaut werden könnte.[13] Die Armee nahm daraufhin Verbindung zur unteren Feuerpolizeibehörde für Grünwald, d. h. dem Landgericht München, auf. Dieses ordnete für fünfzehn Häuser im Dorf den Einbau eines Kamins an.[14]

Die Visitation vom Februar 1825 hatte der Armeeführung deutlich gemacht, daß selbst bei einer drastischen Verbesserung der Feuersicherheit, die Ausmaße einer Pulverexplosion in Grünwald nicht absehbar waren. Daher befahl das Kriegsministerium im März 1825 einen Ort im Umkreis von drei Geometrischen Stunden um München, möglichst am westlichen, stadtseitigen Isarufer, ausfindig zu machen, wohin das Pulvermagazin verlegt werden könnte.[15] Als dann aber ein Platz in der »Hardter Heide« vorgeschlagen wurde, also jene Gegend, wo später das Pulvermagazin Milbertshofen zum Ersatz des explodierten Labo-ratoriums Oberwiesenfeld entstehen sollte, entschied der Kriegsminister im März 1828 die ganze Angelegenheit vorerst auf sich beruhen zu lassen. Diese Entscheidung wurde getroffen, da zu dieser Zeit bereits der Plan zum Bau einer großen Munitionsfabrik bei der Festung Ingolstadt bestand und bei dessen Realisierung ein großes Pulvermagazin bei München ohnehin überflüssig wurde.[16]

Ein Inspektionsbericht des Kommandierenden Generals des Artilleriekorps v. Hallberg vom Sommer 1833 enthält viele Informationen über das Magazin Grünwald.[17] Die Gebäude waren in gutem Zustand. Der Magazinaufseher, ein alter Feuerwerker im Unteroffiziersrang, hielt »... eine musterhafte Ordnung und eine ausgezeichnete Reinlichkeit.« Auch die Disziplin des Wachkommandos vom 1. Artillerie-Regiment wurde von Hallberg gelobt. Das Kommando wechselte alle fünf Tage. Es bestand aus einem Unteroffizier, drei Bombardieren (Gefreiten) und achtzehn Kanonieren. Als Unterkunft diente das alte Wachthaus neben der Burgbrücke. Im Erdgeschoß hatte es ein großes Wachtlokal, eine Kammer für den Unteroffizier, eine Küche und einen Abtritt. Das Obergeschoß verfügte über ein weiteres großes Zimmer für die Wachsoldaten und zwei kleine Zimmer als Wohnung für den Magazinaufseher. Rund um die Uhr mußte eine

Patrouille das gesamte Areal umgehen. Ausflüge ins nahe Dorf waren dem Wachkommando streng untersagt. Unangemeldete Visitationen durch berittene Offiziere aus München sorgten dafür, daß die Aufmerksamkeit nicht erlahmte. Das Magazin war mit insgesamt 3360 Zentnern Schwarzpulver, umgerechnet rund 188 Tonnen, mehr als reichlich gefüllt.

Im »Vorderen Magazin«, d. h. in dem zum Dorf zugewandten Trakt, lagen zu diesem Zeitpunkt:

1190 fertige Patronen mit Vollgeschoß für 10PfderHaubitzen;

3200 fertige Patronen mit Vollgeschoß für 7PfderHaubitzen;

3946 gefüllte Sprenggranaten für 7PfderHaubitzen;

1933 Fässer Pulver zu je einen bayer. Zenten (rd. 108 t).

Im »Hinteren Magazin« auf der Flußseite der Burg befanden sich:

– Munition für 12Pfder (6Pfder) Kanonen:

2856 (12 576) fertige Patronen mit Vollgeschoß,

 688 (2470) Kartätschgeschosse ohne Treibladung.

– Fertige Patronen für Handwaffen:

1 866 168 Stück für Gewehre;

 81 312 Stück für Karabiner;

 30 556 Stück für Pistolen.

– Loses Pulver in Fässern (578 Stück).

In den Magazinen herrschten strenge Sicherheitsvorschriften. Die Gänge waren mit alten Wolldecken ausgelegt und alle Personen mußten vor dem Betreten Filzschuhe anziehen. Jede Art von Feuer war verboten. Auch General v. Hallberg wies auf das hohe Gefahrenpotential des Grünwalder Magazins hin. Bei dessen Explosion könnten noch in München Häuser einstürzen, warnte Hallberg. Er plädierte dafür, die dortigen Vorräte drastisch zu reduzieren und zudem das lose Pulver von der fertig laborierten Munition zu trennen.

Die Worte des Artilleriekorpskommandanten verhallten nicht ungehört. Im Herbst 1833 ordnete das Kriegsministerium den Abtransport von 2550 Zentnern Pulver in andere Magazine, nämlich Augsburg, Ingolstadt, Forchheim, Rosenberg und Würzburg, an.[18] Nach einem Bericht vom Sommer 1835 lagerte im »vorderen Magazin« nur noch fertige Munition. Das gefährliche lose Pulver war hingegen im »hinteren Magazin« untergebracht. Die Gesamtmenge des Pulvers betrug nur noch 793 Zentner.[19] Ein Jahr später war der Pulvervorrat sogar auf 260 Zentner gesunken, davon 60 Zentner in Form von fertig laborierter Munition. Dieser vergleichsweise geringe Vorrat erschien für die Garnison München ausreichend.[20] Übrigens wurde bis zu dieser Zeit in Grünwald nicht selbst laboriert, d. h. loses Pulver zu Munition oder Sprengkörpern verarbeitet. Erst im Frühjahr 1837 wurde der Zeughaus-Hauptdirektion zu diesem Zweck ein eigene »Arbeitshütte« außerhalb des Magazins übergeben.[21]

Nach den Erfahrungen mit der Revolution von 1848 und den Unruhen in Baden wurde der Schutz des Grünwalder Magazins im Frühjahr 1849 wesentlich verstärkt. Bisher hatte das Wachkommando, wie schon um 1833, aus einem Unteroffizier und 21 Mann des 1. Artillerie-Regiments bestanden, Ab dem Februar 1849 umfaßte das Detachement einen Offizier, zwei Unteroffiziere, 36 Mann des 1. Artillerie-Regiments sowie zwei »berittene Ordonnanzen« des 3. Artillerie-Regiments.[22] Das Wachpersonal wurde also verdoppelt. Außerdem wurden von der I. Genie-Direktion (München) Wachthaus und Burg zur Verteidigung gegen einen etwaigen Überfall für einen Kostenaufwand von 4747 Gulden ausgebaut. Diese Maßnahmen umfaßten eine Erneuerung der Erdwerke und Palisaden, neue Tore, Barrieren, Fenstergitter und einen kleinen Stall für drei Pferde.[23]

Im Herbst 1857 entschied das Kriegsministerium, daß das Grünwalder Magazin von allen Pulver- und Munitionsvorräten geräumt werden sollte. Zu deren Lagerung erschien die Kapazität des Magazins Milbertshofen ausreichend.[24] Allerdings dauerte es einige Zeit, bis Grünwald geräumt war. Im Gegensatz zu den späten 1830er Jahren hatten sich dort wieder umfangreiche Pulvervorräte angesammelt. Noch im Frühjahr 1858 befanden sich dort enorme Mengen an Munition:

– Für 12Pfünder (6Pfünder)Kanonen:

6347 (4824) fertige Patronen mit Vollgeschoß;
1440 (909) fertige Patronen mit Granatkartätschgeschoß.
 – (2661) fertige Patronen mit Kartätschgeschoß;
1500 (959) Salutpatronen ohne Gefechtsgeschoß;
1722 (–) Kartätschgeschosse ohne Treibladung;
 123 (–) Granatkartätschgeschosse ohne Treibladung;
4051 (–) Treibladungen.

– Für 7Pfünder Haubitzen:

913 Granatkartätschgeschosse ohne Treibladung;
12 197 Treibladungen verschiedener Laborierung.

Außerdem lagerten im Magazin mehr als 2,7 Millionen Stück Zündhütchen für Handfeuerwaffen mit Perkussionsschloß. Die 38 Kartätschpatronen für leichte Dreipfünderkanonen und der Handvorrat von nur 451 Gewehrpatronen scheinen für die Wachtmannschaft vorgesehen gewesen zu sein.[25]

Zu welchem Zeitpunkt diese Munitionsmengen abtransportiert wurden, ist aus den Bauakten nicht ersichtlich. Nach Aussage des Artilleriekorpskommandos vom Herbst 1865 wurden »seit einiger Zeit« in Grünwald nur noch Zündhütchen, ferner größere Mengen Salpeter und Schwefel für die Pulverfabrik Ebenhausen bei Ingolstadt gelagert.[26] Im Sommer 1871 waren im Magazin rund 367 Tonnen Salpeter und 92 Tonnen Schwefel in Fässern zu je einem bayerischen Zentner (56 kg) untergebracht.[27]

Die Entfernung der scharfen Munition aus Grünwald machte viele Sicherheitsmaßnahmen überflüssig. So befahl das Kriegsministerium im Herbst 1865 die ohnehin ziemlich schadhaften Palisadenzäune abzureißen.[28] Im Frühjahr 1866 wurde die einst für Laborierarbeiten an Munition benützte Holzhütte auf Abbruch versteigert.[29] Schließlich wurde im Sommer 1871 das Wachtkommando der Artillerie eingezogen und stattdessen dem dort noch verbleibenden Magazinaufseher zwei Zeugdiener vom Personal der Münchner Hauptzeughausdirektion unterstellt.[30]

Auch die Tage Grünwalds als Salpetermagazin waren gezählt. Auf Anweisung des Kriegsministeriums wurden die Salpeter- und Schwefelvorräte im Juni 1872 in leerstehende Kasematten der Festung Ingolstadt transferiert und die Militärgebäude zu Grünwald an die Stadtkommandantur München übergeben.[31] Der leerstehende Komplex wurde durch Angehörige der Garnisonkompanie Nymphenburg bzw. der Halbinvaliden-Abteilung des I. Armeekorps (ab 1875) bewacht. Im Herbst 1875 war dort ein Sergant stationiert. Er wohnte im alten Wachthaus, dessen übrige Räume an einen königlichen Revierjäger vermietet waren, dessen Namen geradezu aus einem Roman von Ludwig Ganghofer stammen könnte – Hubertus Freiherr v. Pflummern. Der Vorgesetzte des Jägers zu Grünwald war zu dieser Zeit übrigens niemand anders als der Kgl. Oberförster Thoma im Forsthaus Wörnbrunn, der Vater des Dichters Ludwig Thoma.[32]

Das Ende der militärischen Nutzung

Bereits im Herbst 1872 war das Kriegsministerium entschlossen, das Magazin Grünwald »bei günstiger Gelegenheit« zu verkaufen. Bis dahin sollte der bauliche Unterhalt auf das Notwendigste beschränkt werden, d. h. im Endeffekt machte man nichts mehr.[33] Das Kgl. Generalkonservatorium der Altertümer und Kunstdenkmäler machte dem Militärärar allerdings einen Strich durch die Rechnung, denn es bestand darauf, daß der historische Charakter der Burganlage bei einem Verkauf erhalten bleiben mußte.[34] Der militäreigene Komplex umfaßte 2,3 Tagwerk Grundfläche und hatte samt der Gebäude einen Schätzwert von 25 000 Mark. Infolge der Auflagen des Denkmalschutzes schied jedoch ein lukrativer Verkauf an einen Immobilienspekulanten aus. Im Frühjahr 1878 lag dem Kriegsministerium nur ein Angebot von 8000 Mark des Gutsbesitzers v. Mayenfels vor.[35] Daraufhin wechselte das Objekt vom Militärärar in die Hände des Finanzministeriums. Am 6. August 1878 übergab die Garnisonverwaltung München die Liegenschaft, die bis dahin immer noch von einem Militärinvaliden bewacht wurde, an das Stadtrentamt München.[36] Damit war die militärische »Dienstzeit« der Burg beendet.

Im Oktober 1879 wurde die Burg Grünwald versteigert. Den Zuschlag erhielt für nur 10 600 Mark der Tierpräparator und Bildhauer Paul Zeiller aus München. Die Familie Zeiller richtete die Burganlage nach ihren Bedürfnissen her und gab ihr weitgehend das heutige Aussehen, vor allem wurden wieder große Fensteröffnungen zur Dorfseite hin geschaffen. Nach dem Zweiten Weltkrieg gelangte die Burg Grünwald nach einer etwas wechselvollen Besitzgeschichte wieder in das Eigentum des bayerischen Staates und wurde Ende der 1970er Jahre grundlegend restauriert.[37]

Anmerkungen:

1 J. Wild, Führer durch die Geschichte der Burg Grünwald, München 1979, S. 3 – 24 pass.

2 Ebd., S. 25 – 28, zit. S. 28

3 Ebd., S. 29

4 Ebd., S. 30

5 Ebd., S. 30 f.

6 MKr. 8995 Prod. 4, KM am 14. Nov. 1807

7 Ebd. Prod. 8, Kgl. Reskript vom 12. März 1808

8 Ebd. Prod. 25, KM an OAdKoll am 11. Juli 1822

9 Ebd. Prod. 31, Verbriefungen für den Dorfschmied Johann Dosch und den Freibauern Joseph Waldleitner zu Grünwald, Amt Perlach des Kgl. Landgerichts München, dat. 8. Jan. 1823

10 Ebd. Prod. 33, ZeugHsHptDir an ArtKorpsKdo am 24. Okt. 1823

11 Ebd. Prod. 46, ArtKorpsKdo am 24. Dez. 1824

12 Ebd. Prod. 43, ArtKorpsKdo an ArmeeKdo am 29. Dez. 1824; ZeughsHptDir an ArtKorpsKdo am 4. Jan. 1825

13 Ebd. Prod. 46, Untersuchungsprotokoll zu Grünwald vom 9. Febr. 1825

14 Ebd. Prod. 54, Kgl. Landgericht München an ZeugHsHptDir am 26. April 1825

15 Ebd. Prod. 46, KM an ArmeeKdo am 8. März 1825

16 Ebd. Prod. 66, ZeugHsHDir an ArtKorpsKdo am 10. Sept. 1827 mit Signat Maillots vom 27. März 1828

17 MKr. 8996 Prod. 76, ArtKorpsKdo an KM am 18. Juli 1833

18 Ebd. Prod. 81, KM an ArtKorpsKdo am 25. Sept. 1833

19 Ebd. Prod. 108, ArtKorpsKdo an KM am 9. Juni 1835

20 Ebd. Prod. 133, Notiz im KM vom 18. Juli 1836

21 Ebd. Prod. 126, ZeughsHptDir an ArtKorpsKdo am 29. Okt. 1835 und Vortrag im KM am 21. März 1836; Prod. 153, Übergabeprotokoll der Pulverarbeitshütte vom 24. April 1837

22 MKr. 8997 Prod. 18, KM an ArtKorpsKdo am 18. Febr. 1849; Prod. 32, ArtKorpsKdo an KM am 25. Dez. 1849

23 Ebd. Prod. 22, I. GenieDir am 18. April 1849; Prod. 29, ArtKorpsKdo am 14. Mai 1849

24 Ebd. Prod. 56, KME Nr. 10686 vom 26. Nov. 1857

25 Ebd. Prod. 61, ZeughsHptDir an ArtKorpsKdo am 3. April 1858 – Verzeichnis der Munitionsvorräte zu Grünwald (Stand: März 1858)

26 Ebd. Prod. 74, ArtKorpsKdo an GenieKorpsKdo am 14. Okt. 1865

27 Ebd. Prod. 82, ArtKorpsKdo an KM am 21. Juli 1871

28 Ebd. Prod. 75, KM an GenKdo München am 17. Nov. 1865

29 Ebd. Prod. 79, KM an GenKdo München am 1. Mai 1866

30 Ebd. Prod. 85, KM an ArtKorpsKdo am 10. Aug. 1871

31 Ebd. Prod. 87, KM an InspArt am 8. Mai 1872; Prod. 89, ZeughsHptDir am 20. Juni 1872

32 Ebd. Prod. 91, GarnIngOffz an I. IngDir am 29. Sept. 1875; Prod. 93, Schreiben des Kgl.Oberförsters Thoma an GarnVw München am 6. Mai 1875; Prod. 106, Notiz im KM vom 17. Aug. 1878

33 Ebd. Prod. 90, KM an InspIngKorps am 28. Sept. 1872

34 Ebd. Prod. 99, KuM an KM am 4. Juli 1877

35 Ebd. Prod. 104, KM an FinM am 2. Febr. 1878; Prod. 105, FinM am KM am 17. Mai 1878

36 Ebd. Prod. 107, GarnVw München an Indent. I.A.K. am 6. Aug. 1878

37 Wild (wie Anm. 1), S. 32

Das Pulvermagazin Milbertshofen

Die unbefriedigende Unterbringung großer Mengen an Sprengstoff und Munition in der Burg Grünwald führte bereits in den 1820er Jahren zu Überlegungen, dieses Pulvermagazin in das nördliche Vorfeld Münchens zu verlagern. Aus diesem Grunde besichtigten drei Artillerieoffiziere im Herbst 1827 den sogenannten »Hardt«, damals eine größere, menschenleere Heidefläche bei der »Kalten Herberge« als möglichen Standort. Heute ist dieses Gebiet als »Harthof« längst zur Großstadt München eingemeindet.

Am Morgen des 4. September 1827 ritt der Oberstleutnant v. Gotthardt in Begleitung der Hauptleute Danner und Lory zur Kalten Herberge. Beim dort stationierten Gendarm erkundigten sich die Artilleristen über die Beschaffenheit des Geländes. Zivilisten befragte man hingegen nicht, »... weil man es zur Vermeidung beunruhigender Gerüchte für gut fand, den Zweck der Erscheinung bei den Landleuten nicht kund werden zu lassen«. Die Kommission befand die trockene »Hardter Heide« zwischen den Freisinger Landstraße (der heutigen Bundesstrasse B 11) und der »Chaussée nach Pfaffenhofen« (der Ingolstädter Straße bzw. B 13) für durchaus geeignet, um dort zwei große Pulvermagazine und ein Wachthaus zu errichten. Die Magazine müßten mindestens 1000 Schritt von den Landstraßen entfernt sein und zwischen ihnen jeweils 500 Schritt weit entfernt das Wachtgebäude. Das Projekt wurde jedoch im Frühjahr 1828 im Kriegsministerium vorläufig ad acta gelegt.[1]

Standortdiskussion im Jahr 1835

Erst nach der Katastrophe auf dem Oberwiesenfeld am 16. Mai 1835 wurden die Pläne für ein neues Pulverdepot wieder aktuell. Bereits zwei Tage nach der Explosion befahl König Ludwig I. das künftige Magazin an anderer Stelle zu errichten.[2]

Die Zeughaushauptdirektion sprach sich dafür aus, den Gesamtvorrat an Schwarzpulver in der Garnison München stark zu reduzieren. Der neue Magazinkomplex sollte ihrer Ansicht nach aus einem reinen Pulvermagazin für maximal 200 Zentner loses Pulver in Fässern, einem kleineren Magazin für fertige Munition, einer Laborierhütte zum Füllen der Munition, einem Schuppen zum Verkauf von Pulver an Privatleute, einem Schwefelmagazin und einem Wachtgebäude bestehen.[3] Das Kriegsministerium hielt sogar ein noch kleineres Magazin mit einer Gesamtkapazität von 150 Zentnern Pulver für ausreichend, da ja außerdem das große Depot in der Burg Grünwald vorhanden war. Als Standort für das neue kleine Magazin empfahl das Ministerium entweder eine Stelle auf dem Oberwiesenfeld bei der Militärschwimmschule oder den sogenannten »Rennweg«, d. h. das Heidegebiet an der Schleißheimer Landstraße. Dem König jedoch waren diese Plätze noch zu nahe an der Stadt. Bezeichnend für den Egoismus Ludwigs I. ist, daß er dabei nicht etwa die Sicherheit der Einwohnerschaft im Auge hatte, sondern primär eine Schutzdistanz zu seiner geliebten Pinakothek wünschte. Aus diesem Grunde wollte der König nun den Standort des neuen Magazins auf das ostwärtige Isarufer verlegt sehen.[4] Der Wunsch des Königs war der Armee ein Befehl und so erkundete die Zeughaushauptdirektion im Oktober 1835 das südostwärtige Umland Münchens. Per Signat vom 20. Oktober bestimmte Ludwig I. sodann die Gegend zwischen Perlach und Zamdorf zum künftigen Bauplatz.[5] Nur wenige Wochen später änderte der König jedoch aus unbekanntem Grund seinen Entschluß und folgte der ursprünglichen Idee des Kriegsministeriums, das Pulvermagazin an der Schleißheimer Landstraße nördlich des Dorfes Milbertshofen zu errichten.[6]

Der Bau des Magazins bei Milbertshofen

Noch heute erinnert die »*Pulverturmstraße*« des Stadtteils Harthof im Münchner Norden an das Munitionsdepot der Armee aus dem 19. Jahrhundert. Innerhalb des von der Bundeswehr genützten Areals stehen einige Gebäude aus der Zeit um 1890 und auch der Gitterzaun an der Schleißheimer Straße vis à vis der »Kronprinz-Rupprecht-Kaserne« stammt aus königlich bayerischer Zeit. Vor mehr als 150 Jahren war die Gegend rings um das spätere Pulvermagazin eine Heidelandschaft, die lediglich als Hutweide diente. Die Dörfer Milbertshofen und Feldmoching waren jeweils einige Viertelstunden Fußmarsch entfernt und an Stelle der Trabantenstadt Hasenbergl verzeichneten die Landkarten noch den »Kaninchenberg«.

Ungeachtet der günstigen Lage, die eine Beeinträchtigung dicht besiedelter Räume vermied, rechnete die Armee mit Protesten der anliegenden Gemeinden. Nach dem spektakulären Unglück auf dem Oberwiesenfeld war dies auch nicht anders zu erwarten. Die Erkundung des Bauplatzes und die Verhandlungen mit den Eigentümern der in Frage kommenden Grundstücke geschah mit größter Diskretion. Um jede Aufmerksamkeit zu vermeiden, engagierte das Kriegsministerium dazu einen »Unterhändler«, den Hammerschmied Froessel von Feldmoching.[7]

Tatsächlich gelang es der Armee die Aktion so lange geheim zu halten, bis sie mit den Feldmochinger Bauern Plank, genannt »Zum Günnerwein«, und Ruhdorfer vulgo »Ertl« handelseinig geworden war. Als es aber August 1836 an die Verbriefung ging, erhob die Gemeinde Milbertshofen, in deren Distrikt die betreffenden Grundstücke lagen, Protest beim Landgericht München.[8] Ihre Einwände halfen den Milbertshofer Bauern nichts. Im Frühjahr 1837 war der Grunderwerb juristisch besiegelt. Die Immobilienpreise erscheinen äußerst niedrig. Plank erhielt für 10 Tagwerk 34 Dezimal 434 Gulden 17 Kreuzer und Ruhdorfer bekam für 7 Tagwerk 59 Dezimal 303 Gulden 30 Kreuzer. Allerdings muß man berücksichtigen, daß es sich um völlig unkultiviertes Ödland handelte. Die Kosten für die Militärgebäude betrugen 5367 Gulden für das eigentliche Pulvermagazin, 8000 Gulden für das Wachtlokal und 247 Gulden für eine Laborierhütte.[9]

Ein Jahr nach dem Baubeginn war der neue Magazinkomplex im August 1838 fertig. Da sich aber Mängel in der Bauausführung zeigten, übernahm ihn die Zeughaushauptdirektion erst nach deren Behebung durch die zuständige Militärbaukommisssion München im Juli 1839. Gleich darauf begann die Einlagerung von Pulverfässern und Munition.[10]

Das Magazin von 1839 bis zur Gegenwart

Nach einer Beschreibung aus dem Jahr 1852 lag das Magazin beiderseits der Schleißheimer Straße, etwa »eineinhalb Stunden« von München entfernt.[11] Rund 1200 Schritt westlich der Straße befand sich das Pulvermagazin. Es wäre heute zu lokalisieren an der Ecke Ebereschenstraße und Maßliebchenstraße bei der Bezirkssportanlage Lerchenau. Direkt an der Schleißheimer Straße stand das Wachtgebäude. Praktisch an der gleichen Stelle befindet sich heute die Wache der »Kronprinz-Rupprecht-Kaserne«.

Zwischen Pulvermagazin und Wache etwa gleichweit (rd. 900 Schritt) entfernt, lag auf der freien Heide westlich der Straße und südlich des Magazins die hölzerne »Arbeitshütte«, in der etwaige gefährliche Manipulationen mit dem Schießpulver durchgeführt wurden.

Das eigentliche Pulvermagazin war ein gemauertes, mehrgeschossiges Gebäude, in dem bis zu 740 Zentner Schießpulver und Munition, umgerechnet also mehr als 41 Tonnen

Sprengstoff, eingelagert werden konnten. Um das Magazin lief eine übermannshohe Mauer mit Schießscharten und ein dicker Erdwall.

Das Wachtgebäude war ein relativ geräumiges Haus. Im Erdgeschoß befanden sich drei Wohnzimmer für die Unteroffiziere und Mannschaften des Wachkommandos, nebst einer Küche und dem Abort. Hier konnten bis zu fünfzig Soldaten einquartiert werden. Im Obergeschoß wohnte ständig ein Oberfeuerwerker. Ihm standen ein Zimmer, eine Kammer und eine Küche zur Verfügung. Sein Gehilfe, der »Zeugdiener«, hatte eine eigene Stube. Der wachführende Offizier verfügte über ein Zimmer für sich und eine kleine Kammer für seinen Diener.

Die Wache hatte eine relativ umfangreiche Feuerlöschausrüstung, bestehend aus einer großen Tragspritze nebst Zubehör, zwei kleineren Tornisterspritzen, fünfundzwanzig ledernen Löscheimern, zwei Feuerleitern und zwei Feuerhacken. Ein Problem wäre freilich die Wasserversorgung gewesen, denn nur beim Wachtgebäude befanden sich zwei Pump-brunnen. Bei einem Brand im Magazin hätte das Löschwasser Hunderte von Metern zu Fuß herangeschleppt werden müssen. Deshalb standen dort wenigstens zwei große gefüllte Wasserbehälter zur Brandbekämpfung stets bereit.

Entgegen der ursprünglichen Absicht vom Jahr 1835 wurden im Magazin Milbertshofen loses Pulver und fertige Munition doch gemeinsam aufbewahrt und zwar in ansehnlichen Mengen, wie ein Inventar vom Frühjahr 1858 zeigt.[12] Es lagerten darin:

– *Loses Schwarzpulver in Fässern verpackt (rd. 7 t)*

5285 Pfund für Militärhandfeuerwaffen

4598 Pfund für Geschütze

1876 Pfund zum Jagd- und Scheibenschießen

 894 Pfund sonstige Pulversorten

– *Fertig laborierte Artilleriemunition:*

12Pfder	6Pfder	7Pfder	
920	3066	–	Patronen, Vollgeschoß
320	724	–	Patronen, Granatkartätschgeschoß
–	520	–	Patronen, Kartätschgeschoß
629	–	–	Patronen zum Salutschießen
–	–	798	Sprenggranaten ohne Treibladung
–	–	372	Granatkartätschen o. Treibladung
240	–	–	Kartätschbüchsen o. Treibladung
240	–	1824	Treibladungen

– *Scharfe Patronen für Handfeuerwaffen:*

 1545 für das »Zündhütchen-Gewehr«

13304 für das »Gendarmerie-Gewehr«

10316 für die »Dornbüchse«

22355 für den »Dornstutzen«

 2609 für die »Zündhütchen-Pistole«

Außerdem lagerten im Magazin noch mehr als 6000 blinde Patronen für Steinschloß-pistolen, gut 8000 Brennzünder für Artillerietreibladungen, 2000 Zündhütchen für Hand-waffen und einige Dutzend Raketen. Der recht geringe Vorrat an Gewehrmunition dürfte mit der Umstellung auf das neue Gewehrmodell M 1858 (System Podewils) zusammen-hängen.

Von seiner Errichtung bis zum Sommer 1881 bewachten ausschließlich Artilleristen das Milbertshofener Magazin. Dann wurde das Depot auf Antrag der Stadtkommandantur München vom Generalkommando I. Armeekorps zu einer »Garnisonwache« erklärt und der Wachauftrag an die Münchner Infanterie übergeben. Die Sicherung des Objektes durch Infanteristen wurde damit begründet, daß in Milbertshofen der gesamte Kriegsvorrat an Munition sämtlicher Sorten und Kaliber für alle Truppenteile der Garnison eingelagert war und die mit Gewehren ausgerüsteten Infanteristen das Depot weit besser schützen konnten, als die Artillerie.[13] Dazu muß man wissen, daß zu dieser Zeit die persönliche Bewaffnung der bayerischen Artilleristen nur aus Revolvern und Blankwaffen bestand.

Fast dreißig Jahre lang genügte das Magazin mit seiner Kapazität den Ansprüchen der Armee, obwohl es ab den 1860er Jahren das einzige Munitionsdepot war, da in Grünwald nur noch Salpeter und Schwefel gelagert wurden. Nach dem Krieg von 1866 wurde das Magazin Milbertshofen erweitert. An die Stelle der alten Arbeitshütte wurde im Sommer 1867 das sogenannte »Magazin Nr. II« für 4950 Gulden gebaut.[14] Erst zwölf Jahre später wurde das Magazin Nr. II mit einem starken Erdwall nach dem Vorbild des Magazins Nr. I von 1838 umgeben.[15]

Im großen Stil wurde das Depot in den 1890er Jahren ausgebaut. Den Anfang hierzu machten 1893/94 eigene Magazine für Sprenggranaten bzw. Dynamit. Letzteres wurde von den Eisenbahnpionieren benützt und zuvor in Ingolstadt gelagert. Die Kosten für diese beiden neue Magazingebäude betrugen 8760 Mark.[16] Damit war unter Berücksichtigung der notwendigen Sicherheitsabstände der Platz voll ausgenutzt. Deshalb leitete das Kriegsministerium im Sommer 1895 die Arrondierung des Areals durch Ankauf von 8,4 Tagwerk angrenzender Gründe ein. Dadurch war es möglich, ab dem Frühjahr 1896 das alte T-förmige Gelände links der Schleißheimer Straße deutlich zu erweitern. Man kaufte 4,3 Tagwerk von Johann Schödl aus Milbertshofen um 10 675 Mark, 2,3 Tagwerk von Leonhard Streifer aus Feldmoching um 3016 Mark und 1,8 Tagwerk von dem Münchner Drechslermeister Anton Eberl um 2999 Mark.[17] Nun konnte im Herbst 1897 ein Spezialmagazin für Granatzünder um 19 400 Mark errichtet werden.[18]

In den folgenden Jahren bis 1908 kamen noch weitere Bauten für die Munitionsanstalt hinzu. Diese jüngeren Gebäude sind bis heute erhalten geblieben.[19] Um diese Zeit beschloß aber das Kriegsministerium schon die Verlegung des Depots auf die Fröttmaninger Heide in die Nähe des Schießplatzes Neu-Freimann, weil der Platz in Milbertshofen wieder zu klein zu werden drohte.[20] Dort entstand dann im Jahr 1913, also noch »rechtzeitig« für den ersten Weltkrieg, eine neue große Munitionsanstalt.[21] Das alte Militärgelände an der Schleißheimer Straße wurde in den Jahren 1917/18 in ein Armeematerialdepot mit Gleisanschluß an die Militärbahn umgewandelt. Im Zuge der Aufrüstung der Wehrmacht entstanden in den Jahren 1936 bis 1940 dort große, mehrstöckige Magazingebäude, die bis heute das Erscheinungsbild des Geländes weithin sichtbar prägen.[22] Nach 1945 wechselte das »Heereszeugamt München« nahtlos den Besitzer und wurde zum »Virginia-Depot« der U. S. Army und der Bundeswehrstandortverwaltung München.

Anmerkungen:

1 MKr. 8995 Prod. 66, Kommissionsprotokoll vom 4. Sept. 1827 mit Signat des Kriegsministers v. Maillot vom 27. März 1828
2 MKr. 8998 Prod. 3, KM an König Ludwig I. am 13. Sept. 1835
3 Ebd. Prod. 0, Vortrag in der ZeughsHptDir am 2. Juli 1835; Sitzungsprotokoll der ZeughsHptDir vom 10. d. Mts.
4 Ebd. Prod. 3, KM an König Ludwig I. am 13. Sept. 1835 mit Kgl. Signat vom 16. d. Mts.
5 Ebd. Prod. 4, KM an König Ludwig I. am 16. Okt. 1835 mit Kgl. Signat vom 20. d. Mts.
6 Ebd. Prod. 8, KM an ArtKorpsKdo am 17. Dezember 1835
7 Ebd. Prod. 15, Vortrag im KM am 14. Juni 1836; KM an ArtKorpsKdo am 26. d. Mts.

8 Ebd. Prod. 27, Kgl. Landgericht München an ZeughsHptDir am 2. Sept. 1836

9 Ebd. Prod. 34, ZeughsHptDir an ArtKorpsKdo am 11. April 1837; Prod. 40, Situationsplan vom 22. Juli 1837 und Kostenaufstellung der Revisionsabteilung im KM vom 28. Juli 1837

10 Ebd. Prod. 61, Übergabeprotokoll vom 6. Aug. 1838; Prod. 71, ZeughsHptDir an ArtKorpsKdo am 11. Juli 1839

11 C 7, Zustandsbeschreibung der Garnison München, verfaßt vom IngOberst v. Hörmann. Hier: Verzeichnis der militäreigenen Gebäude der Garnison (§ 28: Milbertshofen, Stand: 15. Jan. 1852); Planfaszikel VI Litt.A Nr. 16 (Wachthaus beim Pulvermagazin Milbertshofen) nebst Plänen des IngJunker F. Gaab vom Jan. 1853; Planfaszikel VII Nr. 22 (Pulvermagazin Milbertshofen) nebst Plänen des IngLt v. Kern vom Mai 1853

12 MKr. 8997 Prod. 61, ZeughsHptDir an ArtKorpsKdo am 3. April 1858 – Verzeichnis der Pulvervorräte in Milbertshofen (Stand: März 1858)

13 MKr. 2486 Prod. 1 1/2, KdtMünchen an GenKdo I.A.K. am 2. Okt. 1883

14 MKr. 8999 Prod. 23, KM am 5. April 1867; Prod. 26, KM am 9. Mai 1867

15 Ebd. Prod. 34, KM am 31. Aug. 1879; Prod. 35, KM am 11. Okt. 1879

16 Ebd. Prod. 43, KM am 8. Juli 1893; Prod. 47, KM am 28. Sept. 1893

17 Ebd. Prod. 55, KM am 20. Juli 1895; Prod. 62, KM an Prinzregent Luitpold am 10. Jan. 1896 mit Signat vom 11. d. Mts.

18 Ebd. Prod. 82, KM am 2. Juli 1897

19 Ebd. Prod. 106 (Beil.), Situationsplan des Munitionsdepots Milbertshofen aus dem Jahr 1908

20 Ebd. Prod. 111, KM am 12. Nov. 1908

21 Ebd. Prod. 139, Indent. I.A.K. am 1. Dez. 1913

22 Vgl. M. Megele, Baugeschichtlicher Atlas der Landeshauptstadt München, München 1951, S. 142 f.

Das Zeughaus auf dem Oberwiesenfeld

Bereits seit dem frühen 19. Jahrhundert befanden sich Einrichtungen des Münchner Zeughauses auf dem Oberwiesenfeld. Nach dem teilweisen Abbruch des alten Zeughauses bei der Residenz zum Bau der Maximilianstraße hatte sich König Max II. im Sommer 1861 für die Beibehaltung eines Arsenals in München entschlossen. Kriegsminister v. Spies schlug hierzu den Bau eines neuen Zeughauses bei den Artillerieremisen an der Dachauer Straße vor, nicht zuletzt weil der künftige Bauplatz schon Militäreigentum war.[1] Am 21. Januar 1861 genehmigte König Max II. den Bau an der heutigen Lothstraße nach den Plänen des Ingenieurhauptmanns Feindlein. Die Gestaltung der Fassade war zuvor vom zivilen Kgl. Baukunstausschuß geprüft worden.[2] Als Bauleiter fungierte der Ingenieuroberleutnant Glaeser, der schon die benachbarte Max-II-Kaserne errichtete.[3] Die Zeughaus-Haupt-Direktion konnte im April 1866 das Zeughaus auf dem Oberwiesenfeld in vollem Umfang beziehen.[4]

Während sich der Rohbau des neuen Zeughauses im Sommer 1865 seinem Abschluß näherte, billigte König Ludwig II. einen Antrag das Kriegsministerium nun ebenfalls die Zeughauswerkstätten und ein Labor zur Herstellung von Zündhütchen vom Süden der Stadt auf das Oberwiesenfeld zu verlegen.[5] Bereits im September 1866 konnte die Ouvrierskompanie ihre neuen Werkstätten übernehmen.[6]

An der Dachauer Straße befanden sich nunmehr das Zeughaus, dann westlich die alten Artillerieremisen und wiederum westlich davon die Ouvrierswerkstätten. Diese wurden im April 1872 umbenannt in »Kgl. Bayer. Artilleriewerkstätten«. Die alte Ouvrierskompanie, mehr als 200 Mann stark, wurde im Jahr 1878 aufgelöst und ihr Personal größtenteils zu den einzelnen Artillerie-Regimentern versetzt. Diese neue Organisation leitete den grundlegenden Wandel der Münchner Artilleriewerkstätten zu einem Großbetrieb mit zahlreichen zivilen Arbeitsplätzen ein. Betrug der Personalstand um das Jahr 1875 rund 400 Personen, davon 300 Zivilisten, so verdoppelte sich die Anzahl der zivilen Fach- und Hilfsarbeiter bis zum Ende der 1880er Jahre. Um die Jahrhundertwende war die Belegschaft auf mehr als 1000 Personen angewachsen. Einige Vergleichszahlen mögen die relativ hohe Bedeutung der Artilleriewerkstätten als Arbeitgeber verdeutlichen: 1874 beschäftigten die Zentralwerkstätten der Kgl. Bayer. Staatsbahnen 760 Arbeiter, bei Rathgeber wirkten 600 Arbeiter, bei Krauss 531 Arbeiter. Um 1890 hatte Maffei rund 700 Beschäftigte. Neben die traditonelle Hauptaufgabe der Produktion von Lafetten, Protzen und sonstigen Fahrzeugen für die Armee sowie Geschützzubehör, war die Anfertigung von Pferdegeschirren, Reitzeug und allgemeiner Soldatenausrüstung, z. B. Tornister, Patronentaschen, Brotbeuteln, Feldflaschen usw. getreten. Diese Produktvielfalt erforderte einen großen Maschinenpark. Der ersten Dampfmaschine von 1866 mit einer Leistung von 25 PS standen nun Dampfmaschinen mit einer Gesamtleistung von 500 PS gegenüber. Mit ihnen wurde auch Strom erzeugt. In den drei Hauptwerkstätten für Metall, Holz und Leder waren vier Dampfhämmer, eine große Hydraulikpresse, 53 Schmiedefeuer, zwei Gattersägen und zahlreiche Kleinmaschinen aufgestellt.[7]

Das eigentliche Zeughausgebäude beherbergte um 1890 die Verwaltungsräume des Artilleriedepot, die recht kleine Oberfeuerwerkerschule, das Landwehrbezirkskommando München II und vor allem das Bayerische Armeemuseum seit dessen Errichtung im Jahre 1881.[8] Es ist heute eines der wenigen erhaltenen Beispiele der Anwendung des »Maximilianstiles« bei Militärbauten in München.

Anmerkungen:

1 MKr. 8972 Prod. 1, KM an König Max II. am 4. Aug. 1861 mit Kgl. Signat, dat. Berchtesgaden 30. Sept. 1861

2 Ebd. Prod. 8, KM an König Max II. am 16. Dez. 1861 mit Kgl. Signat, dat. München 21. Januar 1862

3 Ebd. Prod. 19, IngOlt Glaeser an 1. GenieDir am 25. Aug. 1862

4 Ebd. Prod. 133, ZeughsHptDir an ArtKorpsKdo am 12. April 1866

5 Ebd. Prod. 72, KM an König Ludwig II. am 2. Juni 1865 mit Kgl. Signat, dat. Schloß Berg 9. Juni 1865

6 Ebd. Prod. 150, 1. GenieDir am 13. Okt. 1866

7 A. Sendtner, Gedenkschrift zur Feier des 100jährigen Bestehens der Kgl. Bayer. Artilleriewerkstätten, München 1900, S. 22 – 32. Die zivilen Vergleichszahlen nach: A. Auer/G. Engasser, Krauss-Maffei. Lebenslauf einer Münchner Fabrik und ihrer Belegschaft, Kösching 1988, S. 44 bzw. S. 75

8 MKr. 10322 Garnisonbeschreibung (1890), hier: Zeughaus

6. Kapitel:

Anlagen für die Truppenausbildung

Einführung

Hauptzweck des soldatischen Dienstes im Frieden ist die sorgfältige Vorbereitung auf einen potentiellen Einsatz. Bis in die zweite Hälfte des 19. Jahrhunderts gab es praktisch keine militäreigenen großen Truppenübungsplätze. Die Manöver, sofern solche überhaupt stattfanden, gestatteten eine einsatznahe Ausbildung nur partiell. Die eigentliche Truppenausbildung mußte daher auf den Kasernenhöfen und auf den sogenannten »Exerzierplätzen«, d. h. Standortübungsplätzen, stattfinden. Zu den Exerzierplätzen traten in der ersten Hälfte des 19. Jahrhunderts besondere Schießstände für die schulmäßige Ausbildung im scharfen Schuß mit Handfeuerwaffen, sowie an bestimmten Garnisonen auch Militärschwimmschulen. Eine Besonderheit nach 1850 waren auch große Exerzierhallen für die Ausbildung bei schlechter Witterung.

Die Garnison München verfügte schon im 18. Jahrhundert über einen innerstädtischen Paradeplatz, zwei Exerzierplätze und einen Artillerieübungsplatz. Von diesen ältesten Arealen blieb bis zum Beginn des 20. Jahrhunderts nur das Artilleriegelände am Oberwiesenfeld, freilich in anderer Nutzung, als Ausbildungsplatz der Garnison übrig. Anhand der einzelnen Untersuchungsobjekte ist aufzuzeigen, daß gerade die flächenintensiven Übungsräume seit jeher Zankapfel von militärischen und zivilen Interessenvertretern gewesen sind.

Zunächst wird im vorliegenden Kapitel an die Exerzierplätze im inneren Stadtbereich, den heutigen Promenadeplatz bzw. den Max-Joseph-Platz, erinnert, sodann an die großen Übungsplätze Gasteig, Marsfeld und Oberwiesenfeld bzw. Neufreimann vor der Stadt. Anmerkungen zur Militärschwimmschule, zur zeitweiligen militärischen Nutzung des Münchner Glaspalastes und des Englischen Gartens und schließlich ein Überblick über die Manöver bei München sollen diesen Abschnitt ergänzen.

Promenadeplatz und Max-Joseph-Platz

Seit etwa 1780 diente der spätere Promenadeplatz im Kreuzviertel der Münchner Garnison als Exerzier- und Paradeplatz. Ursprünglich hatten hier auf der breiten Kreuzgasse die städtischen Salzstadel gestanden. Sie wurden um diese Zeit abgebrochen und an der äußeren Salzstraße, der heutigen Arnulfstraße ungefähr im Bereich des Starnberger Bahnhofes, neu errichtet.[1] In Westenrieders Münchenbeschreibung von 1782 ist dann bereits vom »*Paradeplatz*« im Kreuzviertel die Rede.[2]

Am 13. Juli 1804 übermittelte das Finanzministerium der Armee den Vorschlag des Hofgarten-Intendanten Sckell, den bisherigen Paradeplatz mit Bäumen zu bepflanzen und erkundigte sich »… in wie ferne dieser, durch die Abtragung der Mauthhalle, nunmehr an Größe und Schönheit sehr gewinnende Platz zu keinen militärischen Übungen mehr in Anspruch genommen, und dem Vergnügen des Publikums allein gewidmet werden möge.« Entsprechend erging dann am 21. Juli 1804 ein kurfürstliches Reskript an die Oberbayerische Militär-Inspektion: »… *Wir haben gnädigst beschlossen, den bisherigen Parade-Platz dem Vergnügen des Publikums allein zu widmen, und zu diesem Zwecke verschönern zu lassen. Dagegen bestimmen Wir den Platz des ehemaligen Franziskaner-Klosters zur Zeit als Parade-Platz, und eröffnen solches Unserer oberbaierischen Militär-Inspektion zu Anweisung der hiesigen Kommandantschaft.*«[3]

Das Münchner Franziskanerkloster war im November 1802 abgebrochen und der dazugehörige große Friedhof eingeebnet worden. Der dadurch entstandene große Raum erhielt bald darauf die Bezeichnung »*Max-Joseph-Platz*«.[4] Über den zugeschütteten Grüften des Minoritenfriedhofs stampften also ab dem Sommer 1804 die Soldatenstiefel, vor allem wohl der Besatzungen der Kosttor-Kaserne und der Kreuzkaserne. Eine Radierung von F. Schießl hat uns die martialische Atmosphäre des Max-Joseph-Platzes jener Jahre überliefert.[5]

Auch nach dem Bau des neuen Hoftheaters (Nationaltheater) in den Jahren 1811 bis 1818 blieb der Platz, damals jedoch noch ohne den ludovizianischen Königstrakt der Residenz, groß genug für Exerzierübungen. So zeigt ihn auch eine Lithographie von Georg Kraus aus der Zeit um 1825.[6] Außer dem Max-Joseph-Platz wurde übrigens auch der langgestreckte Maximiliansplatz zwischen der Herzog-Max-Burg und der Max-Vorstadt von der Infanterie zum Exerzieren verwendet. Ein Antrag des Generalkommandos München vom Jahr 1821, die öde Fläche in einen regulären Exerzierplatz umzugestalten, wurde aber abgelehnt.[7]

In den Jahren nach dem Kriegsende (1815) sank das Verständnis der zivilen Anwohner des Max-Joseph-Platzes für die Belange des Militärs deutlich. So beschwerten sich drei Hausbesitzer, nämlich der Schneidermeister Rieder, der Tischlermeister Prest und der Hofwundarzt Derflinger am 31. Mai 1820 bei der Kgl. Polizeidirektion München über das Exerzieren der Artillerie auf dem Platz. Der Lärm dauere manchmal von sechs Uhr früh bis zum späten Nachmittag. Die Hausbesitzer führten an, daß sie als Mieter zumeist höhere Beamte hätten, die zuhause in Ruhe ihre Akten studieren wollten. Nun aber hätten wegen des »*quälenden Geschreies der Soldaten*« schon einige gute Mieter gekündigt. Das Münchner Artillerie-Regiment, vom Kriegsministerium zu einer Stellungnahme aufgefordert, erklärte, daß die Lärmbelästigung durch das Militär gewiß nicht größer sei als durch die zahlreichen Handwerksbetriebe in der Stadt, welche im Gegensatz zum Militär bis in die Nacht hinein arbeiteten. Derzeit habe das Regiment in nur wenigen Wochen fast 300 Rekruten auszubilden. Wolle man dazu jeden Tag das weit entfernte Oberwiesenfeld aufsuchen, so gingen täglich fast zwei Stunden Ausbildungszeit nur durch das Marschieren verloren. Was aber die Bezeichnung der von Offizieren erteilten Kommandos und das im Reglement vorgeschriebene laute Nachzählen der Tempos bei den Handgriffen durch die Rekruten als »quälendes Geschrei« anbetreffe, so müsse man gegen die damit zum Ausdruck kommende Mißachtung des Militärstandes protestieren. Das Regiment wurde vom Artilleriebrigadekommando voll unterstützt. Die Brigade gab zu bedenken, daß man durch Konzessionen an die Hausbesitzer einen Präzedenzfall schaffen würde und nach einigen Jahren wohl die ganze Artillerie aus der Stadt auf das Oberwiesenfeld hinausgedrängt wäre.[8]

Gewichtiger als die Beschwerden einiger kleiner Bourgeois wogen dann 1824 die Forderungen des Innenministeriums. Es unterstützte einen Antrag der zum Wiederaufbau des Hoftheaters eingesetzten Kommission, nach Eröffnung des neuen Theaters das Artillerie-Regiment vom Max-Joseph-Platz zu verbannen. Auch hier wurde auf die Belästigung der ganzen Nachbarschaft durch den täglichen Ausbildungsbetrieb verwiesen. Gewichtiger war jedoch die Behauptung, daß wohl in keiner Haupt- und Residenzstadt außer in München, auf einem Stadtplatz ständig Militärübungen stattfänden. Vielmehr suche sich überall sonst das Militär Exerzierplätze außerhalb der Städte.[9]

Auf Nachforschen des Kriegsministeriums mußte die Kommandantschaft München zugeben, daß die Garnison keinerlei juristisch abgesicherte Rechte für den Platz hatte, abgesehen von dem königlichen Reskript vom Jahre 1804.[10] Diese schwache Rechtsposition des Militärs war der Punkt, an dem die Hoftheaterbaukommission im Januar 1825 ihren Hebel ansetzte. Sie erklärte, das Reskript von 1804 habe den damals noch völlig wüsten, leeren Platz lediglich provisorisch der Armee überlassen. Mittlerweile erhebe sich jedoch an diesem Ort das »Nationaltheater« des Königreiches, zudem solle hier dereinst ein Denkmal für König Max Joseph errichtet werden. Wenn die Garnison unbedingt einen Exerzierplatz mitten in der Stadt wolle, könne sie ja wieder auf den Promenadeplatz ziehen. Demgegenüber beharrte die Truppe auf dem Max-Joseph-Platz, der neben dem Schrannenplatz (Marienplatz) damals in der Altstadt der einzige Platz war, wo im Bedarfsfall größere Truppenabteilungen, vor allem Kavallerie, aufgestellt werden könnten. Den Promenadeplatz wollte die Armee nicht mehr haben. Er sei schon seinerzeit für eine weitaus schwächere Garnison immer zu klein gewesen. Außerdem wies man auf die seit 1804 erfolgte Begrünung des Promenadeplatzes hin.[11]

Der ganze Streit um die Zukunft des Max-Josephs-Platzes wurde dann im Frühjahr 1826 durch eine Anweisung König Ludwigs I. hinfällig, der wegen des neuen Königsbaues der Residenz der Artillerie ohnehin den Max-Joseph-Platz als Exerzierstatt völlig entzog.[12]

Anmerkungen:

1 M. Schattenhofer, Von Kirchen, Kurfürsten, Kaffeesiedern etc. Aus Münchens Vergangenheit., München 1974, S. 157 und S. 279

2 L. v. Westenrieder, Beschreibung der Haupt- und Residenzstadt München (im gegenwärtigen Zustande), München 1782 (unv. Ndr. München 1984), S. 34

3 MKr. 9038 Prod. 1, FinM an KM am 13. Juli 1804; Kurf. Reskript vom 21. Juli 1804

4 S. Arndt-Barend, Die Klostersäkularisation in München 1802/03 (MBM Bd. 95), München 1986, S. 90 f.

5 Vgl. G. J. Wolf, Ein Jahrhundert München 1800 – 1900, München 1935 (unv. Ndr. Frankfurt/M. 1980), S. 35

6 Vgl. O. Zettler, Altmünchner Bilderbuch, München 1938, Nr. 178

7 MKr. 9038 Prod. 4, 1. InfRgt an 1. InfBrig am 30. April 1821; GenKdo München an KM am 3. Mai 1821; KM an GenKdo München am 16. Juni 1821

8 Ebd. Prod. 8, Beilagen zu einem Bericht der KdtMünchen vom 18. Dez. 1824, u.a. Stellungnahme des 1. ArtRgt vom 13. Juni 1820 mit Vermerk der ArtBrig d. d.

9 Ebd. Prod. 7, InnM an KM am 15. Dez. 1824 mit der Abschrift eines undat. Berichts der Hoftheater-Spezial-Baukommission an das InnM

10 Ebd. Prod. 8, KdtMünchen an KM am 18. Dez. 1824

11 Ebd. Prod. 9, Protokoll der 93. Sitzung der Hoftheaterbaukommission am 29. Jan. 1825; Prod. 10, Bericht der KdtMünchen vom 2. Febr. 1825

12 Ebd. Prod. 14, Kgl. Reskript vom 18. April 1826

Der Exerzierplatz auf dem Gasteig

Die Tatsache, daß sich einst auf dem Gasteig ein Übungsplatz der Münchner Garnison befand, ist heute weitgehend unbekannt. Freilich hat sich die einschlägige Forschung recht wenig darum bekümmert. Beispielhaft hierfür ist die ansonsten äußerst detailreiche und aus den Quellen schöpfende Geschichte Haidhausens aus der Feder von Walter Heerde. In ihr wird an einigen Stellen die Existenz von militärischen Einrichtungen im Untersuchungsbereich en passant genannt, ohne sie jedoch einer ausführlichen Beschreibung zu würdigen.[1]

Die Fläche des ehemaligen Exerzierplatzes auf dem Gasteig läßt sich noch heute gut am Straßenverlauf im heutigen Stadtteil Haidhausen feststellen. Der Platz wurde im Norden begrenzt durch den Verlauf der alten »Wiener Chaussée«, also der heutigen Inneren Wiener Straße im Bereich zwischen Gasteig und Wiener Platz, im Süden durch den »Ziegelweg«, d. h. die Fahrtstrecke jener Wagen, die die Erzeugnisse der zahlreichen Ziegeleien ostwärts Münchens transportierten – dieser Weg ist heute noch erhalten im Verlauf der Kellerstraße und der Milchstraße, wobei die Fläche zwischen diesen beiden Straßen bis 1795 zum Exerziergelände gehörte. Den ostwärtigen Abschluß des Übungsplatzes bildete seit 1794 der damalige »Giesinger Farth Weeg«, auch »Haidhauser Fahrt-Weeg nach denen Ziegelstaedl« genannt – die heutige Steinstraße. Damals wie heute wurde der Bereich von der Preysing-Straße durchschnitten. Insgesamt bildete der Exerzierplatz ursprünglich ein Dreieck mit einer westlichen Spitze am Gasteig, wobei diese Spitze aber noch im 18. Jahrhundert gekappt wurde und die Fläche eine trapezförmige Gestalt annahm. Die Westgrenze des Exerzierplatzes lag daraufhin im Verlauf der späteren Holzhofstraße.[2]

Um die Grundverhältnisse der Garnison besser zu begreifen, soll kurz die historische Topographie des Gasteigs und Haidhausens gestreift werden.

Der Gasteig

Der steile (»gache«) Anstieg von der Isar auf das rechte Hochufer war gewissermaßen ein Brückenkopf der Stadt München. Hier, an der alten Handelsstraße, befand sich seit dem frühen 13. Jahrhundert ein Leprosenhaus der Stadt. Das alte Nikolaispital, dessen Kirche erhalten blieb, wurde bis 1859 in kommunaler Verwaltung geführt. Anschließend übernahmen Barmherzige Schwestern die Betreuung der Kranken und übersiedelten mit ihnen 1860 nach Untergiesing. Die Spitalgebäude am Gasteig wurden zwischen 1861 und 1863 abgerissen. Nicht zu verwechseln mit dem alten Spital ist das spätere »Gasteigspital«, einem Altersheim, das sich bis in die 1970er Jahre an der Stelle des heutigen städtischen Kulturzentrums befand. Diese Institution ging zurück auf das sog. »Armenversorgungshaus«, einer Schöpfung der Sozialpolitik des Grafen Rumford. Es war von 1795 bis 1821 im ehemaligen Osterwald'schen Observatorium (nicht zu verwechseln mit der Sternwarte Bogenhausen) am Gasteig untergebracht, anschließend in einer ehemaligen Gaststätte an der Kellerstraße, die 1861 einem Neubau weichen mußte. Neben diesen Sozialeinrichtungen hatte die Stadt am Gasteig seit dem Mittelalter ein wichtiges Brunnhaus für ihre Wasserleitung. Es stand an der heutigen Gabelung von Wiener Straße und Rosenheimer Straße und ist auf zahlreichen Stadtansichten verewigt. Das alte Brunnhaus stellte 1837 den Betrieb ein und wurde 1859 abgebrochen. Eine weitere charakteristische Einrichtung des Gasteiges waren seit dem 18. Jahrhundert Lagerkeller der Münchner Bierbrauer.[3]

Haidhausen, eine alte baiuwarische Siedlung, gelangte mit der Übernahme der Grafschaft Wolfratshausen in den Besitz der wittelsbachischen Herzöge und gehörte zum Landgericht Wolfratshausen. Im Jahr 1612 wurde es dem neuen »Gericht ob der Au« unterstellt.[4] Ende des 17. Jahrhunderts erwarb der kurfürstliche Geheime Rat Franz Pongraz von Leiblfing das alten Anwesen der Münchner Bürgersfamilie Holzhauser. In zäher Arbeit gelang dem Freiherrn der Zugriff auf die bisher landgerichtische Dorfgemeinde Haidhausen und 1692 erklärte Kurfürst Max Emanuel das Dorf zu einer geschlossenen adeligen Hofmark. 1729 ging die Hofmark Haidhausen durch Erbschaft an Graf Max von Törring-Seefeld über. Das Gemeindeedikt von 1808 betraf die Hofmark nur insoweit, als ein »Steuerdistrikt Haidhausen« gebildet wurde. In den Jahren 1812/13 verkaufte Graf Clemens das Schloß mit einem Teil des Gartens an den Pfarrer Hallmayr von Bogenhausen, der es der Dorfgemeinde Haidhausen als Schulhaus schenkte. Rechtlich bestand die Hofmark in Form eines adeligen Patrimonialgerichtes aber weiter. Nach dem Gemeindeedikt von 1818 erhielt die alte Dorfgemeinde ein Gemeindekollegium. Zum Jahresende 1826 verkaufte Graf Clemens von Törring das Patrimonialgericht Haidhausen um 64 000 Gulden dem Staat. Dadurch wurde Haidhausen eine Ruralgemeinde des Kgl. Landgerichts München bzw. ab 1831 des Landgerichts München-Au. Im Jahr 1854 wurde Haidhausen als Vorstadt nach München eingemeindet.[5]

Der Besitz der Grafen Preysing

Im Jahr 1678 kaufte Graf Max II. von Preysing-Hohenaschau Schloß und Gartengrundstück aus dem Nachlaß des kurfürstlichen Münzverwalters v. Mayr bei Haidhausen. Dieser Besitz wurde später arrondiert und stellte sich im frühen 18. Jahrhundert als ein stattlicher Landsitz außerhalb der Hofmark Haidhausen dar. Unter Graf Max V. von Preysing wurde die Verbindungsstraße vom Schloß zum Gasteig zu einer schönen Allee gestaltet. Die Preysingsche Allee war eine gräfliche Privatstraße, die mit Schlagbäumen abgesperrt war. In diesem Status blieb der Komplex bis zum Tode Graf Max V. im Jahr 1827. Sein Sohn und Erbe Graf Max VI. schenkte die Preysingallee der Gemeinde Haidhausen und verkaufte 1828 das Familienanwesen um 25 000 Gulden an den Münchner Handelsmann Max Joseph Kaut. Von diesem ging es 1840 an die Klosterfrauen vom Guten Hirten, eines Ordens aus Angers in Frankreich. Das Kloster mit seiner Mädchenfürsorgeanstalt wurde in den 1960er Jahren verlegt. Auf dem Areal des Preysing-Schlößls befindet sich seit 1965 das »Edith-Stein-Gymnasium«.[6]

Streitigkeiten um den Exerzierplatz

Ende des 18. Jahrhunderts wurden die Ansichten über das Nutzungsrecht des Geländes durch die Garnison strittig. Im Herbst 1779 hatte der kurfürstliche Truchseß und Stadtkämmerer Ludwig v. Reindl, de facto Münchens Bürgermeister, vom Münchner Magistrat ein kommunales Grundstück von vier Tagwerk Umfang auf dem Gasteig gekauft. Er wollte das Ödland einzäunen und »kultivieren«, also intensiv landwirtschaftlich nutzen. Im Frühjahr 1780 bekam v. Reindl aber Schwierigkeiten mit dem Münchner Stadtkommandanten General Graf v. Rambaldi, da die Garnison das Reindlsche Grundstück als althergebrachten Teil ihres Exerzierfeldes beanspruchte.[7] Im April 1780 verfaßte der Hofkriegsrat v. Molitor nach einem gemeinsamen Lokaltermin mit den streitenden Parteien ein Gutachten. Darin bemerkte er einleitend, daß vor Zeiten die Münchner Garnison einige Plätze nahe der Stadt benutzt hatte, dann jedoch wegen der kurfürstlichen Mandate zur Kultivierung öder Flächen zu Heuwiesen oder Äckern als Hauptexerzierplatz die Neuhauser Heide (Marsfeld) gewählt habe. Ungeachtetdessen sei für die Truppen in der Isarkaserne, ob Kavallerie oder Infanterie, stets das öde Land vom Gasteig bis nach Haidhausen der Exerzierplatz gewesen. Allerdings, so v. Molitor, hätten diese Truppen zumeist nur im Bereich nördlich der Preysing-Allee geübt, wovon das »Schänzl«, eine alte, halb verfallene Feldbefestigung zeuge. Auffällig sei deshalb das Verhalten des Regiments Holnstein, das ohne ersichtliches Bedürfnis seine Rekruten absichtlich im strittigen Bereich südlich der Preysing-Allee exerziere. Abschließend plädierte der Hofkriegsrat für einen Verzicht der Garnison auf jene vier Tagwerk Grund, da ansonsten v. Reindl eine Entschädigung auf Kosten des Ärars gezahlt werden müsse.[8] Tatsächlich erging schon am 10. April 1780 ein kurfürstliches Reskript, das dem Militär das Betreten der Reindlschen Gründe verbot und sie auf die Heide nördlich der Preysing-Allee verwies. Daraus ergaben sich aber sofort neue Schwierigkeiten, da dieses Gebiet teilweise zur Hofmark Haidhausen gehörte. Bereits am 18. April 1780 beschwerte sich der Hofmarksherr Anton Graf v. Törring zu Seefeld über die zunehmende Schädigung seiner Gründe durch übende Truppen. Ganz im Gegensatz zur Auffassung des Hofkriegsrats erklärte der Graf, daß die städtischen, nunmehr privaten Gründe südlich der Preysing-Allee seit »unbedenklichen Zeiten« vom Militär benutzt worden seien. Nachdem nun aber dem Herrn v. Reindl eine rechtlich unbegründete Vergünstigung verschafft worden sei, versuche sich der Hofkriegsrat zum Ausgleich an der Hofmark Haidhausen schadlos zu halten, obwohl in Bayern nur die Städte, keinesfalls aber die Hofmarken dem Militär zur Bereitstellung von Exerzierplätzen verpflichtet seien.[9]

Der Streit von 1780 endete anscheinend damit, daß die Rechte der Hofmark Haidhausen respektiert wurden und der Münchner Bürgermeister v. Reindl seine Absicht, das strittige Grundstück einzuzäunen, aufgab.[10] In den Akten wurde der Streit jedenfalls nicht weiter verfolgt.

Nach einer zwölfjährigen Pause wurde der Exerzierplatz wieder zum Zankapfel. Im Januar 1792 griff ihn die »Gemeinde« der Hofmark Haidhausen auf, also die altbaierische »Gmoa« der allmendeberechtigten Bauern.[11] Bezeichnenderweise entflammte der Streit an der Ansiedlung eines »Leerhäuslers«, von Beruf war er Schnallenmacher, in der Hofmark. Die Oberlandesregierung wollte die Haidhauser Gemeindegenossen dazu bewegen, dem Handwerker einen Bauplatz für sein Haus in ihrer Feldflur zu geben und sich zum Ausgleich ein Stück von ihrem Ödland zu kultivieren. Genau hier kam nun wieder das Militär ins Spiel. Die Dorfgemeinde erklärte nämlich, daß die öden Gründe zwischen ihrer Feldflur und dem Burgfrieden der Stadt München lediglich als Viehweiden benützt werden könnten, da hier ständig Truppen aus der Isarkaserne und sogar aus der Kreuzkaserne übten. Bei einer Umwandlung dieser Fläche in Ackerland würden diese Truppen, namentlich die Kavallerie, doch nur wieder alles zertrampeln. Indessen sei es ja nicht verwunderlich, daß die Münchner Garnison sich immer mehr auf den Fluren der Hofmark Haidhausen ausdehne, da innerhalb jenes Teils des Exerzierplatzes, der zum Münchner Burgfrieden zähle, dem Militär seit einigen Jahren durch den Bau von Bierkellern immer mehr Raum entzogen werde.[12] Das Aufbegehren der Haidhauser Bauern löste bei den Behörden in München Aktivität aus, man schrieb immerhin das dritte Jahr sei Beginn der Französischen Revolution. Nachdem der Hofmarksrichter von Haidhausen dem Hofkriegsrat am 8. Februar vom Unwillen der großen Bauern (sic!) gegen eine Aufteilung der Allmende berichtet hatte,[13] beschloß der Hofkriegsrat am 5. März 1792 die Bildung einer Untersuchungskommission. Sie sollte aus dem Hofkriegsjustizrat v. Baumgartner, Vertretern der Kommandantschaft München und des Ingenieurkorps, der Oberlandesregierung, des Münchner Magistrats und des Hofmarksgerichts Haidhausen bestehen und die Frage der künftigen Exerzierplätze der Garnison grundsätzlich erörtern.[14]

Am 2. April 1792 wurde auf dem Gasteig ein Lokaltermin abgehalten, an dem Vertreter des Hofkriegsrats, der Garnison und des Münchner Magistrats sowie der Hofmarksrichter von Haidhausen teilnahmen. Das Militär betonte, man habe seit den 1760er Jahren auch im Bereich der Hofmark geübt, weil der rein städtische Anteil an der Hochebene beim Gasteig schon damals einfach zu klein gewesen sei. Demgegenüber erklärte der Hofmarksrichter, in früheren Jahren sei der Gasteig innerhalb des Münchner Burgfriedens noch nicht mit Häusern und Märzenbierkellern verbaut gewesen, die Garnison habe nur ausnahmsweise bei ihren Übungen die Hofmarksgrenze überschritten, dies vorher angemeldet und die Flurschäden bezahlt. Zudem präsentierte er nun eine neue Aufforderung der Oberlandesregierung an die Hofmark, ihre Ödflächen zu kultivieren.[15]

Im Dezember 1792 entschlossen sich Hofmark und Gemeinde Haidhausen tatsächlich künftig die Allmende unter die realberechtigten Dorfgenossen aufzuteilen und unter den Pflug zu nehmen.[16] Gleich darauf, im Januar 1793, erklärte dann auch der Münchner Magistrat, man sei gesonnen das Areal des bisherigen Exerzierplatzes zu kultivieren – es sei denn, das Militär entschließe sich endlich zu einer definitiven Regelung seiner Befugnisse am Gasteig.[17]

Am 2. Mai 1793 stellte eine Militärkommission fest, die Garnison, vor allem das in der Isarkaserne liegende 6. Füsilier-Regiment könne nicht vollständig auf ein Übungsgelände am Gasteig verzichten. Jedoch regte sie an, sich künftig auf das Gebiet beiderseits der Preysing-Allee zwischen den Bierkellern im Westen und der Münchner Burgfriedensgrenze im Osten zu beschränken.[18]

Am 5. Juni 1794 trat erneut eine militärisch-zivile Untersuchungskommission nach Art jener vom April 1792 zusammen. Mittlerweile hatten die Haidhauser Bauern schon einen beträchtlichen Teil ihrer früheren Allmende umgepflügt und damit den Exerzierplatz beschnitten. Die Stadt München, die ihre Drohung vom Januar 1793, d. h. den Entzug der Nutzungserlaubnis ihrer Gründe auf dem Gasteig für die Garnison, bisher noch nicht in die Tat umgesetzt hatte, warnte nun, sie werde dies doch tun, falls die neuen Felder der Haidhauser bis zum Burgfrieden näherrücken sollten.[19] Die Garnison war also zwischen die Mühlsteine der Kommunalpolitik geraten. Am 18. Oktober 1794 bestimmte dann das kurfürstliche Mandat über die Münchner Exerzierplätze, daß der Übungsplatz auf dem Gasteig links und rechts der Preysing-Allee von den Bierkellern über den Burgfrieden der Stadt hinaus bis zu einem querverlaufenden Feldweg (»Ziegelweg« bzw. die heutige Steinstraße) reichen sollte. Auf dem militärisch genutzten Teil ihrer Gründe durften die Haidhauser lediglich das Weiderecht ausüben. Um diese Weide aber auch länger nützen zu können, sollte der Beginn der Exerzierzeit später in den Herbst gelegt werden.[20]

Der Exerzierplatz im frühen 19. Jahrhundert

Nach dem Mandat von 1794 herrschte einige Jahre Ruhe auf dem Gasteig. Im Juni 1801 jedoch beschwerte sich die Stadt München darüber, daß noch immer keine exakte Vermessung der Grenzen des Exerzierplatzes und damit indirekt auch der Burgfriedensgrenze erfolgt sei. Infolgedessen erlaubten sich etliche Haidhauser Bauern die Heide auch auf städtischer Seite zu kultivieren. Sie führten große Haufen Dünger darauf, in direkter Nachbarschaft zu den rege vom Publikum besuchten »Märzenkellern« der Münchner

Bierbrauer.[21] Daraufhin erging eine kurfürstliche Kabinettsordre an die Stadtkommandantschaft, in Absprache mit der Kommunalverwaltung den Exerzierplatz Gasteig durch einen Ingenieuroffizier topographisch aufnehmen zu lassen.[22]

Am Vormittag des 20. Juli 1801 trafen sich auf dem strittigen Gelände Major Verger als Vertreter der Garnison, der kurfürstliche Oberbauinspektor und Kartograph Adrian v. Riedl, Herr v. Miller vom Innern Rat der Stadt München und der Verwalter der Hofmark Haidhausen. Die eigentlichen Vermessungsarbeiten führte der Oberleutnant v. Pusch durch. Sogleich wurden von beiden zivilen Seiten Forderungen nach einer Reduzierung der ausgesteckten Übungsplatzfläche erhoben. Der Vertreter der Stadt verwies auf das kommunale Obereigentumsrecht im Westteil des Platzes und kündigte die Vergabe von Grundparzellen an die Münchner Brauer zum Bau weiterer Bierkeller an. Der Hofmarksrichter erinnerte seinerseits an das Haidhauser Obereigentumsrecht im Ostteil. Ohne Widerspruch seitens der Militärvertreter gab er zu Protokoll, daß seit einiger Zeit auf dem Gasteig kaum mehr von der Garnison geübt würde. Infolgedessen werde die Dorfgenossenschaft ihr Weiderecht beanspruchen. Somit konnte kein allgemeiner Konsens gefunden werden.[23]

Die Stadt München schmiedete das Eisen, solange es noch warm war und wandte sich einige Wochen später erneut an den Kurfürsten mit der Bitte, am Rand des Exerzierplatzes weitere Bierkeller bauen zu dürfen. Max IV. Joseph wurde die Sache allmählich lästig und er wies die Garnison an, die Platzgrenze nach den Wünschen der Stadt so zu legen, »... daß die ganze Sache endgültig gehörig auf sich beruhe.« Diese Vermessungsarbeiten wurden am 3. November 1801 durchgeführt.[24]

Inwieweit der Exerzierplatz auf dem Gasteig in den darauffolgenden Jahren von der Truppe benutzt wurde, ist fraglich. Von Bewohnern Haidhausens wurde die zunehmende Ausweitung der Münchner Bierkeller beklagt.[25] Die Brauer hingegen wollten immer noch mehr Grund erwerben, da nach ihren Angaben darauf ohnehin nicht mehr militärisch geübt wurde. So bemerkte etwa der »Högerbräu« Leonhard Seidl im Herbst 1807 über den Platz: »... auf demselben sind in manchen Orten viele Gräben und Sinken, und wird nebstbei vieler Dünger [von Haidhausen] dahin geworfen (...) auch alles Beschütt [Schutt und Abfall] dahin geführt.«[26]

Eine weitere Beschneidung des Exerziergeländes bei der Isarkaserne nahm der Kriegsökonomierat nun aber nicht mehr hin. Er stellte die Frage, warum staatliche Interessen immer wieder dem Profit einiger reicher Bürger geopfert werden sollten und warnte davor, daß bei weiterer Willfährigkeit der Behörden der Garnison im Osten der Stadt bald kein Fleckchen Grund mehr zur Verfügung stehen werde. Außerdem habe eine nachgiebige Haltung in der Frage des Gasteigs eine negative Sogwirkung betreffend ziviler Ansprüche auf das Marsfeld und das Oberwiesenfeld.[27] Diese Argumentation überzeugte den König und er verbot per Reskript vom 9. November 1807 eine Verkleinerung des Exerzierfeldes.[28] Im Herbst des Jahres 1808 wurde der Stadtkommandantschaft im Zusammenhang mit Kiesabgrabungen direkt an der Grenze des Exerzierplatzes »strengste Aufsicht« über dessen Zustand befohlen.[29]

Weder die Stadtkommandantschaft noch die Truppe scheinen nach dem Feldzug des Jahres 1809 ein großes Interesse gehabt zu haben, auf dem doch recht kleinen Gasteigfeld im vornapoleonischen Stil zu exerzieren. Im Frühjahr 1810 stellte der Kriegsökonomierat Frey mit einiger Empörung fest, daß die Münchner Stadtkommandantschaft ein neuerliches Gesuch des Bierbrauers Seidl um Abgabe eines Grundstreifens am Westrand des Exerzierplatzes, wie auch schon anno 1807 sogar unterstützte. Frey vermerkte hierzu: »... Es ist sonderbar, daß das Militär so freigiebig mit Verschenkung der Exerzierplätze seyn kann (…) nur weil der Plaz mit Dunghaufen belegt, und aus dieser Ursache von dem Militär nicht benützt werden könnte. (…) Die Dunghaufen und jeder andere Unfug wird so lange statt haben, und getrieben, so lange das Militär die ihm zustehende Polizeyliche Aufsicht nicht strenge handhaben wird. (…) Die auf solche Art einschleichende einzelne Zertrümmerung des ohnehin so kleinen Platzes, kann keine andere, als beschwerende Folgen haben.«[30]

Die Errichtung des Militärholzgartens (1811)

Die Armeeführung zog jedoch aus der bestehenden Situation andere Konsequenzen, als sie der Kriegsökonomierat Frey beabsichtigte. Anstelle am Gasteig wieder den Exerzierbetrieb zu forcieren, beschloß man darauf einen großen Militärholzplatz zu errichten. Er entstand ab dem Herbst 1811 auf dem südlich der Preysing-Allee gelegenen Teil und wurde bis 1881 benützt. Die hierzu nicht benötigte Restfläche des vormaligen Exerzierplatzes nördlich der Allee sollte, nach einem königlichen Reskript vom 19. November 1814, gemäß den ursprünglichen Eigentumsverhältnissen aus dem 18. Jahrhundert anteilmäßig an die Stadt München bzw. das Dorf Haidhausen »… zur freien Disposition alsbaldigst zurückgestellt werden.« Die Stadt München wurde zudem von jeder künftigen Verpflichtung zur Abgabe eines Standortübungsplatzes aus ihrem Grundbesitz befreit.[31]

Die Stallbaracken auf dem Gasteig (1813/21)

Nach der Anlage des Militärholzplatzes im Herbst 1811 stand der andere Teil des früheren Exerzierplatzes weiterhin im Verfügungsrecht des Militärs. Im Herbst 1813 schlug der Kriegsökonomierat vor, darauf zwei große Stallbaracken für je hundert Pferde des 1. Chevaulegers-Regiments zu errichten. Zudem sei dort auch Platz »… zur Dressur der Mannschaft und Pferde« vorhanden.[32] Das Regiment selbst wollte allerdings lieber eine Stallbaracke im Hof der Alten Isarkaserne, da es den Soldaten den beschwerlichen Weg auf die Gasteighöhe zu den Futterzeiten und zur Pferdewart nicht zumuten wollte. Diesem Antrag wurde stattgegeben und der Barackenbau auf dem Gasteig vorläufig verschoben.[33] Einige Monate später, noch im Laufe des Jahres 1813, entstanden dann doch drei große Stallbaracken auf dem Gasteig. Sie waren zunächst mit Kavalleriepferden, dann mit einigen hundert Zugpferden des Fuhrwesen-Bataillons belegt. Im Sommer 1815 dienten Teile dieser Baracken als Quarantänestall für Pferde, die an »Rotz«, einer gefährlichen Seuche, litten. Sie wurden dann aus Sicherheitsgründen abgerissen und aus frischem Holz im September 1815 neu gebaut. Außerdem kam sogar eine vierte Behelfsstallung hinzu. Die vier Baracken nahmen nun vorläufig einen Teil jener 1500 rumänischen Wildpferde (»Moldauer Remonten«) auf, die man für die bayerische Reiterei angekauft hatte.[34] Die fortwährende intensive Nutzung der großen, jeweils mehr als hundert Meter langen Baracken durch Pferde für Husaren, Ulanen und Chevaulegers, die Wildpferde aus Moldawien, dann Zuchtpferde der Remontegestütskommission und schließlich die großen Tiere des Regiments Garde du Corps rief bereits nach wenigen Jahren starke Bauschäden hervor. So meldete der Münchner Militärbaumeister Klumpp im Februar 1820, man habe nunmehr die beiden ältesten Stallungen Nr. 1 und Nr. 2 wegen akuter Einsturzgefahr mit Balken notdürftig abstützen müssen. Die Baracke Nr. 3 wurde zu dieser Zeit als Fouragespeicher verwendet.[35] Nach Vorschlag Klumpps wurden die Stallbaracken Nr. 2, Nr. 4 und ein Teil von Nr. 3 bis zum Herbst 1821 abgetragen und aus dem noch brauchbaren Material eine neue Konstruktion auf der Isarinsel erstellt. Die Baracke Nr. 1 samt dem Rest von Nr. 3 stand noch auf dem Gasteig, war aber bereits zum Bau eines Stalls bei der Neuen Isarkaserne vorgesehen.[36]

Das Ende des Exerzierplatzes (1823)

Durch den Abbruch der Stallbaracken um 1820/21 erhielten die Forderungen der eigentlichen Grundeigentümer, also der Stadt München bzw. des Dorfes Haidhausen, nach Rückgabe des Areals wieder Nahrung.[37] Bereits im Frühjahr 1815 hatte das Generalkommissariat des Isarkreises die Armee zur Räumung der Grundfläche nördlich der Preysing-Allee aufgefordert. Damals war jedoch geschickt vom Kriegsökonomierat mit dem königlichen Reskript vom 19. November 1814 gekontert worden, das lediglich »alsbaldigst« die Räumung in Aussicht gestellt hatte.[38]

Die Armee dachte auch nach der Entfernung der Baracken vorerst nicht daran, das Areal zu räumen. Vielmehr ordnete Kriegsminister v. Maillot im März 1823 an, den Platz als Reitschul- und Exerzierplatz des Regiments Garde du Corps zu behalten.[39] Damit hatte Maillot aber die Rechnung buchstäblich ohne den Wirt gemacht, nämlich die Dorfgemeinde des Gräflich Törring'schen Patrimonalgerichts Haidhausen. Gewissermaßen handstreichartig begannen die Haidhauser mitten auf dem Exerzierfeld der Garde eine große Kiesgrube anzulegen. Dabei stand das Recht eindeutig auf ihrer Seite. Die Kürassiere zogen ab und im Herbst 1826 legte die Armee ihre juristisch völlig unbegründeten Ansprüche auf das Gelände endgültig ad acta.[40]

Anmerkungen:

1 W. Heerde, Haidhausen. Geschichte einer Münchner Vorstadt (= OA 98 (1974)), München 1974, S. 50, 55, 91 und 252

2 Die Topographie des Exerzierplatzes ist aus alten Plänen ersichtlich, z. B. MKr. 9041 Prod. 3 (unsig., dat. Juni 1803, jedoch die Situation 1795 – 1801 darstellend); Prod. 10 (Kopie der topographischen Aufnahme von 1801) u.a.

3 W. Heerde (wie Anm. 1), S. 97 – 108 pass.

4 Ebd., S. 18 und S. 24 – 27

5 Ebd., S. 27 – 44 pass.

6 Ebd., S. 90 – 93

7 A XX Bd. 10 Akt: Exerzierplatz Gasteig Prod. 1, Bittgesuch v. Reindel an Kurfürst Karl Theodor vom 27. März 1780

8 Ebd. Prod. 3, Gutachten des Hofkriegsrats v. Molitor vom April 1780

9 Ebd. Prod. 4, KdtMünchen an Hofkriegsrat am 18. April 1780; Prod. 4 1/2, Graf v. Törring an den Hofkriegsrat, dat. Haidhausen 18. April 1780

10 Ebd. Prod. 7, Aktenvermerk des Hofkriegsrats vom 3. Febr. 1792

11 Zur »Gemeinde« z. B. K. Bosl, Dorfgemeinde in: Sachwörterbuch zur deutschen Geschichte hg. von H. Rössler/ G. Franz, München 1958, S. 217 ff.; F. Zimmermann, Die Rechtsnatur der altbayerischen Dorfgemeinde und ihrer Gemeindenutzungsrechte, Landshut 1949

12 A XX Bd. 10 Akt: Exerzierplatz Gasteig Prod. 7, Eingaben der Gemeinde zu Haidhausen an Hofkriegsrat vom 27. bzw. 29. Jan. 1792

13 Ebd. Prod. 8, Hofmarksrichter Ühlein zu Haidhausen an Hofkriegsrat am 8. Febr. 1792

14 Ebd. Prod. 9, Hofkriegsrat am 5. März 1792

15 Ebd. Prod. 12, Protokoll vom 2. April 1792

16 Ebd. Prod. 15, Auszug aus dem Tagebuch des Hofkriegsrats vom 14. Dez. 1792

17 Ebd. Prod. 16, Stadtmagistrat München an Hofkriegsrat am 22. Januar 1793

18 Ebd. Prod. 23, Bericht der Militärkommission vom 2. Mai 1793

19 Ebd. Prod. 26, Kommissionsprotokoll vom 5. Jnui 1794

20 Ebd. Prod. 28, Kurfürstliches Mandat vom 18. Okt. 1794

21 MKr. 9041, Stadt München an Kurfürst Max IV. Joseph am 5. Juni 1801 (Abschrift)

22 Ebd., Kurfürstliche Kabinettsordre vom 5. Juli 1801

23 Ebd., Protokoll der militärischen Besichtigung vom 11. Juli 1801; Protokoll des zivilmilitärischen Lokaltermins vom 20. Juli 1801 (Abschrift von 1807)

24 Ebd., Stadt München an Kurfürst Max IV. Joseph am 28. Sept. 1801; Kurfürstliche Kabinettsordre vom 26. Okt. 1801; KdtMünchen an den Kurfürsten (»Ad Serenissinem«) am 4. Nov. 1801

25 Ebd., Schreiben des Loderermeister Wieser zu Haidhausen an KdtMünchen vom 6. April 1804; Schreiben der Hofmarksrichterswitwe und Bierwirtin Ühlein zu Haidhausen an KdtMünchen vom 11. Febr. 1806

26 A XX Bd. 10 Akt: Exerzierplatz Gasteig Prod. 42, Schreiben des bürgerlichen Bierbrauers zum »Höger« Leonhard Seidl von München an KdtMünchen am 1. Sept. 1807

27 MKr. 9041, KÖR am 26. Okt. 1807

28 Ebd., Kgl. Reskript vom 9. Nov. 1807

29 A XX Bd. 10 Akt: Exerzierplatz Gasteig Prod. 47, KM an KÖR am 11. Okt. 1808

30 Ebd., Prod. 49, Gutachten des Kriegsökonomierats Frey vom 27. April 1810

31 Vgl. den Abschnitt »Militär-Holzhof auf dem Gasteig«

32 MKr. 8958 Prod. 2, KÖR an KM am 8. Juli 1813; KM am 11. Juli 1813

33 Ebd. Prod. 3, KÖR an KM am 18. Juli 1813; Kgl. Reskript vom 27. Juli 1813

34 Ebd. Prod. 9, KÖR an KM am 10. Aug. 1815; Prod. 11, Kgl. Moldauer-Remonte-Depot Haidhausen, 26. Aug. 1815; KÖR an Militär-Administrationskommission München am 29. Aug. 1815; Prod. 25, Besichtigungsprotokoll vom 2. Dez. 1816

35 Ebd. Prod. 43, Militärbaumeister Klumpp an OAdKoll am 7. Febr. 1820

36 MKr. 9041 Prod. 53, Besichtigungsprotokoll vom 30. Okt. 1821

37 Ebd., Stadt München an KdtMünchen am 4. Sept. 1821

38 A XX Bd. 10 Akt: Exerzierplatz Gasteig Prod. 75, General-Kommissariat des Isarkreises an KÖR am 15. März 1815; KÖR am 22. d. Mts.

39 MKr. 9041 Prod. 53, KM an ArmeeKdo am 16. März 1823

40 Ebd. Prod. 54, KasVw München an KdtMünchen am 6. April 1823; Patrimonialgericht Haidhausen an KdtMünchen am 14. April 1823; Militärfiskalisches Gutachten vom 22. Mai 1823; Aktenvermerk des Kriegsministers v. Maillot vom 24. Okt. 1826

Das Marsfeld

An den großen Exerzierplatz zwischen München und dem Dorf Neuhausen, der im frühen 19. Jahrhundert nach Pariser Vorbild die Bezeichnung »Marsfeld« erhielt, erinnern heute nur noch die *»Marsstraße«* und der *»Marsplatz«*. Der Umfang des ehemaligen Marsfeldes läßt sich beschreiben durch den Verlauf von Bayerstraße und Landsberger Straße im Süden, der Nymphenburger Straße im Norden und der Landshuter Allee im Westen. Im Osten wurde das große Areal zur Stadt begrenzt durch den alten »Galgenberg«, der heute durch die Abgrabung für den Eisenbahnbau kaum mehr kenntlich, sich vom Bereich der heutigen Hacker-Brauerei über die Hackerbrücke bis zur Nymphenburger Straße erstreckte.

Von der Neuhauser Heide zum Exerzierplatz

Im 18. Jahrhundert war diese Gegend noch Teil der großen *»Neuhauser Heide«*, aber bereits der wichtigste Exerzierplatz der Münchner Garnison. Ein Gutachten, das 1793 für den Hofkriegsrat erstellt wurde, vermerkt ausdrücklich, daß das kurfürstliche Militär bis in die 1770er Jahre die Heide vor dem Neuhauser Tor bis hin zum Galgenberg als Exerzierplatz benutzt habe. Seitdem sei dieses Gebiet aber immer mehr mit Häusern und Gärten bebaut worden, sodaß man den Exerzierplatz in die Gegend jenseits des Galgenberges in Richtung auf Neuhausen verlegte.[1]

Im Frühjahr 1782 beschwerte sich die Dorfgemeinde Neuhausen bei der Oberlandesregierung in München über die Flurschäden, welche »… bey Exerzierung des Militairs auf denen Gemeindegründen« entstünden.[2] Der von der Garnison zu jener Zeit beanspruchte »Exercir Plaz« auf der »Neuhauser Weyde« umfaßte nach einem Bericht des Oberst v. Pfister vom Jahre 1783 eine Fläche von 159 Tagwerk. Er bot damit hinreichend Raum, um drei Regimenter Infanterie zu je 1200 Mann nach den Einsatzgrundsätzen der Lineartaktik üben zu lassen. Nach Pfister war übrigens der Exerzierplatz zu Mannheim erheblich kleiner.[3]

Zu einer Auseinandersetzung zwischen der Garnison und der Gemeinde Neuhausen kam es nach dem Intermezzo von 1782 dann wieder im Frühjahr 1786. Die Oberlandesregierung hatte beschlossen, an Neuhausen einen Teil des umliegenden Ödlandes aus kurfürstlichem Domänenbesitz zur Urbarmachung zu übergeben. Dagegen erhob das Militär Einspruch.[4] Trotz der Beschreibung des Exerzierplatzes von 1783 scheinen die von der Militärverwaltung tatsächlich beanspruchten Flächen größer gewesen zu sein. Der Hofkriegsrat erklärte in einem Schreiben an die Oberlandesregierung im Frühjahr 1788, man wolle sich die Option auf eine Vermehrung der Münchner Garnison oder auf Abhaltung größerer Manöver bei München nicht nehmen lassen und sei deshalb gegen eine Reduzierung des Exerzierplatzes. Andererseits gab es damals noch keinen ganzjährigen Übungsbetrieb im Gelände, sondern nach der Einzelausbildung eine »Exerzierzeit« der Regimenter im Herbst. Deshalb hatte der Hofkriegsrat gegen eine Beweidung des Exerzierplatzes durch die Neuhauser außerhalb dieser Exerzierzeit keine Einwände.[5]

Angesichts der Hinhaltetaktik des Hofkriegsrats riß der Zivilbehörde im Herbst 1793 der Geduldsfaden und sie übergab einen 570 Schritt langen und 140 Schritt breiten Streifen des Exerzierplatzes den Neuhauser Bauern. Diese ackerten das Heideland kurzerhand um und stellten so das Militär vor vollendete Tatsachen.[6] Alarmiert durch diese Aktion, erkannte nun das Militär endlich, daß nur die Festlegung von anerkannten Grenzen den Fortbestand des als unabdingbar eingestuften Exerzierplatzes sichern konnte. So fand am 5. Juni 1794 schließlich ein Lokaltermin statt, an dem der Landesregierungsrat v. Aretin jr., der Straßen- und Wasserbaudirektor v. Riedl, der Hofkriegsrat v. Baumgartner, der Landrichter von Dachau, der Hofkastner von München und die Vertreter des Dorfes Neuhausen teilnahmen. Hierzu muß ergänzend bemerkt werden, daß die Einwohner von Neuhausen damals zwei getrennten kurfürstlichen Grundherrschaftsbereichen, nämlich dem Landgericht Dachau und dem Hofkastenamt München, unterstanden.[7]

Das Resultat war ein kurfürstliches Mandat vom 18. Oktober 1794. Es bekräftigte den Nutzungsanspruch der Garnison München auf das Heideland zwischen der Landsberger Straße und der Nymphenburger Straße, erlaubte aber gleichzeitig den Neuhausern die Viehweide (»Blumenbesuch«) auf dem Truppenübungsplatz außerhalb der herbstlichen Exerzierzeit.[8] Dieses Mandat wurde sodann in einem Lokaltermin am 8. November 1794 allen Beteiligten vorgewiesen und um weitere Punkte ergänzt, beispielsweise mußten die Neuhauser alle Misthaufen und Odelgruben, die sie im Vorgriff auf eine beabsichtigte Umwandlung des Exerzierplatzes in Ackerland bereits angelegt hatten, wieder vom Exerzierplatz entfernen. Es durfte ein Fahrtweg über den Platz geführt werden, jedoch ohne Alleebäume und Straßengräben, um das Manövrieren der Truppen nicht zu beeinträchtigen.[9]

Die Regelung von 1794 hielt nur wenige Jahre den Frieden zwischen der Garnison und der Dorfgemeinde Neuhausen aufrecht. Schon 1802 forderte Neuhausen, unterstützt vom Landgericht Dachau, alle Rechte am Exerzierplatz »am Galgenberg«, zumindest aber wollte man davon 30 Tagwerk abzweigen.[10] Hierzu bemerkte der »Unterkandlerbräu« Benno Seidl von München, der selbst seine Gründe vor der Stadt durch einen Teil des Exerzierplatzes erweitern wollte, daß die Neuhauser nicht einmal fähig seien, ihre bisherigen, ohnehin schon sehr ausgedehnten Gemeindegründe ordentlich zu bewirtschaften. Auch wußte er zu berichten, daß sich in der Nachbarschaft des Exerzierplatzes, bei dem kurfürstlichen Eiskeller am Galgenberg zur Nachtzeit stets kriminelles Gesindel herumtreibe.[11]

Um auf dem Exerzierplatz Ordnung zu schaffen, wurde er am 3. Juni 1803 erstmals von einem Ingenieuroffizier genau vermessen und kartographiert. Der Plan wurde sodann dem Kastenamt Dachau, der Gemeinde Neuhausen und den privaten Münchner Grundanliegern präsentiert.[12] Im Frühjahr 1804 scheint mit dem Ziehen eines bereits 1803 von der Stadtkommandantschaft München beantragten Grenzgrabens um den Exerzierplatz begonnen worden zu sein, der nun erstmals als das »Marsfeld« in den Akten auftaucht.[13]

Ein königliches Reskript vom 28. Mai 1810 bestimmte, daß »… das zur Uebung der hiesigen Garnison ohnehin nicht sehr beträchtliche Marsfeld« in keiner Weise durch Abgabe von Grundflächen verkleinert werden durfte.[14]

Nachdem sich die bayerische Armee während der folgenden Feldzüge, vor allem in Rußland, ausgiebig im scharfen Gefecht üben konnte, war das Interesse am »Marsfeld« nicht so groß. Das änderte sich zwangsläufig wieder mit dem Wandel zu einer Friedensarmee nach 1815/16. Deshalb wurden im Jahr 1819 die Umfassungsgräben des Marsfeldes wieder instandgesetzt, um dessen Befahren »… mit Chaisen, als auch Bauernwagen« zu verhindern. Auch wußte der Stadtkommandant zu berichten, daß »… alle Winterszeit die Barrieren am Marsfeld abgerissen, das Holz davon und auch die Schlösser entwendet werden.«[15] So wurde äußerlich der Anspruch der Garnison auf das Marsfeld wieder deutlich gemacht. Dennoch blieb die Eigentumsfrage ungeklärt. Selbst die Kommandantschaft München äußerte noch im Jahr 1810, das Marsfeld gehöre zur Gemeinde Neuhausen.[16] Auch im Verzeichnis der militäreigenen Grundflächen und Gebäude der Garnison München vom Jahr 1821 wird das Marsfeld nicht aufgeführt.[17]

Der Richtplatz beim Marsfeld (1821 – 1861)

Einen düsteren Schatten warf seit 1821 die neue Richtstatt der Stadt München auf das Marsfeld. Der Galgenberg wies schon mit seinem Namen auf die lange Tradition Münchner Richtstätten in diesem Bereich hin. Vom 15. Jahrhundert bis in das Jahr 1808 existierten für München zwei getrennte zivile Richtstätten nebeneinander. Die äußere Richtstatt, der der Galgenberg seinen Namen verdankte, war das »Hochgericht« an der Landsberger Straße. Hier stand der Galgen und hier wurde auch die Strafe des Räderns vollzogen. Diese »Rabenstatt« ließ das Generalkommissariat des Isarkreises im August 1808 abbrechen. Das Grundstück erwarben die Münchner Bierbrauer Pschorr und Ziegler. Die »innere Richtstatt« oder »Hauptstatt«, wo das als »ehrlich« angesehene Enthaupten vollzogen wurde, stand ursprünglich beim Neuhauser Tor, wanderte im 17. und 18. Jahrhundert in den Bereich des heutigen Starnberger Bahnhofes und nachdem dort um 1780 neue Salzstadel gebaut wurden, zog sie noch weiter die Salzstraße, d. h. die spätere Arnulfstraße, auswärts.[18]

Im Sommer 1820 berieten die Regierung des Isarkreises, das Kreis- und Stadtgericht München und die Stadtkommandantschaft über die Verlegung der Richtstatt. Der bisherige Platz konnte die schaulustigen Volksmengen nicht aufnehmen und es galt »Verbrechen, Unglücksfälle und Beschädigungen« des Publikums zu verhindern. Als besten Standort empfahl die Kommission die Südspitze des Marsfeldes, wo beim Hallerbräukeller der Zugang zum Exerzierplatz von der Salzstraße abzweigte.[19] Kriegsminister v. Triva sprach sich jedoch gegen eine derartige Nutzung des Marsfeldes aus. Es sei allein zu militärischen Zwecken bestimmt, erklärte er und schlug für die geplante neue Richtstatt einen Platz außerhalb des Exerzierplatzes vor. Lediglich die Zuschauer sollten bei Exekutionen das Marsfeld betreten dürfen.[20] Man wird wohl nicht fehlgehen, bei Triva die tiefe Abneigung eines Soldaten der vorrevolutionären Epoche gegen alle »unehrlichen« Institutionen vermuten zu dürfen, dazu aber auch das Bestreben militärische Eigentumsrechte vor einem Zugriff des Zivilärars zu wahren. Schließlich entschied das königliche Reskript vom 27. Januar 1821 mit einem Kompromiß. Die Südspitze des Marsfeldes wurde auf Kosten der Stadt München durch einen Graben vom Exerzierplatz abgetrennt und auf dieser Parzelle im Bedarfsfall das Blutgerüst aufgestellt.[21]

Wie unangenehm dem Militär diese Einrichtung blieb, zeigt eine Notiz im Kriegsministerium vom Jahre 1837, als das Innenministerium vergeblich darum bat, künftig die Richstatt wegen des obligatorischen großen Menschenandranges mitten auf dem Exerzierplatz aufstellen zu dürfen: »… Richtstätten stehen noch überall, wo alte Sitte wohnt, als Gruseln und Abscheu erregende Warnungsstellen in Verruf, und auf dem Platz, wo in dem einen Augenblick ein Verbrecher das Leben verliert, sollte nicht in dem anderen Moment schon wieder öffentliche Beschäftigung herrschen! Wenn dies in Paris oder London anders ist, so sind das Ausnahmen, die lediglich den dortigen Leichtsinn anzeigen.«[22] Die Richtstätte verblieb jedoch bis zur letzten öffentlichen Hinrichtung in München, die am 9. November 1861 an einem Raubmörder vollzogen wurde, am Marsfeld. Von da an wurde in der Fronfeste geköpft, ab 1895 im neuen Zuchthaus Stadelheim.[23]

Die Entwicklung des Marsfeldes im 19. Jahrhundert

Die Abtretung des Richtplatzes sollte für Jahrzehnte die einzige Schmälerung des Marsfeldes bleiben. Als 1827 ein Plan Leo v. Klenzes zur Verlängerung der Karlstraße mit Abgaben von Grundflächen des Marsfeldes erörtert wurde, folgte König Ludwig I. den

Bedenken des Kriegsministers Maillot und bestimmte in seiner eigenwilligen Diktion: »…
Solange ich nicht anders verfüge ist vom Münchner Marsfeld nichts zu veräussern sondern
in seiner ganzen Ausdehnung als Exerzierplatz zu dienen.«[24]

In den vielen Jahren hatten die Bauern von Neuhausen das Marsfeld nie aus den Augen
verloren. Wenngleich vergeblich, erhoben sie im Jahr 1830 Anspruch auf ein Teilstück
davon.[25] Ein in seiner Art recht aufschlußreiches Dokument bäuerlichen Selbstbewußtseins
stellt die Eingabe der Gemeinde Neuhausen vom 6. September 1835 an das Kriegsministerium dar. Die Neuhauser erwähnen darin, daß die Stadtkommandantschaft München
immer wieder »… auf Abstellung unserer Weide auf dem Marsfelde« dringe, auch seien
deswegen bereits mehrmals Verbote seitens des Landgerichts München gegen Neuhausen
ergangen. Ungerührt fahren die Neuhauser Bauern jedoch in ihrem Brief fort: »… Wir
haben uns zwar bis jetzt durch diesselben [Verbote] in Ausnützung unseres Weiderechts
nicht irre machen laßen, sondern uns derselben *ununterbrochen* bedient, indeß sind uns
doch die beständigen Strafverbothe, und die hieraus zu besorgen habenden Störungen
unseres Weiderechts unangenehm.« Sodann wird in dem Schreiben die Anerkennung des
Weiderechts oder ersatzweise eine Entschädigung gefordert, da »… die ganze Neuhauser
Haide, folglich auch der auf derselben formierte Exerzier Plaz rechtmäßiges Eigenthum der
Gemeinde Neuhausen sey (…) *indem der Exerzier Plaz ihr einziger Weideplaz ist, und mit
diesem die Viehzucht (…) einen großen Theil ihres nothwendigen Einkommens bildet.*«[26]
Die Kommandantschaft München mußte auf Anfrage des Kriegsministeriums zugeben,
daß ihrer Registratur »… *keine Urkunden über die Erwerbung dieser Grundfläche
anliegen.*«[27] Das Kriegsministerium sah jedoch aufgrund der jahrzehntelangen Nutzung
des Marsfeldes als Exerzierplatz die Rechte der Armee an diesem Gelände als eindeutig
erwiesen an und befahl die strikte Durchsetzung des Weideverbotes.[28] So wurde im Herbst
1835 das Marsfeld definitiv der Gemeinde Neuhausen entzogen.

Einige Jahre später, im Sommer 1842, gestattete die Armee der Stadt München ein
Wegerecht über das Marsfeld, wofür die Stadt auf ihre Kosten den Rand des gesamten
Exerzierplatzes gleichmäßig mit Bäumen bepflanzen ließ.[29] Anfang der 1850er Jahre
klagte das damalige 1. Armeekorpskommando über den geringen Umfang des Marsfeldes. Hier übten regelmäßig sieben Infanteriebataillone, die Kürassiere und die Sanitätskompanie. Das Korpskommando wies auf die erhöhte Präsenzstärke der Einheiten und
die neuen, raumgreifenderen Entwicklungsformen der Truppen nach der Feld-
dienstvorschrift von 1849 hin. Außerdem diente das Marsfeld für die sogenannten
»Revue«-Paraden der Garnison, die in der Regierungszeit König Max II. nun vermehrt
abgehalten wurden.[30] In einem Liegenschaftsverzeichnis vom Jahre 1852 wird es als
Militäreigentum mit einem Flächeninhalt von 136 Tagwerk beschrieben.[31] Im Frühjahr
1857 trat die Armee einen Grundstreifen mit einer Fläche von zwei Tagwerk am Westrand
des Marsfeldes zur Streckenführung der neuen Ostbahn ab und wurde dafür durch ein
anderes Grundstück von drei Tagwerk an der Stadtseite des Marsfeldes von der Ostbahn-
gesellschaft entschädigt.[32]

Noch in den 1860er Jahren rückte das 1. Kürassier-Regiment zur Ausbildung auf dem
Marsfeld stets geschlossen unter Führung seines Kommandeurs aus. Während der Herbst-
waffenübungen waren Mann und Pferd dazu feldmäßig ausgerüstet. Die eigentliche
Ausbildungszeit auf dem Marsfeld war außerordentlich knapp bemessen, denn um sieben
Uhr ritten die Kürassiere von der Neuen Isarkaserne ab und um zehn Uhr rückten sie schon
wieder ein: »… Einige Oberstkommandanten liebten es, auf größeren Umwegen durch die
Stadt nach dem Marsfelde zu ziehen, oder auf solchen nach der Kaserne zurückzukehren,
wodurch sich die eigentlichen Exerzierübungen natürlich auf ein Minimum reduzierten«.[33]

Bei schlechtem Wetter verließ das Regiment zur Schonung von Pferden und Ausrüstung nur recht selten die Kaserne.[34] Ansonsten rückten die Kürassiere, nach dem Ende der »Abrichtung« der Rekruten in der Reitschule, grundsätzlich drei- bis viermal in der Woche auf das Marsfeld, so daß der Marsch eines kompletten Reiterregiments durch die Stadt ein vertrautes Element des Münchner Straßenbildes war.[35]

Nach dem Krieg von 1870/71 wurde die Truppe mit dem Marsfeld als Standortübungsplatz immer unzufriedener. So beklagte sich das 1. Kürassier-Regiment nach Ende der Übungsperiode 1873, in der sich viele Pferde Schäden an den Beinen zugezogen hatten, nachhaltig über die schlechte Beschaffenheit des Marsfeldes. Daraufhin erhielt die Kavallerie ab dem Frühjahr 1874 den nördlichen Teil des Oberwiesenfeldes als ständigen Exerzierplatz zugewiesen.[36]

Im Frühjahr 1879 faßte man im Kriegsministerium den Plan auf dem Marsfeld in einem großen Baukomplex die unzulänglich untergebrachten Militärbildungsanstalten, also das Kadettenkorps, die Kriegsschule, die Artillerie- und Ingenieurschule sowie die Kriegsakademie zu etablieren. Der Rest des Marsfeldes sollte als Bauland verkauft werden.[37]

Bevor aber dieser Plan zur Ausführung kam, wurde dann ab 1883 zusätzlich der Bau einer Infanteriekaserne auf dem Exerzierplatz geplant, sodaß sich der militärische Interessenanteil am Marsfeld wieder vergrößerte.[38]

Am 29. April 1885 genehmigte König Ludwig II. eine Übereinkunft zwischen der Armee und dem Justizressort, derzufolge der bisherige Komplex des Kadettenkorps am Karlsplatz als Bauplatz für den künftigen Münchner Justizpalast zur Verfügung gestellt und davon ein Neubau für das Kadettenkorps am Nordrand des Marsfeldes finanziert werden sollte.[39] Im August 1886 trat dann der Militärärar das Marsfeld unter Vorbehalt von großen Parzellen für die projektierten Militärbauten an das zivile Staatsvermögen ab.[40]

Anmerkungen:

1 A XX Bd. 10 Akt: Exerzierplatz Gasteig Prod. 23, Bericht der gemischten Militärkommission unter Aufsicht der Stadtkommandantschaft München vom 2. Mai 1793

2 A XX Bd. 10 Akt: Marsfeld Prod. 1, Oberlandesregierung an Hofkriegsrat am 9. April 1782

3 Ebd., Bericht des Ing. Oberst v. Pfister vom 12. Juni 1783 mit einem Plan (undat., wohl 1783) von IngLt v. Schedel

4 Ebd. Prod. 23, Bericht des GenMajors v. Pfister vom 21. April 1786

5 A XX Bd. 10 Akt: Marsfeld Prod. 34, Hofkriegsrat an Oberlandesregierung am 11. April 1788

6 Ebd. Prod. 37, Bericht des Inspekteurs der Infanterie GenMajor v. Gaza vom 18. Dez. 1793

7 A XX Bd. 10 Akt: Gasteig Prod. 26, Protokoll über die Besichtigung des Exerzierplatzes zwischen der Nymphenburger- und der Landsberger Straße am 5. Juni 1794

8 Ebd. Prod. 28, Kurfürst.Mandat vom 18. Okt. 1794

9 Ebd. Prod. 30, Protokoll zur »Auszeigung« des Exerzierplatzes zwischen der Nymphenburger- und der Landsberger Straße, sowie der zu kultivierenden Gründe am 8. Nov. 1794

10 A XX Bd. 10 Akt: Marsfeld Prod. 46, KdtMünchen am 30. April 1802; Prod. 47, Landgericht Dachau an KdtMünchen am 12. Jan. 1803

11 Ebd. Prod. 49, Gesuch des Bierbrauers Benno Seidl von München um Ankauf eines Teils des Exerzierplatzes vom 16. Febr. 1803

12 Ebd. Prod. 55, KdtMünchen am 10. Juni 1803

13 MKr. 9042 Prod. 2, KdtMünchen am 22. April 1804

14 MKr. 9039 Prod. 1, Kgl. Reskript vom 28. Mai 1810

15 Ebd. Prod. 6, KdtMünchen am 17. Mai 1819

16 Ebd. Prod. 1, KdtMünchen am 21. Mai 1810

17 A XX Bd. 4, Verzeichnis der Kgl. Kasernen- und Bauverwaltung München über sämtliche Militärgebäude und sonstige Realitäten vom 25. Januar 1821

18 M. Schattenhofer, Henker, Hexen und Huren im alten München., in: Beiträge zur Geschichte der Stadt München (= OA 109 (1984)), S. 113 – 142, hier S. 123 f.

19 MKr. 9040 Prod. 2, Protokoll vom 26. Juli 1820

20 Ebd., KM an InnM am 8. Nov. 1820
21 Ebd. Prod. 4, Kgl. Reskript vom 27. Jan. 1821
22 Ebd. Prod. 5, KM am 15. Juni 1837
23 Schattenhofer (wie Anm. 18), S. 122
24 MKr. 9039 Prod. 12, Kgl. Signat vom 16. Aug. 1827
25 Ebd. Prod. 18, Gde Neuhausen an KM am 11. Mai 1830: Prod. 21, KM am 25. Juli 1830
26 Ebd. Prod. 28, Gde Neuhausen an KM am 6. Sept. 1835
27 Ebd. Prod. 30, KdtMünchen an KM am 10. Okt. 1835
28 Ebd. Prod. 31, KM an KdtMünchen am 27. Okt. 1835
29 Ebd. Prod. 49, InnM an KM am 25. Juli 1842; Prod. 51, KM an InnM am 20. Aug. 1842 (etliche Prod. fehlen)
30 Mkr. 9047 Prod. 56, 1. ArmeekorpsKdo an IngKorpsKdo am 20. März 1851
31 C 7 Garnisonbeschreibung, hier: Verzeichnis der militäreigenen Gebäude und Gründe vom 15. Jan. 1852 (§ 30: Marsfeld)
32 Mkr. 9039 Prod. 96, Handelsministerium an Km am 28. Juli 1857; Prod. 97, KM an Handelsministerium am 31. Juli 1857; Prod. 112, KM am 29. Juli 1858; Prod. 136, GenieKorpsKdo am 29. Juli 1864
33 H. Fahrmbacher, Das Königlich Bayerische 1. Schwere Reiter Regiment, Bd. 2: Das Regiment in dem Zeitraum von 1848 bis 1898, München 1900, S. 126
34 Ebd., S. 100
35 Ebd., S. 114
36 Ebd., S. 321
37 MKr. 9011 Prod. 1, KM am 14. März 1879
38 Mkr. 8953 Prod. 1, KM am 5. Nov. 1883
39 MKr. 9011 Prod. 10, Gemeinschaftliche Eingabe von JuM, FinM und KM an König Ludwig II. am 28. April 1885 mit Kgl. Signat vom 29. April 1885
40 MKr. 8953 Prod. 50, Plan vom August 1885; Prod. 115, FinM am 26. Okt. 1886

Das Oberwiesenfeld und der Schießplatz Neufreimann

Wie beim Marsfeld angesprochen, kam es im Jahr 1794 zur definitiven Bestimmung der öden Gründe zwischen der Dachauer Straße und der Georgenschwaige zum »Artillerie-Experimentierplatz«.[1] Die Artillerie benützte dieses Gelände ohnehin bereits seit 1784.[2] Die Bezeichnung »Experimentierplatz« dürfte wohl von der Erprobung der in München hergestellten Geschütze und des ebenfalls hier produzierten Schießpulvers herrühren.

Zunächst blieben die Grenzen des militärischen Bereiches unbestimmt. Zwar forderte ein kurfürstliches Reskript Ende 1796 den Hofkriegsrat auf, auf dem öden Grund an der Dachauer Straße nächst dem »Wiesenfeld« den Artillerieplatz genau abzustecken, damit der übrige Teil dieser Heide der Dorfgemeinde Neuhausen zur landwirtschaftlichen Nutzung übergeben werden könne, doch wieder geschah einige Jahre nichts dergleichen. Nachdem die Artillerie Anfang des 19. Jahrhunderts zeitweise ihren Schießplatz zum Sendlinger Berg verlegen hatte wollten, kam man im Jahr 1804 doch zur Überzeugung, daß das Wiesenfeld im Norden besser geeignet sei. Hier spielte vor allem die zu nahe Lage des projektierten Schießplatzes vor dem Sendlinger Tor beim Krankenhaus der Barmherzigen Brüder das ausschlaggebende Moment. Allerdings wollte die Artillerie auf dem Oberwiesenfeld nunmehr eine längere Schießbahn. Der zu diesem Zeitpunkt als »Kugelfang« benutzte Erdwall befand sich etwa 700 Schritt vom Aufstellungsort der Geschütze – im Bereich der heutigen Maßmannstraße – entfernt, wohl dort wo heute die Schwere Reiter Straße verläuft. Die Artillerie beantragte und erhielt einen neuen Kugelfang, der Schießübungen auf Distanzen bis 1400 Schritt zuließ. Hierzu wurde der Experimentierplatz durch Kauf angrenzender Privatgrundstücke von 77 Tagwerk auf 112 Tagwerk vergrößert. Damit hatte man auch Platz gewonnen, um auf dem Gelände ein Pulvermagazin, ein »Laboratorium«, d. h. eine Fertigungsstätte für Munition und ein Wachthaus zu errichten. Der Gemeinde Neuhausen wurde die Viehweide auf den neuerworbenen Flächen des Artillerieübungsplatzes verboten.[3]

Der Randbereich des Militärgeländes an der Dachauer Straße wurde bald weiter zugebaut. Im Jahr 1806 entstand hier eine erste Remise für Artilleriefahrzeuge, bis 1810 folgten zwei weitere Hallen. Ein Lagerschuppen für »Artillerieholz«, das war besonders hochwertiges Material für den Bau von Geschützlafetten, kam 1812 hinzu. Im Jahr 1816 baute man die vierte Remise, sodaß nunmehr insgesamt fünf Depotgebäude eng beieinanderstanden. Noch im gleichen Jahr wurden diese Gebäude untereinander mit Mauern so verbunden, daß ein abgeschlossenes Arsenal entstand, in dessen Innenhof ein Geschützpark und ein »Kugelgarten« für Artilleriegeschosse eingerichtet wurden.[4]

Es muß betont werden, daß der Übungsplatz auf dem Oberwiesenfeld lange Zeit fast ausschließlich der Artillerie zur Verfügung stand. Infanterie und Kavallerie exerzierten auf dem Marsfeld, dort fanden auch die meisten »Revue«-Paraden der Garnison statt. Der einzige Zweck zu dem sich andere Truppen als die Artillerie auf dem Oberwiesenfeld einfanden, war ab dem Jahr 1820 das Scheibenschießen mit Handwaffen.

Die Militärverwaltung stand dem Plan für die Infanterie einen eigenen Schießstand zu errichten skeptisch gegenüber. Hierzu gibt es ein sehr interessantes Gutachten des Oberadministrativrates Frey, der in den 1780er Jahren als Ingenieuroffizier in die Armee eingetreten war. Es zeigt sehr deutlich, wie wenig das Schützengefecht mit dem wohlgezielten Einzelschuß um 1819 in der bayerischen Armee verbreitet war. Auch Frey stimmt grundsätzlich der Forderung bei, daß der Infanterist gut schießen müsse. Unter »gut schießen« definiert er aber lediglich die primitivsten Grundlagen der Schießtechnik des Soldaten, d. h. »... daß er mit dem Gewehr weder zu hoch noch zu tief anschlägt, etwas [den

Atem] anhält und nach dem Abdrücken nicht gleich das Gewehr bewegt [wegen der Zeitverzögerung der Steinschloßzündung!].« Frey gibt außerdem ein Psychogramm des Soldaten, denn er bedenkt, daß »... hier [auf dem Gefechtsfeld] Menschen gegenüberstehen, welche sich wechselseitig erschießen sollen: so ist es erklärbar, daß jeden etwas ergreifet, was ihn erschüttert, oder hitzig – oder zaghaft macht, womit die Kaltblütigkeit so verliert, *daß der Mann nicht mehr an die Regel denkt, sondern nur schießet, gleichviel ob er trifft oder nicht, wenn es nur Lärmen macht.* – Wenn vollends auf beiden Seiten so gefeuert wird, und man sich auf zwey hundert Schritte nähert – welcher Dampf entsteht nicht? Oft sieht man seinen Feind nicht mehr, und das richtige Zielen hat ein Ende, wenn der Mann nicht schon aus Gewohnheit nach der Entfernung des Feindes anzuschlagen weiß, *und dann ist auch, so scheint es wenigstens, das Scheibenschießen der Infanterie von keinem großen Nutzen.*«[5] Dennoch erwarb die Armee im Jahr 1820 ein Tagwerk Grund vom »Schlößlbräu« Georg Loderer und ließ von Arbeitskommandos des Garde-Grenadier-Regiments und des 1. Linien-Infanterie-Regiments »König« einen Infanterie-Kugelfang aufschütten.[6]

Im Jahr 1822 wurde auf dem Artillerieplatz ein Salpeterdepot gebaut.[7] Ein Jahr später schlug Feldmarschall Fürst Wrede vor, das gesamte Zeughaus aus der Innenstadt auf das Oberwiesenfeld zu verlegen. Dieser Plan wurde u. a. auch deshalb nicht ausgeführt, weil es an einem fließenden Gewässer zum Antrieb der Maschinen der Zeughauswerkstätten fehlte.[8]

Aufgrund der mittlerweile schon recht zahlreichen Militärbauten auf dem Oberwiesenfeld war der eigentliche Übungsplatz für das Exerzieren der bespannten Batterien um 1824 zu klein geworden. Wie schon 1804 kaufte der Staat angrenzende Grundstücke auf, diesmal 56 1/2 Tagwerk, so daß der Platz auf rund 168 Tagwerk Fläche anwuchs.[9] Die Kontrakte zeigen, daß das Oberwiesenfeld in diesem Bereich fest in der Hand vermögender Münchner Bierbrauer und Müller gewesen war und seit dem Mittelalter Zehent an das Heiliggeistspital bzw. dessen Rechtsnachfolger oder die Pfarrei Sendling geleistet wurde. Daraus sollten sich übrigens noch bis zum Jahr 1835 Streitigkeiten mit der Stiftungsverwaltung der Stadt München und dem Pfarrer von Sendling ergeben.[10]

Am Nachmittag des 16. Mai 1835 um 15.30 Uhr erschütterte eine gewaltige Explosion München. Andreas Schmeller, der in der Theresienstraße Nr. 47 wohnte, notierte in sein Tagebuch: »... Es war, als ob die Wände einstürzen wollten, und der Gedanke an ein Erdbeben war kaum begonnen, als ein mit nichts vergleichbarer Knall wenigstens deshalb beruhigte. Im Zimmer gegen Norden war das Thürfenster bis zum Ofen geschleudert, die Glasscherben der Fenster in der Speisekammer waren in die Milchnäpfe und diese selbst zum Theil auf den Boden geblasen. In der Richtung des Kugelfanges sah man eine Säule schwarzen Qualmes, die nicht zu steigen sondern gegen die Stadt her zu fallen schien. Sobald Mutter, die in dem für diesen Sommer für 12 Fl. gemietheten Gärtchen beim Haus No. 10 der Amalienstraße gewesen, in ihrer Angst nach Hause gekommen, gieng ich – es war ein regnichter Tag – den Ort der Explosion zu sehen. Die Trottoirs an den Häusern fort und fort mit Scherben der zerbrochenen Fenster besäet. Draußen war nichts zu sehen, als Zuschauer und der leere Platz, worauf der Pulverthurm gestanden, dessen Backsteine und Balken mit Kanonenkugeln, Kartätschen, etc. und Fetzen menschlicher Leichen weit hin, jedoch in gewissen Streifen, zerstreut waren. Einer der Art gieng dem Leprosenthurm von Schwabing zu. Und, seltsam, ein Luftdruckstral deckte einen Theil des Daches der Frauenkirche ab. Man nennt einen Artilleristen Namens Stanislaus Schmitt (Schullehrerssohn von Apfeltrang bey Obergünzburg früher Theologen) als Vollbringer dieser furchtbaren That. Der Berichterstatter in der Allgemeinen Zeitung vom 19t. (Thiersch?) gibt den Brief, der,

345

hierauf bezüglich, in Schmitt's Tornister gefunden seyn soll. Ein Exponent der Zeit von tiefer Bedeutung!«[11] In dem Brief schrieb Schmid: »… Die schon seit längerer Zeit erlittene unwürdige Behandlung von seiten der Unteroffiziere der ersten Linien-Batterie, ferner die Sorge für meine weitere Existenz, die ich als Soldat äußerst gefährdet sah, bewog mich, meinem Leben auf eine gewaltsame Weise ein Ende zu machen, und zwar, daß ich den Pulverturm in die Luft sprengte. Möge mir mein Vorgehen gelingen! Möge ferner dieses Ereignis den betreffenden Behörden einen Wink geben, Sorge zu tragen, daß Leute, die durch ihre Bildung Anspruch auf eine bessere Behandlung häten, nicht behandelt werden, wie das mir unbillig zu Theil wurde, sonst könnte ein noch größeres und nicht nur in materieller Hinsicht allein bedauernswürdiges Unglück entstehen.«[12]

Schmid scheint die Tat bewußt so geplant zu haben, daß er den größtmöglichen Schaden überhaupt anrichten konnte. Der Pulvervorrat im Laboratorium war um einige Hundert Zentner größer als sonst üblich.[13] Vor allem aber sollte diese Gelegenheit dazu benutzt werden, den Angehörigen der Pagerie und des Kadettenkorps in einer Lehrvorführung das Laborieren von Artilleriemunition zu zeigen. Indessen erlitt Major v. Schuh, der spätere Kommandeur des Kadettenkorps, vor dem Abmarsch einen Schwächeanfall und man sagte daraufhin die Lehrvorführung ab. Andernfalls hätte Schmid mit einem Schlag die potentielle Führungselite der Armee, Pagen und Kadetten, ausgelöscht. Aber auch so war die Tat noch furchtbar genug. Schmid nahm den Oberfeuerwerker Daller, einen Familienvater mit sechs Kindern, den Korporal Hagemann, vier Mann Arbeitskommando, den zivilen Zeughausschäffler und den Wachtposten mit in den Tod. Er hatte sich unter einem Vorwand Zutritt in das Laboratorium verschafft und mußte, wohl mit Verbitterung, erleben, daß ein Wachtmeister die Meldung von der abgesagten Lehrvorführung überbrachte. Das besonders für diesen Zweck beorderte zusätzliche Feuerwerkerpersonal zog ab. Schmid blieb bei der üblichen Besatzung des Labors noch zurück. Daß es ihm darauf ankam, möglichst viele Menschen zu töten, beweist der Umstand, daß er den erwähnten Wachtmeister noch bewegen wollte beim Labor auf ihn zu warten.[14]

Relativ kurz berichtet die Regimentsgeschichte: »…Aus Rache, weil er bestraft worden war, sprengte er das mit etwa 15 000 kg Pulver und etwas fertiger Munition belegte Magazin auf Oberwiesenfeld in die Luft, während er selbst mit anderen Leuten auf Arbeit dort kommandiert war.«[15]

Im Frühjahr 1861 ordnete das Kriegsministerium eine Erweiterung des Artillerieübungsplatzes in nordwestliche Richtung an. Dadurch sollte die Schmälerung des Exerzierplatzes infolge der Neubauten für das Zeughaus ausgeglichen werden. Die Kaufverhandlungen zogen sich jedoch etliche Jahre dahin. Im Laufe des Jahres 1863 gab der Militärärar hierfür 76 241 Gulden aus und im Frühjahr 1864 noch einmal 79 518 Gulden.[16] Im Sommer 1865 teilte die Stadtkommandantschaft dem Bezirksamt links der Isar mit: »… Das königl. Militär-Ärar besitzt zu Oberwiesenfeld 609 Tagw. 23 Dez. [ca. 2 km²] zusammenhängende Grundfläche, wovon 523 Tagw. 58 Dez. in der Steuergemeinde Schwabing, 105 Tagw. 9 Dez. in der Steuergemeinde Neuhausen, 23 Tagw. 20 Dez. in der Steuergemeinde Nymphenburg und 52 Tagw. 36 Dez. in der Steuergemeinde Milbertshofen gelegen sind.«[17] Zu diesem Zeitpunkt besaß die bayerische Armee für ihre Artillerie bereits einen besonderen Schieß- und Übungsplatz in Gestalt des »Lagers Lechfeld« bei Augsburg, dessen Areal im Jahre 1862 angekauft worden war.[18]

Im Umfang der 1860er Jahre blieb der Exerzierplatz mehr als zwei Jahrzehnte unverändert, zumal ja weiterhin das Marsfeld zur Verfügung stand, die Artillerie nunmehr ihre Schießübungen auf dem Lechfeld abhielt und zudem ab 1882 die Schießausbildung mit Handwaffen weitgehend auf der neuen Standortschießanlage Neufreimann (s. u.) durchgeführt wurde. Infolge der beabsichtigten neuen Militärbauten am Oberwiesenfeld, vor allem des Kasernements der Eisenbahnpioniere, benötigte die Garnison eine entsprechende Ersatzfläche für die Gefechtsausbildung. Erstmals wurde nun bei der Raumplanung die Grenze, die der Würmkanal mit der Militärschwimmschule nach Nordwesten Richtung Moosach gebildet hatte, überschritten. Im Jahre 1887 begannen die Kaufverhandlungen der Armee mit verschiedenen Grundeigentümern für das Gebiet zwischen dem Würmkanal im Süden und der Moosacher Straße im Norden bzw. der Ostbahnstrecke (bis 1892, dann umgewandelt zur Landshuter Allee) im Westen und der Lerchenauer Straße im Osten, d. h. jenes Gelände, auf dem sich heute der Großteil des Münchner Olympiaparks befindet. Die Moosacher Bauern waren von den Absichten des Militärs keineswegs begeistert. Volker Laturell schreibt in seiner Ortsteilgeschichte: »… In langen schwierigen Verhandlungen, die sicher auch unter Druck geführt wurden, verstanden es die militärischen Unterhändler, die anfängliche Ablehnung der Moosacher aufzuweichen. Ingesgesamt wechselten schließlich (1888/89) genau 277 Tagw. 95 Dez. (94.705 ha) an das Militär-Ärar über. Die Moosacher bekamen dafür 251 526,80 Mark, was einem Quadratmeterpreis von 0,27 Pfennig entspricht. Neben 59 Grundbesitzern in Moosach, drei von Milbertshofen und drei weiteren auswärtigen Grundeigentümern waren auch das Eisenbahn-Ärar, die »Civilliste Sr. Majestät« (Geräteremise der Kgl. Hofjagdintendantur) und die Gemeinde Moosach betroffen. Während aber nun Letztere für 1066 ha Gemeindewege im Bereich der Exerzierplatzerweiterung nur 1629 Mark erhielt (also ganze 0,15 Pf/m^2), bekam die königliche Civilliste für ihre Wildremise mit nur 0,068 ha Größe die beachtliche Summe von 15 140 Mark Entschädigung (22,26 Mark/m^2).«[19]

Der Schießplatz bei Neufreimann

Nicht zuletzt aufgrund der Einführung leistungsfähigerer Gewehre bei der Infanterie mit größeren Schußweiten, wurde seitens der Armee nach 1871 die Anlage umfangreicherer Standortschießplätze ins Auge gefaßt. So unterbreitete der Kommandierende General des I. Armeekorps gemäß mündlichen (!) Auftrages des Kriegsministers im März 1876 Vorschläge für einen neuen Garnisonschießplatz bei München. Hierzu waren vier Alternativen erarbeitet worden: A) eine Erweiterung des bestehenden Exerzierplatzes Oberwiesenfeld nach Westen Richtung Nymphenburger Kanal; B) der Erwerb eines besonderen Terrains nordwestlich des Dorfes Moosach; C) der Erwerb eines Terrains zwischen der Schleißheimer Straße und der Ingolstädter Straße; D) Anlage eines Schießplatzes zwischen der Ingolstädter Straße und der Freisinger Landstraße.[20] Ausgewählt wurde schließlich die letztgenannte Variante ostwärts der Ingolstädter Straße. Im Sommer 1877 beauftragte das Kriegsministerium die Indentantur des I. Armeekorps mit den Detailplänen für den Schießplatz samt den dazu notwendigen Gebäuden.[21] Das Generalkommando konnte dem Ministerium im Herbst des gleichen Jahres mitteilen, daß die Regierung von Oberbayern grundsätzlich mit der Anlage eines solchen Militärgeländes bei Freimann einverstanden war, sofern gewisse Sicherheitsauflagen (Schußrichtung nach Norden, Geschoßfangwälle u. ä.) erfüllt wurden, die ohnehin vorgesehen waren.[22]
Der Ankauf der erforderlichen Grundstücke begann im Frühjahr 1878 zunächst im Bereich der Steuergemeinde Freimann. Hier wurde bis zum Herbst 1881 insgesamt 353,3 Hektar für 269 334 Mark von zehn verschiedenen Grundeigentümern erworben, darunter allein 136 Hektar für 118 000 Mark (d. h. umgerechnet knapp neun Pfennige pro Quadratmeter) von der Gutsbesitzerswitwe Emma Steer aus Großlappen am 27. Januar 1879. In der Steuergemeinde Garching mußte dagegen der Militärärar mit 51 verschiedenen Partnern

handelseinig werden, um 316,7 Hektar für 163 972 Mark anzukaufen. Der wesentlich niedrigere Durchschnittspreis pro Hektar im Raum Garching im Vergleich zu Freimann deutet darauf hin, daß die Besitzer kleiner Parzellen wesentlich billiger verkaufen mußten als die Inhaber großer Areale. Der größte Einzelkontrakt für das Garchinger Gebiet wurde mit der Familie Spitzweck aus Dirnismaning abgeschlossen. Sie erhielt 31 960 Mark für 55 Hektar Fläche, d. h. knapp sechs Pfennige pro Quadratmeter. Dazu kamen noch 22 Hektar in der Steuergemeinde Oberschleißheim für 17 671 Mark von neun verschiedenen Grundeigentümern. Damit hatte die bayerische Armee vom Frühjahr 1878 bis zum Herbst 1881 insgesamt 692 Hektar, also fast sieben Quadratkilometer Fläche bzw. nach altbayerischem Maß 2076 Tagwerk, für 450 977 Mark gekauft. Der durchschnittliche Quadratmeterpreis betrug demnach etwas mehr als sechs Pfennige.[23]

Das Areal des neuen Garnisonschießplatzes Neufreimann wurde im Süden begrenzt durch die heutige Heidemannstraße und im Norden durch die Verbindungsstraße zwischen Dirnismaning und Schleißheim. Die westliche Schießplatzgrenze orientierte sich an der Ingolstädter Landstraße. Im Osten verlief die Grenze ziemlich gleichmäßig parallel in zwei Kilometer Entfernung von der alten Freisinger Landstraße bzw. einen Kilometer entfernt von der heutigen Autobahn A 9 zwischen dem Autobahnanschluß Freimann und der Autobahnunterführung auf der Höhe der Ortschaft Hochbrück. Selbstverständlich wurde damals das Areal nicht von einer öffentlichen Straße quer durchschnitten, wie dies heute in Gestalt eines Teilstückes des Autobahnringes Nord der Fall ist.[24]

Noch während die letzten Grundstückskäufe zur Arrondierung des Geländes erfolgten, begannen im Sommer 1879 die Baumaßnahmen. Primär handelte es sich dabei natürlich um Erdarbeiten zum Aufschütten der Geschoßfangwälle bzw. Ausheben der Deckungsgräben für die Zielanzeiger bei den verschiedenen Schießbahnen. Außerdem wurden aber auch ein Dienstgebäude mit Wohnung für den Schießplatzaufseher und Wachlokal, eine Stallbaracke und eine große Latrine für die übende Truppe gebaut.[25] Die beachtliche Ausdehnung des Schießplatzes, der ungleich größer war als die Standortschießanlagen der heutigen Bundeswehr, war darin begründet, daß auf dem Platz nicht nur Schulschießen für Einzelschützen oder kleine Gruppen durchgeführt wurden, sondern auch Kompaniegefechtsschießen, also Ausbildungsvorhaben, die dann in späterer Zeit auf den großen Truppenübungsplätzen stattfanden. Im Jahre 1889 wurden die verschiedenen Schießstände den drei Infanterie-Regimentern der Garnison fest zugeteilt. Gleichzeitig wurde erst jetzt damit begonnen, einen Teil der Stände durch längs zur Schußrichtung verlaufende 500 Meter lange Erdwälle abzusichern. Diese Arbeit mußte von der Truppe selbst geleistet werden.[26] Auf dem Schießplatz Neufreimann wurde eine »äußere Garnisonwache«, gleich jener beim Pulvermagazin in Milbertshofen, eingerichtet. Um 1894 bestand das Wachpersonal aus einem Unteroffizier, einem Gefreiten und sechs Gemeinen.[27]

Anmerkungen:

1 A XX Bd. 10 Akt: Marsfeld Prod. 28, Kurfürstliches Mandat vom 18. Okt. 1794
2 MKr. 8990 , Abschrift eines Reskripts des FinM vom 18. Mai 1805
3 MKr. 9042 Prod. 1, Bericht des ArtRgt vom 29. März 1804; Prod. 3, Kurfürstliches Reskript vom 4. Aug. 1804; MKr. 8990 Prod. 5, Kurfürstliches Reskript vom 20. April 1805
4 MKr. 8990 , Kgl. Reskript vom 23. April 1816
5 A XX Bd. 10 Akt: Artillerie- und Infanterieschießplatz Prod. 7, Gutachten des Oberadministrativrates Frey vom 30. Mai 1819, Den Erwerb eines Plazes zum Scheibenschießen betr.
6 A XX Bd. 10 Prod. 14, Kaufvertrag vom 14. Febr. 1820; Prod. 28, Bericht des baufführenden IngLt Mayer vom 23. Mai 1821

7 MKr. 8988 (Erbauung eines eigenen Magazins zur Unterbringung der Salpetervorräte) pass.
8 MKr. 8968 Prod. 85, FM v. Wrede am 3. Jan. 1823; Prod. 92, KM am 10. Aug. 1824
9 MKr. 9042 Prod. 47, KM an König Max I. Joseph am 4. Sept. 1824 mit Kgl. Signat (undat.)
10 Ebd. Prod. 107, Militär-Fondskommission am 8. Sept. 1835
11 J. A. Schmeller, Tagebücher 1801– 1852 hg. von P. E. Ruf Bd. 2: 1826 – 1852 (SchrrBayerLG Bd. 48), München 1956 S. 210 f.
12 zit. nach K. Spengler, Es geschah in München, München 1963, S. 75 – 79, hier S. 78
13 Vgl. Münchner Politische Zeitung vom 18. Mai 1835 bei: L. Schrott, Biedermeier in München, München 1963 (unv. Ndr. 1987), S. 245
14 Spengler (wie Anm.12)
15 R. v. Xylander, Geschichte des 1. Feldartillerie-Regiments »Prinzregent Luitpold« Bd. 3: Das Regiment in dem Zeitraum 1824 – 1911, Berlin 1911, S. 23
16 A XX Bd. 10, Verzeichnis »Grunderwerbungen zur Erweiterung des Artillerie-Übungsplatzes Oberwiesenfeld, gemäß K.M.E. vom 8. Febr. 1861« (undat.); KM an Hauptkriegskasse am 8. Febr. 1864; Zentralstaatskasse am 9. Juni 1864; KM am 29. Juli 1864
17 zit. nach V. D. Laturell, Moosach, München 1985, S. 209
18 L. Lutz, Die Bayerische Artillerie, München 1894, S. 99
19 Laturell (wie Anm. 17).
20 MKr. 9049 Prod. 93, GenKdo I.A.K. an KM am 25. März 1876
21 Ebd. Prod. 111a, KM an GenKdo I.A.K. am 26. Aug. 1877
22 Ebd. Prod. 111c, GenKdo I.A.K. an KM am 14. Okt. 1877
23 MKr. 9050 Prod. 206, KM am 2. Nov. 1881
24 Vgl. B. Bleyer, Verlauf einer Stadtteilkarriere: München-Milbertshofen (Münchner Geographische Hefte Nr. 58), Kallmünz 1988 Kartenband Karte Nr. 11 (Entwicklung der militärischen Flächen)
25 MKr. 9050 Prod. 55, 1. IngDir München am 9. Sept. 1879
26 Vgl. F. Illing, Infanterie-Leib-Regiment, Berlin 1892, S. 612
27 MKr. 2486 Prod. 152, GenKdo I.A.K. an KM am 25. April 1894

Die Militärschwimmschule

Es ist ein Verdienst der Armeen des 19. Jahrhunderts durch ihre Militärschwimmschulen Grundlagen für die Verbreitung des Schwimmens geschaffen zu haben. Die Militärschwimmschulen können als »Vorläufer der Freibäder« (R. Braun) gelten. Im Kreis der deutschen Heere nimmt Bayerns Armee übrigens in dieser Beziehung einen guten Platz ein. Bereits im Jahr 1805 führte ein privater Schwimmlehrer seine Kunst in München der Armee vor. Die ersten Militärschwimmschulen entstanden dann jedoch nicht in bayerischen Garnisonen, sondern in Prag (1810), Wien (1812) und Berlin (1817). Nachdem die Dienstvorschrift von 1823 das Schwimmen zu einem militärischen Ausbildungszweig erklärt hatte, begann in den ersten Regierungsjahren König Ludwig I. in größerem Umfang die Anlage militäreigener Schwimmschulen. Die Förderung des Schwimmunterrichts war ein persönliches Anliegen Ludwigs I., der noch in seiner Kronprinzenzeit bei seinem 2. Linien-Infanterie-Regiment in Würzburg 1823/24 die erste reguläre Garnisonschwimmanstalt der Armee eingerichtet hatte. Es folgte dann im Frühjahr 1825 die Militärschwimmschule Regensburg. Diese wurde übrigens noch von der Deutschen Wehrmacht bis 1945 benutzt. Absicht der Armee war es, in Würzburg und Regensburg zunächst einmal Lehrkader für andere Garnisonen auszubilden. Tatsächlich konnte dann ab 1826 auch in anderen Standorten die Schwimmausbildung der Truppen aufgenommen werden.[1]

Planung und Bau der Münchner Schwimmschule (1826/27)

In seiner Haupt- und Residenzstadt München mit ihrer starken Garnison wollte König Ludwig I. natürlich ebenfalls eine Schwimmschule haben. Am 8. März 1826 befahl er die Bildung einer Militärkommission unter Vorsitz des Oberstleutnants v. Baligand, die sich damit zu beschäftigen hatte. Bereits am 18. April konnte Kriegsminister v. Maillot dem König einen Zwischenbericht vorlegen. Darin wurde eindeutig festgestellt, daß der noch wilde Gebirgsfluß Isar als Schwimmstätte völlig ungeeignet war, vor allem wegen der niedrigen Wassertemperatur. Hingegen boten die Würm bzw. ihr Kanalsystem bessere Bedingungen. Man hatte auch schon einen Platz gefunden, nämlich »... ohnweit des Schwabinger Wirtshauses und der Gartenanlagen von Biederstein (...) der Ort selbst ist den Besuchen und dem Gesichtskreise des spazierengehenden Publikums der Hauptstadt ziemlich entlegen.«[2]

Nachdem der König diesen Vorschlag grundsätzlich gebilligt hatte, begannen die bautechnischen Untersuchungen durch die Genie-Direktion München. Der ursprüngliche Plan sah vor, parallel zum Biedersteiner Kanal ein Bassin von etwa hundert Meter Länge, zwanzig Meter Breite und drei Meter Tiefe zu graben; frisches Wasser aus dem Oberlauf des Biedersteiner Kanals in dieses Schwimmbecken einzuleiten, aufzustauen und bedarfsweise abzulassen. Nun gehörte das avisierte Grundstück aber zum Schloß Biederstein, dem Witwensitz der Königin Karoline (1776 – 1841) und die Stiefmutter Ludwigs I. verlangte, daß das schloßeigene »Wasserwerk« durch die Schwimmschule nicht beeinträchtigt werden dürfe. Diese Bedingung konnte die geplante Schwimmschule jedoch nur dann erfüllen, wenn sie auf das periodische schlagartige Ablassen des Altwassers verzichtete. Dies wiederum hätte bedeutet, daß das Bassin bald zu einem verschlammten Weiher geworden wäre. Hinzu kam ferner, daß die Königinwitwe »aus Gründen der Schicklichkeit« einen aufwendigen, teuren Bretterzaun um die ganze Schwimmschule forderte. Unter Berücksichtigung dieser Umstände riet das Kriegsministerium vom Erwerb des

Geländes am Biederstein ab. Der König befahl am 3. Juli 1826: »… Unverzüglich soll das Kriegsministerium nach einer anderen zur Schwimmschule einzurichtenden Stelle sich umsehen lassen. Möglichst nahe von den Kasernen, *wenn thunlich auch für Andere zum Unterrichte einladend,* damit der Kriegscassa gar keine oder doch wenige Kosten nur daraus erwachsen. Mir nebst Ueberschlag baldigen Bericht darüber abzustatten.«[3]
Ende Oktober 1826 meldete der Kriegsminister dem König, man habe nunmehr einen Platz am Würmkanal nördlich der Dachauer Straße, d. h. auf dem Oberwiesenfeld, gefunden. Obwohl diese Stelle entgegen dem Wunsch des Königs doch recht abgelegen von der Stadt war, plädierte Maillot für den Erwerb, da rund um München »keine gesündere und schicklichere Stelle« zu finden gewesen sei.[4] Im März 1827 schloß die Armee mit der Eigentümerin dieses Platzes, der zu den sog. »Gerner Höfen« gehörte, Prinzessin Ludovika (»Louise«) von Bayern (1808 – 1892), der jüngsten Schwester des Königs, einen Kaufvertrag über eineinhalb Tagwerk direkt am Würmkanal um die erstaunlich niedrige Summe von 75 Gulden.[5]
Insassen des Münchner Strafarbeitshauses gruben im Frühjahr 1827 das hundert Meter lange, dreizehn Meter breite und drei Meter tiefe Schwimmbecken neben dem Kanal. Am 1. Juni war es fertig. Das Militär zahlte der Gefängnisverwaltung dafür 4000 Gulden.[6] Einige Wochen später war auch die übrige Ausstattung der Schwimmschule vom Münchner Zimmerermeister Johann Blum fertiggestellt. Sie umfaßte drei, durch gedeckte Galerien miteinander verbundene hölzerne Pavillons, eine »Sprungbrücke« mit Sprungbrett über dem Bassin, etliche Tische und Bänke, einen Abtritt, sowie einen Bretterzaun. Die Kosten hierfür betrugen 2884 Gulden.[7] Insgesamt kostete der Bau der Münchner Schwimmschule 7165 Gulden und blieb damit um 25 Prozent unter jenen Kosten, die für die Anlage am Biederstein kalkuliert worden waren.[8]

Der Schwimmunterricht in den Anfangsjahren

Das Lehrpersonal für den Schwimmunterricht stand schon seit dem Frühjahr 1826 bereit und umfaßte acht Offiziere, fünf Unteroffiziere, zwei Tambouren und zwei Gemeine, »… welche zur Leitung, Abrichtung und Vorschwimmen in der Schwimmschule in München als vorzüglich brauchbar zu verwenden wären.« Diese Soldaten gehörten zu den drei Münchner Infanterie-Regimentern und hatten allesamt an den schon erwähnten Armeeschwimmschulen Würzburg und Regensburg den Lehrkurs mitgemacht. Kurioserweise ist aber beim Hauptmann Berchtold vom 2. Linien-Infanterie-Regiment »Kronprinz« zwar ausdrücklich vermerkt, daß er seinerzeit Leitung und Aufsicht der Würzburger Schwimmschule innegehabt hatte, jedoch selbst gar nicht schwimmen konnte![9] Dennoch wurde dieser Hauptmann Berchtold als Instruktionsoffizier und Stellvertreter von Oberstleutnant v. Baligand auch an die neue Münchner Schwimmschule kommandiert. Die eigentliche sportliche Ausbildung scheinen Oberleutnant Graf Saporta vom 1. Linien-Infanterie-Regiment »König« und Leutnant Bischoff vom Linien-Infanterie-Leib-Regiment, der aufsichtführende Sergant und seine sieben »Vorschwimmer« betrieben zu haben.[10]
Zur Schwimmausbildung der Anfänger gebrauchte man luftgefüllte »Schwimmblasen« (vermutlich Schweinsblasen), die um die Hüften gebunden wurden. Auch scheinen Sicherungsleinen und Bergestangen vorhanden gewesen zu sein. Übrigens schwammen die Soldaten nicht etwa nackt, sondern in besonderen »Schwimmhosen«. Für derartige Requisiten wurden zur Erstaustattung der Münchner Schwimmschule 485 Gulden aufgewendet.[11] Als wirkliche Schwimmer wurden nur jene Kursabsolventen bezeichnet, die keinerlei Schwimmhilfen mehr benötigten, tauchten und Kopfsprünge ins Bassin machten.[12]

Sogar im Schwimmen mit Tornister und Gewehr wurden die Fortgeschrittenen ausgebildet. Hierzu benutzte man im ersten Kurs die persönliche Ausrüstung der Vorschwimmer, die dadurch aber völlig ruiniert wurde. Deshalb wurde der Schwimmschule auf ihren Antrag hin im folgenden Kursjahr 1828 eine Reihe alter Tornister und Gewehre vom Armee-Montur-Depot bzw. der Zeughaus-Haupt-Direktion überlassen.[13] Anscheinend versuchte man sogar Leute mit dem Kavallerieküraß schwimmen zu lassen, zumindest wurden im Sommer 1828 sechs alte Kürasse an die Schwimmschule geliefert.[14]

Im ersten Ausbildungsjahr 1827 begann die Schwimmsaison am 18. Juni und endete am 11. September. In dieser Zeit wurden 32 Unterrichtstage abgehalten. Das Resultat der militärischen Schwimmausbildung muß angesichts des doch beachtlichen Aufwandes als eher bescheiden bezeichnet werden. So meldete das Infanterie-Leib-Regiment 151 Soldaten zum Lehrgang, von denen bis zum Kursende nur noch 97 Mann übrig waren. Der Rest war aus dienstlichen Gründen, wegen körperlicher Schwäche oder Krankheit, aber auch wegen Disziplinlosigkeit ausgeschieden. Von den 97 Mann, die bis zum Ende durchhielten, bestanden nur 21 Mann als »Schwimmer«, d. h. Freischwimmer im heutigen Sinne. Ähnlich sah es beim 1. Infanterie-Regiment »König« aus, ein wenig besser beim 2. Infanterie-Regiment »Kronprinz«, wo vielleicht noch die Würzburger Erfahrungen nachwirkten. Besonders desinteressiert zeigte sich das 1. Kürassier-Regiment. Es meldete nur dreizehn Mann zum Kurs, davon schieden zehn Mann vorzeitig aus. Nur ein Kürassier wurde Freischwimmer. Freilich muß man hier berücksichtigen, daß die Kavallerie das Schwimmen lieber den Pferden überließ und bei den spektakulären Flußübergängen der Napoleonischen Feldzüge damit erfolgreich gewesen war. Hinzu kam, daß die Wartung der Pferde nahezu jeden Mann im täglichen Stalldienst erforderte und das Regiment von der Neuen Isarkaserne den längsten Anmarschweg zur Schwimmschule hatte. Vorbildlich war das 1. Artillerie-Regiment. Es hatte nur 87 ausgewählte Soldaten zum Schwimmkurs gemeldet. Davon mußten aber nur 13 Mann vorzeitig ausscheiden, 42 Mann qualifizierten sich zum Freischwimmer. Aufgrund dieser Erfahrungen legte der Vorstand der Schwimmschule den Infanterie-Regimentern nahe, künftig pro Kompanie maximal neun Soldaten zu melden und diese Leute zuvor auf körperliche Tauglichkeit und guten Willen zu prüfen.[15]

Indessen blieb auch in den Folgejahren letztlich alles beim gleichen. Die Artillerie belegte den Spitzenplatz in der Schwimmausbildung, die Infanterie blieb lustlos und die Kavallerie zeigte gar kein Interesse mehr. Insgesamt lag die Münchner Militärschwimmschule mit ihren Ergebnissen Ende der 1820er Jahre im Mittelfeld. Hervorragende Resultate erzielten in jenen Jahren das 1. Jäger-Bataillon in Burghausen, das 3. Infanterie-Regiment in Augsburg und das 2. Chevaulegers-Regiment in Ansbach. Hingegen waren ausgerechnet beim 8. Infanterie-Regiment in der Dreiflüssestadt Passau nur wenige Soldaten als Schwimmer ausgebildet. In manchen Garnisonen gab es noch keine Schwimmschulen, etwa in Bayreuth oder in Freising.[16] Übrigens verfügte manche Garnison noch Jahrzehnte später über keine militäreigene Schwimmschule, z. B. Freising, wo die Truppe das städtische Freibad benützte.[17]

Die Ausbildung scheint sehr gut überwacht worden zu sein. Der einzige tödliche Unglücksfall in den Anfangsjahren der Münchner Schwimmschule ereignete sich noch vor deren offiziellen Eröffnung am Abend des 30. Mai 1827, als einige Soldaten des 1. Infanterie-Regiments in ihrer Freizeit gegen ausdrücklichen Befehl im gefährlichen Oberstrom des Würmkanals beim Einlaß zum Bassin badeten. Dabei ertrank ein Gefreiter.[18]

Von Anfang an war es die Absicht König Ludwigs I. gewesen, daß die militäreigenen Schwimmschulen auch vom zivilen Publikum gegen Entgeld fleißig besucht werden

Die Darstellung der »Infanteriekaserne am Türkengraben« aus der Zeit um 1840 betont die klassizistische Strenge der Anlage.

Die „Salzstadelkaserne" in der Arnulfstraße um 1883. Der Komplex wurde von 1849 bis 1890 vom Militär benützt. An der Stirnseite der eigentlichen Kaserne sieht man neben dem Schilderhäuschen die Aborte. Die Holzbaracke daneben beherbergte die Truppenküche. Davor der „Turnplatz".

Eine Postkarte aus dem Jahr 19

Die Postkarte aus der Zeit vor dem Ersten Weltkrieg zeigt das Haupttor der Max-II-Kaserne im 1874/77 erbauten Mitteltrakt (»Flügel A«). Die Dimensionen der Anlage, Schießscharten und Zinnen belegen noch die ursprüngliche Konzeption als »Defensiv-Kaserne«, die großen Fenster hingegen deuten die spätere Abkehr von einer strikten Durchführung dieser Idee an.

Quelle: Stadtarchiv München Neg.Nr. R 2516-III-33a

Die Luftaufnahme aus dem Ersten Weltkrieg zeigt das Eisenbahnkasernement zwischen dem Standortübungsplatz Oberwiesenfeld (erkennbar eine kleine Schießanlage) und der Dachauer Straße.
Links im Bild die beiden großen Fouragehallen des Münchner Proviantamtes, die 1901/02 gebaut wurden.

Quelle: Kriegsarchiv BS II 5, 989 rot

Blick auf den südlichen Hof des »Barackenkasernement Oberwiesenfeld« um 1910: neue Gebäude sind zu den ursprünglichen kleinen »Baracken« hinzugetreten.

Quelle: Kriegsarchiv BS II 5, 125 grün

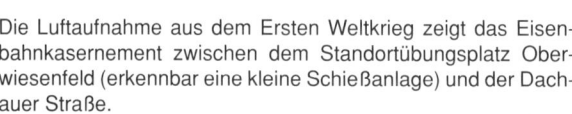

Die Unterkunft des Kadettenkorps am Karlsplatz (»Stachus«) in der Zeit um 1886. Vorne das ehemalige »Clemens-Schlöß-chen«, daneben der Eingang zum Botanischen Garten.

Quelle: Zeitschrift »Das Bayerland« 47. Jahrgang (1936), Heft 15, S. 461

K. Kriegsschule München

Seit 1894 war die 1858 gegründete Kriegsschule in dem eigenen Komplex an der Blutenburgstraße unterge-bracht.   Quelle: Stadtarchiv Müchen
R 2516-III-32a

Der Westtrakt des Kriegsministeriums an der Ludwigstraße entstand 1827 nach einem Plan Leo v. Klenzes.

Quelle: Privataufnahme des Verfasser (1992)

Wie die Luftaufnahme aus der Zeit vor 1914 zeigt, lag der Komplex der 1902 bezogenen »Prinz-Leopold-Kaserne« des 1. Schweren Reiter-Regiments am Stadtrand.

Quelle: Kriegsarchiv BS II 5, 66 rot

Die Luftaufnahme aus dem Ersten Weltkrieg (?) dokumentiert die Garnisonbauten im Bereich der Isar: 1) Alte Isarkaserne (18. Jh.), 2) Ehemaliger Militär-Materialhof (18. Jh.), 3) Neue Isarkaserne Hauptbau (1811/18), 4) Erweiterungstrakt (1829), 5) Alte Reitschule (1825), 6) Max-II-Reitschule (1854), 7) Neues Heumagazin (1854), 8) Militärgefängnis an der Corneliusstraße, 9) Platz des ehemaligen Fouragemagazins (18. Jh.), abgebrochen 1875.
Am Südende der Kohleninsel erkennt man den ersten Bauabschnitt des Deutschen Museums auf dem vormaligen Reitplatz der Alten Isarkaserne. Quelle: Kriegsarchiv BS II 5, Nr. 126 grün (Ausschnitt)

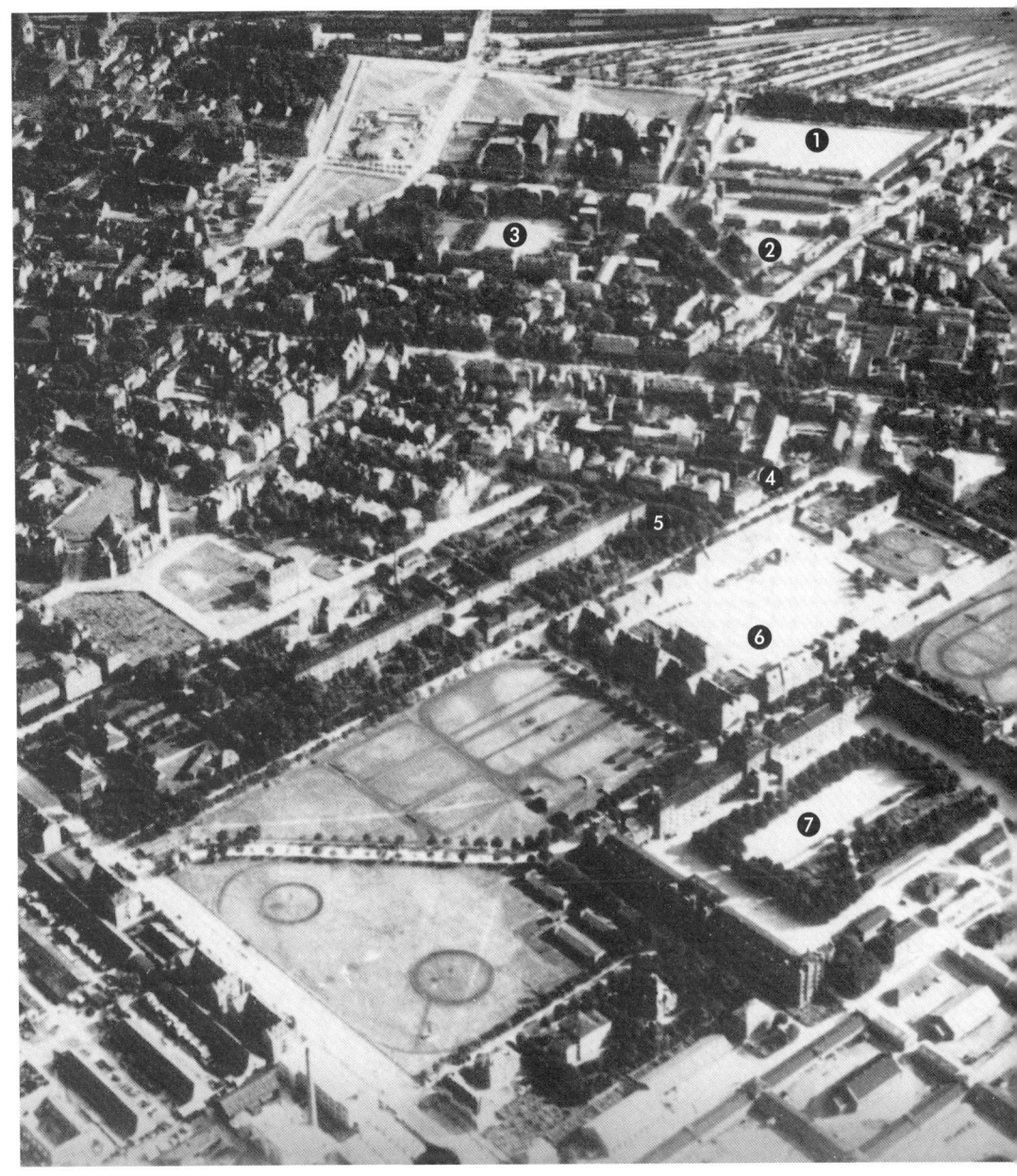

1 = Marsfeldkaserne – Rayon des 1. Infanterieregiments (erbaut 1887/88)
2 = Marsfeldkaserne – Rayon des 1. Fußartillerieregiments (erbaut 1893)
3 = Areal der Militärbildungsanstalten (erbaut 1888/90)
4 = Garnisonverwaltung München (erbaut 1889/90)
5 = Militärkrankenhaus an der Lazarettstraße (erbaut 1868/71 und 1872/74)
6 = Telegraphenkaserne (erbaut 1910 auf einem vormaligen Areal der Max-II-Kaserne)
7 = Max-II-Kaserne (erbaut ab 1860 ff.)   Quelle: Kriegsarchiv BS II 5 Nr. 55

Das sogenannte »Stadtkrankenhaus am Anger« wurde 1742 von der Familie Nockher gestiftet. Das Bild zeigt die Hauptfassade am heutigen Oberanger (damals Obere Anger Gasse) mit dem davor fließenden Anger-Bach an der Ecke zum Mühl-Gäßchen (heute Teil der Blumenstraße). Von 1816 bis 1824 diente das stadteigene Gebäude als Kaserne. Zwischen 1848 und 1873 war darin das Montur-Depot für die bayerische Armee untergebracht.

Quelle: Stadtarchiv Münchner Stadtmuseum M III/205

Blick auf die südliche Peripherie des Militärviertels zwischen Max-Vorstadt, Neuhausen und Schwabing.
Barackenkasernement Oberwiesenfeld (1), Zeughaus (2), Militärbäckerei (3) und Proviantamt (4), sowie Militär-Lehrschmiede (5) an der Ecke Winzerer-/Schellingstraße.

Quelle: Kriegsarchiv BS II 5, 43 rot

Zeitgenössische Darstellung des Zeughauses hinter der Residenz (um 1840).
Im Vordergrund der mit Holzbohlen abgedeckte Stadtbach am »Zeughausplatz« (heute: Marstall-
Platz) hinter dem Nationaltheater. Rechts das eigentliche Zeughaus seit 1808, das zuvor als
Malzdörrstadel des Hofbräuhauses gedient hatte; dahinter der runde Turm des Kosttors. Links das
ehemalige Hofgärtnerhaus, das als Verwaltungsgebäude verwendet wurde.
Die Werkstätten der Ouvrierskompanie von 1811 (am hinteren Bildrand) wichen 1852 dem Durch-
bruch der neuen Maximilianstraße.   Quelle: Münchner Stadtmuseum P 1295

Zeitgenössische Beschreibung des Zeughauses an der Lothstraße am Oberwiesenfeld.
                                             Quelle: Münchner Stadtmuseum Inv. Nr. 38/670

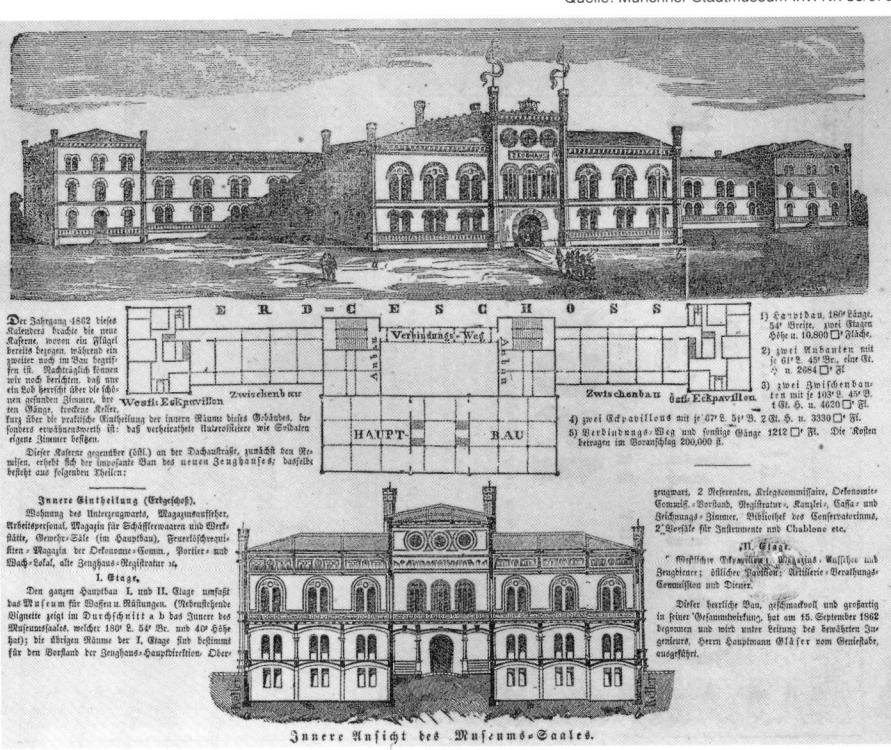

Die Artilleriewerkstätten an der Dachauer Straße zählten um die Jahrhundertwende zu den größten Industriebetrieben der Stadt München.
(Rechts im Bildhintergrund erkennbar am spitzen Uhrtürmchen die Luftschifferkaserne)

Quelle: Kriegsarchiv PS III 43

Das Kraftwerk war das Herzstück der Artilleriewerkstätten. Neben dem selbstbewußt posierenden Meister stehen auch zwei Mechaniker im ölverschmierten »Blauen Anton«.

Quelle: Kriegsarchiv PS III 43

sollten, um durch diese Einnahmen die Schwimmschulen weitgehend aus sich selbst zu finanzieren. Der Bericht des Vorstands der Münchner Militärschwimmschule für das Jahr 1827 zeigt jedoch, daß diese neumodische Angelegenheit beim Bürgertum noch auf große Skepsis stieß: »... Es ist zu erwarten, daß die Zahl der Privat-Schüler sich im nächsten Jahre bedeutend vermehren wird, indem bisher noch Vorurteile und Furcht vor Gefahr, sowohl Ältern [Eltern] als auch Erzieher abgehalten haben, die jungen Leute am Schwimmunterrichte teilnehmen zu lassen.«[19] Die Pagerie hatte vierundzwanzig Zöglinge geschickt, die Gymnasien und sonstige Schulen zusammen über fünfzig Schüler. Die Zahl der Studenten betrug nur rund zwei Dutzend, zumeist Söhne des Adels und der Beamtenschaft.[20] Die Einnahmen aus dem Unterricht der zivilen Schwimmschüler betrugen im Jahr 1827 immerhin 976 Gulden.[21]

Der Wochenplan der Militär-Schwimmschule für die Saison 1828 zeigt folgende Zeiteinteilung: Montag, Dienstag und Freitag wurde am Vormittag und am frühen Nachmittag den Truppenteilen der Garnison Unterricht erteilt, dann kamen am späten Nachmittag die Kadetten, anschließend konnten die Offiziere schwimmen. Mittwoch, Donnerstag und Samstag war die Schwimmschule ab Mittag dem zivilen Publikum zugänglich. Dabei waren bestimmte Stunden für das Waisenhaus, die Gymnasien, die Privatschulen, die Pagerie und Einzelpersonen reserviert. Die Waisenknaben erhielten übrigens den Schwimmunterricht kostenlos. Es erübrigt sich fast zu bemerken, daß Mädchen und Frauen die Schwimmschule nicht benutzen durften.[22]

Im Kursjahr 1830 wurden unterrichtet: 17 Offiziere, 655 Unteroffiziere und Mannschaften, 120 Zöglinge des Kadettenkorps, 24 Pagen, 41 Waisenknaben, 27 Schüler privater Erziehungsinstitute, 60 sonstige Privatpersonen. Von diesen insgesamt 944 Schwimmschülern wurden zwar 564 als »Freyschwimmer« (sic!) qualifiziert, davon aber nur 292 Unteroffiziere und Mannschaften.[23]

Die Schwimmschule nach 1830

Weder am äußeren Erscheinungsbild noch an der Organisation der Militärschwimmanstalt traten in den folgenden Jahrzehnten größere Veränderungen ein. Das Konzept König Ludwigs I. zur Selbstfinanzierung der Schwimmschule funktionierte weitgehend. So standen etwa nach der Saison des Jahres 1848 den Ausgaben von 486 Gulden Einnahmen in Höhe von 1241 Gulden gegenüber. Während der Sommermonate hatten 173 Kadetten, 19 Pagen und 297 sonstige Schüler am Schwimmunterricht teilgenommen, infolge der Mobilmachung aber keine Soldaten.[24] Im darauffolgenden Jahr 1849 absolvierten 595 Soldaten, 152 Kadetten, 23 Pagen und 298 sonstige Schüler die Schwimmschule.[25] Ab der Zeit König Max II. wurden keine jährlichen Abschlußberichte mehr an die höheren Dienststellen weitergeleitet. Nach einer internen Notiz des Kriegsministeriums nahmen um 1860 jährlich rund 1500 Soldaten in München am Schwimmunterricht teil, nicht gerechnet Kadetten, Pagen und andere Schüler.[26] Als Schulleiter fungierten bis zum Jahre 1854 aktive Offiziere. Um diese Offiziere im Truppendienst einsetzen zu können, wurden dann bis 1874 pensionierte Stabsoffiziere gegen entsprechende Bezahlung verwendet. Die Vergütungen zehrte aber den Gewinn aus dem Schwimmunterricht auf, sodaß ab 1874 wieder aktive Offiziere die Leitung übernahmen.[27] Abgesehen von gelegentlichen Reparaturen der Holzhütten gab es keine Baumaßnahmen bis Anfang der 1880er Jahre. Im Frühjahr 1882 wurde ein flaches Becken als zusätzlicher »Militärbadeplatz« angelegt und nach der Sommersaison 1884 wurde die alte Schleusenanlage mit Zement verstärkt.[28]

Anmerkungen:

1 Hierzu: R. Braun, Die Vorläufer der Freibäder, in: Bayern und seine Armee, München 1987, S. 209–216, insb. S. 211 f.; W. Schmidt, Die Garnisonstadt Regensburg im 19. und frühen 20. Jahrhundert, Diss. Univ. Regensburg 1987, S. 177 – 182

2 MKr. 7234 Prod. 3, KM an König Ludwig I. am 18. April 1826 mit Kgl. Signat vom 21. April 1826

3 Ebd. Prod. 6, KM an König Ludwig I. am 30. Juni 1826 mit Kgl. Signat vom 3. Juli 1826

4 Ebd. Prod. 18, KM an König Ludwig I. am 28. Okt. 1826 mit Kgl. Signat vom 6. April 1827

5 Ebd. Prod. 16, KM an König Ludwig I. am 29. März 1827 mit Kgl. Signat vom 30. März 1827

6 Ebd. Prod. 32, Protokoll der Schwimmschulkommission vom 1. Juni 1827

7 Ebd. Prod. 39, Protokoll der Schwimmschulkommission vom 23. Juni 1827

8 Ebd. Prod. 62, Militär-Haupt-Buchhaltung am 28. Jan. 1828; Prod. 3, KM an König Ludwig I. am 18. April 1826

9 Ebd. Prod. 2 (Beil.), Verzeichnis vom 30. März 1826, erstellt von Oberstlt v. Baligand

10 Ebd. Prod. 56, Bericht des Oberstlt v. Baligand vom 25. Sept. 1827

11 Ebd. Prod. 8 (Beil.), Projekt einer Schwimmschule am Würmkanal rechts der Dachauer Straße, verfaßt von Hptm Burkart und OLt Graf Saporta (1826 ?); a. a. O. Prod. 62, Militär-Haupt-Buchhaltung am 28. Januar 1828

12 Ebd. Prod. 56, Bericht des OberstLt v. Baligand vom 25. Sept. 1827

13 Ebd. Prod. 76, Militärschwimmschule an KM am 28. März 1828

14 Ebd. Prod. 78, KM am 2. Juni 1828

15 Ebd. Prod. 56, Bericht des OberstLt v. Baligand vom 25. Sept. 1827

16 Ebd. Prod. 101, KM (undat., wohl 1830): Summarisches Verzeichnis der bei den Heeresabteilungen in den Jahren 1827, 1828, 1829 vom 1. Unteroffizier abwärts ausgebildeten Schwimmern.

17 Der Vf. fand bei seiner Magisterarbeit über die Garnison Freising in den einschlägigen Akten keinen Hinweis auf eine besondere Militärschwimmschule. Statt dessen belegen die im »Freisinger Tagblatt« jährlich publizierten Badeordnungen des Magistrats (z. B. Freisinger Tagblatt Nr. 119 vom 25. Mai 1890), daß das Militär zu bestimmten Zeiten das kommunale Freibad nutzte.

18 MKr. 7234 Prod. 34, Bericht des OLt Graf Saporta vom 31. Mai 1827

19 Ebd. Prod. 56, Bericht des OberstLt v. Baligand vom 25. Sept. 1827

20 Ebd. Prod. 44, KM an König Ludwig I. am 15. Juli 1827

21 Ebd. Prod. 62, Militär-Haupt-Buchhaltung am 28. Jan. 1828

22 Ebd. Prod. 106, Militär-Schwimmschule München (undat., wohl vom Herbst 1828)

23 Ebd. Prod. 114, KM an König Ludwig I. am 15. Nov. 1830

24 MKr. 7237 Prod. 9, Militär-Schwimmschule München am 15. Sept. 1848

25 Ebd. Prod. 18, Militär-Schwimmschule München am 26. Sept. 1849

26 Ebd. Prod. 162, Notiz im KM vom 28. Okt. 1861

27 Ebd. Prod. 73, KM am 6. Juni 1854 (Oberst a. D. Becker übernimmt gegen 100 fl. pro Monat den Vorstand); Prod. 191, GenKdo München am 24. Mai 1867 (Vorstand derzeit OberstLt a. D. Georg Lindhammer); Prod. 222, 1. Division an GenKdo I.A.K. am 31. Mai 1874 (Major Carl Lindhammer(!) übernimmt die Vorstandschaft von OberstLt a. D. Höltz)

28 Ebd. Prod. 238, KM an GenKdo I.A.K. am 6. April 1882; Prod. 257, 1. IngDir München am 17. Nov. 1884

Der Glaspalast

Der im Jahr 1854 fertiggestellte und 1931 abgebrannte Münchner Glaspalast gilt der Nachwelt vor allem als Schauplatz großer Ausstellungen.[1] Wenig bekannt hingegen ist seine jahrzehntelange Nutzung durch das Militär.

Anfang August 1853 billigte König Max II. den Plan des Staatsministeriums des Handels und der öffentlichen Arbeiten in München eine große Industrieausstellung zu veranstalten. Für diesen Zweck entstand auf dem Gelände des Botanischen Gartens gegenüber dem Kadettenkorpsgebäude eine höchst moderne Hallenkonstruktion aus Eisen und Glas von beachtlichen Dimensionen (Länge rund 230 Meter, Breite ca. 220 Meter und Höhe bis zu 23 Meter). Noch im Herbst 1853 wurde mit den Bauarbeiten begonnen. Bereits im April 1854 war der Rohbau vollendet. Am 15. Juli 1854 wurde von König Max II. mit der Eröffnung der Industrie- und Gewerbeausstellung zugleich das Gebäude seiner Bestimung übergeben.[2]

Die »Allgemeine Ausstellung deutscher Industrie- und Gewerbs-Erzeugnisse« wurde am 18. Oktober 1854 beendet. Bereits im September 1854 beriet man über das weitere Schicksal des Glaspalastes. Die ursprünglich vorgesehene Anschlußverwendung als Gewächshaus wurde nun wegen der dazu notwendigen hohen Heizkosten nicht weiter verfolgt. Zunächst einmal wurde der Glaspalast als ziviles Staatsgebäude im Februar 1855 der Regierung von Oberbayern übergeben. In ihrer Obhut sollte er bis 1872 verbleiben, dann kam der Glaspalast direkt in die Verwaltung des Innenministeriums.[3]

Mit militärischem Gepräge war der Glaspalast eröffnet worden und an das Militär wandte man sich auch, als man Anfang Februar 1855 auf ziviler Seite nicht recht wußte, zu welchem Zweck die Halle nun eigentlich dienen sollte. Weder das Innenministerium noch das Kultusministerium, das Finanzministerium, das Handelsministerium oder die Stadt München hatten Bedarf für sie. Da kam man auf die Idee, doch das Kriegsministerium zu befragen, ob es den riesigen Kasten nicht übernehmen wolle, um so die Unterhaltskosten auf den Militärärar abzuwälzen.[4] Auf eine entsprechende Weisung des Kriegsministeriums konnte das Generalkommando des I. Armeekorps Ende Februar 1855 mitteilen, daß das Ausstellungsgebäude bereits von der Garnison benützt würde. Der Glaspalast diente als wettergeschützte Exerzierhalle, in der gleichzeitig bis zu 400 Rekruten der Infanterie ausgebildet werden konnten. Jedoch war die 1. Armee-Division von dem Gebäude nicht allzu begeistert. Der An- und Abmarsch der Abteilungen von der Türkenkaserne zum Karlsplatz nahm doch einige Zeit in Anspruch und in der völlig leergeräumten Halle herrschte durch das Getrampel der Soldatenstiefel auf dem Bretterboden und die Kommandos ein »lärmendes Getöse«.[5]

Am 13. März 1855 trafen sich die Vertreter der oben genannten Ministerien und der Stadt München erneut, um über das Ausstellungsgebäude zu beraten. Diesmal war auch ein Vertreter des Kriegsministeriums anwesend, der Ingenieurmajor Buz. Der Offizier erklärte, daß die Halle zwar grundsätzlich zum Exerzieren und auch als Behelfskaserne im Falle erhöhten Präsenzstandes verwendet werden könne, jedoch keineswegs beabsichtigt sei, sie als reguläres Militärgebäude zu übernehmen. Dazu sei das Glashaus im Winter zu kalt und im Sommer zu heiß. Daraufhin nahm die Kommission Verwendungen als Gewächshaus, als Schwimmbad oder als Mauthalle in Aussicht.[6]

Noch einige Monate später kam König Max II. auf den Plan zurück, den Glaspalast als ständiges Militärgebäude zu verwenden. Das Kriegsministerium antwortete im Juli 1855 höflich, man sei zufrieden, wenn die Ausstellungshalle bei Bedarf für die Übungen der Landwehr und des Linienmilitärs benützt werden dürfte.[7] Noch im gleichen Jahr 1855 zeichnete sich dann die Zukunft des Glaspalastes als Münchner Ausstellungsgebäude schlechthin ab, denn es fanden nun darin eine Landwirtschaftsausstellung, eine Blumen-ausstellung und das 1. Deutsche Musikfest statt. Erst im Oktober 1856 sprach sich der König definitiv für ein dauerhaftes Fortbestehen des Glaspalastes aus.[8]

In den Zeiträumen zwischen den großen Ausstellungen wurde der Glaspalast in den späten 1850er Jahren zu »Waffenübungen« der Landwehr benutzt. Während der Mobilmachung von 1859 wurde der Glaspalast mit der Erlaubnis des Königs vorübergehend als Behelfs-kaserne für 200 Mann eingerichtet.[9]

In der darauffolgenden Zeit diente der Glaspalast immer wieder militärischen Zwecken, vor allem als Exerzier-, Turn- und Fechthalle der Infanterie und auch des Kadettenkorps.[10] Im Glaspalast wurden auch Feste für das Militär abgehalten. 1856 feierte hier das Kadettenkorps sein 100jähriges Bestehen mit einem Festbankett am 1. Juli, an dem auch der König teilnahm. Die Stadt München veranstaltete am Abend des 17. Juli 1871 für die anwesenden Offiziere eine große Siegesfeier im Glaspalast, bei der das gesamte Gebäude mit Tischen und Bänken für 1800 Gäste belegt wurde.[11]

Danach wurde der Glaspalast weiterhin von der Garnison benutzt. So erwähnt etwa das Staatsministerium des Innern, Abteilung für Landwirtschaft, Gewerbe und Handel in einem Schreiben an das Kriegsministerium vom 30. Oktober 1873 »... die seit einer Reihe von Jahren darin stattgehabten militärischen Übungen«, durch welche der hölzerne Fußboden stark beschädigt worden sei.[12] Um für die Garnison weiterhin den Glaspalast als Exerzierhalle zu erhalten, erklärte sich das Kriegsministerium im November 1873 auf Verlangen des Innenministeriums bereit, fortan ein Drittel der Unterhaltskosten für den Bretterboden des Glaspalastes zu übernehmen.[13] Der Glaspalast wurde von der Garnison auch in den Winterperioden 1873/74 bis 1878/79 als Exerzierhalle gebraucht.[14] Wenn-gleich für die folgenden Jahre eindeutige Aktennotizen beim Kriegsministerium fehlen, so wird man daraus nicht folgern dürfen, daß der Glaspalast keiner militärischen Nutzung unterlag, sondern lediglich, daß das Militär nichts dafür bezahlen mußte, weil keine Reparaturkosten anfielen. Dies wird belegt durch eine Bemerkung des Kommandierenden Generals des I. Armeekorps Prinz Leopold v. Bayern vom November 1881 zum Projekt einer militäreigenen Exerzierhalle für die gesamte Garnison als Ersatz für den Glaspalast: »... Würde ein solches Haus (Exerzierhalle) errichtet, so müßte dessen Benützung so geregelt werden, daß jedem Truppenteil ein Theil des Raumes ständig zugewiesen bliebe, damit die Truppen für die Diensteintheilung mit einem stets gleichbleibenden Faktor rechnen können. – Diese Benützungsweise hat sich beim Glaspalast seit Jahren bewährt.«[15] Diese Praxis dürfte bis zum Bau kleinerer Exerzierhäuser bei den Münchner Infanterie-kasernen (z. B. im Jahr 1886 im Hof der Türkenkaserne an der Barer Straße) beibehalten worden sein.

Anmerkungen:

1 Vgl. A. Grösslein, Die internationalen Kunstausstellungen der Münchner Künstlergenossenschaft im Glaspalast in München von 1869 bis 1888 (MBM Bd. 137), München 1987
2 V. Hütsch, Der Münchner Glaspalast 1854 – 1931. Geschichte und Bedeutung, München 1981, S. 9 – 33 pass., insb. S. 11 ff.
3 Ebd., S. 81
4 MKr. 8835 Prod. 1, HandelsM an KM am 21. Febr. 1855 mit beigelegter Abschrift des Sitzungsprotokolls vom 8. d. Mts.

5 Ebd. Prod. 2, KM an GenKdo I.A.K. am 25. Febr. 1855; Prod. 3, GenKdo I.A.K. an KM am 28. Febr. 1855; Prod. 5, 1. Armee-Division an GenKdo I.A.K. am 28. Febr. 1855

6 Ebd. Prod. 7, Sitzungsprotokoll vom 13. März 1855

7 Ebd. Prod. 9, Kgl. Handbillet an KM, dat. Nürnberg 3. Juli 1855; KM an König Max II. am 7. d. Mts.

8 Hütsch (wie Anm. 2), S. 81 und S. 85

9 Ebd., S. 85 – 92 und S. 144; MKr. 8835 Prod. 16, Notiz im KM vom 31. Mai 1859

10 Vgl. MKr. 8835 Prod. 18, HandelsM an KM am 17. Nov. 1859, betr. Glaspalast als Turnhalle des 6. JgBtl in der Winterperiode 1859/60; Prod. 24, HandelsM an KM am 9. Mai 1861, betr. Glaspalast als Turnhalle des Kadettenkorps; Prod. 24, HandelsM an KM am 20. Nov. 1863, betr. Glaspalast als Turn- und Fechthalle des III./14. InfRgt in der Winterperiode 1863/64 (Ein Teil der Aktenprodukte wurde entnommen.)

11 Hütsch (wie Anm. 2), S. 142 f.

12 MKr. 8832 Prod. 133, KM am 10. Nov. 1873

13 Ebd. Prod. 134, KM am 20. Nov. 1873

14 Ebd. Prod. 135, KM am 16. Febr. 1876; Prod. 137, KM am 14. Februar 1879

15 Ebd. Prod. 158, GenKdo I.A.K. an KM am 27. Nov. 1881

Der Englische Garten

Die Tatsache, daß der Englische Garten als ursprünglicher »Militärgarten« sein Entstehen der Garnison München verdankt, ist breiteren Kreisen seiner Besucher anläßlich der im Sommer 1989 begangenen Zweihundertjahrfeier wieder ein wenig ins Bewußtsein gerückt worden.[1] Da der eigentliche Militärgarten bereits im November 1799 wieder aufgelöst wurde, ist der Englische Garten als solcher kein Gegenstand dieser Untersuchung. Dennoch ist eine Beschäftigung mit ihm unumgänglich, sei es wegen der Aktivitäten des Generalmajors v. Werneck, sei es wegen der vom Militär gestellten Parkwache und der zeitweiligen Unterbringung von Militäreinheiten im Garten.

Der Militärgarten

Der geistige Vater der bayerischen Militärgärten war der Nordamerikaner Sir Benjamin Thompson (1753 – 1814), Protegée des Kurfürsten Karl Theodor seit 1784 und 1792 zum Reichsgrafen von Rumford erhoben.[2] Thompsons Projekte für das Kurfürstentum bestanden zumeist aus der Verbindung mehrerer Einzelprobleme und dem Versuch einer gemeinsamen Lösung. In moderner Mangementsprache ausgedrückt nutzte Thompson den Synergieeffekt. Bei der Errichtung von Militärgärten in den größeren Garnisonen des kurpfalzbayerischen Heeres beabsichtigte Thompson mit der Gartenarbeit der Infanterie ihre Ernährung auf billige Art abwechslungsreicher und gesünder zu machen, den Soldaten für das spätere Zivilleben nützliche Fertigkeiten zu vermitteln, sie als Multiplikatoren moderner Agrartechniken in der konservativen Landbevölkerung einzusetzen sowie die militärfachliche Ausbildung im Pionier- und Festungsdienst. Dementsprechend sah der Musterplan »eines neuanzulegenden militärischen Gartens«, entworfen vom Chef des Ingenieurkorps Generalmajor v. Pfister im Februar 1789, nicht nur Gartenbeete für »gesundes Gemüß und Gewürzl« sowie Maulbeerbäume für eine Seidenraupenzucht, sondern auch im Maßstab 1:4 verkleinerte Festungswälle und Bastionen vor. Solch ein Garten sollte nach kurfürstlichem Mandat vom 21. Februar 1789 in jeder Garnisonstadt angelegt werden, wobei Karl Theodor bestimmte, daß er »... *nicht allein zum Vorteil und Ergötzung des Militaires, sondern auch zum allgemeinen Gebrauch als ein offentlicher Spaziergang sowohl für das Civile als das Militaire dienen solle.*«[3]

In München wurde das Mandat am 24. März 1789 publiziert und ab dem 8. Juli 1789 durch Truppen der Garnison realisiert. Die schweißtreibende Arbeit, die Thompson nicht schnell genug vor sich gehen konnte, war, ungeachtet der täglichen Maß Freibier und der aufmunternden Klänge der Militärmusik, die während des Schanzens gespielt wurde, gar nicht nach dem Gusto der abkommandierten Soldaten. Sie klagten, daß sie als billige Taglöhner ausgenützt wurden, keine Freizeit für die obligatorischen einträglicheren Privatverdienste mehr hatten und einige desertierten.[3]

Mitten in die Arbeiten am Militärgarten platzte die Nachricht vom Sturm auf die Bastille. Sie hatte wesentliche Auswirkungen auf das Konzept des künftigen Parks. Zwar hatte schon das kurfürstliche Mandat vom Februar 1789 die Militärgärten zugleich als öffentliche Parks definiert, nun jedoch wurde nächst dem gerade entstehenden Militärgarten der Haupt- und Residenzstadt München per Mandat vom 13. August 1789 ein richtiger Volkspark im bisherigen kurfürstlichen Jagdrevier »Hirschanger« vorgesehen.[5]

Bezeichnenderweise wurde die Realisierung dieses zusätzlichen Projekts ebenfalls der Garnison übertragen. Dies geschah nicht nur aus Sparsamkeit, sondern war auch dadurch begründet, daß am Rande des sogenannten »englischen Garten« zahlreiche Militäreinrichtungen eingeplant waren: 1) der ursprüngliche »Militärgarten«; 2) der »Elevengarten« für die Zöglinge der Militärakademie; 3) die Veterinärschule und 4) ein Exerzierplatz. An den Bauten für den »Theodor-Park« wirkten u. a. der Hofkriegsratsassessor Lechner und der Ingenieuroffizier Frey mit. Letzterer konstruierte übrigens ein Wahrzeichen des Gartens – den Chinesischen Turm.[6]

Am 25. Mai 1790 unternahm Kurfürst Karl Theodor eine erste umfassende Besichtigungsfahrt durch die entstehenden Parkanlagen.[7] Ein Jahr später, im Mai und Juni 1791, wurde im Parkgelände, insbesonders jenem Teil, wo erst später der Kleinhesseloher See entstand, ein »Unterrichtslager« des Militärs abgehalten. Hierzu wurden von sämtlichen Armeeverbänden Einheiten nach München abkommandiert. Sie wurden vorübergehend zu einer Lehr- und Versuchstruppe, bestehend aus zwei Bataillonen Linieninfanterie, einer Feldjägerkompanie, zwei Kavallerieeskadronen und einer Artilleriebatterie, insgesamt 1840 Mann mit 300 Pferden, zusammengestellt und ausgebildet.[8] Während dieser Truppenübung wurden die beteiligten Offiziere im dem heute als »Rumfordhaus« bekannten klassizistischen Gebäude etwas nördlich des Chinesischen Turmes verpflegt. Im Anschluß an das Manöver von 1791 diente dieser »Militairsaal« der kurfürstlichen Hofgesellschaft, z. B. bei Jagden in der nahen Hirschau, als Raststätte.[9] Dem zivilen Publikum wurde der Englische Garten dann erst im Frühjahr 1792 zugänglich gemacht, übrigens ohne besondere Eröffnungsfeier, wohl weil gerade Hoftrauer wegen des verstorbenen Kaisers Leopold II. herrschte.[10]

Der Garten unter der Verwaltung Wernecks (1798 – 1804)

Eine besondere Rolle für die weitere Entwicklung des Englischen Gartens spielte nach dem Weggang Rumfords aus München im Jahr 1798 Oberst Reinhard von Werneck (1757 – 1842), der spätere Kommandeur des Kadettenkorps. Zunächst zusätzlich zu seinem Dienst als Leibadjutant des Kurfürsten mit der Parkaufsicht betraut, wurde Werneck nach dem Tode Karl Theodors im Frühjahr 1799 vom neuen Kurfürsten Max Joseph zum hauptamtlichen Gartendirektor ernannt. Wenngleich Werneck damit unter der Oberaufsicht des Hofgartenbaudirektors Friedrich Ludwig v. Sckell (1750 – 1823), des eigentlichen Gestalters des Parks, stand, so war er doch ziemlich selbständig. Daß überhaupt ein Offizier den Englischen Garten leitete, braucht nicht zu verwundern, unterstand doch das gesamte Areal noch immer als Militäreigentum dem Hofkriegsrat. Im Winter 1799/1800 erfolgte dann eine grundlegende Neuorganisation der Parkverwaltung. Per Reskript vom 13. November 1799 wurden die reinen Militärgärten aufgelöst und ihre Grundfläche dem Volkspark zugeschlagen. Die Veterinärschule wurde aus der Kompetenz der Gartendirektion genommen und in ein ziviles Institut umgewandelt. Der ganze Englische Garten selbst wurde dem Militärärar entzogen. Werneck, wiewohl aktiver Offizier, blieb aber Direktor der Parkverwaltung.[11]

Hauptanliegen Wernecks war es, den Englischen Garten zu einem ökonomisch rentablen Unternehmen zu machen. Seinen landwirtschaftlichen Plänen kam der Umstand zupaß, daß dem Garten per Reskript vom 23. Dezember 1799 das bisherige kurfürstliche Jagdrevier Hirschau bis hinunter zum Haus des Aumeisters einverleibt wurde. Dadurch verdoppelte sich die Grundfläche des Parks und der Englische Garten erhielt bereits in etwa seinen heutigen Umfang. Vor diesem Hintergrund hatte Werneck sich bei der Neuorganisation erfolgreich für den Verbleib der im Parkgelände befindlichen Betriebe in seiner Hand eingesetzt. Das waren ein Gutshof mit ansehnlicher Vieh- und Milchwirtschaft und zwei Mühlen. Letztere waren noch zum Schluß der Ära Rumford 1798 als Militärmühlen errichtet worden. Es waren eine Getreidemühle für die Proviantbäckerei und eine Säge-mühle. Mit der Abgabe des Parks an den Zivilärar verloren diese Mühlen ihren militäri-schen Status. Im Winter 1803/04 ließ Werneck die Mahlmühle in eine Sägemühle umbauen. Er war in seinen Garten so engagiert, daß er selbst beide Mühlen pachtete, um den erhofften Gewinn in den Garten investieren zu können. Allerdings sollte dem Wirken Wernecks keine allzu lange Frist mehr beschieden sein, da bereits im März 1804 Sckell direkt auch die Direktion des Englischen Gartens übernahm. Indessen hat sich Werneck, zusätzlich zu jenem Monument, das ihm 1838 König Ludwig I. setzen ließ, selbst ein bleibendes Denkmal geschaffen, da unter seiner Leitung, wenngleich nach einer Idee Sckells, in den Jahren 1800/02 durch Arbeitskommandos der Garnison der Kleinhesseloher See angelegt wurde.[12]

Auflösung des Kadettengartens (1805)

Als Werneck Kommandant des neuen Kadettenkorps geworden war, schien es ziemlich sicher, daß sein Institut im ehemalige Hieronymitanerkloster im Lehel etabliert werden würde. Dort befand sich auch ein großer Garten.[13] Deshalb erklärte Werneck im Mai 1805 etwas voreilig, daß nunmehr der kleine Elevengarten der früheren Militärakademie dem Englischen Garten zugeschlagen werden könne.[14] Wenige Tage später genehmigte der Kurfürst diesen Vorschlag und befahl die in diesem Gartenteil befindlichen Gebäude auf Abbruch meistbietend zu versteigern.[15] Bald darauf zerschlug jedoch das Projekt des Kadettenkorps im Kloster. Beim Wilhelminum befand sich aber kein Garten, so daß das Kadettenkorps zwanzig Jahre lang über keinen »Spielanger« mehr verfügte.[16]

Parkwache im Rumfordschlößchen

Im Rumfordschlößchen beim Chinesischen Turm war seit dem frühen 19. Jahrhundert ein kleines Detachement der Garnisonkompanie Nymphenburg untergebracht. Diese Soldaten fungierten als Parkwächter und hatten im Englischen Garten Polizeigewalt. Berühmt ist die Anekdote, derzufolge einmal sogar König Max I. Joseph, im bürgerlichen Rock unerkannt durch den Park spazierend, von einem solchen Veteranen seiner Armee wegen unerlaubten Blumenpflückens verwarnt worden sein soll. Diese Szene wurde sogar als Kupferstich verbreitet.[17] In den 1850er Jahren stand dieser Parkwache im »Rumfordsaal« ein Zimmer für zehn Mann zur Verfügung. Für den täglichen Patrouillendienst wurden acht Mann benötigt.[18] Im August 1871 räumte die Gendarmerie ihre Wachstation in der Adalbertstraße unmittelbar beim Siegestor und bezog im Rumford-Schlößchen die Station »Englischer Garten«.[19]

Das Dianabad als Kaserne in den Jahren 1848/49

Nach der Mobilmachung im Revolutionsjahr 1848 wurde das »Dianabad« im Nordteil des Englischen Gartens, dort wo sich heute die Lodenfabrik Frey befindet, von der Garnison als behelfsmäßige Kaserne für das Infanterie-Leib-Regiment für monatlich 125 Gulden angemietet.[20] Das »Dianabad«, das um 1818 in der vormaligen Tabakfabrik von 1782 am Rande des Englischen Gartens eingerichtet worden war, hatte in den frühen 1820er Jahren als das vornehmste der Münchner Gesundheitsbäder gegolten. Andere Badeanstalten waren das Eisenriederische Bad an der Müllerstraße oder das Wirnhiersche Bad an der Baaderstraße. Für das einfache Volk gab es »Kommunbäder«, die in einem einzigen Raum mehrere Wannen beherbergten; z. B. am Radlsteg, am Glockenbach, am Färbergraben und im Lehel. Das Dianabad hingegen hatte 51 Badezimmer, dazu Speisesäle und Übernachtungszimmer für Gäste, die hier mehrere Tage kuren wollten.[21] Zeitweilig waren darin bis zu 400 Soldaten einquartiert. Zum Winter 1848/49 konnten nur noch die heizbaren Räume belegt werden. Deshalb tauschte man die Infanterie gegen Angehörige der Garnisonkompanie Nymphenburg aus, nämlich 48 Unteroffiziere und Mannschaften, 8 Frauen und 17 Kinder. Im Frühjahr 1849 mußten sie wieder ausziehen und Linientruppen Platz machen. So waren im Sommer 1849 drei Kompanien des III. Bataillons vom 1. Infanterie-Regiment »König« im Dianabad untergebracht.[22]

Anmerkungen:

1 Zu diesem Jubiläum erschien die Festschrift »200 Jahre Englischer Garten München 1789 – 1989«, hg. vom Bayerischen Staatsministerium der Finanzen, München 1988 mit umfangreicher Bibliographie, sowie unter dem gleichen Titel ein Austellungskatalog, hg. von der Verwaltung der staatlichen Schlösser, Gärten und Seen, München 1989

2 Vgl. E. Larsen, Graf Rumford – Ein Amerikaner in München, München 1961

3 Th. Dombart, Der Englische Garten zu München. Geschichte seiner Entstehung und seines Ausbaues zur großstädtischen Parkanlage., München 1972, S. 25 – 28. Dombarts Arbeit ist wohl immer noch die beste Monographie zum Englischen Garten. Daneben sind zu nennen: C. Bauer, Der Englische Garten in München, München o. J. (um 1965) und E. Schmidt/S. Rhotert, Englischer Garten München. Amtlicher Führer, München 1983

4 Dombart (wie Anm. 3), S. 30 – 33

5 Ebd., S. 34

6 Ebd., S. 38 – 44; zum Chinesischen Turm S. 70 – 80. Siehe auch: M. Junkelmann, Benjamin Thompson Graf von Rumford., in: Wittelsbach und Bayern Bd. III/1, München 1980, S. 61 ff.; G. Heyl, Graf Rumford und München, in: Bayern und seine Armee, München 1987, S. 104 – 111

7 Dombart (wie Anm. 3), S. 46

8 Ebd., S. 102 f.

9 Ebd., S. 109f.

10 Ebd., S. 90

11 Ebd., S. 135 – 141

12 Ebd., S. 140 – 145

13 Vgl. den Abschnitt »Lehelkaserne«

14 MKr. 9004 Prod. 3, KadettenkorpsKdo an Kurfürst Max IV. Joseph am 18. Mai 1805

15 Ebd. Prod. 2, Kurfürstliches Reskript vom 25. Mai 1805

16 MKr. 9003 Prod. 65, KadettenkorpsKdo an König Max I. Joseph am 28. Juli 1823

17 Vgl. Dombart (wie Anm. 3), S. 160

18 MKr. 8829 Prod. 69, Belegungsliste der GarnKp vom 23. Dez. 1851; Prod. 72, Tätigkeitsnachweis der GarnKp vom 21. Jan. 1852. MKr. 8830 Prod. 43, KdtMünchen am 14. März 1857

19 MKr. 2493 Prod. 65, Notiz im KM vom 17. Aug. 1871

20 MKr. 8828 Prod. 31, Militär-Lokalbaukommission München am 20. April 1849

21 M. Schattenhofer, Von Kirchen, Kurfürsten, Kaffeesiedern etc. Aus Münchens Vergangenheit., München 1974, S. 319 f.

22 MKr. 8828 Prod. 35, KdtMünchen am 12. Mai 1849; Prod. 54, KdtMünchen am 17. Juli 1849

Manöver bei München

Die Geschichte des bayerischen Heeres ist eng verbunden mit dem *Übungslager bei Schwabing vom 11. bis 26. Oktober 1682*, dem ersten modernen Manöver in Bayern überhaupt, in dem der junge Kurfürst Max Emanuel (1662 – 1726) sein eben aufgestelltes Heer zusammenschweißte.[1] Auch das zweite Manöver, das die Annalen der bayerischen Armee verzeichnen, fand bei Schwabing statt. Es dauerte vom 9. bis 27. Oktober *1701* und umfaßte die gesamte Armee mit rund 20 000 Mann. Das dritte Manöver der Armee, ein »Exercitium Militare«, zu dem sämtliche Grenadierkompanien des Heeres beim Leibregiment im August *1733* zusammengezogen wurden, fand ebenfalls bei München statt. Die beiden nächsten Manöver waren das Armeelager zu Ingolstadt 1735 und die Übungen eines kombinierten Lehrbataillons bei Dachau 1759. Anschließend gab es in Kurbayern überhaupt keine Manöver mehr, bis zum Mai des Jahres *1784*. Damals wurden im »Lustlager bei München« beiderseits der Nymphenburgerstraße 5500 Mann, mit Masse Infanterie, aber auch Kavallerie und Artillerie, versammelt. Das Ganze wurde mit einer »Revue« abgeschlossen. Vom 1. bis 31. Mai *1791* wurde im Englischen Garten ein 1800 Mann starkes »Unterrichtscorps« formiert, dem Kommandos aller Truppenteile des rechtsrheinischen Bayern angehörten. Es war das vorerst letzte Manöver der Armee bis 1804.[2]

Die Garnison München bzw. das Münchner Umland hatten fünf von den sieben Manövern der Zeit von 1682 bis 1791 gesehen. Diese Tradition wurde zunächst unter Kurfürst Max IV. Joseph fortgesetzt. Das *Übungslager bei Nymphenburg* versammelte in der Zeit vom 15. bis 29. September 1804 rund 14 000 Soldaten mit 1800 Pferden praktisch aller Truppenteile der Armee. Die Kosten für dieses Manöver waren mit 222 164 Gulden sehr hoch![3]

Die nächsten Manöver, sogenannte »Konzentrationslager«, hielt man im August 1808 bei Plattling (1. Division Deroy), bei Augsburg (2. Division Wrede) und bei Fürth (3. Division Ysenburg) für jeweils rund 10 000 Mann ab. Im Sommer 1813 jedoch übte die Armee wieder bei München und zwar mit etwa 20 000 Mann aus allen drei bestehenden Divisionen vom 15. Juni bis 12. August 1813 zwischen Nymphenburg und Schwabing.[4]

Das große Münchner Lager von 1813

Das Manöver von 1813 hatte vor allem einen politischen Hintergrund. Napoleon verlangte, ungeachtet des Untergangs des bayerischen Heeres in Rußland, schon im Frühjahr 1813 nach neuen Truppen für seine Armee zum Einsatz außerhalb Bayerns. König Max I. Joseph wollte jedoch seine kleine Armee in eigener Hand behalten, um einem etwaigen Angriff Österreichs begegnen zu können. So bildete die Errichtung eines »Übungslagers« bei der Hauptstadt, neben dem unbestreitbaren Zweck die frischen, ungeübten Verbände zu drillen, den geeigneten Vorwand um Napoleon die Truppen noch möglichst lange zu entziehen.

Ende Mai 1813 wurde die Konzentration aller verfügbaren bayerischen Truppen bei München beschlossen. Der General v. Wrede hatte heftig davon abgeraten. Er glaubte zu diesem Zeitpunkt nämlich an eine gütliche Einigung zwischen Frankreich und der Allianz. Noch am 6. Juni hoffte Wrede, der König werde seinen Beschluß revidieren und das Manöver absagen. Um gegenüber Österreich den drohenden Eindruck der bayerischen Truppenansammlung zu mindern, informierte Wrede, der im Gegensatz zum König keine Offensive Österreichs befürchtete, insgeheim den österreichischen Gesandten über alle

Details der geplanten Großübung. Als aber das Lager begann, bildete Wrede als Leitender die Truppen nach besten Kräften aus.[5]

Am 1. Juni 1813 hatte der Bau eines Zeltlagers für die Infanterie auf der Heide zwischen Nymphenburg und der Georgenschwaige begonnen. Das Lager wurde von der Infanterie ab dem 8. Juni bezogen. Kavallerie und Fuhrwesen kamen in verschiedene Ortschaften, z. B. Haidhausen, Unterhaching, Solln, Ismaning. Die Artillerie blieb in den Münchner Kasernen, bis auf einen Zwölfpfünder mit Bedienung, der Signalschüsse abgab, z. B. die Mittagszeit und die Retraite verkündete.[6]

Der Lagerdienst begann mit einer intensiven Verbandsausbildung, welche getrennt nach Waffengattungen durchgeführt wurde. So übte die Artillerie, zu der vier Linienbatterien bestimmt worden waren, zunächst für sich auf dem Marsfeld. Nach zahlreichen Paraden begann erst am 3. Juli mit dem Einrücken dieser Batterien in das Lager das eigentliche Manöver. Am 5. Juli wurde ein großes »Feld-Manoeuvre« abgehalten. Die Übungsanlage forderte zunächst ein Verteidigungsgefecht mit zwei Divisionen gegen einen angenommenen Feind aus Nordwesten und einen anschließenden Gegenangriff nach Norden. Nach diesem Muster wurden insgesamt sechs Feldmanöver durchgeführt, die teilweise zunächst in Probemanövern einexerziert wurden. Infolge des langen Biwaks bei teilweise miserablen Wetterverhältnissen wurde die Stimmung der Truppe immer schlechter, vor allem bei den Infanteristen der Mobilen Legionen. Wrede und Triva befürchteten sogar schon eine große Meuterei. So kam der Abmarschbefehl von München an den Inn zum richtigen Zeitpunkt.[7]

Manöver in der Zeit Ludwigs I.

Das Lager von 1813 sollte für lange Zeit das letzte richtige Manöver im Münchner Raum bleiben. Unter König Max I. Joseph († 1825) war die Armee trotz finanzieller Schwierigkeiten in Übung geblieben. In den Jahren 1815 bis 1818 hatten sogenannte »Musterungen« des bayerischen Okkupationskorps in Frankreich stattgefunden. Im Herbst 1823 übten 18 000 Mann zwei Wochen lang bei Ingolstadt und im darauffolgenden Jahr sogar 20 000 Mann im Raum Nürnberg. Diese Praxis stellte König Ludwig I. radikal ein. Bis zum Herbst 1838, also fünfzehn Jahre lang, übten Bayerns Soldaten nicht mehr im Großverband! Dann erst kam das große »Augsburger Lager« vom September 1838, an dem auch die Münchner Truppen teilnahmen, und zwei Jahre später das Nürnberger Lager für die nordbayerischen Regimenter.[8]

Ab Anfang der *1840er* Jahre fanden bei München dann wiederholt kleinere »Feldmanöver« im Rahmen der Herbstwaffenübungen der Garnison statt. So exerzierte am 6. Oktober 1841 bei Schwabing die Münchner Garnison vor Truppeninspekteuren des Deutschen Bundes.[9] Am 9. und 10. Oktober 1843 übte die 1. Armee-Division in einem Feldmanöver vor dem Feldmarschall Prinz Karl von Bayern.[10]

Am 4. Oktober 1844 kommandierte der 23jährige Prinz Luitpold von Bayern erstmals seine 1. Infanteriebrigade geschlossen auf dem Marsfeld, wobei allgemein auffiel, daß dies ohne die sonst übliche »Disposition«, eine Art Drehbuch für die Truppen, geschah. Drei Tage später hielt dann die 1. Armee-Division, sozusagen als Generalprobe, ein »Schulmanöver« bei Zamdorf und am 9. Oktober ein »Feldmanöver« bei Trudering ab.[11] Ganz ähnlich verliefen die Übungen der Münchner Division anno 1845: am 7. Oktober ein Schulmanöver bei Zamdorf und am 8. Oktober das Feldmanöver bei Harlaching.[12]

In der Regierungszeit König Max II. ist eine deutlicher Anstieg der Manöverhäufigkeit feststellbar, gerade für den Raum München. Die ersten Truppenübungen bei der Haupt- und Residenzstadt konnten infolge der Wirrnisse von 1848/49 erst im Jahr 1850 stattfinden. Es waren zwei bescheidene Feldmanöver der Garnison im Stil der 1840er Jahre, am 11. Juni 1850 bei Moosach und am 18. Juni bei Pasing, an denen der König selbst teilnahm.[13]

Im Herbst 1852 aber wurde dann bei Schwabing ein Korps, bestehend aus 21 Bataillonen, 24 Eskadrons, acht Batterien, zwei Genie-Kompanien und einer Sanitätskompanie, in einem Übungslager zusammengezogen. Diese Streitmacht von immerhin rund 16 000 Mann und 4000 Pferden stand unter dem Kommando des Generals der Kavallerie Fürst von Thurn und Taxis. Die Übung wurde am 19. September 1852 mit einer großen Parade der 1. und 2. Armee-Division vom Marsfeld über den Maximiliansplatz zur Ludwigstraße eröffnet. Anschließend bezogen die auswärtigen Verbände das Schwabinger Lager, die Garnisontruppen nutzten ihre Kasernen. Die eigentlichen Übungen dauerten vom 20. bis 28. September. Höhepunkte der Ausbildung waren Feldmanöver mit zwei Parteien (je eine Division) bei Garching am 24./25. September bzw. Föhring am 27. September, wobei der König jeweils persönlich eine Division führte.[14]

Recht bezeichnend für den Geist, der solche Manöver immer noch beherrschte, ist der Tagesbefehl, den Fürst Taxis am 20. September 1852 an das 1. Kürassier-Regiment richtete. In ihm lobte der General ausführlich die gute Moral des Regiments, welche sich im vorgeführten Parademarsch gezeigt habe: »… Ebenso hat der Vorstand der Ökonomie-Kommission Herr Major Freiherr von Steinling mit rastlosem Eifer die ökonomischen Verhältnisse dieses schönen Regiments mit dem Vortheil des Allerhöchsten Ärars und dem Nutzen der Mannschaft zu vereinen verstanden, und ist der vortreffliche Anzug der Mannschaft, die nichts zu wünschen übrig lassende Ausrüstung, sowie der ausgezeichnet gute Zustand der Pferdequipagen der Gegenstand meiner ganz besonderen Aufmerksamkeit und Zufriedenheit gewesen.«[15]

Anfang der 1850er Jahre beschwerte sich die Königliche Hofjagdintendanz über Flurschäden durch feldmäßige Übungen der Garnison. Daraufhin ließ die Stadtkommandantschaft im Jahr 1852 das bei den Kommandeuren beliebte Ausbildungsgelände nordwestlich der Stadt, im Bereich zwischen der Brucker Landstraße und der Isar, auf einige Jahre sperren. So übten die Truppen in jenen Jahren im Süden und Osten.[16]

Am 16. September 1853 führten die Truppen der Münchner Garnison vor einer Militärinspektion des Deutschen Bundes, bestehend aus einem österreichischen Feldmarschall-Leutnant und je einem sächsischen bzw. hessischen Generalleutnant, bei Freimann ein »Revuemanöver« vor und am folgenden Tag bei Harlaching ein Feldmanöver.[17]

Im Jahr 1857 hielt man ein Divisionslager mit rund 4500 Mann und 700 Pferden bei Schwabing ab, das vom 1. September bis zum 9. September dauerte. Dabei wurde eine Feldübung bei Schwabing am 4./5. September und eine Übung bei Sendling am 7. September durchgeführt, letztere unter den Augen des Königs.[18] Die Kavallerie in Gestalt des 1. Kürassier-Regiments zu vier kombinierten Eskadronen übte in dieser Zeit vor allem auf den Feldern westlich von Untersendling.[19]

Insgesamt betrachtet waren die Feldübungen der Epoche vor 1866 höchst gemütlich. Man blieb in der Nähe der vertrauten Garnison und schlug ein recht komfortables Biwak auf. So bildeten diese Manöver für die Soldaten eher eine willkommene Abwechslung vom Kasernenalltag bei reichlichem Biergenuß, denn eine kriegsnahe Ausbildung.[20] Schwerwiegender war aber wohl noch, daß bei den bayerischen Manövern der Ablauf so starr festgelegt blieb, daß der taktische Ausbildungseffekt der Manöver für die Offiziere minimal war, von einer operativen Dimension ganz zu schweigen.[21]

Im Herbst 1865 wurden zur Zeit der obligatorischen Herbstwaffenübungen in sechs Armeestandorten, nämlich in München, Augsburg, Ingolstadt, Neumarkt/OPf., Würzburg und Germersheim sogenannte »Garnisons-Konzentrationen« vollzogen. Dabei ging man erstmals ein wenig von den fast choreographisch einstudierten Gefechtsszenen weg zu einer freieren Taktik. In München übten neun Bataillone Infanterie, drei Regimenter Kavallerie und drei Batterien. Als Reiterei hatte man hier die komplette Kürassier-Brigade zusammengezogen. Das 1. Kürassier-Regiment »Prinz Karl« war ohnehin in München stationiert. Das 2. Regiment aus Landshut und das 3. Regiment aus Freising bezogen dazu ein Zeltlager in Nähe der Max-II-Kaserne. Die Kürassier-Brigade übte auf dem freien Gelände zwischen Milbertshofen und Freimann. Bezeichnenderweise war der Höhepunkt aber dann doch wieder ein parademäßiges Schauexerzieren der Truppen auf dem Ober-wiesenfeld, wenngleich im Zusammenwirken aller drei Waffengattungen.[22]

Militärisch mangelhaft vorbereitet machte Bayern am 10. Mai 1866 gegen Preußen mobil. Während die Kürassiere und ein Teil der Artillerie aus den Kasernen weg sogleich ins Feld zogen, da man sie auf dem Marsch noch auszubilden gedachte, erhielt die für den Eisenbahntransport bestimmte Infanterie noch eine längere Verweilfrist in der Garnison. Am 9. Juni 1866 hielt die 1. Armee-Division ein Feldmanöver bei Milbertshofen ab. Am 12. Juni übte die 1. Infanterie-Brigade auf dem Oberwiesenfeld zusammen mit Chevau-legers und einer Batterie. Das waren die beiden größeren Übungen vor dem Ausrücken der Münchner Garnison gegen die Preußen![23]

Die neue Manöverkonzeption nach 1866

Nach dem Debakel von 1866 änderte sich auch der Stil der bayerischen Manöver vollständig. An die Stelle der altmodischen »Lager« mit peinlich ausgerichteten Zelt-städten und Bierschänken, aus denen die Truppen nur zu den kurzen »Feldmanövern« ausrückten, traten nunmehr kriegsnahe, mehrwöchige »Marschmanöver«, wie sie die württembergische Armee schon seit den 1850er Jahren praktiziert und Prinz Karl von Bayern seit Anfang der 1860er Jahre gefordert hatte. Das erste derartige Großmanöver der bayerischen Armee fand im Jahr 1867 statt. Hierzu sammelten sich Anfang September 1867 rund 18 000 Mann mit 3700 Pferden auf dem 1862 eingerichteten Artillerie-schießplatz Lager Lechfeld, setzten sich dann in das freie Gelände in Marsch und übten fast zwei Wochen lang in Schwaben den Bewegungskrieg.[24]

Entsprechend dieser für Bayerns Armee grundlegend neuen Art der Großverbandsübung mit Volltruppe und zwei Parteien (»Blau« und »Rot«) verlor das nähere Umland Münchens als Manöverfeld schlagartig an Bedeutung. Es war für solche schnelle raumgreifende Marschbewegungen einfach zu begrenzt. Die Münchner Truppen verließen nun in der Manöverzeit stets die vertraute Garnison, sofern sie in größeren Verbänden übten. Nur noch gelegentlich wurde im Umland der rasch ausufernden Haupt- und Residenzstadt manövriert. So hielt das komplette Infanterie-Leib-Regiment, verstärkt durch eine Eska-dron Chevaulegers, am 25. Juni 1874 eine Feldübung im Raum Unterpfaffenhofen-Germering ab.[25] Im Sommer 1877 wurden Gefechtsübungen der Infanterie der Garnison im Bereich Pasing Richtung Puchheim durchgeführt. Es waren Tagesübungen, bei denen die Truppen abends wieder in den Kasernen waren.[26] Am 21. Juni 1899 übten auf der Fröttmaninger Heide die beiden Schweren Reiter Regimenter gegeneinander. Am 28. Juni wurde eine große Übungsattacke auf die 2. Infanterie-Brigade geritten. Am 18. August fand

eine Divisionsgefechtsübung der 1. Division im Raum Solln statt.[27] Ende August 1902 übte
die 1. Kavallerie-Brigade geschlossen auf der Fröttmanninger Heide.[28]

Anmerkungen:

1 K. Staudinger, Das Königlich Bayerische 2. Infanterie-Regiment Kronprinz 1682 bis 1882. Bd. I/1: Vorgeschichte
   und Geschichte des Regiments unter Kurfürst Max Emanuel 1682 bis 1726, München 1885, S. 53 – 57; ders.,
   Geschichte des kurbayerischen Heeres unter Kurfürst Max II. Emanuel 1680 bis 1726 (Geschichte des Bayerischen
   Heeres Bd. 2/1), München 1904, S. 32 – 37; G. Heyl, Anfang und Ende der Bayerischen Armee, in: Bayern und seine
   Armee (Ausstellungskataloge der Staatlichen Archive Bayerns Bd. 21), München 1987, S. 15 f.
2 E. Zoellner, Beiträge zur Geschichte der bayerischen Manöver, in: Darstellungen aus der Bayerischen Kriegs- und
   Heeresgeschichte 9 (1900), S. 52 – 97, hier S. 53 ff. Vgl. auch den Abschnitt »Englischer Garten«.
3 Zoellner (wie Anm. 2), S. 56 f.
4 Ebd. S. 58 f.
5 A. Winter, Karl Philipp Fürst von Wrede als Berater des Königs Max Joseph und des Kronprinzen Ludwig von
   Bayern (1813 – 1825). (MBM Bd.7), München 1968, S. 33 ff.
6 R. v. Xylander, Geschichte des 1. Feldartillerie-Regiments »Prinzregent Luitpold« Bd. 2: Das Artillerie-Regiment
   und das Fuhrwesen 1806 – 1824, Berlin 1909, S. 407
7 Ebd. S. 408 ff.
8 Zoellner (wie Anm. 3), S. 59 – 68
9 F. Illing, Geschichte des Königlich Bayerischen Infanterie-Leib-Regiments von der Errichtung bis zum 1. Oktober
   1891, Berlin 1892, S. 75
10 Ebd., S. 77
11 Ebd., S. 78
12 Ebd., S. 79
13 Ebd., S. 102
14 Ebd., S. 109
15 zit. nach: H. Fahrmbacher, Das Königlich Bayerische 1. Schwere Reiter-Regiment »Prinz Karl von Bayern« Bd. 2:
   Das Regiment in dem Zeitraum von 1848 bis 1898, München 1900, S. 18
16 Ebd., S. 130
17 Illing (wie Anm. 9), S. 111
18 Ebd., S. 135
19 Fahrmbacher (wie Anm. 15), S. 23 f.
20 Ebd., S. 131
21 R. Förster, Die Leistungsfähigkeit der bayerischen Armee im Feldzug 1866. Dargestellt an der militärischen
   Ausbildung vor dem Krieg, Magisterarbeit Univ. München 1987, S. 113 – 124, insb. S. 123 f.
22 Zoellner (wie Anm. 2), S. 78; Fahrmbacher (wie Anm. 15), S. 47
23 Illing (wie Anm. 9), S. 161 f.
24 Zoellner (wie Anm. 2), S. 79 – 97
25 Illing (wie Anm. 9) , S. 436
26 Ebd., S. 441
27 Th. v. Pfetten-Arnbach/ H. Fahrmbacher, Das K. B. 1. Schwere Reiter-Regiment »Prinz Karl von Bayern« Bd. 3:
   Das Regiment 1898 – 1913, München 1914, S. 7
28 Ebd., S. 19

7. Kapitel

Die Garnison als Faktor der Inneren Sicherheit

Einführung

Die Bedeutung der Garnison als Instrument zur Aufrechterhaltung oder Wiederherstellung von Ruhe und Ordnung in der Haupt- und Residenzstadt kann nicht hoch genug eingeschätzt werden. Bereits im 4. Kapitel (Wachen und Militärgefängnisse) wurde die recht massive Präsenz des Militärs für Sicherheitszwecke im Stadtgebiet vorgeführt.

Im nun folgenden Abschnitt sollen zunächst die Stellung der Stadtkommandantschaft, die Aufgaben von Polizei und Landwehr älterer Ordnung, sodann Einsätze bzw. Einsatzplanung der Garnison bei inneren Unruhen gezeigt werden. Dabei gilt das Interesse nicht nur spektakulären Aktionen, die eher selten waren, sondern auch der stillen Planung von Armee und Zivilbehörden für potentielle Störfälle. Im Gegensatz etwa zum Königreich Preußen setzten die bayerische Verfassung von 1818 und das Primat ziviler Innenpolitik der Armee feste Schranken. Gerade diese Alarmpläne aus den Schubladen der damaligen Schreibstuben erlauben interessante Einblicke in die gesellschaftliche Situation der jeweiligen Epoche. Vor allem für die Regierungszeit der Könige Ludwig I. und Max II. konnten neue Erkenntnisse gewonnen werden.

Die Stadtkommandantschaft München

Bis zum Beginn des 19. Jahrhunderts gab es in allen ständigen Garnisonen der bayerischen Armee »Kommandantschaften« mit eigenem Etat. Besonders hervorgehoben waren hierbei der Festungskommandant zu Ingolstadt und der Stadtkommandant von München. In der kurfürstlichen Haupt- und Residenzstadt wurde diese Funktion seit dem ausgehenden 17. Jahrhundert zumeist vom jeweiligen Präsidenten oder Vizepräsidenten des Hofkriegsrates in Personalunion wahrgenommen. In späterer Zeit war der Posten des Münchner Stadtkommandanten des öfteren ein Karrieresprungbrett. So wurde etwa der von 1771 bis 1788 als Stadtkommandant fungierende Generalleutnant Karl Graf v. Daun anschließend Präsident des Hofkriegsrates und Inhaber des Leib-Infanterie-Regiments.[1]

Der Personaletat der Münchner Kommandantschaft war im 18. Jahrhundert relativ bescheiden. Im Jahr 1778 umfaßte er, neben dem Stadtkommandanten, jeweils einen »Platzmajor« (in der Regel im Range eines Obersten), einen »Platzleutnant« (Hauptmann) und einen Stabsfourier, ferner einen Stabsauditor, das Aufsichtspersonal für das Militärgefängnis (ein Stabsprofoß und sein »Steckenjunge«) und das Lazarettpersonal (»Garnisonmedicus«, »Stabschirurgus«, »Garnisonpater« und »Lazarettmesner« (St. Thekla-Kapelle!)). Die Kosten (incl. der Verpflegung der Arrestanten im Militärgefängnis) beliefen sich in jenem Jahr 1778 auf nur 3297 Gulden, weil das Gehalt des Stadtkommandanten über dessen Regiment verrechnet wurde.[2]

Im Sommer 1799 war der Personaletat wesentlich größer und hatte sich um folgende Personen vermehrt: einen 2ten Platzstabsoffizier, einen Auditoriatspraktikanten (ohne Gehalt); die Direktion des Ingenieurkorps (seit 1787 auf dem Etat der Kommandantschaft) mit dessen Vorstand (Generalleutnant Karl v. Pfister), zehn Offizieren und sechs Offizieranwärtern; stark angestiegen war auch der Umfang an medizinischem Personal. Dieser starke Personalzuwachs resultierte aus dem Zugang bayerischen Militärs von den geräumten Territorien am Rhein, vor allem der Festung Mannheim. Die Kosten beliefen sich 1799 auf nicht weniger als 16 727 Gulden.[3]

Ab dem 5. August 1803 gab es nur noch in München, Ingolstadt und Passau (Oberhaus) etatmäßige Kommandantschaften. In den übrigen Garnisonen übte der jeweils ranghöchste Offizier bzw. bei mehreren ranggleichen Offizieren der rangälteste die Funktion in Personalunion zu seinem sonstigen Dienstposten aus. Nach der Erhebung Bayerns zum Königreich wurden im Frühjahr 1806 in allen Kreis-Hauptstädten Stadtkommandantschaften eingerichtet. Im Sommer 1817 wurden als Kommandantschaften folgende Garnisonen bestimmt: die fünf »Hauptplätze« der Armee, d. h. München, Augsburg, Nürnberg, Würzburg und Landau/Pfalz; die Grenzstädte Lindau und Passau, letzteres vor allem wegen der Feste Oberhaus; sodann die vier Festen Plätze Wülzburg, Rosenberg, Rothenberg und Forchheim. Im Jahr 1832 kam die Kommandantschaft der neu armierten Festung Ingolstadt hinzu und 1834 entsprechend die Festung Germersheim. Andererseits wurden dann 1838 die Kommandantschaften zu Wülzburg, Rosenberg, Rothenberg und Forchheim aufgelöst.[4]

Die Kommandantschaft München war ursprünglich direkt dem Kriegsministerium unterstellt. Nach Bildung der 1. Armee-Division zum 1. Juli 1822 unterstand sie zunächst nur in »Justizsachen« dem Divisionskommando in München. Per Reskript vom 26. Februar 1823 wurde dann dem Stadtkommandanten untersagt in Sachen des täglichen Dienstbetriebes direkt an das Ministerium zu berichten. Jedoch blieb der Stadtkommandant in sogenannten »wichtigen Garnisonangelegenheiten« weiterhin direkt dem Kriegsminister verantwortlich. Auch für die damaligen Verhältnisse muß diese Regelung zu kompliziert gewesen sein, denn schon drei Jahre später wurde per Reskript vom 15. März 1826 befohlen, daß künftighin die Stadtkommandantschaft in *allen* Belangen der 1. Armee-Division unterstand. Bei Angelegenheiten von größter Dringlichkeit durfte der Stadtkommandant zugleich aber auch dem Kriegsminister Meldung erstatten. Dieses Vorrecht wurde nach dem Versagen der Stadtkommandantschaft beim großen Bierkrawall (1. Mai 1844) per Signat vom 14. Mai 1844 aufgehoben. Definitiv wurde ab 16. Juni 1844 der Stadtkommandant in allen Belangen dem Münchner Divisionskommandeur unterstellt. Drei Jahre später genehmigte jedoch König Ludwig I. einen Antrag des Kriegsministeriums auf direkte Unterstellung der Münchner Stadtkommandantschaft um die Reaktionsfähigkeit der Garnison bei möglichen Krisenfällen in der Stadt zu erhöhen.[5]

Im November 1848 wurden die bisherigen bayerischen Armee-Divisionen aufgelöst. In München gab es nun ein Generalkommando (I. Armeekorps) und zwei Divisionsstäbe (1. Infanteriedivision und 1. Kavalleriedivision). Die Stadtkommandantschaft war grundsätzlich dem Kommandierenden General des I. Armeekorps unterstellt, mußte jedoch betreffend der in München garnisonierenden Truppen Anweisungen der Divisions- und Brigadekommandeure ausführen. Die Führungsebenen Armeekorps und Infanterie- bzw. Kavalleriedivision wurden zum 1. September 1855 wieder zu einer Armee-Division zusammengefaßt. Damit verbunden war eine Aufwertung des Münchner Stadtkommandanten, der wieder unmittelbar dem Kriegsminister berichtete. Per Handschreiben vom 4. Dezember 1858 verfügte König Max II. sogar, daß ihm fortan der Stadtkommandant jeden Monat einen persönlichen Rapport zu erstatten habe. Die 1. Armee-Division in München erhielt im April 1859 die Bezeichnung »Generalkommando München«, blieb jedoch im Grunde nur eine Division. Mit Reskript vom 5. Mai 1866 wurde die Stadtkommandantschaft administrativ und juristisch dem Generalkommando untergeordnet, blieb aber im eigentlichen Dienstbetrieb unabhängig. Ab August 1870 war die Münchner Stadtkommandantschaft auch juristisch unabhängig vom Generalkommando.[6]

Zum 1. April 1872 wurde im amtlichen Sprachgebrauch der bayerischen Armee der Begriff »*Kommandantschaft*« durch die preußische Bezeichnung »*Kommandantur*« ersetzt. Gleichzeitig wurde die Begriff »*Platzkommando*« für Garnisonen ohne etatmäßige Kommandantur eingeführt, sowie die Bezeichnung »*Garnison-Ältester*« für jene Offiziere, die dort die Aufgabe des Platzkommandanten wahrnahmen.[7] Nach dem Etat von 1872 bestand die eigentliche *Kommandantur* der Haupt- und Residenzstadt München aus dem Stadtkommandanten (Generalmajor oder Generalleutnant), dem Platzmajor (Stabsoffizier), dem Platzadjutanten (Oberleutnant), dem Garnisonarzt (Oberstabsarzt), zwei Ärzten für den Operationskurs für Militärärzte (ein Oberstabsarzt und ein Stabsarzt), sowie einem Aktuar. Die *Garnisonverwaltung* München bestand aus dem Direktor, einem Verwaltungsinspektor, vier Kaserneninspektoren, einem Kasernenaufseher und elf Kasernenwärtern. Die *Lazarettkommission* München bestand aus einem Lazarettoberinspektor, drei Lazarettinspektoren, einem Apotheker und zwei Lazarettportiers. Das *Proviantamt* München, einschließlich der Filialen Nymphenburg, Fürstenfeldbruck und Wasserburg, verfügte über einen Proviantmeister, einen Kontrolleur, zwei Assistenten, sowie einen Oberaufseher, drei Magazinaufseher und einen Bürodiener.[8]

Am 17. Dezember 1873 genehmigte König Ludwig II. einen Antrag des Kriegsministeriums, die Kommandantur München in allen Beziehungen dem Kommandierenden General des im Jahre 1872 neuformierten bayerischen I. Armeekorps (Stab: München) zu unterstellen.[9]

Anmerkungen:

1 L. Lutz, Die Bayerische Armee von ihrem Entstehen bis zum Weltkrieg 1682 – 1914 (KA: um 1923, Ms. masch.), S. 556 ff.; KA: Repertorium »Festungen, Standortkommandantur München, u. a.«
2 A-I-2 Bd. 56, Kommandantschaft München. Zahlungslisten 1778/1805
3 Ebd.
4 Wie Anm. 1
5 MKr. 2480 Prod. 62, Vortrag im KM über die Stellung der Kommandantur München, dat. 12. Jan. 1883 mit einem Aktenrenner betr. die Unterstellungsverhältnisse der KdtMünchen (1823 – 1880)
6 Ebd.
7 KMVBl Nr. 6 vom 15. Febr. 1872
8 KMVBl Nr. 8 vom 20. Febr. 1872
9 KMVBl Nr. 66 vom 29. Dez. 1873

Polizei und Gendarmerie in München

In einer Haupt- und Residenzstadt wie München, in der die Einwohnerschaft im Laufe des 19. Jahrhunderts enorm anwuchs, spielte die Aufrechterhaltung der inneren Sicherheit eine große Rolle. Dabei ergaben sich vielfältige Verbindungen zwischen Zivilbehörden und militärischen Dienststellen, d. h. zwischen stehendem Heer, Landwehr und Polizei. Um die einzelnen Ereignisse besser bewerten zu können, ist es daher notwendig die Stellung der in München vorhandenen Polizeikräfte zur Garnison vorzuführen.

Die Rechtsgrundlagen

Der Einsatz von Soldaten gegen Zivilisten, etwa im Falle innerer Unruhen, ist in vielen demokratischen Regierungssystemen ausgeschlossen oder auf ganz bestimmte Situationen begrenzt. Zum Beweis für den angeblichen »Militarismus« im Königreich Bayern wird gerne auf den Militäreinsatz von Fuchsmühl am 30. Oktober 1894 verwiesen. Ungeachtet dessen, wie man die Durchführung dieses Einsatzes in den Details bewerten mag, ist doch festzuhalten, daß er streng nach geltendem Recht erfolgte, nämlich nach schriftlicher Aufforderung an die Garnison Amberg durch die zivile Innenbehörde und unter Aufsicht des Bezirksamtmannes.[1]

Wenig bekannt ist die Tatsache, daß das königlich bayerische Militär, anders als etwa die preußische Armee, schon ab dem frühen 19. Jahrhundert strenge verfassungsrechtliche Normen banden und selbständige Polizeiaktionen des Heeres verboten waren. Bereits die Konstitution für das Königreich Baiern vom 25. Mai 1808 bestimmte im Titel VI: »... *Die Armee handelt nur gegen äußere Feinde; im Innern aber nur dann, wenn es der Monarch in einem besondern Falle ausdrücklich befiehlt, oder die Militär-Macht von der Zivil-Behörde förmlich dazu aufgefordert wird.*« In der Verfassungsurkunde vom 6. Juni 1818, der staatsrechtlichen Basis Bayerns bis zum Ende der Monarchie, entfiel sogar das besondere Verfügungsrecht des Herrschers über die Truppe. Der einschlägige Paragraph 6 im Titel IX (»Militaire-Verfassung«) lautete nämlich ganz klar: »... *Die Armee handelt gegen den äußern Feind und im Innern nur dann, wenn die Militaire-Macht von der competenten Civil-Behörde förmlich dazu aufgefordert wird.*« Die »Bamberger Verfassung« des Freistaates Bayern vom 14. August 1919 übernahm übrigens diese Bestimmung sinngemäß im Paragraphen 88: »... Die bewaffnete Macht darf zur Erhaltung der inneren Sicherheit und gesetzlichen Ordnung nur einschreiten, wenn die polizeilichen Zwangsmittel hierfür unzureichend sind und die zuständige bürgerliche Behörde in gesetzmäßiger Form das Aufgebot an die militärische Behörde erläßt.« An diesem Primat der Politik hatten in Bayern auch die Erfahrungen der Jahre 1848/49 nichts geändert. In Preußen erhielten die Kommandierenden Generale in ihren Armeekorpsdistrikten ab Juni 1851 das Recht bei »Gefahr im Verzuge« jederzeit den Belagerungszustand über ganze Städte oder Kreise verhängen zu dürfen. Sie blieben bis 1918 damit Schlüsselfiguren im Machtsystem des Hohenzollernstaates. In Bayern hingegen spielten die Regierungspräsidenten und die ihnen untergeordneten Innenbehörden die entscheidende Rolle.[2]

Polizeitruppen in Bayern bis 1813

Bereits im 18. Jahrhundert hatte man in Kurbayern grundsätzlich die Notwendigkeit einer staatlichen Polizei anerkannt. Nicht zuletzt aus Kostengründen wurde die ohnehin vorhandene Armee als geeigneter Träger dieser Aufgabe angesehen. In den Jahren 1781 bis 1788 sollte das knapp 300 Mann starke Militär-Jäger-Corps die Sicherheit auf dem flachen Land garantieren. Anschließend folgte das System des Militär-Kordons, eine Idee des Grafen Rumford, der fast die gesamte bayerische Kavallerie auf viele kleine Wachstationen im Land verteilte. Obwohl durch diese Zersplitterung die Reiterei als militärische Truppe stark an Wert verlor und auch der Polizeidienst in der Praxis mangelhaft war, bestand der Kavallerie-Kordon bis zum Jahr 1796. Er wurde erneut 1797 kurzfristig wieder ins Leben gerufen, dann mehrere Jahre eingestellt. Nach dem Friedensschluß von Luneville (1801) wurde der Kavallerie-Kordon reaktiviert, jedoch im Juni 1802 endgültig aufgegeben. Zum Jahresende 1803 wurde das System des militärischen Sicherheitskordons erneuert, diesmal aber der Infanterie übertragen, bis der Feldzug von 1805 die Truppen abrief. Als Ersatz für den Militärkordon wurden ab November 1809 in den Landgerichten Polizeiwachen aufgestellt, wobei die hierfür zuständigen Landrichter vorzugsweise abgemusterte Soldaten einstellen sollten. Diese dunkelblau uniformierten Polizisten waren seit dem Januar 1809 dem Statsministerium des Innern unterstellt. Dabei blieb es auch, als die Polizeiwachen im Juli 1809 der Nationalgarde II. Klasse (Mobile Legionen) angegliedert wurden. Zusätzlich bestand dann seit dem Herbst 1811 das Grenz-Patrouillen-Korps der Königlichen General-Maut-Direktion, dessen hechtgrau uniformierte Zöllner dem Staatsministerium der Finanzen unterstanden.[3]

Das Gendarmeriekorps (1813 – 1919)

Die Sicherheitslage im Königreich Bayern blieb trotz der oben geschilderten Maßnahmen unbefriedigend. Ungeachtet der großen militärischen Anstrengungen nahm man deshalb wieder die Konzeption einer schlagkräftigen, mobilen Polizeitruppe auf. So wurde durch Königliches Edikt vom 11. Oktober 1812 mit Wirkung zum 1. Januar 1813 das Gendarmerie-Korps der Armee geschaffen und die Polizeiwachen der Landgerichte sowie die Grenzzollwache aufgelöst.

Im Frühjahr 1813 begann die Aufstellung der Gendarmerie. Sie erwies sich als schwierig, da nur ausgesucht gute Offiziere, Unteroffiziere und Mannschaften in der Gendarmerie dienen sollten, die als Elitekorps der Armee gedacht war. Gleichzeitig brauchten aber die Linienregimenter bitternotwendig Kaderpersonal für die Neuaufstellung nach der russischen Katastrophe von 1812/13. Als im Sommer 1813 die Linientruppen ins Feld zogen, wurde fast die gesamte Gendarmerie in München zusammengezogen, um den militärischen Schutz der Haupt- und Residenzstadt sicherzustellen. Als eine »Combinirte Legion« von 1000 Mann, gegliedert in sechs Kompanien zu Fuß und eine Eskadron, übernahm die Gendarmerie die Wachtposten der Garnison, einschließlich Haupt- und Residenzwache. Eine weitere Eskadron Gendarmen befand sich als »Feld-Gendarmerie« bei der mobilen Armee. Übrigens befand sich auch bei den folgenden Feldzügen von 1814 und 1815 stets eine Eskadron Gendarmerie beim bayerischen Kontingent, das somit als einzige Armee auf alliierter Seite eine richtige Militärpolizei besaß! Erst im Herbst 1813 trat die Gendarmerie den eigentlichen Polizeidienst an, der bis dahin von den Polizeidienern der Landgerichte und der Nationalgarde III. Klasse aufrechterhalten worden war. Für München jedoch war die Gendarmerie bis zum Jahr 1824 nicht zuständig.[4]

Im Rahmen der Reorganisation der bayerischen Armee ab 1868 schied das Gendarmeriekorps als eigentliche Truppe im Frieden aus dem Heeresverband aus. Die bayerische Gendarmerie blieb jedoch bis zum Ende der Armee im Jahr 1919 offiziell ein Bestandteil der Streitkräfte. Sie unterstand der Personalführung des Kriegsministeriums und der Militärgerichtsbarkeit. In den Militärhandbüchern des Königreiches wurde die Gendarmerie an zweiter Stelle nach der Leibgarde der Hartschiere angeführt. Im täglichen Dienstbetrieb war jedoch das Staatsministerium des Innern zuständig. Damit ergab sich die Situation, daß in München das Gendarmeriekorpskommando als militärische Dienststelle gleichzeitig aufs engste mit dem Innenminister zusammenarbeitete. Der Chef der Gendarmeriekompanie des Isarkreises saß ebenfalls in München und war dem zivilen Generalkreiskommissar (ab 1837: Regierungspräsident) verantwortlich. Die Gendarmen dieser Kompanie befanden sich aber nicht in München, sondern im ganzen Kreisgebiet verstreut. Als Stabsstellen zwischen dem Gendarmeriekorpskommando und den Kompanien gab es zudem ab 1813 in Bayern drei Legionskommandos, nämlich in München, Augsburg und Regensburg. Im Jahr 1822 wurden die Legionen aufgelöst und die Zahl der Kompanien auf jeweils eine pro Kreis (ab 1837: Regierungsbezirk) festgesetzt.[5]

Die Münchner Polizeiorganisation 1799 bis 1823

Die Polizeigewalt im München des 18. Jahrhunderts übte der Magistrat aus. Er unterhielt hierzu die sogenannte »Scharwache«, deren Angehörige auch bei Nacht durch die Straßen der Stadt patrouillierten. Noch in den 1780er Jahren trugen diese Stadtsöldner dabei Brustpanzer, »Beckelhauben«, Degen und Spieß.[6] Im Jahr 1792 nahm Kurfürst Karl Theodor dem Magistrat die Polizei aus den Händen und errichtete eine neue lokale Polizeiwachtruppe. Sie wurde von der kurfürstlichen Oberlandesregierung in Zusammenarbeit mit dem Stadtgericht und der militärischen Stadtkommandantschaft überwacht.[7] Unmittelbar nach der Übernahme der Regentschaft durch Kurfürst Max IV. Joseph wurde im April 1799 für München eine neue staatliche Polizeidirektion mit einem Jahresetat von zunächst rund 12 300 Gulden errichtet. Im Etatjahr 1812/13 verfügte dann die Polizeidirektion über fast 60 000 Gulden und im Jahr 1815/16 betrug ihr Etat rund 66 750 Gulden. Vorstand der Münchner Polizeidirektion war von 1806 bis zu seinem Tod 1823 der gebürtige Augsburger Markus von Stetten (* 1776). Er berichtete nahezu jeden Tag persönlich dem Herrscher über die Sicherheitssituation und allerlei menschliche Verfehlungen in der Haupt- und Residenzstadt. Zudem verfaßte Stetten in den Jahren 1808 bis 1814 täglich einen ausführlichen Bericht für den Minister Montgelas.[8]

Unter dem Direktor v. Stetten (3000 Gulden Jahresgehalt) arbeiteten fünf Polizeikommissare, mit je 1500 Gulden Jahresgehalt vergleichbar einem Hauptmann. Jedem Kommissar war ein Polizeioffiziant (je 500 Gulden) zugeteilt. Die Aufgaben der Polizei waren äußerst vielfältig und gingen weit über das Maß der Schutz- und Kriminalpolizei hinaus.[9] Für den Ordnungsdienst waren in erster Linie nicht die Kommissare und Offizianten zuständig, sondern Polizeiinspektoren, deren Jahresgehalt von 800 Gulden einem Leutnant entsprach. Für ihre verantwortungsvolle, weitgehend selbständig zu leistende Arbeit war die Bezahlung also nicht gerade üppig. In jedem Viertel der Münchner Altstadt wohnte und arbeitete ein solcher Inspektor, der im Bedarfsfall die Polizeitruppe einsetzte.[10]

Die eigentliche Münchner Polizeitruppe unterstand also ebenfalls der Polizeidirektion. Im Etatjahr 1811/12 wurden für zwei Rottmeister, vier Korporale und 94 gemeine Polizeidiener fast 21 500 Gulden Gehalt ausgegeben. Eine Polizeikaserne, Direktor v. Stetten forderte eine solche im Herbst 1814, gab es nicht. Die Polizisten wohnten privat, was ihnen die Gelegenheit bot, auch gewerblichen Nebenbeschäftigungen nachzugehen, wenngleich die Vorgesetzten dies nicht gerne sahen. Im Etatjahr 1818/19 bestand die Abteilung aus drei Rottmeistern, vier Korporalen und 96 Gemeinen. Das Jahresgehalt eines Rottmeisters betrug 400 Gulden, zuzüglich 30 Gulden Monturgeld. Ein Polizeikorporal verdiente mit insgesamt 330 Gulden jährlich etwa doppelt soviel wie ein Armeekorporal. Selbst ein einfacher Polizist kam auf 270 Gulden. Damit ergibt sich eine Gesamtsumme von 28 530 Gulden.[11]

Über diese Polizeiorganisation, eine deren wichtigsten Aufgaben die Kontrolle der Ab- und Anreise aller fremden Personen war, urteilte ein Zeitgenosse um 1814: »... Kannibalisch grob verfahren die Münchner Polizeibeamten. Jedem rechtschaffenen Manne muß schaudern vor den Schranken zu erscheinen, wo man den Grundsatz befolgt, jeden Menschen als verdächtig, als Spitzbuben zu betrachten.«[12] Die strenge Fremdenpolizei wurde noch bis in die 1860er Jahre beibehalten. Jeder auswärtige Besucher der Haupt- und Residenzstadt, der sich länger als vierundzwanzig Stunden hier aufhielt, mußte eine »Aufenthaltskarte« beantragen. Quartierwechsel waren binnen eines Tages zu melden.[13]

Die Sonderstellung der Münchner Polizei blieb erhalten bis zum Abgang v. Stettens aus dem Amt des Polizeidirektors durch seinen Tod im Jahr 1823. Nun erst, fünf Jahre nach den übrigen Städten des Königreiches, übernahm auch in der Haupt- und Residenzstadt die Gendarmerie die Aufgaben der Schutzpolizei.[14]

Die Gendarmerie in München

Durch eine Verordnung vom 25. Januar 1824 wurde die bisherige Münchner Polizeiwache aufgelöst und stattdessen eine eigene Gendarmeriekompanie nur für den Bereich der Stadt formiert. Damit erhöhte sich zugleich die Zahl der bestehenden Gendarmerieeinheiten im gesamten Königreich von acht auf neun Kompanien. Die Münchner Kompanie bestand zunächst aus einem Hauptmann, einem Leutnant, einem Feldwebel, einem Rechnungsführer, einer berittenen Brigade und sechs Brigaden zu Fuß; jede Brigade bestand wiederum aus einem Brigadier und zehn Gendarmen.[15]

Obwohl die Gendarmerie der Innenbehörde unterstellt war, sorgte zumindest zeitweilig die Stadtkommandantschaft für ihre Unterbringung in Kasernen. So wurde die Gendarmerie zunächst in der Lehelkaserne und in den 1850er Jahren teilweise im Dechanthof einquartiert. Außerdem gab es kleinere Stationen, beispielsweise in der Polizeidirektion und am Siegestor. Ab 1866 sorgte das Innenministerium für die Kasernierung der ledigen Gendarmen im Gebäude der Polizeidirektion. Letztere war seit 1808 im ehemaligen Komplex der Englischen Fräulein an der Weinstraße untergebracht.[16]

Das Königreich Bayern war Ende der 1840er Jahre in gewisser Weise mehr ein »Polizeistaat« als Preußen. Um 1848 traf in Preußen ein Gendarm auf 11 800 Einwohner, in Berlin auf 2000 Einwohner. In Bayern hingegen traf im Landesdurchschnitt ein Gendarm auf nur 1131 Einwohner, in München sogar nur auf 825 Einwohner. Preußens Ordnungsmacht basierte stärker als jene Bayerns auf einem relativ frühzeitigen und harten Einsatz von Linientruppen sowie lokalen Polizeidienern der Patrimonialgerichte.[17]

Durch die Verstrickung von Polizeibehörde und Gendarmerie in die Affaire Lola Montez litt das Ansehen der Gendarmerie in München ab 1847 ganz erheblich. Am 13. Februar 1848 forderte der Stadtmagistrat die Einwohnerschaft auf, sich künftig aller »unziemlichen Äußerungen« gegenüber Gendarmen zu enthalten. Am 2. März 1848 mußten Infanterie und Kürassiere das Gebäude der Polizeidirektion vor Angriffen schützen. Am Abend des 16. März wurde dann doch die Gendarmerieunterkunft im Polizeigebäude demoliert. Der Eigentümer des Privathauses, in dem bis zu diesem Zeitpunkt die Brigade für die Isar-Vorstadt ihre Räume angemietet hatte, kündigte der Gendarmerie den Vertrag aus Angst vor dem Volkszorn.[18] Nach der Märzrevolution 1848 machte sich bei den Münchner Gendarmen vorübergehend eine recht laxe Dienstauffassung breit. Die Zahl der Verhaftungen und sonstigen Amtsverrichtungen sank so drastisch, daß Führung und Innenbehörde von passiver Dienstverweigerung einzelner Gendarmen sprachen. Dagegen wurde mit Disziplinarmaßnahmen eingeschritten.[19]

In den 1850er Jahren hatte sich das Ansehen des Korps wieder gehoben und die Münchner Gendarmeriekompanie nahm sogar als Elitetruppe an einigen Königsparaden teil.[20] Das Gendarmeriepersonal wurde offiziell zum »Militärstand« der Garnison gerechnet und hatte einen erheblichen Umfang. Nach den Volkszählungen von 1850 bzw. 1867 bestand es aus 516 (796) Männern (bzw. Knaben über vierzehn Jahren) mit nur 36 (43) Frauen und 42 (49) Kindern beiderlei Geschlechts bis zu vierzehn Jahren. Allerdings scheint bei dieser Zählweise auch die gesamte Kompanie Oberbayern, wegen des Stabssitzes in München, hier einbezogen worden zu sein. Wenn man nur die Hälfte des Personals für die Stadt München selbst annimmt, verbleibt aber immer noch eine beachtliche Truppe übrig.[21] Andererseits zählten die vielen Gendarmen aber nicht zum präsenten Stand der eigentlichen Garnison, im Gegensatz etwa zu den Ouvriers der Artillerie.[22]

Die Schutzmannschaft der Haupt- und Residenzstadt München (1898)

Die Gendarmeriekompanie für die Stadt München wurde zum 1. Juli 1898 aufgelöst. An ihre Stelle trat verzugslos die »Kgl. Schutzmannschaft München«. Die neuen Schutzleute, de facto das alte Personal der Gendarmeriekompanie, unterstanden nicht mehr dem Kriegsministerium, sondern als zivile Beamte ausschließlich dem Innenministerium bzw. der Münchner Polizeidirektion. Das martialische Aussehen und der militärisch organisierte Dienstbetrieb blieben aber unverändert.[23]

Anmerkungen:

1 Vgl. W. Albrecht, Die Fuchsmühler Ereignisse vom Oktober 1894 und ihre Folgen für die innere Entwicklung Bayerns im letzten Jahrzehnt des 19. Jahrhunderts, in: ZBLG 33 (1970), S. 307 – 354, insb. S. 312 ff. und S. 350 und die Kritik an W. Albrecht von R. Braun in: Bayern und seine Armee, München 1987, S. 152 und S. 159 ff.

2 Hierzu: R. Bocklet, Das Regierungssystem des Freistaates Bayern. Bd. 3 (Materialien), München 1982, mit sämtlichen Verfassungstexten für Bayern seit 1808; R. Braun in: Bayern und seine Armee, München 1987, S. 149 ff.; M. Messerschmidt in: Deutsche Militärgeschichte in sechs Bänden 1648 – 1939, Abschnitt IV, S. 305 ff.; zur Diskussion im KM über das »Einschreiten der bewaffneten Macht zur Erhaltung der gesetzlichen Ordnung« MKr. 2495

3 H. Schröder, Die Gendarmerie in Bayern, Augsburg 1900, S. 4 – 12

4 Ebd., S. 15 – 29

5 W. Volkert in: ders., Handbuch der bayerischen Ämter, Gemeinden und Gerichte, München 1983, S. 50 f.

6 L. Westenrieder, Beschreibung der Haupt- und Residenzstadt München (in gegenwärtigem Zustande), München 1782 (unv. Ndr. München 1984), S. 109

7 Schröder (wie Anm. 3), S. 34 f.

8 W. Brunbauer, Bayerische Skandalchronik. Polizei und Kriminalität im München des frühen 19. Jahrhunderts, Rosenheim 1984, S. 9 – 14

9 Ebd., S. 131 – 134

10 Ebd., S. 143

11 Ebd., S. 135 f.

12 J. A. Schmeller, Tagebücher 1801 – 1852. hg. von P. Ruf, Bd. 1: 1801 – 1825 (SchrrBayerLG Bd. 47), München 1954, S. 227

13 G. Nagler, Acht Tage in München. Wegweiser für Fremde und Einheimische, München 1863 (unv. Ndr. München 1983), 2. Teil S. 9 f.

14 Brunbauer (wie Anm. 8), S. 118

15 Schröder (wie Anm. 3), S. 35

16 Vgl. die Abschnitte »Lehel-Kaserne« und »Dechanthof«; Nagler (wie Anm. 13), 1. Teil: S. 88 und 2. Teil: S. 150

17 K. J. Hummel, München in der Revolution von 1848/49, München 1987, S. 390 f.

18 Ebd., S. 368 f.

19 Ebd., S. 370 f.

20 Vgl. den Abschnitt »Paraden«

21 E 88 Fasz. 2 Prod. 12, KM am 20. Jan. 1850; E 89 Prod. 177, KM am 19. Jan. 1868

22 MKr. 8828 Prod. 61, KdtMünchen an KM am 15. Aug. 1849; MKr. 8829 Prod. 116, KdtMünchen an KM am 18. März 1854; A IV Bd. 102 Prod. 77, KM am 1. Febr. 1864; A IV Bd. 105 Fasz. 2 Prod. 253, KM am 24. April 1867

23 Volkert (wie Anm. 5), S. 51

Die Münchner Landwehr

Das Bürgermilitär bzw. die Landwehr älterer Ordnung (bis 1868) gehörte nicht im eigentlichen Sinne zur Münchner Garnison. Die Zweiteilung »Garnison und Landwehr« war typisch für den zeitgenössischen Sprach- und Schriftgebrauch, z. B. wenn Linienmilitär und bürgerliche Landwehr gemeinsam zum Einsatz bei inneren Unruhen oder zu Paraden aufgeboten wurden. Aufgrund dieser Zusammenarbeit muß die Geschichte der Münchner Bürgerwehr hier aber berücksichtigt werden. Eine umfassende Darstellung von der frühen Neuzeit bis in die zweite Hälfte des 19. Jahrhunderts, in der das soziale Herkommen der Landwehrmänner, die Besetzung der Offiziersstellen usw. behandelt werden könnte, wäre allerdings eine eigene große Untersuchung geworden.[1] In dem vorliegenden Abschnitt sollen hingegen überwiegend Grundinformationen geliefert werden, um die Position der Armee gegenüber dem bürgerlichen Wehrwesen zu beleuchten.

Die Ursprünge des städtischen Wehrwesens

Dem innersten Wesen einer mittelalterlichen Stadtgründung entsprechend blieb München bis in die Neuzeit stets eine wehrhafte Stadt. Neben dem für Kriege unerläßlichen Steueraufkommen Münchens und dem Festungscharakter der Stadt war es auch die Kampfkraft der Einwohnerschaft, die die Residenzstadt für die Wittelsbacher wertvoll machte. Patriziat und Zünfte traten im Bedarfsfall nach Stadtvierteln organisiert unter die Waffen.[2]

Münchens waffenfähige Mannschaft wurde im Mittelalter nicht nur hinter den schützenden Stadtmauern eingesetzt. Sie war ein feldtaugliches Kontingent in der Hand der bayerischen Herzöge. Legendär verbrämt ist der Angriff der Münchner Bäckerzunft in der Schlacht bei Mühldorf im Jahre 1322. Nüchterner, aber exakt belegt sind spätere Aktionen, etwa zwei Kriegszüge nach Tirol anno 1368 oder die Belagerung von Dachau anno 1398. Überwiegend stellte die Stadt München in jener Zeit Schützeneinheiten, die die Marschstrecken auf sog. »Reiswägen« zurücklegten.[3] Als Herzog Albrecht IV. mit dem Ritterbund der »Löwler« 1491/92 in Fehde lag, wurden die Türme der Frauenkirche mit leichten Geschützen aus dem städtischen Arsenal bestückt. Diese Maßnahme wurde fortan beibehalten bis in das Jahr 1810.[4] War ursprünglich die Armbrust die Standardwaffe der städtischen Schützen, so ist ab 1429 auch die Verbreitung der Handfeuerwaffe nachweisbar. Die »Stachelschützen« und die »Feuerschützen« bestanden seit dem 15. Jahrhundert nebeneinander und überdauerten als Gilden bzw. später als Vereine die Zeitläufte bis zur Gegenwart.[5]

Das städtische Zeughaus

Wichtig für die Herzöge war die städtische Artillerie. Das Rüstungsinventar der Stadt verzeichnete schon im Jahre 1395 drei Geschütze. Um 1407 ließ die Stadt eine »Große Büchse« von fast 90 Zentnern Gewicht von einheimischen Meistern fertigen. Die schweren Waffen benötigten ein besonderes städtisches Zeughaus. Nachdem sich das Arsenal zunächst an verschiedenen Orten befand, errichtete die Stadt im Jahr 1431 das Zeughaus am Anger. Es erfüllte als »Bürgerliches Zeughaus« seinen Zweck bis in die zweite Hälfte des 19. Jahrhunderts und dient seitdem dem Münchner Stadtmuseum als Domizil.[6] Der Bestand des Stadtzeughauses erlitt 1632 durch die Schweden erste empfindliche Verluste. Dies betraf vor allem die modernen Waffen. Auch der bayerische Kurfürst

Maximilian I. war nicht zimperlich. Um 1633 ließ er das Prunkstück des städtischen Artillerieparks, nämlich die große Kanone »Der Mönch«, 1482 in München aus mehr als 6,7 Tonnen Bronze gegossen, einschmelzen und vier neue Geschütze daraus machen.[7] Andererseits bildete sich nicht zuletzt durch landesherrliche Gnadenerweise im späten 17. Jahrhundert der museale Charakter des Stadtzeughauses. So schenkten die Kurfürsten Max Emanuel und Max III. Joseph jeweils Waffen an die Stadt. Ein Beweis für den zunehmend historischen Wert der Münchner Sammlung ist der bayerische Kapitulationsvertrag von 1742, der das Münchner Zeughaus ausdrücklich von Abgaben an den österreichischen Sieger, im Gegensatz zum Jahr 1705, ausnahm. Tatsächlich erlitt das Münchner Zeughaus bis zur Märzrevolution von 1848 kaum Verluste. Bereits 1798 war ein Teil der mittelalterlichen Rüstungen museal aufgestellt.[8]

Über die französische Besatzungszeit berichtete später ein Zeitzeuge: »... Anno 1800 hätte das bürgerliche, wie damals churfürstliche Zeughauß bey der französischen Invasion nach Frankreich abgeführt werden sollen. – Nur aus besonderen Rücksichten wurde dasselbe mit Ausnahme einiger alter Kriegs-Rüstungen ganz unverletzt den Münchner Bürgern als Gemeinde-Gut wieder zum Geschenke gemacht.«[9]

Die Stadt selbst, die noch Mitte der 1790er Jahre eine Batterie leichter Zweipfünderkanonen neu beschafft hatte, reduzierte dann im frühen 19. Jahrhundert die Bestände an Feuerwaffen. So wurden im Juli 1803 vierzehn Geschützrohre verschiedener Kaliber, teils aus Eisen, teils aus Glockenbronze, verschrottet bzw. zu Wasserpumpen für das Stadtbrunnhaus am Glockenbach umgegossen. Im Herbst 1804 wurde diese »Rüstungskonversion«, wie man heute sagen würde, mit weiteren acht Geschützrohren, einem großen Mörser, drei kleinen Salutböllern und 56 alten Doppelhaken durchgeführt. Zum Jahresende 1810 holte man auch die neun schmiedeisernen Doppelhaken (»Serpentierl«) von den Türmen der Frauenkirche und verkaufte sie an den Pächter der städtischen Hammerschmiede als Altmetall. Auf diese Weise verschwand praktisch der gesamte städtische Artilleriepark bis auf vier dreipfündige Kanonen.[10] Die Handwaffen und die persönliche Ausrüstung bewahrten die Angehörigen des Bürgermilitärs bei sich zu Hause auf. Überschüssige moderne Waffen gab es wohl kaum mehr, nachdem die Stadt im November 1807 an das Kgl. Landgericht Schwabmünchen 120 brauchbare Infanterieflinten zu vier Gulden das Stück veräußert hatte.[11]

Der Münchner Zeughaussturm vom 4. März 1848 führte offensichtlich einer breiteren Öffentlichkeit auch den historischen Wert der Bestände vor Augen. Seit 1855 wurde in der, wohl um 1849 neu geordneten, Schausammlung ein Gästebuch geführt. Als erste Besucher sind darin König Max II., sein Vater Ludwig I. und Herzog Max in Bayern verzeichnet. Im Jahr 1865 wurde der Bestand als »Historisches Waffenmuseum« vom Oberzeugwart der Münchner Landwehr aufgestellt. Dieser rührige Zeugwart war niemand geringerer als der Zeichner und Verleger der »Münchner Fliegenden Blätter« Kaspar Braun (1807 – 1877). Braun publizierte 1866 auch den ersten gedruckten Katalog der Waffensammlung unter dem Titel »Das Landwehr-Zeughaus in München«, denn die Stadt hatte das Zeughaus dem Münchner Landwehrkommando zur Nutzung überlassen. Mit dem Ende der Landwehr älterer Ordnung zum Jahr 1870 mußte auch ein neues Museumskonzept gefunden werden. Im März 1871 beschloß der Magistrat die Waffensammlung der Stadt unter Wahrung des kommunalen Eigentumsrechtes als Dauerleihgabe dem Bayerischen Nationalmuseum zu überlassen. Entsprechende Verträge zwischen der Stadt und dem Staat wurden am 2. September 1873, am 17. November 1873, am 25. April 1874 und am 21. Juli 1874 abgeschlossen. Als dann im Herbst 1874 im ehemaligen Zeughaus das Münchner Stadtmuseum eingerichtet wurde, war die Sammlung sehr zum Ärger Ernst von Destouches schon in der

Maximilianstraße integriert. Von dort wanderten sie im Jahr 1900 in den Neubau des Nationalmuseums an der Prinzregentenstraße. Erst im Jahr 1931 kehrte ein Teil der Exponate wieder in das Stadtmuseum zurück.[12]

Der allmähliche Verfall der städtischen Wehrkraft

Im späten 15. Jahrhundert stand die Münchner Bürgerwehr noch in voller Blüte. So zogen anläßlich des großen Pferderennens (Scharlachrennen) von 1497 nicht weniger als 800 Bewaffnete, teils in vollem Harnisch, teils Spießträger oder Schützen auf das freie Feld bei Milbertshofen. Im Jahr 1508 waren es mit 500 Mann schon deutlich weniger.[13]

Unter Kurfürst Maximilian I. wurde erstmals auf dem Schrannenplatz eine militärische Hauptwache eingerichtet und der Dienst an den Stadttoren von der landesherrlichen Soldateska übernommen. Damit hatte die Stadt einen wichtigen Teil ihrer bisherigen Wehrrechte an die Garnison verloren.[14] Einen Aufschwung nahm die Bürgerwehr noch einmal unter Kurfürst Max Emanuel. Als 1703 die Tiroler im Gegenstoß nach dem Einfall der Bayern und Franzosen in das Oberland eindrangen, wurde die Stadt in Verteidigungsbereitschaft versetzt. Die Bürgerschaft wurde in fünf Kompanien eingeteilt, die Handwerksgesellen und sonstigen jungen Männer stellten vier weitere Kompanien, deren jede rund 150 Köpfe stark und mit Luntenschloßmusketen bewaffnet war. Dazu kam ein Korps von 60 Artilleristen. Regelmäßig wurde Wachtdienst mit scharfer Munition geleistet. Dieser Wehrbereitschaft machte dann der Einmarsch kaiserlicher Kriegsvölker im Mai 1705 ein Ende. München bekam eine Garnison von mehr als 3000 Personen, davon 261 Frauen und 238 Kinder. In der Christnacht 1705 rührten die Bürger der »Kayserlichen Hauptstatt München in Baiern« für ihre aufständischen Landsleute vor den Toren der Stadt keinen Finger.[15]

Im Jahre 1779 verlor die Stadt München das Recht der Torsperre, die Schlüssel der Stadttore mußten an den Stadtkommandanten übergeben werden: »… Der Bürger im Harnisch, der früher seine Stadt selbst verteidigte, war zum Statisten auf höfischer Bühne geworden, bei großen Empfängen und Aufzügen und bei der Fronleichnamsprozession.« Nur noch beim Auszug der Garnison ins Feld war das Bürgermilitär zum Wachtdienst vorgesehen.[16]

Wie die »bürgerliche Miliz« der kurfürstlichen Haupt- und Residenzstadt München um 1782 aussah, hat Westenrieder überliefert: »… *Die Bürger verrichten ordentlicher Weise keine Wachten. Ihre Miliz besteht indeß*

a) In einer überaus prächtigen *Reitercompagnie*, bey welcher sich bey 200 Mann befinden. Die Kleidung des Reiters im Glied besteht aus einem mit Silberporten verbrämten Huth; einem gelbledernen Rock mit silbernen Borten und blausammtenen Aufschlägen; einer blauen Weste von Tuch, gelben Beinkleidern; dazu kömmt ein blausammtenes, mit Silberporten besetztes Bandelier, worinn sie das Gewehr fest halten; ein langer, breiter Degen; ein blau tüchene mit Silberporten besetzte Pferdschabracke. Die Officier haben alles doppelt mit Silber besetzt. *Man sieht sie jährlich am Fronleichnamstag, und bei bey ausserordentlichen Festen der höchsten Landesherrschaft.*

b) In einem *Infanterieregiment* von neun hundert bis tausend Mann, worunter zwei Grenadierkompagnien. Sie tragen weiße Gamaschen mit gelben Knöpfen, schwarze Beinkleider, gelbe Westen, blaue Röcke mit schwarzen Aufschlägen, einen Degen, und Flinte.

c) In einem *Artilleriecorps*, mit goldbordirten Hüthen, blaugrauen Röcken und rothen Westen. Anbey befinden sich 150 bis 200 Mann.«[17]

Die Übergangszeit 1799 bis 1807

In der Zeit der französischen Besetzung Münchens vom Sommer 1800 bis in das Frühjahr 1801 kam der Bürgerwehr eine wichtige Mittlerrolle zwischen den fremden Truppen und der einheimischen Bevölkerung zu. Am 5. April 1801 erließ der Stadtoberrichter Karl Sedlmayr in seiner Eigenschaft als Bürgermeister und Oberstwachtmeister des Bürgermilitärs folgende Proklamation:

»... Mitbürger! Kameraden! Der für Sie höchst beschwerliche Wachedienst während der Anwesenheit der französischen Truppen (der schon im 10ten Monat fortläuft) nimmt nunmehr nach abgeschlossenen Frieden ein Ende; die vaterländischen Truppen kehren in Bälde zurück, und Ihre Ablösung durch letztere wird eintretten. Der vorgehabte Zweck, nämlich die Erhaltung der allgemeinen Sicherheit, Ruhe und Ordnung, den man bey Uebertragung des Wachedienstes an Sie vor Augen hatte, wurde auf eine Jedermann befriedigende Weise durch Ihre anhaltende rastlos Anstrengung, immer neu belebten Diensteifer und seltene Aufopferungen so unwidersprechlich erreicht, daß Ihnen die ganze Einwohnerschaft Münchens ihren ungeheuchelten Dank nie versagen kann. Titl. Herr Major von Magg, als einsweiliger Commandant des Platzes, hat Ihnen bereits dafür seinen Dank auf eine öffentliche, und sehr ehrenvolle Art bezeuget: – Empfangen Sie, Mitbürger und Kameraden, Hauptleute, Offiziere, und Gemeine von allen bürgerlichen Corps nun auch den Dank des Magistrats, in dessen Namen, und auf dessen Befehl ich hier unter Sie trette, und nehmen Sie zugleich den Meinigen an.«[18]

Nach der Rückkehr der kurbayerischen Truppen im Frühjahr 1801 blieb der eigenständige Charakter des Münchner Bürgermilitärs gewahrt. Als der Salzburger Magistrat im Sommer 1803 die Münchner Amtskollegen um Informationen über die Organisation der hiesigen Miliz bat, teilte man ihm mit, diese bestünde derzeit aus einem Bataillon Infanterie und einer Eskadron Kavallerie. Das Bataillon wurde von einem Major geführt und umfaßte zwei Grenadierkompanien und drei Kompanien Füsiliere. Es verfügte über achtzehn Offiziere und zwei Fahnenjunker. Bei der Eskadron standen sechs Offiziere und ein Standartenjunker. Übrigens gingen die Infanterieoffiziere den Reitern im Range voran.[19] Interessanterweise wird in dem Schreiben an die Salzburger die Münchner Bürgerartillerie nicht erwähnt. Dabei verfügte die Bürgerwehr nach wie vor über eine leichte Nahkampfbatterie, die von einer »Schützenkompanie« bedient wurde.«[20]

Das Bürgermilitär in der Organisation von 1807

Die traditionelle Abgrenzung von Armee und Bürgertum bzw. von Garnison und Bürgerwehr blieb weit bis in das 19. Jahrhundert bestehen. Die Gesetze zur Ergänzung des stehenden Heeres von den Jahren 1805 und 1812 gestatteten dem städtischen Bürgertum großzügige Befreiungen vom Wehrdienst. So wurde erst nach 1868 allmählich der aktive Militärdienst ein festes Element in der Lebensplanung junger Bürgersöhne.

Zum Ausgleich des fehlenden bürgerlichen Elements in den Reihen der konskribierten Mannschaft des stehenden Heeres wurde das Bürgermilitär beibehalten, als im Januar 1805 das »Allgemeine Reglement über die Ergänzung der kurfürstlichen Armee« in Kraft trat. Zunächst noch in der alten, lokal geprägten Form belassen, ging man im Frühjahr 1806, übrigens nicht auf Initiative der Armee, sondern des zivilen Generallandeskommissariats, daran die Bürgerwehren in Bayern zu vereinheitlichen. Die Kriegsereignisse verzögerten diesen Plan bis zum 3. April 1807. Dann wurde das Mandat *»Über die Uniformierung und Organisierung des bürgerlichen Militärs in den Städten, Flecken und Märkten des*

Königreichs« publiziert. Es bildete eine allgemein verbindliche Rechtsgrundlage für den Wach- und Sicherheitsdienst des Bürgermilitärs, denn bisher hatten die Bürger diese Aufgabe ja freiwillig erfüllt. Wichtigster Punkt für den Staat war die neue allgemeine Musterungspflicht aller Bürger zum Bürgermilitär. Untaugliche mußten eine Wehrersatzgebühr bezahlen. Als Gegenleistung gestand der Staat den Offizier- und Unteroffizierkorps der einzelnen Waffengattungen des Bürgermilitärs ihre Ergänzung und die Beförderung zu höheren Chargen zu. Die Bestätigung erfolgte durch den jeweiligen Magistrat, d. h. letztlich durch die Kgl. Landrichter bzw. die Kgl. Polizeidirektoren in den großen Städten. Stabsoffiziere mußten ihre Beförderung vom König bestätigen lassen.[21]

Nach dem Organisationsmandat von 1807 war die Grundeinheit des Bürgermilitärs die Füsilierkompanie. War eine Gemeinde groß genug, um mehrere Kompanien bilden zu können, so durfte zu je drei Füsilierkompanien und einer Grenadierkompanie ein geschlossenes Bataillon formiert werden. Außerdem gab es selbständige Schützenkompanien. *Füsiliere* und *Grenadiere* waren dunkelblau uniformiert, die *Schützen* trugen einen grünen Rock mit grauem Beinkleid. Unteroffiziere und Mannschaften trugen bei schlechtem Wetter den grauen Lodenmantel (»Chemise«) der Linientruppen. Die Offiziere hatten hingegen einen blauen bzw. in den Schützeneinheiten hechtgrauen Überrock. Charakteristisch differierten die Kopfbedeckungen: einfacher Dreispitz für die Füsiliere, Zweispitz mit grünem Federbusch für die Schützen und für die Grenadiere sogar eine Bärenfellmütze. Psychologisch geschickt gestattete die Verordnung aber zunächst auch das Auftragen der lokal verschiedenen älteren Montierungen. Städte, die noch über eigene Geschütze verfügten, durften eine Artilleriekompanie bilden. Die *Bürgerartilleristen* waren künftig »hechtgrau« zu montieren. Sofern sich in einer Gemeinde mehr als sechzig Bürger mit brauchbaren Pferden zum Reiterdienst fanden, konnte eine Eskadron *Bürgerkavallerie* aufgestellt werden. Diese Truppen waren dunkelblau uniformiert und trugen einen Zweispitz mit weißblauem Federbusch. Für München gab es hier eine Sonderbestimmung: »… Der Bürger-Kavallerie in Unserer Residenzstadt München wollen Wir ihre dermalige Uniform zu Parade-Aufzügen belassen. Es ist aber noch eine zweite Eskadron zu formiren, in welche jene Bürger aufgenommen werden, welche nach ihren Verhältnissen zur Kavallerie geeignet sind, aber weder Vermögen noch Willen haben, sich die kostbare Uniform anzuschaffen.«[22]

Über die Aufgaben des Bürgermilitärs sagt das Mandat von 1807: »… *Nie kehrt der Bürger seine Waffen gegen den äusseren Feind. Seine Bestimmung bleibt ausschliessend, den friedlichen, rechtlichen Einwohner zu beschüzen, und die Wirkungen des Gesezes gegen polizeiliche Vergehungen und das Verbrechen zu unterstüzen. Er übernimmt demach bei dem Abzuge der Feldregimenter aus den Garnisonen den Dienst daselbst, besorgt denselben in jenen Städten, wo keine gewöhnliche Garnison liegt, für beständig, um durch auszusendende Sicherheits-Patrouillen die Umgebungen vor allem, der öffentlichen Ruhe und Sicherheit gefährlichen Gesindel rein zu halten.«* Das unmittelbare Kommando über das lokale Bürgermilitär hatte der jeweils ranghöchste bzw. rangälteste Bürgeroffizier. Dieser unterstand wiederum in einer Garnisonstadt der militärischen Stadtkommandantschaft, ansonsten dem zivilen Landrichter oder Polizeidirektor.[23]

Im Titel VI (»Von dem Militär-Stande«) der Konstitution für das Königreich Bayern vom Jahre 1808 lautet der fünfte Paragraph: »… Die Bürger-Miliz wird bestätigt. Zur Erhaltung der Ruhe in Kriegs-Zeiten wird eine National-Garde und zur Handhabung der Polizei eine Gensd'armerie errichtet werden.« – Damit zeichnete sich bereits eine beabsichtigte Neuorganisation des Bürgermilitärs ab. Noch war es aber nicht soweit. Kurz vor der Umwandlung zur Nationalgarde III. Klasse anno 1809 bestand das Bürgermilitär der Kgl.

Haupt- und Residenzstadt München aus einem Infanterie-Regiment, einem Schützen-Korps, einer Kavallerie-Division (zwei Eskadronen) und einer Artillerie-Kompanie. Im Vergleich zu anderen bayerischen Kommunen war diese Truppe aber nicht einmal so groß. Allein die Gemeinde Au bei München stellte zur gleichen Zeit drei Kompanien Infanterie, das Städtchen Freising hatte ein Bataillon, Landshut ebenfalls ein Bataillon und eine Eskadron.[24]

Die Nationalgarden von 1809

Während die Gendarmerie erst ab dem Frühjahr 1813 aufgestellt wurde, begann die Formation der Nationalgarde schon im Frühjahr 1809. Bei jedem aktiven Infanterie-Regiment wurde ein sogenanntes »Reserve-Bataillon« errichtet. Die Angehörigen dieser Bataillone zählten zur »Nationalgarde I. Klasse«, waren aber reguläre Soldaten. Es handelte sich um das Personal der nunmehr aufgelösten Regimentsdepots und um die frisch eingezogenen Rekruten. Rechtlich und organisatorisch bestanden zwischen der National-garde I. Klasse und dem Bürgerwehren keinerlei Verbindungen. Ähnlich dem Bürgermi-litär wurden die Reservebataillone zum Wachdienst eingesetzt, stellten jedoch gleichzeitig den Personalersatz für die Feldbataillone der Infanterie. Deshalb konnte die Nationalgarde I. Klasse den Ordnungsdienst in ihren jeweiligen Garnisonen zumeist nicht allein bewäl-tigen und es mußte immer wieder auch das Bürgermilitär auf Wache ziehen.[25]

Bereits wenige Wochen nachdem die Nationalgarde I. Klasse ins Leben gerufen worden war, wurde aufgrund der angespannten Kriegslage das Institut der Nationalgarde ausge-dehnt. Nun bildete man auf der Ebene der Kreisregierungen sogenannte »Mobile Legi-onen« als Nationalgarde II. Klasse, z. B. die »Mobile Legion des Isarkreises«. Eine solche Legion entsprach mit einer Stärke von vier bis acht Infanteriebataillonen faktisch einer Brigade. In diese Bataillone der Nationalgarde II. Klasse sollten alle ungedienten, aber waffentauglichen und ledigen Männer bis zum 40. Lebensjahr eingereiht werden. In der Praxis stieß diese radikale Erfassung bei der Bevölkerung auf erheblichen Widerstand. Deshalb wurde schon im November 1809 die Formation der Mobilen Legionen wieder eingestellt.[26]

Wichtiger als das praktisch fehlgeschlagene Projekt der Legionisten war der Umstand, daß ab dem Kriegsjahr 1809 auch eine Nationalgarde III. Klasse entstand und durch sie das alte Bürgermilitär stärker als bisher in die Kontrolle des Staates gelangte. Im Gegensatz zu den unpopulären Mobilen Legionen, die innerhalb der Grenzen des Königreiches auch gegen reguläre feindliche Invasionskräfte hätten kämpfen sollen, beschränkte man sich bei der Nationalgarde III. Klasse weiterhin klug auf die traditionellen Aufgabe der Bürgerwehren. Hierbei waren die Nationalgardisten nunmehr grundsätzlich nur noch dem jeweiligen zivilen Spitzenbeamten der Innenbehörden unterstellt. Lediglich wenn gleichzeitig auch andere Teile der bewaffneten Macht zum Einsatz kamen, beispielsweise beim gemeinsa-men Wachtdienst in einer Garnisonstadt, trat die Bürgerwehr unter militärisches Komman-do.[27]

Nach der Mobilmachung der Münchner Garnison im Frühjahr 1809 mußte ein Großteil der Wachtdienste von der Nationalgarde III. Klasse übernommen werden. Erst ab dem 3. Dezember 1809 wurden dann wieder alle Posten vom Linienmilitär besetzt.[28] Während des Garnisonwachdienstes der Bürgerwehr kam es im Oktober 1809 übrigens zu einem Konflikt zwischen den Nationalgardisten und dem Linienmilitär. Unmittelbarer Anlaß hierzu war die Festnahme eines Nationalgardisten, der betrunken und randalierend zum Dienst auf der Hauptwache angetreten war. Stadtkommandant Generalmajor v. Ow befahl den Mann in das Militärgefängnis zu sperren. Diese Maßnahme empörte die anderen Nationalgardisten. Sie erklärten, nicht dem Militärrecht zu unterliegen und forderten die Überführung ihres Kameraden in das bürgerliche Arrestlokal im Rathaus.

Nachdem sich eine größere Volksmenge vor der Hauptwache versammelt und ihren Unwillen über das Linienmilitär kundgetan hatte, ließ der Stadtkommandant die dort diensttuenden Nationalgardisten durch Linientruppen auswechseln, was die Situation erst recht verschärfte. Münchens Polizeidirektor v. Stetten schien die Lage so brisant, daß er noch in der gleichen Nacht hinaus nach Schloß Nymphenburg ritt, um den König persönlich zu informieren. Obwohl der Vorfall als Sturm im Wasserglas endete, war er doch Grund genug in München eine geheime Polizei aufzubauen. Insgesamt scheint aber die Zusammenarbeit zwischen Bürgerwehr und Armee funktioniert zu haben. Denn der Minister-Staatssekretär im Kriegswesen v. Triva sollte sich im Frühjahr 1812 gegenüber dem Staatsminister des Innern v. Montgelas sehr günstig über die Nationalgarde III. Klasse äußern: »… Die Bürgermiliz etwa 50 000 Mann stark hat ihren Garnisondienst 1809 mit Dienstkenntnis und Aufopferung verrichtet und es ist zur Verbesserung wenig Erforderliches mehr übrig.«[29]

Das Münchner Oktoberfest (1810)

Am 12. Oktober 1810, dem Namenstag des Königs, heiratete Bayerns Kronprinz Ludwig die Prinzessin Therese von Sachsen-Hildburghausen (1792 – 1854). Aus diesem Anlaß fand am 17. Oktober auf der Heidefläche unterhalb des Sendlinger Berges, also der späteren »Theresienwiese«, vor mehreren zehntausend Zuschauern in Gegenwart des Hofes ein großes Pferderennen statt. Initiator dieser Großveranstaltung war der Kommandeur der Kavallerie-Division der Münchner Nationalgarde III. Klasse Andreas von Dall'Armi. Er brachte mit diesem neuen patriotischen Fest seine Truppe und auch das übrige Münchner Bürgermilitär sehr publikumsträchtig zur Wirkung. Auch bei den folgenden Oktoberfesten paradierte stets die Landwehr und stellte die Ehrenabteilung beim Königszelt.[30]

Eine ausgezeichnete Beschreibung der ersten Jubiläums-»Wies'n«, des Oktoberfestes vom Jahr 1835, hat uns der württembergische Offizier Ludwig von Gaisberg in seinem Tagebuch hinterlassen: »… Durch Gefälligkeit von Bekannten [Offizieren?] fand ich einen günstigen Plaz auf der Tribüne, welche dem königlichen Pavillon gegenüber vorzugsweise für Offiziere und Angestellte errichtet wurde. Sie gewährte mir den Vorteil, den König, die königliche Familie und sämtliche dem Feste beiwohnenden Nobilitäten anfahren und ihre Pläze einnehmen zu sehen. (…) *Militärische Musik verkündete das Anrüken der bürgerlichen Landwehr, welche beym heutigen Feste ausschließlich Spalier bildet.* Ich bewunderte die Ruhe und Ordnung mit welcher Alles vor sich gieng (…) Lange harrte in gespannter Erwartung die Menge (…) als endlich gegen halb 2. Uhr Kanonensalven die Abfahrt des Königs aus der Residenz verkündeten. *Die Landwehr-Cavallerie der Hauptstadt begleitete das Herrscherpaar.*«[31] Nun folgte der große Trachten- und Schützenzug mit 80 großen Festwagen, darunter auch kriegerische Darstellungen aus dem Mittelalter, von denen Gaisberg aber weniger angetan war: »… Im Ganzen lag nichts Imponirendes in diesen, aus den Rüstkammern, wohin sie gehören, hervorgegangenen Waffenstüken, in diesen alten Harnischen um neue Leiber geschnallt, die fremd in dem fremden Gewande waren, denen hinter dem Blechpanzer die gefärbte Steifleinwand komisch hervorstach. Wie rüstig und frisch nahm sich des Gebirgsschüzen grüner Kittel und blanke Büchse neben diesen von antiquarischen Schneidern zusammengenähten Rittern aus.«[32]

Von der Nationalgarde zur Landwehr (1813/14)

Nach dem Untergang des bayerischen Feldheeres in Rußland trat im Frühjahr 1813 nun doch die Nationalgarde II. Klasse ins Leben. Wider Erwarten der Armeeführung bewährten sich die Legionisten erstaunlich gut. Eine ganze Reihe von Bataillonen erklärte sich freiwillig zum Dienst außerhalb der Landesgrenzen bereit. Sie zogen dann als »National-Feldbataillone« in den Krieg gegen Frankreich.[33]

Noch im Sommer 1813 erfuhr auch die an sich bewährte Nationalgarde III. Klasse einige Veränderungen. Sie dienten dazu die Bürgerschaft noch stärker für den Dienst zu motivieren. So wurde offiziell die Bezeichnung *»Bürgermilitär«* eingeführt und den Truppenteilen militärische Ehrenrechte gewährt. Die Offiziere erhielten gleich den Angehörigen des stehenden Heeres ihre Patente ausgefertigt. Bei der bürgerlichen Infanterie wurden die anno 1809 aus Sparsamkeitserwägungen abgeschafften Elitekompanien für Grenadiere bzw. Schützen mit besonderer Bekleidung und Ausrüstung wieder aufgestellt.[34] Im Jahr 1814 wurden dann eine einheitliche hellblaue Montur für alle Bürgersoldaten eingeführt. Verglichen mit der Uniformordnung von 1807 war diese neue Montur im wahrsten Sinne von ausgesprochen bürgerlichem Zuschnitt: Der bisherige frackartige Soldatenrock wurde durch einen Überrock nach Bürgerart ersetzt; die Gamaschen entfielen zugunsten einfacher langer Hosen; mit Ausnahme der Grenadiere erhalten alle übrigen Truppen eine Kopfbedeckung nach Art des zivilen Zylinderhutes.[35] Ebenfalls im Jahr 1814 wurde die Nationalgarde III. Klasse in *»Landwehr«* umbenannt, ohne jedoch in ihren Aufgaben der preussischen Landwehr jener Zeit zu entsprechen. Die Nationalgarde I. Klasse war mittlerweile völlig in den Regimentern der aktiven Armee aufgegangen, die Nationalgarde II. Klasse wurde nach 1815 zu einer rein theoretischen Institution.[36] Dieser Zustand wurde dann im Titel IX (»Von der Militaire-Verfassung«) der Verfassungsurkunde von 1818 festgeschrieben. Neben der aktiven Armee wurden im vierten Paragraphen für den Mobilmachungsfall »Reserve-Bataillons« für den Felddienst vorgesehen. Über die Landwehr bestimmte der fünfte Paragraph: »... Die Landwehr kann in Kriegszeiten zur Unterstützung der schon durch die Reserve-Bataillons verstärkten Armee durch besondern Königlichen Aufruf, jedoch nur innerhalb der Grenzen des Reichs, in militairische Thätigkeit treten. Zur zweckmäßigen Benützung dieser Masse wird dieselbe in zwey Abtheilungen ausgeschieden, deren zweyte die zur Mobilisierung weniger geeigneten Individuen begreift, und in keinem Falle außer ihrem Bezirke verwendet werden soll. *In Friedenszeiten wirkt die Landwehr zur Erhaltung der innern Sicherheit mit, in soferne es erforderlich ist, und die dazu bestimmten Truppen nicht hinreichen.*« – In dieser Rechtsform blieb im Königreich Bayern die Landwehr bis zum 31. Dezember 1868 bestehen.

Die Landwehr unter König Ludwig I.

Zu den ersten Maßnahmen König Ludwigs I. gehörte im militärischen Bereich auch eine neue Landwehrordnung. Sie trat am 7. März 1826 in Kraft. Grundsätzlich Neues brauchte sie freilich nicht, bis auf eine weitere Vereinfachung des Uniformschnittes und die Einführung eines richtigen Tschakos anstelle des bisherigen Zylinderhutes.[37] Bemerkenswert jedoch ist der Umstand, daß der König die Grenadiereinheiten der Landwehr nicht auflöste und ihnen die aufwendige Bärenmütze beließ, während er das reguläre Grenadier-Garde-Regiment in ein schlichtes Linien-Infanterie-Leib-Regiment umgewandelt hatte. Es ist wohl anzunehmen, daß Ludwig hier die Eitelkeit der Bürger nicht verletzen wollte, zumal ihre Monturen den Staat nichts kosteten.

Unter König Ludwig I. wurde die Münchner Landwehr gezielt zur staatlichen Repräsentation in der Haupt- und Residenzstadt eingesetzt. Dies geschah wohl aus zwei unterschiedlichen Gründen. Der erste war rein pragmatischer Natur. Der Präsenzstand der Garnison, vor allem bei der aktiven Infanterie, war außerhalb der Exerziermonate sehr niedrig. Daher bot sich die Landwehr als Ersatz an. Der andere Grund dürfte die politische Absicht Ludwigs I. gewesen sein, die Landwehr nicht gegenüber der Armee zu vernachlässigen.

Einen ihrer ersten größeren Auftritte unter König Ludwig I. hatte die Münchner Landwehr, als sie neben dem Infanterie-Leib-Regiment und dem 1. Infanterie-Regiment »König« anläßlich der Grundsteinlegung des neuen Königstraktes der Residenz am 18. Juni 1826 ein Bataillon stellte.[38] Bei der Grundsteinlegung der Ludwigskirche im August 1829 verzichtete der Monarch sogar vollständig auf Linientruppen und ließ stattdessen das Landwehr-Infanterie-Regiment und die Landwehr-Artillerie zur Parade ausrücken.[39] Ähnlich verfuhr der König dann im Herbst 1831, als es galt den Baubeginn der neuen großen Pfarrkirche Mariahilf in der Au zu feiern. Auch zu diesem Anlaß trat ausschließlich das Bürgermilitär in Erscheinung, diesmal natürlich das Landwehr-Bataillon der Vorstadt Au.[40]

Der württembergische Hauptmann v. Gaisberg war ein aufmerksamer Beobachter der Feier, die am 13. Oktober 1835 zur Enthüllung des Monuments für König Max I. Joseph auf dem Platz vor dem Nationaltheater stattfand:

»… Die Prozession sezte sich von der Frauenkirche aus in Bewegung. *Voran eine Abtheilung Landwehr mit Musik,* dann alle bürgerlichen Gewerbe mit schweren alterthümlichen Bannern, die ihre Träger oft fast zu Boden rissen, dann eine Anzahl festlich gekleideter Schüler und Schülerinnen, begleitet von ihren Lehrern und Lehrerinnen. Hierauf folgte der Clerus beider Confessionen, das Domkapitel und der Erzbischof in Pontificalibus mit der Bischofmüze auf dem Haupte, unter einem Baldachin gehend, zu beiden Seiten von *Grenadieren der Landwehr* begleitet. Sodann der Magistrat, die Gemeinde-Bevollmächtigten und Distriktsvorsteher, *ein Zug Landwehr* machte den Beschluß.

Auf dem Max Josephsplaze waren indeß die drey Bataillone der Münchner Landwehr in Parade aufgestellt, die vierte Seite des Plazes schloß die berittene Bürgergarde. Sobald die Prozession im Vierek angekommen war, in welches ausser Offizieren und Beamten in Uniform Niemand eintreten durfte, begab sich der König mit den Prinzen des Hauses unter Vortretung des Hofstaates aus dem Mittelthore der neuen Residenz [Königstrakt] ebenfalls dahin. [Es folgten die Begrüßung des Königs durch den Innenminister, Gesang und eine Ansprache des Bürgermeisters v. Teng. Das Monument war mit einem weißblauen Tuch umhüllt.] (…) Auf einen einzigen Ruk fiel die Bekleidung. – Kanonenschüsse, Glokengeläut, Trompeten und Paukenschall mischten sich mit Jubel der Menge. Um das Feierliche dieser Scene und die allgemeine Rührung die sich bey Hohen und Niedern kund that, noch mehr zu erhöhen, trat die Sonne, die sich den ganzen Tag hartnäckig entzog, für einige Augenblicke aus den Wolken …«.[41]

Selbst zu einem über die Grenzen Münchens weit hinausreichenden Ereignis wie der Grundsteinlegung zur Ruhmeshalle am 15. Oktober 1843 befahl Ludwig I. ausschließlich Münchner Landwehrtruppen, wobei das Musikkorps der Landwehr »paßliche Melodien« zu spielen hatte.[42] Als die oben erwähnte St. Ludwigskirche am 8. September 1844 geweiht wurde, war ein Landwehr-Bataillon angetreten und das Tedeum wurde »… unter Geschützesdonner der Landwehr-Artillerie« gesungen.[43] Bei der Genauigkeit, mit der Ludwig I. die Details solcher Feiern festlegte, steckte sicher eine Absicht in solchen Bevorzugungen der Landwehr. Königtum und Bürgertum sollten durch solche öffentliche

Auftritte der Landwehr weithin sichtbar für die Bevölkerung aneinandergekettet erscheinen.

Der Landwehrdienst und das Sozialprestige

Bereits die alte Münchner Bürgerwehr war ein Feld bürgerlicher Selbstdarstellung. Der finanzielle Aufwand für Uniformen und Zubehör machte schon aus wirtschaftlichen Gründen die Offiziersstellen nur vermögenden Bürgern zugänglich. So trat etwa im Dezember 1804 der Stadtgerichtsrat Müller vom Posten des bürgerlichen Artilleriehauptmanns, den er seit 1797 innegehabt hatte, allein deswegen zurück, weil er sich völlig neu ausstaffieren sollte und ihm dazu das Geld fehlte.[44]

Den traditionellen Gepflogenheiten trug auch das königliche Mandat über das Bürgermilitär von 1807 Rechnung: »... *Bei Besetzung der Offiziers-Chargen soll vorzüglich auf Magistratspersonen, Patrizier, den Handelsstand und sonstige Honorazioren Rücksicht genommen werden; wobei aber dem sich besonders auszeichnenden Bürger in keinem Falle der Weg zur Beförderung zu den Offiziers-Chargen zu hemmen ist.*«[45]

Tatsächlich waren dann auch zur Zeit der Märzrevolution von 1848 die Schlüsselpositionen in der Münchner Landwehr von Magistrat bzw. Gemeindekollegium besetzt. So war der Kommandeur des Landwehr-Infanterie-Regiments, der Fabrikant und Großhändler Oberst Joseph von Maffei, der auch die meisten Steuern in der Stadt zahlte, zugleich Gemeindebevollmächtigter. Ebenso waren Gemeindebevollmächtigte die Landwehrmajore Joseph Schneider (Kaufmann, Nr. 80 der Steuerliste) und Joseph Oberwegner (Apotheker, Nr. 186 der Steuerliste). Der Landwehrmajor Joseph Teichlein (Konditor, Nr. 193 der Steuerliste) war bürgerlicher Magistratsrat.[46] Während des Jahres 1848 blieben die Münchner Gemeindebevollmächtigten häufig den Sitzungen fern: »... möglicherweise, weil die Verwaltung der Stadt nicht so dringend war wie der Wunsch, sich als Privatmann politisch zu engagieren, z.B. in der Landwehr.«[47]

Neben der Landwehr entstanden im Frühjahr 1848 auch sogenannte »*Freikorps*«. Die Freikorps wurden dann bis zum Winter 1850 wieder aufgelöst. Den Anfang machten die Studenten, es folgten dann weitere Freikorps der Künstler, der Turner, der Bürgersöhne, der königlichen Bediensteten und der Landwehr selbst. Das Armeezeughaus gab an die Freikorps 3700 Gewehre ab. Das Vorbild der Münchner Landwehr strahlte 1848 auch in die kleineren Landgemeinden aus, wo keine Landwehr bestand. So forderte man in Neuried, Laim, Groß- und Kleinhadern eine allgemeine Bewaffnung der Einwohner. Es kam jedoch nicht zur Aufstellung neuer Landwehrverbände. Als Ersatz wurden, ebenfalls nach Münchner Vorbild, zahlreiche Freikorps errichtet. Zeitweilig bestanden in 25 der 46 politischen Gemeinden des Landgerichts München Freikorps mit zusammen etwa 800 Mitgliedern.[48]

Die Bewertung der Landwehr durch die aktive Truppe

Die Ereignisse der Revolution vom Frühjahr 1848 in München ließen bei den Berufssoldaten die Sympathie für die Landwehr sinken. Als Kriegsminister Weishaupt auf Befehl des Königs Max II. im Oktober 1848 einen Plan zur Verteidigung der Landeshauptstadt bei erneuten inneren Unruhen vorlegte, bemerkte er hierzu: »... Bei der Durchführung einer so wichtigen militärischen Maßnahme kömmt im Voraus in Betracht zu ziehen, daß hierbei angenommen wird: auf die Unterstützung von Seite der National- Garden und des Landwehr-Freicorps sei nicht wesentlich zu rechnen, noch weniger aber auf jene der Studenten und der anderen bewaffneten Freicorps.«[49]

Der Oberst v. Hörmann hielt in seinem Konzept von 1853 für eine Verteidigung der Stadt bei einer neuen Revolution wenig von der Landwehr: »... Die Nationalgarde hat bloß den Feuerlöschdienst zu versehen.«[50]

Noch deutlicher wurde dann im Frühjahr 1858 der bayerische Generalquartiermeister v. d. Mark, der in den entscheidenden Märzwochen des Jahres 1848 das Kriegsministerium geleitet hatte. In einem Gutachten für König Max II. über »Maßregeln zur Erhaltung der staatlichen Ordnung und Sicherheit« urteilte er scharf: »... Die Beyhilfe der Nationalgarde in ernsten Augenblicken ist Null. Die Erfahrungen im Jahre 1848 haben dies genügend gezeigt. Haben die Bürger guten Willen, so können sie diesen durch Ruhe und Ordnung in ihren Familien betätigen. Ist der Geist aber schlecht, so wäre es eine große Unklugheit, sie nicht zu entwaffnen. Nehmen sie auch nicht in Reih' und Glied an dem Aufruhr Antheil, so sind doch zu viel demokratische Elemente im großen Haufen, welche sich der Waffen dann bemächtigen können.«[51]

Im Gegensatz zu dieser Position stand freilich schon ein Jahr später Münchens Stadtkommandant Generalmajor v. Feder. In seinem Neuentwurf eines Einsatzplanes der Garnison im Falle eines Aufstandes (1859) schlug er ausdrücklich vor, auch der Landwehr »... die Ehre der Mitwirkung zu diesem Werke der Treue und Anhänglichkeit zu gönnen.« Feder bezweifelte dabei keineswegs die Existenz jener Gefahren, die den Generalquartiermeister v. d. Mark zu einem Gegner der Landwehr gemacht hatten, der Stadtkommandant erblickte aber gerade im geschlossenen Ordnungsdienst der Landwehr unter der Kontrolle der Garnison bei inneren Unruhen ein vorzügliches Mittel, »... die vielen kleinen Gewerbsleute und Handwerker durch die Macht der Disziplin der allenfallsigen Verführung zu entziehen.«[52]

Die Landwehr zwischen 1848 und 1868

Die staatspolitische Repräsentationsfunktion der Münchner Landwehr wurde auch unter König Maximilian II. beibehalten. Exakt die gleichen Anweisungen, die für die Einweihung der Ludwigskirche (1844) getroffen worden waren, wurden sechs Jahre später bei der Einweihung von St. Bonifaz wiederholt.[53] Auch bei der Grundsteinlegung für das neue Gebäude der Regierung von Oberbayern in der Maximilianstraße im November 1856 wurde ausschließlich Landwehr zur Parade verwendet.[54]

Bezüglich der Einweihung des Denkmals für Ludwig I. im Jahr 1862 vermerkt Thea Braatz: »... Aufschlußreich für die Haltung des Kleinbürgertums gegenüber dem König ist die Tatsache, daß die Landwehrmänner der Vorstädte Au und Haidhausen, die meistens der arbeitenden Klasse angehörten, an diesem Tag Arbeit und Verdienst ruhen ließen, um ihrem Landwehrdienste nachzukommen. Die Landwehrmänner bewiesen mit dieser Handlung ihre absolute Loyalität gegenüber dem lebenden Monarchen. (...) Der Kleinbürger genoß die Prachtentfaltung der Monarchie.«[55]

Wenig bekannt angesichts des heute verbreiteten nostalgischen »Raupenhelm kontra Pickelhaube«-Patriotismus in Bayern ist die Tatsache, daß ab dem Jahr 1848 bei der bayerischen Landwehr offiziell ein »Helm mit Spitze«, also eine Pickelhaube nach preußischem Vorbild (1842 ff.) eingeführt wurde. Auch die bayerische Gendarmerie erhielt in der Folgezeit, weit vor der allgemeinen Einführung dieser Kopfbedeckung in die Armee (1886), eine Pickelhaube.[56] Es waren also bezeichnenderweise die Sicherheitstruppen der zivilen Exekutive, die mit diesem modernen, zugleich aber als »altdeutsch« empfundenen Helm ausgestattet wurden, während das königliche Linienmilitär beim Raupenhelm blieb. In den Reihen der Landwehrmänner rief diese Maßnahme zunächst große Erregung hervor, zumal bei den Grenadieren, die auf ihre Bärenmützen sehr stolz waren. Die Einführung der neuen Kopfbedeckung erfolgte aber nicht schlagartig und die alten Tschakos und Fellmützen wurden noch bis in die 1860er Jahre »aufgetragen«.[57] Ihre letzte Bewährungsprobe hatte die Münchner Landwehr während des kurzen Feldzuges von 1866. Am 24. Juli 1866 bat die Stadtkommandantschaft das Kriegsministerium infolge des Ausmarsches der aktiven Infanterie ins Feld den Garnisonwachtdienst der Landwehr übertragen zu dürfen. Hierbei erwähnte der Stadtkommandant, daß von seiten der Landwehr und des »zivilen Publikums« Unwillen darüber laut geworden sei, daß der Landwehr bis zu diesem Zeitpunkt lediglich der Auftrag erteilt war, das leerstehende Wittelsbacher Palais, das Prinz-Karl-Palais und das Palais Luitpold zu bewachen. Diese Aufträge würden als unwürdige »Portiersdienste« empfunden.[58] Der noch amtierende Kriegsminister v. Lutz billigte daraufhin die Übertragung weiterer Wachtposten, vor allem beim neuen Zeughauskomplex an der Dachauer Straße, an die Landwehr. Die »Portiersdienste« wurden hingegen wieder von aktiven Soldaten wahrgenommen.[59] Bemerkenswert ist die Tatsache, daß nach dem Abmarsch sämtlicher Angehöriger des Infanterie-Leib-Regiments nach Franken die Residenzwache, also die vornehmste Wache, bereits ab dem 7. Juli 1866 von der Münchner Landwehr besetzt worden war.[60] Die letzten Landwehrposten wurden dann erst wieder Mitte August 1866 durch Linienmilitär ersetzt.[61]

Das Ende der »Landwehr älterer Ordnung« (1868/70)

Der Wachdienst von 1866 wurde gewissermaßen der Schwanengesang der traditionellen Landwehr in München. Der Feldzug von 1866 hatte viele Fehler des alten bayerischen Heeres schonungslos bloßgelegt. In einem grundlegend erneuerten Landesverteidigungssystem war für die doch recht behäbige Bürgerwehr kein Platz mehr. An die Stelle des privilegierten Dienstes in der Landwehr trat ab 1868 auch für den Bürger der Wehrdienst im stehenden Heer. Die neue Landwehr war keine selbstständige Institution mehr, sondern ein Anhang der aktiven Truppe. Künftig sollte der Wehrpflichtige drei Jahre in der Truppe dienen, dann wurde er für weitere drei Jahre in die Reserve seines früheren Truppenteils beordert und anschließend erst kam die Zuordnung für weitere fünf Jahre in die Landwehr. Jeder Landwehrbezirk bildete im Mobilmachungsfall aus seinen Landwehrmännern ein Bataillon. Dieses Bataillon war einem aktiven Infanterieverband für Unterstützungsaufgaben im Kriege festzugeordnet. Nach der Landwehrzeit erfolgte die Überstellung in den Landsturm. Reservisten und Landwehrmänner sollten regelmäßig zu Waffenübungen bei der aktiven Truppe einberufen werden und wurden zudem jährlich zu »Kontrollversammlungen« der Landwehrbezirkskommandos geladen.[62]

Die Einführung der neuen Struktur geschah aber nicht schlagartig. Gemäß dem Wehrgesetz vom 30. Januar 1868 und dem Bürgerwehrgesetz vom 30. Dezember 1868 bestand die »Landwehr (älterer Formation)« offiziell fort bis zum 31. Dezember 1869.[63] Ab dem 1. Januar 1870 existierte dann das Landwehrbezirkskommando München als territoriale Kommandobehörde für die Haupt- und Residenzstadt München und das Kgl. Bezirksamt rechts der Isar. Truppendienstlich war dieser Stab der 1. Infanterie-Brigade unterstellt. Die Landwehrmänner des Bezirkes waren im 4. Landwehr-Bataillon zusammengefaßt, das erst im Mobilmachungsfall aus älteren Reservisten des Heeres aufwuchs. Stab und zwei Kompanien lagen in München, die 3. Kompanie hatte ihren Sammelpunkt in Haidhausen und die 4. Kompanie in Wolfratshausen.[64]

Anmerkungen:

1 Die Quellen zur Geschichte der Münchner Landwehr (älterer Ordnung), einschließlich der später eingemeindeten Landwehr in den Orten rechts der Isar (Au, Haidhausen, usw.) befinden sich im Bestand »Stadtverteidigung« des Münchner Stadtarchives. Auch das ist ein deutliches Indiz für die Distanz zum stehenden Heer.

2 F. Solleder, München im Mittelalter, München und Berlin 1938, S. 425

3 Ebd., S. 455 ff.

4 M. Schattenhofer, Von Kirchen, Kurfürsten und Kaffeesiedern etc. Aus Münchens Vergangenheit, München 1974, S. 133; Stadtarchiv »Stadtverteidigung« Nr. 28, Kgl. Kommunal-Bauinspektion München am 27. Jan. 1811

5 Solleder (wie Anm. 2), S. 433

6 Ebd., S. 443 – 446

7 R. Wackernagel, Zur Geschichte und Aufstellung der »Gemainen Statt Ristungen und Khriegswaffen« im Münchner Stadtzeughaus, in: Das Münchner Zeughaus, hg. von R. Wackernagel, München und Zürich 1983, S. 10 – 40, hier S. 17 f.

8 Ebd., S. 29 – 32

9 Stadtarchiv »Stadtverteidigung« Nr. 114, Schreiben des Gemeindebevollmächtigten Anton Schindler an den Stadtmagistrat München am 10. Juli 1819

10 Ebd., verschiedene Schriftstücke pass., u. a. Schreiben des Kgl. Landwehr-Rgt. München an den Stadtmagistrat München vom 4. Juli 1835 (siehe auch Anm. 4)

11 Ebd.

12 Wackernagel (wie Anm. 7), S. 19, S. 35 – 40; die Inventarlisten in Stadtarchiv »Stadtverteidigung« Nr. 114

13 Schattenhofer (wie Anm. 4), S. 291

14 Ebd., S. 201

15 Ebd., S. 255 – 259

16 Ebd., S. 154

17 L. Westenrieder, Beschreibung der Haupt- und Residenzstadt München (in gegenwärtigen Zustande), München 1782 (unv. Ndr. München 1984), S. 108 f.

18 Stadtarchiv »Stadtverteidigung« Nr. 34, Einblattdruck: »Ordre auf der Wacht-Parade am Schluße des während der Anwesenheit der französischen Truppen in München von dem bürgerlichen Militaire gemachten Wache-Dienstes«, dat. 5. April 1801

19 Stadtarchiv »Stadtverteidigung« Nr. 29, Stadtmagistrat München an den Stadtmagistrat Salzburg am 31. Juli 1803

20 Ebd. Nr. 46, Polizeidirektion München an Stadtmagistrat München am 1. Juli 1803 wg. Entfernung der Geschütze von den Salzstadeln

21 O. Bezzel, Geschichte des Königlich Bayerischen Heeres von 1806 (1804) bis 1825. (Geschichte des Bayerischen Heeres Bd. 6/1), München 1933, S. 99 ff.

22 Stadtarchiv »Stadtverteidigung« Nr. 29, Mehrblattdruck: »Uniformirung und Organisation des Bürger-Militärs in dem Königreiche Baiern«, dat. München 3. April 1807

23 Ebd.

24 Vgl. P. E. Rattelmüller, Das Bayerische Bürgermilitär, München 1969, S. 31 – 35 (Gesamtverzeichnis des Bürgermilitärs 1809)

25 Bezzel (wie Anm. 21), S. 54 und S. 101

26 Ebd., S. 102 f.

27 Ebd., S. 108 f.

28 A IV Bd. 102 Prod. 22, KdtMünchen an KM am 4. Dez. 1809

29 W. Brunbauer, Die Lauscher. Aus der Frühzeit der Geheimen Dienste 1780 – 1815. Paris, München, Wien., Rosenheim o. J. (1988), S. 115. Triva zit. nach Bezzel (wie Anm. 21), S. 109.

30 Zum Münchner Oktoberfest: G. Möhler, Das Münchner Oktoberfest. (MBM Bd. 100), München 1980; dies. in: Wittelsbach und Bayern, hg. von H. Glaser Bd. III/2, München 1980, S. 550 ff.; Festschrift: 175 Jahre Oktoberfest: 1810 – 1985, hg. von der Landeshauptstadt München 1985; Ausstellungskatalog: Das Oktoberfest. 175 Jahre Bayerischer Nationalrausch, hg. vom Münchner Stadtmuseum 1985

31 L. v. Gaisberg, Reise zum Münchner Oktoberfest 1835. hg. von P. E. Rattelmüller, München 1979, S. 35 f.

32 Ebd., S. 46 f.

33 Bezzel (wie Anm. 21), S. 103 – 108

34 Ebd., S. 110 f.

35 Rattelmüller (wie Anm. 24), S. 25

36 Bezzel (wie Anm. 21), S. 112 f.

37 Rattelmüller (wie Anm. 24), S. 25 – 30

38 MKr. 2617 Prod. 17, KdtMünchen am 17. Juni 1826

39 Ebd. Prod. 5, KdtMünchen am 22. August 1829

40 Ebd. Prod. 8, Magistrat der Vorstadt Au am 18. Nov. 1831

41 Gaisberg (wie Anm. 31), S. 60 ff.

42 MKr. 2617 Prod. 21, InnM an KM am 12. Okt. 1843

43 Ebd. Prod. 23, Stadtmagistrat München am 5. Sept. 1844

44 Stadtarchiv »Stadtverteidigung« Nr. 23, Schreiben des Stadtgerichtsrates Müller an den Stadtmagistrat München am 24. Dez. 1804

45 Kgl. Mandat von 1807 (wie Anm. 22)

46 K. J. Hummel, München in der Revolution von 1848/49, München 1987, S. 47 f. und S. 83

47 Ebd., S. 95

48 Ebd., S. 386 f.

49 A IV Bd. 105 Fasz. 2 Prod. 164, KM an König Max II. am 23. Okt. 1848

50 C 7, 2. Teil des Kommissionsberichts vom 24. Juli 1853, p. 40

51 A IV Bd. 106 Prod. 10, GenQuMStab an König Max II. am 24. März 1858

52 Ebd. Prod. 47, KdtMünchen - Entwurf einer Instruktion zur Erhaltung der Ruhe und inneren Ordung in der kgl. Haupt- und Residenzstadt München, dat. 5. März 1859

53 Ebd. Prod. 26, Regierung von Oberbayern am 17. Nov. 1850

54 Ebd. Prod. 34, InnM an KM am 25. Nov. 1856

55 Th. Braatz, Das Kleinbürgertum in München und seine Öffentlichkeit von 1830 bis 1870. Ein Beitrag zur Mentalitätsforschung (MBM Bd. 68), München 1977, S. 150

56 J. Kraus, Vom Bunten Rock zum Kampfanzug. Uniformentwicklung vom Dreißigjährigen Krieg bis zur Gegenwart, Ingolstadt 1987, S. 55 ff.

57 Vgl. »Das Bayerland« 18 (1907), S. 84 mit der Abb. einer zeitgenössischen Karikatur des »Kampfes« zwischen den Anhängern der Pickelhaube und den Traditionalisten innerhalb der Münchner Landwehr.

58 MKr. 2523 Prod. 69, KdtMünchen an KM am 24. Juli 1866

59 Ebd. Prod. 70, KM an KdtMünchen am 27. Juli 1866

60 F. Illing, Geschichte des Königlich Bayerischen Infanterie-Leib-Regiments von der Errichtung bis zum 1. Oktober 1891, Berlin 1892, S. 525 f.

61 MKr. 2523 Prod. 73, KdtMünchen an KM am 18. Aug. 1866

62 E. v. Frauenholz, Geschichte des Königlich Bayerischen Heeres von 1867 bis 1914 (Geschichte des Bayerischen Heeres Bd. 8), München 1931, S. 158 ff.; G. Heyl in: Handbuch der bayerischen Ämter, Gemeinden und Gerichte 1799 – 1980. hg. von W. Volkert, München 1983, S. 351 ff.

63 Vgl. Militär-Handbuch des Königreiches Bayern. Verfaßt nach dem Stand vom 26. März 1869

64 Militär-Handbuch des Königreiches Bayern. Verfaßt nach dem Stand vom 16. April 1870

Der Wallfahrertumult von 1802

Im Gefolge der Säkularisation kam es im Jahre 1802 in verschiedenen Teilen Kurbayerns zu lokalen Unruhen. Dabei ging es nicht nur um die drastischen Eingriffe in das gewachsene religiöse Leben der Bevölkerung, sondern auch um Auswirkungen auf die sozialen Bedingungen. So bedeutete die Aufhebung einer ganzen Reihe althergebrachter Feiertage zugleich eine Verlängerung der Jahresarbeitszeit. Dies wurde nicht widerspruchslos hingenommen.[1] In Straubing beispielsweise begingen Dutzende von Handwerksgesellen, ungeachtet der neuen Feiertagsverordnung, zu Georgi (24. April) 1802 ihren traditionellen Festag. Sie wurden vom Militär festgenommen. Daraufhin versammelten sich zahlreiche Menschen vor der Hauptwache. In Anbetracht der schwachen Garnison verzichtete die Obrigkeit auf eine gewaltsame Durchsetzung der neuen Rechtsnormen. Sie gab die arretierten Handwerksgesellen frei. Kurfürst Max Joseph ließ jedoch wenige Tage später die Straubinger Garnison verstärken und die amtsbekannten Unruhestifter bestrafen. Einige Gesellen wurden durch das Militär öffentlich geprügelt. Diese Züchtigung galt übrigens als nicht ehrenrührig, anders als eine Exekution durch das zivile Gerichtspersonal.[2]

Für erhebliche Aufmerksamkeit auch in der außerbayerischen Öffentlichkeit sorgten die Unruhen in München Anfang Juni 1802. Hierbei verbanden sich die beiden klassischen Konfliktpunkte jener Zeit, nämlich die staatliche Einschränkung religöser Bedürfnisse und die Arbeitszeitverlängerung.

Im Frühjahr 1802 beantragte die noch heute existierende Marianische Männerkongregation, damals auch »Bürgerkongregation« genannt, bei der Generallandesdirektion ihre traditionell alle drei Jahre stattfindende Wallfahrt nach Andechs. Mittlerweile galt aber die neue kurbayerische Feiertagsordnung, die das Wallfahrtswesen stark reduziert und reglementiert hatte, insbesonders die großen, mehrtägigen Pilgerfahrten. Dazu zählte auch die Andechser Wallfahrt. Bisher war die Kongregation stets am Pfingstdienstag feierlich in einer Prozession vom Sendlinger Tor bis zur Bürgersaalkirche in München eingezogen. Nachdem nunmehr aber der Pfingstdienstag als Feiertag offiziell abgeschafft worden war, genehmigte die Behörde diesmal die Wallfahrt nur unter der Auflage, daß die Rückkehr in die Stadt in aller Stille zu geschehen habe. Genau daran hielten sich aber die Pilger nicht.[3]

Der berühmte Sprachforscher Andreas Schmeller, damals erst 16 Jahre alt und Priesteramtsstudent am Münchner Lyceum, der sich als »Instructor« durch Nachhilfestunden ein karges Stipendium aufbesserte, notierte unter dem 8. Juni 1802 in sein Tagebuch: »… Nachmittags um 5 Uhr als ich vom Instruieren weggieng hörte ich, dass Bürger (gewisse!) von München auf den heiligen Berg gegangen seien, mit dem Versprechen: heute als abgewürdigten Feiertag nicht öffentlich einzuziehen. Sie liessen aber das Versprechen Versprechen sein; und zogen dennoch ein, sie wurden aber von der Thorwache eskortirt. Einige liefen auf das Johannis Kirchgen [»Asamkirche« in der Sendlinger Straße] zu, um einzuläuten. Baumgartner, Polizeidirektor hatte die Strike aufziehn lassen, man riss sie aber herab; und der Polizeidirektor, Aufseher, im Namen der Regierung wurde tüchtig abgeprügelt. Indessen zogen die Kreuzfahrer brennend von Berauschung, die Bettehölzer [Rosenkränze] um die Finger geknollt unter Vaterunser-Avemarie-Schreien und Schimpfen durch die Strassen herunter. (…) Izt marschire Militär zu Pferde und zu Fuse auf und lichtete den Plaz, der von Menschen wimelte, welche sich theils aus Begierde der Dinge, die da kommen sollten, theils auch Fanastism, theils aus Revolutionsgeist versamelt hatten. Izt mus es anders gehn! hörte man überal herausstürmen. (…) Ein Handwerkspursche warf mit Steinen auf den braven Plazmajor Magd [v. Magg], zu was hätte so ein Frevel den Anfang machen können! Die Kürassiers arretirten ihn, seine Kameraden wollten ihn entreissen, ein Kürassier aber gab ihm einen tödtenden Hieb über den Kopf. Alle Strassen waren voll Menschen, und in allen Strassen sprengten und patrouillirten die Soldaten herum. – Möchte es einen guten Ausgang nehmen, ich gehe ängstlich zu Bette.«[4]

Schmellers Aufzeichnungen entsprechen größtenteils den Aussagen anderer Zeitzeugen wie des betroffenen Polizeidirektors Baumgartner und Lorenz v. Westenrieder, jedoch mit einer ganz wichtigen Abweichung – jene erwähnen keinen Todesfall.[5] Andererseits berichtete einige Tage später auch die Augsburger »Allgemeine Zeitung« ihren Lesern von der Tötung eines steinewerfenden Handwerksburschen durch einen Kürassier des Regiments »Minucci«.[6] Ob der junge Chronist Schmeller und die Augsburger Journalisten Gerüchten aufgesessen waren, oder ob der Todesfall und schwere Verletzungen nicht vielmehr von offizieller Seite heruntergespielt wurde, ist unklar. Immerhin erinnerte viele Jahre später der Stadtkommandant v. Ströhl an »...die sich bei Gelegenheit der Kreuz-Gänge im Jahre 1802 ergebenen *blutigen Ereignisse.*«[7] Ströhl hatte anno 1802 als Major im Leib-Regiment in München gedient, war also mit großer Sicherheit selbst an dem damaligen Militäreinsatz beteiligt gewesen. Jedenfalls spiegelt schon ein bloßes Gerücht jene Stimmung wieder, die damals in der Zivilbevölkerung vorhanden war. Man traute dem Militär ein solches Vorgehen offensichtlich zu.

Am folgenden Tag, dem 9. Juni, vermerkt Schmeller bedrückt: »...Die Handwerkspursche, vermutlich von den braven Bürgern aufgehezt, arbeiteten nicht, und rotteten sich haufenweise zusamen. Alle Bemühungen des Magistrats Ruhe herzustellen, blieben fruchtlos. Das Militär stand imer unter Waffen.«[8]

Bereits bei den Ereignissen des 8. Juni hatten die Handwerksgesellen eine maßgebliche Rolle gespielt, da sie die Aufhebung der Feiertage auch als Arbeitszeitverlängerung spürten. Ihr Streik bewog sogar den Kurfürsten Max Joseph zur Hauptwache zu reiten und dort mit einigen Wortführern der Gesellen zu sprechen. Die Garnison hatte strikte Anweisung, keinesfalls mit Waffengewalt gegen die lautstark herumziehenden Handwerker vorzugehen, doch war das Militär überall im Straßenbild präsent. Nachdem aber die Handwerksgesellen auf ihrer Maximalforderung beharrten, die neue Feiertagsregelung solle aufgehoben werden, schwenkte der Kurfürst am Nachmittag auf einen harten Kurs um. In der Stadt wurde proklamiert, daß ab dem folgenden Tag die Streikenden mit militärischen Zwangsmaßnahmen rechnen müßten. Im Morgengrauen des 10. Juni wurden auf dem Schrannenplatz Infanterie- und Kavallerieeinheiten zusammengezogen. Um sieben Uhr, d. h. eine Stunde nach dem üblichen Arbeitsbeginn in den Werkstätten, durchsuchten die Soldaten die Herbergen und Wirtshäuser. Diese Razzia provozierte jenen Teil der Gesellen, der zur Arbeit gegangen war zu einer neuerlichen Streikaktion. Diese wiederum veranlaßte das Militär zu noch schärferem Vorgehen. Vorsichtshalber wurden bei jedem Stadttor zwei Geschütze aufgefahren, beim Schwabinger Tor nächst der Residenz sogar drei Kanonen in Stellung gebracht. An die Infanteristen wurden zusätzliche Munition ausgegeben.[9] Geleitet wurde der Militäreinsatz vom diensttuenden Stadtkommandanten Oberst v. Hallberg.[10] Dies ist ein merkwürdiger Umstand. In der Tat war der der etatmäßige Stadtkommandant Generalmajor Graf von Nogarola seit April 1802 auf Urlaub. Sein Stellvertreter hätte aber eigentlich der Platzoffizier Oberst Carl v. Reissen sein müssen. Oberst v. Hallberg gehörte damals nicht zum Personal der Stadtkommandantschaft.[11]

Die Reaktion der Obrigkeit am 10. Juni erfüllte den jungen Schmeller, der in seinem Lyceum im Geiste der staatsfrommen bayerischen Spätaufklärung erzogen wurde, mit sichtlicher Befriedigung: »...Alle Handwerkspursche, die feiernd in den Wirtshäusern, oder sonst verdächtig angetrofen wurden, wurden arretirt, von einem ganzen Detaschement Militär unter ergiebigen Ribbenstössen in die Reitschule transportirt, wo sie zusammengesperrt wurden, und bei Strafe des Korporalstokes kein Wörtchen vorbringen durften. Die Soldaten waren erbittert, sie unterschieden daher ihre Leute nicht so genau, und es geschah, dass viele Unschuldige, auch ein paar Studenten die Wanderung mitmachen musten. Abends waren Münchens Grosmäuler wieder ziemlich still und zufrieden. Ja wenn man euch keinen Ernst zeigte!«.[12]

Bis zum Abend des 10. Juni lieferten die Militärpatrouillen nicht weniger als 167 Personen in die Hofreitschule am Schwabinger Tor ein, wo diese die Nacht verbringen mußten. Am folgenden Tag wurden die Arrestanten von einer auf kurfürstlichen Befehl gebildeten Untersuchungskommission, bestehend aus dem funktionierenden Stadtkommandanten v. Hallberg, dem Polizeidirektor und dem Stadtoberrichter verhört. 114 Personen wurden unverzüglich auf freien Fuß gesetzt, 34 auswärtige Gesellen erhielten eine Art Stubenarrest in ihren Herbergen, der jedoch noch am Abend des gleichen Tages aufgehoben wurde. Vier weitere Handwerker wurden bis zur Dämmerung in der Reitschule festgehalten und dann entlassen. Es verblieben also 15 Männer, gegen die ernsthafte Sanktionen verhängt wurden. Davon wurden zwei in das Stadtgefängnis eingeliefert und einer an die Polizeidirektion überstellt. Mit dem Rest befaßte sich das Militär. Zwei Männer wurden strafweise als Soldaten eingezogen, die übrigen zehn vorübergehend zu Strafarrest im Militärgefängnis verurteilt. Zwei dieser Arrestanten wurden dann am 12. Juni, einem Samstag, vor der Hauptwache öffentlich vom Militär mit je 25 Hieben gezüchtigt.[13]

Der verärgerte Kurfürst schob die Schuld an den Vorgängen dem Münchner Stadtmagistrat zu, obwohl dieser mit den Sicherheitsaufgaben nichts zu tun hatte. Die Stadt beeilte sich daraufhin aus ihrer Kasse an die Garnison 200 Gulden zu spenden, wenngleich sie in Wahrheit über den Militäreinsatz nicht glücklich war. Insgesamt erhielt die beteiligten Unteroffiziere und Mannschaften von verschiedenen Spendern bis Anfang Juli 1293 Gulden 41 Kreuzer. Diese Belobigung des Militärs wurde publizistisch groß herausgestellt, obwohl umgerechnet auf den einzelnen Soldaten nicht viel mehr als eine zusätzliche Tageslöhnung entfallen sein dürfte.[14]

Der sogenannte »Münchner Wallfahrtstumult« von 1802 war der wohl spektakulärste Krawall in der Haupt- und Residenzstadt bis zum »Weihnachtstumult« von 1830. Der noch keineswegs so gemütliche Landesherr Max Joseph setzte die Garnison hart und konsequent ein. Das Vorgehen in München entsprach durchaus der damals üblichen Praxis, wie das anfangs geschilderte Beispiel Straubing zeigt. Der Militäreinsatz des Jahres 1802 kann natürlich mit Recht kritisch gewertet werden.[15] Unabhängig davon ist zu konstatieren, daß die Garnison die ihr gestellten Einsatzaufträge wirkungsvoll ausführte.

Anmerkungen

1 W. Hanseder, Tumultuarische Auftritte. Lokale Unruhen in Bayern an der Wende vom 18. zum 19. Jahrhundert, in: OA 113 (1989), S. 231 – 297, hier S. 232 – 244 pass.
2 Ebd., S. 249 – 252
3 Ebd., S. 274
4 A. Schmeller, Tagebücher 1801 – 1852, hg. von P.Ruf Bd. 1: 1801 – 1825 (SchrrBayerLG Bd. 47), München 1954, S. 76
5 Vgl. Hanseder (wie Anm. 1), S. 275 ff.
6 Hanseder (wie Anm. 1), S. 284
7 A IV Bd. 105 Fasz. 1 Prod. 3, KdtMünchen an KM am 10. Sept. 1830

8 Schmeller (wie Anm. 4), S. 76 f.
9 Hanseder (wie Anm. 1), S. 278 f.
10 Ebd., S. 283
11 Vgl. A I, 2 Bd. 56 (Zahlungslisten der KdtMünchen 1778/1805)
12 Schmeller (wie Anm. 4), S. 77
13 Hanseder (wie Anm. 1), S. 280
14 Ebd., S. 281 ff.
15 Ebd., S. 287

Vorsichtsmaßnahmen gegen innere Unruhen im Herbst 1830

Das Jahr 1830 versetzte Europa in große Unruhe. Im Gefolge der französischen Juli-revolution, in der die Pariser Bourgeoisie den Bourbonen Louis Philippe als »Bürgerkönig« inthronisiert hatte, kam es zu Kämpfen um die nationale Selbstbestimmung in Belgien, Polen und Italien. Revolutionäre Unruhen flammten in Kurhessen, Sachsen, Braunschweig und Hannover auf.[1] Bayerns König Ludwig I. schlug seit dem Sommer 1830 einen stärker reaktionären Kurs ein, der sich zunächst gegen die Presse- und Meinungsfreiheit richtete.[2] Mit großer Unruhe erwartete die Innenbehörde den Beginn des Münchner Oktoberfestes, bei dem Auschreitungen der Bevölkerung befürchtet wurden.[3]

Vor diesem politischem Hintergrund wandte sich Münchens Stadtkommandant General-leutnant v. Ströhl im September 1830 an das Kriegsministerium und beantragte eine grundlegende Überarbeitung des Alarmplanes für innere Unruhen. Die gültigen In-struktionen für den »Generalmarsch« in der Haupt- und Residenzstadt stammten noch aus dem Jahr 1819. Sie war seinerzeit aus Furcht vor dem Übergreifen antisemitischer Krawalle aus anderen Teilen Bayerns, namentlich der Stadt Würzburg, auf München erlassen worden.[4]

Daraufhin wurde nun vom Generalquartiermeister v. Raglovich untersucht, welches Unruhepotential in der Stadt München vorhanden war. Als ein solches definierte Raglovich »…ist es nicht die Nation, nicht der erprobte brave Bürger Münchens, sondern der arbeitsscheue Müßiggänger und die eigentliche Canaille, die in keiner Stadt fehlt, und von nichtigen Umtrieben leicht hingerissen wird, welche Vorsichtsmaßregeln für Ereignisse rätlich machen.« Den aktuellen Umfang dieser Personengruppe bezifferte der General-quartiermeister auf mehrere Tausend Personen. Dazu gehörten rund 3000 ortsfremde Mauerer und Bauhilfsarbeiter, 2000 wandernde Handwerksgesellen anderer Berufs-sparten, mehrere Hundert heimische Gewerbetreibende (»Concessionisten«) in wirtschaft-lichen Schwierigkeiten, einige Hundert junger »Müßiggänger«, ferner »… die eigentliche Canaille (…) etwa Gassenbuben aller Art und Weiber der niedrigsten Art.« Damit gehörte praktisch jeder zehnte Einwohner der damals gut 77 000 Menschen beherbergenden Stadt zum sogenannten »Abschaum« (v. Raglovich). Mit dieser Menschenmenge bei einem unerwarteten ernsthaften Aufstand militärisch fertig zu werden, hielt der Generalquartier-meister angesichts des niedrigen Präsenzstandes der Münchner Garnison für ein äußerst schwieriges Unterfangen.[5]

Bereits wenige Tage später bat die Regierung des Isarkreises die Stadtkommandantschaft um verstärkte Militärpatrouillen in München und den Vorstädten, was der Stadtkomman-dant auch umgehend anordnete.[6]

Am 22. September 1830 signierte der Münchner Stadtkommandant zwei Alarminstruk-tionen, die vermutlich in Absprache mit dem Generalquartiermeisterstab und der Polizei-direktion von ihm verfaßt worden waren. Sie blieben, 1833 modifiziert, bis in die 1840er Jahre gültig und regelten die Aufgaben des Linienmilitärs und der Landwehr.

Für das *Linienmilitär* galt die »*Instruktion über das Verhalten der Garnison im Falle bey entstehenden Zusammen-Rottungen, welche die öffentliche Ruhe und Sicherheit stören könnten, der Generalmarsch geschlagen würde, es seye bey Tag oder bey Nacht*«. Darin waren folgende Kompetenzen und Maßnahmen festgelegt:[7]

– Der Generalmarsch wird nur auf Befehl des Stadtkommandanten geschlagen. Es beginnt der Tambour der Hauptwache, der auf einem genau festgelegten Weg, durch bewaffnete Posten eskortiert, so durch die Stadt marschiert, daß sein Signal in allen Kasernen gehört werden kann. Daraufhin schlagen die Tambours aller Truppenteile ebenfalls den Generalmarsch und die Abteilungen treten sofort unter Gewehr bzw. satteln ihre Pferde auf. Es wird scharfe Munition ausgegeben. Die auf Wache befindlichen Soldaten laden, sobald sie den Generalmarsch hören, sofort selbständig mit den stets mitgeführten scharfen Patronen.

– Eine Eskadron des 1. Kürassier-Regiments »Prinz Karl« reitet sofort in den Hofgarten und sichert die Nordflanke der *Residenz*. Außerdem wird die Residenzwache durch zwei komplette Züge des Infanterie-Leib-Regiments verstärkt.

– Die *Hauptwache* wird vom wachstellenden Infanterie-Regiment um einen Offizier, fünf Unteroffiziere und 69 Mann verstärkt. Außerdem schickt das 1. Kürassier-Regiment sofort einen Unteroffizier und zwölf Mann beritten auf den Schrannenplatz.

– Das *Kriegsministerium* erhält einen Sicherungszug vom Infanterie-Leib-Regiment. Das *Zeughaus* wird von den Ouvriers gesichert. Die Wache an der Isar wird vom wachstellenden Infanterie-Regiment um einen Unteroffizier und 24 Mann verstärkt. Das 1. Linien-Infanterie-Regiment »König« schickt jeweils eine Korporalschaft zur Max-Burg bzw. zum Militärkrankenhaus. Das 2. Linien-Infanterie-Regiment »Kronprinz« schickt einen Zug zum Militärholzhof und eine Korporalschaft zum Militärgefängnis.

– Parallel zur Durchführung der geschilderten Schutzmaßnahmen für wichtige Objekte schickt jeder Truppenteil sofort bei Ertönen des Generalmarsches einen Offizier zur *Befehlsausgabe bei der Stadtkommandantschaft*. Bis zur Rückkehr dieser Kuriere mit den Spezialaufträgen bleiben die nichteingeteilten Truppen in ihren Kasernen. Sammelplatz für das auf mehrere kleinere Kasernen verteilte Artillerie-Regiment ist der Hof des Zeughauses.

Für die Münchner *Landwehr* galt die »*Instruction für das Landwehr-Regiment, wenn der General-Marsch geschlagen werden soll, im Falle durch Zusammenrottungen arbeits-scheuer Leute, Müssiggänger und Gesindels die öffentliche Ruhe und Sicherheit gestört würde.*« Darin waren folgende Maßnahmen festgelegt:[8]

– Sobald die Garnison den Generalmarsch schlägt, nehmen ihn die Tambours der Landwehr selbständig auf und ziehen durch die Vorstädte. Die Landwehrinfanterie sammelt geschlossen auf dem Maximilians-Platz vor dem Max-Tor. Die Bürger-Kavallerie sammelt beritten auf dem Wittelsbacher Platz. Die bürgerliche Artillerie sammelt beim städtischen Zeughaus.

– Sobald die Truppenteile auf den genannten Sammelplätzen ihre Ordnung hergestellt haben, gehen von dort ab:

1. ein Zug Kavallerie zum Angerpikett, so daß die dort stationierten Kürassiere die Linientruppen auf dem Schrannenplatz verstärken können;
2. ein Füsilierzug zum Karlstor;
3. ein Füsilierzug zum Sendlinger Tor;
4. ein Füsilierzug zum Max-Tor;
5. zwei Füsilierzüge zum Alten Hof;
6. ein Füsilierzug zum Einlaßtor;
7. ein Füsilierzug zum Schwabinger Tor;
8. eine Grenadierkompanie zur Isarbrücke;
9. eine Grenadierkompanie zur Praterbrücke;
10. eine Jägerkompanie zur Bogenhauser Brücke.

– Der Rest der Landwehr bleibt auf den drei Sammelplätzen zum geschlossenen Einsatz bereit, unterhält aber zur Eigensicherung und Verbindung mehrere Patrouillen. Letztere sollen vorzugsweise in jenen Gegenden herumstreifen »…wo sich viele Wirtshäuser befinden«.

Mit diesen Instruktionen schuf der kriegserfahrene Generalleutnant v. Ströhl eine zweckmäßige Lösung. Sie beinhaltete eine straffe Führung in der Hand der Stadtkommandantschaft. Psychologisch geschickt war es, das Gros der Linientruppen als Eingreifreserve in den Kasernen zu belassen und zunächst in der Öffentlichkeit vor allem die bürgerliche Landwehr zu präsentieren. Daß die Instruktionen in späterer Zeit, nämlich beim Bierkrawall von 1844, nicht funktionierten, lag nicht an ihnen, sondern an dem später eingerissenen Schlendrian bei Linie und Landwehr, wie noch zu zeigen sein wird.

Dennoch blieben bezeichnenderweise von Seite der Zivilbehörde Befürchtungen bestehen, die in München vorhandenen Kräfte der Linientruppen und der Gendarmerie seien zahlenmäßig zu schwach um »...die Einwohner vor jenen Excessen sicher zu stellen, welche anderwärts so häufig durch die niedrigste Pöbelklasse, welche jederzeit zum Unfug geneigt ist, und die im müssigen unzufriedenen und vorwitzigen Jahnhagel aller Klassen nur zu leicht Anhang findet.«[9] Deutlich zeigt sich auch hier, die immer wieder zu beobachtende Tendenz bayerischer Zivilbeamter, die Armee ausschließlich als Polizeitruppe betrachten zu wollen. Zunächst aber sollten sich schon wenige Monate nach Inkrafttreten der Alarminstruktionen Garnison und Landwehr bei den Münchner Dezemberunruhen einer Bewährungsprobe zu stellen haben.

Anmerkungen

1 Vgl. Th. Schieder, Vom Deutschen Bund zum Deutschen Reich (Gebhardt-Handbuch der deutschen Geschichte 9. Aufl. 1970, hier dtv Ausgabe Bd. 15), München 1982, S. 42 – 59; E. Weis, Der Durchbruch des Bürgertums 1776 – 1847 (Propyläen Geschichte Europas Bd. 4), Berlin 1978; W. Bußmann (Hg.), Europa von der Französischen Revolution zu den nationalstaatlichen Bewegungen des 19. Jahrhunderts (Handbuch der europäischen Geschichte Bd. 5), Stuttgart 1981; Th. Nipperdey, Deutsche Geschichte 1800–1866, München 1983, S. 366–377; W. Hardtwig, Vormärz. Der monarchische Staat und das Bürgertum, München 1985.
2 M. Spindler, Die Regierungszeit Ludwigs I. (1825 – 1848), in: Handbuch der Bayerischen Geschichte, hg. von M. Spindler Bd. 4/1, München 1979, hier: S. 149 ff.
3 H. Gollwitzer, Ludwig I. von Bayern. Königtum im Vormärz. Eine politsche Biographie, München 1986, S. 444
4 A IV Bd. 105 Fasz. 1 Prod. 3, KdtMünchen an KM am 10. Sept. 1830 (nähere Angaben zur Zeit vor 1830 oder ein Exemplar der Instruktion von 1819 wurden vom Vf. im Bestand nicht gefunden)
5 Ebd. Prod. 6, Gutachten des GenQuMStabes vom 16. Sept. 1830
6 Ebd. Prod. 9, Regierung des Isarkreises an KdtMünchen am 19. Sept. 1830; KdtMünchen an KM am 20. Sept. 1830
7 Ebd. Prod. 13, KdtMünchen am 22. Sept. 1830
8 Ebd. Prod. 14, KdtMünchen am 22. Sept. 1830
9 Ebd. Prod. 2, Regierung des Isarkreises an InnM am 12. Okt. 1830, weitergeleitet an KM

Die Münchner Weihnachtstumulte von 1830

Zum Ende des europäischen Revolutionsjahres 1830 kam es in München doch noch zu einem Aufbegehren gegen die Obrigkeit. Die Ereignisse, an denen maßgeblich Studenten beteiligt waren, sind als Münchner »Dezemberunruhen« oder »Weihnachtstumulte« bekannt geworden und bisher zumeist nur in Hinblick auf ihre Folgen für die Universitätspolitik Ludwigs I. gesehen worden.[1] Die Festschrift zum 500jährigen Bestehen der Ludwig-Maximilians-Universität spricht von einem rücksichtslosen Militäreingriff.[2] Heinz Gollwitzer beurteilt das Verhalten des Königs so: »...Durch die Juli-Revolution nervös gemacht, empfand er die (unpolitischen) Studentenkrawalle von 1830 als bedrohlich und reagierte auf sie mit übertriebener Schärfe. Bei der Kontrolle der gerichtlichen Verfolgung ging er hart an die Grenze der Verletzung richterlicher Unabhängigkeit. Die Reaktionsperiode der dreißiger Jahre führte zu einem neuen Tief der studentischen Bewegung.«[3] – Die Münchner Garnison als bewaffneter Büttel eines vormals liberalen, nun reaktionären Königs, das ist das durchgängige Bild in der Literatur. Wie aber verliefen die Ereignisse aus Sicht des Militärs?

Die Verhaftungen am 24. Dezember

In der Christnacht des Jahres 1830 entwickelte sich aus einem Studentenulk ein mehrtägiger Aufruhr gegen die Garnison. Eine Stunde vor der Mette zogen ein paar Dutzend Studenten, darunter viele Angehörige der Burschenschaft »Germania« – damals die aktivste Münchner Verbindung, mit Ratschen lärmend von der Rosengasse über die Neuhauser Straße zum Karlstor. Was sie damit bezwecken wollten ist unklar. Einmal heißt es, sie wollten damit einem am Karlstor wohnenden Kommilitonen, der krank gewesen war ein Ständchen bringen.[4] Dann wieder wird überliefert, daß die »Germanen« dem Universitätsrektor Allioli, einem Gegner der Burschenschafter, eine sogenannte »Katzenmusik« darbringen wollten.[5] Nach den Tagebuchaufzeichnungen von Andreas Schmeller, damals bereits außerordentlicher Universitätsprofessor, soll es sich aber nur um einen Weihnachtsbrauch gehandelt haben, der damals in Würzburg von der Studentenschaft gepflegt wurde und von dort neu nach München gelangt war.[6] Jedenfalls erregten die Studenten mit ihrem in München ungewohnten Auftritt den Unwillen der zur Christmette gehenden Bürger. Auf deren Begehren hin verhaftete ein Brigadier der Gendarmerie, unterstützt von zwei weiteren Gendarmen und der Militärwachmannschaft des Karlstores vier Studenten. Diese hatten ihre Verhaftung selbst provoziert, da sie sich weigerten ihre Personalien feststellen zu lassen. Die übrigen Studiosi verlangten die sofortige Freilassung ihrer Kommilitonen. Als dies verweigert wurde, begannen sie vor dem Wachlokal am Karlstor zu randalieren. Andreas Schmeller notierte nach Mitteilungen von Bekannten in seinem Tagebuch: »... Die übrigen Rätscher ließen nun eiligst in den naheliegenden Kneipen das Burschen 'raus! erschallen. *Hunderte strömten herbey, die gefangenen Brüder mit Gewalt zu befreien.*«[7]

Die Situation schien dem Wachthabenden so bedrohlich, daß er seine gesamte Abteilung unter Gewehr treten ließ und zusätzlich die Kürassiere vom Angerpiket herbeiholte. Die Gendarmerie wurde durch eine Abteilung unter persönlichem Kommando des Kompaniechefs verstärkt. Schließlich begaben sich sogar der Polizeidirektor und der Stadtkommandant zur Karlstorwache um die Situation zu entschärfen. Nun wurden die vier Arrestanten, deren Personalien inzwischen bekannt waren, wieder auf freien Fuß gesetzt und die Studenten zogen friedlich ab.[8]

Der Studentenauflauf am Heiligen Abend, der in den einschlägigen Akten des Kriegsministeriums gar nicht erwähnt wird, war nur das harmlose Vorspiel zu den eigentlichen
Weihnachtstumulten. Sie begannen in der Nacht vom 26./27. Dezember.

Nach dem Bericht des in dieser Nacht kommandierenden Offiziers der Residenzwache
stieß die von dort routinemäßig abgeschickte Patrouille des Infanterie-Leib-Regiments
»…in der Gegend der Mauth [heutiges Jagdmuseum] auf einen in Schlägerei begriffenen
Haufen Studierender und Handwerker in der Zahl ohngefehr 30.«[9] Solche Raufereien
zwischen Studenten und Handwerksburschen, im Studentenjargon »Knoten« genannt,
aber auch mit Militärpatrouillen, waren in den Landshuter Zeiten der Universität geradezu
an der Tagesordnung gewesen.[10] Die Patrouille bestand aus insgesamt fünf Soldaten. Ihr
Führer war kein Unteroffizier oder Gefreiter, sondern nur ein Gemeiner. Vermutlich war
dieser Soldat mit seiner übertragenen Aufgabe überfordert, möglicherweise wollte er sich
auch besonders wichtig machen. Feststeht jedenfalls, daß er mit seinen Kameraden in
irgendeiner Form in den Streit eingriff. Das Resultat bestand darin, daß sich die raufenden
Zivilisten angesichts des Militärs plötzlich solidarisierten und mit vereinten Kräften gegen
die Soldaten losgingen! Die Patrouille zog sich vor der »Übermacht des aufrührerischen
Haufens« die Neuhauser bzw. Kaufinger Straße entlang zur Hauptwache zurück, wobei sie
sich die kampfesdurstigen Zivilisten mit dem aufgepflanzten Bajonett vom Leibe hielt. Als
die Abteilung samt ihren Verfolgern in die Nähe des Schrannenplatzes angelangt war,
vernahm der Kommandant der Hauptwache den Krawall und schickte seinerseits eine
Patrouille los. Wie sich die Situation dann genau weiterentwickelte ist aus den Rapporten
nicht völlig ersichtlich. Die Soldaten gaben später an, daß aus dem Haufen mehrfach
gerufen worden sei, nun werde man die Hauptwache stürmen. Jedenfalls kam es nun zu
einem blutigen Handgemenge, an dem schließlich von seiten der Obrigkeit neben der
beiden Patrouillen auch etliche Kürassiere, sowie Gendarmen zu Fuß und zu Pferde
eingesetzt wurden. Dabei wurde eine Reihe von Zivilisten verletzt. Allein die Patrouille des
Infanterie-Leib-Regiments verwundete nach eigenen Angaben fünf oder sechs junge
Männer mit ihren Bajonetten: »…Zweien Soldaten wurden bey dieser Gelegenheit ihre
Casquets [Helme] ruinirt, und einem die Bajonett-Klinge abgeschlagen.«[11]

Bei dem Vorfall wurden nur zwei Männer festgenommen, die sich als Hofstallbedienstete
auswiesen, keine Studenten. Der Stadtkommandant bat am 27. Dezember um eine
Erhöhung des Präsentstandes der Infanterie um 400 Mann durch Einberufung von Beurlaubten und berichtete:

»…Da sich diese Vorfälle der Art nach nun schon einige Tage immer wieder erneuern, und
der Sache des falls einen ernsteren Karakter anzunehmen scheint, auch zu befürchten steht,
daß bey diesen immerwährenden Mißhandlungen der Militär-Posten leicht eine gefährliche Spannung sich erzeugen könnte, so hielt ich es für meine Pflicht (…) unterm Heutigen
die Verfügung zu treffen, daß die Wachmannschaft auf der Haupt- und Residenz Wache
zur Nachtzeit, wie mit schon einige Tage vermehrt bleibe, dieselbe mit scharfen Patronen
versehen und derley auch an sämtliche Regimenter für die andere Mannschaft zur allenfalls
nothwendig werdenden Vertheilung abgegeben werden, daß ferner das Anger Piquet zu
verstärken seye, die Feuer Piquets, ohne sich von der Kaserne zu entfernen stets in
Bereitschaft seyn sollen, und die Nacht hindurch ein Zug Cuirassiere gesattelt unter
Commando eines Officiers zur Verwendung bereit gehalten werde.«[12]

Von ziviler Seite wurde in Zusammenhang der Einsatz der Truppe auf dem Schrannenplatz
als überharte Reaktion kritisiert. So schrieb ein Bürger an die Regierung des Isar-Kreises,

der eigentliche massive Militäreinsatz sei erst erfolgt, als unbeteiligte Passanten auf das Auftreten der Soldaten betont lässig und spöttisch reagiert hätten. Daraufhin seien Soldaten der Hauptwache über diese Zivilisten hergefallen.[13] Sogar die Polizeidirektion trug dieser Meinung Rechnung: »...Das Militär soll sich bei diesem Vorfall so grell und übereilt benommen haben, daß dieses Verfahren mehr zur Erbitterung der Gemüther beiträgt und eher zu größeren Exzessen als zur Ordnung und Ruhe führt.«[14] Anderseits ist nicht auszuschließen, daß zuerst die Soldaten von den Studenten provoziert wurden. So zeigte ein damals kursierendes Flugblatt Studenten, die mit einem Fernrohr die Rohrmündung eines der vor der Hauptwache postierten Geschütze inspizierten und so die Wachmannschaft verspotteten.[15]

Die Auseinandersetzungen in der Nacht zum 28. Dezember

In der Nacht vom 27./28. Dezember 1830 kam es erneut zu einem größeren Tumult. Der zu diesem Zeitpunkt als Kommandant der Hauptwache fungierende Hauptmann v. Groß-schedel berichtete darüber am nächsten Morgen:
»... Die vergangene Nacht zwischen 11 und 1/4tel auf 12 Uhr versammelte sich eine große Anzahl von Studierenden an der Hauptwache, dem Schrannenplatz und die Kaufinger- und Rosen-Straße hinein. Sie vermehrten sich in wenigen Minuten so sehr, daß sich deren Zahl auf 2 bis 300 belaufen haben mag (...) Der Sicherheit angemessen rief ich anfangs nur einige, und mit der wachsenden Menge sämtliche Wachtmannschaft aus der Wachtstube und stellte sie unter das Gewehr (...) beorderte ich von dem Angerpiquett noch 6 Cuirassiere auf die Hauptwach. Die Gendarmerie forderte die Studierenden auf, sich zu entfernen (...)
Es war vergebens, die Vorstellungen fruchteten nichts, vielmehr wurden die Gensdarmen zu Fuß und Pferd von der Masse der Studierenden ausgelacht, verhöhnt und umringt (...) daß ich etwa im Ganzen nach Verlauf von einer Viertelstunde den 6 Cuirassirs den Befehl gab, auf die Masse loszureiten. (...) Es entstand von Seite der Studenten ein ungeheurer Tumult.«
Als dem Wachkommandanten gemeldet worden war, daß ein Teil der Studenten möglicherweise bewaffnet sei, ließ er durch einen Meldereiter den Bereitschaftszug des 1. Kürassier-Regiments aus der Neuen Isarkaserne durch das Tal anrücken, die Menge wurde zerstreut und 15 Personen, darunter drei Handwerksgesellen, festgenommen.[16]
Der Stadtkommandant begab sich nun selbst mit einer Infanterieabteilung zur Hauptwache und ließ für den Rest der Nacht Patrouillen zu Fuß und zu Pferd durch die Stadt streifen.[17]

Die Sicherheitsmaßnahmen für den 28. und 29. Dezember

Am Nachmittag des 28. Dezember kamen der Polizeidirektor und der Kommandant der Münchner Gendarmeriekompanie zum Stadtkommandanten v. Ströhl und informierten ihn über ein Gerücht, demzufolge sich ein Haufen Studenten im Pschorrbräu in der Sendlinger Straße sammle, um in der kommenden Nacht »... das Cavallerie Piquett am Anger zu überfallen, sich des bürgerlichen Zeughauses zu bemächtigen, und mit den darin aufbewahrten Gewehren sich zu bewaffnen, ihre fernere Absicht sey dann, die schwach besetzte Hauptwache zu erstürmen.«[18]
Generalleutnant v. Ströhl nahm die Sache sehr ernst. Er befahl, daß nach dem obligatorischen »Verlesen«, bei dem täglich um 16 Uhr alle wachfreien Offiziere, Unteroffiziere und

Soldaten in ihren jeweiligen Kasernen anwesend sein mußten, diesmal kein Dienstschluß gegeben wurde. Alle mußten in den Kasernen bleiben. In denselben wurden sogar schon provisorische Arrestlokale für die zu erwartenden Massenverhaftungen eingerichtet. Unterdessen war seitens der Regierung des Isarkreises die Mobilmachung der Münchner Landwehrtruppen angefordert worden, die der Stadtkommandant unverzüglich auslöste. Knapp zwei Stunden später hatten die bürgerlichen Landwehroffiziere bereits das städtische Zeughaus von der gesamten Bürgerartillerie besetzen lassen. Die Fronfeste am Anger wurde von mehr als 300 Mann abgesichert, das Angerpikett war durch Jäger verstärkt und das Rathaus von einem Zug Grenadiere bewacht. Lobend mußte der Stadtkommandant als Berufssoldat zugeben, die Landwehr habe ihre Einsatzbereitschaft »…gegen alle meine Erwartung so schnell« hergestellt.[19]

Die ganze Aktion scheint äußerst diskret eingeleitet worden zu sein. Selbst einem erfahrenen Ex-Soldaten wie Andreas Schmeller blieb das volle Ausmaß der Alarmbereitschaft in der Garnison, die als Gerücht bei der Zivilbevölkerung durchgesickert war, verborgen: »… Gestern (28. Dezember) Abend nach Tisch, ohngefehr 9 1/2 Uhr, ließ ich mich durch die Neugierde, mit eigenen Augen zu sehen, ob denn an den furchtbaren militärischen Anstalten, die gegen weitere Unordnungen getroffen seyn sollten, wirklich etwas sey, zu einem nächtlichen Spaziergang durch die glatten, aufthauenden Straßen verleiten. *Ich fand alles wie sonst, und freute mich, daß die Behörden so klug sind, nicht durch unnötigen Apparat solchen Jünglingsstreichen eine Wichtigkeit beyzulegen, die den jungen Leuten den Kopf gerade noch mehr verrücken könnte. Nur die bewaffneten Bürger machten mich stutzig, die ich einzeln irgend einem Versammlungsort zueilen sah.*«[20]

Vom Pschorrbräu ging aber an jenem Abend kein Krawall aus. Statt dessen wurde um 21 Uhr eine Ansammlung von Studenten bei der Perusa-Gasse gemeldet, die sodann um Mitternacht von Kürassieren, Linieninfanterie und Landwehrmännern aufgelöst wurde, wobei »… ohngefehr 16 Individuen, theils Studenten, theils Handwerksbursche wegen Schimpfens und tumultarischen Betragens arretirt, wovon 5 bis 6 wegen Widersetzung leicht verwundet waren«.[21]

Die innenpolitische Bedeutung der Tumulte

König Ludwig I. befahl am 29. Dezember 1830 die Schließung der Universität bis zum 1. März 1831 und verbot den Nichtmünchnern unter den Studenten den Aufenthalt in der Haupt- und Residenzstadt innerhalb dieses Zeitraumes. Freilich milderte der König bereits einen Tag später sein hartes Verdikt, das einen beachtlichen wirtschaftlichen Verlust für die Stadt bedeutet hätte, auf Bitten des Stadtmagistrats und beschränkte das Aufenthaltsverbot in der vorlesungsfreien Zeit auf die Angehörigen der Burschenschaft »Germania«. Der Philosoph Schelling hielt in der Aula der Universität am Abend des 29. Dezember eine warnende Rede an die Studentenschaft: »… Es ist Blut geflossen, und, was umso niederschlagender ist, Sie selbst waren es, die den greulichen Zustand der Gewalt hervorgerufen haben (…) Es ist nur noch ein Schritt, es ist die heutige Nacht, und das Los ist geworfen! Tun Sie diesen Schritt nicht mehr vorwärts, und retten Sie sich, Ihre Zukunft, die Universität selbst.«[22]

In München kam es nach den Verhaftungen vom Abend des 28. Dezember zu keinen Vorfällen mehr. Die Landwehr war im Straßenbild zur Abschreckung präsent, wie auch Schmeller am 29. Dezember in sein Tagebuch schrieb:

»… Auf meinem nachmittäglichen Spaziergang, der mich über den Anger führte, bemerkte ich ungern einen Bürgergrenadier als Schildwache vor dem Hofe, in welchem Armatur –

etc. Requisiten aufbewahrt sind, und gleich gegenüber vor dem städtischen Zeughaus einen andern Posten in der Uniform der bürgerlichen Artillerie. Bey den Unruhen, die jetzt in allen Ländern ringsum an der Tagesordnung sind, figurieren überall solche Bürgersoldaten. Der Anblick weckt unwillkürlich den traurigen Gedanken eines ähnlichen, und nicht blos studentischen Aufstandes. Man hatte, so höre ich, gefürchtet, die Studenten möchten sich des bürgerlichen Zeughauses bemächtigen.«[23]

Nachdem auch die Sylvesternacht ruhig verlaufen war, schrieb der Stadtkommandant am Neujahrsmorgen 1831:

»...Ich säume nicht Euer Koeniglichen Majestät allergehorsamst zu melden, daß in der verflossenen Nacht nicht der geringste Excess gegen die öffentliche Ruhe vorgefallen ist. Ich habe daher in Benehmen mit der Policeydirection heute früh 6 Uhr die Landwehr einrücken lassen, und im Tagesbefehl angeordnet, daß von Heute an alle Verstärkungen zu cessieren haben.«[24]

Nach den hier vorgestellten Quellen ist es fraglich, ob der Studentenkrawall tatsächlich so unpolitisch war, wie er in der Literatur gewertet wird. Zumindest die Ereignisse in der Nacht zum 28. Dezember waren keineswegs harmlos. Die wiederholte Renitenz gegen die Armee und damit letztlich gegen den König machte aus der Angelegenheit durchaus ein Politikum. Die Münchner Tumulte von 1830 waren eine Art Vorspiel zum Hambacher Fest von 1832 und zum sogenannten »Frankfurter Wachensturm«, dem gescheiterten Versuch von Burschenschaftern am 3. April 1833 die Hauptwache in Frankfurt am Main, dem Sitz des Deutschen Bundestages, zu erstürmen. Zudem scheint die sozial und wirtschaftlich benachteiligte starke Gruppe der Handwerksgesellen und anderer Arbeiter, darunter sogar Hofbediensteter, die studentischen Aktionen zum Vehikel ihres eigenen Protests benützt zu haben. Viel zu wenig beachtet, gerade unter dem zuletzt genannten Aspekt, wird auch die tatkräftige Unterstützung der Linientruppen durch die bürgerliche Landwehr. So zeigt ein zeitgenössisches Flugblatt über die Weihnachtstumulte bezeichnenderweise eine Verhaftungsszene auf der ebensoviele Landwehrmänner, kenntlich durch den fast zivil zylinderartigen Tschako der Füsiliere und die Bärenfellmütze eines Grenadiers, in Aktion sind wie Soldaten des regulären Militärs. Das Münchner Bürgertum stand Anfang der 1830er Jahre noch auf der Seite des Königs bzw. der bestehenden Ordnung, anders als in den Jahren 1847/48. Die Garnison hatte sich als effektives und loyales Instrument der Sicherung der bestehenden Ordnung erwiesen. Ihr künftiges Verhältnis zur Universität mußte freilich gespannt sein, doch war dies ohnehin die traditionelle Situation.[25]

Anmerkungen

1 Vgl. M. Spindler, Die Regierungszeit Ludwigs I. (1825-1848) in: Handbuch der Bayerischen Geschichte, hg. von M. Spindler Bd. 4/1, München 1979, S. 151

2 R. Schmidt, In revolutionärer Unruhe 1830 – 1848, in: Ludwig-Maximilians-Universität. Ingolstadt, Landshut, München 1472 – 1972, hg. von L. Boehm und J. Spörl im Auftrag von Rektor und Senat, Berlin 1972, S. 251 – 270, S. 253

3 H. Gollwitzer, Ludwig I. von Bayern. Eine politische Biographie, München 1986, S. 554

4 R. Schmidt (wie Anm. 2)

5 So in der Zeitschrift »Das Bayerland« 18 (1907), S. 35

6 A. Schmeller, Tagebücher 1801 – 1852, hg. von P. Ruf Bd. 2: 1826 – 1852 (SchrrBayerLG Bd. 48), München 1956, S. 120

7 Ebd.

8 Bericht der Kgl. Polizeidirektion München vom 26. Dez. 1830, abgedruckt bei L. Schrott, Biedermeier in München. Dokumente einer schöpferischen Zeit, München 1963 (unv. Ndr. München 1987), S. 156 f.

9 E 84 Fasz. 1 Prod. 7, KdtMünchen am 27. Dez. 1830, in Abschriften beigelegt sind die Rapporte der wachthabenden Offiziere der Residenzwache und der Hauptwache

10 R. Schmidt, Landshut zwischen Aufklärung und Romantik, in: Ludwig-Maximilians-Universität (wie Anm. 2), S. 195 – 214, hier S. 213

11 Wie Anm. 9

12 Ebd.

13 Brief eines Herrn Wolf an die Regierung des Isarkreises, abgedruckt bei Schrott, Biedermeier (wie Anm. 8), S. 157 f.

14 Kgl. Polizeidirektion am 27. Dez. 1830, zit. nach Schrott, Biedermeier (wie Anm. 8), S. 158

15 Vgl. die Abbildung in Bayerland 18 (1907), S. 34 bzw. Ludwig-Maximilians-Universität (wie Anm. 2), S. 254

16 E 84 Fasz. 1 Prod. 7, Rapport der Hauptwache vom 28. Dez. 1830

17 Ebd., KdtMünchen am 28. Dez. 1830

18 Ebd., KdtMünchen am 29. Dez. 1830

19 Ebd.

20 Schmeller (wie Anm. 6), S. 120 f.

21 Wie Anm. 18

22 Die Kgl. Entschließungen vom 29. bzw. 30. Dez. 1830 sowie Schellings Ansprache sind abgedruckt bei Schrott, Biedermeier (wie Anm. 8), S. 159 f.

23 Wie Anm. 20

24 E 84 Fasz. 1 Prod. 7, KdtMünchen am 1. Jan. 1831

25 Vgl. den Abschnitt »Universität und Garnison«

Der Münchner Bierkrawall von 1844

Im München des 19. Jahrhunderts kam es immer wieder zu sogenannten »Bierkrawallen«, d. h. Ausschreitungen gegen Brauereien und Gaststätten wegen als zu hoch empfundener Bierpreise. Selbst der Oberst v. Hörmann, in den 1850er Jahren von König Max II. mit der Planung von Abwehrmaßnahmen gegen innere Unruhen beauftragt und ein Verfechter der harten Gangart, kam nicht umhin für die zeitgenössischen Münchner Bierkrawalle, die er als »Tumulte ohne insurrektionäre politische Tendenz« bewertete, ein gewisses Verständnis zu äußern: »…weil gutes und wohlfeiles Bier nebst Brod und Fleisch das hauptsächlichste, kräftigste, gesündeste und beliebteste Nahrungsmittel aller Volksklassen, wie auch der Soldaten in Altbayern ist; wo größtentheils für frisches reines Quellwasser wenig Vorsorge getroffen wird, Wein und Branntwein aber theuer, nicht so beliebt und üblich ist. (…) *In Altbayern muß also eine kluge Regierung nicht nur, wie die Römische, auf panem et circenses sondern auch auf cervisiam Rücksicht nehmen.*«[1]

In der Münchner Lokalhistorie gilt als der große »Bierkrawall« schlechthin, jener Tumult, der am 1. Mai 1844 unter maßgeblicher Beteiligung von Soldaten begann und drei Tage lang die Garnison beschäftigte. Für König Ludwig I. war dieser Vorfall recht peinlich, da just am 1. Mai die feierliche Vermählung seiner Tochter Hildegard (1825 – 1864) mit dem österreichischen Erzherzog Albrecht, Sohn des berühmten Erzherzogs Karl, in München stattgefunden hatte. Der kritische Beobachter Andreas Schmeller vermerkte in seinem Tagebuch die Ursache des Krawalls: »…Man hatte das Sommerbier auf 6 1/2 Kr. (pro Maß) erhöht, zu gleicher Zeit aber dem Militär den halben Kreuzer Theuerungszulage genommen und den Arbeitern bey königlichen Bauten den bisherigen Taglohn von 48 Kr. auf 44 herabgesetzt. Die dadurch am empfindlichsten Betroffenen haben, da sie sonst keine Stimme haben, sich handgreiflich ausgesprochen, wenig Rücksicht nehmend auf die hohen Gäste und Feste dieser Tage.«[2]

Selbst die Truppengeschichte der Gendarmerie kommt nicht umhin die Komponente sozialen Protests zu würdigen: »…Der Satz für das Sommerbier zu 6 1/2 kr. per Maaß hatte unter der arbeitenden Klasse und auch unter dem Militär eine äußerst ungünstige Stimmung hervorgebracht. Beim Bierbräuer zum Mader im Thal weigerten sich an jenem Abend (1. Mai 1844) mehrere Artilleristen und Fuhrwesenssoldaten mehr als 6 kr. für die Maaß zu bezahlen. Auf die ihnen nun gemachten Gegenvorstellungen zerschlugen sie einige Steinkrüge und augenblicklich schlossen sich den Soldaten mehrere Individuen aus der arbeitenden Klasse an; es verging keine Viertelstunde, so waren im benannten Bräuhause alle Fenster und Krüge zerschlagen, Thüren und Kreuzstöcke aus den Mauern gerissen und eine allgemeine Zerstörung aller Möbel in den Gastzimmern angerichtet.«[3]

Während sich in der Residenz die »allerhöchsten Herrschaften« das Festmahl schmecken ließen, eskalierte gleichzeitig in den Straßen die Gewalt. Der Kommandant der Münchner Gendarmeriekompanie Hauptmann Zehrer, der sich mit einem Teil seiner Einheit in der Residenz aufhielt, wurde nun von einem Melder über die Situation in der Stadt informiert. Er marschierte mit seinen Leuten und einer Patrouille der Residenzwache zum Maderbräu, wo eine kleine Schar Gendarmen von einer wütenden Menge eingekesselt worden war. Zwar gelang es Zehrer diesen Auflauf zu zerstreuen, jedoch trug möglicherweise gerade das dazu bei, den Funken der Gewalt auf die anderen Stadtviertel zu übertragen. Nachdem sich nämlich die Kunde von den Ereignissen im »Maderbräu« verbreitet hatte, wurden bis auf zwei Brauereien, die ihr Bier stets unter dem Höchstpreis verkauften, alle anderen Münchner Brauhäuser ebenfalls verwüstet.[4]

Da die Gendarmerie mit einem solchen Massenaufruhr nicht fertig werden konnte, wurde die Garnison alarmiert. Zum ersten Mal seit Jahren ertönte der sogenannte »General-marsch«. Er war so in Vergessenheit geraten, daß selbst gediente Soldaten das Signal nicht zu deuten wußten. So auch der ehemalige Oberleutnant Schmeller: »...Was am ersten (Mai) Abends in der Stadt vorgegangen erfuhr ich, weil ich den Allarm-Marsch für den, etwa neu statt des französischen beliebten, österreichischen Zapfenstreich gehalten hatte, erst am 2t. morgens.«[5] Auch die festliche Hofgesellschaft in der Residenz vernahm den Trommelschlag. Nach Zeugnis des damaligen Pagen Otto von Völderndorff konnte sich keiner der Anwesenden das nächtliche Getrommel erklären, bis der kriegserfahrene Erzherzog Karl trocken bemerkte: »...Ich kenne dies Trommeln noch von Anno dazumal, das ist der bayerische Generalmarsch. Da muß etwas los sein.« Verschreckt trat nun die Festgesellschaft an die Fenster und erblickte in der Residenzstraße dichtgedrängte, wild schreiende Menschen, worauf der Sieger von Aspern den König ironisch auf die »bayeri-sche Treue« aufmerksam machte.[6]

Inzwischen eskalierte die Auseinandersetzung bis kurz vor den Schußwaffengebrauch. Allein bei der Gendarmerie, die auch beritten mit der flachen Säbelklinge gegen die Gewalttäter vorgegangen war, gab es durch Hiebe, Fußtritte und vor allem durch Stein-würfe nicht weniger als 41 Verwundete.[7] Andererseits wurde ein völlig unbeteiligter Familienvater, der zwischen die streitenden Fronten geraten war, im Färbergraben von einem Soldaten mit dem Bajonett erstochen, als die Truppe diesen engen Straßenzug räumte.[8] Der Ingenieuroberst v. Hörmann erinnerte sich fast zehn Jahre später an diese unruhige Zeit:

»... Bei den höchst skandalösen Bierkrawallen in München in den Maitagen von 1844 habe ich mich als Major freiwillig während drei aufeinander folgenden Nächte bei den Patrouillen beteiligt. An der Spitze von 15 Mann habe ich das Scharfladen und Schießen auf jeden, der sich unterstehe mit Steinen zu werfen, mit lauter Stimme in der von Tumulanten ganz angefüllten Sendlinger Straße kommandiert, worauf sich der Pöbel ruhig verhielt und sich zu zerstreuen anfing. Mehrere umgestürzte Trebernwägen konnte ich mit Hilfe des damaligen Hauptmann v. d. Tann (jetzt Flügeladjutant S. M.) und des damaligen Lieutenant Joseph Maillinger aufräumen lassen, wodurch die Kürassiere in den Stand gesetzt wurden, die gegen die Hauptstraße vordringenden Tumulanten zu zerstreuen. Mit Anwendung der blanken Waffe gelang es mir, den im Hofe des »Büchelbräu« am Kopfe verwundeten Kgl.Polizeidirektor Freiherrn v. Karg zu befreien, den Sturm auf das Hoftheater abzuschlagen und den Einbruch in die Münze zu vereiteln.«[9]

Obwohl also zumindest teilweise eine tatkräftige Unterstützung der Gendarmerie durch Angehörige der Linientruppen gegeben war, meint der Gendarmerieoffizier Schröder in seiner Truppengeschichte: »... Überhaupt mußte die betrübende Erfahrung gemacht werden, daß sich *insbesondere von den Soldaten der Garnison ein Haß gegen die Gendarmerie* richtete, weil diese im ersten Entstehen gegen die Attentate mit pflichtgemä-ßer Energie zu wirken und sie überhaupt zu verhindern gesucht hatte.«[10]

Da die Hochzeitsfeierlichkeiten für die Tochter König Ludwigs I. ohne Abänderung des Protokolls fortgesetzt wurden, ergaben sich nahezu bizarre Situationen. Während etwa die hohen Herrschaften am Abend des 2. Mai im Nationaltheater den Orchesterklängen lauschten, trappelten im Tal die Hufe der Kürassierpferde über das Pflaster und trieben die aufgebrachten Menschen vor sich her. Indessen scheinen sich die Krawalle nie ernsthaft gegen das Herrscherhaus gerichtet zu haben, denn am 3. Mai ging der große Festzug der Hochzeitsgesellschaft ungestört, ja freundlich begrüßt, durch die geschmückten Straßen der Stadt. Freilich wurden dann am Abend des 3. Mai der Bockbierkeller förmlich zerlegt und auch einige Bäckerläden geplündert.[11]

Im Laufe der Auseinandersetzungen wurde dann auch die Landwehr mobilisiert. Schmeller notiert: »...Noch am 5t. (ersten Sonntag May's, Auer Tuld) die bewaffnete Macht (Soldaten und Landwehr) in verschiedenen Theilen der Stadt zum Einschreiten aufgestellt.«[12] Der unmittelbare Stein des Anstosses wurde beseitigt, als die Münchner Bierbrauer am 6. Mai den Bierpreis auf den früheren Höchstpreis von sechs Kreuzern für die Maß zurücknahmen.

Der Bierkrawall vom Mai 1844 war kein Ruhmesblatt in der Geschichte der Münchner Garnison. Militärangehörige hatten ihn ausgelöst und die Armee zeigte sich anfangs fast unfähig, dagegen vorzugehen. Das lag keineswegs an fehlenden Instruktionen. Sie waren in Gestalt der Ströhlschen Alarmpläne von 1830 bzw. 1833 durchaus vorhanden. Eine Untersuchung seitens des Kriegsministeriums im Juni 1844 stellte jedoch fest, daß diese wichtigen Dokumente im Laufe der Jahre in der Garnison solange nicht mehr beachtet und schließlich vergessen worden waren, »...daß bey dem am besagten Tage (1. Mai 1844) abends ausgebrochenen Volkstumulte weder die *Commandantschaft noch die Garnisons Abtheilungen* ihren Obliegenheiten sogleich und rechtzeitig in ihrem ganzen Umfang nachkamen«.[13]

Anmerkungen

1 C-7, hier: Aufrechterhaltung der öffentlichen Ruhe und Ordnung, verfaßt von dem Kgl. Ingenieur Oberst Franz v. Hörmann, den 24ten Juli 1853, p. 3 f.
2 A. Schmeller, Tagebücher 1801 – 1852, hg. von P. Ruf Bd. 2: 1826 – 1852 (SchrrBayerLG Bd. 48), München 1956, S. 370
3 H. Schröder, Vorgeschichte, Errichtung und Entwicklung der bayerischen Gendarmerie sowie deren Thätigkeit von 1812 – 1900, Augsburg 1900, S. 51
4 Ebd., S. 51 ff.
5 Wie Anm. 2
6 L. Schrott, Biedermeier in München. Dokumente einer schöpferischen Zeit, München 1963 (unv. Ndr. 1987), S. 337
7 Schröder (wie Anm. 3), S. 54
8 Wie Anm. 5
9 Wie Anm. 1, p. 26 f.
10 Schröder (wie Anm. 3), S. 55
11 Schrott (wie Anm. 5), S. 338
12 Schmeller (wie Anm. 2), S. 371
13 A IV Bd. 105 Fasz. 1 Prod. 35, KM am 17. Juni 1844

Vorsichtsmaßnahmen gegen innere Unruhen zwischen 1844 und 1847

Die Erfahrungen mit dem höchst mangelhaften Einsatz der Garnison anläßlich des Bierkrawalls vom Mai 1844 führten zu verschiedenen Maßnahmen des Kriegsministeriums. Bereits am 4. Mai entsprach König Ludwig I. einem Antrag des Kriegsministers Generalmajor v. Gumppenberg und ersetzte den bisherigen Stadtkommandanten Generalmajor Ritter v. Vincenti wegen erwiesener Unfähigkeit durch den Generalmajor v. Kunst. Zudem wurde ab dem 16. Juni 1844 die Stadtkommandantschaft in allen Angelegenheiten dem Kommando der 1. Armee-Division (München) unterstellt.[1] Im Sommer des gleichen Jahres erarbeitete man, vermutlich im Kriegsministerium, eine neue »*Instruktion über das Verhalten der Garnison und der Landwehr im Falle entstehender Zusammenrottungen, welche die öffentliche Ruhe und Sicherheit zu stören drohen, und das Schlagen des General-Marsches nöthig machen.*« Sie trat am 11. August 1844 in Kraft.[2]

Die neue Instruktion unterschied sich in einigen Punkten recht deutlich von der zuvor gültigen Konzeption der 1830er Jahre. Neu war die Zusammenfassung der Einsatzpläne für das Linienmilitär und die Landwehr. Vermutlich war es beim Bierkrawall im Mai 1844 zu Koordinationsschwierigkeiten mit der Landwehr gekommen, die trotz des Generalmarsches am Abend des 1. Mai offenkundig nicht eingesetzt worden war. Ausdrücklich betonte die neue Instruktion auch die Pflicht der dienstfreien Soldaten beim Generalmarsch sofort in ihre Kasernen zurückzukehren, was sie beim Bierkrawall wohl eben nicht getan hatten. Entgegen der Instruktion von 1830/33 blieb fortan der Befehl zum scharfen Laden der Schußwaffen dem Stadtkommandanten vorbehalten. Grundsätzlich neu war auch der Ansatz der Kavallerie. Während nach der alten Einsatzplanung die Masse der Kavallerie zu einem geschlossenen Einsatz bereitgehalten wurde, trug man sowohl den guten Erfahrungen mit dem Einsatz kleiner Reiterabteilungen bei den Tumulten von 1830 und 1844, als auch den engen Straßen Rechnung. Das 1. Kürassier-Regiment wurde demzufolge größtenteils in Kompanien und Züge aufgeteilt, durchaus vergleichbar den Einsatzgrundsätzen moderner Panzerverbände im Ortskampf. Eine viel wichtigere Rolle als früher maß man dem Schrannenplatz, dem Herz der Altstadt, zu. Dort sollten neben einer Kürassiereskadron zwei Kompanien Linieninfanterie aufmarschieren.

Die Stimmung in der Bevölkerung ließ offenbar eine Wiederholung des großen Maikrawalls von 1844 befürchten. Im Herbst 1844 berichtete die Gendarmeriekompanie der Stadt München an die Regierung von Oberbayern: »…Die arbeitende Klasse, nämlich Maurer, Zimmerleute und Taglöhner klagen in Wirtshäusern und öffentlichen Plätzen über große Teuerung. (…) Diese Klasse Menschen beschweren sich auch über geringen Taglohn, da sie in früheren Jahren, wo die Viktualien billiger waren, viel besser als jetzt bezahlt wurden. (…) Bei fortgesetzt hohen Viktualienpreisen dürfte noch zu besorgen sein, daß nun auch die arbeitende Klasse, die sich bis jetzt noch ruhig verhalten hat, mit dem unruhigen Volke gemeinsame Sache machen werde.«[3]

Im Frühjahr 1846 wurde als Vorsichtsmaßnahme gegen eventuelle Bierkrawalle anläßlich der Eröffnung der Maibocksaison und der Bekanntgabe des Sommerbierpreises der Präsenzstand der Garnison erhöht. Für die Zeit vom 24. April bis 19. Mai 1846 wuchsen die Infanteriekompanien von jeweils 28 Gefreiten und Gemeinen auf 75 Mann. Die Präsenzstärke der Artilleriekompanien wurde von 40 auf 50 Mann erhöht.[4]

Vermutlich in direktem Zusammenhang mit diesen Sicherheitsmaßnahmen wurde die Alarminstruktion von 1844 durch eine völlig neue Konzeption zum 6. Mai 1846 abgelöst. Bisher war die rechtliche Problematik des Militäreinsatzes nie definitiv zur Sprache gekommen. Stets war nur festgestellt worden, daß der Stadtkommandant den General-marsch auslöste, doch es war völlig offen geblieben, ob er es aus eigenem Ermessen tun konnte oder auf höhere Weisung. Diese ganz wesentliche Frage beantwortete nun die »Hauptinstruktion über das Zusammenwirken der einzelnen Civil- und Militärbehörden für den Fall einer Störung der öffentlichen Ruhe und Ordnung in der Haupt- und Residenzstadt München, oder der Vorstadt Au.«[5] Darin wurde ausdrücklich betont, daß im genannten Fall zunächst einmal ausschließlich die Gendarmerie zuständig war. Weiter heißt es dann im Artikel 5 dieser Instruktion:

»...Kann die öffentliche Ruhe und Ordnung durch die Gendarmerie allein nicht hergestellt werden, so liegt dem kgl. Polizeidirektor ob, die Militärmacht nach Tit. IX 5 und 6 der Verfassungs-Urkunde zum Schlagen des Generalmarsches aufzufordern. Die Aufforde-rung zum Schlagen des Generalmarsches hat schriftlich unter näherer Bezeichnung der Art der militärischen Einschreitung zu geschehen.«

Der Artikel 6 der neuen Alarminstruktion gestand dem Stadtkommandanten zwar ein eigenmächtiges Auslösen des Generalmarsches im Falle eines allgemeinen Aufstandes zu, jedoch durfte er die Garnison nur alarmieren. Den eigentlichen Einsatzbefehl mußte er auch in einer solchen Notsituation vom Polizeidirektor erhalten.

Die entscheidende Schlüsselrolle war also nach Inkrafttreten dieser Hauptinstruktion dem Münchner Polizeidirektor und dessen Vorgesetzten, d. h. dem Regierungspräsidenten von Oberbayern und dem Staatsminister des Innern zugedacht. Die Armee war der Zivilbehör-de zumindest bis zum Einsatzbefehl untergeordnet. Zusätzlich zur Hauptinstruktion wurden Einzelinstruktionen für die Kgl. Polizeidirektion, die Gendarmeriekompanie, die Landwehr (einschließlich des Landwehrbataillons der Vorstadt Au) und die Garnison erlassen.[6] Letztere entsprach in weiten Bereichen der Instruktion von 1844. Bemerkens-wert ist lediglich ein noch stärkeres Truppenkontingent auf dem Schrannenplatz (nun vier Kompanien Linieninfanterie) und die Kompetenz für die Wachen, im Notfall selbständig scharf zu laden.

Wiederum aus Furcht vor einem Bierkrawall wurden dann im Frühjahr 1847 Vorsichts-maßnahmen getroffen. Bereits am 27. März 1847 hatte sich der König per Kabinett-schreiben beim Kriegsminister-Verweser v. Hohenhausen erkundigt, ob denn wegen eines zum 1. Mai zu erwartenden Aufruhrs infolge der Bierpreiserhöhung ein Alarmplan für München vorhanden sei. Hohenhausen verwies auf die Instruktion von 1846 und empfahl im Falle ernsthafter Ausschreitungen auswärtige Truppen, vor allem die im nahen Freising stationierten Kürassiere, in die Hauptstadt zu holen.[7] Ludwig I. war diese Auskunft aber nicht ausreichend. Auf seinen Befehl hin trafen sich am 5. April 1847 der Innenminister, der Kriegsminister, der Regierungspräsident von Oberbayern, der Kommandeur der 1. Ar-mee-Division, der Stadtkommandant und der Kommandeur der Münchner Landwehr zu einer gemeinsamen Beratung. Übereinstimmend wurde dabei von den Herren festgestellt, daß die gültigen Alarminstruktionen »... nichts zu wünschen übrig lassen«. Plädiert wurde aber einhellig für eine dauernde Erhöhung des Präsenzstandes der Garnison. Man äußerte gegenüber dem Monarchen »... In ernsten Hinblicke auf die gegenwärtigen Zeit-verhältnisse in und außer den teutschen Staaten die gerechte Besorgniß, daß die öffentliche Sicherheit, Ruhe und Ordnung nicht bloß momentan durch den eintretenden Sommerbier-satz, sondern aus andern, tiefer liegenden Gründen noch auf längere Zeitdauer bedroht seyn möchte (...) aus Übervölkerung, aus dem Nothstande der unteren Volksklassen bey der allgemeinen Theuerung des Getreides, und der ersten Lebensbedürfnisse, aus dem einge-drungenen Hang nach Luxus, und verbesserter Lebsucht (...) Auftauchung communisti-scher, die dürftige, untere Volksklasse verblendender Ideen.« Trotz dieser warnenden

Worte bewilligte der sparsame König aber nur eine vorübergehende Vermehrung des Militärs in München.[8] Daraufhin wurde ab Mitte April 1847 die Präsenzstärke der Garnison ähnlich wie im Jahr 1846 vorübergehend verstärkt. Diesmal betrug der Stand bei Infanterie und Artillerie einheitlich 50 Mann pro Kompanie.[9]

Im Sommer 1847 wurde auf Antrag des Kriegsministeriums die im Jahr 1844 verfügte Unterstellung des Stadtkommandanten unter den Kommandeur der 1. Armee-Division wieder aufgehoben. Der Stadtkommandant war nun in allen Belangen direkt dem Kriegsminister unterstellt. Die Zwischenebene des Divisionskommandos wurde als überflüssig und in Krisensituationen nachteilig empfunden.[10]

Ungeklärt blieb in diesem ganzen System aber die Frage, wer die bewaffnete Macht eigentlich führte, sobald der Polizeidirektor den Einsatzbefehl erteilt hatte? Die Hauptinstruktion von 1846 spricht nur von der Hauptwache am Schrannenplatz als Sammelstelle für Meldungen und Befehle. Sie war als Koordinationszentrum zwischen den zivilen und den militärischen Stellen eingeplant, aber nicht eindeutig als Gefechtsstand festgelegt. Somit war der Alarmplan von 1846 in diesem Punkt viel ungenauer, als die Instruktionen von 1830, 1833 und 1844, die stets den Stadtkommandanten als Führer und das Quartier der Kommandantschaft als Befehlszentrum klar und eindeutig festgelegt hatten. Diese Schwammigkeit der Instruktion von 1846, wohl eine Folge der Zusammenarbeit von Offizieren und Zivilisten, sollte sich dann bei der Märzrevolution 1848 als großer Nachteil erweisen.

Anmerkungen

1 MKr. 2480 Prod. 62, Denkschrift im KM, Die Stellung der KdtMünchen (1823 – 1880) vom 12. Jan. 1883, hier: Abschrift der Kgl. Signate vom 4. Mai bzw. 16. Juni 1844
2 A IV Bd. 105 Fasz. 1 Prod. 60
3 zit. nach: L. Schrott, Biedermeier in München. Dokumente einer schöpferischen Zeit, München 1963 (unv. Ndr. München 1987), S. 343
4 A IV Bd. 105 Fasz. 2 Prod. 10, KM an König Ludwig I. am 15. April 1847 mit Kgl. Signat d. d.
5 A IV Bd. 105 Fasz. 1 Prod. 95
6 Ebd.
7 A IV Bd. 105 Fasz. 2 Prod. 3, KM an König Ludwig I. am 29. März 1847
8 Ebd. Prod. 7, InnM und KM an König Ludwig I. am 9. April 1847 mit Kgl. Signat vom 13. d. Mts.
9 Wie Anm. 4
10 Wie Anm. 1, hier: Abschrift des Kgl. Signats vom 6. Juli 1847

Die Revolution von 1848

Unbestritten ist das Jahr 1848 einer der im ursprünglichen Wortsinne merkwürdigsten Abschnitte in der bayerischen Geschichte. Im Februar 1848 wurde das Regime des französischen »Bürgerkönigs« Louis Philippe vom Pariser Proletariat gestürzt. Im März griff der revolutionäre Geist auf die deutschen Staaten über. Italiener, Slawen und Madjaren erhoben sich gegen das Haus Habsburg.[1] In München jedoch war das Drama mit einem Satyrspiel verbunden, das, anders als in der Antike, den Auftakt bildete. Unmittelbarer Anlaß für die revolutionäre Stimmung in Bayern im späten Vormärz war die Liaison König Ludwigs I. (1786–1868) mit der Abenteuerin Elisabeth James genannt Lola Montez (1818–1861).

Der Anfang vom Ende der Regentschaft Ludwigs begann am 7. Oktober 1846, als der König auf Vermittlung des Kammerherrn und Rittmeisters á la suite beim Kürassier-Regiment »Prinz Karl« v. Maltzahn die Senora Maria de los Dolores Porrys y Montez wegen eines Engagements am Münchner Hoftheater zur Audienz empfing. Bald schon war der alternde Monarch der Frau verfallen. Nicht etwa das Privatleben des Königs als solches, er hatte immer wieder Affairen gehabt, erzürnte die konservativ und klerikal gesinnten Kreise, die bisher die stärkste Stütze seines Thrones gewesen waren, sondern der unverfrorene Anspruch der Montez auf politischen Einfluß. Nachdem das ultramontane Kabinett Abel der dubiosen Hochstaplerin rechtlich völlig korrekt die bayerische Staatsangehörigkeit verweigert hatte, verlieh ihr der König persönlich das Indigenat. Im Februar 1847 entließ Ludwig die Ministerrunde um Karl v. Abel (1788–1859) und berief ein liberales Reformkabinett der »Morgenröte« unter Georg v. Maurer (1790–1872). Dieses Kabinett sollte er dann im Dezember 1847 wiederum ersetzen, durch ein Kollegium mit dem Fürsten Ludwig v. Öttingen-Wallerstein (1791–1870) an der Spitze, wobei keine Minister mehr bestellt wurden, sondern nur »Ministerverweser«.[2]

Die Morgendämmerung der Revolution (1847)

Am 1. März 1847 versammelte sich eine größere Gruppe von Bürgern und Studenten mit »Pereat Lola!«-Rufen vor dem Haus der Montez in der Max-Vorstadt. Die Gendarmeriekompanie wurde mit den wütenden Demonstranten nicht fertig, die Münchner Landwehr verweigerte den Einsatz gegen ihre Mitbürger. Daraufhin wurde Linienmilitär aus der nahen Türkenkaserne eingesetzt, um die Versammlung aufzulösen. Dies geschah dann zur Zufriedenheit des Königs. Der Militäreinsatz vom 1. März diskreditierte jedoch die Armee in weiten Kreisen der Bevölkerung. In anonymen Flugblättern und Briefen wurde der Garnison vorgeworfen, sie lasse sich vom König zu einer »Hurengarde« herabwürdigen. Diese Vorwürfe verfehlten ihre Wirkung nicht. Gegen Ende des Jahres 1847 erschienen aus den Reihen der Armee nur noch einige skrupellose Karrieristen auf den Gesellschaften der verfemten Gräfin Landsfeld, wie Lola Montez per Signat des Königs vom 25. August 1847 mittlerweile hieß. Daraufhin versuchte der König das Münchner Offizierkorps quasi dienstlich zum Besuch der Villa Landsfeld zu zwingen. Ihren Höhepunkt erreichte dieser entwürdigende Mißbrauch der militärischen Befehlsgewalt, als Ludwig I. den Kriegsministerverweser Generalmajor Leonhard v. Hohenhausen (1788–1872) zu einer Abendgesellschaft ins Haus der Montez befahl. Hohenhausen reagierte musterhaft, indem er als Soldat dem Befehl seines Königs gehorchte und sodann unverzüglich um seinen Abschied bat. Am 30. Januar 1848 ersetzte ihn der König durch den Generalmajor Heinrich von der Mark (1782–1865). So hatte sich im Winter 1847/48 in der Garnison München eine

Stimmung gebildet, die einen moralisch nicht legitimierten Einsatz der lokalen Truppen gegen die Bevölkerung praktisch schon ausschloß.[3]

Die Ereignisse im Februar 1848

– Die Universität als Konfliktherd
Am 31. Januar 1848 trug die Münchner Studentenschaft Joseph Görres (1776 – 1848) zu Grabe. Der Professor für Geschichte und Begründer des katholischen »Eos«-Kreises war einer der profiliertesten Gegner der Montez in München gewesen und so erblickte Münchens Polizeidirektor Mark, ein Mann aus dem Umkreis Lolas, darin eine gefährliche Demonstration. Ein Fackelzug am Abend des Begräbnistages wurde verboten. Kurz zuvor hatte sich aus ehemaligen Angehörigen der »Palatia« eine neue Studentenverbindung »Alemannia« gebildet. Die »Alemannen« traten in der Öffentlichkeit als eine Art Leibgarde der Gräfin Landsfeld auf. Die Agressivität der sogenannten »Lolamannen« stand in umgekehrtem Verhältnis zu ihrer kleinen Zahl. Sie provozierten die Masse ihrer Kommilitonen, deren Reaktionen aber von der Obrigkeit als staatsgefährlich interpretiert wurde.[4]
Die Berichte der Polizeidirektion veranlaßten den Regierungspräsidenten v. Godin am 8. Februar, angesichts der geringen Präsenzstärke von 864 Mannschaften der Infanterie in der Garnison München, die Einberufung von zwölf Mann pro Kompanie zu beantragen. Damit würde sich der Präsenzstand der Infanterie um 432 Mann bzw. 50 Prozent des gewöhnlichen Standes erhöhen. Zugleich schlug der Regierungspräsident eine verstärkte Patrouillentätigkeit der Garnison vor. Der Innenministerverweser Franz v. Berks unterbreitete diesen Antrag noch am gleichen Tag dem König und hielt eine noch darüber hinausgehende Verstärkung der Münchner Garnison für notwendig. Ludwig I. mahnte daraufhin das Kriegsministerium keine Zeit zu verlieren.[5] Der König selbst hatte bereits am 7. Februar die gesamte Garnison in Alarmbereitschaft versetzt und ständige Patrouillen im Stadtgebiet befohlen.[6]
Am 9. Februar wurden pro Infanteriekompanie zwölf Beurlaubte einberufen. Am 15. Februar erhielten die Kompanien jeweils weitere zwölf Reservisten zugeteilt. Natürlich dauerte es jeweils einige Tage, bis diese Soldaten tatsächlich präsent waren. Um das Militär einsatzfreudig zu halten, bekamen alle Unteroffiziere und Mannschaften nun doppelte Löhnung.[7]
Parallel zur Garnisonverstärkung ließ der König am 9. Februar bis auf weiteres die Universität schließen. Die Maßnahme resultierte aus einem an diesem Tag versuchten tätlichen Überfall auf die Montez, der von Studenten organisiert worden war.[8]

– Der 10. Februar
Am 10. Februar kam es zu zwei wichtigen, zunächst voneinander unabhängigen Ereignissen für den weiteren Verlauf der Revolution in München. Im Rathaus erörterte man die Folgen einer längeren Abwesenheit der Studenten für die Münchner Wirtschaft. Gleichzeitig zogen mehrere hundert Studenten, sie sollten bis zur Mittagsstunde des 11. Februar die Stadt verlassen, vor das Kultusministerium in der Alten Akademie bei St. Michael, um noch eine Sympathiekundgebung für Öttingen-Wallerstein abzuhalten, der ihnen als persönlicher Freund ihres Rektors und Montez-Gegners Professor Thiersch bekannt war. Daraufhin ließ der Kommandant der Münchner Gendarmeriekompanie Hauptmann Bauer-Breitenfeld, ein Protegée der Montez, die Neuhauser Straße durch vier Brigadiers und zweiundzwanzig Mann mit der blanken Waffe räumen, obwohl keine Ordnungs-

widrigkeiten vorgekommen waren. Es gab mindestens drei Verletzte, woraus die aufgereg-
te Volksmenge sogleich einige Tote machte und vor das Rathaus zog. Außer der Wiedereröffnung der Universität, wurden nun die Bestrafung des Gendarmeriehauptmanns Bauer-
Breitenfeld und die Ausweisung der Montez gefordert. Am Nachmittag zog eine städtische
Deputation unter Führung des Bürgermeisters v. Steinsdorf mit rund 2000 Münchner
Bürgern zur Residenz. Nach mehrmaliger Weigerung empfing der König die Deputation
und beschwerte sich heftig über den Aufmarsch der Bürger auf dem Max-Joseph-Platz. In
der Sache selbst blieb Ludwig I. hart und drohte nun sogar mit dem Abzug seines Hoflagers
aus der Stadt. Während der König anschließend die Oper besuchte, begab sich Innenminister v. Berks, auch er ein Günstling Lolas, in das Rathaus. Infolge rhetorischen Unge-
schicks bei der Diskussion mit den dort noch immer ausharrenden Bürgern überrumpelt,
verließ er das Rathaus mit dem Versprechen, sich beim König für die Erfüllung der
bürgerlichen Forderungen vom Nachmittag zu verwenden.[9]
Zur gleichen Zeit kam es zu zwei kleineren Tumulten, zunächst vor dem Haus der Montez,
sodann vor der Polizeidirektion. 27 Personen wurden verhaftet, zum größten Teil Handwerksgesellen, Lehrlinge, Dienstboten, auch einige Handwerksmeister und mindestens
drei Soldaten. Die Polizeidirektion schob die Schuld auf das Militär: der Stadtkommandant
sei nicht zu erreichen gewesen, man habe von den Wachtlokalen keine Unterstützung
erhalten.[10] Nach einer Mitteilung des Innenministeriums wurden am 10. Februar ein
Gefreiter und ein Hautboist des Infanterie-Regiments »König« sowie ein Ouvrier
arretiert.[11] Unter den verhafteten Soldaten befand sich ferner ein Fuhrwesensoldat des
1. Artillerie-Regiments. Angeblich hatte er sich nur aus Neugierde vor dem Polizeigebäude
aufgehalten, als dort die Menge die Fensterscheiben einwarf.[12]

– Der 11. Februar
Noch am Morgen des 11. Februar war Ludwig I. offensichtlich zu härtestem Truppenein-
satz in München entschlossen. Unter Umgehung sämtlicher Befehlswege befahl der König
dem Kommandeur des in Augsburg stationierten 4. Chevaulegers-Regiments »König« sich
unverzüglich zum Bahntransport nach München bereitzumachen. Etwa zur gleichen Zeit
versammelte der Innenminister bei sich die Stabsoffiziere der Münchner Landwehr. Oberst
v. Maffei erklärte dem Minister, man wage nicht die Landwehrmänner ausrücken zu lassen,
da ungewiß sei »... welchen Gebrauch sie von den Waffen machen möchten.«[14] Mit diesem
Argument bewog Berks anschließend den König den drei Forderungen der Bürgerschaft
vom Vortage, d. h. Rücknahme des Schließungsdekrets für die Universität, sofortige
Amtsenthebung des Gendarmerie-Hauptmanns Bauer-Breitenfeld (für den ohnehin noch
am Vorabend Hauptmann v. Neumann per Zug aus Augsburg gekommen war) und
Ausweisung der Montez nachzugeben.[15] Auch der Kriegsminister v. d. Mark hatte an
diesem Tag dem König erklärt, er könne die Zuverlässigkeit der Armee nicht mehr
garantieren. Was nun den Ausschlag gab, zu diesem Zeitpunkt doch keine auswärtigen
Truppen in die Stadt zu holen bzw. überhaupt militärisch vorzugehen, ist unbekannt.[16]
Erschüttert riet Ludwig seiner Freundin Lola zur sofortigen Abreise aus der Haupt- und
Residenzstadt: »... Das Militär versagt den Dienst, da die Soldaten hierzu aufgehetzt
werden. Der Verrat ist vollkommen.«[17]
Tatsächlich waren weder Offiziere noch Unteroffiziere und Mannschaften der Garnison
mehr gesonnen, den Willen des Königs uneingeschränkt zu erfüllen. Dies zeigte sich
beispielhaft an den Ereignissen in der Barer Straße, wo sich die Villa Landsfeld befand.
Sofort nach der Abreise der Montez noch am 11. Februar wurde ihr Haus verwüstet und
geplündert. Die zur Sicherung eingesetzten Militärkommandos griffen erst nach dem

persönlichen Erscheinen des Königs ein. Die verantwortlichen Offiziere beriefen sich auf die Vorschrift für den Einsatz von Truppen in der Garnison München vom Jahre 1846, die für den Waffengebrauch die Aufforderung durch die Polizeibehörde voraussetzte.[18] Tatsächlich wurden sie, trotz königlichen Zornes, von ihren Vorgesetzten lediglich mit einem Tag Stubenarrest bestraft. Als dann der König ab dem 19. Februar eine ständige Wache in der Barer Straße befahl, opponierte der Stadtkommandant Generalmajor v. Kunst ständig gegen diese Order. Einer Versetzung von dreißig Offizieren aus München in andere Garnisonen verweigerte der Kriegsminister v. d. Mark die notwendige Gegensignatur, worauf Ludwig auf diese Aktion verzichtete und es auch nicht wagte, v. d. Mark zu entlassen.[19] Zugleich mit detaillierten Vorschriften für den Schutz der Gräfin Landsfeld, hatte der König Anfang Februar für jede Münchner Kaserne eine ständige Alarmtruppe von 60 Mann befohlen und eine Fortsetzung der Patrouillentätigkeit in der Stadt.[20] Diese Patrouillen griffen aber nie wirklich ein, selbst bei den Tumulten am 10./11. Februar hatten sie sich völlig passiv verhalten und wurden daraufhin von der Bevölkerung beifällig begrüßt.[21]

Während sich der Widerstand des Münchner Offizierkorps als eine Art »Dienst nach Vorschrift« charakterisieren läßt, waren ihre Untergebenen für handfeste Aktionen. Am 21. Februar zogen mehrere hundert Soldaten und Handwerker gemeinsam durch die Straßen Münchens und demonstrierten gegen den Innenminister v. Berks.[22]

Inwieweit sich der Protest der Unteroffiziere und einfachen Soldaten in München an ideologischer Agitation orientierte, ist fraglich. Am 16. Februar fand ein Zivilist in der Nähe der Residenzwache ein Exemplar der damals verbreiteten Broschüre »Deutscher Soldatenkatechismus«, in der offen zur Revolution aufgerufen wurde. Die Kommandantschaft München ließ daraufhin bei allen Truppenteilen der Garnison nach weiteren Exemplaren suchen, jedoch ohne Erfolg.[23] Angeblich sollen einheimische und fremde Zivilisten auch versucht haben, die Soldaten gegen den König aufzuhetzen.[24]

Die Märzrevolution

– Der gescheiterte Plan zum Austausch der Garnison

König Ludwig I. hatte erkennen müssen, daß das Gros der Münchner Garnison nicht mehr in seiner Hand war. Wenige Tage nach dem demütigenden 11. Februar klagte er: »... *vor einem Jahr, da des bayerischen Heeres Treue Zweifel erhoben wurde, war's empörende Verleumdung – jetzo, was die Münchner Besatzung betrifft, Wahrheit, daß nicht auf sie zu bauen.*«[25]

Am 1. März 1848 schrieb er persönlich: »... *Herr Kriegs Minister Verweser, General Major von der Mark! Ich bestimme, daß von nun an die Besatzung Meiner Haupt- und Residenzstadt zu wechseln habe. Dieses ist unterm Heutigen Datum I : 1. März : I bekannt zu machen. Ihr wohlgewogener König Ludwig*«[26]

Noch am gleichen Tag fragte v. d. Mark beim König zurück, wie denn diese Anweisung überhaupt realisiert werden sollte, d. h. zu welchem Zeitpunkt welcher Münchner Truppenteil durch welchen auswärtigen Verband abzulösen sei.[27] Damit gab er Ludwig I. vorsichtig zu verstehen, welchen gigantischen Umfang eine solche Aktion hatte. Das begriff nun auch der König. Am 2. März schrieb er an v. d. Mark: »... Wie bereits gesagt, *das Prinzip* des Besatzungswechsels unterm 1. März bekannt zu machen. In übrigen Fragen habe ich ohnedies vorgehabt die gestellten Fragen zu beantworten.«[28]

Das Kriegsministerium signierte und publizierte, offenbar nach mündlichen Anweisungen des Königs, am 2. März eine entsprechende Verordnung. Sie führte naturgemäß zu einer

Beunruhigung bei der Garnison. Deshalb erklärte v. d. Mark am 3. März auf Anfrage der Münchner 1. Armeedivision: »… S. M. der König haben mündlich geäußert, daß der Besatzungswechsel in der Stadt München nur als *Prinzip für die Zukunft anzusehen* sey (…) und daß an Ausführung dieser Maßregel vor der Hand gar nicht zu denken sey.«[29]
Es ist aus dem Vorgang klar ersichtlich, daß der Kriegsminister gar nicht daran dachte, der eigentlichen Absicht des Königs zu dienen. Vielmehr gelang es ihm, den Plan Ludwigs I. sogar zu vereiteln und zu einem »Prinzip« zu reduzieren. Ähnlich verfuhr v. d. Mark mit Aktionen zur Verstärkung der Garnison.

– Maßnahmen zur Verstärkung der Garnison
Am 2. März beantragte die Regierung von Oberbayern eine weitere Verstärkung der Münchner Garnison auf mindestens 1000 Mann Präsenzstand für jedes der drei Infanterie-Regimenter. Dabei verwies sie auf revolutionäre Parolen an Hauswänden und warnte vor einem massiven Aufstand der städtischen Proletarier.[30] Das Innenministerium plädierte darüber hinaus für die Verlegung der in Freising garnisonierenden Division des 2. Kürassier-Regiments (Stab in Landshut) nach München, die entsprechende Nachführung einer Landshuter Kürassiereskadron nach Freising und einer Marschbereitschaft des in Augsburg liegenden 4. Chevaulegers-Regiments »König«. Ludwig I. entsprach dem Antrag des Innenministers am 3. März.[31]
Das Kriegsministerium aber war bestrebt die Zivilbehörde zu bremsen. So meldete v. d. Mark am 4. März dem König, er habe die königlichen(!) Marschordres für die Kavallerie einstweilen gestoppt und begründete dies mit dem Mangel an Truppenunterkünften in München.[32] Den Antrag auf Verstärkung der Infanterie in München, entsprechend den Vorstellungen des Regierungspräsidenten v. Godin, legte das Kriegsministerium erst am 5. März dem König vor, der ihn sofort unterzeichnete. Gleichzeitig wurden damit die Artilleriekompanien auf 50 Mann Präsenzstärke verstärkt.[33] Man kann sich des Eindruckes nicht erwehren, als habe v. d. Mark bewußt die Verstärkung der Garnison verzögert.
Während noch über eine Vermehrung der Garnison verhandelt wurde, war es am 2. März zu einem neuen größeren Krawall in München gekommen. Er richtete sich in erster Linie gegen das Haus des Innenministers Berks und die Gebäude der Regierung von Oberbayern bzw. der Polizeidirektion. Auch an diesem Tag verhielten sich die Patrouillen der Garnison völlig passiv, obwohl sogar einige Barrikaden errichtet wurden.[34]

– Der 4. März
Der kritische Tag war der 4. März, als das städtische Zeughaus gestürmt wurde. In Zusammenhang damit betont Calliess in seiner Untersuchung das gute Einvernehmen zwischen der Münchner Bevölkerung und der Garnison: »… Alarmierend mußte jedoch die Nachricht wirken, daß die Freisinger Kürassiere nach München und die Landshuter Kürassiere nach Freising beordert worden waren und daß die Augsburger Chevaulegers zum Abmarsch nach München bereitgehalten wurden. (…) Die sich verdichtenden Nachrichten von einem unmittelbar bevorstehenden reaktionären Gegenschlag der Krone provozierten das Bürgertum, das Zeughaus zu stürmen, sich zu bewaffnen und zur Residenz zu ziehen.«[35] Tatsächlich hatte sich aber der Abmarsch der III. Division des 2. Kürassier-Regiments durch das Eingreifen v. d. Marks so verzögert, daß der Marschbefehl erst im Laufe des 4. März in Freising ankam und die beiden Eskadronen dann erst in der Nacht zum 5. März in München eintrafen, wo sie in der großen Reitschule bei der Neuen Isarkaserne einquartiert wurden. Aus Augsburg kamen erst am 5. März zwei Eskadronen des 4. Regiments in München an.[36]

Davon hatte die Münchner Bevölkerung aber keine Ahnung. Eine nach Tausenden zählende Menschenmenge, darunter Bürger, Studenten, aber auch der Straßenmob bewaffnete sich im städtischen Zeughaus mit allem, was sie darin fand. Tafeln mit der Aufschrift »Freiheit« wurden mitgeführt. Die Studenten übernahmen die Initiative und hielten dadurch nach dem Urteil verschiedener Augenzeugen Krawallbrüder und Kriminelle recht erfolgreich von Exzessen ab. Um 14 Uhr wurde der Generalmarsch angeschlagen und die Garnison rückte unter dem Kommando des Prinzen Karl von Bayern (1795 – 1875) zum Straßenkampf aus. Die Gendarmerie traf noch vor den Linientruppen am Ort des Geschehens ein. Ihr neuer Chef, Hauptmann Neumann aus Augsburg, hielt sie aber klug vor einem Einsatz zurück. Er hatte erkannt, daß die Studenten die große Masse ohnehin von unkontrollierten Gewaltaktionen abhielten. Bereits am Abend des gleichen Tages waren die Waffen nahezu vollständig wieder im Zeughaus abgeliefert.[38]

Auf Befehl des Königs war mittlerweile auf dem Dultplatz (Maximiliansplatz) eine Halbbatterie mit vier Sechspfündern des 1. Artillerie-Regiments aufgestellt worden. Verschiedene Angaben lassen sich in der Literatur über die Rolle des Fürsten Karl Wrede finden. Einerseits soll er auf Ludwig I. eingewirkt haben, nicht gewaltsam mit der Garnison eingreifen zu lassen, andererseits gilt er als ein gefährlicher Scharfmacher.[39]

Jedenfalls gelang es Prinz Karl von Bayern, dem Bruder des Königs, die Münchner Bevölkerung zu beruhigen, bevor sie mit den Truppen in ein Handgemenge kam. Dies gelang ihm vor allem durch einen öffentlichen Auftritt, bei dem er die Einberufung des Landtages zum 16. März verkündete. So konnte das Militär ohne Blutvergießen wieder in seine Quartiere zurückkehren.[40]

– Der 5. März
Am 5. März kam es bei den Ouvriers in der Kosttorkaserne zu einem Tumult. Es wurden dabei Offiziere angegriffen und man versuchte Insassen des Kasernenarrests zu befreien. Dieser Aufruhr wurde aber von der aus Angehörigen des 1. Artillerie-Regiments bestehenden Kasernenwache unterdrückt. Die Aufrührer fielen dann unter die Amnestie vom 15. April 1848.[41]

Ebenfalls am 5. März erließ Prinz Karl eine Truppendisposition für den Fall eines bewaffneten Aufstandes. Unter dem Kommando des Generalmajors v. Baligand sollte im Alarmfall das Infanterie-Regiment »Kronprinz« zusammen mit zwei Eskadronen »Prinz Karl«-Kürassieren, zwei Eskadronen der mittlerweile eingetroffenen Augsburger Chevaulegers und zwei Geschützen auf dem Maximiliansplatz aufmarschieren. Generalmajor Prinz Eduard v. Sachsen-Altenburg, der Schwager des Königs, führte das Infanterie-Leib-Regiment und das Infanterie-Regiment »König«, je zwei Eskadronen Münchner bzw. Freisinger Kürassiere und zwei Geschütze; ihr Bereitstellungsraum war der Max-Joseph-Platz. Der Stadtkommandant Generalmajor v. Kunst sollte von seinem Gefechtsstand auf der Hauptwache die Sicherung des Schrannenplatzes, des Promenadeplatzes und des Stadtzeughauses durch Landwehrverbände leiten. Prinz Karl selbst hatte seine Operationszentrale in der Residenzwache vorgesehen und sich zwei Eskadronen seines eigenen Kürassier-Regiments »Prinz Karl« nebst zwei Geschützen als Eingreifreserve persönlich vorbehalten. Diese Abteilung sollte am Odeonsplatz aufmarschieren.[42]

– Der 6. März
König Ludwig I. ließ am 6. März proklamieren, daß er die revolutionären Forderungen vom 3. März erfüllen wollte. Wohl nicht zuletzt, der Umstand, daß der König nicht auf absolute Loyalität der Truppen für den Fall eines Konterschlages gegen die revolutionäre Bewegung

423

bauen konnte, dürfte ihn dazu veranlaßt haben. Noch am Abend des 6. März wurde die Münchner Garnison auf die Verfassung vereidigt. Diese Zeremonie wurde von der Zivilbevölkerung verfolgt und regelrecht gefeiert.[43]

König Ludwig I. wollte unter solchen Umständen nicht länger König bleiben. Am 20. März 1848 dankte er zugunsten seines Sohnes Maximilian ab. Nicht zuletzt das Verhalten der Münchner Truppen hatte zum Verlauf der Ereignisse merklich beigetragen.

Anmerkungen

1 Vgl. G. Mann, Deutsche Geschichte des 19. und 20. Jahrhunderts, Frankfurt/M. 1958, S. 188 – 244; Th. Schieder, Vom Deutschen Bund zum Deutschen Reich (Gebhardt-Handbuch der deutschen Geschichte 9. Aufl. 1970, hier dtv Ausgabe Bd. 15), München 1982, S. 79 – 113; Th. Nipperdey, Deutsche Geschichte 1800 – 1866. Bürgerwelt und starker Staat, München 1983, S. 595 – 652

2 M. Spindler, Der Ausgang der Regierungszeit Ludwigs I., in: SPINDLER IV/1, München 1974 (Ndr. 1979), S. 210 – 223; J. Calliess, Militär in der Krise. Die bayerische Armee in der Revolution von 1848/49, Boppard 1976, S. 82 – 86; H. Gollwitzer, Ludwig I. von Bayern. Königtum im Vormärz, München 1986, S. 668 – 720, hier insb. S. 668 – 678

3 Calliess (wie Anm. 2), S. 87 – 90

4 R. Schmidt, In revolutionärer Unruhe 1830 – 1848, in: Ludwig-Maximilians-Universität. Ingolstadt, Landshut, München 1472 – 1972, hg. von L. Boehm und J. Spörl, Berlin 1972, S. 251 – 270, hier S. 259 f.

5 K. J. Hummel, München in der Revolution von 1848/49, München 1987, S. 68 ff.

6 Calliess (wie Anm. 2), S. 91 f.

7 F. Illing, Geschichte des Königlich Bayerischen Infanterie-Leib-Regiments von der Errichtung bis zum 1. Oktober 1891, Berlin 1892, S. 87

8 Calliess (wie Anm. 2), S.9 2

9 Hummel (wie Anm. 5), S. 71 – 80 pass.

10 Ebd., S. 82 f.

11 A IV Bd. 105 Fasz. II Prod. 58, InnM an KM am 14. Febr. 1848

12 R. v. Xylander, Geschichte des 1. Feldartillerie-Regiments »Prinzregent Luitpold« Bd. 3: Das Artillerie-Regiment und das Fuhrwesen 1824 – 1911, Berlin 1911, S. 61

13 Calliess (wie Anm. 2), S. 93

14 zit. nach Hummel (wie Anm. 5), S. 83

15 Ebd., S. 84

16 Calliess (wie Anm. 2), S. 93

17 zit. nach Gollwitzer (wie Anm. 2), S. 687

18 Vgl. den Abschnitt »Vorsichtsmaßnahmen gegen innere Unruhen zwischen 1844 und 1847«

19 Calliess (wie Anm. 2), S. 94 ff.

20 A IV Bd. 105 Fasz. II Prod. 73, Kgl. Handbillet vom 19. Febr. 1848

21 Calliess (wie Anm. 2), S. 94

22 Ebd., S. 96 f.

23 A IV Bd. 105 Fasz. II Prod. 136, KdtMünchen an KM am 27. Febr. 1848

24 Xylander (wie Anm. 12), S. 60

25 zit. nach Gollwitzer (wie Anm. 2), S. 892

26 MKr. 2542 Prod. 49, Kgl. Handbillet vom 1. März 1848

27 Ebd. Prod. 48, KM an König Ludwig I. am 1. März

28 Ebd. Prod. 49, Kgl. Handbillet vom 2. März 1848

29 Ebd. Prod. 51, KM an 1. Armee-Division am 3. März 1848

30 Hummel (wie Anm. 5), S. 379

31 A IV Bd. 105 Fasz. II Prod. 109, InnM an KM am 3. März 1848

32 Ebd. Prod. 111, KM an König Ludwig I. am 4. März 1848

33 Ebd. Prod. 116, KM an König Ludwig I. am 5. März 1848 mit Kgl. Signat vom 5. März; Xylander (wie Anm. 12), S. 60

34 Calliess (wie Anm. 2), S. 99

35 Ebd., S. 100

36 MKr. 8828 Prod. 94, KdtMünchen an GenKdo I.A.K. am 12. Nov. 1849; G. v. Habermann, Geschichte des Königlich Bayerischen 2. Schweren Reiter-Regiments, Landshut 1891, S. 66

37 Nach Calliess (wie Anm. 2), S. 100 wurde der Generalmarsch zu der Zeit geschlagen, als im Rathaus eine Volksversammlung stattfand; dies habe die Menge zusätzlich provoziert.

38 Hummel (wie Anm. 5), S. 379 f. geht auf die Rolle des Prinzen Karl überhaupt nicht ein!
39 Xylander (wie Anm. 12), S. 61. Als gefährlicher »Kartätschenminister« wird Wrede z. B. von Gollwitzer (wie Anm. 2), S. 710 f. gesehen
40 Calliess (wie Anm. 2), S. 101
41 Xylander (wie Anm. 12), S. 61
42 A IV Bd. 105 Fasz. II Prod. 171, Alarmplan vom 5. März 1848
43 Calliess (wie Anm. 2) S. 101 f.

Der Hörmann-Bericht

König Max II. war von den revolutionären Begleitumständen, unter denen er zur Herrscher-
würde gelangt war, geradezu traumatisch geprägt. So schrieb er am 7. Dezember 1848: »...
Sie wissen, lieber Vater, unter welchen Umständen ich den Thron bestieg, welchen Zustand
der Dinge ich gefunden; der Boden schwankte unter meinen Füßen, alle Bande der Ordnung
waren gelockert.« Nach außen hin trat der leidende König aber fest und bestimmt auf.
Bereits am 6. Mai 1848 hatte er alle Behörden des Reiches, also auch die Armee, gemahnt
im Lande härter durchzugreifen: »... Wo es gilt, Gesetz und Ordnung aufrecht zu halten,
kann nicht länger Langmuth und Nachsicht walten.«[1]
Äußerlich wurde Max II. das Musterbild eines bürgernahen, konstitutionellen Staatsober-
hauptes. Sein Innerstes plagte aber zeitlebens die Furcht, daß ihm von seinem Volke ein
ähnliches oder gar schlimmeres Schicksal bereitet werden könnte wie seinem abgedankten
Vater Ludwig I.. Diese Angst vor einer neuen Revolution bewog König Max II. seine
Armee auf einen Bürgerkrieg vorzubereiten. Rainer Braun stellt fest: »... Allerdings
begnügte er sich auch bei diesem für ihn elementaren Problem in der bekannten Weise mit
theoretischen Erörterungen, unverbindlichen Vorschlägen und der Einsetzung einer Kommission unter Oberst Franz Freiherr Hörmann zu Hörbach 1851. Dieses »Special-Com-
missorium« sollte insbesondere Vorschläge zur Erhöhung der Sicherheit aller Standorte
des Königreiches im Falle von Unruhen unterbreiten.«[2]
Mit dem Ingenieurstabsoffizier Franz Seraphin Hörmann von Hörbach, genannt von
Hörmann (1789 – 1854), einem energischen und bisweilen auch cholerischen Mann, hatte
der König für diese gigantische Aufgabe jemand gefunden, der von seiner Akribie und
Motivation her betrachtet, kaum geeigneter sein konnte. Als gebürtiger Innsbrucker war
Hörmann anno 1810 im Alter von 21 Jahren als Unterleutnant in die bayerische Armee
eingetreten. Er besaß eine reiche Erfahrung im Vermessungswesen und im Festungsbau.
Seit 1840 war Hörmann Vorstand der I. Genie-Direktion in München. 1848 war er zum
Oberst befördert worden.[3]
Obwohl Hörmann selbst dem Milieu einer gebildeten Beamtenfamilie entstammte und
vor seinem Eintritt in die Armee etliche Semester Staatswissenschaften studiert hatte, war
er gegenüber der Zivilverwaltung äußerst negativ eingestellt und forderte aufgrund der
Erfahrungen mit der Ära König Ludwigs I. und den Ereignissen von 1848/49 den
Primat des Militärs im Staate: »... Nur die sich wehren, kommen zu Ehren in dieser Krisis.
– Jene Kreise aber, welche die Bürger, Civilbeamten, Clerisey und Künstler überschät-
zen und verhätscheln, dagegen das Militär stiefmütterlich behandeln, dürfen dann nicht
den revolutionären Umsturzparteien oder feindlicher Waffengewalt, sondern ihren
eigenen, *unklugen, geizigen Hocus-Pocus-Maßregeln der Stände und Ministerien*
zuschreiben, wenn ihre Dynastie aus der Weltgeschichte, ihre Landesintegrität und Name
aus der Landkarte verschwinden und den militärisch mächtigen Staaten zur Beute werden.«[4] So war das erstrebte Ziel Hörmanns die »...*Erhebung des Königreiches Bayern
zu einem Militär-Staate in Süd-Deutschland – gleich jenem von Preußen in Nord-
Deutschland.*«[5]
Der Oberst hatte noch als Student an der Universität Innsbruck den Tiroler Aufstand von
1809 hautnah miterlebt, als junger Offizier war er zur Zeit König Max I. Josephs an der
Niederwerfung von Meutereien in Würzburg, Nancy und Landau in der Pfalz beteiligt
gewesen und noch als Major hatte er an den Straßenkämpfen beim Münchner Bierkrawall
von 1844 teilgenommen. So schrieb er später: »... *Die Zivilbeamten sind meisterhafte
Redner und Schreiber* (...) Ihr *Wahn, Aufstände mit Reden und Proklamationen bekämpfen*

zu können, erzeugt Mangel an einheitlicher und energischer Sicherheitspolizei, wodurch die überraschenden und lawinenartig zugenommenen Aufstände in letzteren Jahren, welche man mit ein paar Salven und einigen Standrechtsvollziehungen so leicht im Keime hätte ersticken können, leider entstanden sind.«[6]

Geradezu besessen von seinem königlichen Auftrag fertigte Hörmann bis zum Frühjahr 1852 komplette Berichte für folgende Garnisonen: – Amberg; – Aschaffenburg; – Augsburg; – Bamberg; – Bayreuth; – Kempten; – Lindau; – Nürnberg; – Schweinfurt; – Würzburg. Hinzu kam der erste Teil des umfangreichen Berichts über München. Diese enorme Leistung binnen nur eines Jahres griff aber die ohnehin durch alte Blessuren angeschlagene Gesundheit Hörmanns stark an. 1853 erlitt der 63jährige zwei Schlaganfälle, die ihn vorübergehend am Sprechen und Schreiben hinderten. Als der Oberst sich wieder besser fühlte, vollendete er die große Münchner Garnisonbeschreibung, zu der noch die Vorpläne für die spätere Max-II-Kaserne und andere Arbeiten gekommen waren. Matt, größerer Menschenhaufen und deren Lärmen unverträglich, wie er selbst schrieb, bat Hörmann im Mai 1854 um einen mehrmonatigen Erholungsurlaub, während dem er dann im August 1854 in seiner Wohnung an der Schönfeldstraße verstarb.

Den ersten Teil des Berichts über München gemäß der königlichen Weisung über die *»Errichtung befestigter Puncte in einzelnen Theilen des Landes, Belegungsfähigkeit der Kasernen«* mußte Oberst von Hörmann am 5. Februar 1852 vorzeitig abschließen, da er ab diesem Zeitpunkt maßgeblich an der Konzeption einer großen Defensivkaserne für München, der nachmaligen Max-II-Kaserne in Neuhausen, beteiligt war. Das Inhaltsverzeichnis des ersten Teilberichts nennt folgende Punkte:

§ 1 Geschichtliche, Statistisch-Topographische Notizen
a) Ursprung, Lage, Größe, Bevölkerung und Eintheilung der Stadt
b) Die Herzoglichen und Königlichen Residenzgebäude
c) Stadtbefestigung, Thore, Brücken, Straßen, Öffentliche Plätze
d) Isar, Wasserleitungen, Brunnen und Kanäle

§ 2 Garnison und deren Unterkunft
a) Stärke der Garnison in ihrem kompletten Friedensfußstande
b) Zustand und Belegungsfähigkeit aller jetzigen (i. e. 1852) Unterkunftsräume

§ 3 Anträge zur Vermehrung der militärischen Etablissements
a) Neue Defensiv-Kasernen und Stallungen
b) Neue defensive Wachthäuser und Bereitschaftslocale

Allein schon dieser Bericht samt seiner Beilagen, stellt in seiner wissenschaftlich exakten Art eine hervorragende Quelle zur Geschichte Münchens im 19. Jahrhundert dar.[7]

Als nächste Studie für die Garnison München lieferte Oberst von Hörmann dann mit Datum vom 27. April 1852 den oben erwähnten Entwurf für eine große Münchner »Defensivkaserne«.[8]

Anschließend nahm der emsige Offizier die Arbeit am eigentlichen Sicherheitsbericht wieder auf. Dieser 2. Teil vom 24. Juli 1853 trägt den Titel: *»Erläuterungen zum Entwurfe der militärischen Dispositionen für die Sicherheit und Verteidigungsfähigkeit der Haupt- und Residenzstadt München behufs Aufrechterhaltung der öffentlichen Ruhe und Ordnung«.* Dieser Teil wurde zudem ergänzt durch einem umfangreichen Anhang mit Verzeichnissen, Statistiken, Einzelschriften und einer Fülle von Karten, Plänen und

Zeichnungen, bei deren Anfertigung der Oberst freilich durch Angehörige seiner Dienststelle unterstützt worden war.[9]

Das Bedrohungsszenario, von dem Hörmann im ersten Teil seiner Studie (1852) ausging, war die Annahme, daß: »... der inländische Pöbel – durch auswärtiges Proletariat verstärkt – bei Tag und Nacht ohne Hindernis in die Stadt eindringen kann auf allen Seiten, theils um die größten Schätze des Staates und des Landes zu plündern, teils um die heillosen Umtriebe der machtlosen Umsturzpartei in Vollzug zu setzen.«[10]

Im der Fortsetzung des Berichts (1853) fügte Hörmann eine recht interessante »Eintheilung der Tumulte in vier Klassen« bei. Als erste und harmloseste Klasse bezeichnet er darin »*Tumulte ohne insurrektionäre politische Tendenz*«, d. h. etwa Studenten- und Handwerkertumulte oder die Münchner Bierkrawalle. Als nächste Kategorie nennt Hörmann »*Politische Tumulte durch demokratische Umtriebe der republikanisch gesinnten Umsturzpartei veranlaßt*«, wie die Märzrevolution von 1848. Die dritte Klasse sind »*Tumulte kommunistischer Tendenz*«. Der Oberst, den man gewiß zur äußersten konservativen Seite rechnen kann, verschließt dabei keineswegs die Augen vor der bitteren Armut vieler Zeitgenossen und fordert zur Vorbeugung nicht nur die »Furcht vor der Waffengewalt« der Armee, sondern auch eine effektive staatliche Sozialpolitik. Als letzte und zugleich gefährlichste Form innerer Unruhen klassifiert Hörmann die »*Tumulte durch Theuerung, Mißwachs und Hungersnoth veranlaßt*«. Versage im Falle einer erneuten landesweiten Hungerkatastrophe, wie sie Bayern 1816/17 heimgesucht hatte, die staatliche Fürsorge, was aber angesichts des herrschenden Wirtschaftsliberalismus zu befürchten sei, so werde das Volk »... fürchterliche, gräßliche Rache und Volksjustiz an den Urhebern ihres namenlosen Elends auszuüben sich berechtigt glauben!«.[11]

Für den Fall, daß eine Sicherheitsgefährdung im Sinne der vier genannten Kategorien drohe, hatte Oberst von Hörmann in der Schrift vom Juli 1853 »Drey Grundsätze für Maßregeln zur Bekämpfung der Tumulte« entwickelt. Als ersten Grundsatz nennt er eine nachrichtendienstliche »Erforschung der Ursachen von Unzufriedenheit in den Volksklassen, ihrer Vorbereitungen zu Aufständen, der Emissäre und Zuzüge auswärtiger Unruhestifter« in Zusammenarbeit der Armee mit öffentlichen und geheimen Polizeikräften. Der zweite Grundsatz bringt Hörmann schon in ernste Kollision mit der bayerischen Verfassung von 1818 (Tit. IX 6), denn er fordert nichts weniger als das uneingeschränkte Recht der lokalen Militärkommandeure im Bedarfsfall auf eigene Faust das Kriegsrecht verhängen zu dürfen. Hier hat sich Hörmann gewiß am preußischen Erlaß über den Belagerungszustand von 1851 orientiert. Der sogenannte dritte Grundsatz ist ein ganzes Maßnahmenprogramm,[12] vor dessen Erörterung ein Blick zurück auf den ersten Teil des Hörmann-Berichts vom Jahr 1852 zu werfen ist:

Die Garnison München hatte bei vollständiger Mobilmachung gemäß der Armeeformation vom Herbst 1851 die respektable Stärke von 14 923 Soldaten und 3805 Pferden, eingerechnet die Militärbeamten und die sog. »nichtstreitbaren Abteilungen« (Sanitäter, Ouvriers und Garnisonkompanie). Tatsächlich konnten aber in den vom Militär genutzten Gebäuden bei engster Belegung lediglich 7850 Soldaten und 1700 Pferde untergebracht werden. Für eine Mobilisierung der Armee gegen eine äußeren Gegner war dieser Platzmangel schon nachteilig, bei einem Einsatz der Armee in der Stadt selbst, der die Einquartierung in Bürgerquartieren unmöglich machte, aber fatal. Oberst von Hörmann hielt im Frühjahr 1852 für eine erfolgreiche Sicherung Münchens eine Truppenstärke von 12 000 Soldaten mit 3000 Pferden für notwendig, wobei er von einem »Streitbaren« auf jeweils zwölf Zivilisten ausging. Folglich forderte Hörmann als Kern aller Maßnahmen den Bau neuer Kasernen mit einer Kapazität für 4150 Mann und 1300 Pferde.[13]

Dislozierung der Garnison im Alarmfall (nach dem Plan von 1852)
Innenstadtbereich :   4000 Mann 1000 Pferde 32 Geschütze
Umgebung   8000 Mann 2000 Pferde 72 Geschütze
– im Südosten :   3340 Mann   440 Pferde 8 Geschütze
– im Nordwesten: 2050 Mann 1000 Pferde 32 Geschütze
davon in »Defensivkasernen«
Südostperipherie :   2300 Mann   300 Pferde 8 Geschütze
Nordwestperipherie: 1850 Mann 1000 Pferde 32 Geschütze

a) Planung für den Innenstadtbereich (1852)
Die eng verbaute Münchner Altstadt, d.h. der innere Bereich der Festung des 17. Jahrhunderts und die seit Schleifung der Festungswerke erfolgte Bebauung des ehemaligen Wallbereiches und des Glacis behagten Hörmann überhaupt nicht: »… Alle öffentlichen Plätze – mit Ausnahme des Maximilians-Platzes, sowie der langen und breiten Ludwigstraße – bieten keinen Raum für größere Truppenaufstellungen oder zur Rettung von Gegenständen bei Feuersgefahr.«[14]
Dementsprechend sah Hörmann für den Innenstadtbereich auch nur relativ geringe Kräfte vor, nämlich drei Bataillone Infanterie (3000 Mann), drei Eskadronen Kavallerie (450 Reiter) und vier Batterien (550 Artilleristen mit ebensovielen Pferden). Dieser Besatzung standen bereits genügend Truppenunterkünfte zur Verfügung: drei Kasernen (Hofgarten, Seidenhaus, Kosttor), sieben ständig besetzte Wachlokale (Residenz, Hauptwache, Herzog-Max-Burg, Max-Tor, Karlstor, Sendlinger Tor, Feuerpikett am Anger) und fünf vorbereitete »Bereitschaftslokale« (Kommandantschaftsgebäude, Zeughaus, Provianthaus, Dechanthof, Leinwandkeller im Tal).
Im Alarmfall sollten in der inneren Stadt zusätzlich durch Truppenabteilungen gesichert werden: das Prinz-Carl-Palais, die Ministerien im ehemaligen Theatinerkloster, das Nationaltheater, das Postgebäude, die Münze, der Alte Hof, die Regierung von Oberbayern im alten Landschaftshaus am Marienplatz, die Polizeidirektion in der Weinstraße, das Justizministerium im ehemaligen Augustinerkloster, das ehemalige Jesuitenkolleg, das städtische Zeughaus und das Monturdepot am Anger. Hörmann bezeichnete diese Gebäude als »*Hauptverteidigungs-Punkte*«.
Betrachtet man diese Stützpunkte auf einem Stadtplan, so ist ersichtlich, daß die militärischen Kräfte im alten Stadtkern bei Hörmann relativ zersplittert eingesetzt werden sollten, jedoch geschützt in starken Gebäuden. Diese Schutzwirkung gedachte er noch zu steigern, durch den Bau zusätzlicher »*defensiver Wacht- und Breitschaftslokale*«. Solche Defensivposten, die im Krisenfall durch je eine Infanteriekompanie besetzt werden sollten, plante Hörmann für das alte Residenztheater (»Cuviellestheater«), in den schon erwähnten Komplexen des Jesuitenkollegs und des Monturdepots sowie – ganz wichtig im Falle von Hungertumulten – bei der neuen Schrannenhalle. Hinzu kam der Plan, einen Teil der mittelalterlichen Stadttore, nämlich das Karlstor, das Sendlinger Tor, das Angertor und das Isartor, ebenfalls als feste Stützpunkte einzurichten.

b) Plan für die südostwärtige Umgebung der Stadt (1852)
In diesem Raum befanden sich die St. Anna-Vorstadt (Lehel), die Isarvorstadt, die Gemeinden Haidhausen, Au und Giesing, sowie in einiger Entfernung das Pulvermagazin zu Grünwald. Von erheblicher Bedeutung waren in diesem Raum natürlich die vier Isarbrücken. Auch maß Hörmann der Gasfabrik in der Isarvorstadt einigen Wert zu. Die Garnison verfügte auch in diesem Bereich traditionell über eine Reihe von Liegenschaften:

Alte Isarkaserne, Neue Isarkaserne, Lehel-Kaserne. Ständig besetzte Wachtlokale waren auf der Isarinsel, im Militärholzgarten, im Militärkrankenhaus und in den Zeughauswerkstätten bereits eingerichtet.

Hörmann sah hier zusätzlich eine gewichtige Verstärkung der militärischen Präsenz vor. Ihr Kernstück sollte eine große *»Defensivkaserne«* auf dem Gasteig sein. Mit einer Besatzung von zwei Infanteriebataillonen (2000 Mann), einer Batterie (150 Mann mit 8 Geschützen und 150 Pferden) und einer Eskadron Kürassiere (150 Berittene) war ihre Aufgabe die Beherrschung der Isarübergänge und der bevölkerungsstarken Quartiere links und rechts der Isar.

Jede der vier Isarbrücken sollte ein widerstandsfähiges »Wachtgebäude« erhalten für jeweils eine komplette Kompanie Infanterie (200 Mann) und einen Zug Kavallerie (35 Mann). Dazu kamen zwei »Blockhäuser« für jeweils 50 Infanteristen zur Sicherung der Gasfabrik und der Ausbau der Zeughaus-Filialwerkstätten.

c) Plan für die nordwestliche Umgebung der Stadt (1852)

Hier befanden sich zahlreiche wichtige Objekte: das Wittelsbacher Palais, die beiden Pinakotheken, die Glyptothek, die Hof- und Staatsbibliothek mit dem Reichsarchiv, die Universität, der Bahnhof und weiter außerhalb die Königsschlösser Nymphenburg und Grünwald.

Die Garnison war hier präsent mit der Türkenkaserne, dem Zündhütchenlaboratorium, dem Kriegsministerium, dem Kadettenkorps, der Salzstadelkaserne, den Anlagen auf dem Oberwiesenfeld, dem Pulvermagazin bei Milbertshofen und einer Abteilung in Nymphenburg. Eine ständige Wache befand sich zudem beim Siegestor.

Hörmann plante eine deutlich kleinere *Defensivkaserne* als jene für den Gasteig an der Landsberger Straße, zwischen dem Allgemeinen Krankenhaus und der Theresienwiese. Sie sollte ein Bataillon Infanterie (1000 Mann) und eine Batterie (130 Mann mit 8 Geschützen und 170 Pferden) aufnehmen. Eine weitere, recht kleine aber sehr feuerstarke, *Defensivkaserne* war für das Oberwiesenfeld, vor allem zum Schutz des Artilleriedepots, vorgesehen. Sie war für drei Batterien (570 Mann mit 24 Geschützen und 680 Pferden) und eine Eskadron (150 Berittene) konzipiert. Außerdem sollten rund um den Bahnhof fünf »Blockhäuser« für jeweils 40 Infanteristen gebaut werden.

Modifikationen der Hörmann'schen Planung im Jahr 1853

Betrachtet man wieder den 2. Teil des Sicherheitsberichts für München vom Sommer 1853, so wird man bei genauerem Studium etliche Veränderungen zum Plan von 1852 finden. Auch jetzt geht Hörmann von einer Truppenstärke von 12 000 Mann aus, jedoch mit verbesserter Führungsfähigkeit und in einer anderen Truppeneinteilung.

Nun sieht der Hörmann-Plan vor, automatisch mit der Verkündung des Belagerungs-Zustandes für München einen in die Residenz einziehenden *»Gouverneur«* die unbeschränkte Gewalt (Standrecht!) im Burgfrieden der Stadt zu übertragen. Für diesen Posten ist der jeweilige Kommandeur des Geniekorps (!) eingeplant; ob der Genieoffizier Hörmann sich selbst schon als ranghöchsten bayerischen Pionier auf dieser Kommandostelle sah, sei dahingestellt. Hörmann schreibt jedenfalls: »... Seine Majestät der König in Begleitung Seiner Königlichen Hoheit des Feldmarschalls Prinz Carl und des Kriegsministers mit ihrer Suite soll von Nymphenburg aus die allerhöchsten Befehle für München und das ganze Königreich erlassen, und bei zunehmender Gefahr nach der Landesfestung Ingolstadt sich begeben, *den Gouverneur allein recht brav schalten und walten lassen.*«[15]

430

Dem Militärgouverneur unterstehen drei Abschnittskommandeure: Das Kommando im Bereich Altstadt führt der Stadtkommandant von seinem Kommandantschaftsgebäude aus; das Kommando im Bereich Vorstädte führt der Kommandeur der 1. Division von der Neuen Isarkaserne aus, unterstützt durch die Kommandeure seiner beiden Infanteriebrigaden, die von der Türkenkaserne bzw. der Hofgartenkaserne aus ihre Truppen leiten; das Kommando im Bereich der Umgebung der Stadt führt selbständig der Kommandeur der Kavalleriebrigade (evtl. zusammen mit einem General der Artillerie) von Nymphenburg aus.

Im Gegensatz zu seinem ersten Plan sieht Hörmann nun nur noch eine einzige große Defensivkaserne beim Oberwiesenfeld vor, in der sich das Gros der Artillerie bereithält. Er folgt damit einer Weisung des Generalquartiermeisters der Armee Generalmajor von der Mark vom 6. Februar 1852.[16]

Eine weitere Veränderung zeigt sich bei den Einsatzgrundsätzen. Hörmann reduziert die Zahl der zum Kampf in der Altstadt vorgesehenen Kürassiere und Geschützbedienungen deutlich und sieht nun stattdessen einen starken hochbeweglichen Großverband aus Kürassieren und Reitender Artillerie zur Abriegelung der Stadt vor. Anstelle von 22 neu in der Stadt bzw. den Vorstädten zu errichtenden Bereitschaftsposten für Infanterie sind nur noch 15 derartige Gebäude eingeplant. Den eigentlichen Kampf gegen die Aufständischen soll nämlich gemäß der veränderten Planung vor allem eine systematisch aus der Defensivkaserne vorrückende Fußartillerie durch schwerstes Feuer führen.

Sonstige Vorschläge

Zur friedensmäßigen Vorbereitung der Garnison auf innere Unruhen hielt Hörmann im Jahr 1853 einen umfangreichen Maßnahmenkatalog bereit.

Gemäß seiner These, daß »… die Beaufsichtigung und der Schutz der Stadt nur durch viele Wachtposten und Bereitschaftslokale erzielt werden kann.«[17] forderte Hörmann, wie schon in seiner Studie vom Februar 1852, zu den schon bestehenden siebzehn Wachen und fünf Bereitschaftslokalen die Einrichtung weiterer Wachen in bestimmten öffentlichen Gebäuden, wie dem Alten Hof, dem Wilhelminum und der Universität, sowie den Bau einer ganzen Reihe von Defensivposten. Anstelle der zunächst vorgesehenen großen Defensivkaserne auf dem Gasteig begnügte sich Hörmann nun mit einem wesentlich kleineren Sperrfort am Gasteig. Dafür schlug er als Neuerung den Bau eines Defensiv-Wachtgebäudes inmitten der gerade im Entstehen begriffenen *Maximilianstraße* vor. Dieser Turm sollte drei Offiziere, hundert Infanteristen und zwanzig Artilleristen mit zwei leichten Geschützen aufnehmen können. Die Stärke des gewöhnlichen Wachdienstes sollte von rund 600 Soldaten auf 1100 Soldaten erhöht und bei den geringsten Anzeichen von Unruhe in der Stadt binnen weniger Stunden auf mehr als 3400 Soldaten gesteigert werden.[18]

Um bei plötzlichem Aufruhr die Funktionsfähigkeit der Stäbe aufrecht erhalten zu können, forderte Hörmann, möglichst viele militärische Dienststellen in wenigen, gut gesicherten öffentlichen Gebäuden zu konzentrieren. Die Familien der Offiziere und Militärbeamten sollten möglichst in Kasernenarealen oder zumindest in nächster Umgebung von Kasernen wohnen.[19]

Auch die modernen *Verkehrs- und Kommunikationsmittel* der damaligen Zeit wurden berücksichtigt. Hellsichtig warnte der Ingenieur Hörmann mehr als ein Jahrzehnt vor dem Debakel des Jahres 1866 vor den Gefahren, die künftig auch einem Flächenstaat wie dem Königreich Bayern durch Eisenbahnaufmarsch und Telegraphennachrichtenverbindung eines Gegners drohten. Die Reaktionszeit der Armee habe sich gegenüber der vormaligen

Epoche auf ein Viertel verkürzt. Dementsprechend forderte Hörmann ein besonderes Augenmerk auf die Streckenführung der Eisenbahn, die Sicherung der Bahnhöfe und Postanstalten, sowie ausreichende Bevorratung an Marschverpflegung und Wiedereinrichtung militäreigener Bäckereien und Metzgereien bereits im Frieden zu richten, welches sich auch bei Mißernten und inneren Unruhen bewähren würde.[20]

Einen kulturhistorisch interessanten Beitrag liefert der Oberst auch mit seinen umfangreichen Bemerkungen zum *Feuerschutzwesen*. So fertigte er in seiner Freizeit (!) sogar einen »Dachschindelplan« der Stadt München an, aus dem jedes einzelne ganz oder teilweise mit den höchst feuergefährlichen hölzernen Dachschindeln gedeckte Haus ersichtlich ist – es war erstaunlicherweise noch um die Mitte des 19. Jahrhunderts jedes sechste Gebäude! Der Ingenieur forderte eine wesentlich verbesserte Wasserversorgung der Stadt durch zusätzliche Brunnen, Zisternen und Rohrleitungen und eine Berufsfeuerwehr. Letztere sollte nach dem Vorbild der Pariser Feuerwehr als ein Elitebataillon der Genietruppe mit einer Präsenzstärke von 400 Soldaten formiert werden.[21]

Hörmanns Plan war umfassend, aber äußerst aufwendig. In der Fassung vom 24. Juli 1853 bezifferte der Oberst die Gesamtkosten, freilich den Bau einer neuen großen Kaserne miteingeschlossen, auf drei Millionen Gulden.[22] Der Plan wurde deshalb schon aus Kostengründen nie realisiert, zumal er – wie im folgenden Abschnitt ersichtlich ist – auch auf die sachliche Kritik des Generalquartiermeisterstabes stieß. Dennoch blieben Hörmanns Ideen im Kopfe des Königs lebendig und manifestierten sich schließlich doch in der Konzeption der Max-II-Kaserne.

Anmerkungen

1 Beide Zitate nach K. J. Hummel, München in der Revolution von 1848/49, München 1987, S. 239
2 R. Braun, Der König und die Armee, in: König Maximilian II. von Bayern 1848 – 1864. Hg. vom Haus der Bayerischen Geschichte, Rosenheim 1988, S. 163 – 174, zit. S. 171
3 OP 78722 (Hörmann von Hörbach, gen. v. Hörmann, Franz Seraphin Thomas Maria) und J. Klarmann, Offiziers-Stammliste des Bayerischen Ingenieur-Corps 1744 – 1849, München 1896, S. 42 f.: Geboren am 7. März 1789 in Innsbruck als siebtes Kind des K. K. Vizefiskal und späteren K. B. Appellationsrates Dr. iur. utr. Ignatz von Hörmann und der Josepha von Brunner. Die Geschwister: Joseph v. Hörmann wurde später Präsident des K. B. Appellationsgerichts des Isarkreises; Anna heiratete den K. K. Landrichter Joseph Peter v. Unterrichter zu Kaltern (Tirol); Ignatz wurde K. K. Amtsphysikus in Bozen; Anton wurde K. B. Landrichter in Karlstadt am Main; Kreszentia heiratete den K. K. Rechnungsrat Joseph Unterrichter (!); Theresia heiratete den K. K. Landrichter zu Bregenz Leopold v. Lutteroti; Johanna blieb ledig.
Franz von Hörmann selbst heiratete 1828 als Hauptmann Wilhelmine Bayl († 1873 in München), Tochter des pensionierten Stadtrichters von Eichstätt. Aus dieser Ehe gingen drei Söhne hervor: der Hauptmann a. D. Baptist H. (1829 – 1883), der Hauptmann Ludwig v. H. (1832 – 1870) und der Oberleutnant a. D. und spätere Reichsbeamte in Straßburg Friedrich v. H. (1840 – 1906).
Militärische Laufbahn: 1810 als Unterleutnant in Tirol; 1811/12 Dienst in München; 1813 als Oberleutnant in der Festung Forchheim; 1815/18 beim Besatzungsheer in Frankreich; 1824 als Hauptmann in Ulm, dann in der Festung Wülzburg; 1828 auf der Willibaldsburg in Eichstätt; 1830/40 bei der 5. Genie-Direktion in Landau (Pfalz), ab 1834 als Major deren Vorstand; 1840 versetzt nach München.
Aus dem OP wird Hörmanns cholerischer Zug durchaus ersichtlich: subordinationswidriges Verhalten gegen einen Festungskommandanten (1827), »eigenwillige Behandlungsweise« von Arbeitern (1835), »überspannte Art und Raisonnement« (1836), »undienstliche Berichterstattung und höchst ungeeignete Schreibart« (1842), ungebührliches Benehmen gegen Untergebene (1850). Möglicherweise war Hörmanns heftige Art auch eine Folge seiner zahlreichen Dienstunfälle (1810, 1814, 1815, 1827, 1830, 1834).
4 C-7, II. Teil vom 24. Juli 1853, S. 62
5 Ebd., S. 133
6 Ebd., S. 2 bzw. S. 26, zit. S. 27 f.

7 C-7, hier: Errichtung befestigter Puncte in einzelnen Theilen des Landes, Belegungsfähigkeit der Kasernen; ad XI.: Wegen Allerhöchster Anordnung einer Special-Commission unvollendeter und am 5ten Februar 1852 abgeschlossener Commissoriums-Bericht München, gez. Ing. Oberst Franz v. Hoermann

8 Siehe den Abschnitt »Max-II-Kaserne«

9 C-7, II. Teil vom 24. Juli 1853

10 C-7, I. Teil vom 5. Februar 1852, S. 28

11 C-7, II. Teil vom 24. Juli 1853, S. 2 – 21, zit. S. 21

12 Ebd., S. 24 – 30

13 C-7, I. Teil vom 5. Februar 1852, S. 27 – 30

14 Ebd., S. 21

15 C-7, II. Teil vom 24. Juli 1853, S. 39

16 MKr. 8933 Prod. 12, GenQuartiermeisterstab an KM am 27. Feb. 1853

17 C-7, II. Teil, S. 32

18 C-7, II. Teil (Anhang: 14 Belege), hier: Nr. 3: Verzeichnis der schon bestehenden bzw. neu einzurichtenden Wacht- und Bereitschaftslokale vom 31. Mai 1853

19 C-7, II. Teil, S. 53 – 62

20 Ebd., S. 50 ff., S. 64 ff.

21 Ebd., S. 77 – 108, insb. S. 87

22 Ebd., S. 124

Pläne zum Schutz der Residenzstadt ab dem Jahr 1858

Nach dem Tode des Oberst Franz v.Hörmann und den zunehmenden internationalen Spannungen ab dem Jahr 1854 gerieten die Pläne zum Schutz der Haupt- und Residenzstadt für einige Zeit in Vergessenheit. Der Nachfolger des Stadtkommandanten v. Lüder, Generalleutnant Maximilian Ritter v. Feder beantragte bezeichnenderweise nur drei Tage nach seinem Amtsantritt im Januar 1858 beim Kriegsministerium die Aufhebung zahlreicher Vorsichtsmaßnahmen der Garnison gegen innere Unruhen. So lag seit dem Herbst 1848 eine Alarmkompanie im ehemaligen Dechanthof der Frauenkirche in Bereitschaft, patrouillierten ständig kleinere Infanterietrupps durch die Straßen und an den Stadttoren waren immer noch Militärwachen postiert. Nach Auffassung der Kommandantschaft waren aber keine Unruhen zu befürchten. Sollte es aber zu Tumulten kommen, so seien die vielen verstreut liegenden Wachlokale mit ihrer geringen Mannschaftsstärke und den jungen, unerfahrenen Wachkommandanten von keinerlei Nutzen, sondern vielmehr wehrlos etwaigen Angriffen eines zahlenmäßig weit überlegenen Mobs ausgeliefert. Diese Kräfte sollten deshalb lieber auf der Hauptwache, in der Residenz und in den Kasernen stationiert werden. Diese Auffassung wurde vom Kriegsminister voll geteilt und bald darauf die Bereitschaft im Dechanthof und mehrere Wachposten eingezogen.[1] Am 30. Januar 1858 diktierte König Max II. seinem Sekretär dann aber folgenden Brief:

»… Herr Kriegs Minister Generalmajor von Manz!

Durch das jüngste Attentat auf Seine Majestät den Kaiser der Franzosen [am 14. Jan. 1858] veranlaßt, habe Ich an Mein Staats Ministerium des Innern die Weisung erlassen, *einen Operationsplan zu entwerfen, nach welchen gegen eine eventuelle Erhebung der Umsturzpartei verfahren werden könnte,* falls die Wiederholung eines solchen Attentats, was Gott verhüten wolle, den Tod des Kaisers und den Ausbruch von Unruhen nicht nur in Frankreich, sondern auch in Deutschland zur Folge hätte. Die Maßregeln berühren aber eben so sehr das Ressort des Kriegsministeriums. (…) Insbesonders werden die Stadtkommandanten und die Kommandanten selbständiger Militär-Abteilungen für solche Fälle mit klaren, durchgreifenden und ausreichenden Instruktionen zu versehen seyn, um *jeden Versuch einer Erhebung sogleich im Keime zu ersticken.* Dasselbe gilt in noch weit höhren Maße von der Hauptstadt selbst.«[2]

Nachdem der König auf die seiner Ansicht nach unzweckmäßige Dislozierung der Artillerie eingegangen ist, insbesonders auf die schlechte Bausituation der Seidenhauskaserne (s. d.), fährt er in dem gleichen Brief fort:

»…*Außerdem fehlt es in München an einem ein für allemal fixierten Versammlungspunkte (: wie in Wien das Arsenal:), von wo aus man die Stadt beherrschen, behaupten und die militärischen Operationen leiten könnte.* Da der Bau einer neuen Kaserne dahier ohnedieß unabweislich geworden ist, so könnte man vielleicht damit auch den letzt genannten Zweck verbinden und diese Kaserne an einem geeigneten Platze als befestigte erbauen, sodaß sie mithin auch zur Aufnahme von Artillerie-Abteilungen geeigenschaftet wäre. Vielleicht aber wäre es vorzuziehen, eine solche Kaserne in der Stadt zu bauen und ein kleines Fort auf eine dieselbe beherrschende Anhöhe zu verlegen, etwa auf den Gasteig oberhalb des künftigen Maximilianeums-Gebäudes, worüber sich von *Ingenieur Oberst von Hörmann seinerzeit ausgearbeitete Detail-Vorschläge* vorfinden müssen. Ich wünsche, daß Sie diese Punkte sorgfältig ins Auge fassen und mir in möglichster Bälde darüber Vortrag erstatten.«

Außerdem befahl Max II. am 31. Januar, daß die Wachen an den Münchner Stadttoren, mit Ausnahme der aus baulichen Gründen eingezogenen Wache am Karlstor, »…*des moralischen Eindruckes wegen*« weiter besetzt bleiben mußten.[3]

Kriegsminister v. Manz antwortete dem König am 12. März 1858 mit einem relativ knappen Brief. Darin betonte er, daß München und Nürnberg im Falle innerer Unruhen im rechtsrheinischen Bayern die entscheidenden Plätze seien. Da solche Krisensituationen naturgemäß plötzlich aufträten, stünden und fielen diese Zentralorte durch die Führungs-fähigkeit der jeweiligen Stadtkommandanten. Hierzu müßten also stets besonders energi-sche Persönlichkeiten ernannt werden. Ansonsten komme es darauf an, beim geringsten Anzeichen einer ernsthaften innenpolitischen Krise unverzüglich die Beurlaubten und die Assentiert-Unmontierten der betroffenen Garnison einzuberufen. Auf die »beritten zu machende Mannschaft« der Reserve, müsse man jedoch verzichten, da für sie keine Pferde bereitgestellt werden könnten. Für den taktischen Einsatz seien vor allem »Mobile Kolonnen«, gemischt aus allen drei Hauptwaffengattungen (Infanterie, Kavallerie und Artillerie) geeignet.[4]

König Max II. billigte grundsätzlich die Ausführungen des Kriegsministeriums, jedoch waren sie ihm, seiner methodisch-vorsichtigen Natur entsprechend, zu wenig detailliert. Max II. wollte gewissermaßen für den Tag X gewappnet sein und wünschte »... jene Arbeiten in Angriff zu nehmen, welche, ohne Aufsehen zu erregen, zu vorstehenden Zwecke schon jetzt vorbereitet werden können.« Insbesonders sei vom Generalquartier-meisterstab ein Gutachten zu verfassen, »... ob man nicht im Voraus *strategische Pläne für die Besetzung jeder wichtigeren Stadt* jetzt schon entwerfen sollte.«[5]

Gutachten des Generalquartiermeisters v. d. Mark vom Frühjahr 1858

Der bayerische Generalstabschef v. d. Mark kam dem Wunsch des Königs unverzüglich nach und legte bereits nach wenigen Tagen ein entsprechendes Gutachten vor.[6] Darin stellte er zunächst nüchtern die Bindung des Heeres an Recht und Gesetz heraus: »... Da die thätige Verwendung der Militärmacht nur mit Erlaubniß der Zivilbehörde nach vorge-schriebenen Formen geschehen darf, und der Commandant nicht befugt ist, den Kriegs- oder Belagerungszustand eintreten zu lassen, so helfen auch militärischer Seite gegebene Instructionen nichts, wenn sie nicht mit den königlichen Stellen oder in deren Ermangelung mit den Magistraten der Städte und Orte vorher vereinbart sind.« Indirekt deutete der Generalquartiermeister damit aber sein Mißtrauen gegenüber diesen Zivilstellen an und gab zwischen den Zeilen zu verstehen, es sei besser, die Magistrate über etwaige Einsatz-optionen der Garnisonen im unklaren zu lassen. In diesem Zusammenhang sprach sich v. d. Mark ganz offen gegen die Einplanung der Landwehr im Kampfeinsatz bei inneren Unruhen aus und schlug vor, die Landwehr »in ernsten Augenblicken« sofort zu ent-waffnen.[7] An die Stelle der Landwehrmänner (»... *sind doch zu viel demokratische Elemente im großen Haufen«*) sollten die Reservisten des Linienmilitärs treten. Es sei besser, sie sehr frühzeitig in ihre Garnisonen einzuberufen und sie dort strengster Disziplin zu unterwerfen, »... als wenn sie in ihrer Heimath den Aufwiegelungen von schlechten Emissären und *den dreisten und tollen Redensarten der unvernünftigen Mehrheit des Volkes* ausgesetzt bleiben.« Bezüglich des rein militärischen Einsatzes der Truppen bei inneren Unruhen teilte der Generalstab die Auffassung des Kriegsministeriums, daß eine agressive, bewegliche Operationsführung im Gefecht verbundener Waffen einem vorwie-gend statischen Ausharren kleiner Abteilungen in Defensivposten vorzuziehen sei. Ohne den Namen des verstorbenen Obersten v. Hörmann zu erwähnen, übte v. d. Mark Kritik an dessen Plan, wenn er sich gegen die Absicht aussprach »... jedes militärische oder sonst königlichen Stellen gehörende Lokal besetzen zu wollen.« So könne die Funktion Mün-chens als Haupt- und Residenzstadt auch dann erhalten werden, wenn man die militärische

Sicherung auf ihren Nordteil (Kreuzviertel und Graggenauer Viertel der Altstadt, Max-Vorstadt und St. Anna-Vorstadt) mit der Residenz, den Ministerien und den Kasernen beschränkte und den Rest der Stadt vorübergehend den Aufständischen überließe.

Denkschrift des Kriegsministers v. Manz (1858)

König Max II. war aber noch immer für den Hörmann-Plan eingenommen. Er wollte lieber reagieren statt agieren und betrachtete Defensivkasernen als Eckpfeiler bei einer etwaigen Verteidigung der Städte. Am 21. April 1858 legte Kriegsminister v. Manz, nach einer nachdrücklichen Erinnerung durch den König an diesen Gegenstand,[8] ein Gutachten für die »Maßregeln zur Erhaltung der Ruhe und gesetzlichen Ordnung im Königreiche, hier insbesondere die Unterkunft und Vertheilung der bewaffneten Macht und des Kriegsmaterials in der Hauptstadt« vor.[9]

Darin verwies Manz auf die hohe Bedeutung des vom König geschaffenen neuen Boulevards, d. h. der Maximilianstraße. Es trete nunmehr einem »... *schnellen Ausrücken der Truppe gegen den strategisch wichtigsten Punkt der Stadt, d. i. die Königliche Residenz und deren Umgebung, kein Hinderniß mehr entgegen, da durch die auch in militärischer Beziehung so günstige Anlage der neuen Maximilians-Straße nunmehr von der Königlichen Residenz eine ganz directe und weitgeöffnete Verbindung mit dem linken Isar-Ufer hergestellt ist, auf welcher mit Benützung der sogenannten Floßstraße* [heute: Steinsdorfstraße] *die Entwicklung der Truppen aus den dort befindlichen Kasernen in der gedachten Richtung stets ungestört wird stattfinden können.*«

Manz schlug vor, den Max-Joseph-Platz vor dem Königsbau der Residenz zu einem Glacis mit weitem Schußfeld zu gestalten und hierzu die Häuser zwischen der Theatinerstraße und der Residenzstraße von der Perusagasse ab nach Norden bis auf die Höhe des ludovicianischen Königsbaues abzureißen, »... *daß derselbe nur von wenigen Privatgebäuden, und zwar solchen begrenzt wird, welche Rebellen keine Aufnahme gestatten würden*«. Zwischen der Promenadegasse (heutige Kardinal-Faulhaber-Straße) und der Theatinerstraße wollte der Kriegsminister eine Bresche in den geschlossen bebauten Häuserblock schlagen, um so die Prannergasse zur Residenz weiterzuführen. Außerdem wollte Manz den gesamten Häuserblock zwischen der Perusagasse im Norden und der Schrammergasse im Süden demolieren und auf der dadurch freiwerdenden Fläche eine *Defensivkaserne* errichten. Sie sollte das Infanterie-Leib-Regiment aufnehmen und dadurch die Räumung der ungesunden Kasernen im Hofgarten ermöglichen, die wiederum als Zeughauskomplex vorgesehen waren, um so der Nordostflanke der Residenz weiterhin eine militärische Deckung zu gewähren.

Dem Kriegsminister stand bei diesen rigorosen Eingriffen in die organisch gewachsene Bebauung des Kreuzviertels und vor allem des Graggenauer Viertels ein taktisches Konzept vor Augen. Er sah zwei militärische Konzentrationspunkte der Garnison vorgegeben, nämlich den Komplex der Isarkasernen an der südostwärtigen Peripherie der Hauptstadt und die Türkenkaserne am nordwestlichen Stadtrand. Im ersteren Bereich schlug Manz vor, die Alte Isarkaserne auf der Flußinsel aufzugeben und dem dort untergebrachten 3. (reitenden) Artillerie-Regiment »Königin« eine neue Kaserne am Ostufer der Isar direkt gegenüber der Kürassierkaserne zu bauen. Er hielt die Isarinsel nämlich für eine Art Falle, sofern es Aufständischen aus den Vorstädten beiderseits des Flusses gelänge, die Ludwigsbrücke in einem Handstreich zu nehmen. Dabei war es aber eine Hauptaufgabe der Garnison »... *stets Meister der Position an den Hauptbrücken zu bleiben, welche vorzugsweise den Übergang aus der Vorstadt Au nach der Stadt vermit-*

teln.« Die militärische Position in der Max-Vorstadt wollte Manz verstärken durch eine Erweiterung der Türkenkaserne für die Infanterie und eine neue Kaserne für das 1. Artillerie-Regiment »Prinz Luitpold« (als Ersatz für die Lehelkaserne und das Seidenhaus) auf der Westseite der Alten Pinakothek im Geviert zwischen Luisenstraße und Arcisstraße bzw. Gabelsberger- und Theresienstraße, d. h. auf dem Areal des heutigen Hauptgebäudes der Technischen Universität, das damals noch weitgehend unbebaut war. Zwischen den beiden Kasernenschwerpunkten befand sich der Max-Joseph-Platz, nach Manz der wichtigste Punkt der ganzen Haupt- und Residenzstadt. Im Falle innerer Unruhen sollten die Truppen von beiden Flankenpositionen aus schnell zum Zentrum vorrücken oder auf einer Achse vom Maximiliansplatz über den Max-Joseph-Platz und die Maximilianstraße zwischen Max-Vorstadt und Isar verschoben werden können. Für diesen Zweck wollte der Kriegsminister nötigenfalls sogar einen städtebaulichen Hauptcharakterzug des neuen Maximilians-Boulevards opfern. Sollte nämlich der Bau der obengenannten Defensivkaserne bei der Perusagasse nicht möglich sein, etwa aus Kostengründen, so zog Manz die Möglichkeit in Betracht, hinter dem Nationaltheater an der Stelle des vormaligen Zeughauses diese Kaserne zu errichten und somit wieder jenen militärischen Kontrollriegel zu schaffen, den man eben erst bei Anlage der Maximilianstraße beseitigt hatte.

Wie aber stand es mit dem Projekt der großen Hörmannschen Defensivkaserne bei Neuhausen?[10] Kriegsminister v. Manz lehnte diese Idee rundweg ab: »... Das entscheidendste Motiv für die Wahl des Platzes bey Oberwiesenfeld [war] (...) sich gänzlich aus der Stadt zurückzuziehen beziehungsweise diese bis auf weiteres gänzlich aufgeben zu müssen. Dieser extremste und unter den glücklicherweise in Bayern bestehenden Zuständen, denen zufolge nicht wohl anzunehmen ist, daß die Herrschaft in der Hauptstadt je in die Hände einer kleinen Minorität von Demokraten gelangen werde, und auch höchst unwahrscheinliche Fall möchte nun aber für sich allein den Aufwand für einen so ausgedehnten, in friedlichen und ruhigen Zeiten keinen verhältnismäßigen Nutzen gewährenden Bau an der fraglichen Stelle nicht genügend rechtfertigen.« Außerdem sei das Oberwiesenfeld für einen Gegenangriff der Armee auf das im Aufstand begriffene München zu weit abgelegen. Die Inkonsequenz der Manzschen Argumentation ist höchst auffällig. Den Bau der Defensivkaserne auf dem Oberwiesenfeld hielt der Minister für zu aufwendig, von den Kosten für die Umgestaltung der Altstadt, der mehr als drei Dutzend Privatgebäude hätten geopfert werden müssen, und seinen eigenen Kasernenprojekten sprach er aber wohlweislich nicht. Zu bemerken ist allerdings, daß dann ab Frühjahr 1858 doch am Projekt einer kleinen Defensivkaserne gearbeitet wurde und zwar für ein Jäger-Bataillon am Rande des Marsfeldes. Dieses Vorhaben wurde dann Anfang 1860 wegen der Nachbarschaft einer Chemiefabrik gestoppt.[11]

Es darf jedoch keineswegs verkannt werden, daß der Kriegsminister mit seinen Vorschlägen ein in sich geschlossenes Gesamtkonzept für eine künftige Gestaltung der Münchner Garnison präsentierte, das nicht nur Sicherheitsfragen behandelte, sondern zugleich auch das Wohl der in gesundheitsschädlichen Quartieren untergebrachten Soldaten im Auge hatte. König Max II. vermerkte lobend: »... Die hier gemachten Vorschläge finde ich für ganz geeignet und wohl einer näheren Eingehung wert.« Wieder vermied aber der zögerliche Monarch einen definitiven Planungsauftrag und forderte nochmals ein Gutachten des Generalquartiermeisterstabes an.[12] Allerdings entschied der König im Punkt der von Manz beantragten Defensivkaserne beim Max-Joseph-Platz schon am 1. Juni 1858 endgültig negativ.[13]

Mitte November 1858 hatte Generalquartiermeister v. d. Mark ein neues Gutachten über
»… die Grundzüge für die erste Aufstellung der bewaffneten Macht im Falle von Unruhen
oder Volksbewegungen unter Hervorhebung der vorzüglich zu besetzenden oder zu
haltenden Punkte« im rechtsrheinischen Bayern verfertigt.[14] Er unterschied darin drei
Kategorien von Garnisonstädten. Am wenigsten problematisch fand v. d. Mark die
Sicherheitslage in jenen vier Städten, die durch Festungswerke und eine starke Militär-
besatzung ausgezeichnet waren, d. h. die »Fortifikationen« Ingolstadt und Neu-Ulm, sowie
die »Zitadellen« Würzburg und Passau. Auch aus den kleinen Garnisonstädten (z. B.
Freising, Landshut, Dillingen, Kempten usw.) drohte seiner Ansicht nach kaum Gefahr,
zumal diese Orte schnell durch »Mobile Kolonnen« der Armee eingenommen werden
konnten. Große Gefahr hingegen drohte in jenen Städten mit relativ schwacher Garnison,
gemessen an der Gesamtbevölkerung. Das waren Nürnberg, Bamberg, Augsburg und
München. Diese vier Standorte beschrieb v. d. Mark näher, wobei hier aber nur seine
Ausführungen über München gestreift werden können.

Der Generalquartiermeister bezifferte den »gewöhnlichen Präsenz-Stand« der Münchner
Garnison an Mannschaften (Gefreite und Gemeine) bei der Infanterie auf 1567 Mann, bei
der Kavallerie auf 670 Mann und bei der Artillerie auf 1193 Mann. Somit ist ersichtlich,
daß der potentielle Hauptträger des Kampfes bei inneren Unruhen in dicht besiedelten
Räumen, also die Infanterie, im Verhältnis zu den übrigen Hauptwaffen ungewöhnlich
schwach war. V. d. Mark hielt 50 Infanteriekompanien für notwendig, vorhanden waren
aber nur 39 Kompanien.

Angesichts dieses Defizits an Infanterie vertrat der Generalstabschef weiterhin seine
Forderung vom Frühjahr 1858, im Falle eines Aufstandes lediglich die politisch wichtige
Nordhälfte der Haupt- und Residenzstadt zu halten. Die Kasernen wären hauptsächlich von
der überproportional starken Artilleriemannschaft zu sichern, die Kavallerie solle die Stadt
vom Umland durch Streifkommandos abriegeln, ein hoher Anteil (23 Kompanien) der
knappen Infanterie müsse in drei beweglichen Eingreifverbänden am Maximiliansplatz,
am Promenadeplatz und am Max-Joseph-Platz konzentriert werden.

Wie intensiv der bayerische Generalstab sich mehr als zehn Jahre nach der Revolution von
1848 mit der Problematik innerer Unruhen beschäftigte, zeigt auch eine Bemerkung v. d.
Marks über die potentielle Kampfkraft der Handwerksgesellen, Taglöhner und Fabrikarbeiter in den Großstädten, die »… mit Äxten, Beilen, Hämmern, Eisenstangen etc.
ausgerüstet sind, welche im Handgemenge die Wirkungen des Bajonettgewehres weit
überragen.« Deshalb erhob v. d. Mark die Forderung »*… die Truppen in dem Straßen- und
Häuserkampf möglichst zu belehren und zu unterweisen*, und dazu neben einer bemessenen
Zahl von scharfen Patronen mit Werkzeugen, wie Brecheisen, Hacken etc. zu versehen.«
Im übrigen müsse den Stadtkommandanten in Zukunft automatisch (!) das Recht zum
scharfen Einsatz der Garnisontruppen gegeben sein, wenn in den Straßen mit dem Bau von
Sperren bzw. Barrikaden begonnen würde oder die Zivilbevölkerung bei Demonstrationen
Waffen trüge. Mit letzterer Forderung beabsichtigte der Generalquartiermeister mögli-
cherweise den ersten Schritt zum Standrecht nach preußischem Muster, obwohl er selbst
wenige Monate zuvor auf die rechtlichen Rahmenbedingungen von Militäreinsätzen in
Bayern verwiesen hatte.

Die Ergebnisse des Jahres 1859

Alle bisher geschilderten Pläne und Gutachten waren zu ihrer Entstehungszeit streng geheim und nur einem kleinen Kreis von Offizieren bekannt. Nicht einmal die Stadtkommandanten der betreffenden Garnisonen waren anfangs eingeweiht. Erst im Frühjahr 1859 gestattete König Max II., übrigens gegen die Bedenken des Kriegsministers v. Manz, eine persönliche »Geheimerkundung« des Generalquartiermeisters v. d. Mark, die als Urlaubsreise getarnt wurde. Sie führte ihn per Eisenbahn von München über Augsburg nach Nürnberg und Bamberg.[15] Für München lautete übrigens das Fazit: »... *Die Haupt- und Residenzstadt München ist unter allen Beziehungen durch die Stärke ihrer Garnison, sobald die Beurlaubten einberufen, gegen Unordnungen und größere oder nachhaltige Unruhen gesichert.*«[16] Ein recht verblüffendes Resultat, wenn man die vorangegangene Diskussion in Betracht zieht. Andererseits ist doch die veränderte politische Großwetterlage zu berücksichtigen.

Im Jahr 1858 hatte Frankreich, der potentielle Hauptgegner des Deutschen Bundes, mit Piemont ein Bündnis gegen Österreich geschlossen. Der Krieg in Oberitalien stand bevor. Ende April 1859 sollte er beginnen. Die bayerische Mobilmachung folgte dann im Mai 1859. Vor diesem Hintergrund rückte wieder die wichtigste Aufgabe jeder Armee, der Kampf gegen den äußeren Gegner, in das Zentrum. Schon im Februar stellte Kriegsminister v. Manz gegenüber König Max II. fest, die Armee brauche nun ihre Festungen, dazu Männer und Pferde zur Mobilmachung: »... Zur Zeit ist nämlich eine Bedrohung durch den äußeren Feind eine nähere' als durch den inneren; das dringend Nothwendige tritt also gegen entferntere Gefahr dermal in den Hintergrund. (...) Aber auch andere Erwägungen drängen sich auf. *Von so großen Nutzen vertheidigungsfähige Punkte in grossen Städten auch sind, so bleiben diesselben doch werthlose Gebäude, die selbst schädlich seyn können, wenn eine hinreichende Anzahl von verläßigen Verteidigern nicht vorhanden ist. Vor allem bedarf es daher der gehörigen Zahl wohl disziplinierter, gut bewaffneter und von gutem Geiste beseelter Soldaten unter kräftigen und energischen Führern (...) durch ausreichende Löhnung und Gagen, und Befriedigung ihrer unvermeidlichen Bedürfnisse sie in vollster Hingebung zu erhalten und so vor jeder Verführung zu sichern.*«[17]

Dennoch wurden die Arbeiten an den Vorsichtsmaßnahmen gegen innere Unruhen fortgeführt. Sie verlagerten sich jedoch weg von kapitalintensiven Stadtplanungen hin zur Einsatzführung der Truppe. Im März 1859 legte Generalmajor v. Feder den Entwurf einer neuen Alarminstruktion für die Garnison im Falle innerer Unruhen vor.[18] Hierbei unterschied er drei Stufen der Eskalation:

1) Gewöhnliche »Excesse«, für die normale Patrouillen der Wach- und Bereitschaftstruppen genügten;

2) Ruhestörungen in einem größeren Ausmaß mit einer Verstärkung der Wachen und Bereitschaften, allgemeinem Ausgehverbot für die Garnison und Alarmierung einer besonderen Eingreifreserve in Stärke von vier Kompanien Infanterie und einer Eskadron;

3) Allgemeiner Aufruhr in der ganzen Stadt.

Für den letzteren Fall schlug Feder folgende Truppeneinteilung vor:

a) *Mobile Kolonnen des Linienmilitärs zunächst in drei Bereitstellungsräumen*
– Maximiliansplatz: drei Bataillone, eine Eskadron und zwei Geschütze.
– Karls-Platz: drei Bataillone, eine Eskadron und zwei Geschütze
– Odeonsplatz: ein Bataillon, eine Eskadron und zwei Geschütze
b) *Sicherungstruppen an den vier großen Isarbrücken,* bestehend jeweils aus einer Kompanie des Infanterie-Leib-Regiments und zwei Geschützen.

c) *Sicherung wichtiger Gebäude*
– Residenz: eine Kompanie des Infanterie-Leib-Regiments und eine Eskadron
– Eisenbahnhof: eine Eskadron des 1. Kürassier-Regiments
– Hofgartenkaserne: ein Bataillon des Infanterie-Leib-Regiments
– Seidenhauskaserne: Teile des 1. Artillerie-Regiments
– Lehelkaserne: Teile des 1. Artillerie-Regiments
– Neue Isarkaserne: eine Eskadron Kürassiere und die Sanitätskompanie
– Alte Isarkaserne: Teile des 3. Artillerie-Regiments
– Zeughauswerkstätten: die Ouvrierskompanie
– Zeughaus: Teile des 1. Artillerie-Regiments
– Türkenkaserne: ein Bataillon des 1. Infanterie-Regiments
d) *Einsatz der Landwehrtruppen*
– Max-Joseph-Platz: Grenadier-Bataillon
– Promenadeplatz: drei Kompanien des Jäger-Bataillons
– Neuhauserstraße: drei Kompanien des Jäger-Bataillons
– Marienplatz: 1. Füsilier-Bataillon und Kavallerie
– Angerplatz: 2. Füsilier-Bataillon und Artillerie
– Mariahilfplatz in der Au: Landwehr-Bataillon der Vorstadt Au
– Haidhauser Kirchplatz: Landwehr-Bataillon der Vorstadt Haidhausen
Im Gegensatz zum Generalquartiermeister wollte also v. Feder der Münchner Landwehr einen beachtlichen Teil der Verantwortung zum Schutz der Haupt- und Residenzstadt übertragen. Sein Plan wurde jedoch in dieser Form nicht realisiert.

König Max II. billigte per Signat vom 13. Mai 1859 eine »*Allgemeine Instruction für die Commandanten der Städte bei vorkommenden Unruhen und Auflehnungen*«, die der Generalquartiermeister v. d. Mark konzipert hatte.[19] Sie verzichtete bewußt auf lokale Detailbestimmungen und legte den Schwerpunkt vielmehr auf die Einsatzgrundsätze. Den Stadtkommandanten wurde befohlen bei ihrem Operationsplan die jeweilige Stadttopographie zu berücksichtigen. Einschränkungen in der Operationsfreiheit bestanden nur dort, wo bestimmte staatliche Gebäude als Schlüsselobjekte unbedingt zu halten waren. Bei ersten Anzeichen einer lokalen Krisensituation mußte die Garnison sofort durch die Einberufung von Reservisten verstärkt werden. Von der Landwehr war in der Instruktion nicht die Rede. Sämtliche Eisenbahnanlagen und Telegraphenleitungen waren zu sichern. Nach dem Ausbruch offenen Aufruhrs galt es zunächst die Zahl und Bewaffnung der Aufständischen zu ermitteln und so ihre Kampfkraft in Bezug zur eigenen Truppenstärke zu bringen. Die Kräfte sollten nicht zerstreut in der Abwehr verschlissen werden, sondern im Schwerpunkt geschlossen angreifen. Wo immer möglich ritt Kavallerie die Aufrührer auf Plätzen oder breiten Straßen nieder. Schußwaffengebrauch war möglichst lange zu vermeiden. Wenn jedoch geschossen werden mußte, sollte dies »mit aller Energie« geschehen, d. h. gezieltes Schnellfeuer mitten in die Menge. Außerdem waren dann möglichst viele Geschütze einzusetzen, vor allem gegen Barrikaden und verschanzte Häuser. Widerstandsnester galt es zu isolieren, um ihnen Nachschub und Verbindung zu nehmen.
Im April 1859 berief der König wegen der drohenden Kriegsgefahr den vormaligen Kriegsminister und bisherigen Münchner Stadtkommandanten Generalleutnant v. Lüder wieder an die Spitze des Kriegsministeriums, während Generalmajor v. Manz die Stadtkommandantschaft übernahm. Lüder plädierte dann unmittelbar nach der bayerischen Demobilisierung Ende August 1859 für den Bau einer großen Defensivkaserne beim

Oberwiesenfeld, vertrat also eine völlig andere Position als sein Vorgänger Manz im Frühjahr 1858. Im Januar 1860 genehmigte König Max II. dieses Projekt und noch im Herbst des gleichen Jahres begannen die Bauarbeiten für die Max-II-Kaserne im nordwestlichen Vorfeld der Haupt- und Residenzstadt.[20] Auch nach dem Tod König Max II. und sogar noch nach dem verlorenen Krieg von 1866 wurde an der Konzeption dieser Großkaserne als Reduit der Münchner Garnison im Falle innerer Unruhen festgehalten.

Anmerkungen

1 MKr. 2523 Prod. 21, KdtMünchen an KM am 11. Jan. 1858; Prod. 22, Notiz im KM am 20. Jan. 1858; Prod. 23, KdtMünchen an KM am 20. Jan. 1858; Prod. 25, KdtMünchen an KM am 18. Jan. 1858
2 A IV Bd. 106 Prod. 1, Kgl. Handbillet an KM, dat. München 30. Jan. 1858
3 MKr. 2523 Prod. 38, Kgl. Handbillet an KM, dat. München 31. Jan. 1858
4 A IV Bd. 106. Prod. 5, KM von König Max II. am 12. März 1858
5 Ebd. Prod. 6, Kgl. Handbillet an KM, dat.München 18. März 1858
6 Ebd. Prod. 10, GenQuMStab an König Max II. am 24. März 1858
7 Vgl. auch den Abschnitt »Landwehr«
8 A IV Bd. 106 Prod. 13, Kgl. Handbillet an KM, dat. München 15. April 1858
9 Ebd. Prod. 17, KM an König Max II. am 21. April 1858 mit Kgl. Signat, dat. München 8. Mai 1858
10 Vgl. den Abschnitt »Max-II-Kaserne«
11 Vgl. den Abschnitt »Marsfeldkaserne«
12 Wie Anm. 7
13 Vgl. A IV Bd. 106 Prod. 42, KM an König Max II. am 17. Febr. 1859
14 A IV Bd. 106 Prod. 29, GenQuMStab an KM am 14. Nov. 1858
15 Ebd. Prod. 31, KM an König Max II. am 22. Jan. 1859 mit Kgl. Signat, dat. München 2. Febr. 1859; Prod. 34, KM an König Max II. am 3. Febr. 1859 mit Kgl. Signat, dat. München 4. d. Mts.; Prod. 36, Kgl. Handbillet an KM am 13. Febr. 1859; Prod. 40, Spesenrechnung des GenQuMeisters v. d. Mark für die Dienstreise vom 8. bis 12. Febr. 1859, eingereicht beim KM am 14. Febr. 1859
16 Ebd. Prod. 43, GenQuMStab an KM am 11. März 1859
17 Ebd. Prod. 42, KM an König Max II. am 17. Febr. 1859
18 Ebd. Prod. 47, Entwurf einer Instruktion zur Erhaltung der Ruhe und gesetzlichen Ordnung in der Haupt- und Residenzstadt München, verfaßt von GenMajor v. Feder, dat. München 5. März 1859
19 Ebd. Prod. 50, Kgl. Signat vom 13. Mai 1852; Prod. 52, mehrere lithographierte Exemplare der Instruktion
20 Vgl. den Abschnitt »Max-II-Kaserne«

Sicherheitsmaßnahmen in der Zeit König Ludwigs II. und des Prinzregenten Luitpold

In den ersten Regierungsjahren König Ludwigs II. bestanden weiterhin ähnliche militärische Vorsichtsmaßnahmen gegen innere Unruhen in der Haupt- und Residenzstadt wie in der Zeit seines Vaters Max II.. So mußte vor allem das 1. Kürassier-Regiment bis in die Zeit nach 1868 regelmäßig Alarmabteilungen in Eskadronsstärke an Tagen bereitstellen, die in München erfahrungsgemäß als besonders unruhig galten. Das waren die Eröffnung des Starkbierausschanks vor Ostern, die Bekanntgabe des neuen Preises für das »Sommerbier« und den »Maibock«, die großen Dulten in der Au, die Zeit des Oktoberfestes, die Bekanntgabe des Preises für das »Winterbier« und die Rauhnächte zwischen Weihnachten und Neujahr.[1]

Der Oktoberfestkrawall von 1865

Am 8. Oktober 1865 kam es zum letzten scharfen Waffeneinsatz geschlossener Truppenteile der Garnison im 19. Jahrhundert gegen die Münchner Bevölkerung. Es war am Abend des zweiten Oktoberfest-Sonntages, als sich in der Umgebung der Großgaststätte »Westendhalle« und in der Sonnenstraße eine erregte Menge sammelte. Unmittelbarer Anlaß des sich entwickelnden Krawalls war die Verhaftung eines sogenannten »Rennmeisters« vom traditionellen Pferderennen auf der Theresienwiese durch einen Gendarmen gewesen. Nachdem damit begonnen worden war, die »Westendhalle« zu demolieren, worin die Polizisten vor dem Volkszorn Zuflucht gesucht hatten, rief die Gendarmerie das Militär zur Unterstützung. Daraufhin rückte die 3. Eskadron des 1. Kürassier-Regiments von der Neuen Isarkaserne zum Ort des Geschehens ab. Tatsächlich schien zunächst das bloße Erscheinen der Panzerreiter die erhitzten Gemüter zu beruhigen. Die Eskadron konnte sich nach kurzer Zeit zurückziehen. Wenig später flammte der Tumult jedoch erst richtig auf. Die bereits in die Kaserne zurückmarschierte Kürassiereinheit wurde erneut alarmiert und traf gegen 21 Uhr am Sendlinger-Tor-Platz ein. Zwischen dem Stachus und dem Sendlinger-Tor-Platz standen auf der breiten Sonnenstraße dichte Menschenmassen. Der Regierungspräsident von Oberbayern Freiherr von Zu Rhein versuchte vergeblich, die Versammlung aufzulösen. Nachdem die Gendarmerie immer wieder mit Steinen beworfen worden war, kam es kurz vor Mitternacht zum Verlesen der »Aufruhrakte« und zum Angriffsbefehl für die Eskadron. Je ein Zug ging über die Sonnenstraße, die Landwehrstraße, die Joseph-Spital-Gasse und den Karlsplatz zur Attacke vor. Der größte Teil der Menschen flüchtete vor den Pferdehufen, ein Teil harrte jedoch auf der Freitreppe der Matthäuskirche in der Sonnenstraße aus und bewarf von dort mit Steinen das Militär. Daraufhin ritten einige Kürassiere die Treppenstufen empor und bedrängten die Steinewerfer. Die Zivilisten stachen mit Messern nach den Pferden, die Soldaten hieben mit dem Pallasch zu. Erst bei Morgengrauen war diese blutige Aktion beendet.[2] Trotz des massiven Militäreinsatzes blieb am 9. Oktober die Situation noch gespannt. Der Stadtkommandant hielt die Garnison in Bereitschaft bis zum 10. Oktober, jedoch kamen aufgrund der starken Präsenz von Gendarmerie und Militärpatrouillen auf den Straßen nur noch einzelne Verhaftungen vor.[3]

Nach den Ereignissen vom 8./9. Oktober fand auf Befehl König Ludwigs II. eine Untersuchung statt. Hierzu trafen sich Innenminister v. Neumayer, Kriegsminister v. Lutz, Generaladjutant v. d. Tann, Regierungspräsident Zu Rhein, Stadtkommandant v. Manz, Polizeidirektor Pfeufer und Bürgermeister v. Steinsdorf. Der Stadtkommandant erklärte, daß die Friedensstärke der Münchner Infanterie zu niedrig sei, um bei größeren Krawallen angemessen reagieren zu können. Demgegenüber meinten Kriegsminister und Generaladjutant, die Garnison der Haupt- und Residenzstadt sei stark genug. Sollte es zu einem wirklichen Aufstand kommen, verfüge man mit den Kürassieren und den beiden Artillerie-Regimentern über eine hohe Kampfkraft. Keiner der teilnehmenden Herren, auch nicht der Bürgermeister, bezweifelte übrigens die Notwendigkeit des Militäreinsatzes vom 8./9. Oktober.[4]

Das harte Vorgehen der 3. Eskadron gegen die Zivilbevölkerung machte das 1. Kürassier-Regiment in München sehr unbeliebt. Um Racheakte zu verhindern, ordnete das Regimentskommando an, daß alle Regimentsangehörigen nur noch mit umgeschnalltem Pallasch die Kaserne verließen. Auch durften bestimmte Gaststätten in der Stadt von den Kürassieren nur in größeren Gruppen besucht werden. Erst in den 1870er Jahren verblaßte allmählich die Erinnerung an den 8. Oktober 1865 bei der Einwohnerschaft.[5]

Vorsichtsmaßnahmen während des Krieges 1866

Während des kurzen Feldzuges im Sommer 1866, durch den Bayerns Armee so schmerzhaft aus ihren Träumen gerissen wurde, kam es zu einer kaum bekannten Aktion König Ludwigs II.. Einige Tage nach dem Waffenstillstand mit Preußen sandte Ludwig am 7. August 1866 von Schloß Berg am Starnberger See ein Billet an den neuen Kriegsminister v. Pranckh. Darin erklärte der erst zwanzigjährige König: »... *Endlich mache Ich Sie aufmerksam darauf, daß von manchen Seiten gegen die von Meiner Regierung bisher befolgte Politik zu agitieren begonnen und daß vielleicht mit den Massen der Bevölkerung ein Versuch gemacht werden könnte, eine andere Politik zu erzwingen. Da Ich nun, so werthvoll Mir die Stimme der legitimen Organe des Volkes in Bezug auf die Wahl Meiner Politik ist, dem großen Haufen nicht die geringste Einmischung in solche Dinge zulassen kann, bei politischen Putschen aber vielleicht auch auf die Landwehr nicht ganz unbedingt gezählt werden könnte und dem Vernehmen nach auch die dermalen in München befindlichen Militär-Abtheilungen in Bezug auf Disziplin und Stimmung nicht ganz verlässig sind, werden Sie in Erwägung ziehen, ob und wie vorgesorgt werden kann, daß ein Putsch die Regierung nicht unvorbereitet findet.*«[6]

Im Juni 1866 hatte es in München einen mehrtägigen Bierkrawall junger Männer vom Land gegeben, der wohl unmittelbar in Zusammenhang mit der Mobilmachung der Armee zu sehen ist.[7] Wie wichtig man die Sicherung der Haupt- und Residenzstadt gerade im Kriegsfall nahm, beweist auch der Umstand, daß wegen Mangel an ausgebildeten Reitern bei den Münchner Ersatztruppenteilen eine komplette Eskadron des 1. Chevaulegers-Regiments aus Nürnberg, also vom frontnahen Raum, nach München verlegt werden sollte.[8]

Am 9. August teilte der Kriegsminister dem König mit, in München befänden sich an Linientruppen in der Tat nur Depoteinheiten der verschiedenen Waffengattungen und das Reservebataillon des 1. Infanterie-Regiments »König«, allesamt nicht sonderlich zuverlässig. Dieses Phänomen rühre vom großen Offiziersmangel der Garnison her. Er habe mittlerweile mit Feldmarschall Prinz Karl von Bayern Verbindung aufgenommen, um von der mobilen Armee mehrere »feste und erprobte« Bataillone nach München zu holen. Das Reservebataillon werde man hingegen aus der Haupt- und Residenzstadt entfernen.[9] Am 14. August befahl das Kriegsministerium dem mobilen Armeekommando das II. Bataillon des Infanterie-Leib-Regiments, das II. Bataillon des 1. Infanterie-Regiments »König« und das I. Bataillon des 2. Infanterie-Regiments »Kronprinz« sofort nach München in Marsch zu setzen.[10] Diese Verbände trafen per Bahntransport am 16. bzw. 17. August in der Hauptstadt ein und übernahmen sofort alle Wachen.[11] Pranckh informierte den König darüber am 20. August.[12]

Zur Situation ab dem Herbst 1866

Im Herbst 1866 drohte in München ein größerer Bierkrawall. Nachdem bereits Massenkundgebungen stattgefunden hatten, wurden von Ende November bis Mitte Dezember 1866 stärkere Bereitschaften der Garnison vorgesehen.[13] Der Präsenzstand der Infanteriekompanien wurde zunächst von jeweils 30 Mannschaften auf 35 Gefreite und Gemeine erhöht.[14] Zu Jahresbeginn 1867 genehmigte das Kriegsministerium die Einberufung von weiteren Infanteristen, insgesamt 260 Mann.[15] Auch während der »Maibockbier«-Saison 1867 wurde vorsichtshalber die Mannschaftsstärke der Infanterie geringfügig erhöht.[16]

Nach der Reorganisation der bayerischen Armee im Jahr 1868 stieg die Friedenspräsenzstärke bei allen Truppenteile im Vergleich zum früheren Niveau beträchtlich an. Die Garnisonen verfügten fortan ständig über genügend aktive Soldaten, um ohne besondere Einberufungsaktionen notfalls bei inneren Unruhen eingreifen zu können. Die Zeit der großen Volkskrawalle in München war ohnehin vorbei. Möglicherweise hatte der Einsatz der Kürassiere im Oktober 1865 abschreckend gewirkt. Vorsichtshalber wurde zwar zu Beginn der Mobilmachung am 17. Juli 1870 eine Kompanie des Infanterie-Leib-Regiments in der Hofgarten-Kaserne in Bereitschaft gehalten. Sie mußte jedoch nicht ausrücken.[17]

Im November 1872 ging die berühmt-berüchtigte »Dachauer Bank« der Adele Spitzeder in Konkurs. Um Tätlichkeiten der zahlreichen, um ihr Geld gekommenen Bankkunden zu verhindern, stellte das Infanterie-Leib-Regiment mehrere Tage lang eine Alarmkompanie. Von dieser Kompanie war ständig eine Abteilung im Haus der Spitzeder an der Schönfeldstraße untergebracht.[18]

Vorsichtsmaßnahmen ab 1881

Im Frühjahr 1881 wurde eine neue »Instruktion über das Verhalten der Garnison beim Schlagen des Generalmarsches (Alarm-Instruktion)« erlassen.[19] Im einzelnen sah sie folgende Maßnahmen vor:

– Der Generalmarsch wird auf Befehl des Stadtkommandanten oder dessen Stellvertreters im Amt auf der Hauptwache am Marienplatz geschlagen. Ist kein besonderer Stellvertreter bestimmt, so übt automatisch der dienstälteste Regimentskommandeur diese Funktion aus. Gleichzeitig werden die Residenzwache und die Truppen in der Neuen Isarkaserne, der Salzstadelkaserne am Bahnhof, der Türkenkaserne und der Max-II-Kaserne benachrichtigt, worauf von diesen Kasernen aus in den umliegenden öffentlichen Straßen der Generalmarsch von Spielleuten unter bewaffneter Eskorte geschlagen wird.

– Beim Ertönen des Generalmarsches treten sämtliche Kasernen- und Garnisonwachen unter das Gewehr, pflanzen das Bajonett auf und sichern sorgfältig die Umgebung ihrer Wachtlokale vor Überfällen. Jeder Wachtsoldat erhält aus dem Handvorrat der Wache zehn scharfe Patronen, die aber erst im Notfall in die Waffe geladen, ansonsten vorläufig in der Patronentasche am Mann verwahrt werden. Die Hauptwache, die Residenzwache, die Zuchthauswache, die Stadtkommandantur, die Salzstadelkaserne am Hauptbahnhof (!) und das Munitionslager Milbertshofen werden durch planmäßig eingeteilte Kommandos zusätzlich gesichert.

444

– Das gesamte dienstfreie Militärpersonal begibt sich beim Ertönen des Generalmarsches sofort in die Kasernen und legt den vollständigen Marschanzug an. Jeder Soldat erhält für seine Schußwaffe die entsprechende scharfe Munition. Die Berittenen satteln ihre Pferde auf, lassen sie aber in den Stallungen. Bei jedem in München stationierten Artillerie-Regiment werden zwei Geschütze komplett ausgerüstet, mit den Zugpferden bespannt, sowie die Protzkästen mit fünf Kartätschen aufmunitioniert. Alle Einheiten treten zum Appell an. Nach dem Verlesen warten die Mannschaften auf den Zimmern auf weitere Befehle. Die in Dienststellen und Stäben beschäftigten Offiziere, Militärbeamten und Unteroffiziere begeben sich beim Generalmarsch unverzüglich in ihre Büroräume und erwarten dort weitere Instruktionen. Zwischen den verschiedenen Kasernen und Militär-gebäuden wird durch starke Patrouillen zu Fuß und Pferd die ständige Verbindung aufrechterhalten. Von jedem Truppenteil wird ein berittener Offizier zur Stadtkomman-dantur geschickt, um dort den Einsatzbefehl zu empfangen.

Im Jahr 1883 bat das Innenministerium um besondere militärische Sicherheitsmaßnahmen während der Abwesenheit der Garnison zum großen Herbstmanöver. Dieser Wunsch kam von der Kgl. Polizeidirektion München und dem Präsidium der Regierung von Oberbayern. Sie wollten sichergestellt wissen, daß im Falle innerer Unruhen in München ausreichend Militär zu Verfügung stand. Daraufhin bestimmte das Generalkommando des I. Armee-korps das I. Bataillon des 1. Fußartillerie-Regiments in der Festung Ingolstadt für die Dauer des Manövers der 1. Division zur Alarmtruppe, die im Krisenfall per Eisenbahn binnen weniger Stunden in die Haupt- und Residenzstadt einrücken konnte.[20] Im Jahr 1884 rückte die Münchner Garnison nicht in großen Umfang zu Herbstmanövern aus, so daß sich solche Maßnahmen erübrigten. Allerdings wurde dann für die Herbstmanöver von 1885 und 1886 wieder jeweils eine Truppenabteilung aus Ingolstadt für einen etwaigen Aufruhreinsatz in München bereitgehalten.[21] Während der Herbstmanöver 1887 traf man stattdessen Vorsor-ge, im Krisenfall auf Anforderung durch die Polizeidirektion München per Eisenbahn-transport schnell wieder ein Bataillon in die Garnison zu verlegen.[22] Ebenso wurde auch während der größeren Truppenübungen in den Jahren 1888 und 1889 verfahren.[23] Für die Manöver von 1890 verzichtete man auf diese Vorsichtsnahme, da diesmal mehrere hundert einsatzfähige Infanteristen ohnehin im Standort zurückblieben.[24] Bei dieser Praxis scheint es dann auch in den folgenden Jahren geblieben zu sein, da weitere Angaben in den einschlägigen Akten fehlen.

Abschließend sei noch kurz die sogenannte »Salvatorschlacht« auf dem Nockherberg erwähnt. Während der Starkbiersaison im Frühjahr 1888 entwickelte sich eine Auseinan-dersetzung zwischen betrunkenen Gästen des Bierkellers und Gendarmen zu einer Massen-schlägerei, bei der die Gendarmerie ins Hintertreffen geriet. Daraufhin wurden die Schweren Reiter aus der Neuen Isarkaserne alarmiert, nach deren Erscheinen der Krawall schnell beendet werden konnte.[25]

Anmerkungen

1 H. Fahrmbacher, Das Königlich Bayerische 1. Schwere Reiter-Regiment »Prinz Karl von Bayern« Bd. 2: Das Regiment in dem Zeitraum von 1848 bis 1898, München 1900, S. 106

2 Ebd., S. 47 f.

3 H. Schröder, Vorgeschichte, Errichtung und Entwicklung der bayerischen Gendarmerie, sowie deren Thätigkeit von 1812 bis 1900, Augsburg 1900, S. 80 f.

4 A IV Bd. 106 Prod. 83, undat. Abschrift des Sitzungsprotokolls

5 Fahrmbacher (wie Anm. 1), S. 31

6 A IV Bd. 106 Prod. 85, Kgl. Handbillet an KM, dat. Schloß Berg am 7. Aug. 1866

7 Th. Braatz, Das Kleinbürgertum in München und seine Öffentlichkeit von 1830 bis 1870. Ein Beitrag zur Mentalitätsforschung. (MBM Bd. 68), München 1977, S. 101

8 MKr. 2523 Prod. 63, KdtMünchen am 8. Juni 1866; Prod. 65, KM an König Ludwig II. am 10. Juni 1866 mit Kgl. Signat, dat. Schloß Berg am 12. d. Mts.; Prod. 66, KM an GenKdo Nürnberg am 13. Juni 1866

9 A IV Bd. 106, KM an König Ludwig II. am 9. Aug. 1866 mit Kgl. Signat, dat. Schloß Berg 10. Aug. 1866

10 MKr. 2523 Prod. 71, KM an mobiles ArmeeKdo am 14. Aug. 1866

11 Ebd. Prod. 73, KdtMünchen an KM am 18. Aug. 1866

12 A IV Bd. 106 Prod. 87, KM an König Ludwig II. am 20. Aug. 1866

13 F. Illing, Geschichte des Königlich Bayerischen Infanterie-Leib-Regiments von der Errichtung bis zum 1. Oktober 1891, Berlin 1892, S. 202

14 MKr. 2523 Prod. 79, Notiz im KM am 2. Dez. 1866

15 Vgl. A IV Bd. 105 Fasz. 2 Prod. 247, InnM an KM am 27. Jan. 1867

16 MKr. 2523 Prod. 81, Notiz im KM am 23. Mai 1867

17 Illing (wie Anm. 13), S. 209

18 Ebd., S. 434

19 MKr. 2523 Prod. 133a, KdtMünchen am 10. Febr. 1881: Instruktion über das Verhalten der Garnison beim Schlagen des Generalmarsches; modifiziert am 1. Juni 1882, 10. Febr. 1887 und am 9. April 1889

20 Ebd. Prod. 146, InnM an KM am 30. Aug. 1883 und GenKdo I.A.K. an KM am 31. Aug. 1883

21 Ebd. Prod. 159, InnM an KM am 24. Aug. 1885 und GenKdo I.A.K. am 26. Aug. 1885; Prod. 161, GenKdo I.A.K. am 22. Juli 1886

22 Ebd. Prod. 166, GenKdo I.A.K. am 6. Aug. 1887

23 Ebd. Prod. 170, GenKdo I.A.K. am 24. Aug. 1888; Prod. 172, GenKdo I.A.K. am 14. Aug. 1889

24 Ebd. Prod. 174, KM am 25. Aug. 1890

25 L. Schrott, Münchner Alltag in acht Jahrhunderten. Lebensgeschichte einer Stadt, München 1975, S. 228

Einsätze außerhalb des Standortes zur Unterstützung ziviler Behörden

Die Münchner Garnison rückte nicht nur zu Feldzügen oder bewaffneten Aktionen wie in den Jahren 1848/49 aus, sondern wurde auch außerhalb der Haupt- und Residenzstadt im Rahmen sogenannter »Assistenzleistungen« für verschiedene Aufgaben der inneren Sicherheit herangezogen.

Cholerakordon (1831)

Die erste größere Ordnungsaktion der Münchner Truppen außerhalb ihrer Garnison nach der Napoleonischen Zeit war ihre Beteiligung an einem Sanitätskordon. Im Herbst 1831 herrschte in Österreich eine Choleraepidemie. Um eine Verbreitung der Krankheit zu verhindern, wurde die Landesgrenze durch einen militärischen »Cholerakordon« gesichert. Zu diesem Sanitätskordon stellte u.a. das Infanterie-Leib-Regiment ein Detachement, bestehend aus einem Offizier, sieben Unteroffizieren und 42 Mann.[1] Ähnliche Detachements kamen auch von den anderen Regimentern. Infolge des erhöhten Präsenzstandes durch Einberufung von Beurlaubten für den Kordon stiegen die Ausgaben der Truppenteile in den Etatjahren 1830/31 und 1831/31 gegenüber der vorherigen und späteren Zeit spürbar an. Allerdings sind in diesen Jahren auch die Ausgaben für eine Art Teilmobilmachung gegen Frankreich zu berücksichtigen.[2]

Der erste Militäreinsatz gegen Haberfeldtreiben (1834)

Eine für Oberbayern im 19. Jahrhundert typische Form lokaler Unruhen war das berühmt-berüchtigte »Haberfeldtreiben«, wobei die selbsternannten Hüter von Sitte und Ordnung, zumeist junge, ledige Männer, bei ihren nächtlichen Rügegerichten zunehmend ungerechtfertigte Gewalttaten begingen. Eine erste Blüte erlebte das Haberfeldtreiben nach dem 18. Jahrhundert wieder in den frühen 1830er Jahren. Noch 1833 hatte Ludwig I. auf einen Bericht des Innenministeriums vermerkt, man solle die alten Volksbräuche getrost wieder tolerieren und die strengen Mandate der Montgelaszeit aufheben. Im Sommer 1834 gestattete der König aber in Anbetracht zunehmender Gewalttätigkeit der Haberer bei Vorkommnissen dieser Art auf Anforderung der Zivilbehörde Militär in den entsprechenden Landgerichten zu stationieren. Die Unkosten für Quartier und Verpflegung mußten jene Gemeinden tragen, in denen die Obrigkeit Hochburgen der »Haberer« vermutete.[3] Am 20. September 1834 meldete die 1. Armee-Division, daß zur Unterstützung der Landrichter zu Miesbach und Rosenheim Militär aus der Garnison München abkommandiert worden sei. Es wurden einquartiert: – in das Dorf Götting ein Unterleutnant, zwei Korporale, ein Tambour und zwanzig Mann vom 1. Linien-Infanterie-Regiment »König«; – in das Dorf Vagen ein gleichstarkes Kommando ebenfalls vom Regiment »König«; – in Kirchdorf ein Oberleutnant, ein Sergant, ein Korporal, ein Tambour und dreißig Mann vom 2. Linien-Infanterie-Regiment »Kronprinz«. Für die Dauer dieses »Scharfen Kommandos«, wie Einsätze mit Gefechtsmunition damals in der bayerischen Armee genannt wurden, unterstanden die Offiziere den Landrichtern bzw. den späteren Bezirksamtmännern (ab 1862). Die Truppen machten Nachtpatrouillen und durchsuchten die Behausungen Verdächtiger. Am 8. Oktober konnten die drei Kommandos wieder nach München zurückkehren.[4]

Aufruhr im Krautdorf (1844)

Im Herbst 1844 kam es zu einem Einsatz oder besser gesagt Auftritt des Militärs in Ismaning bei München, einem ehemals zum Hochstift Freising gehörigen Dorf, das noch heute für seine Krautfelder bekannt ist. Dabei ging es um Flurstreitigkeiten zwischen der bäuerlichen Dorfgemeinde und der Kgl. Hofjagdintendanz. Nachdem die Bevölkerung am 7. September u. a. Grenzpfosten zerstört hatte, rückte am Morgen des 10. September ein Kommando des Infanterie-Regiments »König« zur Unterstützung des Landrichters in den Ort ein. Die Truppe bestand aus zwei Offizieren, vier Unteroffizieren, einem Tambour und vierzig Mann, letztere mit jeweils sechs scharfen Patronen versehen, wie ausdrücklich vermerkt wird. Nach Eintreffen der Infanterie beruhigten sich die Dorfbewohner sehr schnell, so daß die Soldaten bereits am nächsten Tag wieder abzogen.[5]

Einsätze in der Revolutionszeit 1848/49

Im Umfeld der revolutionären Spannung der Jahre 1848 kam es zu einer ganzen Reihe von lokalen Unruhen. Einzeln betrachtet erscheinen sie zwar harmlos, doch sie summierten sich beträchtlich.[6] Am 30. April 1848 wurde die 1. Schützenkompanie des Infanterie-Leib-Regiments zur Unterstützung der zivilen Obrigkeit nach Tölz in Marsch gesetzt, jedoch bereits am folgenden Tag von Holzkirchen aus, wo die Kompanie die Nacht verbracht hatte, wieder zurück in die Garnison befohlen.[7]

Im Herbst 1848 kam es, wie schon einmal 1844, zu Streitigkeiten zwischen den Einwohnern von Ismaning und den Zivilbehörden. Ein Kommando des Regiments »König« in Stärke ein Offizier, drei Unteroffiziere, ein Tambour und zwanzig Mann bereinigte die Sache am 15./16. November.[8]

Am 14. Dezember 1848 rückten die 3., 4. und 5. Kompanie des Infanterie-Leib-Regiments in einer Gesamtstärke von 300 Mann unter Kommando des Majors von Asch in das Oberland. Sie besetzten die als Zentren von Haberfeldtreiben und Wilderertum bezeichneten Dörfer Ober- und Nieder-Audorf, sowie Kiefersfelden bis zum 22. Dezember. Dadurch wurde die in München verbliebene Garnison so geschwächt, daß sich das Kriegsministerium schon Sorgen um die Aufrechterhaltung der Sicherheit in der Haupt- und Residenzstadt selbst machte.[9]

Im August 1849 kam es in Partenkirchen zu Ausschreitungen der Bevölkerung gegen das königliche Forstpersonal, nachdem man einen Wilderer, es handelte sich dabei um einen ledigen Maurergesellen aus dem Ort, erschossen hatte. Zur Wiederherstellung von Ruhe und Ordnung im Landgericht Werdenfels marschierte am 24. August eine Abteilung des 1. Infanterie-Regiments mit zwei Offizieren und mehr als fünfzig Mann nach Partenkirchen.[10]

Am Morgen des 9. September 1849 marschierte eine Abteilung von 120 Mann des 1. Infanterie-Regiments in das Dorf Brunnen (Landgericht Schrobenhausen) ab, dessen Bewohner sich gegen die Beweidung ihrer Gemeindewiese durch die Schafherde der Gutsherrschaft Sandizell handgreiflich zur Wehr gesetzt hatten. Das »Exekutionskommando« blieb relativ lange im Ort und rückte dann am 16. September wieder in München ein.[11]

Die im Frühjahr 1848 ausgelöste Unruhe unter der Bevölkerung des Oberlandes hielt besonders in Form von gesetzlich unberechtigter Jagdausübung und Entnahme von Holz aus Wäldern noch geraume Zeit verstärkt an. So sandte man im Februar 1850 ein Kommando vom III. Bataillon des 2. Infanterie-Regiments, das aus Platzmangel in der Garnison München ohnehin im ehemaligen Kloster Benediktbeuern detachiert war, in die Gemeinden Wallgau und Krün bei Mittenwald. Aus diesen Gebirgsdörfern nahe der Tiroler Grenze waren seit 1848 immer wieder »Tumulte und Jagdfrevel« gemeldet worden.[12]

Solche »Exekutionen« waren nicht nur gegen Ortschaften, sondern sogar gegen Einzelpersonen möglich. Zumindest ist ein Fall für den hier untersuchten Raum Oberbayern aktenkundig. Es handelte sich um eine Art Dragonade gegen die Familie des Bauern Daxer im Grenzdorf Sachrang, die auf Anforderung der Gerichts- und Polizeibehörde (ab 1853 Landgericht) Prien im Jahr 1851 vollzogen wurde. Nachdem Daxer immer wieder »Forstfrevel« in den Wäldern des Grafen Preysing, des vormaligen Gerichtsherrn bis 1848 (!), vorgeworfen worden war, wurde ihm zur Polizeiaufsicht eine Korporalschaft des 2. Infanterie-Regiments »Kronprinz« auf seinen Hof gelegt. Am 22. Mai 1851 marschierte ein Unteroffizier mit zehn Mann von München ab und kehrte erst am 15. Juni wieder in die Garnison zurück. Der Bauer mußte den Soldaten nicht nur unentgeltlich Kost und Logis gewähren, sondern darüber hinaus Geld zahlen. Pro Tag erhielt der Unteroffizier 36 Kreuzer und jeder Gemeine 24 Kreuzer. Auf vierzehn Tage gerechnet traf den Bauern somit allein schon in Bargeld eine Belastung von 64 Gulden 24 Kreuzer. Das war eine beachtliche Summe, die ironischerweise genau jenem Durchschnittsbetrag entsprach, den damals ein Tagwerk Wald kostete![13]

Am 1. Januar 1853 marschierte eine Kompanie des Infanterie-Leib-Regiments mit 120 Mann von München über Holzkirchen nach Miesbach, um gegen die dortigen Haberfeldtreiber vorzugehen. Die Kompanie bestand aus fünf Offizieren, zehn Unteroffizieren, drei Spielleuten und 120 Mann. Die Soldaten waren feldmarschmäßig ausgerüstet und pro Mann 48 scharfe Patronen ausgegeben. Es kam aber zu keinen ernsthaften Zwischenfällen. So konnte das Kommando bereits zum 9. Januar 1853 wieder in die Garnison zurückkehren.[14]

Vier Jahre später, am 18. Dezember 1857 rückte ein Kommando des 1. Infanterie-Regiments in Stärke von zwei Offizieren, vier Unteroffizieren, einem Spielmann und fünfzig Mannschaften von München in das Dorf Föching ab, das als Hauptnest der Miesbacher Haberer galt. Zehn Tage später war die Aktion beendet.[15] Die Wirkung solcher Einquartierungen ist aus den lakonischen Mitteilungen der Truppenstäbe nicht erschließbar. Sie war aber beträchtlich: »... Die erhebliche finanzielle Belastung wie die tiefgreifende Störung des Lebens in Haus und Hof lösten auf einmal das hartnäckige Schweigen; an ihren empfindlichsten Stellen, am Geldbeutel und an der freien Verfügungsgewalt über ihr Haus und Eigen getroffen, gaben die Bauern die Namen der Haberer preis und versprachen, alles zur Verhinderung künftiger Treiben zu tun.«[16]

Die moralische Wirkung des Militäreinsatzes hielt ein paar Jahre an. Die Münchner Infanterie mußte zwar vom 6. bis 8. Juli 1859 wieder im Gebirge herumstreifen, doch galt diesmal ihr Augenmerk österreichischen Deserteuren, die sich angeblich in der Gegend um Brannenburg versteckt halten sollten. Um sie aufzuspüren setzte man eine kriegsstarke Kompanie des 6. Jäger-Bataillons mit vier Offizieren, einem Unterarzt, vierzehn Unteroffizieren und 174 Mannschaften ein.

Mittlerweile wuchs in den Gebirgsdörfern eine neue Generation von Burschen heran. So nahm das Haberfeldtreiben im Herbst 1863 erneut beunruhigende Ausmaße an. Es begann wieder einmal im Bezirksamt Miesbach. Am 30. Oktober 1863 marschierte eine Abteilung des 2. Infanterie-Regiments mit vier Offizieren, dreizehn Unteroffizieren, drei Spielleuten und 150 Mann in diese Gegend. Am 4. November folgte ein Kommando des 1. Infanterie-Regiments mit zwei Offizieren und fünzig Mann »nebst Chargen« in das Bezirksamt Tölz. Bereits einen Tag später meldete das Münchner Generalkommando an das Kriegsministerium den Abtransport einer Abteilung zu vier Offizieren, vierzehn Unteroffizieren und 120 Mann vom Leib-Regiment in den Bereich des Bezirksamtes Rosenheim. Die Marschkompanie des Leib-Regiments wurde in verschiedene Ortschaften, darunter die schon anno 1834 genannten Dörfer Vagen, Kirchdorf, Götting, u. a. verteilt. Jeder Soldat war mit 48 scharfen Patronen ausgerüstet. Auch eine Abteilung von achtzig Mann vom 1. Infanterie-Regiment in das Bezirksamt Miesbach marschierte am 31. Oktober von München ab. Insgesamt waren nun 450 Soldaten der Garnison im Oberland eingesetzt.[18]

Die Unruhen weiteten sich jedoch aus. Am 14. November legte man ein Kommando des 2. Infanterie-Regiments von siebzig Mann unter Führung von zwei Offizieren und einigen Unteroffizieren in das Bezirksamt Ebersberg. Sie wurden auf die Orte Glonn, Loitersdorf und Oexing verteilt. Am folgenden Tag bat die Regierung von Oberbayern dringend um Truppenunterstützung für das Bezirksamt Aibling. Sofort setzte das Generalkommando per Eisenbahn ein Kommando des 2. Infanterie-Regiments in Stärke von zwei Offizieren, sieben Unteroffizieren, zwei Spielleuten und fünfzig Mann in Marsch. Langsam wurde es dem Generalkommando zuviel, zumal das Aiblinger Kommando völlig übereilt von der Zivilbehörde angefordert worden war und bereits am nächsten Tag zurückgeschickt wurde. Die Äußerung des Generalkommandos gegenüber der Regierung von Oberbayern vom sinnlosen »Hin- und Hersprengen« der Truppen wurde jedoch vom Kriegsminister als in der Sache berechtigt, doch im Ton unangemessen gerügt. Die Sicherheitskommandos Miesbach, Rosenheim, Tölz und Ebersberg wurden erst im Zeitraum vom 15. bis 18. Dezember 1863 wieder eingezogen.[19] Bei den Soldaten scheinen diese Kommandos nicht einmal so unbeliebt gewesen zu sein. So bemerkt die Chronik des Leib-Regiments: »… Eine Abwechslung in das Einerlei des Garnisondienstes brachten die Haberfeld-Kommandos.«[20]

Sicherheitskommandos auf dem Keferloher Markt

Der Ort Keferloh bei Münchner, dessen Name heute noch ein Synonym für den charakteristischen altbaierischen Maßkrug aus Ton mit blaugrauer Glasur ist, war im 19. Jahrhundert bekannt für seinen großen Jahrmarkt, der stets am ersten Montag im September zusammen mit einem Viehmarkt abgehalten wurde. Der Keferloher Markttag war kein gewöhnlicher Bauernmarkt, sondern das Ausflugsziel zahlreicher Münchner aller Gesellschaftsschichten, obwohl oder vielleicht gerade weil es in Keferloh stets so ungehobelt zuging, daß das Adjektiv »keferloherisch« in München rohe Ungezügeltheit bezeichnete. Vor allem war der Keferloher Markt berühmt-berüchtigt für die dort traditionellen Raufereien.[21]

In den Akten des Kriegsministeriums taucht der Keferloher Markt erstmals im Herbst 1852 auf. Gemäß einer Anforderung der Regierung von Oberbayern hatte das I. Armeekorps dem 1. Infanterie-Regiment »König« befohlen für den Markttag in Keferloh am 6. September 1852 ein Kommando zur Wahrung der öffentlichen Ordnung abzustellen. Es bestand aus einem Offizier, drei Unteroffizieren und fünfundzwanzig Mann.[22] Genauso zusammengesetzt waren das Kommando des 2. Infanterie-Regiments »Kronprinz« für den Markttag vom 5. September 1853 bzw. das Kommando vom 6. Jäger-Bataillon für den Keferloher Markt am 4. September 1854.[23] Für die folgenden Jahre fehlen Aktenhinweise auf derartige militärische Bereitschaften.

Sicherheitskommandos für die Kirchweih in Großhesselohe

Ähnlich wie in Keferloh kam es dann Ende der 1850er Jahre auch auf dem Kirchweihfest in Großhesselohe zu Ausschreitungen. Seit Eröffnung der Isartalbahn (1854) war der Ort ein beliebtes Ausflugsziel der Münchner geworden, was wohl zu größerem Besucherverkehr und entsprechenden negativen Begleiterscheinungen beitrug. Im Sommer des ohnehin unruhigen Jahres 1859 stellte das Generalkommando München erstmals eine starke Alarmabteilung für dieses Ereignis bereit. Taktisch günstig wirkte sich die Existenz der Isartalbahn und des Bahntelegraphen aus. Man brauchte die Abteilung des 2. Infanterie-Regiments, bestehend aus zwei Offizieren, sieben Unteroffizieren, zwei Spielleuten und achtzig Mannschaften, nicht mehr an Ort und Stelle zu postieren, wo sie eher provozierend gewirkt hätte, sondern hielt sie auf Abruf bereit. Zu diesem Zweck benützte man am 13. Juni 1859 den relativ nahe des Münchner Bahnhofes gelegenen Glaspalast als »Bereitschaftslokal«. Zu einem Einsatz kam es aber nicht.[24] Ein Jahr später hielt man für die Großhesseloher Kirchweih am Pfingstmontag ein Kommando des 6. Jäger-Bataillons bereit. Ein Offizier, vier Unteroffiziere, ein Hornist und fünfzig Mannschaften warteten abrufbereit in der Salzstadelkaserne ganz in der Nähe des Bahnhofes, ihr Sonderzug mußte jedoch nicht abfahren.[25] Auch für den Pfingstmontag des Jahres 1861 war ein derartiges Eingreifkommando des 6. Jäger-Bataillons in Reserve.[26] In späterer Zeit scheint man, ähnlich wie in Keferloh, wieder auf derartige Maßnahmen verzichtet zu haben.

Unruhen im Oberland im Zeichen des politischen Umbruches 1866/68

Drei Jahre nach den großen Habererunruhen von 1863 flammte das Haberfeldtreiben im Oberland wieder hoch. Am 25. Oktober 1866 meldete das Generalkommando, es habe eine Kompanie des Infanterie-Leib-Regiments zur Assistenz der Zivilbehörde in das Bezirksamt Rosenheim geschickt. In der Nacht vom 20./21. Oktober hatten Haberer nämlich Gendarmerie und Landwehr ein regelrechtes Gefecht geliefert. Anfang November ließ das Generalkommando auf Vorschlag des Bezirksamtes einhundert Beurlaubte aus der Gegend um Rosenheim zum Infanterie-Leib-Regiment nach München einberufen und zwar solche Männer, die im Verdacht standen, Haberer zu sein. Letztere Praxis war übrigens nicht neu, sondern war bereits vorbeugend in den Wintern 1864/65 und 1865/66 von der Armee angewandt worden. Erst am 6. Dezember 1866 kehrte das Detachement Rosenheim in Stärke von vier Offizieren, vierzehn Unteroffizieren, drei Spielleuten, 103 Mannschaften mit der Eisenbahn nach München zurück. Gleichzeitig wurden die hundert verdächtigen Oberländer wieder in ihre Heimatorte beurlaubt.[27]

Im Frühjahr 1868 trat das neue Wehrpflichtsystem in Kraft. Es kam zu Unruhe in der Bevölkerung und offener Auflehnung. So verweigerten etwa die Landwehrmänner des Bezirkes Traunstein auf der Kontrollversammlung die Eidesleistung und demolierten das Lokal. Noch am gleichen Tag, 28. März, gingen zwei Kompanien des Infanterie-Leib-Regiments mit zusammen neun Offizieren, zweiundzwanzig Unteroffizieren, sechs Spielleuten und 106 Mann per Bahn nach Traunstein ab und setzten die Aufrührer fest. Gleichzeitig wurden Beurlaubte aus dem Landwehrbezirk Traunstein zum Dienst beim Regiment nach München eingezogen, bis das Kommando am 23. Mai wieder aus

Traunstein zurückkehrte. Zur Sicherheit ging am 2. April ein Kommando des Leib-Regiments, bestehend aus einem Offizier mit dreißig Mann zur Sicherung der Kontroll-versammlung nach Ebersberg. Die schuldigen Landwehrmänner aus Traunstein, Rosen-heim und Teisendorf wurden Anfang Mai 1868 von einer Eskorte des Leib-Regiments, bestehend aus sechs Offizieren, neunzehn Unteroffizieren, drei Spielleuten und siebzig Mann, per Bahn nach Ingolstadt gebracht. Dort hatten die Landwehrmänner acht Wochen lang »Exerzierübungen in schärfster Weise« zu leisten. Als »Abrichter« stellte das Leib-Regiment zu diesem Strafkommando drei Offiziere, dreizehn Unteroffiziere und zwei Tamboure.[28] Aus den Vorfällen im Chiemgau zog das Kriegsministerium übrigens die Lehre, daß fortan die Kontrollversammlungen nur noch in Garnisonstädten abzuhalten waren, um gegen etwaige »… Unbotmäßigkeiten und Excesse der Kontrollpflichtigen« sofort mit präsenten Truppen einschreiten zu können.[29]

Der nächste Haberereinsatz der Münchner Garnison fand vom 10. bis 12. Oktober 1868 im Bezirksamt Aibling statt, wobei zwei Offiziere, vier Unteroffiziere, ein Spielmann und fünfzig Mann vom 1. Infanterie-Regiment in der Bahnstation »Heufeld« einquartiert wurden.[30]

Ein letzter Militäreinsatz gegen Haberer vor dem Krieg von 1870/71 wurde am 16. Januar 1869 für das Bezirksamt Ebersberg befohlen. Das fünfzigköpfige Kommando des 2. Infanterie-Regiments wurde aber schon am folgenden Tag wieder eingezogen, da sehr starker Schneefall den Haberern die Lust an ihrem Treiben ohnehin schon vergällt hatte.[31]

Militärhilfe zu friedlichen Zwecken

Wenngleich die »Assistenzleistung der bewaffneten Macht« ihrem Wesen entsprechend vorzugsweise zur Unterstützung der Gendarmerie angefordert wurde, so gab es doch auch einige Hilfsaktionen ohne gewalttätigen Hintergrund:

– *Löscharbeiten in Haspelmoor (1855)*

Beim Brand der Bahnstation Haspelmoor an der Strecke München-Augsburg am 1. März 1855 bat das Kgl. Ober-Post- und Bahnamt München die Stadtkommandantschaft münd-lich um sofortige Hilfe. Obwohl nach der Dienstvorschrift ein schriftliches Ansuchen über die Regierung von Oberbayern notwendig gewesen wäre, handelte man schnell und unbürokratisch. Aus dem Personal des 6. Jäger-Bataillons, das nahe dem Bahnhof in der Salzstadelkaserne untergebracht war, wurde eine Abteilung gebildet und mit einem Sonderzug zum Einsatzort gebracht. An den Lösch-, Berge- und Sicherungsarbeiten waren vier Offiziere, zehn Unteroffiziere, zwei Hornisten und hundert Mannschaften beteiligt. Bezeichnend für den bürokratischen Geist, der schon damals in militärischen Schreib-stuben sein Unwesen trieb, beschwerte sich das Münchner Generalkommando dann nachträglich beim Kriegsministerium über den nicht legitimierten Einsatz des Bataillons durch die Stadtkommandantschaft.[32]

– *Quarantänekordon (1871)*

Im Frühjahr 1871 brach in den Dörfern Grasbrunn und Taufkirchen bei München die Rinderpest aus. Die betroffenen Ortschaften wurden unter Quarantäne gestellt. Am 20. Mai 1870 marschierte ein Kommando zu fünfzig Mann nach Grasbrunn, gleichstarke Komman-dos wurden am 23. Mai nach Taufkirchen bzw. am 27. Mai nach Putzbrunn gelegt. Alle drei Abteilungen wurden vom Ersatz-Bataillon des Infanterie-Leib-Regiments gestellt.[33]

– *Katastrophenhilfe in Wasserburg a. Inn (1883)*

Anfang August 1883 kam es im Städtchen Wasserburg zu einer großen Brandkatastrophe. Auf ein Telegramm des Stadtmagistrats hin sandte das Generalkommando des I. Armeekorps sofort eine Hilfsabteilung der München Garnison. Sie bestand aus einem Vizefeld-webel, zwei Unteroffizieren und dreißig Mannschaften.[34]

– Bekämpfung von Waldschäden (1889)

Geradezu modern in einer Zeit zunehmenden ökologischen Bewußtseins mutet eine Aktion an, bei der im Sommer 1889 die Münchner Garnison eingesetzt wurde. Etwa vierzehn Tage lang waren im täglichen Wechsel fünfzig Soldaten damit beschäftigt im königlichen Waldrevier Schleißheim für den Baumbestand gefährliche Insekten einzusammeln.[35]

Das Ende der großen Haberfeldtreiben in der Prinzregentenzeit

Entsprechend dem tatsächlichen Rückgang der Haberfeldtreiben nach 1869 wurden Münchner Truppen im 19. Jahrhundert nur noch einmal zur Bekämpfung von Haberfeld-treibern verwendet. Wieder einmal war es die Miesbacher Gegend, die vom 7. bis 9. Oktober 1894 von einem Kommando des 2. Infanterie-Regiments, bestehend aus zwei Offizieren, fünf Unteroffizieren, zwei Spielleuten und fünfzig Mann, befriedet werden mußte.[36] Das Ende der großen Haberfeldtreiben brachte dann auf Grund der Aussagen einiger ertappter Haberer ein spektakulärer Massenprozeß vor dem Landgericht München II in den Jahren 1896/97, in dem nicht weniger als 361 Angeklagte zu teilweise mehr-jährigen Haftstrafen verurteilt wurden.[37] Damit war dieses Kapitel auch für die Garnison München abgeschlossen.

Anmerkungen

1 F. Illing, Geschichte des Königlich Bayerischen Infanterie-Leib-Regiments von der Errichtung bis zum 1. Oktober 1891, Berlin 1892, S. 66
2 Vgl. »Ausgaben der Garnison München« im Abschnitt »Die Garnison als Wirtschaftsfaktor«
3 J. F. Lentner, Bavaria. Land und Leute im 19. Jahrhundert. Bd.: Oberbayern. Die Landgerichte im Gebirge (um 1850 verfaßt), hg. von P. E. Rattelmüller, München 1988, S. 124 – 132; W. Blessing, »Aufgrewellt Kamerad'n!«. Aus der Geschichte des Haberfeldtreibens im Oberland, in: Unbekanntes Bayern Bd. 13: Die kleinen Leute, hg. von P. Kritzer, München 1980, S. 11 – 124; E. Schieder, Das Haberfeldtreiben. Ursprung, Wesen, Deutung (MBM Bd. 125), München 1983 pass.; R. Braun, Militäreinsätze bei Unruhen, in: Bayern und seine Armee., München 1987, S. 149 – 161, insb. S. 151 und S. 154 ff.
4 MKr. 2565 Prod. 2, 1. Armee-Division an KM am 20. Sept. 1834; Prod. 6, Patrouillenzettel des Kommandos Vagen, sign. Lt v. Crailsheim am 24. Sept. 1834; Prod. 8, Meldungen des 1. bzw. 2. Inf.Rgt an 1. Armee-Division am 9. bzw. 8. Okt. 1834
5 MKr. 2560 Prod. 3, 1. Armee-Division an KM am 10.Sept. 1844; Prod. 4, 1. Armee-Division am 13. Sept. 1844
6 Vgl. H. Reiter, Die Revolution von 1848/49 in Altbayern. Ihre sozialen und mentalen Voraussetzungen und ihr Verlauf (MBM Bd. 109), München 1983 pass.
7 Illing (wie Anm. 1), S. 96
8 MKr. 2560 Prod. 16, 1. Armee-Division an KM am 17. Nov. 1848
9 A IV Bd. 102 Prod. 136, KM an KdtMünchen am 13. Dez. 1848; Illing (wie Anm. 1), S. 96
10 MKr. 2560 Prod. 18, GenKdo I.A.K. an KM am 24. Aug. 1849
11 Ebd. Prod. 19, GenKdo I.A.K. an KM am 9. Sept. 1849; Prod. 21, GenKdo I.A.K. an KM am 17. Sept. 1849
12 Ebd. Prod. 28, GenKdo I.A.K. an KM am 16. Febr. 1850
13 Ebd. Prod. 62, GenKdo I.A.K. an KM am 22. Mai 1851; Prod. 63, 2. InfRgt an 1. Inf-Division am 15. Juni 1851. Nach D. Stutzer, Geschichte des Bauernstandes in Bayern, München 1988, S. 198 betrug der Durchschnittswert für ein Tagwerk Wald 60 Gulden.
14 MKr. 2565 Prod. 15, GenKdo I.A.K. an KM am 31. Dez. 1852; Prod. 17, GenKdo I.A.K. an KM am 10. Jan. 1853; Illing (wie Anm. 1), S. 110
15 MKr. 2565 Prod. 18, 1. Armee-Division an KM am 18. Dezember 1857; Prod. 19, 1. Armee-Division an KM am 29. Dez. 1857
16 Blessing (wie Anm. 3), S. 116
17 MKr. 2556 Prod. 4, 6. JgBtl an GenKdo München am 12. Aug. 1859
18 MKr. 2565 Prod. 21, GenKdo München an KM am 30. Okt. 1863; Prod. 23, GenKdo München an KM am 4. Nov. 1863; Prod. 24, GenKdo München an KM am 5. Nov. 1863; Illing (wie Anm. 1), S. 149 f.

19 MKr. 2565 Prod. 26, GenKdo München an KM am 13. Nov. 1863; Prod. 27, GenKdo München an KM am 15. Nov. 1863; Prod. 28, GenKdo München an KM am 16. Nov. 1863; Prod. 29, KM an GenKdo München am 16. Nov. 1863; Prod. 31, GenKdo München an KM am 18. Dez. 1863

20 Illing (wie Anm. 1), S. 149

21 Th. Braatz, Das Kleinbürgertum in München und seine Öffentlichkeit von 1830 bis 1870. Ein Beitrag zur Mentalitätsforschung (MBM Bd. 68), München 1977, S. 116 f.

22 MKr. 2560 Prod. 69, GenKdo I.A.K. an KM am 7. Sept. 1852

23 Ebd. Prod. 79, GenKdo I.A.K. am KM am 24. Aug. 1853; Prod. 91, GenKdo I.A.K. am 30. Aug. 1854

24 Ebd. Prod. 108, GenKdo München an KM am 13. Juni 1859

25 Ebd. Prod. 111, GenKdo München an KM am 26. Mai 1860

26 Ebd. Prod. 112, GenKdo München an KM am 17. Mai 1861

27 MKr. 2565 Prod. 70, GenKdo München an KM am 25. Okt. 1866; Prod. 74, GenKdo München an KM am 1. Nov.; Prod. 76, GenKdo München an KM am 6. Dez. 1866. Zur Einberufung potentieller Haberer Ebd. Prod. 37, Bezirksamt Rosenheim an Inf-Leib-Rgt am 20. Dez. 1865

28 Illing (wie Anm. 1), S. 205

29 MKr. 2560 Prod. 142, KM am 30. März 1868

30 MKr. 2565 Prod. 84, KdtMünchen an KM am 10. Okt. 1868; Prod. 86, KdtMünchen an KM am 12. Okt. 1868

31 Ebd. Prod. 92, GenKdo München an KM am 16. Jan. 1869; Prod. 93, GenKdo München an KM am 17. Jan. 1869

32 MKr. 2560 Prod. 93, GenKdo I.A.K. an KM am 2. März 1855; Prod. 94, KM an KdtMünchen am 7. März 1855; Prod. 95, KdtMünchen an KM am 8. März 1855

33 Illing (wie Anm. 1), S. 384 f.

34 MKr. 2560 Prod. 271, GenKdo I.A.K. an KM am 7. Aug. 1883

35 Ebd. Prod. 297, KM am 8. Juli 1889

36 MKr. 2565 Prod. 96, KdtMünchen an GenKdo I.A.K. am 7. bzw. 9. Okt. 1894

37 Blessing (wie Anm. 3), S. 123

Das Verhältnis der Armee zur Sozialdemokratie in München

Galt bis in die 1860er Jahre die Aufmerksamkeit der Garnison im Bereich der inneren Sicherheit einerseits den politisch verdächtigen Demokraten bürgerlicher Provenienz, andererseits den als unpolitisch klassifizierten Unruhen unterbürgerlicher Schichten, so stellte fortan die sozialdemokratische Arbeiterbewegung eine neue Qualität dar. Zwar hatte man sich bereits am Vorabend der Revolution von 1848 vor dem »Communismus« gefürchtet, doch jetzt sah sich die Obrigkeit mit einer politisch agierenden nichtbürgerlichen Kraft konfrontiert, die auf die traditionellen Mittel des Tumults bewußt verzichtete und den Marsch durch die Institutionen antreten wollte.

Nach bürgerlichem Vorbild organisierten sich die Sozialdemokraten in Vereinen und Parteien. Dabei stand der Gewerkschaftsgedanke zunächst vor anderen politischen Anliegen. Im Jahr 1863 konstituierte sich der Allgemeine Deutsche Arbeiter-Verein (ADAV) in Leipzig. Durch den jähen Tod Ferdinand Lassalles (1825 – 1864) verlor der ADAV seinen Führer. Der Plan im ADAV Parteipolitik und Gewerkschaftsinteressen zu vereinigen scheiterte. 1868 spalteten sich die liberalen Hirsch-Dunckerschen Gewerkvereine vom neuen Allgemeinen Deutschen Arbeiterschaftsverband des ADAV ab. 1869 gründeten August Bebel (1840 – 1913) und Wilhelm Liebknecht (1826 – 1900) in Eisenach als marxistisch beeinflußte Konkurrenzorganisation zum ADAV die Sozialdemokratische Arbeiterpartei (SDAP). Erst auf dem Gothaer Einigungskongreß 1875 schlossen sich ADAV und SDAP zur »Sozialistischen Arbeiterpartei Deutschlands« (SAP) zusammen. Nur wenige Jahre konnte die SAP legal agieren. Im Königreich Preußen wurde sie bereits 1876 verboten. Seit dem 21. Oktober 1878 galt dann im ganzen Deutschen Reich das sogenannte Sozialistengesetz. Dieses »Gesetz gegen die gemeingefährlichen Bestrebungen der Sozialdemokratie« hatte Reichskanzler Bismarck durchgesetzt, nachdem zuvor kurz hintereinander zwei polititsche Attentatsversuche auf Kaiser Wilhelm I. stattgefunden hatten, wenngleich die Täter keine SAP-Anhänger gewesen waren. Nach der Peitsche kam das Zuckerbrot in Gestalt der berühmten »Kaiserlichen Botschaft« vom 17. November 1881. Sie war die Basis des noch heute bestehenden Sozialversicherungssystems in Deutschland. Ungeachtet der weitreichenden Zugeständnisse der Obrigkeit an berechtigte Forderungen der Arbeiterschaft ging Bismarcks Rechnung nicht auf. Die illegal operierende SAP dominierte die Arbeiterbewegung, ungeachtet des Interesses vor allem der katholischen Kirche, auch sie ein Opfer von Bismarcks Innenpolitik, an der »Arbeiterfrage« und den Christlichen Gewerkschaften. Erst im »Revisionismusstreit« nach der Jahrhundertwende sollte das innige Verhältnis zwischen den sogenannten Freien Gewerkschaften (z. B. dem Deutschen Metallarbeiterverband) und der SPD abkühlen. Noch aber waren Arbeiterbewegung und Sozialdemokratie de facto identisch. Nach der Reichstagswahl vom 20. Februar 1890 bildeten die Vertreter der Sozialdemokratie mit fast zwanzig Prozent Wählerstimmen die stärkste Fraktion. Das Sozialistengesetz wurde nicht mehr verlängert und lief am 30. September 1890 aus. Nur wenige Wochen später erstand die SAP offiziell neu unter dem Namen Sozialdemokratische Partei Deutschlands (SPD).[1]

Wie sah nun die Situation in Bayern aus? Die Parteienlandschaft des späten 19. Jahrhunderts zeigt eine recht starke, freilich in sich gespaltene, liberale Gruppierung, die auch im Münchner Magistrat das Sagen hatte. Daneben stand als stärkste Fraktion der Kammer der Abgeordneten im Landtag die Bayerische Patriotenpartei, ab 1887 Zentrumspartei. Ungeachtet der dominierenden Rolle des katholischen Klerus in dieser Partei, verfügte sie über einen beachtlichen »linken« Flügel. Die bayerische Sozialdemokratie hat ihre Wurzeln in der Industriestadt Augsburg, wo bereits 1864 eine Sektion des ADAV entstand. Blieb die

Arbeiterschaft in Augsburg und München zunächst am ADAV orientiert, so faßte in Franken die SDAP Fuß. Nach 1871 beherrschte die SDAP auch im Süden das Feld. Die vereinigte SAP wirkte nach Inkrafttreten des Sozialistengesetzes durch Wahlvereine und Fachvereine weiter. Noch in dieser Ära übernahm Georg v. Vollmar (1850–1922) ab 1889 das Ruder der Parteiführung. Altbayer, Katholik, Adeliger, gedienter Offizier der bayerischen Armee und kriegsversehrter Veteran von 1870/71 verkörperte der undogmatische Vollmar das pure Gegenteil des »Sozi« vom Muster Bebels.[2] Unter v. Vollmar stieg die Zahl der SPD-Mandate im Landtag von fünf anno 1893 auf elf bei der Wahl 1899 und dreißig im Jahr 1912. In seiner Zeit entstand das heute noch gern gebrauchte Klischee von der »Königlich-Bayerischen Sozialdemokratie«. Die Realität sah, wie noch ausführlich gezeigt werden wird, weit weniger gemütlich aus.

Schließlich die Situation in der königlichen Haupt- und Residenzstadt München. Die Bedeutung der Sozialdemokraten in der zunehmend industrialisierten Großstadt darf nicht unterschätzt werden. So wurde schon am 10. April 1869 in München ein Lokalverein der an den Ideen Ferdinand Lassalles orientierten »Vereinigten deutschen Metallarbeiter-Gewerkschaft« gegründet und sogleich von der Münchner Polizeidirektion observiert.[3] Seit 1888 erschien die »Münchner Post«, eines der wichtigsten sozialdemokratischen Presseorgane in Deutschland bis 1933. Bei der Reichstagswahl von 1890, also noch unter dem Sozialistengesetz, gingen die beiden Münchner Mandate an die Sozialdemokraten Georg von Vollmar und Georg Birk. Dabei hörte nach dem Auslaufen des Sozialistengesetzes die obrigkeitliche Pression keineswegs auf. Der Gründungskongreß der Verwaltungsstelle München des Deutschen Metallarbeitervereins am 18. Juli 1891 etwa, fand unter Aufsicht von Kriminalbeamten der Polizeidirektion statt, die jedes Wort protokollierten. Bei den Landtagswahlen von 1893 gewann Vollmar mit dem Stimmkreis München II eines der fünf Mandate der SPD. Im gleichen Jahr zog mit dem Gastwirt Georg Birk erstmals ein Sozialdemokrat in das Kollegium der Gemeindebevollmächtigten. Hingegen konnte die SPD, vertreten durch den Journalisten Eduard Schmidt von der »Münchner Post«, erst 1899 in den Stadtmagistrat einziehen. Wenngleich Münchens Kommunalpolitik die Liberalen und die Persönlichkeit des Bürgermeisters Dr. Wilhelm von Borscht (Zentrum) prägten, wurde die Stadt als solche in der »Prinzregentenzeit« noch vor Nürnberg zum Zentrum der bayerischen Sozialdemokratie.[4]

Zur Militärpolitik des Sozialismus und der Sozialdemokratie

Die Begründer des Sozialismus und der Sozialdemokratie waren keineswegs Pazifisten. Bezeichnenderweise war die Militärakademie der untergegangenen DDR nach Friedrich Engels (1820–1895), dem Weggefährten von Karl Marx benannt. Wenngleich sich auch Marx intensiv mit der Militärgeschichte und den Kriegen seiner Zeit beschäftigte,[5] so muß doch Engels als der bedeutendere Militärtheoretiker gelten. Friedrich Engels besaß praktische Erfahrung im Kriegshandwerk. Er hatte als Einjährig-Freiwilliger in der preußischen Armee gedient und an den Kämpfen in Baden 1848/49 teilgenommen. Im britischen Exil beschäftigte sich Engels sehr eingehend mit militärischen Fragen aller Art. Nach seinen Erfahrungen mit den begeisterten, aber unfähigen Freischaren der 48er Revolution erblickte Engels nur noch in einer wohlgeschulten, präsenten Streitmacht (»a very fair army«, 1852) das geeignete Kampfinstrument.[6] Deshalb sprach er sich für eine straffe Praxis allgemeiner mehrjähriger Wehrpflicht aus und hatte für Militärdienstverweigerer, selbst wenn sie dem reaktionären preußischen Heer zu entgehen suchten, nicht das mindeste Verständnis.[7]

Große Unterschiede zur sozialistischen Wehrdoktrin wies die Wehrpolitik der deutschen Sozialdemokraten auf. Sie beriefen sich auf die alte liberale Idee einer in sich demokratisch strukturierten Bürgerwehr, als Ersatz für die stehenden, auf Fürsten vereidigten Heere. Ferdinand Lassalle wollte eine Landwehr, deren Angehörige nur einige Monate Grundausbildung absolvieren sollten.[8] Ähnlich dachten auch der Unteroffiziersohn August Bebel und Wilhelm Liebknecht, der wie Engels Revolutionär in Baden gewesen war.[9] So sprach sich Bebel im Jahr 1867 für eine dreimonatige Dienstzeit in einer allgemeinen »Volkswehr« aus, wobei sich die Ausbildung auf das Kriegsmäßige beschränken sollte. Ganz in diesem Sinne forderten die drei wichtigen sozialdemokratischen Parteiprogramme von Eisenach (1869), Gotha (1875) und Erfurt (1891) jeweils die Errichtung einer Volkswehr.[10] Nach dem siegreichen Krieg von 1870/71 wechselten aber die bürgerlichen Liberalen, die bis dahin scharfe Kritiker des bestehenden Militärsystems gewesen waren, in das andere Lager über. Damit waren die Sozialdemokraten wehrpolitisch weitgehen isoliert, bis auf die Zentrumspartei. Diese beiden Gruppierungen bildeten die Opposition gegen den »Militarismus« und hatten dabei vor allem das Wohl des einfachen Soldaten im Auge. Schlechte Zustände in einzelnen Garnisonen, das triste Kasernenleben, Mißbrauch der Vorgesetztengewalt und Soldatenselbstmorde bildeten dabei wichtige Streitpunkte mit dem militärischen Establishment.[11]

Die Haltung der Armee vor dem Sozialistengesetz

Die Akten des bayerischen Kriegsministeriums aus dem späten 19. Jahrhundert lassen zunehmend die Tendenz erkennen, sozialdemokratische Einflüsse von der Truppe fernzuhalten. Dabei trat die entscheidende Wende um 1870 ein. Noch im Herbst 1869 stellte Kriegsminister v. Pranckh nach einer Mitteilung des Innenministeriums, Angehörige der Münchner Garnison hätten an verdächtigen Arbeiterversammlungen teilgenommen, fest, daß allen bayerischen Soldaten gemäß eines Kriegsministerialreskripts vom 7. September 1848 (!) der Besuch aller legaler Versammlungen absolut freistünde.[12] Nur wenige Monate später aber konnte der Befehlshaber des Generalkommandos München v. d. Tann dem gleichen Kriegsminister widerspruchslos mitteilen, man habe im Zuständigkeitsbereich des Generalkommandos verfügt, »… daß die Theilnahme an Arbeiterversammlungen und an politischen Vereinen allen dienstpräsenten Angehörigen der bewaffneten Macht bis auf weiteres untersagt ist.«[13] Minister v. Pranckh seinerseits befahl dem Generalkommando München im Juli 1870, den Landwehrmann Ferdinand Pröbstl von der 4. (Landwehr)-Kompanie des Ersatzbataillons des 1. Infanterie-Regiments »König«, der ihm vom Innenminister als nach Erkenntnis der Münchner Polizeidirektion gefährlicher sozialdemokratischer Agitator genannt worden war, »… ohne Aufsehen zu erregen, in geeigneter Weise überwachen zu lassen.«[14]

In der Zeit vor dem Sozialistengesetz konnte die Armeeführung nur verdeckt operieren. So rügte Kriegsminister v. Pranckh in einem Erlaß vom 24. Februar 1874 alle Aktivitäten, durch die »…das politische Parteigetriebe auch in die Reihen der Armee« gelangen könnte.[15] Ein als vertraulich klassifizierter Erlaß an die Generalkommandos vom 27. Juli 1878 befahl: »… *Anordnung zu treffen, daß die Angehörigen der Armee von jedem politischen Parteigetriebe ferngehalten und denselben der Besuch von Wirtschaftslokalen, in welchen derartige Versammlungen oder Zusammenkünfte stattfinden, verboten werden.*«[16] Scheinbar ergibt sich somit das Bild einer streng neutralen, wenngleich natürlich Staat und Herrscherhaus verpflichteten, Armee. In der Praxis jedoch richteten sich die Erlasse ganz konkret gegen die Sozialdemokratie. So war etwa der oben zitierte

Kriegsministerialerlaß vom 27. Juli 1878 die unmittelbare Reaktion auf ein Schreiben des Innenministeriums vom 18. Juli 1878, in dem von Besuchen bayerischer Soldaten in stark von Sozialdemokraten frequentierten Gaststätten berichtet wurde und das Innenministerium vor der »... *Gefahr einer Einschleppung der verderblichen Lehren der Sozialdemokratie in die Reihen der Armee*« warnte.[17]

Es gilt nun zu untersuchen, inwieweit der Kampf der etablierten politischen Kräfte gegen die Sozialdemokratie und die ihr nahestehende Gewerkschaftsbewegung auch in der Garnison München ausgetragen wurde.

Die Epoche des Sozialistengesetzes (1878 – 1890)

– Erste Maßnahmen in der Garnison

Die offizielle Position der Armee war festgelegt durch die Rechtslage. Das neue Sozialistengesetz war auch für die bayerische Armee so wichtig, daß der bayerische Militärbeauftragte in Berlin das Resultat der Abstimmung im Reichstag (221 gegen 149) am 19. Oktober 1878 sofort telegraphisch an das Münchner Kriegsministerium meldete.[18]

Die ersten Aktennotizen über die Handhabung des Sozialistengesetzes in der Garnison München betreffen dann ausgerechnet das Infanterie-Leib-Regiment, dessen Kommandeur am 7. Januar 1880 die Auffindung sozialdemokratischer Broschüren bei vier Soldaten und eine, allerdings ergebnislose, Wohnungsdurchsuchung bei einem Feldwebel meldete.[19] Das Kriegsministerium reagierte auf diesen Münchner Bericht umgehend mit einem Erlaß an die Generalkommandos vom 14. Januar 1880, der die Dienststellen und Truppenteile anwies, über die aktuelle politische Stimmung der Soldaten zu berichten. Hier zunächst der Bericht des Stadtkommandanten von München Generalleutnant Graf v. Ysenburg vom 18. März 1880:

»... Nach dem Inslebentreten des Sozialisten-Gesetzes ging ich persönlich zur Kgl. Polizei-Direktion, um im Einvernehmen mit derselben vorbeugende Maßregeln zu treffen. Der damalige Stellvertreter des Polizeipräsidenten, Herr RegRat Schuster erklärte mir (...), daß die Anzahl der in München residierenden Sozialdemokraten so gering sei, daß eine Befürchtung hierwegen nicht aufkommen könne. Gleichwohl versprach mir derselbe, daß von allen Vorkommnissen und Anzeigen in sozialistischer Beziehung, welche hierorts von Belang seien (...) Mitteilung gegeben werde.

In diesem Sinne wurden von Seite der Kgl. Polizei-Direktion auch die *Wirtshäuser namhaft gemacht, woselbst sozialistische Umtriebe stattfanden und dieselben, 23 an der Zahl, durch Kommandantur-Befehl vom 18. 8. 1878 den Angehörigen der Garnison verboten.* Von welchem Verbot jetzt einige Ausnahmen auf Antrag der Polizei-Direktion wieder gemacht worden sind. (...) Im Verkehr mit der Kgl. Polizeidirektion und den beiden Kgl. Bezirksämtern sind inzwischen andere verdächtige Wirtshäuser namhaft gemacht und von mir verboten worden, und wird dies von der Gendarmerie überprüft. (...) In diesem Sinne wird auch ständig Kontakt mit den Truppenabteilungen gepflogen.«[20]

– Auswirkungen auf Truppenalltag und Freizeitverhalten

Der Bericht des Münchner Stadtkommandanten läßt erkennen, daß er eine Gefährdung der Garnison durch die politische Agitation der Sozialdemokraten befürchtete. Als zentraler Ansatzpunkt wurde die traditionelle Funktion des Wirtshauses als Kommunikationsort erkannt. Erst jetzt schienen die militärischen Führer zu erkennen, wie karg und unwirtlich ihre Soldaten in den Kasernen untergebracht waren. Um den Kontakt der Truppe mit sozialdemokratisch gesinnten Zivilisten möglichst zu beschränken, sollte nun die bisher vorbehaltlos akzeptierte Neigung des Soldaten zum täglichen Wirtshausbesuch gedämpft werden. Hierzu waren freilich Verbesserungen in den Kasernen notwendig.

Die Absicht wird besonders deutlich im Bericht des 3. Feldartillerie-Regiments vom 6. März 1880:

»...*Es besteht das Bestreben, den Soldaten auch in seiner dienstfreien Zeit während der Abendstunden möglichst in der Kaserne zu halten;* letztere wird deshalb so wohnlich als möglich hergerichtet, namentlich ist bei kürzerer Tageszeit für genügend Beleuchtung der Zimmer Sorge getragen. Auch Lebensmittel, besonders Bier, bekommt der Soldat in der Hausmeisterei besser und billiger als in der Stadt.«[21]

Auch das 1. Feldartillerie-Regiment betonte in seinem Bericht vom 7. März 1880 die Rolle sozialer Fürsorge als Instrument, um die Truppe gegen Einflüsse von außen zu stabilisieren:

»...Von seiten des Regiments wird nun in der *Anhänglichkeit an die Kaserne* und im Zusammenleben der Mannschaften auch außer Dienst ein so wesentliches Moment zur Förderung militärischen Sinnes und der Disziplin erblickt, daß der Pflege dieser Faktoren eingehende Sorgfalt zugewendet wird:

– Daher werden die bestehenden Unteroffiziers- und Mannschaftskantinen von einer besonderen, dem Regiment direkt unterstellten, aus Offizieren bestehenden Kommission geleitet, welche das Bier von der Brauerei bezieht;

– Die Speisewirtschaft des Hausmeisters im Verein mit dem Arzt überwacht;

– Für Reinlichkeit, Ordnung, Beheizung und Beleuchtung der Lokale gesorgt;

– Während des Sommers wird in einem Garten in Nähe der Hausmeisterei eine Kegelbahn benützt und dort Bier verabreicht.«[22]

Das 1. und 3. Feldartillerie-Regiment, sowie das 1. Train-Bataillon lagen in der Max-II-Kaserne, die sich damals praktisch noch auf freiem Feld zwischen München und dem Dorf Neuhausen befand. Nach Erkenntnis der Kommandeure besuchten deshalb ihre Soldaten unter der Woche nur selten Gastwirtschaften in der Stadt, da sie den weiten Nachhauseweg scheuten. Allerdings, so der Kommandeur des 3. Feldartillerie-Regiments: »...ist doch nicht zu verkennen, daß dieser Vorteil wieder paralysiert wird, durch eine Anzahl von Wirtschaften unfern der Kaserne, welche, wenn auch nicht gefährlich [i. e. von Sozialdemokraten besucht], doch meistens etwa verkommen und unsolid erscheinen.«[23]

Bei den Kasernen im inneren Stadtbereich, wie der Türkenkaserne oder gar der Hofgartenkaserne, konnten die Soldaten in kurzer Zeit auf bequemen Wegen zahlreiche Lokale erreichen. Hier griff man zu dem Mittel, langen und anstrengenden Dienst zu betreiben, so daß die Mannschaften nach Dienstschluß gar keine Lust mehr hatten auszugehen, sondern nach Bericht des 2. Infanterie-Regiments lieber »...die mit allen Bedürfnissen ausgestatteten Kantinen« aufsuchten.[24] Angenehmer für die Mannschaft war der Einfall des Kommandeurs Infanterie-Leib-Regiment für seine Soldaten unterhaltsame Abende zu veranstalten: »...die einerseits zur Hebung des moralischen Elements und des militärischen Geistes dienen, andererseits die Mannschaften von vielen Wirtshausbesuchen abhalten sollen.«[25]

Waren die aufgezeigten Maßnahmen, die nicht nur im Zusammenhang mit dem freilich dominierenden politischen Motiv, sondern auch mit dem halbkriminellen Großstadtmilieu gesehen werden müssen, gewissermaßen das Zuckerbrot, so gab es auch die Peitsche! Die Kommandeure der schon genannten Verbände berichteten übereinstimmend von geheimer Überwachung jener Mannschaften und Unteroffiziere, die als Anhänger der Sozialdemokratie galten, durch politisch besonders zuverlässige Unteroffiziere auch in der dienstfreien Zeit. Von den Einheitsführern wurden immer wieder unvermutet die Mannschaftsunterkünfte nach verdächtigen Schriften untersucht.

Als drittes Element, neben Fürsorge und Kontrolle, wurde nun vermehrt an den Patriotismus des Soldaten appelliert. Hierbei setzten die Kommandeure ganz unterschiedliche Mittel ein: Der Kommandeur des 1. Train-Bataillons Major Sulzbeck legte besonderen Wert auf seine Kompaniebüchereien, die mit »...dem König und Vaterlande ergebener Tagespresse, Zeitschriften und Büchern dieser Richtung« ausgestattet waren.[26] Der Kommandeur des 1. Feldartillerie-Regiments Oberst v. Kriebel war zwar auch für vaterländische Lektüre seiner Kanoniere und Fahrer, wobei er das »Lesebuch für Kapitulantenschüler« für die Batterien anschaffen ließ, jedoch schien ihm ein ordentlicher Parademarsch ein noch tauglicheres Mittel: »...Durch Anordnung häufiger Regimentsparaden suchte ich das militärische Standesbewußtsein der Mannschaften zu erhöhen.«[27] Oberst v. Safferling, damals Kommandeur des 1. Infanterie-Regiments und späterer Kriegsminister, setzte auf einen objektiven, nüchternen Unterricht über die Rechte und Pflichten des Soldaten. Dabei verkannte er nicht, daß es mitunter unvorschriftsmäßige Behandlungsweisen durch Vorgesetzte gab, die den betroffenen Soldaten für die militärkritische Politik der Sozialdemokratie erst aufgeschlossen machte.[28] Auch das Kriegsministerium war sich damals bereits eines direkten Zusammenhangs zwischen dem Problem der Soldatenmißhandlung und dem »...geheimen Einfluß der Sozialdemokratie in Wort und Schrift« bewußt.[29]

Neben die Mischung von verstärktem Fürsorgeverhalten, Überwachung und moralischer Aufrüstung des Soldaten als Mittel interner Abwehr,[30] trat eine strikte Zugangskontrolle für Zivilisten, die in die Kasernen wollten. So durften nun den Bereich des 1. Feldartillerie-Regiments in der Max-II-Kaserne nur noch fünf Waschfrauen, zwei Schneider, ein Lieferant und ein Knochensammler betreten.[31] Das 1. Infanterie-Regiment gab für seine Lieferanten eigene Sonderausweise aus, während das in der gleichen Kaserne liegende 2. Infanterie-Regiment jeden Zivilisten, der in der Türkenkaserne geschäftlich zu tun hatte, durch einen Wachsoldaten zum betreffenden Büro bringen ließ.[32] Insgesamt ist also eine deutliche Tendenz zur Selbstisolation der Truppe von der zivilen Umwelt zu beobachten.

– Beispiele sozialdemokratischer Aktivität in der Garnison

Ungeachtet der eingeleiteten Maßnahmen kam es in den 1880er Jahren immer wieder zu aktenmäßig erfaßten Kontakten zwischen Angehörigen der Garnison und sozialdemokratischen Aktivisten. Es darf vermutet werden, daß Soldaten und zivile Anhänger der Sozialdemokratie viel öfter miteinander Kontakt pflegten, als es die amtlichen Quellen belegen. Das Kriegsministerium vermutete im Januar 1881 sogar eine eigene »Section« der Sozialistischen Arbeiterpartei Deutschlands für die Soldaten in München,[33] was freilich schwer nachweisbar ist, da die SAP damals keine formelle Mitgliedschaft kannte. Im Jahr 1882 warnte die Polizeidirektion München die Stadtkommandantur vor Agitatoren, insbesonders wird ein Schreiner namens Hüttner erwähnt, welcher vorzugsweise in der »Maximiliansbrauerei« versuche mit anwesenden Soldaten politische Gespräche zu führen.[34]

Die Teilnahme einer Reihe von Soldaten an einer »sozialdemokratischen Christbaumversteigerung« am Sylvesterabend 1882 in der Wirtschaft »Zur Kaiserglocke« in der damaligen Kleestraße führte zu einer umfangreichen Untersuchung. Zwei Soldaten des 1. Infanterie-Regiments »König« gelang es, sich aus der Affäre zu ziehen. Auch ein Offizierdiener vom Leib-Regiment, der diese Gaststätte regelmäßig besuchte, weil dort seine Cousine als Kellnerin arbeitete, galt als unverdächtig. Ein Unteroffizier des Regiments »König« hingegen, der ebenfalls öfters dort einkehrte, weil er mit besagter Kellnerin ein Verhältnis hatte, erhielt acht Tage Mittelarrest, »...weil er es duldete, daß ein Mann des

Regiments in einem öffentlichen Lokal in Uniform Zither spielte.« – Der Straftenor vermied also eine politische Begründung. Ähnlich verfuhr man bei dem Zitherspieler. Dieser erhielt vierzehn Tage strengen Arrest, weil er ohne Erlaubnis in Uniform gegen Bezahlung öffentlich musiziert hatte und gleichzeitig an einer Veranstaltung von Sozialdemokraten teilgenommen hatte.[35]

Wie schon erwähnt, ist anzunehmen, daß nur ein Teil solcher Aktivitäten bekannt wurde. Wenn freilich gleich dreißig Angehörige der in München stationierten Eskadron des 3. Chevaulegers-Regiments im Herbst 1883 ausgerechnet beim Schankwirt Georg Birk, einem der profiliertesten Vertreter der Münchner Sozialdemokratie und späteren Reichstagsabgeordneten, feierten, fiel das natürlich auf. Übrigens bemerkte die Polizei in Zusammenhang mit diesem Fall, daß gerade die Wirtschaft Birks in der Baaderstraße häufig von Soldaten besucht wurde.[36]

Die seit dem Jahr 1880 bestehende enge Zusammenarbeit zwischen der Stadtkommandantur und der Polizeidirektion stieß nach einigen Jahren beim Generalkommando des I. Armeekorps auf Bedenken. Diese wurden vom Kriegsminister v. Maillinger geteilt. Er kritisierte die in München in Zusammenhang mit dem Sozialistengesetz geübte Praxis, daß Soldaten durch Polizeibeamte aus Veranstaltungen entfernt und ihre Personalien unter Umgehung des zuständigen Disziplinarvorgesetzten an den Stadtkommandanten gemeldet wurden, da er »Reibungen und Händeln« zwischen der Truppe und der Polizei bzw. Gendarmerie befürchtete. Auch hielt es Maillinger für unzulässig, daß die Stadtkommandantur gefordert hatte, die Einheitsführer sollten ihre Unteroffiziere und Mannschaften vor der Gewährung von verlängerten Nachtausgang über den Zweck desselben befragen, um dadurch die Soldaten vom Besuch sozialdemokratischer Versammlungen abzuschrecken.[37]

Man wird durchaus vermuten dürfen, daß der Kriegsminister durch eine derart willige Integrierung der Armee in das zivile Polizeisystem langfristig den unabhängigen Status der Armee im Staate gefährdet sah. Anderseits war Minister v. Maillinger durchaus für scharfe Maßnahmen gegen die Sozialdemokratie, sofern sie von militärischer Seite selbst ausgingen. In diesem Sinne unterbreitete er am 5. Dezember 1884 König Ludwig II. den Antrag, gleich der preußischen Armee und den übrigen außerbayerischen Kontingenten um die Mittagsstunde des 15. Dezember 1884 alle Mannschaften und Unteroffiziere ohne Portepée auf den Besitz verbotener sozialdemokratischer Schriften zu kontrollieren. Nachdem Ludwig II. dem Antrag am 6. Dezember zugestimmt hatte, wurde diese gigantische Aktion in allen Garnisonen des Deutschen Reiches am 15. Dezember gleichzeitig durchgeführt.[38] Die Stadtkommandantur München meldete daraufhin, daß »völlig unvermutet und eingehend« Schränke, Koffer, Betten und alle sonstigen Effekten visitiert wurden. Diese Maßnahme erstreckte sich auch auf die Privatquartiere der Einjährig-Freiwilligen und außerhalb der Kaserne wohnender verheirateter Unteroffiziere ohne Portepee. Man fand jedoch »…weder Zeitungsblätter, Journale oder Broschüren, oder verdächtige Korrespondenz«, sondern lediglich bei zwei Gemeinen der Equitationsanstalt je eine alte Einladungskarte für das Maifest des Arbeiter-Gesangvereins München.[39]

Möglicherweise wurde gerade durch die spektakuläre Dezemberaktion 1884 bei manchen Soldaten erst ein Interesse für die Arbeiterbewegung geweckt. Hatte das Kriegsministerium noch im Januar 1885 dem König gemeldet, es seien derzeit in der Armee keinerlei »sozialistischen Wühlereien« festzustellen,[40] so mehrten sich nur wenige Wochen später die Anzeichen für Aktivitäten der SAP. Beim 1. Schweren Reiter-Regiment fand man am Zaun der Neuen Isarkaserne Flugblätter, die in der Schweiz gedruckt worden waren.[41] Ein Sergeant des 1. Schweren Reiter-Regiments und einige Soldaten des 1. Feldartillerie-

Regiments nahmen an der Gründungsfeier des Münchner Schreinerfachvereins im »Hirschbräukeller« teil.[42] Daraufhin gab die Kommandantur im Juli 1885 eine Liste aus, auf der zwölf Münchner Facharbeitervereine und vier Gesangvereine als »Heimstätten der Sozialdemokraten« verzeichnet waren.[43]

Im August 1885 schrieb das bayerische Innenministerium an das Kriegsministerium und die Regierungspräsidien: »… Es ist beobachtet worden, daß seitens der socialdemokratischen Partei ihren für die Armee ausgehobenen Genossen in neuerer Zeit der Rath erteilt wird, die Erwerbung der Chargen als Gefreite und Unteroffiziere durch gute Dienstführung zu erstreben, damit sie hiedurch zu größeren Einflusse auf ihre Kameraden beziehungsweise Untergebenen gelangen und solche zur Verbreitung der socialdemokratischen Ideen benützen können. (…) Die kgl. Regierungspräsidien werden daher beauftragt, auf vertraulichem Wege Anordnung zu treffen, daß denselben nach der jedesmaligen Aushebung solche für den Militärdienst ausgehobenen Mannschaften, welche bereits eine gewisse Führerrolle innerhalb der Partei eingenommen haben (…) zur Anzeige an die zuständigen Generalkommandos gebracht werden (…) den Truppenteilen noch vor Eintreffen der Rekruten.« Eine entsprechende geheime Weisung an die Truppe durch den Kriegsminister erfolgte wenige Tage später.[44] Diese bayerische Erfindung der »Schwarzen Listen« wurde dann von Preußen und den anderen deutschen Staaten übernommen.[45] Außerdem ging man ab dem Jahr 1885 dazu über, jene Rekruten, die man für Sozialisten hielt, möglichst fernab der Großstädte in ländliche Garnisonen einzuziehen. Dadurch sollten sie von ihrer politischen Basis isoliert werden.[46]

Im Herbst 1886 fanden die Jourunteroffiziere der 9. und 11. Kompanie des 1. Infanterie-Regiments in der Türkenkaserne eines Morgens eine Reihe von Exemplaren der im Züricher Exil herausgegebenen Zeitschrift »Sozialdemokrat – Zentralorgan der deutschen Sozialdemokratie«. Der Regimentskommandeur und spätere Kriegsminister Oberst v. Asch vermutete, daß die Blätter durch die tags zuvor eingerückten Rekruten oder die gerade in der Kaserne tätigen Bauhandwerker ausgelegt worden waren, jedoch blieb die Sache ungeklärt.[47]

Im Januar 1887 wurde bei einem Soldaten des Regiments »Kronprinz« das Manuskript einer sozialistischen Broschüre gefunden. Der Mann gab an, sich den Text bei einem inzwischen zur Reserve entlassenen Kameraden aus einem gedruckten Exemplar abgeschrieben zu haben.[48] Man bedenke, welche Mühe und Gefahr dieser Soldat auf sich genommen hatte, nur um diesen Text zu besitzen. Es ist ein Indiz dafür, daß das Interesse der Soldaten an den Ideen der Sozialdemokratie größer war, als die verhältnismäßig wenigen aufgedeckten Fälle nahelegen. Es mag in den Kasernen auch durchaus Möglichkeiten gegeben haben, ungeachtet der Kontrollen, solche Flugblätter und Broschüren, versteckt zu halten. In all diesen Jahren ist übrigens nur ein Fall von Denunziation in der Garnison München in den Akten verzeichnet, nämlich durch einen Gefreiten des 1. Schweren Reiter-Regiments, der 1887 eine sozialistische Versammlung in der Gastwirtschaft »Zur Lacke« in der Holzstraße meldete.[49]

Nach einem gewissen Aufflackern sozialdemokratischer Aktivitäten im Frühjahr 1887 kehrte in der Garnison München völlige Ruhe ein, bis zum Wahlkampf für die Reichstagswahlen im Frühjahr 1890. Nachdem beim 2. Infanterie-Regiment »Kronprinz« zwei Flugblätter der Sozialistischen Arbeiterpartei Deutschlands gefunden worden waren, ordnete der Kommandeur der 1. Division Prinz Arnulf von Bayern für alle übrigen unterstellten Truppenteile in der Garnison München Kontrollen an. Das Infanterie-Leib-Regiment meldete daraufhin einen Soldaten, der sich bei einem Besuch im Wirtshaus »Zum Bögner« im Tal ein Flugblatt eingesteckt hatte. Möglicherweise zum Schutz dieses

Soldaten charakterisierte ihn dessen Kompaniechef als »…geistig nicht sehr gut beanlagt.« Dies könnte aber auch die reine Wahrheit gewesen sein, denn diese Flugblätter hatten Ähnlichkeit mit einer Hundertmarkbanknote. Ihr Text prangerte nämlich die hohen Ausgaben für das Militär an und warb zugleich für die Münchner Reichstagskandidaten der SAP Georg v. Vollmar und Georg Birk. Eine solche »Banknote« fand man auch bei einem Angehörigen des 1. Infanterie-Regiments »König«, der von seinem Einheitsführer als »…ungelenk, aber fleißig, willig, treu« bezeichnet wurde. Der Soldat, der angab, den Zettel beim »Sollerwirt« im Tal gefunden zu haben, wurde einige Zeit ergebnislos heimlich observiert. Bei einem anderen Soldaten des Regiments König fand man die SAP-Zeitung »Münchner Post«. Der Kompaniechef beurteilte den gebürtigen Oldenburger als einen »verstockten Charakter«, der bereits seit geraumer Zeit als Sozialdemokrat gegolten habe. Die Kavallerie meldete Fehlanzeige. Die übrigen Münchner Truppen standen nicht unter dem Kommando der 1. Division und waren an der Aktion daher nicht beteiligt.[50]

Einige Wochen später zeigte der Wachtmeister der 9. Batterie des 1. Feldartillerie-Regiments im »Löwenbräukeller« einen Soldaten des Infanterie-Leib-Regiments und einen Zivilisten bei der Gendarmeriepatrouille an. Der Soldat, ein Bauernknecht aus dem Allgäu, der von seinem Kompaniechef gut beurteilt wurde, konnte jedoch glaubhaft versichern, daß er sich mit dem Schlossergesellen nur unterhalten habe, weil er ein Landsmann sei. Das Flugblatt des Metallarbeiterverbandes, das ihm der Schlosser dabei gezeigt hatte, hätte er ohnehin nicht verstanden.[51]

Die Maifeier von 1890

Am 16. April 1890 brachte der bayerische Innenminister Freiherr v. Feilitzsch dem Kriegsministerium ein vertrauliches Rundschreiben an alle Regierungspräsidenten zur Kenntnis, in dem er vor großen Maifeiern der Sozialdemokraten in den verschiedenen Städten warnte. Dabei waren nach Erkenntnis der Behörden die Ziele dieser Demonstration nicht gegen die Dynastie und den Staat gerichtet, sondern auf den Achtstundentag, das Verbot der Kinderarbeit und verbesserte Arbeitsbedingungen in den Betrieben.[52] Die erste Münchner Maifeier am 1. Mai 1890 war keine Großdemonstration, sondern fand nach Berufssparten getrennt statt. Am Vormittag wurden gleichzeitig in vier großen Gaststätten, nämlich dem Bürgerbräukeller, dem Franziskanerkeller, dem Kreuzbräu und dem Wirtshaus »Zur Lacke« Kundgebungen abgehalten. Am Sonntagnachmittag zogen die Arbeiter mit ihren Familien ins Grüne. Die Leute vom Bau feierten in der Menterschwaige, die Metaller und Tischler zogen nach Holzapfelkreuth und die Beschäftigten aus den Leder- und Papierfabriken trafen sich in Thalkirchen. Allein in Holzapfelkreuth waren angeblich 30 000 Menschen versammelt. Der Tag endete, wie alle folgenden Maidemonstrationen bis zur Jahrhundertwende, ohne gewalttätige Zwischenfälle.[53]

Die Rolle der Garnison an diesem Tag ist nicht eindeutig zu belegen. Angeblich waren Residenz-, Haupt- und Zuchthauswache verstärkt und Einheiten von Infanterie und Kavallerie in Bereitschaft in den Kasernen.[54] Weit unrealistischer ist die Übernahme damaliger Pressestimmen, wie der »Münchner Neuesten Nachrichten«, die ihren Lesern Schauergeschichten von zwei mit scharfer Munition versehenen Infanteriekompanien nebst zwei Eskadronen auftischte, welche in den Wäldern bei Holzapfelkreuth auf den Ausbruch der Revolution gelauert hätten.[55] Ähnliche Gerüchte gab es übrigens auch in späteren Jahren. So bemerkte der Münchner Stadtkommandant General d. Inf. v. Wirthmann nach der Maifeier von 1891 gegenüber dem Kommandierenden General des I. Armeekorps Prinz Leopold v. Bayern: »… Was die in sozialdemokratischen Kreisen aufgestellte Behauptung, es wären im Wald nächst Holzapfelkreuth ein Bataillon, eine Batterie, eine Eskadron versteckt bereitgehalten worden, so ist dies ein Gebilde erhitzter Phantasie oder absichtlicher lügenhafter Erfindung.«[56] Merkwürdigerweise fehlen in den einschlägigen Akten des Kriegsministeriums im Gegensatz zu den folgenden Jahren Unterlagen über eine Alarmplanung der Garnison! Möglicherweise war es überhaupt nicht zur Anforderung des Militärs durch die Polizeidirektion gekommen und die einzelnen Truppenkommandeure trafen jeder für sich in ihrem Zuständigkeitsbereich Maßnahmen.

Das Verhalten gegenüber der legalen SPD bis zur Jahrhundertwende

– Die Maifeier von 1891
Größte Aufregung riefen im Frühjahr 1891 die Vorbereitungen der Sozialdemokraten zu Demonstrationen für den Achtstundentag am 1. Mai bei der Polizeidirektion und der Stadtkommandantur hervor. Vorbeugend verbot die Polizei den für den 3. Mai 1891, einen Sonntag, geplanten geschlossenen Demonstrationszug nach Holzapfelkreuth, da man »... Erregung durch Biergenuß, Reden etc., insbesondere auch durch die bei solchen Momenten stets unvermeidlichen, nicht sozialistischen Elemente« befürchtete. Auf Bitten des Münchner Polizeidirektors v. Welser standen am Nachmittag des 1. Mai 1891, an dem nach Versammlungen in verschiedenen größeren Gaststätten eine Demonstration vor der Feldherrnhalle angemeldet war, drei Infanteriekompanien und eine Eskadron Schwere Reiter in ihren Unterkünften in Bereitschaft. Die Alarmtruppe wurde bei Einbruch der Dunkelheit verdoppelt. Für die Großveranstaltung in Holzapfelkreuth am folgenden Sonntag standen ab der Mittagsstunde ein Bataillon des Regiments »Kronprinz« in der Marsfeldkaserne und je eine Eskadron Schwere Reiter in der Lehelkaserne und der Alten Isarkaserne alarmbereit. Da die Polizei für den Abend Schwierigkeiten durch Betrunkene nicht ausschloß, kamen ab 19 Uhr zusätzlich je zwei Alarmkompanien in der Türkenkaserne und der Hofgartenkaserne hinzu. An beiden Tagen wurde der Zapfenstreich auf 19 Uhr vorverlegt, um Auseinandersetzungen zwischen Soldaten und Arbeitern zu vermeiden. Das Wachkommando in Schloß Fürstenried wurde auf eine Kompanie verstärkt, ebenso Residenzwache und Hauptwache.[57]

– Maifeier und Sommerfest von 1892
Bei der Maifeier 1892 wurden die militärischen Vorkehrungen verändert. Es befanden sich ab 13 Uhr in Bereitschaft: eine Kompanie in der Hofgartenkaserne, ein Bataillon in der Türkenkaserne, ein Bataillon in der Marsfeldkaserne, zwei Eskadronen schwere Reiter in der Neuen Isarkaserne. Die Residenzwache wurde auf 50 Mann verstärkt, die Hauptwache mit einer kompletten Kompanie besetzt, die Wache in Schloß Fürstenried verdoppelt. Verglichen mit dem Einsatzplan des Jahres 1891 wurde eine Zersplitterung der Kräfte vermieden. Sämtlichen Mannschaften der Garnison wurde die Gegend links der Isar südlich der Bahnlinie München-Pasing zum Sperrgebiet erklärt und damit zugleich ein Besuch der Maifeier in Holzapfelkreuth verboten. Der Zapfenstreich wurde auf 20 Uhr vorverlegt. Übrigens berichtete der Stadtkommandant diesmal und auch bei allen folgenden ähnlichen Ereignissen nicht mehr an das vorgesetzte Generalkommando, sondern unmittelbar an den Kriegsminister.[58]
Zusätzlich zur Maifeier fand im Jahr 1892 erstmals ein »sozialdemokratisches Arbeiter-Sommerfest« in Holzapfelkreuth statt und zwar am Nachmittag des 21. August. Auf Ersuchen der Münchner Polizeidirektion traf die Stadtkommandantur ähnliche Maßnahmen wie zur Maifeier. Dazu wurde die Hauptwache um drei Unteroffiziere und dreißig

Mann, die Residenzwache um drei Unteroffiziere und zwanzig Mann verstärkt und das Fürstenrieder Kommando verdoppelt. Ab 17 Uhr standen je eine Kompanie in der Hofgarten- bzw. der Türkenkaserne in Bereitschaft, ferner zwei Kompanien am Marsfeld und eine Eskadron in der Neuen Isarkaserne. Den Mannschaften wurde für diesen Tag dasselbe Sperrgebiet verboten wie zur Maifeier. Der vorgezogene Zapfenstreich um 20 Uhr galt diesmal auch für die Unteroffiziere ohne Portepée.[59]

– Sozialdemokratische Feiern ab 1893

Wohl angesichts des ruhigen Verlaufs der Maifeier und des Sommerfestes von 1892 ordnete die Stadtkommandantschaft anläßlich der Maifeier in Holzapfelkreuth am Sonntag, den 14. Mai 1893 geringere Sicherheitsmaßnahmen an, als in den beiden Vorjahren. Tagsüber wurden nur die Hauptwache und das Wachdetachement in Fürstenried verstärkt. Ab 18 Uhr standen ein Bataillon in der Marsfeldkaserne und zwei Eskadronen Schwere Reiter in der Neuen Isarkaserne in Alarmbereitschaft. Dazu wurde die gleiche Sperrgebietsregelung getroffen wie 1892. Eine Vorverlegung des Zapfenstreiches fand hingegen nicht mehr statt.[60]

Auch im August 1893 wurde ein sozialdemokratisches Sommerfest in Holzapfelkreuth gefeiert. Die Sicherheitsvorkehrungen der Garnison waren gegenüber dem Vorjahr erheblich abgeändert. So entfiel die Verstärkung der Hauptwache und der Residenzwache und die Vorverlegung des Zapfenstreiches. Anstelle einzelner Alarmkompanien in drei verschiedenen Kasernen stand ein geschlossenes Bataillon in der Marsfeldkaserne erst ab 18.30 in Bereitschaft. Die Schweren Reiter stellten erneut eine Eskadron in der Neuen Isarkaserne. Für die Mannschaft wurde das schon bekannte Sperrgebiet proklamiert.[61]

Die Maßregeln des Stadtkommandanten für die Maifeier 1894 waren völlig identisch mit jenen vom Jahr 1893.[62] Für ein Sommerfest im August 1894 oder eine Maifeier im Jahr 1895 liegt im einschlägigen Akt nichts vor. Die Alarmmaßnahmen für das sozialdemokratische Augustfest 1895 entsprachen dem Kommandanturbefehl von 1893, jedoch wurde diesmal zusätzlich die Hauptwache verstärkt.[63]

Auch in den folgenden Jahren verfuhr man nach dem mittlerweile eingespielten Verfahren. Ein typisches Verhalten militärischer Stäbe, die stets froh sind, wenn man einen bewährten Standardbefehl nur mit einem neuen Datum versehen muß. Zu beachten ist, daß aber zunächst immer eine schriftliche Anforderung auf militärische Assistenz durch die Polizeidirektion gestellt werden mußte. So war die Ordre für die Maifeier 1896 absolut identisch mit jener von 1893,[64] und die Maßnahmen für das Sommerfest 1896 entsprachen denen vom August 1895.[65] Ebenso wie zur Maifeier 1896 verfuhr die Stadtkommandantur dann auch zum gleichen Anlaß in den Jahren 1897 und 1898.[66] Eine deutliche Reduzierung der Alarmtruppen ist für das Sommerfest im August 1897 zu beobachten. Auf das Bereithalten von Kavallerie wurde nun vollständig verzichtet. An Infanterie wurden nur die ohnehin in Bereitschaft stehenden Brandschutzzüge (»Feuerpiketts«) der drei Münchner Regimenter, jeweils ein Offizier, zwei Unteroffiziere, ein Spielmann, 24 Mannschaften, vorgesehen. Das war rund ein Viertel der zuvor aufgebotenen Stärke. Dazu kam die obligatorische Verdoppelung der Wachmannschaft in Schloß Fürstenried und die örtliche Ausgangssperre für die Mannschaften um das Gebiet von Holzapfelkreuth.[67] Anders verfuhr die Stadtkommandantur allerdings anläßlich des Sommerfestes 1898. Es fand nicht mehr im abgelegenen Holzapfelkreuth statt, sondern im »Maximilianskeller« im Stadtgebiet. Deshalb wurde die Hauptwache auf eine Kompanie verstärkt und ab 18 Uhr eine Eskadron Schwere Reiter in der Neuen Isarkaserne bereitgehalten. Die Infanteriekräfte bestanden zwar nur aus den drei Feuerpiketts wie 1897, jedoch wurden sie jeweils verdoppelt. Zum

Sperrbezirk für alle Mannschaften der Garnison wurde das Gebiet rechts der Isar, also die Arbeiterviertel Haidhausen, Giesing usw., erklärt und so der Besuch des »Maximilian-kellers« verhindert.[68] Wegen der am 27. Juni 1898 abgehaltenen Reichstagswahl war ab 19 Uhr eine Eskadron des 1. Schweren Reiter-Regiments in der neuen Isarkaserne bereitge-standen.[69]

Neuartig war die Alarmplanung für die Maifeier von 1899. Die Anzahl der bereitgehaltenen Soldaten war erheblich verringert. Die Maßnahmen beschränkten sich auf die Verstärkung der Hauptwache, das Bereithalten der Feuerpiketts der drei Infanterieregimenter und das Sperrgebiet um Holzapfelkreuth für die Mannschaften. Hingegen wurde auf die Verstär-kung der Schloßwache in Fürstenried und eine Kavalleriereserve ganz verzichtet.[70] Für das sozialdemokratische Sommerfest im August 1899 behielt man allerdings die relativ umfangreichen Vorsichtsmaßnahmen des Vorjahres bei, da diese Veranstaltung wieder im »Maximilianskeller« stattfand.[71] Das Sommerfest galt offensichtlich als potentiell gefähr-licher als die Maifeier. Das zeigte sich auch an den Kommandanturbefehlen für die Maifeier in Holzapfelkreuth von 1900 und dem Arbeitersommerfest im »Maximilians-keller« des gleichen Jahres und der Maifeier anno 1901. Sie waren absolut identisch mit den Maßregeln, die man 1899 getroffen hatte.[72] Als die Sozialdemokraten ihr Sommerfest dann im August 1901 wieder aus der Stadt nach Holzapfelkreuth verlegten, sanken schlagartig die Alarmmaßnahmen der Garnison und beschränkten sich auf das Bereithalten von drei Feuerpiketts und das Verbot an die Mannschaft, das Gebiet um Holzapfelkreuth zu besuchen.[73]

Pohl kommt in seiner eingehenden Untersuchung der Münchner Sozialdemokratie zwi-schen 1890 und 1914 insbesonders am Beispiel der Maifeiern zu dem Befund, diese Großveranstaltungen, an denen je nach Witterung bis zu mehreren Zehntausend Personen beteiligt waren, seien stets in geradezu bürgerlicher Ordnung mit militärischer Präzision abgelaufen. Verantwortlich hierfür sieht Pohl vor allem die »gedienten« Parteimitglieder, die Wertmuster wie Disziplin, Würde und Ruhe aus der sozialen Prägung ihrer Armeezeit heraus in der Arbeiterbewegung verstärkten.[74]

Sozialdemokraten im Heer nach 1891

Obwohl die Zugehörigkeit zur sozialdemokratischen Partei nach Aufhebung des Sozia-listengesetzes keine strafrechtlichen Sanktionen des Staates mehr mit sich brachte, blieb die Armee auf striktem Ablehnungskurs.[75] Kriegsminister v. Asch wollte eine einheitliche Abwehrfront gegen die »Verbreitung sozialistischer Gesinnung in der Armee« in allen Garnisonen und Truppenteilen erreichen. Dazu diente ein grundlegender Erlaß vom 18. Mai 1895: »… Um den Bestrebungen entgegen zu treten, welche auf Umsturz der Staats- und Gesellschafts-Ordnung abzielen und welche geeignet sind, die Angehörigen der Armee ihrem Fahneneide und ihren Pflichten zu entfremden, werden die kgl. General-kommandos und selbständigen Kommandobehörden ermächtigt, den Unteroffizieren und Mannschaften dienstlich jede Beteiligung an Vereinigungen, Versammlungen, Partei-festlichkeiten, Geldsammlungen – zu welcher nicht vorher besondere dienstliche Erlaubnis erteilt ist – zu verbieten. Dieses Verbot gilt auch für die zu Übungen eingezogenen, sowie zu Kontrollversammlungen einberufenen Personen des Beurlaubtenstandes. (…) Es wird ferner darauf hingewiesen, daß die Verpflichtung zur Meldung über etwaiges Vorhanden-sein revolutionärer oder sozialdemokratischer Schriften in Kasernen und anderen Dienst-lokalen nicht nur auf die Unteroffiziere und Mannschaften, sondern auf sämtliche Ange-hörigen des aktiven Heeres sich erstreckt.«[76]

466

Mit dem letzten Passus des Kriegsministerialerlasses von 1895 wurden auch junge Offiziere und vor allem die vielen Einjährig-Freiwilligen gewarnt. Sie waren bestimmt nicht alle bedingungslose Anhänger des bestehenden politischen Systems. In München beispielsweise hatte der Stadtkommandant schon im Frühjahr 1891 allen Militärpersonen den Besuch von Vorträgen einer »Gesellschaft für modernes Leben« untersagt, nachdem ihm von einem Oberleutnant gemeldet worden war,«... daß die Gesellschaft nicht harmlos ist und in das Fahrwasser jeder Sozialisten-Versammlung paßt«. Unter den Teilnehmern hatten sich aber angeblich ein Dutzend aktiver Leutnante und »eine ganze Anzahl Einjähriger« befunden.[77] Vor allem auf die Einjährig-Freiwilligen bezog sich wohl auch die geheime Bestimmung vom Herbst 1894, daß alle Truppenteile vor der Anahme eines Freiwilligen bei der Zivilbehörden nachforschen mußten, ob der Betreffende nicht als Sympatisant oder Mitglied der SPD aktenkundig geworden war, um ihm in ein solchen Fall die Einstellung zu verweigern.[78]

Zusammenfassung:

Die ablehnende Haltung der bayerischen Armeeführung bereits vor dem Sozialistengesetz und auch nach dessen Aufhebung wirkte sich nachhaltig besonders auf die Garnison der Haupt- und Residenzstadt aus. Anläßlich sozialdemokratischer Großveranstaltungen ab Beginn der 1890er Jahre wurden regelmäßig Alarmabteilungen von teilweise beachtlichem Umfang gestellt. Hierbei ist allerdings zu bemerken, daß die Vorsichtsmaßnahmen immer geringer wurden.

Vor allem aber schlug sich das Mißtrauen gegen die Sozialdemokraten ab den 1880er Jahren in restriktiven Maßnahmen im Kasernenalltag nieder. Geheime Überwachung und Razzien wurden den unmittelbaren Vorgesetzten der Soldaten zugemutet. Neben die Leistung des Soldaten im Dienst und seine Disziplin trat nun verstärkt seine politische Zuverlässigkeit als Bewertungskriterium. Erstmals in der bayerischen Heeresgeschichte versuchte man den Soldaten systematisch von seinem zivilen Umfeld abzugrenzen – die Kasernenkantine sollte möglichst den obligatorischen Wirtshausbesuch ersetzen. Deshalb wurde mehr Wert als früher auf die Wohnlichkeit der Kaserne und bessere Verpflegung geachtet. Ähnlich wie bei der Sozialgesetzgebung und der Arbeitsschutzmaßnahmen im zivilen Bereich bewirkte so die Sozialdemokratie indirekt staatliche Reformen. Andererseits erhielt der Garnisondienst einen anderen Charakter als zuvor, da das traditionelle enge Miteinanderleben von Soldaten und ziviler Einwohnerschaft allmählich verschwand.

Bemerkenswert ist freilich auch, daß die sozialdemokratisch orientierte Arbeiterschaft, ungeachtet der Repressionen des Staates gegenüber ihrer Partei, nicht militärfeindlich war. Der Wehrdienst wurde, zumindest teilweise, sogar positiv gesehen. Ein Beispiel für diese Mentalität zur Zeit der Jahrhundertwende in München hat uns Viktor Mann in seinen Erinnerungen überliefert. Er beschreibt die Heimkehr eines Arbeiters vom Wirtshausbesuch in die Wohnung: »... Schon von weitem hörten wir ihn laut, aber durchaus fröhlich den Umsturz verkünden (...) Was aber sang der rote Fürstenfeind? Die Internationale oder die blutigen Verse von der geschmierten Guillotine, die ich auch schon kannte? Weit gefehlt! Er schmetterte ein bayerisches Soldatenlied voller martialischer Treue zum angestammten Herrscherhaus:

»Da drob'n auf der Höh'
steht die boarisch Armee.
König Otto soll leben!
Prinz Alfons daneben!
Generäl' und Offizier'
tapf're Bayern san mir.«[79]

Anmerkungen

1 Vgl. H. Limmer, Die deutsche Gewerkschaftsbewegung, München 1966 (11. überarb. Aufl. 1986), S. 8 – 44; Fünfundsiebzig Jahre Industriegewerkschaft 1891 bis 1966. Vom Deutschen Metallarbeiter-Verband zur Industriegewerkschaft Metall, hg. von der IG Metall, Frankfurt/M. 1966, S. 25 – 118; O. v. Nell-Breuning, Der deutsche Gewerkschaftsstreit um die Jahrhundertwende, in: Festschrift für Otto Brenner zum 60. Geburtstag, hg. von P. v. Oertzen, Frankfurt/M. 1967, S. 19 – 32; K. E. Born, Von der Reichsgründung bis zum Ersten Weltkrieg (Gebhardt-Handbuch der deutschen Geschichte 9. Aufl. 1970, hier dtv Ausgabe Bd. 16), München 1975; W. Treue, Gesellschaft, Wirtschaft und Technik Deutschlands im 19. Jahrhundert (Gebhardt dtv Ausgabe Bd. 17), München 1975; Th. Nipperdey, Deutsche Geschichte 1800 – 1866, München 1983, S. 735 – 749; H. Grebing, Arbeiterbewegung. Sozialer Protest und kollektive Interessenvertretung bis 1914, München 1985
2 Vgl. D. Albrecht, Bayern im Reich. Parteien und Verbände, in: SPINDLER Bd. 4/1, S. 293 – 318
3 90 Jahre Gewerkschaft Metall München 1891 – 1981. Vom deutschen Metallarbeiter-Verband zur Industriegewerkschaft., hg. von der IG Metall Verwaltungsstelle München, München 1981, S. 15 f.
4 Ebd., S. 16; E. Angermair, Münchner Kommunalpolitik, in: München – Musenstadt mit Hinterhöfen. Die Prinzregentenzeit 1886 bis 1912, hg. von F. Prinz und M. Krauss, München 1988, S. 36 – 43, insb. S. 36 – 39; M. Niehuss, Parteien, Wahlen, Arbeiterbewegung, in: München – Musenstadt (a.a.O)., S. 44 – 53; K. H. Pohl, Die Münchner Arbeiterbewegung. Sozialdemokratische Partei, Freie Gewerkschaften, Staat und Gesellschaft in München 1890 – 1914 (Schriftenreihe der Georg-von-Vollmar-Akademie Bd. 4), München (u. a.) 1992
5 R. Höhn, Heer und Krieg im Bild des Sozialismus (Sozialismus und Heer Bd. 1), Bad Homburg 1959, S. 60 ff.
6 Ebd., S. 43 – 49, zit. S. 49
7 Ebd., S. 122 ff.
8 Ebd., S. 165
9 Ebd., S. 229 ff.
10 Ebd., S. 287 bzw. S. 304
11 R. Höhn, Die Auseinandersetzung der Sozialdemokratie mit dem Moltkeschen Heer (Sozialismus und Heer Bd. 2), Bad Homburg 1959, pass. Auf Höhns Arbeiten basiert wesentlich das Kapitel »Armee und Sozialdemokratie« von M. Messerschmidt in MILITÄRGESCHICHTE IV, S. 248 – 274. Vgl. auch die Sichtweise des ehemaligen Berufsoffiziers E. v. Frauenholz, Geschichte des Königlich Bayerischen Heeres von 1867 bis 1914 (Geschichte des Bayerischen Heeres Bd. 8), München 1931, S. 32 – 39.
12 MKr. 2624 Prod. 69, KM am 1. Okt. 1869
13 Ebd. Prod. 72, GenKdo München an KM am 8. April 1870
14 Ebd. Prod. 75, InnM an KM am 26. Juli 1870; Prod. 76, KM an GenKdo München am 29. d. Mts.
15 MKr. 11525 Prod. 1, KME Nr. 3030 vom 24. Febr. 1874
16 Ebd. Prod. 3, KME Nr. 10102 vom 27. Juli 1878
17 Ebd. Prod. 2, InnM an KM am 18. Juli 1878
18 MKr. 11526 Prod. 8, Telegramm vom 19. Oktober 1878
19 Ebd. Prod. 16, Inf-Leib-Rgt an 1. InfBrig am 7. Jan. 1880
20 Ebd. Prod. 23, Bericht des GenKdo I.A.K. an KM vom 21. März 1880 nebst den beigelegten Einzelberichten der unterstellten Dienststellen und Truppenteile
21 Ebd. 3. FArtRgt am 6. März 1880
22 Ebd. 1. FArtRgt am 7. März 1880
23 Ebd. 3. FArtRgt am 6. März 1880
24 Ebd. 2. InfRgt am 8. März 1880
25 Ebd. Inf-Leib-Rgt am 5. März 1880
26 Ebd. 1. TrainBtl am 14. März 1880
27 Ebd. 1. FArtRgt am 7. März 1880
28 Ebd. 1. InfRgt am 9. März 1880
29 MKr. 11525 Prod. 5, KME Nr. 918 vom 14. Jan. 1880
30 Vgl. auch R. Höhn, Der Kampf des Heeres gegen die Sozialdemokratie (Sozialismus und Heer Bd. 3), Bad Harzburg 1969, S. 32 – 53
31 MKr. 11526 Prod. 23 (Beil.), 1. FArtRgt am 7. März 1880
32 Ebd.

33 Ebd. Prod. 31, KM an GenKdo I.A.K. vertraulich am 26. Jan. 1881

34 Ebd. Prod. 37, KdtMünchen an GenKdo I.A.K. am 6. September 1882

35 Ebd. Prod. 38, 1. InfRgt an KdtMünchen am 16. Jan. 1883; Prod. 39, Inf-Leib-Rgt an KdtMünchen am 19. Jan. 1883; Prod. 40 (Beil.)

36 Ebd. Prod. 42, Kgl. Polizeidirektion München an KdtMünchen am 4. Sept. 1883

37 Ebd. Prod. 47, KM an GenKdo I.A.K. am 20. Juli 1884

38 Ebd. Prod. 55. Dazu auch Höhn (wie Anm. 30), S. 40 – 44

39 MKr. 11526 Prod. 58 (Beil.), KdtMünchen an GenKdo I.A.K. am 19. Dez. 1884

40 Ebd. Prod. 62, KM an König Ludwig II.am 6. Jan. 1885

41 MKr. 11527 Prod. 1, 1. SchwRRgt an 1. KavBrig am 31. März 1885

42 Ebd. Prod. 3 (Beil.), KdtMünchen an GenKdo I.AK am 4. Juli 1885

43 Ebd. Prod. 3 (Beil.), KdtMünchen am 17. Juli 1885

44 MKr. 11525 Prod. 9, InnM an KM am 17. Aug. 1885 und KM an GenKdo I./II.A.K. am 26. Aug. 1885

45 Höhn (wie Anm. 30), S. 51 ff.

46 Ebd., S. 55

47 MKr. 11527 Prod. 13, 1. InfRgt an 1. InfBrig am 11. Nov. 1886

48 Ebd. Prod. 16, GenKdo I.A.K. an KM am 13. Jan. 1887

49 Ebd. Prod. 18, KdtMünchen an GenKdo I.A.K. am 12. Febr. 1887

50 Ebd. Prod. 20, 2. InfRgt an 2. InfBrig am 21. Febr. 1890; Prod. 21, Inf-Leib-Rgt am 24. Febr.; 1. Inf. Rgt am 25. Febr. 1890

51 Ebd. Prod. 23, Meldung der 9./1. FArtRgt vom 14. April 1890; Prod. 24, Bericht der 11./Inf-Leib-Rgt vom 17. April 1890

52 MKr. 11525 Prod. 14, InnM an KM am 16. April 1890

53 A. Gebhard, Hundert Jahre 1. Mai. Der Arbeiterkampf- und -feiertag in München, München 1990, S. 12 ff.

54 Ebd., S. 13

55 Noch übernommen von S. Bleek in seinem Beitrag zum Ausstellungskatalog »Die Prinzregentenzeit«, hg. von N. Götz u. a., München 1988, S. 396!

56 MKr. 11527 Prod. 38, KdtMünchen an GenKdo I.A.K. am 6. Juni 1891

57 Ebd. Prod. 38, KdtMünchen an GenKdo I.A.K. am 6. Juni 1891

58 Ebd. Prod. 45, KdtMünchen an KM am 7. Mai 1892

59 Ebd. Prod. 48, KdtMünchen an KM am 19. Aug. 1892

60 Ebd. Prod. 54, KdtMünchen am KM am 5. Mai 1893

61 Ebd. Prod. 66, KdtMünchen an KM am 18. Aug. 1893

62 Ebd. Prod. 80, KdtMünchen an KM am 2. Mai 1894

63 Ebd. Prod. 87, KdtMünchen an KM am 15. Aug. 1895

64 MKr. 11528 Prod. 7, KdtMünchen an KM am 27. April 1896

65 Ebd. Prod. 17, KdtMünchen an KM am 29. Juli 1896

66 Ebd. Prod. 22, KdtMünchen an KM am 30. April 1897; Prod. 26, KdtMünchen an KM am 28. April 1898

67 Ebd. Prod. 24, KdtMünchen an KM am 6. Aug. 1897

68 Ebd. Prod. 28, KdtMünchen an KM am 13. Aug. 1898

69 Ebd. Prod. 27, KdtMünchen an KM am 27. Juni 1898

70 Ebd. Prod. 32, KdtMünchen an KM am 5. Mai 1899

71 Ebd. Prod. 36, KdtMünchen an KM am 25. Aug. 1899

72 Ebd. Prod. 39, KdtMünchen an KM am 4. Mai 1900; Prod. 40, KdtMünchen an KM am 16. Aug. 1900; Prod. 42, KdtMünchen an KM am 3. Mai 1901

73 Ebd. Prod. 43, KdtMünchen an KM am 1. Aug. 1901

74 Pohl (wie Anm. 4), S. 386 – 390, insb. S. 389

75 Vgl. Höhn (wie Anm. 30), S. 107

76 MKr. 11527, KME Nr. 7466 vom 18. Mai 1895

77 MKr. 11521 Prod. 3, KdtMünchen an GenKdo I.A.K. am 25. Mai 1891

78 Vgl. MKr. 11525 Prod. 61a, Ersatzkommissionen der Aushebungsbezirke Magistrat München A/B an die Kgl. Oberersatzkommission der 1. Inf. Brig am 20. Nov. 1901

79 V. Mann, Wir waren fünf. Bildnis der Familie Mann, Darmstadt 1964 (erstm. Konstanz 1949), S. 130 bzw. S. 131

8. Kapitel:

Die Repräsentation des Militärischen

Einführung

In den vorangegangenen Kapiteln hat sich die Garnison primär in zweierlei Gestalt präsentiert, nämlich in den militärisch genutzten Bauten und Räumen einerseits, sodann als staatliches Ordnungsinstrument. Darüberhinaus diente die Garnison aber auch der Repräsentation des Militärischen schlechthin und damit auch des Staates.

Ein vorzügliches Mittel militärischer Repräsentation ist die große öffentliche Truppenparade. Von ihr getrennt behandelt wird das Patriotische Fest, da es häufig auch ohne Mitwirkung von geschlossenen militärischen Verbänden stattfand. Unabhängig von Paraden und öffentlichen Feiern präsentierte sich die Garnison auch in der Militärmusik, die schon damals keineswegs auf Marschmusik beschränkt war. Eine Sonderrolle halbmilitärischer Funktion erfüllten insbesonders nach 1871 die Veteranen- und Kriegervereine bzw. die Gesellschaft der Offiziere des Beurlaubtenstandes. Anders als die übrigen Vereine dienten sie auch politischen Zwecken der Armee, sollten sie doch die Verbundenheit der »Ehemaligen« und Reservisten mit dem aktiven Militär gerade bei festlichen Anlässen dokumentieren.

Neben der sozialen Repräsentation bediente sich der Staat auch ganz besonderer Bauformen, nämlich jener des Denkmales, um die Armee im öffentlichen Raum sichtbar werden zu lassen. Exemplarisch erkennbar ist diese kunstpolitische Absicht am Münchner Obelisken und seiner Vorgeschichte, sowie an der Konzeption und Funktion der Ludwigstraße als via triumphalis des bayerischen Heeres. Schließlich spiegelten sogar die Straßennamen des 19. Jahrhunderts, insbesondere nach dem Krieg von 1870/71, das gewachsene Prestige der Armee wieder.

Paraden

»… Parademarsch in Zügen – Regiment marsch!« Vorne Einsatz der Regimentskapelle, – die erste Batterie schon in Höhe der leuchtenden Gruppe, – immer lauter die hämmernde, reißende Musik, – »Zweite Batterie, Augen rechts!« – dröhnendes Einhauen der Reiterstiefel, verbissenes Bemühen, die breite Front in schnurgerader Richtung zu halten, und jetzt freier Blick auf den einen, dem das alles, alles gegolten hatte und nun galt.« – So hat ein Einjährig-Freiwilliger später die Parade seines 3. Feldartillerie-Regiments am 12. März 1911 über den Münchner Lenbach-Platz beschrieben. Der 12. März, der Geburtstag des Prinzregenten Luitpold, war für die damalige Garnison gewissermaßen der höchste militärische Feiertag, für den auf den Kasernenhöfen wochenlang vorgeübt wurde. Eine »stumpfsinnige Schinderei (…) um den Landesherren die Truppe in höchstem Theaterglanz und Automatendrill zu zeigen.«[1] In der Zeit kurz vor dem ersten Weltkrieg hatte im deutschen Kaiserreich, damit auch in der bayerischen Armee, das Ritual der Militärparade den höchsten Grad an Perfektion erreicht.

Die Parade gilt gemeinhin als Symbol des »Militarismus«. Dabei spielt die Vielschichtigkeit des Begriffes »Parade« eine große Rolle. So hieß im späten 18. Jahrhundert der innerstädtische Exerzierplatz der Münchner Garnison nur der »Paradeplatz«. Man sprach im 19. Jahrhundert von der »Kirchenparade« als Bezeichnung für den geschlossenen Kirchgang der Garnison, der »Trauerparade« für ein Mitglied des Herrscherhauses oder einen General und der »Wachtparade«. Auch dynastische Familienfeiern, die Begrüßung eines regierenden Fürsten in der Hauptstadt, patriotische Feiern, einschließlich des Oktoberfestes und vor allem die Manöver der ersten Dezennien, ja selbst die alljährliche Fronleichnamsprozession, hatten zugleich auch den Charakter einer Parade. Es stellt sich allerdings die Frage, ob im 19. Jahrhundert die eigentliche Militärparade, d. h. die Präsentation ganzer Regimenter oder Großverbände in der Öffentlichkeit, tatsächlich so häufig war.

Die Napoleonische Ära

Nur wenige Hinweise findet man in der Literatur zu Paraden im frühen 19. Jahrhundert. Tatsächlich waren diese aufwendigen Veranstaltungen gar nicht so zahlreich, abgesehen vom protokollarischen Aufwand beim Besuch eines Herrschers. Außerdem hatten die Soldaten in jenen Jahren wahrlich andere Aufgaben zu erfüllen. Große kostspielige Paraden dienten zumeist politischen Zwecken. Bezeichnenderweise nutzte König Max I. Joseph das Armeeübungslager bei München im unruhigen Sommer 1813 auch für große Paraden. Am 17. Juni 1813 ging Max Joseph erstmals seit Beginn seiner Regentschaft (1799) in der Münchner Fronleichnamsprozession mit und nahm gleich anschließend eine große Parade in der Theatinerstraße ab.[2] Am 20. Juni 1813 hielt der König eine Heerschau auf dem Oberwiesenfeld. Unter dem Salut der Artillerie fuhren der König, der Hofstaat und die ausländischen Gesandten (!) in Kutschen an der Front der angetretenen Verbände vorbei zum eigens errichteten Königszelt. Anschließend defilierten die Truppen. Max Joseph zeigte sich befriedigt und ließ jedem Unteroffizier und Mann sechs Kreuzer aus seiner Privatschatulle zukommen. Am 25. Juni wurden die jungen Truppen im Lager feierlich vereidigt.[3]

Im Mai 1814 führte man für einige Zeit sogenannte »Paraden« auf dem Exerzierplatz der Hofgartenkaserne ein. Sie fanden jeden Sonntag statt und waren reine Schauvorführungen für die Zivilbevölkerung. Seit November 1814 nahmen daran regelmäßig ein Bataillon

Infanterie, eine Eskadron und zwei bespannte Geschütze teil, die ein genau choreographiertes militärisches Ballett darboten.[4]

Eine der größten Münchner Paraden dieser Epoche fand am 11. Dezember 1815 anläßlich der Rückkehr des Heeres aus dem Frankreichfeldzug statt. Um elf Uhr standen die Truppen unter Kommando des Generalleutnant v. Raglovich auf dem Maximiliansplatz bereit: an der Spitze das Ulanen-Regiment, sodann das 1. und 2. Kürassier-Regiment, die Garde du Corps. Es folgten das Jäger-Bataillon des Isar-Kreises, ein National-Feld-Bataillon, zwei Bataillone des 1. Linien-Infanterie-Regiments »König« und schließlich das Grenadier-Garde-Regiment zu drei Bataillonen. Zwischen den Truppen waren drei Batterien Artillerie aufgefahren. Nach der Besichtigung durch den König erfolgte der Vorbeimarsch aller Abteilungen, die sodann in ihre Quartiere abrückten.[5]

Insgesamt scheint Bayerns erster König Max Joseph, vielleicht gerade weil er ein ehemaliger Berufssoldat war, von Paraden nicht so viel gehalten zu haben. Bezeichnend ist auch seine pragmatische Haltung zu Grundsteinlegungen, aus denen sein Sohn Ludwig einen wahren Kult machen sollte. Zu allen militärischen Großprojekte der Garnison unter Max Joseph, sei es die Hofgartenkaserne, die Neue Isarkaserne, die Türkenkaserne oder das Kriegsministerium, wurden die Grundsteine in ganz schlichter, wenngleich würdiger Form von den bauführenden Offizieren und Militärbeamten gelegt. Weder war dazu der Landesherr anwesend noch gab es zu solchen Anlässen glanzvolle Paraden.

Paraden in der Zeit König Ludwigs I.

In der Zeit König Ludwigs I. nahm die Zahl der Manöver ab und die Zahl der Paraden zu. Allerdings wurden relativ wenige reine Militärparaden in München durchgeführt. Zumeist verband der sparsame Monarch die öffentliche Präsentation der bewaffneten Macht mit wichtigen Ereignissen seiner Baupolitik. So hielt der neue König seine erste Parade nach dem Trauerkondukt seines Vaters am 18. Juni 1826 anläßlich der Grundsteinlegung zum künftigen Königtrakt der Residenz. Hierzu wurde aus der präsenten Mannschaft des Linien-Infanterie-Leib-Regiments und des 1. Linien-Infanterie-Regiments »König« je ein Bataillon formiert, hinzu trat ein Bataillon der Münchner Landwehr. Diese Verbände dienten im wahrsten Sinne zur Umrahmung, denn sie sollten »… vom Kapellentor der Residenz bis zum Max-Joseph-Platz in größter Parade Spalier bilden.«[6] In ähnlicher Form wurde dann am 1. November 1826 Linienmilitär bei der Grundsteinlegung zur Allerheiligen-Hofkirche beim Marstall eingesetzt.[7]

Ludwig I. scheint bei der Gestaltung solcher Festakte mit einer bestimmten Systematik vorgegangen zu sein. Die Garnison wurde keineswegs automatisch zu allen Feiern herangezogen, sondern nur in einem bestimmten politisch-historischen Umfeld.

An der Grundsteinlegung des Monumentalgebäudes für die Hofbibliothek und das Reichsarchiv, also dem Komplex der heutigen Bayerischen Staatsbibliothek an der Ludwigstraße, am 8. Juli 1832 nahm das Militär nicht aktiv teil. Sie wurde nämlich nicht vom König persönlich, sondern vom Innenminister vollzogen. Das Personal des direkt angrenzenden Kriegsministeriums befand sich aber wohl unter den Zuschauern.[8] Auch zu den feierlichen Grundsteinlegungen des Innenministers zum Gebäude der Kgl. Bergwerks- und Salinen-Administration in der Ludwigstraße (heutige Universitätsbibliothek) und des nahe gelegenen Damenstifts St. Anna (heute Sitz des Bayerischen Verwaltungsgerichtshofes) im Jahre 1838 wurden keine Militärabteilungen befohlen.[9]

Dann gab es eine Reihe von Festakten, an denen der König zwar selbst teilnahm, jedoch keine Linientruppen, sondern ausschließlich die Landwehr zur Parade heranzog. Dazu gehörten die Grundsteinlegungen zur Ludwigskirche (1829) und zur Mariahilfkirche in der Au (1831), die Enthüllung des Monuments für König Max I. Joseph vor der Residenz (1835), die Grundsteinlegung zur Ruhmeshalle (1843) und die Einweihung der Ludwigskirche bei der Universität (1844).[10]

Die Garnison hingegen hatte große Auftritte bei Anlässen, die in engem Bezug zu Armee oder Herrscherhaus standen. Zu nennen wären die Einweihung des Obelisken (1833),[11] die Grundsteinlegung zur Basilika St. Bonifaz, die Ludwig I. zu seiner einstigen Grablege bestimmt hatte, anno 1835 (s. u.), die Enthüllung der Reiterstatue des Kurfürsten Maximilian I. auf dem Wittelsbacher Platz am 12. Oktober 1839,[12] die Grundsteinlegungen zur Feldherrnhalle (1841) und zum Siegestor (1843) sowie die Einweihung der Feldherrnhalle (1844).[13]

Eine Seltenheit waren hingegen auch noch im ludovizianischen München große Garnisonparaden zu ausschließlich militärischen Zwecken, wie jene des Jahres 1832, die am 13. Juni vor Feldmarschall Fürst Wrede und am 24. Juni vor dem König abgehalten wurden.[14] In der Regel führte Ludwig I. seine Garnison aber bei hohem fürstlichen Besuch vor. So exerzierten am 20. März 1833 u. a. zwei Batterien des 1. Artillerie-Regiments vor dem Prinzen August von Preußen.[15]

– Die große Revue auf dem Marsfeld (1838)

Die wohl größte Garnisonparade jener Epoche fand am 18. August 1838 auf dem Marsfeld statt, als König Ludwig I. dem russischen Zaren Nikolaus in einer »Revue« seine Truppen vorführte. Diese Parade bildete gewissermaßen den Auftakt zum großen Übungslager der bayerischen Armee bei Augsburg, das der Zar dann ebenfalls besichtigte.[16] Über das seltene Ereignis berichtete der in München erscheinende »Bayerische Eilbote«: »… Seine Majestät der Kaiser in Begleitung Seiner Majestät des Königs, sämtlicher königlichen Prinzen, Seiner Hoheit des Herzogs von Nassau, Seiner Durchlaucht des Feldmarschalls Fürsten von Wrede und des ganzen sehr zahlreichen Generalstabes begaben sich schon um 9 Uhr auf das Marsfeld und verweilten daselbst bis 12 Uhr. Die sämtlichen Truppen, durch das bevorstehende Übungslager ganz vollzählig, zeichneten sich sowohl durch Propertät als gute Haltung und treffliche Ausführung der einzelnen Bewegungen vorzüglich aus. (…) Als aber die ganze Artillerie über einen vier Fuß breiten und drei Fuß tiefen Graben setzte, um die Trefflichkeit des seit kurzem bei der bayerischen Artillerie eingeführten neuen Systems zu beweisen, konnten sich Seine Majestät der Kaiser nicht enthalten, dem General Freiherrn von Zoller als dem Erfinder dieses Systems in Gegenwart aller höchsten und hohen Anwesenden Ihre vollste Anerkennung seiner Verdienste zu erkennen zu geben. Die Revue, von dem herrlichsten Wetter begünstigt, schloß mit dem Kavalleriemanöver der Kürassiere, wobei die Leichtigkeit, mit der die schwere Reiterei ihre Bewegungen ausführte, die besondere Zufriedenheit Seiner Majestät des Kaisers sich erwarb. Eine zahllose Menschenmasse bedeckte die große Ebene des Marsfeldes, und nicht die Truppenübungen waren es, welche sie hier versammelt, sondern die Neugierde, den mächtigen Beherrscher Rußlands kennenzulernen.« Von dieser großen Münchner Parade ließ König Ludwig I. sogar drei Ölgemälde anfertigen und schenkte sie dem Zaren. Im Jahr 1895 kamen die Bilder dann als Geschenk des Zarenhauses in das bayerische Armeemuseum.[18]

– Eine ludovicianische Parade

Typischer als die gerade geschilderte große »Revue«, die fast schon eher in die Kategorie der ohnehin sehr parademäßig gestalteten Manöver zu zählen ist, waren die Paraden im Stadtgebiet. Am 11. Oktober 1835 hatte der König die Gelegenheit der feierlichen Grundsteinlegung zur St. Bonifazkirche zugleich für eine große Parade der Garnison benützt.[19]

Von dieser Parade ist ein sachkundiger Augenzeugenbericht erhalten, der von einem württembergischen Hauptmann stammt, der sich zu dieser Zeit privat in München aufhielt: »… Die freundliche Witterung des Morgens währte nicht lange, bis der König erschien, rieselte schon wieder ein eiskalter Regenschauer herab. Aber die Truppen hatten schon längst ihre Aufstellung genommen. Das Leibinfanterieregiment lehnte den rechten Flügel ans Odeon und strekte sich am Wittelsbacher Plaze vorüber bis gegen den Maximiliansplaz; dann folgten die Regimenter König und Kronprinz, dann die Artillerie, auf dem Carlsplaze das erste Kürassierregiment.

Der König erschien zu Pferde in der Obersten-Uniform des Leibregiments, begleitet vom Kronprinzen und dem Prinzen Carl, die gerade erst von Reisen zurükgekehrt waren, und einem zahlreichen Gefolge, in welchem ich vorzüglich auch den alten Feldmarschall Fürst Wrede bemerkte. *Generallieutenant Graf Pappenheim kommandirte die Truppen, deren ausrükender Stand – da noch nicht beurlaubt war - ungefähr 6000. Mann betragen mochte.* Nachdem der König die Frontlinie beritten hatte, begab er sich an den Plaz wo der Grundstein zu dem grossen Bonifaziustempel gelegt werden sollte.

Ich folgte dem Zuge und nahm dort meine Aufstellung, die mir zwar erlaubte, die üblichen Ceremonien mit anzusehen, nicht aber die Rede des Fürsten Ministers in ihrem Zusammenhang zu verstehen. (…) Mittlerweile hatte sich das aufgestellte Militär nach der Ludwigsstrasse begeben und dort eine dicht geschlossene Kolonne gebildet, um über den Odeonsplaz vor dem Könige zu defiliren. Zuerst kam die *Infanterie in Compagnien abgeschwenkt,* auf drey Glieder rangirt. Dieß gefiel mir wohl, desto weniger aber *der langsame Paradeschritt,* den wir [Württemberger] schon seit beinahe zwanzig Jahren abgeschafft haben. Alle Offiziere marschirten den Degen über'm Leib, recht steif vor der Front. Nur die höheren Offiziere salutirten. *Haltung, Ausrüstung und guter Anzug der Truppen mußten befriedigen, aber ich kann nicht bergen, daß ich mich des steifen pedantischen Wesens halber um zwey Jahrzehnde zurük versezt glaubte.*

Die Kaskets der Infanterie sind nur hier noch zu Hause, das Auge hat sich bey allen europäischen Truppen dergestalt an den Tschako gewöhnt, daß diese kleinen Helme – obgleich sie nichts weniger als geschmacklos und unbequem sind – nicht mehr gefallen wollen. Gewiß wären sie schon längst abgeschafft, wenn man sich hier nicht darin gefiele, eigenthümlich zu erscheinen. *Als das Regiment zum Defiliren kam, dessen Inhaber der Kronprinz ist, sezte sich derselbe an seine Spize und führte es dem König vorüber. Gleiches that später Prinz Carl mit seinem Kürassierregiment.*

Ueber den Gesundheitszustand des kürzlich erst zurückgekehrten Kronprinzen giengen im Publikum sehr nachtheilige Gerüchte, die sein heutiges Erscheinen vorläufig niederschlug, obgleich seine Wangen nicht mehr jugendlich blühen.

Jezt kam die *Artillerie,* theils auf Wurstwagen [kleinen Munitionswagen mit ledergepolsterten Deckel, auf dem rittlings einige Kanoniere mitfuhren] hinter den Kanonen fahrend, theils in Zügen marschirend; den Beschluß machten die schönen *Kürassiere,* in halben Schwadronen abgeschwenkt, vorn und hinten Kürasse, blanke Helme, ausgesuchte Leute und stattliche Pferde, gewiß die schönste Truppe der Parade.

Der Rest des Tages war trübe und regnerisch. *Von Morgens bis Abends hörte man alle Viertelstunden einen Kanonenschuß, er galt den verstorbenen Rittern des Max-Josephs-Ordens, welchem auch heute eine Seelenmesse gehalten wurde.«*[20]

Im Herbst des Jahres 1841 wurde die Garnison von Vertretern des Deutschen Bundes, nämlich einem k. u. k. Feldmarschall und jeweils einem sächsischen und hessischen Generalmajor, inspiziert. Am 4. Oktober rückten hier die drei Münchner Infanterie-Regimenter zu je einem Bataillon formiert, auf das Marsfeld.[21] Im Sommer 1843 fand eine

Parade vor Erzherzog Stephan statt, sowie im Jahr 1846 eine Parade vor Prinz Adalbert von Preußen.[22]

Die erste Blütezeit der Paraden unter König Max II.

In der Zeit König Max II. (1848 – 1864) nahm die Zahl der großen Paraden in der Haupt- und Residenzstadt München stark zu. Grundsätzlich fanden nun jedes Jahr folgende Paraden statt:
– eine Garnisonparade zu Fuß auf dem Max-Joseph-Platz
– eine Garnisonparade auf dem Marsfeld
– 8. September: Namenstag der Königin
– 12. Oktober: Namenstag des Königs
– 13. Oktober: Max-Joseph-Ritterfest
– 15. Oktober: Geburtstag der Königin
– 28. Oktober: Geburtstag des Königs
Bei den Geburts- und Namensfesten des Herrscherpaares fand dazu nach der Kirchen- parade ein Vorbeimarsch der Truppen entweder auf dem Promenadeplatz oder auf dem Maximiliansplatz statt.[23]

– Die Parade als Machtdemonstration ab 1848
Bereits für den 15. Mai 1848 befahl der neue König eine Parade der Münchner Garnison auf dem Marsfeld. Beim Einrücken der Truppen in die Stadt nahm er dann noch einmal den Vorbeimarsch des Infanterie-Leib-Regiments am Hofgartentrakt der Residenz ab.[24] Dies war wohl auch als eine bewußte Geste der Macht gegenüber der Bevölkerung gedacht. Schon am 6. August 1848 wurde dann auf dem Marsfeld erneut eine Garnisonparade wegen der Übernahme der Reichsverweserschaft durch Erzherzog Johann abgehalten.[25]
Am 12. Oktober 1848 paradierte die Münchner Garnison erstmals anläßlich des Namens- tages des neuen Königs. Zugleich wurden an diesem Tag die Veteranen-Gedenkzeichen für die Teilnehmer an den Befreiungskriegen verliehen. So standen etwa in den Reihen des 1. Artillerie-Regiments noch sechs Bombardiere aus jenen Tagen.[26]
Am 20. Mai 1849 inspizierte Max II. die Münchner Garnison wiederum auf dem Marsfeld. Die Truppen erhielten für diesen Tag vom ersten Unteroffizier (Feldwebel) abwärts doppelte Löhnung ausbezahlt, zusammen die doch recht bescheidene Summe von 1600 Gulden.[27] Vier Wochen später, am 19. Juni 1849 präsentierte der König dem österreichi- schen Erzherzog Ferdinand die gesamte Garnison auf dem Marsfeld in »… feldmäßigen Anzug und Gepäck«.[28] Eine »Revue« der Garnison fand dann am 11. September zu Ehren der in München auf Besuch weilenden Königin von Griechenland, der Schwägerin Max II., auf dem Marsfeld statt.[29] Schließlich ließ der König am 14. November 1849 vor seinem Schwager Prinz Adalbert von Preussen auf dem Marsfeld zwei Batterien des neuformierten 3. (reitenden) Artillerie-Regiments »Königin« »… im Feuer exerzieren«, d. h. es wurde mit blinden Ladungen geschossen.[30]
Auch im darauffolgenden Jahr 1850 musterte der König seine Truppen sehr intensiv. Vor der Frühjahrsparade auf dem Max-Joseph-Platz mußte das Kriegsministerium die Dispo- sition dem König sogar zur Genehmigung vorlegen. Die Aufstellung von vier Infanterie- Bataillonen (zwei vom Leib-Regiment, je eines von den Regimentern »König« und Kronprinz«), zwei Eskadronen Kürassiere (zu Fuß), einer Eskadron Reitender Artillerie (zu Fuß), zwei Kompanien Fußartillerie und einer Genie-Kompanie fand das Einverständ- nis des Obersten Befehlshabers, der persönlich das Datum der Parade auf Samstag, 11. Mai

elf Uhr vormittags festlegte.[31] Im gleichen Stil mußten dann auch am 17. und am 25. Mai auf königlichen Befehl Paradeformationen zur Musterung auf dem Max-Joseph-Platz antreten.[32] Für den 3. Juni ordnete Max II. eine feldmäßige Vorführung aller Truppengattungen auf dem Marsfeld an, wobei er besonders die Feldbäckereikolonne der Geniekompanie zu sehen wünschte. Außerdem befahl er den Anmarsch zweier Eskadronen des 4. Chevaulegers-Regiments »König« aus Augsburg per Eisenbahn.[33] Am Nachmittag des 31. Dezember 1850 besichtigte der König das gerade von Franken einmarschierende I. Bataillon des Leib-Regiments auf dem Max-Josephs-Platz.[34]

Für die erste Parade am Max-Josephs-Platz im Jahr 1851 bestimmte der König den 23. April, einen Mittwoch. Er wünschte dabei ein Bataillon Infanterie, zwei Eskadronen Kürassiere, eine Eskadron reitende Artillerie, zwei Kompanien Fußartillerie und die Sanitätskompanie zu sehen.[35] Eine ähnliche kleine Parade mußte dann am 10. Mai wiederholt werden und am 31. Mai hatte die gesamte Garnison, einschließlich der Stabskommandos, auf dem Max-Josephs-Platz zu erscheinen.[36] Außerdem fand am 2. Juni die große Revue auf dem Marsfeld statt.[37] Zu dieser Zeit interessierte sich Max II. auch dafür, welche Paraden der preußische König persönlich abzunehmen pflegte. Nach Auskunft des Kriegsministeriums in Berlin konnte Bayerns König ersehen, daß sein für einheimische Verhältnisse ungewöhnliches Engagement in keinem Verhältnis stand zu den Aktivitäten des Hohenzollers. König Friedrich Wilhelm IV. von Preußen (1795 – 1861) hielt zu dieser Zeit jeden Sonntag eine Parade ab, überwachte im Frühjahr persönlich das »Abexerzieren« seiner Garderegimenter vor der großen Abschlußparade, hielt »militärische Diners« mit dem Offizierkorps anläßlich der Jahrestage der Schlachten von Bautzen und Leipzig und feierte besondere Jubiläen der Regimenter seiner Armee.[38]

Eine besonders große Parade erlebte Münchens Ludwigstraße am 31. März 1852 zu Ehren der russischen Großfürsten Michael und Nikolaus. Schlag zwölf Uhr mittags standen beginnend am Karolinenplatz, durch die Brienner Straße über den Odeonsplatz die Ludwigstraße Richtung Siegestor folgende Abteilungen bereit: eine Marschkompanie des Kadettenkorps; die Münchner Gendarmeriekompanie; je ein auf volle Stärke gebrachtes Bataillon aus dem Leib-Regiment, den Regimentern »König« und »Kronprinz«; ein kombiniertes Bataillon (aus 6. Jäger-Bataillon, 5. Infanterie-Regiment und 12. Infanterie-Regiment); das komplette 1. Kürassier-Regiment »Prinz Karl«; zwei Eskadronen des 2. Kürassier-Regiments »Prinz Adalbert« aus Freising; zwei reitende Batterien des 3. Artillerie-Regiments »Königin«; zwei Eskadronen des 4. Chevaulegers-Regiments »König« aus Augsburg; die Sanitätskompanie; noch zwei Eskadronen Augsburger Chevaulegers und schließlich drei fahrende Batterien des 1. Artillerie-Regiments »Prinz Luitpold«. Die Parade begann mit einer Inspizierung der aufgestellten Truppen, sodann schwenkten diese auf die Straße ein und zogen am König und seinen Gästen vorbei.[39] Hierzu notierte der Professor Schmeller, der die Parade wohl aus einem Fenster der Hofbibliothek beobachtet hatte, in sein Tagebuch: »… Dieser Letzte des Merzen ein wahrer, ja heißer Sonnentag, an dem sich in der schönen Ludwigstraße herrlich ausnahm das militärische Spectakel, als den russischen Großfürsten Michael und Nicolaus zum Besten gegeben wurde. *Wann werden Mordanstalten nicht mehr das Anziehenste seyn für die Fürsten der Erde?*«.[40]

Die obligatorischen kleinen Königsparaden auf dem Max-Joseph-Platz hielt Max II. anno 1852 am 15. und 22. Mai ab.[41] Auch hieran nahm die Münchner Gendarmeriekompanie als Truppe teil, denn bereits im Herbst 1851 hatte der König einen entsprechenden Antrag des Gendarmerie-Korps-Kommandos (»… da doch die Gendarmerie den ersten Rang im Heere einnimmt«) zur künftigen Teilnahme an allen Garnisonparaden gebilligt.[42] Nachträglich befahl der König übrigens per Ordre vom 19. Juni, daß die Kürassiere auch bei der Parade zu Fuß im Küraß zu erscheinen hatten.[43] Ein Beweis dafür, daß der Monarch reges Interesse für militärische Details zeigte.

Auch das Jahr 1853 stand im Zeichen besonders großer Paraden. Anstelle der Musterung der stehenden Truppenabteilungen auf dem Max-Joseph-Platz ordnete der König für den 25. Juni 1853 ein Defilée der gesamten Garnison in der Ludwigstraße an, wobei die Artillerie ihre Geschütze mitführen mußte. Alle nicht in Reih und Glied eingeteilten berittenen Offiziere der Garnison bildeten das Gefolge des Königs auf seinem Weg von der Residenz zum Siegestor.[44] Am 16. Oktober 1853 wurde für den jungen österreichischen Kaiser Franz Joseph I. (1830–1916) auf dem Marsfeld eine sehr große Parade veranstaltet. Die Garnison war extra für dieses Ereignis verstärkt worden durch das 2. Kürassier-Regiment aus den Garnisonen Freising und Landshut, das 4. Chevaulegers-Regiment aus Augsburg, sowie das 13. Infanterie-Regiment »Kaiser Franz Joseph von Österreich« aus Bayreuth. König Max II. kommandierte dabei vor seinem hohen Gast höchstpersönlich den abschließenden Vorbeimarsch der Truppen. Die auswärtigen Verbände kehrten dann nach der Abreise des Kaisers am 18. Oktober wieder in ihre Standorte zurück.[45] Ergänzend sei noch bemerkt, daß das 1. Kürassier-Regiment am 15. September einer Bundesinspektion unter dem Feldmarschall-Leutnant Erzherzog Wilhelm von Österreich ein Schauexerzieren vorgeführt hatte.[46]

Am 6. und 20. Mai 1854 fanden wieder einmal kleine Königsparaden auf dem Max-Joseph-Platz statt, am 27. Mai war die große Parade auf dem Marsfeld. Desweiteren paradierte die Garnison am 31. Juli 1854 auf dem Marsfeld vor dem König von Preußen.[47]

Im Jahr 1855 hielt Max II. am Samstag, den 19. Mai und erneut am darauffolgenden Samstag, den 26. Mai jeweils am späten Vormittag auf dem Max-Joseph-Platz Garnisonparade.[48] Die »Disposition« für die große Revue am Vormittag des 2. Juni 1855 auf dem Marsfeld überliefert eine Gliederung der Paradetruppen in drei Treffen. Im ersten Treffen standen das Kadettenkorps, die Gendarmerie, das 6. Jäger-Bataillon, ein Bataillon des Infanterie-Leib-Regiments, zwei Bataillone des Regiments »Kronprinz« und das in München garnisonierende Bataillon des 5. Infanterie-Regiments »Großherzog von Hessen«. Das zweite bildeten je vier Batterien des 1. bzw. 3. Artillerie-Regiments. Im letzten Treffen stand das 1. Kürassier-Regiment und die 1. Sanitätskompanie. Damit umfaßte die Paradeaufstellung fünf Generale, 192 Stabs- und Oberoffiziere, 670 Unteroffiziere, 3471 Mannschaften. Durch 64 mitgeführte Geschütze ergab sich die hohe Zahl von 1578 Pferden.[49] Ein Jahr später fand die kleine Garnisonparade auf dem Max-Joseph-Platz bereits am Samstag, 19. April statt.[50] Auf dem Marsfeld musterte der König die Garnison dann am 11. Juni 1856. Diesmal nahmen insgesamt 3260 Soldaten vom Generalleutnant bis zum Gemeinen daran teil und 1318 Pferde.[51] Die Geschichte des 1. Kürassier-Regiments hebt dabei besonders hervor, daß an dieser Parade entgegen früherer Praxis auch die gerade abexerzierten Rekruten, sowie die Mannschaft des 1. Dienstjahres auf jungen Pferden beteiligt waren.[52] Daraus darf man schließen, daß ansonsten darauf geachtet wurde, nur erfahrene Reiter und ruhige Pferde zu präsentieren, um ein möglichst schönes Bild vor den Augen des Königs zu erzielen.

Im Jahr 1856 wurden außerdem kleinere Paraden von Teilen der Garnison anläßlich der Enthüllung der Denkmäler für General Deroy (1742–1812) in der Maximilianstraße bzw. den Kurfürsten Max Emanuel auf dem Promenadeplatz abgehalten.[53] Zur Grundsteinlegung für das Gebäude der Regierung von Oberbayern im gleichen Jahr paradierte kein Linienmilitär, sondern eine Landwehreinheit.[54]

Am 6. Oktober 1857 nahmen ein Infanterie-Bataillon und eine Militärmusikkapelle, wohl vom Leib-Regiment, an der Grundsteinlegung »… zu dem Gebäude des k. Maximilianeums auf der Gasteighöhe« teil. Dazu wurde übrigens von einem zweihundert Mann starken zivilen Chor eine besondere Festhymne gesungen, in der es u. a. hieß: »... Bayerns hoffnungsvollen Söhnen / Bauet Max hier ein Asyl / Alles Wahren, Guten, Schönen / Sterne sind ihr leuchtend Ziel.«[55]

Nachdem 1857 die große Garnisonparade im Rahmen des Schwabinger Lagers stattgefunden hatte, wurde sie im Jahr 1858 am 29. Mai auf dem Max-Joseph-Platz abgehalten. Die Gesamtzahl der hierzu ausgerückten Gefreiten und Gemeinen betrug 2571 Mann, die gesamte Paradetruppe dürfte daher gut 3000 Köpfe stark gewesen sein.[56] Am 20. September 1858 führte eine Eskadron des 1. Kürassier-Regiments auf dem Oberwiesenfeld eine parademäßige Exerzierübung für eine Bundesinspektion unter dem preußischen Generalleutnant Fürst v. Hohenzollern-Sigmaringen vor.[57]

Im Zeichen eines drohenden Krieges mit Frankreich stand die Garnisonparade, die der König am 22. Juni 1859 abnahm. Die gesamte Garnison befand sich zu diesem Zeitpunkt auf dem hohen »Feldetat«.[58]

Am 30. September 1861 wurde die Herbstwaffenübung der Münchner Garnisontruppen mit einer großen Parade vor dem Prinzen Karl auf dem Marsfeld beendet. An ihr waren beteiligt: 200 Offiziere, 635 Unteroffiziere, 142 Musiker, 163 Spielleute, 40 Pioniere, 4357 Gefreite und Gemeine. Dazu kamen 618 Reit- und 348 Zugpferde. Die Artillerie führte 32 Geschütze mit.[59]

Eine große Garnisonparade am 22. September 1862 nahm in Vertretung des Königs sein Bruder Prinz Luitpold ab.[60] Im Jahr 1863 exerzierte eine Division des 1. Kürassier-Regiments parademäßig vor einer Bundesinspektion unter Feldmarschall-Leutnant Erzherzog Wilhelm von Österreich.[61]

König Ludwig II.

Zum Abschluß der Herbstwaffenübungen des Jahres 1864 befahl der junge König Ludwig II. eine große Parade der Garnison am 17. September auf dem Marsfeld. Sie gliederte sich in eine Revue, einen Manöverteil und einen Vorbeimarsch der Truppen. Die Ausrückstärke der Garnison betrug 244 Offiziere (einschließlich vier Generale), 588 Unteroffiziere, 130 Musiker, 236 Spielleute, 4524 Mannschaften und 1556 Pferde. Während des »Manövers« verfeuerte jedes der 42 Geschütze fünfzehn blinde Ladungen. Die Infanterie hatte pro Gewehr zwanzig Platzpatronen zur Verfügung. Die Berittenen hatten hingegen nur drei derartige Patronen empfangen. Unteroffiziere und Mannschaften erhielten vom jungen König eine Gratifikatikon in Höhe eines zusätzlichen Tagessoldes.[62]

Ganz im Zeichen der bevorstehenden kriegerischen Auseinandersetzung mit Preußen stand die »Revue« vom 29. Mai 1866, bei der die 1. Infanterie-Division vor dem König paradierte. Sie sollte zugleich die letzte Münchner Parade vor der Armeereform werden.[63] Nach dem Debakel von 1866 und der Besinnungpause des Jahres 1867 entschloß sich der König, vermutlich auf Drängen des Kriegsministers v. Pranckh, im Sommer 1868 wieder zu einer Demonstration militärischer Stärke. Sein Handbillet an das Kriegsministerium vom 3. Juli lautete: »... Ich halte morgen den 4ten dies. Vormittags 12 Uhr auf dem Marsfelde Revue. Zu den Truppen Meiner Residenz sollen so weit thunlich jene aus den nächstliegenden Garnisonsstädten beigezogen werden. Die Suite hat Mich am Eingange in das Marsfeld an der Nymphenburgerstrasse zu empfangen. Hiernach sind die weiteren Anordnungen zu treffen.«[64] Diese Ordre Ludwigs II. traf die Armee ziemlich unvorbereitet. Die seit 1866 schon verbesserte Organisation, Telegraph und Eisenbahn machten es aber möglich, daß noch rechtzeitig ein Bataillon des 3. Infanterie-Regiments aus Augsburg, das

4. Jäger-Bataillon aus Landshut und zwei Eskadronen des 3. Chevaulegers-Regiments aus Freising herbeigeholt werden konnten.[65] Insgesamt bezeugt das Vermögen der Garnison binnen vierundzwanzig Stunden eine so große Parade zu organisieren einen höchst beachtlichen Leistungsstand der Truppe!

Auch am 16. September 1868 wurde auf dem Marsfeld eine Königsparade gehalten. Hierbei galt das besondere Augenmerk der erst gebildeten Landwehr neuerer Ordnung, die in der Öffentlichkeit sehr umstritten war. Eben aus diesem Grunde hatte das Kriegsministerium König Ludwig II. um die Abhaltung dieser Parade gebeten: »… Euer Majestät werden die Schwierigkeiten nicht unbekannt sein, die sich im Vollzug des neuen Wehrgesetzes mit der Ausbildung der Landwehr ergeben; insbesonders ruft die Einberufung der Landwehr in der Presse Kritik hervor, ja straffällige Äußerungen über den geringen Wert der neuen Landwehrübungen. So würde es den Geist der Landwehr bedeutend heben, wenn Euer Majestät persönlich die Landwehr besichtigen würden.«[66] Neben den Landwehreinheiten der Münchner Infanterie-Regimenter nahmen auch jene Landwehr-Bataillone teil, die dem 3. Infanterie-Regiment (Augsburg), dem 10. bzw. 13. Infanterie-Regiment (beide Ingolstadt) assigniert waren.[67] Durch die zahlreichen Landwehrmänner ergab sich bei einer hohen Gesamtstärke von 8804 Offizieren, Unteroffizieren und Mannschaften ein niedriger Anteil von Pferden (1002) und Geschützen (24),[68] verglichen mit den Paraden in den 1850er Jahren. Er vermittelte jedoch *ein realistischeres Bild von der Kriegsformation* des Heeres. Zusätzlich hielt dann am 23. September Generalleutnant v. d. Tann eine »Spezialrevue« auf dem Marsfeld ab.[69]

Die Siegesparade von 1871

»… Am Sontag, den 16. Jüli zogen wir von unseren Quartieren fort auf München zu, zum und auf Oberwiesenfeld zur Barade aufgestellt, wo wir seiner Majestätt den König Ludwig den IIten erwarteten, der Punkt 8 1/2 Uhr auf den Baradeplatz erschin, vor in [ihm] seiner Hochheit Kronprinz Fridrich Wilhelm von Preißen als Deutscher Kronprinz. Seiner Majestätt der König überstralte alle anwesenden Herrn im Hof wie im Generalstabbe, den eine solche herrliche Gestalt – ich kan sie nicht aus dem Gedächtniße bringen – und in dan als Naren erklären, ist und bleibt mir undenkbar, doch genug. Seiner Majestät ritt die Fronten ab, worauf dan der Einzug ihn [in] die Haupt-Stadt erfolgte, der Jubel und die Pracht fast nicht zubeschreiben, aber die Tränen so viele gefloßen als der Jubel groß war (…).« – Mit diesen Sätzen begann Xaver Stegmeir vulgo »Glasl-Bauer« zu Plixenried im Dachauer Hinterland im Jahr 1906 seine Schilderung der großen Siegesparade des bayerischen Heeres zu München am 16. Juli 1871. Er hatte daran selbst als Gemeiner der 9. Kompanie des 2. Infanterie-Regiments »Kronprinz« teilgenommen. Stegmeirs genaue Erinnerungen an diesen Tag aus der Perspektive des einfachen Soldaten sind ein wertvolles Zeitzeugnis geworden.[70]

Nachdem der fünfundzwanzigjährige König, begleitet von Prinz Luitpold von Bayern, dem preußischen Kronprinzen Friedrich, sämtlichen nicht zur Parade eingeteilten Generalen und berittenen Offizieren der Garnison, sowie einer Abteilung des 1. Kürassier-Regiments die langen Reihen der in drei Treffen formierten Truppe abgeritten hatte, erklang das alte Militärgebet. Während danach König Ludwig und sein Gefolge wieder zum Odeonsplatz zurückkehrten, rangierten sich die Truppen zum Einzug in das festlich geschmückte München. Es war zehn Uhr geworden, als Prinz Luitpold und der Deutsche Kronprinz, begleitet von Ulanen des 1. Regiments und dem 2. Jäger-Bataillon, das Siegestor durchritten. Gleichzeitig begannen alle Glocken der Stadt zu läuten und die Artillerie löste hundert Schuß zum Salut. Nach den verschiedenen höheren Stäben zu Pferd und einer Abteilung mit erbeuteten französischen Feldzeichen folgte das Infanterie-Leib-Regiment an der Spitze der eigentlichen Truppenparade. Kronprinz Friedrich Wilhelm von Preußen passierte am Odeonsplatz den Platz des bayerischen Königs und stellte sich dann mit seinem Pferd hinter Ludwig II. auf.[71]

Der Reservemann Stegmeir hat den Einzug so beschrieben: »… Wir marschierten von Aufstellungsplatz durch Schwabing, durch das Siegethor, an seiner Majestätt und Hochheit, welch an der Feld-Herrnhalle gegenüber der Theatiner-Kirch Aufstellung genomen hatten, vorbey, durch die Theatinerstraße bis zur Neuhauser Straße zum Karlsthore, Amalienstraß, dan Briennerstraß, in die Türkenstraße zur Türken-Kaßerne, wo wir überall mit größter Begeisterung begrüßt wurden. *Der Einzug war schön und erhaben für das schauente Puplicking, aber beschwerlich für den Soldaten*, den von Jubel ist kein Magen gefühlt [gefüllt !] und seid früh 6 Uhr, wo wir unser Quartier [bei Moosach] verließen bis Abend 3 1/2 Uhr größter [gerüstet] dastehen und durch die Stadt ziehen, wo kein Lüftchen sich regte, den es war sehr heiß an jenen Tag, in Zwischen einer unübersehbaren Menschen-Menge, und der Staub gerade in die Höhe stieg zum ersticken, da wurden die Kellen Trocken (…).«[72]

Die Stadt München spendete den Feldzeichen Lorbeerkränze mit weiß-blauen Bändern und der Inschrift: »Den heimkehrenden Siegern das dankbare München«. Zuschauer der Parade warfen den vorbeimarschierenden Soldaten Blumen zu. Die Bürgerschaft erklärte sich bereit, einem Teil der Soldaten kostenlos Quartier und Verpflegung zu gewähren. Die Stabsoffiziere waren am Abend zur großen Hoftafel, anschließend zur Galavorstellung ins Hoftheater geladen. Am 17. Juli gab die Stadt ein Essen für Soldaten, die den vorangegangenen Abend in den Kasernen verbracht hatten und gleichzeitig ein Bankett für das Offizierkorps im Glaspalast.[73] In Stegmeiers Verband, dem III. Bataillon des Regiment »Kronprinz«, das in einem Biwak auf dem Exerzierplatz der Türkenkaserne übernachten mußte, erhielt angeblich jeder Unteroffizier und Soldat anstatt Verpflegung oder gar Freibier dreißig Kreuzer und eine Erinnerungsmedaille der Stadt München.[74] Stegmeir jedoch überliefert die Sache etwas anders: »… in der Kaßerne angekommen, wurden wir in die Zelte gelegt und ein jeder seinen freihen Willen überlassen, wer Geld hatte konnte seinen Durst stillen, den *wurde viel versprochen von Trinkhallen, von Unterhaltungen jeder Art, ich sah nichts dafon. Den es war alles lehre Zeitungsschreiberei.*«[75]

Die Zeit nach 1871

Nach der großen Siegesparade von 1871 nahm König Ludwig II. mehrere Jahre hintereinander nicht mehr an derartigen militärischen Veranstaltungen teil. Schließlich bat ihn der Kriegsminister v. Maillinger im Juni 1875 um sein persönliches Erscheinen wenigstens vor der Münchner Garnison, um »… den Geist altbayerischer Soldatentreue« (!) aufrechterhalten zu können. Ludwig II. willigte ein, wohl aus Staatsraison, und befal für den Vormittag des 22. August 1875 eine »Revue« auf dem Oberwiesenfeld.[76] Die Königsparade von 1875 war die größte Heerschau in Bayern seit dem Jahr 1871. Sie umfaßte die 1. Division mit zwölf Bataillonen Infanterie, die 1. Kavallerie-Brigade und Teile der 1. Feldartillerie-Brigade (zwei Feldabteilungen und einer reitenden Batterie).[77] Etwas merkwürdig mutet dabei der Zufall an, daß sich sowohl Prinz Ludwig von Bayern, also der spätere König Ludwig III., und der Münchner Stadtkommandant Generalmajor v. Ysenburg unmittelbar nacheinander aus Gesundheitsgründen von der Teilnahme an diesem Großereignis dispensieren ließen.[78] Es mag tatsächlich so gewesen sein, andererseits ist aber das sehr gespannte persönliche Verhältnis zwischen König Ludwig II. und seinem Vetter Prinz Ludwig bekannt.[79]

Die Königsparade von 1875 war die letzte, die Ludwig II. abhielt. Die Münchner Garnison sollte ihm erst wieder beim Trauerkondukt 1886 ihre Ehrenbezeugung machen. Zunächst jedoch bat das Kriegsministerium den König noch jahrelang immer wieder vergeblich um die Ansetzung einer neuen Großparade.[80] Schließlich ergriff der Kommandierende General des I. Armeekorps v. d. Tann die Initiative und beantragte selbst eine »feldmäßige Parade« der ihm unterstehenden Truppenteile in München abhalten zu dürfen. Das Kriegsministerium informierte den König, der freilich erst »Kenntnis nahm«, als die große Parade vom 9. Juni 1879 auf dem Oberwiesenfeld schon vorbei war.[81] Ähnlich verfuhr General v. d. Tann im Jahr 1880, als er am 6. Juli auf dem Oberwiesenfeld eine »Besichtigung« abhielt.[82]

Am 4. Juli 1881 hielt General v. Horn als neuer Kommandierender General des I. Armeekorps eine Garnisonparade auf dem Oberwiesenfeld. Bei dieser Gelegenheit wurden den Truppen zugleich Prinz Leopold als neuer Kommandeur der 1. Division vorgestellt. Der Prinz befehligte auch als Führer die Paradeaufstellung.[83]

Die »Prinzregentenzeit«

Ab 1882 fungierte nicht mehr der jeweilige Kommandierende General des I. Armeekorps, sondern mit Einverständnis des Königs dessen Onkel Prinz Luitpold, in seiner Eigenschaft als Generalinspekteur der bayerischen Armee, als Chef der Münchner Garnisonparaden. Der erste derartige Truppenaufmarsch fand am 3. Juni 1882 auf dem Oberwiesenfeld statt.[84] Somit hatte bereits vier Jahre vor der Übernahme der Regentschaft des Königreiches durch den Prinzen Luitpold auf diesem Gebiet militärischer Repräsentation die spätere »Prinzregentenzeit« in München de facto schon begonnen.

Mit dem Prinzen Luitpold erhielten die Münchner Garnisonparaden einen äußerst sachkundigen und interessierten Beobachter, der sich nicht scheute auch Mängel beim Namen zu nennen. So lobte er zwar in einem Tagesbefehl anläßlich der Parade vom 7. Juni 1883 insgesamt die »vortreffliche Verfassung« der Truppen und die »Präzision der Bewegungen«, vor allem die »große Strammheit« der Kriegsschüler und Kadetten, anderseits gab es aber auch Tadel, und zwar ausgerechnet für das Infanterie-Leib-Regiment wegen zu langsamen Marschtempos.[85]

Es wäre müßig, die ständig wiederkehrenden Münchner Garnisonparaden des ausgehenden 19. Jahrhunderts auflisten zu wollen. Im Gegensatz zu den früheren Jahrzehnten fanden sie unter dem Prinzregenten Luitpold so regelmäßig statt, daß sie in den Akten des Kriegsministeriums gar nicht mehr verzeichnet wurden. Geradezu symbolisch für die enge Beziehung zwischen dem Militärprinzen Luitpold und der Münchner Garnison jener Zeit ist ein Monumentalgemälde, das der bekannte Militärmaler Louis Braun (1836–1916) im Jahr 1897 für das Bayerische Armeemuseum geschaffen hat und das heute in den Ingolstädter Museumsräumen wieder ausgestellt ist – »Münchner Frühjahrsparade auf dem Oberwiesenfeld anno 1896«. Vor dem fernen Hintergrund aufgesessener Kavallerie zeigt es den immerhin über siebzigjährigen Regenten in lässiger, doch straffer Haltung zu Pferde. In seinem Gefolge mit portraithafter Genauigkeit verewigt die damalige Armeeführung. Direkt vor dem Regenten aber präsentiert das I. Bataillon des Infanterie-Leib-Regiments, als dessen Kommandeur der Enkel des Regenten Prinz Rupprecht abgebildet ist.

Zu dieser Zeit hatte München bereits die große Kaiserparade vom 9. September 1891, die größte Parade in der Geschichte des bayerischen Heeres, hinter sich. Prinz Leopold von Bayern hat darüber interessante Details hinterlassen: »…Der deutsche Kaiser hatte den Wunsch geäußert, die bayerische Armee zu begrüßen. Papa [Prinzregent Luitpold] ordnete deshalb an, daß die ganze bayerische Armee mit Ausnahme der 5. Division, die in der Pfalz unabkömmlich war, zu gemeinsamer Parade und Manövern zusammengezogen werden sollte. Mir als ältesten Kommandierenden General wurde die Ausarbeitung und Führung des Ganzen übertragen (…) Nachdem alle zu berücksichtigenden Umstände in Erwägung gezogen waren – vor allem entsprechendes Gelände, Unterkunft der Truppen und Quartiere für die außerordentlich zahlreichen Gäste, sowie entsprechende Eisenbahn-verbindungen – entschied ich mich im Prinzip: große Parade in München auf der Fröttmaninger Heide und die großen Armeemanöver zwischen Amper und Glonn. Da eine so große Parade und so große Manöver seit Menschengedenken hier nicht stattgefunden hatten, war gar kein Material vorhanden, das für die notwendigen Anordnungen zum Anhalt dienen konnte.«[86]

Am Abend des 7. September 1891 traf Kaiser Wilhelm II. auf dem Münchner Hauptbahn-hof ein. Die Parade, an der vier komplette Divisionen, sowie die Korpstruppen der bayerischen Armee teilnahmen, fand dann am Vormittag des 9. September bei »Kaiser-wetter« statt. Sie forderte von den Truppen das Äußerste an Präzision, so zog etwa die Artillerie in »Batteriefronten«, d. h. alle sechs Geschütze einer Batterie nebeneinander auf exakt gleicher Höhe fahrend, an Kaiser und Prinzregent vorbei.[87]

Die letzte traditionelle »Frühjahrsparade« auf dem Oberwiesenfeld fand in Anwesenheit König Ludwigs III. am 26. Mai 1914 statt.[88] Sie wurde gleichsam zum Schwanengesang der alten bayerischen Armee.

Anmerkungen

1 V. Mann, Wir waren fünf. Bildnis der Familie Mann (erstm. 1949), Darmstadt 1964, S. 301 f.
2 R. v. Xylander, Geschichte des 1. Feldartillerie-Regiments »Prinzregent Luitpold« Bd. 2: Das Artillerie-Regiment und das Fuhrwesen 1806 bis 1824, Berlin 1909, S. 408
3 Ebd., S. 409
4 Ebd., S. 499
5 F. Illing, Geschichte des Königlich Bayerischen Infanterie-Leib-Regiments von der Errichtung bis zum 1. Oktober 1891, Berlin 1892, S. 35f.
6 MKr. 2617 Prod. 2, KdtMünchen an KM am 17. Juni 1826
7 Ebd. Prod. 3, KdtMünchen an KM am 29. Oktober 1826
8 MKr. 2617 Prod. 9, Gedrucktes Programm für die Grundsteinlegung zum neuen Bibliotheks- und Archivgebäude
9 MKr. 2617 Prod. 15, KM am 25. Aug. 1838; Prod. 16, Gedrucktes »Programm für die Feyer der Grundsteinlegung zu dem neuen Gebäude des Damenstifts St. Anna zu München« (15. Okt. 1838)
10 Vgl. den Abschnitt »Landwehr«
11 Vgl. den Abschnitt »Obelisk«
12 Illing (wie Anm. 5), S. 74
13 Vgl. den Abschnitt »Ludwigstraße«
14 Illing (wie Anm. 5), S. 66
15 R. v. Xylander, Geschichte des 1. Feldartillerie-Regiments »Prinzregent Luitpold« Bd. 3: Das Artillerie-Regiment und das Fuhrwesen (zus. mit C. A. v. Sutner), Berlin 1911, S. 23
16 Illing (wie Anm. 5), S. 72
17 zit. nach G. J. Wolf, Ein Jahrhundert München 1800 – 1900. Zeitgenössische Bilder und Dokumente, München 1935 (unv. Ndr. Frankfurt/M. 1980), S. 176 f.
18 Xylander (wie Anm. 15), S. 23
19 MKr. 2617 Prod. 10, InnM an KM am 8. Okt. 1835 mit beigelegtem gedruckten Festprogramm für die Grund-steinlegung zur Kirche St. Bonifaz am 12. Okt. 1835
20 L. v. Gaisberg, Reise zum Münchner Oktoberfest 1835, hg. von P. E. Rattelmüller, München 1979, S. 56 – 60. Gaisberg (1794–1862) diente seit 1812 u. a. im württem. Leib-Infanterie-Regiment; 1835 war er Hauptmann in Ulm; später Divisionsadjutant in Stuttgart, was für seine militärischen Qualitäten spricht (a. a. O., S. V – XV).
21 Illing (wie Anm. 5), S. 75

22 Xylander (wie Anm. 15), S. 57

23 H. Fahrmbacher, Das Königlich Bayerische 1. Schwere Reiter-Regiment »Prinz Karl von Bayern« Bd. 2: Das Regiment in dem Zeitraum von 1848 bis 1898, München 1900, S. 133 f.

24 A IV Bd. 102 Akt: Paraden (1848 ff.) Prod. 1, KM an KdtMünchen am 13. Mai 1848; Illing (wie Anm. 5), S. 89

25 Fahrmbacher (wie Anm. 23), S. 11; Xylander (wie Anm. 15), S. 68

26 Xylander (wie Anm. 15), S. 68

27 A IV Bd. 102 Akt: Paraden (1848 ff.) Prod. 3, KM an König Max II. am 20. Mai 1849 mit Kgl. Signat d. d.

28 Ebd. Prod. 4, KM an KdtMünchen am 18. Juni 1849

29 Ebd. Prod. 6, Kgl. Adjutantur an KM am 10. Sept. 1849

30 Ebd. Prod. 8, KM an KdtMünchen am 14. Nov. 1849

31 Ebd. Prod. 11, KM an König Max II. am 8. Mai 1850 mit Kgl. Signat d. d.

32 Ebd. Prod. 15, KM an KdtMünchen am 16. Mai 1850; Prod. 17, Kgl. Handbillet an KM am 23. Mai 1850

33 Ebd. Prod. 19, KM an GenKdo I.A.K. am 31. Mai 1850

34 Illing (wie Anm. 5), S. 105

35 A IV Bd. 102 Akt: Paraden (1848 ff.) Prod. 25, KM an KdtMünchen am 21. April 1851

36 Ebd. Prod. 26, KM an KdtMünchen am 9. Mai 1851; Prod. 27, KM an KdtMünchen am 30. Mai 1851

37 Fahrmbacher (wie Anm. 23), S. 16

38 A IV Bd. 102 Akt: Paraden (1848 ff.) Prod. 28, KM an König Max II. am 2. Juni 1851

39 Ebd. Prod. 38, KM an König Max II. am 17. März 1852; Prod. 50, Kgl. Handbillet an KM am 27. März 1852; Prod. 68, Disposition für die Parade in der Ludwigstraße am 31. März 1852

40 J. A. Schmeller, Tagebücher 1801–1825. hg. von P. Ruf, Bd. 2: 1826–1852 (SchrrBayerLG Bd. 48), München 1956, S. 545

41 A IV Bd. 102 Akt: Paraden (1848 ff.), Prod. 85, KM an KdtMünchen am 6. Mai 1852; Prod. 89, KM an KdtMünchen am 21. Mai 1852

42 Ebd. Prod. 30, GendarmKorpsKdo an KM am 11. Sept. 1851; Prod. 35, KM an König Max II. am 28. Sept. 1851 mit Kgl. Signat, dat. Berchtesgaden 2. Okt. 1851

43 Ebd. Prod. 93, Kgl. Handbillet an KM, dat. Schloß Berg am 19. Juni 1852

44 Ebd. Prod. 95, Kgl. Adjutantur an KM am 24. Juni 1853

45 Illing (wie Anm. 5), S. 112. Im Akt A IV Bd. 102 fehlen Unterlagen zu dieser Großparade.

46 Fahrmbacher (wie Anm. 23), S. 20

47 A IV Bd. 102 Akt: Paraden (1848 ff.) Prod. 103, Kgl. Adjutantur an KM am 4. Mai 1854; Prod. 105, KM an KdtMünchen am 19. Mai 1854; Prod. 107, KM an GenKdo I.A.K. am 25. Mai 1854; Prod. 110, KM an GenKdo I.A.K. am 30. Juli 1854; vgl. auch Illing (wie Anm. 5), S. 129 f.

48 A IV Bd. 102 Akt: Paraden (1848 ff.) Prod. 122, KM an KdtMünchen am 24. Mai 1855

49 Ebd. Prod. 124, KM (undat.)

50 Ebd. Prod. 125, KM an KdtMünchen am 18. April 1856

51 Ebd. Prod. 127, KM (undat.)

52 Fahrmbacher (wie Anm. 23), S. 22

53 Vgl. den Abschnitt »Denkmäler«

54 Vgl. den Abschnitt »Landwehr«

55 MKr. 2617 Prod. 37, Festprogramm für die Grundsteinlegung des Maximilianeums am 6. Okt. 1857

56 A IV Bd. 102 Akt: Paraden (1848 ff.) Prod. 129, KM am 28. Mai 1858; Illing (wie Anm. 5), S. 136

57 Fahrmbacher (wie Anm. 23), S. 25

58 A IV Bd. 102 Akt: Paraden (1848 ff.) Prod. 132, KM an GenKdo München am 21. Juni 1859; Illing (wie Anm. 5), S. 140; Fahrmbacher (wie Anm. 23), S. 38

59 A IV Bd. 102 Akt: Paraden (1848 ff.) Prod. 135, KM (undatiert) mit Plan »Ordre de bataille der Parade am 30. September 1861«

60 Fahrmbacher (wie Anm. 23), S. 43

61 Ebd., S. 44

62 A IV Bd. 102 Akt: Paraden (1848 ff.) Prod. 144, KM (undat.); Illing (wie Anm. 5), S. 153

63 Illing (wie Anm. 5), S. 161

64 A IV Bd. 102 Akt: Paraden (1848 ff.) Prod. 153, Kgl. Handbillet, dat. München 3. Juli 1868

65 Ebd. Prod. 152, KM an GenKdo München am 3. Juli 1868

66 Ebd. Prod. 162, KM an König Ludwig II. am 9. Sept. 1868 mit Kgl. Signat, dat. Schloß Berg 15. d. Mts.

67 Ebd. Prod. 159, KM an GenKdo München am 15. Sept. 1868

68 Ebd. Prod. 163, Stärkeangabe der Paradetruppen (undat.)

69 Illing (wie Anm. 5), S. 206 f.

70 R. Lemp (Hg.), Der Glasl und der Schaufimomichl schreiben für Ludwig Thoma. Die Geschichte vom bayrischen Soldaten anno 1870/71, München 1971, S. 7 f.

71 Illing (wie Anm. 5), S. 377 – 380

72 Lemp (wie Anm. 70), S. 8 f.

73 Illing (wie Anm. 5), S. 380

74 G. Bürklein, Das Königlich Bayerische 2. Infanterie-Regiment »Kronprinz« im Feldzuge 1870/71, Berlin 1882, S. 153

75 Lemp (wie Anm. 70), S. 9

76 A IV Bd. 102 Akt: Paraden (1848 ff.) Prod. 169, KM an König Ludwig II. am 23. Juni 1875 mit Kgl. Signat, dat. Linderhof 9. August (!) 1875; Prod. 175, Kgl. Telegramm an KM, dat. Poststation Berg am 19. Aug. 1875

77 Fahrmbacher (wie Anm. 23), S. 323

78 A IV Bd. 102 Akt: Paraden (1848 ff.) Prod. 178, Adjutantur S. K. H. des Prinzen Ludwig an KdtMünchen, dat. Lindau 18. Aug. 1875; Prod. 179, KdtMünchen an GenKdo I.A.K. am 20. Aug. 1875

79 Vgl. A. Beckenbauer, Ludwig III. von Bayern 1845 – 1921, Regensburg 1987, S. 47 f.

80 A IV Bd. 102 Akt: Paraden (1848 ff.) Prod. 185, KM an König Ludwig II. am 19. April 1876 mit Kgl. Signat, dat. München 28. d. Mts.; Prod. 187, KM an König Ludwig II. am 12. Juni 1877 mit Kgl. Signat, dat. Schloß Berg 19. d. Mts.; Prod. 190, KM an König Ludwig II. am 21. Mai 1878 mit Kgl. Signat, dat. Hochkopf 24. d. Mts.

81 Ebd. Prod. 196 GenKdo I.A.K. an KM am 7. Mai 1879; Prod. 198, KM an König Ludwig II. am 19. Mai 1879 mit Kgl. Signat, dat. Schloß Berg 14. Juni 1879

82 Ebd. Prod. 209, GenKdo I.A.K. an KM am 1. Juli 1880

83 Ebd. Prod. 218 KM an König Ludwig II. am 24. Juni 1881 mit Kgl. Signat, dat. Schloß Berg 26. d. Mts.; Prod. 220, GenKdo I.A.K. an KM am 2. Juli 1881

84 Ebd. Prod. 229, KM an König Ludwig II. am 19. Mai 1882 mit Kgl. Signat, dat. Hohenschwangau 24. d. Mts.

85 Ebd. Prod. 245, Tagesbefehl des GenInsp Prinz Luitpold von Bayern an GenKdo I.A.K. vom 7. Juni 1883

86 L. v. Bayern, Aus den Lebenserinnerungen: 1846 – 1930, hg. von H. Körner, Regensburg 1983, S.187

87 R. v. Xylander, Geschichte des 1. Feldartillerie-Regiments »Prinzregent Luitpold« Bd. 3: Das Artillerie-Regiment und das Fuhrwesen 1824 – 1911, Berlin 1911, S. 559

88 Vgl. V. D. Laturell, Moosach. Entstehungs- und Entwicklungsgeschichte eines Münchner Stadtteils. Bd. 2: Von 1800 bis zur Gegenwart, München 1985, S. 213

Patriotische Feiern

Das »Vaterländische Fest« des 19. Jahrhunderts war die Frucht der Aufklärung und der Französischen Revolution. Im Zuge einer allgemeinen Säkularisierung des Lebens sollten an die Stelle der altvertrauten kirchlichen Feiertage neue politische Feste des Staates treten.[1] Auch im neuen Bayern des 19. Jahrhunderts spielten solche patriotischen Veranstaltungen eine gewisse Rolle, um das aus Säkularisation und Mediatisierung hervorgegangene Staatsgebilde, die Dynastie Wittelsbach und ihre Untertanen fester zu verbinden.[2] Eine hervorragende Funktion kam hierbei auch der Haupt- und Residenzstadt München zu. Es gilt zu untersuchen, inwieweit auch die Garnison, außerhalb ihrer eigentlichen militärischen Repräsentationsaufgaben, daran beteiligt war.

Eine kurfürstliche Geburtstagsfeier anno 1801

Zu Beginn des 19. Jahrhunderts stand das öffentliche Fest in München noch in einem Übergangsstadium zwischen Ancien Régime und neuem Stil. Wie solche Veranstaltungen aussahen, hat der damals erst fünfzehnjährige Johann Andreas Schmeller am Beispiel der Geburtstagsfeier für die Kurfürstin Karoline (1776 – 1841) am Abend des 13. Juli 1801 im Nymphenburger Schloßpark in seinem Tagebuch recht ausführlich beschrieben. Dabei wird auch das militärische Element sichtbar: »… Wir kamen in Nimphenburg an. Im Schlosse stand eine Menge Leute, und Soldaten. Wir sahen ein Weilchen herum, endlich gingen wir in den Garten. Menschengedränge. Soldaten standen der Reihe nach bei Haufen zusammengelehnter Gewehre hinauf. Einige lagen im Gebüsche in kriegerischen Gruppen. (…) Ganz Badenburg war mit Lampen behängt. Vorne war eine Sonne und der Name Karoline (…) um die ganze Szene gieng eine Girlande von Lämpchen. Es kostete eine beträchtliche Summe Geldes. (…) Wir gingen ausser der Girlande herum, weil eine Garnirung von Soldaten hineinzutreten verbot. (…) Endlich kam unter dem Schalle der Musik der Kurfürst, mit seinem Hofstate. Stolzes, höfisches Betragen. Alles parlirte a la Francois. Die Volksmenge drang durch die Girlanden herein. Die hochansehnlichen marschirten zwischen den schnurbärtigen, gewis zehnmal mehr werthen Grenadiren zur Tafel. (…) Ich schaute auch den hohen Fressern ein wenig zu. Sie rollten fort. Die Soldaten stunden an ihren Wachfeuern hinab.«[3]

Feier der Königlichen Geburts- und Namenstage

Das militärische Zeremoniell zur Feier der Geburts- und Namenstage des Königs und der Königin wurde im Jahr 1817 definitiv geregelt und blieb im wesentlichen unverändert bis zum Ende der Monarchie. Nach Weisung des Staatsministers der Armee Graf v. Triva vom 13. April 1817 begannen diese Festtage in der Haupt- und Residenzstadt München, den Festungen und den großen Garnisonen, mit einem Morgensalut der Artillerie von 25 Schuß. Anschließend wurde ein musikalischer Weckruf, die »Tagreveille«, in den Straßen des Standortes gespielt, woran sich auch etwaige Musikkapellen der Landwehr zu beteiligen hatten. Es folgte die »Kirchenparade« unter Gewehr, wobei während des Tedeums weitere 51 Schuß Artilleriesalut gelöst wurden. Nach dem Militärgottesdienst sollten die Truppen der Garnison, einschließlich Landwehreinheiten, vor dem König bzw. dem ranghöchsten Offizier defilieren. Bei Einbruch der Dämmerung waren nochmals 25 Salutschüsse abzugeben, so daß insgesamt 101 Schüsse erreicht wurden. Der Festtag endete mit einem musikalischen Zapfenstreich (»Retraite«).[4]

Den Salut bei der Geburt eines königlichen Prinzen oder einer Prinzessin setzte König Ludwig I. im Jahr 1828 persönlich auf 36 bzw. 24 Schuß fest. Gemäß dieser Ordre wurde erstmals am 19. Juli 1828 anläßlich der Geburt des Prinzen Adalbert verfahren.[5]

Die Königsfeier vom 7. Juni 1823

»… Die seit zwey Monaten in Dresden auf Besuch gewesene königliche Familie ist heute unter Ausrückung der Garnison und Bürgerschaft unter Glocken und Kanonenschall in München wieder empfangen worden. Für den Abend ist allgemeine Beleuchtung anbefohlen (…) wozu ein so feyerlicher Empfang nach einer bloßen Lustreise? Ich bin überzeugt, daß kein König mehr als Max Joseph geliebt ist, und eben deswegen beleidiget mich all dieses Befehlen und Bestellen.« – diese etwas grimmigen Zeilen notierte der beurlaubte Oberleutnant Schmeller mehr als zwanzig Jahre nach jenem oben zitierten Besuch im Nymphenburger Schloßpark.[6]

Man könnte nun annehmen, die pompöse Empfangsfeier sei vom Hof oder der Armee angeordnet worden, doch dies wäre weit gefehlt. Es war vielmehr eine Idee des Münchner Stadtmagistrats. So hatte sich innerhalb von nur zwanzig Jahren das Münchner Bürgertum vom Statisten auf der alten höfischen Bühne zum Akteur, ja sogar Regisseur großer patriotischer Feste emporgearbeitet. Dabei sei auch auf das erste Münchner Oktoberfest von 1810 als wichtige Etappe dieser Entwicklung verwiesen, dessen Initiatoren auch schon aus dem Bürgertum bzw. der Landwehr gekommen waren, nicht etwa aus der Hofgesellschaft oder der Garnison.[7]

Am 5. Juni 1823 teilte Münchens Bürgermeister v. Mittermayr dem Stadtkommandanten Generalleutnant v. Ströhl schriftlich mit, man habe zuverlässig erfahren, daß das Königliche Paar am Nachmittag des 7. Juni wieder in der Haupt- und Residenzstadt eintreffen werde. In recht selbstbewußtem Tonfall fährt der Bürgermeister in diesem Brief fort: »… Die hiesige Stadtgemeinde *wünscht* ihre Empfindungen über dieses erfreuliche Ereigniß auf eine würdige Weise an den Tag zu legen, und erachtet, daß es zur Erhöhung dieses Festes beitragen wird, wenn die hiesige *Landwehr* hieran durch Aufstellung des Infanterie-Regiments an der Straße zwischen Schwabing und der k. Residenz, durch Abordnung einer Kavallerie-Abteilung, welche Ihren Majestäten auf eine angemessene Strecke zu geleiten haben sollte, und durch Abfeuern der Kanonen unmittelbaren Antheil nehmen würde.«[8]

Sowohl die Stadtkommandantschaft als auch das Kriegsministerium lehnten einen Alleinvertretungsanspruch der bürgerlichen Landwehr bei einer derartigen, übrigens völlig unerwarteten Aktion ab. Da man aber kaum die Zustimmung zu einer Huldigung des Monarchen verweigern konnte, geriet die Armee in Zugzwang und mußte wohl oder übel auch das gesamte Linienmilitär aufmarschieren lassen. Außerdem sah man sich seitens der Armee veranlaßt, an einer vom Stadtmagistrat für die Bürgerschaft de facto befohlenen »Illumination« teilzunehmen und ließ das neue Kriegsministerium am Schönfeld festlich beleuchten.[9]

Die Regentschaftsfeier von 1825

Am 16. Februar 1824 feierte München das 25jährige Regierungsjubiläum Max Josephs. Am Abend wurde die ganze Stadt festlich illuminiert. Auch die Garnison war beteiligt: »… die Front der Hofgarten-Kaserne war glänzend beleuchtet und zwar mit 5400 Lampen. Den Haupt-Pavillon schmückte eine, dessen ganze Breite und Höhe einnehmende passende architektonische Verzierung, in deren Mitte das Brustbild Sr. Majestät auf einem einfachen Postamente prangte. Ueber diesem strahlte eine große königliche Krone in vielfarbigem Feuer. Auf den Stufen des Postaments ruhte zur Linken ein Löwe, zur Rechten stand die Bavaria, die bewaffnete Macht Bayerns vorstellend und das Haupt des geliebten Herrschers mit Lorbeeren bekränzend. Im Hintergrunde zeigten sich die Thürme der Frauenkirche. Die beiden Seiten-Pavillons zierten die Namenszüge Sr. Majestät, über welchen große transparente Königskronen strahlten. Die Chiffern und die Kronen waren mit Glaskugeln brilliant beleuchtet. Das Erdgeschoß beleuchteten 30 Pechpfannen und 6 flammende Granaten. Das Bild oberhalb des Hauptthores war von den Oberlieutenants Schilcher, Kratzeisen und Schoenhammer, die Namenszüge und Granaten von dem Unterlieutenant Neumann (alle Infanterie-Leib-Regiment) gemalt.«[10]

Städtische Repräsentation in der Zeit Ludwigs I. und Max II.

Nach dem Tode des beliebten »Vaters Max« (1825) zog mit dem neuen König Ludwig I. auch ein anderer Geist in die Stadt München ein. Ludwig feierte sich selbst in seinen Bauwerken und Denkmälern. Hierbei bediente er sich der Garnison oder der Landwehr nach eigenen Vorstellungen und verband diese repräsentativen Auftritte gezielt mit historischen Jahrtagen.[11] Liebe aus der Bürgerschaft schlug dem König nicht entgegen. Große patriotische Feste konnte sich die Stadt zudem schon wegen der enormen finanziellen Lasten, die ihr Ludwig aufbürdete, nicht leisten.
Das Militär war zur Zeit König Ludwigs I. sparsam bis zur Peinlichkeit. Als die Stadt München anläßlich des 25. Oktoberfestes anno 1835 die Garnison für den »Festzug der Landleute« um dreizehn berittene Trompeter des 1. Artillerie-Regiments bat, die in »Zivilkleidern« den Zug eröffnen sollten, plädierte der alte General v. Hallberg vom Artilleriekorpskommando dafür, dieses Ansinnen abzulehnen »... als bey derley Veranlassungen nicht selten die Fälle vorkommen, daß die Pferde durch irgend einen Zufall beschädiget werden könnten.« Kriegsminister v. Weinrich zog jedoch die innenpolitische Bedeutung des Oktoberfestes in Betracht und befand: »... Das Ansinnen des hiesigen Stadtmagistrats (...) ist zwar durchaus unstatthaft; indessen darf gleichwohl, in Berücksichtigung der vorgetragenen Verhältnisse [Silberne Hochzeit des Königs!] und des zu Grunde ligenden Zweckes ausnahmsweise, unter der Bedingung darauf eingegangen werden, daß der Stadtmagistrat sich verbindlich erkläre, das Ärar für etwa vorkommende Beschädigungen schadlos zu halten.«[12]
Angesichts solcher Knauserigkeit des Militärärars nimmt es nicht wunder, daß die Stadt dann einige Jahre später, beim historischen Schützenzug mit Festschießen anläßlich der Hochzeit des Kronprinzen Maximilian mit Prinzessin Marie von Preußen am 17. Oktober 1842, ganz auf die Beteiligung des Linienmilitärs verzichtete. Stattdessen nahmen die Angehörigen des Jäger-Bataillons der Münchner Landwehr teil.[13]
Auch unter König Max II. blieben die patriotischen Feste in relativ bescheidenen Dimensionen. Die Garnison präsentierte sich gerade in den 1850er Jahren recht häufig bei Paraden. So war die Teilnahme von Militär an zivilen Feiern eher selten. Anläßlich des großen Festzuges zum 700jährigen Gründungsjubiläum der Stadt München (1858) nahmen auf Befehl des Königs das Musikkorps des 1. Kürassier-Regiments sowie die 70 größten und ansehnlichsten Kürassiere teil.[14] Zum großen Münchner Festschießen der bayerischen Schützenvereine im Juli 1863 stellte das Kriegsministerium 120 Infanteristen der Garnison als Schreiber und Trefferanzeiger (»Zieler«) zur Verfügung.[15]

Die Siegesfeier 1871

Der siegreiche Krieg von 1870/71 leitete ein neues Kapitel im Verhältnis zwischen der Stadt München und dem Militär ein. Am Beginn einer neuen Kategorie patriotischer Feste, in denen das kriegerische Element stark betont werden sollte, stand das große Festbankett im Glaspalast am Abend des 17. Juli 1871. Die Stadt München gab es für die Offiziere der anläßlich der großen Siegesparade anwesenden Truppen und den Deutschen Kronprinzen. Der riesige Glasplast wurde dazu mit Tischen und Bänken für 1800 Gäste belegt. Das Fest verlief aber nicht ganz nach den Wünschen der Stadt, obwohl sie dafür 14 800 Gulden ausgegeben hatte. Der Festraum war entschieden deutsch-preußisch dekoriert: das riesige Gemälde der »Germania«, seit dem Deutschen Juristentag von 1867 im Fundus des Glaspalastes, wurde flankiert von den Büsten des Deutschen Kaisers und seines Sohnes. König Ludwig II., mit dessen Erscheinen fest gerechnet worden war, erschien nicht und ließ dies erst um 21 Uhr mitteilen. Nun erst konnte das Mahl beginnen. Speisen und Getränke waren aber nach Kritik des Bürgermeisters Widenmayer nicht von besonderer Qualität. Die zur musikalischen Unterhaltung vorgesehene Münchner Sängergenossenschaft hatte nach organisatorischen Problemen ihren Auftritt abgesagt. Der preußische Kronprinz und seine Offiziere verließen unmittelbar nach Ende des offiziellen Teiles das Fest. Die Wittelsbacher Prinzen blieben hingegen noch etwas länger. Daraufhin wurde es erst gemütlich und man trank bis in den Morgen.[16]

Die Wittelsbach-Feier von 1880

Am 25. August 1880 wurde zugleich mit dem Geburts- und Namenstag König Ludwigs II. das 700jährige Herrscherjubiläum des Hauses Wittelsbach in Bayern begangen. Am Vorabend wurde auf dem Exerzierplatz der Hofgartenkaserne ein feierlicher Zapfenstreich mit Serenade gehalten. Am Morgen des 25. August spielte die Musik des Infanterie-Leib-Regiments eine »Reveille« im Hofgarten. Alle Münchner Kasernen wurden beflaggt, an der Fassade der Hofgartenkaserne war ein großer Wappenschild mit den Initialen des wittelsbachischen Ahnherrn Otto und des Königs Ludwig II. angebracht worden. Diese Dekoration wurde dann abends illuminiert. Am Vormittag fand auf dem Oberwiesenfeld zunächst eine Feldmesse statt. Anschließend hielt der Kommandeur der 1. Division Generalleutnant v. Diehl eine Rede an die Truppen. Sodann defilierte die Garnison im Parademarsch vor dem Kriegsminister General d. Inf. v. Maillinger. Beim Infanterie-Leib-Regiment trafen sich die Offiziere hinterher zu einem festlichen Mittagessen im neuen Kasino. Das Unteroffizierkorps speiste im Gasthaus »Zum Hirschen«, da noch keine eigene »Unteroffiziersspeiseanstalt« in der Hofgartenkaserne eingerichtet worden war. Die Mannschaft erhielt bessere Verpflegung und am Nachmittag wurde für sie ein Unterhaltungsprogramm auf dem Kasernenhof geboten.[17]

Die Münchner Sedanfeier von 1880

Der zehnte Jahrestag der Schlacht von Sedan (1./2. September 1870) markiert einen wichtigen Entwicklungsschritt in der Geschichte der sogenannten »Sedanfeiern« in München. Unter Leitung des 2. Bürgermeisters Dr. Johann Widenmayr (1838 – 1893; später geadelt) hatte sich ein besonderes Festkomitee gebildet, das eine große Feier organisierte. Sie fand am Sonntag, den 5. September 1880, statt. Das Komitee rief mit Unterstützung der Stadtverwaltung zu einer allgemeinen Beflaggung auf und sorgte für Blumenschmuck an der Gedenktafel der anno 1870/71 gefallenen Münchner in der Säulenhalle des Rathauses und auf den Soldatengräbern im (alten) Nordfriedhof. Das Kernstück der Aktivitäten war ein großer Festzug »… von der Ludwigstraße, durch die Theatiner- und Weinstraße, den Marienplatz, die Fleischbankstraße, den Viktualienmarkt, die Frauenstraße, Reichenbachstraße, der Isar entlang zur Friedenseiche in den Isaranlagen.« An diesem Festzug nahmen insgesamt 55 Marschgruppen teil. Darunter befanden sich sämtliche Münchner Krieger- und Veteranenvereine, sechs Schützengesellschaften, nicht weniger als achtzehn Gesangvereine und sechs Musikkapellen, sowie eine Reihe von Handwerker- und Bürgervereinen.[18]

Die Garnison war an dieser patriotischen Feier nicht offiziell beteiligt. Eine Einladung des Festkomitees an das Kriegsministerium ging kommentarlos zu den Akten.[19]

VII. Deutsches Bundesschießen in München (1881)

Eine besondere Renaissance erlebte im deutschen Bürgertum nach 1871 das Schützenwesen, mit dem man vaterländisches Engagement und mittelalterlichen Bürgerstolz pflegen wollte. Welche Unterstützung die Schützenvereine auch im Großbürgertum der Gründerzeit hatten, belegt die Mitgliederliste des Festkomitees zur Organisation des VII. Deutschen Bundesschießens. Darin sind u. a. verzeichnet die beiden Münchner Bürgermeister Dr. Alois v. Erhardt und Dr. Johannes Widenmayer, der Bankier Carl Freiherr v. Eichthal, der Bauunternehmer Jakob Heilmann, der Maschinenfabrikant Hugo v. Maffei, der Erzgießer Ferdinand v. Miller jr., der Schriftsteller Paul Heyse, der Architekt Gabriel Seidl, der Stadtbaurat Zenetti. Um die umfangreichen Vorarbeiten zu bewältigen, wurde das Komitee schon im Dezember 1879 gegründet. Dabei spekulierte man durchaus handfest mit ökonomischen Vorteilen für die Stadt: »… Die Anziehungskraft, welche unsere Stadt auf Fremde überhaupt übt, ihre Lage im Centrum eines grossen Verkehrsnetzes und zu jenen deutschen Gauen, in denen das Schützen-Wesen heimisch ist, die hohe Entwicklung des letzteren in unserer Stadt und der günstige Festplatz auf der Theresienwiese bietet die denkbar sicherste Gewähr für einen glücklichen Erfolg.«[20]

Zum Erfolg sollte aber maßgeblich auch die Münchner Garnison beitragen, die geradezu mit Bitten, Wünschen und Anträgen des »Central-Comitées« überhäuft wurde. So wurde dem Deutschen Schützenbund für eine Fahnenzeremonie die Feldherrnhalle zur Verfügung gestellt.[21] Am Festzug durften das berittene Musikkorps des 1. Schweren Reiter-Regiments und die Musikkorps der drei Münchner Infanterie-Regimenter samt den Spielmannszügen teilnehmen. Für den Schießbetrieb vom 24. bis 31. Juli 1881 wurden von der Infanterie 136 Unteroffiziere bzw. Gefreite als Schreiber und 130 Gemeine als »Zieler« abkommandiert.[22] Dies genügte aber den zivilen Organisatoren noch nicht. Sie bekamen daraufhin zusätzlich das berittene Musikkorps des 3. Chevaulegers-Regiments aus Freising.[23] Aus den Beständen des Armeemuseums wurden ihnen eine alte französische Kanone und acht »Donnerbüchsen« (Wallgewehre oder Hakenbüchsen?) für den Festzug zur Verfügung gestellt, sowie für den Festplatz eine ganze Anzahl von Armeezelten, die eigentlich für Mobilmachungszwecke im Münchner Artilleriedepot eingelagert waren.[24] Schließlich erreichte das Komitee auch die Teilnahme einer berittenen Eskadron Schwerer Reiter, in »mittelalterliche Kostüme« gekleidet und der berittenen Musikkorps des 1. bzw. 3. Feldartillerie-Regiments am Festzug, sowie den Einsatz von einigen Dutzend Soldaten als Billettkontrolleure.[25] Angesichts dieser wahrlich umfassenden Unterstützung war die Danksagung des Festkomitees nicht übertrieben: »… Wie kein anderes hohes Staatsamt hat aber das Hohe Königliche Kriegsministerium alle Bitten und Wünsche des treugehorsamst unterfertigten Central-Comités mit einem Wohlwollen erfüllt und das Gelingen des Festes garantiert, daß wir außer Stande sind, unsere Dankbarkeit mit Worten ausdrücken zu können.«[26]

Die Münchner Bismarckfeier von 1885

Der »Eiserne Kanzler« und Begründer des Deutschen Reiches von 1871 Otto Fürst von Bismarck (1815 – 1898) genoß auch in München hohes Ansehen. In ganz Deutschland wurden anläßlich seines 70. Geburtstages patriotische Feiern abgehalten. In München fand die »Bismarckfeier« am Abend des 28. März 1885 auf dem Königsplatz statt, der vom Architekten Gabriel Seidl mit großem Aufwand dekoriert worden war.[27]
Das zivile Festkomitee erbat dazu zwanzig berittene Trompeter des 1. Schweren Reiter-Regiments, die für diesen Anlaß alte Kürassiermäntel aus der Zeit von 1870/71 tragen sollten. Außerdem wurde um die Erlaubnis gebeten, daß sich der Festzug auf dem Hof der Türkenkaserne sammeln durfte. Beide Bitten wurden von König Ludwig II. auf Antrag des Kriegsministeriums genehmigt.[28] Andererseits hatte der König nur wenige Tage zuvor, betreffend einer Anfrage des Kriegsministers über die etwaige Teilnahme von Offizieren an Bismarckfeiern in den bayerischen Garnisonen, bestimmt: »...Es ist Mein Wille, daß die Officiere die Betheiligung an den fraglichen Festlichkeiten thunlichst vermeiden!!«[29] Dies zeigt deutlich, daß der Monarch – wie übrigens später auch sein Onkel Prinz Luitpold – das Eindringen der preußischen Tendenzen des Bürgertums in die königlich-bayerische Armee verhindern wollte.

Festbeflaggung der Militärgebäude

Ein sichtbares Symbol der Anteilnahme der Garnison an festlichen Ereignissen im urbanen Leben war natürlich das Hissen von Flaggen bei den Kasernen und Kommandobehörden. Hierbei galt ab dem Jahr 1880 bis zum Regierungsantritt des Prinzen Luitpold eine Ordre, daß jede Art von Beflaggung – mit Ausnahme der Geburts- und Namenstage des Königs und der Königin – vom Kriegsminister genehmigt werden mußte.[30] Dadurch schloß man unerwünschte Sympathiebekundungen der Offizierkorps zum Geburtstag des Deutschen Kaisers Wilhelm I. oder des Deutschen Kronprinzen Friedrich aus. Hingegen durfte das 1. Feldartillerie-Regiment ab dem Jahr 1880 zum Namenstag seines Inhabers, des Prinzen Luitpold von Bayern, also eines Wittelsbachers, die Kaserne beflaggen.[31]
Bezeichnenderweise legte dann aber General d. Inf. Adolf v. Heinleth, der eher preußisch orientierte Nachfolger des altbayerisch gesinnten Kriegsministers v. Maillinger ab 1885, nur wenige Monate nach dem Ableben König Ludwigs II. dem Prinzregenten Luitpold einen Entwurf vor, der die Beflaggungspraxis der bayerischen Armee an die der anderen deutschen (sprich: preußischen) Heereskontingente anglich. Der Prinzregent genehmigte diesen Erlaß. Seit November 1886 wurde von der bayerischen Armee zu folgenden Anlässen Flaggenschmuck gezeigt: 1) In sämtlichen Garnisonen zu den Geburts- und Namenstagen des Königs Otto und des Prinzregenten Luitpold, sowie zum Geburtstag des Deutschen Kaisers. 2) In einzelnen Garnisonen bei offiziellen Besuchen von Angehörigen des Hauses Wittelsbach, dann »... zu Ehren fremder Fürsten, in Benehmen mit der Zivilbehörde« und in gemischten Garnisonen, wie z. B. der Reichsfestung Ulm und in den Reichslanden Elsaß-Lothringen »... nach Brauch der anderen Kontingente«. 3) Bei einzelnen Truppenunterkünften zum Geburts- und Namensfest des Regimentsinhabers »... sofern dieser Mitglied eines souveränen Fürstenhauses« (vgl. 1. Ulanen-Regiment »Kron-

prinz Friedrich Wilhelm von Preußen« in Bamberg oder 6. Infanterie-Regiment »Kaiser Wilhelm, König von Preußen« in Amberg). Ferner bei besonderen Truppenfeiern. z. B. Jubiläen, Verleihung von Fahnenbändern o. ä.. 4) Bei allgemeiner ziviler Beflaggung in Garnisonstädten, nach besonderer Genehmigung des zuständigen Kommandierenden Generals. 5) In allen übrigen Fällen, »... insbesonders bei Anlässen evtl. politischen Charakters«, mußte die Genehmigung des Regenten eingeholt werden.[32]

Nachdem offenbar in verschiedenen Garnisonen dann auch Flaggen in den Farben Preußens und des Deutschen Reiches gehißt worden waren, befahl das Kriegsministerium im Frühjahr 1887 ausdrücklich, daß seitens der Armee ausschließlich in den bayerischen Landesfarben geflaggt werden durfte. Dieser Erlaß wurde übrigens erst im November 1900 dahingehend ergänzt, daß bei persönlicher Anweisenheit des Deutschen Kaisers und zu dessen Geburtstag zusätzlich einige Reichsflaggen, jedoch keine Hohenzollernfarben, gezeigt werden sollten.[33]

VIII. Bayerisches Vereins- und Jubiläumsschießen (1888)

Eine ungewöhnlich umfangreiche Förderung durch die Garnison erfuhr das Festkomitee, das das VIII. Bayerische Vereins- und Jubiläumsschießen in München vom 11. – 18. Juli 1888 organisierte. Für den Eröffnungsfestzug wurden ihm von der Garnison die berittenen Musikkorps des 1. Schweren Reiter-Regiments sowie des 1. bzw. 3. Feldartillerie-Regiments zur Verfügung gestellt, außerdem das Musikkorps des 2. Infanterie-Regiments. Vier Schwere Reiter durften als »Bannerträger« fungieren. Für das eigentliche Schießen wurden von der Münchner Infanterie acht Tage lang zwei Feldwebel und jeweils 45 Unteroffiziere und Mannschaften als Hilfspersonal (Schreiber bzw. Zieler) abkommandiert. Alle diese Soldaten mußten aber von den privaten Veranstaltern sehr gut bezahlt werden, nämlich mit vier Mark pro Mann und Tag.[34]

Die Einweihung des Kriegerdenkmals in Neuhausen (1888)

Im Dreikaiserjahr 1888 schlug in der damals noch selbstständigen Gemeinde Neuhausen die militärische Begeisterung wahre Wellen. Man hatte ein großes Kriegerdenkmal angeschafft und wollte es im Juli 1888 festlich einweihen.[35] Am 22. Juli 1888 legte Kriegsminister v. Heinleth dem Prinzregenten einen Bericht vor, der jene Wünsche erörterte, die das Festkommittee in diesem Zusammenhang an die Garnison gestellt hatte. Sechs Kompanien als Ehrenspalier entlang der Nymphenburger Straße, die Musikkorps des 1. Schweren Reiter Regiments und des 3. Feldartillerie-Regiments und zwei Geschütze letzteren Regiments zum Salutschießen waren das Begehren. Das Kriegsministerium lehnte das militärische Ehrenspalier und den Artilleriesalut gemäß den Dienstvorschriften für eine nichtstaatliche Veranstaltung ab. So genehmigte Prinzregent Luitpold nur den Auftritt der beiden Regimentsmusiken gegen entsprechende Vergütung.[36] Das Programm für die Feierlichkeiten in Neuhausen begannen am Samstag, den 28. Juli 1888 mit einem abendlichen »Zapfenstreich«. Die Feiern am Sonntag wurden um 5 Uhr morgens durch eine musikalische »Reveille« der Musik des 1. Schweren Reiter Regiments eröffnet. Um elf Uhr zogen die Vereine durch die Nymphenburger Straße zum heutigen Rotkreuzplatz. Dort zelebrierte Pfarrer Schießl, selbst ein Veteran des Krieges von 1870/71, eine »Feldmesse«. Anschließend wurde das Kriegerdenkmal feierlich enthüllt und geweiht. Am Nachmittag gab es Konzerte in verschiedenen Neuhauser Lokalen. Abends wurde das neue Denkmal elektrisch beleuchtet, es gab ein »Promenade-Konzert« und zum Abschluß eine »Italienische Nacht«.[37]

Centenar-Feier für König Ludwig I. (1888)

Der Tod König Ludwigs II. und die darauffolgende Zeit der Hof- und Staatstrauer im Jahre 1886 verhinderten die schon geplante Feier zur Wiederkehr des 100. Geburtstages weiland König Ludwigs I. (1786 – 1868). Erst zwei Jahre später fanden diese Festlichkeiten statt, deren Höhepunkt ein großer historischer Festzug am 31. Juli 1888 darstellte. Die Münchner Garnison unterstützte diese Großveranstaltung auf vielfache Weise. Bezeichnenderweise saß der Stadtkommandant Generalleutnant Heinrich von Wirthmann sogar im Festkomitee. Bereits am Vorabend des Festzuges wirkten sämtliche Münchner Militärmusikkapellen am sogenannten »Bavaria-Fest« auf der Theresienwiese mit. Sie marschierten dann ebenfalls im eigentlichen Festzug, wie auch eine Anzahl historisch kostümierter bzw. uniformierter Soldaten des 1. Schweren Reiter-Regiments und anderer Truppenteile. Abteilungen von Chevaulegers und Infanterie sorgten für Straßenabsperrungen. Artilleriegeschütze schossen Salut.[38] Übrigens kam es dann während des Festzuges zur sogenannten »Elefantenkatastrophe«, als eine im Festzug mitgeführte Gruppe von acht Elefanten des Zirkus Hagenbeck in Panik geriet. Zwei Menschen kamen zu Tode, einige Dutzend wurden verletzt, bevor man die Tiere wieder einfangen konnte.[39]

Die Münchner Sedanfeier von 1895

Die Jahre 1895/96 standen ganz im Zeichen des 25jährigen Jubiläums des siegreichen Krieges gegen Frankreich. Die offiziellen Aktivitäten der Armee waren vergleichsweise bescheiden, verglichen mit den zivilen Großveranstaltungen jener Zeit.
Besonders die von der Stadt München inszenierte Feier des »Sedanstages« am Abend des 1. September 1895 ragt eindrucksvoll aus der großen Zahl ähnlicher Feste im ganzen Deutschen Reich hervor. Der Stadtmagistrat war es auch, der das Kriegsministerium ersuchte, sich durch festliche Beleuchtung der Klenzeschen Fassade an der Ludwigstraße, gleich den übrigen privaten und staatlichen Hausbesitzern im Bereich zwischen dem Siegestor und der Feldherrnhalle, an der öffentlichen Dekoration der Stadt zu beteiligen. Kriegsminister v. Asch unterbreitete diesen Wunsch »... *mit Rücksicht auf die patriotischen Gefühle der Bevölkerung*« dem Prinzregenten. Die Illuminierung mit fast 1500 Glühlampen für wenige Stunden, installiert von der Nürnberger Firma Schuckert, kostete rund 800,– Mark.[40]
Nur zehn Pfennig, immerhin das Geld für mehrere Semmeln, kostete das offizielle Festprogramm der Stadt München, das den Ablauf des 1. September 1895, er fiel günstigerweise auf einen Sonntag, beschreibt.[41] Der Festtag begann bereits um 7 Uhr morgens mit »patriotischen Klängen vom Balkon des neuen Rathauses«. Um 10 Uhr fand auf dem Nordfriedhof vor dem Kriegerdenkmal eine Ehrung der Gefallenen statt. Das Stadtmuseum eröffnete eine Sonderausstellung zum Krieg von 1870/71. Die Hausbesitzer waren gebeten worden, die Gebäude zu beflaggen. Das Hauptereignis war aber der große abendliche Festzug durch die Ludwigstraße:
»... Zu der achten Abendstunde stellen sich die an der Festfeier beteiligten Vereine mit ihren Fahnen und Standarten in der Leopoldstraße zum Festzuge auf und verkündet Schlag 8 1/2 Uhr Kanonendonner den Abmarsch desselben. Unter den Klängen patriotischer Weisen wird sich der Zug durch das von König Ludwig I. von Bayern dem bayerischen

Heere gewidmete, mit Feuerkörben beleuchtete Siegesthor und die festlich illuminierte Ludwigstraße bewegen, welche wie beim Siegeseinzug der bayerischen Truppen am 16. Juli 1871, als via triumphalis gedacht und als solche durch lodernde Feuerbrände zu ihren beiden Seiten bis zur Feldherrnhalle gekennzeichnet ist.«

Der Festzug bestand aus vier Hauptgruppen, eröffnet und gegliedert durch insgesamt drei »Musikkorps«. An der Spitze marschierten 28 Männergesangvereine, darunter Vereine mit Namen wie »Alldeutschland«, »Bären«, »Deutsche Eiche«, aber auch weniger martialisch tönende Gruppen wie die »Sängertreue« oder der »Sängerclub städtischer Beamter und Bedienster«. Der renommierte »Veteranen- und Kriegerverein der kgl. Haupt- und Residenzstadt München« eröffnete den Block der einundzwanzig Veteranen- und Kriegervereine. Es folgten die »Königlich privilegierte Hauptschützengesellschaft München« und der »Schützenbund München«. Den Abschluß bildeten elf Turnvereine.

Auf dem Odeonsplatz fand dann der sogenannte »Weiheakt« vor der »von fackeltragenden Pagen umstellten und besetzten Feldherrnhalle« statt. Der Bundeschormeister des bayerischen Sängerbundes, Musikdirektor Schmidt vom Luitpold-Gymnasium dirigierte zunächst ein Lied »Die Krone im Rhein«, dessen Text man dem Festprogramm zum Mitsingen entnehmen konnte. Daraufhin hielt Bürgermeister Brunner, in der Feldherrnhalle vor dem Armeedenkmal stehend, die Festrede. Anschließend wurde die Ludwigstraße bengalisch beleuchtet. Böllerschüsse und Glockengeläut waren der Auftakt zur »Wacht am Rhein«. Dieser Nebenhymne des Wilhelminischen Deutschland folgte Beethovens »Pariser Einzugsmarsch«. Man formierte sich nun erneut zu einem Fackelzug. Dieser ging durch die Residenzstraße, über den Max-Joseph-Platz hinter dem Nationaltheater vorbei zum Platz der ehemaligen Kasernen im Hofgarten. Dort beendete man die Feier mit einem Hoch auf den Prinzregenten. Am darauffolgenden Abend fand zusätzlich eine offizielle Sedanfeier der Stadt München im Bürgerlichen Bräuhaus statt.

Es bleibt zu bemerken, daß diese große Feier am 1. September 1895 zwar unter der Schirmherrschaft des Prinzregenten abgehalten wurde, jedoch ohne direkte Beteiligung der Armee. Es spielten keine Militärkapellen, der Salut kam nicht aus Artilleriegeschützen, die Absperrposten waren keine Soldaten, sondern Angehörige der freiwilligen Feuerwehr. Die Tendenz der städtischen Veranstaltung war weniger bayerisch, als vielmehr reichsdeutsch. Bezeichnenderweise war die Feldherrnhalle »... mit riesigen, von der Kaiserkrone überragten Reichsadlern geschmückt«, wie das Festprogramm berichtet.

Das Gedenkjahr 1896 und der Friedensengel

Standen die patriotischen Feiern des Jahres 1895 vor allem im Zeichen der Erinnerung an den Feldzug von 1870, so wurde im darauffolgenden Jahr vor allem der Reichsgründung und der Friedensperiode seit 1871 gedacht. Die Stadt München eröffnete dieses zweite Jubiläumsjahr am 18. Januar 1896 mit einem offiziellen Festakt im großen Saal des Alten Rathauses zum Gedenken an die Reichsgründung im Spiegelsaal von Versailles. Hierzu waren natürlich auch Vertreter der Armee geladen.[42]

Das große Ereignis war aber unzweifelhaft die feierliche Grundsteinlegung zum Friedensdenkmal, dem »Friedensengel« wie er im Münchner Sprachgebrauch heute heißt, auf der Prinzregententerrasse. Es ist wichtig festzuhalten, daß das Monument in erster Linie ein Projekt der Stadt München war, freilich in Zusammenarbeit mit dem Verwaltungsrat der Prinzregent-Luitpold-Stiftung und es tatsächlich, anders als die Berliner Siegessäule (sic!) als Friedensdenkmal gedacht war, wenngleich schon manche Zeitgenossen eine durchaus martialische Komponente als dominierend ansahen.[43] Am Sonntag, den 10. Mai 1896, legte der Prinzregent persönlich den Grundstein. Das Festprogramm für diesen Tag dokumentiert den hohen Rang dieser Veranstaltung, bei deren Gestaltung, anders bei der oben geschilderten Sedanfeier von 1895, eindeutig Hofgesellschaft und Staatsmacht dominierten.[44] Die Stadt München, die das Denkmal initiiert und größtenteils bezahlt hatte, wurde in den Hintergrund gedrängt. Einzig die organisatorische Leitung und die Absperrung oblag der Münchner Berufsfeuerwehr. Die Feier erhielt, obwohl es sich ja um ein Friedensdenkmal handeln sollte, einen deutlich martialischen Charakter. Kriegsminister v. Asch und der Generalleutnant Ritter v. Waagen als Vertreter der Veteranenverbände rangierten im Festprotokoll vor den Spitzen der beiden Münchner Gemeindekollegien. Als Festpublikum waren vor allem Veteranen aller Dienstgrade mit ihren Angehörigen geladen. Es spielten die vereinigten Musikkorps der Garnison. Nach der Grundsteinlegung nahm Prinzregent Luitpold in der Maximilianstraße einen Vorbeimarsch der Veteranen ab. Mit Recht urteilt ein moderner Historiker über dieses Ereignis: »… die Stadt München verzichtete darauf, gemeindebürgerliches Selbstbewußtsein gegen die obrigkeitlich-patriarchalischen Züge der konstitutionellen Monarchie zu stellen. Im Gegenteil: Inszenierung und Ablauf des politischen Fest des republikanischen Gemeinde unterwarfen sich vorbehaltslos dem monarchischen Patriarchalismus und setzten ihn freudig in Szene.«[45]

Die Centenarfeier für Kaiser Wilhelm I. (1897)

Auch das Jahr 1897 brachte erneut patriotische Feiern. In einer Geheimnotiz vermerkte das Kriegministerium am 30. Januar 1897, in Übereinstimmung mit dem Ministerium des Äußeren und des Königlichen Hauses sowie dem Innenministerium, daß man wohl auch im Königreich Bayern – gleich dem übrigen Reich – »Centenarfeiern«, anläßlich des 100. Geburtstages des 1888 verstorbenen Kaisers Wilhelm I. abhalten müsse. Das Kriegsministerium betonte die militärische Führerschaft des nachmaligen Deutschen Kaisers im Krieg von 1870/71 und die Rolle Bayerns im Reich als dem zweitwichtigsten Bundesstaat nach Preußen.[46] In diesem Sinne verfügte Prinzregent Luitpold, daß in ganz Bayern am Sonntag, dem 21. März 1897 in festlichen Gottesdiensten des Gründerkaisers gedacht werden solle. Am darauffolgenden Montag waren alle Staatsgebäude, einschließlich der Kasernen usw. zu beflaggen. In allen öffentlichen Lehranstalten wurden anstelle des normalen Unterrichts Feierstunden abgehalten, die Garnisonen hatten diesen Tag mit festlicher Reveille, Parade und truppeninternen Feiern zu begehen.[47] Um die Bindung der bayerischen Armee an den Kaiser als obersten Befehlshaber im Kriege zu unterstreichen, befahl der Prinzregent zudem, daß ab dem 22. März 1897 in der Armee zusätzlich zur weißblauen Kokarde an der Kopfbedeckung auch eine Kokarde in den Reichsfarben anzubringen sei.[46] Die Stadt München beging die Centenarfeier am 22. März mit einem Festakt im großen Saal des Alten Rathauses unter Beteiligung hochrangiger Offiziere.[47]

Die Prinzregentenfeier von 1901

Besonders feierlich wurde der 80. Geburtstag des Prinzregenten am 12. März 1901 begangen. Bereits am 9. März fand in der Residenz ein großer Empfang aller Generale und Stabsoffiziere der Münchner Garnison statt. Am Vorabend des Geburtstages wurde der schon traditionelle Zapfenstreich mit Serenade gehalten. Das Programm des eigentlichen Festtages wurde mit einem Gottesdienst begonnen, es folgte eine Parade der Garnison vor dem Prinzregenten in Anwesenheit des Deutschen Kronprinzen. Am Nachmittag wurde im Beisein von Offiziersdeputationen der Münchner Truppen der Grundstein zum Luitpold-

Denkmal vor dem Nationalmuseum in der Prinzregentenstraße gelegt. Am Abend fuhr der greise Herr durch die festlich illuminierte Stadt. Allein die Neue Isarkaserne war mit 2200 Glühlampen geschmückt worden. Die Schweren Reiter bildeten Spalier in die Au, wo am Mariahilfplatz die Regimentsmusik spielte.[48]

Bewertung

In der Gesamtschau des 19. Jahrhunderts zeigt sich deutlich, daß drei verschiedene Phasen bei der Beteiligung der Garnison an patriotischen Festen ziviler Initiatoren in München einander ablösten. Einer Anfangsphase, in der sich eine regelmäßige Tätigkeit der Garnison zu entwickeln begann, folgte eine ziemlich lange Zeit relativer Untätigkeit. Ein starker Aufschwung ist dann ab den frühen 1880er Jahren feststellbar.

Hierbei ist zu konstatieren, daß sich die Garnison bei den reichspolitisch gefärbten Bismarck- und Sedanfeiern bedeckt hielt und dieses Feld dem Bürgertum überließ. Auch wurde, jedenfalls bis zur Jahrhundertwende, keineswegs bei jeder sich bietenden Gelegenheit das Militär aufgeboten. So wünschte zwar der Prinzregent anläßlich der Einweihung der neuen Prinzregentenbrücke am 29. September 1901, an der er persönlich teilnehmen wollte, die Abordnung einer Ehrenkompanie.[49] Hingegen traten bei der Grundsteinlegung des Nationalmuseums an der Prinzregentenstraße am 17. November 1894 oder an der feierlichen Inbetriebnahme des Wittelsbacher-Brunnens am Maximiliansplatz am 12. Juni 1895 lediglich Offizierdeputationen in Erscheinung.[50] Solche Details ergeben insgesamt ein doch recht differenziertes Bild vom »Militarismus« des 19. Jahrhunderts in München.

Anmerkungen

1 Vgl. F. Furet/D. Richet, Die Französische Revolution (erstm. Paris 1965), Frankfurt/M. 1987, S. 596 ff.

2 So fanden beispielsweise in der 1802 säkularisierten, einst fürstbischöflichen, Residenzstadt Freising ab 1813 alljährlich Pferderennen nach Vorbild des Münchner Oktoberfestes statt. Im Jahr 1812 wurde am Geburtstag der Königin Karoline im Dom feierlich eine neue Fahne für die Freisinger Nationalgarde III. Klasse (Bürgerwehr) geweiht. Im Dezember 1815 wurde von der Bürgerschaft eine große Feier für die Garnison abgehalten (vgl. »Freysinger Wochenblatt«, v. a. Nr. 29 (1812), Nr. 17 (1813), Nr. 51 (1815))

3 J. A. Schmeller, Tagebücher 1801–1852. hg. von P. Ruf Bd. 1: 1801–1825 (SchrrBayerLG Bd. 47), München 1954, S. 14 f.

4 MKr. 2592 Prod. 4, KM an GenKdo München am 13. April 1817

5 Ebd. Prod. 9, Kgl. Reskript an KM am 7. Juli 1828

6 Schmeller (wie Anm. 3), S. 467

7 Vgl. den Abschnitt »Landwehr«

8 MKr. 8847 Prod. 1, Stadt München an KdtMünchen am 5. Juni 1823

9 Ebd. Prod. 1, KdtMünchen an KM am 6. Juni 1823; KM an KdtMünchen d. d.; Prod. 2, KM an KdtMünchen am 5. Juni 1823; Prod. 3, KM am 28. Juni 1823

10 F. Illing, Geschichte des Königlich Bayerischen Infanterie-Leib-Regiments von der Errichtung bis zum 1. Oktober 1891, Berlin 1892, S. 52

11 Vgl. die Abschnitte »Paraden« und »Landwehr«

12 MKr. 2624 Prod. 5, Stadt München an 1. ArtRgt am 29. Sept. 1835; ArtKorpsKdo an KM am 30. Sept. 1835; KM an ArtKorpsKdo am 2. Okt. 1835

13 MKr. 2624 Prod. 15, Schreiben der Hauptschützengesellschaft München an KM am 9. Okt. 1842

14 H. Fahrmbacher, Das Königlich Bayerische 1. Schwere Reiter-Regiment »Prinz Karl von Bayern« Bd. 2: Das Regiment in dem Zeitraum von 1848 bis 1898, München 1900, S. 25

15 MKr. 2624 Prod. 57, KdtMünchen an KM am 17. Juni 1863; Prod. 61, KM an GenKdo München am 25. Juni 1863

16 V. Hütsch, Der Münchner Glaspalast 1854 – 1931. Geschichte und Bedeutung, München 1981, S. 143

17 Illing (wie Anm. 10), S. 446

18 MKr. 2624 Prod. 98, Programm zur Feier des 10jährigen Gedenktages der Schlacht bei Sedan am Sonntag den 5. September 1880

19 Ebd., Schreiben des Dr. Johann Widenmayer an KM am 3. Sept. 1880 mit Signat des Kriegsministers v. Maillinger vom 5. d. Mts.

20 MKr. 2624 Prod. 3, Spendenaufruf des Zentralkomitees für das VII. Deutsche Bundesschießen, dat. München 7. Dez. 1879

21 Ebd. Prod. 99, KdtMünchen an GenKdo I.A.K. am 24. Juni 1881 mit Verweis auf Kgl. Signat vom 21. d. Mts.

22 Ebd. Prod. 107, KM an König Ludwig II. am 4. Juli 1881 mit Kgl. Signat, dat. Schloß Berg 15. d. Mts.

23 Ebd. Prod. 116, KM an König Ludwig II. am 15. Juli 1889 mit Kgl. Signat, dat. Kainzenhütte 19. d. Mts.

24 Ebd. Prod. 111, KM an König Ludwig II. am 14. Juli 1881 mit Kgl. Signat, dat. Schloß Berg 16. d. Mts.

25 Ebd. Prod. 122, KdtMünchen an GenKdo I.A.K. am 19. Juli 1881; Prod. 129–132, Anträge des KM an König Ludwig II. am 20. Juli 1881; Prod. 126, Kgl. Telegramm, dat. Hohenschwangau 22. Juli 1881

26 Ebd. Prod. 135, Zentralkomitee für das VII. Deutsche Bundesschießen an KM am 4. Aug. 1881

27 Vgl. M. Krauss in: Die Prinzregentenzeit (Ausstellungskatalog), hg. von N. Götz, München 1988, S. 58 f.

28 MKr. 2625 Prod. 7, KM an König Ludwig II. am 19. März 1885 mit Kgl. Signat, dat. München 22. d. Mts.

29 Ebd. Prod. 5, KM an König Ludwig II. am 15. März 1885 mit Kgl. Signat, dat. München 20. d. Mts.

30 MKr. 2593 Prod. 1, KM an GenKdo I.A.K. am 4. Mai 1880

31 Ebd. Prod. 12, KM an GenKdo I./II. A.K. am 31. Okt. 1880

32 Ebd. Prod. 20, KM an Prinzregent Luitpold am 12. Nov. 1886 mit Signat d. d.; KME Nr. 18497 vom 19. Nov. 1886

33 Ebd. Prod. 22, KM an GenKdo I./II. A.K. am 28. März 1887; KME Nr. 17482 vom 19. Nov. 1900

34 MKr. 2625 Prod. 20, KM an Prinzregent Luitpold am 22. Juni 1888 mit Signat vom 23. d. Mts.; Prod. 22, Notiz des KM vom 26. Juni 1888

35 Vgl. R. Braun in: Bayern und seine Armee, München 1987, S. 325 f.

36 MKr. 2617 Prod. 74, KM an Prinzregent Luitpold am 22. Juni 1888 mit Signat vom 23. Juni

37 Ebd. Prod. 76, Gedrucktes Festprogramm für den 29. Juni 1888

38 Die König-Ludwigs-Feier (Die Centenarfeier der Geburt des Königs Ludwigs I. von Bayern. Festprogramm während der Tage vom 29. bis 31. Juli 1888 in München; unv. Ndr. mit einer Einführung von R. Bauer), München 1986

39 Ebd., S. 28 ff. (Einführung)

40 MKr. 2620 Prod. 36, KM an Prinzregent Luitpold am 23. Aug. 1895 mit Signat vom 25. Aug. 1895

41 Ebd. Prod. 86 (Beil.), Festprogramm der Stadt München für den 1./2. September 1895

42 Ebd. Prod. 72, Stadtmagistrat München an KM am 13. Jan. 1896

43 W. Hardtwig, Soziale Räume und politische Herrschaft. Leistungsverwaltung, Stadterweiterung und Architektur in München 1870 bis 1914., in: ders. (zus. mit K. Tenfelde), Soziale Räume in der Urbanisierung. Studien zur Geschichte Münchens im Vergleich 1850 bis 1933, München 1990, S. 59 – 154, hier S. 128 – 135

44 MKr. 2620 Prod. 86 (Beil.), Festprogramm für den 10. Mai 1896

45 Hardtwig (wie Anm. 43), S. 133

46 MKr. 2621 Prod. 9, Geheimvermerk des KM vom 30. Jan. 1897

47 MKr. 2621 Prod. 16, Signat des Prinzregenten Luitpold vom 22. Febr. 1897

48 Th. v. Pfetten-Arnbach/ H. Fahrmbacher, Das Königlich Bayerische 1. Schwere Reiter-Regiment »Prinz Karl von Bayern« Bd. 3: Das Regiment im Zeitraum 1898 bis 1913, München 1914, S. 15

49 MKr. 2625 Prod. 106, Notiz des KM vom 24. Sept. 1901

50 MKr. 2617 Prod. 96, Notiz des KM vom 13. Nov. 1894; Prod. 98, Festprogramm für die Einweihung des Monumentalbrunnens am Wittelsbacher Platz, dat. 1. Juni 1895

Militärmusik in München

Im Mai 1919 schrieb Kurt Tucholsky in der Berliner »Weltbühne«: »... Laß endlich schweigen, o Republik, Militärmusik! Militärmusik!«[1] Die Militärmusik war für den Autor ein Synonym für Militarismus. Es stellt sich allerdings die Frage, ob hier nicht ein Klischee mitbegründet wurde, das vielleicht in den Jahren vor 1914 zutraf, dessen Wahrheitsgehalt für das 19. Jahrhundert aber geprüft werden muß.

Münchner Militärmusik im frühen 19. Jahrhundert

Schon zu Beginn des 19. Jahrhunderts gab es Platzkonzerte der Münchner Garnison. Lorenz Hübner berichtet 1803 über den Hofgarten: »... Auf höchsten Befehl wechseln hier im Sommer die Orchester des Militärs in schönen Abendmusiken, Zuckerwerk und andere Näschereien werden feilgehalten.«[2] In den 1820er Jahren spielten die Regimentsmusiken im Hofgarten beispielsweise italienische Arien. Auch regelmäßige Platzkonzerte beim Chinesischen Turm im Englischen Garten waren um diese Zeit schon üblich. Anläßlich des letzten Geburtstagsfestes für König Max I. Joseph am Abend des 12. Oktober 1825, also nur wenige Stunden vor dem unvermuteten Tod des Monarchen, gaben sämtlichen Militärmusikkapellen der Garnison auf dem Schrannenplatz (Marienplatz) bei Fackel-schein eine »Serenade«.[3]

Die Münchner Militärmusik in den ersten Jahrzehnten des 19. Jahrhunderts war geprägt von der Persönlichkeit des »Armee-Musikdirektors« Karl Legrand (1769 – 1845). Der gebürtige Zweibrücker Legrand kam in der Zeit des Kurfürsten Karl Theodor als Oboist an die Münchner Hofkapelle. Im Jahr 1797 wurde der Zivilist, der zeitlebens Hofmusiker blieb, zum »Musikdirektor der Militärchöre zu München« ernannt. Diese Position behielt Legrand dann auch unter dem neuen Kurfürsten und späteren König Max Joseph. Für das Grenadier-Garde-Regiment komponierte Legrand im Jahr 1822 einen neuen »Grenadier-marsch«, den noch heute allgemein bekannten »Bayerischen Präsentiermarsch«. Insge-samt komponierte bzw. arrangierte Legrand mehr als 500 Stücke. Er blieb im Dienst bis zum seinem Tod am 5. Juli 1845. Die Stelle des Armeemusikdirektors wurde daraufhin eingezogen.[4]

Die »Ära Streck«

Mehrere Jahrzehnte lang wirkte in München der Militärmusikmeister Peter Streck. Nach dem Tode Legrands rückte Streck an die Spitze aller Musikmeister der Garnison. Bereits im Jahr 1842 schrieb Ludwig Steub über ihn: »... Wir nennen ihn »unseren Streck«, und er ist uns so teuer, wie Johann Strauß seinen Wienern, wie Musard seinen Parisern.«[5] Peter Streck (1797 – 1864) wurde als Sohn eines Schuhmachers in Gersfeld in der Rhön geboren. Er erlernte den väterlichen Beruf und gleichzeitig von seinem Onkel, einem Dorfmusiker, verschiedene Instrumente. Mit sechzehn Jahren wurde Streck am Musik-institut der Universität Würzburg aufgenommen. Kurz vor seinem 21. Geburtstag wurde Streck dann zum 2. Linien-Infanterie-Regiment »Kronprinz« in Würzburg eingezogen. Zunächst scheint Streck als einfacher Infanterist gedient zu haben. Ab 1820 war er in der Regimentsmusik, seit 1825 als Hautboist 1. Klasse. Mit dem Regiment »Kronprinz« wechselte Streck dann in die Garnison München und wurde Leiter der Regimentsmusik. Bereits dieser schnelle Aufstieg in nur sieben Dienstjahren ist bemerkenswert und dürfte darauf hindeuten, daß Streck nicht nur ein guter Musiker, sondern auch ein guter Soldat gewesen sein muß. Neben den militärischen Pflichten als Musikmeister erteilte Streck in jenen Jahren auch privaten Musikunterricht und komponierte Stücke aller Art, sein Werkverzeichnis umfaßt 379 Nummern.[6]

Über dem Nebenerwerb als Musiklehrer und Komponist, vergaß Streck nie seinen Dienst. Wenn die Reihe an seiner Kapelle war, dann spielte der fränkische Protestant auch in der Hof- und Garnisonkirche St. Michael und zwar so gut, daß schon 1834 die »Leipziger Allgemeine Musikalische Zeitung« ihrem Publikum berichtete: »… In der nämlichen Kirche bekamen wir während der Militärmesse, wo gewöhnlich nur die frivolsten Opern-Arien von den Hoboisten der Militärmusik willkommen waren, sogar gespielt werden mußten, heuer aus der Haydn'schen Schöpfung den gewaltigen Chor, C dur: »Die Himmel erzählen die Ehre Gottes« zu hören, und ob auch der Chor blos von Blasinstrumenten executirt wurde, so hatte der das Arrangement besorgende Musikmeister Streck vom ersten [!] Linien-Regimente, ein braver Schüler des Prof. Fröhlich in Würzburg, Schatten und Licht der Instrumentierung so gut anzubringen gewusst, dass nichts vom Haydnschen Geiste verloren ging.«[7]

Im Herbst 1847 wechselte Streck vom Regiment »Kronprinz« zum Infanterie-Leib-Regiment. Voller Ehrgeiz bemühte er sich nun um die vormalige Position Legrands. Sie wurde aber nicht wieder besetzt. Immerhin ernannte ihn König Max II. aber im Jahr 1852 zum »*Obermusikmeister*« mit dem Dienstrang eines Junkers. In dieser einzigartigen Funktion im bayerischen Militärmusikwesen wurde Streck, zwar nicht wie Legrand für die gesamte Armee, doch immerhin für sämtliche Militärmusikkapellen der Münchner Garnison zuständig. Vorrangige Aufgabe des Obermusikmeisters war die Leitung des gemeinsamen Konzerts der Militärmusiken bei besonders festlichen Anlässen. Außerdem gab Streck in seiner Freizeit große Unterhaltungskonzerte, vornehmlich in Neuberg-hausen, einem beliebten Ausflugsort bei Bogenhausen. Durch Hubert Unverricht hat Streck aber erst in unserer Zeit wieder seine musikwissenschaftliche Würdigung erfahren: »… Peter Streck hat seit den dreißiger Jahren des vorigen Jahrhunderts bis zu seinem Tod 1864 das Musikleben in München maßgeblich gestaltet. (…) Neben Wilhelm Fried-rich Wieprecht in Berlin und den etwas jüngeren Johann Wilhelm Siebenkäs und Joseph Gungl, die in München seine Nachfolge antraten, ist er einer der Führenden in der Militär-bzw. Blasmusik, der Konservations- und Gartenkonzerte, der klassischen Konzerte und auch schließlich der Tanzmusik in Deutschland vor und um die Mitte des 19. Jahrhun-derts.«[8]

Einer der wohl bedeutendsten Auftritte Strecks mit den vereinigten Garnisonmusiken sei hier noch erwähnt, die Eröffnung des Glaspalastes. Die München-Augsburger Abend-zeitung berichtete zum 15. Juli 1854: »… Sämtliche Militärmusiken nahmen um 11 Uhr die ihnen angewiesenen Plätze auf dem Westende der oberen Gallerien ein (…) Um 12 1/2 Uhr verkündeten Salven von Akklamationen und Hoch's auf den Straßen die Ankunft der kgl. Majestäten, welche unter der rauschenden Begleitung der sämmtlichen Musikkorps bei dem Eintreten Höchstderselben in das Gebäude von den hier Anwesenden lauten Widerhall fanden (…) wornach der feierliche Umzug unter Begleitung der Musikkorps und dem Spielen der Orgeln dem Programme gemäß folgte.«[9] Am 9. Oktober 1855 fand im Rahmen des Allgemeinen Deutschen Musikfestes im Glaspalast ein großes Militärkonzert mit 225 Musikern statt. Dirigent war natürlich der Obermusikmeister Peter Streck. Unter den mehr als 6000 Gästen befand sich auch das Königspaar.[10]

Die Söhne des Obermusikmeisters Streck zog es ebenfalls zum Militär. Joseph Streck (1834 – 1909) trat nach dem Besuch von Latein- und Gewerbeschule 1849 freiwillig als Tambour in das 1. Infanterie-Regiment ein. Bereits ein Jahr später wechselte er aber in den

Militärverwaltungsdienst über, wo er es bis zum Geheimen Rechnungsrat (1883) brachte.[11] Sein jüngerer Bruder Johann Nepomuk Streck (1850 – 1909) trat 1868 nach dem Abitur in das 1. Artillerie-Regiment ein. Um die Jahrhundertwende war Oberst Streck Kommandeur des nunmehrigen 1. Feldartillerie-Regiments. Binnen weniger Jahre wurde er dann Generalleutnant und Gouverneur von Ingolstadt. 1906 wurde Streck zum Generalfeldzeugmeister befördert.[12]

Es sei hier nicht verschwiegen, daß nicht alle Zeitgenossen die Darbietungen der Münchner Militärmusiker jener Epoche schätzten. Der Brite Edward Wilberforce, der um 1860 in München lebte, beispielsweise gehörte dazu: »... Militärmusik ist eine feine Sache, und der Klang einer guten Blaskapelle läßt einen das Herz höher schlagen; aber wenn man nahe an ein marschierendes Regiment herankommt, hört die Kapelle mit Sicherheit zu spielen auf, und die abscheulichen Trommeln donnern statt derer los, und man hört, wie sechs oder acht Trommler mit aller Wucht auf ihre teuflischen Felle eindreschen. Warum können Männer nicht zu Fuß gehen, ohne daß ein so diabolischer Radau vor ihnen veranstaltet wird?«[13]

Münchner Militärmusik im späten 19. Jahrhundert

Nachfolger von Peter Streck als Obermusikmeister der Münchner Garnison wurde der Musikmeister des 1. Infanterie-Regiments »König« Wilhelm Siebenkäs. Anläßlich des Geburtstages von König Ludwig II. komponierte Siebenkäs, »... um sich der Stelle würdig zu erweisen«, für die aus nicht weniger als sieben Musikkorps bestehende Garnisonmusik eine neue Feldmesse und arrangierte eine Reihe verschiedener Stücke, darunter war auch die »Egmont«-Ouvertüre von Beethoven und ein nicht näher bezeichnetes Stück aus Wagners »Lohengrin«. Bei der Stadtkommandantschaft bemerkte man zu den ungewohnten Wagnerklängen, daß »... Seine Majestät der König besonders Einer musikalischen Richtung huldigen, für die früher äußerst wenig für größere Militärmusiken geschrieben wurde« und Siebenkäs dringlich darum gebeten habe, mehr Wagnerpartituren bei Notenkopisten bestellen zu dürfen.[14] Nachfolger von Siebenkäs als Obermusikmeister der Garnison wurde in den 1870er Jahren der Stabshoboist Hünn vom 2. Infanterie-Regiment »Kronprinz«. Nach Hünn leitete bis in die 1890er Jahre der Musikmeister Adolf Fach vom 1. Infanterie-Regiment »König« die vereinigten Garnisonmusiken. Auch er war im Unteroffiziersrang und unterstand trotz seiner herausgehobenen Funktion dem Chef der 1. Kompanie seines Regiments.[15]

Die Münchner konnten ihre Militärmusik bis in die ersten Jahre des 20. Jahrhunderts nicht nur beim täglichen Wachwechsel vor der Residenz erleben, sondern auch beim Aufzug der neuen Mannschaft für die Hauptwache am Marienplatz, die »Bauernparade«. Zu einer Zeit, als sich das Lokal der Hauptwache bereits im Neuen Rathaus befand, konnte man beispielweise folgenden Zeitungsartikel lesen: »... Auf dem Marienplatz findet nämlich die sogenannte »Bauernparade« statt, dort, wo das Rathhaus steht, in dem die Hauptwache untergebracht ist. Ist diese, begleitet von einer täglich gleich großen Menschenmenge aller Stände, aus den Casernements an ihrem Endziele angelangt, so spielt die Kapelle einige Stücke. Mag die Sonne in afrikanischer Glut brennen, oder mögen die Schleußen des Himmels eine zweite Sintflut herabsenden, die Kapelle spielt ihre lustigen Stücklein (mit Ausnahme der Manöver und einer kurzen Urlaubszeit) täglich zur großen Befriedigung der Hörer. (...) Das gewöhnliche Publikum der Bauernparade aber bilden, von den zweifelhaften Elementen, welche sich da leider auch sehr zahlreich einfinden, abgesehen, hauptsächlich Arbeiter, welche sich von ihrer kurzen Mittagspause gerne ein Stück abzwacken, um den materiellen Genuß beim kurzen Pfeifchen auch durch einen ideellen zu würzen, und Landleute, deren Söhne beim »Militari« stehen.«[16]

Einen besonders großen Auftritt hatte die vereinigte Garnisonmusik beim ersten Besuch Kaiser Wilhelms II. in München am Abend des 1. Oktober 1888 vor der Residenz. Das Jahrbuch der Stadt München vermerkt dazu: »… Die sämtlichen Musiken der Garnison, nämlich die Musikkapellen des Infanterie-Leib-Regiments, des 1. und 2. Infanterie-Regiments, die Musiken des 1. Schweren Reiter- und des 1. und 3. Feldartillerie-Regiments unter Direktion des Garnisonobermusikmeisters Hünn nahmen Aufstellung im Hofe der Hofgartenkaserne, von wo dieselben durch die Hofgartenstraße zum Hofgartentor der Residenz marschierten (…) Während der Serenade kam die »Jubelouvertüre« von C. M. von Weber, der »Fackeltanz« von G. Meyerbeer und der »Kaisermarsch« von Richard Wagner zur Aufführung. Hieran reihte sich die Königshymne, in welche die nach Tausenden versammelte Menge entblößten Hauptes einstimmte. Die sämtlichen Musikkorps stimmten hierauf die »Wacht am Rhein« an, welche ebenfalls von der Menge unter lautem Jubel mitgesungen wurde. Als die Klänge dieses patriotischen Liedes verrauscht waren, wurde von sämtlichen Musikkorps und Tambours der große Zapfenstreich gespielt.«[17]

Die Militärmusik als Wirtschaftsfaktor

Die Militärmusik spielte im Zeitalter vor der Erfindung des Rundfunks eine wichtige Rolle als Träger öffentlicher Unterhaltungsprogramme. Bezeichnenderweise bat die Stadt Lindau am Bodensee noch im Jahre 1919 um die künftige Berücksichtigung als Standort der neuen Reichswehr mit dem ernst gemeinten Argument, man benötige für den Fremdenverkehr eine Militärmusikkapelle, wie in der Zeit als königlich bayerische Garnison.[18] Um 1890 verfügte die Garnison München über sechs Militärmusikkorps, die im Zeitraum vom 1. Oktober 1890 bis zum 1. Oktober 1891 im näheren Umkreis um München nicht weniger als 529 Konzerte absolvierten.[19]

Die zunehmende Aktivität der Militärmusiker außerhalb des eigentlichen Dienstes rief die zivilen Berufsmusiker auf den Plan. So mußten am 5. November 1891 die Abgeordneten des Bayerischen Landtags über eine Petition des Sterbekassenvereins bayerischer Zivilmusiker beraten, die dieser im Namen von 743 Dirigenten und Musikern aus 43 Orten des Königreiches gestellt hatte, »… um berechtigten Schutz ihrer Standes- und Gewerbsinteressen gegenüber den zunehmenden Eingriffen und Schädigungen seitens Kgl. Militärmusikkapellen« gestellt hatte. In dieser Petition, die der Landtag noch am gleichen Tage dem Kriegsministerium zuleitete, wurde das außerdienstliche Spiel der Militärmusiker weit außerhalb ihrer Garnisonen in kleinen und kleinsten Besetzungen scharf angegriffen, diese Soldaten mit »Hausierern« verglichen. Da die Militärmusiker ihren festen Sold hatten, konnten sie bei hren Privatauftritten billiger musizieren als ihre zivilen Kollegen. Der Interessenverband der Zivilmusiker sah eine fortschreitende Proletarisierung seiner ausgebooteten Mitglieder voraus und warnte sogar, daß die Musiker geradezu der Sozialdemokratie in die Arme gedrängt würden. Als Kompromiß schlug er vor, daß die Militärmusiker außerdienstlich nur noch in größeren Besetzungen von zwanzig oder mehr Instrumentalisten spielen sollten, um den kleinen zivilen Kapellen ihr Alltagsbrot, das waren die Hochzeitsfeiern und kleineren Privatveranstaltungen, zu lassen.[20]

Betraf diese Beschwerde eher das ländliche Umland der Garnisonstädte, so rührten sich im Januar 1894 auch die in der »Münchner Musiker-Verbindung« organisierten zivilen Berufsmusiker der Haupt- und Residenzstadt. Sie stellten fest, daß mehr als die Hälfte der fünfzehn größeren Tanzplätze Münchens fest in der Hand hiesiger Regimentskapellen sei. Noch weit schlimmer sei jedoch die Konkurrenz der Militärmusiker bei Vereinsfesten, Hausbällen, Hochzeiten usw.. Sie spielten dort in kleinen Besetzungen unter den orts-üblichen Tarifen der zivilen Kapellen und böten dem Gastwirt noch den Vorteil mit dem Etikett »Militärmusik« werben zu können. Der Erwerbssinn der Münchner Militär-trompeter sei so ausgeprägt, daß sie sogar bei Aufenthalten ihrer Truppenteile zu Übungen im Lager Lechfeld von ihren Vorgesetzten Wochenendausgang erbäten, mit den preiswer-ten Militärfahrkarten nach München reisten und dort in Lokalen spielten. Auch hätten Angehörige einer (nicht näher bezeichneten) Regimentsmusik einmal sogar in einem von der Stadtkommandantur für Militärpersonen verbotenen Wirtshaus musiziert. Die außer-dienstlichen Konzertauftritte seien mittlerweile zur eigentlichen Hauptbeschäftigung der hiesigen Militärmusikmeister geworden. Um möglichst viele Engagements annehmen zu können, erhielten diese Musikmeister von den Kampfeinheiten für den Waffendienst vorgesehene Rekruten als zusätzliche Musiker.[21]

Die dargebrachten Beschwerden waren keine bayerische oder gar Münchner Spezialität, sondern ein Anliegen der zivilen Berufsmusiker im ganzen Reich. Der »Allgemeine Deutsche Musiker-Verband«, in dem auch die »Münchner Musiker-Verbindung« als Lokalverein organisiert war, hatte am 8. November 1893 eine Petition an den Reichstag gerichtet. Darin bezifferte der Verband die Zahl der Militärmusiker im Deutschen Reich auf mehr als 20 000 Mann, bei stetig anwachsender Zahl infolge der Heeresvermehrung. Mittlerweile, so der Musikerverband, gebe es keine musikalische Sparte mehr, in der keine Militärmusiker anzutreffen seien. Die Militärmusikmeister engagierten sogar schon zivile Sologeiger, Cellisten oder Harfenisten, um alle möglichen Stücke aufführen zu können. Allein der Vorzug der Militärfahrkarte mit 50% Preisermäßigung verschaffe dem Militär-musiker einen gewaltigen Wettbewerbsvorteil vor jedem privaten Berufsmusiker. Ohnehin seien die Militärmusiker gar keine Soldaten mehr, sondern vom Staat subventionierte Musikbeamte, wie überhaupt im Nebenerwerb musizierende Zivilbeamte, nächst den Militärmusikern, ohnehin die Billigkonkurrenz des Berufsmusikanten darstellten. Der Deutsche Musikerverband schlug eine Reduzierung des Personalumfanges der Militär-musik, sowie Beschränkungen für die Nebenerwerbstätigkeit der Regimentskapellen vor, z. B. durch Verbot des privaten Musizierens außerhalb der Garnisonsorte.[22]

Auf Weisung des Kriegsministeriums stellte das Generalkommando des I. Armeekorps Nachforschungen über die Aktivitäten der Musikkorps in der Garnison München an. Dabei stellte sich heraus, daß zumindest bei den drei Infanterie-Regimentern tatsächlich mehr Soldaten eingesetzt waren, als den Musikkorps nach dem Etat zustand. Indessen betonte das Infanterie-Leib-Regiment, daß sein Musikkorps pro Engament sogar teurer komme, als eine Privatkapelle. Das 2. Infanterie-Regiment »Kronprinz« gab an, daß gelegentlich Angehörige seines Musikkorps von guten Zivilkapellen sogar zur Aushilfe engagiert würden. Umgekehrt beschäftigte das 1. Infanterie-Regiment »König« für größere Konzerte bisweilen deshalb Zivilmusiker, weil die Planstellen für bestimmte Instrumentalisten nicht besetzt waren. Einhellig wurde von allen Militärmusikkapellen bestritten, daß ihre Musiker bei Privatauftritten in kleinen Lokalen Uniform trügen.[23]

Das Problem blieb jedoch für die zivilen Berufsmusiker akut und die Münchner Musiker-verbindung wandte sich im Januar 1896 erneut an das Kriegsministerium, um sich gegen einen angeblich unlauteren Wettbewerb der Militärmusiker zu beschweren. Hierbei richteten sich die Angriffe insbesonders gegen die Musikmeister Keilberth (1. Feld-artillerie-Regiment) und Röder, sowie das Trompeterkorps des 1. Schweren Reiter Regiments.[24] Dieser Protest löste eine sehr eingehende Untersuchung aus. Die Musikkorps der Garnison München mußten genau angeben, wieviel Privatkonzerte sie im Zeitraum von Anfang Oktober 1895 bis Ende Februar 1896, also einer Hochsaison mit Oktoberfest, Weihnachtsfeiern und Faschingsbällen, gegeben hatten.[25]

Als Spitzenreiter stellte sich das Musikkorps des 2. Infanterie-Regiments »Kronprinz« heraus. Es hatte 17 160 Mark eingespielt, durch 59 Konzerte im »Löwenbräukeller«, zehn Konzerte in der Ausflugsgaststätte »Rosenau«, sieben Auftritte im Festzelt der Pschorr-Brauerei auf dem Oktoberfest und je ein Konzert in den Nobelhotels »Bayerischer Hof« und »Vier Jahreszeiten«.[26]

Auf dem zweiten Platz stand das Infanterie-Leib-Regiment mit 12 550 Mark. Seine Hochburgen waren der »Münchner Kindl-Keller« (39 Konzerte) und der »Bavariakeller« (25 Konzerte). Vier Auftritte hatten die Leiber bei der Faschingskneipe der Münchner Künstler und ebenfalls viermal musizierten sie im Hotel »Treffler«. Hinzu kamen noch elf weitere Konzerte, u. a. beim »Offiziers-Orchester-Verein«, beim »Philologen-Verein«, der Gesellschaft »Concordia«, dem »Katholischen Kasino«, beim Corps »Die Braunschweiger« oder beim »Radler-Club«.[27]

Die Kapelle des 1. Infanterie-Regiments »König« hatte 35 Auftritte im »Gabelsberger-Keller« und 30 Auftritte im »Bürgerbräu-Keller« absolviert. Auch in den »Central-Sälen« (16 Konzerte) und im »Löwenbräukeller« (6 Konzerte) war sie vertreten. Hinzu kamen fünf Bälle der renommierten Gesellschaft »Museum«. Die Einser spielten beim Corps »Saxonia« ebenso wie beim »Verein der Oberpfälzer« oder dem Ball der Österreichisch-Ungarischen Gesellschaft. Bei 93 Konzerten wurden so 9280 Mark eingenommen.[28]

Wesentlich bescheidener waren die Aktivitäten der übrigen Regimentskapellen der Garnison. Das Musikkorps des 1. Schweren Reiter Regiments »Prinz Karl« nahm bei insgesamt 27 Auftritten nur 3850 Mark ein. Es spielte hauptsächlich im Giesinger »Bergbräu« (19 Konzerte). Hinzu kamen Auftritte beim Leonhardiritt in Tölz, bei der Kirchweih in Eschenlohe, dem Faschingsball des Haidhauser Kriegervereins oder den Faschingsbällen der Münchner Metzger, Köche und Schäffler.[29] Das Musikkorps des 3. Feldartillerie-Regiments absolvierte 25 Auftritte und erhielt dafür 3070 Mark. Anders als bei den vorgenannten Regimentskapellen läßt sich bei dieser Kapelle kein Stammlokal ausmachen. Sie spielte sich quer durch München, vom »Katholischen Arbeiterheim München-West«, dem »Franziskanerkeller« und dem »Arzberger Keller« zum Hotel »Continental« und vom Stiftungsfest der Landwirtschaftsschüler in Weihenstephan, über ein Schlittenrennen zu Neuhausen, zum Faschingsball in Fürstenfeldbruck usw.[30]

Vom Musikkorps des 1. Feldartillerie-Regiments ist kein derartiger Bericht vorhanden. Dafür berichtet die Regimentsgeschichte einige interessante Details über das Musikkorps. Beim 1. Feldartillerie-Regiment gab es seit 1885 bei jeder Batterie außer den beiden im Etat vorgesehenen Trompetern zwei bis drei Hilfstrompeter. Dadurch erreichte die Regimentsmusik ab 1890 eine Stärke von mehr als vierzig Mann. Zusätzlich beantragte das Regiment im Jahr 1894 für seine damals in Freising garnisonierende Abteilung eine eigene Musik aufstellen zu dürfen, was jedoch nicht genehmigt wurde. Unter den Musikern des 1. Artillerie-Regiments befanden sich auffallend viele Sachsen und Thüringer. Es gab nahezu alle Waffengattungen unter den späteren Musikern, vor allem Kavalleristen. Letztere leisteten beim Zureiten der Remonten gute Dienste. Ansonsten galten die Trompeter bei den Batteriechefs als ziemlich undisziplinierte Soldaten. Geprägt wurde das Musikkorps des 1. Artillerie-Regiments von seinem langjährigen Musikmeister Keilberth, der im Jahr 1900 nach 41jähriger Dienstzeit ausschied. Xylander bemerkt zu der eigenen Regimentsmusik: »… Künstlerisch in vorderster Linie stand sie niemals«.[31] Dies würde auch erklären, warum bei der oben angeführten Liste das 1. Feldartillerie-Regiment fehlt.

Im Mai 1896 befahl das Kriegsministerium den Truppenteilen in den bayerischen Garnisonen für eine gütliche Einigung im musikalischen Konkurrenzstreit zu sorgen. Daraufhin schloß der Münchner Lokal-Musikverband mit der Garnison ein Abkommen, daß fortan kein Militärmusiker des Standortes mehr ein Engagement unter dem ortsüblichen zivilen Tarif annehmen durfte.[32]

Schlußakkord

Zum Abschluß dieses Abschnittes über die Münchner Militärmusik sei aus den Lebenserinnerungen des Komponisten Carl Orff (1895-1982) zitiert:»… Seit ihrer Verheiratung wohnten meine Eltern in der Maillingerstraße, in dem längst eingemeindeten Stadtteil Neuhausen. Die Wohnung lag gegenüber der Marsfeld-Kaserne, der Kaserne meines Vaters vom Beginn seiner Laufbahn als Secondleutnant bis zu seinem Abschied als Oberstleutnant nach dem Ersten Weltkrieg. Ecke Maillinger- und Rupprechtstraße stand das Haus Maillingerstraße 16, in dem ich zur Welt gekommen bin. (…) Schräg gegenüber von unserem Hause war das Probelokal der Regimentsmusik, die fast täglich vormittags üben mußte. Diese Klänge waren mir so vertraut wie der alltägliche Zapfenstreich, den der Trompeter um neun Uhr abends im Kasernenhof blies. Die Musik aus den Vorgärten der Wirtschaften, die in unserer Straße lagen, brachte mich an den Sommerabenden in den Schlaf (…) Überall Musik, an der ich zwar nicht teilnahm, die mich aber unbewußt berührte.«[33]

Anmerkungen

1 K. Tucholsky in dem Gedicht »Unser Militär!«, zit. nach: K. Tucholsky, Unser Militär! Schriften gegen Krieg und Militarismus, hg. von R. v. Soldenhoff, o. O. 1982, S. 28

2 L. Hübner, Beschreibung der kurbaierischen Haupt- und Residenzstadt München Bd. 2, München 1803, S. 353

3 Vgl. J. A. Schmeller, Tagebücher 1801 – 1852. hg. von P. Ruf. Bd. 1: 1801 – 1825. (SchrrBayerLG Bd. 47), München 1954, S. 470, S. 474 und S. 540

4 V. D. Laturell, »Heute noch »unser Streck«?«, in: »Er ist uns so teuer, wie Johann Strauß seinen Wienern…«. Zum 125. Todestag von Obermusikmeister Peter Streck (1797 – 1864). (Volksmusik in München Bd. 12), hg. vom Kulturreferat der Landeshauptstadt München 1989, S. 5 – 12, hier S. 6 f.

5 zit. nach Laturell (wie Anm. 4), S. 5

6 H. Unvericht, Peter Streck (1797–1864). Der Militärmusiker und Volkskomponist, in: Streck (wie Anm. 4), S. 13 – 26

7 zit. nach Unvericht (wie Anm. 6), S. 21

8 Unvericht (wie Anm. 6),S. 25

9 zit. nach V. Hütsch, Der Münchner Glaspalast 1854 – 1931. Geschichte und Bedeutung, München 1981, S. 107 f.

10 Ebd., S. 141

11 R. v. Xylander, Geschichte des 1. Feldartillerie-Regiments »Prinzregent Luitpold« Bd. 3: Das Regiment und das Fuhrwesen 1824 – 1911, Berlin 1911, S. 766

12 Ebd., S. 739 f.

13 E. Wilberforce, Ein Snob in München (erstm. »Social Life in Munich, London 1863) hg. von G. Wiesend, München 1990, S. 23

14 MKr. 2727 Prod. 3, Platzadjutant Lt Schneider an KdtMünchen am 29. Aug. 1865

15 MKr. 2730 Prod. 6, Notiz im KM vom 11. Juni 1873; Prod. 7 1/2, 1./1. InfRgt am 13. Aug. 1890; Prod. 17, 1./1. InfRgt am 6. Juli 1894

16 »Illustrierte Zeitung« vom 27. Aug. 1887 zit. nach Laturell (wie Anm. 4), S. 11

17 Zit. nach L. Schrott, Der Prinzregent. Ein Lebensbild aus Stimmen seiner Zeit, München 1962, S. 138

18 R. Braun in: Bayern und seine Armee, München 1987, S. 218

19 MKr. 2730 Prod. 7, Übersicht des KM (undat., wohl 1891)

20 Ebd. Prod. 8, Präsidium des Bayer. Landtags (Kammer der Abgeordneten) an KM am 5. Nov. 1891 mit beigelegter Petition des Vorstandes des Sterbekassenvereins bayerischer Civilmusiker vom 1. Okt. 1891

21 Ebd. Prod. 20, Vorstandschaft der Münchner Musiker-Verbindung an KM (undat., eingelaufen am 10. Jan. 1894)

22 Ebd. Prod. 20 (Beil.), Abdruck der Petition des Allgemeinen Deutschen Musiker-Verbandes (Sitz: Berlin) an den Deutschen Reichstag am 8. Nov. 1893

23 Ebd. Prod. 22, Bericht des GenKdo I.AK an KM vom 8. Febr. 1894 mit den beigelegten Meldungen der einzelnen Truppenteile

24 Ebd. Prod. 41

25 Ebd. Prod. 42, K.M.E. Nr. 1838 vom 22. Febr. 1896

26 Ebd., 2. InfRgt am 5. März 1896

27 Ebd., Inf-Leib-Rgt am 6. März 1896

28 Ebd., 1. InfRgt am 1. März 1896

29 Ebd., 1. SchwReiterRgt am 9. März 1896

30 Ebd., 3. FArtRgt am 10. März 1896

31 Xylander (wie Anm. 11), S. 518 f.

32 MKr. 2730 Prod. 47, GenKdo I.A.K. an KM am 30. Juni 1897

33 C. Orff, Erinnerung, Tutzing 1975, S. 12 zit. nach: R. Bauer/G. Gerstenberg/W. Peschel, Im Dunst aus Bier, Rauch und Volk. Arbeit und Leben in München von 1840 bis 1945, München 1989, S. 98 f.

Veteranen- und Kriegervereine

Veteranen- und Kriegervereine haben zwar mit dem Militär, jedoch nicht unbedingt mit einer Garnison zu tun. Es gab und gibt an vielen Orten derartige Vereine, wo keine Garnison bestand oder besteht. Dennoch sind direkte und indirekte Kontakte in Garnisonorten ungleich stärker. Die Vereinigungen der »Ehemaligen« bildeten vor allem nach 1871 eine wirksame Klammer zwischen der aktiven Truppe und der Zivilbevölkerung. Sie waren ein wesentliches Element des gesellschaftlichen Lebens und mußten daher von der Garnison berücksichtigt werden.[1]

Die ersten Veteranenvereine

Bereits nach den Napoleonischen Kriegen bildeten sich in Bayern Veteranenvereine. Sie scheinen von der Obrigkeit nicht unbedingt gefördert worden zu sein. So äußerte König Ludwig I. im Jahr 1840 über einen Antrag ehemaliger Soldaten in Eichstätt einen Veteranenverein gründen zu dürfen: »... *Mir erscheint dieser ganze Verein wenigstens überflüssig.*«[2] Mit dem allmählichen Aussterben dieser Veteranen ab den 1840er Jahren bildeten sich dann die Kriegervereine als Zusammenschlüsse gedienter Soldaten. Ihre Zahl war jedoch noch relativ gering. Das Hauptanliegen der Veteranen- und Kriegervereine war neben der Pflege der Geselligkeit das militärische Leichenbegängnis verstorbener Mitglieder und die Abhaltung jährlicher Gedenkgottesdienste.[3] Interessanterweise scheint sich der erste Veteranenverein im Bereich der Garnison München nicht in der Haupt- und Residenzstadt selbst, sondern in der Vorstadt Au gebildet zu haben, denn der »*Veteranenverein der Vorstadt Au und Umgebung*« wurde bereits im Jahr 1835 gegründet.[4]

Das Münchner Veteranenkorps von 1848

In der unruhigen Revolutionszeit 1848/49 bildete sich vorübergehend ein freiwilliges »Kriegs-Veteranen-Corps von München«. Diese Vereinigung bot sich im Dezember 1848 dem Stadtkommandanten v. Lüder zur militärischen Unterstützung der Garnison an. Offensichtlich ignorierte v. Lüder zunächst dieses Angebot. Das rührige Korps gewann jedoch das Wohlwollen des Königs Max II.. Am 19. Juli 1849 befahl der König dem nunmehrigen Kriegsminister v. Lüder, den freiwilligen Veteranen für den Alarmfall einen Sammelplatz nächst der Residenz zuzuweisen.[5] Die Königinmutter Therese stiftete dem Münchner Veteranenkorps sogar eine eigene Fahne, die ursprünglich an ihrem Namenstag, dem 15. Oktober 1849, feierlich vor dem Obelisken verliehen werden sollte.[6] Diese Fahne wurde dann aber erst am 30. Dezember 1849 in der Ludwigskirche verliehen und geweiht.[7]

Im Januar 1850 bat das Veteranenkorps um ein Waffenarsenal aus Armeebeständen: »... nicht wollen wir uns blos allein auf moralische Wirksamkeit beschränken. Noch sind wir rüstige, kräftige Männer und mit den Waffen vertraut. Alle Waffengattungen sind bei uns vereinigt, überallhin können wir ersprießliche Dienste leisten. Wir haben uns deshalb militärisch geordnet, bilden daher in München drei Compagnien zu je 100 Mann und sind jeden Augenblick bereit, die Waffen für die Sache Euer Majestät zu ergreifen.«[8]

Dem Corps gehörten zu dieser Zeit 314 Männer unterschiedlichster Stände und Berufe an. Vorstand war der Maler Daniel Renner, die drei Kompanieführer waren der pensionierte »Controlleur« Nikolaus Reichold, der Hauptmann à la suite Thomas von St. Simon und der Lottocollecteur Georg Merz. Im Corps waren elf Adelige, daneben Privatiers, Wirte,

Handwerker, subalterne Beamte, pensionierte Soldaten, Bediente, aber auch eine ganze Reihe einfacher Taglöhner (ca. 10%).[9]

Mit dem Antrag auf Bewaffnung schossen die patriotischen Veteranen aber über das Ziel hinaus. Kriegsminister v. Lüder legte dem König dar, daß das Münchner Veteranenkorps weder Teil der verfassungsmäßigen Landwehr noch ein eigentliches Freikorps sei; folglich bestünde keinerlei Verpflichtung der Armee Waffen abzugeben. Gäbe man aber den Münchnern Armeewaffen, so Lüder, schüfe man einen Präzedenzfall und könnte ähnliche Ansinnen auswärtiger Veteranenvereine schwerlich abschlagen. Eine paramilitärische Ausstattung von Privatvereinen sei schon aus Mangel an Vorräten nicht durchführbar und vor allem schon politisch gar nicht ratsam. Diese Auffassung wurde auch vom König voll geteilt.[10] In den folgenden Jahren taucht das Münchner Veteranenkorps, das schon von seiner Zielsetzung her nicht mehr in die veränderten Zeitläufte nach 1849 paßte, nicht in den Akten auf. Vermutlich bestand es schon in den frühen 1850er Jahren nicht mehr.

Aufschwung der Veteranenvereine nach 1871

Die echten Veteranen wurden in den langen Friedensjahrzehnten naturgemäß immer weniger. Ihr Hauptanliegen war die würdige Bestattung der Kameraden. Dieser bescheidene Anspruch änderte sich nahezu schlagartig nach dem Sieg über Frankreich 1871. Die Zahl neugegründeter Vereine nahm stark zu und ihr gesellschaftlicher Anspruch wuchs ebenfalls.[11]

Im Frühjahr 1872 trat in München der Feldwebel Ludwig Streck vom Infanterie-Leib-Regiment als Vorstand eines neugegründeten »Veteranen- und Krieger-Vereins der Haupt- und Residenzstadt München von 1872« in Erscheinung. Dieser Verein verstand sich selbst als Nachfolger des alten Veteranenvereins der Vorstadt Au von 1835 und hatte sein Vereinslokal beim »Högerbräu« im Tal. Der Verein selbst fand durchaus das Wohlwollen der Militärbürokratie, zumal sich darin auch Generale und Stabsoffiziere als Mitglieder befanden. Stein des Anstoßes war aber der Feldwebel Streck, der wohl ein richtiger »Gschaftlhuber« und »Vereinsmeier« gewesen sein dürfte. So erregte sich der Inspekteur der Militärbildungsanstalten, es sei doch ganz unmöglich, daß ein Unteroffizier einem Verein vorstünde, dem auch Offiziere angehörten und dieser Unteroffizier in seiner Eigenschaft als Vereinsvorstand nun auch noch mit militärischen Dienststellen »… in eine collegiale Correspondenz« treten wolle. Ähnlich äußerte sich auch der Kommandierende General des I. Armeekorps v. d. Tann.[12]

Mißerfolg des »Deutschen Kriegerbundes« in Bayern

Mit der Vermehrung der Kriegervereine wuchs auch das Verlangen nach einem Dachverband. So wurde am 14. April 1873 in Weißenfels der »Deutsche Kriegerbund« gegründet, der seinen Sitz in Berlin nahm. Im Deutschen Kriegerbund waren zusammengeschlossen vor allem der Preußische Landeskrieger-Verband und Landesverbände der meisten kleineren deutschen Staaten, z. B. Mecklenburg, Oldenburg, Braunschweig, Gotha, Anhalt, Schaumburg-Lippe u. a.. Dieser preußisch dominierte Verband suchte in Form des 1873 gegründeten »Bayerischen Kriegerbundes« auch im Königreich Bayern Fuß zu fassen, jedoch scheiterte dieser Versuch praktisch nach wenigen Monaten an der Ablehnung der bayerischen Vereine.[13]

Die Konkurrenzsituation zwischen dem neuen »Bayerischen Kriegerbund« bzw. seinem Münchner Lokalverein »Krieger-Bund München« und den anderen, älteren Vereinen zeigt das Protokoll des vom Bayerischen Kriegerbund initiierten ersten Delegiertenkongresses bayerischer Kriegervereine, der am 29. Juni 1873 in der Münchner Schrannenhalle stattfand. Es waren Vertreter von 116 Vereinen anwesend. Von den damals schon sieben Münchner Veteranen- bzw. Kriegervereinen nahm nur der »Krieger-Bund München« teil. Der vormalige Feldwebel Streck, mittlerweile Angehöriger der Leibgarde der Hartschiere und entgegen den Wünschen militärischer Dienststellen immer noch im Vorstand des Veteranen- und Kriegervereins München von 1872 tätig, versuchte sogar den Kongreß aktiv zu stören. Der Protokollführer Lex, Rentamtsoberschreiber von Freising, notierte: »… Während des Appells zieht der Veteranen- und Kriegerverein München mit klingenden Spiel in demonstrativer Weise um das Berathungslocal. Die Delegierten schließen entrüstet die Fenster.«[14] Allerdings war dies Strecks letzte Aktion. Der Generalkapitän der Hartschiere erreichte wenige Wochen später unter Strafandrohungen, daß Streck sein Amt als stellvertretender Vereinsvorsitzender abgab und sich künftig »ruhig und still« verhielt.[15]

Die Vereine im Bayerischen Veteranen-, Krieger- und Kampfgenossenbund von 1874

Die wichtigste Dachorganisation der Münchner Veteranen- und Kriegervereine und derartiger Vereine im ganzen Königreich wurde der »Bayerische Veteranen-, Krieger- und Kampfgenossenbund«. Sein wesentlicher Träger war der schon mehrfach erwähnte Veteranen- und Kriegerverein der Haupt- und Residenzstadt München von 1872. Der Bund entstand im Mai 1874 aus dem Organisationskomitee für die große Fahnenweihe des Veteranen- und Kriegervereins München.

Im Frühjahr 1874 schenkte König Ludwig II. dem Veteranen- und Kriegerverein München eine Fahne, die einer Delegation am Sonntag, den 10. Mai 1874, im Kriegsministerium übergeben und sodann in der nahen Ludwigskirche geweiht wurde. Zu diesem festlichen Ereignis kamen zahlreiche auswärtige Veteranenvereine und drei Gebirgsschützenkompanien nach München. Am 11. Mai berieten die Delegierten über die Gründung eines bayerischen Dachverbandes als Gegengewicht zum »Deutschen Kriegerbund«.[16] Der Münchner Vereinsvorstand, der Bader Reinhard d'Haibé, wurde zum Präsidenten des Bundes, bis 1877 noch »Bayerischer Veteranen-, Krieger- und Kampfgenossen-Verein« genannt, gewählt. König Ludwig II. zeigte sofort Interesse an dieser neuen Organisation und spendete mit 3000 Mark den Grundstock für deren Vermögen.[17]

Der Zustrom der bestehenden Vereine war zunächst relativ spärlich. Zum Jahresende 1874 zählte der Bund 141 angeschlossene Einzelvereine aus ganz Bayern mit 14 128 Mitgliedern und einem Vermögen von 3509 Mark.[18] Im Herbst 1875 waren es immerhin schon 318 Ortsvereine, davon im Landwehrbezirk München aber nur die Veteranen- und Kriegervereine München, Isarvorstadt und Giesing, sowie der Veteranen- und Krankenunterstützungs-Verein Giesing. Im Landwehrbezirk Bruck (Fürstenfeldbruck) waren es die Veteranen- und Kriegervereine Sendling, Schwabing, Neuhausen, Nymphenburg und Moosach.[19] Bis zum Jahresende 1886 wurden daraus 1644 Vereine mit 104 989 Mitgliedern und einem Vermögen von 354 118 Mark.[20]

Nachdem der vormalige Kriegsminister v. Pranckh bereits im Mai 1875 zum Ehrenpräsidenten gewählt worden war[21], hatte König Ludwig II. am 2. Juni 1875 das Protektorat des Bayerischen Veteranen-, Krieger- und Kampfgenossenbundes übernommen. Dadurch war dessen Vorrangstellung als quasi offizieller Gesamtverband gesichert.[22] Ludwig II. befahl übrigens anläßlich der Feier des zehnjährigen Gründungsjubiläums des Bundes am 11. Mai 1884 der Armee, hierfür sämtliche Musikkorps der Garnison zur Verfügung zu stellen und die Staatsgebäude festlich zu beflaggen. Im Auftrag Ludwigs II. verlieh an diesem Tag Prinz Luitpold dem Bund ein sogenanntes Königsbanner.[23] Als Prinzregent übernahm dann auch Luitpold das Protektorat über den Bund und zwar bereits am 6. August 1886.[24]

1878 trat der preussische General von Glümer im Auftrag des schon erwähnten »Deutschen Kriegerbundes« an den Bayerischen Veteranen-, Krieger- und Kampfgenossenbund heran, um die Bayern zum Anschluß an einen gesamtdeutschen Verband unter Protektorat des Deutschen Kaisers zu bewegen. Dies wurde aber entschieden abgelehnt, da man nicht die Filiale Berlins werden wollte.[25]

Im Herbst 1886 erklärte der bayerische Innenminister v. Feilitsch, selbst ein Förderer des Vereins: »… Der Veteranen- und Kriegerverein der Kgl. Haupt- und Residenzstadt München, welcher das größte und wichtigste Glied des unter dem Protektorate S. K. H. des Prinz-Regenten stehenden Bayerischen Veteranen-, Krieger- und Kampfgenossen-Bundes bildet, zählt nach dem Jahresbericht 1885 an Ehrenmitgliedern 374, darunter mehrere Mitglieder des Königlichen Hauses, und 1644 ordentliche Mitglieder. (…) Bei der hervorragenden Stellung, welche hiernach der Verein einnimmt, bei der Ausdehnung und dem höchst ersprießlichen Wirken desselben, in Bezug auf die Pflege der Vaterlandsliebe und Waffengemeinschaft, sowie der Wohltätigkeit, dürfte dem Gesuch des Vereinsausschusses, als Vereinsabzeichen bei Zeitungsinserationen einen heraldischen, den bayerischen Wappenschild haltenden Löwen zeigen zu dürfen, nichts entgegenzutreten sein.«[26]

In seinem 55. Vereinsjahr 1890, gerechnet ab der Gründung des Veteranenvereins der Vorstadt Au, zählte der Veteranen- und Krieger-Verein der Kgl. Haupt- und Residenzstadt München 349 Ehrenmitglieder und 1786 ordentliche Mitglieder. Unter diesen befand sich noch ein Veteran der Napoleonischen Kriege. Bei den bewaffneten Aktionen des Jahres 1849 waren 30 Mitglieder beteiligt gewesen. Am Krieg von 1866 hatten 585 Vereinsmitglieder teilgenommen. Das Gros stellten die Kriegsteilnehmer von 1870/71 mit 884 Mann. Der Münchner Verein hatte einen eigenen Krankenunterstützungsfonds und eine Sterbegeldkasse. Er unterhielt spezielle Sektionen, nämlich ein Schützenkorps, eine Reiterabteilung, ein Sängerkorps, einen Drama-Klub und die Tischgesellschaft »Gmoa«. Vereinsvorstand war übrigens immer noch, wie im Jahr 1874, der Münchner Bader d'Haibé. Sein Stellvertreter war ein Ministerialbote namens Burkard. Überhaupt prägten kleine Beamte zu einem gewissen Teil den Verein, wie Magistratsschreiber, Gerichtsboten, Kanzlisten, Friedhofsaufseher, Parkwächter, Eisenbahnkondukteure, Gefängnisaufseher, Briefträger, Volksschullehrer. In diese Kategorie zählen auch Unteroffiziere, Hartschiere und Kasernenwärter. Anderseits gab es aber auch Taglöhner, Dienstmänner, Fabrikarbeiter, Handwerker und Kleinkaufleute. Die sogenannten »gehobenen Stände« freilich fehlten unter den ordentlichen Mitgliedern.[27] Sie waren in der Gesellschaft der Offiziere des Beurlaubtenstandes zu finden. Umso wichtiger waren für das Renommée des Veteranen- und Kriegervereins die vielen prominenten Ehrenmitglieder.

Anno 1899, im 25. Jahr seines Bestehens, war der Krieger-, Veteranen- und Kampfgenossenbund längst zu einem der wohl mächtigsten Vereine Bayerns geworden. Sein Vermögen betrug fast 750 000 Mark. Er zählte 2573 angeschlossene Einzelvereine mit 189 360 eigentlichen Mitgliedern und 10 640 Ehrenmitgliedern. Zu den letzteren zählten, neben dem Bundesprotektor Prinzregent Luitpold und dessen Sohn und Ehrenpräsidenten Prinz Leopold, noch weitere zwölf Prinzen des Hauses Wittelsbach. Weitere namhafte Ehrenmitglieder waren u. a. Kriegsminister v. Asch, Innenminister v. Feilitzsch, Münchens I. Bürgermeister v. Borscht, Stadtkommandant v. Steinling oder der Stadtarchivar Ernst v. Destouches. Die wichtigsten Ehrenmitglieder waren also größtenteils Mitglieder des

Münchner Hauptvereins. Geschäftsführende Bundespräsidenten waren der Generalleutnant z. D. Gustav Ritter v. Waagen und der Gutsherr Lothar Graf v. Hegnenberg-Dux, Major d. Lw. Innerhalb des Deutschen Reiches war der Bayerische Veteranen-, Krieger- und Kampfgenossenbund die zweitstärkste Landesorganisation (12% der Vereine und 10% der Mitglieder) nach dem Preußischen Landes-Kriegerverband (10 788 Vereine (52%) und 985 000 Mitglieder (57%)).[28]

Prinz Leopold von Bayern berichtet in seinen Lebenserinnerungen:»... Als Ehrenpräsident des bayerischen Veteranen- und Kriegerbundes konnte ich mich an dem steten Wachsen und Gedeihen desselben erfreuen. Den jeweiligen Präsidenten, meist alten Generalen fällt in erster Linie dank ihrer unermüdlichen Tätigkeit dieses günstige Resultat zu (...) Alle Jahre im Laufe des Vorsommers war eine große Generalversammlung, zu der aus dem ganzen Königreich zahlreiche Deputationen kamen, und wofür der alte Rathaussaal trotz seiner weiten Ausmaße kaum den notwendigen Platz bot. Alle Monate war übrigens eine Präsidialsitzung im neuen Teil des Rathauses, zu der ich mich öfter einfand (...) Am meisten Schwierigkeiten machte die Erledigung der Unterstützungsgesuche und die Haltung gegenüber den Sozialdemokraten. (...) Alle Männer, die für den Verein arbeiteten, brachten hiermit ein großes Opfer für ihre Kameraden. Es waren meist langgediente ehemalige Unteroffiziere, welche eine Zivilstellung hatten, die an und für sich ihre Arbeitskraft in Anspruch nahm.«[29]

Der Bayerische Veteranen-, Krieger- und Kampfgenossenbund umfaßte im Jahr 1899 im Bereich der Landeshauptstadt München folgende Einzelvereine: [30]
– Veteranen- und Kriegerverein München
– Deutscher Kriegerbund München
– Deutsche Kriegerkameradschaft München
– Deutscher Altveteranenverein (Feldzugssoldaten) München
– Veteranen- und Kriegerverein St. Anna-Vorstadt
– Veteranenverein Vorstadt Au
– Militärverein Au
– Deutsche Veteranen- und Kriegerkameradschaft Giesing
– Veteranen-, Krieger- und Unterstützungsverein Giesing
– Veteranen- und Kriegerverein Giesing
– Veteranen- und Kriegerverein Haidhausen
– Krieger- und Veteranenverein Haidhausen
– Veteranenbund (Feldzugssoldaten) Haidhausen
– Veteranen- und Kriegerverein Isar-Vorstadt
– Veteranen- und Kriegerverein Ludwig-Vorstadt
– Veteranen- und Kriegerverein Sendling I
– Veteranen- und Kriegerverein Sendling II
– Krieger- und Veteranenverein Max-Vorstadt
– Veteranen- und Kriegerverein München-Nord
– Veteranen- und Kriegerverein Schwabing I
– Veteranen- und Kriegerverein Schwabing II
– Veteranen- und Kriegerverein Neuhausen
– Feldzugssoldatenverein Neuhausen
– Veteranenverein Feldzugsjäger von 1866 und 1870/71
– Vereinigung ehemaliger Angehöriger des k. b. 1. Jäger-Bat
– Vereinigung ehemaliger Angehöriger des k. b. 7. Inf.-Rgt
– Vereinigung ehemaliger Angehöriger des k. b. 15. Inf.-Rgt

– Vereinigung ehemaliger Königs-Chevaulegers

Hinzu kamen im Umfeld Münchens in später eingemeindeten Orten:

– Veteranen- und Kriegerverein Aubing
– Veteranen- und Kriegerverein Pasing
– Veteranen- und Kriegerverein Thalkirchen
– Veteranen- und Kriegerverein Solln
– Veteranenverein Perlach
– Veteranen- und Kriegerverein Moosach
– Veteranen- und Kriegerverein Feldmoching
– Veteranen- und Kriegerverein Milbertshofen-Riesenfeld

Macht und Einfluß des Bayerischen Veteranen-, Krieger- und Kampfgenossen-Bundes zeigt auch das Programm anläßlich der Feier seines 25jährigen Bestehens im Sommer 1899 in München: [31]

Samstag, 24. Juni

Empfang der Ehrengäste, auswärtigen Vereine und Abordnungen am Hauptbahnhof
Vorbesprechung für den 17. ordentlichen Abgeordnetentag des Bundes im Neuen Rathaus;
anschließend Krieger-Kommers (Herrenabend) im großen Saal des Hofbräuhauses

Sonntag, 25. Juni

5 Uhr: Weckruf von der Hauptwache am Marienplatz aus
9 Uhr: Festzug von der Luisenstraße durch die Stadt zur Ludwigskirche
11 Uhr: Nach dem Festgottesdienst Aufmarsch am Max-Joseph-Platz. Huldigung des Bundesprotektors Prinzregent Luitpold
16 Uhr: Großes Fest im Löwenbräukeller

Montag, 26. Juni

Vormittag: Abgeordnetentag im Saal des Alten Rathauses
Nachmittag: Ausflug zum Starnberger See mit Sonderzug

Traditionsvereine einzelner Truppenteile

Erst sehr spät im 19. Jahrhundert scheinen sich Veteranen- bzw. Reservistenvereine für ehemalige Angehörige ganz bestimmter Truppenteile gebildet zu haben. So existierten nach der oben angeführten Liste im Verband des Bayerischen Veteranen-, Krieger- und Kampfgenossenbundes um 1899 in München nur vier derartige Vereine und zwar für das 1. Jäger-Bataillon (Straubing), das 7. Infanterie-Regiment (Bayreuth), das 15. Infanterie-Regiment (Neuburg a. d. Donau) und das 4. Chevauleger-Regiment (Augsburg).

Nicht alle Regimentsvereine waren aber zentral organisiert. So wurde etwa am 4. Juli 1896 die »Vereinigung der ehemaligen Angehörigen des K. B. 1. Schweren Reiter-Regiments« in München gegründet. Dieser Verein hatte noch im Jahr 1956 immerhin 147 ordentliche Mitglieder und 59 Ehrenmitglieder.[32]

Höchst aufschlußreich für die Entstehungsgeschichte der Regimentsvereine ist das Nachwort zu der im Jubiläumsjahr 1914 erschienenen Geschichte des anno 1814 errichteten Infanterie-Leib-Regiments. Darin wendet sich der Autor, ein aktiver Offizier des Regiments, an die zur Reserve ausscheidenden Unteroffiziere und Mannschaften:

».... Kameraden! Es gibt für Euch eine Pflegestätte dieses echten Kriegergeistes. *Am 24. August 1892 wurde in München die Vereinigung ehemaliger Angehöriger des k. b. Infanterie-Leib-Regiments gegründet. Mit Recht können wir darauf stolz sein. Es ist die*

510

erste Regimentsvereinigung im ganzen Deutschen Reich! Ihr Zweck ist die dem Regiment gepflogene Kameradschaft auch im bürgerlichen Leben weiter zu führen und die Liebe und Treue zum angestammten Herrscherhaus auch fernerhin zu pflegen. Außerdem bietet der Beitritt auch materielle Vorteile: Bei einem Todesfall eines Mitglieds wird dessen Hinterbliebenen eine einmalige Unterstützung aus der von der Vereinigung gegründeten Sterbekasse gewährt.

Seine Königliche Hoheit Prinz Arnulf hatte seinerzeit das Protektorat über den Verein angenommen, um damit sein lebhaftes Interesse zu bekunden. Nun hat Seine Königliche Hoheit der Kronprinz den Schutz des Zentralverbandes aller Leibervereinigungen übernommen. Denn heute besteht nicht mehr ein einzelner Verein. Heute hat jede Stadt, jeder Marktflecken in Bayern seinen besonderen Leiberverein. Sie alle sind zusammengeschlossen zu einem Zentralverband mit Sitz in München.

Kameraden! Es ist eine Ehrenpflicht jedes Mannes, der die Uniform Seiner Majestät Leib-Regiments einst tragen durfte, seine treue Anhänglichkeit an die angestammte Truppe zu beweisen, indem er sich uns als Kameraden erhält und einer Leibervereinigung sich anschließt.«[33]

Bei den Regimentsvereinen spielte also die Garnison München eine maßgebliche Rolle. Es scheint, daß sie zunächst aus dem Bestreben der exklusivsten Regimenter, gewissermaßen der bayerischen Garde, nach Abgrenzung gegenüber den »gewöhnlichen« Truppen entstanden. Nach den Leibern folgten, wie bereits erwähnt, die »Prinz Karl«-Reiter. Auch die »Prinz-Regent Luitpold Kanoniere« des 1. Feldartillerie-Regiments gründeten noch vor der Jahrhundertwende einen eigenen Verein ehemaliger Regimentsangehöriger.[34]

Schon sehr bald fand diese Idee aber auch bei anderen Reservisten Anklang. So gab es dann vor dem ersten Weltkrieg beispielsweise in Regensburg die »Vereinigung ehemaliger Angehöriger des k. b. 3. Feldartillerieregiments »Königin Mutter« von Regensburg und Umgebung« und umgekehrt in München einen Verein ehemaliger Angehöriger des Regensburger 11. Infanterie-Regiments.[35] Der Münchner »Elfer«-Vereinigung bewilligte übrigens der Prinzregent schon im Frühjahr 1901 das Privileg zum Führen des bayerischen Wappens in ihrer neuen Vereinsfahne.[36] Eine interessante Frage, deren Untersuchung aber den Rahmen der vorliegenden Arbeit überschritte, wäre die nach dem Verhältnis zwischen den allgemeinen Veteranenvereinen und den Regimentsvereinen, denn es scheint fast, daß sich letztere nach der Jahrhundertwende anschickten, den älteren Vereinen beim Nachwuchs das Wasser abzugraben. Zudem dürften die aktiven Truppenteile ihre »eigenen« Reservistengruppen mehr gefördert haben.

Die politische Funktion der Kriegervereine

Nach dem Auslaufen des Sozialistengesetzes im Jahr 1890 wurden die Kriegervereine immer mehr als Instrument der Innenpolitik betrachtet. Durch die Pflege militärischen Geistes und vor allem eine betont monarchistische Haltung sollten sie die an der sozialen Schwelle zum Proletariat stehenden Kleinbürger an das bestehende Herrschaftssystem binden.[37] Erst jetzt entwickelte sich das in Heinrich Manns »Untertan« so böse geschilderte Wilhelminische Brimborium bei patriotischen Feiern.[38] Berechtigte Dankbarkeit gegenüber den in die Jahre gekommenen Feldzugsteilnehmern paarte sich nun mit der inhaltsleeren Prahlerei einer Friedensgeneration.[39] Die bisher recht bescheidenen Veteranenfeiern wurden immer protziger. Die Münchner Veteranen hatte nun große Auftritte, beispielsweise anläßlich der Einweihung des Armeedenkmals (1893), beim Sedanstag von 1895 und bei der Grundsteinlegung des Friedensengels (1896).[40]

Die Veteranenvereine und ihr staatlich subventionierter Patriotismus wurden im Laufe der Jahrzehnte etwas schal. Jüngere Literaten begannen sich, teilweise sicher auch zu Unrecht, über die Veteranen lustig zu machen. Typisch dafür ist die Figur des pensionierten Hauptmanns Semmelmaier in Ludwig Thomas »Tante Frieda«, dessen Feldzugsabzeichen schlicht als »Messing« abqualifiziert wird.[41] Auch die aktive Truppe hielt zu den Veteranen doch eine gewisse Distanz. Der Kommandeur des 2. Infanterie-Regiments »Kronprinz« Oberst Huller schrieb seiner Gattin aus einem Manöver im September 1910 nach München: »… Wenn du schreibst von den Festen [Sedanstag], so bedenke, daß mir Veteranenfeste an sich ein Greuel sind, die Schönrednerei, bei der man doch mittun muß, weil die Leute immer noch glauben, daß die Kriegervereine ein Bollwerk gegen die Sozialdemokraten sind, was ich bezweifle.«[42]

Anmerkungen

1 Vgl. W. Schmidt, Die Garnisonstadt Regensburg im 19. und frühen 20. Jahrhundert, Diss. Univ. Regensburg 1987, S. 462–467; Th. Rohkrämer, Der Militarismus der »Kleinen Leute« – Die Kriegervereine im Deutschen Kaiserreich 1877 bis 1914 (Beiträge zur Militärgeschichte Bd. 29), Boppard a. Rh. 1991

2 MKr. 11509 Prod. 1, Kgl. Signat vom 25. Sept. 1840

3 J. Kalb, Festschrift zur Erinnerung an das 25jährige Jubiläum des unter dem Allerhöchsten Protektorate Seiner Königlichen Hoheit des Prinz-Regenten Luitpold von Bayern stehenden Bayerischen Veteranen-, Krieger- und Kampfgenossen-Bundes 1874 – 1899, München 1899, S. 7

4 Vgl. MKr. 11509 Prod. 99, GenKdo I.A.K. an KM am 1. Mai 1872

5 MKr. 11509 Prod. 20, Kgl. Handbillet an KM am 3. Juli 1849; KM an König Max II. am 12. Juli 1849 mit Kgl. Signat vom 19 . Juli 1849

6 Ebd. Prod. 26, Ausschuß des Kriegs-Veteranen-Corps von München an KM am 12. Okt. 1849

7 Ebd. Prod. 27 (Beil.), Rede des Veteranen N. Reichold in der St. Ludwigskirche am 30. Dez. 1849

8 Ebd. Prod. 27, Ausschuß des Kriegs-Veteranen-Corps von München an König Max II. am 5. Jan. 1850

9 Ebd. Prod. 27 (Beil.), Alphabetisches Verzeichnis jener Männer, welcher dem Veteranen-Corps von München angehören; Verfaßt, München 1. Januar 1850

10 Ebd. Prod. 30, KM an König Max II. am 24. Febr. 1850 mit Kgl. Signat vom 27. Febr. 1850

11 Kalb (wie Anm.), S. 7

12 MKr. 11509 Prod. 99, InspMilBildungsanstalten an KM am 12. März 1872; GenKdo I.A.K. am 1. Mai 1872

13 Kalb (wie Anm. 3), S. 8 und S. 101

14 MKr. 11509 Prod. 121 (Beil.), Stenographischer Bericht des I. Delegierten-Kongresses der bayerischen Kriegervereine am 29. Juni 1873 zu München (gedruckte Broschüre)

15 Ebd. Prod. 124, Leibgarde der Hartschiere an KM am 30. Okt. 1873

16 MKr. 11513 Prod. 69, Kgl. Kabinettssekretariat an KM am 5. Mai 1874; Prod. 66, Festprogramm für den 9., 10. und 11. Mai 1874

17 MKr. 11509 Prod. 132, Statuten des Bayerischen Veteranen-, Krieger- und Kampfgenossen-Verein vom 11. Mai 1874 mit Vermerk des KM

18 Kalb (wie Anm. 3), S. 8 f.

19 MKr. 11509 Prod. 156, Verzeichnis der im Bayerischen Veteranen-, Krieger- und Kampfgenossen-Verein zusammengeschlossenen lokalen Vereine; Stand: 1. Okt. 1875

20 Kalb (wie Anm. 3), S. 44

21 MKr. 11509 Prod. 151, Gen. d. Inf. Sigmund v. Pranckh an KM, München den 6. Juni 1875

22 Kalb (wie Anm. 3), S. 10

23 MKr. 11513 Prod. 87, KM an GenKdo I.A.K. am 2. Mai 1884; Prod. 89, KM an KdtMünchen am 9. Mai 1884

24 Kalb (wie Anm. 3), S. 19

25 Ebd., S. 12

26 MKr. 11509 Prod. 225, InnM an Ministerium des Kgl. Hauses und des Äußern am 30. Sept. 1886 (Abschrift für KM)

27 MKr. 11510 Prod. 6 (Beil.), 56. Jahresbericht des Veteranen- und Krieger-Vereins der kgl. Haupt- und Residenzstadt München für das Verwaltungsjahr 1890., München 1891 (gedruckte Broschüre)

28 Kalb (wie Anm. 3), S. 44 – 53 und S. 101 f.

29 L. v. Bayern, Aus den Lebenserinnerungen: 1846 – 1930, hg. von H. Körner, Regensburg 1987, S. 238 f.

30 Kalb (wie Anm. 3), hier Verzeichnis der Einzelvereine: S. 57 – 100, insb. S. 81

31 Ebd., S. 47

32 Münchner Merkur Nr. 215 vom Freitag, 7. Sept. 1956

33 O. Illing, Das Königlich Bayerische Infanterie-Leib-Regiment 1814 bis 1914, München 1914, S. 216 f.

34 Vgl. MKr. 11512 Prod. 22, KME Nr. 14281 vom 2. Nov. 1899 betr. Ordensverleihung an Vereinsmitglieder der Prinzregent Luitpold Kanoniere

35 Schmidt (wie Anm. 1), S. 467

36 MKr. 11513 Prod. 140, Ministerium des Kgl. Hauses an KM am 11. März 1901

37 Hierzu ausführlich R. Höhn, Der Kampf des Heeres gegen die Sozialdemokratie (Sozialismus und Heer Bd. 3), Bad Harzburg 1969, S. 379 – 460 pass.

38 Vgl. H. Mann, Der Untertan (erstm. 1918), München 1964, S. 186 f. (Diederich Heßlings Aufnahme in den Kriegerverein) und S. 349 – 362 (Enthüllung des Kaiser-Wilhelm-Denkmals)

39 Vgl. O. M. Grafs Kurzgeschichte »Die verfehlte Wirkung« (erstm. 1932), in: Größtenteils schimpflich. Erlebnisse aus meinen Schul- und Lehrlingsjahren, München 1980, S. 106 – 112. Graf schildert darin den Streit seines Vaters und dessen Altersgenossen der Feldzugsgeneration von 1870/71 mit den Vertretern des neuen Stils im Kriegerverein.

40 Vgl. die entsprechenden Abschnitte in der vorliegenden Arbeit

41 L. Thoma, Tante Frieda., in: Ausgewählte Werke Bd. 2, München 1972, S. 129 – 142 insb. S. 138

42 zit. nach N. Hierl-Deronco, Mit ganz sonderbarem Ruhm und Eyfer. Lebensläufe bayerischer Soldaten 1700 – 1918, Krailling 1984, S. 223

Die Gesellschaft der Offiziere des Beurlaubtenstandes

Die Institution des Reserveoffiziers als eines nichtaktiven Offiziers, der seine militärische Qualifikation lediglich im Rahmen des Grundwehrdienstes und folgender Waffenübungen erworben hatte, bildete sich in der bayerischen Armee erst im Laufe der Jahre nach Einführung des einjährig-freiwilligen Dienstes (1868) heraus. Mit der allmählich zunehmenden Zahl solcher Offiziere wuchs deren Bedürfnis nach einer Interessengemeinschaft. Aufgrund des für die Zulassung zum Einjährigen geforderten höheren Bildungsniveaus bzw. entsprechender ziviler Berufstätigkeit war die Zahl der Reserveoffiziere in der Haupt- und Residenzstadt natürlich besonders groß und daher auch das Mitgliederpotential eines entsprechenden Vereins.

Im August 1879 wurde in München von einigen Reserveoffizieren eine Vereinigung initiiert. Nach Mitteilung durch das I. Armeekorps beschied Kriegsminister v. Asch: »... Wird mit dem Bemerken zurückgeleitet, wie die beabsichtigte Gründung einer Gesellschaft von Offizieren des Beurlaubtenstandes dahier, welche sich der Pflege des militärischen und kameradschaftlichen Interesses zur Aufgabe macht, zu befriedigender Kenntniß gedient hat, daß jedoch von einer Genehmigung der Vereinsstatuten von Seiten des Kriegsministeriums, als nicht erforderlich abzusehen wird.«[1]

Die Münchner Reserveoffiziergesellschaft zählte im Jahr 1880 bereits 110 Mitglieder, dann 161 Vereinsmitglieder im Jahr 1882 und wuchs bis zum Dezember 1883 auf 183 Mitglieder an. Eine besonders aufschlußreiche Statistik kann zum 1. Oktober 1883 erstellt werden, als der Verein 169 ordentliche Mitglieder (Index 100%) zählte.[2]

Betrachtet man die Vereinsmitglieder vom Jahr 1883 nach ihrer Truppenzugehörigkeit, so stellten jene Reserveoffiziere, die aktiv in der Garnison München gedient hatten, mit insgesamt 51,5 Prozent den größten Anteil. Letztlich waren aber fast alle Truppenteile der bayerischen Armee vertreten. Hinzu kamen fünf Prozent Mitglieder, die in württembergischen oder preußischen Verbänden gedient hatten.

Interessant ist die Verteilung nach Zivilberufen, bei der mit 35 Prozent zunächst die starke Gruppe der Kaufleute auffällt. Das Beamtentum stellte zehn Prozent, die Justiz weitere elf Prozent (vor allem durch zahlreiche Rechtspraktikanten). Dem Ruf der Kunststadt München entsprechend, nahmen Kunst- und Verlagswesen ansehnliche elf Prozent ein, nicht eingerechnet fünf Architekten. Ärzte und Apotheker kamen auf fast neun Prozent der Mitgliederstärke. Bei den akademischen Lehrberufen fehlten Angehörige der Ludwig-Maximilians-Universität völlig, während die Technische Hochschule mit einem Professor (Friedrich Thiersch) und fünf Assistenten vertreten war. Volksschullehrer tauchen nicht im Mitgliederverzeichnis auf, im Gegensatz zu Gymnasial- und Reallehrern (3,5%). Als größere Gruppe dürfen mit neun Prozent Ingenieure und Techniker nicht vergessen werden. An bekannten Namen sind zu nennen: der Architekt Emanuel Seidl (1856–1919, Leutnant der Kav.), der Kunstverleger Alfons Bruckmann (Leutnant der Kav.), der Verlagsbuchhändler Rudolf Oldenbourg (Oberleutnant der Kav., er war 1883 I. Vorstand der Gesellschaft) und dessen Bruder, der Druckereibesitzer Hans Oldenbourg (Oberleutnant der Inf.), schließlich die Fabrikbesitzer Rudolf Rathgeber (Leutnant der Kav.) und Fritz Metzler (Leutnant der Inf.).

Auf ihrer 5. Generalversammlung am 7. Dezember 1883 beschloß die Gesellschaft eine grundlegende Änderung ihrer Statuten. Wie schon 1879 vergeblich beantragt, wünschten sich die Vereinsmitglieder nach dem Vorbild außerbayerischer Offiziergesellschaften eine direkte Unterstellung unter das Landwehrbezirkskommando. Man erinnerte daran, daß die Konstituierung als Privatverein nur deshalb erfolgt sei, weil die Armee kein Interesse an der Betreuung ihrer Reserveoffiziere gezeigt habe. Das bisherige »zivile« Vereinsleben habe ein Hauptproblem jedes engagierten Reserveoffiziers nicht gelöst, nämlich seine Unbeholfenheit beim Erscheinen in Uniform zu Veranstaltungen oder Übungen bei der Truppe. Nicht selten werde ein übender Reserveoffizier deshalb von seinen aktiven Kameraden nur über die Achsel angesehen. Wie wenig attraktiv die Gesellschaft für junge, noch truppengewohnte Reserveoffizieranwärter sei, zeige sich daran, daß von den zu Veranstaltungen eingeladenen Vizefeldwebeln durchschnittlich nur 25 Prozent erschienen. Auch sei bei stark gewachsener Mitgliederzahl der harte Kern wirklich aktiver Vereinsmitglieder nicht größer geworden. Die Gesellschaft wollte also von sich aus, ohne Druck von oben, militärischer werden. Als Vorbild für ihre neuen Statuten hatte sie sich die der Vereinigung des Reserve-Landwehrbataillons Nr. 127 (Stuttgart) ausgewählt.[3]

Betrachtet man das Vereinsprogramm des Jahres 1883, so war es entgegen der Klagen, ohnehin recht rührig. So wurden ein Fechtkurs mit 35 Teilnehmern und ein Reitkurs mit 20 Teilnehmern abgehalten. Zur militärischen Weiterbildung referierten aktive Offiziere der Garnison: am 2. Februar 1883 hielt der Adjutant an der Artillerie- und Ingenieurschule Oberleutnant v. Oelhafen einen Vortrag »Über das Gefecht«; am 2. März folgte der im Generalstab dienende Oberleutnant Graf v. Bothmer mit Erläuterungen »Über Englands Wehrkraft«; am 6. April referierte Rittmeister v. Muffel vom 1. Schweren Reiter-Regiment »Über den kleinen Krieg« und am 2. Oktober kam noch einmal v. Bothmer mit einem Vortag »Über Italiens militärische Machtentfaltung«. Außerdem bestand eine Vereinsbibliothek für militärische Fachliteratur, einschließlich Zeitschriften. Diese Bibliothek war durch einen gedruckten Katalog erschlossen, von dem jedes Mitglied ein Exemplar besaß und der durch Nachträge ergänzt wurde. Hinzu kamen allgemeine gesellige Treffen, nämlich ein Faschingsabend und im Juni, Juli, August und September je ein Bierabend im Lokal »Alter Faberkeller«. Gesellschaftliche Höhepunkte des Vereinsjahres 1883 waren zwei Festabende. Am 16. März 1883 lud der Verein zu einem Bankett anläßlich des Geburtstages Kaiser Wilhelms I.. Daran nahmen u. a. Prinz Leopold von Bayern als Kommandeur der 1. Division, dessen jüngerer Bruder Prinz Arnulf von Bayern als Kommandeur des Infanterie-Leib-Regiments, der Kommandierende General des I. Armeekorps Generalleutnant v. Horn, Münchens Stadtkommandant Generalleutnant v. Heckel teil. Am Vorabend des Geburtstages von König Ludwig II. am 24. August war die Tafel besetzt u. a. mit dem Kommandeur der 1. Infanteriebrigade Generalmajor v. Gropper und dem Oberst Ritter v. Nagel vom 3. Chevaulegers-Regiment aus Freising.[4]

Im Laufe des Frühjahrs 1884 fand die Umorganisation des Vereins statt. Die neuen Statuten erklärten: »… Die Gesellschaft der Offiziere des Beurlaubtenstandes in München ist die ausserdienstliche Vereinigung der Offiziere des Landwehrbezirks I München. Mitglieder sind demnach die Offiziere dieses Kommandos, die Offiziere, Sanitätsoffiziere und oberen Militärbeamten dieses Bezirks. Die Gesellschaft bezweckt die Pflege des militärischen und kameradschaftlichen Geistes, sowie die Förderung des militärischen Wissens im Kreise ihrer Mitglieder.« Beurlaubte Offiziere anderer Bundeskontingente, sowie bayerische Offiziere usw., die »zur Disposition« (z. D.) oder »á la suite« (á. l. s.) gestellt waren, sowie mit der Uniformtrageraubnis pensionierte Offiziere konnten ebenfalls als ordentliche Mitglieder beitreten.[5]

Noch stärker als in den Statuten von 1884 zeigte sich dann in der veränderten Fassung des Jahres 1893 die Funktion der Gesellschaft »… zur Wahrnehmung der Interessen des Offizier-Corps in allen nicht rein dienstlichen Angelegenheiten. Sie bezweckt ferner die Pflege des militärischen und kameradschaftlichen Geistes, sowie die Förderung des militärischen Wissens ihrer Mitglieder.«[6]

Im Dezember 1899 zählte die Gesellschaft 685 Mitglieder. Davon waren 620, einschließlich von sieben Offizieren z. D. im Landwehrbezirkskommando München I, bayerische Offiziere des Beurlaubtenstandes. Damit waren 89,4 Prozent aller unter Kontrolle des Landwehrbezirkskommandos stehenden Offiziere in der Gesellschaft organisiert.[7]

Anmerkungen

1 MKr. 11504 Prod. 4, KM an GenKdo I.A.K. am 10. Aug. 1879
2 Ebd. Prod. 5 (Beil.), Mitgliederverzeichnis der Gesellschaft der Offiziere des Beurlaubtenstandes in München vom 1. Okt. 1883
3 Ebd. Prod. 5 (Beil.), Sitzungsprotokoll der 5. Generalversammlung vom 7. Dezember 1883
4 Ebd. Prod. 5 (Beil.), Rechenschaftsbericht des Vorstandes am 7. Dez. 1883
5 Ebd. Prod. 5, GenKdo I.A.K. an KM am 30. Mai 1884 mit einem beigelegten Exemplar der neuen Statuten von 1884
6 Ebd. Prod. 8, GenKdo I.A.K. an KM am 16. Dez. 1893 mit einem beigelegten Exemplar der neuen Statuten von 1893
7 Ebd. Prod. 18, KM an InnM am 8. Dez. 1899

Der Obelisk auf dem Karolinenplatz

Der bekannte große Obelisk auf dem Münchner Karolinenplatz in der Max-Vorstadt wird heute wohl gemeinhin als Geschichtsdenkmal ludovizianischer Prägung gesehen und manchen Zeitgenossen wohl auch als Mahnmal gegen den Krieg verstanden, ist er doch jenen Tausenden bayerischer Soldaten gewidmet, die im Rußlandfeldzug von 1812 starben. Nahezu vergessen ist jedoch die Entstehungsgeschichte des Monuments, die eng mit der Funktion Münchens als Garnison verknüpft ist.

Der Plan für ein Armeedenkmal von 1812

Die ursprüngliche Idee zum späteren Obelisken auf dem Karolinenplatz entsprang nicht dem Geiste König Ludwigs I., sondern kam aus den Reihen der bayerischen Truppen, die anno 1812 nach Rußland gezogen waren.[1] Die Bayern, die das VI. Korps der Grande Armée unter dem französischen Marschall St. Cyr bildeten, kamen während des ganzen Feldzuges nur einmal geschlossen in einer großen Schlacht gegen die Russen zum Einsatz. Bei Polozk an der Düna siegte das bayerische Kontingent Mitte August 1812 nach mehrtägigem Kampf. In dieser Schlacht erlitt auch der »Vater der bayerischen Infanterie«, der 69jährige General d. Inf. Graf v. Deroy, eine tödliche Wunde. Berechtigter Stolz über den errungenen Sieg, gepaart mit Trauer über die hohen Verluste prägten die Stimmung der Truppe. Aus dem Standquartier zu Polozk schrieb der ranghöchste bayerische Kommandeur General d. Kav. Graf v. Wrede am 9. September 1812 an den König, daß: »...Officiers, Unterofficiers und Soldaten allerhöchstdero im Felde stehenden Armee übereingekommen sind, so wohl dem an seinen Wunden verstorbenen General der Infanterie von Deroy, wie den übrigen in diesem Feldzug, dann jenen in den Feldzügen von 1805, von 1806 und 1807. dann 1809. auf dem Felde der Ehre gebliebenen Officiers *ein ihren Thaten würdiges Denkmal und zwar mit Euer Majestät allergnädigster Erlaubnis auf einen von Allerhöchstderoselben zu bestimmenden öffentlichen Platz in der Residenzstadt München zu errichten*. Indem ich Euer Majestät allerunterthänigst bitte, den Platz, auf welchen dieses Monument errichtet werden darf, alsbalden allergnädigst zu bestimmen, damit nach Maasgabe dessen Länge und Breite der Umfang des Monuments reguliert werden kann, erlaube ich mir die weitere allerunterthänigste Bitte, daß dieser Platz den Nahmen *Mars-Platz* beigelegt werden möge.«[2]

Der König antwortete am 11. Oktober 1812 dem mobilen Generalkommando, er bewillige: »...daß dieses Monument, welches zur *Erhaltung und Befestigung des baierischen Nationalruhmes* für alle Zeiten gereichend, und zugleich in der Brust jeden baierischen Kriegers durch die Erinnerung an so würdige Vorbilder den festen Muth und unwandelbaren Entschluß zu gleichen Thaten wecken und bestärken wird, nach dem Entwurfe vaterländischer Künstler in der Haupt- und Residenzstadt an einem wohlgeeigneten Platz, errichtet werde (...) *als Zierde Unserer Haupt- und Residenzstadt.*«[3]

Nachdem Max I. Joseph ebenfalls noch am 11. Oktober den Staatssekretär im Ministerium des Kriegswesens General d. Art. Graf v. Triva beauftragt hatte, sich mit dem Innenministerium wegen der Wahl des Aufstellungsortes in Verbindung zu setzen,[4] antwortete Montgelas am 22. Oktober, er habe soeben der Akademie der Bildenden Künste und der Kgl. Baukommission München gemeinsam den Auftrag erteilt, baldigst geeignete Entwürfe vorzulegen.[5]

In der Akademie war man sich darüber einig, daß nur der in Planung begriffene Königsplatz in der neuen Max-Vorstadt in Betracht käme. Über die Form des Denkmals gab es zunächst unterschiedliche Vorstellungen. So wurden eine Reliefsäule nach dem Vorbild der Trajansäule in Rom oder ein riesiger Löwe diskutiert und vor allem wegen heftigen Widerspruches des Architekten Karl v. Fischer (1782 – 1820) schnell wieder verworfen. Planungsbasis wurde daraufhin der Vorschlag des Zeichenprofessors Karl Hess, er war übrigens der Vater des späteren »Schlachtenmalers« Peter v. Hess, eine Ehrenhalle, eine Art Pantheon der Armee, zu bauen, an deren Wänden jeder Gefallene, bis zum letzten gemeinen Soldaten verewigt werden sollte. Mit der Ausarbeitung eines Bauplanes wurde dann Karl v. Fischer beauftragt.[6]

Am 5. Januar 1813 erhielt das Kriegsministerium vom Innenministerium die Berichte und Pläne, die von der Akademie und der Baukommission im Dezember 1812 gebilligt worden waren. Sie befürworteten den Entwurf Karl von Fischers. Dieses Projekt war ein antikisierender Kirchenbau von monumentaler Wucht, »...*in Mitte der südlichen Fronte des großen Königsplatzes in der Neustadt* in einer Länge von 300 und Tiefe von 90 Schuh«. Fischer plante einen Rundbau, in dessen sakraler Mitte der Kirchenaltar stehen sollte, »...dann auf beiden Seiten desselben, oben offene mit Säulengängen umgebene Räume I:Campi Sancti:I an deren Ringmauern in den Inter Pilastern auf marmorenen Tafeln die Namen der Gebliebenen eingegraben wären, und in deren Mitte sich *Obelisken* mit der Jahreszahl und der Ortsbenennung der verschiedenen siegreichen Gefechte zu erheben hätten.« Der Kostenvoranschlag belief sich auf 149 800 Gulden, zuzüglich 5500 Gulden für den Erwerb des Baugrundes in der Max-Vorstadt.[7] Nach Fischers eigener Vorstellung, sollten in der Gedächniskirche die Militärgottesdienste gefeiert, die Feldzeichen geweiht, Orden verliehen und die eroberten Trophäen aus den Feldzügen aufbewahrt werden.[8]

Der Kostenvoranschlag stellte aber eine gewaltige Summe dar, für die man eine kleinere Kaserne bauen oder ein kriegsstarkes Infanterieregiment ein Jahr lang unterhalten konnte. Bereits am 11. Januar 1813 beschied Triva dem Innenministerium das Projekt Fischers abschlägig. Wenngleich die Armee den künstlerischen Wert und vor allem den »...an den Tag gelegten patriotischen Eifer« des Entwurfs zu schätzen wisse, könne man dennoch »...die Bemerkung nicht umgehen, das dasselbe [Monument] sowohl die Absicht als auch die Kräfte des Vereins überschreiten würde, der sich zur Errichtung eines kleineren, ganz einfachen Monuments zum Andenken seiner im Dienstes des Vaterlandes gefallenen Waffenbrüder verband, und deßen Beiträge im Ganzen nicht mehr als beyläufig 20 000 fl. abwerfen, wobey noch überdieß zu erwarten ist, daß diese Summe, nach den neuerlichen bedeutenden Verlusten (...) nicht mehr zusammenzubringen seyn wird.«[9]

Daraufhin ließ Montgelas der Akademie der Bildenden Künste am 23. Januar für die »Zeichnung des Professors v. Fischer« das »vorzügliche Wohlgefallen« des Königs ausrichten und erteilte ihr nun den Auftrag einen abgemagerten Entwurf auf 20 000 Gulden Baukosten zu fertigen.[10] Von einem solchen revidierten Akademieentwurf finden sich allerdings in den Militärakten keine Spuren. Lediglich von der Eingabe eines subalternen Beamten der Kasernenverwaltung München namens Samuel Mayer ist die Rede, dem König Max für seine Pläne zu einem Armeemonument und einem Invalidenhaus die Unkosten, nebst einer Prämie von 200 Gulden »...in Anerkennung des guten Willens« erstatten ließ.[11]

Die Initiative der Kgl. Baukommission im Jahr 1817

Das Projekt des Armeemonuments wurde im August 1813 »...bei den veränderten Umständen«, womit natürlich die ganzen Kriegswirren gemeint waren, durch ein königliches Reskript gestoppt.[12] Es war dann der Vorsitzende der Kgl. Baukommission München

Joseph v. Hazzi (1768–1845), ein wichtiger Vertreter der bayerischen Spätaufklärung, der am 21. Januar 1817 in einer zunächst internen Denkschrift die Idee des Kriegerdenkmales wieder aufgriff und gleichzeitig eine spezielle Kommission, bestehend aus Karl v. Fischer, Friedrich v. Sckell und einem Herrn v. Schwaiger, mit näheren Planstudien beauftragte. Da v. Hazzis Denkschrift zugleich ein Dokument für die patriotische Stimmung in Bayern nach den erfolgreichen Feldzügen von 1814/15 ist, soll daraus etwas ausführlicher zitiert werden:

»… München hat noch nicht das Gepräge der Hauptstadt einer Nation. Außer dem, was die Religion und den Herrscherstand angeht, zählt es keine Monumente, die den Großthaten der Nation, die Verdienste der Bürger [!] aussprechen. Kein Busen schwillt da über große Erinnerungen - *in keiner Straße ist was anzustaunen.* Des Jünglings Brust wird durch kein Denkmal zu gleichen Ruhm und Thaten entflammt.

Dadurch ist München der Hauptzierde – des wesentlichen Karakters einer Hauptstadt beraubt. (…) Bey Nationen, die wahrhaft den Nahmen groß verdienen, sprach sich ihre Größe vorzüglich in der Verzierung ihrer Hauptstädte aus. (…) Die glücklichen Kriege Ludwigs des 14ten haben der Stadt Paris Hauptzierden gegeben, und unter Napoleon ward ihr der größte Glanz zubereitet. (…) Nach dem 7jährigen Krieg gingen Berlin und Potsdam prächtig an Gebäuden und Denkmälern hervor. (…)

Eine der wichtigsten Perioden war für Baiern die seit dem Jahre 1805. (…) Die Weisheit Maximilians, das Klugleitende seines Ministers [Montgelas!] und die Tapferkeit des Heeres haben Baiern glücklich, siegreich und triumphierend aus diesem Kampf geführt, ja zu einem selbstständigen bedeutenden Königreich erhoben.

Daraus möchte sich jetzt eine gerechte Forderung ergeben, daß dieser so wichtigen Periode Baierns – vielmehr dem tapferen Kriegsheere, denen, die nach Tausenden bluteten und gefallen sind (…) ein bleibendes Denkmal gesetzt werde. (…) Dieses Denkmal kann nirgends anders als in der Hauptstadt erscheinen. (…) Die Kriegskasse Millionen an Kontributionen und Entschädigungsgeldern vom letzten Kriege – also vorzüglich zu diesem Zwecke in Händen hat. Auch andere kleinliche Rücksichten müssen da schweigen.«

Hazzi schlug in dieser Denkschrift den Maximiliansplatz als Standort des geforderten Monuments vor, da dieser Platz, ungeachtet seines königlichen Namens, noch »…ein zu ödes Ansehen« habe. Für die genaue Entscheidung über die Beschaffenheit des Denkmals, ob in Form von Säulen, Obelisken oder Fontänen, sei wohl das Militär zuständig.[13]

Bereits am 3. Februar 1817 unterbreitete das Denkmalkomitee v. Hazzi seine Vorstellungen. Nachdem sich ja Karl v. Fischer selbst in diesem Dreierkollegium befand, nimmt es nicht wunder, daß das Kommitee sogleich wieder Fischers Pläne einer Gedächniskirche für den Königsplatz vom Herbst 1812 aus der Schublade holte: »…weil nur die Religion am sichersten vermag, ähnliche Denkmäler des Ruhmes der Nachwelt zu erhalten, und selbe *gegen politische Meinung und gar oft daraus entstehende Zerstörungslust zu schützen.«* Diese Grundkonzeption der Verbindung von profanem Monument und Sakralbau stellte für die Planer des Jahres 1817 zugleich ein erwünschtes Element für die Max-Vorstadt dar, nämlich die ohnehin immer notwendiger werdende Stadtteilkirche als Gestaltungsfaktor des Königsplatzes, »…da die Maximiliansvorstadt allschon auf 895 Familien angewachsen, also eine Kirche benötigt ist, in der Hauptsache aber von S. Kgl. Hoheit des Kronprinzen ebenfalls allschon ein großes Gebäude in der Entstehung sich befindet, welches gegenüber zu einer ebenmässig angemessenen Ausbildung den Anspruch zu machen hat, welche von einem Privatunternehmer nicht gefordert werden kann.«[14]

Mit dem »großen Gebäude« des Kronprinzen Ludwig war die Glyptothek gemeint, die seit 1816 von Fischers großen Rivalen Klenze ausgerechnet unter Verwendung der anno 1813 hierfür von Fischer gefertigten Konzeption gebaut wurde. Das Armeemonument von 1817 war für jene Stelle geplant, die dann die Antikensammlung einnehmen sollte. Es ist mit Sicherheit anzunehmen, daß erstens kein Angehöriger der Kgl. Baukommission zu dieser Zeit damit rechnete, daß Ludwig den gesamten Königsplatz einheitlich nach seinen Ideen gestalten wollte[15] und zweitens, daß Fischer mit dem Bau des Armeemonuments gegenüber der Glyptothek seinen Konkurrenten Klenze wieder auszustechen gedachte.

Am 10. Juni 1817 übermittelte die Kgl. Baukommission München dem Staatsministerium der Armee ein Gutachten, in dem vier Alternativstandorte für ein Armeedenkmal vorgeschlagen wurden: 1) der Königsplatz; 2) der Maximilians-Platz; 3) der spätere Odeonsplatz (»den neuen Residenzplatz gegen die Bildergallerie«); 4) der Hofgarten.[16] In dieser wichtigen Phase der Vorentscheidung griff nun der Feldmarschall Fürst Wrede ein, dessen Brief vom Herbst 1812 der Anstoß zu dem ganzen Projekt gewesen war. Wrede behauptete, daß in der Armee noch von 1812 her ein Denkmalfonds in Höhe von 40 000 Gulden vorhanden sein müsse und diese Summe bei einer erneuten Spendenaktion in den Reihen des Militärs gewiß beträchtlich vergrößert werden könne. Dann holte der mächtige Paladin des Königs und Förderer Klenzes zu einem geschickten Hieb gegen Karl v. Fischer aus: »… Über die nähere Auseinandersetzung und Ausführung dieses Projekts dürfte wohl noch vor allem der Kgl. Baurat v. Klenze gehört und sein diesfälliges Gutachten erholt werden.«[17]

Das Konzept Klenzes für den Odeonsplatz (1817)

Leo v. Klenze sandte sein Gutachten für das Armeemonument am 30. Juli 1817 an die Kgl. Baukommission München. Zu diesem Zeitpunkt scheinen Wrede und Klenze bereits ein gemeinsames Konzept erarbeitet zu haben. Wrede hatte in seinem Schreiben vom 18. Juni 1817 schon ausdrücklich Bezug genommen auf den Raumordnungsplan Klenzes »… nach welchem für das Monument der schicklichste Platz vor dem Schwabinger Tor, der neuen Bildergallerie gegenüber sein dürfte.« Außerdem verschob der Feldmarschall den ideellen Schwerpunkt des geplanten Monuments weg von dem ursprünglichen schlichten Wunsch nach einem Totenmal: »…Die Tendenz, die mit Errichtung eines solchen Monuments verbunden werden könnte, sollte meiner Meinung nach dahin gehen, da die Thaten der Königlichen Armee zu würdigen und den Nachkomen zur Aufmunterung zu dienen.«[18] Auf diesen beiden Prämissen baute Klenze sein Konzept auf. Artig lobte er die Platzwahl Wredes, also im Grunde seine eigene Idee und legte sodann ausführlich seine ästhetische Auffassung von Kriegerdenkmälern dar:
»…Was nun die Bedeutung des Monuments anbelangt, so deucht mich, daß diese dreifach sein könnte:

1. dem Andenken der auf dem Felde der Ehre gebliebenen unmittelbar gewidmet, also ein *militärischer Leichenstein*;

2. ein historisches oder *historisierendes Monument*, welches alle oder die ausgezeichneten Siege und Waffenthaten der baierischen Krieger seit der glorreichen Regierung Maximilian Josephs darstellt und verewigt;

3. kann dieses Monument *allegorisch* sein, und in leicht faßlichen moralischen und mythologischen Bildern die Haupttendenz, die Kraftäußerungen und den Zweck der letzten Geschichtsepoche in so fern die Thaten der Baierischen Armee damit in Verbindung stehen, darstellen.«

Nachdem Klenze diese drei grundsätzlichen Möglichkeiten vorgestellt hat, macht er eine Spitze gegen den Vorschlag Fischers, auf dem Armeemonument die Namen aller Gefallener zu verewigen – einer Idee übrigens, die in den 1980er Jahren in Gestalt des »Vietnam Memorial« der U. S. Streitkräfte in Washington D. C. höchst eindrucksvoll realisiert worden ist. Klenze konnte dieser Idee aber nichts abgewinnen:

»… ohne dem höheren Ausspruche vorgreifen zu wollen, glaube ich doch einem allegorischen Monument den Vorzug geben zu müssen, weil ein mit Hunderten oder Tausenden von Namen bedecktes Monument dem Auge gar nichts sagt, und in der Seele des Beschauers nur *traurige oder falsche Ideen erwecken* kann: dem rein historischen Monumente aber mehrere andere, selbst artistische Rücksichten entgegen sind.«[19]

Offensichtlich massiv durch den Fürsten Wrede protegiert, schlug Klenze seinen Rivalen Fischer bei der vorläufigen Auftragsvergabe für das Armeemonument aus dem Feld. Am 7. September 1817 legte er sein eigenes Konzept der Kgl. Baukommission vor. Darin betonte Klenze ausdrücklich den Wunsch des Feldmarschalls, »…mit welchen ich über diesen Gegenstand zu sprechen mehremale die Ehre hatte«, ein allegorisches Monument und zwar »…etwas Großes, und wo möglich Einziges in seiner Art.« Dann entwickelte Klenze seine Idee eines großen Obelisken. Übrigens waren ja bereits im Kirchenprojekt Fischers kleinere Obelisken vorgesehen gewesen, jedoch nur als untergeordnete, füllende Elemente in der Architektur. Klenze indessen wollte mit seinem Obelisken einen urbanen Raum gestalten, den späteren Odeonsplatz:

»…allein schien mir als Form ein Obelisk, als Masse Erz, und zwar im Kriege erobertes Erz, am meisten zu entsprechen. (…) Die architektonische Poesie desselben liegt im Kontrast der einfachen, riesenhaften Obeliskenform, mit ihren Umgebungen, diese rein und Kräftig, wie ein Kristall dem Boden entsproßt, hat nach allen Seiten gleichsam *einen focus von Architektur zum Hintergrunde:* Nach Norden der Stadteingang, nach Osten die Gemähldegallerie oder den Hofgarten, nach Süden die Stadt (…) und nach Westen den Platz vom Hotel Leuchtenberg. (…) Das Symbol selbst ist diese ungeheure Masse *glänzenden unvergänglichen* Erzes voll *innerem Werthe* und *Inhalt* in einer Form, welche an sich die *vollkommenste und unzerstörbarste* aller *Hinaufstrebenden* ist. Die Eichenkränze Deutschen Ruhmes von Ballistenköpfen, den Symbolen der Stärke im Kriege getragen, umgeben die auf die vier Seiten verteilte Inschrift:

DEM ANDENKEN UND RUHM
DER BAIERISCHEN HEERE
UND IHRER FÜHRER
UNTER MAXIMILIAN JOSEPH I.

Die Überschrift EX AERE CAPTO 1819 wäre am unteren Theile des Obelisken einzugraben.«[20]

Mit einer Höhe von 90 Schuh, also rund 26 Metern, sollte Klenzes Obelisk absichtlich noch etwas höher sein, als der berühmte Obelisk auf dem Petersplatz in Rom. Nicht nur das fertige Denkmal, sondern bereits seine Fertigung und Aufstellung, waren in ein ästhetisch-technisches Gesamtkunstwerk integriert. Neben den Künstler trat der Techniker. Klenze hatte sich als Partner den berühmten Mechaniker Georg v. Reichenbach (1771-1826) ausersehen. Was Klenze und Reichenbach beabsichtigten war nach modernen Begriffen Aktionskunst, eine Performance:

»…Der ganze Koloß würde *in einem Stücke* (!) aufgestellt (…) ohne alle hinaufreichenden Gerüste durch mechanische Mittel *in wenigen Stunden* (…) ein Unternehmen, welches in den Annalen der Mechanik, nicht weniger als das Monument selbst in denen der bildenden

Kunst glänzen würde. (...) Und so würde Baiern auch hierin dem übrigen Deutschland vorangehen.«[21]

Die große Rolle, die wie schon erwähnt, der Feldmarschall Wrede bei dem ganzen Projekt spielte, wird auch daran ersichtlich, daß sich die Kgl. Baukommission München bereits drei Tage nach dem oben zitierten Brief Klenzes an den Fürsten wandte:

»... In der vollen Überzeugung, daß der Herr Baurat v. Klenze sich dadurch seiner Aufgabe auf eine sehr ehrenvolle Weise entledigt habe, bleibt nun nichts übrig als Euer Durchlaucht zu bitten, Ihrem großen Waffenruhm auch noch diesen beizufügen, die Genehmigung, Ausführung und Aufstellung dieses imponierenden Denkmals durch Ihre hohe Verwendung zu bewirken.«[22]

Am 23. September 1818 wandte sich Wrede an den Staatsminister der Armee v. Triva, um das Projekt zu unterbreiten, wobei er nun mit der Unterstützung des Kronprinzen Ludwig operierte: »...Seine Kgl. Hoheit der Kronprinz, Höchstwelcher mit der bedeutendsten Summe hierzu zu subscribieren geruhten, ebenfalls in Folge eines an mich gerichteten Handbillets den Plan und Vorschlag Höchstihren ungeteilten Beifall geschenkt haben.«[23]

Scheinbar waren alle Vorarbeiten abgeschlossen, doch es fehlte das Wichtigste, ein solider Finanzierungsplan. Allein den Materialwert von 131 289 baierischen Pfund Erz, nach heutiger Umrechnung mehr als 73 Tonnen, veranschlagte Klenze auf 101 763 Gulden. Dazu kamen die Kosten für den Guß, die Feinbearbeitung, das Fundament und die Aufstellung des Obelisken in Höhe von 123 650 Gulden. Somit ergab sich die wahrhaft enorme Summe von 225 413 Gulden.[24] Der Bau der großen Infanteriekaserne im Hofgarten zu Beginn des Jahrhunderts hatte 252 000 Gulden gekostet, dieser Vergleich zeigt deutlich die finanziellen Dimensionen. Angesichts der schlechten Situation der Staatsfinanzen konnte 1818 nicht an die Realisierung eines reinen Prestigeobjektes gedacht werden, zumal es an viel vordringlicheren Militärbauten, vor allem Kasernen in der Garnison München fehlte. Wredes Schreiben wurde vermutlich überhaupt nicht bearbeitet. Am 24. Oktober 1820 wiederholte der Feldmarschall praktisch unverändert seine Eingabe. Im Ministerium wurde sie vom späteren Kriegsminister Maillot de Treille mit dem Vermerk versehen: »...geht wie Eingang von 1818 bis zu ehdem eintretender Wiederbeachtung dieses Gegenstandes ad acta. – Muß noch wegen Mangel an Fonds ausgesetzt bleiben.«[25]

Im Frühjahr 1822 beschäftigte sich die Kammer der Abgeordneten im Landtag mit der Finanzierung des Denkmals. Auf die Anfragen der Abgeordneten v. Hofstetten und v. Bestelmayer über den Verbleib des 1812 armeeintern angelegten freiwilligen Denkmalfonds erklärte der Ministerialrat v. Knopp, daß der Fonds im Gefolge der russischen Katastrophe im Winter 1812/13 verloren gegangen sei. Der Antrag des Abgeordneten v. Hornthal für dieses Armeemonument eine öffentliche Sammlung im ganzen Königreich abzuhalten wurde nicht angenommen.[26]

Die Übernahme des Projekts durch König Ludwig I.

Im Januar 1828 wandte sich Feldmarschall Wrede zum dritten Mal an das Kriegsministerium. Bezüglich der Finanzierung des Armeemonuments bemerkte Wrede daß die Armeeangehörigen, »...welche als die Gefeierten anerkannt werden sollen«, billigerweise nicht auch noch ihr eigenes Denkmal bezahlen sollten, »...sondern von denen zu leisten sein möchte, welche den Anspruch der Armee darauf anerkennen.«[27]

Am 8. Mai 1828 legte Kriegsminister v. Maillot nach ausführlichen Recherchen Wredes Antrag dem König vor. Maillot wies Ludwig I. daraufhin, daß sich von dem anno 1812 im

Lager bei Polozk gesammelten Denkmalfonds lediglich beim 8. und 10. Linien-Infanterie-Regiment insgesamt 2050 Gulden 40 Kreuzer erhalten hatten, sowie eine persönliche Spende der Witwe des Generalmajors v. Siebein in Höhe von 330 Gulden. Auch machte das Kriegsministerium noch einmal auf den Unterschied zwischen der ursprünglichen Idee eines Totenmals, namentlich für den General Deroy, und der späteren Konzeption eines »militärischen National-Denkmals« aufmerksam. Das Signat des Königs vom 23. Mai lautet:

»…Auf disen Bericht erwidere ich daß *als Denkmahl den im letzten Russischen Krieg den Tod gefundenen Bayern ein eherner Obelisk* in München errichtet werden soll, wozu von alten Kanonen das Metall, welches Staatseigentum bleibt, herzunehmen ist, die auf etwas über 48 000 fl. berechneten Unkosten ich aber vorhabe aus meiner Cabinettscassa zu bestreiten…«.[28]

Ganz offensichtlich wollte der König allein das Monument errichten. Die bereits gesammelten Fonds ließ er deshalb, nach Rücksprache mit den beiden Regimentern und Siebeins Witwe, sozialen Zwecken der Armee zukommen.[29] Dadurch schaltete er jede Mitbestimmung am künftigen Monument aus.

In Zusammenhang mit der im Sommer 1828 von Ludwig I. befohlenen Sammlung von Gußmetall aus Armeebeständen[30] ergaben sich auch historisch-konservatorische Aspekte, die bis zur Bestandsgeschichte des heutigen staatlichen Bayerischen Armeemuseums in Ingolstadt führen. Der König wollte nämlich sicherstellen, daß keine seltenen oder einzigartigen Geschützrohre eingeschmolzen wurden.[31] Die Zeughaus-Hauptdirektion mußte ein besonderes Inventar erstellen. Daraus geht hervor, daß noch heute erhaltene Meisterstücke frühneuzeitlicher Technikgeschichte, wie die vier 60pfündigen »Löwen« oder die beiden 36-Pfünder »Bauer« und »Bäuerin« damals im Augsburger Armeezeughaus als »Alterthümer« bayerischer Heeresgeschichte aufbewahrt wurden. Dazu kamen in Augsburg und München Beutestücke aus den Koalitionskriegen. König Ludwig I. befahl die museale Lagerung aller zwölf vorhandenen altbayerischer Stücke, sowie von sechs Beutekanonen. Er schuf damit amtlich den Grundstock für einen Kernbestand des späteren Armeemuseums.[32]

Im Herbst 1828 wurden unbrauchbare Geschützrohre, Bruchmetall und Eisenfeilspäne, davon die Masse aus Augsburg, in den Artillerieremisen auf dem Oberwiesenfeld zusammengetragen und 451 Zentner 38 Pfund Erz sodann am 1. Dezember 1828 an den Kgl. Gießereiinspektor Stiglmayer im Rahmen einer kleinen Zeremonie von der Armee übergeben.[33]

Im Februar 1832 meldete der Erzgießer Johann Baptist Stiglmayer (1791 – 1844) dem König, er habe nunmehr die Mehrzahl der Elemente für den Obelisken verfertigt, benötige aber für die Fortsetzung der Arbeit weitere 130 Zentner Metall, damit alle Teile bis zum Herbst des Jahres fertig seien.[34] So lieferte die Münchner Zeughaus-Hauptdirektion noch das Bruchmaterial von acht bayerischen Zwölfpfünder-Kanonen, einem französischen Achtpfünder und zwei Pulverprobenmörsern ab.[35] Auch das genügte aber noch nicht ganz. Stiglmayer besorgte sich schließlich noch selbst 38 Zentner und 74 Pfund Erz für den letzten Guß. Sie wurden ihm nachträglich im Herbst 1833 naturaliter von der Zeughaus-Hauptdirektion ersetzt und für den Guß des Monumentes König Max I. Joseph vor dem Nationaltheater mitverwendet.[36] Aus diesen Angaben kann man errechnen, daß die gesamte Erzmasse des Obelisken von 618 baierischen Zentnern, d. h. nach heutigem Maß rund 34,6 Tonnen, mehreren vollausgerüsteten Artilleriebatterien entsprach. Gleichzeitig wird ersichtlich, welch gigantisches Vorhaben Klenzes Obelisk von 1817 mit mehr als doppelt soviel Erzmasse dargestellt hätte. Entgegen der ursprünglichen Absicht Klenzes goß man nur eine eherne Außenhülle in 17 Einzelstücken und mauerte dann das Innere beim Zusammenfügen mit Ziegeln aus. Aufgrund der Quellen muß also die, ungeachtet des kleinen Hinweises von R. Braun,[37] noch immer in der Literatur verbreitete Behauptung, der Obelisk sei »...aus den aus dem Meere gehobenen Geschützen der türkischen Kriegsschiffe, die in der Seeschlacht bei Navarino/Griechenland am 20. Oktober 1827 gesunken sind.«,[38] noch einmal ausdrücklich in das Reich der Legende verwiesen werden.

Die Einweihungsfeierlichkeiten

Verantwortlich für die Aufstellung des Obelisken und die Organisation der Einweihungsfeier war Leo v. Klenze. Am 4. September 1833 bestimmte der König den 18. Oktober, das war der 20. Jahrestag der Völkerschlacht bei Leipzig, als Tag der Enthüllung des Monuments: »...feyerlich unter Paradierung der Münchens Besatzung bildenden Linientruppen (: ohne Beurlaubter Einberufung jedoch:).«[39]
Nachdem Klenze im königlichen Auftrage den Kriegsminister informiert hatte, schlug Minister v. Weinrich dem König ein militärisches Zeremoniell vor, das dieser mit einigen persönlichen Änderungen genehmigte:
»...Sämmtliche dahier und in Nymphenburg garnisonierende Truppen rücken am 18. Oktober eine Stunde vor der feyerlichen Enthüllung des Obelisken in größter Parade und in der größtmöglichsten Stärke – die Cavalerie zu Pferd, die Artillerie, in so weit sie nicht zur Bedienung der Geschütze verwendet wird, mit Feuergewehren, und die Artillerie-Fuhrwesens-Mannschaft eben so mit gezogenen Säbeln – unter Commando des Generallieutenant und Commandanten der 1ten Armee Division Grafen von Pappenheim aus, und nehmen die in der Disposition vorgezeichneten Stellung auf dem Carolinen-Platze ein.
Unmittelbar vor der feyerlichen Enthüllung des Obelisken formieren die ausgerückten Truppen auf Commando des genannten Generallieutenants ein – den Obelisken einschließendes Viereck, innerhalb welchem diejenigen Generäle, Stabs- und Oberoffiziere, Unteroffiziere und Mannschaft, welche den russischen Feldzuge beigewohnt haben I:dieselben mögen zu der hiesigen oder einer anderen Garnison gehören:I einen Kreis zunächst am Piedestal des Obelisken bilden.
Bey der Ankunft Seiner Majestät des Königs – Allerhöchstwelcher zu Pferd gegenwärtig zu seyn gedenken, und Ihrer Majestät der Königin, erfolgen die vorgeschriebenen Ehrenbezeigungen.
Während dem Akte der Enthüllung wird das Gewehr präsentiert, Marsch geschlagen und geblasen, und mit den auf dem Kugelfange aufzustellenden zwölf 12(pfündigen) Kanonen dreymal gefeuert.«[40]
Der Obelisk trug nicht die Widmung, die Leo v. Klenze im Jahr 1818 vorgeschlagen hatte. Nicht vom Ruhm der Armee war die Rede, auch nicht von König Max I. Joseph. Wie man ja noch heute selbst am Karolinenplatz nachlesen kann, steht nach Westen, dem Frankreich Napoleons gerichtet: »Den dreyssig tausend / Bayern / die im russischen / Kriege / den Tod fanden.« Auf der Südseite verewigte sich der Bauherr: »Errichtet / von Ludwig I / Koenig von Bayern.« Die Ostfront nennt das Entstehungsjahr: »Vollendet / am / XVIII October / MDCCCXXXIII.« Nach Norden aber, den anderen deutschen Ländern zu, die Hauptaussage: »Auch sie starben / für / des Vaterlandes / Befreyung.«
Nach dem Ehrensalut hielt der Feldmarschall Fürst Wrede eine längere Rede, in der entgegen der historischen Wahrheit, Ludwig I. als der eigentliche Initiator des Denkmals gefeiert wurde. Den etwas heiklen Umstand, daß der Obelisk eigentlich keinen Sieg, sondern vielmehr die fürchterlichste Tragödie der ganzen bayerischen Kriegsgeschichte

thematisierte, umging Wrede mit intensiver Betonung unbedingter Treue der Armee zum Kriegsherrn, welche Aufgabe ihr auch gestellt werde.[41]

Der König revanchierte sich gemäß seiner Natur mit wenigen Sätzen: »... Die Treue des bayerische Heeres gegen seinen König hat sich zu jeder Zeit bewährt, sie bewährt sich jetzt, und immer wird sie sich bewähren. Das beste, was ich meinem Heere wünschen kann, ist, daß es immer von einem Feldherrn wie Wrede möge angeführt werden.«[42]

Nachdem sich Wrede und Ludwig so gegenseitig gelobt hatten, ging die Feier weiter, wie die »Münchner Politische Zeitung« berichtet: »...Ein donnerndes »Es lebe der König« erschallte nochmals durch die Reihen der Veteranen und aller Regimenter. Sämmtliche Musikchöre stimmten das »Heil unserm König Heil!« an. Hierauf begaben sich Se. Maj. nebst dem Herrn Erzherzoge [Franz Karl v. Österreich] und sämmtlichen Gefolge auf den Maxplatz, auf welchem auch II. MM. die regierende und die verwittibte Königin mit den erlauchten Prinzessinnen kk. HH. sich zu Wagen einfanden, und wo sämmtliche Regimenter unter Anführung des Kommandirenden der ersten Armeedivision, General-Lieutenants Grafen von Pappenheim vor Allerhöchstselben defilirten. Ein erhebender Anblick war es, als des Prinzen Karl k. H. an der Spitze Ihres [des I. Kürassier=] Regiments im theueren Bruder den erhabenen Monarchen huldigend begrüßten.«[43]

Die präsente Mannschaft der Garnison reichte natürlich nicht aus um bei kriegsmäßiger Gliederung ansehnlich zu wirken. Deshalb wurden jeweils mehrere Kompanien zusammengefaßt. So war auch das Linien-Infanterie-Leib-Regiment zu nur einem Bataillon formiert. Bemerkenswert ist der Umstand, daß im Verband des Leib-Regiments noch 34 Männer im aktiven Dienst waren, die selbst zum Kreis der Rußlandveteranen gehörten. Es waren der Regimentskommandeur Oberst v. Greis, die drei Stabsoffiziere des Regiments, elf Hauptleute, zwei Oberleutnante, der Regimentsarzt und ein Bataillonsarzt, der Profoß, ein Feldwebel, drei Serganten, ein Korporal, drei Hautboisten und sechs Gefreite.[44]

Am darauffolgenden Tag, dem 19. Oktober 1833, lud der König alle Veteranen des russischen Feldzuges, zu einem Festbankett in die Residenz. Auch darüber informierte die »Münchner Politische Zeitung« ausführlich ihre Leser: »...Heute waren sämmtliche anwesende Offiziere, welche den Feldzug von 1812 mitgemacht haben, zur k. Tafel geladen. Diselben versammelten sich im Kaiserzimmer in der k. Residenz, wo Se. Maj. sie zu empfangen geruhten. Von da folgten diese Veteranen S. M. in den Herkulessaal, wo Allerhöchstdieselben an der Tafel Platz nahmen, zu Ihrer Rechten den Herrn Feldmarschall Fürsten Wrede, zur Linken den General der Infanterie v. Raglovich. Sämmtliche Offiziere, 197 an der Zahl, speisten an der k. Tafel; im unmittelbar anstoßenden ersten Trierschen Salon speisten die Unterofiziere und Gemeinen 174, und im nächst anstoßenden Gemache die Administrativ-Beamten der Armee, welche den russischen Feldzug mitgemacht, noch 20 an der Zahl. (...) Nach aufgehobener Tafel begaben sich Se. Maj. in Begleitung des Hrn. Feldmarschalls in den Saal der Unterofiziere und Gemeinen (...) Eben so gnädig unterhielten Se. Maj. sich sodann mit den anwesenden Administrativbeamten.«[45]

Der Obelisk und seine weitere Geschichte

Um den Obelisken vor jeder Beschädigung zu schützen, befahl König Ludwig I. bereits wenige Tage nach der Enthüllung, einen militärischen Wachtposten am Karolinenplatz aufzustellen. Dabei gab er sogar detaillierte Anweisungen für den Standort des Schilderhäuschens.[46] Am 30. Oktober 1833 zog um die Mittagsstunde erstmals ein Soldat am Karolinenplatz auf Wache.[47] Dieser Wachtposten war Ludwig I. so wichtig, daß das Kriegsministerium extra um Erlaubnis bitten mußte, als es im Dezember 1833 das

Schilderhäuschen versetzen wollte, weil dem Posten an der vom König bestimmten Stelle ständig Wind und Regen ins Gesicht schlugen.[48] Der Wachtposten wurde erst im Januar 1858 eingezogen.[49]

Der neue Obelisk gehörte zu den Sehenswürdigkeiten des ludovicianischen München, wie die Glypothek und die Pinakothek. Der württembergische Hauptmann v. Gaisberg, der sich 1835 privat in München aufhält, notiert sich in sein Tagebuch: »...Zum Ganzen wurden 450. Centner Kanonenmetall verwendet und die Kosten berechnete man auf 50 000 f. Zu seiner Höhe scheint mir das Postament etwas nieder und ob es nicht passender gewesen wäre, auf den kahlen Seitenflächen noch einige militärische Trophäen anzubringen, will ich den Sachverständigen überlassen.«[50]

Viele Jahre nach der Errichtung des Obelisken, im Januar 1873, beschäftigte man sich im Kriegsministerium auf einmal mit der Eigentumsfrage am Kanonenmetall. Der unmittelbare Anlaß hierfür geht aus der einschlägigen Akte nicht hervor. Die Zeughaus-Hauptdirektion verlangte nun jedenfalls die Abschreibung aus den Aktiva der Armee, während die Artillerieinspektion sich dafür ausgesprochen hatte, das Erz weiterhin als Vorrat des Münchner Artilleriedepots zu betrachten. Dabei scheint es auch vorläufig geblieben zu sein.[51] Wiederum zweieinhalb Jahre später, im Sommer 1875, erkundigte sich das Finanzministerium bei der Armee über die Eigentumsrechte des Ärars am Obelisken.[52] Im Frühjahr 1876 beantragte das Ministerium des Königlichen Hauses und des Äußeren bei König Ludwig II., eine Übertragung des gesamten Obelisken an die Stadt München. Minister v. Pretzschner wies dabei auf die etwas kuriosen Eigentumsverhältnisse am Obelisken hin. Der Platz auf dem das Denkmal stand, war stets Eigentum der Stadt München gewesen, das Erz aber war Eigentum des Militärärars und dann waren dann noch der Sockel und der gemauerte Kern des Obelisken, von dem offensichtlich niemand so recht wußte, wer dafür zuständig war. Ludwig II. erklärte daraufhin: »... Als Universal-Sucessor Meines in Gott ruhenden Herrn Großvaters, des Höchstseligen Königs Ludwigs I. Majestät, habe ich keinen Grund, das Eigentum der Stadtgemeinde München am Obelisk auf dem Karolinenplatz zu beanstanden und habe demgemäß auch nichts dagegen zu erinnern, wenn nach vorheriger Einverständnisse der übrigen Interessenten, insbesondere des Kriegsministeriums, dies ausdrücklich anerkannt wird.«[53] Das Kriegsministerium erklärte sich daraufhin bereit, den gesamten Obelisken an die Stadt München zu übertragen, sofern durch eine juristische Klausel im Schenkungsvertrag das fortwährende Eigentumsrecht des Staates am Erzmantel bestätigt würde.[54] Am 22. Dezember 1876 übernahm die Stadtgemeinde München den Obelisken unter der genannten Auflage und der künftigen Pflicht zum baulichen Unterhalt als Geschenk des Königreiches Bayern.[55]

Anmerkungen

1 Hierzu: R. Braun, Die Bayern in Rußland 1812, in: Krone und Verfassung. Max I. Joseph und der neue Staat. (Katalog zur Ausstellung Wittelsbach und Bayern Bd. III,1) hg. von H. Glaser, München 1980, S. 260 – 271, insb. S. 260. Fundiert beschäftigt sich mit dem Münchner Obelisken und seiner Vorgeschichte auch W. Schmidt, Denkmäler für die bayerischen Gefallenen des Rußlandfeldzuges von 1812, in: ZBLG 49 (1986), S. 303 – 326, insb. S. 304 – 312

2 MKr. 8846 Prod. 1, Bayer. GenKdo im Felde an König Max I. Joseph am 9. Sept. 1812

3 Ebd. Prod. 3, Kgl. Reskript vom 11. Okt. 1812

4 Ebd. Prod. 2, KM an InnM am 11. Okt. 1812

5 Ebd. Prod. 6, InnM an KM am 22. Okt. 1812

6 W. Nerdinger, Entwurf für ein Armeedenkmal, in: Carl von Fischer 1782 – 1820 (Katalog zur Gedenkausstellung in der Neuen Pinakothek) hg. von W. Nerdinger und S. Braunfels, München 1982, S. 156 ff.

7 MKr. 8846 Prod. 8, Notiz im KM am 11. Jan. 1813

8 G. Dischinger, Geplantes Armeedenkmal am Königsplatz, in: Klassizismus in Bayern, Schwaben und Franken. Architekturzeichnungen 1775 – 1825 (Ausstellungskatalog), hg. von W. Nerdinger im Auftrag des Münchner Stadtmuseums, München 1980, S. 242 ff., insb. S. 243

9 Mkr. 8846 Prod. 8, KM an InnM am 11. Jan. 1813
10 Ebd. Prod. 9, InnM an KM am 23. Jan. 1813
11 Ebd. Prod. 12, KÖR an KM am 17. Mai 1813; Prod. 15, Kgl. Reskript vom 22. Aug. 1813
12 Ebd. Prod. 17, Vermerk der Kgl. Baukommission München vom 5. Aug. 1817
13 Ebd. Prod. 18, Kgl. Baukommission München am 21. Jan. 1817 (Abschrift)
14 Ebd. Prod. 19, Kgl. Baukommission München am 3. Febr. 1817
15 Vgl. H. Lehmbruch, Der Königsplatz., in: Klassizismus (wie Anm. 8), S. 225 ff.
16 Mkr. 8846 Prod. 20, Kgl. Baukommission München am 10. Juni 1817
17 Ebd. Prod. 21, FM Fürst v. Wrede an die Kgl. Baukommission München am 18. Juni 1817
18 Ebd.
19 Ebd. Prod. 22, Leo v. Klenze an die Kgl. Baukommission München am 30. Juli 1817
20 Ebd. Prod. 29, Leo v. Klenze an die Kgl. Baukommission München am 7. Sept. 1818
21 Ebd.
22 Ebd. Prod. 28, Kgl. Baukommission München an FM v. Wrede am 10. Sept. 1818
23 Ebd. Prod. 27, FM v. Wrede an KM am 23. Sept. 1818
24 Ebd. Prod. 29 (wie Anm. 16)
25 Ebd. Prod. 31, FM v. Wrede an KM am 24. Okt. 1820
26 Ebd. Prod. 81, KM an König Ludwig I. am 8. Mai 1828; die betreffenden Sitzungen fanden am 20., 22. und 23. Mai 1822 statt
27 Ebd. Prod. 32, FM v. Wrede an KM am 28. Jan. 1828
28 Ebd. Prod. 81, KM an König Ludwig I. am 8. Mai 1828 mit Kgl. Signat vom 28. Mai 1828
29 Ebd. Prod. 109, KM an König Ludwig I. am 8. Juli 1828 mit undat. Kgl. Signat; Prod. 138, KM an König Ludwig I. am 5. Nov. 1828 mit Kgl. Signat vom 6. Nov. 1828
30 Ebd. Prod. 84, Kgl. Kabinettsordre vom 17. Juni 1828
31 Ebd. Prod. 111, KM an König Ludwig I. am 9. Juli 1828 mit Kgl. Signat vom 13. Juli 1828
32 Ebd. Prod. 128, KM an König Ludwig I. am 28. Okt. 1828 (Die zwölf altbayerischen Geschütze waren die 76Pfder »Adam« und »Eva«; die 60Pfder »Gestreifter Löwe«, »Gestreifte Löwin«, »Ungestreifter Löwe«, »Ungestreifte Löwin«; die 36Pfder »Bauer« und »Bäuerin«; die 24Pfder »Pfalzgraf Ludwig« und »Herzog Ludwig« sowie zwei anonyme 18Pfder. Dazu kamen eine russische Haubitze vom Typ Schuwalow mit ovaler (!) Rohrmündung, deren Herkommen unklar war und der französische 12Pfder »Le Dijonais«, erbeutet im Jahr 1815.) a. a. O. Prod. 156, KM an König Ludwig I. am 3. Dez. 1828 mit Kgl. Signat vom 4. Dez. 1828 (Trophäen waren ein preußischer 6Pfder, erobert 1807 vor der Festung Glatz; der österreichische 6Pfder »Iglau« vom Jahr 1781, erbeutet in Tirol 1809; der französische 6Pfder »La Chimère« von 1807, erbeutet im Feldzug 1814; ein französischer 4Pfder vom Jahr 1793, erbeutet im Feldzug 1815.)
33 Ebd. Prod. 141, KM an ArmeeKdo am 11. Nov. 1828; Prod. 148, KM an König Ludwig I. am 19. Nov. 1828 mit Kgl. Signat vom 27. Nov. 1828; Prod. 160, KM an am 10. Dez. 1828
34 Ebd. Prod. 161, Joh. Bapt. Stigelmaier an König Ludwig I. am 18. Febr. 1832 mit Kgl. Signat vom 3. März 1832
35 Ebd. Prod. 168, ZeugHsHptDir an ArtKorpsKdo am 15. März 1832
36 Ebd. Prod. 198, KM an ArtKorpsKdo am 4. Nov. 1833
37 Braun (wie Anm. 1), S. 269 Fußnote 2
38 A. Alckens, München in Erz und Stein. Gedenktafeln, Denkmäler, Gedenkbrunnen, Mainburg 1973, S. 96. So auch bei J. H. Biller/ H. P. Rasp, München. Kunst- und Kulturlexikon, München 1972 (neubearb. 1988), S. 110
39 MKr. 8846 Prod. 169, Leo v. Klenze an den Kriegsminister v. Weinrich am 7. Sept. 1833
40 Ebd. Prod. 182, Lithographiertes Exemplar des »Programm zur grossen Parade bey der Enthüllungsfeyer des zum Gedenken an die im Feldzuge 1812 in Rußland gebliebenen Bayern errichteten Obelisken am 18ten Oktober 1833.«
41 Ebd. Prod. 194, Orignal der Ansprache des FM Fürsten v. Wrede vom 18. Okt. 1833 und Abschrift der Ansprache König Ludwig I.. Hierzu auch R. Braun in: R. Braun (u. a.), Bayern und seine Armee, München 1987, S. 319 ff.
42 Ebd.
43 Münchner Politische Zeitung Nro. 251 vom Sonntag, den 20. Okt. 1833 (Beilage in MKr. 8846 Prod. 193)
44 F. Illing, Geschichte des Kgl. Bayer. Infanterie-Leib-Regiments von der Errichtung bis zum 1. Oktober 1891, Berlin 1892, S. 68
45 Wie Anm. 38
46 MKr. 8846 Prod. 195 1/2, Kgl. Reskript an KM vom 27. Okt. 1833 (Abschrift)
47 Ebd. Prod. 197, KdtMünchen an KM am 31. Okt. 1833
48 Ebd. Prod. 200, KM an König Ludwig I. am 17. Dez. 1833 mit Kgl. Signat vom 20. Dez. 1833
49 MKr. 2523 Fasz. 2 Prod. 23, KdtMünchen am 20. Jan. 1858
50 L. v. Gaisberg, Reise zum Münchner Oktoberfest 1835, hg. von P. E. Rattelmüller, München 1979, S. 14 f.
51 MKr. 8846 Prod. 209, Notiz im KM vom 15. Jan. 1873
52 Ebd. Prod. 210, FinM an KM am 22. Aug. 1875
53 Ebd. Prod. 214, AM an KM am 4. Sept. 1876, beigelegt in Abschrift der Antrag des AM an König Ludwig II. vom 7. April 1876 mit Kgl. Signat, dat. Linderhof den 20. Aug. 1876
54 Ebd. Prod. 216, KM an InnM am 30. Sept. 1876
55 Ebd. Prod. 219, InnM an KM am 12. Jan. 1877

Die Ludwigstraße als Symbol militärischer Macht Bayerns

Die Kunstgeschichte hat der Münchner Ludwigstraße schon viele Zeilen gewidmet. Oswald Hederer pries sie in einer Monographie als architektonisches Kunstwerk.[1] Herbert Schindler bemerkte: »… Das Eigentümliche liegt darin, daß sie nicht nur Straße ist, sondern auch Platz, festumgrenzter, geschlossener Platz unter offenem Himmel.«[2] Das militärische Gepräge der Ludwigstraße wird aber kaum gewürdigt. Zwar hat Heinz Gollwitzer in seiner großen Biographie Ludwigs I. auf die Denkmäler für die Armee in München hingewiesen, sie jedoch nicht als Teil ludovicianischer Stadtplanung gesehen.[3]

Die Begrenzung der saalartigen Straße nach Süden durch die Feldherrnhalle und nach Norden durch das Siegestor ist augenfällig. Die Markierung des Ausblickes nach Osten durch das Hofgartentor und der fast auf gleicher Höhe liegende Blick vom Hofgartentor über die Brienner Straße auf den Obelisken am Karolinenplatz nach Westen werden aber weit weniger beachtet. Insgesamt ist die Ludwigstraße am Odeonsplatz nach allen Seiten hin so stark durch Bauten militärischen Charakters geprägt, so daß man geradezu von einem politisch-historischen Programm sprechen darf, das noch verstärkt wird durch die, zwischen 1826 und 1829 nach Entwürfen von Peter Cornelius entstandenen, Schlachtenfresken in den westlichen Hofgartenarkaden und den Westtrakt des Kriegsministeriums. Seit der Zeit König Ludwigs I. diente die Ludwigstraße immer wieder für große Paraden der Garnison und patriotische Festzüge. Besonders hervorzuheben ist dabei die große Siegesparade vom 16. Juli 1871. An diesem Tage wurde die Ludwigstraße zum ersten und einzigen Male in ihrer Geschichte der Bestimmung als »*via triumphalis*« voll gerecht. Ihr vorderer Bereich bei der Feldherrnhalle war allerdings bis zum Ende der Monarchie täglich geprägt vom militärischen Schauspiel des Wachwechsels vor der Residenz. Diese Szenerie wurde übrigens von zeitgenössischen Künstlern immer wieder dargestellt.[4]

Das Hofgartentor

Zumeist unbeachtet ist das Hofgartentor, die erste Arbeit Leo v. Klenzes in München aus den Jahren 1817/18. An seiner Stelle befanden sich im Sommer 1816 bereits die Fundamente für einen Torbau des königlichen Hofbaurates Franz Thurn. Klenze gelang aber, gestützt durch die Gunst des Kronprinzen Ludwig, daß das angebliche Thurnsche »Scheunentor« (Klenze) wieder abgebrochen wurde und stattdessen sein eigener Entwurf zur Ausführung kam.[5] Das Hofgartentor ist ein ausgesprochen martialischer Bau, diente es doch täglich dem Aufzug der Residenzwache aus der Hofgartenkaserne. Errichtet nach den siegreichen Feldzügen von 1814 und 1815 war es als maßvoll gehaltene Triumphpforte gedacht, von der Idee wohl vergleichbar dem Neuen Burgtor in Wien. Kräftige Putti stoßen in ihre Posaunen und preisen die Initialen »MJ« Maximilian Josephs, denn letztlich gehört das Hofgartentor doch noch in das München des ersten bayerischen Königs. Vier mächtige antikisierenden Trophäenständer mit Thoraxpanzern und attischen Helmen, Schöpfungen Franz Schwanthalers, prägen das Erscheinungsbild des Baues.

Die Feldherrnhalle

Die Feldherrnhalle wurde von Friedrich v. Gärtner auf Wunsch Ludwigs I. nach dem Vorbild des berühmten »Loggia« in Florenz errichtet, um darin die Denkmäler bayerischer Heerführer aufzustellen.[6] Am 18. Juni 1841, dem Jahrestag des Sieges über Napoleon in der Schlacht von Waterloo, legte König Ludwig I. den Grundstein für die Feldherrnhalle. Am

18. Oktober 1844, dem Jahrestag der Völkerschlacht bei Leipzig enthüllte der König die Statuen von Tilly (1559 – 1632) und Wrede (1767 – 1838). Die gesamte Garnison stand zu diesen beiden Anlässen in Parade am Odeonsplatz.[7] Nur etwas später kursierte in München allerdings ein anonymes Schmähgedicht über die Feldherrnhalle und ihren Erbauer:

> *»Was Tilly um Magdeburg und Wrede um Bayern in Ried verdient,*
> *Hast du, o gerechter Ludwig!, ihnen nun erbaut;*
> *Fürwahr ein Galgen ists, der nur gewinnt,*
> *Je länger man ihn beschaut.*
> *Noch steht ein Bogen leer,*
> *Wer nimmt diesen Raum wohl ein?*
> *Kein anderer als der Erbauer und Herr*
> *Kann würdig im Bunde der dritte sein.«*[8]

Das Siegestor

Das Siegestor war als Monument für die Erfolge des Heeres in den deutschen Befreiungs- kriegen von 1813/15 gedacht. Gleich dem Brandenburger Tor schmückte man es 1852 mit einer Quadriga, jedoch einer typisch bayerischen Variante, die von Löwen gezogen wird. Der Entwurf zum Torbogen, für den man den Konstantinsbogen in Rom zum Vorbild nahm, stammte wie jener der Feldherrnhalle von Gärtner.[9]
Am 12. Oktober 1843 legte König Ludwig I. den Grundstein für das Siegestor. Die gesamte Münchner Garnison war ausgerückt und stand in Parade mit Front nach Westen. Anschlie- ßend defilierten die Truppenabteilungen am Odeonsplatz vor dem König.[10] Erst am 15. Oktober 1850 konnte der Triumphbogen feierlich eröffnet werden. Die gesamte Garnison nahm nördlich des Tores auf der Schwabinger Landstraße Aufstellung in Marschkolonne. Um die Mittagsstunde hielt König Max II. eine Ansprache und musterte dann zu Pferde die Truppen. Anschließend zog das Militär durch das Siegestor in die Stadt ein, an der Spitze das Infanterie-Leib-Regiment.[11]

Das Armeedenkmal

Bereits in seinen ersten Regentschaftsjahren faßte Prinz Luitpold den Entschluß, der Armee in München ein weiteres besonderes Denkmal zu schenken. Hierzu erschien die etwas leere Feldherrnhalle besonders geeignet. Der Erzgießer Ferdinand v. Miller entwarf die heute etwas zu pathetisch wirkende überlebensgroße Gruppe, bestehend aus einem ruhenden, ziemlich unbeteiligt blickenden Löwen, einem lediglich mit attischem Helm und Mantel bekleideten Krieger und einer jungen Frau in antikem Gewand. Dramatisch umfängt die Rechte des Kriegers die Frau schützend, während er mit der linken Hand eine bayerische Armeefahne emporhält. Auf dem hohen Granitsockel befindet sich die Widmung des Prinzregenten:

> *»Dem treuen tapferen bayerischen Heere*
> *in Dankbarkeit und Anerkennung.«*

Am 12. März 1892, dem 70. Geburtstag Luitpolds, wurde das Armeedenkmal im Rahmen einer großen militärischen Feier enthüllt.[12] Für dieses Zeremoniell hatte das Kriegsmini- sterium auf Befehl des Prinzregenten ein besonderes Protokoll ausgearbeitet.[13]
Der Tag begann mit dem am Geburtstag des Regenten ohnehin obligatorischen Militär- gottesdienst. Er hatte diesmal jedoch so frühzeitig stattzufinden, daß die Garnison pünkt-

lich um 10.45 Uhr in einem zur Feldherrnhalle offenen Karrée auf dem Odeonsplatz stand. Zu beiden Seiten der Treppe zum Inneren der Loggia waren Doppelposten aufgestellt. Außer der kompletten Münchner Garnison hatten sämtliche aktiven Truppenteile der bayerischen Armee mit je einer Abordnung aus Offizieren, Unteroffizieren, Gefreiten und Gemeinen am Festakt teilzunehmen. Ferner hatten zu erscheinen der Kommandierende General des II. Armeekorps, sämtliche Divisionskommandeure mit dem jeweils dienstältesten Brigadekommandeur ihrer Division, sowie der Militärgouverneur von Ingolstadt und der Kommandant der Festung Germersheim. Das Kommando über die gesamte Paradeabteilung führte der Münchner Stadtkommandant Generalleutnant v. Steinling. Punkt elf Uhr verließ der Prinzregent die Residenz und ging den kurzen Weg über den Odeonsplatz über die Treppe hinauf in die Feldherrnhalle. In dieser Zeit hatten die vereinten Musikkorps der Münchner Regimenter solange den Bayerischen Präsentiermarsch zu spielen, bis der Prinzregent das verhüllte Monument erreicht hatte. Auf ein Zeichen des Prinzregenten wurde das Denkmal enthüllt. Gleichzeitig feuerte die Artillerie 36 Schuß Salut ab. Danach hielt der Kriegsminister eine kurze Ansprache. Der eigentliche Festakt endete mit der Bayernhymne und der Königshymne. Während der gesamten Zeit vom Heraustreten des Regenten aus der Residenz bis zum Verklingen der Hymnen hatte die Paradeabteilung im Präsentiergriff unbeweglich zu verharren – das war eine enorme körperliche Belastung.

Nun war es die Aufgabe des paradeführenden Stadtkommandanten, die Truppen möglichst rasch in die Ludwigstraße abrücken zu lassen und dort für den Vorbeimarsch zu gliedern. Mittlerweile begab sich der Prinzregent mit seinem Gefolge zum Denkmal König Ludwig I.. Gegenüber am Hofgartengebäude nahmen die auswärtigen Militärdelegationen und die Münchner Veteranen- und Kriegervereine Aufstellung. Die Stadtkommandantur hatte dafür gesorgt, daß diese Vereine möglichst zahlreich am Festakt teilnahmen. Es folgte der Parademarsch zu Fuß in Zugfronten vorbei am Prinzregenten bis zur Feldherrnhalle. Dort schwenkten die Marschgruppen links ab, nahmen zur Ehrenbezeigung vor dem neuen Armeedenkmal »Augen-Rechts!«, drehten dann wieder rechts ein in die schmale Residenzstraße und lösten dann auf dem Max-Joseph-Platz die Paradeformation auf. Die Marschbewegung auf dem Odeonsplatz forderte den Soldaten ein Höchstmaß an Präzision ab. Der Prinzregent verlangte von seinen Truppen letztlich nicht weniger als der junge Kaiser Wilhelm II. in Berlin.

Anmerkungen

1 O. Hederer, Die Ludwigstraße in München, München 1942, S. 111
2 H. Schindler, Große Bayerische Kunstgeschichte Bd. 2: Neuzeit., München 1966, S. 358
3 H. Gollwitzer, Ludwig I. von Bayern. Königtum im Vormärz. Eine politische Biographie, München 1986, S. 440 f.
4 Vgl. etwa W. Trübner (1881) in: Die Prinzregentenzeit (Ausstellungskatalog), hg. von N. Götz, München 1988, S. 376 f.; G. Arnould (1892) in: 20 Jahre Bundeswehrgarnison München (Sonderheft »Das Bayerland«), München 1976, S. 43;
5 Hederer (wie Anm. 1), S. 30
6 J. H. Biller/H. P. Rasp, München. Kunst- und Kulturlexikon, München 1972 (neubearb. 1985), S. 167
7 F. Illing, Geschichte des Königlich Bayerischen Infanterie-Leib-Regiments von der Errichtung bis zum 1. Oktober 1891, Berlin 1892, S. 79
8 Zit. nach L. Schrott, Biedermaier in München, München 1963 (unver. Ndr. 1987), S. 339 f.
9 Biller/Rasp (wie Anm. 6), S. 214
10 Illing (wie Anm. 7), S. 77
11 Ebd., S. 102
12 R. Braun in: Bayern und seine Armee, München 1987, S. 325
13 MKr. 2617 Prod. 91, KM am 29. Febr. 1892

Die Armee im Spiegel von Münchner Straßennamen

Wohl kaum ein Passant oder sonstiger Verkehrsteilnehmer im hektischen Treiben des Münchner Großstadtlebens wird sich wohl je Gedanken darüber machen, warum die Straßen und Plätze der Stadt, durch die er eilt, eigentlich so heißen, wie sie benannt sind. Bereits mit wenigen militärhistorischen Kenntnissen würde er ansonsten eine Fülle von Namen entdecken, die auf die alte Münchner Garnison hinweisen. Es ist dem Bayerischen Kriegsarchiv und der Bundeswehr zu danken, daß anläßlich der Ausstellung »Bayern und seine Armee« (1987) erstmals seit langer Zeit wieder auf »Die Bayerische Armee im Spiegel der Münchner Straßennamen« (R. Braun) aufmerksam gemacht worden ist. So soll auch in der vorliegenden Arbeit auf diesen kulturhistorischen Aspekt militärischer Präsenz im München des 19. Jahrhunderts eingegangen werden, wobei ausschließlich jene Bezeichnungen Erwähnung finden sollen, die bis zur Jahrhundertwende schon gebraucht wurden.[1]

Die älteren Namen bis 1872

Abgesehen natürlich von jenen Bezeichnungen, die an die Nachbarschaft der Stadtbefestigungswerke anknüpften, z. B. Am Einlaß, Am Kosttor, usw. gab es bis in das 19. Jahrhundert kaum Bezeichnungen, die mit der Garnison in Zusammenhang standen. Wohl die ältesten militärischen Straßennamen der Stadt waren die Bezeichnungen »*Kasernengasse*« für den nördlichen Teil der Herzog-Wilhelm-Straße im Hackenviertel bzw. »*Paradeplatz*« für den heutigen Promenadeplatz im Kreuzviertel. Den Weg zum bürgerlichen Schießplatz an der Stelle des heutigen Hauptbahnhofes wies das »*Schießstättgäßchen*«, für das um 1812 schon der Name *Schützenstraße* gebräuchlich war. Im Schönfeld führte schon im frühen 19. Jahrhundert die *Veterinärstraße* zu der 1790 als militärischer Anstalt gegründeten Tierklinik.

Die *Türkenstraße* in der späteren Max-Vorstadt erinnert seit dem Jahr 1812 an den vormaligen »Türkengraben«, den die türkischen Kriegsgefangenen des Kurfürsten Max Emanuel in den Jahren 1683 bis 1688 hatten ausheben müssen. Hier im Bereich der sogenannten Türkenkaserne gab es von den späten 1820er Jahren bis 1862 auch eine »*Kasernenstraße*«, nämlich die spätere Gabelsbergerstraße. Übrigens existierte dann auch im späten 19. Jahrhundert und noch bis 1927 in München eine andere Kasernenstraße, in Gestalt der Leonrodstraße. Der alte »*Zeughaus-Platz*« hinter dem Nationaltheater verschwand mit der Anlage der Maximilianstraße.

Unter König Ludwig I. wurden 1826 in der Max-Vorstadt mehrere Straßenzüge nach siegreichen Schlachten des bayerischen Heeres im Feldzug von 1813/14 gegen Frankreich benannt: Die *Brienner Straße* nach der Schlacht bei Brienne am 1. Februar 1814. Die *Barer Straße* nach der Schlacht bei Bar sur Aube am 26./27. Februar 1814. Die *Arcisstraße* nach der Schlacht bei Arcis sur Aube am 20./21. März 1814.

Die *Landwehrstraße* bezeichnete seit dem Jahr 1829 den Weg zum Übungsplatz der Münchner Landwehrtruppen auf der Theresienwiese. Die *Rumfordstraße* (vor 1837) gemahnt nicht nur an den Naturwissenschaftler und Sozialreformer, sondern auch an den Kriegsminister Generalleutnant Sir Benjamin Thompson Reichsgraf von Rumford (1753 – 1814). Wenngleich zur Zeit ihrer Namensgebung (1843) eher dynastisch geprägt, war die *Luitpoldstraße* doch auch damals schon »Bayerns ersten Kanonier«, dem späteren Generalfeldzeugmeister, Armeeinspekteur und Regenten Prinz Luitpold von Bayern (1821 – 1912) gewidmet.

Seit 1856 gibt es in Haidhausen die *Holzhofstraße*, die noch heute an den längst überbauten Holzlagerplatz der Garnison erinnert. Insgesamt betrachtet war die Zahl von Straßennamen militärischen Bezugs in München bis in die 1870er Jahre recht bescheiden.

Straßenbenennungen in der Zeit von 1872 bis 1901

Nach dem siegreichen Krieg über Frankreich 1870/71 begann in der Haupt- und Residenzstadt allmählich die Benennung von Straßen und Plätzen nach Offizieren und militärischen Ereignissen. Bereits 1872 würdigte man die Generale Jakob Freiherr von Hartmann (1795 – 1873) und Ludwig Freiherr von und zu der Tann-Rathsamhausen (1815 – 1881) mit der *Hartmannstraße* im Altstadtbereich bzw. der *Von-der-Tann-Straße* in der Schönfeldvorstadt. Am Rande sei hier eine anekdotische Anmerkung erlaubt: Im Haus Von-der-Tann-Straße Nr. 23 starb am 14. Februar 1893 der ehemalige bayerische Oberleutnant August Gemming (1836 – 1893), der zu Lebzeiten ein stadtbekanntes Münchner Original gewesen war. Er erhielt im Jahr 1930 eine eigene Gemingstraße in Daglfing. Gemming, hinter dessen Schelmenstreichen sich ein wacher, kritischer Geist verbarg, hatte 1882 per Ehrengerichtsverfahren das Recht zum Tragen der Uniform verloren und starb völlig verarmt als Untermieter eines Münchner Dienstmanns.[2] Eine eigene Straße hat er trotzdem bekommen wie ein General.

Im Münchner Osten erhielten die Plätze und Straßen jenes neuen Stadtviertels um das alte Haidhausen und den Ostbahnhof, das als Folge des Baubooms der Gründerjahre nach 1871 entstanden war, überwiegend Bezeichnungen, die an den Krieg von 1870/71 erinnern sollten. Heute nennt es der Volksmund eher liebevoll das »Franzosenviertel«, damals überwog freilich der martialische Triumph über den angeblichen Erbfeind Frankreich. Bereits 1872 wurde in Haidhausen benannt: die *Weißenburger Straße* nach der Feuertaufe der Bayern vor der Grenzstadt Weißenburg am 4. August 1870; die *Wörthstraße* nach der ersten großen Schlacht bei Wörth am 6. August 1870; die *Sedanstraße* nach der politisch wichtigsten Schlacht am 1. September 1870; der *Pariser Platz* und die *Pariser Straße* nach der mehrmonatigen Belagerung der französischen Metropole 1870/71; der *Orleansplatz* und die *Orleansstraße* nach der Einnahme der gleichnamigen Stadt am 11. Oktober 1870; die *Belfortstraße* nach der Belagerung der Grenzfestung Belfort während des Winters 1870/71 und die *Lothringerstraße* nach dem blutig errungenen Reichsland. Seit 1877 gibt es in Haidhausen die *Bazeillesstraße* zur Erinnerung an den blutigen Straßenkampf der Bayern im Dorf Bazeilles am 1. September 1870. Die *Balanstraße* in Haidhausen gemahnt seit dem Jahr 1880 an die Kämpfe um die Höhen von Balan vom 1. September 1870, die *Spicherenstraße* an die Erstürmung der Spicherer Höhen am 6. August 1870 und die *Metzstraße* an die Einnahme der Festungsstadt Metz am 27. Oktober 1870. Gleichzeitig entstand auch die *Friedensstraße* zur Erinnerung an den Frieden von Versailles anno 1871. 1897 erhielt Haidhausen den *Weißenburger Platz* und die *Elsässer Straße*. An die Erstürmung des Gaisberges bei Weißenburg am 4. August 1870 soll seit dem Jahr 1900 die *Gaisbergstraße* erinnern. 1901 folgte die *Gravelottestraße* zum Gedenken an die Schlacht von Gravelotte am 18. August 1870. Den alten *Coulmiersplatz* taufte man übrigens im Jahr 1959 in Haidenauplatz um, nach einem früheren Edelsitz bei Haidhausen.

In der äußeren Max-Vorstadt, dem Bereich des ehemaligen Marsfeldes, wurde im Jahr 1890 zur Erinnerung an diesen Exerzierplatz die von der Innenstadt zu den dort gelegenen Militärbildungsanstalten führende Straße *Marsstraße* und der Platz vor der Kriegsschule in *Marsplatz* benannt. Außerdem schuf man hier im gleichen Jahr 1890: die *Tillystraße*, benannt nach dem Heerführer Johan Tzerklaes Graf von Tilly (1559 – 1632); nach seinem jüngeren Mitstreiter dem Reitergeneral Gottfried Heinrich Graf von Pappenheim (1594 – 1632) die *Pappenheimstraße*; die *Deroystraße* im Gedenken an den 1812 in Rußland gefallenen General Erasmus Graf von Deroy (1742 – 1812), die *Wredestraße* zum Ruhme des Feldmarschalls Karl Philipp Fürst von Wrede (1767 – 1838) und die *Pranckhstraße* in Würdigung der Leistungen des Kriegsministers General Sigmund Freiherr von Pranckh (1821 – 1888). Die alte Salzstraße zwischen dem Bahnhof und Neuhausen wurde ebenfalls 1890 in *Arnulfstraße* umbenannt, nach dem Prinzen Arnulf von Bayern (1852 – 1907), gleich seinem Bruder Leopold ein herausragender Truppenführer.

Bei der *Schmellerstraße*, die um 1880 ihren Namen zu Ehren des Sprachforschers Johann Andreas Schmeller (1785 – 1852) erhielt, sollte man auch daran erinnern, daß der Dienst als Offizier der bayerischen Armee dem Sohn eines armen Korbflechters als Karriere-sprungbrett gedient hatte. Im Lehel erinnert seit 1890 die *Riedlstraße* an den großen Topographen Bayerns Oberst Adrian Ritter von Riedl (1746 – 1809). Bei der *Nußbaum-straße* (1891) im »Klinikviertel« vor dem Sendlinger-Tor-Platz denkt man heute noch an den berühmten Mediziner Johann Nepomuk Ritter von Nußbaum (1829 – 1890), jedoch kaum mehr an die Tatsache, daß Nußbaum im Krieg 1870/71 den Rang eines Generalstabs-arztes der bayerischen Armee bekleidete und die Militärchirurgie wesentlich verbesserte. Am nordwestlichen Stadtrand gab es schon 1886 die *Maillingerstraße*, benannt nach dem langjährigen Kriegsminister (1875 – 1885) General Joseph Ritter von Maillinger (1820 – 1901). In ihrer Nachbarschaft war dann seit 1889 die *Adamstraße*, die des Malers Albrecht Adam (1786 – 1862), der neben seinen Pferdestudien vor allem durch seine Schlachten-bilder bekannt ist. Das 1888 noch selbstständige Schwabing gedachte des Krieges von 1870/71 mit der *Siegesstraße*.

Mit der Eingemeindung von Neuhausen und Schwabing kamen neue Straßennamen hinzu. Den Anfang machten im Jahr 1891 die »*Lazarettstraße*« und die »*Winzererstraße*«, letztere an Kaspar Winzerer von Tölz, einen Landsknechtsführer des 16. Jahrhunderts erinnernd. Ebenfalls seit 1891 gibt es die *Werneckstraße* für den Generalleutnant Reinhard Freiherr von Werneck (1757 – 1842), der heute weniger als Erneuerer des Kadettenkorps, sondern als Mitgestalter des Englischen Gartens bekannt ist. Auch die wohl bekannteste Straße Schwabings, die *Leopoldstraße*, vormals die alte Schwabinger Landstraße, erhielt ihren neuen Namen im Jahr 1891. Benannt wurde sie nach dem Prinzen Leopold von Bayern (1846 – 1930), der von Jugend auf sein Leben der Armee gewidmet hatte. Eher aus dynastischen Gründen, als wegen großer Verdienste erhielt auch der junge Prinz Alfons von Bayern (1862 – 1933) in dieser Zeit schon seine *Alfonsstraße* bei der Max-II-Kaserne. Der Prinz übernahm dann übrigens 1892 das Kommando über das 1. Schwere-Reiter-Regiment. 1893 folgten die *Artilleriestraße* bei der Max-II-Kaserne. Die *Frundsberg-straße* im benachbarten Neuhausen erinnert seit diesem Jahr an den »Vater der Landsknechte« Georg von Frundsberg (1473 – 1528). Vor 1894 (?) entstand die Schwabinger *Belgradstraße* zur Erinnerung an die Eroberung von Belgrad am 11. August 1688 durch die Bayern unter Kurfürst Max Emanuel. 1894 kam in Neuhausen die *Ysenburgstraße* hinzu, benannt nach Generalleutnant Georg August Reichsgraf von Ysenburg-Philippseich (1741 1822). Der Schutzpatronin der Artillerie und der Pioniere gedachte man 1897 mit der *Barbarastraße*. Im gleichen Jahr benannte man die Parallele zur Dachauer Straße *Heßstraße*, nach dem im Offizierrang stehenden Schlachtenmaler Peter von Heß (1792 – 1871). 1897 erwies man in Schwabing dem geistigen Vater des Sieges von 1870/71 und Ehrenbürgers der Stadt München Generalfeldmarschall Helmuth Graf von Moltke (1800 – 1891) mit der *Moltkestraße* Reverenz. Im gleichen Jahr erhielt Prinz Rupprecht von Bayern (1869 – 1955), damals Bataillonskommandeur im Infanterie-Leib-

Regiment, in Neuhausen seine eigene *Rupprechtstraße*. 1898 wurde die *Bothmerstraße* nach dem General Max Graf von Bothmer (1816 – 1878) bezeichnet. Die Verbindung zum Barackenkasernement Oberwiesenfeld erhielt 1899 den Namen *Infanteriestraße*. Im Jahr 1900 wurde in Neuhausen eine ganze Serie von Straßen nach bayerischen Generalen benannt. Wohl der bedeutendste unter ihnen war der Kriegsminister General Johann Nepomuk Graf von Triva (1755 – 1827), dem die *Trivastraße* gewidmet ist. An den Generalleutnant, Berater des Griechenkönigs Otto und zugleich begabten Maler, Karl Wilhelm Freiherr von Heideck erinnert seit 1900 die *Heideckstraße*. Auch mit der benachbarten *Saportastraße* wurde gleichzeitig eines bayerischen Generals, Friedrich Graf von Saporta (1794 – 1853) gedacht. Ebenso mit der *Orffstraße*, die General Karl von Orff (1817 – 1895) würdigt und der *Raglovichstraße* zum Ruhme von General Clemens Graf von Raglovich (1766 – 1836).

Im südlichen Stadtteil Sendling, wo sich keine Kasernen befanden, wurde im späten 19. Jahrhundert eine ganze Serie von Straßen nach den führenden Köpfen des Aufstandes von 1705 getauft. Darunter befanden sich auch einige Offiziere der kurbayerischen Armee. So wurden benannt: 1887 die *Aberlestraße* nach dem Leutnant Johann Georg Aberle und 1898 die *Johann-Clanze-Straße* nach einem Oberleutnant in der Leibgarde der bayerischen Kurfürstin. In dieser Tradition steht auch die *Matthias-Mayer-Straße* in Thalkirchen (1901) zum Andenken an den kurbayerischen Hauptmann Mayer (1666 – 1746) und die *Hofmannstraße*, die an den vormaligen Kürassierwachtmeister Johann Hoffmann erinnert, der an der Landesdefension als Obrist beteiligt war. Die Einfallstraße von Solln nach Sendling heißt seit 1901 *Aidenbachstraße* und erinnert somit daran, daß nicht nur im Oberland, sondern auch in Niederbayern anno 1705/06 gegen das kaiserliche Besatzungsregime gekämpft wurde, bis zur Niederlage bei Aidenbach am 8. Januar 1706.

Bewertung:

Eine Auflistung der Münchner Straßennamen bis zur Jahrhundertwende läßt deutlich die verstärkte Betonung des miltärischen Elements nach 1870 erkennen. Dabei zeigt sich, neben der geschlossenen Anlage des »Franzosenviertels« als neuer ostwärtiger Arbeitervorstadt und dem südlichen Arbeiterviertel beim vormaligen Bauerndorf Sendling, vor allem eine Konzentration solcher Straßennamen auf den von der Garnison beherrschten Raum nordwestlich der Stadt vom alten Marsfeld, über das Areal der Max-II-Kaserne bis hinein nach Schwabing. Im Gegensatz zum steingewordenen »Schlachtenatlas« Haidhausen erscheinen im eigentlichen Kasernenviertel diese Straßennamen der Funktion des Raumes angemessen und unaufdringlich. Die militärische Präsenz wirkte hier tatsächlich im Sinne einer modernen Flurnamenbildung.

Anmerkungen

1 Als Grundlage: Münchens Straßennamen, hg. von der Landeshauptstadt München im Verlag J. Berg, München 1983; R. Braun in: Bayern und seine Armee (Ausstellungskataloge der Staatlichen Archive Bayerns Nr. 21), München 1987, S. 328 f.; Kartensonderdruck: Die Bayerische Armee im Spiegel der Münchner Straßennamen, hergestellt vom militärgeographischen Dienst des Wehrbereichskommandos VI (München), Exemplar im KA; H. Stahleder, Haus- und Straßennamen der Münchner Altstadt, München 1992.
2 OP 21058 (Gemming, August Ernst Paul * 10. Sept. 1836)

9. Kapitel:

Gesellschaftliche Kontakte in der Garnison

Einführung

Die Angehörigen der Garnison, auch die einfachen Soldaten, lebten bis weit in die zweite Hälfte des 19. Jahrhunderts ziemlich eng mit der Zivilbevölkerung zusammen, obwohl das Militär durch die Kasenierung eigentlich vom dauernden Kontakt mit dem bürgerlichen Umfeld isoliert werden sollte. So berichtet der Maler Friedrich Wasmann (1805-1886), ein gebürtiger Hamburger, über München um 1829: »… Man sah in den Bräuhäusern Studenten, Soldaten, reiche Bürger und elegante Herren gemütlich nebeneinander sitzen.«, und eine Generation später, im Jahre 1860, äußert sich Moritz von Schwind (1804-1871) ähnlich: »… In München lebt sich's gut – man wird etwas landpomeranzig (…) aber man ist mit allen Leuten auf guten Fuß. Mit dem König, mit Soldaten, Lutheranern, endlich auch mit der Polizei und mit den Gendarmen selbst.«[1]
Ein Teil der Kasernen lag noch ziemlich nahe beim Stadtkern, auch gab es bis in die 1880er Jahre noch keine ausgeprägte militärische Kantinen- und Kasinomentalität, die Mannschaften, Unteroffiziere und Offiziere vom täglichen Wirtshausbesuch abgehalten hätte. Der hohe Münchner Militärbeamte Joseph Frey weiß um 1815 zu vermelden: »… Es ist ein äußerst seltener Fall, daß die Soldaten sich in den, ihrer Kaserne zunächst gelegenen Bierhäusern aufhalten – sie gehen gern weit aus! (…) und wie weit haben sie nach Hause zu laufen, wenn der Zapfenstreich gehet! – Wie viele Verdrießlichkeiten werden sich dann ergeben? Vom frühen Aufbrechen aus dem Wirtshause ist keine Rede, der Soldat erwartet den letzten Augenblick.«[2]
Es stellt sich natürlich die Frage, inwieweit die sozialen Kontakte der Militärangehörigen mit der Zivilbevölkerung über die Sphäre des Bierkellers oder des Volkssängerlokals bzw. des Cafés oder des Theaters hinausgingen. Anhand des Heiratsverhaltens in der Garnison und der Präsenz namentlich des Offizierkorps und der höheren Militärbeamten in bürgerlichen Vereinen können Berührungspunkte aufgezeigt werden. Das Entstehen einer Vereinigung aktiver Offiziere ab 1868 belegt freilich auch eine zunehmende Tendenz zur Abschottung nach außen. Schließlich gilt ein Blick dem recht distanzierten Verhältnis der Universität zur Garnison.

Anmerkungen

1 Zit. nach G. J. Wolf, Ein Jahrhundert München 1800 – 1900, Leipzig 1935, S. 141 bzw. S. 358
2 MKr. 8894 Prod. 43, Denkschrift des Kriegsökonomierates Frey vom 26. April 1815

Ehen von Militärangehörigen in München

Bis in unsere Tage ist die Heirat ein Indikator für den Umgang gesellschaftlicher Gruppen miteinander geblieben. Ausnahmen bestätigen nur die Regel. Erst recht heiratete man im 19. Jahrhundert innerhalb gewisser Standesgrenzen. Das Konnubium bietet also durchaus Möglichkeiten zur Feststellung des sozialen Status von Militärangehörigen und damit insgesamt zum Stellenwert der Garnison im städtischen Gesamtgefüge.

Grundsätzlich war in Bayern und besonders in München die Eheschließungsrate bis in die zweite Hälfte des 19. Jahrhunderts allgemein sehr niedrig.[1] Eine besondere Rolle kam hierbei den außerordentlich restriktiven Gesetzen für das Heimatrecht und die Verehelichung in der Fassung vom Jahre 1834 zu, die den Gemeinden ein Vetorecht in solchen Fragen einräumten. Die Heirat unvermögender Kreise wurde dadurch erschwert.[2] In ganz München gab es im städtischen Etatjahr 1844/45 nur 400 Eheschließungen, aber 2675 Geburten. Mehr als 43 Prozent dieser Kinder kamen unehelich zur Welt. In der Revolutionszeit 1848/49 waren gut 47 Prozent aller Neugeborenen uneheliche Kinder. Im Etatjahr 1850/51 wurden in München insgesamt 644 Ehen geschlossen und 3464 Geburten registriert, davon entstammte fast die Hälfte illegitimen Beziehungen.[3] Das Phänomen einer Art ökonomisch-sozialen Zwangszölibats betraf also bis in die 1870er Jahre weite Kreise der Bevölkerung, nicht nur Soldaten. Diese Tatsache muß berücksichtigt werden, bevor man sich der besonderen Situation der Armeeangehörigen zuwendet.

Der bisherige Forschungsstand

In der Literatur wurde bisher das Hauptaugenmerk auf die gesellschaftliche Position des Offizierkorps gerichtet. Dabei ergeben sich widersprüchliche Aussagen. So vertritt etwa Wolf Gruner die Auffassung, »das gehobene Besitz- und Bildungsbürgertum« habe um die Mitte des 19. Jahrhunderts den gesellschaftlichen Kontakt mit Offizieren weitgehend abgelehnt. Gleichzeitig behauptet Gruner aber, »… daß ein hoher Prozentsatz der adeligen und bürgerlichen Offiziere ohne eigenes Vermögen die Verbindung mit einer vermögenden Kaufmanns- oder Gutsbesitzerstochter anstreben mußte.« Als Beleg nennt Gruner nur die Untersuchung von Hermann Rumschöttel über das bayerische Offizierkorps nach 1867, also einer ganz anderen Epoche.[4] Wenn aber der Bürger den Offizier aus verschiedenen Gründen tatsächlich ablehnte, wie konnte dann der Offizier in die bürgerliche Sphäre einheiraten? Norbert Hierl-Deronco stellt fest: »… Für die wohlhabenden Bürger einer Garnison sind die jungen Offiziere allzuleicht die »Hungerleider«, die man mitleidig belächelt. Eine Heirat, die nur nach Stellung einer hohen Kaution erlaubt wird, geniesst Seltenheitswert. Viele Offiziere bleiben daher Junggesellen und haben ihre »Verhältnisse« in Kreisen, die eine spätere Zeit als unebenbürtig für Offiziere bezeichnen wird.«[5]

In der Literatur bleiben die Ehen der Unteroffiziere und einfachen Soldaten weitgehend unberücksichtigt oder wurden auch unzutreffend dargestellt. Ein Beispiel für letzteres ist etwa die Behauptung Gruners: »… Bei der Verehelichung mußte der Unteroffizier in der Regel wieder in den Stand der Gemeinen zurücktreten, da nur eine geringe Zahl von Unteroffizieren in einer Garnison verheiratet sein durfte.« Die Möglichkeit der Heirat einfacher Soldaten erwähnt Gruner nicht.[6]

Seit der Errichtung des stehenden Heeres in Bayern unter Kurfürst Max Emanuel war der Heiratskonsens für Offiziere letztlich dem Landesherrn vorbehalten. Damals sollten die Offiziere möglichst ledig bleiben, um uneingeschränkt mobil zu sein und den Heertroß nicht mit ihren Familien zu belasten. Erst nach dem Übergang zur Friedensarmee trat mit einer kurfürstlichen Verordnung von 1727 das Moment sozialer Absicherung in Erscheinung, da bis zum Jahre 1803 die künftigen Offiziersfrauen auf Pensionsansprüche verzichten mußten. Um 1802 hatten ein Leutnant bzw. dessen Braut ein gemeinsames Privatvermögen von mindestens 4000 Gulden nachzuweisen. Die Kaution erfüllte zugleich die Funktion einer Vermögensanlage, da sie in verzinsten Wertpapieren sicher bei einer militärischen Dienststelle deponiert war und die Zinsen ausbezahlt werden konnten. Nach dem Tod des Offiziers erhielt dessen Familie die Kaution zurück.[7]

Die Kautionsbestimmungen des 18. und frühen 19. Jahrhunderts erfüllten ihren beabsichtigten Zweck nur sehr unzureichend. Da bei den Subalternoffizieren die niedrigsten Kautionen gefordert wurden, entschlossen sich gerade die jungen Leutnante recht häufig zur Ehe. Um diese frühen Ehen drastisch zu reduzieren, wurde ab 1822 für alle Offiziersdienstgrade ein einheitlicher Kautionsbetrag von 10 000 Gulden festgesetzt. Die Militärbeamten wurden im Jahre 1825 in die Regelung einbezogen. Diese Norm galt bis 1853.[8]

Die hohe Kautionssumme wurde anscheinend in der Regel von den Brauteltern als Mitgift gestellt. An finanziellen Schwierigkeiten scheiterte vermutlich manche zarte Beziehung. So vermerkte etwa der 63jährige Professor und Hofbibliothekar Schmeller am 12. Juni 1848 in seinem Tagebuch: »… Dr. Lorenz Tutschek erklärt meiner Emma durch einen mit der Stadtpost eingelaufenen Brief seinen Jahre lang genährten Wunsch, sie die Seinige nennen zu dürfen. Der neuernannte militärische Unterarzt (beim Cadettencorps) setzt ohne Zweifel voraus, daß des Jungfräulens Vater der vorgeschriebenen Caution von zehntausend Gulden gewachsen sey. Leider ist ers bey weitem nicht.« Zwei Tage später folgt die lakonische Notiz: »… Dr. T. persönlich über jene Voraussetzung enttäuscht.«[9] Aus der Verbindung wurde nichts mehr. 1850 heiratete der 33jährige Dr. Tutschek ein Fräulein Sophie Schamberger. 1874 ging er eine zweite Ehe mit Franziska Gombart ein. 1888 starb Lorenz Tutschek, der zeitweilig Leibarzt König Ludwigs I. gewesen war, als charakterisierter Generalarzt und Kgl. Hofrat in München. Sein Sohn Alois (1864 – 1937) erhielt übrigens im Ersten Weltkrieg als Kommandeur des 15. Infanterie-Regiments den Militär-Max-Joseph-Orden und führte zeitweilig das Alpenkorps.[10]

Die »Fliegenden Blätter« nahmen sich der Problematik der Heiratskautionen im Jahr 1849 an, indem sie sarkastisch das fiktive Schicksal eines Militärbeamten beschrieben. Der Autor läßt den jungen Unterquartiermeister zu seiner Verlobten sagen: »Gottlob! liebes Gretchen! Jetzt steht unserer Verbindung nichts mehr im Wege; hier habe ich eine amtliche Zuschrift erhalten, daß es mir allergnädigst gestattet sei mich mit dir zu verehelichen – zwar freilich wegen Mangel der Heirats-Kaution nur unter der ausdrücklichen Bedingung, daß du für dich und unsere allenfallsigen Kinder auf Pension und Unterstützung rechtsförmlich verzichtest. – Aber sei es drum…«. Zehn Jahre später ist der Unterquartiermeister immer noch nicht befördert und hat acht lebende Kinder zu versorgen. Er hält sein elendes Schicksal nicht mehr aus und begeht Selbstmord. Da er Schulden beim Militär-Unterstützungsfonds hat, wird seine Hinterlassenschaft zum Nutzen des Ärars versteigert, die Witwe muß sich als Tagelöhnerin durchbringen und schickt ihre Kinder zum Betteln.[11]

Die Ehebestimmungen wurden noch verschärft durch eine vom Kriegsminister Lüder (zeitlebens Junggeselle!) initiierte Verfügung König Max II. vom 16. April 1853, die Offizieren grundsätzlich die Vorlage eines Heiratsgesuches vor dem vollendeten 30. Lebensjahr untersagte. Die sogenannte »Lüder'sche Verordnung« wurde am 24. Juni 1864 von König Ludwig II. außer Kraft gesetzt. Der Offizier durfte nun bereits ab dem 24. Lebensjahr, vorausgesetzt er diente mindestens im 7. Dienstjahr, um Konsens zur Ehe einkommen. Dafür wurden die Kautionssummen erhöht; sie betrugen für Subalternoffiziere vor dem 30. Geburtstag 30 000 Gulden (ab dem 31. Lebensjahr nur 15 000 Gulden). Verheiratete Leutnante waren daher recht selten.[12]

Ab 1872 wurde die Eheschließung wesentlich erleichtert. Der Offizier mußte fortan lediglich den notariell beglaubigten Nachweis erbringen, daß er ein gewisses Privateinkommen besaß. Dieses betrug bei einem Leutnant pro Jahr mindestens 1000 Gulden, ab 1886 2500 Mark, bei einem Hauptmann 450 Gulden bzw. ab 1886 1500 Mark.[13] Tatsächlich waren in der Bayerischen Armee am Vorabend des Ersten Weltkrieges nur noch knapp 20 Prozent aller Offiziere Junggesellen, während um die Mitte des 19. Jahrhunderts das Gesamtoffizierkorps zu 70 Prozent aus Ledigen bestanden hatte.[14] Die Verordnung von 1872 war von Kriegsminister v. Pranckh angeregt worden und kopierte das preußische Modell. Sie blieb im wesentlichen bis zum Ende der bayerischen Armee gültig. Der entscheidende Unterschied zu den früheren bayerischen Regelungen lag darin, daß der Offizier nicht mehr an der Eheschließung schlechthin gehindert werden sollte, zugleich aber viel stärker als bisher auf den gesellschaftlichen Status der potentiellen Offiziersgattin geachtet wurde. Die Ausführungsbestimungen zur Verordnung von 1872 sahen nämlich vor, den Heiratskonsens zu verweigern, »… wenn die Wahl eines Offiziers auf eine Frauensperson fällt von anerkannt üblen Rufe oder aus einer nicht entsprechenden gesellschaftlichen Klasse und das Interesse des Dienstes oder Standes diese eheliche Verbindung nicht rathsam erscheinen läßt.«[15] Als ungeeignet galten in erster Linie Frauen, deren Väter durch körperliche Arbeit den Lebensunterhalt verdienen mußten, beispielsweise kleine Bierbrauer, Erwerbsgärtner oder Holzhändler. Rumschöttel konstatiert für die Zeit nach 1872: »… Bildung und Besitz, zumindest aber eines von beiden, waren Voraussetzungen einer Ehe mit einem Offizier.«[16]

Die Heiratsbestimmungen für das Offizierkorps werden deshalb so ausführlich dargestellt, weil es für die Angehörigen der entsprechenden zivilen Gesellschaftsgruppen keine derartige Beschränkung gab. Die Ehebeschränkungen für Unteroffiziere und Mannschaften sind hingegen im Umfeld der allgemeinen Tendenz zur Limitierung der Ehen in den unteren sozialen Gruppen in Bayern zu sehen. Anfang des 19. Jahrhunderts durften pro Kompanie vier Mann verheiratet sein, wobei nicht zwischen Unteroffizieren und Mannschaften unterschieden wurde. Zwischen 1804 und 1823 waren sechs »Weiber« pro Kompanie erlaubt, dann wurde die Quote wieder auf vier Verheiratete reduziert. Im Jahre 1823 wurde eine Heiratskaution für Unteroffiziere und Mannschaften in Höhe von 600 Gulden eingeführt.[17] Entsprechend der veränderten Bestimmungen für das Offizierkorps entfielen ab 1872 die Heiratskautionen der Unteroffiziere. Der Heiratskonsens wurde ausschließlich in das Ermessen des Regimentskommandeurs oder entsprechenden Vorgesetzten gestellt. Die Verehelichung von Mannschaften war nun überhaupt nicht mehr vorgesehen. Die Zahl verheirateter Unteroffiziere in der Truppe sollte möglichst gering bleiben.[18] Nach der Untersuchung von Wolfgang Schmidt für die Garnison Regensburg heirateten dort im Zeitraum von 1877 bis 1901 beim 11. Infanterie-Regiment (zwei Bataillone) bzw. beim Landwehrbezirkskommando durchschnittlich drei Unteroffiziere pro Jahr.[19]

Die Situation in der Garnison München

Auf den folgenden Seiten wird versucht, aufgrund der Heiratsmatrikel katholischer Pfarreien der Stadt München, einen quellenorientierten Überblick des Heiratsverhaltens von Armeeangehörigen in München zu vermitteln. Dabei sind auch Militärpersonen evangelischer Konfession berücksichtigt, da religiös gemischte Ehen nach katholischem Ritus geschlossen wurden, wie entsprechende Vermerke in den Matrikeln beweisen. Ausgewählt wurden die bis Anfang des 19. Jahrhunderts bestehende Militärpfarrei, die beiden alten Münchner Stadtpfarreien und einige Pfarreien in der Nähe von Kasernen. Da für nahezu jede Pfarrei und jeden Jahrgang alle Eintragungen einzeln durchgesehen werden mußten, konnte das Material nur stichprobenartig überprüft werden. Zudem waren bestimmte Jahrgänge nicht zugänglich oder vorhanden. Die Militärangehörigen wurden aufgeteilt in Offiziere (O), Militärbeamte (B), Unteroffiziere (U) und Mannschaften (M).

Trauungen in der Militärpfarrei München

Jahr	Gesamt	Quelle
1799	23	(MM 86)
1800	19	(Ebd.)
1801	37	(Ebd.)
1802	19	(Ebd.)
1803	11	(Ebd.)
1804	10	(Ebd.)

Trauungen in der Pfarrei St. Peter

Jahr	Gesamt	davon Militär	O	B	U	M	Quelle
1809	250	0	–	–	–	–	(MM 139)
1819	128	12 (= 9,4 %)	5	4	3	–	(Ebd.)
1829	159	5 (= 3,1 %)	1	1	2	1	(MM 141)
1839	188	5 (= 2,7 %)	3	–	2	–	(Ebd.)
1849	146	1 (= 0,7 %)	1	–	–	–	(MM 142)
1859	151	1 (= 0,7 %)	1	–	–	–	(MM 143)
1869	292	5 (= 1,7 %)	1	–	4	–	(MM 144)

Trauungen in der Pfarrei Unserer Lieben Frau (Dompfarrei)

Jahr	Gesamt	davon Militär	O	B	U	M	Quelle
1809	169	7 (= 4,1 %)	–	3	2	2	(MM 45)
1819	130	10 (= 7,7 %)	1	1	6	2	(MM 46)
1829	171	12 (= 7,0 %)	8	1	2	1	(MM 47)
1839	218	19 (= 9,0 %)	6	1	5	7	(Ebd.)
1849	138	15 (= 11,0 %)	6	2	4	3	(MM 48)
1859	95	5 (= 5,3 %)	1	2	2	–	(MM 49)
1869	111	5 (= 4,5 %)	3	–	1	1	(MM 50)
1879	65	2 (= 3,0 %)	1	–	1	–	(Ebd.)
1889	58	2 (= 3,4 %)	–	–	2	–	(Ebd.)

Trauungen in der Pfarrei St. Anna (Lehel)

Jahr	Gesamt	davon Miltär	O	B	U	M	Quelle
1809	86	0 (= 0,0 %)	–	–	–	–	(MM 214)
1819	30	3 (= 10,0 %)	1	1	–	1	(Ebd.)
1829	37	0 (= 0,0 %)	–	–	–	–	(Ebd.)
1839	34	1 (= 2,9 %)	–	–	1	–	(MM 215)
1849	67	9 (= 13,4 %)	3	–	4	2	(Ebd.)
1859	78	9 (= 11,5 %)	1	–	7	1	(MM 216)
1869	187	6 (= 3,2 %)	2	–	4	–	(MM 216/17)
1879	89	3 (= 3,3 %)	1	–	2	–	(MM 217a)
1889	154	5 (= 3,2 %)	1	–	4	–	(Ebd.)

Trauungen in der Pfarrei St. Ludwig

Jahr	Gesamt	davon Militär	O	B	U	M	Quelle
1869	215	12 (= 5,5 %)	6	2	3	1	(MM 268)
1879	189	18 (= 9,5 %)	8	3	7	–	(MM 269)

Trauungen in der Pfarrei St. Bonifaz

Jahr	Gesamt	davon Militär	O	B	U	M	Quelle
1850	3	0	–	–	–	–	(MM 235)
1851	103	8 (= 7,8 %)	2	2	2	2	(Ebd.)
1859	170	17 (= 10,0 %)	5	1	7	4	(Ebd.)
1869	516	10 (= 1,9 %)	2	1	5	2	(MM 236)

Insgesamt kann festgestellt werden, daß die Heiratsquote des Militärs im 19. Jahrhundert nicht konstant war. Auffällig sind vor allem die relativ hohe Zahl an Eheschließungen um 1819. Sie dürfte einmal darauf zurückzuführen sein, daß die Kautionsregelung noch nicht so streng war und andererseits zehrte die Armee noch von ihrer Popularität aus den letzten Kriegsjahren. In diesem Zusammenhang sei zugleich auf den sprunghaften Anstieg der Militärheiraten in den Jahren 1849 und 1859, d. h. in Mobilmachungsjahren, hingewiesen. Möglicherweise rechnete man mit Krieg und wollte bestehende Liebesbeziehungen vor dem Ausrücken ins Feld legalisieren. Die Angehörigen der Garnison München heirateten relativ selten in das eigentliche Münchner Stadtbürgertum, d. h. in den Kreis der Unternehmer, Kaufleute, Handwerker oder auch Freier Berufe, ein. Dies betrifft alle Gruppen des Militärs auf der jeweiligen sozialen Ebene gleichermaßen.

Offiziere und Militärbeamte

Am Quellenmaterial der Münchner Pfarrmatrikelbücher läßt sich bestätigen, daß die Offiziere weitgehend Frauen aus Militär- und Beamtenfamilien ehelichten. Dabei läßt sich beobachten, daß der Offizierrang dem bürgerlichen Armeeangehörigen auch Eintritt in adelige Kreise verschaffte. So heiratete im Jahr 1829 der Regimentsquartiermeister Kunstmann die Beamtenstochter Franziska v. Heydolph und der Kürassierleutnant Limmer ehelichte Ida Freiin v. Hornstein, Tochter des Herrn auf Schloß Egmating.[20] Gelegentlich heirateten mehrere Schwestern hintereinander Offiziere, wie etwa die Töchter des vormaligen Münchner Polizeidirektors v. Stetten: Karoline wurde 1829 die Gattin des Oberleutnants im Infanterie-Leib-Regiment Christoph v. Verger,[21] ihre jüngere Schwester Adelfriede heiratete 1839 den Kürassierleutnant Sigmund Graf v. Yrsch.[22]

Es gab aber zumindest bis in die 1860er Jahre auch Offiziersehen, die in späterer Zeit nicht mehr möglich gewesen wären. So heiratete 1819 ein Leutnant des Regiments »König« die Tochter eines Hofschauspielers[23] und 1839 findet man die Tochter eines Hoftänzers als Braut eines adeligen Oberleutnants.[24] Der Auditor des Infanterie-Leib-Regiments ehelichte 1849 die Witwe eines Hofmusikers.[25] Die Verbindung mit der Tochter eines Säcklermeisters (1829),[26] oder mit der Tochter einer unverheirateten Frau (1869)[27] war nur in der alten Armee vor 1872 möglich. Ein Beispiel für eine solche Offiziersehe gibt auch die Vita des Fabio Graf Ricciardelli (1806 – 1900).[28] Im Jahre 1830 holte König Ludwig I. den Aristokraten, der ihm in Italien vorgestellt worden war, als Begleiter des Kronprinzen Maximilian nach München. Mit dem künftigen König Max, den Ricciardelli auf Bergtouren und Jagden begleitete, verband ihn eine lebenslange Freundschaft. Am 29. Oktober 1851 heiratete der 45jährige königlich-bayerische Kammerherr und Hauptmann im Infanterie-Leib-Regiment in der neuen Münchner St. Bonifaz-Kirche die 30jährige Hermine Lautner (1821 – 1880), Tochter des charakterisierten Hauptmanns Kuno Lautner (1785 – 1832) und der Anna Deronco, Tochter eines Passauer Finanzbeamten.[29] Ein Bruder der Braut war übrigens nur ein knappes Jahr zuvor als Unterleutnant wegen seiner Schulden aus der Festung Landau desertiert und diente zum Zeitpunkt der Hochzeit als Grenadier im 1. Regiment der Fremdenlegion in Algerien.[30] Die Ehe galt aber keineswegs als Mesalliance. Ricciardelli wurde 1859 als Oberst in die Leibgarde der Hartschiere eingereiht und ging 1867 als charakterisierter Generalmajor in Pension.

Welche Lebenslinien manche Paare zusammenführten kann man nur vermuten, etwa bei dem 52jährigen Bataillonsarzt des Artillerie-Regiments, der im Jahr 1839 in aller Stille mit einer 42jährigen Säcklerstochter aus der Pfalz vermählt wurde,[31] oder dem 32jährigen Oberleutnant, der 1849 eine neun Jahre ältere Privatierswitwe heiratete.[32] Bei mancher späten Heirat dürften die Brautleute vorher schon jahrelang miteinander gelebt haben, das war damals gar nicht so selten. Der berühmte Philologe und Bibliothekar Johann Andreas Schmeller heiratete erst 1835 die Kgl. Porzellanmalerswitwe Juliane Auer, seine Vermieterin mit der er seit 1816 zusammenlebte und von der er eine erwachsene Tochter hatte. Das Kind Emma wurde 1818 in München geboren, der 32jährige Schmeller war zu diesem Zeitpunkt de iure immer noch aktiver Infanterieoffizier und als ständig beurlaubt der Kommandantschaft München unterstellt. Eine Ehe konnte und wollte er sich aus finanziellen Gründen nicht leisten, zumal Frau Auer von ihrem verstorbenen Mann zwei Söhne hatte und bei der Ehe mit Schmeller ihrer kleinen Witwenpension verlustig gegangen wäre. Tatsächlich verlor das Paar dann bei der Legalisierung seiner jahrzehntelangen Verbindung monatlich neunzehn Gulden von seinen Einkünften.[33] Wie viele solcher Lebensgemeinschaften es in den Münchner Mietshäusern des 19. Jahrhunderts gab, kann nicht geschätzt werden. Noch der spätere Historiker Karl Alexander v. Müller, der im Jahre 1882 als Sohn des hohen Beamten Ludwig August v. Müller (1890/95 bayerischer Kultusminister) in München geboren wurde, berichtet in seinen Memoiren von zwei unehelichen Söhnen seiner Kinderfrau aus deren Verbindung mit einem bayerischen Offizier.[34]

Ein Beispiel für eine solche Situation gibt auch Jacob Ney, Sohn eines Sekretärs aus Zweibrücken. Als gelernter Vermessungstechniker trat er 1813 in die Artillerie ein, 1815 wurde er Offizier. An den Feldzügen der Jahre 1813/15 nahm er nicht teil. Der 38jährige Oberlieutenant im 1. Artillerie-Regiment Ney schreibt 1832 in einem Gesuch um Dispens von der vorschriftsmäßigen Heiratskaution: »... Vor 6 Jahren lernte ich die Anna Aubinger, eines hiesigen ehrbaren Bürgers Tochter [A. war Stadtpfeifer und wohnte in der Vorstadt

Au] kännen. Unser enges Verhältnis hatte die traurige Folge, daß sie mir einen Knaben gebar. Liebe zu Mutter und Kind knüpften unser Verhältnis noch enger und ich wurde Vater von zwei Knaben und einem Mädchen.« Das Gesuch wurde abgelehnt, weitere uneheliche Kinder stellten sich ein. 1837 quittierte Ney den Heeresdienst und nahm als gebürtiger Pfälzer eine Stelle als Postverwalter in Oggersheim an. Nun endlich war es ihm möglich, die Mutter seiner sechs Kinder zu heiraten.[35] Das zweitälteste Kind aus dieser Verbindung, Maximilian Ney, 1824 in München geboren, wurde übrigens nach einer bewegten Laufbahn, die ihn hintereinander als bayerischen Korporal beim Sturm auf die Düppeler Schanzen, britischen Freiwilligen auf der Krim, Fremdenlegionär in Algier und ab 1859 wiederum als bayerischen Offizier zeigt, 1871 Ritter des Militär-Max-Joseph-Ordens.[36]

Richtige Einheiraten in das alteingesessene Münchner Bürgertum waren selten. Als eine solche Ehe wäre wohl die Heirat des Artillerie-Oberleutnants Speck mit der Tochter des bürgerlichen Gold- und Silberbortenfabrikanten Franz Wiedemann im Jahr 1829 zu bezeichnen.[37] Im gleichen Jahr 1829 heiratete übrigens ein Militärarzt eine Tochter aus der Bierbrauerdynastie Pschorr.[38] Im Jahr 1839 wurde die Tochter des Hofmauerermeisters Deiglmayr die Gattin eines Oberleutnants vom Infanterie-Leib-Regiment.[39] Im Revolutionsjahr 1849 findet man in der Dompfarrei eine Gastwirtstochter und eine Kaufmannstochter als Offiziersbräute.[40]

Unteroffiziere und Mannschaften

Die Münchner Ergebnisse zeigen, daß bis in die zweite Hälfte des 19. Jahrhunderts die Eheschließung von Mannschaftsdienstgraden zwar gemessen an der Gesamtstärke dieser Laufbahngruppe gering ist, jedoch proportional bei den Militärehen einen nicht zu unterschätzenden Anteil einnimmt. Dabei spielt zunächst die Kontinuität des Berufssoldatentums des Ancien Regime, dann die Institution des langdienenden »Einstehers« eine große Rolle. Noch in den ersten Jahren des 19. Jahrhunderts heirateten Unteroffiziere und Soldaten offensichtlich sehr oft Frauen, die selbst aus dem Milieu der Kaserne stammten. Es ist zu vermuten, daß hierbei auch die schlechte wirtschaftliche Situation der Soldaten und damit verbunden ihr niedriger gesellschaftlicher Status eine große Rolle spielten. Wenn man berücksichtigt, daß etwa im Jahr 1816 jede dritte Frau, die als »unbelehrbare Bettlerin« ins Münchner Korrektionshaus verbracht wurde, eine Soldatentochter war,[41] wird begreiflich, daß wohl viele Frauen aus Soldatenfamilien lieber selbst wieder einen Soldaten heiraten wollten, bevor sie ins soziale Abseits gerieten.

Im Jahr 1809 heirateten in der Frauenpfarrei ein Bombardier eine Bombardierswitwe, ein Gefreiter eine Gefreitenswitwe, ein Fourier eine Feldwebelstochter, ein Sergant eine Gefreitenstochter.[42] Man kann ein geradezu »zünftisches« Verhalten feststellen. Solche Verbindungen gab es auch in späteren Jahrzehnten. So heiratete etwa 1819 ein Korporal des Grenadier-Garde-Regiments die Tochter eines ehemaligen Regensburger Stadtgardisten, ein Hautboist des gleichen Regiments heiratete die Tochter eines Serganten und ein Feldwebel ehelichte die Witwe eines Gendarmen.[43] Die Tochter eines vormaligen Soldaten vom 2. Infanterie-Regiment wurde 1829 die Frau eines Gendarmeriebrigadiers.[44] Im gleichen Jahr ehelichte ein Hartschier die Tochter eines Kameraden aus seiner Truppe.[45] Ein Sergant des Leib-Regiments heiratete 1839 die natürliche Tochter eines adeligen Offiziers.[46]

Stammten die Ehefrauen der Unteroffiziere und Mannschaften nicht aus dem Umfeld des Militärs, so waren sie zumeist nicht aus der Stadt München gebürtig. Regionale Aspekte wurden bei der Partnerwahl wohl oft mitberücksichtigt. So ehelichte 1849 ein aus Waldmünchen stammender 36jähriger Soldat eine 31jährige Glashändlerstochter aus Grafenau. Ein 29jähriger Sergant aus dem Landgericht Landsberg heiratete eine 24jährige Zimmermannstochter aus dem benachbarten Gericht Aichach. Ein 39jähriger Gefreiter aus dem Odenwald nahm eine 40jährige Kutscherstochter aus Ansbach zur Frau.[47] Ebenfalls 1849 heiratete der Vizekorporal Stuhlmüller vom 1. Artillerie-Regiment eine Franziska Wangenmeier. Beide Brautleute stammten aus Hausen bei Lauingen im Schwäbischen. Die Frau hatte sich schon vor der Heirat längere Zeit in München aufgehalten. Im Jahre 1859 heiratete der aus Regensburg stammende Büchsenmacher des 6. Jäger-Bataillons eine Frau aus dem benachbarten Ort Winzer.[48] Daß in der Fremde Menschen aus Niederbayern, Schwaben und Franken schon aufgrund ihres Dialekts und gemeinsamer Erinnerungen an die Heimat Kontakt suchten, ist durchaus verständlich. Da bei den Bräuten nur der Stand des Vaters vermerkt ist, nicht aber ihr Beruf kann nur vermutet werden, daß es sich in aller Regel um Frauen gehandelt haben dürfte, die in München als Dienstmägde, Kellnerinnen, Wäscherinnen oder Näherinnen ihr Brot verdienten.

Manche Soldaten hatten auch eine Geliebte in ihrer Heimatgegend und hielten ihr die Treue. Rührend bat die Melberstochter Walburga Kreisbeck aus Monheim im April 1833 den Kommandeur der 1. Armee-Division in einem Brief um die Versetzung ihres Liebsten zum 7. Linien-Infanterie-Regiment. Es handelte sich um den Korporal Peter Wagner von der 5. Kompanie des 1. Linien-Infanterie-Regiments »König«. Seine Freundin berichtete von zwei Kindern aus dieser Verbindung »...wofür er freylich als ein rechtschaffener und ehrlicher Vater sorgt«, indessen wäre es für die Kinder besser, wenn ihr Vater wenigstens für seine zweijährige Restdienstzeit nicht im fernen München stationiert bliebe. Dieses Gesuch wurde übrigens vom Divisionskommandeur wohlwollend an das Regiment weitergeleitet.[49]

Andererseits darf aber die Funktion der Haupt- und Residenzstadt als Schmelztiegel der verschiedenen Stämme Bayerns auch bei den Militärehen nicht unterschätzt werden. Im Jahr 1849 heiratete beispielsweise ein aus Todtenweis bei Aichach gebürtiger Gendarm eine Bauerntochter aus Sachsenkam bei Miesbach und ein Soldat, der aus Heidingsfeld bei Würzburg stammte, ehelichte die Tochter eines Schneiders aus Ampfing.[50] Nach 1871 landeten auch richtige Preußen in München im Hafen der Ehe. So nahm anno 1879 der Sergant Sankowsky aus Peplin in Westpreußen eine Gütlerstochter aus dem Bayerischen Wald zur Frau und der Feldwebel Gustav Adolf Fritsche aus Halle heiratete eine Bäckerstochter aus Roßhaupten.[51]

Anmerkungen

1 K. J. Hummel, München in der Revolution von 1848/49, München 1987, S. 262

2 Ebd., S. 274

3 Ebd., S. 264 (Ehen) und S. 266 (Geburten)

4 W. D. Gruner, Die Position der Armee in Staat, Wirtschaft und Gesellschaft Bayerns (1848–1866), in: OA 97 (1973), S. 13–31, hier S. 17

5 N. Hierl-Deronco, Mit ganz sonderbarem Ruhm und Eyfer. Lebensläufe bayerischer Soldaten 1700–1918, Krailling 1984, S. 196

6 Gruner (wie Anm. 4)

7 H. Rumschöttel, Das bayerische Offizierkorps 1866–1914, Berlin 1973, S. 130 ff.

8 Ebd., S. 132

9 J. A. Schmeller, Tagebücher 1801–1852, hg. von P. E. Ruf Bd. 2: 1826–1852 (SchrrBayerLG Bd. 48), München 1956, S. 481

10 Vgl. R. v. Xylander, Das 1. Feldartillerie-Regiment »Prinzregent Luitpold« Bd. 3: Das Artillerie-Regiment und das Fuhrwesen 1824 – 1911, Berlin 1911, S. 759; G. Hebert, Das Alpenkorps, Boppard 1988, S. 152

11 Zit. nach Th. Braatz, Das Kleinbürgertum in München und seine Öffentlichkeit (MBM Bd. 68), München 1977, S. 127 ff.

12 H. Fahrmbacher, Das Königlich Bayerische 1. Schwere Reiter-Regiment »Prinz Karl von Bayern« Bd. 2: Das Regiment in dem Zeitraum von 1848 bis 1898, München 1900, S. 28 f.

13 Ebd., S. 313

14 Rumschöttel (wie Anm. 7), S. 137

15 Ebd., S. 134 ff.

16 Ebd., S. 138

17 O. Bezzel, Geschichte des Königlich Bayerischen Heeres unter König Max I. Joseph von 1806 (1804) bis 1825 (Geschichte des Bayerischen Heeres B. 6, 1), München 1933, S. 169 f.

18 E. v. Frauenholz, Geschichte des Königlich Bayerischen Heeres von 1867 bis 1914 (Geschichte des Bayerischen Heeres Bd. 8), München 1931, S. 127

19 W. Schmidt, Die Garnisonstadt Regensburg im 19. und frühen 20. Jahrhundert, Diss. Univ. Regensburg 1988, S. 459

20 Diözesanarchiv MM 47, f. 16

21 Diözesanarchiv MM 47, f. 19

22 Diözesanarchiv MM 47, f. 359

23 Diözesanarchiv MM 46, f. 126

24 Diözesanarchiv MM 47, f. 384

25 Diözesanarchiv MM 48, f. 405

26 Diözesanarchiv MM 141, f. 73

27 Diözesanarchiv MM 216, f. 226

28 Hierl-Deronco (wie Anm. 5), S. 176 – 180, siehe auch S. 127 f. und S. 134

29 Diözesanarchiv MM 235, lfd.Nr. 89

30 Hierl-Deronco (wie Anm. 5), S. 192 ff.

31 Diözesanarchiv MM 47, f. 369

32 Diözesanarchiv MM 48, f. 418

33 Schmeller (wie Anm. 9), S. 207 f.

34 K. A. v. Müller, Aus Gärten der Vergangenheit. Erinnerungen 1882 – 1914, Stuttgart 1951, S. 14

35 Hierl-Deronco (wie Anm. 5), S. 196 f., zit. S. 196; zu Jacob Ney auch die Kurzbiographie bei Xylander (wie Anm. 10), S. 650

36 Hierl-Deronco (wie Anm. 5), S. 197 – 203

37 Diözesanarchiv MM 47, f. 26

38 Diözesanarchiv MM 141, f. 71

39 Diözesanarchiv MM 47, f. 364

40 Diözesanarchiv MM 48, f. 411, f. 416

41 Vgl. A. Baumann, »Armuth ist hier wahrhaft zu Haus …« – Vorindustrieller Pauperismus und Einrichtungen der Armenpflege in Bayern um 1800. (MBM Bd. 132), München 1984, S. 50: von 23 Zugängen waren 8 Töchter von Soldaten (davon sogar ein Offizier und zwei Hartschiere!)

42 Diözesanarchiv MM 45, f. 78, f. 81, f. 86, f. 93

43 Diözesanarchiv MM 46, f. 111, f. 113, f. 117

44 Diözesanarchiv MM 47, f. 23

45 Diözesanarchiv MM 141, f. 67 r

46 Diözesanarchiv MM 47, f. 370

47 Diözesanarchiv MM 48, f. 379, f. 394

48 Diözesanarchiv MM 215, f. 202

49 Diözesanarchiv MM 235, lfd. Nr. 44

50 A VI 4d (1. InfRgt) Bd. 1, Generalordrebuch für das Jahr 1833; ein UP-Akt des Korporals Peter Wagner liegt leider nicht mehr vor.

51 Diözesanarchiv MM 48, f. 397, f. 404

52 Diözesanarchiv MM 269 p. 170 bzw. p. 173

Der Anteil des Militärs am zivilen Vereinswesen

Das 19. Jahrhundert war die große Epoche der Vereine. Thomas Nipperdey konstatiert: »…
Aus kleinen Anfängen im späten 18. Jahrhundert wird das »Vereinswesen« bis zur
Jahrhundertmitte zu einer sozial gestaltenden, Leben und Aktivität der Menschen prägen-
den Macht. Das Jahrhundert wird das Jahrhundert der Vereine, jeder steht – oft mehrfach
– in ihrem Netzwerk.«[1]
In der Stadt München bestanden im Zeitraum von 1800 bis 1850 nachweislich 198
Vereine.[2] Der Anteil des Militärs war in einigen Vereinen recht beachtlich. Ingo Tornow
hat in einer Dissertation über die Münchner Vereine ihre soziale Zusammensetzung
untersucht. Seinen Ergebnissen folgend, ist festzustellen, daß die Teilnahme von Armeeangehörigen am Vereinsleben bis zur Revolution von 1848 ausschließlich eine Angelegenheit des Offizierkorps bzw. höherer Militärbeamten war.
In keinem der von Tornow empirisch untersuchten bürgerlichen Vereine tauchen vor 1848
Unteroffiziere oder gar Mannschaften als Mitglieder auf. Noch um 1850 blieb ihr Anteil
gering. Es handelte sich dabei um drei politische Vereine, einen Schützenverein und den
Veteranenverein.[3] Eine Sonderrolle spielte der 1846 in München gegründete »Militär-
gesangverein«, der de facto eine Domäne des Unteroffizierkorps der Garnison wurde. Er
zählte kurz vor der Jahrhundertwende rund 300 Mitglieder.[4] Der Versuch Münchner
Unteroffiziere in den Jahren 1869/70 einen »Unteroffiziers-Sparkassa- und Darlehens-
verein« zu gründen scheiterte. Die Stadtkommandantschaft mißbilligte den »… primitiven
Charakter, welchen der Verein anstrebt« und warnte vor vereinsinternen Komplikationen
»… welche auf die Disziplin von nachtheiliger Rückwirkung werden möchten.« Dementsprechend verbot Kriegsminister v. Pranckh die Vereinsgründung.[5] Eine Anzahl aktiver
Unteroffiziere wandte sich dann den Kriegervereinen zu, die auch soziale Unterstützung
für ihre Mitglieder anboten.[6]
Im Folgenden soll kurz die Rolle des Münchner Offizierkorps im Vereinsleben der Stadt
beleuchtet werden. Dabei wird der Schwerpunkt auf die erste Jahrhunderthälfte gelegt. Einerseits weil dieser Zeitraum schon durch Tornow eingehender untersucht worden ist und andererseits, weil im späten 19. Jahrhundert im Freizeitverhalten des
bayerischen Offiziers das Kasino, offiziell »Offizierspeiseanstalt« genannt, eine immer
wichtigere Rolle spielte. Es darf nicht vergessen werden, daß es bis in die 1870er Jahre
in Bayern keine Kasinos gab und die Offiziere schon deshalb das Angebot der Vereine
nutzten.

Das »Museum« als geselliger und bildender Verein

Zu Beginn des 19. Jahrhunderts spielten die Offiziere der Garnison eine gewisse Rolle in
gesellschaftsprägenden Vereinsleben Münchens. Eine wichtige Position nahm hierbei der
Verein »Museum« ein. Er wurde im Jahr 1802 mit 165 Mitgliedern gegründet, wobei
immerhin fünf Prozent der Gründungsmitglieder Offiziere waren. Zwei Drittel gehörten
der gehobenen Beamtenschaft an. Im Gründungsvorstand war das Militär mit vierzehn
Prozent sogar überproportional vertreten. 1899 zählte das »Museum« 551 Mitglieder,
davon 14,3 Prozent Offiziere, sowie je ein Drittel Beamte und »Bildungsbürgertum«
(Tornow).[7]
Im Jahr 1819 hatte der Verein das Palais Portia vom damaligen bayerischen Außenminister
Graf Rechberg erworben. Er ließ in dem 1732 von Cuvilles umgestalteten, im Kern
spätgotischen Gebäude, einen großen Konzertsaal im klassizistischem Stil einbauen. Das

»Museum« blieb bis zum Verkauf des Palais in der heutigen Kardinal-Faulhaber-Straße an die Bayerische Vereinsbank 1934 in diesem Domizil mit seinem Rokokointerieur.[8]

Baumanns »Kurzgefaßte Beschreibung von München« vom Jahre 1832 verweist auf die Bibliothek des Museums, Musikzimmer, Billardsalon und fährt fort: »… Ein Tag in der Woche ist zum gewöhnlichen Gesellschaftstage bestimmt, an welchem die Gesellschafts-mitglieder bei dem Traiteur des Museums speisen können; nebst dem werden auch manche andere Tage z. B. vorzüglich die Geburts- und Namenstagsfeste des Königs und der Königin mit kostbaren Diners gefeiert.« Der Jahresbeitrag der ordentlichen Mitglieder wird mit dem recht hohen Betrag von 25 Gulden angegeben.[9] Welch große Rolle das »Museum« als Drehscheibe des gesellschaftlichen Lebens in München in den 1840er Jahren spielte, zeigt eine Episode mit Lola Montez, die sich 1846 vergeblich um die Aufnahme ins »Museum« bemühte. Der damalige Vorstand des Museumsvereins Univer-sitätrektor Friedrich von Thiersch hatte diesen Vorstoß der Abenteuerin in die feine Münchner Gesellschaft vereitelt und damit zugleich öffentlich Front gegen König Ludwig I. bezogen.[10]

Eduard Fentsch schreibt um 1850: »… Es war besonders in den ersten Dezennien dieses Jahrhunderts, daß die Sitte, sich in Clubs, oder sogenannte Gesellschaften zu vereinen allgemein wurde. (…) In den dreißiger Jahren hatte dieses Clubwesen die höchste Spitze erreicht. Als die nobelste und exclusiveste Gesellschaft galt das sogenannte »Museum«. (…) Noch immer steht das Museum als die gewählteste Gesellschaft obenan.«[11] Dem 1863 erschienen Stadtführer »Acht Tage in München« konnte der Reisende oder auch der nach München versetzte Offizier entnehmen, daß er im Museum »… eine gute Auswahl der vorzüglichsten Zeitschriften Deutschlands, Frankreichs und Englands; auch Flugschriften und Werke belletristischen Inhalts« finden könne. »… Ebenso werden Vorlesungen, Concerte und Bälle veranstaltet.« Der monatliche Mitgliedsbeitrag belief sich auf einen Gulden dreißig Kreuzer. Fremde hatten als Gäste vier Wochen kostenlosen Zutritt.[12]

Andere Gesellschaften

Neben dem Museum gab es eine ganze Reihe anderer geselliger Vereine. Um 1803 wurde die »*Harmonie*« gegründet. Sie bestand bis in das Jahr 1834. Im Jahre 1812 zählte sie 510 Mitglieder, davon die Hälfte Beamte und 15 Prozent Offiziere.[13]

Im Herbst 1813 entstand der gesellige Verein »*Frohsinn*«. Der Name zeigte treffend den Vereinszweck an, der anders als beim, zumindest anfangs stark literarisch geprägten »Museum«, ausschließlich der geselligen Unterhaltung huldigte. Die Gesellschaft veran-staltete Konzerte und Theateraufführungen, bei denen die Vereinsmitglieder auf anerkannt hohem Niveau selbst aktiv waren. Zudem wurden die Bälle des »Frohsinns« sehr ge-schätzt.[14] Die Gesellschaft zählte im Jahr 1840 446 Mitglieder, darunter ein Sechstel Offiziere.[15] Obwohl der Anteil des Adels im »Frohsinn« nicht unbeträchtlich war, um 1840 war jedes vierte Vereinsmitglied adelig[16], galt die Gesellschaft gegenüber dem »Museum« und der »Harmonie« nur als drittrangig, als Sammlungsort der »petite bourgoisie«, wie der französische Gesandte 1827 bemerkte. In der Tat besaß der »Frohsinn« seit 1824 einen eigenen Unterstützungsverein für die Hinterbliebenen verstorbener Mitglieder mit dem ausdrücklichen Hinweis auf die zahlreichen relativ gering besoldeten Staatsdiener in der Mitgliedschaft.[17]

Im Jahr 1818 wurde die spätere Gesellschaft »*Ressource*« als sogenannte »Privatgesell-schaft im Hubergartensaal« gegründet. Ab 1825 nannte sich der Verein »Ressource«. Ähnlich dem »Frohsinn« widmeten sich die Mitglieder dieser Gesellschaft vor allem der

Musik und dem Theaterspiel. Im Gegensatz zum »Frohsinn« strebte man aber eine gewisse Exklusivität an. Handwerksmeister und Privatangestellte wurden als Mitglieder nicht zugelassen. Bezeichnenderweise wurde dafür schon 1819 ein »Bürgerverein« der Handwerkerschaft gegründet. Die »Ressource« war jedenfalls in ihren Anfangsjahren stark von Militär und Beamtenschaft geprägt, das Offizierkorps stellte zeitweise 40 Prozent der Mitglieder.[18] Im Vormärz ging der Anteil des Militärs, parallel mit dem Mitgliederschwund der »Ressource« stark zurück. Im Jahr 1843 lassen sich unter 62 Mitgliedern nur noch drei Offiziere feststellen, während der Anteil der Studenten und akademischen Künstler 40 Prozent betrug. 1847 war nur noch ein Offizier unter insgesamt 44 Mitgliedern zu finden, der Verein wurde nun von der Beamtenschaft dominiert.[19] Es ist zu vermuten, daß der bemerkenswerte Schwund der militärischen Mitglieder in Zusammenhang mit dem vorübergehenden starken Übergewicht der Studenten stand.

Dem in den frühen 1830er Jahren gegründeten geselligen Verein »*Zufriedenheit*«, gehörten zahlreiche Offiziere an. 1840 stellten die Offiziere unter den damals 105 Mitgliedern nicht weniger als 28,5 Prozent und im Jahr 1847 betrug der Anteil des Offizierkorps bei einem drastischen Rückgang der Gesamtmitgliederzahl auf 65 Personen knapp ein Viertel, in der Vorstandschaft sogar 28,5 Prozent.[20]

Die »*Abendgesellschaft der Wittelsbacher*« entstand im Jahr 1827. Der Satzung gemäß mußte mindestens die Hälfte des Vereins aus Offizieren bestehen.[21] Um 1840 waren achtundzwanzig der vierzig Mitglieder Offiziere, der Rest Beamte, Angehörige akademischer Berufe oder vermögende Adelige.[22]

Ein kleiner geselliger Zirkel war der »*Harbni-Orden*«. Hier pflegte man romantisch und zugleich ironisch die Erinnerung an das Mittelalter. Oberstes Gebot der Runde war es, nie herb im Umgang untereinander zu sein, also auf gut bairisch »Harb nie!«. Im Dezember 1859 gehörten dem Verein knapp drei Dutzend Männer an, darunter der Gelehrte Max v. Pettenkofer, der Erzgießer v. Miller und der Baurat Himbsel. Eine ganze Reihe der »Ritterschaft« war aber im Militärstand: – Hauptmann a. D. Wintter; – der Hauptmann im Infanterie-Leib-Regiment Baumüller; – der Adjutant des Prinzen Luitpold Hauptmann Freyschlag von Freyenstein;– Dr. Stadelmeyer, Stabsarzt im Infanterie-Leib-Regiment; – Dr. Tutschek, Regimentsarzt im 1. Artillerie-Regiment.[23]

Der Historische Verein von Oberbayern

Im Dezember 1837 wurde als letzter großer historischer Bezirksverein für das Königreich Bayern in München der noch heute bestehende »Historische Verein von Oberbayern« gegründet. Damit entsprach man einem Wunsch König Ludwigs I., der die historischen Vereine zur Befestigung eines geschichtlich legitimierten Patriotismus im ganzen Königreich einsetzen wollte. Beamte und Geistliche bildeten wesentliche Stützen auch des Münchner Vereins. Ab dem Jahr 1839 publizierte der Verein das immer noch erscheinende »Oberbayerische Archiv«.[24] Um 1840 zählte der Historische Verein in der Stadt München 182 Mitglieder, davon waren fast die Hälfte Beamte und sieben Prozent Offiziere. In den folgenden Jahren stagnierte die Mitgliederzahl bei leicht steigendem Anteil des Militärs (1847: 8,5% Offiziere). War in der Vorstandschaft bis 1847/48 kein einziger Offizier vertreten, so entsprach wenige Jahre später ihr Anteil von gut acht Prozent etwa dem Mitgliederanteil. Um die Jahrhundertwende trug jedes zehnte Mitglied des Vereins Offiziersuniform. Das Militär stellte nun sogar ein Sechstel der Vorstandsmitglieder.[25] Die Offiziere lieferten auch Beiträge für das »Oberbayerische Archiv«. So schrieb im Band 3 (1841) der spätere Kriegsminister Weishaupt eine umfangreiche Abhandlung »Zur Kenntnis des Römerstraßenzuges von Augusta Vindelicorum bis Juvavo« und der Ingenieur-leutnant Illing beschäftigte sich mit den »Unterirdischen Gängen des zerstörten Schlosses Rochenstein bei Alling«. Im Band 7 (1845) behandelte Major v. Gumppenberg »Die letzten Scaliger von Verona«. Über viele Jahrgänge hinweg lieferte der Kaplan Geiß vom Münchner Militärkrankenhaus wertvolles Material aus verschiedenen Archiven. Ab den 1870er Jahren schrieb der Offizier Joseph Würdinger, ab 1881 als Oberstleutnant a. D. Konservator des Armeemuseums immer wieder Beiträge. Im Band 42 (1885) findet man den Vorstand der Kriegsakademie Generalmajor Kleemann als Autor eines Aufsatzes »Grenzfestigungen Bayerns im spanischen Erbfolgekrieg«. Auch der spätere Inspekteur des Ingenieurkorps Karl Ritter v. Popp engagierte sich literarisch im Oberbayerischen Archiv, etwa in den Bänden 31 (1871), 32 (1872/73) und 49 (1895/96). Ebenso der erste Chef des Kriegsarchives Oberst Adolf Ritter v. Erhard.

Der Münchner Kunstverein

Der Kunstverein entstand im Jahr 1823 primär als Interessenverein bildender Münchner Künstler gegenüber dem Alleinvertretungsanspruch der Kunstakademie. Gründungs-mitglieder waren u. a. Albrecht Adam, Friedrich v. Gärtner, Peter (v.) Hess, Karl Joseph Stieler und Domenico Quaglio. Bereits nach wenigen Jahren überwogen aber Kunst-freunde und Dilettanten (im klassischen Wortsinne) die professionellen Künstler in der Mitgliederzahl.[26] Bereits unter den 156 Gründungsmitgliedern befanden sich vierzehn Prozent Offiziere. Um 1830 war jedes sechste Vereinsmitglied Offizier, in den 1840er Jahren immerhin noch jedes zehnte Mitglied. Dieselbe Quote läßt sich dann auch um die Jahrhundertwende feststellen. Bei mehr als 4200 Mitgliedern um das Jahr 1899 ergibt sich somit eine ganz beachtliche Zahl von kunstsinnigen Militärs. Noch bemerkenswerter ist das Phänomen, daß sich der Anteil der Offiziere in der Vorstandschaft im Laufe der Jahrzehnte von 12,8 Prozent (um 1826) auf ein knappes Drittel (1899) erhöhte, d. h. von einer Unter- zur Überrepräsentation wandelte![27]

Anmerkungen

1 Th. Nipperdey, Deutsche Geschichte 1800 – 1866. Bürgerwelt und starker Staat, München 1983, S. 267
2 I. Tornow, Das Münchner Vereinswesen in der ersten Hälfte des 19. Jahrhunderts mit einem Ausblick auf die zweite Jahrhunderthälfte (MBM Bd. 75), München 1977, S. 277 – 283 (Vereinsregister)
3 Ebd., S. 294 – 298 (Anteil der Schichten in den Vereinen). Um 1850 hatte der Veteranenverein 5% aktive Unteroffiziere und Soldaten als Mitglieder. Der Demokratische Verein hatte 0,5%, die Kgl. privilegierte Haupt-schützengesellschaft 0,3% (1847), der Konstitutionell-monarchische Verein 0,2% und der Märzverein 0,15%, a. a. O., S. 296.
4 Ebd., S. 123
5 MKr. 11508 Prod. 6, KdtMünchen an KM am 4. Aug. 1869; Prod. 8, KM an KdtMünchen am 28. Febr. 1870
6 Vgl. den Abschnitt »Veteranenvereine«
7 Tornow (wie Anm. 2), S. 294 und S. 297 f.
8 G. Dischinger, Die Geschichte der Palais »Portia« und »Preysing« der Bayerischen Vereinsbank in München, München 1984, S. 4 – 14 pass.
9 C. A. Baumann, Die Haupt- und Residenzstadt München und ihre Umgebungen. Ein Taschenbuch für Fremde und Einheimische., München 1832 (unv. Ndr. Erlangen 1979), S. 144 f.
10 K. J. Hummel, München in der Revolution von 1848/49, München 1987, S. 73
11 E. Fentsch, Die kgl. Haupt- und Residenzstadt München, hg. von P. E. Rattelmüller, München 1989, S. 167
12 G. K. Nagler, Acht Tage in München. Wegweiser für Fremde und Einheimische, München 1863 (unv. Ndr. München 1983), S. 115
13 Tornow (wie Anm. 2), S. 279 und S. 294
14 Ebd. S. 46

15 Ebd., S. 295
16 Ebd.
17 Ebd., S. 47
18 Ebd., S. 48
19 Ebd., S. 48 und S. 295 f.
20 Ebd., S. 50 und S. 295 ff.
21 Ebd., S. 52 und S. 277
22 Ebd., S. 295
23 Ebd., S. 344
24 Vgl. R. Bauer, 150 Jahre Historischer Verein von Oberbayern. Ein Festgruß, in: H. Lehmbruch, Ein neues München. Stadtplanung und Stadtentwicklung um 1800. Eine Festgabe des Historischen Vereins von Oberbayern zum 150. Gründungsjubiläum, Buchendorf 1987, S. XI – XV
25 Tornow (wie Anm. 2), S. 295 – 298
26 Ebd., S. 110 ff.
27 Ebd., S. 294 – 298

Vereinigungen aktiver Offiziere

In der bayerischen Armee wurde der Zusammenschluß von Offizieren, zu welchen Zwecken er auch immer beabsichtigt war, bis in die Zeit nach 1866 nicht gerne gesehen bzw. überhaupt nicht geduldet. Die tiefere Ursache für dieses Mißtrauen lag im Wirken des Illuminatenordens in der Zeit des Kurfürsten Karl Theodor begründet. Obwohl sein Nachfolger Max Joseph als junger Offizier selbst Mitglied einer Freimaurerloge gewesen war und sein Spitzenminister Montgelas einst als Illuminat sogar aus Bayern hatte fliehen müssen, gab es für derartige Vereinigungen in ihrem neuen bayerischen Staat keinen Platz. Entsprechende Edikte ergingen in den Jahren 1799, 1804, 1807 und 1814.[1] Jeder Offizier mußte sich schriftlich verpflichten, die Verordnung wider die Geheimen Gesellschaften vom 13. September 1814 strikt zu befolgen. Die Verordnung blieb unverändert bis zum Ende der Armee im Jahr 1918 gültig.[2]

Welche unangenehmen Folgen der Verdacht der Geheimbündelei haben konnte, erfuhren die späteren Kriegsminister Hauptmann Ludwig v. Lüder (1795 – 1862) und Major Carl Weishaupt (1787 – 1853), letzterer übrigens ein Sohn des Begründers des Illuminatenordens Johann Adam Weishaupt, im rauhen politischen Klima des Münchner Vormärz anno 1831. Die beiden Offiziere dienten damals im Artilleriereferat des Kriegsministeriums. Weishaupt, Lüder und andere engagierte Offiziere des Ministeriums diskutierten in ihrer Freizeit auch in der Öffentlichkeit über Probleme der Armee. »... Das auffallende Benehmen einiger Artillerie-Offiziere im Wirtshaus »zum Birkenstock« genannt« wurde dem König berichtet. Ludwig I. witterte Verrat und befahl am 14. Dezember 1831: »... Wenigstens ein abschreckendes Beyspiel stattfinden zu lassen, scheint mir nothwendig, und dass solches an dem von mir selbst ausgezeichnet wordenen Major Weishaupt geschehe. Auch an dem im Kriegsministerium sitzenden Becker dürfte es nicht übel sein, eines zu geben. Die übrigen wären zu versetzen.« So wurde Lüder in die Festung Landau kommandiert. Weishaupt, von dem Kriegsminister v. Weinrich gerade noch einen Kriminalprozeß abwenden konnte, schob man in die Gieß- und Bohranstalt Augsburg ab.[3]

Noch in der zweiten Hälfte des 19. Jahrhunderts war die bayerische Armeeführung argwöhnisch gegenüber jeder Art von Vereinigung innerhalb der Reihen des aktiven Militärs. Aus diesem Grunde wurden sogar Kasinos in ihrer ursprünglichen Form als »Offiziersmenagen« abgelehnt. In der Ära des Kriegsministers v. Lüder mußten die Truppenteile außerdienstliche Zusammenkünfte ihrer Offizierkorps extra genehmigen lassen.[4]

Das gescheiterte Projekt des »Militär-Casinos« (1856)

Negative Erfahrungen mußten auch jene Offiziere machen, die im Jahr 1856 einen Offiziersklub als »Militär-Casino der Garnison München« gründen wollten. Im einleitenden Paragraphen des beim Kriegsministerium eingereichten Entwurfs der Vereinsstatuten heißt es:

»... Um einen schon seit langer Zeit gefühlten Bedürfniße zu entsprechen, nämlich: Die Vereinigung sämmtlicher Officiere und Militärbeamten der Garnison München zu bewerkstelligen, wodurch sowohl den Officieren etc. der verschiedenen Waffengattungen und Regimenter Gelegenheit gegeben wird, sich näher kennen zu lernen und in ein näheres kameradschaftliches Verhältniß zu treten, als auch neuankommenden, sowie Officieren aus fremden Armeen eine geeignete Gesellschaft zu bieten, gründet sich in Übereinkunft und Beschluß der hier garnisonierenden Abtheilungen aus sämmtlichen Officieren und Militärbeamten eine Gesellschaft, welche unter dem Namen »Militär-Casino« besteht, und bey welcher nur Militär-Individuen Mitglieder seyn können.«[5]

Alle Mitglieder des Casinos sollten einen monatlichen Beitrag von achtzehn Kreuzern in eine Vereinskasse entrichten, die man im Kassenzimmer des Infanterie-Leib-Regiments aufzubewahren gedachte. Ein Komitee, bestehend aus je einem Offizier sämtlicher Truppenteile und Dienststellen der Garnison, ferner ein Vertreter für die pensionierten bzw. charakterisierten oder »à la suite« gestellten Offiziere, war zur Geschäftsführung vorgesehen. Hauptzweck der Offiziergesellschaft sollte der Betrieb des sogenannten Kasinos mit eigens angestelltem Personal sein. Wo diese Einrichtung etabliert werden sollte, ob in einem Militärgebäude oder in angemieteten Privatlokalitäten, ist aus dem Antrag nicht ersichtlich. Man wollte im Kasino keine »Hazardspiele« dulden und die Institution unter die Oberaufsicht des Münchner Stadtkommandanten stellen. Ungeachtet dieser wahrlich gesitteten Vorstellungen wurde der Entwurf im Kriegsministerium kommentarlos zu den Akten genommen.[6]

Die Münchner Militärische Gesellschaft von 1868

Erst nach der Niederlage von 1866 konnte sich mit Unterstützung König Ludwigs II. in München eine Offiziergesellschaft etablieren. Bezeichnenderweise hätte die Spitze der Militärhierachie, ganz im Geiste der älteren Generation erzogen, eine solche Vereinigung am liebsten immer noch untersagt. Der Münchner Stadtkommandant Generalmajor v. Walther meldete am 9. November 1868 an den Kriegsminister v. Pranckh, ihm sei von den Hauptleuten Karl Hoffmann vom Infanterie-Leib-Regiment und Friedrich Münich vom 1. Infanterie-Regiment »König« als Abgeordneten »... eines provisorischen Ausschusses für Gründung einer »Militärischen Gesellschaft« dahier, bestehend aus Offizieren und Militärbeamten hiesiger Garnison« der Entwurf für die Statuten der benannten Gesellschaft übergeben worden.

Es muß diesen Offizieren irgendwie gelungen sein, sich vor diesem Rapport beim Stadtkommandanten der Huld des Königs zu versichern. Das war eine äußerst kluge Maßnahme, denn die knurrigen Bemerkungen des Generals lassen erkennen, daß er die Offiziere sehr gerne bestraft gesehen hätte:

»... Muß der treugehorsamst Unterzeichnete gleichwohl das stattgehabte Zusammentreten von Offizieren und Militärbeamten der Garnison zum Zwecke des Entwurfes der hier vorliegenden Statuten ohne vorher hierfür erholte dienstliche Genehmigung selbst im Hinblick auf 118 der Allerhöchsten Dienstvorschriften als dem Geiste der Bestimmungen in Ziffer IX (S. 8) der obengenannten Vorschrift widersprechend erkennen, so glaubt er vordennoch die erwähnten Statuten Euer Königlichen Majestät[7] für weitere Verfügung legen zu sollen, *weil die Übergeber bereits in der Lage waren, dem Unterzeichneten Euer Königlichen Majestät lebhaftes Interesse für das Projekt vermelden zu können.*«[8]

Auch der Kriegsminister v. Pranckh hielt es nicht für ratsam, sich die Gunst des Königs zu verscherzen und teilte deshalb dem Stadtkommandanten mit:

»... Anlangend die Berufungsweise der Gesellschaftsstatuten seitens der beteiligten Offiziere, so unterliegt es keinem Zweifel, daß Versammlungen von Officierskorps, nach den einschlägigen Bestimmungen unter allen Umständen, also auch zu außerdienstlichen Zwecken, ohne vorherige dienstliche Genehmigung unstatthaft sind. In vorliegenden Fall jedoch, wie aus dem Bericht zu entnehmen ist, wird vom dienstlichen Standpunkte aus nichts erinnert.«[9]

Die Statuten der »Militärischen Gesellschaft München« waren am 31. Oktober 1868 aufgestellt worden. Im Gegensatz zum gescheiterten »Militär-Casino« des Jahres 1856, dessen Zielsetzung primär gesellschaftlicher Art gewesen war, stand nun die militärwissenschaftliche Fortbildung der in der Garnison stationierten Offiziere im Vordergrund. Dieses Anliegen der jüngeren Generation im Offizierkorps – im Gründungsausschuß waren überwiegend Hauptleute vertreten – ist eindeutig vor dem Hintergrund der Niederlage von 1866 und dem Verlangen nach Reformen zu sehen. Andererseits spielte aber doch auch das gesellschaftliche Moment eine gewisse Rolle. So bestimmte der erste Paragraph der Statuten: »... Der Zweck der Gesellschaft ist: Sowohl Förderung des militärischen Wissens, als auch Belebung eines kameradschaftlichen Verkehrs unter den Mitgliedern derselben.«[10]

Als ordentliche Mitglieder der Gesellschaft wurden aktive und inaktive Offiziere bzw. höhere Militärbeamte der Münchner Garnison aufgenommen. Außerordentliche Mitglieder konnten bayerische Offiziere bzw. Militärbeamte anderer Garnisonen aber auch Angehörige fremder Streitkräfte werden. Neben den Ämtern des Direktors, des Sekretärs und des Kassiers gab es einen Bibliothekar »... für Mitteilung des Neuesten aus der Militär-Literatur.« Die Mitglieder zahlten eine Aufnahmegebühr von einem Gulden und weitere vierundzwanzig Kreuzer für jeden aktiven Vereinsmonat. Den Anforderungen des militärischen Ausbildungsbetriebes entsprechend, beschränkte sich nämlich das aktive Vereinsleben auf das militärische Winterhalbjahr von Oktober bis einschließlich April. In diesen Monaten sollte aber jede Woche eine Versammlung stattfinden, wobei mindestens einmal im Monat ein militärisches Thema in Form einer wissenschaftlichen Vorlesung behandelt werden mußte.[11]

Nachdem der Kriegsminister dem König das Bestehen der Gesellschaft gemeldet hatte, diktierte Ludwig II. in Hohenschwangau am 2. Dezember 1868 seinem Sekretär: »... *Ich habe von dieser Anzeige Kenntniß genommen und bin über das Zustandekommen der Gesellschaft sehr befriedigt.*«[12]

In der Tat war das Interesse König Ludwigs II. an diesem Verein, entgegen des landläufigen Klischees vom völlig unmilitärischen Träumer, bemerkenswert. So meldete im Herbst 1881 der damalige Direktor der Militärischen Gesellschaft Generalmajor Kleemann, das königliche Hofsekretariat wünsche die Zusendung des von der Gesellschaft publizierten Jahrbuches via Kriegsministerium. Minister v. Maillinger machte sich daraufhin einen Aktenvermerk: »... *S. M. ist Protektor der Milit. Gesellschaft.*« Tatsächlich erhielt der Kriegsminister aus Linderhof ein Signat des Königs: »... Ich habe das vorgelegte Jahrbuch gerne entgegengenommen und meiner Privatbibliothek einverleiben lassen.«[13] Übrigens wurden dem König auch die folgenden Jahrbücher der Militärischen Gesellschaft zugesandt, einschließlich der Ausgabe 1885, die Ludwig II. im Februar 1886, also noch vier Monate vor seinem Tod, dankend entgegennahm.[14]

Auch nach dem Ableben König Ludwigs II. konnte sich die Militärische Gesellschaft weiterhin höchster Protektion erfreuen. Als nämlich im Oktober 1887 über die nun schon traditionelle Übersendung des neuesten Jahrbuches an den Regenten im Kriegsministerium zu entscheiden war, konnte der Referent v. Barth dem Minister v. Heinleth versichern:

Der damalige Verlauf der Straßen und Wege hat sich in der Stadttopographie bis heute weitgehend erhalten (vgl. Einleitung zum Kapitel »Exerzierplatz auf dem Gasteig«).

Quelle: Kriegsarchiv MKr. 9041 Prod. 10 (Plankopie von 1810 nach dem Original von 1801)

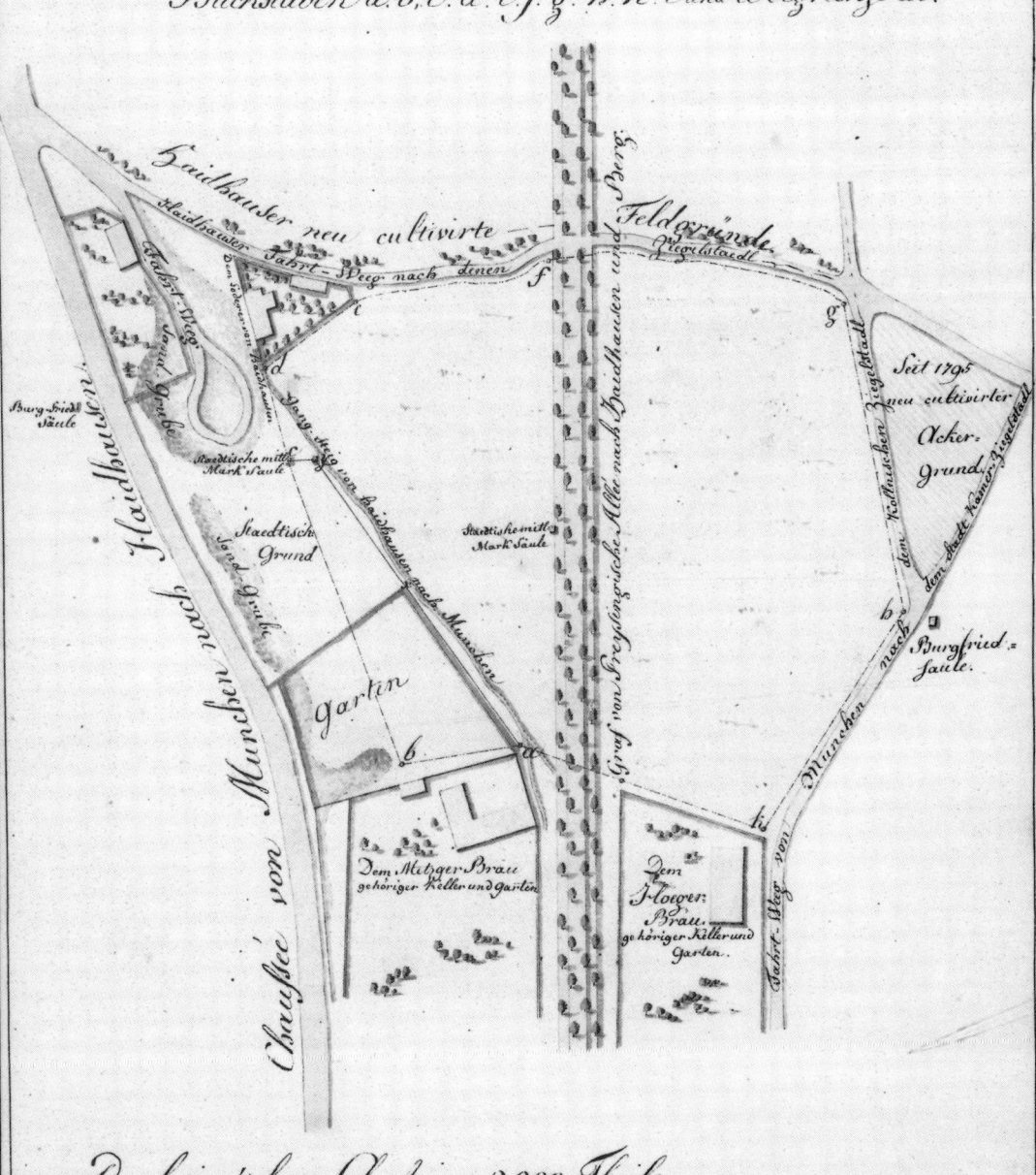

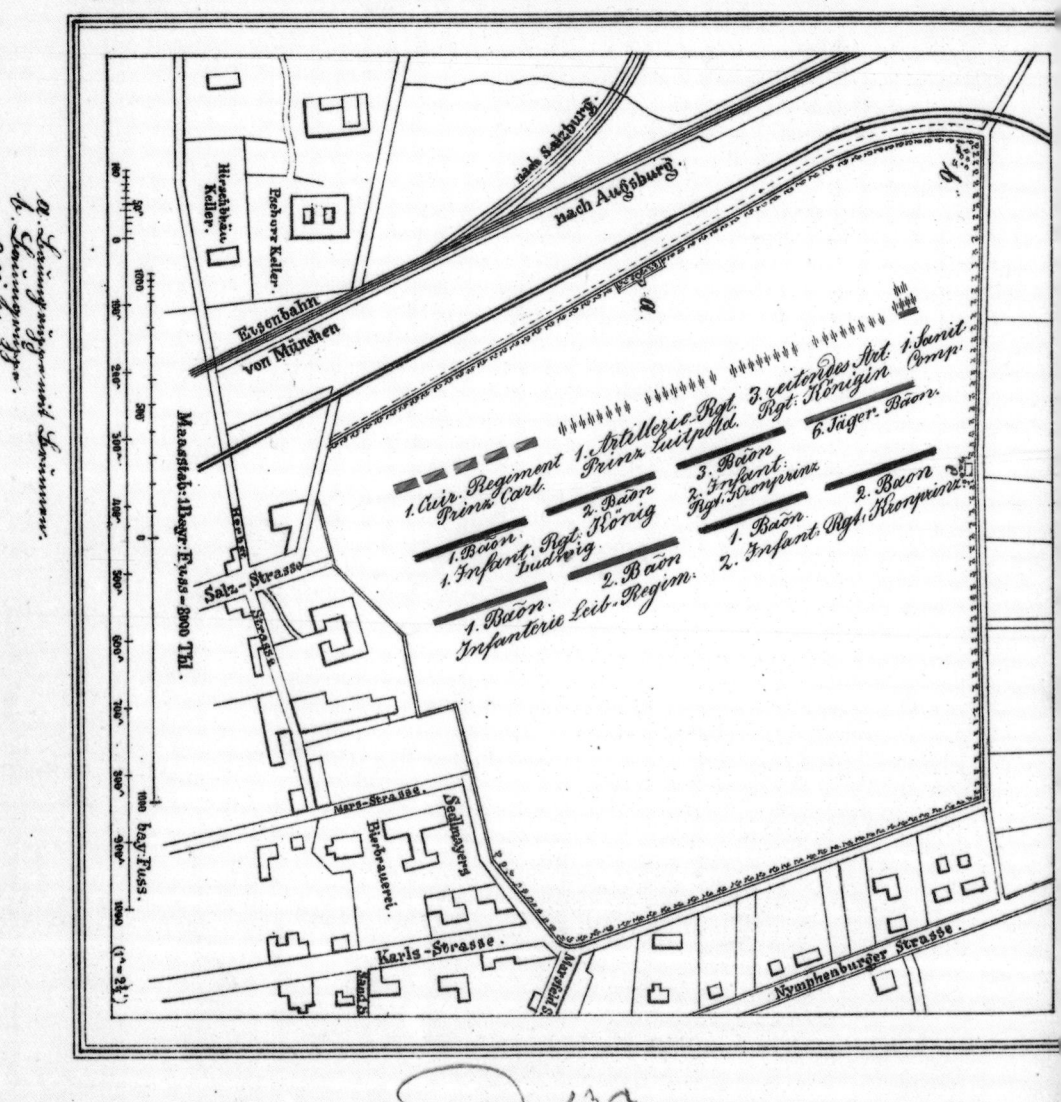

Dispositionszettel für die Paradeaufstellung der Münchner Garnison auf dem Standortübungsplatz »Marsfeld«. Die Dimensionen verdeutlichen, daß das Marsfeld eigentlich schon für die Gefechtsausbildung eines Infanteriebataillons oder einer Kavallerieeskadron zu klein geworden war.

Quelle: Kriegsarchiv A IV Bd. 102 Prod. 135

Umstehende Abb. auf S. 553:

Der damalige Verlauf der Straßen und Wege hat sich in der Stadttopographie weitgehend erhalten (vgl. Einleitung zum Kapitel »Exerzierplatz auf dem Gasteig«).

Quelle: Kriegsarchiv MKR 9041 Prod. 10 (Plankopie von 1810 nach dem Original von 1801)

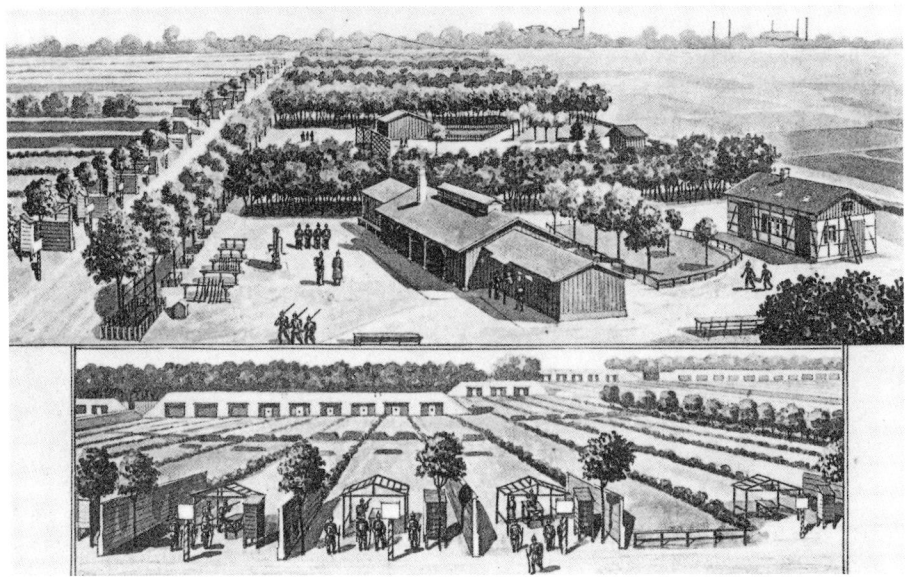

Diese Postkarte aus dem Jahr 1915 zeigt recht anschaulich die Ausbildung der Münchner Soldaten auf der 1879 errichteten Standortschießanlage beim Dorf Freimann nördlich von München.

Quelle: Stadtarchiv München Neg.Nr. R 1883

Blick auf den Standortübungsplatz Oberwiesenfeld. An seiner Südostecke die im Jahr 1902 bezo-
gene Kavalleriekaserne (»Prinz-Leopold-Kaserne«). Unterhalb davon das sogenannte »Barackenkasernement Oberwiesenfeld«.
In der gekennzeichneten Parzelle (X) entstand 1913/14 der Neubau für das städtische Wehramt,
heute Sitz des Stadtarchivs München. Quelle: Kriegsarchiv BS II, 5 Nr. 754 rot

Die Wache vor der Königlichen Residenz (um 1900).

Quelle: Oskar Illing, Das K.B. Infanterie-Leib-Regiment 1814 bis 1914, München 1914, S. 155 (Verlag Wolf & Sohn, München)

Entwurf des Ingenieurobersten Franz v. Hörmann vom Frühjahr 1853 für einen »Mittleren, defensiven und feuerfesten Wacht- und Bereitschafts-Posten«, gezeichnet vom Ingenieurleutnant Hugo v. Kern. Ein solcher Wehrturm sollte ständig durch einen Offizier und 22 Infanteristen bewohnt werden und im Krisenfall weitere 27 Soldaten aufnehmen.   Quelle: Kriegsarchiv C 7a, Teil II – Planfaszikel VI

Litt. D

Die Karikatur aus den Revolutionsjahren 1848/49 zeigt einen Soldaten des
Infanterie-Leib-Regiments, im Hintergrund Angehörige eines Freikorps und
Grenadiere der Landwehr.

Die Hauptwache am Schrannenplatz (ab 1854 »Marienplatz«) um 1826. Die Wache präsentiert
soeben vor einem General und seinem Adjutanten. Mehrere Schilderhäuschen und Posten im
Verlaufe der Straße zeigen, daß in den betreffenden Privathäusern Generale wohnen.

Quelle: Münchner Stadtmuseum Z 478 (Ausschnitt), Lithographie von Gustav Kraus

Einblattdruck, etwa aus der Mitte des 19. Jahrhunderts. Als Hintergrundmotiv erkennt man oben die Hofgartenkaserne.

Quelle: Münchner Stadtmuseum Z 1992

Hof der Türkenkaserne (1882).
Parade des Kgl. Bayer. 2. Infanterie-Regiments »Kronprinz« anläßlich seines
200jährigen Jubiläums (1682–1882).   Quelle: Kriegsarchiv BS Nr. 7354

Eine Eskadron des Kgl. Bayer. 1. Schweren Reiter-Regiments »Prinz Carl von Bayern« in Para-
deformation vor der 1854 erbauten »Maximilian-II-Reitschule« auf dem Areal der Neuen Isarkaserne.
Die Aufnahme ist in die Zeit zwischen 1899 (Einführung der Lanze beim Regiment) und 1902
(Umzug in die Prinz-Leopold-Kaserne) zu datieren.   Quelle: Münchner Stadtmuseum Inv.Nr. 54/743/1

Das ehemalige Militärkrankenhaus an der Müllerstraße aus dem Jahre 1777 wurde nach 1885 äußerlich praktisch unverändert als Schule benutzt. Vor dem Gebäude floß wie schon in alter Zeit der Stadtbach. Am 30. April 1919 wurden im Hof des Luitpold-Gymnasiums zehn Menschen von der Münchner »Roten Armee« erschossen.

Zeitgenössische Beschreibung (um 1868) des neuen Militärkrankenhauses an der Lazarettstraße.

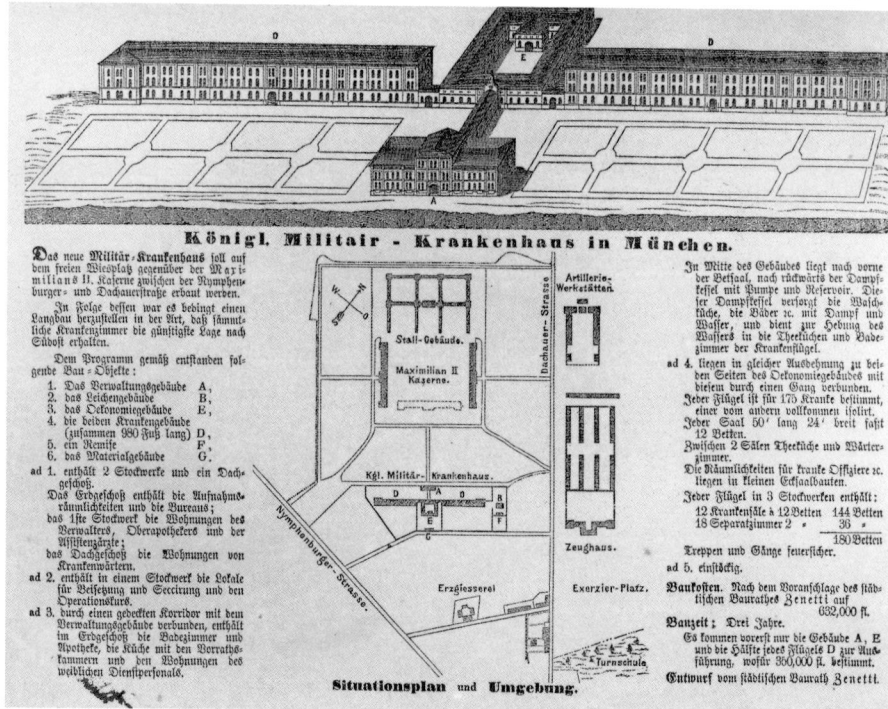

»... Gehorsamste Bemerkung! In Ermangelung eines schriftlichen Belegs wird hier konstatiert, daß S. K. H. der Prinzregent im Laufe der letztverflossenen Gesellschaftssaison das Protektorat der Gesellschaft zu übernehmen geruht haben. Der Unterzeichnete war persönlich bei der Deputation, welche S. K. H. den Dank der Gesellschaft übermittelte.«[15]

Die Leitung der Münchner Militärischen Gesellschaft lag zu dieser Zeit längst nicht mehr in den Händen von Hauptleuten. Die Generation der jungen Leute von 1868 war mittlerweile in die höheren Führungsränge der Armee aufgestiegen. Das Direktorat wurde nur noch von Generalen ausgeübt, der Sekretär war mindestens im Dienstgrad eines Majors. Ab dem Herbst 1887 wurde die Besetzung der Funktionärsposten regelmäßig dem Kriegsministerium mitgeteilt, wohl ein Indiz dafür, daß die Offiziervereinigung de facto von der Armeeführung kontrolliert wurde. An der Spitze der Militärischen Gesellschaft stand beispielsweise im Frühjahr 1889 der Chef des bayerischen Generalstabes Generalmajor v. Prandl. Im Herbst 1890 wurde der Kommandeur der 1. Infanterie-Brigade Generalmajor v. Bomhard Direktor. Es folgten der Kommandeur der 2. Infanterie-Brigade Generalmajor v. Kühlmann, dann der Chef des Inganieurkorps Generalmajor Popp, der Kommandeur der 1. Feldartillerie-Brigade Generalleutnant v. Malaisé usw..[16] Diese Liste zeigt deutlich, daß die Gesellschaft fest in der Hand des militärischen Establishments der großen Münchner Garnison war. Nach der Bewertung von Rumschöttel war die Münchner Militärische Gesellschaft von 1868 bis zum Ersten Weltkrieg die bedeutendste Offiziergesellschaft im Bereich der bayerischen Armee und zugleich eine Bastion borussophiler Tendenzen im Offizierkorps von großem Einfluß.[17]

Anmerkungen

1 L. Hammermayer, Illuminaten in Bayern. Zu Geschichte, Fortwirken und Legende des Geheimbundes, in: Wittelsbach und Bayern, hg. von H. Glaser Bd. III/2, München 1980, S. 146 – 173
2 O. Bezzel, Geschichte des Königlich Bayerischen Heeres unter König Max I. Joseph von 1806 (1804) bis 1825 (Geschichte des Bayerischen Heeres Bd. 6/1), München 1933, S. 128. E. v. Frauenholz, Geschichte des Königlich Bayerischen Heeres von 1867 bis 1914 (Geschichte des Bayerischen Heeres Bd. 8), München 1931, S. 61 und S. 587
3 N. Hierl-Deronco, Mit ganz sonderbarem Ruhm und Eyfer. Lebensläufe bayerischer Soldaten 1700–1918, Krailling 1984, S. 70 – 76 pass.
4 O. Bezzel, Geschichte des Königlich Bayerischen Heeres von 1825 mit 1866 (Geschichte des Bayerischen Heeres Bd. 7), München 1931, S. 68 f.
5 MKr. 11503 Prod. 2, Entwurf der Statuten für ein Militär-Casino der Garnison München, abgelegt in der Registratur des KM am 19. Dez. 1856
6 Ebd.
7 Alle Schreiben an das KM waren formell an den König adressiert
8 MKr. 11503 Prod. 19, KdtMünchen an KM am 9. Nov. 1868
9 Ebd. Prod. 20, KM an KdtMünchen am 9. Nov. 1868
10 Ebd. Prod. 21 (Beil.), Statuten der Militärischen Gesellschaft München, dat. 31. Okt. 1868
11 Ebd.
12 Ebd. Prod. 23, KM an König Ludwig II. am 29. Nov. 1868 mit Kgl. Signat vom 2. Dez. 1868
13 Ebd. Prod. 36, GenM Kleemann an KM am 2. Sept. 1881; Prod. 37, Aktennotiz des KM v. Maillinger vom 14. Sept. 1881; Prod.38, KM an König Ludwig II. am 14. Sept. 1881 mit Kgl. Signat vom 19. Sept. 1881
14 Ebd. Prod. 41, Kgl. Signat vom 28. Sept. 1882; Prod. 45, Kgl. Signat vom 20. Nov. 1883; Prod. 52, Kgl. Signat vom 27. Febr. 1886
15 Ebd. Prod. 56, Referentennotiz im KM (Freiherr v. Barth) vom 26. Okt. 1887
16 Ebd. Prod. 61, Vorstand der Militärischen Gesellschaft München an KM am 14. Nov. 1887; Prod. 64, Vorstand an KM am 23. März 1889; Prod. 65, Vorstand an KM am 22. Nov. 1890; Prod. 66, Vorstand an KM am 20. Nov. 1891; Prod. 68, Vorstand an KM am 1. Dez. 1892
17 H. Rumschöttel, Das bayerische Offizierkorps 1866 – 1914. Beiträge zu einer historischen Strukturanalyse Bayerns vor dem Ersten Weltkrieg, Berlin 1973, S. 212

Universität und Garnison

Die heutige Ludwig-Maximilians-Universität zu München wurde offiziell am 26. Juni 1472 von Herzog Ludwig dem Reichen von Bayern-Landshut in seiner Nebenresidenz Ingolstadt als elfte Universität im Reichsgebiet gegründet. Bis zur Errichtung des »Neuen Bayern« zu Beginn des 19. Jahrhunderts sollte sie die einzige bayerische Landesuniversität und an ihrem angestammten Gründungsort bleiben.[1]

Durch den Ausbau Ingolstadts zu einer starken Festung im 17. Jahrhundert trat zunehmend das Militär in der doch recht kleinen Stadt in Erscheinung. Das Verhältnis zwischen Universität und Garnison war traditionell schlecht. Johann Pezzl bemerkte in den 1780er Jahren:

»… Es vergeht kein Jahr, daß nicht das Militär und die Studenten in Handgemenge gerathen, die sich nicht selten mit Blutvergüßen, mit Wunden und Tod enden. (…) Was ist die Folge dieser Fehden? Beide Parteien gehen nach München, und verklagen einander. Gewinnen die Studenten – welches gewöhnlich geschieht, weil sie von den Professoren und Bürgern unterstützt werden, und der Hof selbst allemal zu ihrem Beßten ein Aug zudrückt – so besteht die Satisfaktion darin, daß ein Paar gemeine Soldaten Stockprügel kriegen, etwa ein Offizier ein Paar Stunden ins Stockhaus kömmt, und allenfalls das Regiment von einem andern abgelöst wird. Gewinnt das Militär, so ist seine Satisfaktion diese, daß die studierenden Rädelsführer des Tumults selbst unter das Militär gesteckt werden. In keinem Fall wird der Groll und die Erbitterung irgend einer Parthei vermindert oder gehoben, sondern nur noch mehr angefacht; und in der nächsten Zechstube oder auf dem nächsten Tanzboden wird das Nachspiel zur ersten Fehde gefochten.«[2]

Der Charakter Ingolstadts als Festung bzw. Garnison, der im Gefolge der Koalitionskriege die ständige Gefahr einer Belagerung und andere Unanehmlichkeiten erstehen ließ, war ein wesentlicher Faktor für den Entschluß Kurfürst Max IV. Josephs vom 25. November 1799 die Universität nach Landshut zu verlegen. Im Juni 1802 wurde die nunmehrige »Ludwig-Maximilians-Universität« feierlich in Landshut »installiert«, wo nunmehr eine ganze Reihe säkularisierter Klöster zur Aufnahme der verschiedenen universitären Einrichtungen zur Verfügung stand. Um 1810 waren in Landshut rund 400 Studenten immatrikuliert. Aber auch Landshut war Garnisonstadt. Die alte Rivalität zwischen Studenten und Soldaten lebte hier weiter: »… Burschikoses Benehmen und Renommisterei beherrschten einen großen Teil der Studentenschaft. *Raufereien mit Militärpatrouillen und Handwerksburschen, den sogenannten »Knoten«, waren an der Tagesordnung.«*[3]

Die militärfeindliche Haltung der Studentenschaft in der Zeit König Ludwigs I.

Im Jahr 1826 verfügte König Ludwig I. den Umzug der Universität von Landshut nach München. Als Domizil im Herzen der Stadt diente das ehemalige Jesuitenkollegium bei der Hof-, Garnison- und Universitätskirche St. Michael in der Neuhauser Straße, wobei sich die Aula in der säkularisierten Karmelitenkirche am Promenadeplatz befand. In diesem Bereich spielte sich der Lehrbetrieb ab, bis zum feierlichen Umzug in das heutige Hauptgebäude an der Ludwigstraße am 25. August 1840. Auch München war eine Garnisonstadt und vorsorglich hatte König Ludwig I. am 3. Dezember 1826 die Studentenschaft gewarnt: »… Jugend soll auf erlaubte Weise fröhlich seyn. Raufereyen dulde Ich nicht.«[4]

An dieses Wort des Königs hielten sich die Studenten nicht. Auch in München setzte sich der schon traditionelle Streit zwischen ihnen und den Angehörigen des Militärs fort. Dabei ist der politische Charakter des sich entwickelnden modernen Universitätsbetriebes in Deutschland zu vergegenwärtigen.[5] Der Student sah im Offizier, der ja »des Königs Rock« trug, immer mehr auch den Vertreter eines zu verachtenden Regimes. In anderen Abschnitten der vorliegenden Arbeit sind der sogenannte »Münchner Weihnachtstumult« von 1830 und die Duelle zwischen Studenten und Offizieren im Klima des Münchner Vormärz ausführlich dargestellt, auf sie sei hier verwiesen.

Übrigens hatte das Militär noch in der relativ entspannten innenpolitischen Phase vor 1830 den Versuch unternommen, daß an der Ludwig-Maximilians-Universität ein »Lehrstuhl der Kriegswissenschaft« etabliert würde, der für zivile Hörer und vor allem die Offiziere der Garnison gemeinsame Vorlesungen anbieten sollte. Der König, wohl eingedenk seiner Landshuter Studienzeit, meinte im Frühjahr 1827 dazu: »... *Ein vermischtes auditorium von Officieren und Studenten halte als Veranlassung gebend zu Streitigkeiten darum unrathsam.«* Wenige Wochen darauf befahl Ludwig I.: »...*Es wird, wenigstens dermalen, kein Lehrstuhl der Kriegswissenschaft bey hiesiger Universität errichtet.«*[6] Bezeichnenderweise hielt also der König selbst die Differenz zwischen beiden Gruppen für unüberbrückbar!

Nicht etwa nur junge Studiosi und Leutnante gerieten damals aneinander, sondern auch »ältere Semester«. Zumindest kam ein solcher Vorfall in die Presseakten des Kriegsministeriums.[7] Wie die »Bayerische Nationalzeitung« Nr. 280 vom Jahr 1834 ihren Lesern vermeldete, hatte der Kommandeur des 1. Linien-Infanterie-Regiments »König« Oberst v. Baligand beim Promenaderitt auf der Theresienwiese nach Meinung des dort in Begleitung mehrerer Damen lustwandelnden Professors Häfner durch zu scharfes Vorbeireiten eine Dame gefährdet. Häfner brüllte dem Offizier hinterher: »... Hier ist aber keine Reitschule und das Reiten ist hier überhaupts unanständig!« Darauf wendete v. Baligand sein Pferd und gab zur Antwort: »... Sie sind ein vorlauter, junger Mensch [!], hier ist der Platz zu Explicationen nicht!«. In diesem Stil ging es nun weiter, wobei der Professor unter Äußerung »trivialer Schmähungen« zu seiner Unterstützung eine Gruppe rauflustiger Studenten um sich scharte. Kurz und gut, die Bagatelle endete als ein Sturm im Wasserglas; sie wirft aber ein Schlaglicht auf die damalige Atmosphäre.

Die Studenten der Münchner Universität stellten in der Zeit zwischen 1830 und 1848 einen beachtlichen Faktor der Münchner Gesamtbevölkerung dar. Man könnte geradezu von einer zweiten Garnison, neben jener des Militärs sprechen. So waren im Studienjahr 1830/31 nicht weniger als 1915 Studenten immatrikuliert, für damalige Begriffe eine enorme Zahl! Nach dem harten Vorgehen des Königs im Gefolge der Weihnachtsunruhen von 1830 nahm die Studentenzahl in München langsam aber stetig ab. Um 1834 waren in München noch rund 1500 Studenten immatrikuliert, aber im Studienjahr 1841/42 erreichte die Ludwigs-Maximilians-Universität mit nur noch 1234 Hörern einen Tiefststand. Nur langsam wuchsen die Studentenzahlen wieder. Zu Beginn der Revolution von 1848 gab es rund 1600 Studenten in der Stadt. Im Studienjahr 1848/49 waren es 1724 und im Studienjahr 1849/50 sogar 1924 Studenten.[8] Gemessen an der inzwischen aber stark angestiegenen Gesamtbevölkerung hatte aber der Anteil der Studierenden gegenüber den 1830er Jahren abgenommen.

Die Rolle der Studentenschaft in den Jahren 1848/49

Die Münchner Universität spielte bei den revolutionären Ereignissen in München eine Schlüsselrolle. In den dramatischen Stunden des 4. März 1848 hatte die Studentenschaft maßgeblich zum friedlichen Ablauf der Ereignisse beigetragen. König Ludwig I. versprach in der berühmten Proklamation vom 6. März die revolutionären Forderungen zu erfüllen. Die Garnison wurde noch am gleichen Abend auf die Verfassung vereidigt.[9]

Am gleichen Tag hatte der Chef der Münchner Gendarmeriekompanie Hauptmann Neumann beim Gendarmerie-Korps-Kommando um eine Bewaffnung der Studentenschaft gebeten, »... zur Aufrechterhaltung der Ordnung gegen den Pöbel«. Damit befürwortete der bewaffnete Arm der zivilen Exekutive einen Antrag der Studenten vom 3. März. Bereits am 7. März wurden Infanteriegewehre aus den Beständen der Garnison ausgegeben. Einige Wochen später, am 13. April, genehmigte das Kriegsministerium sogar, daß die Studenten ihre Waffen privat aufbewahren durften.[10]

Der plötzliche Umschwung der Studenten von Gegnern des Militärs zu begeisterten Kriegern mutete manchen Zeitgenossen etwas kurios an. Professor Andreas Schmeller notierte für den 8. März 1848 in sein Tagebuch: »... Ludwig Rockinger als Einer der seit gestern bewaffneten Studentenschar, die heute in Reih und Glied von der Universität nach ihrer Hauptwache dem Academiegebäude gezogen, tritt heute Nacht seinen Patrouillendienst an. Thiersch soll sich bei jenem Zug hoch zu Roß producirt und dem eben vorbeifahrenden König präsentirt haben. Ist doch Faßnacht bereits vorüber!«[11]

Das akademische Freikorps wurde in zehn Kompanien zu jeweils hundert Mann formiert. Es umfaßte damit mehr als die Hälfte aller immatrikulierten Studenten. Später waren es sogar fünfzehn Kompanien. Als Hauptquartier diente die Alte Akademie in der Neuhauser Straße. Zeitgenössische Darstellungen zeigen, daß sich die »Wehrmänner«, die sich ihre Offiziere und Unterführer selbst gewählt hatten, in ihrer Montur stark vom regulären Militär unterscheiden wollten. Sie trugen einen »altdeutschen« dunkelblauen Waffenrock mit offenem Kragen und einen Tschako französischen Stils. Die Offiziere waren durch eine schwarz-gold-rote (also heraldisch richtige) Feldbinde kenntlich.[12] Das studentische Freikorps sollte im Kriegsfalle als Teil des stehenden Heeres gelten. Deshalb wurden seine Angehörigen nicht zum Linienmilitär eingezogen, was den Andrang zum Korps erhöhte. Natürlich wurde auch einer romantischen Neigung zu Lagerleben und Waffenspiel gefrönt.[13]

Seine erste Bewährungsprobe erlebte das Freikorps an der Seite der bürgerlichen Landwehr am 16. und 17. März 1848, nachdem es zu etwas ernsteren Reibereien zwischen dem Linienmilitär und aufrührerischen Zivilisten gekommen war. Landwehr und Freikorps stellten sich tatkräftig auf die Seite der Garnison.[14] Nachdem das Freikorps noch einmal beim großen Bierkrawall am 18. Oktober 1848 eingesetzt worden war, schliefen seine Aktivitäten allmählich ein. Im Laufe des Wintersemesters 1849/50 wurde es aufgelöst und die Armeewaffen eingezogen.[15]

Erneute gegenseitige Distanz nach 1849

Mit der Auflösung der Freikorps und der Restauration der alten Ordnung auch im Wehrwesen ging die Universität wieder auf ihren alten militärfeindlichen Kurs zurück. Die Studenten der 1830er und 1840er Jahre waren mittlerweile aber die bayerischen Zivilbeamten König Max II. geworden. Über sie räsonierte der Ingenieuroffizier Oberst Franz v. Hörmann im Jahr 1853: »... Die Zivilbeamten sind meisterhafte Redner und Schreiber, aber bei Aufständen pflegen sie mit energischen Maßregeln und besonders mit Reklamation der militärischen Macht zu zaudern, *weil sie größtenteils schon von ihren Studienjahren her eine Abneigung und Eifersucht gegen die Militärgewalt eingeimpft erhalten.*«[16] Nun könnte man natürlich annehmen, dieser Offizier sei eben nur ein sturer Kommißkopf gewesen. Dem war aber nicht so. Wie aus verschiedenen schriftlichen Äußerungen zu ersehen ist, war Franz v. Hörmann ein harter, bisweilen überharter Vertreter militärischer Belange, dabei aber ein scharfsinniger Analytiker, der mit geradezu wissenschaftlicher Exaktheit arbeitete. Zudem hatte Hörmann vor seinem Eintritt in die bayerische Armee selbst etliche Semester an der Universität Innsbruck studiert und er entstammte aus einer Juristen- bzw. Beamtenfamilie.[17] Man wird also annehmen dürfen, daß er beide Seiten kannte, was seinem Urteil Gewicht verleiht.

Aus der über Generationen währenden Dissonanz zwischen Universität und Militär, vor allem zwischen Studenten und jungen Offizieren, erwuchs auch weiterhin Distanz. Detlef Bald schreibt in einem Aufsatz über die Offizierausbildung der bayerischen Armee über bürgerliche Generalstabsoffiziere vor 1866: »… Sie nutzten in München neben dem höfischen Leben das akademische Angebot, um sich zumeist in privaten Zirkeln, Kunst und Wissenschaft zu widmen. Sie bilden die Ausnahme und nicht die Regel für die Nachwuchsbildung des Generalstabs.«[18]

An der Kluft zwischen Militär und Hochschule scheiterte auch die ursprüngliche Konzeption der bayerischen Kriegsakademie im Jahr 1867. Absicht der Armee war es nämlich gewesen, einen Teil der Generalstabsausbildung in der Münchner Universität durchzuführen. Bereits nach dem ersten Vorlesungstag im Wintersemester 1867/68 bat jedoch der Vorstand der jungen Kriegsakademie Oberst i. G. Karl v. Orff, daß der gesamte Lehrbetrieb im militärischen Komplex der Maxburg stattfinden dürfe, da sich bei der Teilnahme der uniformierten Gasthörer an der Philosophievorlesung in der Universität Reibungen zwischen den Kriegsakademikern und den regulären Studenten abgezeichnet hätten. Damit war dieser Integrationsversuch der Garnison auch schon wieder beendet.[19]

Die Situation nach 1871

Universität und Garnison standen sich am Ende des 19. Jahrhunderts nicht mehr feindselig, doch weiterhin mehr oder weniger fremd gegenüber. Immerhin hatte sich das Verhältnis zwischen Studenten und Offizieren entspannt. Im Gegensatz zu den früheren Generationen des bayerischen Bildungsbürgertums kannten nun die Söhne der »gehobenen bürgerlichen Stände« bei ihrem Studienbeginn durch ihre Dienstzeit als Einjährig-Freiwillige das Soldatenhandwerk, sofern sie es nicht vorzogen ihr »Jahr« erst nach dem Examen abzudienen. So wurde die Universitätstadt Erlangen erst im Jahr 1868 auch Garnison und zwar nur auf ausdrückliche Bitte von Stadtmagistrat und Universitätssenat, die ansonsten den Abzug der Studenten nach Würzburg oder München befürchteten, wo diese zugleich ohne kostspieligen Quartierwechsel ihren Wehrdienst ableisten konnten.[20] Ein wertvolles gesellschaftliches Bindeglied zwischen der militärischen und akademischen Sphäre wurden allmählich die studierenden Reserveoffizieranwärter, die während der vorlesungsfreien Zeit zu Wehrübungen einrückten.[21]

Die eventuelle Möglichkeit zum Studium an der Universität wurde von aktiven Offizieren der Garnison kaum wahrgenommen. Jedenfalls konnte bei mehreren hundert Absolventen der bayerischen Kriegsakademie, also der wissenschaftlich-theoretischen Elite innerhalb des Offizierkorps, nur für ganze zwanzig Offiziere ein zusätzliches Studium an einer zivilen Hochschule festgestellt werden.[22] Dabei handelte es sich beispielsweise um den späteren Verfechter der »Geopolitik« Generalmajor a. D. Prof. Dr. Karl Haushofer (1869 – 1946), der 1913 an der Münchner Universität zum Dr. phil. promoviert wurde,[23] oder die Historiker Major a. D. Dr. Adalbert Prinz von Bayern (1886 – 1970), Major a. D. Dr. Maximilian Leyh (1879 – 1952) und Major a. D. Prof. Dr. Eugen v. Frauenholz (1882 – 1949), die aber alle erst in der Weimarer Republik ihr Studium aufnahmen.[24] Auch zählen zu den erwähnten zwanzig Offizieren solche Männer, die vor ihrem Eintritt in die Armee Studenten gewesen waren, wie der spätere Chef des bayerischen Generalstabes Generalleutnant Karl Ritter v. Endres (1847 – 1907), der sich 1870 als Jurastudent freiwillig in das 3. Artillerie-Regiment gemeldet hatte,[25] oder der Generalmajor Emanuel Riezler (1854 – 1938), Bruder des Historikers Sigmund v. Riezler, der sich erst nach seinem Dienst als Einjährigfreiwilliger und dem Studienabschluß am Münchner Polytechnikum, also der heutigen Technischen Universität, zur aktiven Offizierlaufbahn entschloß.[26] Diese Beispiele zeigen doch recht deutlich, daß ein Offizier, der während seiner normalen Dienstzeit zusätzlich ein ordentliches Studium absolvierte, eine ganz große Ausnahme gewesen sein muß und auch längerfristige Freistellungen vom Truppendienst kaum vorkamen, wenn man nicht gerade Prinz Rupprecht von Bayern hieß.[27]

Zudem stellt sich die Frage, ob seitens im Offizierkorps eine zivile akademische Qualifikation überhaupt erwünscht war bzw. wie der Bildungsstand des bayerischen Offizierkorps, ein nicht unerhebliches Kriterium für seine außerdienstlichen Kontakte in der jeweiligen Garnison, bewertet wurde.

Seit 1868 war im Königreich Bayern das Abitur, also die allgemeine Hochschulreife, eine Voraussetzung für den Eintritt in die aktive Offizierlaufbahn, während in der preußischen Armee bis zu ihrem Ende das »Einjährige« auch für Berufsoffiziere genügte. Dadurch erhöhte sich das formale Bildungsniveau des Offizierkorps in Bayern bis zur Jahrhundertwende wesentlich. Um 1880 waren 41 Prozent aller Majore ehemalige Kadetten, weitere 12 Prozent besaßen Abitur, 43 Prozent hatten hingegen lediglich die untere Lateinschule oder ein Gewerbeschule o. ä. besucht. Um 1911 stellte das Kadettenkorps, immer noch 31 Prozent (mit Abitur), dazu besaßen nun aber 46 Prozent das Abschlußzeugnis eines Humanistischen Gymnasiums, 10 Prozent hatten ein Realgymnasium besucht.[28] Die Majore von 1880 waren aber die Leutnante der 1860er Jahre gewesen und die Majore von 1911 waren spätestens um 1890 in die Armee eingetreten. Schon bald erkannte man, daß die Anhebung des formalen Bildungsniveaus sich äußerst positiv auf das Ansehen des Offizierstandes und damit der gesamten Armee auswirkte. Der bayerische Offizier sei mittlerweile Mitglied der »... *sogenannten wissenschaftlich gebildeten Klasse der Gesellschaft*« und werde deshalb von allen höheren zivilen Ständen respektiert – so der Kriegsministerialreferent und Absolvent der Pagerie Major v. Zoller im Jahr 1881.[29]

Mit diesem Status gab sich das Offizierkorps offensichtlich zufrieden, zumal seinerseits der Akademiker nach den Schulterstücken des Reserveleutnants strebte. Wenn aber der Status des Reserveoffiziers im »bürgerlichen Heldenleben« (Carl Sternheim) mehr galt als eine Promotionsurkunde; wenn der junge Leutnant nach seinem Kriegsschuljahr als Zugführer seine examinierten, diplomierten, approbierten und promovierten Einjährig-Freiwilligen über den Exerzierplatz hüpfen lassen konnte wie die Hasen, dann vermochte für den aktiven Offizier zweifellos das Studium wenig erscheinen. Zudem besaß die Armee seit 1867 eine eigene akademische Institution in Gestalt der Münchner Kriegsakademie, an der auch zivile Hochschullehrer als Dozenten tätig waren, darunter Gelehrte wie der Staatsrechtler Max v. Seydel (1846 – 1901) oder der Historiker Theodor Bitterauf.[30] Die Kriegsakademie bot wissenschaftlich orientierten Offizieren ein begehrtes, da karrierefördernder Äquivalent zu einem etwaigen zivilen Studium. Erst nach dem Ende des ersten Weltkrieges und der Reduzierung der Streitkräfte setzte ein Ansturm der ehemaligen Offiziere auf die Universität ein.

Anmerkungen

1 L. Boehm, Die Universität in festlichem Gewand. Streifzug durch fünf Jahrhunderte, in: Ludwig-Maximilians-Universität. Ingolstadt, Landshut, München 1472 – 1972, hg. von L. Boehm und J. Spörl im Auftrag von Rektor und Senat., Berlin 1972, S. 13 – 84, hier S. 15

2 J. Pezzl, Reise durch den Baierschen Kreis., Salzburg und Leipzig 1784 (unv. Ndr. München 1973), S. 74f.

3 R. Schmidt, Landshut zwischen Aufklärung und Romantik, in: Ludwig-Maximilians-Universität (wie Anm. 1), S. 195 – 214, insb. S. 197 f. und zit. S. 213

4 Boehm (wie Anm. 1), S. 48

5 Vgl. F. Schnabel, Deutsche Geschichte im neunzehnten Jahrhundert, (erstm.1929 ff.; unver. Ndr. München 1987) Bd. 1: Die Grundlagen, S. 408 – 457 (Bildungsreform des frühen 19. Jahrhunderts); Bd. 2: Monarchie und Volkssouveränität, S. 234 – 271 (Burschenschaften und obrigkeitliche Reaktion); Bd. 3: Erfahrungswissenschaften und Technik, insb. S. 128 – 144 (Universitätsbetrieb)

6 Signate König Ludwigs I. Bd. 1: 1825 – 1831, hg. von A. Kraus, München 1987, Jg. 1827 Nr. 20 vom 1. Febr. und Nr. 40 vom 3. März 1827

7 E 84 Fasz. I (1829/49) Prod. 40, Meldung des Obersten Wilhelm v. Baligand vom 1. InfRgt an 1. Armee-Division am 16. Okt. 1834 mit beigelegten Artikel der »Bayerischen Nationalzeitung« Nr. 280 (1834), S. 1134

8 Vgl. K. J. Hummel, München in der Revolution 1848/49, München 1987, S. 72 (Immatrikulationen 1830/51)

9 Vgl. den Abschnitt »Revolution 1848«

10 Hummel (wie Anm. 8), S. 381

11 J. A. Schmeller, Tagebücher 1801 – 1852, hg. von P. Ruf Bd. 2: 1826 – 1852 (SchrrBayerLG Bd. 48), München 1956, S. 473

12 Schmidt (wie Anm. 3), S. 263 ff. und S. 270

13 Hummel (wie Anm. 8), S. 381 f.

14 J. Calliess, Militär in der Krise. Die bayerische Armee in der Revolution 1848/49, Boppard 1976, S. 115

15 Schmidt (wie Anm. 3), S. 270

16 C 7a, 2. Teil des Kommissionsberichts zur Sicherheit der Haupt- und Residenzstadt München, verfaßt von Ing. Oberst v. Hörmann, dat. 24. Juli 1853, p. 27

17 Vgl. den Abschnitt »Hörmann-Plan«

18 D. Bald, Die Bayerische Kriegsakademie. Konzeptionen der Ausbildung im Wandel der Zeit von 1867 bis 1914, in: ZBLG 43, 1 (1980), S. 223-245, hier S. 226

19 O. Hackl, Die Bayerische Kriegsakademie (1867 – 1914) (SchrrBayerLG Bd. 89), München 1989, S. 35, S. 40 und S. 50

20 R. Braun, Garnisonsbewerbungen aus Franken 1803 – 1919. Motive und Hintergründe, in: Jahrbuch f. fränkische Landesforschung 47 (1987), S. 105 – 150, hier S. 112

21 Vgl. V. Mann, Wir waren fünf. Bildnis der Familie Mann (erstm. 1949), Darmstadt 1964, S. 274 – 318 und K. A. v. Müller, Aus Gärten der Vergangenheit. Erinnerungen 1882 – 1914, Stuttgart 1951, S. 242 – 296

22 H. Körner, Erläuterungen zum biographischen Anhang: Die Lehrgangsteilnehmer der Bayerischen Kriegsakademie, bearbeitet von J. Woltz und H. Körner (S. 393 – 613), in: Hackl (wie Anm. 19), S. 613

23 Ebd., S. 464

24 Ebd., S. 402, S. 438 und S. 510

25 Ebd., S. 428

26 Ebd., S. 554

27 Ebd., S. 403

28 H. Rumschöttel, Das bayerische Offizierkorps 1868 bis 1914. Beiträge zu einer historischen Strukturanalyse Bayerns vor dem Ersten Weltkrieg, Berlin 1973, S. 48

29 Ebd., S. 51 f.

30 Hackl (wie Anm. 19), S. 355 – 362 (Verzeichnis der Lehrkräfte an der Kriegsakademie 1867 bis 1914)

10. Kapitel

Die Garnison als Wirtschaftsfaktor

Bei der ökonomischen Bewertung einer Garnison scheinen auf den ersten Blick die finanziellen Belastungen zu überwiegen, beispielsweise die Flurschäden in der Landwirtschaft durch Manövertruppen, Einquartierungen und Hemmnisse für die Stadtentwicklung infolge militärischer Sperrflächen. Andererseits wird selbst in einem hochindustrialisierten Land, wie der Bundesrepublik Deutschland, die Auflösung von Garnisonen in strukturschwachen Gebieten von den lokal Betroffenen keineswegs einhellig begrüßt. So berichtete beispielsweise die »Süddeutsche Zeitung« im Januar 1991 unter dem Titel »Wenn die Soldaten aus der Stadt marschieren«: »… Der »Arbeitskreis Garnisonsstädte« des Bayerischen Städtetages hat jetzt bei einem Treffen in Ansbach an den Bund und Freistaat appelliert, die von einem Abzug betroffenen Kommunen bei der Bewältigung der dadurch entstehenden Probleme nicht allein zu lassen. (…) Als eine der wichtigsten Zukunftsaufgaben der Landespolitik hat Wirtschaftsminister August Lang mittlerweile die Bewältigung der Auswirkungen von Abrüstung und Truppenabbau bezeichnet.«[1]
Bemerkenswert ist in diesem Zusammenhang das Phänomen, daß es in unserer Zeit viel mehr militärische Standorte gibt als um die Jahrhundertwende. So verfügte die Bundeswehr Ende der 1980er Jahre über 85 Garnisonen im Freistaat Bayern, während es um die Jahrhundertwende nur 38 Garnisonen im gesamten Königreich Bayern gab, davon sieben Standorte in der Pfalz.[2] Umso begehrter war im 19. Jahrhundert von den Städten der Besitz einer Garnison. Nach den Erkenntnissen von Rainer Braun sind zwischen den Jahren 1802 und 1919 bei der bayerischen Armeeführung nicht weniger als 640 Bewerbungen aus 149 verschiedenen Orten um die Einrichtung, Wiedererichtung, Beibehaltung oder gar Erweiterung einer Garnison eingegangen.[3] So richtete das Städtchen Freising in den 1860er Jahren drei solcher Bittgesuche an König Max II. bzw. König Ludwig II. und ein weiteres Gesuch an das Kriegsministerium im Frühjahr 1903.[4] Diese Bittschriften wurden nicht aus Patriotismus verfaßt, sondern verfolgten handfeste wirtschaftliche Interessen. Wolfgang Schmidt konnte am Beispiel Regensburgs nachweisen, daß die jährlichen Gesamtausgaben eines einzigen Linien-Infanterie-Regiments zur Zeit König Max I. Josephs, aber auch König Ludwigs I. stets höher waren als der städtische Etat. Selbst für Nürnberg, eine der ersten Industriestädte Bayerns, war die Garnison ein bedeutender Wirtschaftsfaktor.[5] So stellt sich natürlich auch die Frage nach der wirtschaftlichen Bedeutung der Garnison in München.
Bisher wurde eher davon ausgegangen, daß das Militär in den großen Städten mit entsprechender Wirtschaftskraft eine geringere ökonomische Rolle spielte.[6] Aber auch in München kam der Garnison eine hohe Bedeutung zu. So übergab etwa die Münchner Bürgerschaft im Herbst 1788 dem Magistrat eine Petition für Kurfürst Karl Theodor, in der der wirtschaftliche Niedergang des einheimischen Gewerbes beklagt wurde. Die einzigen nennenswerten Konsumenten seien die Bürgerschaft selbst, die Beamten und nicht zuletzt die Garnison, während der Hofadel seine Bedürfnisse zumeist von seinen eigenen Besitzungen stille oder ausländische Waren bevorzuge, der Klerus hingegen zu geringen Bedarf an Gütern habe.[7] Dies zeigt deutlich den ökonomischen Wert der Garnison an der Schwelle zum 19. Jahrhundert. Bezeichnenderweise empfing die Stadt München im Frühjahr 1801

die wieder einrückenden bayerischen Truppen mit Freibier, Fleisch und Semmelknödeln, wohl nicht nur aus Freude über den Abzug der Franzosen, sondern auch über den Zuwachs an künftigen zahlenden Konsumenten.[8]

Gerade für die bayerische Haupt- und Residenzstadt im frühen 19. Jahrhundert stellten die Neubauten der neuen großen Kasernen für das *Bauhandwerk* und alle damit direkt und indirekt zusammenhängenden Gewerbezweige sehr beachtliche Aufträge dar. Allein die Hofgartenkaserne kostete in den Jahren 1801 bis 1807 mehr als 250 000 Gulden und die Türkenkaserne verschlang in den Jahren 1823 bis 1826 über 500 000 Gulden.[9] Bleiben wir bei der Türkenkaserne. In ihrem Baujournal wird für 1823 verzeichnet: »... Die Baumaterialien wurden größtenteils auf der Isar angekauft, nämlich Kalk, Bretter und Floßbäume. Der Sand wurde auf den Sandgruben an der Landsberger und Nymphenburger Straße gekauft (...) Da die Ziegelmeister von München, mit welchen Akkorde abgeschloßen wurden, nicht genug Steine lieferten (...) wurden mit auswärtigen Zieglern Akkorde abgeschloßen.« Als Beispiel für einen solchen Akkordanten sei der Zieglermeister Bartolomäus Seidl genannt, er lieferte 200 000 Stück Ziegel im Wert von 3400 Gulden. Im Sommer 1824 beschäftigte man an der Baustelle der Türkenkaserne 200 Maurer und 80 Zimmerleute sowie eine ungenannte Zahl von Taglöhnern. Für den Endausbau der Kaserne im Frühjahr 1826 schloß man Verträge mit sechs Schlossermeistern und fünf Holzhändlern.[10]

Neubauten von Kasernen gab es natürlich nicht am laufenden Band. Aber auch im Alltagsbetrieb verbrauchte das Militär in München viel Geld. Das *Finanzvolumen* der Garnison bzw. einzelner Dienststellen und Truppen ist aus den anfolgend beigefügten Tabellen klar ersichtlich. Sie sind aus den sogenannten jährlichen »Hauptrechnungen« erstellt, einem bisher von der Forschung nur wenig benutzten Quellenbestand zur bayerischen Wirtschafts- und Sozialgeschichte, der leider nur bis einschließlich des Etatjahres 1839/40 erhalten geblieben ist. Demnach betrug in den letzten Regierungsjahren König Max I. Josephs der Anteil der Garnison München an den Armeeausgaben mehr als dreizehn Prozent bzw. drei Prozent der Staatsausgaben. In der Regierungszeit König Ludwigs I. lag der Anteil der Garnison München an den Armeeausgaben durchschnittlich sogar bei siebzehn Prozent. Im Etatjahr 1831/32 erreichten die Münchner Militärausgaben fünf Prozent des freilich besonders niedrigen Gesamthaushaltes des Königreiches. Grundsätzlich ist festzustellen, daß die Ausgaben der Armee in München während der Napoleonischen Feldzugsjahre vergleichsweise bescheiden waren. In diesen Zeiten befanden sich nur kleine Truppenkontingente als Ersatzdepots in der Stadt.

Noch deutlicher wird die *Wirtschaftskraft der Garnison* im Vergleich mit den Ausgaben der Stadt München. Hierbei muß berücksichtigt werden, daß während der Napoleonischen Kriege zeitweise jeder achte Einwohner der Stadt zum Militärstand zählte. So konnte im Etatjahr 1809/10 die Stadt nur ein Viertel des Budgets der Garnison aufbringen. Im Etatjahr 1818/19 erreichten die Ausgaben der Garnison das Siebenfache des städtischen Haushaltes. In den 1830er Jahren darf das Finanzvolumen des Militärs mit dem doppelten Betrag der Stadtausgaben berechnet werden.

Die einzelnen Truppenteile der bayerischen Armee waren in jener Zeit praktisch selbständig arbeitende Unternehmen mit extrem hohen Personalkosten. Die Löhnung floß fast vollständig in die Taschen der einheimischen *Lebensmittelhändler und Gastwirte*. Offiziell gab es bis zum Jahre 1872 in Bayern, übrigens auch in anderen Armeen, noch das alte *Menagesystem aus* dem 18. Jahrhundert: »... Die Anschaffung der Lebensmittel, welche die Militärverwaltung nicht liefert, sowie die Bereitung der Speisen geschieht, wenn die Truppen in Kasernen untergebracht sind, gewöhnlich durch Menagebetrieb, d. h. einen im

Innern der Abtheilungen eingerichteten Haushalt, welcher bald grössere, bald kleinere Körper umfasst. (…) In den Kameradschaftsmenagen nimmt ein Unteroffizier die Menage-zuschüsse nebst etwaigen Soldbetrag von den Truppen in Empfang, oder erhält dieselben von dem Kompagnie-Kommandanten. Mit denselben erkauft er das tägliche Bedürfnis. Das Kochgeschäft wird abwechselnd von den Leuten der Kameradschaft in der Kasernen-küche besorgt. (…) In Bayern zerfällt jede Kompagnie in Menagen von 30 – 40 Mann, deren Führung einem Korporal als Menagemeister übertragen ist. Derselbe erhält von fünf zu fünf Tagen die Einlagen der Mannschaft und kauft mit dem Koche täglich die Lebensbedürfnisse. Die Mannschaft legt von ihrer 11 kr. (Kreuzer) betragenden Löhnung 7 kr. in die Menage.«[11]

Neben der Löhnung der Soldaten muß auch die Rolle der Garnison als *Arbeitgeber für zivile Beschäftigte* berücksichtigt werden. Sie war vielgestaltig und reichte von hohen Beamten der Militärverwaltung über die Kasernenhausmeister bis hin zu Tagelöhnern in den Magazinen. Beispielsweise beschäftigte die Lokalverpflegskommission im Frühjahr 1844 im Fouragemagazin ständig einen »Heumeister« (48 Kreuzer Taglohn), einen »Magazin-aufseher« (40 Kreuzer Taglohn), elf ständige Taglöhner (je 38 Kreuzer pro Mann) und einundzwanzig Arbeiter auf Akkordbasis. Diese Akkordarbeiter erhielten Stücklohn, z. B. für das Binden einer abgewogenen Strohration einen Heller. Bei Bedarf wurden zusätzlich Akkordarbeiter eingestellt. So bot dieses Magazin dreißig bis sechzig Zivilisten einen Arbeitsplatz.[12] Hinzu kamen die Militärmühle (1817 bis 1830), die Militärbäckerei (bis 1830) und der Militärholzhof (bis 1878).

Ein weiterer ansehnlicher Anteil der Militärausgaben entfiel auf die dezentrale Beschaffung verschiedenster Ausrüstungsgegenstände und *Dienstleistungen* für die Truppe. Hiervon profitierten die verschiedendsten Berufe, wie die noch stapelweise vorhandenen Originalquittungen belegen. Im Bereich der Bekleidung und persönlichen Ausrüstung der Soldaten arbeiteten: Feintuchweber, Lodenweber, Leinenweber, Knopfmacher, Bandmacher, Bortenwirker, Beinringler, Nadler, Sticker, Säckler, Taschner, Schuhmacher, Gürtler, Hutmacher, Schwertfeger und Büchsenmacher. Zur Wartung von Militärpferden und Wagen wurden auch zivile Hufschmiede, Sattler, Gschmeidmacher, Kamm- und Striegelmacher, Seiler und Wagner herangezogen. Bei der Instandhaltung und Ausstattung der Kasernen benötigte man: Mauerer, Zimmerer, Dachdecker, Glaser, Maler, Tischler, Drechsler, Spengler, Kupferschmiede, Uhrmacher, Schäffler, Hafner, Besenbinder und Korbmacher. Auch Musikinstrumentenbauer, Schreibwarenhändler, Buchbinder, Seifensieder und Apotheker machten mit dem Militär gute Geschäfte.

In der bayerischen Armee wurde dem Soldaten die Ausrüstung komplett zur Verfügung gestellt. Dabei unterschied man zwischen der Armatur, d. h. Bewaffnung und Zubehör, und der Montur. Die Armatur verblieb Staatseigentum. Bei der Montur hingegen wurde unterschieden in Monturstücke, die ebenfalls dauernd im Staatseigentum verblieben, z. B. Helme und Mäntel, sowie jene Bekleidungsstücke, die dem sogenannten *Monturratensystem* unterworfen waren. Der Militärärar lieferte dem Soldaten die Bekleidungsstücke praktisch auf Vorschuß. Dem Soldaten wurde nun für jeden Tag, an dem er tatsächlich präsent war, ein festgesetzter Betrag von seiner Monturschuld abgeschrieben. Dabei war der tägliche Betrag so berechnet, daß die Monturstücke nach Ablauf der regulären Dienstzeit im Garnisondienst abbezahlt waren. Für Feldzugsdienste und Manöver wurde ein höherer Betrag gutgeschrieben. Damit gingen sie in das Privateigentum des ausscheidenden Soldaten über. Kam der Soldat hingegen nicht mit dem amtlich berechneten Vorrat an Monturstücken aus, z. B. wegen zu schnellen Verschleiß oder Beschädigung der Teile, erhöhte sich seine Monturschuld um die zusätzlich von der Truppe empfangenen Stücke.

Das Monturratensystem hatte Vor- und Nachteile. Von Vorteil war, daß jeder Rekrut mit maßgeschneiderten, hochwertigen Bekleidungsstücken ausgestattet wurde und er selbst ein Interesse daran hatte, auf seine Ausrüstung aufzupassen. Gravierend waren aber die Nachteile des Systems. Zunächst einmal verlangte das Monturratensystem eine höchst aufwendige Buchführung, für jeden Soldaten mußten »Monturbögen« geführt und geprüft werden. Um die Monturen nicht über Gebühr abzunützen, wurde die feldmäßige Ausbildung nur in geringem Umfang betrieben.[13] Vor allem aber hingen effektive Dienstzeit in der Garnison und Monturschuld aufs engste miteinander zusammen. Wer nämlich seine Monturschuld vor Ablauf der regulären Dienstzeit beglichen hatte, kam in den ersehnten Status »ohne Raten« und wurde ständig beurlaubt: »... In dieser Hinsicht glatt zu werden, raffte jeder seine letzten Mittel zusammen, oder strengte seinen letzten Kredit an. Schließlich waren es von den weniger Bemittelten die Ärmsten, die bis zur letzten Stunde in der Kaserne verbleiben mußten.«[14]

Die umfangreichsten Monturaufträge gingen in der ersten Hälfte des 19. Jahrhunderts an auswärtige Lieferanten. Dabei tauchen über Jahre hinweg bei verschiedenen Truppenteilen immer die gleichen Namen und Orte auf. Besonders gut im Geschäft waren die Tuchmacher und Färber aus dem kleinen Städtchen Weißenburg bei Eichstätt. Ein anderes Textilzentrum des frühen 19. Jahrhunderts war Niederbayern (z. B. mit den Orten Pfarrkirchen, Thann, Triftern). Als Leinwandlieferanten erscheinen regelmäßig Jakob Schmauß aus Viechtach und der Münchner Franz Lindauer. Bei Stiefeln und Schnürschuhen wurden zumeist umfangreichere Lose an bewährte größere Fabrikationsstätten in München vergeben. Dies waren beispielsweise: die Ledermanufaktur des Ignaz Mayer, die Ledermanufaktur des Sebastian Streicher und das Kgl. Strafarbeitshaus München.

Wie sensibel selbst eine große Stadt wie München auf Minderungen der Garnison reagierte, beweist ein Magistratsprotokoll vom Frühjahr 1854. Nachdem eine Batterie des 3. Artillerie-Regiments vorübergehend nach Ingolstadt verlegt worden war, fürchtete man sofort einen gänzlichen Abzug dieser Truppe und überlegte entsprechende Gegenmaßnahmen, etwa die Bereitstellung von Quartieren auf Kosten der Stadt.[15] Aufgeschreckt wurde die Stadt dann einige Jahre später durch den bevorstehenden Bau der Max-II-Kaserne, da sie Einnahmenverluste befürchtete. Magistrat und Gemeindekollegium schrieben am 30. März 1862 an König Max II.: »... *Wird eine Kaserne außerhalb dem Burgfrieden, oder hart an dessen Grenze gebaut, so tritt die unausbleibliche Folge ein, daß in den benachbarten Gemeinden und zwar nächst der Kaserne, sohin auch nächst der Stadt eine ganz neue Ansiedlung verschiedener Gewerbsleute entsteht (...) wodurch die hiesigen Gewerbetreibenden (...) benachteiliget werden (...) Doch nicht bloß die Gewerbsleute, auch die hiesigen Hausbesitzer müßten durch die Erbauung einer Kaserne außer dem Stadtbezirke oder an dessen Grenze schwer betroffen werden (...) viele Hausbesitzer in der Altstadt würden für ihre leeren Wohnungen vergeblich andere Mieter suchen.«[16]*

In diesem Zusammenhang wird also auch der Wert der Garnison für den privaten Wohnungsmarkt erwähnt. In der Tat benötigten nicht nur die Offiziere und Militärbeamten zahlreiche Mietwohnungen verschiedener Größe, sondern sogar militärische Stäbe. Um 1853 vermerkt ein Bericht, daß »... die ersten Militärbehörden dahier alle zwei Jahre von einem bürgerlichen Hause zum andern samt ihrer zahlreichen und voluminösen Archive wandern müssen«. Dabei scheinen die Vermieter tüchtige Gewinne gemacht zu haben, denn im gleichen Bericht wird kritisiert, daß die Wohnungssuche für Militärpersonen in München von Jahr zu Jahr schwieriger werde, da wohlhabende Fremde die Mieten so in die Höhe trieben, daß jährliche Mieterhöhungen von 25 Prozent (!) derzeit (1853) durchaus üblich seien.[17]

Die Armee brachte Geld in die Wirtschaft: Nach eigener Angabe betrug der Etat des 1. Artillerie-Regiments »Prinz Luitpold« in den 1860er Jahren jährlich rund 1,5 Millionen Gulden, wobei freilich nicht ganz klar ersichtlich ist, inwieweit hierbei die Ausgaben für den Krieg von 1866 mitrechnen.[18] Selbst wenn aber nur den halben Betrag als längerfristigen Jahresdurchschnitt annehmen sollte, so ergäbe dies den immer noch erstaunlich hohen Betrag von 750 000 Gulden jährlich.

Aus der gleichen Zeit stammt eine Berechnung des Kriegsministeriums, über die monatlichen Unterhaltskosten für eine 260 köpfige Infanterieabteilung (Unteroffiziere und Mannschaften) in der Garnison München. Sie beliefen sich auf 3460 Gulden und 10 Kreuzer. Von dieser Summe entfielen 55 Prozent auf Barausgaben für die Soldaten, in Form von Löhnung (1477 fl. 40 Xer), Menagezulage (335 fl. 50 Xer) und einer besonderen Teuerungszulage (94 fl. 15 Xer). Für das Kommißbrot wurden immerhin weitere 21 Prozent der Gesamtsumme ausgegeben; ob in Naturalien oder – wahrscheinlicher anzunehmen – als »Brotgeld« ist nicht ersichtlich. Der Rest entfiel auf die Posten »Unterhalt der Monturen« (13,8 %), »Kasernierungskosten« (7,2 %) und »Unterhalt der Armatur« (3,0 %).[19] Diese Kostenverteilung ist noch immer nahezu identisch mit den ökonomischen Verhältnissen zu Beginn des 19. Jahrhunderts. Mit Hilfe dieser Zahlen kann der Mindestjahresetat eines Infanterie-Regiments, hier einmal zu 780 Unteroffizieren und Mannschaften gerechnet, auf 124 560 Gulden beziffert werden. Hinzu kommen aber noch andere Kosten, vor allem die Offiziersgagen.

Sozusagen am Vorabend des ersten Weltkrieges hat F. Braumann in einer kleinen Untersuchung über den Nutzen der Garnisonen für die deutsche Volkswirtschaft den jährlichen Geldwert eines durchschnittlichen Infanterie-Regiments mit rund 900 000 Mark angegeben.[20]

Anmerkungen

1 Süddeutsche Zeitung Nr. 15 vom 18. Jan. 1991
2 Vgl. A. Mechtersheimer/P. Barth, Militarisierungsatlas der Bundesrepublik, Darmstadt 1988, S. 307–322 pass. und Bayerisches Jahrbuch 16. Jg. (1903), S. 407–413
3 R. Braun, Garnisonsbewerbungen auf Franken 1803–1919. Motive und Hintergründe, in: Jahrbuch für fränkische Landesforschung 47 (1987), S. 105–150, hier S. 106
4 Mkr. 8056 Prod. 38/40, Stadt Freising an König Max II. am 14. Nov. 1861 bzw. 18. März 1863 und an König Ludwig II. am 14. Aug. 1867; MKr. 8057 Prod. 26, Stadt Freising an KM am 9. Febr. 1903
5 W. Schmidt, Die Garnisonstadt Regensburg im 19. und frühen 20. Jahrhundert, Diss. Univ. Regensburg 1988, S. 285 ff.; Th. Bruder, Nürnberg als bayerische Garnison von 1806 bis 1914, Nürnberg 1992, S. 524
6 Vgl. R. Braun in: Bayern und seine Armee, München 1987, S. 220
7 M.Schattenhofer, Von Kirchen, Kurfürsten, Kaffeesiedern etc. Aus Münchens Vergangenheit., München 1974, S. 237
8 Stadtarchiv »Stadtverteidigung« Nr. 324, Ratsprotokoll vom 31. März 1801
9 Vgl. die entsprechende Abschnitte in dieser Arbeit
10 A XX-91, Kostenberechnung nebst Belegen des neuen Kasernbaues an der Türkenstraße vom 10ten July 1823 bis 31ten December 1823; MKr. 8902 Prod. 11, Liefervertrag vom 21. Juli 1823; a. a. O. Prod. 29, Notiz im KM am 29. Juli 1824; a. a. O. Prod. 67, Verträge vom 10. Dez. 1825
11 Th. Wundt, Verpflegung im Frieden, in: C.v. Martens, Handbuch der Militärverpflegung in Frieden und Krieg, Stuttgart 1864, S. 44
12 A VII 9 Fasz. 469, Militärlokalverpflegskommission München am 29. März 1844
13 H. Fahrmbacher, Das 1. Schwere Reiter-Regiment »Prinz Karl von Bayern« Bd. 2: Das Regiment in dem Zeitraum von 1848 bis 1898, München 1900, S. 76–79
14 Ebd., S. 66
15 Stadtarchiv München »Stadtverteidigung« Nr. 133, Sitzungsprotokoll des Stadtmagistrats vom 11. April 1854
16 Mkr. 8963 Prod. 51, Bittschrift der Stadt München an König Max II. vom 30. März 1860 mit Kgl. Signat vom 17. April 1860; vgl. auch den Abschnitt »Max-II-Kaserne«
17 C-7, II. Teil vom 24. Juli 1853, S. 55 bzw. S. 59
18 MKr. 8938 Prod. 6, 1. ArtRgt an ArtKorpsKdo am 18. Jan. 1867
19 A IV Bd. 105 Fasz. 2 Prod. 260, KM am 6. Juni 1867
20 F. Braumann, Der wirtschaftliche Nutzen einer Garnison. Ein Beitrag zur Heereswirtschaft, Magdeburg 1913, S. 15

Der Anteil des Militärs an der Stadtbevölkerung

Kategorie A (Gesamtbevölkerung, incl. Militär)
Kategorie B (sog. »Militärbevölkerung«)
Kategorie C (Militär, incl. Offiziere und Militärbeamte)
Kategorie D (Unteroffiziere und Mannschaften)

Jahr	A	B	C	D
1782	40 379[1]			
1808				5 894[2]
1810	40 600*			
1814	....			5 177[3]
1818	53 672[4]			
1824	62 290[5]			
1827	76 117			
1830	77 800*			
1833	....			2 830[6]
1834	88 905	13 803[7]		
1837	93 435	13 464[8]		
1840	95 500*	12 795[9]		
1843	90 055	15 265[10]		
1846	94 830	16 269[11]		
1848			4 907	4 726[12]
1849	96 398	14 566[13]		6 312[14]
1852	106 700*	19 374[15]		
1854	....			5 461*
1855	132 112	22 710[16]		
1858	....			4 338[17]
1861	148 700*	23 978[18]		
1864		24 273[19]	4 920[20]	–
1867		25 406[21]		6 983[22]
1871	169 693*			
1872				5 645*
1873				6 699*
1874				6 206*
1875	193 024*			6 006*
1876				5 774*
1877	209 000*			5 985*
1878				6 052*
1879				6 001*
1880	229 343[23]			6 391*
1881				6 830*
1882				6 988*
1883				7 143*
1884				6 833*
1885	261 981*			6 639^
1886				6 706*
1889				8 823*
1890	349 024*		9 352*	8 950*
1892			9 016*	8 639*
1895	407 307*		11 351[24]	
1900	499 932*			

Die mit * gekennzeichneten Zahlenangaben stammen aus MKr. 10322 (Garnisonbeschreibung 1890); MKr. 10323 (Nachträge 1892 bis 1898); MKr. 10324 (Nachträge 1898 bis 1912). – Als Quelle diente das Statistische Büro der Stadt München.

Anmerkungen

1 L. Westenrieder, Beschreibung der Haupt- und Residenzstadt München, München 1784, S. 218
2 A XX Fasz. 68, Bericht des Kriegsökonomierats Frey vom 16. Sept. 1808
3 MKr. 8825 Prod. 39, KdtMünchen am 20. Aug. 1814
4 Hummel, München 1848/49, München 1987, S. 261
5 M. Schattenhofer, Von Kirchen ..., München 1974, S. 317
6 A IV Bd. 105 Fasz. I Prod. 1, KM am 23. Juli 1833
7 E 88 Fasz. I Prod. 20, KM am 19. Jan. 1835 nach der Volkszählung vom Dezember 1834
8 E 88 Fasz. I Prod. 26, KM am 22. Jan. 1838 nach der Volkszählung vom Dezember 1837
9 E 88 Fasz. I Prod. 32, KM am 14. Jan. 1841 nach der Volkszählung vom Dezember 1840
10 E 88 Fasz. I Prod. 38, KM am 13. Jan. 1844 nach der Volkszählung vom Dezember 1843
11 E 88 Fasz. II Prod. 1, KM am 13. Jan. 1847 nach der Volkszählung vom Dezember 1846
12 A IV Bd. 105 Fasz. II Prod. 149, KM an König Max II. am 17. Aug. 1848
13 E 88 Fasz. II Prod. 12, KM am 20. Jan. 1850 nach der Volkszählung vom Dezember 1849
14 MKr. 8828 Prod. 61, KdtMünchen am 15. Aug. 1849
15 E 88 Fasz. II Prod. 16, KM am 16. Jan. 1853 nach der Volkszählung vom Dezember 1852
16 E 88 Fasz. II Prod. 70, KM am 18. Jan. 1856 nach der Volkszählung vom Dezember 1855
17 A IV Bd. 102 Prod. 4, KM am 25. Febr. 1858 »gewöhnlicher Präsenzstand«
18 E 89 Prod. 98, KM am 15. Jan. 1862 nach der Volkszählung vom Dezember 1861
19 E 89 Prod. 156, KM am 15. Jan. 1865 nach der Volkszählung vom Dezember 1864
20 A IV Bd. 102 Prod. 77, KM (Stand: 1. Febr. 1864)
21 E 89 Prod. 177, KM am 19. Jan. 1868 nach der Volkszählung vom Dezember 1867
22 A IV Bd. 105 Fasz. II Prod. 253, KM am 24. April 1867 (Stärke für Mai und Juni 1867)
23 MKr. 345 Prod. 44, Notiz des KM nach dem »provisorischen Ergebnis« der Volkszählung vom 1. Dez. 1880. Hierbei ist zu beachten, daß gemäß Mitteilung des Staatsministeriums des Handels an das KM vom 18. Okt. 1871 – im Gegensatz zu den früheren Volkszählungen des Deutschen Bundes – im Deutschen Reich die »Militärpersonen« nicht nach der militärischen Garnison, sondern nach der politischen Gemeinde gezählt wurden, in der sich ihre Kaserne befand. Somit sind 1880 die Soldaten der Max-II-Kaserne nicht eingerechnet, da Neuhausen erst 1890 eingemeindet wurde.
24 MKr. 345 Prod. 90, undat. Notiz des KM, vermutlich vom Januar 1896 – sogenannte »aktive Militärpersonen«

Der Anteil der Garnison München an den Staatsausgaben (in Gulden)

Etatjahr	Gesamt	Armee	München
1804/05		3 997 012	405 116
1805/06		5 687 482	439 477
1806/07		7 523 568	352 544
1807/08		6 524 806	487 521
1808/09		6 065 251	401 874
1809/10		9 245 863	408 574
1810/11		7 088 861	350 306
1811/12		6 653 592	282 609
1812/13		7 937 251	332 664
1813/14		10 136 088	319 858
1814/15		12 042 242	543 219
1815/16			798 261
1816/17			781 267
1817/18			801 706
1818/19	33 192 861	8 842 056	783 381
1819/20	32 737 505	8 287 289	792 721
1820/21	32 022 886	8 263 181	779 469
1821/22	31 523 153	8 248 209	803 470
1822/23	31 398 073	8 248 209	1 329 458
1823/24	32 490 505	8 248 209	1 105 307
1824/25	33 042 361	8 248 209	1 036 101
1825/26			1 084 933
1826/27			1 104 681
1827/28			1 073 388
1828/29			1 068 272
1829/30	28 841 934	7 513 498	1 071 557
1830/31	30 807 485	10 105 825	1 273 536
1831/32	24 114 323	8 303 933	1 276 098
1832/33	25 180 632	6 946 980	1 233 923
1833/34	27 325 475	6 957 793	1 217 573
1834/35	27 325 745	7 318 120	1 173 358
1835/36	25 560 438	6 504 869	1 063 276
1836/37	27 424 359	6 483 055	1 074 109
1837/38	31 481 586	8 474 564	1 066 793
1838/39	31 200 449	8 697 974	1 116 018
1839/40		8 844 029	1 091 637

Zu den Gesamtstaatsausgaben bzw. den Gesamtmilitärausgaben: W. D. Gruner, Das Bayerische Heer 1825 bis 1864., Boppard 1971, S. 44 und S. 349 – 365.
Vgl. zur Garnison München die Anmerkungen zur Tabelle »Ausgaben der Garnison im Vergleich zur Stadt München«; die tatsächlichen Ausgaben für den Standort München lagen also noch höher, als hier angegeben!

Ausgaben der Garnison im Vergleich zur Stadt München (in Gulden)

Etatjahr	Stadtgemeinde	Garnison
1800		347 230
1801		343 861
1802		395 585
1803		364 773
1804		280 411
1804/05		405 116
1805/06		439 477
1806/07		352 544
1807/08	174 435	487 521
1808/09		401 874
1809/10	102 557	408 574
1810/11		350 306
1811/12		282 609
1812/13	142 860	332 664
1813/14		319 858
1814/15		543 219
1815/16		798 261
1816/17		781 267
1817/18		801 706
1818/19	105 528	783 381
1819/20		792 721
1820/21		779 469
1821/22		803 470
1822/23		1 329 458
1823/24	679 561	1 105 307
1824/25		1 036 101
1825/26		1 084 933
1826/27		1 104 681
1827/28		1 073 388
1828/29		1 068 272
1829/30		1 071 557
1830/31	550 099	1 273 536
1831/32	559 323	1 276 098
1832/33	522 680	1 233 923
1833/34		1 217 573
1834/35		1 173 358
1835/36		1 063 276
1836/37		1 074 109
1837/38		1 066 793
1838/39		1 116 018
1839/40	571 689	1 091 637

Für die Stadt München: Stadtarchiv Bestand „Kämmerei" Nr. 159 (Haushaltspläne) Fasz. 1, 2 und 3. (Die Zahlen für 1818/19 und 1823/24 nach: P. Dirr in: Münchner Wirtschafts- und Verwaltungsblatt 1 (1925/26), S. 19 f.)

Bei den Ausgaben der Garnison wurden die Truppenteile bzw. Dienststellen berücksichtigt, die in den anderen Tabellen aufgeführt sind. Es *fehlen* also die Ausgaben für Kriegsministerium, Generalauditoriat, Zeughaus usw. Auch wurden von 1800 bis 1814 die Kavallerie und von 1800 bis 1825 das Fuhrwesen *nicht* berücksichtigt, die pro Jahr mindestens 100 000 fl. zusätzliche Ausgaben hatten.

Ausgaben der Lokal-Verpflegskommission München (in Gulden)

Etatjahr	Gesamt	Fourage	Brot	Kasernen	A VII 9
1822/23	341 670	182 120	54 104	2 372	Fasz. 468
1823/24	292 503	174 961	78 157	36 355	Ebd.
1824/25	209 383	128 990	51 743	27 951	Ebd.
1825/26	209 505	119 165	48 762	42 080	Ebd.
1826/27	198 778	122 269	40 336	35 355	Ebd.
1827/28	266 722	146 918	66 199	52 871	Ebd.
1828/29	220 158	136 218	43 617	39 824	Ebd.
1829/30	199 148	164 987	2 082	31 739	Ebd.
1830/31	229 676	190 534	–	38 820	Fasz. 469
1831/32	256 614	214 869	–	41 457	Ebd.
1832/33	275 154	239 805	–	35 030	Ebd.
1833/34	272 605	234 743	–	37 543	Ebd.
1834/35	261 758	233 122	–	28 315	Ebd.
1835/36	192 147	159 196	–	32 631	Ebd.
1836/37	201 679	153 450	–	47 852	Ebd.
1837/38	165 481	113 665	–	51 495	Ebd.
1838/39	206 620	159 450	–	46 851	Ebd.
1839/40	195 195	156 849	–	38 031	Ebd.

Angekaufte Mengen an Brotgetreide und Fourage
(Roggen und Hafer in Schäffeln (220 Liter Raummaß), Heu und Stroh in Zenten (56 Kilogramm))

Etatjahr	Roggen	Hafer	Heu	Stroh
1822/23	4 847	18 342	45 001	21 791
1823/24	8 062	14 493	39 631	17 023
1824/25	6 199	18 627	38 270	19 466
1825/26	5 257	15 418	38 837	17 852
1826/27	5 104	16 432	42 669	15 642
1827/28	5 305	18 379	42 490	17 862
1828/29	2 986	16 561	40 841	20 150
1829/30*	–	17 380	45 290	19 396
1830/31	–	20 579	49 079	20 093
1831/32	–	24 844	57 830	23 296
1832/33	–	23 976	60 891	24 056
1833/34	–	27 098	58 711	26 506
1834/35	–	22 990	52 845	18 472
1835/36	–	19 074	45 780	23 586
1836/37	–	19 940	43 124	19 529
1837/38	–	16 035	37 063	16 254
1838/39	–	19 150	41 729	15 677
1839/40	–	17 975	41 456	15 862

* 1830 stellte die Militärbäckerei den Betrieb ein.

Abgaben an Stäbe, Dienststellen, Truppenteile

Etatjahr	Brotportionen	Fouragerationen
1822/23	1 520 875 (4 166 Personen)	416 579 (1 141 Pferde)
1823/24	1 474 246 (4 039 Personen)	423 371 (1 159 Pferde)
1824/25	1 456 234 (3 989 Personen)	433 209 (1 186 Pferde)
1825/26	1 257 186 (3 444 Personen)	522 311 (1 430 Pferde)
1826/27	1 224 145 (3 353 Personen)	316 698 (867 Pferde)
1827/28	1 195 463 (3 275 Personen)	424 141 (1 162 Pferde)
1828/29	974 939 (2 671 Personen)	429 307 (1 176 Pferde)
1829/30		418 080 (1 145 Pferde)
1830/31		480 335 (1 316 Pferde)
1831/32		570 208 (1 562 Pferde)
1832/33		578 231 (1 584 Pferde)
1833/34		575 086 (1 575 Pferde)
1834/35		544 902 (1 493 Pferde)
1835/36		496 735 (1 361 Pferde)
1836/37		450 013 (1 233 Pferde)
1837/38		425 600 (1 166 Pferde)
1838/39		434 156 (1 189 Pferde)
1839/40		433 380 (1 187 Pferde)

Als Wert für die Fourageration wird hier die Haferration angenommen. Wobei nicht zwischen schwerer, mittlerer und leichter Ration unterschieden ist. Für die Umrechnung wurde der Faktor 365 gewählt, um annähernd die Verpflegsstärke aufzeigen zu können.

Leistungen der Lokal-Verpflegskommission im Etatjahr 1822/23

Empfänger	Brot	Fourage	Bettstroh	Wert (fl.)
KM v.Triva	–	289	–	132
Ministerium	2 769	4 735	55	2 015
Generalauditoriat	730	1 460	9	616
GenQuMStab	–	14 021		4 852
Kgl. Adjutanten	–	8 731		3 009
Hauptkasse	365	–	5	19
Administration	92	–	5	5
KdtMünchen	1 042	2 409	1 505	1 115
KasVwMünchen	–	–	154	16
LazVwMünchen	2 740	–	1 600	310
Hartschiere	–	6 004	–	2 391
GarnisonKp	27 211	–	417	1 445
Kadettenkorps	–	–	400	45
Stab 1. Division	454	2 405	–	947
Stab 1. InfBrig	–	1 735		665
Grenadiergarde	406 608	3 971	7 545	23 108
1. InfRgt	491 641	3 841	9 291	27 692
Stab 1. KavBrig	–	1 825	–	699
Garde du Corps	167 268	188 791	2 997	84 057
ArtKorpsKdo	–	4 299		1 638
ZeugHsHptDir	25 493	–	801	1 400
ArtRgt	213 805	5 492	2 411	13 095
FuhrwesenBtl	116 348	88 448	1 597	44 704
IngKorpsKdo	–	760		332

Ausgaben für das Militärkrankenhaus an der Müllerstraße
für Krankenkost, Medikamente und medizinisches Gerät (in Gulden)
(nach: E. Filchner, Das Königliche Militär-Lazareth an der Müllerstrasse, München 1875, S. 70 ff.)

Jahr	Summe	Jahr	Summe
1802	12 345	1835/36	20 835
1803	18 025	1836/37	19 002
1804	11 622	1837/38	19 754
1804/05	18 748	1838/39	22 703
1805/06	44 100	1839/40	21 443
1806/07	24 048	1840/41	30 203
1807/08	35 529	1841/42	34 708
1808/09	9 576	1842/43	23 203
1809/10	87 045	1843/44	21 507
1810/11	17 016	1844/45	23 362
1811/12	26 643	1845/46	27 303
1812/13	49 578	1846/47	18 692
1813/14	51 813	1847/48	27 809
1814/15	41 143	1848/49	20 207
1815/16	59 827	1849/50	36 607
1816/17	40 817	1850/51	44 232
1817/18	41 895	1851/52	37 247
1818/19	39 573	1852/53	33 865
1819/20	34 972	1853/54	39 990
1820/21	32 170	1854/55	37 531
1821/22	37 502	1855/56	33 700
1822/23	28 162	1856/57	35 590
1823/24	21 066	1857/58	41 480
1824/25	23 065	1858/59	88 622
1825/26	21 980	1859/60	55 143
1826/27	20 096	1860/61	52 339
1827/28	22 952	1861/62	58 710
1828/29	19 494	1862/63	69 644
1829/30	18 204	1863/64	58 609
1830/31	22 179	1864/65	58 229
1831/32	24 741	1865/66	59 889
1832/33	23 149	1866/67	96 770
1833/34	34 320	1867/68	93 881
1834/35	19 794	1868/69	41 443

Ausgaben der Stadtkommandantschaft München (in Gulden)

Etatjahr	Gesamt	A I (2)
1778	3 297	Fasz. 56
1798	9 099	Ebd.
1799	16 727	Ebd.
1800	14 415	Ebd.
1801	10.347	Ebd.
1802	14 974	Ebd.
1803	15 150	Ebd.
1804	8 342	Ebd.
1804/05	7 150	Ebd.
1805/06	8 495	Fasz. 57
1806/07	11 314	Ebd.
1807/08	17 497	Ebd.
1808/09	15 765	Ebd.
1809/10	11 546	Ebd.
1810/11	18 729	Ebd.
1811/12	15 316	Ebd.
1812/13	15 150	Ebd.
1813/14	16 800	Ebd.
1814/15	17 407	Ebd.
1815/16	17 000	(Schätzwert; k. A.)
1816/17	17 000	(Schätzwert; k. A.)
1817/18	17 000	(Schätzwert; k. A.)
1818/19	17 000	(Schätzwert; k. A.)
1819/20	17 000	(Schätzwert; k. A.)
1820/21	17 000	(Schätzwert; k. A.)
1821/22	17 000	(Schätzwert; k. A.)
1822/23	19 959	Fasz. 58
1823/24	18 714	Ebd.
1824/25	18 000	(Schätzwert; k. A.)
1825/26	21 708	Fasz. 58
1826/27	23 440	Ebd.
1827/28	22 657	Ebd.
1828/29	20 000	(Schätzwert; k. A.)
1829/30	20 525	Fasz. 58
1830/31	20 000	(Schätzwert; k. A.)
1831/32	20 176	Fasz. 58
1832/33	18 559	Ebd.
1833/34	18 000	(Schätzwert; k. A.)
1834/35	17 546	Fasz. 58
1835/36	19 334	Ebd.
1836/37	22 502	Ebd.
1837/38	22 000	(Schätzwert; k. A.)
1838/39	22 000	(Schätzwert; k. A.)
1839/40	22 642	Fasz. 58

Ausgaben für Teilbereiche des Generalstabes

Ausgaben für das Topographische Büro (in Gulden)
(Quelle: A VI 2, Rechnungen 1820/40)

Etatjahr	Gesamt	Löhnung
1820/21	56 382	35 539
1821/22	43 711	35 439
1822/23	55 389	42 546
1823/24	49 350	32 817
1824/25	75 042	34 156
1825/26	63 155	33 031
1826/27	52 922	31 407
1827/28	47 314	30 038
1828/29	46 160	31 632
1829/30	55 016	32 316
1830/31	48 580	31 720
1831/32	49 876	31 587
1832/33	50 123	30 559
1833/34	46 887	29 983
1834/35	57 495	28 041
1835/36	49 980	26 907
1836/37	50 955	26 328
1837/38	51 334	23 819
1838/39	56 691	24 147
1839/40	45 356	23 805

Ausgaben für das Hauptkonservatorium der Armee (in Gulden)
(Quelle: A VI 2, Rechnungen 1824/40)

Etatjahr	Gesamt	Bücher etc.
1824/25	k. A.	2 158 .
1825/26	k. A.	1 941
1826/27	k. A.	1 941
1827/28	k. A.	2 369
1828/29	2 905	2 343
1829/30	3 000	(Schätzwert; k. A.)
1830/31	3 000	(Schätzwert; k. A.)
1831/32	3 000	(Schätzwert; k. A.)
1832/33	3 098	2 089
1833/34	3 138	2 084
1834/35	3 110	2 052
1835/36	3 157	2 046
1836/37	3 627	2 606
1837/38	3 642	2 604
1838/39	4 107	3 193
1839/40	3 959	3 179

Ausgaben der Leibgarde der Hartschiere (in Gulden)

Etatjahr	Gesamt	Löhnung	Montur	A VI 1
1799	45 443	34 926	1 018	Fasz. 16
1800	33 524	33 357	7	Ebd.
1801	51 307	33 774	16 001	Ebd.
1802	43 796	36 822	4 722	Ebd.
1803	53 471	37 457	15 360	Ebd.
1804	28 070	27 771	–	Fasz. 18
1804/05	51 094	35 288	14 157	Ebd.
1805/06	38 533	35 205	2 506	Ebd.
1806/07	58 965	34 639	20 857	Ebd.
1807/08	74 533	47 304	21 738	Ebd.
1808/09	49 539	48 360	88	Ebd.
1809/10	64 005	49 788	13 096	Ebd.
1810/11	62 477	49 938	10 996	Ebd.
1811/12	63 875	47 582	12 784	Ebd.
1812/13	51 441	48 216	1 362	Ebd.
1813/14	68 562	46 014	21 001	Ebd.
1814/15	51 399	45 547	3 469	Ebd.
1815/16	64 608	44 166	18 797	Fasz. 19
1816/17	58 950	53 978	3 377	Ebd.
1817/18	73 311	48 570	20 267	Ebd.
1818/19	57 305	50 161	4 512	Ebd.
1819/20	71 249	52 545	16 176	Fasz. 20
1820/21	60 799	52 234	5 747	Ebd.
1821/22	79 468	54 547	22 423	Ebd.
1822/23	68 339	62 707	4 157	Fasz. 22
1823/24	77 065	59 508	15 850	Ebd.
1824/25	68 811	60 087	6 775	Ebd.
1825/26	61 231	59 029	435	Ebd
1826/27	80 303	56 421	21 163	Ebd.
1827/28	68 804	52 965	13 754	Ebd.
1828/29	62 179	53 524	4 574	Fasz. 23
1829/30	69 894	56 995	10 024	Ebd.
1830/31	70 849	57 370	9 787	Ebd.
1831/32	72 818	56 329	13 988	Ebd.
1832/33	66 153	56 562	6 010	Ebd.
1833/34	75 599	56 887	15 756	Fasz. 24
1834/35	68 524	56 174	8 665	Ebd.
1835/36	72 846	57 137	12 833	Ebd.
1836/37	63 899	56 072	5 176	Ebd.
1837/38	73 821	55 990	15 926	Fasz. 25
1838/39	66 081	55 511	7 660	Ebd.
1839/40	70 345	55 061	12 688	Ebd.

Ausgaben des Kadettenkorps (in Gulden)

Etatjahr	Gesamt	Löhnung	Kost	Montur	A VII 1a
1805	22 901	9 507	k.A.	3 083	Fasz. 87
1805/06	40 266	18 636	8 888	4 595	Ebd.
1806/07	52 074	20 517	13 676	7 896	Ebd.
1807/08	59 660	21 770	14 298	8 312	Ebd.
1808/09	55 714	23 091	16 277	8 336	Ebd.
1809/10	54 104	23 645	16 585	4 210	Ebd.
1810/11	66 086	24 889	17 585	7 471	Ebd.
1811/12	54 176	27 240	18 918	2 486	Ebd.
1812/13	60 810	27 614	19 244	2 884	Ebd.
1813/14	58 994	28 678	19 421	2 810	Ebd.
1814/15	64 849	30 130	22 759	2 983	Ebd.
1815/16	65 000	(Schätzwert; k. A.)			
1816/17	65 000	(Schätzwert; k. A.)			
1817/18	70 000	(Schätzwert; k. A.)			
1818/19	70 000	(Schätzwert; k. A.)			
1819/20	70 000	(Schätzwert; k. A.)			
1820/21	70 000	(Schätzwert; k. A.)			
1821/22	70 000	(Schätzwert; k. A.)			
1822/23	75 000	(Schätzwert; k. A.)			
1823/24	75 000	(Schätzwert; k. A.)			
1824/25	75 000	(Schätzwert; k. A.)			
1825/26	75 000	(Schätzwert; k. A.)			
1826/27	75 000	(Schätzwert; k. A.)			
1827/28	75 000	(Schätzwert; k. A.)			
1828/29	75 000	(Schätzwert; k. A.)			
1829/30	75 000	(Schätzwert; k. A.)			
1830/31	75 000	(Schätzwert; k. A.)			
1831/32	78 803	29 465	22 223	16 553	Fasz. 109
1832/33	79 505	30 125	21 651	15 782	Ebd.
1833/34	76 210	30 340	19 310	15 414	Ebd.
1834/35	77 662	28 349	21 139	15 206	Ebd.
1835/36	76 553	28 632	20 888	15 176	Ebd.
1837/38	82 938	28 494	23 487	16 515	Fasz. 11
1838/39	86 026	28 502	22 542	18 080	Ebd.
1839/40	85 391	28 995	22 373	17 523	Ebd.

Ausgaben des Infanterie-Leib-Regiments (in Gulden)
(Von 1814 bis 1825: Grenadier-Garde-Regiment)

Etatjahr	Gesamt	Löhnung	Montur	A VI 4d
1814/15	215 606	92 988	121 611	Fasz. 59
1815/16	172 163	142 130	22 898	Ebd.
1816/17	180 000	(Schätzwert; k. A.)		
1817/18	180 000	(Schätzwert; k. A.)		
1818/19	180 000	(Schätzwert; k. A.)		
1819/20	180 000	(Schätzwert; k. A.)		
1820/21	180 000	(Schätzwert; k. A.)		
1821/22	180 000	(Schätzwert; k. A.)		
1822/23	180 000	(Schätzwert; k. A.)		
1823/24	180 000	(Schätzwert; k. A.)		
1824/25	180 236	148 850	28 047	Fasz. 62
1825/26	124 177	106 954	14 677	Fasz. 63
1826/27	103 878	82 079	19 936	Ebd.
1827/28	98 717	82 380	14 844	Fasz. 64
1828/29	105 753	82 608	18 258	Ebd.
1829/30	114 649	83 166	17 065	Fasz. 65
1830/31	130 000	(Schätzwert; k. A.)		
1831/32	130 000	(Schätzwert; k. A.)		
1832/33	120 092	80 243	28 538	Fasz. 66
1833/34	108 353	81 248	16 878	Ebd.
1834/35	106 274	80 345	15 280	Ebd.
1835/36	101 604	81 435	10 334	Fasz. 67
1836/37	105 109	81 726	13 338	Ebd.
1837/38	105 000	(Schätzwert; k. A.)		
1838/39	105 000	(Schätzwert; k. A.)		
1839/40	105 000	(Schätzwert; k. A.)		

Ausgaben des 1. Infanterie-Regiments »König« (in Gulden)
(Von 1682 bis 1814 im Status eines Leib-Regiments)

Etatjahr	Gesamt	Löhnung	Monturen	A VI 4d
1800	163 280	78 685	12 091	Fasz. 106
1801	137 612	64 713	32 442	Ebd.
1802	117 638	64 209	38 874	Ebd.
1803	95 697	71 728	3 385	Fasz. 107
1804	78 439	52 971	11 188	Ebd.
1804/05	103 497	68 322	17 746	Fasz. 108
1805/06	99 338	70 042	5 040	Ebd.
1806/07	42 393	21 565	3 108	Fasz. 109[1]
1808	82 724	56 301	5 757	Ebd.
1808/09	109 487	85 913	8 592	Fasz. 110
1809/10	50 000	(Schätzwert; k. A.)[1]		
1810/11	91 984	85 214	4 015	Fasz. 111
1811/12	50 809	46 203	2 063	Ebd.[2]
1812/13	60 348	50 171	8 046	Ebd.[3]
1813/14	49 025	43 240	4 135	Fasz. 112[2]
1814/15	43 359	30 393	17 590	Ebd.[2]
1815/16	140 291	108 080	28 946	Ebd.
1816/17	140 000	(Schätzwert; k. A.)		
1817/18	140 000	(Schätzwert; k. A.)		
1818/19	140 000	(Schätzwert; k. A.)		
1819/20	140 000	(Schätzwert; k. A.)		
1820/21	140 000	(Schätzwert; k. A.)		
1821/22	140 000	(Schätzwert; k. A.)		
1822/23	217 481	164 029	27 314	Fasz. 113
1823/24	158 762	120 976	24 593	Fasz. 114
1824/25	139 586	107 305	23 972	Fasz. 115
1825/26	109 261	85 134	20 202	Fasz. 116
1826/27	110 442	83 303	17 922	Fasz. 117
1827/28	99 202	82 718	13 231	Ebd.
1828/29	104 317	82 303	15 679	Fasz. 118
1829/30	105 926	80 844	12 674	Ebd.
1830/31	135 858	82 338	36 728	Ebd.
1831/32	133 368	86 085	18 641	Fasz. 119
1832/33	127 945	80 631	34 167	Ebd.
1833/34	111 379	81 838	17 670	Fasz. 120
1834/35	106 609	80 476	13 886	Ebd.
1835/36	106 161	82 330	13 035	Fasz. 121
1836/37	106 022	82 903	12 347	Ebd.
1837/38	115 229	84 424	15 048	Ebd.
1838/39	110 936	79 967	18 042	Fasz. 122
1839/40	105 279	80 178	11 976	Ebd.

Anmerkungen

1 Nur Depot ohne das mobile Regiment gerechnet
2 Rückwirkend ab 1. Januar 1812 nur das Reserve-Bataillon berechnet; das mobile Regiment stand auf eigenem Etat
3 Nur Reserve-Bataillon

Ausgaben des 2. Infanterie-Regiments »Kronprinz« (in Gulden)

Etatjahr	Insgesamt	Löhnung	Monturen	A VI 4d
1800	61 246	49 996	8 665	Fasz. 128
1801	79 126	63 835	10 194	Ebd.
1802	131 321	81 181	15 822	Ebd.
1803	101 829	73 861	5 350	Ebd.
1804	83 006	57 240	15 323	Fasz. 129
1804/05	104 823	80 010	11 319	Fasz. 130
1805/06	97 628	71 826	9 277	Ebd.
1806/07	52 691	21 972	12 429	Fasz. 131 (nur Depot)
1808	85 548	57 157	24 696	Ebd.
1808/09	50 000	(Schätzwert für Depot; k. A.)		
1809/10	50 000	(Schätzwert für Depot; k. A.)		

(Das Regiment lag von 1810 bis 1825 in anderen Garnisonen)

Etatjahr	Insgesamt	Löhnung	Monturen	A VI 4d
1825/26	113 327	87 994	17 943	Fasz. 139
1826/27	101 197	82 649	17 147	Fasz. 140
1827/28	100 139	81 595	17 238	Ebd.
1828/29	108 516	85 927	15 794	Fasz. 141
1829/30	109 238	82 570	15 165	Ebd.
1830/31	132 854	84 129	34 134	Ebd.
1831/32	133 066	87 512	16 430	Ebd .
1832/33	119 531	82 880	24 668	Fasz. 142
1833/34	112 544	82 744	18 821	Ebd.
1834/35	111 575	83 014	17 564	Ebd.
1835/36	103 437	84 125	9 748	Ebd.
1836/37	110 816	84 040	16 434	Fasz. 143
1837/38	113 492	86 309	12 216	Ebd.
1838/39	106 334	80 136	14 489	Fasz. 144
1839/40	103 992	78 484	12 775	Ebd.

Ausgaben des 1. Kürassier-Regiments (in Gulden)
(Von 1814 bis 1825 Garde du Corps)

Etatjahr	Gesamt	Löhnung	Montur	Equipage*	A VI 5c
1814/15	36 245	20 133	3 191	2 680	Fasz. 57 (Depot)
1815/16	170 000	(Schätzwert; k. A.)			
1816/17	170 000	(Schätzwert; k. A.)			
1817/18	170 000	(Schätzwert; k. A.)			
1818/19	170 000	(Schätzwert; k. A.)			
1819/20	170 000	(Schätzwert; k. A.)			
1820/21	170 000	(Schätzwert; k. A.)			
1821/22	170 000	(Schätzwert; k. A.)			
1822/23	179 640	146 731	10 726	10 598	Fasz. 58
1823/24	93 934	72 491	9 419	7 291	Ebd.
1824/25	97 987	70 893	17 719	6 628	Fasz. 59
1825/26	104 388	79 549	13 936	8 139	Fasz. 60
1826/27	131 162	83 895	24 404	8 318	Fasz. 61
1827/28	129 124	83 183	20 870	11 682	Fasz. 62
1828/29	120 482	81 963	20 538	12 328	Fasz. 63
1829/30	115 571	79 559	17 944	12 466	Ebd.
1830/31	142 967	83 455	25 723	14 303	Ebd.
1831/32	130 929	82 347	19 058	10 789	Fasz. 64
1832/33	119 385	82 314	14 116	7 820	Ebd.
1833/34	128 151	82 934	22 450	9 695	Fasz. 65
1834/35	120 504	81 835	17 157	8 875	Ebd.
1835/36	112 690	83 418	8 086	10 140	Fasz. 66
1836/37	115 832	83 687	12 412	7 754	Ebd.
1837/38	117 965	82 105	13 383	8 242	Fasz. 67
1838/39	119 409	80 583	15 731	9 069	Ebd.
1839/40	121 319	80 548	16 332	8 380	Fasz. 56

* Ausrüstung der Pferde und Fuhrpark

Ausgaben des 1. Artillerie-Regiments (in Gulden)

Etatjahr	Insgesamt	Löhnung	Montur	Equipage	A VI 6a
1800	70 749	59 870	5 183		Fasz. 124[1]
1801	62 069	52 520	5 455		Ebd.
1802	69 375	54 541	4 892		Fasz. 124/126
1803	71 765	61 085	6 223		Fasz. 126
1804	63 190	48 067	7 212		Fasz. 127
1804/05	85 929	62 851	10 183		Ebd.
1805/06	100 546	75 134	11 259		Ebd.
1806/07	100 000	(Schätzwert; k. A.)			
1807/08	122 242	95 671	5 200		Fasz. 131
1808/09	102 094	69 535	6 032		Fasz. 133
1809/10	82 018	61 649	2 945		Ebd.[2]
1810/11	84 867	77 675	2 794		Fasz. 136
1811/12	61 730	58 277	1 262		Fasz. 136
1812/13	85 885	81 048	1 915		Fasz. 138
1813/14	66 170	62 218	1 354		Ebd.[3]
1814/15	65 000	(Schätzwert; k. A.)			
1815/16	100 000	(Schätzwert; k. A.)			
1816/17	100 000	(Schätzwert; k. A.)			
1817/18	100 000	(Schätzwert; k. A.)			
1818/19	100 000	(Schätzwert; k. A.)			
1819/20	100 000	(Schätzwert; k. A.)			
1820/21	100 000	(Schätzwert; k. A.)			
1821/22	100 000	(Schätzwert; k. A.)			
1822/23	147 683	110 471	22 603	22	Fasz. 142
1823/24	117 550	96 051	13 886	39	Fasz. 145
1824/25	119 193	94 631	21 262	–	Fasz. 146
1825/26	154 603	117 532	20 940	5 167	Fasz. 147[4]
1826/27	177 777	122 453	35 996	1 398	Fasz. 149
1827/28	177 454	124 584	18 672	7 310	Fasz. 151
1828/29	155 108	122 846	20 161	4 660	Fasz. 153
1829/30	153 702	119 712	10 308	4 798	Fasz. 154
1830/31	226 197	132 670	53 937	12 484	Fasz. 155
1831/32	208 996	138 520	20 891	13 177	Fasz. 156
1832/33	201 639	131 293	29 772	12 774	Fasz. 158
1833/34	202 216	135 085	27 485	11 344	Fasz. 160
1834/35	196 343	135 717	24 470	10 511	Fasz. 162
1835/36	180 775	129 161	20 561	8 377	Fasz. 164
1836/37	170 000	(Schätzwert; k. A.)			
1837/38	172 169	125 478	17 076	5 181	Fasz. 168
1838/39	181 685	126 730	23 930	5 029	Fasz. 170
1839/40	179 525	127 890	19 833	5 400	Fasz. 172

Anmerkungen

1 1tes Bataillon der Artillerie-Brigade
2 Hierbei allerdings eingerechnet die Einheiten in Salzburg, Kufstein und Passau, die etwa die Hälfte der Truppe ausmachten
3 Nur Garnison München, die „Feldartillerie" stand auf eigenem Etat
4 Nach Auflösung des Fuhrwesen-Bataillons (1825) erhielt das Regiment etatmäßig Pferde und Fahrzeuge.

Ausgaben der Garnisonkompanie Nymphenburg (in Gulden)

Etatjahr	Gesamt	Löhnung	Brotgeld	Montur	A VI 9a
1799	5 787	3 435	–	679	Fasz. 73
1800	4 017	2 250	1 180	29	Ebd.
1801	3 400	2 329	718	127	Ebd.
1802	6 136	5 038	–	911	Ebd.
1803	8 836	6 828	–	60	Ebd.
1804	7 742	5 292	–	789	Ebd.
1804/05	10 975	8 397	–	1 279	Ebd.
1805/06	10 571	8 572	–	867	Ebd.
1806/07	11 059	7 845	–	1 513	Ebd.
1807/08	9 788	7 962	–	325	Ebd.
1808/09	9 699	8 117	–	31	Ebd.
1809/10	10 088	8 358	–	24	Ebd.
1810/11	9 147	8 429	–	24	Ebd.
1811/12	10 060	8 610	–	22	Ebd.
1812/13	9 452	8 394	–	24	Ebd.
1813/14	8 494	7 382	–	58	Ebd.
1814/15	8 211	7 054	–	70	Ebd.
1815/16	9 380	4 675	3 325	897	Ebd
1816/17	9 500	(Schätzwert; k. A.)			
1817/18	9 500	(Schätzwert; k. A.)			
1818/19	9 500	(Schätzwert; k. A.)			
1819/20	9 500	(Schätzwert; k. A.)			
1820/21	9 500	(Schätzwert; k. A.)			
1821/22	9 500	(Schätzwert; k. A.)			
1822/23	16 135	12 557	–	2 150	Fasz. 74
1834/24	21 363	17 710	–	2 727	Fasz. 75
1824/25	27 630	19 747	–	6 554	Fasz. 77
1825/26	24 657	19 947	1 077	3 128	Ebd.
1826/27	27 744	22 908	806	3 473	Ebd.
1827/28	30 601	23 631	1 075	5 169	Ebd.
1828/29	28 199	23 112	1 651	2 721	Ebd.
1829/30	31 684	24 759	2 149	3 888	Ebd.
1830/31	32 649	23 539	4 506	3 789	Ebd.
1831/32	33 711	23 867	4 924	4 126	Fasz. 81
1832/33	29 590	23 162	3 597	2 142	Ebd.
1833/34	28 171	22 218	2 851	2 478	Ebd.
1834/35	26 164	20 410	2 835	2 325	Fasz. 83
1835/36	23 757	19 038	2 054	2 251	Ebd.
1836/37	22 317	17 762	2 000	2 236	Ebd.
1837/38	24 273	19 401	2 685	1 711	Ebd.
1838/39	28 515	22 154	3 704	1 946	Ebd.
1839/40	32 190	24 362	4 174	3 003	Fasz. 86

11. Kapitel:

Lazarette und Militärseelsorge

Einführung

Die dichte Belegung und mangelhafte sanitäre Ausstattung der Truppenunterkünfte machte den Militärdienst zu einer höchst ungesunden Angelegenheit. Kasernen galten oft als Brutstätten von Infektionskrankheiten. So erklärte die zivile Kgl. Baukommission München anno 1815 »… Daß man nach den heutigen Grundsätzen immer trachtet, so viel als möglich solche bevölkerten Anstalten etwas entfernt von den Bewohnern der Städte anzulegen, weil dieses für beide in Hinsicht der Gesundheit, sowohl als der Reinlichkeit sehr zuträglich ist.«[1]

Typische Soldatenplagen der damaligen Zeit waren Typhus, Geschlechtskrankheiten und die ansteckende Hautkrankheit Krätze (Scabies). In den bayerischen Kasernen des frühen 19. Jahrhunderts gab es besondere Zimmer, in denen diagnostizierte »Krätzige und Venerische« untergebracht wurden. Im Juli 1818 erging dann ein Reskript, daß alle einschlägig erkrankten Soldaten ausschließlich in reguläre Lazarette eingewiesen werden mußten. Die bisherigen »Casernen-Spitäler« wurden aufgelöst und stattdessen in den Kasernen nur noch »ärztliche Jourzimmer« für Diagnose und ambulante Behandlung eingerichtet.[2]

Grundsätzlich bietet sich bei einer Garnisongeschichte die Behandlung des Komplexes der Lazarette und der Militärseelsorge im Rahmen der Versorgungseinrichtungen an. Dennoch wurde davon Abstand genommen, vor allem wegen der engen Verknüpfung des alten Münchner Militärspitalwesens mit der Seelsorge, die bis in die zweite Hälfte des 19. Jahrhunderts auch der Zivilbevölkerung diente. Die Beschreibung der Lazarette wurde deshalb im Anschluß an das Kapitel über die Garnison als Wirtschaftsfaktor gesetzt, da darin auch die Personalstärke der Garnison behandelt worden ist. Der nun folgende Abschnitt soll zugleich thematisch eine Überleitung zum letzten Kapitel, den »Schattenseiten der Garnison« darstellen.

Anmerkungen

1 MKr. 8894 Prod. 43, Sitzungsprotokoll vom 3. März 1815
2 A. Eckart, Militär-Sanitätswesen, München 1855, S. 452 – 456

Krankheit und Mortalität in der Garnison München

Jahr	Präsent	Kranke	Scabies	Vener.	Typh	Tote(Typh)<Chol>
1841	3 120	4 227	617	172	254	98 (54)
1842	2 836	3 612	471	167	201	105 (66)
1843	3 016	2 739	317	149	72	74 (21)
1844	3 088	2 653	409	109	87	49 (10)
1845	3 379	2 993	411	114	78	62 (21)
1846	3 404	2 391	184	126	150	71 (18)
1847	3 278	1 892	180	126	119	54 (13)
1848	5 356	4 491	530	279	250	97 (53)
1849	5 906	5 582	1 246	433	324	113 (65)
1850	5 903	4 440	880	329	266	100 (41)
1851	5 605	6 076	1 070	304	311	97 (44)
1852	5 556	5 107	776	218	250	102 (37)
1853	5 006	5 181	771	268	346	115 (62)
1854	5 584	5 904	440	142	521	212 (61)<93>
1855	5 081	4 886	562	252	312	132 (77)< 1>
1856	4 825	4 359	314	160	510	119 (89)
1857	5 000	3 951	225	138	392	88 (52)
1858	5 745	4 462	379	128	462	128 (80)
1859	6 127	5 276	509	205	403	103 (59)< 1>
1860	6 003	5 700	964	349	113	71 (31)
1861	5 619	4 764	715	164	130	67 (24)
1862	5 560	4 126	526	356	239	102 (55)
1863	5 536	4 387	291	379	160	75 (27)
1864	5 547	4 001	252	349	159	98 (63)
1865	5 206	3 890	275	340	179	73 (21)
1866	7 293	5 459	254	676	294	86 (57)
1867	5 971	3 591	249	634	62	49 (8)
1868	k. A.	3 938	261	605	131	68 (23)
1869	k. A.	3 841	221	414	195	50 (24)
1870	k. A.	5 815	304	425	193	246 (?)
1871	k. A.	5 973	317	699	43	351 (?)
1872	5 645	3 494	86	255	438	71 (55)
1873	6 699					(42)<40>
1899	10 965	12 992	1 679	392	–	25

(Quelle: E. Filchner, Das königliche Militär-Lazareth, S. 44 – 51 und S. 75 – 85, sowie MKr. 10322. Bei den Toten sind Selbsttötungen und Unglücksfälle nicht eingerechnet worden.)

Vener. = Geschlechtskrankheiten
Typh. = Typhus
Chol. = Cholera

Das alte Militärkrankenhaus an der Müllerstraße

Die stationäre Krankenversorgung in der Stadt München im 18. Jahrhundert war ziemlich mangelhaft, ungeachtet der großen Zahl einschlägiger Institutionen. Die mittelalterlichen Spitäler Münchens, allen voran das im frühen 13. Jahrhundert von Herzog Ludwig I. gegründete Heiliggeistspital und das im Jahre 1480 von Herzog Albrecht IV. gestiftete Bruderhaus am Kreuz waren in der Neuzeit zu bloßen Altersheimen geworden. Das Leprosenhaus am Gasteig, errichtet 1295 durch Herzog Rudolf I., nahm nur Personen mit ansteckenden Leiden, insbesonders Haut- und Geschlechtskrankheiten, auf. Ebenso das Leprosenhaus vor dem Schwabinger Tor. Auch das sogenannte Stadtkrankenhaus am Anger, eine Stiftung der Bürgerfamilie Nockher vom Jahre 1742, war speziell als Isolierstation für ansteckende Krankheiten, z. B. Typhus, gedacht. Das Herzogspital bei den Servitinnen, gestiftet 1608 von Herzog Albrecht V., war ausschließlich für Bedienstete der Residenz vorgesehen. So blieben als allgemeine Krankenhäuser lediglich das Spital der Barmherzigen Brüder zu St. Maximilian und das Spital der Barmherzigen Schwestern zu St. Elisabeth, beide vor dem Sendlinger Tor gelegen, sowie das unter Herzog Maximilian I. gestiftete Josephspital.[1]

Angesichts der verhältnismäßig starken Garnison in München faßte bereits Kurfürst Max Emanuel im Jahr 1696 den Plan zum Bau eines eigenen Militärkrankenhauses, das zugleich auch den Invaliden der Armee Platz bieten sollte. Dieses Projekt wurde jedoch nicht realisiert. Das erste Militärkrankenhaus der Garnison entstand dann erst 1739 vor dem Sendlinger Tor im Bereich der späteren Baumstraße. Man hieß es das »Brechhaus«, da der akute Anlaß für die Einrichtung dieses Lazaretts die unter den aus Ungarn heimgekehrten Truppen grassierende »Brechruhr« (Cholera) gewesen war, deren starkes Ausmaß zu Unruhe unter der Zivilbevölkerung geführt hatte. Es war kein Neubau, sondern ein ehemaliges Pesthaus des Stadtmagistrats, in dem sich seit dem Jahr 1712 eine konsekrierte Kapelle mit dem Patrozinium der Hl. Thekla befand.[2]

Das Militärkrankenhaus von 1777

Das erste Militärkrankenhaus, auch »Feldhofspital« genannt, wurde im Laufe der Jahre als zu klein erachtet. So ließ Kurfürst Max III. Joseph 1777 auf dem Areal des sogenannten »Pechgartens«, eines ehemals schönen Lust- und Ziergartens an der späteren Müllerstraße, der wegen eines Gantprozesses erworben werden konnte, einen Neubau errichten. Es war der erste große moderne Krankenhausbau im Umfeld der Stadt München bis zum Bau des Allgemeinen Krankenhauses unter König Max I. Joseph in den Jahren 1808/13. Stolz verkündete eine Inschrift unter der kurfürstlichen Wappenkartusche am Hauptgebäude:

»*Nosocium Aegroto et Laeso Militi Munificentia Maximiliani Boiorum Ducis Et Electoris Patriae Ordinibas Principis Exemplo Imitantibus A. Fundamentis Erectum A. D. MDCCLXXVII.*«[3]

Das vormalige Lazarett (»Brechhaus«) wurde dem Münchner Magistrat wieder zur Verfügung gestellt und zum Stadtarmenhaus umgewandelt.[4] Auf dem Stadtplan von 1807 ist es immer noch als »Altes Lazareth« nahe der Isar eingetragen.

Das Militärkrankenhaus stand noch um 1807 in einer noch von Wiesen, Gärten und Baumalleen geprägten Gegend. Der übliche Weg von der Stadt dorthin führte bis zu dessen Abbruch 1844 über das Einlaßtor: »… Von der Stadtmauer bis zum Lazareth waren damals mit Ausnahme von einigen hölzernen Schupfen keine Gebäulichkeiten, während vom Lazareth bis zur Isar eine schöne üppige Wiesenfläche sich befand, die nach Westenrieder insbesondere im Herbste von den Münchnern wegen der prachtvollen Aussicht ins Gebirge zu Spaziergängen benützt wurde.«[5] Die Hauptfassade des Lazaretts war der Stadt zugewandt. Erst ab der Mitte des 19. Jahrhunderts wurde die Isarvorstadt so erweitert, daß das Lazarett nunmehr mitten in einem Wohngebiet lag. Das ringsum von Palisaden umgebene Areal des Lazaretts, mit einer Grundfläche von zwei Tagwerk, lag nur wenige Meter von einem Stadtbach entfernt, der dann im Laufe der Jahre den Namen »Lazarettbach« erhalten sollte. Dieser Bach spielte eine wichtige Rolle für den Lazarettbetrieb, da er zur Entsorgung aller Abfälle und Fäkalien diente. Bei seiner Erbauung war das Militärspital auf 119 Patienten in neun Krankenzimmern ausgelegt worden, hinzu kamen die Wohnräume für das Dienstpersonal und die Lokalitäten für Therapie und Versorgung der Kranken. Im Einzelnen handelte es sich um folgende Gebäude:– das eigentliche Lazarett mit der Hauskapelle St. Thekla (auf sie wird an anderer Stelle eingegangen werden); – das Apothekerhaus; – die Waschküche (später »Inspektorenhäuschen«).

Das *Hauptgebäude* bestand aus dem Parterre, zwei Stockwerken und einem Mezzaningeschoß. Die Vorderfront war durch drei Portale gegliedert, deren mittleres als Haupteingang mit geschnitzten Torflügeln, flankiert von dorischen Säulen, kenntlich war. Diese Torsäulen trugen einen Dreiecksgiebel, mit dem oben bereits erwähnten kurfürstlichen Wappen nebst Inschrift. Darüber war eine große Uhr angebracht. Neben dem Hauptportal war ein Wachthäuschen aufgestellt. Charakteristisch für das äußerliche Erscheinungsbild des Hauptgebäudes war das Dach mit dem Glockentürmchen der St. Thekla-Kapelle in der Mitte, ferner neun hohen Kaminen und zwei hohen Abluftschächten (je einer an beiden Schmalseiten des Hauses); letztere sollten die Ausdünstungen der Aborte ableiten. Als Anstrich ist, zumindest für das 19. Jahrhundert ein einfacher grauer Rieselverputz, mit glatten weißen Fensterumrahmungen überliefert. Die Fenster waren übrigens bis zum Jahr 1846 vergittert.[6]

Nach einer Beschreibung vom Februar 1880 befanden sich im Parterre des Hauptgebäudes eine Verwalterwohnung (Zimmer, Kammer, Küche), die Kammer der Krankenhausköchin, die Kammer des Hausknechts, die große Lazarettküche, zwei »Kammerl für Sägklay«(Sägespäne), eine Kräuterkammer, drei Krankenzimmer mit 27 Betten, die Badestube und die Totenkammer. Im Ersten Stockwerk lagen fünf Krankenzimmer mit 70 Betten, eine kleine Teeküche, zwei Wohnungen für Verwaltungsbeamte, Requisiten- und Monturkammern. Im Zweiten Stockwerk waren neun Krankenzimmer für 114 Patienten vorhanden in der neuen Mansarde sechs weitere Krankenzimmer mit 50 Betten. Auf beiden Seiten des Hauptgebäudes befanden sich jeweils an der äußersten linken und rechten Seite Aborte und zwar getrennt für Patienten und Personal. *Das Apothekerhaus* glich in seinem Baustil dem Hauptgebäude. Im Erdgeschoß befand sich die Krankenhausapotheke, im Obergeschoß die Dienstwohnung des Apothekers und des Gehilfen. Die sogenannte Waschküche am Lazarettbach beherbergte die Wohnung des Lazarettpriesters.[7]

Der große *Lazarettgarten* wurde auf kurfürstlichen Befehl 1803 in einen Botanischen Garten umgewandelt, in dem vor allem Heilkräuter für die eigene Apotheke angebaut werden sollten. Wohl bereits aus der vormaligen Bestimmung als privater Lust- und Ziergarten stammten einige Dutzend Roßkastanienbäume. Eduard Filchner, der Chronist des Lazaretts, bemerkt im Jahr 1875 zu diesem Garten: »... Als Eigenthümlichkeit muß hier erwähnt werden, daß jeden Jahres von Mitte Juli bis Mitte Oktober tausende und abertausende von Staaren von der ganzen Stadt her in großen Zügen auf die Castanienbäume des Lazarethgartens sich niederlassen und während der Nachtzeit bis zu ihrem Wegflug, der 6 Uhr früh erfolgt, ein so lebhaftes Geschwirre und Lärm veranlassen, daß man sich am Fuße eines Wasserfalles dünkt; es sist jedoch dieses Geräusch keineswegs während der Nachtzeit für die Kranken belästigend, vielmehr haben letztere oftmals über dieses lebendige Treiben ihre größte Freude ausgesprochen. Diese Staaren dienen den Münchnern als Wahrzeichen und knüpft sich der Glaube daran, daß, wenn die Dohlen die Frauenkirchthürme und die Staaren ihr Lazarethlager nicht beziehen, schwere Landplagen in Aussicht stehen.«[8] Zusätzlich wurde dann im Jahr 1824 der »Garten rechts der Brücke« vom Gärtner Rosenberger um 1365 Gulden zum Anbau von Heilkräutern angekauft. 1825 folgte um 1400 Gulden von einer Witwe Weigl der »Garten links der Brücke« als Gemüsegarten für die Lazarettküche. Diese beiden Gartenparzellen wurden dann 1869 verpachtet. 1811 wurde im Lazarettgarten bei den Remisen ein Leichenhaus erbaut, worin auch seziert wurde. Im Jahr 1813 wurden bei der Hauptbrücke am Lazarettbach beiderseits je ein ebenerdiges, mit Schindeln gedecktes Häuschen errichtet, als Wachlokal für die Lazarettwache, die in jenen Jahren von der Garnisonkompagnie gestellt wurde.[9] Nach dem Ausbau des rechten Teiles des Mezzaningeschosses 1812 stieg die Belegkapazität des Hauptgebäudes auf 240 Patientenbetten an.[10]

Vor allem der hohe Präsentstand der Jahre 1848/49, der als Folge auch einen erhöhten Krankenstand mit sich brachte, ließ die Forderung nach einem Filiallazarett laut werden. Hierzu pachtete der Militärärar ab 1849 das sogenannte *Liegleinsche Haus* (s. u.). Im Frühjahr 1861 wurde im Lazarettgarten ein besonderes Operationshaus errichtet. Es handelte sich um ein ebenerdiges Gebäude mit großem Dachboden. Die innere Einteilung zeigt den großen Sektionssaal, die Leichenkammer, einen Geräteraum, ein Bibliothekszimmer, zwei Räume für die beiden Dozenten des Operationskurses, eine Küche und den Abtritt. Auf dem Dachboden lagerten zahlreiche medizinische Modelle (Abgüsse) aus Gips und Pappmaschee. Im März 1862 wurde die alte hölzerne Waschhütte am Bach abgerissen und durch ein gemauertes Waschhaus zwischen der Apotheke und dem Liegleinhaus ersetzt. Als Besonderheit für Münchner Verhältnisse wies dieses Waschhaus einen artesischen Brunnen auf.[11]

Bereits nach der Choleraepidemie des Jahres 1854 hatte Münchens Stadtkommandant Generalmajor v. Harold beim Kriegsministerium dringend um eine Vergrößerung des Militärkrankenhauses gebeten. Er schrieb dazu: »… als durch höchste Verordnungen die ehemals bestandenen Kasernen- und andere Lokalspitäler aufgehoben wurden, sodaß mit Ausnahme ganz leichter Externisten bei einer Besatzung von 5 bis 6000 Mann jeder erkrankte Unteroffizier und Soldat, die kranken Weiber und Kinder, die erkrankten Mannschaften von zwei Gendarmerie- und einer nicht unbedeutenden Garnisonskompagnie, letztere mit größtenteils decrepiden Leuten, die Mannschaft der Zollschutzwache, Ordonnanzen, Kanzleidiener und Pferdewärter etc., sowie in besonderen Fällen erkrankte Offiziere und Militärbeamte, dann Beurlaubte auswärtiger Abteilungen im Krankenhause behandelt und verpflegt werden.« Das Hauptgebäude faßte nach Harold zu dieser Zeit maximal 370 Personen, das Liegleinhaus 50 Personen, wobei allerdings die Schlafplätze der Krankenwärter hinzugezählt waren. Der Stadtkommandant bat dringend um eine Vergrößerung des Krankenhauses auf 600 Patientenbetten, damit »… der gute Geist, der militärische Sinn und die moralische Kraft des Soldaten erhalten werde.«[12] Obwohl Haralds Bitte von Kriegsminister v. Lüder bald darauf König Max II. vorgetragen wurde, unterblieben grundlegende Verbesserungen bis zum Baubeginn des neuen Garnisonlazaretts bei der Max-II-Kaserne im Sommer 1867.[13]

Nachdem der erste Bauabschnitt des neuen Lazaretts auf dem Oberwiesenfeld belegt werden konnte, wurde der Komplex an der Müllerstraße am 11. September 1872 vollständig von Patienten geräumt und blieb vorläufig als Krankenhaus unbenutzt. Dies änderte sich mit dem Auftreten der Cholera in Sommer 1873. Das alte Lazarett wurde am

13. August 1873 wieder in Betrieb genommen, um das moderne Lazarett am Oberwiesenfeld primär für Cholerakranke benützen zu können. Im August 1874 wurde der nächste Bauabschnitt des Lazaretts am Oberwiesenfeld fertig. Damit war das alte Militärspital endgültig überflüssig geworden. Am 29. September 1874 wurde es geräumt.[14]
Das Gebäude an der Müllerstraße diente fortan als Domizil für das Landwehrbezirkskommando München I. Im Herbst 1884 wechselte diese Dienststelle in die Alte Isarkaserne. Am 13. Februar 1885 wurde der ehemalige Lazarettkomplex an das Stadtrentamt München I übergeben.[15] Im Bau des Militärkrankenhauses wurde bald darauf das Luitpold-Gymnasium eingerichtet und nach dessen Zerstörung im Zweiten Weltkrieg auf dem Areal das große städtische Heizkraftwerk gebaut.

Filiallazarette in den Jahren bis 1871

Während der napoleonischen Kriege reichte die Kapazität des Militärkrankenhauses trotz engster Belegung nicht mehr aus, so daß in der Kreuzkaserne, die Kosttorkaserne am Kosttor, im Elisabethinerinnenkloster und im alten Stadtkrankenhaus am Anger Filiallazarette eingerichtet werden mußten.
Gleichzeitig mit der Anmietung des Liegleinhauses 1849 wurde ein großes Gebäude in Fürstenfeldbruck als sog. »Evacuationsplatz für Reconvalescenten« bis zur Schließung des Lazaretts Müllerstraße benützt.
Als Nachwirkung des Krieges von 1866 mußte das frühere Gebäude der Kriegsschule in Schwabing als zusätzliches Lazarett eingerichtet werden. Dieses Filialkrankenhaus wurde am 15. Januar 1867 eröffnet und blieb bis zum 7. Juni 1872 ununterbrochen in Tätigkeit. Hierin wurden in den Jahren 1867 bis einschließlich 1870 jährlich jeweils weit mehr als 1000 Patienten behandelt. 1871 und 1872 waren es jeweils rund 600 Patienten. Während des Krieges 1870/71 wurden neben dem Schwabinger Lazarett weitere Filiallazarette betrieben und zwar: – das neue Militärlazarett am Oberwiesenfeld; – die Servitinnenanstalt; – die sog. Marienanstalt; – die sog. Homöopathische Anstalt; – das Vincentinum; – das Spital in Neuberghausen; – das Spital in Brunnthal; – das Krankenhaus in Haidhausen; – das Spital der Königinwitwe Marie; – das Sedlmayr'sche Spital; – das Brey'sche Spital. Außerdem waren kranke Soldaten auch in verschiedenen Kasernen und Privatwohnungen untergebracht.[16]

Das Liegleinhaus

Der erhöhte Präsentstand der Garnison in den Jahren 1848/49, welcher als Folge auch einen erhöhten Krankenstand mit sich brachte, ließ die Forderung nach einem Filiallazarett laut werden. Hierzu pachtete die Armee ab 1849 das sogenannte Liegleinsche Haus an der Fraunhoferstraße für jährlich 1600 Gulden. Der Vorteil bestand in erster Linie darin, daß das Liegleinhaus, ein dreistöckiges Wohngebäude, direkt an den Komplex des Militärkrankenhauses angrenzte. Man sah allerdings davon ab, das ehemalige Wohnhaus als regelrechtes Filialkrankenhaus umzubauen, sondern nutzte es vorwiegend als Offizierslazarett, Büro für Ober- und Untersanitätskommission, Unterkunft für Krankenpfleger (bis zum Jahr 1869), Wohnung des Ökonomieunteroffiziers, zeitweilig auch als Büro für die Lazarettkommission. Der Keller diente als Kühlraum für die Vorräte an Eis, Weinen und Medikamenten. Am 8. Februar 1860 kaufte das Militär das Gebäude samt zugehörigem Gartengrundstück vom Rittmeister a. D. Graf von Zech um 33 000 Gulden.[17]

Nach der Übergabe des eigentlichen Militärkrankenhauses an die Finanzverwaltung im Frühjahr 1885 wurde das Liegleinhaus weiterhin von der Garnison genutzt. In den folgenden Jahren wohnten darin zwölf bis vierzehn Unteroffiziere mit ihren Familien. Erst im Herbst 1892 wurde auch dieses Gebäude dem Finanzärar überstellt.[18]

Anmerkungen

1   Vgl. L. v. Westenrieder, Beschreibung der Haupt- und Residenzstadt München im gegenwärtigen Zustande, München 1782 (unv. Ndr. München 1984), S. 250 – 257; E. Filchner, Das königliche Militär-Lazareth an der Müllerstrasse in München, München 1875, S. 5 f. Filchners Arbeit ist eine äußerst wertvolle Quelle, da schon im 19. Jahrhundert ein Großteil der Akten verlorenging.
2   Filchner (wie Anm. 1), S. 6 f., S. 23
3   Ebd., S. 7 f.
4   Ebd., S. 24
5   Ebd., S. 4
6   Filchner (wie Anm. 1), S. 7 ff.
7   A XX Bd. 21, Beschreibung des Militärlazaretts vom 20. Febr. 1800
8   Filchner (wie Anm. 1), S. 10
9   Ebd., S. 11 – 14
10 Ebd., S. 17 und S. 21
11 Ebd., S. 14 ff.
12 MKr. 8933 Prod. 4, KdtMünchen an KM am 4. Sept. 1854
13 Vgl. den Abschnitt »Militärkrankenhaus an der Lazarettstraße«
14 Filchner (wie Anm. 1), S. 42 f.
15 MKr. 9028/1 Prod. 7, KM am 29. April 1884; Prod. 17, KM an GenKdo I.A.K. am 23. Aug. 1884; Prod. 34, GarnVw München am 13. Febr. 1885
16 Filchner (wie Anm. 1), S. 39 – 42
17 Ebd., S. 12 ff.
18 MKr. 9028/1 Prod. 39, 1. IngDir am 4. Juni 1885; Prod. 74, GarnVwMünchen am 21. Jan. 1892; Prod. 83, Notiz im KM vom 6. Dez. 1892

Das Militärkrankenhaus an der Lazarettstraße

Nach den bitteren Erfahrungen mit der schweren Choleraepidemie in München anno 1854 forderte Kriegsminister v. Lüder aus »Humanitätsrücksichten« im Herbst des gleichen Jahres dringend einen »Neubau zum hiesigen Militärkrankenhaus«.[1] Jedoch wurde das Vorhaben vor allem aus Geldmangel wieder zu den Akten gelegt bis zum Jahr 1864. Grundsätzlich wurden nun drei Bauplätze in Erwägung gezogen: 1) in der Max-Vorstadt, zwischen Theresien- und Schellingstraße beim späteren Nördlichen Friedhof; 2) an der Dachauer Straße, zwischen dem gerade im Bau befindlichen Zeughaus und dem Maßmannbergl, d. h. jenem Areal, das später Militärbäckerei und Proviantamt aufnahm; 3) bei der Max-II-Kaserne. Gegen die Variante 1) sprachen die bereits laufenden Baupläne des Stadtmagistrats für den Nordfriedhof und die hohen Grundstückspreise. Gegen die Variante 2) wurde die zu enge Nachbarschaft des Spitals mit dem Artillerie-Schießplatz ins Feld geführt. Am 23. Januar 1865 billigte König Ludwig II. den Vorschlag des Kriegsministeriums, auf dem militäreigenen Gelände südostwärts der neuen Max-II-Kaserne in Neuhausen ein großes Lazarett für die Garnison zu erbauen.[2]

Indessen kamen Ludwig II. einige Monate später Bedenken gegen den projektierten Standort, der sich im Bereich der heutigen Ernst-Henle-Straße befunden hätte. Der junge König wies darauf hin, daß »... man von der unaufhörlichen Unruhe, wie sie in den Kasernen herrscht, von dem fortwährenden Trommeln, Blasen und Exerzieren, dann von den Schießübungen auf dem nahen Exerzierplatz, die nachtheiligsten Einflüsse auf Kranke und Wiedergenesende, von etwaigen im Krankenhaus herrschenden Seuchen dagegen Gefährdung der Kasernenbewohner und vielleicht sogar die Nothwendigkeit einer Räumung der Kaserne befürchtet u. dgl.«[3] Obwohl die Armee diesen Bedenken widersprochen hatte, wiederholte sie Ludwig im Herbst 1865. Stil und Inhalt des Signats zeigen große Ähnlichkeit zu Äußerungen seines Vaters: »... *Die Frage, ob der bisher für das neue militärische Krankenhaus bestimmte Platz wirklich hierzu sich eignet, ist so wichtig und der irreparable Schaden, welcher aus einem etwaigen Fehlgriff bei Entscheidung dieser Frage für die Civil- und Militärbevölkerung Münchens entstehen würde, so groß, daß Ich vor endgültiger Entscheidung derselben die ganze Angelegenheit von einer Expertenkommission sorgfältig geprüft zu sehen wünsche. Ich beauftrage deshalb das Kriegsministerium, die Einleitungen zur Zusammensetzung und entsprechenden Instruktion dieser Commission zu treffen und Mir geeignete Persönlichkeiten hierfür vorzuschlagen. Schon jetzt bestimme Ich aber, daß außer dem Generalstabsarzt Dr. v. Feder auch Mein Leibarzt Geheimer Rath Dr. v. Gietl und Professor Dr. Max Pettenkofer beigezogen werden sollen. Die Verhandlungen und das notierte Gutachten der Commission sind Mir seiner Zeit in Vorlage zu bringen.«*[4]

Wohl nicht zuletzt bedingt durch den Krieg von 1866 dauerte es mehr als ein Jahr, bis der neue Kriegsminister v. Pranckh das Resultat der Expertenkommission dem König vorlegen konnte. Drei mögliche Standorte waren in die engere Wahl gezogen worden: 1) ein Bauplatz nördlich des Siegestores an der Schwabinger Landstraße, also der heutigen Leopoldstraße; 2) die Alte Isarkaserne auf der Kohleninsel; 3) wiederum ein Standort bei der Max-II-Kaserne, jedoch weiter von derselben entfernt, als im Jahr 1865 geplant. Nachdem der berühmte Hygieniker Pettenkofer von dem Schwabinger Standort wegen ungünstiger Grundwasserverhältnisse abgeraten hatte, empfahl die Kommission mehrheitlich den Abbruch der Alten Isarkaserne und den Neubau eines großen Krankenhauses an ihrer Stelle. Gleichzeitig schlug sie vor, das bisherige Militärkrankenhaus in der Müllerstraße als Ersatz für die Alte Isarkaserne seinerseits in eine Kaserne umzuwandeln.

Abweichend von diesem Votum äußerte sich jedoch der Kriegsminister v. Pranckh. Er gab erstens zu bedenken, daß die Aufgabe der Alten Isarkaserne, zu jener Zeit Unterkunft des 3. Artillerie-Regiments, unvermeidlich den kostspieligen Neubau einer weiteren Kaserne in München bedingen würde, da das Areal in der Müllerstraße hierzu völlig ungeeignet sei. Zweitens erklärte v. Pranckh, daß für ein hochwassersicheres Krankenhaus auf der Kohleninsel enorme Summen in den Bau entsprechender Fundamente gesteckt werden müßten, nämlich mehr als die Hälfte jener 400 000 Gulden, die im Militäretat für das ganze Bauprojekt vom Landtag 1864 bewilligt worden waren. Drittens verwies der Minister auf die seit Bezug der ersten Bauabschnitte der Max-II-Kaserne einsetzende *Verlagerung der Garnison vom Südosten in den Nordwesten Münchens*, die einen Lazarettstandort bei Neuhausen bedinge. Somit spreche alles für einen Bauplatz im Nordwesten. Allerdings lehnte auch v. Pranckh, ebenso wie der König eine zu enge Nachbarschaft des künftigen Lazaretts mit der Max-II-Kaserne ab, jedoch aus anderen Motiven: »… weil dadurch der Ausbau der Caserne nach dem von Seiner Majestät Weiland König Maximilian II. Allerhöchst genehmigten Plane unmöglich gemacht werden würde.« – Damit ist klar belegt, daß Bayerns Reformkriegsminister zu diesem Zeitpunkt (Dezember 1866!) immer noch an der Idee der Defensivkaserne mit freiem Schußfeld festhielt! Er schlug deshalb vor, das künftige Militärspital weiter stadteinwärts, zwischen der Max-II-Kaserne und dem Areal der Kgl. Erzgießerei, zu erbauen. Diesen Vorschlag genehmigte der König im Januar 1867.[5]

Der Grunderwerb für das künftige Militärkrankenhaus konnte im Juli 1867 abgeschlossen werden. Die Gesamtkosten hierfür beliefen sich auf 44 667 Gulden, einschließlich 70 Gulden Provisionsgebühr für den Ökonomen und Gastwirt Johann Bär von Neuhausen, der nicht nur selbst mit mehr als acht Tagwerk den Löwenanteil der Baufläche gestellt hatte, sondern dann auch als Vermittler für die übrigen Arrondierungen tätig gewesen war. Es handelte sich um rund elf Tagwerk in der Steuergemeinde Neuhausen und fünf Tagwerk innerhalb des Münchner Burgfriedens. Letztere Fläche wurde überwiegend vom Erzgießer Ferdinand v. Miller angekauft. Somit ergab sich die etwas kuriose Situation, daß das Lazarett bis zur Eingemeindung Neuhausens im Jahr 1890 gleichzeitig in München und in Neuhausen stand.[6]

Ursprünglich sollten noch im Herbst 1867 die Bauarbeiten aufgenommen werden.[7] Indessen wurde aber erst im Juni 1868 nach einem Entwurf des Münchner Stadtbaurates Zenetti damit begonnen. Das Charakteristische des riesigen unverputzten Backsteinbaues mit einer Gesamtlänge von mehr als 330 Metern, der in seinem äußerem Erscheinungsbild mit der Max-II-Kaserne und dem Zeughaus harmonierte, waren die beiden sehr schmalen Flügelbauten parallel zur Front der Max-II-Kaserne. Zwischen diesen Bettentrakten für jeweils rund 200 Patienten lag der Zentralbereich, dessen Haupteingang wiederum genau auf einer geraden Linie zum Haupttor der Max-II-Kaserne fixiert war. Dieser ganze Hauptbau verfügte durchgehend über zwei Obergeschosse. Das sogenannte »Verwaltungsbäude« hatte Zenetti dem eigentlichen Krankenhaus vorgelagert und es nur durch einen gedeckten Korridor damit verbunden. Dieser Eingangsbereich führte zum zentralen »Ökonomiegebäude«, einer geschlossenen Vierflügelanlage, die um einen Innenhof gruppiert war. Von hier aus gelangte man in den nördlichen bzw. südlichen Trakt. Im ersten Bauabschnitt wurden bis 1871 das Verwaltungsgebäude, der Ökonomiekomplex und der nördliche Bettentrakt fertiggestellt.[8]

Nachdem das neue Militärkrankenhaus während des Krieges von 1870/71 schon zeitweilig belegt worden war, nahm man im Friedensjahr 1872 den zweiten Bettentrakt und die restlichen Nebengebäude in Angriff. Zu letzteren gehörten vier sogenannte »Sommerpavillons«, d. h. gemauerte Lazarettbaracken hinter den Flügelbauten in den weitflächigen Gartenanlagen des Krankenhauses. Insgesamt kostete der Bau des Militärkrankenhauses zwischen 1868 und 1874 fast 990 000 Mark.[9] Zum Vergleich: Kriegsminister v. Pranckh hatte im Juli 1867 gegenüber König Ludwig II. die Kosten auf 550 000 Gulden, d. h. umgerechnet (bei 1,72 Mark pro Gulden) 946 000 Mark beziffert, wobei allerdings nur 350 Betten geplant gewesen waren.[10]

Um 1890 betrug die Kapazität des Militärkrankenhauses 530 Betten. Im sogenannten »Altbau« (Nordtrakt) lagen zwölf Krankensäle für jeweils fünfzehn Mann (98 m²), sieben Krankenzimmer für jeweils neun Mann (56 m²), ein Doppelzimmer für kranke Offiziere (28 m²) und neun Wohnstuben (12 m²) für jeweils drei Krankenwärter (Unteroffiziere). Der Trakt war in sechs Bettenstationen eingeteilt, deren jede über eine Teeküche, einen »Utensilienraum«, ein Badezimmer und zwei Aborte verfügte. Letztere waren noch nicht an die städtische Kanalisation angeschlossen. Außerdem befanden sich im Nordtrakt der relativ kleine Operationsaal (28 m²), eine Zelle für geisteskranke Patienten und drei Arrestzellen für das Pflegepersonal. Der »Neubau« (Südtrakt) war ähnlich konzipiert, hier gab es vier Doppelzimmer für kranke Offiziere, einen großen Wohnsaal für Krankenwärter (Mannschaften), eine Dreizimmerwohnung für den »1. Oberwärter« (Feldwebel), drei Arrestzellen für undisziplinierte Leichtkranke oder kranke Militärhäftlinge und einen »Betsaal« für die Patienten evangelischer Konfessionen.[11] An dieser Stelle sei auch gleich auf die katholische Krankenhauskapelle St. Mauritius im Ökonomiegebäude des Krankenhauses hingewiesen.[12]

Die vier Lazarettbaracken im Garten dienten wegen ihrer isolierten Lage hauptsächlich für Schwerkranke, die hier abgesondert wurden, um die anderen Patienten psychisch zu schonen. Jede dieser Baracken wurde mit maximal achtzehn Patienten belegt, ebenso in Ausnahmefällen das vormalige »Blatternhaus«. Außerdem stand hier das »Operationskursgebäude«, in dem regelmäßig zu Lehrzwecken der Militärchirurgie Leichen seziert wurden. Im Ökonomiegebäude lagen, neben der Apotheke und verschiedenen Laboratorien, die große Küche mit sechs Dampfkochkesseln zu je 200 Litern Fassungsvermögen und die Wäscherei. Kochküche, Waschküche, Badezimmer und Desinfektionsanstalt wurden von hier aus durch eine eigene Dampfmaschine von zehn Pferdestärken mit Wärme versorgt; außerdem betrieb die Dampfmaschine einen großen Pumpbrunnen, der das Brauchwasser lieferte. Ein Stromgenerator war nicht angeschlossen, so daß es nur Gaslicht und sehr viele Petroleumlampen gab. Übrigens standen um 1890 für das ganze Militärkrankenhaus nur zwölf Zapfhähne der neuen städtischen Wasserleitung zur Verfügung. Dieses Wasser wurde nur als Trinkwasser und für die Speisenzubereitung verwendet.[13]

Im Zeitraum zwischen 1890 und Sommer 1894 traten einige wesentliche Verbesserungen in der Infrastruktur des Militärkrankenhauses ein. An erster Stelle ist der Anschluß des Areals an das Schwemmkanalisationsnetz der Stadt München zu nennen. Auch wurde die Kapazität der Trinkwasserleitung erhöht. Ferner wurde eine leistungsfähigere Dampfmaschine beschafft. Der Krankenhausgarten wurde immer mehr zugebaut. Hier entstanden ein einstöckiges Magazin mit Vorräten an Sanitätsmaterial für die Mobilmachung, ein ebenerdiger Ziegelschuppen als Stall für Versuchstiere, drei hölzerne Lazarettbaracken mit jeweils vierzehn Betten.[14] In der Folgezeit ging die Bautätigkeit weiter. Neben verschiedenen Baracken errichtete man im Jahr 1895 ein zweistöckiges »Dienstwohngebäude« mit neun Wohnungen und Lagerräumen.[15] Um 1898/99 wurde ein neuer Krankenpavillon mit vierzig Betten nach Art der Lazarettbaracken aus den Jahren 1868/74 gebaut und das Dampfkraftwerk mit neuester Technik ausgestattet.[16]

Kurz vor der Jahrhundertwende lag die durchschnittliche Belegung des Militärkrankenhauses bei 300 Betten und die durchschnittliche Verweildauer der einzelnen Patienten betrug immerhin vier Wochen. Die Kranken wurden von zwölf Militärärzten und dreißig Krankenwärtern betreut. Als Chefarzt fungierte in Personalunion der leitende Truppenarzt beim Stab der 1. Division.[17] Gewiß tat das Sanitätspersonal sein Bestes, dennoch meinte ein Zeitgenosse, der in München wenige Jahre vor dem ersten Weltkrieg gedient hatte: »... In den Krankenställen und Pferdelazaretten wäre ich lieber Patient gewesen als im ›Revier‹ und Garnisonshospital.«[18]

Das Militärkrankenhaus an der Lazarettstraße wurde nach dem Ersten Weltkrieg von der Reichswehr als »Standortlazarett München« übernommen.[19] In dieser Funktion wurde es auch von der Wehrmacht weitergeführt. Durch den Luftkrieg wurde der Südflügel fast völlig zerstört.[20] In dem immer noch imposanten Torso, dem größten ehemaligen Militärgebäude des 19. Jahrhunderts, das in München übrig geblieben ist, forschen heute Mediziner der Technischen Universität.

Anmerkungen

1 MKr. 8933 Prod. 11, KM an König Max II. am 7. Sept. 1854
2 MKr. 9029 Prod. 6, KM am 20. Jan. 1865 mit Kgl. Signat vom 23. d. Mts.
3 Ebd. Prod. 9, Kgl. Handbillet an KM, Schloß Berg am 28. Juli 1865
4 Ebd. Prod. 11, KM an König Ludwig II. am 26. Aug. 1865 mit Kgl. Signat, dat. Hohenschwangau am 29. Sept. 1965
5 Ebd. Prod. 53, KM an König Ludwig II. am 6. Dez. 1866 mit Kgl. Signat, dat. München am 15. Jan. 1867
6 Ebd. Prod. 75, Militär-Fondskommission an KM am 10. Juli 1867; Prod. 76, Notiz im KM am 22. Aug. 1867
7 Ebd. Prod. 77, KM an König Ludwig II. am 16. Juli 1867 mit Kgl. Signat, dat. 13. Aug. 1867
8 Vgl. F. Reber, Bautechnischer Führer durch München, München 1876 (unv. Ndr. Mittenwald 1878), S. 175 f.
9 MKr. 10322 Garnisonbeschreibung München, hier: Garnisonlazarett Oberwiesenfeld (undat., 1890)
10 Wie Anm. 7
11 Wie Anm. 9
12 Vgl. den Abschnitt »Lazarettkapellen St. Thekla und St. Mauritius«
13 Wie Anm. 9
14 Mkr. 10323 Garnisonbeschreibung München, hier: Nachträge zum Garnisonlazarett, dat. 27. Juni 1894
15 Ebd., Nachträge zum Garnisonlazarett, dat. 6. Juni 1896
16 MKr. 10324 Garnisonbeschreibung München, hier: Nachträge zum Garnisonlazarett, dat. 1. Mai 1900
17 Mkr. 10323 Garnisonbeschreibung München, hier: Beilage zum Garnisonlazarett (undat., 1899)
18 V. Mann, Wir waren fünf. Bildnis der Familie Mann (erstm. Konstanz 1949), Darmstadt 1964, S. 284
19 RWGrKdo 4 Nr. 1011, Verwendung der Militärgebäude (1924)
20 Vgl. Münchner Stadtadreßbuch 1943; M. Megele, Baugeschichtlicher Atlas der Landeshauptstadt München, München 1951, S. 144

Die Militärseelsorge

Bis an die Schwelle des 19. Jahrhunderts war das kurbayerische Heer geprägt vom Geist katholischer Frömmigkeit. Die »*Patrona Bavariae*« schmückte im späten 18. Jahrhundert die Leibfahnen der Regimenter. Erst im Jahre 1803, bezeichnenderweise dem Höhepunkt der Säkularisation, wurde das religiöse Motiv durch das Staatswappen ersetzt.[1] Ganz besonders die Haupt- und Residenzstadt München, das »Deutsche Rom« der Gegen-reformation, band die Garnison in das religiöse Leben der Stadt ein. So befahl Kurfürst Max Emanuel im Jahre 1715, daß fortan zwei Soldaten der Hauptwache auf Anforderung die Priester beim Gang mit dem Sanctissimum durch die Stadt eskortierten.[2] Es ist ein bedenkenswerter Umstand, daß sich das Wachlokal der Residenz vom frühen 19. Jahrhun-dert bis zum Ende der Monarchie direkt unterhalb der großen Marienstatue Krumpers befand. Der Volksmund reimte im 17. Jahrhundert:

> »*Zu München in so manichen Haus*
> *steht ein Mariabild heraus.*
> *Über das Haus kein Unglück geht,*
> *in dem ein solche Schildwach steht.*«[3]

Erst zu Ostern 1873 wurden in der bayerischen Armee einige Gebräuche für die Karwoche abgeschafft, die noch aus dem 17. Jahrhundert stammten. Dazu gehörte ein besonderer »Trauergriff« zum Tragen des Gewehrs, das Verstimmen der Musikinstrumente und das sogenannte »Karfreitagstrio«, ein Trauermarsch für zwei Querpfeifen und Trommel, der vor der Auferstehungsfeier anstelle des üblichen Zapfenstreiches gespielt wurde.[4] Noch nach der Dienstvorschrift für die Garnison München vom Oktober 1902 hatten die Wachen dreimal täglich während des Gebetläutens »ins Gebet« zu treten.[5]

Wenige Jahre nach dem Regierungsantritt des Kurfürsten Karl Theodor wurde 1779 für die Garnison München eine eigene Militärpfarrei eingerichtet. Es handelte sich um eine sogenannte Personalpfarrei, im Gegensatz zu den lokal genau festgelegten Sprengeln der Stadtpfarreien. Als Garnisonkirche diente fortan die Kirche St. Michael, deren gewaltiger Bau nach der Aufhebung des Jesuitenordens 1773 Münchner Hofkirche geworden war. Die Militärpfarrei hielt bis 1803 sogar ihre eigene Fronleichnamsprozession ab. Am 24. Juni 1804 wurde die Münchner Militärpfarrei, gleich den anderen bayerischen Garnisons-pfarreien, aufgelöst.[6]

Ab dem Jahr 1804 hatte die bayerische Armee in Friedenszeiten keine Militärgeistlichen mehr, wenn man von den Lazarettkuraten absieht. Im Frühjahr 1812 wurden die Militär-personen definitiv in die zivile Pfarrorganisation des jeweiligen Standortes integriert. In München blieb die St. Michaelskirche nach wie vor Garnisonkirche.[7]

Nach den Napoleonischen Kriegen war es mit der Frömmigkeit des Militärs offensichtlich nicht allzugut bestellt. So bat das Erzbistum München und Freising im November 1824 »... zur Wiederherstellung ächter Religiosität und Sittlichkeit«, die Armee möge wieder allgemeine Garnisongottesdienste einführen.[8] Daraufhin wurde per Reskript vom 10. Februar 1825 angeordnet, daß künftig an allen gewöhnlichen Sonn- und Feiertagen die Truppen zu Fuß ohne Gewehr unter Führung ihrer Offiziere als »*Kirchenparade*« zur jeweiligen Stadtkirche marschieren und dort am allgemeinen Gemeindegottesdienst teil-nehmen sollten.[9]

Besondere Militärgottesdienste fanden nur zu besonderen Anlässen statt, dabei regelmäßig zu den Geburts- und Namenstagen des Königspaares. Im Frühjahr 1844 wurden diese wenigen richtigen Garnisongottesdienste sogar ganz abgeschafft. Im Herbst 1848 führte man sie wieder ein. Dabei sollten Soldaten der im Standort in der Minderheit befindlichen

Konfession zunächst mit der Kirchenparade mitziehen, dann ihren eigenen Gottesdienst besuchen und sodann wieder am Rückmarsch mit ihren Kameraden antreten.[10] Die eigentlichen Militärgottesdienste wurden musikalisch abwechselnd von den verschiedenen Regimentskapellen gestaltet. Hierzu mußten bis 1885 die Notenpulte jedes Mal durch ein Arbeitskommando, d. h. einen Teil der am Gottesdienst teilnehmenden Soldaten von der jeweiligen Kaserne in die Kirche geschafft werden. Endlich genehmigte dann das Kriegsministerium eigenes Mobiliar für St. Michael, da die Stadtkommandantur darauf hingewiesen hatte, daß es »kein schönes militärisches Bild« sei, wenn eine Schar Soldaten in Paradeuniform durch die Neuhauser Straße zöge wie die Möbelpacker.[11]

Der nach 1870 in Bayern einsetzende Kulturkampf zwischen Staat und Kirche wirkte sich zumindest indirekt auch auf das Militär aus. In einem Schreiben vom 6. Juli 1879 teilte der Erzbischof von München und Freising Steichele dem Kommandierenden General des I. Armeekorps v. d. Tann mit, daß die Pflege des religiösen Lebens der katholischen Soldaten in München sehr zu wünschen übrig lasse. Dies beweise schon die Tatsache, daß nach Angabe der Stadtkommandantschaft bei einem Präsenzstand von 6972 Soldaten römisch-katholischer Konfession (am 27. März 1879) durchschnittlich nur 144 Mann zum sonntäglichen Militärgottesdienst in die St. Michaelskirche kommandiert würden und zwar ausschließlich von der Infanterie. Ferner kritisierte Steichele die Praxis der Truppenteile, am Vormittag der Sonn- und Feiertage in den Kasernen Visitationen usw. zu halten, wodurch selbst willigen Soldaten mit der Zeit die Lust genommen werde, die dann noch verbleibende knappe Freizeit zu einem freiwilligen Kirchgang zu verwenden. Der Erzbischof sah den Militärdienst geradezu als Gefahr für die Volksreligiosität: »… Ich fühle mich verpflichtet Euer Excellenz davon Kenntniß zu geben, daß bereits von sehr vielen Seelsorgsvorständen darüber Klage geführt wird, daß *die aus den Kasernen in die Heimat zurückkehrenden Soldaten nicht selten ihren religiösen Glauben verloren haben und in sittlicher Beziehung corrumpiert sind und dadurch für die ländliche Bevölkerung ein gefährliches Element werden.*«[12]

General v. d. Tann hielt die Kritik des Erzbischofs für »…nicht ganz unbegründet«, gab jedoch in seinem Bericht für das Kriegsministerium die große Entfernung der Max-II-Kaserne zur Innenstadt zu bedenken und regte die Auswahl einer zweiten Garnisonkirche im Nordwesten Münchens an. Die Angelegenheit wurde von der Armeeführung weiterverfolgt, wie eine undatierte Aktennotiz des Kriegsministers v. Maillinger beweist: »… Ich habe mit Hrn. Erzbischof gesprochen. Weder in Neuhausen noch in St. Bonifaz ist z. Zeit Abhilfe möglich. Im Übrigen ist für zahlreiche Beteiligung an der Kirchenparade das Entsprechende geschehen.«[13]

Tatsächlich erging am 25. November 1879 gemäß Anweisung des Generalkommandos ein Kommandanturbefehl und es trat zu Beginn des Kirchenjahres 1880, d. h. zum 30. November 1879, eine Neuregelung für die Militärgottesdienste in der Michaelskirche ein. Sie galt jedoch nicht für die Truppen in der Max-II-Kaserne. Die anderen Truppenteile der Garnison hatten an der Militärmesse, sie fand jeden Sonn- und Feiertag um 10.30 Uhr statt, regelmäßig teilzunehmen. Jede Einheit hatte hierzu mindestens sieben Mann abzustellen, während der Grundausbildung der Rekruten waren von jeder Einheit mindestens vierzehn Mann zur Kirche zu führen. Für jeden Truppenteil war ein Offizier bei der Kirchenparade anwesend. Die Regimentsmusiken der Garnison hatten im Wechsel in der Kirche zu spielen und den »*Kirchenzug*« auf dem Marsch mit ihrem Spiel zu begleiten. In der Michaelskirche waren für jeden Truppenteil Kirchenbänke reserviert. Im übrigen betonte der Stadtkommandant, daß die freiwillige Teilnahme von Soldaten am Militärgottesdienst über die Mindestzahl der Kommandierten hinaus in keiner Weise behindert werden dürfe.[14] Bei den

gewöhnlichen Militärgottesdiensten in St. Michael nahm das Infanterie-Leib-Regiment die vordersten Kirchenbänke ein. Es folgte das 1. Infanterie-Regiment »König«, dann kam das 2. Infanterie-Regiment »Kronprinz«, dahinter das Eisenbahn-Bataillon. Ganz hinten sassen die Angehörigen des 1. Schweren Reiter Regiments »Prinz Karl«.[15]
Nach der Verlegung des 1. Schweren Reiter-Regiments in die Prinz-Leopold-Kaserne am Oberwiesenfeld trat dann zum 1. Oktober 1902 eine Neuregelung für die Militärgottesdienste in Kraft: Als katholische Garnisonkirche für die Truppen in der Marsfeldkaserne und der Max-II-Kaserne diente fortan die Herz-Jesu-Kirche in Neuhausen. Für die übrigen Verbände wurde die St. Josephskirche im nördlichen Schwabing zur Garnisonkirche bestimmt. Lediglich die großen festlichen Gottesdienste wurden weiterhin in St. Michael gefeiert. Für die evangelischen Soldaten war fortan nicht mehr die alte St. Matthäuskirche in der Sonnenstraße vorgesehen, sondern St. Markus an der Gabelsbergerstraße.[16]
Offenbar nicht abzustellen war der schon erwähnte Drang mancher Einheitsführer ihre Soldaten ausgerechnet an Sonn- und Feiertagen in den Kasernen festzuhalten. Gegen diese Schikanen richtete Kriegsminister v. Heinleth am 11. Dezember 1889 ein Geheimreskript an alle Kommandeure, in dem er bei Mißachtung der Bestimmungen, z. B. durch Exerzieren an den Sonntagen, den verantwortlichen Offizieren strengste Strafen androhte.[17] Dennoch war diese Unsitte nicht auszumerzen, wie ein ähnliches Reskript vom 1. Oktober 1898 belegt, in dem der Kriegsminister v. Asch die häufige(!) Störung der Sonn- und Feiertagsruhe durch Abhalten von Appellen, Pferdevisitationen und ähnliche Demonstrationen der Vorgesetztengewalt scharf kritisierte und solchen Halbgöttern in Uniform strenge Disziplinarmaßnahmen ankündigte.[18] Jedoch galt wohl auch hier das Sprichwort »Wo kein Kläger, da kein Richter«. Manchmal sickerten solche Vorkommnisse aber doch an die Presse durch und wurden publik. Etwa im »Bayerischen Vaterland«, dessen Bericht über eine Kontrolle der Drillichanzüge bei der 2. Kompanie des Infanterie-Leib-Regiments ausgerechnet am Fronleichnamstag des Jahres 1901, sich bei einer Recherche des Kriegsministeriums als zutreffend bestätigte.[19]

Die Fronleichnamsprozession

Die Münchner Fronleichnamsprozession wurde bis zum Ende des Königreiches stets auch vom Militär begleitet. Im Zusammenhang mit der Fronleichnamsprozession muß das Stichwort »Kniebeugestreit« fallen. Am 14. August 1838 befahl König Ludwig I., daß fortan nicht nur bei den katholischen Militärmessen während Wandlung und Segen, sondern auch alle Angehörigen des Linienmilitärs und der Landwehr bei der Fronleichnamsprozession zu knien hatten. Ebenso galt dies für die Wachen, wenn an ihnen das Sanctissimum vorbeigetragen wurde. Diese Ordre löste in Bayern eine heftige innenpolitische Diskussion aus. Bereits im Herbst 1838 wurde die Anordnung für die protestantischen Landwehrmänner aufgehoben. Im Dezember 1845 erließ der König auch den aktiven Soldaten evangelischer Konfession den Kniefall. Bereits ein Jahr zuvor, hatte das Kriegsministerium den Konfliktfall, dadurch entschärft, daß nur noch katholische Heeresangehörige zur Spalierbildung bei katholischen Prozessionen eingeteilt wurden.[20] Bei den Münchner Kürassieren bzw. Schweren Reitern, zu denen stets auch Protestanten aus allen Teilen Bayerns einberufen wurden, stellte sich das Problem des Kniefalles ohnehin nicht, da diese Truppe zur Münchner Fronleichnamsprozession stets zu Pferde ausrückte. Der traditionelle Aufstellungsort des Regiments war der Odeonsplatz.[21] Erst ab dem Jahr 1903 nahmen sie, gemäß der veränderten Münchner Garnisondienstvorschrift vom Oktober 1902, wie die anderen Truppen zu Fuß daran teil.[22]

Bereits Ende der 1860er Jahre zeichnete sich im liberalen Münchner Bürgertum der Vorläufer des späteren Kulturkampfes ab. Symbolhaft beschloß das Kollegium der Gemeindebevollmächtigten 1870, sich nicht mehr offiziell an der großen Fronleichnamsprozession zu beteiligen. Der Eigentümer der »Löwenbrauerei« Ludwig Brey erklärte, »… das Gemeindekollegium repräsentiere die Bürgerschaft in wirtschaftlicher und politischer Hinsicht, die Bürgerschaft sei konfessionslos und bedürfe keiner Vertretung bei kirchlichen Aufzügen.«[23] König Ludwig II. ging im Jahr 1874 zum letzten Mal in der Münchner Fronleichnamsprozession mit.[24] Erst in der Zeit des Prinzregenten Luitpold wurde diese Prozession zu jenem wirklich großen Ereignis, das im sogenannten »Umgangslied« ziemlich respektlos besungen wurde: »… D'Veteranen, Feuerwehr, Militär, und noch mehr; kommen in Reih und Glied daher. Mit und ohne G'wehr.«[25]

Die evangelische Kirche

Auf dem Alten Südlichen Friedhof befindet sich noch heute das Grab des Johann Balthasar Michel (1755 – 1818), Weinwirt und Pferdehändler von der Rosengasse. Der gebürtige Mannheimer war der erste Protestant, der das Münchner Bürgerrecht erhielt.[26] Dies geschah am 30. Juli 1801. Wie sehr die Bevölkerung Münchens noch in strikter Ablehnung aller Nichtkatholiken verhaftet war, beweist der Umstand, daß es zur Einbürgerung Michels ein ungewöhnlichen scharfen Handbillets des Kurfürsten vom 29. Juli bedurfte: »… Nach reifer Überlegung und mit der Gewißheit, daß das Recht auf meiner Seite ist, befehle ich hiemit dem Innern Magistrat, spätestens morgen abends 6 Uhr dem Handelsmann Michel von Mannheim das Bürgerrecht zu erteilen, widrigenfalls mich genöthiget sehen würde, die strengsten Mittel zu ergreifen; vor den geringsten Exzeß haftet jedes Magistratsmitglied persönlich. Diese meine Gesinnung ist dem Stadtoberrichter Sedlmayer dem Magistrat zu bedeuten.«[27] Wenig bekannt ist der Umstand, daß Michel eng mit der bayerischen Armee verbunden war, als einer ihrer wichtigsten Pferdelieferanten. Die Einbürgerung des Pfälzers hatte also nicht nur mit Toleranz zu tun, sondern auch ganz handfeste militärische Hintergründe. So lieferte Michel im Frühjahr 1815 dem Münchner Fuhrwesensbataillon 160 Zugpferde, das Tier zu je 165 Gulden, was die respektable Summe von 26 400 Gulden ergab.[28]

Bereits zwei Jahre nach der Einbürgerung Michels gab es in München rund 800 ansässige Protestanten. Im Jahr 1804 wurde die erste öffentliche Schule für Kinder evangelischer Konfession eingerichtet. 1806 wurde die protestantische Kirchengemeinde gebildet und ihr die säkularisierte St. Salvatorkirche zugewiesen. Diese wurde jedoch nie zum protestantischen Gottesdienst verwendet, sondern bis zur Fertigstellung der Matthäuskirche (1833) das Alte Ballhaus. Die evangelischen Soldaten der Garnison besuchten entsprechend den Zivilisten die Gottesdienste.[29]

Zur seelsorgerischen Betreuung erkrankter evangelischer Soldaten in München berichtet ein Kenner der Materie, der Militärkrankenhausinspektor Eduard Filchner im Jahr 1875: »… Seit Gründung der protestantischen Pfarrei in München, welche zu Anfang des Jahrhunderts erfolgte, wurde auch den Soldaten evangelischer Confession seelsorgerliche Fürsorge zugewandt. Bis zum Jahre 1832 pflegte der jeweilige Hofprediger, später der erste Pfarrer die Kranken im Militärlazarethe zu besuchen; die regelmäßig geordnete Militärseelsorge in diesem Spitale datirt vom Jahre 1832 und wurde von (…) Stadtvikaren, die damit betraut wurden, ausgeübt.«[30]

Entsprechend wurden dann auch die Patienten des neuen Militärkrankenhauses am Oberwiesenfeld von Vikaren betreut. Die Bitte um eine Mitbenutzung der darin eingerichteten katholischen St. Mauritius-Kapelle wurde wegen energischen Protests des Erzbischöflichen Ordinariats vom Kriegsministerium verweigert. Stattdessen erhielt die evangelische Kirche einen eigenen Raum im Komplex des Lazaretts für Krankenandachten zugewiesen.[31]

Anmerkungen

1 Vgl. A. v. Reitzenstein, Fahnen und Kriegsorden der alten bayrischen Armee, in: Ein Jahrtausend wehrhaftes Bayern (Sonderheft der Zeitschrift »Bayerland« o. J.), S. 24 f. Siehe auch die Fahnensammlung des Bayerischen Armeemuseums zu Ingolstadt.

2 M. Schattenhofer, Von Kirchen, Kurfürsten und Kaffeesiedern etc. Aus Münchens Vergangenheit, München 1974, S. 77

3 zit. nach: Schattenhofer (wie Anm. 2), S. 51

4 MKr. 2499 Prod. 53, KM am 6. April 1873

5 Th. v. Pfetten-Arnbach/H. Fahrmbacher, Das Königlich Bayerische 1. Schwere Reiter-Regiment »Prinz Karl« Bd. 3: Das Regiment in dem Zeitraum von 1898 bis 1913, München 1914, S. 18

6 Schattenhofer (wie Anm. 2), S. 137

7 O. Bezzel, Geschichte des Königlich Bayerischen Heeres unter König Max I. Joseph von 1806 (1804) bis 1825 (Geschichte des Bayerischen Heeres B. 6/1), München 1933, S. 239 ff.; ausführlich behandelt ist die Diskussion zwischen Armee, Zivilbehörde und Kirchen über die Organisation der Garnisonseelsorge bei W. Schmidt, Die Garnisonstadt Regensburg im 19. und frühen 20. Jahrhundert, Diss. Univ. Regensburg 1988, S. 387 – 395; die verschiedenen »Militärprediger« zu St. Michael in München sind in den Ausgaben des Schematismus der Geistlichkeit des Erzbistums München und Freising zu finden (z. B. Jg. 1860, S. 44: »Die Militär-Predigten hält d. Zeit August Groß Cooperator b. U. L. Frau«)

8 MKr. 2499 Prod. 3, Ratskollegium des Bistums München und Freising an KM am 3. Nov. 1824

9 Ebd. Prod. 6, KM am 10. Febr. 1825

10 MKr. 2582 Prod. 30 1/2, KME Nr. 15701 vom 3. Sept. 1848

11 MKr. 2727 Prod. 6 1/2, KdtMünchen an GenKdo I.A.K. am 18. Juni 1885; Prod. 7, Notiz im KM vom 29. Juni 1885

12 MKr. 2499 Prod. 71, Erzbischof von München und Freising an GenKdo I.A.K. am 6. Juli 1879

13 Ebd., GenKdo I.A.K. an KM am 23. Aug. 1879

14 Ebd. Prod. 83

15 MKr. 2523 Beil: Garnisondienstvorschrift München von 1890, § 34

16 MKr. 2499 Prod. 138, KdtMünchen am 29. Sept. 1902

17 Ebd. Prod. 90, Geheimerlaß des KM vom 11. Dez. 1889

18 Ebd. Prod. 124, KME vom 1. Okt. 1898

19 MKr. 11540 Prod. 72, Bayerisches Vaterland Nr. 139 (1901); Inf-Leib-Rgt am 20. Juni 1901; Prod. 77, KM am 8. Juli 1901

20 Vgl. O. Bezzel, Geschichte des Königlich Bayerischen Heeres von 1825 mit 1866 (Geschichte des Bayerischen Heeres Bd. 7), München 1931, S. 108 f.; A. Kraus, Geschichte Bayerns, München 1983, S. 484 f.; H. Gollwitzer, Ludwig I. von Bayern. Königtum im Vormärz, München 1986, S. 595 – 598

21 H. Fahrmbacher, Das 1. Schwere Reiter-Regiment »Prinz Karl« Bd. 2: Das Regiment in dem Zeitraum von 1848 bis 1898, München 1900, S. 133

22 v. Pfetten/Fahrmbacher (wie Anm. 5), S. 18

23 Schattenhofer (wie Anm. 2), S. 95

24 F. Illing, Geschichte des Königlich Bayerischen Infanterie-Leib-Regiments von der Errichtung bis zum 1. Oktober 1891, Berlin 1892, S. 436

25 Zit. nach: Die Prinzregentenzeit (Ausstellungskatalog) hg. von N. Götz, München 1988, S. 8

26 M. J. Hufnagel, Berühmte Tote im Südlichen Friedhof zu München, München 1983, S. 94

27 Zit. nach: Schattenhofer (wie Anm. 2), S. 89

28 R. v. Xylander, Das 1. Feldartillerie-Regiment »Prinzregent Luitpold« Bd. 2: Das Artillerieregiment und das Fuhrwesen 1806 – 1824, Berlin 1909, S. 502

29 K. Baum, Die evangelische Diaspora in Bayern, Leipzig 1935, S. 9 – 14; Schattenhofer (wie Anm. 2), S. 89

30 E. Filchner, Das königliche Militär-Lazareth an der Müllerstrasse in München, München 1875, S. 34

31 MKr. 10847 Prod. 102, KM an KdtMünchen am 5. Nov. 1872

Die Lazarettkapellen St. Thekla und St. Mauritius

Die St. Thekla-Kapelle

Wie im Kapitel über das Militär-Krankenhaus an der Müllerstraße bemerkt, verfügte dieses Lazarett auch über eine eigene Kapelle, die der Protomärtyrerin Thekla geweiht war. Diese Heilige gilt traditionell als eine Fürsprecherin der Sterbenden. Das Patrozinium ging zurück auf die Kapelle im ersten ständigen Lazarett der Garnison in einem ehemaligen Pesthaus des Stadtmagistrats vor dem Sendlinger Tor. In dieser Isolierstation war bereits lange vor der militärischen Nutzung (1739 – 1777) eine Kapelle eingerichtet worden, und zwar im Jahre 1712. Die ursprünglichen Patrone waren bezeichnenderweise die Pesthelfer St. Karl Borromäus und St. Andreas Avellinus. Die Pestkapelle barg seit dem Jahr 1734 ein wundertätiges Madonnenbild, das der kurfürstliche Hofkaplan Obermaier aus Dorfen in das Pesthaus überführt hatte und dort von der Bevölkerung stark verehrt wurde. Daher hieß die Kapelle dann auch »Feld-Hofspitalkapelle zu Unser Lieben Frau«. Es ist nicht klar ersichtlich, wann in der Pestkapelle auch die Verehrung der Hl. Thekla einsetzte. Jedenfalls befand sich in der späteren Theklakapelle an der Müllerstraße noch im späten 19. Jahrhundert ein Votivbild aus dem Jahr 1747, das die Verehrung der Hl. Thekla in der früheren alten Lazarettkapelle bezeugte.[1]

Im Mai 1778 weihte der Bischof von Freising die St. Thekla-Kapelle im neuen Militärkrankenhaus. Am 12. September 1778 wurde das Allerheiligste unter militärischer Eskorte und Salutschüssen der Artillerie in diese neue Kapelle gebracht, wo sich bereits das gesamte Inventar der früheren Pestkapelle befand.[2] Nach der Auflösung der St. Maximilians-Kapelle im Militäradministrationsgebäude auf dem Schönfeld (1817 – 1827) erhielt deren Inventar die St. Thekla-Kapelle.[3]

Über die bauliche Beschaffenheit der St. Thekla-Kapelle findet man in den Militärakten kaum Angaben. Umso wertvoller ist ihre ausführliche Beschreibung aus dem Jahr 1875 durch den Lazarettinspektor Filchner in seiner schmalen, aber äußerst gehaltvollen Monographie über das alte Militärkrankenhaus:

»… Dem Haupteingange (des Krankenhauses) gegenüber befindet sich die Hauskapelle – genannt Theklacapelle – während rechts die Sakristei und links ein Lokal für Kirchenparamente und andere Vorräte unterhalb dem Stiegenhause besteht.

Die Capelle hat neben dem Hauptaltar zwei hohe Bogenfenster mit schönen Malereien auf Leinwand, oberhalb deren sich zwei weitere kleinere Fenster mit runden Fensterscheiben befinden. Sie reicht in ihrer Höhe bis zum 2. Stockwerke, so daß man von beiden anstoßenden Krankensälen 39 und 42 durch vergitterte Fenster den gottesdienstlichen Verrichtungen anwohnen kann, indem die innerhalb der Säle angebrachten Läden geöffnet werden. Außerdem sind vom Hauptaufgang am 1. Stocke zwei ganz hohe, sowie in der Mitte ein breites Fenster, vor welchem ein Betstuhl steht, angebracht.

Im Vorportale der Kapelle befinden sich auf dem Gange fünf verschiedene Heiligenbilder, ferners ein Gemälde, eine wunderbare Rettung beim Einsturz eines Kalkofens darstellend, sowie eine Votivtafel (s. o.), welche Gegenstände sämmtlich vom Brechhaus herübergebracht wurden; links seitwärts befindet sich ein Opferstock.

Die Capelle selbst hat einen Hauptaltar, dessen Altarblatt die Heimsuchung Maria darstellt – gemalt 1821 vom Maler Klink – sowie 2 Seitenaltäre, von denen der rechte dem Johannes von Nepumuk, der linke der St. Thekla gewidmet ist; dieselben enthalten in einem Glasaufsatze in Lebensgröße die in Wachs verbildlichten jeweiligen Heiligen, deren reiche Gewänder mit einer Unzahl von Gold- und Silbermünzen versehen sind; hiebei wird bemerkt, daß das mit Silber und Goldstoff durchwirkte Frauenkleid der hl. Thekla im Jahre 1783 von der Gräfin Prosaque erbweise überlassen wurde. Sowohl der Haupt- als die Seitenaltäre sind mit gelbseidenen Traperien eingefaßt. (...) In der Capelle sind außer verschiedenen Heiligenbildern noch vorhanden: 1. ein Kreuzweg, 2. eine bewegliche Kanzel, 3. zwei schmerzhafte Mutter Gottes, 4. auf jeder Seite je drei mit Blech beschlagene Betstühle, 5. ein offener Beichtstuhl, 6. sowie mehrere Gedenktafeln und Widmungen im Lazareth behandelter Soldaten; die älteste Votivtafel trägt die Jahreszahl 1836; wohin die vielen in den Acten des Ordinariats erwähnten Votivtafeln aus früherer Zeit gekommen sind, kann nicht eruirt werden.«[4]

Seit dem 18. Jahrhundert wurde in der Lazarettkapelle die »Allerweltskirchweih«, das Fest Maria Heimsuchung und natürlich der Namenstag der Hl. Thekla besonders feierlich begangen. Eine Spezialität waren die »Thekla-Brote«, ein Gebäck, das aus Mitteln des Kapellenfonds beschafft und vom Lazarettgeistlichen am Thekla-Tag geweiht wurde. Sodann wurden diese Brote in der Stadt München und dem Umland an die Bevölkerung verteilt. Dieser schöne Brauch wurde dann per Entschließung des Kriegsministeriums vom 18. Januar 1813 abgeschafft. Gleichzeitig wurden öffentliche Litaneien und besondere Andachten verboten. Zwei Jahre später wurde auch die Feier der »Allerweltskirchweih« untersagt, mit der Begründung, daß die Lazarettkirche lediglich den Rechtsstatus einer Hauskapelle besitze. Freilich hatte schon der alten Thekla-Kapelle im Brechhaus seit dem Jahr 1751 das Privileg zugestanden, daß jedermann darin an Sonn- und Feiertagen am Gottesdienst teilnehmen durfte, gleich als ob er in seiner Pfarrkirche seine religiösen Pflichten erfülle. St. Thekla blieb dem zivilen Publikum bis zum Jahr 1872 zugänglich.[5]

Seit dem Jahr 1759 gab es einen eigenen Lazarettkuraten.[6] Der Geistliche zelebrierte jeden Morgen eine Seelenmesse, abends wurde der Rosenkranz gebetet. An hohen Festtagen spielten auch Militärmusiker in der Kapelle. Nur einmal wurde die kirchliche Funktion unterbrochen, nämlich in den Jahren 1800/01, als die Kapelle – auf Befehl eines französischen Militärarztes – zum Krankensaal für verwundete französische Soldaten umgewandelt werden mußte.

Hauptaufgabe des Krankenhausgeistlichen war natürlich stets die Seelsorge für die Patienten, vor allem der Schwerkranken und Sterbenden, sowie das Begräbnis der im Lazarett Verstorbenen.[7] Bis zum Jahr 1826 wohnte der Krankenhauskurat in einem eigenen Zimmer im 2. Stock des Hauptgebäudes. Aus Raumnot wurde ab diesem Zeitpunkt für den jeweiligen Kooperator vom Militärärar ein Mietgeld von jährlich 110 Gulden gezahlt und die Geistlichen wohnten in einem nahen Privatlogis, dem Haus des Milchmanns Streicher in der Müllerstraße.[8] Die Lazarettkuraten wechselten relativ häufig, gerade im frühen 19. Jahrhundert. Teilweise wurden sie in dieser Zeit auch von vormaligen Ordensleuten in ihrer Aufgabe unterstützt. Längere Amtszeiten hatten dann die Kuraten Zacherl (1824 – 1838) und Geiß (1839 – 1863).[9]

Die St. Thekla-Kapelle hatte seit ihrer Errichtung im Pesthaus ein eigenes Kirchenvermögen. Dieser Fonds wurde seit Übernahme des Pesthauses als Lazarett vom Militär verwaltet und ging entsprechend auf die neue Kapelle an der Müllerstraße über. Um 1777 betrug dieser Fonds 9239 Gulden, größtenteils in Form von festangelegten Kapital. Er wuchs bis zum Jahr 1827 auf 20 731 Gulden und betrug 1874 dann 25 800 Gulden. Als in den 1840er Jahren der damalige Stadtpfarrer von Heiliggeist versuchte, das Vermögen von St. Thekla seiner Pfarrei zuzuschlagen, wies das Erzbischöfliche Ordinariat dieses Ansinnen im August 1847 zurück und erklärte, daß es sich bei St. Thekla um keine Filialkirche des Heiliggeistsprengels handele.[10] Die Armee ging ohnehin bis in die 1920er Jahre (!)

davon aus, daß es sich um einen militärischen Fonds handelte. Aus den Zinserträgen konnten alle Aufwendungen für die Kapelle, einschließlich der Meßfeiern, das Salär für den Kuraten und die Zulagen für den als Mesner fungierenden Lazarethausmeister bis zur Inflationszeit nach 1918 problemlos bestritten werden.[11]

Ab dem Herbst 1872 blieb das alte Militärkrankenhaus an der Müllerstraße unbenutzt, abgesehen von der Choleraepidemie des Jahres 1873. Im Herbst 1874 wurde es dann endgültig als Lazarett aufgegeben.[12] Nach Absprache mit dem Erzbischöflichen Ordinariat im Oktober 1872, ordnete das Kriegsministerium an, die Thekla-Kapelle zu schließen, jedoch vorläufig die gesamte Innenausstattung unangetastet zu lassen.[13] Fünf Jahre später, im Oktober 1877, wurden dann vom Militärärar alle geweihten Gegenstände der Kapelle unentgeltlich der Diözese überlassen. Das übrige Inventar wurde höchst preisgünstig, eher pro forma, um 206 Mark 80 Pfennig an das Ordinariat zur Ausstattung armer Pfarreien verkauft und der Erlös dem St. Thekla-Fonds der Garnison überwiesen.[14]

Die St. Mauritius-Kapelle

Schon im August 1870 bat das Erzbischöfliche Ordinariat darum, daß auch im neuen Militärkrankenhaus am Oberwiesenfeld eine provisorische Kapelle eingerichtet werden möge, die unter der vorläufigen Betreuung der lokal zuständigen Stadtpfarrei St. Bonifaz stehen sollte. Als geeignet hierzu erschien die 2. Etage des sog. Verwaltungsgebäudes.[15] Das Kriegsministerium entsprach dieser Bitte umgehend.[16] Diese Lazarettkapelle erhielt dann zu einem in den Militärakten nicht benannten Zeitpunkt das Patrozinium des Hl. Mauritius, als eines Fürsprechers christlicher Soldaten.[17]

Das Kriegsministerium beschloß im Sommer 1872 den Kirchenfonds des früheren Militärkrankenhauses an der Müllerstraße künftig für den Unterhalt der neuen Kapelle und des Lazarettkuraten zu verwenden.[18] Gleichzeitig wurde für diesen Geistlichen auch eine Dienstwohnung im neuen Militärspital eingerichtet.[19] Im Oktober 1872 wurde dann der alte St. Thekla-Fonds mit Einverständnis des Ordinariats definitiv zur St. Mauritius-Kapelle transferiert.[20]

Zum Verbleib des St. Thekla-Fonds

Nach dem Ende des ersten Weltkrieges wurde der Fonds von der Verwaltung der vormaligen militärischen Stiftungen, der zivilen Nachfolgerbehörde der ehemaligen Militär-Fondskommission, gewahrt. Im Sommer 1923 bat dann das Bayerische Staatsministerium für Unterricht und Kultus um die Übergabe des Fonds an die Kirchenverwaltung St. Barbara.[21] Bei St. Barbara handelte es sich um die noch heute bestehende kleine Kirche an der Infanteriestraße, ein ehemaliges Nebengebäude des Bekleidungsamtes I. Armeekorps, das zu Beginn der 1920er Jahre zu einem katholischen Gotteshaus für die Reichswehr umgewandelt worden war.[22] Daraufhin wurde aber nur das Inventar der St. Mauritius-Kapelle an den katholischen Standortgeistlichen übergeben, der durch die Inflation ohnehin stark geschrumpfte Fonds jedoch an das Heereswirtschaftsamt des Wehrkreises VII (Bayern) überwiesen.[23] Damit war die altehrwürdige Tradition dieser militärischen Kirchenstiftung aus dem frühen 18. Jahrhundert endgültig erloschen.

Anmerkungen

1 E. Filchner, Das königliche Militär-Lazareth an der Müllerstrasse in München, München 1875, S. 22 f. und S. 52 (Abschrift der Votivtafel); MKr. 10846 Prod. 169, Nach Mitteilung des KM an InnM am 8. Jan. 1847 waren weder für die Kapelle im Brechhaus, noch die Kapelle an der Müllerstraße Fundationsurkunden vorhanden.

2 Filchner (wie Anm. 1), S. 23

3 Vgl. den Abschnitt »St. Maximilians-Kapelle«

4 Filchner (wie Anm. 1), S. 22 f.

5 Ebd., S. 24 f.

6 MKr. 10846 Prod. 45, Gutachten des Oberkriegskommissars Nobel vom 27. Dez. 1865

7 Filchner (wie Anm. 1), S. 24 f.

8 Ebd., S. 34

9 Ebd., Beil. 2

10 Ebd., S. 25 ff.

11 Vgl. MKr. 10846/10847 (St. Thekla-Fonds des Garnisonlazaretts München 1806 bis 1923) pass.

12 Vgl. den Abschnitt »Altes Militärkrankenhaus«

13 MKr. 10847 Prod. 98, KM an KdtMünchen am 10. Okt. 1872

14 Ebd. Prod. 151, Notiz im KM vom 24. Okt. 1877

15 MKr. 10846 Prod. 84, KdtMünchen an GenKdo München am 15. Aug. 1870

16 Ebd. Prod. 85, KM an GenKdo München am 20. Aug. 1870

17 Vgl. MKr. 10847 Prod. 215, Antrag des Militärkuraten Winkler vom 6. Mai 1898 auf Renovierung der St. Mauritius-Kapelle an der Lazarettstraße; Prod. 237, Indent. I.A.K. am 28. April 1914

18 MKr. 10846 Prod. 89, Vortrag im KM am 30. Juni 1872

19 Ebd. Prod. 89a, KM am 2. Juli 1872

20 MKr. 10847 Prod. 98, KM an KdtMünchen am 10. Okt. 1872

21 Ebd. Prod. 247, KuM an Vw der vormaligen militärischen Stiftungen am 17. Juni 1923

22 Vgl. H. Habel / H. Himen, Landeshauptstadt München (Denkmäler in Bayern Bd. I/1), München 1985, S. 30 f.

23 MKr. 10847 Prod. 249, Vw der vormaligen militärischen Stiftungen an WehrkreisKdo VII (München) am 24. Juli 1923

Die St. Maximilians-Kapelle

Ein Kenner der Münchner Stadtgeschichte Michael Schattenhofer behauptet: »... Volle siebzig Jahre, von 1760 bis 1830, entstand in München keine neue katholische Kirche, sehen wir ab von dem 1827 begonnenen Bau der Allerheiligenhofkirche; nur eine protestantische Kirche und eine Synagoge wurden gebaut.«[1] Dies ist allerdings nur insoweit zutreffend, als Schattenhofer zwei Kirchenbauten der Garnison außer acht läßt, nämlich die St. Thekla-Kapelle im Militärkrankenhaus (1778 – 1872) und die St. Maximilians-Kapelle (1817 –1827) im Militäradministrationsgebäude am Schönfeld. Die Armee setzte hiermit zumindest die typisch münchnerische Tradition der Hauskapellen fort, deren es seit dem 17. Jahrhundert sehr viele gab.[2]

Im Jahr 1816 bezog der Kriegsökonomierat das ehemalige Monturmagazingebäude am Schönfeld, das spätere Kriegsministerium. Der Direktor dieser Behörde v. Krauß war mit dem neuen Domizil zufrieden, bis auf einen Umstand, den man bei einem bayerischen Beamten der angeblich so antireligiösen Ära Montgelas nicht vermuten würde, er vermißte dort eine Kirche. Dazu muß man bedenken, daß damals die Beamten auch an Sonn- und Feiertagen einige Stunden ihren Amtsgeschäften nachgingen. Nun beklagte v. Krauß, daß das neue Dienstgebäude zu weit abgelegen von der Stadt sei, um dort regelmäßig einen Gottesdienst zu besuchen. Das Schönfeld lag zwar nur wenige hundert Schritt von der Theatinerkirche entfernt, gehörte jedoch zum Pfarrsprengel der St. Anna-Vorstadt. »... Es kann mir als Vorstand nicht gleichgiltig seyn, wenn den Individuen die Gelegenheit genommen ist, die Pflichten als Christ zu erfüllen oder aber deswegen dem Dienst zuviel Zeit entzogen wird.« - so schrieb v. Krauß am 22. Juni 1816 an den Minister des Kriegswesens v. Triva. Er habe sich deshalb mit dem Pfarrer von St. Anna im Lehel schon besprochen und dieser habe sein Einverständnis für die »...*Einrichtung einer Hauscapelle im Geschäftslocal – wofür Raum vorhanden*« geäußert, sofern diese Kapelle mit einer Pfründe für den Hausgeistlichen, einem Benefizium, ausgestattet werden könnte.[3]

Bayerns Kriegsminister Johann Nepomuk Graf v. Triva war kein Feind der Kirche. Er ließ den Antrag des Kriegsökonomierats weiter bearbeiten. Die eigentlich zuständige Behörde in Kirchensachen war aber das Generallandeskommissariat des Isarkreises, der Vorläufer der Regierung von Oberbayern, bzw. das übergeordnete Innenministerium. Ende August 1816 schrieb der Freisinger Generalvikar Dr. Heckenstaller an das Generallandeskommissariat, man sei mit der Absicht des Kriegsökonomierats durchaus einverstanden, sofern gewisse Auflagen beachtet würden. Vor allem müsse die künftige Kapelle ein »*öffentliches Oratorium*« sein, d. h. ohne weiteres für alle Zivilpersonen zugänglich. Sodann müsse für den künftigen Unterhalt des Gotteshauses, die liturgischen Bedürfnisse und für den Priester ein ordentlicher Fonds eingerichtet werden.[4] Das Generallandeskommissariat seinerseits wollte zudem, daß »... diese Kapelle so geräumig eingerichtet werden möge, daß nicht nur die Kanzlei-Individuen des Militärs, sondern auch eine bedeutende Zahl der Einwohner der Schönfeld-Vorstadt, auch der Maximilians-Vorstadt an den Gottesdiensten teilnehmen können.«[5]

Verblüfft bemerkte der Kriegsökonomiedirektor v. Krauß welche Dimensionen sein bescheidenes Vorhaben mittlerweile anzunehmen begann. Was man eigentlich gewollt habe, so Krauß an den Kriegsminister, sei lediglich ein einziges als Privatkapelle eingerichtetes Zimmer gewesen. Nun aber müsse das Militär auf eigene Kosten eine regelrechte Kirche bauen, wenn es von der Diözese und der Innenbehörde die Genehmigung erhalten wolle. Da nun aber die Sache einmal eingeleitet worden sei, so habe man einen Plan verfertigt, nach welchem der rechte Flügel des ehemaligen Monturmagazins zu einer

Kirche für bis zu 250 Gläubige umgebaut werden könne. Hierzu müsse freilich die Decke zwischen Parterre und Obergeschoß herausgerissen werden, um dem Sakralraum die richtige Proportion zu geben. Das geringste Problem sei die Ausstattung der Kirche. Hierzu verfüge man im Fundus der Militärfohlenhofes aus den säkularisierten Klöstern, sowie im Inventar der mobilen Feldkapellen der Armee über ausreichend Paramente und liturgisches Gerät. Für die Weihe des Altars habe sich der vormalige Abt des Klosters Weltenburg Prälat Werner, welcher in der Nachbarschaft am Schönfeld wohne, schon bereit erklärt.[6]

Am 2. Dezember 1816 wurde der Priester Joseph Langmann für eine Vergütung von monatlich sechs Gulden zum Hausgeistlichen bestimmt — »… jedoch soll dieser Priester nicht fest angestellt zu behandeln seyn«, forderte das diesbezügliche Reskript.[7] Im Januar 1817 genehmigte das Staatsministerium der Armee den Umbau des rechten Flügelbaues für 1418 Gulden 30 Kreuzer in eine Kapelle.[8] Am 17. Mai 1817 weihte Abt Werner von Weltenburg die Glocken der neuen Kapelle.[9] Die Altarweihe vollzog derselbe Prälat unter Assistenz des Pfarrers von St. Anna und des Priesters Langmann, sowie zweier Diakone und vier Ministranten am Vormittag des 26. Mai 1817, es war der Pfingstmontag. Als Patrozinium hatte man auf Befehl Trivas den Heiligen Maximilian, den Namenspatron des Königs, gewählt. Max I. Joseph feierte am 27. Mai 1817 seinen 51. Geburtstag. In seiner Ansprache wies der Pfarrer von St. Anna Geistlicher Rat Broenger ausdrücklich auf diese Bezüge zur Dynastie hin. Nur der Gnade des Königs habe die Bevölkerung des Schönfeldes ihre neue Kirche zu verdanken. Der künftige Hausgeistliche Langmann stellte den Kontrast zwischen der Sphäre des dem Kriege gewidmeten Militärkomplexes und der Sphäre der Kapelle heraus. Treue zum irdischen und zum himmlischen Vaterland sei die Pflicht des Bürgers.[10]

Die St. Maximilianskapelle entwickelte sich schnell zum gerne besuchten religiösen Mittelpunkt des Schönfeldes. In einem Bericht an das Ministerium im Januar 1818 betonte das Oberadministrativkollegium der Armee die große Zahl der zivilen Gottesdienst-teilnehmer, welche bereits lebhaft den Wunsch geäußert hätten, daß in St. Maximilian täglich eine Messe zelebriert würde. Für die dazu notwendige ständige Beschäftigung des Hausgeistlichen Langmann mußte ihm aber auch ein auskömmlicher Unterhalt gewährt werden. Nun hatte Direktor v. Krauß aus den Akten herausgefunden, daß das Benefizium der früheren Kaplanstelle am aufgelösten Münchner Militärwaisenhaus, eine Stiftung des Kurfürsten Max III. Joseph, im August 1799 an die Hof- und Garnisonkirche St. Michael transferiert worden war. Er schlug deshalb vor, dieses »militärische Benefizium« von St. Michael an St. Maximilian abzugeben, um Langmann als regulären Kaplan bestellen zu können.[11] Dieser Plan scheiterte an der Verschleppungstaktik der zivilen Innenbehörde, die den Vorschlag dann im Oktober 1823 definitiv ablehnte. Zu diesem Zeitpunkt war er aber seitens der Armee ohnehin ad acta gelegt worden, da bereits die Planung für den Umbau des bisherigen Verwaltungsgebäudes zum Kriegsministerium angelaufen waren.[12]

Bis zum Jahr 1827 wurden in St. Maximilian an Sonn- und Feiertagen Messen gelesen. Neben den sogenannten »Bureau-Gottesdiensten« wurden auf Ersuchen der Schulinspektion ab 1820 auch die Gottesdienste der Sonn- und Feiertagsschule des Schönfeldes darin abgehalten.[13]

Nach einem Inventar vom Herbst 1824 verfügte die Kapelle u. a. über eine alte Orgel, die der Pfarrer von St. Anna mit Privatspenden und aus dem Schulfonds beschafft hatte;[14] einen vergoldeten und versilberten Tabernakel, der im Frühjahr 1818 auf Betreiben des Oberadministrativrates Joseph Frey um 250 Gulden von dem Münchner Messingschläger (»Gürtler«) Probst angefertigt worden war;[15] ferner einen silbernen Meßkelch, eine vergoldete Monstranz, ein Reliquiar (Kreuzpartikel), ein vergoldetes Kruzifix, sechs versilberte Altarleuchter, ein versilbertes Ewiges Licht, ein silbernes Taufbecken, sieben Meßgewänder, drei Missale, vier Gemälde (Madonna, Maria Magdalena, St. Petrus und St. Paulus), eine Kirchenfahne und eine Prozessionsfahne. Als Hausgeistlicher fungierte mittlerweile der freiresignierte Pfarrer Leuthner.[16] Sein Mesner war der Hausmeister des Administrationsgebäudes. Auf dessen Initiative hin wurde ab dem Osterfest 1824 in der Kapelle sogar ein »Heiliges Grab« nach alter Münchner Tradition aufgestellt.[17]

Das aufblühende religiöse Leben in St. Maximilian wurde ironischerweise unter König Ludwig I. beendet, der ansonsten den Katholizismus nach Kräften förderte. Das alte Gebäude, in dem die St. Maximilianskapelle eingerichtet war, mußte dem Erweiterungtrakt für das neue Kriegsministerium weichen, den Leo v. Klenze, mit einer Schaufassade zur neuen Ludwigstraße versehen, ab dem Sommer 1827 errichtete. Anfang Juli 1827 war die Kapelle bereits »demolirt«.[18] Das Inventar von St. Maximilian wurde der St. Thekla-Kapelle des Münchner Militärkrankenhauses übergeben.[19]

Anmerkungen

1 M. Schattenhofer, Von Kirchen, Kurfürsten, Kaffeesiedern etc. Aus Münchens Vergangenheit., München 1974, S. 9
2 Ebd., S.73
3 MKr. 8877 Prod. 4 (Beil.), KÖR an KM am 22. Juni 1816
4 MKr. 8877 Prod. 4 (Beil.), Bischöfl. Generalvikariat an Generallandeskommissariat, dat. Freising 29. Aug. 1816
5 Ebd., Generallandeskomm. an InnM am 4. Sept. 1816
6 Ebd., KÖR an KM am 31. Okt. 1816
7 Ebd. Prod. 3, Bewerbungsschreiben des Priesters Joseph Langmann an KÖR am 14. Nov. 1816; Kgl. Reskript vom 2. Dez. 1816
8 Ebd.Prod. 4, KM an KÖr am 11. Jan. 1817
9 Ebd. Prod. 5, OAdKoll an KM am 20. Mai 1817
10 Ebd. Prod. 5, KM an OAdKoll am 23. Mai 1817; Prod. 6, OAdKoll an KM am 17. Juni 1817, beigelegt die Ansprachen der Geistlichen Broenger und Langmann; Prod. 7, KM an OAdKoll am 11. Juli 1817 wg. der Kosten für die Kapellenweihe
11 Ebd. Prod. 9, OAdKoll an KM am 17. Jan. 1818
12 Ebd. Prod. 17, InnM an KM am 11. Okt. 1823 mit Aktenvermerk des Kriegsministers v. Maillot vom 22. Febr. 1824
13 Ebd. Prod. 12, OAdKoll an KM am 7. Jan. 1820 mit Aktenvermerk des Ministers v. Triva vom 17. d. Mts.
14 Ebd. Prod. 25, Kgl. Lokalschulkommission München an OAdKoll am 20. Dez. 1824
15 Ebd. Prod. 8, Kgl. Reskript vom 31. Dez. 1817
16 Ebd. Prod. 22, Besichtigungsprotokoll vom 7. Okt. 1824
17 Ebd. Prod. 27, 1. GenieDir an IngKorpsKdo am 5. März 1825
18 Ebd. Prod. 34, Militär-Hauptbuchhaltung an KM am 5. Juli 1827
19 Ebd. Prod. 37, Militärkrankenhaus-Kooperator Zacherl an KM am 17. Okt. 1827 mit Signat des Kriegsministers v. Maillot vom 10. Nov. 1827

Der Militärfriedhof und seine Nachfolger

Der Alte Südliche Friedhof

Als Begräbnisstätte der in der Garnison München verstorbenen Soldaten diente seit dem 17. Jahrhundert der »Äußere Friedhof« vor dem Sendlinger Tor, d. h. der heutige Alte Südliche Friedhof. Er wurde von der Stadtpfarrei St. Peter betreut. Ein besonders abgegrenztes Gräberfeld für das Militär scheint zunächst nicht vorhanden gewesen zu sein.[1] Dieser »Fertere Freithof« war im Jahr 1563 entstanden, als der Platz auf den traditionellen innerstädtischen Begräbnisstätten, etwa bei der Kreuzkirche oder der Salvatorkirche, für die Toten der damals herrschenden Pestepidemie nicht mehr ausreichte. Es ist zu vermuten, daß man an dieser Stelle aber bereits zuvor arme Leute oder unbekannte Tote zur letzten Ruhe gebettet hatte. Die Friedhofskapelle wurde dem »Pestheiligen« St. Stephan geweiht. Der Äußere Friedhof, später auch als Neuer St. Peter-Friedhof bezeichnet, blieb in den folgenden Jahrhunderten eine Begräbnisstätte, die Adel und gehobenes Bürgertum nicht benutzten.[2]

Im Jahr 1780 erwarb der Hofkriegsrat für die Garnison München nach Verhandlungen mit dem Geistlichen Rat und dem Stadtmagistrat den unmittelbar beim Äußeren Friedhof gelegenen Pestfriedhof. Auf dem »öden Platz« von viereinhalb Tagwerk Grundfläche befanden sich noch vier Massengräber, deren Erdhügel nun militärische Arbeitskommandos planierten. Sodann wurde der neue Garnisonfriedhof eingeplankt bzw. auf der Nordseite zum Zivilfriedhof mit einer Bruchsteinmauer abgegrenzt. Nachdem in der Mitte des Militärfriedhofes noch ein großes Holzkreuz aufgerichtet worden war, konnte er im November 1780 kirchlich geweiht werden.[3]

Nur acht Jahre lang bestand der Garnisonfriedhof in dieser Form. Nachdem Kurfürst Karl Theodor im Sommer 1788 befohlen hatte, alle innerstädtischen Friedhöfe aufzulassen, mußte der bisher verpönte Äußere Gottesacker von St. Peter als neuer »Allgemeiner Friedhof« der Haupt- und Residenzstadt ganze Wagenladungen mit den irdischen Überresten vieler Generationen verstorbener Münchner aufnehmen. Die wenig pietätvolle Art, in der dies geschah, erregte übrigens großen Unwillen bei der alteingessenen Bürgerschaft.[4]

Der bisherige Garnisonfriedhof wurde dem Allgemeinen Friedhof zugeschlagen, jedoch dem Militär eine eigene Grabsektion zugesichert. Für diesen Zweck wurde dem Militärärar im Sommer 1789 eine quadratische Parzelle von knapp einem Tagwerk in der Südhälfte der heute als sogenannten »Alten Teil« bezeichneten Anlage zur Verfügung gestellt, wobei die Unterhaltspflicht als Gegenleistung für die Abtretung des großen Garnisonfriedhofes von der Zivilbehörde übernommen wurde.[5]

Im Frühjahr 1818 forderte das Innenministerium die Armee auf, sich an den Kosten für die geplante Erweiterung des Allgemeinen Friedhofes zu beteiligen. Sollte das Kriegsministerium dieses Begehren verweigern, so drohte die Zivilbehörde damit, die bisher in München kostenfreien Militärbegräbnisse nach dem sonst üblichen Tarifen zu berechnen.[6] Obwohl das Kriegsministerium das Ansinnen der Innenbehörde als ungerecht empfand, man hatte ja 1788/89 ohnehin dreieinhalb Tagwerk Grundfläche kostenlos abgetreten, beugte es sich dem Druck, um langwierigen Streitereien aus dem Weg zu gehen.[7] Im Sommer 1818 zahlte die Armee 2000 Gulden als Kostenbeitrag für die Friedhofserweiterung an die Regierung des Isarkreises. Gleichzeitig trat eine neue Bestattungsordnung für das Militär in Kraft. Die geschlossene Gräbersektion der Garnison wurde aufgelöst und fortan dem Militär freie Grabstellen »nach Anweisung der Leichenanstalt« zugewiesen. Der alte Brauch, daß die Gräber für Militärpersonen nicht vom zivilen Totengräber, sondern von Arbeitstrupps der Garnison ausgehoben und zugefüllt wurden, blieb bestehen. Grabgebühren wurden auch weiterhin nicht erhoben, lediglich bei Offizieren oder höheren Militärbeamten, die dauernde Familiengräber wünschten oder besondere Grabmonumente aufstellen wollten. Die Gräber mittelloser Soldaten wurden auf Kosten der Friedhofsverwaltung mit einem einfachen Holzkreuz versehen, an dem ein Blechschild mit dem Namen des Verstorbenen befestigt war.[8]

Das Grabmachen zählte traditionell zu den »Tours de Fatiques«, also den Arbeitsdiensten der Münchner Infanterie. Im Laufe des 19. Jahrhunderts wurde es aber immer mehr als unzumutbare Belastung der Soldaten betrachtet. Das Regiment »Kronprinz« richtete in diesem Sinne im Herbst 1833 einen Antrag an das Kommando der 1. Armee-Division, künftig die städtischen Totengräber heranzuziehen, zumal selbst der ärmste Soldat in der Regel noch soviel hinterlasse, daß man ihm davon ein einfaches Begräbnis ausrichten könne. Es dienten derzeit beim Regiment als gemeine Soldaten auch junge Männer, »... welche vor ihrer Einziehung eine sorgfältige Erziehung und Bildung sich erfreuten«. Für diese sei es kränkend »... im Angesichte der auf dem Kirchhofe häufig anwesenden Personen aller Stände« als Totengräber fungieren zu müssen. Es sei medizinisch bedenklich, wenn die Beerdigungskommandos mit ihren verschmutzten Uniformen zumeist gleich wieder Dienst in den Kasernen verrichteten, ohne daß die Monturen sorgfältig gereinigt würden. Zudem sei die Arbeit manchmal so abstoßend, daß einige Soldaten vor Ekel schon krank geworden seien, denn »... es ereignet sich oft, daß der zu diesem Geschäft beorderten Mannschaft Grabesstellen zugewiesen werden, aus welchen die Überreste noch nicht ganz verwester Leichname herausgehoben und den zu Begrabenden beigelegt werden mußten.«[9] Nachdem unmittelbar darauf auch das Infanterie-Regiment »König« moniert hatte, es sei den Soldaten nicht länger zuzumuten »... in halbverwesten Totenschädeln und Knochen herumzuwühlen«, auch das Infanterie-Leib-Regiment sich schon beklagt hatte, beantragte die 1. Armeedivision beim Kriegsministerium in Anbetracht der »Würde des Militär -Standes« einen Dispens der Regimenter von der Totengräberpflicht.[10]

Wenngleich ein Referent im Ministerium meinte, das Grabmachen sei ein ehrlicher »Kameradendienst«, der im Frieden zu üben sei, da im Kriege notwendig, erließ der Kriegsminister am 12. Dezember 1833 den Münchner Infanterie-Regimentern diesen traurigen Dienst, der damals durchschnittlich sechzehnmal pro Jahr von jeweils vier Soldaten geleistet wurde, bis auf weiteres.[11] Auf Bitte der Stadtkommandantschaft willigte sodann der Münchner Magistrat in einen Vertrag ein. Demgemäß wurden ab Februar 1834 die Gräber der Soldaten und Unteroffiziere vom städtischen Totengräber für einen geringfügigen Betrag, er lag mit vierzig Kreuzern pro Grab noch unter dem Tarif von einem Gulden für ein ziviles Armengrab, gemacht.[12] Damit war in München, anders als etwa in der Garnison Nürnberg, wo noch bis zum Ende der Bayerischen Armee ein besonderer Militärfriedhof aus reichsstädtischer Zeit bestand,[13] das Bestattungswesen ganz in kommunale Zuständigkeit gelangt.

Während die Gräber der einfachen Soldaten nach Ablauf gewisser Ruhefristen aufgelassen wurden, haben sich einige Offiziergräber des 19. Jahrhunderts noch bis heute auf dem Südlichen Friedhof erhalten. Unter ihnen ragt nach der historischen Bedeutung des Toten und der künstlerischen Originalität des Grabmonuments, die letzte Ruhestätte des Kriegsministers Graf v. Triva (1755 – 1827) hervor. Von seinen Amtsnachfolgern wurden auch Freiherr v. Pranckh (1821 – 1888), Ritter v. Heinleth (1823 – 1895) und Freiherr v. Asch (1839 – 1906) auf dem Südfriedhof bestattet. Von den übrigen hohen Offizieren seien hier noch die Generale Clemens v. Raglovich (1766 – 1836), Karl Wilhelm Freiherr v. Heideck (1788 – 1861) und Karl Ritter v. Lobenhoffer (1843 – 1901) erwähnt.[14]

Der Alte Nördliche Friedhof

Nachdem der Alte Südliche Friedhof infolge der rapide wachsenden Münchner Bevölkerung als allgemeiner Zentralfriedhof nicht mehr ausreichte, wurden in der zweiten Hälfte des 19. Jahrhunderts zusätzliche kommunale Friedhöfe angelegt. Den Anfang machte der heutige Alte Nördliche Friedhof für die Max-Vorstadt im Jahr 1863. Er wurde bald zu einer bevorzugten Begräbnisstätte für Offiziere, ja geradezu als »*Militärfriedhof*« (Zuber) bekannt. Besonders hervorzuheben sind die Grabmonumente für den berühmten General Ludwig von und zu der Tann-Rathsamhausen (1815 – 1881), den Kriegsminister Benignus v. Safferling (1827 – 1899) sowie den ehemaligen Artilleriekorporal und Unterseebootkonstrukteur Wilhelm Bauer (1822 – 1875). Auf dem Nordfriedhof wurden auch die während ihrer Kriegsgefangenschaft 1870/71 in München verstorbenen 202 französischen Soldaten bestattet.[15]

Der Nordfriedhof

Die aufstrebende Gemeinde und Stadt Schwabing legte im Jahr 1884 in Nachbarschaft des Englischen Gartens einen neuen eigenen Friedhof als Ersatz für den alten Dorffriedhof bei der Kirche St. Sylvester an. Mit der Eingemeindung von Schwabing übernahm ihn die Stadt München als ihren »Neuen Nordfriedhof«. Zwischen 1896 und 1899 wurden die Hauptgebäude in einem lombardisch-byzantinischen Mischstil errichtet.[16] Auch der neue Nordfriedhof wurde bald zu einer Art inoffiziellem Militärfriedhof nach der Jahrhundertwende. Zu den ältesten Offiziersgräbern gehören die Ruhestätten der Generale Karl Freiherr v. Horn (1818–1896) und Otto v. Parseval (1827–1901). Auch die Offizierfamilie v. Xylander hat ihre Grabstätte auf dem Nordfriedhof.

Anmerkungen

1 MKr. 8844 Prod. 2, KM am 6. Nov. 1817
2 M. J. Hufnagel, Berühmte Tote im Südlichen Friedhof zu München, München 1969 (4. überarb. Aufl. 1983), S. 19 ff.
3 MKr. 8844 Prod. 2 (Beil.), KÖR am 28. Aug. 1817
4 Hufnagel (wie Anm. 2)
5 Wie Anm. 1
6 MKr. 8844 Prod. 3, InnM an KM am 4. März 1818
7 Ebd. Prod. 4, Gutachten des OAdKoll vom 25. März 1818 und Schreiben KM an InnM vom 15. April 1818
8 Ebd. Prod. 6, KM an InnM am 7. Juli 1818; KM am 31. Juli 1818; Prod. 8, KM am 27. Okt. 1818
9 A IV Bd. 102 Akt: Tours de Fatiques Prod. 10, 2. InfRgt am 15. Okt. 1833
10 Ebd., 1. InfRgt am 16. Okt. 1833; Ebd., Inf-Leib-Rgt am 9. Okt. 1833; Ebd., 1. ArmeeDivision an KM am 21. Okt. 1833
11 Ebd., KdtMünchen an KM am 27. Okt. 1833; Ebd., Vortrag im KM am 12. Dez. 1833 und Entschluß des KM d. d.
12 Ebd. Prod. 11, Stadtmagistrat München am 28. Dez. 1833; Prod. 12, KM am 12. Jan. 1834
13 R. Braun, Der historische Militärfriedhof, in: St. Rochuskirchhof zu Nürnberg, hg. vom Bürgerverein St. Johannis, Nürnberg 1989, S. 87 ff.; ders., Der Militärfriedhof in Nürnberg (Textblatt Kleine Ausstellungen im Kriegsarchiv München Nr. 32)
14 Hufnagel (wie Anm. 2)
15 E. Zuber, Der Alte Nördliche Friedhof. Ein Kapitel Münchner Kulturgeschichte, München 1983, insb. S. 5
16 E. Scheibmayr, Letzte Heimat. Persönlichkeiten in Münchner Friedhöfen 1784 – 1984, München 1985, S. 253; J. H. Biller/H. P. Rasp, München. Kunst- und Kulturlexikon, München 1972 (neubearb. 1988), S. 223

12. Kapitel:

Die Schattenseiten der Garnison

Einführung

Das Leben des Soldaten kann und darf heute nicht mehr romantisch verklärt gesehen werden. Auch das bayerische Militär des 19. Jahrhunderts macht keine Ausnahme. Ein weißblaues Raupenhelm-Idyll wäre fehl am Platze. Schon in den vorangegangenen Kapiteln wurden »Schattenseiten« des Münchner Garnisonlebens sichtbar. Dazu gehörten primär die mangelhafte Unterbringung der Truppen und die hohe Belastung durch den Wachdienst bis in die 1880er Jahre. Diese Phänomene lagen aber in äußerlichen Umständen begründet.

In diesem abschließenden Kapitel sollen hingegen einige Negativa untersucht werden, die einerseits aus dem Zusammenleben von Militär und Zivilbevölkerung im Garnisonort resultierten, wie etwa Ehrenhändel zwischen Offizieren und Studenten oder die Förderung der Prostitution durch die zahlreichen Soldaten, andererseits dem damaligen Militärdienst immanent waren, wie Mißhandlungen und Selbsttötungen.

Die Untersuchung derartiger Vorkommnisse im Rahmen einer Garnisongeschichte erscheint schon dadurch begründet, daß sie zu ihrer Zeit das Bild der Garnison in der öffentlichen Meinung mitbestimmten und zudem den Erfahrungshorizont der Soldaten beeinflußten. Leider ist bisher die Literaturbasis zu gering, um aufgrund vergleichender Garnisonforschung wertende lokale und zeitliche Aussagen machen zu können.

Duelle

In einer Garnison blieben Konflikte innerhalb des Offizierkorps, aber auch zwischen Offizieren und Zivilisten nicht aus. Solche Friktionen eskalierten im schlimmsten Fall bis zum tödlichen Zweikampf. Die Beschäftigung mit solchen Duellen, gleichsam sozialen Indikatoren, liefert Hinweise auf das Umgangsklima.

Die rechtlichen Grundlagen des Duells

Der kommentmäßige Zweikampf auf Leben und Tod war ein Phänomen, das noch am Vorabend des Ersten Weltkrieges nicht unerheblich die sittliche Welt des deutschen Offiziers prägte.[1] Gesetzlich verboten, gleichzeitig aber durch einen vom zivilen Bildungsbürgertum maßgeblich mitgetragenen Ehrenkodex gefordert, konnte jeder »Satisfaktionsfähige« schon durch ganz banale Malheurs in eine »Ehrensache« verstrickt werden. Seit dem frühen 17. Jahrhundert versuchten die Landesherrn die Duellwut ihrer Soldateska einzudämmen. Kaiser Matthias erließ bereits 1617 ein entsprechendes Mandat. In Brandenburg-Preußen gab es solche Edikte in den Jahren 1652, 1688, 1713 und 1791.[2] Auch in Bayern gingen die landesherrlichen Verbote gegen das Duell, namentlich von Soldaten, noch in die Zeit vor dem Geburtsdatum der eigentlichen Armee (1682) zurück.[3] So bekräftigte Kurfürst Ferdinand Maria, übrigens schon mit ausdrücklichem Hinweis auf ähnliche Mandate aus der Zeit seines Vaters Kurfürst Maximilian I., im Jahr 1674, daß »...die Heraußforderungen/ Duellirn/ und Balgen/ sowol denen Hohen: als Nidern Kriegs-Officirn/ und Soldaten/ zu Pferd/ und Fueß/ bey Leib/ und Lebensstraff verbotten seyn.«[4] Ähnliche Duellmandate folgten unter den Kurfürsten Max Emanuel und Max III. Joseph in den Jahren 1701, 1720, 1748 und 1773.[5]

Bestimmende Rechtsgrundlage bis in das erste Drittel des 19. Jahrhunderts wurde dann das Duellmandat des Kurfürsten Karl Theodor vom 28. Februar 1779, gerichtet gegen »...alle eigenthätige Ein- und Überfälle, Rumor, und Raufhändel, Balgereien, und Schlägereien, alle Ausforderungen, Duellen, verdächtige und unzulässige Rencontres, Zuschickung der Cartellen, und insgemein aller Frevel und Gewalt (...) sowohl in Civil als Militair.« Die in diesem Mandat festgelegten Sanktionen waren hart: nach vollzogenen Duell winkte beiden Kontrahenten (sofern sie noch lebten) die Todesstrafe, wobei Offiziere ehrenvoll mit dem Schwert, Zivilisten aber mit dem Strang hingerichtet werden sollten. Sekundanten bzw. Kartellträgern drohten zwei bis drei Jahre Fronarbeit beim Festungsbau. Bereits auf die bloße Annahme einer Duellforderung stand für Offiziere und kurfürstliche Beamte die Entlassung aus dem Dienst, dazu Geldstrafe oder Haft.[6] Obwohl dieses Mandat offiziell erst per Staatsratsbeschluß vom 17. Oktober 1828 abgeschafft wurde, stellte Kriegsminister v. Manz in Kenntnis der Aktenlage rückblickend im Jahr 1858 fest: »...*Das Duell-Mandat vom 28ten Februar 1779 ist schon wegen seiner unnatürlichen Strenge wegen nie zur vollen Lebenskraft gelangt.*«[7]

Das Bayerische Strafgesetzbuch von 1813, ein Werk des berühmten Juristen Anselm von Feuerbach (1775-1833), das bis 1861 in Kraft blieb, kannte das Duell nicht als besonderen Straftatbestand. Auch die in Strafsachen auf dem allgemeinen Strafrecht von 1813 basierende Armeedienstvorschrift von 1823 erwähnt das Duell nicht direkt. Jedoch bestimmte ihr Artikel 428, daß ein Offizier, der sich unter Umgehung des mit der Dienstvorschrift von 1823 eingeführten Ehrengerichts seines Truppenteils bzw. Kommandos Satisfikation verschaffe, aus der Armee zu entlassen sei. Hierzu bemerkte wiederum der Kriegsminister v. Manz 1858, daß ihm kein einziger Fall bekannt sei, in dem diese

Bestimmung des Artikels 428 vollzogen worden wäre, da solchen Offizieren stets allerhöchste Begnadigung zuteil wurde.[8]

Ab dem frühen 19. Jahrhundert versuchten die Armeen ihren Offizieren durch Ehrengerichte eine Alternative zum Duell zu bieten. Preußen führte schon 1808 das Ehrengerichtsverfahren ein.[9] Das Verfahren nach der bayerischen Ehrengerichtsordnung von 1823 war für einen beleidigten Offizier zumeist unbefriedigend. Zivilisten waren nicht verpflichtet sich dem militärischen Ehrengericht zu stellen oder seinen Spruch anzuerkennen. Für schuldig erklärte Offiziere konnten die vom Tribunal vorgeschlagene Ehrenerklärung verweigern.[10] Rumschöttel meint hierzu: »... Aus der durchschlagsschwachen Organisation der Ehrengerichte und der nur verschwommenen Vorstellungen von ihren Aufgaben erklären sich auch die hohen Duellziffern im bayerischen Offizierkorps vor 1870.«[11]

Parallel zur neuen bayerische Militärstrafgerichtsordnung wurde im Frühjahr 1870 auch eine neue Ehrengerichtsordnung eingeführt. Zwei Punkte sind an ihr besonders wichtig: das Novum der Einbeziehung aller beurlaubter Offiziere in die Kompetenz der Ehrengerichte und die traditionelle Absicht, Zweikämpfe möglichst überflüssig zu machen.[12]

Im Jahr 1874 übernahm die bayerische Armee die neue, reichseinheitliche Ehrengerichtsordnung. Sie blieb bis ins Jahr 1911 unverändert gültig, im Kern bis zum Ende der alten Armee. Bemerkenswert ist der Umstand, daß sie in Bayern ohne jene Odre publiziert wurde, die im Bereich der preußischen Armee und der integrierten Kontingente, eine ausdrückliche Billigung des Duells durch König Wilhelm I. von Preußen enthielt. Darin hatte Wilhelm I. nämlich erklärt: »... Einen Offizier, welcher imstande ist, die Ehre eines Kameraden in frevelhafter Weise zu verletzen, werde Ich ebensowenig in Meinem Heere dulden, wie einen Offizier, welcher seine Ehre nicht zu wahren weiß.« Der Zweikampf blieb damit in Bayern stärker als im übrigen Reich in einer Grauzone. Das Militärstrafgesetzbuch (§§ 112 f.) und das Reichsstrafgesetzbuch (§§ 201 – 210) stellten den Zweikampf bzw. dessen Provokation und die Dienste der Kartellträger zwar unter Strafe, ohne jedoch tatsächlich wirksam zu werden.[13]

Die Quellenlage

Die Zahl der zu den Akten des Kriegsministeriums gelangten Duellfälle oder auch bloßen Forderungen zum Duell ist viel niedriger, als man, nicht zuletzt aufgrund der Duellmotives in der Literatur, wie in Fontanes »Effi Briest« (1895) oder Schnitzlers »Leutnant Gustl« (1901) vermuten würde.[14]

Sehr schwierig ist heute der aktenmäßige Nachweis von Duellen im frühen 19. Jahrhundert. Dabei waren sie gerade in jener Zeit ganz besonders häufig. Laut Bezzel herrschte insbesondere nach 1815 eine wahre »Duellwut« in der Armee.[15] Schuld daran war auch die Heterogenität des damaligen Offizierkorps, besonders nach der Übernahme von Angehörigen der Nationalgarde. So duellierte sich beispielsweise ein Leutnant Lautner, vormaliger Forstbeamter, dann aus der Nationalgarde II. Klasse zur aktiven Armee übernommen, nachweislich 1812 und 1816. Jedes Duell wurde mit nur 14 Tagen Hausarrest geahndet.[16] Lautners Schwager und Regimentskamerad Oberleutnant v. Stubenrauch hatte während des Feldzuges 1815 ein Duell.[17] Der Sprachforscher Andreas Schmeller, der im Sommer 1814 als Oberleutnant bei den Freiwilligen Jägern diente, vermerkt in seinem Tagebuch einmal seine Tätigkeit als Sekundant bei einem Pistolenduell zweier Offiziere.[18] 1817 wurde in München nachweislich ein Oberleutnant der Artillerie im Duell erschossen.[19] Das wohl krasseste Beispiel jener Epoche ist die Affaire Gruber-Perfall. Im April 1813 trat der gebürtige Bayer Karl von Gruber (1783 – 1865) aus österreichischen Diensten im

Range eines Rittmeisters in das zu Freising sich formierende National-Chevaulegers-Regiment ein. Bis zum Dezember 1814 brachte es Gruber im Regiment auf nicht weniger als 21 Duelle! Beim 21. Duell verwundete er einen Neffen des Königs, den Baron Zweibrücken sehr schwer. Gruber floh zurück in österreichische Dienste. 1818 befahl König Max I. Joseph, daß ein bayerischer Offizier sich mit Gruber auf Leben und Tod schlagen müsse. Das Los traf Sigmund Freiherr von Perfall, einen ehemaligen Regiments-kameraden Grubers. Am 16. April 1819 fand das Duell vor mehr als 2000 Schaulustigen (!) an der bayerisch-böhmischen Grenze statt. Perfall wurde tödlich verwundet, die Affaire jedoch auf höhere Weisung vertuscht. Die offiziellen bayerischen und österreichischen Akten enthalten keinerlei Hinweise auf diese dramatischen Ereignisse.[20] Diese Episode zeigt wohl am besten, wie sehr man Duellsachen unter den Teppich kehren konnte, wenn es höheren Ortes gewünscht wurde.

In den einschlägigen Akten des bayerischen Kriegsministeriums wurden erst ab dem Jahr 1821 Duelle bzw. Duellforderungen fortlaufend registriert, sofern daran aktive Offiziere oder Offiziere des Beurlaubtenstandes (einschließlich der Landwehr) beteiligt waren, unabhängig davon ob das Ereignis in Bayern oder im Ausland stattfand.[21] Vieles deutet jedoch darauf hin, daß der offizielle Dienstweg nur dann beschritten wurde, wenn das Duell mit dem Tode oder einer nicht zu kaschierenden duelltypischen Verwundung eines Beteiligten endete oder wenn das Duell auf irgendeine Weise publik geworden war. Von 1821 bis einschließlich 1897 sind in den Akten nur 41 tatsächliche Duelle und 12 Duellforderungen nachzulesen. Zu bemerken ist, daß das Material weiterer 12 Duellfälle aus dem Zeitraum 1840/47 aus diesen Akten entnommen wurde. Nimmt man nun diese insgesamt 53 Duelle, so läßt sich feststellen, daß davon nachweislich acht in der Garnison München stattfanden, der letzte Fall übrigens schon im Jahr 1863. Im Bereich der Garnison Würzburg sind im gleichen Zeitraum vier Duelle vermerkt, ebensoviele aber in dem kleineren Standort Landshut. Manchmal traten in Garnisonen Duelle gehäuft auf, so fanden in der kleinen Garnison Kempten im Jahr 1869 gleich drei Duelle statt, in Metz waren es 1895 ebenfalls drei Duelle. Insgesamt wird man wohl sagen dürfen, daß eine Gesamt-summe von nur 53 Duellfällen für einen Zeitraum von immerhin 76 Jahren so gering erscheint, daß man mit großer Gewißheit eine ganz erhebliche Dunkelziffer vermuten darf. Übrigens deckt sich diese Sichtweise mit den Erkenntnissen Rumschöttels für die Zeit bis zum Ersten Weltkrieg.[22]

Die mageren Duellakten stehen auch in völligem Kontrast zur älteren Literatur. So schreibt Bezzel über die bayerischen Offiziere der Zeit zwischen 1825 und 1866: »… Ehrgefühl am unrichtigen Platze und übertriebene Auffassung und Betonung des Ehrbegriffes führten, gefördert durch die ungleiche Zusammensetzung des Offizierkorps und durch das Leben in Kaffee- und Wirtshäusern zu *häufigen Zweikämpfen* mit nicht selten tödlichem Ausgang. Besonders in den 40er und 50er Jahren war die Duellunsitte in Bayern ziemlich verbrei-tet.«[23] Nach Demeter war die bayerische Duellquote der so von Bezzel charakterisierten Epoche proportional höher als jene der preußischen Armee.[24] Dies gilt dann auch für die Garnison München. Es werden jene Duelle gewesen sein, die in aller Diskretion ohne Verwundungen bzw. mit leicht zu kaschierenden Bagatellverletzungen ausgingen.

Die Situation in München

Die überschaubare Zahl aktenmäßig erfaßter Duelle, in die Angehörige der Garnison München verwickelt waren, erlaubt eine genauere Darstellung dieser Fälle, die zugleich Schlaglichter auf das gesellschaftliche Leben werfen.

– Ein folgenschwerer Faschingsball anno 1833

Am Abend des 19. Januar 1833 tanzte der 24jährige Karl Freiherr v. Kesling, Junker im 1. Kürassier-Regiment, auf einem Ball der Gesellschaft »Museum«. Ein rumänischer Philosophiestudent aus edelbürtigem Haus, Constantin Rolla, wollte ihm die Tanzpartnerin wegnehmen. Es war Caroline von Krempelhuber, eine junge Witwe von erst 23 Jahren. Der Offizieranwärter beschimpfte daraufhin in der Tanzpause den Studenten, dieser forderte v. Kesling zum Pistolenduell. Drei Tage später trafen sich die Kontrahenten um 9 Uhr morgens in einem Eichenwald bei Harlaching, einem Platz, der in jenen Jahren gerne für derartige Anlässe gewählt wurde. Wenige Minuten später war der Junker tot. Der Todes-schütze und sein Sekundant Ludwig Stege, ein Landsmann Rollas, der ebenfalls in München an der Philosophischen Fakultät studiert hatte, flohen nach Österreich. Sie wurden später in Abwesenheit zu zehn Jahren Zuchthaus bzw. fünf Jahren Arbeitshaus verurteilt. Auch Rollas Zeuge, Alphons v. Mirbach aus Kurland setzte sich aus Bayern ab. Es war aber noch eine ganze Reihe anderer Personen bei dem Duell anwesend gewesen: der 22jährige Unterleutnant Theodor Freiherr v. Franckenstein, Regimentskamerad Keslings und dessen Sekundant; der Rittmeister a. l. s. Freiherr von Streit als Zeuge Keslings; der Unterarzt Dr. v. Hartz, der für die medizinische Versorgung beigezogen worden war; dann zwei Fiakerkutscher. Lediglich Baron Franckenstein wurde bestraft, seinen vierwöchigen Festungsarrest auf dem Oberhaus zu Passau trat er übrigens erst im Sommer 1835 an. Der erschossene Baron Kesling war keineswegs ein Tunichtgut gewesen, wie man angesichts des Umstandes, daß er mit immerhin 24 Jahren noch nicht Unterleutnant war, vielleicht vermuten könnte. Er hatte die Pagerie besucht, dort auch den jungen Franckenstein kennengelernt. Anschließend studierte v. Kesling Jura und machte sein Examen. Erst im Sommer 1831 trat er bei den Kürassieren ein. Keslings Onkel, der Bruder seines früh verstorbenen Vaters, Karl Ludwig v. Kesling war in München eine einflußreiche Persön-lichkeit, Oberststallmeister des Königs, Vorstand der Kgl. Pagerie und der Veterinär-schule.[25]

Der Tod Keslings, den der König als ehemaliger Page und Neffe seines Oberststallmeisters persönlich gekannt hatte, führte in Verbindung mit einem zweiten tödlich endenden Pistolenduell beim 2. Chevaulegers-Regiment, zu einem wichtigen Befehl Ludwigs I.: »… Es soll sogleich im Heere bekannt gemacht werden, daß jeder Offizier und Junker, der an einem *Zweykampfe auf Pistolen*, es sey als Kämpfer, Sekundant, oder Zeuge teilnimmt, künftig mit Vorbehalt der übrigen Strafen ohne alle Rücksicht aus dem Heere werde verstossen werden.«[26]

Als daraufhin noch im gleichen Jahr 1833 dem König zu Ohren kam, daß verschiedene Offiziere der Münchner Garnison den jungen Unterleutnant Alois v. Schintling vom 1. Artillerie-Regiment diskriminierten, weil dieser gemäß der königlichen Ordre ein Pistolenduell verweigert hatte, ließ Ludwig I. über die Stadtkommandantschaft verlauten: »…daß jeder Offizier, welcher sich gegen den Leutnant Schintling wegen seines Beneh-mens in dieser Sache etwas erlauben sollte, Meine schwerste Ungnade zu erfahren habe.«[27] Dies ist zugleich ein Beleg dafür, wie genau der König zumindest um diese Zeit über die Vorgänge in der Garnison informiert war und wie direkt er mitunter eingreifen konnte.

– Oberlieutnant von der Tann holt sich eine dicke Backe

Die nächsten aktenkundigen Duelle ereigneten sich erst im Januar 1841 und wieder war es ein Ball im »Museum«, der dazu den Anlaß gab. Fast auf den Tag genau sieben Jahre nach der Affaire v. Kesling/Rolla geriet am Abend des 16. Januar der am Münchner Polytech-nikum studierende Philipp Schanzenbach in Streit mit dem Artillerieleutnant Edmund v.

620

Speidel, »…wegen dessen Benehmen gegen ein Frauenzimmer, dann aus eben diesen Grunde mit dem Oberlieutenant Freiherrn v. d. Tann (…) In Folge dieses Wortwechsels wurde Philipp Schanzenbach von den gedachten beiden Offizieren gefordert«.[28] Drei Tage später fand im Schulzimmer der Seidenhauskaserne das erste der beiden Duelle statt. Dabei verwundete Schanzenbach mit dem Pallasch v. Speidel am rechten Oberarm. Am 22. Januar wurde am gleichen Ort das andere Duell ausgetragen. Hierbei versetzte Schanzenbach mit dem Pallasch v. d. Tann einen Hieb, der diesen von der Schläfe bis zum Kinn so zeichnete, daß er mehr als zwei Wochen nicht sprechen konnte und eine große Narbe hinterließ. Der so lädierte Oberleutnant im Generalquartiermeisterstab Ludwig v. d. Tann war übrigens kein geringerer als der spätere Kommandierende General des Bayerischen I. Armeekorps im Kriege 1870/71. Aufgrund der schweren Verwundung der beiden Offiziere blieb der Vorfall in München natürlich nicht geheim. König Ludwig I. forderte nach dem Bekanntwerden des Vorfalls eine strenge Untersuchung. Im November 1841 erhielten v. Speidel und v. d. Tann je vier Wochen Festungsarrest, ihre Sekundanten jeweils zwei Wochen Festungshaft. Schanzenbach bekam acht Wochen Gefängnis. Sein Sekundant, der Student Merian aus Basel, hatte sich durch Flucht aus Bayern der Strafverfolgung entzogen.[29]

– Das Duell als Konfliktinstrument im Münchner Vormärz

Am 1. Mai 1841 berichtete das Kriegsministerium dem König, daß der Leutnant v. Täuffenbach vom Linien-Infanterie-Regiment »Kronprinz« von einem Studenten namens Schaumberger in der Ausflugsgaststätte »Menterschwaige« beleidigt und zum Duell gefordert worden sei. Der Offizier habe aber den Vorfall dienstlich angezeigt. Er sei übrigens nur ein weiterer Fall einer ganzen Serie »…*als sich in neuerer Zeit derley muthwillige Beleidigungen von Offizieren durch Studenten öfter ereignen, ja kürzlich ein Offizier im Wachtdienste beleidigt wurde.*«[30]

Am 28. Mai 1841 meldete der Leutnant Reschreiter vom Regiment »Kronprinz« seinem Kompaniechef folgenden Vorfall: Er habe vor zwei Tagen auf einem Ball der Gesellschaft »Frohsinn« getanzt, als ihm die Studenten Oskar Schanzenbach (Bruder des oben erwähnten Polytechnikers Philipp Schanzenbach!) und Baur nacheinander seine Tanzpartnerin weggenommen hätten. Nachdem er die beiden Studenten erfolglos zur Rede gestellt habe, seien am heutigen Vormittag Schanzenbach und der Apothekergehilfe August Besnard in seiner Wohnung erschienen, um ihn zu einem Duell herauszufordern: »…als ich dieses verneinte, so forderte Besnard mich, mit dem Zusatze, wenn Sie sich nicht mit mir schlagen, sind Sie eine Hundsfutt; überhaupts seyen die Studierenden gezwungen, wenn Offiziere ihnen ferner Satisfaktion versagen würden, selben Ohrfeigen zu geben oder ins Gesicht zu spucken. Als ihm hierauf erwiderte, daß in einem solchen Falle der Offizier von seiner Waffe Gebrauch machen werde, bekam ich zur Antwort, daß auch sie für solche Fälle bewaffnet seyen, und ein Schuß wohl einen von seiner Waffe Gebrauch machen wollenden Offizier es ihm unmöglich machen würde.« Die 1. Armee-Division vermerkte zu diesem Bericht, es bestehe die Gefahr, daß »…das bisherige besonnene Benehmen der Offiziere von den Studierenden leicht als Feigheit ausgelegt« werden könne.[31]

Der Umstand, daß Leutnant Reschreiter die Sache offiziell gemeldet hatte, führte zu einer gerichtlichen Untersuchung. Am 5. Juli 1841 meldete der Offizier, ein ziviler Bekannter sei vor zwei Tagen vom Apothekergehilfen Besnard aus einer geselligen Runde der Burschenschaft »Franconia« gewiesen worden, mit den Worten: »…Sie haben Umgang mit einem Offizier [Reschreiter], der noch von mir eine Hundsfutt auf sich sitzen hat, und außerdem noch so schlecht war, hierüber Anzeige zu machen, diese Herren können daher nicht dulden, daß Sie in ihrer Gesellschaft verweilen.«[32]

Es scheint, daß der Leutnant Reschreiter nun seinerseits versuchte ein Duell zu provozieren. Denn eines Abends im August 1841 erschien er in Zivilkleidung in der Gesellschaft »Frohsinn« und suchte Streit. Er bekam dafür von seinem Regimentskommandeur zehn Tage Kasernenarrest wegen »unanständigen Betragens in öffentlicher Gesellschaft«. Zwei Regimentskameraden, die Reschreiter in Uniform bei seiner Aktion unterstützt hatten, erhielten dafür je acht Tage Zimmerarrest.[33]

Die Affaire Reschreiter scheint nur die Spitze eines Eisberges von Auseinandersetzungen zwischen Offizieren und Studenten im Klima des bayerischen Vormärz zu markieren, denn am 11. Juni 1841 warnte das Innenministerium die Senate sämtlicher bayerischer Universitäten: »...Es ist aus Veranlassung mehrerer Mißhelligkeiten, welche ohnlängst zwischen Militärpersonen und Studierenden stattgefunden haben, die wiederholte Wahrnehmung gemacht worden, daß die deßfalls bestehenden Vorschriften (...) nicht mit der erforderlichen Strenge und gehörigem Nachdrucke gehandhabt werden.« und forderte die Polizeiorgane der Universitäten zum Eingreifen auf.[34]

Im Sommer 1841 tauchten in der Stadt auch Gerüchte auf, daß ein Offizier vom Topographischen Büro auf offener Straße von einem Angehörigen der Burschenschaft »Bavaria« geohrfeigt worden sei, weil er ein Duell verweigert habe. Obwohl Details der Geschichte kolportiert wurden, so hieß es etwa unter den Zöglingen des Kadettenkorps, Anlaß des Streits sei eine sehr nette Kellnerin gewesen, die den Offizier dem Studenten vorgezogen hätte, erbrachte eine dienstliche Befragung sämtlicher Offiziere des Topographischen Büros keinen Aufschluß.[35]

Übrigens erfolgte im Fall Reschreiter erst im Frühjahr 1843, also fast zwei Jahre später, ein Gerichtsurteil. Der Medizinstudent Oskar Schanzenbach wurde aus Mangel an Beweisen freigesprochen; der Apothekergehilfe August Besnard erhielt zwei Wochen Gefängnis.[36] Es ist nicht auszuschließen, daß die gesamte Aktion in direktem Zusammenhang mit den vorangegangenen Duellen Philipp Schanzenbachs stand. Obwohl die Sache nun offiziell abgeschlossen war, belastete sie immer noch das Ansehen des Leutnants Reschreiter und er wandte sich am 24. April 1843 direkt an den König: »...fallen selbst unter Kameraden anderer Abtheilungen Äußerungen, welche mir nicht gleichgiltig seyn können, und für mich mit nachtheiligen Folgen in jeder Hinsicht verbunden seyn müssen (...) die Achtung der Kameraden verlierend ein jammervolles Leben.« Daraufhin erklärte Ludwig I. in einem Signat vom 29. April 1843 dem Kriegsministerium, daß der Leutnant lediglich den königlichen Willen geachtet habe, zudem »...hielte Ich es schon mit der Würde eines Offiziers nicht vereinbar, daß ein solcher mit einem Apothekergehilfen sich schlüge.« Somit sei für eine angemessene Ehrenerklärung zugunsten Reschreiters gegenüber den Offizieren der Münchner Garnison zu sorgen.[37]

– **Tod in der Seidenhauskaserne**

Bis zum Januar 1855 schweigen nun die Akten über Duelle in München. Dann starb am 14. Januar 1855 der Leutnant Max Schopf vom 2. Infanterie-Regiment »Kronprinz« an einer Brustverletzung, die er vier Tage zuvor in einem Säbelduell vom Artillerieleutnant Johann Fischer erhalten hatte. Die ganze traurige Angelegenheit hatte sich aus einer Ehrengerichtsangelegenheit des Schopf mit einem anderen Offizier entwickelt, für den wiederum Fischer den Übermittler gemacht hatte. Unbewußt oder fahrlässig hatte Schopf dann Äußerungen Fischers vor dem Ehrengericht unzutreffend zitiert, wodurch sich Fischer nun selbst beleidigt fühlte. Als Artillerist lud er Schopf in das Schulzimmer der

Seidenhauskaserne zum Duell mit »vollkommener Binde und Bandage«, das war eine bereits sehr abgemilderte Form des Zweikampfes, die schon studentischen Mensurkämpfen ähnelte. Kriegsminister v. Manz schilderte das Duellverfahren König Max II. so: »…die Waffen bestanden aus krummen, an der Spitze rund abgeschliffenen Säbeln mit doppelten Körben, in die Schirmmützen der Kämpfenden waren seidene Tücher eingelegt, auch trugen sie am Halse hohe Crawatten und unterm rechten Arm, welchen abgenähte Stutzen schützten, s. g. Axillen-Knoten, an der rechten Hand Drahthandschuhe und auf der Vorderseite des Leibes zur Abwehr gefährlicher Wunden dicke, abgenähte lederne Plastrons, welche von der Magengegend bis zum Knie reichten.« Der letztlich tödliche Treffer Fischers sei, so der Kriegsminister, bei diesen Schutzmaßnahmen nicht zu erwarten gewesen.[38]

Der Offizier war am 30. April 1855 vom Generalauditoriat zu 18 Monaten Festungshaft und anschließender Entlassung aus der Armee verurteilt worden, wobei aber schon das Gericht selbst die Begnadigung auf einige Monate Festung und Verbleib im Heer vorgeschlagen hatte. Kriegsminister v. Manz hob in dem schon zitierten Bericht hervor, daß der Angehörige der »… gebildeten Stände, besonders beim Offiziersstande (…) *in Folge einer Art moralischen Zwanges* zum Zweikampf schreitet« und erwirkte beim König zunächst eine Verringerung der Strafe auf acht Monate Festungshaft in Passau.[39] Von Passau aus bat Fischer dann selbst um weiteren Straferlaß, wobei er darauf hinwies, daß er vor der Verurteilung bereits 5 1/2 Monate in Untersuchungshaft verbracht hatte. Der Offizier wurde dann bereits nach fünf Monaten aus dem Festungsarrest entlassen.[40]

– Vom Sekundanten zum Duellanten

Zwei miteinander zusammenhängende Duelle zwischen Offizieren und Studenten fanden im Frühsommer 1856 statt. Durch die Untersuchung eines Duells, das mit dem Tode eines Beteiligten geendet hatte, wurde ein anderer Zweikampf offiziell bekannt. Das ist ein Indiz für die Annahme, daß eine ganze Anzahl glimpflich verlaufender Duelle in der Regel nicht offiziell registriert wurde.

Alles begann damit, daß der auf Urlaub aus seiner Garnison Bayreuth in München weilende Leutnant Karl Ermath vom 5. Chevaulegers-Regiment am Abend des 28. Mai 1856 bei der Rückkehr vom Künstlerfest in Pullach einen Wagen der Isartalbahn besteigen wollte. Dies verwehrte ihm der Student Friedrich Graf v. Thon-Dittmer mit dem Hinweis, der Waggon sei schon voll besetzt, worauf ihn der Offizier als »dummen Menschen« bezeichnete. Thon-Dittmer forderte Ermath nun zum Säbelduell auf studentische Art, d. h. mit Schutzbekleidung und speziellen Waffen. Ermath erklärte sich auf eine ihm vertrautere Waffe, den Kavalleriesäbel. Das Motiv, weshalb der Student daraufhin den Leutnant, der ja eine weitaus gefährlichere Waffe verlangte, der Feigheit zieh, ist unklar. Vielleicht glaubte der junge Graf, daß ihn der Kavallerieoffizier insgeheim vom Duell abschrecken wollte um sich so der Sache zu entziehen. Wahrscheinlicher ist aber, daß der Student in der Forderung nach einer nicht kommentmäßigen Waffe mit gekrümmter Klinge, wie etwa dem Kavalleriesäbel, ein unehrliches Verhalten erblickte. Wie dem auch sei, Ermath regierte seinerseits auf den Vorwurf der Feigheit mit einer Forderung auf Pistolen. Das Duell wurde dann bereits am Abend darauf bei Milbertshofen ausgetragen und endete für beide Kontrahenten glücklich. Sekundant des Leutnants Ermath war der Leutnant Georg Betzel vom 1. Artillerie-Regiment.

Am 29. Mai wußte Leutnant Betzel bereits, daß er sich in einigen Tagen selbst in der Situation des Schützen befinden würde. Als man sich nämlich im »Kapplerbräu« getroffen hatte, um die Bedingungen des Duells zwischen Ermath und dem Grafen v. Thon-Dittmer festzulegen, hatte letzterer auch den Consenior seiner Verbindung »Palatia« Philipp Georg mitgebracht. Georg machte in der Gaststätte gegenüber Ermath Bemerkungen, die Betzel als öffentliche Beleidigungen des Offizierstandes auffaßte und den Studenten sogleich auf Pistolen forderte.

Dieses zweite Duell fand am 1. Juni 1856 unweit des Pulvermagazins Milbertshofen statt. Betzel traf Georg tödlich. Sekundant des Todesschützen war übrigens der später so berühmte General Mussinan, damals noch Oberleutnant der Artillerie. Sein Kamerad Betzel war, wie Kriegsminister v. Manz am 4. Dezember 1856 dem König berichtete, eine problematische Person. Nachdem er als Jurastudent gescheitert war, trat er in die Armee ein. Sein »als excentrisch geschilderter Charakter« (v. Manz) verschaffte Betzel mehrere Disziplinarstrafen. Im 11. Dienstjahr war er noch nicht Oberleutnant, dabei ohne jedes Privatvermögen. Minister v. Manz hob gegenüber König Max II. hervor, daß eine Entlassung aus der Armee für Betzel eine totale ökonomische und soziale Katastrophe bedeuten würde. In Anbetracht, daß sich Betzel nach dem Duell selbst angezeigt hatte, begnadigte ihn Max II. zu zwölf Monaten Festungshaft, von denen er dann nur neun Monate absitzen mußte. Gleichzeitig wurde Leutnant Ermath wegen seines Duells zu 15 Tagen Kasernenarrest verurteilt. Diese sehr milde Strafe wurde damit begründet, daß sich Ermath als Offizier in aller Öffentlichkeit angemessen gegen den Vorwurf der Feigheit verwahrt habe.[41]

– Ein Kürassier greift zur Pistole

Nachdem jahrzehntelang das Mandat König Ludwigs I. gegen das Pistolenduell (1833) eine gewisse Wirkung gezeitigt hatte, verdrängte offensichtlich in den 1850er Jahren die Pistole als Duellwaffe immer mehr den Pallasch. Denn auch das nächste für die Garnison München belegte Duell wurde mit der Schußwaffe ausgetragen. Dabei wurde der Leutnant im 1. Kürassier-Regiment Karl Graf v. Oberndorff am 22. Juli 1858 in einem Wäldchen unweit Nymphenburg von dem österreichischen Oberleutnant a. D. Karl Baron Ostini durch einen Bauchschuß verwundet. Der Bayer hatte unmittelbar vor dem Duell zwei Tage Zimmerarrest »...wegen eines Excesses auf öffentlicher Straße, verübt gegen Baron Ostini« abgesessen und dann der Forderung des Österreichers Genüge geleistet. Merkwürdigerweise erging in dieser Duellsache kein Urteil, der Fall wurde im Mai 1859 eingestellt.[42]

Die Geschichte des 1. Schweren Reiter-Regiments behauptet pro domo, daß im Offizierkorps der ehemaligen Garde du Corps um die Jahrhundertmitte hohe Homogenität vorhanden gewesen sei: »...So waren auch die in anderen Abteilungen damals so *häufigen Kontrahagen und Duelle*, meist die Folgen einer nicht gleichmäßig vorhandenen Beherrschung der gesellschaftlichen Formen, in unserem Offizierskorps völlig unbekannt. Intriganten und Stänkern, die Anlage zur Verbreitung von Disharmonien zeigten, wurde zu keiner Zeit auch nur die geringste Duldung gewährt (...) *Gegen die damalige Sitte der Herausforderungen zu Studentenpaukereien – das beliebte Tusch – verhielt man sich vollkommen ablehnend; galt es jedoch, eine Beleidigung der Standesehre wett zu machen, und hatte das Ehrengericht für Austrag im Zweikampf entschieden [!], griff man unbedingt zu tödlichen Waffen*, so der Leutnant Graf von Oberndorff in seinem Streitfalle mit einem späteren Regimentskameraden, und war es hiebei der Regimentsadjutant selbst, der keinen Augenblick zögerte, trotz der drohenden Dienstessuspension seinem jüngeren Kameraden als Sekundant thatkräftig zur Seite zu stehen.«[43]

Das Manz'sche Gutachten von 1858

König Max II. zeigte ein besonderes Interesse am Problem des Duells in der Armee. Durch ein Handschreiben vom 24. März 1858 forderte er das Kriegsministerium zu einem Gutachten auf. Kriegsminister v. Manz legte diese umfangreiche Denkschrift (rund 70 Seiten!) am 9. August 1858 dem König vor. Gemäß dem Wunsche Max II. wurde darin ein Vergleich mit anderen deutschen Armeen sowie Frankreich und Großbritannien angestellt.[44]

Insgesamt zeigte dieser Vergleich, daß das Duell in allen Armeen gängige Praxis war. Manz betonte die Problematik des Zweikampfes zwischen einem Offizier und einem Zivilisten sowie den tief verankerten Gruppenzwang im Offizierkorps:

»... Gar oft wird auch der zum Zweikampf schreitende Offizier durch die Macht der herrschenden Begriffe über Standesehre in eine Lage versetzt, in welcher die Annahme des Zweikampfes von seiner Seite gleichsam als eine Art Notwehr erscheint, indem sie für ihn das einzige Mittel bildet, den Verdacht der Feigheit, die Verachtung der Mehrzahl seiner Standesgenossen und damit oft die gänzliche Vernichtung seiner dienstlichen und socialen Stellung von sich abzuwenden.«

Obwohl sich also auch der Kriegsminister nicht von der herrschenden Bewertung des Duells löste, ja es sogar für falsch hielt, sollte das Duell »...ganz unterdrückt oder ausgerottet werden«, so sah er doch andererseits die politische Notwendigkeit das Duellwesen zu reduzieren. Als Hauptproblem erkannte v. Manz die Doppelmoral des Staates und schlug vor, den Artikel 428 der Armeedienstvorschrift von 1823, betreffend den Verstoß von Duellanten aus der Armee, zu streichen. König Max II. äußerte sich erst in einem Signat vom 8. Januar 1860 zu dem Gutachten und verschob die geplanten neuen Richtlinien für Ehrensachen auf später, so daß sie dann nicht mehr zu seinen Lebzeiten ausgearbeitet wurden.[45]

Zur Situation von 1860 bis zur Jahrhundertwende

In der Garnison München wurde übrigens bis zur Jahrhundertwende nur noch ein Duell vom Kriegsministerium in dem einschlägigen Aktenbestand registriert, nachdem der Leutnant Theodor Bomhard vom 1. Artillerie-Regiment im Februar 1863 durch schwere Säbelwunden aufgefallen war. Sein Kontrahent, der Student Hermann Dietz, wurde daraufhin zu 42 Tagen Gefängnis verurteilt; der Offizier erhielt lediglich 3 Tage Arrest.[46]

Dies bedeutet aber beileibe nicht, daß es in der Garnison München nicht mehr zu Duellen gekommen wäre, eher ist das Gegenteil anzunehmen. Zunächst einmal ist jedoch für die 1870er Jahre tatsächlich eine gewisse abnehmende Tendenz bei den Zweikämpfen festgestellt worden. Dabei wirkten sich neue gesetzliche Regelungen zunächst mildernd aus, vor allem die neue Militärstrafgerichtsordnung von 1870. Die öffentliche Verhandlung einer Ehrenangelegenheit mit Urteilsverkündung bot ein akzeptables Forum für die soziale Rehabilitation der Betroffenen.[47] In den 1880er Jahren stieg die Duellhäufigkeit aber wieder stark an. Selbst ein manchmal zu Beschönigungen neigender Autor wie Eugen v. Frauenholz gibt in der offiziellen Bayerischen Heeresgeschichte zu, daß es in jenen Jahren in Bayern zu vielen Duellen von Offizieren gekommen sei. Allerdings behauptet Frauenholz, daß in den folgenden Jahren, d. h. seiner eigenen Dienstzeit (ab 1901), das Duell möglichst eingeschränkt worden sei.[48]

Hermann Rumschöttel konstatiert: »... Duellangaben in den Papieren der Ministerien kann man nicht trauen. Nach ihnen fanden in Bayern zwischen 1879 und 1897 23, 1898 und 1909 18, 1910 und 1915 2 Duelle statt. Obgleich Formblätter (!) für die Meldung von Zweikämpfen eingeführt worden waren, muß man die Dunkelziffer bei den Duellen sehr hoch ansetzen. Allein 1901 wurden durch Ehrengerichtsverfahren drei Duelle aktenkundig, die nie in den Duellpapieren auftauchten. Dazu war man im Kriegsministerium bemüht, von Duellen möglichst nichts zu erfahren (...) Zur Blindheit höherer Dienststellen trat noch die verbreitete Sitte der Offiziere, sich vor einem Duell dessen Geheimhaltung ehrenwörtlich zu versichern. Nur im Todesfall mußte ein solcher Zweikampf dann strafrechtlich gahndet werden.«[49]

Ein Duell, dessen Anlaß zwar in der bayerischen Kavalleriegarnison Saargemünd zu suchen war, jedoch in der Garnison München ausgetragen wurde und schließlich zu einem politischen Skandal führte, soll hier noch erwähnt werden.[50] Am Morgen des 18. Dezember 1898 erschoß der 37jährige Premierlieutnant Eugen Pfeiffer vom 5. Chevaulegers-Regiment bei Freimann den 44jährigen Major a. D. Ludwig Seitz. Dieser hatte mit Pfeiffers Ehegattin eine Affaire gehabt und war daraufhin ehrenhaft aus dem aktiven Dienst verabschiedet worden. In diesem Zusammenhang war an das Generalkommando des II. Armeekorps ein Erlaß des Kriegsministers v. Asch ergangen, der Asch einige Jahre später politisch das Genick brechen sollte. Der Minister hatte darin überaus deutlich zu verstehen gegeben, daß es schicklicher gewesen wäre, wenn der Kommandeur des 5. Chevauleger-Regiments, ungeachtet Gesetz und Dienstvorschrift, ein Duell zwischen Pfeiffer und Seitz veranlaßt hätte, denn: *»... erscheint die Forderung wohl berechtigt, daß auch heute noch Fälle denkbar sind, in welchen der Austrag mit Waffen unvermeidlich erscheint. Ein derartiger Fall dürfte hier vorliegen.«*[51] Nach seiner Verabschiedung forderte Seitz seinerseits Pfeiffer. Nach Seitz Tod kam es zu einem Ehrengerichtsverfahren gegen Pfeiffer. Die Tatsache, daß der Premierleutnant seinerzeit keinen Zweikampf gesucht hatte, wirkte sich zu seinen Ungunsten aus. Er erhielt den »schlichten Abschied«, d. h. er durfte keine Uniform mehr tragen, was um die Jahrhundertwende einer unehrenhaften Entlassung gleichkam. Der Regimentskommandeur in Saargemünd mußte seinen Abschied nehmen. Nach dem frühen Tod Pfeiffers wurde im Sommer 1904 die ganze Affaire samt Dokumenten Dr. Heim von der Landtagsfraktion der Zentrumspartei zugespielt. Auf eine entsprechende parlamentarische Anfrage in der Kammer der Abgeordneten leugnete der Kriegsminister v. Asch die Existenz des oben zitierten Erlasses. Heim verlas ihn daraufhin im Originalwortlaut im Plenum. Unmittelbar darauf bat v. Asch um seine Entlassung, der Prinzregent entsprach diesem Gesuch aber erst im Frühjahr 1905.

Zusammenfassung:

Welche Erkenntnisse lassen sich nun aus den geschilderten Duellen ziehen? Zunächst einmal ist der Einfluß der Universitätsstadt München unverkennbar, denn von den acht dargestellten Fällen zwischen 1821 und 1863 handelte es sich in nicht weniger als sechs Fällen um Auseinandersetzungen mit Studenten. Ähnlich ist das Verhältnis bei den Herausforderungen. Die Schuld an diesen Händeln scheint sich insgesamt recht gleichmäßig auf beide Seiten verteilt zu haben, doch ist ein ausgesprochen agressives Verhalten der Studenten für das Jahr 1841 auffällig. Letztlich standen die Zivilisten zumeist auf der Verliererseite, da sie in aller Regel zumeist erheblich strenger bestraft wurden als die beteiligten Offiziere.
Gesellschaftliche oder dienstliche Nachteile wegen der Beteiligung an einem Duell, sei es als Kämpfer, Sekundant, Zeuge oder Arzt, hatten Armeeangehörige nicht zu befürchten. Besonders deutlich zeigt sich dies am Beispiel Edmund Freiherr v. Speidel und Ludwig

Freiherr v. d. Tann-Rathsamhausen, obwohl die oben geschilderte Affäre Schanzenbach vom Jahre 1841 für beide in keiner Weise rühmlich zu nennen ist. Speidel brachte es zum Generalleutnant. Tann wurde Adjutant des Kronprinzen Maximilian und schließlich General der Infanterie.[52]

Anlaß für das Duell waren, zumindet in den untersuchten Fällen, zumeist relativ belanglose Streitigkeiten in der Freizeit. Vor allem das glatte Tanzparkett war im Biedermeier, zumal in der Faschingszeit, eine Art Minenfeld, woran die Weiblichkeit gehörigen Anteil hatte. Auffallend ist dabei das hohe gesellschaftliche Umfeld, in der solche Rencontres entstanden. Nicht etwa in obskuren Kaschemmen, sondern in hochrenommierten Zentren des gesellschaftlichen Lebens, wie dem »Museum« oder dem »Frohsinn«, bahnten sich nämlich Duelle an! Echte oder vermeintliche Ehebruchsaffären, wie sie zumal in kleineren Garnisonen eine gewisse Rolle spielten, man denke an den Leutnant v. Trotta in Joseph Roths Roman »Radetzkymarsch« oder die angeführte Affaire von Saargemünd, tauchen in dem hier für München untersuchten Material nicht auf. Auch die in anderen Garnisonen etwas häufigeren Duelle zwischen Offizieren scheinen in München weniger relevant gewesen zu sein. Die Garnison war eben viel größer, ohne die Beengtheit einer Festung. Das Offizierkorps saß nicht ständig beisammen, man hatte mehr Freiraum und ging sich deshalb nicht auf die Nerven.

Insgesamt muß aber wohl doch noch einmal betont werden, daß eine gehörige Dunkelziffer an Duellen im München des 19. Jahrhunderts anzunehmen ist. Allerdings dürfte sich die gesellschaftliche Konstellation und Motivation gegenüber den erfaßten Fällen kaum unterschieden haben, so daß diese als durchaus typisch in Bezug auf Betroffene und Mentalität, freilich untypisch im Hinblick auf das Ergebnis (schwere Verwundung bzw. Tod) gewertet werden können. Hierbei ist an eine Aussage des Kriegsministers v. Manz aus dem Jahr 1855 zu denken, wonach »...überhaupt ein Duell selten durch tödliche Feindschaft oder Rachsucht hervorgerufen« wurde und demgemäß »...auch ohne daß eine Verwundung oder Tödtung der Kämpfenden stattgefunden«, das Duell seinen gesellschaftlichen Zweck erfüllte.[53]

Mit der zunehmenden Integration des bayerischen Offizierkorps in die Mentalität der tonangebenden preußischen Armee ist allerdings eine Brutalisierung des Duells feststellbar. Noch um die Mitte der 1870er Jahre war der Zweikampf nach Sicht des Kriegsministeriums grundsätzlich ein Übel. Bereits wenige Jahre später mußten Offiziere, die sich einem Zweikampf entzogen mit einer unehrenhaften Entfernung aus dem Dienst rechnen.[54] So rühmte das Ehrengericht des Münchner Infanterie-Leib-Regiments im Herbst 1891 an einem Duellanten: »...Bei dem Zweikampf selbst war sein Benehmen ein tadelloses und trat vor allem die Absicht – seinen Gegner tödlich zu treffen – deutlich hervor.«[55] – Das war ein Denken, wie es eine Generation zuvor in Bayern nicht verbreitet gewesen war.

Das Phänomen des Duells bestimmte zumindest teilweise den gesellschaftlichen Umgang im Offizierkorps und mit den Zivilisten in einer Garnison: »...Da Scherz und Übermut als Entschuldigungsgründe nicht galten, herrschte immer eine künstliche Spannung im Verkehr der Offiziere untereinander und zwischen Offizieren und Zivilpersonen (...) Humorvolle Neckereien schlugen oft sekundenschnell um in tödlichen Ernst; am Ende stand das Pistolenduell.«[56] Dieses Urteil Rumschöttels für die Prinzregentenzeit mag etwas zu dramatisch formuliert sein, aus der Luft gegriffen ist es aber nicht.

Anmerkungen

1 Vgl. K. Demeter, Das Deutsche Offizierkorps in Gesellschaft und Staat 1650 – 1945, Frankfurt/M. 1962, S. 108 – 144; H. Rumschöttel, Das bayerische Offizierkorps 1866 – 1914. Beiträge zu einer historischen Strukturanalyse Bayerns vor dem Ersten Weltkrieg, Berlin 1973, S. 161 – 180; U. Frevert, Ehrenmänner. Das Duell in der bürgerlichen Gesellschaft, München 1991

2 Demeter (wie Anm. 1), S. 113 – 119

3 Rumschöttel (wie Anm. 1), S. 163 ff.

4 A XIII Fasz. 2 Prod. 1, Kurf. Mandat vom 4. Sept. 1674

5 Wie Anm. 3

6 A XIII Fasz. 1

7 A XIII Fasz. 4a, KM an König Max II. am 9. Aug. 1858

8 Ebd.

9 Demeter (wie Anm. 1), S. 120

10 Vgl. KME vom 3. Febr. 1834, publiziert bei J. N. Vogl, Auszug und Alphabetische Zusammenstellung des I. Theils der Dienstesvorschriften, München 1851, S. 80 ff.

11 Rumschöttel (wie Anm. 1), S. 150

12 Ebd., S. 151 f.

13 Ebd., insb. S. 157. Die preußische Ordre vom 2. Mai 1874 ist als Dokument Nr. 13 abgedruckt bei Demeter (wie Anm. 1), S. 269 – 272, zit. S. 271 f.

14 Vgl. Demeter (wie Anm. 1), S. 112

15 O. Bezzel, Geschichte des Königlich Bayerischen Heeres unter König Max I. Joseph von 1806 (1804) bis 1825 (Geschichte des Bayerischen Heeres Bd. 6/1), München 1933, S. 125. Leider gibt Bezzel die benützten Quellen nicht an!

16 N. Hierl-Deronco, Mit ganz sonderbarem Ruhm und Eyfer. Lebensläufe bayerischer Soldaten 1700 – 1918, Krailling 1984, S. 132

17 Ebd., S. 150

18 J. A. Schmeller, Tagebücher 1801 – 1852, hg. von P. Ruf Bd. 1: 1801 – 1825 (SchrrBayerLG Bd.47), München 1954, S. 252 ff.

19 A XIII Fasz. 2, GenAuditoriat am 3. Nov. 1818

20 N. Hierl-Deronco (wie Anm. 11), S. 161 – 168. Die Authentizität wird belegt durch eine im Besitz der Familie v. Perfall befindliche Silberkapsel mit der Todeskugel und die 1906 posthum erschienenen Memoiren Grubers.

21 A XIII Fasz. 4 bzw. Fasz. 4a

22 Vgl. Rumschöttel (wie Anm. 1), S. 165

23 O. Bezzel, Geschichte des Königlich Bayerischen Heeres von 1825 mit 1866 (Geschichte des Bayerischen Heeres Bd. 7), München 1931, S. 67

24 Demeter (wie Anm. 1), S. 137 f. (jedoch ohne konkrete Zahlen!)

25 A XIII Fasz. 4 Nr. 50 (Duell Kesling 1833); sehr ausführlich aufgrund der Quellen hat die Affaire dargestellt N. Hierl-Deronco (wie Anm. 11), S. 169 – 175

26 A XIII Fasz. 2 Prod. 85, Kgl. Handschreiben an KM, dat. Berchtesgaden 29. Sept. 1833

27 A XIII Fasz. 2, Prod. 63 Kgl. Handschreiben an KdtMünchen, dat. München 14. Januar 1834

28 A XIII Fasz. 2 Prod. 120, Kgl. Appellationsgericht von Oberbayern, Freising am 28. Okt. 1841

29 A XIII Fasz. 4 Nr. 52 (Duelle und Forderungen in München 1841)

30 Ebd., KM an König Ludwig I. am 1. Mai 1841

31 Ebd., Meldung des Lt Reschreiter vom 28. Mai 1841

32 Ebd., Meldung des Lt Reschreiter vom 5. Juli 1841

33 Ebd., (2.) InfRgt »Kronprinz« an 1. Armeedivision am 6. Okt. 1841

34 Ebd., InnM am 11. Juni 1841 (Abschrift für KM)

35 Ebd., Meldung des OLt v. Neumann vom Kadettenkorps am 19. Juli 1841

36 Ebd., KM am 10. April 1843

37 Ebd., Bittbrief des Lt Reschreiter an König Ludwig I. am 24. April 1843 mit Kgl. Signat vom 29. d. Mts.

38 A XIII Fasz. 4 Nr. 71 (Duell Schopf/Fischer 1855), insb. KM an König Max II. am 17. Mai 1855 mit Kgl. Signat vom 15. Juni 1855

39 Ebd.

40 Ebd., Gnadengesuch vom 9. Oktober 1855

41 A XIII Fasz. 4 Nr. 73 (Duelle der Unterleutnante Betzel und Ermath 1856), v. a. Bericht des GenAuditoriats vom 24. Nov. 1856 und KM an König Max II. am 4. Dez. 1856 mit Kgl. Signat vom 9. Dez. 1856

42 Ebd. Nr. 76 (Duell Oberndorff 1858)

43 H. Fahrmbacher, Das Kgl. Bayer. 1. Schwere Reiter-Regiment »Prinz Karl von Bayern«, Bd. 2: Das Regiment in dem Zeitraum von 1848 bis 1898, München 1900, S. 27

44 Kurz erwähnt bei H. Rumschöttel (wie Anm. 1), S. 164, als die »wichtigste und aufschlußreichste« Denkschrift über das Duellwesen aus dem Bereich des bayerischen Kriegsministeriums. Sie ist vollständig abgedruckt bei K. Demeter (wie Anm. 1), als Dokument Nr. 14 (S. 272 – 285)

45 A XIII Fasz. 4a, Gutachten des KM vom 9. Aug. 1858

46 Ebd. Nr. 80 (Duell Bomhard 1863)
47 So Demeter (wie Anm. 1), S. 137 f. und Rumschöttel (wie Anm. 1), S. 165
48 E. v. Frauenholz, Geschichte des Königlich Bayerischen Heeres von 1867 bis 1914 (Geschichte des Bayerischen Heeres Bd. 8), München 1931, S. 97
49 Rumschöttel (wie Anm. 1), S. 165
50 Die Affaire ist detailliert dargestellt bei Rumschöttel (wie Anm. 1), S. 174 – 180
51 zit. nach Rumschöttel (wie Anm. 1), S. 297; a. a. O. ist der Erlaß dokumentiert
52 Vgl. W. Schärl, Die Zusammensetzung der bayerischen Beamtenschaft von 1806 bis 1918, Kallmünz 1955, S. 268 bzw. S. 270
53 A XIII Fasz. 4 Nr. 71 (Duell Fischer), KM an König Max II. am 12. Mai 1855
54 Rumschöttel (wie Anm. 1), S. 167
55 zit. nach: Rumschöttel (wie Anm. 1), S. 146
56 Rumschöttel (wie Anm. 1), S. 189

Selbsttötungen

Im Frühjahr 1976 stellte das Bundesministerium der Verteidigung im »Weißbuch 1975/76« mit Befriedigung fest: »… Die Zahl der Selbsttötungen in der Bundeswehr hat sich verringert und liegt, wie früher auch schon, unter dem zivilen Vergleichswert. Im Jahre 1974 gab es 18 Selbsttötungen auf 100 000 Soldaten. Demgegenüber kamen 1973 auf 100 000 männliche Einwohner der Bundesrepublik im Alter zwischen 15 und 25 Jahren 21 Selbsttötungen. (…) Die Untersuchung der Motive ergab, daß nicht einmal in 10 Prozent der Fälle die Tat mit dem Dienst in der Bundeswehr in irgendeine Verbindung zu bringen war.«[1] Unterschwellig ist aber aus diesen Zeilen noch herauszuhören, daß in früheren Zeiten durchaus ein Konnex zwischen Militärdienst und Suizidgefährdung gegeben war. Der Historiker Karl Alexander v. Müller schreibt über seine Grundausbildung als Einjährig-Freiwilliger des 1. Feldartillerie-Regiments »Prinzregent Luitpold« in der Münchner Max-II-Kaserne im Winter 1901/02: »… In dieser Zeit stürzte sich in der Nachbarbatterie ein schwäbischer Rekrut vom zweiten Stock in den Hof; sein Leichnam war bereits fortgeschafft, als wir nach dem Frühstück zum Exerzieren antraten, nur eine mit frischem Kies überstreute Stelle, an der unser Stechschritt in regelmäßigen Abständen vorbeiführte, verriet noch das Trauerspiel, das sich wenige Minuten vorher hier abgespielt hatte. (…) Damals schien mir die mechanische Gleichgültigkeit, mit welcher der Dienst über dieses von ihm ausgelöschte Leben hinwegschritt, ein furchtbares Pegelzeichen der Entmenschlichung.«[2] Der tote Kanonier gehörte zu jenen einundzwanzig Unteroffizieren und Mannschaften der bayerischen Armee, die sich im Jahre 1902 das Leben nahmen.[3]

Thomas Guttmann hat in einem Aufsatz über das Phänomen des Selbstmordes in der Großstadt München zur sogenannten »Prinzregentenzeit« eine weit überdurchschnittliche Selbstmordrate der hier stationierten Soldaten im 19. Jahrhundert festgestellt.[4] In der Periode 1878 bis 1886 konstatiert Guttmann für die Münchner Garnison eine Quote von 0,8 Selbsttötungen auf 1000 Militärangehörige bei einer allgemeinen Münchner Durchschnittsquote von 0,3 Selbsttötungen auf 1000 Personen, die allerdings für Großstädte jener Zeit recht niedrig war. (Zum Vergleich mit den oben genannten Zahlen der Bundeswehr: Umgerechnet auf 100 000 Soldaten wären dies 80 Selbsttötungen gewesen!). Leider bietet Guttmann für die Garnison erst wieder einen Vergleichswert für den Zeitraum 1903 bis 1911. Die Suizidquote lag nun bemerkenswert niedrig bei 0,4 Fällen bezogen auf 1000 Militärangehörige; die allgemeine Quote war fast gleich geblieben. In der gleichen Periode lag übrigens die Quote bei Dienstmädchen auf dem erschreckend hohen Wert von 2 Selbstmorden auf 1000 Frauen.

Selbstmorde in der Garnison bis 1866

Über Selbstmorde oder Selbstmordversuche von Angehörigen der Garnison München in der ersten Hälfte des 19. Jahrhunderts liegen nur sehr wenige Informationen vor. Vor dem Jahr 1810 wurden solche Fälle offensichtlich beim Kriegsministerium nicht besonders registriert. Vorkommnisse dieser Art gab es aber. So meldete das Artillerie-Regiment am 16. Juli 1810, daß sich am Vormittag der Kanonier III. Klasse Stephan Fuchs im »Secret« (Abtritt) der 1. Etage der Kosttor-Kaserne mit einer Pistole durch Kopfschuß selbst getötet hatte.[5] Der nächste Fall ist erst für das Jahr 1818 verzeichnet, als sich am 16. Februar um ein Uhr morgens der Oberleutnant Johann Nepomuk Satori mit einer Pistole entleibte.[6] Im Dezember 1837 meldete das Infanterie-Regiment »König« den Selbstmord des Kadettkorporals Ludwig v. Whistler. Die Vorgesetzten des jungen Mannes vermuteten als Motiv Verzweiflung darüber, daß sich der Offizieranwärter aufgrund seiner schlechten »Conduite« die Beförderung zum Leutnant verbaut hatte.[7] Im Frühjahr 1843 tötete sich der Hauptmann v. Pfretschner vom Infanterie-Regiment »Kronprinz«.[8]

Der Fall Georg Ney (1865) – ein gescheiterter Traum

Die Armee beschäftigte sich mit den Hintergründen solcher tragischen Vorkommnisse vor 1866 kaum. Ein Fall aus dieser Zeit konnte jedoch in den Presseakten des Kriegsministeriums gefunden werden und soll daher etwas ausführlicher geschildert werden.[9] Am Mittag des 4. Juli 1865 erschreckte ein Schuß die Soldaten des 4. Jäger-Bataillons in der Münchner Salzstadelkaserne. Auf dem Dachboden der Kaserne fanden sie den Korporal Georg Ney von der 1. Kompanie tot. Unzweifelhaft hatte sich der Neunzehnjährige selbst mit seiner Dienstwaffe erschossen. Die Vorgesetzten und die Kameraden des Toten wußten sofort, warum er diese Tat begangen hatte. Nur kurze Zeit zuvor war Ney in äußerst erregtem Zustand von der Stadtkommandantschaft in der Theatinerstraße in die Kaserne zurückgekehrt, um sich zum Antritt eines vierzehntägigen geschärften Arrests im Militärgefängnis fertig zu machen. Zu dieser Strafe hatte ihn der Münchner Stadtkommandant Generalmajor v. Manz verurteilt, weil der junge Korporal als Wachhabender beim Militärkrankenhaus gegen die Dienstvorschrift gleich in mehrfacher Weise verstoßen hatte.
Wer war dieser Georg Ney? Die »Manns-Grundliste« nennt einige Daten: Sohn eines pensionierten Kgl. Postbeamten; geboren am 9. März 1846 in Schwabach, protestantischer Konfession; ledig; abgebrochene Ausbildung an der Gewerbeschule; keine Berufsausbildung. Dann der Eintritt in das Heer als Freiwillig-Gemeiner auf sechs Jahre genau am 16. Geburtstag. Nur wenige Wochen später wurde Ney bereits zum Vizekorporal befördert.[10] Offensichtlich wollte Georg Ney Offizier werden, denn sein Vater war lange Jahre in München Oberleutnant bei der Artillerie gewesen und sein älterer Bruder Max hatte über die Unteroffizierslaufbahn nach einigen Umwegen den Aufstieg in den Offizierstand geschafft.[11]
Bereits nach wenigen Wochen Dienst als blutjunger Vorgesetzter, kamen aber die ersten Rückschläge: am 11. August 1862 erhielt Ney fünf Tage Strafstube wegen »Nichtbefolgen eines Befehls«, dann am 9. September dreißig (!) Tage Zimmerarrest wegen »Malpropertät«, also schlampigen Anzugs. Im Jahr 1863 kam der Vizekorporal auf insgesamt achtzehn Tage Arrest, davon übrigens fünf Tage Strafstube wegen »widriger Behandlung eines Untergebenen«. Eine schnelle Karriere schied angesichts der vielen Disziplinarstrafen bereits aus. Erst im Juni 1864 wurde Ney zum Korporal II. Klasse befördert. Nun scheint sich der Achtzehnjährige, dessen Charakter von seinen Vorgesetzten insgesamt doch als »Sehr gut« eingestuft wurde, ernsthaft bemüht zu haben seine früheren Fehler gutzumachen. Dies wurde auch keineswegs verkannt. So lautet seine letzte Beurteilung, gleichsam als Nachruf: »… War verwendbar im Dienste, stets nett im Anzuge, zeigte seit geraumer Zeit unverkennbar ein Streben zur Besserung, offen, heiter, gutmütig, gerne für Andere sich opfernd; jedoch voll jugendlichen Leichtsinns und kindischer Einfälle.«
Dann aber kam jene ominöse Wache, auf der Neys alte Neigung zum Leichtsinn wieder durchbrach und die Strafe der Stadtkommandantschaft. Sie bedeutete praktisch das endgültige »Aus!« für eine etwaige Übernahme als Junker in die Offizierlaufbahn. Ein Lebenstraum war gescheitert. Sogar eine künftige Kapitulation, also eine Verlängerung der Dienstzeit als Unteroffizier war gefährdet. Außer dem Soldatsein hatte Georg Ney aber nichts gelernt. Sollte er tatsächlich nach Ablauf seiner sechs Jahre entlassen werden, war

er für das Erlernen eines Handwerks schon zu alt und für ein Unterkommen als Schreiber oder Kanzleibote in einer Behörde zu negativ beurteilt. So würde ihm als Sohn eines angesehenen Postverwalters und Bruder eines königlichen Offiziers nur eine armselige Existenz im Taglohn übrig bleiben. Solche oder ähnliche Gedanken mögen den Korporal tatsächlich bewogen haben, unauffällig mit seinem Jägerstutzen auf den staubigen Dachboden der Kaserne zu gehen und dort seinem Leben ein Ende zu setzen.

Zur Situation nach 1866

Erst aus der Zeit nach 1866 ist für die bayerische Armee einigermaßen vollständiges Aktenmaterial über vollendete oder versuchte Selbsttötungen vorhanden. Eine Statistik des Kriegsministeriums für den Zeitraum 1866 – 1875 verzeichnet, einschließlich der Versuche, 285 Fälle. Ab 1866 sank die Quote jährlich ab, erreichte mit 14 Fällen im Jahr 1871 ihren niedrigsten Stand und stieg dann in den folgenden Friedensjahren wieder auf das Niveau der späten 1860er Jahre. Überproportional stark war mit fünfundzwanzig Prozent die Dienstgradgruppe der Unteroffiziere vertreten. Das Offizierkorps, einschließlich der höheren Militärbeamten und Pensionisten, stellte immerhin fünfzehn Prozent.[12] Die vom Verfasser aufgrund des Garnisonstandes geschätzte Suizidquote liegt um 1866 bei 1,0 Fällen auf 1000 Militärangehörige und sinkt dann zeitweilig auf 0,6 zu 1000 Soldaten.

Selbsttötungen in der Armee (einschl. Offiziere) 1866/75

Jahr	Gesamt	München
1866	38	5 (13,2 %)
1867	33	6 (18,2 %)
1868	37	6 (16,2 %)
1869	28	4 (14,3 %)
1870	25	5 (20,0 %)
1871	14	3 (21,4 %)
1872	18	4 (22,2 %)
1873	21	3 (14,3 %)
1874	28	3 (10,7 %)
1875	39	4 (10,3 %)

Wirklich brauchbare Verzeichnisse des Kriegsministeriums mit Detailangaben zu den Einzelfällen gibt es erst seit dem Jahr 1882. Sie sind das Ergebnis einer Behandlung der Suizidproblematik durch den Landtag in Zusammenhang mit der Diskussion über die Soldatenmißhandlung. Am 29. Oktober 1881 warf der Freisinger Zentrumsabgeordnete Dr. Daller der Armee vor, daß die Mehrzahl der von Soldaten verübten Selbstmorde unmittelbare Folge vorausgegangener Mißhandlungen durch Vorgesetzte sei.[13]
Anlaß für den parlamentarischen Vorstoß der Zentrumspartei waren Pressemeldungen über eine steigende Tendenz von Soldatenselbstmorden. Tatsächlich hatte sich 1881 die Zahl der Selbsttötungen mit 40 Fällen (davon 16 Unteroffiziere) gegenüber dem Jahr 1880 nahezu verdoppelt. Der Trend setzte sich dann 1882 mit 48 toten Mannschaften und Unteroffizieren fort; Offiziere wurden in die offizielle Statistik nicht aufgenommen, jedoch intern registriert. In der Garnison München verübten im Jahr 1882 nicht weniger als elf Soldaten Suizid. Allein beim 2. Infanterie-Regiment »Kronprinz« brachten sich vier Soldaten um, davon erschossen sich zwei Gemeine »…aus unbekannten Gründen« auf Wache. Ein Grund waren Angst oder Scham nach einem entlarvten Diebstahl. Aus diesem Grund töteten sich in der Garnison drei Soldaten. Bei vier weiteren wurde pathologische

Geistesstörung diagnostiziert oder Unzurechnungsfähigkeit angenommen.[14] »Angst vor
Strafe« und »Geistesstörung« tauchen auch in der Folgezeit am häufigsten auf.

Suizide bzw. Suizidversuche (einschl. Offiziere) 1882/1901

Jahr	Gesamt	München	Quelle
1882	53	14 (26,4%)	(MKr.10910 Prod. 81, KM 18. 05.1883)
1883	41	8 (19,5%)	(Ebd. Prod. 82, KM 18. 02.1884)
1884	42	5 (11,9%)	(Ebd. Prod. 83, KM 08. 02.1885)
1885	31	8 (25,8%)	(Ebd. Prod. 89, KM 25. 01.1886)
1886	48	9 (18,8%)	(Ebd. Prod. 91, KM 24. 02.1887)
1887	40	9 (22,5%)	(Ebd. Prod. 93, KM 14. 02.1888)
1888	39	5 (12,8%)	(Ebd. Prod. 97, KM 4. 02.1889)
1889	38	8 (21,0%)	(Ebd. Prod. 99, KM 26. 02.1890)
1890	26	6 (23,0%)	(Ebd. Prod.103, KM 18. 03.1891)
1891	22	7 (31,8%)	(Ebd. Prod.104, KM 28. 01.1892)
1892	34	7 (20,5%)	(Ebd. Prod.107, KM 11. 03.1893)
1893	42	10 (23,8%)	(MKr.10911 Prod.1, KM 06. 07.1894)
1894	43	8 (18,6%)	(Ebd. Prod. 5, KM 27. 06.1895)
1895	39	8 (20,5%)	(Ebd. Prod. 6, KM 15. 07.1896)
1896	31	8 (25,8%)	(Ebd. Prod. 9, KM 27. 06.1897)
1897	42	8 (19,0%)	(Ebd. Prod.11, KM 09. 03.1898)
1898	41	7 (17,0%)	(Ebd. Prod.15, KM 27. 06.1899)
1899	23	6 (26,0%)	(Ebd. Prod.17, KM 16. 07.1900)
1900	41	10 (24,4%)	(Ebd. Prod.18, KM 22. 05.1901)
1901	36	6 (16,7%)	(Ebd. Prod. 22, KM 14. 04.1902)

Generell muß festgehalten werden, daß nicht makabre »Spitzenwerte« an Toten entscheidend sind, sondern die Relation zur Garnisonstärke bzw. der Armeestärke. Aussage-
kräftiger ist daher die Selbsttötungsquote. Sie betrug in München im Jahr 1890 umgerechnet 0,6 Fälle auf 1000 Garnisonangehörige und im Jahr 1892 0,4 Fälle auf 1000 Militärpersonen. Auf die allgemein günstige Situation nach der Jahrhundertwende wurde schon
eingangs hingewiesen. Allerdings nahm die Suizidtendenz dann in den letzten Jahren vor
dem Ersten Weltkrieg wieder zu, da sich 1911 und 1912 bei einer gleichbleibenden Zahl
von 23 Toten, die Zahl der Selbsttötungsversuche plötzlich verdoppelte auf 34 bzw. 39
Versuche. Die letzte friedensmäßig erstellte Statistik, jene für das Jahr 1912, verzeichnet
für die Garnison München vier vollendete und vier versuchte Selbsttötungen.[15]

Zur politischen Debatte um die Soldatenselbstmorde

Immer wieder wurde im Rahmen der bürgerlichen und sozialdemokratischen Milita-
rismusdebatte im Deutschen Kaiserreich die in der Tat überdurchschnittlich hohe Sui-
zidrate bei Soldaten in Zusammenhang mit dem Phänomen der Soldatenmißhandlung
gebracht.[16]
Wohl nicht zuletzt wegen dieser innenpolitisch brisanten Vorwürfe verfaßte der preußische
Generalstabsarzt v. Coler um 1888 eine Denkschrift »Über die Selbstmorde bei Unteroffizieren und Mannschaften in der Preußischen Armee«, die aber auch für Bayern bzw. die
Garnison München relevant ist.[17] Der ranghohe Militärarzt wies darauf hin, daß die
Selbstmordrate in den Streitkräften Österreich-Ungarns fast doppelt so hoch war als im
deutschen Reichsheer. Jedoch war die deutsche Quote wiederum fast doppelt so hoch wie
in der französischen Wehrpflichtarmee oder der britischen Berufsarmee. Innerhalb der
deutschen Generalkommandos lag das bayerische I. Armeekorps samt der Großstadtgar-

nison München im unteren Bereich der Suizidgefährdung, zusammen mit Westfalen, Niedersachsen und Pommern. Das bayerische II. Armeekorps lag im Mittelfeld, wie die gesamte württembergische Armee, sowie die Großstädte Hamburg und Berlin (Gardekorps). Besonders stark suizidgefährdet waren Soldaten in Mitteldeutschland (Hessen, Thüringen, Sachsen) und in Schlesien. Insgesamt entsprach die bayerische Armee, gemessen am Untersuchungszeitraum 1873 – 1888, nahezu exakt dem Durchschnittswert der preußischen Armee.

Der Eintritt in das Militär bot nach den Erkenntnissen v. Colers für den Rekruten stark suizidbegünstigende Momente, vor allem ein starkes Verlassenheitsgefühl, gekoppelt mit dem gleichzeitig ablaufenden Disziplinierungsprozeß. Furcht vor harten Disziplinarstrafen oder vor einem Militärgerichtsverfahren trieb den Soldaten am ehesten dazu, seinem Leben, vorzugsweise mit der Dienstwaffe oder dem Strick, ein Ende zu setzen. Dennoch bestritt v. Coler entschieden die in der Öffentlichkeit geäußerten Vorwürfe zu den Rekrutenselbstmorden. Natürlich lag der Anteil der wehrpflichtigen Mannschaft, in absoluten Zahlen gemessen, bei den Selbsttötungen an der Spitze. Proportional an ihrem Anteil an der Gesamtstärke der Armee gemessen, begingen aber laut v. Coler doppelt soviele Unteroffiziere wie Mannschaften Selbstmord! Neben die Furcht vor Strafen trat bei den Unteroffizieren als Motiv stärker als bei den Rekruten auch gekränktes Ehrgefühl, verbunden mit der Angst vor einem wirtschaftlichen und sozialen Abstieg bei Verstoß aus der Armee (vgl. den oben geschilderten Fall Ney!).

Der preußische Generalstabsarzt forderte zur Prävention soziale Fürsorgemaßnahmen aller Art für den Soldaten, den Kampf gegen Alkoholismus und sonstige Laster insbesonders bei langdienenden Unteroffizieren. Bedauernd stellte er fest, daß gerade dem jungen Soldaten, auch dem Unteroffizier, eine emotional stabilisierende feste seelische Bindung, etwa in Form der Ehe, versagt sei. Zudem verlangte v. Coler eine Dislozierung der Truppen in ländlichen Räumen.

Nach Colers statistischem Material lag, trotz der vielzitierten »Reizungen der Großstadt«, in Berlin, Hamburg und auch in München die Selbstmordrate der Soldaten niedriger als beispielsweise in Ostpreußen. Für rein bayerische Verhältnisse muß allerdings doch festgestellt werden, daß die Häufigkeit von Suizid oder Suizidversuch bei Soldaten in der Großstadt München größer war als im allgemeinen Armeedurchschnitt. Über die Ursachen dieses Phänomens können hier nur Vermutungen angestellt werden, da eine eingehende Untersuchung den methodischen Rahmen der vorliegenden Arbeit sprengen würde. Da aber die Ausbildung und das militärinterne Umfeld des Soldaten in allen Standorten gleich waren, liegt es nahe, die besondere suizidfördernde Situation in München in der doppelten Überforderung junger Soldaten, nämlich sowohl durch die Kaserne als auch durch die völlig ungewohnte Großstadt zu erblicken.

Anmerkungen

1 Weißbuch 1975/76. Zur Sicherheit der Bundesrepublik Deutschland und zur Entwicklung der Bundeswehr, hg. vom Bundesminister der Verteidigung, Bonn 1976, S. 156 f.
2 K. A. v. Müller, Aus Gärten der Vergangenheit. Erinnerungen 1882 – 1914, Stuttgart 1951, S. 248
3 MKr. 10911 Prod. 23, Statistik über Selbstentleibungen 1902, KM am 3. Aug. 1903
4 Th. Guttmann, Selbstmord in der Großstadt, in: München – Musenstadt mit Hinterhöfen. Die Prinzregentenzeit 1886 bis 1912, hg. von F. Prinz und M. Krauss, München 1988, S. 195 f.
5 MKr. 10910 Prod. 1, ArtRgt an KM am 16. Juli 1810
6 Ebd. Prod. 2, KdtMünchen an KM am 16. Febr. 1818
7 Ebd. Prod. 26, 1. InfRgt an 1. ArmeeDivision am 5. Dez. 1837

8 Ebd. Prod. 30, KM am 10. Mai 1843
9 E 84 Fasz. II (1850/1866) Prod. 156, Bericht des 4. JgBtl an GenKdo München am 5. Juli 1865
10 Ebd. (Beil.), Grundlistenauszug für Georg Ney 1./4. JgBtl vom 6. Juli 1865
11 Vgl. den Abschnitt »Ehen von Militärangehörigen«
12 MKr. 10910 Prod. 70, KM am 29. Febr. 1876
13 Ebd. Prod. 71, KM am 17. Nov. 1881
14 Ebd. Prod. 81, KM am 18. Mai 1883
15 Ebd. Prod. 43a, KM am 7. Aug. 1912; Prod. 44, KM am 18. Juli 1913
16 R. Höhn, Die Auseinandersetzung der Sozialdemokratie mit dem Moltkeschen Heer (Sozialismus und Heer Bd. 2), Bad Homburg 1959, S. 248 – 257
17 MKr. 10910 Prod. 100; v. Coler, Über die Selbstmorde bei Unteroffizieren und Mannschaften in der Preußischen Armee, ca. 1888/89 als Broschüre gedruckt.

Soldatenmißhandlungen

In der Militärgeschichte gab es eine Epoche, in der die körperliche Züchtigung des Soldaten eine Selbstverständlichkeit war. Sie erreichte ihren Höhepunkt im 18. Jahrhundert nicht nur in Preußen, sondern auch in Bayern. So mußten beispielsweise die Münchner Infanteristen noch um 1800 in der heutigen Herzog-Wilhelm-Straße vor der Kreuzkaserne in aller Öffentlichkeit Spießruten laufen.[1] Auch die unteren Chargen setzten ihre Befehle ohne viel Federlesens mit physischer Gewalt durch. Der Korporalstock blieb das Rangabzeichen des bayerischen Unteroffiziers schlechthin bis in das 19. Jahrhundert. Die dünne, fast einen Meter lange Haselrute hing an einem weißledernen Faustriemen an einem Knopfloch des Uniformrockes oder wurde am Handgelenk griffbereit getragen. Es gibt kaum Darstellungen aus der Napoleonischen Kriegen, die den Unteroffizier ohne Stock zeigen.[2] Dabei lag zwischen legaler Züchtigung und eigenmächtiger Mißhandlung der Untergebenen nur ein kleiner Schritt.

An Soldatenmißhandlungen gibt es nichts zu verniedlichen. Dennoch müssen sie im Vergleich mit den allgemeinen gesellschaftlichen Rahmenbedingungen gesehen werden. Fast überall wurde geprügelt. In den Schulen griffen die Lehrer zum Rohrstock. Der Sohn des Adeligen wurde ebenso geschlagen wie der Sohn des Taglöhners. Der Lehrbub in der Werkstatt bekam genauso seine Ohrfeige vom Gesellen, wie der Jungknecht vom Bauern oder das Dienstmädchen von der Herrschaft. In einer solchen Atmosphäre wuchsen natürlich auch die späteren Soldaten auf. Eine Diskrepanz zwischen dem Kasernenleben und dem zivilen Alltag in dieser Frage entstand erst im Laufe des 19. Jahrhunderts.

Zum Einsatz körperlicher Gewalt im Dienst bis 1871

Unter König Max I. Joseph unternahm die Armeeführung einige Schritte zu einer humaneren Behandlung der Soldaten. So wurde beispielsweise im Herbst 1812 ein Wachtmeister »… wegen Mißhandlung einiger Soldaten« zum einfachen Chevauleger degradiert und zusätzlich mit vierzehn Tagen schärfsten Arrests bestraft. Ein Leutnant, der das Treiben des Unteroffiziers geduldet hatte, erhielt acht Tage Kasernenarrest. Die Strafen wurden zur Abschreckung im Armeebefehl publiziert.[3] Es wäre jedoch falsch von gedruckten Erlassen anzunehmen, daß sie in vollem Umfang auch die Truppenpraxis prägten. Ein ganz bezeichnendes Beispiel hierfür hat Andreas Schmeller in seinen Tagebuch überliefert. Er diente im Frühjahr 1814 als Oberleutnant bei den Freiwilligen Jägern in Kempten, als das zuständige General-Kreiskommando das Prügeln bei den Freiwilligenkorps verbot: »… Darüber steckten die Herren Offiziere ganz niedergeschlagen die Köpfe zusammen. Was? nicht einmal schlagen? Oberstlieut. Graf Geldern meinte, *den Wisch werfe man unter' n Ofen, und prügle die Leute denn doch zusammen, daß ihnen die Rippen krachen.*«[4]

In der Zeit nach den Napoleonischen Kriegen wurde die Problematik der Soldatenmißhandlung kaum diskutiert. So umschreibt beispielsweise der Korporal Zaubser von der 1. Füsilier-Kompanie des 1. Linien-Infanterie-Regiments »König« anno 1816 seine Absicht aus persönlichen Gründen wieder in den Mannschaftsstand zurücktreten zu wollen, schlicht mit der Formulierung, er wolle den Stock (sic!) ablegen.[5] Erst am 1. März 1826 mußten die bayerischen Unteroffiziere offiziell auf den gewohnten Stock als ihr Rang- und Disziplinierungsmittel verzichten.[6]

Die Armeedienstvorschrift von 1823 sah immer noch die körperliche Züchtigung für verschiedene Delikte gemeiner Soldaten vor (vgl. Artikel 480 und 488), wobei diese aber dem geschärften Arrest gleichkam. Vorgesetzte wurden allerdings vor illegalen Mißhand-

lungen ihrer Untergebenen (Artikel 508) ausdrücklich gewarnt. Freilich vermerkt Bezzel für die Unteroffiziere der Zeit Ludwigs I.: »... *Roher Ton den Untergebenen gegenüber, Mißhandlungen waren gebräuchlich.*«[7]
Erst im Gefolge der Revolution wurde durch einen Erlaß König Maximilians II. vom 11. März 1848 das körperliche Züchtigungsrecht der Vorgesetzten im täglichen Dienst offiziell abgeschafft. Am 11. Oktober 1848 verbot der König die körperliche Züchtigung im Militärstrafvollzug ebenso. In der quasi offiziellen Truppengeschichte des Münchner 1. Schweren Reiter Regiments gibt aber der Autor zu: »... *Als prophylaktisches Mittel zur Aufrechterhaltung des Respektes und der Erhöhung des Diensteifers bei saumseligen und trägen Elementen glaubte man allerdings noch lange, eines gelegentliches Puffes oder Hiebes nicht entraten zu können. Dazu war der Streich, der sich von der Weinrebe des Centurio über den Ochsenfiesel des Landsknechts-Waibels zum Haselnußstock des Zopfkorporals fortgepflanzt, doch viel zu sehr zu einem in Fleisch und Blut übergegangenen Attribute des Soldatentums geworden, um mit einem Federstriche aus dem häuslichen Leben der Kaserne sich verbannen zu lassen, war im übrigen auch bei den an die derberen Sitten des Volkes gewöhnten Soldaten zu keiner Zeit einer anderen Auffassung unterlegen.*«[8] Gleichzeitig erwähnt der Autor Hans Fahrmbacher freilich auch, »... die Desertionen, nicht selten die Folgen der, wie bereits erwähnt, häufig eben nicht sehr zarten Behandlung.«[9]

Die Verschärfung des Problems nach 1871

Obwohl die bayerischen Truppen im Feldzug von 1870/71 mit eigenen Ausbildungsmethoden achtbare Erfolge erzielt hatten, galt danach, gemäß den Bestimmungen des Versailler Bündnisvertrages, das Augenmerk dem Vorbild Preußens. Die Bayern hatten sich zwar als kriegstüchtig erwiesen, doch nun mußte der bayerische Soldat gewissermaßen friedenstüchtig gemacht werden, d. h. es wurde der Schwerpunkt auf jene Äußerlichkeiten verlagert, die im *Garnisondienst* vorgestellt werden konnten. Vom Standpunkt kriegsnaher Ausbildung war dies sogar ein Rückschritt, doch er wurde von den Truppenführern aus politischen Gründen bewußt in Kauf genommen. Recht deutlich wird diese Problematik in den Memoiren des Prinzen Leopold von Bayern:
»... Einen Punkt, der schwer zu überwinden war, bildete *die Angewöhnung an die preußische Strammheit,* welche basiert auf der sorgfältigsten Detailausbildung des einzelnen Mannes, in erster Linie der Rekruten, in Bezug auf die vollkommene Gleichheit der Bewegungen, der Griffe, des Marsches und der Ehrenbezeugungen, das Benehmen des einzelnen auf der Straße, sowie die sorgfältige Gleichheit des Anzuges bis auf die kleinsten Details – dies alles aber mit dem Anschein der einfachen Selbstverständlichkeit, welche der Truppe bei ihrem Auftreten den geradezu imponierenden Eindruck verleiht, den sie bei jedem Offizier einer anderen Großmacht hervorruft. (...)
Wenn auch, wie ebenfalls bereits erwähnt, die Tüchtigkeit einer Truppe nicht lediglich nach ihrer Strammheit bewertet werden darf, so hatte sie für uns doch große Bedeutung, da unsere Truppe, solange wir uns nicht die preußische Strammheit angeeignet hatten, von unseren norddeutschen Brüdern stets für etwas Minderwertiges gehalten wurde. Es dauerte Jahrzehnte, bis dieses Vorurteil überwunden wurde.«[10]
Eine unbeabsichtigte Nebenerscheinung der neuen betont strammen Ausbildung war freilich auch eine härtere Gangart in den bayerischen Kasernen. Von ihr war aber nicht mehr nur eine relativ kleine Gruppe von Soldaten betroffen, sondern eine große Schar Wehrpflichtiger.

Ein Warnzeichen für die Öffentlichkeit war bereits Anfang der 1870er Jahre der sogenannte »Fall Plattner«, der sich bei den Chevaulegers in der oberpfälzischen Garnison Neumarkt ereignet hatte. Der schwerkranke Gemeine Plattner war als angeblicher Simulant in seiner Eskadron so sehr mißhandelt worden, daß er starb. Den Tod Plattners nahm der Abgeordnete Johann Lerzer (Bayerische Patriotenpartei) im November 1873 zum Anlaß, im Landtag auf das Problem der Soldatenmißhandlungen einzugehen. Dabei brachte Lerzer den Kriegsminister v. Pranckh in Schwierigkeiten, da dieser vorschnell die zutreffende Kritik des Abgeordneten abgewiesen hatte. In der Folgezeit wurden Delikte dieser Art in den einzelnen Strafakten besonders vermerkt, während sie zuvor allgemein als Körperverletzung abgehandelt worden waren.[11] Sogar im Berliner Reichstag wurde die »Affaire Plattner« von den Sozialdemokraten aufgegriffen.[12]

Als eher nachteilig sollte sich in diesem Zusammenhang auch die Übernahme einer größeren Zahl preußischer Unteroffiziere in bayerische Regimenter erweisen. Frauenholz konstatiert: »… Die norddeutsche Art der Unteroffiziere wurde von den bayerischen Mannschaften als gesucht schroff empfunden und erweckte Widerstand, zumal auch die norddeutsche Aussprache schwer verstanden wurde und wenig beliebt war; auch neigten die norddeutschen Unteroffiziere mehr zu Handgreiflichkeiten.«[13] Ein Beispiel hierfür ist der Brief den Kriegsminister v. Maillinger zum Jahresende 1881 vom »ehemaligen Bayern« Georg Fuchs aus Zürich erhielt. Der Gemeine Fuchs war von der in Schloß Nymphenburg stationierten 2. Eskadron des 2. Schweren Reiter-Regiments desertiert, weil er die Schikanen der preußischen Unteroffiziere Betsch, Dengler und Möhring nicht mehr ertragen wollte.[14]

Es muß festgehalten werden, daß das Kriegsministerium die fehlgeleitete Entwicklung verfolgt hatte und mißbilligte. Im Januar 1880 wies Minister v. Maillinger, übrigens in direktem Zusammenhang mit Abwehrmaßnahmen gegen sozialdemokratische Agitation, auf das Problem der Soldatenmißhandlungen hin: »… *Herabwürdigende Beschimpfung und thätliche Mißhandlung gehen fort, ungeachtet der Kriegsministerialerlasse.* (…) Die Untersuchung gebotener Strenge ist insonderheit bei Mißhandlungen geradezu unverantwortlich! (…) Daß Recht werde, das will die Vorschrift und nichts anderes.«[15]

Zur Situation zwischen 1881 und der Jahrhundertwende

Seit dem Jahr 1881 gab es im Kriegsministerium besondere Akten, in denen alle gemeldeten(!) Fälle von »Mißbrauch der Vorgesetztengewalt« dokumentiert wurden. Sie erlauben auch Rückschlüsse auf die Situation der Garnison München. Diese hatte ohnehin den unmittelbaren Anlaß dazu geliefert, daß die Armee sich fortan intensiv mit diesem Problem beschäftigte.

Während der Landtagsperiode im Herbst 1881 hatte den Abgeordneten Lerzer sein Weg fast täglich an der Hofgartenkaserne vorbeigeführt. Ebenso alltäglich waren beim dort untergebrachten Infanterie-Leib-Regiment Soldatenmißhandlungen auf dem Exerzierplatz der Kaserne. Der Abgeordnete, der ja schon den Fall Plattner publik gemacht hatte, berichtete seinen Kollegen im Parlament von Fauststößen, Fußtritten und Hieben mit der Bajonettscheide. Seiner Beobachtung nach ereigneten sich solche Aktionen bei der Einzelausbildung der Rekruten, d. h. in Abwesenheit höherer Vorgesetzter. Nachdem diese Fälle publik geworden waren, mußte die Armee handeln, zumal das Infanterie-Leib-Regiment von einem Vetter des Königs, dem Prinzen Arnulf von Bayern, geführt wurde.[16]

Prinz Arnulf, ein Bruder des oben zitierten Prinzen Leopold, hatte das Infanterie-Leib-Regiments erst am 19. Juli 1881 als Kommandeur übernommen. Er hielt dazu, laut

Regimentsgeschichte: »… eine kurze, markige Ansprache, in welcher Höchstderselbe die Erwartung aussprach, daß das Regiment in gleicher Weise wie bisher *ein Muster an Strammheit* und unentwegter Pflichttreue sein werde.«[17]

In dem vom Kriegsministerium zusammengetragenen offiziellen Material tauchen für den Bereich der Garnison München im Jahr 1881 15 Armeeangehörige als Soldatenschinder auf. Der Spitzenreiter der Saison war das 1. Schwere Reiter-Regiment mit fünf straffällig gewordenen Ausbildern, es folgen das 2. Infanterie-Regiment »Kronprinz« mit drei Vorgesetzten, dann mit jeweils zwei Dienstgraden das 1. Feldartillerie-Regiment, das 3. Feldartillerie-Regiment und die Equitationsanstalt. Der Umstand, daß das Infanterie-Leib-Regiment, der eigentliche Auslöser der ganzen Affaire, lediglich zwei auffällig gewordene Vorgesetzte, einer davon übrigens Offizier, meldete, zeigt deutlich die Diskrepanz im Verhältnis zwischen offizieller Statistik und Realität.[18]
Die meisten Fälle wurden wohl gar nicht angezeigt, obwohl beispielsweise der Kommandeur des 1. Infanterie-Regiments »König« Oberst v. Safferling, später selbst einmal Kriegsminister (1890 – 1893), im Frühjahr 1880 seine Soldaten darauf hinwies, »… daß wer die vorgeschriebene Beschwerde über herabwürdigende Behandlung unterläßt, Mängel an soldatischen Ehrgefühl an den Tag legt und strenger Bestrafung unterliegt.«[19]
Hinweise auf die Praxis des Kasernenalltages gibt unfreiwillig die Regimentsgeschichte der Schweren Reiter: »… War die Behandlungsweise der Mannschaften im großen Ganzen auch eine ziemlich rauhe, so wurden doch ausgesprochene [!] Mißhandlungen Untergebener niemals geduldet und, wenn sie zur Meldung gelangten, jederzeit unnachsichtlich vom Regiment bestraft. (…) *Im übrigen war es im Regiment zu keiner Zeit Gepflogenheit, sich viel zu beschweren.*«[20] Insgesamt dürfte also doch die Feststellung des sozialdemokratischen Landtagsabgeordneten und ehemaligen Offizier Georg v. Vollmar vom Herbst 1893 zutreffend gewesen sein, daß »… die zur Anzeige und Bestrafung kommenden Fälle zweifellos nur einen Bruchteil der wirklich begangenen Mißhandlung darstellen.« Wobei v. Vollmar noch bitter hinzufügte: »… Von den alltäglichen wörtlichen Beschimpfungen und Kränkungen des Ehrgefühls ganz abgesehen.«[21]
Begünstigt wurde das vorschriftswidrige Verhalten der Vorgesetzten nicht zuletzt durch die milden Strafen. Zudem galt auch hier das Sprichwort: »Den Letzten beißen die Hunde!«. So erhielt ein Leutnant des Infanterie-Leib-Regiments, der einem Soldaten mit dem blanken Säbel auf den Helm geschlagen hatte, lächerliche drei Tage Stubenarrest, während ein Sergeant des gleichen Regiments für die Züchtigung von zwei Soldaten mit der bloßen Hand saftige sechs Wochen Arrest erhielt, nicht zuletzt deshalb weil sein Vergehen nach den Äußerungen des Abgeordneten Lerzer aufkam.[22] Ein Wachtmeister der Schweren Reiter, wurde vor der parlamentarischen Aktion Lerzers wegen der körperlichen Züchtigung von drei Soldaten nur mit einer Woche Arrest bestraft.[23]
Der Staub, den der bayerische Landtag im Herbst 1881 aufgewirbelt hatte, scheint doch zu einer gewissen Verunsicherung der »Schleifer« beigetragen zu haben. Zwar wurden 1882 zehn Fälle von Soldatenmißhandlungen in der Münchner Garnison an das Kriegsministerium gemeldet, doch dann lag drei Jahre lang für diesen Standort nichts mehr vor.[24] In den Jahren 1885, 1886 und 1887 wurde jeweils nur ein Fall gemeldet.[25] Dann erhöhte sich die Quote wieder: 1888 wurden in München fünf Delikte bekannt; 1889 gab es vier amtliche Untersuchungen.[26] Im Jahr 1890 kamen sieben Berichte aus München zum Kriegsministerium.[27]
Im Jahr 1891 waren es sechs Meldungen,[28] dafür im darauffolgenden Jahr 1892 keine einzige. Als sich 1893 im ganzen Armeebereich die registrierten Soldatenmißhandlungen

sprunghaft häuften, schnellte parallel dazu auch in München die Quote wieder auf sechs Fälle hoch.[29] Übrigens umfaßte ein einziger solcher »Fall« gelegentlich eine ganze Serie von Vergehen. Gerade das Jahr 1893 bietet hierfür ein Beispiel, nämlich einen Sergeanten des Münchner 1. Train-Bataillons, dem die teilweise wiederholte körperliche Züchtigung von insgesamt elf Rekruten nachgewiesen werden konnte, nachdem die Mauer des Schweigens in der Kompanie erst einmal durchbrochen worden war.[30] Einem Sergeanten des Infanterie-Leib-Regiments konnten übrigens im Jahr 1897 sogar 46 (!) Einzeldelikte nachgewiesen werden. Er bekam dafür 35 Tage gelinden Arrest, also umgerechnet weniger als einen Tag pro Delikt.[31] Die Zahlen für die folgenden Jahre sind: 1894 – sechs registrierte Fälle,[32] 1895 – zwei Fälle,[33] 1896 – drei Fälle,[34] 1897 – acht Fälle.[35]

Bewußt wird hier verzichtet, eine Tabelle zu erstellen, denn diese Angaben sind nicht repräsentativ für die tatsächliche Situation. Sie wird eher erhellt durch Beispiele wie das folgende: im Frühjahr 1898 ging beim 2. Infanterie-Regiment »Kronprinz« eine anonyme Anzeige gegen einen Sergeanten wegen Mißhandlung Untergebener ein. Der Auditor ging der Sache nach und es stellte sich heraus, daß der beschuldigte Unteroffizier seit dem Jahr 1895 gegen verschiedene Soldaten wiederholt Tätlichkeiten im Dienst begangen hatte, u. a. hatte er sogar mit dem Gewehrkolben zugeschlagen. Der Sergeant bekam dafür vier Monate Gefängnis und wurde aus dem aktiven Dienst entlassen.[36]

Die Rolle der Offiziere

Die Vorgesetzten solcher Ausbilder, vor allem die Kompaniechefs, die damals wie heute zusammen mit ihren Kompaniefeldwebeln maßgeblich das Betriebsklima in ihren Einheiten bestimmten, waren nicht ganz unschuldig an solchen Exzessen. Als etwa im Juli 1898 in der sozialdemokratischen »Münchner Post« über einen Rekruten der 1. Kompanie des 2. Infanterie-Regiments berichtet wurde, der auf Befehl zweier Unteroffiziere von einem erfahrenen Gefreiten beim Bajonettfechten solange bearbeitet worden war, bis er am ganzen Körper Blutergüsse hatte, äußerte der betreffende Kompaniechef: »… Nach meiner eigenen Erfahrung zählen Handverletzungen, blutende und gequetschte Finger, blut-unterlaufene Stellen an den Oberarmen, an der Brust und an den Oberschenkeln zu den täglich beim Fechten zu beobachtenden Erscheinungen.«[37] Der Regimentskommandeur sah das freilich etwas anders. Er verhängte über die beiden Unteroffiziere Arreststrafen, da er zu der Überzeugung gelangt war, daß es sich keineswegs um eine noch zumutbare Härte zum Zwecke kriegsmäßiger Ausbildung handelte, sondern um eine Strafaktion, weil der Rekrut zuvor den Nachtausgang überzogen hatte.[38]

Es wäre ungerecht das traditionelle Klischee vom dummen brutalen Unteroffizier und dem letztlich doch ritterlich-edlen, allenfalls arrogant-einfältigen Offizier nach Art der Karikaturen des »Simplizissimus« aufrecht erhalten zu wollen. Der Typus des doch eher gemütlichen, wenn auch autoritär patriarchalisch führenden Offiziers der früheren Epoche war ab den 1880er Jahren verdrängt worden durch einen neuen härteren Offizierstyp.

Als Beispiel sei der spätere General Hugo Ritter von Huller (1859 – 1931) vorgestellt. Er trat 1878 als Einjährig-Freiwilliger in das Infanterie-Leib-Regiment ein, wechselte dann in die Laufbahn des aktiven Offiziers über und verblieb bis 1895 im Leib-Regiment. Er wurde dann Hauptmann im 1. Infanterie-Regiment »König«. Von 1897 bis 1904 diente er, übrigens ohne die Kriegsakademie besucht zu haben, als Adjutant im Stab der 1. Division. Anschließend führte er, mittlerweile Major geworden, das III. Bataillon des 2. Infanterie-Regiments »Kronprinz«. 1907 erfolgte die Beförderung zum Oberstleutnant beim 8. Infanterie-Regiment in Metz. Von 1909 bis 1912 führte Huller das 2. Infanterie-Regiment in

München, danach wurde er Generalmajor in der Reichsfestung Ulm. Im Herbst 1914 übernahm er die 9. Reserve-Infanterie-Brigade. Ab 1916 führte er die 12. Infanterie-Division und wurde Generalleutnant. 1917 erhielt er als Kommandeur der 3. Infanterie-Division den Militär-Max-Joseph-Orden. 1918 endete für ihn der Krieg als Gouverneur von Namur. Die Laufbahn Hullers wurde stets begleitet von kritischen Anmerkungen über seinen harten Führungsstil. 1883 erhielt er wegen vorschriftswidriger Behandlung eines Untergebenen einen Tag Stubenarrest. 1888 wurde er wegen des gleichen Delikts mit drei Tagen Stubenarrest bestraft. 1894 vermerkte man mißbilligend sein heftiges Temperament. 1895 wurde ihm als Chef der 9. Kompanie des 1. Infanterie-Regiments »König« nahegelegt, mehr Fürsorge und Wohlwollen für seine Untergebenen zu zeigen. Auch in den späteren dienstlichen Beurteilungen wird immer wieder auf sein übermäßig schroffes Wesen gegenüber Untergebenen hingewiesen, auch von (Kron-)Prinz Rupprecht von Bayern, der Huller noch als gemeinsamen Leutnantstagen in der Hofgartenkaserne kannte.[39] Ungemein kritisch äußerte sich viel später auch Hullers 1. Generalstabsoffizier bei der 3. Division Hilmar Ritter von Mittelberger (1878–1953), der es unbegreiflich fand, daß man einen so überharten und engstirnigen Mann in den Generalsrang befördert hatte. Tatsächlich war dann die Ernennung Hullers zum Gouverneur von Namur nichts anderes als eine Rettungsmaßnahme für die völlig zerrüttete 3. Division![40] Hier läßt sich freilich auch fragen, warum man einen so umstrittenen Offizier wie Huller nicht spätestens nach der Verwendung als Bataillonskommandeur in Pension geschickt hatte.

In der Zeit von 1885 bis 1895 ging immerhin ein Sechstel aller beim Kriegsministerium registrierten Fälle von Mißbrauch der Vorgesetztengewalt auf das Konto von Offizieren.[41] Freilich griffen diese Offiziere in der Regel »den Mann« nicht physisch an, wenngleich auch das vorkam, sondern beleidigten ihre Mannschaften, aber auch Unteroffiziere. So erhielt ein Batteriechef im 3. Feldartillerie-Regiment im Frühjahr 1888 zwei Tage Stubenarrest, weil er einen Sergeanten während der Unteroffiziersreitstunde als »verkommenen Handwerksburschen« tituliert hatte.[42]

Nur selten wurden aber solche Beleidigungen gemeldet. Eines der wenigen Beispiele ist auch eine Beschwerde von jungen Volksschullehrern, die im Herbst 1899 beim Infanterie-Leib-Regiment eine mehrwöchige Reserveübung in einer hierfür besonders zusammengestellten »Lehrerkompanie« ableisten mußten. Ihr Chef, der 31jährige Oberleutnant Karl Graf Verri della Bosia, Sohn des Generalkapitäns der Hartschiere, hielt am 26. September 1899 auf dem Exerzierplatz Oberwiesenfeld angesichts der schwachen Leistungen seiner Lehrer-Soldaten folgende Ansprache: »… Und das sind Leute, die aus dem Seminar rauskommen, stellen sich dümmer wie die Bauernkerle. Was nützt mich der Käs, den sie gelernt haben? Auf eine solche Sauerziehung verzicht ich!«[43] Weit schwerwiegender als solche noch recht harmlosen Tiraden war der Umstand, daß die Offiziere dieser Kompanie durch ihr Vorbild die Unteroffiziere zu Schikanen gegen die Leute gleichsam ermunterten. Die Anrede als »… verhurte Sauknochen, Hundsknochen, Sauköpfe, Schweinsrüssel« war noch das Mildeste. Der Umgangston einiger Ausbilder der »Volksschullehrerkompanie« strotzte vor Blasphemien und Zoten niedrigsten Niveaus, die an dieser Stelle nicht wiedergegeben werden sollen. Hierbei ist zudem die stark religiös geprägte Lehrerausbildung in kirchlichen Seminaren zu berücksichtigen. Wohl nicht zuletzt weil das Kriegsministerium unliebsame Attacken der Zentrumspartei befürchtete, wurde diesem Fall nachgegangen. Gegen die beteiligten Unteroffiziere wurden Arreststrafen verhängt, hingegen fand der Regimentskommandeur das Verhalten der verantwortlichen Offiziere lediglich »… nicht ganz einwandfrei«.[44] Nachdenklich stimmt zudem, daß der oben zitierte Graf Verri tatsächlich kein Dummkopf war, sondern zur Elite seines Offiziersjahrganges

(1885) gehörte: Absolvent der Kgl. Pagerie und der Kriegsschule (1893/96) mit ausgezeichneter Beurteilung, Kompaniechef während der China-Expedition. Bei seinem frühen Tod (1911) war Verri als Oberstleutnant i. G. Chef des Stabes im II. Armeekorps.[45]

Die Unteroffiziere und Mannschaften

Es wäre falsch all jene Unteroffiziere, die sich Mißhandlungen oder massiver Beleidigungen zu schulden kommen ließen, über einen Leisten zu schlagen. Ein einheitliches Sozialprofil des »Schleifers« läßt sich nicht erstellen. Man findet den Bauernknecht aus Niederbayern oder den Taglöhner aus Unterfranken neben dem Facharbeiter und dem Kaufmann aus städtischem Milieu. Gewalttätig waren frisch beförderte Unteroffiziere ebenso wie Ausbilder mit mehrjähriger Dienstpraxis.

Recht gut läßt sich aber die typische Situation rekonstruieren, in der die Mehrzahl der Mißhandlungen und Beleidigungen geschah, nämlich die Grundausbildung in den ersten Monaten der Dienstzeit. Vor allem solche Rekruten waren »dran«, die immer wieder »auffielen«, sei es durch Ungeschicklichkeit bei den Gewehrgriffen oder durch zaghaften Umgang mit den gelegentlich recht boshaften Pferden. Rekruten, die vom Kompaniechef als »... beschränkten Geistes, unbeholfen, dabei ohne Fleiß« charakterisiert wurden,[46] konnten ihrem Unteroffizier Ärger mit den Vorgesetzten einbringen, worauf dieser wieder seine Wut an ihnen ausließ. Gerechterweise muß auch erwähnt werden, daß die Mannschaften nicht immer ganz unschuldig an solchen Situationen waren. Wie in jeder Gruppensituation üblich, probierten einzelne Rekruten aus, wie weit sie gehen konnten. Sie machten noch geruhsam Brotzeit auf der Stube, während die Kompanie schon auf dem Kasernenhof zum Dienst antrat,[47] spuckten im »Stillgestanden« ungeniert auf den Boden[48] oder legten sich mit der noch vom Stallausmisten verschmutzten Drillichhose zum Schlafen hin, weil sie sich am Morgen nicht so mit dem Anziehen abhetzen wollten.[49]

Nicht zu unterschätzen ist auch das agressive Klima unter der Mannschaft selbst, vor allem zwischen den Rekruten und den »alten Leuten« im 2. oder 3. Dienstjahr. Der gruppeninterne Konflikt dürfte teilweise belastender gewesen sein als das klar geregelte Verhältnis zwischen Vorgesetzten und Untergebenen. Der Schriftsteller Carl Zuckmayer, einer der ersten Kriegsfreiwilligen vom August 1914, schildert in seiner Autobiographie den ersten Eindruck jener Korporalschaft, der er als unerfahrener Kanonier zugeteilt worden war, als eine »Welt von Feinden«. Erst nach einem brutalen Kampf mit einem Kameraden gehörte Zuckmayer dazu.[50] Gelegentlich wurden Animositäten in der Stube vom Unteroffizier so benützt, daß er selbst sich nicht die Hände schmutzig machen mußte. So wurde 1889 ein Unteroffizier des 1. Feldartillerie-Regiments zu drei Monaten Gefängnis verurteilt, weil er seine Korporalschaft dazu gebracht hatte, einen Stubenkameraden zu »wickeln«. Das war die Art der Gruppensanktion, bei der man dem schlafenden Opfer die Bettdecke über den Kopf zog und es dann mit Fäusten oder Koppelriemen verprügelte.[51] Weigerte sich eine Gruppe einen Kameraden zu mißhandeln, obwohl sie beispielsweise wegen seiner Fehler strafexerzieren mußte, konnte es solange zu Zwangsmaßnahmen gegen die gesamte Gruppe kommen, bis der Druck zu groß wurde. Beispielsweise ließ 1895 ein Unteroffizier bei den Schweren Reitern seinen ganzen Beritt (Korporalschaft) so lange in Kniebeuge verharren, bis zwei Reiter den zuvor von der Gruppe verweigerten Befehl zur Züchtigung eines Soldaten ausführten.[52]

Um es noch einmal zu betonen – die Erfahrung alltäglicher Gewalt als Opfer und Täter in Familie und Beruf außerhalb der Armee ist möglicherweise ein Erklärungsgrund, warum nur relativ wenige Soldatenmißhandlungen in den Akten aufscheinen. Hinzu kam auch, daß das deutsche Bürgertum den tatsächlichen Kasernenalltag zumeist nur aus der privilegierten Perspektive des Einjährig-Freiwilligen kennenlernte, der in der Regel bereits nach wenigen Wochen die Kasernenstube gegen ein Privatquartier tauschte. Nur die Armen und Ungebildeten mußten zwei oder drei Jahre kasernieren. Ein großes Interesse daran, die Zustände grundlegend zu verändern, bestand daher von der Seite des Bürgertums nicht. So war es auch kein Wunder, daß sich neben der Zentrumspartei vor allem die Sozialdemokratie der Mißstände annahm.

Die Erfahrungen des körperlich und seelisch geschundenen Soldaten dürfen nicht verallgemeinert werden. Auf etlichen Bauernhöfen oder in Fabriken mag es viel schlimmer gewesen sein als in einer bayerischen Kaserne der Prinzregentenzeit, doch verschwiegen werden kann diese Schattenseite nicht. Sie nahm mancher Soldat aus der Garnison mit ins Zivilleben, wie etwa der ältere Bruder des Schriftstellers Oskar Maria Graf. Die Tyrannei des ehemaligen Unteroffiziers vom 8. Infanterie-Regiment aus Metz, des »Militärkerls«, in der heimatlichen Backstube am Starnberger See, hat der bayerische Dichter in seinem wohl besten Werk »Das Leben meiner Mutter« geschildert.[53]

Anmerkungen

1 A XX Bd. 78, KdtMünchen am 2. Juli 1801
2 Vgl. Wittelsbach und Bayern Bd. III/2, hg. von H. Glaser, München 1980, S. 181 f.
3 Armeebefehl Nr. 8 vom 11. Okt. 1812 (16)
4 J. A. Schmeller, Tagebücher 1801–1852, hg. von P. Ruf Bd. 1: 1801–1825, München 1954 (SchrrBayerLG Bd. 47), S. 240
5 A IV Bd. 102 Akt: Tours de Fatiques Prod. 2, Protokoll vom 27. Juni 1816
6 R. Braun in: Bayern und seine Armee (Ausstellungskataloge der Staatlichen Archive Bayerns Nr. 21) , München 1987, S. 91
7 O. Bezzel, Geschichte des Königlich Bayerischen Heeres von 1825 mit 1866 (Geschichte des Bayerischen Heeres Bd. 7), München 1931, S. 53
8 H. Fahrmbacher, Das Königlich Bayerische 1. Schwere Reiter-Regiment »Prinz Karl von Bayern«. Bd. 2: Das Regiment in dem Zeitraum 1848 bis 1898, München 1900, S. 89 f.
9 Fahrmbacher (wie Anm. 8), S. 92
10 L. v. Bayern, Aus den Lebenserinnerungen: 1846–1921, hg. von H. Körner, Regensburg 1983, S. 181 ff.
11 D. Vogel, Der Stellenwert des Militärischen in Bayern (1849–1875), Boppard 1981, S. 141
12 R. Höhn, Die Auseinandersetzung der Sozialdemokratie mit dem Moltkeschen Heer (Sozialismus und Heer Bd. 2), Bad Homburg 1959, S. 241
13 E. v. Frauenholz, Geschichte des Königlich Bayerischen Heeres von 1867 bis 1914 (Geschichte des Bayerischen Heeres Bd. 8), München 1931, S. 123
14 A XIII Bd. 17 Fasz. III (1881/84) Prod. 95, Brief eines »ehemaligen Bayern« (Georg Fuchs) an KM, dat. Zürich 21. Dez. 1881
15 MKr. 11525 Prod. 5, KME Nr. 918 vom 14. Jan. 1880
16 A XIII 8 Bd. 17 Prod. 69, Protokoll der Landtagssitzung (Kammer der Abgeordneten) vom 29. Okt. 1881; Zeugenaussage des Abgeordneten Lerzer vor einer Kommission des Inf-Leib-Rgt am 22. Nov. 1881
17 F. Illing, Geschichte des Königlich Bayerischen Infanterie-Leib-Regiments von der Errichtung bis zum 1. Oktober 1891, Berlin 1892, S. 449
18 A XIII 8 Bd. 17 Prod. 4–99 pass.
19 MKr. 11526 Prod. 23 (Beil.)
20 Fahrmbacher (wie Anm. 8), S. 94
21 A XIII 8 Bd. 18 Prod. 111, Präsidium des Bayer. Landtags (Kammer der Abgeordneten) an KM am 3. Okt. 1893 mit einer Abschrift der Interpellation v. Vollmar d. d.
22 A XIII 8 Bd. 17 Fasz. III (1881/84) Prod. 29, KM am 22. Sept. 1881; a. a. O. Prod. 122, KM am 21. Jan. 1882
23 Ebd. Prod. 26, KM am 9. Sept. 1881
24 Ebd. Fasz. III (1881/84) pass.
25 Ebd. Fasz. IV (1885/88) Prod. 19, KM am 25. März 1885; a. a. O. Prod. 51, Inf-Leib-Rgt am 30. Nov. 1886; a. a. O. Prod. 53, 1. FArtRgt am 26. Febr. 1887

26 Ebd. Fasz. IV (1885/88) Prod. 97, 1. FArtRgt am 11. Febr. 1888; a.a.O. Prod. 112, 3. FArtRgt am 17. April 1888;
a. a. O. Prod. 118a, 3. FArtRgt am 26. April 1888 (2 Fälle).
A XIII 8 Bd. 18 Fasz.V (1889/90) Prod. 1, 1. FArtRgt am 23. Dez. 1888; a. a. O. für das Jahr 1889: Prod. 40, KM
am 11. Nov. 1889; Prod. 50, 1. InfRgt am 11. Dez. 1889 (2 Fälle); Prod. 57, KM am 17. Dez. 1889

27 A XIII Bd. 18 Fasz. V (1889/90)

28 A XIII Bd. 18 Fasz. VI (1891), Prod. 7, 2. InfRgt am 14. Jan. 1891; Prod. 13a, Inf-Leib-Rgt am 22. Febr. 1891;
Prod. 22, 2. InfRgt am 25. Febr. 1891; Prod. 43, 1. InfRgt am 19. Mai 1891. Ebd. Fasz.VI (1891/93) Prod. 8, KM
am 7. Okt. 1891; Prod. 34, EisenbahnBtl am 29. Dez. 1891

29 A XIII Bd. 18 Fasz. VII (1891/93) Prod. 77, KM am 31. Jan. 1893; Prod. 81, KM am 11. März 1893; Prod. 92, KM
am 1. Mai 1893; Prod. 110, KM am 22. Sept. 1893; Prod. 112, KM am 16. Okt. 1893; Prod. 119, 1. TrainBtl am
30. Okt. 1893

30 A XIII Bd. 18 Fasz.VII (1891/93) Prod. 119, 1. TrainBtl am 30. Okt. 1893

31 A XIII Bd. 19 Fasz. IX (1897/98) Prod. 17, Inf-Leib-Rgt am 8. Febr. 1897; Prod. 33, Inf-Leib-Rgt am 1. Juni 1897

32 A XIII Bd. 19 Fasz.VIII (1894/96) Prod. 4, KM am 23. Jan. 1894; Prod. 15, KM am 12. März 1894; Prod. 32, KM
am 20. Juli 1894; Prod. 35, KM am 15. Sept. 1894; Prod. 45, KM am 28. Nov. 1894

33 Ebd. Prod. 73, 3./1. SchwReiterRgt am 3. Dez. 1895; Prod. 81, 3. FArtRgt am 31. Dez. 1895

34 Ebd. Prod. 92 1/2, KM am 13. April 1896; Prod. 112, KM am 6. Nov. 1896. Bd. 19 Fasz. IX (1897/98) Prod. 22,
2. InfRgt am 4. Nov. 1896

35 A XIII Bd. 19 Fasz. 19 (1897/98) Prod. 3, 1. SchwReiterRgt am 26. Jan. 1897; Prod. 11, 1. InfRgt am 10. März 1897;
Prod. 16, KM am 14. April 1897; Prod. 17, Inf-Leib-Rgt am 8. Febr. 1897; Prod. 20, Inf-Leib-Rgt, 17. Mai 1897;
Prod. 21, Inf-Leib-Rgt am 14. April 1897; Prod. 43, KM am 17. Sept. 1897

36 A XIII Bd. 19 Fasz. IX (1897/98) Prod. 65, KM am 10. Juni 1898

37 A XIII Bd. 19 Fasz. IX (1897/98) Prod. 70, Bericht der 1./2. InfRgt vom 11. Juni 1898

38 Ebd. Prod. 75, Kdr 2. InfRgt am 16. Nov. 1898

39 N. Hierl-Deronco, Mit ganz sonderbarem Ruhm und Eyfer. Lebensläufe bayerischer Soldaten 1700–1918, Krailling
1984, S. 217 – 231 pass., insb. S. 129

40 O. Hackl, Die Bayerische Kriegsakademie (1867 – 1914), München 1989, S. 220 f.

41 A XIII Bd. 19 Fasz.IX (1897/98) Prod. 7, Statistik des KM vom 4. März 1897

42 A XIII Bd. 17 Fasz. IV (1885/88) Prod. 118a, 3. FArtRgt am 26. April 1888

43 A XIII Bd. 19 Fasz. X (1899/1902) Prod. 20 (Beil.), Brief eines Lehrers an den Kriegsminister v. Asch vom 29. Sept.
1899

44 Ebd. Prod. 14, Inf-Leib-Rgt am 4. Okt. 1899; Prod. 16, Inf-Leib-Rgt am 11. Okt. 1899

45 Hackl (wie Anm. 40), S. 593

46 A XIII Bd. 17 Fasz. III (1881/84) Prod. 261, Bericht des Hptm Bürklein Chef 1./2. InfRgt an den BtlKdr am 10. Dez.
1882

47 A XIII Bd. 19 Fasz. IX (1897/98) Prod. 21, Inf-Leib-Regiment am 14. April 1897

48 A XIII Bd. 18 Fasz.V (1889/90) Prod. 89, Aussage des beschuldigten Uffz Ritter beim 1. InfRgt am 18. Mai 1890

49 A XIII Bd. 19 Fasz.VIII (1894/96) Prod. 73, Bericht der 3./1. SchwReiterRgt am 3. Dez. 1895

50 C. Zuckmayer, Als wär's ein Stück von mir, Gütersloh o. J. (erstmals Frankfurt /M. 1966), S. 212–219, insb. S. 217

51 A XIII Bd. 18 Fasz. V (1889/90) Prod. 1, 1. FArtRgt am 23. Dez. 1888

52 A XIII Bd. 19 Fasz. VIII (1894/96) Prod. 73, Bericht der 3./1. SchwReiterRgt vom 3. Dez. 1895

53 O. M. Graf, Das Leben meiner Mutter, München 1959, S. 365 – 373

Garnison und Prostitution

In Ludwig Thomas Drama »Magdalena« kommt es zu folgenden Dialog zwischen der wegen Prostitution von München ins Heimatdorf im Dachauer Hinterland abgeschobenen Gütlerstochter Leni und dem Knecht Lenz: »… Leni: Hätt'st mi halt in da Stadt drinna sehg'n soll'n… in mein blau'n Kleidl mit rote Schnür…da bin i fei schö g'wen! (…) Lenz: Solchene hab i ma gnua g'seg'n, wia'r i Soldat war. (…) Aba i hab mi nia abgeb'n damit. Da bin i ma z'guat g'wen für solchene!«[1] Daß sich alle Soldaten der Münchner Garnison so verhielten wie der Knecht Lenz bei Ludwig Thoma, kann wohl getrost verneint werden. Der spätere Historiker Karl Alexander von Müller erzählt über seine Rekrutenzeit bei der 4. Batterie des 1. Feldartillerie-Regiments: »… jetzt fand ich mich Hals über Kopf mitten in der unverhüllten Derbheit einer robusten Jungmännergemeinschaft, deren Gedanken, Reden und Unternehmungen nach dem Druck des Dienstes keinen ersehnteren Auslaß hatten als in handgreifliche erotische Abenteuer. Geschlechtskrankheiten und wenig zarte Überwachungsmaßnahmen dagegen fehlten auch nicht.« Wie Müller weiter berichtet, war gerade bei den meisten Einjährigfreiwilligen der Umgang mit Prostituierten üblich. In seinem Regiment wurde der Geburtstag des Prinzregenten Luitpold mit einem abendlichen Bordellbesuch gefeiert.[2]

Die Prostitution hatte in München, wie in allen mittelalterlichen Städten, eine lange Tradition. Im damaligen Weltbild hatten die »gemeinen Töchterlein« ihre Funktion, um die in sozialen Zölibat lebenden Handwerksgesellen und Dienstknechte von den Frauen und Töchtern der Bürger und Inwohner abzulenken. Erst an der Wende zum 17. Jahrhundert verbot man auf Geheiß Herzog Wilhelms V. des Frommen jede Art von Prostitution in München. Spätestens im ausgehenden 18. Jahrhundert wurden aber die Sitten wieder lockerer. In der Zeit der napoleonischen Kriege bestand in München eine ganze Reihe kleinerer Bordelle. Sie wurden im Herbst 1820 abgeschafft, mit der Folge, daß sich die Gassen- und Winkelprostitution ausbreitete. Um wenigstens die Geschlechtskrankheiten besser unter Kontrolle zu halten, wurden vom Stadtmagistrat Konzessionen erteilt, die nur bei regelmäßiger Gesundheitskontrolle gültig blieben. Um 1875 soll es in München fast 1000 »Kartendamen«, wie die registrierten Prostituierten genannt wurden, gegeben haben – nicht gerechnet die unregistrierten Gelegenheitsdirnen.[3]

Vor allem die Sexualität des Soldaten beschäftigte immer wieder die Literatur. In seinem 1776 erschienen Drama »Die Soldaten« nahm der 25jährige Jakob Michael Lenz die Verführung eines Bürgermädchens durch einen leichtsinnigen adeligen Offizier zum Thema. In der Schlußszene des Stückes empfiehlt der Obrist als Problemlösung die Errichtung militäreigener Bordelle: »… Ich sehe die Soldaten an wie das Ungeheuer, dem schon von Zeit zu Zeit ein unglückliches Frauenzimmer freiwillig aufgeopfert werden muß, damit die übrigen Gattinnen und Töchter verschont bleiben.«[4]

Die soziale Situation der meisten Münchner Prostituierten zu Beginn des 19. Jahrhunderts war schlecht. Ein Anonymus »S. G.«, der sich selbst als Arzt vorstellte, veröffentlichte im Jahre 1802 ein Traktat zur Errichtung von kontrollierten Bordellen in München: »… Es ist erbärmlich, da wir einen Theil unserer herumstreifenden Freudenmädchen den ganzen Tag, selbst auf ihren Lauerplätzen, aus der Tasche naschen; einen anderen Theil so hungrig antreffen, daß sie statt all sinnlichen Vergnügens, das der Mann hier erwartet, nichts, als das Stückchen Brod, Wurst, oder Käse empfinden, das sie sich gleich um diesen geringen Verdienst, oft noch in Beyseyn des Gebers kaufen.«[5] Aufgrund des geringen Preises für ihre Dienste waren die Prostituierten auch für die schlechtbesoldeten Soldaten verfügbar. In seinem Rapport vom 31. Oktober 1814 vermerkt der Münchner Polizeidirektor v. Stetten, infolge der starken Garnison breiteten sich die Geschlechtskrankheiten in der Stadt aus. Begehrt von der Weiblichkeit waren zu dieser Zeit die Husaren: »… Man mag ein Wirtshaus betreten, welches man wolle, so werden in demselben Husaren getroffen und in der Regel nicht alleine, sondern in der Gesellschaft ihrer Schönen, welche nicht neben, sondern auf ihnen sitzen. Gewöhnlich sind diese Damen aus der Vorstadt Au oder aus Haidhausen oder Dienstmägde.« Die Anhänglichkeit der Mädchen an die Soldaten war umso bemerkenswerter, als sich nicht wenige dieser feinen Herren beim Zapfenstreichsignal recht grob aus den dunklen Hausecken verabschiedeten: »… Schläge fallen, ein Gewimmer und als dann Säbelgerassel, welches deutlich sagt, von welcher Hand die Schläge gefallen.«[6]

Nach der liberalen Periode der Napoleonischen Ära setzte auch im Prostitutionswesen die konservative Reaktion ein. Im November 1816 trat für das Königreich Bayern ein Erlaß in Kraft, der für alle Personen, »… die sich davon ernähren, daß sie Andern lüderliche Dirnen zuführen, oder diesen zur Betreibung ihres Gewerbes Unterhalt und Gelegenheit geben«, die Einweisung ins Arbeitshaus androhte. De facto wurden aber in München die damals existierenden zehn bis zwölf offiziellen Bordelle erst im Jahr 1820 geschlossen. Damit wurde natürlich keineswegs die Prostitution als solche abgeschafft. Nach einer internen Denkschrift eines Münchner Polizeibeamten vom Jahr 1850 und Ermittlungen der Gendarmerie etwa im gleichen Zeitraum gab es im München Ludwigs I. und Max II., trotz der Maßnahmen von 1816/20 vier große Bordelle, sowie 47 professionell als Absteigen genutzte Wohnungen, die zumeist von mehreren Prostituierten gemeinsam genutzt wurden und mehrere Dutzend polizeibekannte Winkelprostituierte. Dazu kam eine erhebliche Dunkelziffer an Gelegenheitsprostituierten.[7]

Bezeichnenderweise unterscheidet der Reiseschriftsteller Karl Julius Weber um 1826 nicht zwischen Prostitution und sonstigem sexuellem Umgang in der Haupt- und Residenzstadt München, wobei man freilich nicht vergessen sollte, daß schon damals eine Prise Erotik für höhere Auflagenziffern im Literaturbetrieb sorgte: »… Die südliche Lebenslust erlaubt in diesem Punkte große Freiheit, freilich ohne nordische Eleganz oder systematische Einrichtung, gerade weil größere Freiheit im Umgange ist. Das meiste Glück scheinen die Kürassiere zu machen wie anderwärts die Gardisten – es sind aber auch die schönsten Männer, und ihre in der Sonne glänzenden Helme und Brustharnische erinnern an die alten Rittergeschwader. Weit unbedeutender scheint der literarische Verkehr zu sein … .«[8]

Die Situation der Prostituierten in München scheint sich bis in die Prinzregentenzeit kaum verändert zu haben. Noch kurz vor dem Ersten Weltkrieg vermerkte ein Jugendstaatsanwalt, daß sich zahlreiche dieser Mädchen bereits für »die Zeche in einem minderen Gasthause« zur Verfügung stellten.[9] Wie im frühen 19. Jahrhundert waren daher gewisse Lokale der Treffpunkt der Soldaten. So wies etwa das Kriegsministerium im Herbst 1900 das Generalkommando des I. Armeekorps an, eine Gaststätte in der Görresstraße zu überprüfen. Einer anonymen Anzeige zufolge war dieses Lokal gleichermaßen bei Dirnen, Zuhältern und den Soldaten des benachbarten Kasernements Oberwiesenfeld äußerst beliebt.[10]

Außer der Kontaktnahme in Lokalen gab es immer noch, wenngleich offiziell ja längst verboten, die Bordelle. Im München des späten 19. Jahrhunderts lagen zeitweilig die meisten (inoffiziellen) Bordelle und die Wohnungen registrierter Prostituierter im Neubauviertel des nördlichen Schwabing, vom Alten Nordfriedhof hin zur Winzererstraße. Gerade hier nämlich überschnitten sich die Einzugsbereiche der beiden wichtigsten Kundenkreise der Prostitution, der Studenten aus dem »Universitätsviertel« der Max-Vorstadt und der Soldaten aus dem »Kasernenviertel« zwischen Neuhausen und Oberwiesenfeld.[11]

Im Vergleich mit der ersten Hälfte des 19. Jahrhunderts kann aber, wenngleich mit aller Vorsicht, zur Jahrhundertwende hin ein Rückgang der Inanspruchnahme von Prostituierten durch die Garnison vermutet werden. Denn um 1842 litten immerhin sechs von hundert Münchner Soldaten an einer Geschlechtskrankheit, während es um 1899 nur noch drei von hundert waren.[12] Es ist durchaus möglich, daß hier im Dienstbetrieb jene Ideen ein wenig wirkten, die man mit dem Begriff »Lebensreformbewegung« kennzeichnen kann, d. h. eine Betonung von Askese und Sport als Merkmale des Soldatentums.[13]

Einige Soldaten scheinen auch als Zuhälter fungiert zu haben oder waren mit diesem Milieu vertraut. Dabei werden die Grenzen zwischen Partnerschaft und Ausbeutung wohl fließend gewesen sein. Die Neigung mancher Soldaten, die schlechte Besoldung durch allerlei dunkle Nebengeschäfte aufzubessern, war vor allem in den Wirren der Napoleonischen Epoche und der ersten Jahre danach vorhanden. Das 1. Linien-Infanterie-Regiment »König« berichtete im Sommer 1816 von einem erschreckenden Verfall der Moral in seinen Kompanien. Schuld daran war nach Ansicht des Regimentskommandos vor allem die damals grassierende Inflation der Lebensmittelpreise. So nehme derzeit jener Soldatentyp zu, der danach trachte »... was er an Unterstützung durch den Umgang mit liederlichen Weibsbildern jeder Art und Gattung erhält, was er durch Übervorteilungen, Betrug, durch Diebstähle und sonstige Abwege erreichen kann.«[14]

Von der Prostitution zur Kriminalität führte manchmal nur ein kleiner Schritt. Zumindest aus dem frühen 19. Jahrhundert sind einige Fälle überliefert, bei denen Frauen von Soldaten als Lockvögel auf Kunden angesetzt wurden. So wurde etwa im Herbst 1810 ein verheirateter Pflasterergeselle vor dem Karlstor mit Säbelwunden aufgefunden. Obwohl das Opfer leugnete, war sich die Münchner Polizei ziemlich sicher, daß der Mann von einer Prostituierten angelockt und dann von einem Soldaten überfallen worden war. Zwei Jahre später konnte dann ein Pärchen, das genau mit dieser Masche arbeitete, auf frischer Tat vor dem Sendlinger Tor dingfest gemacht werden. Wenige Wochen später kam es wieder zu einem Überfall nach dem gleichen Muster, wobei auch diesmal das Opfer, ein hoher Beamter, amouröse Absichten bestritt. In der Zeit um 1813/14 saßen nach den Aufzeichnungen der Münchner Polizei rund 40 Frauen wegen gemeinsam mit befreundeten Soldaten begangener Kleindelikte im Arbeitshaus, darunter etwa eine »Dragoner Kathl« aus der Vorstadt Au.[15]

Das Zuhältertum war aber ein Phänomen, das sich richtig erst im späten 19. Jahrhundert in München gravierend ausbreitete. Ein Bericht der Polizeidirektion München aus dem Jahr 1878 erwähnt nachdrücklich »... die Militär-Strizzis, aus dem Unteroffizierscorps der hiesigen Garnison rekrutiert, welche nach und nach (...) als Schützer und Begleiter dieser Damen mehr und mehr beliebt zu werden scheinen«.[16] So klagte die Münchner Polizei im Herbst 1893, daß in der Gastwirtschaft »Gemütlichkeit«, einem Treffpunkt der Münchner Halbwelt, auch Soldaten verkehrten, vor allem wegen der dort stets anwesenden »übelbeleumundeten Frauenzimmer«. Als bei einer Razzia die anwesenden Soldaten gemeinsam mit den »Louis« die Prostituierten vor dem Zugriff der Polizei schützten und die Gendarmen kräftig verprügelten, wurde das Lokal vom Stadtkommandanten auf die Liste der verbotenen Lokale gesetzt.[17]

Der Umgang zumindest eines Teiles der Militärangehörigen mit Prostituierten scheint ihr Frauenbild etwas verzerrt zu haben. Im Frühjahr 1875 beschwerten sich 52 private Anwohner der Türkenstraße über verschiedene Belästigungen durch die Infanteriekaserne. Darin heißt es u. a.: »... Von einem weiteren (sehr heiklen) Mißstande werden die Bewohner dieses Rayons nicht minder unangenehm berührt, es ist das sehr unflätige Benehmen, welches sich die Mannschaft gegenüber den dort verkehrenden oder vis-à-vis

wohnenden Frauenzimmern erlaubt und welches näher zu bezeichnen wir aus Anstands-
gründen unterlassen und uns mit der Erklärung begnügen müssen, daß anständige Familien
sich bereits dahin äußerten, daß sie ihre Wohnungen kündigen und in andere Straßen ziehen
müßten, um ihre weiblichen Familienglieder nicht diesen fortwährenden schamlosen
Gesten ausgesetzt zu sehen. – Es drängt sich uns hier die Frage auf, ob nicht aus einer
ähnlichen Ursache an der Strassenseite einer anderen hiesigen Kaserne bereits früher die
Fenster bis zu einer gewissen Höhe verblendet wurden?«[18]

Eine ganz ähnliche Klage erhoben im Jahre 1896 zwei Hausbesitzer in der Maillingerstraße
gegen die Soldaten des 1. Infanterie-Regiments »König« in der Marsfeldkaserne: »… Bei
den häufigen Besuchen von Frauenzimmern spielen sich in den Stuben der Kaserne bei
offenen Fenstern oft Szenen ab, die nicht näher beschrieben werden können. Ist ein
Geschöpf weiblichen Geschlechts gezwungen, an der Kaserne vorbeigehen zu müssen, so
werden ihm von den an den Fenstern lärmenden Soldaten Ausdrücke und Zumutungen
zugerufen, die nicht nur jedes anständige Frauenzimmer in die größte Verlegenheit
bringen, sondern auch sie solchen sittenlosen Ausschreitungen machtlos gegenüber
stehenden Zuhörer empören.«[19]

Selbst die offizielle Geschichte der 1. Schweren Reiter erwähnt einen Regimentsbefehl
vom 18. Juli 1901, »… der trotz des bisherigen scharfen Einschreitens gegen Ein- und
Aussteigen des Nachts und den Verkehr mit der Gewerbsunzucht ergebenen Frauens-
personen schlechtester Art, selbst von einzelnen Unteroffizieren, den Mangel an Zucht und
Ordnung in der Kaserne und ihrer nächsten Umgebung scharf tadelt und zur Überwachung
von Kaserne und Umgebung die Wache um eine eigene Nachtpatrouille verstärkt.«[20]

Anmerkungen

1 L. Thoma, Ausgewählte Werke, München 1966, S. 441
2 K. A. v. Müller, Aus Gärten der Vergangenheit. Erinnerungen 1882 – 1914, Stuttgart 1951, S. 249 ff.
3 M. Schattenhofer, Henker, Hexen und Huren im alten München, in: ders., Beiträge zur Geschichte der Stadt München
    (= OA 109 (1984)), S. 113 – 142, hier S. 135 – 142
4 J. M. R. Lenz, Die Soldaten. Eine Komödie (erstm. Leipzig 1776), Stuttgart 1976, S. 56
5 Zit. nach W. Brunbauer, Bayerische Skandalchronik. Polizei und Kriminalität im München des frühen 19. Jahrhun-
    derts, Rosenheim o. J. (1984), S. 203
6 Zit. nach Brunbauer (wie Anm. 5), S. 79
7 Ebd., S. 58 ff.
8 K. J. Weber, Reise durch Bayern. (erstm. anonym in: Deutschland oder Briefe eines in Deutschland reisenden
    Deutschen, 1826), neubearb. vom J. F. Steinkopf Verlag, Stuttgart 1980, S. 86
9 S. Leitner, »Vermessene Frauen«. Das Sozialprofil der Münchner Prostituierten, in: München. Musenstadt mit
    Hinterhöfen. Die Prinzregentenzeit 1886 bis 1912. hg. von F. Prinz u. M. Krauss, München 1988, S. 158 – 162, hier
    S. 159
10 MKr. 2501 Prod. 46, KM an GenKdo I.A.K. am 12. Okt. 1900
11 S. Leitner, Großstadtlust. Prostitution und Münchner Sittenpolizei um 1900, in: Soziale Räume in der Urbanisierung.
    Studien zur Geschichte Münchens im Vergleich 1850 bis 1933, hg. von W. Hardtwig und K. Tenfelde, München
    1990, S. 261 – 275, hier S. 269
12 Vgl. die Übersicht »Krankheit und Mortalität in der Garnison München«
13 Vgl. D. Storz, Kriegsbild und Rüstung vor 1914, Herford-Berlin-Bonn 1992, S. 87 – 92
14 A IV Fasz. 102 Unterakt: Tours de Fatiques Prod. 1, Bericht 1. InfRgt an 1. InfBrigKdo am 4. Juli 1816
15 Brunbauer (wie Anm. 5), S. 37 und S. 112
16 So jedenfalls Leitner, Großstadtlust (wie Anm. 11), S. 268, zit. a. a. O. S. 264
17 MKr. 2501 Prod. 21, KdtMünchen am 10. Febr. 1894
18 Stadtarchiv Bestand Stadtverteidigung Nr. 139, Beschwerde der Anwohner der Türkenkaserne vom Januar 1875,
    beim Stadtmagistrat München eingegangen am 19. Febr. 1875
19 MKr. 8956 Prod. 26, KM an 1. InfRgt am 26. Mai 1896 mit beigelegten Beschwerdebrief der Hausbesitzer Wagner
    und Bischoff an den Landtagsabgeordneten Dr. Ratzinger vom 18. Mai 1896
20 Th. v. Pfetten-Arnbach/H. Fahrmbacher, Das 1. Schwere Reiter-Regiment »Prinz Karl von Bayern« Bd. 3: Das
    Regiment im Zeitraum 1898 – 1913, München 1914, S. 20

Schlußbetrachtungen

In den vorangegangenen Kapiteln sind wesentliche Aspekte der Entwicklung Münchens als Garnison im Laufe des 19. Jahrhunderts angesprochen worden. Vor der abschließenden Bewertung der bayerischen Haupt- und Residenzstadt als Militärstandort gilt es, in verschiedenen Teilbereichen der Untersuchung gewonnene Ergebnisse noch einmal zusammenzufassen.

I. An erster Stelle muß die *militärische Infrastruktur* als der eigentliche Kern der Garnison genannt werden. Innerhalb dieses Bereiches spielen die *Truppenunterkünfte und Dienstgebäude* die wichtigste Rolle. Zu erinnern ist an die recht frühe bayerische Konzeption die Armee im Frieden zu kasernieren, im Gegensatz zum preußischen System, das bis in die zweite Hälfte des 19. Jahrhunderts der Masse der Truppenteile das Bürgerquartier als Unterkunft zuwies.[1] Indes wird aber auch am Beispiel der Münchner Militärbauten, ähnlich wie in Regensburg und Nürnberg,[2] klar ersichtlich, daß das bayerische Garnisonsystem mangels ausreichender Finanzierung bis in das späte 19. Jahrhundert zwei gravierende Probleme aufwies: Zunächst muß hier die nahezu permanente Überbelegung der militäreigenen Liegenschaften genannt werden, mit allen einschlägigen Nachteilen für die jeweiligen Bewohner bzw. Benutzer. Andererseits konnte ungeachtet der bis zum äußersten ausgenutzten Kapazität aller Dienstgebäude doch nicht darauf verzichtet werden, zusätzlich Gebäude des zivilen Ärars oder der Stadtgemeinde zu nutzen, Behelfsbauten für Soldaten, Pferde und Gerät zu errichten, und bei besonders hohem Präsenzstand der Truppe auch Bürgerquartiere zu beanspruchen.

Abgesehen vom grundsätzlichen Charakter der oben genannten Problematik, die erst zur Wende zum 20. Jahrhundert befriedigend gelöst wurde, gab es aber bereits im Laufe des 19. Jahrhunderts immer wieder auch positive Ansätze.

Der erste Modernisierungsschub für die in ihrer Grundstruktur im frühen 18. Jahrhundert verwurzelte Münchner Garnison erfolgte in der Regierungszeit des letzten Kurfürsten und nachmaligen ersten Königs Max Joseph (1799 – 1825). An erster Stelle zu nennen sind seine großen neuen Truppenquartiere: die Hofgartenkaserne, die Neue Isarkaserne und die Türkenkaserne, deren Grundsteinlegungen in die Jahre 1801 bzw. 1811 und 1823 fielen. Schon diese zeitlichen Abstände zwischen den Kasernenbauten verdeutlichen die Belastung des Staatshaushaltes durch solche Projekte, die von ihren Dimensionen her den ungleich bekannteren königlichen Zivilbauten im München des 19. Jahrhunderts, wie dem Nationaltheater oder der Staatsbibliothek, entsprachen. Die maximilianeischen Kasernen des frühen 19. Jahrhunderts prägten als Monumentalbauten im Stile des Klassizismus nachhaltig das äußere Erscheinungsbild urbaner Räume. Bemerkenswert auch, daß im Jahr 1823, also noch in der Regentschaft Max I. Josephs, mit dem Bau eines höchst repräsentativ gestalteten Kriegsministeriums begonnen wurde – des damals einzigen Neubaus für eine Zentralbehörde in der Residenzstadt überhaupt. Diese Bauten der Garnison, zu denen indirekt auch das Hofgartentor vom Jahre 1818 zu zählen ist, waren wohl gegenüber den Einwohnern wie den Besuchern der Haupt- und Residenzstadt durchaus als Mittel politischer Selbstdarstellung des neuen Bayern gedacht.[3] Ungeachtet dieser bedeutenden neuen Militärbauten der Zeit Max I. Josephs dürfen aber andere, wenngleich unscheinbarere Infrastrukturmaßnahmen in München nicht unberücksichtigt bleiben. Hierzu gehörte der

Erwerb vormaliger Privathäuser für die Armee. In diesem Zusammenhang ist an das Alte Kriegsministerialgebäude bei der Residenz (Ankauf 1807) und an die Seidenhauskaserne im Hofgarten (Ankauf 1809) zu denken. Außerdem waren militärische Institutionen in königlichen Hofgebäuden (Residenz, Schloß Nymphenburg, Herzog-Max-Burg) und zivilen Staatsgebäuden (Alte Akademie) einquartiert. Ferner erfolgte auch die Adaptierung säkularisierter Klöster für Militärzwecke. Im Falle Münchens gibt es hierzu, trotz der Vielzahl vorhandener Objekte, aber nur ein Beispiel langfristiger Nutzung, nämlich das ehemalige Hieronymitanerkloster St. Anna in der Vorstadt Lehel. Die Tatsache, daß der Staat die vormaligen Klöster in München nicht stärker für die Garnison nützte, dürfte in erster Linie mit der heftigen Konkurrenz ziviler Institutionen zu erklären sein. So mußte das Militär das praktisch schon besetzte Karmelitenkloster am Paradeplatz (!) zugunsten einer Schule räumen. Das Augustinerkloster hingegen nahm eine Fülle von Justiz- und Verwaltungsbehörden auf.[4] Die Konkurrenz der Armee mit dem Zivilärar bzw. der Stadtgemeinde München um begehrte Immobilien zeigte sich auch beim ehemaligen Elisabethinerinnenkloster, das die Garnison nach mehrjähriger Nutzung als Kaserne (1816/19) wieder aufgab. Als unumgänglich erwies sich in München seit Beginn des 19. Jahrhunderts die Errichtung von Mannschafts- und Stallbaracken als Ersatz für reguläre Kasernen. Hier sei an die Baracken im Hofgarten (um 1809), die Baracken auf dem Gasteig (1813/21), auf der Kohleninsel (1813/92) und vor allem das große Barackenlager in der Max-Vorstadt (1815/58) erinnert.

Trotz dieser angeführten Infrastrukturmaßnahmen konnte die Garnison infolge der Kriegsereignisse bis ins Jahr 1816 hinein auf die Bereitstellung von Bürgerquartieren für Mannschaften und Dienstpferden in erheblichem Umfang nicht verzichten. Insgesamt wurden aber im ersten Viertel des 19. Jahrhunderts die Unterbringungsverhältnisse der Soldaten, wie auch die Arbeitsmöglichkeiten der Kommandostellen in München im Vergleich zum 18. Jahrhundert erheblich verbessert und entsprachen beim Regierungsantritt König Ludwigs I. durchaus dem zeitgenössischen Standard.

Die Gebäudesituation des Militärs in München verschlechterte sich während der Regierungszeit Ludwigs I. (1825 – 1848) zusehends. Es oblag dann seinem Nachfolger König Max II. (1848 – 1864) eine grundlegende Reform der Garnison in Angriff zu nehmen. Die Pläne für neue Kasernenbauten in der Zeit Max II. sind stets zugleich aus zwei Motiven erklärbar, nämlich einer sozialen Komponente, der Fürsorge für die Armeeangehörigen, und einer politischen Komponente, der Furcht vor inneren Unruhen. Steingewordenes Produkt dieser doppelten Motivation war die Max-II-Kaserne, deren Grundsteinlegung im Jahr 1860 erfolgte. Freilich konnte gerade auch in der Zeit König Max II. auf improvisierte Militärquartiere nicht verzichtet werden, wie die Beispiele des Kommandanturgebäudes (1848), des Dechanthofes (1848) und der Salzstadelkaserne (1849) zeigen. Neben den Kasernen ist ferner die Aufgabe des alten Zeughauses im Residenzbereich und die Verlagerung des kompletten Arsenals auf das Oberwiesenfeld zu nennen.

Der frühe Tod König Max II. (1864) brachte für die Münchner Garnison, anders als seinerzeit das Ableben König Max I. Josephs, keinen negativen Abbruch in einer zwar langsamen, aber kontinuierlichen Aufwärtsentwicklung ihrer Infrastruktur. Es kann entgegen der landläufigen Meinung nicht oft genug betont werden, daß die bayerische Armee gerade in der Regierungszeit König Ludwigs II. (1864 – 1886) wesentlich gefördert wurde. Diese Tatsache wird auch deshalb häufig nicht gewürdigt, wohl, weil sich manches militärische Projekt beim Tode Ludwigs II. noch im Planungsstadium befand; zumindest konnte dies im Falle Münchens beispielhaft nachgewiesen werden. In der Zeit Ludwigs II. wurde das neue Militärkrankenhaus bei der Max-II-Kaserne gebaut, eben diese Großkaserne planmäßig erweitert sowie ein neues Fouragemagazin und ein neues Militärgefängnis gebaut. Zudem gingen viele bald darauf entstandene Münchner Militärgebäude unmittelbar auf Entscheidungen Ludwigs II. zurück.

Die Herrschaft des Prinzregenten Luitpold in den Jahren 1886 bis 1912, die in der vorliegenden Arbeit nur bis zur Jahrhundertwende untersucht wurde, ist unter dem oben genannten Aspekt der Militärpolitik der Zeit seines Neffen Ludwig II., als kontinuierliche Fortführung des eigentlich schon unter Max II. eingeschlagenen Kurses zur Stärkung der Armee zu sehen, nicht als neuartiges oder unbayerisches Phänomen der sogenannten »Prinzregentenzeit«.[5] Die Marsfeldkaserne (1888) und der benachbarte große Komplex der Militärbildungsanstalten (1890), sowie die hochmoderne Militärbäckerei waren Garnisonbauten, die man bereits unter Ludwig II. für München geplant hatte. In der Folge entstanden dann das Eisenbahnkasernement (1890), das Barackenkasernement Oberwiesenfeld (1893), die Luftschifferkaserne (1896), das Bekleidungsamt des I. Armeekorps (1898) und die Prinz-Leopold-Kaserne (1902).

II. Als zweiter Schwerpunkt der vorliegenden Arbeit ist das *Verhältnis von Stadt und Garnison* zu betrachten. Dieses Verhältnis war zunächst bestimmt durch die räumliche Präsenz des Militärs im Stadtraum, dann durch die Rolle der Garnison als Ordnungsmacht, ferner das Militär als Wirtschaftsfaktor. Außerdem sind in diesem Kontext auch die Repräsentation des Militärischen, sowie die guten und weniger guten Seiten des Kontaktes von Militär und Zivilbevölkerung zu berücksichtigen.

Mit dem Bau der oben schon erwähnten Prinz-Leopold-Kaserne am Oberwiesenfeld fand kurz nach der Jahrhundertwende eine umfassende *Veränderung der militärischen Topographie und damit zugleich des gesamten Stadtraumes* ihren Abschluß, die ihren Ausgang im frühen 19. Jahrhundert genommen hatte.

Um diese Entwicklung übersehen zu können, ist ein Rückblick auf die Situation des 18. Jahrhunderts notwendig. Damals waren die drei Hauptwaffengattungen in der Garnison räumlich getrennt stationiert worden: die Infanterie im Nordwesten der Stadt (Kreuzkaserne), die Artillerie im Osten der Stadt (Zeughaus und Kosttorkaserne) und die Kavallerie im Süden vor der Stadt (Alte Isarkaserne). Eine relative starke Ausrichtung der Garnison nach Süden zeigt sich an weiteren Militäreinrichtungen (Fouragemagazin, Holzgarten, Lazarett, Pulvermühlen). Hierfür spielte die Nutzung von Isar und Stadtbächen eine wesentliche Rolle. Zugleich bestanden drei Standortübungsplätze, zwei davon im nordwestlichen Umland der Stadt (Marsfeld und Oberwiesenfeld) und ein kleineres Areal südostwärts der Stadt am Gasteig. Diese lokale Dreiteilung der Garnison wurde durch die Lage der Militärbauten des frühen 19. Jahrhunderts (z. B. Türkenkaserne im Nordwesten, Neue Isarkaserne im Süden) zunächst noch einmal bekräftigt.

Die grundlegend neue Phase der militärischen Stadtentwicklung begann erst unter König Max II.. Als Produkt der Revolution von 1848 ist der Bau der großen Max-II-Kaserne zwischen dem Marsfeld und dem Oberwiesenfeld zu charakterisieren. Die Anlage der neuen Maximilianstraße verdrängte das Zeugwesen ebenfalls in das nordwestliche Vorfeld der Haupt- und Residenzstadt.

In den 1870er Jahren wurde die zunehmende Bebauung der Randbereiche des Oberwiesenfeldes verstärkt (Militärkrankenhaus, Fouragemagazine, Proviantamt). Gleichzeitig wurde der militärische Bereich am Oberwiesenfeld drastisch erweitert um das Marsfeld als Exerzierplatz aufgeben zu können. Das Marsfeld erhielt eine neue Funktion teils in ziviler Nutzung (wie zuvor bereits das Gelände am Gasteig) und als Areal für neue Militärbauten.

Eine unerwartete Situation entstand im Jahr 1893 durch die Auflassung der Kasernen im

Hofgarten. Sie wurde durch das Platzreservoir des Oberwiesenfeldes aufgefangen. Freilich verlor das Oberwiesenfeld durch die zahlreichen Militärbauten der 1890er Jahre nochmals an Bedeutung als Übungsplatz. Diese Funktion hatte aber zu dieser Zeit bereits teilweise die großen Truppenübungsplätze (z. B. Lager Lechfeld) und besondere Standortschießanlagen, im Falle Münchens seit 1880 bei Freimann, übernommen.

Insgesamt kann somit durch das gesamte 19. Jahrhundert für die Münchner Garnison eine zunächst improvisierte, dann zunehmend zielbewußte Verlagerung der Militärgebäude vom Stadtkern bzw. dem südostwärtigen Vorstadtbereich in den noch unbebauten Nordwesten beobachtet werden. Damit bildete die Garnison einen räumlichen Sperriegel, der sich vom Westend über Neuhausen bis Schwabing erstreckte. Diese militärische Funktion blieb dem gesamten Bereich bis zum Ende des Zweiten Weltkrieges und in Teilen bis heute erhalten.

Die *Bedeutung der Garnison als Ordnungsfaktor* in der Haupt- und Residenzstadt und damit die Rolle des Wachdienstes im Alltagsleben einer bayerischen Garnison war zumindest bis in die Zeit um 1866 ganz eminent. Neben der tatsächlichen Präsenz der Truppen im Stadtbild war auch die Planungsarbeit militärischer Stäbe für den Fall innerer Unruhen von Bedeutung, insbesonders zur Zeit König Max II., aber in Zusammenhang mit der Sozialdemokratie noch bis in die letzten Jahre vor 1900. Auch der vielfältige Einsatz Münchner Garnisontruppen außerhalb des Standortes darf in Zusammenhang mit ihrer Ordnungsaufgabe nicht übersehen werden.

Die *wirtschaftliche Bedeutung der Garnison* war aufgrund ihrer umfangreichen Finanzausstattung zumindest in der ersten Hälfte des 19. Jahrhunderts, selbst für eine so große Stadt wie München, ganz erheblich und strahlte weit in das Umland aus. Damit deckt sich das hier erarbeitete Untersuchungsergebnis mit ähnlichen Resultaten für die Städte Regensburg und Nürnberg.[6]

Eine große Rolle spielte das Militär in der bayerischen Haupt- und Residenzstadt bei verschiedenen *repräsentativen Anlässen*. Allerdings konnte hierbei an Detailbeispielen auch gezeigt werden, daß sich die Armee keineswegs in den Vordergrund drängte, sondern zumeist dem Bürgertum das Feld zur Selbstdarstellung überließ.

Natürlich ergaben sich positive und negative *Kontakte zwischen Militär und Zivilbevölkerung*. Dabei muß berücksichtigt werden, daß München stets Garnison gewesen ist und der Stadt die spezifischen Probleme »neubayerischer« Städte, wie sie vor allem Nürnberg mit dem ungewohnten Militär lange Zeit im 19. Jahrhundert hatte,[7] fremd waren. Grundsätzlich wird man für München wohl sagen dürfen, daß das Verhältnis der Einwohnerschaft zu ihrer Garnison im 19. Jahrhundert zwar wechselhaft, insgesamt aber doch eher positiv zu bewerten ist.

Welches Fazit kann nun gezogen werden? Mit Sicherheit steht die architektonische und räumliche Präsenz des Militärs im München des 19. Jahrhunderts außer Frage. Am Beispiel dieser freilich extrem großen Garnison konnten die materiellen Bedingungen für das Funktionieren eines militärischen Apparates in Friedenszeiten, Krisensituationen und Kriegen ein wenig verdeutlicht werden. Nicht zu vergessen ist freilich die personale und auch ideelle Präsenz der Armee in der Haupt- und Residenzstadt. Sie reichte vom Wachsoldaten am Marienplatz bis hin zum Siegestor. Die Uniformen der verschiedenen Regimenter gehörten ebenso zum Erscheinungsbild des alten München, wie die Militärmusiker in den Gaststätten oder die Auftritte der Garnison anläßlich dynastischer Festtage des Hauses Wittelsbach. Die Geschichte Münchens im 19. Jahrhundert wurde von seiner Garnison zu einem nicht geringen Teil mitgestaltet.

Anmerkungen

1 Noch um das Jahr 1875 lagen 25% der Mannschaft und 50% der Dienstpferde der Kgl. Preußischen Armee (einschließlich der Kontingente der norddeutschen Kleinstaaten im Reich) ständig in Bürgerquartieren (nach: A. Schuster, Kasernen, o. O., o. J. (um 1885), S. 267)

2 Vgl. W. Schmidt, Die Garnisonstadt Regensburg im 19. und frühen 20. Jahrhundert, Diss. Univ. Regensburg 1988, S. 498 und Th. Bruder, Nürnberg als bayerische Garnison von 1806 bis 1914, Nürnberg 1992, S. 523

3 Somit ist etwa die Ansicht von C. Friedrichs-Friedlaender (dies., Architektur als Mittel politischer Selbstdarstellung im 19. Jahrhundert. Die Baupolitik der bayerischen Wittelsbacher (MBM Bd. 97), München 1980), für die Zeit vor König Ludwig I. könne in der Architektur keine politische Selbstdarstellung der Monarchie festgestellt werden (a. a. O., S. 64 f.) doch zumindest partiell zu korrigieren.

4 Hierzu S. Arndt-Baerend, Die Klostersäkularisation in München 1802/03 (MBM Bd. 95), München 1986, S. 74, S. 124 ff.

5 In diesem Sinne etwa ansatzweise M. Ingenlath, »… Meinem König Otto I. treu zu dienen«. Militärdienst in München., in: F. Prinz/M. Krauss, München – Musenstadt mit Hinterhöfen. München 1988, S. 146 (fußend auf den Arbeiten z. B. von Wehler und Messerschmidt)

6 Vgl. Schmidt (wie Anm. 2), S. 496 und Bruder (wie Anm. 2), S. 524

7 Vgl. Bruder (wie Anm. 2), S. 526

Abkürzungsverzeichnis

A. K.	Armeekorps
ArmeeKdo	Armeekommando
Art	Artillerie
Bd.	Band bzw. Aktenbund
Btl	Bataillon
Fasz.	Faszikel
FinM	Finanzministerium
fl.	Gulden
GarnVw	Garnisonverwaltung
GenKdo	Generalkommando
GenQuMStab	Generalquartiermeisterstab
Inf	Infanterie
Ing.	Ingenieur
InnM	Innenministerium
Insp	Inspektion
Indent.	Indentantur
Jg	Jäger
JuM	Justizministerium
KA	Kriegsarchiv (Hauptstaatsarchiv Abt. IV)
KasVwMünchen	Kasernenverwaltung München
Kdr	Kommandeur
KdtMünchen	Kommandantschaft München
KM	Kriegsministerium
KME	Kriegsministerialerlaß
KÖR	Kriegsökonomierat
LazVwMünchen	Lazarettverwaltung München
Lt	Leutnant
MBM	Miscellanea Bavarica Monacensia
MGFA	Militärgeschichtliches Forschungsamt
MilBil	Militärische Bildungsanstalten
MIlITÄRGESCHICHTE	Deutsche Militärgeschichte hg.vom MGFA
OA	Oberbayerisches Archiv
OAdKoll	Oberadministrativkollegium der Armee
Prod.	Aktenprodukt
Rgt	Regiment
SchrrBayerLG	Schriften zur Bayerischen Landesgeschichte
SPINDLER	Handbuch der bayerischen Geschichte
ZBLG	Zeitschrift für Bayerische Landesgeschichte
ZgHsHptDir	Zeughaushauptdirektion

Quellen und Literatur

Ungedruckte Quellen:

I. Bayerisches Hauptstaatsarchiv Abt. IV Kriegsarchiv (KA)

Alter Bestand A

– A I (Gouvernements, Kommandanturen)
Bd. 56 – 58 (Stadtkommandantschaft München)
– A IV (Reglement und Dienste)
Bd. 101, 102, 105, 106, 118, 120, 122
– A VI (Dienststellen und Truppen)
Abt. 1 (Hauptrechnungen der Hartschiere)
Bde. 16 – 25 (1797 – 1840)
Abt. 2 (Hauptrechnungen des Generalstabes)
Bd. 32 (Topographisches Büro 1820-1840)
Bd. 49 (Hauptkonservatorium 1824-1840)
Abt. 4d (Hauptrechnungen der Infanterie)
Bde. 59 – 67 (Grenadier-Garde/ Inf-Leib-Rgt 1814 – 1838)
Bde. 106 – 122 (1. InfRgt 1800-1840)
Bde. 128 – 144 (2. InfRgt 1800-1840)
Abt. 5c (Hauptrechnungen der Kavallerie)
Bde. 57 – 67 (Garde du Corps/ 1. KürRgt 1814 – 1840)
Abt. 6a (Hauptrechnungen der Artillerie)
Bde. 124 – 166 (1. ArtRgt 1800-1840)
Abt. 8 (Hauptrechnungen des Armeefuhrwesens)
Bde. 81/82 (1823 – 1825)
Abt. 9a (Hauptrechnungen der Garnisonkompanie)
Bde. 73 – 86 (1793 – 1840)
– A VII (Lokalverpflegskommission München)
Bde. 468, 469 (Hauptrechnungen 1822-1840)
– A VIII (Kadettenkorps)
Bde. 87, 109 und 111 (Hauptrechnungen 1805 – 1840)
– A XIII
Abt. 3 (Duelle) Fasz. 1 – 4a
Abt. 8 Bd. 16 (Beleidigung des Militärs), Bd. 17 – 19 (Untergebenenmißhandlung), Bd. 20 (Beschädigung von Zivilisten)
– A XX (Bauwesen)
Bd. 4, 10, 12, 20, 21, 68, 75, 78 – 84, 90, 91

Alter Bestand C
C-Bd. 7 bzw.7a (Errichtung befestigter Punkte 1851/54, hier: München)

Alter Bestand E
Fasz. 84, 85 (Presse); 88, 89 (Volkszählungen)

Bestand Kriegsministerium (MKr.)
MKr.345
MKr. 2392, 2393, 2473, 2480, 2485 – 2487, 2489 – 2496, 2499, 2501, 2523, 2524, 2542
– 2544, 2556, 2560, 2564, 2565, 2567, 2581, 2582, 2583, 2592, 2593, 2596, 2597, 2599,
2600, 2617, 2618, 2620, 2621, 2624, 2625, 2627, 2691, 2692, 2694, 2713, 2727, 2730
MKr. 7234, 7237, 7388
MKr. 8823 – 8837, 8839, 8842 – 8848, 8850, 8855 – 8858, 8860 – 8863, 8877, 8885 – 8887,
8891 – 8896, 8902, 8907, 8912, 8919, 8924, 8926, 8929, 8930, 8933, 8935 – 8945, 8949,
8953 – 8960, 8962 – 8968, 8970, 8972, 8979, 8981, 8984 – 8986, 8988 – 8990, 8995 – 8999
MKr. 9001 – 9006, 9011, 9019 – 9021, 9027 – 9029, 9038 – 9042, 9047, 9049, 9050, 9058
– 9060, 9062, 9063 – 9065, 9071, 9072, 9074
MKr.10322 – 10324, 10126, 10338, 10846, 10847, 10910, 10911
MKr.11036, 11064, 11300, 11328, 11329, 11503 – 11505, 11508 – 11510, 11512 – 11514,
11517 – 11519, 11521, 11525 – 11528, 11530, 11531, 11538, 11540

Bestand Stadtkommandantur München
Bd. 10

Bestand Reichswehrgruppenkommando 4 (RWGrKdo 4)
Nr. 526, Nr. 528, Nr. 529, Nr. 1011, Nr. 1012, Nr. 1013

Bestand Plansammlung München

Bestand Bildsammlung BS II-5 (München)

II. Stadtarchiv München

Bestand Stadtverteidigung
Nr. 23, 28, 29, 31, 34, 35, 46, 48, 54, 55, 114, 133, 134, 139, 140, 141, 142, 145, 216, 321,
324,

Bestand Kämmerei
Nr. 159 (Städtische Haushaltspläne) Fasz. 1 – 3

Chronik der Stadt München

III. Archiv des Erzbistums München und Freising

Bestand Münchner Matrikelbücher (auf Microfiches)
– Pfarrei St. Peter   MM 139 – 144
– Pfarrei U. L. Frau   MM 45 – 50
– Militärpfarrei   MM 86
– Pfarrei St. Anna   MM 214 – 217a
– Pfarrei St. Ludwig   MM 268, 269
– Pfarrei St. Bonifaz   MM 235, 236

Gedruckte Quellen:

a) Gesetze
- Das Regierungssystem des Freistaates Bayern, hg. von R. Bocklet, Bd. III: Materialien, München 1982 (mit der Konstitution von 1808 und die Verfassungsurkunde von 1818)
- Militärstrafgesetzbuch für das Königreich Bayern (München 1869)
- Militärstrafgesetzbuch vom 20. Juli 1872
- Die Militär-Gesetze des Deutschen Reichs mit Erläuterungen herausgegeben auf Veranlassung des Königlich Preußischen Kriegsministeriums. 1. Lieferung: Geschichtlicher Ueberblick – Reichsverfassung, Berlin 1890

b) Dienstvorschriften
- Dienstvorschriften für die königlich baierischen Truppen aller Waffengattungen. (München 1823) Erster Theil: Allgemeine Dienstvorschriften; Dritter Theil: Vorschriften für den Garnisondienst
- Allgemeine Vorschriften für die Anlage und bauliche Einrichtung von Infanterie-Kasernen (München 1863) (KA Bayer. D. V. XXIX, 1)
- Reglement über das Cassen-Wesen bei den Truppen. Vom 8ten Januar 1872. (München 1872)
- Reglement über die Naturalverpflegung der Truppen im Frieden (München 1875, 1887)
- Vorschriften über Einrichtung und Ausstattung der Kasernen (München 1879) (KA Bayer. D. V. XXIX, 5)
- Garnisondienst-Vorschrift (München 1888)
- Garnisongebäudeordnung (München 1890)
- Verdingungsvorschrift, enthaltend die Bestimmungen über Verdingung von Lieferungen und Leistungen im Bereiche des Bekleidungswesens (München 1891)
- Friedens-Sanitäts-Ordnung für das Königlich Bayerische Heer (München 1893)
- Friedens-Verpflegungs-Etats der Königlich Bayerischen Truppen (München 1893)
- Proviantamtsordnung (München 1897)
- Garnisonverwaltungsordnung (München 1897)
- Militärbauordnung (München 1898)
- Garnisons-Gebäudeordnung (München 1900) (KA D. V. 43)
- Bestimmungen über Dienstbetrieb und Benützung der Garnison-Schwimmanstalt und des Badeplatzes (München 1902)
- 2. Infanterie-Regiment, Haus-Ordnung für das Baracken-Kasernement Oberwiesenfeld (München 1902)

c) Amtsdrucksachen der Bayerischen Armee
- Armeebefehle
- Verordnungsblatt des K. B. Kriegsministeriums (München 1855 ff.)
- Stammliste der Armee (München 1811)
- Rangliste der königlich baierischen Armee (München 1823)
- Militär-Handbuch des Königreiches Bayern (München 1831 ff.) mit den Ausgaben: 1831, 1832, 1834, 1836, 1838, 1840, 1842, 1844, 1846, 1849, 1851, 1853, 1855, 1857, 1859, 1860, 1862, 1864,1867, 1869, 1870, 1871, 1873, 1875, 1876, 1878, 1879, 1880, 1881, 1883, 1885, 1887, 1889, 1891, 1893, 1895, 1897, 1900,1901, 1914

d) Verwandte Literatur (mit Bezug auf gültige Vorschriften)
Dietz, Heinrich (Hg.), Handwörterbuch des Militärrechts, Rastatt 1912

Eckart, August, Vollständige alphabetisch-chronologische Sammlung der über das königlich-bayerische Militär-Sanitätswesen erlassenen und noch giltigen Verordnungen mit Allerhöchster Genehmigung verfaßt, München 1855

Eichheimer, F. J., Umfassende Darstellung des Militair-Medizinal-Wesens in allen seinen Beziehungen mit Rücksicht auf die dermaligen Armeen-Verfassungen im Allgemeinen, zunächst aber als ein vollständiges Reglement für die Königlich-Baierische in Friedens- und Kriegszeiten, Augsburg 1824

Katalog der Bibliothek des Königl. bayer. 1. Infanterie-Regiments »König«, München 1897

v. Martens, Carl, Handbuch der Militär-Verpflegung in Frieden und Krieg. Zweite Auflage mit Unterstützung des Königl. württembergischen Kriegs-Ministeriums und nach den besten Quellen neu bearbeitet von Th. Wundt, A. v. Gaisberg, Aug. Habermaas, Ed. Bartholomaei, Stuttgart 1864

Müller, C. Th. / v. Zwehl, Th., Handbuch für den Einjährig-Freiwilligen, den Unteroffizier, Offiziers-Aspiranten und Offizier des Beurlaubtenstandes der kgl. bayerischen Infanterie, München 1879

Schneider, A., Handbuch der gesammten Bayerischen Militär-Oekonomie. Nach amtlichen Quellen bearbeitet. Erster Theil: Die Militär-Oekonomie im Frieden, München 1860

Vogl, Johann Nepomuk, Auszug und Alphabetische Zusammenstellung des I. Theils der Dienstesvorschriften für alle Waffen des königlich bayerischen Heeres. Mit den seit der Herusgabe dieser Vorschriften im Jahre 1823 am 29. November hierauf bezüglichen Allerhöchsten Verordnungen und Abänderungen zusammengestellt, München 1851

Voit, G., Militär-Geschäftskenntnis. Ein Nachschlagbuch für Offiziere, Feldwebel etc. der bayerischen Armee, München 1881 (die 2., vermehrte und veränderte Auflage – umgearbeitet von Eduard v. Lilier erschien München 1885)

Wirthmann, Joachim, Handbuch über die Heiraths-Cautionen und Ehen der Militär-Personen im Königreiche Bayern, München 1859

e) Adreßbücher für die Stadt München

– Verzeichniß der sämmtlichen Hausbesitzer der Stadt und ihres Burgfriedens, München 1803

– Handels- und Gewerbs-Addreß-Taschenbuch der königlich-baierischen Haupt- und Residenz-Stadt München, München 1818

– Anzeigebuch aller Haus- und Grundeigenthuemer der koeniglichen Haupt- und Residenz-Stadt München und der fünf Vorstaedte, München 1823

– Die königlich bayerische Haupt- und Residenzstadt München nach der neuen Hausnummerirung, München 1833

– Adreßbuch der königlichen Haupt- und Residenz-Stadt München, München 1835

– Adreßbuch von München 1845, München 1845

– Häuserbuch der Stadt München, hg. vom Stadtarchiv München nach den Vorarbeiten von Andreas Burgmaier, München 1958 – 1977 (5 Bde); Bd. 1: Graggenauer Viertel (1958); Bd. 2: Kreuz Viertel (1960); Bd. 3: Hackenviertel (1962); Bd . 4: Angerviertel (1966) Bd. 5: Register (1977)

f) Sonstiges

– Statistisches Handbuch der Landeshauptstadt München Jg. 1974, zugleich Festschrift: 1875 – 1975. 100 Jahre Städtestatistik in München, München 1974

– Signate König Ludwigs I. Bd. 1: 1825 – 1831 hg. von Andreas Kraus, München 1987

– J. A. Schmeller, Tagebücher 1801 – 1852 hg. P. E. Ruf (3 Bde., SchrrBayerLG Bde. 47, 48, 48a), München 1954, 1956, 1957

Anmerkung:

– Zeitgenössische Presseausschnitte, die die Garnison betreffen, lassen sich in den Einzelakten des Kriegsarchives finden

– Die Aktenbestände des Kriegsarchives werden ohne Angabe des Archives (KA) direkt nach der Bestandsnummer zitiert.

Literatur

Aichner, Ernst, Das bayerische Heer in den Napoleonischen Kriegen, in: Glaser (Hg.), Wittelsbach und Bayern Bd. III/1, München 1980, S. 239 – 253

ders., Das Bayerische Kadettenkorps 1756 – 1920, in: Das Bayerische Kadettenkorps 1756 – 1920 (Veröff. Bayer. Armeemuseum Bd. 3), Ingolstadt 1981, S. 8 – 19

ders., Bayerische Militärmaler. Ihre Werke als historische Primärquellen, in: Bayerische Militärmaler von Beich bis Thöny (Veröff. Bayer. Armeemuseum Bd. 5), Ingolstadt 1982, S. 7 – 26

Albrecht, Dieter, Von der Reichsgründung bis zum Ende des Ersten Weltkrieges (1871 – 1918), in: SPINDLER Bd. 4/1, München 1974, S. 283 – 386

Albrecht, Willy, Die Fuchsmühler Ereignisse vom Oktober 1894 und ihre Folgen für die innere Entwicklung Bayerns im letzten Jahrzehnt des 19. Jahrhunderts, in: ZBLG 33 (1970), S. 307 – 354

Alckens, August, München in Erz und Stein. Gedenktafeln, Denkmäler, Gedenkbrunnen, Mainburg 1973

Alte Dörfer rechts der Isar vor den Toren Münchens: Giesing, Au, Haidhausen. Seit 125 Jahren bei München 1854 – 1979 (Gemeinsame Festschrift der Bezirksausschüsse), München 1980

Angermair, Elisabeth, München als süddeutsche Metropole – Die Organisation des Großstadtausbaus 1870 bis 1914, in: Bauer (Hg.), Geschichte der Stadt München, München 1992, S. 307 – 335

v. Aretin, Karl Otmar, Bayerns Weg zum souveränen Staat. Landstände und konstitutionelle Monarchie 1714 – 1818, München 1976

Das k. b. Armeemuseum im Hauptzeughause zu München. Im Auftrag des k. b. Generalstabs bearbeitet, München 1886

Arndt-Baerend, Sabine, Die Klostersäkularisation in München 1802/03 (MBM Bd. 95), München 1986

Bald, Detlef, Die Bayerische Kriegsakademie. Konzeptionen der Ausbildung im Wandel der Zeit von 1867 bis 1914, in: ZBLG 43 (1980), S. 223 – 245

Bauer, Frank u. a., Vernichtet. Vergessen. Verdrängt. Militärbauten und militärische Denkmale in Potsdam, Berlin u. a. 1993

Bauer, Richard, Prinzregentenzeit. München und die Münchner in Fotographien, München 1988

ders., Stadt und Stadtverfassung im Umbruch – Niedergang, Ende und Neubegründung kommunaler Eigenständigkeit 1767 bis 1818, in: ders. (Hg.), Geschichte der Stadt München, München 1992, S. 244 – 273

Baumann, Angelika, »Armuth ist hier wahrhaft zu Haus...« – Vorindustrieller Pauperismus und Einrichtungen der Armenpflege in Bayern um 1800 (MBM Bd. 132), München 1984

Baumann, Elfi, München 1872. Unpolitische Erinnerungen, München 1972

v. Bayern, Adalbert, Max I. Joseph von Bayern. Pfalzgraf, Kurfürst und König, München 1957

ders., Als die Residenz noch Residenz war. Mit einem Nachwort von H. Thoma, München 1967

v. Bayern, Leopold, Aus den Lebenserinnerungen: 1846 – 1930, hg. von H. M. Körner und I. Körner, Regensburg 1983

Beckenbauer, Alfons, König Ludwig III. von Bayern 1845 – 1921. Ein König auf der Suche nach seinem Volk, Regensburg 1987

Betz, Walther, Die Wallbefestigung von München (Neue Schriftenreihe des Stadtarchivs München Bd. 9), München 1959

Bezzel, Oskar, Geschichte des Kurpfalzbayerischen Heeres von 1778 bis 1803 (Geschichte des Bayerischen Heeres Bd. 5), München 1930

ders., Geschichte des Königlich Bayerischen Heeres von 1806 (1804) bis 1825 (Geschichte des Bayerischen Heeres Bd. 6, 1), München 1933

ders., Geschichte des Königlich Bayerischen Heeres von 1825 mit 1866 (Geschichte des Bayerischen Heeres Bd. 7), München 1931

Biller, Joseph H. / Rasp, Hans-Peter, München. Kunst- und Kulturlexikon. Stadtführer und Handbuch, München 1972 (überarbeitete Neuauflage 1985)

Boehm, Laetitia, Die Universität in festlichem Gewand. Streifzug durch fünf Jahrhunderte, in: dies.(Hg.), Ludwig-Maximilians-Universität. Ingolstadt, Landshut, München. 1472 – 1972. Im Auftrag von Rektor und Senat herausgegeben zus. mit Johannes Spörl., Berlin 1972, S. 13 – 84

v. Bomhard, Adolf, Das K. B. Infanterie-Leib-Regiment (Erinnerungsblätter deutscher Regimenter. Bayerische Armee Heft 1), München 1921

van Bommel, Versuch über die Art eine Truppe zu Pferd abzurichten, nebst einigen Bemerkungen über die Taktik der Cavalerie, München 1800

Bonn und seine Soldaten. Geschichte der Garnison Bonn und der Heeresversorgung seit Aufstellung der stehenden Heere, hg. vom Stabs- und Versorgungsbataillon des Bundesministeriums der Verteidigung, Bonn 1985

v. Bothmer, Max, Prinz Arnulf von Bayern. Ein Lebensbild, München 1908

Braatz, Thea, Das Kleinbürgertum in München und seine Öffentlichkeit von 1830 – 1870. Ein Beitrag zur Mentalitätsforschung (MBM Bd. 68), München 1977

Braumann, Friedrich, Der wirtschaftliche Nutzen einer Garnison. Ein Beitrag zur Heereswirtschaft, Magdeburg 1913
ders, Der Nutzen des Heereswesens für die deutsche Volkswirtschaft, Magdeburg o. J.

Braun, Rainer, Amberg als Garnisonsstadt, in: Amberg 1034 – 1984. Aus tausend Jahren Stadtgeschichte (Ausstellungskataloge der Staatlichen Archive Bayerns Bd. 18), Amberg 1984, S. 205 – 220

ders., Die Garnison Erlangen, in: Erlangen. Geschichte der Stadt in Darstellung und Bilddokumenten, hg. von A. Wendehorst, München 1984, S. 168 – 172

ders., Augsburg als Garnison und Festung in der 1. Hälfte des 19. Jahrhunderts, in: Aufbruch ins Industriezeitalter Bd. 2: Aufsätze zur Wirtschafts- und Sozialgeschichte Bayerns 1750 – 1850 (Veröffentlichungen zur Bayerischen Geschichte und Kultur Bd. 4), München 1985

ders., Garnisonsbewerbungen aus Franken 1803 – 1919. Motive und Hintergründe, in: Jahrbuch für Fränkische Landesforschung 47 (1987), S. 105 – 150

ders., Bayern und seine Armee (Ausstellungskataloge der Staatlichen Archive Bayerns Bd. 21, zus. mit Andrea Groß und Gerhard Heyl), München 1987

ders., Der König und die Armee, in: König Maximilian II. von Bayern 1848 – 1864, hg. vom Haus der Bayerischen Geschichte, Rosenheim 1988, S. 163 – 173

ders., Der historische Militärfriedhof., in: Skt. Rochuskirchhof zu Nürnberg. Epitaphien, hg. vom Bürgerverein St. Johannis, Nürnberg 1989, S. 87 – 89

ders., Kloster und Kaserne. Militärische Nutzung und Schicksal kirchlicher Bauten in Franken im 19. Jahrhundert, in: Jahrbuch für fränkische Landesforschung 52 (1992), S. 363 – 380

Breibeck, Otto Ernst, Bayerns Polizei im Wandel der Zeit. Achthundert Jahre bayerische Polizeigeschichte, München 1971

Brennfleck, J., München als Garnison einst und jetzt (Mss., masch. 11 S. zu finden: KA HS 2290)

Brixel, Eugen, »Es rauscht Musik, der Trommelwirbel hallet…«. Versuch einer Militärmusikgeschichte der Garnison Graz, in: Graz als Garnison, hg. von W. Steinböck (s. d.), S. 194 – 209

Bruder, Thomas, Nürnberg als bayerische Garnison von 1806 bis 1914. Städtebauliche, wirtschaftliche und soziale Einflüsse (Nürnberger Werkstücke zur Stadt- und Landesgeschichte. Schriftenreihe des Stadtarchivs Nürnberg Bd. 48), Nürnberg 1992

Brückner, Gottfried, Der Bürger als Bürgersoldat. Ein Beitrag zur Sozialgeschichte des Bürgertums und der bürgerlichen Gesellschaft des 19. Jahrhunderts. Dargestellt an den Bürgermilitärinstitutionen der Königreiche Bayern und Hannover und des Großherzogtums Baden, Diss. Univ. Bonn 1968

Brunbauer, Wolfgang, Bayerische Skandalchronik. Polizei und Kriminalität im München des frühen 19. Jahrhunderts, Rosenheim o. J (1984)

ders., Die Lauscher. Aus der Frühzeit der Geheimen Dienste 1780 –1815, Paris, München, Wien., Rosenheim o. J. (1988)

Brunner, Max, Die Hofgesellschaft. Die führende Gesellschaftsschicht Bayerns während der Regierungszeit König Maximilians II. (MBM Heft 144), München 1987

Burkert, Günther, Vom Pulverturm zum Munitionslager, in: Graz als Garnison, hg. von W. Steinböck (s. d.), S. 48 – 65

v. Buttlar, Adrian/Bierler-Rolly, Traudl (Hg.), Der Münchner Hofgarten. Beiträge zur Spurensicherung, München 1988

Buxbaum, Emil, Das Königliche Bayerische 3. Chevaulegers-Regiment »Herzog Maximilian« 1724 bis 1884, München 1884

Campbell, Frederick Francis, The Bavarian Army, 1870 – 1918: The constitutional and structural relations with the Prussian Military Establishment (Diss. Ohio State Univ. 1972), Ann Arbor/ Mich., USA 1973

Calliess, Jörg, Militär in der Krise. Die bayerische Armee in der Revolution 1848/49 (Militärgeschichtliche Studien Bd. 22), Boppard 1976

Czeike, Felix, Die Wiener Kasernen seit dem 18. Jahrhundert, in: Stadt und militärische Anlagen (s. d.), S. 251– 278

Dauer, Joseph, Die Königlich Bayerische Kriegsschule im zweiten Vierteljahrhundert ihres Bestehens, München 1908

Degen, Ludwig, Das Krankenhaus und die Kaserne der Zukunft, München 1882

Delbrück, Hans, Geschichte der Kriegskunst im Rahmen der politischen Geschichte (4 Bde.), Berlin 1920/23

Demeter, Karl, Das Deutsche Offizierkorps in Gesellschaft und Staat 1650 – 1945, Frankfurt/M. 1962

Dhünen, Felix (Sondinger, Franz), Als Spiel begann's. Die Geschichte eines Münchner Kadetten, München 1939

Dienes, Gerhard, Die militärische Ausbildung in der Garnison Graz, in: Graz als Garnison, hg. von W. Steinböck (s. d.), S. 86 – 98

Dombart, Theodor, Der Englische Garten zu München. Geschichte seiner Entstehung und seines Ausbaues zur großstädtischen Parkanlage, München 1972

Egger, Rainer, Graz als Festung und Garnison, in: Graz als Garnison, hg. von W. Steinböck (s. d.), S. 9 – 47

Engli, Christian, Stadterweiterungen in Deutschland im 19. Jahrhundert, in: Die Städte Mitteleuropas im 19. Jahrhundert., hg. von W. Rausch, Linz 1983, S. 47 – 72

Erhard, Adolf, Kriegsgeschichte von Bayern, Franken, Pfalz und Schwaben von der ältesten Zeit bis 1273, München 1870

Ernährung des Soldaten im Frieden und im Kriege. Bericht der über die Ernährungsfrage der Soldaten eingesetzten Special-Commission, München 1880

Fahrmbacher, Hans, Das Königlich Bayerische 1. Schwere Reiter-Regiment »Prinz Karl von Bayern« Bd. 2: Das Regiment in dem Zeitraum von 1848 bis 1898, München 1900 (Bd. 3 siehe: v. Pfetten-Arnbach, Theodor)

Fentsch, Eduard, Die kgl. Haupt-und Residenzstadt München (Bavaria - Land und Leute im 19. Jahrhundert, hg. von P. E. Rattelmüller), München 1989

Filchner, Eduard, Das königliche Militär-Lazareth an der Müllerstrasse in München, München 1875

Fisch, Stefan, Stadtplanung im 19. Jahrhundert. Das Beispiel München bis zur Ära Theodor Fischer, München 1988

v. Forst., H., Unsere Kasernen. Ein Wort an die Offiziere der kasernierten Truppenteile und den Reichstag, Hannover 1884

Förster, Rolf, Die Leistungsfähigkeit der bayerischen Armee im Feldzug 1866. Dargestellt an der militärischen Ausbildung vor dem Krieg (Magisterarbeit Univ. München 1987)

v. Frauenholz, Eugen, Geschichte des Königlich Bayerischen Heeres von 1867 bis 1914 (Geschichte des Bayerischen Heeres Bd. 8), München 1931

ders., Die Eingliederung von Heer und Volk in den Staat Bayern 1597 – 1815 (Münchner Historische Abhandlungen, Reihe 2: Kriegs- und Kriegsgeschichte Heft 14), München 1940

Freisen, Josef, Die katholische Feldpropstei im bayerischen Heer, ein Beitrag zur staatlichen und kirchlichen Rechtsgeschichte, in: Archiv des öffentlichen Rechts 28 (1912), S. 433 – 453

Frevert, Ute, Ehrenmänner. Das Duell in der bürgerlichen Gesellschaft, München 1991

Friedrichs-Friedlaender, Carola, Architektur als Mittel politischer Selbstdarstellung im 19. Jahrhundert. Die Baupolitik der bayerischen Wittelsbacher (MBM Bd. 97), München 1980

v. Gaisberg, Ludwig, Reise zum Münchner Oktoberfest 1835, hg. von Paul Ernst Rattelmüller, München 1979

Gollwitzer, Heinz, Ludwig I. von Bayern. Königtum im Vormärz. Eine politische Biographie, München 1986

Grobe, Peter, Die Entfestigung Münchens (MBM Bd. 27), München 1970

Grösslein, Andrea, Die internationalen Kunstausstellungen der Münchner Künstlergenossenschaft im Glaspalast in München von 1869 bis 1888 (MBM Bd. 137), München 1987

Gruner, Wolf D., Das Bayerische Heer 1825 bis 1864. Eine kritische Analyse der bewaffneten Macht Bayerns vom Regierungsantritt Ludwigs I. bis zum Vorabend des deutschen Krieges (Militärgeschichtliche Studien Bd. 14), Boppard 1972

ders., Die bayerischen Kriegsminister 1805 – 1885. Eine Skizze zum sozialen Herkommen der Minister, in: ZBLG 34 (1971), S. 238 – 315

ders., Die Position der Armee in Staat, Wirtschaft und Gesellschaft Bayerns (1848 – 1866), in: OA 97 (1973), 13 – 31

Guglia, Kurt, Feste und Feierlichkeiten der Garnison Graz, in: Graz als Garnison, hg. von W. Steinböck (s. d.), S. 171 – 193

Habel, Heinrich, Das Bayerische Armeemuseum in München. Entstehungsgeschichte und Bedeutung des Gebäudes am Hofgarten (Arbeitshefte d. Bayer. Landesamtes f. Denkmalpflege Bd. 10), München 1982 ders. (zus. mit Helga Himen), Landeshauptstadt München (Denkmäler in Bayern, hg. vom Bayer. Landesamt für Denkmalpflege Bd. I. 1.), München 1985

v. Habermann, Gustav, Geschichte des Königlich bayerischen 2. Schweren Reiter Regiments »vacant Kronprinz Erzherzog Rudolf v. Oesterreich«, Landshut 1891

Hackl, Othmar, Die Bayerische Kriegsakademie (1867 – 1914) (SchrrBayerLG Bd. 89), München 1989

Hahn, August, Der Maximilianstil in München. Programm und Verwirklichung, München 1982

Hammermayer, Ludwig, Das Ende des Alten Bayern. Die Zeit des Kurfürsten Max III. Joseph (1745 – 1777) und des Kurfürsten Karl Theodor (1777 – 1799), in: SPINDLER II, S. 985 – 1102

Hanseder, Wilhelm, Tumultuarische Auftritte. Lokale Unruhen in Bayern an der Wende vom 18. zum 19. Jahrhundert, in: OA 113 (1989), S. 231 – 297

Hardtwig, Wolfgang, Vormärz. Der monarchische Staat und das Bürgertum, München 1985

ders., Soziale Räume und politische Herrschaft. Leistungsverwaltung, Stadterweiterung und Architektur in München 1918 bis 1914, in: Soziale Räume in der Urbanisierung. Studien zur Geschichte Münchens im Vergleich 1850 bis 1933, hg. von W. Hardtwig und K. Tenfelde, München 1990, S. 59 – 154

Heckner, Erwin, München als feste Stadt und Garnison. Geschichte einer Garnisonstadt, München 1963

Hederer, Oswald, Die Ludwigstraße in München, München 1942

Heerde, Walter, Haidhausen. Geschichte einer Münchner Vorstadt (zugl. OA 98 (1974)), München 1974

Heimpel, Hermann, Die halbe Violine. Eine Jugend in der Haupt- und Residenzstadt München, Wiesbaden 1958

Heinrich, Gerd, Hauptstadtraum und Militärstaat, in: Stadt und militärische Anlagen (s. d.), S. 237 – 249

Henning, Diethard, Erlangen und seine Garnison 1868 – 1918, in: Erlangen. Von der Strumpfer- zur Siemens-Stadt. Beiträge zur Geschichte Erlangens vom 18. zum 20. Jahrhundert, hg. von J. Sandweg, Erlangen 1982

Herrmann, Carl Hans, Deutsche Militärgeschichte. Eine Einführung, Frankfurt/M. 1966

Heyl, Gerhard, Militärwesen., in: Handbuch der bayerischen Ämter, Gemeinden und Gerichte 1799 – 1980, hg. von W. Volkert, München 1983, S. 330 – 393

ders., Militärgeschichte in Bayern bis 1918., in: Militärgeschichte in Deutschland und Österreich vom 18. Jahrhundert bis in die Gegenwart (Vorträge zur Militärgeschichte Bd. 6), Herford und Bonn 1985, S. 14 – 46

Hierl-Deronco, Norbert, Mit ganz sonderbarem Ruhm und Eyfer. Lebensläufe bayerischer Soldaten 1700 – 1918 (Soldaten – Brauer – Künstler – Juristen. Skizzen zur Sozialgeschichte Münchner und bayerischer Familien Bd. 1), Krailling 1984

Höfele, K. D., Geist und Gesellschaft der Bismarckzeit (1870 – 1890), Göttingen 1967

Höhn, Reinhard, Sozialismus und Heer (3 Bde.), Bd. 1: Heer und Krieg im Bild des Sozialismus, Bad Homburg 1959; Bd. 2: Die Auseinandersetzung der Sozialdemokratie mit dem Moltkeschen Heer, Bad Homburg 1959; Bd. 3: Der Kampf des Heeres gegen die Sozialdemokratie, Bad Harzburg 1969

Hojer, Gerhard, München – Maximilianstraße und Maximilianstil., in: Die deutsche Stadt im 19. Jahrhundert. Stadtplanung und Baugestaltung im industriellen Zeitalter (= Studien zur Kunst des neunzehnten Jahrhunderts Bd. 24) hg. von L. Grote, München 1974, S. 33 – 65

Hollweck, Ludwig, München. Stadtgeschichte in Jahresporträts. Von der Besiedlung der Münchner Gegend bis 1967 in Stichworten, München 1968

ders., München. Liebling der Musen, München und Hamburg 1971

v. Holnstein, Emanuel, Das K. B. 7. Feldartillerie-Regiment Prinzregent Luitpold im Frieden und im Krieg 1900 – 1919 (Erinnerungsblätter deutscher Regimenter. Bayerische Armee Bd. 78), München 1933

Howard, Michael, Der Krieg in der europäischen Geschichte. Vom Ritterheer zur Atomstreitmacht, München 1981 (erstm. War in European History, Oxford 1976)

Hübner, Lorenz, Beschreibung der Kurbaierischen Haupt- und Residenzstadt München, München 1803

Hütsch, Volker, Der Münchner Glaspalast 1854 – 1931. Geschichte und Bedeutung, München 1981

Hufnagel, Max Joseph, Berühmte Tote im Südlichen Friedhof zu München. 500 Zeugen des Münchner kulturellen, geistigen und politischen Lebens im 19. Jahrhundert, München 1969, 1983 (4. Aufl)

Hummel, Karl-Joseph, München in der Revolution von 1848/49 (Schriftenreihe der Historischen Kommission bei der Bayerischen Akademie der Wissenschaften Bd. 30), München 1987

Hundert Jahre Münchner Wasserversorgung 1883 – 1983 hg. von der Landeshauptstadt München (Stadtwerke), München 1983

Hutter, Hermann, Das K. B. 1. Chevaulegers-Regiment »Kaiser Alexander von Rußland« 1682 – 1882, München 1885

Illing, Franz, Geschichte des Königlich Bayerischen Infanterie-Leib-Regiments von der Errichtung bis zum 1. Oktober 1891, Berlin 1892

Illing, Oskar, Das Königlich Bayerische Infanterie-Leib-Regiment 1814 bis 1914. Geschichte des Regiments, München 1914

Ingenlath, Markus, »… meinem König Otto I. treu zu dienen …«. Militärdienst in München, in: F. Prinz/ M. Krauss (Hg.), München – Musenstadt mit Hinterhöfen, München 1988, S. 146 – 151

Junkelmann, Marcus, Napoleon und Bayern. Von den Anfängen des Königreichs, Regensburg 1985

Jüngling, Elisabeth, Streiks in Bayern (1889 – 1914). Arbeitskampf in der Prinzregentenzeit (MBM Heft 126), München 1986

Kalb, J., Festschrift zur Erinnerung an das 25jährige Jubiläum des unter dem Allerhöchsten Protektorate Seiner Königlichen Hoheit des Prinz-Regenten Luitpold von Bayern stehenden Bayerischen Veteranen-, Krieger- und Kampfgenossen-Bundes 1874 – 1899, München 1899

Kemmer, Ernst / Kappler, Franz, Festschrift zur Feier des 150jährigen Bestehens des K. B. Kadetten-Korps am 14. Juli 1906, München 1906

Kempf, Julius, Gebäude zur Unterkunft und Erziehung des Bayerischen Kadettenkorps, in: Das Bayerland 47 (1936), S. 457 – 462

Keyser, Erich / Stoob, Heinz (Hg.), Bayerisches Städtebuch Teil 2 (Deutsches Städtebuch Bd. 5), Stuttgart u. a. 1974

Klarmann, J., Offiziers-Stammliste des Bayerischen Ingenieur-Corps 1744 – 1849, München 1896

Kleemann, Otto, Die Befestigungen Alt-Münchens, in: Jahrbuch für Münchner Geschichte 4 (1890), S. 215 – 232

Das K. B. 1. Infanterie–Regiment »König« (Erinnerungsblätter deutscher Regimenter. Bayerische Armee Heft 8), München 1922

Kohl, Werner, Recht und Geschichte der alten Münchner Mühlen (MBM Bd. 15), München 1969

Kostof, Spiro, Das Gesicht der Stadt. Geschichte städtischer Vielfalt. Frankfurt/M. & New York 1992 (erstm. The City Shaped, London 1991)

Kraus, Andreas, Probleme der Abrüstung in Bayern von 1816 bis 1866, in: Einzelprobleme politischer und militärischer Führung (Vorträge zur Militärgeschichte Bd. 1), hg. vom MGFA, Herford 1981, S. 32 – 52
ders., Geschichte Bayerns. Von den Anfängen bis zur Gegenwart, München 1983
ders., Die Residenz und ihre geistigen, künstlerischen, sozialen und wirtschaftlichen Auswirkungen im 19. Jahrhundert, dargestellt am Beispiel Münchens, in: Blätter für deutsche Landesgeschichte 123 (1987), S. 83 – 125

Kraus, Jürgen, Das Militärwesen der Reichsstadt Augsburg 1548 – 1806. Vergleichende Untersuchungen über städtische Militäreinrichtungen in Deutschland vom 16. – 18. Jahrhundert (Abhandlungen zur Geschichte der Stadt Augsburg – Schriftenreihe des Stadtarchivs Augsburg Bd. 26), Augsburg 1980
ders., Militärmaler und Uniformkunde. Zur Entwicklung der historischen Uniformkunde vornehmlich in Bayern, in: Bayerische Militärmaler von Beich bis Thöny (VeröffBayer Armeemuseum Bd. 5), Ingolstadt 1982, S. 63 – 81

Kretzenbacher, Leopold, Das Königliche Bayern von 1824. Aus dem Reisebericht eines italienischen Gelehrten, in: ZBLG 49 (1986), S. 327 – 379

Kuchler, Geschichte der Königlich Bayerischen Pionier-Bataillone und ihrer Stammformationen, München 1897

Kuchtner, Lorenz, Das Königlich Bayerische Kadettenkorps. Ein Rückblick auf die einstige Erziehungsstätte 200 Jahre nach ihrer Gründung, München 1959

Lankes, Christian, Freising als Garnisonstadt (Magisterarbeit Univ. München 1987)
ders., Vom Bauerndorf zum Kasernenviertel. Neuhausen als militärischer Nutzungsraum, in: 100 Jahre Eingemeindung Neuhausen. Festschrift der Münchner Bezirksausschüsse 21, 23 und 28, München 1990, S. 27 – 42

Laturell, Volker D., Moosach. Entstehungs- und Entwicklungsgeschichte eines Münchner Stadtteils, mit den Ortsteilen Moosach, Hartmannshofen, Nederling, Eggarten und Olympia-Pressestadt (zus. mit Mooseder, Georg) Bd. 2: Von 1800 bis zur Gegenwart, München 1985
ders., Heute noch »unser Streck«?, in: »Er ist uns so teuer, wie Johann Strauß seinen Wienern ...«. Zum 125. Todestag von Obermusikmeister Peter Streck (1797 – 1864) (Volksmusik in München Heft 12), München 1989, S. 5 – 12

Lehmbruch, Hans, Ein neues München. Stadtplanung und Stadtentwicklung um 1800. Forschungen und Dokumente. Eine Festgabe des Historischen Vereins von Oberbayern zum 150. Gründungsjubiläum, Buchendorf 1987

Leitner, Sybille, »Vermessene Frauen«. Das Sozialprofil der Münchner Prostituierten, in: F. Prinz/M. Krauss (Hg.), München – Musenstadt mit Hinterhöfen, München 1988, S. 158 – 162
dies., Großstadtlust. Prostitution und Münchner Sittenpolizei um 1900, in: Soziale Räume in der Urbanisierung. Studien zur Geschichte Münchens im Vergleich 1850 bis 1933, hg. von W. Hardtwig und K. Tenfelde, München 1990, S. 261 – 275

Lemke, Bernd, Die Ulmer Garnison und ihre Bedeutung für das städtische Leben, in: Ulm im 19. Jahrhundert. Aspekte aus dem Leben der Stadt, hg. von H. E. Specker (zugl. Forschungen zur Geschichte der Stadt Ulm – Reihe Dokumentation Bd. 7), Ulm 1990, S. 586 – 641

Leyh, Maximilian, Die bayerische Heeresreform unter König Ludwig II. 1866 – 1870, in: Darstellungen aus der Bayerischen Kriegs- und Heeresgeschichte Heft 23, München 1923, S. 7 – 96
ders., Entwicklung und Stand der heeresgeschichtlichen Forschung in Bayern, in: ZBLG 3 (1930), S. 69 – 84
ders., Die Feldzüge des Königlich Bayerischen Heeres unter Max I. Joseph von 1805 bis 1815 (Geschichte des Bayerischen Heeres Bd. 6, 2), München 1935

Lutz, Luitpold, Geschichte des Königlich Bayerischen dritten Feld-Artillerie-Regiments »Königin-Mutter« von seiner Errichtung bis zur Gegenwart 1848 – 1890, München 1891
ders., Die Bayerische Artillerie von ihren ersten Anfängen bis zur Gegenwart, München 1894

ders., Die Bayerische Armee von ihrem Entstehen bis zum Weltkrieg 1682 – 1914 (KA: um 1923, Mss. masch.)

Maier, Lorenz, Stadt und Herrschaft. Ein Beitrag zur Gründungs- und frühen Entwicklungsgeschichte Münchens (MBM Heft 147), München 1989

Mann, Heinrich, Der Untertan (erstm. 1918), München 1980

Mann, Thomas, Gesammelte Werke in dreizehn Bänden. Bd. 11: Reden und Aufsätze, Frankfurt a. M. 1960, 1974

Mann, Viktor, Wir waren fünf. Bildnis der Familie Mann, München 1964 (erstmals Konstanz 1949)

v. Matuschka, Edgar, Organisationsgeschichte des Heeres 1890 bis 1818, in: Deutsche Militärgeschichte Bd. 3, 1 (TB), Herrsching 1983, S. 157 – 282

Medicus, Karl, Die militärrechtliche Sonderstellung Bayerns (Jur. Diss., Univ. Greifswald 1914)

Megele, Max, Baugeschichtlicher Atlas der Landeshauptstadt München (Neue Schriftenreihe des Stadtarchivs München Bd. 3), München 1951

Meingast, Fritz, Der Volkstribun mit dem Gamsbart. Gedanken und Erinnerungen des Georg Eisenberger Land- und Reichstagsabgeordneter, Bauer in Hutzenau, Post Ruhpolding, München 1973

Meinhardt, Günther, Garnisonstadt Göttingen. Bilder aus 350 Jahren Stadtgeschichte. Mit einem Beitrag über die Bundeswehr von Günter Forsteneichner, Göttingen 1982

Merkt, / Grässel, Hans, Das städtische Wehramt in München, München 1914

Möckl, Karl, Die Prinzregentenzeit. Gesellschaft und Politik während der Ära des Prinzregenten Luitpold in Bayern, München und Wien 1972

Mönch, Viktoria, Die Militärpharmazie im Königreich Bayern (1806 – 1918), München 1981

Müller, Christian, München unter König Max Josef I. Ein historischer Versuch zu Bayerns Würdigung, Mainz 1816/17

Müller, H. E., Von Schnickeln und Sandhasen. Die Spitznamen der alten bayerischen Infanterie-Regimenter, in: Der Sammler. Unterhaltungs- und Literaturbeilage der München-Augsburger Abendzeitung 100. Jg (1932) Nr. 18/19

Müller, Karl / Braun, Louis, Das Königlich Bayerische Grenadier-Garde-Regiment von 1814 bis 1826 (mit besonderer Berücksichtigung des Bekleidungs-, Ausrüstungs- und Bewaffnungswesens), München 1900

dies., Die Organisation, Bekleidung, Ausrüstung und Bewaffnung der Königlich Bayerischen Armee von 1806 bis 1906, München 1906

v. Müller, Karl Alexander, Aus Gärten der Vergangenheit. Erinnerungen 1882 – 1914, Suttgart 1951

München im Wandel der Jahrhunderte. Bilder aus der Sammlung Proebst, hg. vom Kreis der Freunde Alt-Münchens, München 1957

Münich, Friedrich, Geschichte der Entwicklung der bayerischen Armee seit zwei Jahrhunderten, München 1864

v. Münster, Karl, Geschichte der Königlich Bayerischen Eisenbahn-Truppen, München 1898

Nagler, G. K., Acht Tage in München. Wegweiser für Fremde und Einheimische, München 1863 (unv. Ndr. 1983)

Nerdinger, Winfried (Hg.), Klassizismus in Bayern, Schwaben und Franken. Architekturzeichnungen 1775 – 1825 (Katalog zur Ausstellung im Münchner Stadtmuseum), München 1980

ders., Weder Hadrian noch Augustus. Zur Kunstpolitik Ludwigs I., in: ders.(Hg.), Romantik und Restauration. Architektur in Bayern zur Zeit Ludwigs I. 1825 – 1848 (Katalog zur Austellung im Münchner Stadtmuseum), München 1987, S. 9 – 16

Neumann, Hartwig, Das Zeughaus. Die Entwicklung eines Bautyps von der spätmittelalterlichen Rüstkammer bis zum Arsenal im deutschsprachigen Bereich vom XV. bis XIX. Jahrhundert. Teil 1 (Textband) und Teil 2 (Bildband) (Architectura militaris Bd. 3 bzw. Bd. 4), Koblenz 1992

Niklas, Joseph, Die Stadt Neuburg/Donau und ihre Garnison. Ein Beitrag zur Geschichte der Stadt Neuburg/Donau, Neuburg/D. 1954

Nipperdey, Thomas, Deutsche Geschichte 1800 – 1866. Bürgerwelt und starker Staat, München 1983

ders., Deutsche Geschichte 1866 – 1918 Band I: Arbeitswelt und starker Staat, München 1990

ders., Deutsche Geschichte 1866 – 1918 Band II: Machtstaat vor der Demokratie, München 1992

Nöhbauer, Hans, München. Eine Geschichte der Stadt und ihrer Bürger, München 1982 (eine 2., überarbeitete Auflage erschien dann unter dem Titel: München. Eine Geschichte der Stadt und ihrer Bürger von 1158 bis 1854, München 1989)

ders., München. Eine Geschichte der Stadt und ihrer Bürger von 1854 bis zur Gegenwart, München 1992

v. Oelhafen, Karl, Geschichte der königlich bayerischen Artillerie- und Ingenieur- Schule. Verfaßt aus Anlaß des 25jährigen Jubiläums, München 1882

Ostertag, Heiger, Bibliotheksbestände und literarische Interessen – Indikatoren für das Bildungsniveau im Offizierkorps im Kaiserreich 1871 bis 1918?, in: Militärgeschichtliche Mitteilungen 47 (1990), S. 57 – 71

Pezzl, Johann, Reise durch den Baierschen Kreis, Salzburg und Leipzig 1784 (unv. Ndr. München 1973 mit Anmerkungen von Joseph Pfennigmann)

v. Pfetten-Arnbach, Theodor, Das Königlich Bayerische 1. Schwere Reiter-Regiment »Prinz Karl von Bayern«, Bd. 1: Das Regiment von der Errichtung bis zum Jahre 1848, München 1890; Bd. 3: Das Regiment im Zeitraum von 1898 bis 1913, München 1914 (zusammen mit Hans Fahrmbacher, Bd. 2 siehe: Fahrmbacher)

664

Pohl, Karl Heinrich, Die Münchner Arbeiterbewegung. Sozialdemokratische Partei, Freie Gewerkschaften, Staat und Gesellschaft in München 1890 – 1914 (Schriftenreihe der Georg-von-Vollmar-Akademie Bd. 4), München (u. a.) 1992

v. Prielmayer, Max/Prestle, Ernst, Geschichte des K. B. 1. Infanterie-Regiments König von seiner Errichtung im Jahre 1778 nebst einer Vorgeschichte seiner Stammregimenter, München 1882

Rahne, Hermann, Zur Geschichte von Garnison und Garnisonstadt Dresden 1877 bis 1918, in: Militärgeschichte, Heft 6/1990, S. 516 – 529

Rall, Hans, Kurbayern in der letzten Epoche der alten Reichsverfassung 1745 – 1801 (SchrrBayerLG Bd. 45), München 1952

ders., Die politische Entwicklung von 1848 bis zur Reichsgründung 1871, in: SPINDLER Bd. 4/1, München 1979 S. 224 – 282

ders., Wittelsbacher Lebensbilder von Kaiser Ludwig bis zur Gegenwart, München o. J. (um 1980)

Rattelmüller, Paul Ernst, Das Bayerische Bürgermilitär, München 1969

ders., Die Bayerische Armee, in: Das Bayerland 74 (1972) Heft 4, S. 11 – 24

ders., »In Treue fest …«, München o. J. (1973)

ders., »Dirndl, wo hast denn dein Schatz, juhe …«. Bayerische Soldatenlieder und vaterländische Gesänge aus dem 19. Jahrhundert, Rosenheim o. J.

Reber, Franz, Bautechnischer Führer durch München. – Festschrift zur zweiten General-Versammlung des Verbandes Deutscher Architekten- und Ingenieurvereine, München 1876 (unv. Ndr. Mittenwald 1978)

Regnet, C. A., München in guter alter Zeit. Nach authentischen Quellen culturgeschichtlich geschildert, München 1879

v. Reichert, Moritz, Das Königlich Bayerische 2te Infanterie-Regiment »Kronprinz« 1682 – 1912, München 1912, 1913 (2. Aufl.)

Reiter, Herrmann, Die Revolution von 1848/49 in Altbayern. Ihre sozialen und mentalen Voraussetzungen und ihr Verlauf. (MBM Bd. 109), München 1983

v. Reitzenstein, Alexander, Altbaierische Städte, München 1963

Ritter, Gerhard, Staatskunst und Kriegshandwerk. Das Problem des »Militarismus« in Deutschland., Bd. 1: Die altpreußische Tradition (1740 – 1890), München 1959 (2. Aufl); Bd. 2: Die Hauptmächte Europas und das wilhelminische Reich (1890 – 1914), München 1960 (2. Aufl.)

v. Rizzi, Otto, Geschichte der Bayerischen Reiterei 1871 – 1914 (Darstellungen aus der Bayerischen Kriegs- und Heeresgeschichte Heft 26), München 1932

Roeder, Fritz, Die Naturalienbeschaffung für den Verpflegungsbedarf des bayerischen Heeres (seit 1884)., Stuttgart 1909

Rohkrämer, Thomas, Der Militarismus der »Kleinen Leute« – Die Kriegervereine im Deutschen Kaiserreich 1871 bis 1914. (Beiträge zur Militärgeschichte Bd. 29), Boppard 1991

Roßbach, Karl, Geschichte der Entwicklung des bayerischen Militärsanitätswesens von seinen Anfängen bis zur Errichtung des neuen deutschen Reiches, Ingolstadt 1904

Roth, Francois, La Guerre de 1870, Paris 1990

Rumschöttel, Hermann, Das bayerische Offizierkorps 1866 – 1914. Beiträge zu einer historischen Strukturanalyse Bayerns vor dem Ersten Weltkrieg (Beiträge zu einer historischen Strukturanalyse Bayerns im Industriezeitalter Bd. 9), Berlin 1973

Sander, Erich, Die Wehrhoheit in den deutschen Städten, in: Archiv für Kulturgeschichte 36 (1954), S. 333 – 356

Schärl, Walter, Die Zusammensetzung der bayerischen Beamtenschaft von 1806 bis 1918 (Münchner Historische Studien, Abt.: Bayer. Geschichte Bd. 1), Kallmünz/Opf. 1955

Schattenhofer, Michael, München, in: Handbuch der Historischen Stätten Deutschlands Bd. 7: Bayern, hg. von Karl Bosl, Stuttgart 1972 (3. Aufl.), S. 465 – 484

ders., Von Kirchen, Kurfürsten & Kaffeesiedern etc. Aus Münchens Vergangenheit, München 1974

ders., Beiträge zur Geschichte der Stadt München (OA 109, 1 (1984)), München 1984

Scheglmann, Alfons Maria, Geschichte der Säkularisation im rechtsrheinischen Bayern(3 Bde.) Bd. 1: Vorgeschichte der Säkularisation, Regensburg 1903; Bd. 2: Die Säkularisation in Kurpfalzbayern während des Jahres 1802, Regensburg 1904; Bd. 3: Die Säkularisation in den 1803 definitiv bayerisch gewesenen oder gewordnen Gebieten (2 Tle.), Regensburg 1906 bzw. 1980

Scheibmayr, Erich, Letzte Heimat. Persönlichkeiten in Münchner Friedhöfen 1784 – 1984, München 1985

v. Schelhorn, E., Die königlich bayerische Kriegsschule in den ersten 25 Jahren ihres Bestehens, München 1883

Schieder, Elmar A. M., Das Haberfeldtreiben – Ursprung, Wesen, Deutung (MBM Bd. 125), München 1983

Schleich, Erwin, Die zweite Zerstörung Münchens (Neue Schriftenreihe des Stadtarchivs München Bd. 100), Stuttgart 1978

Schmidt, Hans, Föderalismus und Zentralismus im Deutschen Heerwesen des Kaiserreichs. Die Königlich-Bayerische Fliegertruppe 1912 – 1919. Zu einem wenig beachteten Kapitel der Geschichte des 1. Weltkrieges., in: ZBLG 52 (1989), S. 107 – 130

Schmidt, Rainer, Landshut zwischen Aufklärung und Romantik, in: Boehm (Hg.), Ludwig-Maximilians-Universität (s. d.), S. 195 – 214

ders., In revolutionärer Unruhe 1830 – 1848, a. a. O. S. 251 – 270

Schmidt, Wolfgang, Denkmäler für die bayerischen Gefallenen des Rußlandfeldzuges von 1812, in: ZBLG 49 (1986), S. 303 – 326

ders., Die Garnisonstadt Regensburg im 19. und frühen 20. Jahrhundert, Diss. Univ. Regensburg 1987

Schmidt-Richberg, Wiegand, Die Regierungszeit Wilhelms II., in: Handbuch zur deutschen Militärgeschichte Bd. 3, 1 (TB), Herrsching 1983, S. 9 – 152

Schnabel, Franz, Deutsche Geschichte im neunzehnten Jahrhundert (4 Bde.) (unv. Ndr. der 3. Auflage) Freiburg/Br. 1947, München 1987 mit einer Einleitung von Eberhard Weis

Schneider, Ludwig M., Die populäre Kritik an Staat und Gesellschaft in München (1886 – 1914). Ein Beitrag zur Vorgeschichte der Münchner Revolution von 1918/19 (MBM Bd. 61), München 1975

v. Schönhueb, Anton, Geschichte des k. b. Kadetten-Korps. Aus Originalquellen verfaßt zur hundertjährigen Jubelfeier, München 1856

Schrettinger, Der Königlich Bayerische Militär-Max-Joseph-Orden und seine Mitglieder, München 1882

Schröder, Hugo, Vorgeschichte, Errichtung und Entwicklung der bayerischen Gendarmerie, sowie deren Thätigkeit von 1812 – 1900, Augsburg 1900

Schrott, Ludwig, Der Prinzregent. Ein Lebensbild aus Stimmen seiner Zeit, München 1962

ders., Biedermeier in München. Dokumente einer schöpferischen Zeit, München 1963, 1987

ders., Münchner Alltag in acht Jahrhunderten. Lebensgeschichte einer Stadt, München 1975

Schwalm, Hansjörg, Militärbauten. Von den Anfängen bis zur Infrastruktur der Bundeswehr, Heidelberg und Hamburg 1982

ders., Die historische Entwicklung des Kasernenbaus in Deutschland, in: Militärgeschichte NF1 (1991), S. 32 – 39

Seitz, C., Neuester Plan von München aus der Vogelschau, nebst Verzeichnis der Sehenswürdigkeiten, öffentlichen Gebäude, Anstalten, Kasernen, Gasthöfe, Cafés, Wein- und Bierhäuser, Fiaker-, Droschken- und Stadtomnibus-Fahrten etc., München 1871

Sendtner, A., Gedenk-Schrift zur Feier des 100jährigen Bestehens der Kgl. Bayer. Artillerie-Werkstätten, München 1900

Sicken, Bernhard, Stadt und militärische Anlagen. Historische Entwicklung im Stadtraum – dargestellt am Beispiel der Landstreitkräfte, in: Stadt und militärische Anlagen (s. d.), S. 15 – 148

ders., Die Militärverwaltung, in: Behördliche Raumorganisation seit 1800 (Veröffentlichungen der Akademie für Raumforschung und Landesplanung Bd. 55), Hannover 1982

Solleder, Fridolin, München im Mittelalter, München und Berlin 1938

Spengler, Karl, Es geschah in München, München 1962

Spindler, Max, Dreimal München. König Ludwig I. als Bauherr. – Zwei Vorträge zur Geschichte Münchens, München 1958

ders., Die Regierungszeit Ludwigs I. (1825 – 1848), in: SPINDLER Bd.IV/1, München 1974, 1979, S. 87 – 223

Stadt und militärische Anlagen – Historische und raunmplanerische Aspekte, hg. von Hanns Hubert Hofmann im Auftrag des Arbeitskreises »Geschichtliche Entwicklung des Stadtraumes« (Veröffentlichungen der Akademie für Raumforschung und Landesplanung – Forschungs- und Sitzungsberichte Bd. 114), Hannover 1977

Stahleder, Helmuth, Haus- und Straßennamen der Münchner Altstadt, München 1992

Staubwasser, Otto, Das K. B. 2. Infanterie-Regiment Kronprinz (Erinnerungsblätter deutscher Regimenter. Bayerische Armee Heft 24), München 1924

Staudinger, Karl, Das Königlich Bayerische 2. Infanterie-Regiment Kronprinz 1682 bis 1882, Bd. 1: Das Regiment 1682 – 1688; München 1885; Bd. 2: Das Regiment 1689 – 1704, München 1887

ders., Geschichte des kurbayerischen Heeres insbesondere unter Kurfürst Ferdinand Maria 1651 – 1679 (Geschichte des Bayerischen Heeres Bd. 1), München 1901

ders., Geschichte des kurbayerischen Heeres unter Kurfürst Max II. Emanuel 1680 – 1726 (Geschichte des Bayerischen Heeres Bd. 2 – zwei Teilbände), München 1904 bzw. 1905

ders., Geschichte des kurbayerischen Heeres unter Kurfürst Karl Albrecht – Kaiser Karl VII. – und unter Kurfürst Max III. Joseph 1726 – 1777 (Geschichte des Bayerischen Heeres Bd. 3 – zwei Teilbände), München 1908 bzw. 1909

Steinböck, Wilhelm (Hg.), Graz als Garnison. Beiträge zur Militärgeschichte der steierischen Landeshauptstadt (Publikationsreihe der Grazer Stadtmuseums Bd. 3), Graz 1982

Stimmelmayr, Johann Paul, München um 1800. Die Häuser und Gassen der Stadt gezeichnet und beschrieben von J. P. Stimmelmayr, hg. von Gabriele Dischinger und Richard Bauer, München 1980

Störmer, Wilhelm, Die oberbayerischen Residenzen der Herzöge von Bayern unter besonderer Berücksichtigung von München., in: Blätter für deutsche Landesgeschichte 123 (1987), S. 1 – 24

ders. (zus. mit Bettina Störmer), Der Marienplatz, München 1990

Storz, Dieter, Kriegsbild und Rüstung vor 1914. Europäische Landstreitkräfte vor dem Ersten Weltkrieg (Militärgeschichte und Wehrwissenschaften Bd. 1), Herford u. a. 1992

Teicher, Friedrich, Das k. b. Kadetten-Korps, München 1889

Tissot, Victor, Reportagen ans Bismarcks Reich, Bericht eines reisenden Franzosen 1874 – 1876 (erstm. Voyage aùx Pays des Milliards, Paris 1879 ff.), hg. von E. Pohl, Stuttgart und Wien 1989

Tornow, Ingo, Das Münchner Vereinswesen in der ersten Hälfte des 19. Jahrhunderts mit einem Ausblick auf die zweite Jahrhunderthälfte (MBM Bd. 75), München 1977

Trautmann, Karl, Münchner Stadtbüchlein, München 1867

Turk, Elfriede, Versorgung und Sold in der Garnison Graz, in: Graz als Garnison, hg. von W. Steinböck (s. d.), S. 153– 170

Unverricht, Hubert, Peter Streck (1797 – 1864). Der Militärmusiker und Volkskomponist., in:« Er ist uns so teurer, wie Johann Strauß seinen Wienern ...«. Zum 125. Todestag von Obermusikmeister Peter Streck (1797 – 1864) (Volksmusik in München Heft 12), München 1989, S. 13 – 26

Vogel, Detlef, Der Stellenwert des Militärischen in Bayern (1849 – 1875). Eine Analyse des militär-zivilen Verhältnisses am Beispiel des Militäretats, der Heeresstärke und des Militärjustizwesens (Militärgeschichtliche Studien Bd. 28), Boppard 1981

Vogt, Ernst, Zur Geschichte der Prinz-Karl-Kaserne in Augsburg (1882 – 1965), o. O. 1965 (Mss. masch.)

Volkert, Wilhelm (Hg.), Handbuch der bayerischen Ämter, Gemeinden und Gerichte 1799 – 1980, München 1983

Wackernagel, Rudolf (Hg.), Das Münchner Zeughaus, München und Zürich 1983

Wanetschek, Margret, Die Grünanlagen in der Stadtplanung Münchens von 1790 – 1860 (MBM Bd. 35), München 1971

Weber, Karl Julius, Reise durch Bayern, Stuttgart 1980 (Teilausgabe des 1826 anonym erschienen Gesamtwerkes: Deutschland oder Briefe eines in Deutschland reisenden Deutschen)

Wehler, Hans-Ulrich, Das Deutsche Kaiserreich 1871 – 1918, Göttingen 1973, 1983 (5. Aufl.)

Weis, Eberhard, Montgelas 1759 – 1799. Zwischen Revolution und Reform, München 1971

ders., Die Begründung des modernen bayerischen Staates unter König MaxI. (1799 – 1825), in: SPINDLER 4/1, München 1979, S. 3 – 86

ders., Das neue Bayern – Max I. Joseph, Montgelas und die Entstehung und Gestaltung des Königreichs 1799 bis 1825, in: Wittelsbach und Bayern Bd. 3/1, München 1980, S. 49 – 64

v. Westenrieder, Lorenz, Beschreibung der Haupt- und Residenzstadt München (im gegenwärtigen Zustande) vom Professor Westenrieder, München 1784 (unv. Ndr. München 1984)

Wolf, Georg Jacob, Das Kurfürstliche München 1620 – 1800. Zeitgenössische Dokumente und Bilder, München 1930

ders., Ein Jahrhundert München 1800 – 1900. Zeitgenössische Bilder und Dokumente, München 1935 (unv. Ndr. Frankfurt/M. 1980 mit einem Vorwort von Ludwig Hollweck)

Wilberforce, Edward, Ein Snob in München: Die erstaunlichen Beobachtungen des Mr. Edward Wilberforce in München anno 1860 (erstm. Social Life in Munich, London 1863) hg. von G. Wiesend, München 1990

Winter, Alexander, Karl Philipp Fürst von Wrede als Berater des Königs Max Joseph und des Kronprinzen Ludwig von Bayern (1813 – 1825). (MBM Bd. 7), München 1968

Würdinger, Joseph, Kriegsgeschichte von Bayern, Franken, Pfalz und Schwaben von 1347 bis 1506, München 1868

v. Xylander, Rudolf, Geschichte des 1. Feldartillerie-Regiments »Prinzregent Luitpold«; Bd. 1: Das Artillerie-Regiment und das Fuhrwesen 1791 – 1806, Berlin 1905; Bd. 2: Das Artillerie-Regiment und das Fuhrwesen 1806 – 1824, Berlin 1909; Bd. 3: Das Artillerie–Regiment und das Fuhrwesen 1824 – 1911, Berlin 1911 (zus. mit Carl August v. Sutner); Bd. 4: 1911 bis 1920 (zugl. Erinnerungsblätter deutscher Regimenter Bd. 73), München 1931

v. Zech, Franz, Kurzgefaßte Geschichte des k. b. 1. Infanterie-Regiments »König«, München 1892

Zerback, Ralf, Unter der Kuratel des Staates – Die Stadt zwischen dem Gemeindeedikt von 1818 und der Gemeindeordnung von 1869., in: Bauer (Hg.), Geschichte der Stadt München, München 1992, S. 274 – 306

Zimmermann, Florian, Wohnbau in München 1800 – 1850 (MBM Bd. 129), München 1984

Zippel, Martin, Untersuchungen zur Militärgeschichte der Reichshauptstadt Berlin von 1871 bis 1945 (Diss. Univ. Münster 1981)

Zorn, Wolfgang, Kleine Wirtschafts- und Sozialgeschichte Bayerns 1806 – 1933 (Bayerische Heimatforschung Heft 14), München 1962

Zuber, Elfi, Der Alte Nördliche Friedhof. Ein Kapitel Münchner Kulturgeschichte, München 1983, 1984

Orts- und Sachregister

C

Casarmen (= Kasernen) 66, 67, 77
Chinaexpedition (1900/01) 61
Clemens-Schlößchen 199 – 203
Corneliusstraße 82, 262

D

Dachauer Straße 147 f., 151, 164, 293 f., 324, 344, 351
Defensivkaserne 44, 68, 147 – 151, 157, 427, 430, 431, 434, 436, 437, 440 f.
Denkmäler:
– Armeedenkmal in der Feldherrnhalle 529 f.
– Feldherrnhalle 33, 36, 528 f.
– Hofgartentor 528, 649
– Obelisk am Karolinenplatz 33, 36, 517 – 526, 528
– Siegestor 33, 36, 528 f.
Deroystraße 158, 161, 533
Deutsches Museum 83, 86
Deutsches Patentamt 114
Dultplatz (= Maximiliansplatz) 39

E

Ebereschenstraße 320
Ebersberg 51
Eisenbahn 144, 148, 157, 159, 164, 278, 431 f., 439 f., 452, 478
Elisabethstraße 169
Englischer Garten 22, 241, 366 – 369, 497
Ehrhardtstraße 115, 262
Equitationsanstalt, s. Kavallerie
Erding 51
Erlangen 158
Europäisches Patentamt 264
Exerzierplätze (München):
– Gasteig, s. dort
– Max-Joseph-Platz, s. dort
– Marsfeld, s. dort
– Oberwiesenfeld, s. dort
– Promenadeplatz, s. dort

F

Fasaneriestraße 155
Feldmoching 320
Französische Kriegsgefangene (1870/71) 52 ff.
Französische Truppen in München 22 – 25, 80, 88, 92, 187, 388
Frauenplatz 140
Fraunhoferstraße 290, 306, 309
Freising 36, 40, 85, 100, 115, 117, 148, 252, 352, 422, 438, 476 ff., 489, 568
Fürstenfeldbruck 36, 40, 144, 160
Fürstenried 36, 42, 117

Kriegsökonomierat   24, 176 f., 187
Kriegsschulgebäude in Schwabing (späteres Filiallazarett)   178

L

Lager Lechfeld   51, 54, 61, 346, 373, 652
Landau (Pfalz)   40, 135, 376
Landsberg am Lech   40, 168
Landsberger Straße   338, 340, 430
Landshut   40, 144, 148, 200, 252, 373, 438, 477 ff.
Landshuter Allee   166, 338
Landwehr:
– Bürgerwehr bzw. Bürgermilitär   385 – 390
– Nationalgarde (1809/14)   390 ff.
– Landwehr, älterer Ordnung (1814/68 bzw. 1869)   58, 392 – 396, 403 ff., 409 f., 414 ff., 420, 423, 435,
   440, 443, 472, 477, 485 f., 531, 564
– Freikorps (1848/50)   394, 505 f., 564
– Landwehr, neuerer Ordnung (ab 1868/70)   51, 54, 60, 160, 396, 451, 479
– Landwehrbezirkskommandos   86, 180, 197, 324, 396, 451 f., 595
Laufen am Inn   48, 51, 252
Lazarettbach (Stadtbach)   593 f.
Lazarettgebäude:
– Filiallazarett, s. Kriegsschulgebäude in Schwabing
– Liegleinhaus   595 f.
– Militärkrankenhaus an der Lazarettstraße   49, 597 – 600, 650 f.
– Militärkrankenhaus an der Müllerstraße   23, 376, 579, 592 – 595, 651
Lazarettstraße   147, 301, 533, 597, 600
Lehel (= St. Anna-Vorstadt)   32, 44, 107, 108, 110, 112, 151, 429, 436
Leonrodstraße   147, 155, 265, 531
Leopoldstraße   205, 207, 597
Lothstraße   168, 324
Ludwigstraße   30, 186, 189, 492 f., 528
Luftschiffertruppe   61, 63, 165 f., 171

M

Mahlmühlbach (Stadtbach)   285, 289
Maillingerstraße   158, 161 f., 533
Malzmühlbach (Stadtbach)   88
Mannheim   20, 22, 67 f., 338, 376
Marienplatz   404, 407, 416, 497, 499
Marsfeld   23, 59 f., 148 f., 157 ff., 217, 253, 338 – 342, 371, 437, 473 – 479, 532, 534, 651
Marsplatz   217, 338, 517, 532
Marstallplatz   90
Marsstraße   338, 532
Maßliebchenstraße   320
Maxburg   51, 177 – 180, 198, 429
Max-Joseph-Platz   327 f., 436 ff., 440, 475 – 478
Maximiliansplatz   243, 327, 404, 423, 429, 437 f., 472, 519, 520
Max-II-Reitschule, s. Neue Isarkaserne
Maximilianstraße   44 f., 88 f., 123, 153, 431, 436 f., 477
Maxtor   243 f., 404, 429
Max-Vorstadt   25, 32, 36, 127 – 129, 133 – 136, 148, 151, 437, 517 ff., 531, 597, 646, 650
Menagen (= Kochgemeinschaften)   71, 569 f.

Kurzviten der Herausgeber

FUNK, Wolfram
Jahrgang 1938;
Studium allgemeiner Maschinenbau an der TH Darmstadt; 1968 Promotion zum Dr.-Ing.,
danach Industrietätigkeit; seit 1975 o. Professor für Maschinenelemente und Getriebe-
technik an der Universität der Bundeswehr Hamburg, 1977 – 1985 Vizepräsident der
Universität der Bundeswehr Hamburg;
Wissenschaftliche Tätigkeit auf den Gebieten Bauteiloptimierung, rechnergestützte Ver-
fahren in der Konstruktion, Antriebstechnik, Wehrtechnik, Technikgeschichte.

HARSTICK, Hans-Peter
Jahrgang 1937;
Dr. phil., Historiker, Universitätsprofessor an der Technischen Universität Braunschweig.
Hauptarbeitsgebiete: Neuere Geschichte unter bes. Berücksichtigung der Verfassungs-
und Sozialgeschichte. 1957 – 1965 Studium der Geschichte, Philosophie und der Rechts-
und Staatswissenschaften an der Universität Münster, seitdem in enger wissenschaftlicher
und persönlicher Beziehung zu Werner Hahlweg. 1965 – 1975 Abt.-Leiter am Internationalen Institut für Sozialgeschichte/KNAW, Amsterdam. Seit 1990 Vorsitzender des
Wissenschaftlichen Beirates der Internationalen Marx-Engels-Stiftung, Amsterdam. 1992
Projektleiter des Akademienvorhabens Marx-Engels-Gesamtausgabe im Auftrag der Konferenz der deutschen Akademien der Wissenschaften.

MÜLLER, Heinrich
Jahrgang 1925;
1943 bis 1946 Kriegsdienst und -gefangenschaft. Studium Germanistik und Geschichte.
Seit 1952 Bearbeiter im Museum für Deutsche Geschichte (Zeughaus) Berlin für
historische Waffen. Promotion zum Dr. phil. 1965. Zuletzt Abteilungsdirektor für das
Zeitalter des Feudalismus in diesem Museum.
Bedeutende Veröffentlichungen auf dem Gebiet der historischen Waffenkunde.

NIEMEYER, Joachim
Jahrgang 1940;
Studium der Rechtswissenschaft, Geschichte, Politikwissenschaft und Kunstgeschichte;
Promotion zum Dr. phil. Letzter Assistent von Prof. Hahlweg am Lehrstuhl für Militär-
geschichte und Wehrwissenschaften im Münster. Veröffentlichungen zur Militär-
geschichte und Militärwissenschaften des 18. und 19. Jahrhunderts insbesondere zu
Scharnhorst und Clausewitz, 1991 Mitglied des Institute for Advanced Study in Princeton.
Als Militärhistoriker am Wehrgeschichtlichen Museum in Rastatt tätig.

RABBERTZ, Werner

Jahrgang 1942;

Studium Fernmeldetechnik und Elektronik an der TH Aachen; 1968 Diplom-Hauptprüfung, anschließend Eintritt in den höheren technischen Dienst beim Bundesamt für Wehrtechnik und Beschaffung (BWB) Koblenz.

1979 bis 1984 USA-Aufenthalt mit Verbindungsarbeit zu US-Museen und Smithsonian Institution.

Baudirektor und seit 1988 Beauftragter der Wehrtechnischen Studiensammlung des BWB in Koblenz.

SCHMIDTCHEN, Volker

Jahrgang 1945;

Oberstleutnant d. Res., Studium der Geschichtswissenschaft, Romanistik, Sportwissenschaft und Politischen Wissenschaft an der Ruhr-Universität Bochum; danach Lehrtätigkeit an Schule und Universität; 1976 Promotion zum Dr. phil. und 1984 Habilitation an der Ruhr-Universität, Venia legendi für Technikgeschichte und Militärgeschichte, Hochschullehrer in Bochum; 1987 – 1992 Leiter des Universitätsverlages und Chefredakteur eines Wissenschaftsmagazins an der Universität Witten/Herdecke; seit 1992 Leiter der Öffentlichkeitsarbeit der Fernuniversität Hagen; Veröffentlichungen zur Wirtschafts- und Sportgeschichte, Fragen der Denkmalpflege und der Festungsforschung (Präsident der DGF).

WEISE, Ingo

Jahrgang 1932;

Studium allgemeiner Maschinenbau an der TU Berlin; 1966 Promotion zum Dr.-Ing. Seit dieser Zeit Tätigkeit in der Industrie als Abteilungsleiter in der Konstruktion von Waffen; Unternehmensplanung. Ab 1975 zugleich Lehrbeauftragter an der Universität der Bundeswehr für das Fach Waffentechnik als Nebentätigkeit und 1986 Professor an dieser Universität für das gleiche Fach.

Daneben weiterhin Industrietätigkeit.

WIRTGEN, Arnold

Jahrgang 1926;

1943 bis 1946 Kriegsdienst und -gefangenschaft, danach Beamter des gehobenen und später des höheren Dienstes in Landes- und Bundesverwaltungen. Dipl.-Verwaltungswirt; im zweiten Bildungsweg Studium der Militärgeschichte, Wehrwissenschaften, Kunstgeschichte und Wirtschaftsgeschichte.

Promotion zum Dr. phil.

Regierungsdirektor und Beauftragter der Wehrtechnischen Studiensammlung des Bundesamtes für Wehrtechnik und Beschaffung in Koblenz a. D. Vorsitzender der Deutschen Gesellschaft für Heereskunde.